경제법론 IV

경제법론 IV

홍명수

景仁文化社

발 간 사

  경제법론 3권을 출간한 후 썼던 글들을 모아 4권을 발행한다. 다만 첫 번째 논문은 2005년에 발표하였던 것인데, 독점규제법이 시행된 후 20여 년이 경과한 시점에서 평가와 전망을 담은 글이었다. 마침 2015년에도 비슷한 주제의 논문을 발표하게 되었고, 이를 두 번째 자리에 두었다. 10년의 간격에서 두 논문의 내용상 차이는 충분히 예상되는 것이지만, 개인적인 그리고 저자가 속해 있는 학문분야 전반에 걸친 사고의 흐름과 이슈의 전개를 담고 있는 것이어서 책의 앞머리에 싣는 것이 적절해 보였다.

  4권에 수록한 글은 총 26편이다. 3권 이후 후속 출간이 지체되어 그 사이에 썼던 글들을 한 권으로 묶을 수 없었다. 이른 시기에 5권을 출간하려고 한다. 묶은 글들을 세 분야로 나누어 정리해보니, 독점규제법 분야의 글이 가장 많았다. 돌아보면, 경쟁 이슈에 좀 더 집중하였던 시간이었다. 아마도 우리 사회에서 경쟁정책의 중요성이 커진 결과일 테지만, 저자의 역량이 이에 미치지 못한 것은 아닌지 돌아보게 된다.

  책을 펴내면서 유영국 박사와 이찬열 조교가 세심한 교정을 보아주었다. 고마운 마음을 전하며, 이들의 학업에도 많은 성취가 있기를 기원한다. 그리고 출판을 도와주신 경인문화사의 김환기 편집이사에게도 감사의 마음을 전한다.

2018년 9월
부암동에서
홍명수

목 차

제1편 독점규제법

제2편 규제산업

제3편 국제경쟁법

제1편
독점규제법

1. 한국 독점규제법의 현재와 미래
- 실체법적 측면 -

I. 서론

「독점규제 및 공정거래에 관한 법률」(이하 독점규제법)은 1980년 12월 31일 제정되고 익년 4월 1일부터 시행되었다. 이후 약 25년의 기간 동안 크고 작은 11차례의 법 개정이 있었으며, 따라서 제정 시의 독점규제법과 현재의 모습 사이에는 많은 차이가 있다. 비단 법규정의 차이 외에도, 법 적용기관의 법 운영에 관한 기본 태도나 수범자들의 법인식에도 많은 변화가 있었으며, 빈번하였던 법 개정은 해당하는 시기의 동법에 대한 반성적 성찰 그리고 규범과 현실 사이의 지속적인 피드백을 담고 있는 것이다.

그리 순탄하지만은 않았던 동법의 역사를 되돌아보면, 한국에서의 독점규제법이 스스로 설정하였던 경제질서의 기본법으로서의 지위에 보다 가까이 다가가는 과정으로 이해될 수 있다. 비록 동법 제정 이전의 헌법이 경쟁 메커니즘에 기초한 시장경제를 우리경제의 기본질서로 채택하고 있었다 하더라도 규범의 현실은 이에 상응하지 못하였고,[1] 독점규제법의 제

---

1) 이와 관련하여, 특히 급속한 경제발전이 이루어졌던 시기에 정부의 고권적 개입이 경제를 주도하였음을 인정하면서도, 정책입안과 집행과정에서 조정기제로서의 시장의 의의가 완전히 배제되지 않았다는 주장에 관하여, 김만제, Edward S.

정과 이후의 발전은 그 간격을 줄이는데 상당한 기여를 한 것으로 볼 수 있다. 여기에는 우리에게 생소하였던 경쟁법리가 수용되는 과정과 우리 스스로의 문제의식에 기초하여 고유한 경쟁법리가 제안되는 과정이 모두 포함된다. 물론 현재의 독점규제법을 중심으로 한 경쟁법리가 완성적인 것은 아니며, 여전히 해결되지 않은 문제와 개선의 여지가 남아 있다. 그러나 그 동안의 독점규제법 발전과정은 돌이킬 수 없는 흐름이며, 독점규제법에 기초한 경쟁질서는 우리 법질서의 중요한 한 축으로 충분히 자리매김될 수 있는 지점에 이르렀다.

우리가 독점규제법이 전개되어 온 과정을 되짚어 보는 것은 분명 현재의 문제의식의 설정 그리고 미래에 대한 전망과 불가분의 관계에 있다. 태생적으로 갖고 있었던 독점규제법의 특성, 지금까지도 영향을 미치는 법제정시 입법자들의 기본적인 결단 그리고 다양한 계기로 전개된 동법의 변천과정은 결국 현재의 문제의식, 나아가 우리 앞에 부과된 독점규제법의 과제에 관한 논의의 토대가 될 것이다.

우선 독점규제법 제정과정의 분석으로부터 출발하고자 한다. 이미 법제정 이전의 1960년대 중반부터 독점규제법의 입법에 관한 논의는 지속적으로 전개되고 있는 상황이었다. 1980년 동법의 제정은 이러한 오랜 노력의 결실이라 할 수 있겠지만, 왜 이 시기이었는지, 입법자들의 제정의지가 실현될 수 있었던 구체적 동인은 무엇이었는지 그리고 선행한 외국의 법제도들은 구체적으로 어떠한 영향을 미쳤으며, 결국 제정 시의 독점규제법이 취했던 기본원리는 어떻게 구성되었는지에 관하여 살펴볼 필요가 있다 (Ⅱ). 독점규제법의 전개과정을 고찰함에 있어서, Wernhard Möschel의 "개별 법 영역에서의 작은 진보도 전체 구조에 커다란 영향을 미칠 수 있다"는[2] 지적은 음미할 만한 것이다. 그러나 특히 법 개정의 과정을 구체

Mason 등, 한국 경제·사회의 근대화, 한국개발연구원, 1981, 42면 참조.

2) Wernhard Möschel, Entflechtungen im Recht der Wettbewerbsbeschränkungen, J. C. B. Mohr, 1979, 1면.

적으로 볼 경우에, 경쟁정책의 후퇴로 여겨지거나 개정의 타당성에 의문
이 제기되었던 시기도 있었다. 그렇다 하더라도 우리가 독점규제법의 역
사를 일관하는 흐름을 파악할 수 있다면, 전체적인 조망에서 이에 대한 고
려가 우선되어야 한다. 이에 의하여 때로는 경쟁정책의 후퇴나 왜곡으로
나타난 현상도 경로의존적인(path-dependence) 사고에[3] 비추어 전체적인
발전과정에서 불가피한 것이었다는 이해도 가능할 수 있다(Ⅲ). 이상의 논
의에 기초하여 현재 독점규제법상 시급한 과제로 인식될 수 있는 부분들
을 정리하고 이의 해결을 위한 앞으로의 논의 방향을 제시하고자 한다. 이
로써 결론에 대신할 것이다(Ⅳ).

Ⅱ. 독점규제법의 형성

1. 독점규제법의 제정

(1) 주요 국가에서의 독점금지법 형성의 기초

각국의 독점금지법(이하에서 '독점금지법'은 미국의 Antitrust Law, 독일
의 Gesetz gegen Wettbewerbsbeschränkungen, 일본의 私的獨占の禁止
及び公正取引の確保に關する法律 등 각국의 독점의 규제에 관한 법률의
통칭으로 사용) 제정에 비교법적으로 중대한 영향을 미쳤던 미국의
Sherman법은 경쟁규범의 최초의 성문화로서의 의미를 넘어서, 입법에 관
한 논의를 통하여 의미 있는 시사점을 남기고 있다. 당시의 논의는 무엇보
다 19세기 말 미국 경제의 두드러진 경향으로 나타난 각 산업의 독점화에

---

3) 동일한 목적을 추구할 경우에도 조건의 차이에 따라서 상이한 경로를 통하여 이
   행할 수 있다는 경로의존적인 사고에 관하여, Ronald J. Gilson, 김건식 역, "세계
   화하는 기업지배: 형태상의 수렴인가 기능상의 수렴인가", 법학 제38권 제3·4호,
   서울대학교 법학연구소, 1997. 12.

대한 이해의 대립으로 볼 수 있다. 동법의 제안자였던 Sherman의원의 제안이유서에서 따르면, 기업 간 결합(combination)은 경쟁의 제한을 통하여 몇몇 개인 때로는 단 한 사람에 의하여 지배되는 거대기업에게 소비자로부터의 이익이 이전되는 것을 의미하며, 이를 규제하는 것이 동법의 목적임을 전제하고, 나아가 이러한 규제가 common law의 전통에서 벗어나는 것이 아님을 밝히고 있다.[4] 또한 입법기술적인 측면에서 "나는 합법적인 결합과 불법적인 결합 사이의 정확한 선을 법적인 용어로 정의하는 것이 어렵다는 점을 인정한다. 이는 개개의 특정한 사건에서 법원에 의하여 결정되어야 하는 것이다. 우리 입법자들이 할 수 있는 모든 것은 일반적인 원칙을 선언하는 것이다"라는[5] 기술에도 주목할 필요가 있다. 결국 최초로 성립된 미국의 독점금지법의 주된 성격으로서, 인위적 독점의 거부, common law의 전통에 기초한 사고, 일반조항적인 규정태도 등을 들 수 있다. 이 중 일반조항적인 성격은 이후 판례의 집적과 입법으로 구체화 되었지만,[6] Sherman의원으로 대표되는 입법자들의 결단, 즉 common law적인 기초 위에서 당시 미국 경제에 만연된 인위적 독점화는 용인될 수 없다는 기본적인 인식은 변함없이 유지되어 왔다.

미국의 독점금지법이 이후 다른 나라에 미친 영향을 분석함에 있어서, 특히 독일과 일본의 독점금지법 제정과정에 외부적인 요소가 결정적인 역할을 하였다는 점을 부인할 수는 없다.[7] 그러나 정도의 차이는 있지만,

---

4) Phillip Areeda & Louis Kaplow, Antitrust Analysis, Little, Brown & Company, 1988, 50-52면.

5) 위의 책, 52-53면.

6) 이와 관련하여 1911년 Standard Oil 판결과(Standard Oil Co. of New Jersy v. U. S., 31 S.Ct. 502, 502-504면(1911)) 1914년 제정된 Clayton법과 FTC법이 중요한 의미가 있다.

7) 예를 들어, Eleanor Hadley는 "재벌의 존재 및 이들 거대기업의 결합에 의하여 일본 경제운영에 미친 독점적 통제는 일본의 침략을 배양하고 지지한 요인이며, 경제력의 과도한 사적집중을 분산시키는 것은 일본 경제 및 정치의 민주화를 위하여 불가피하였던 것"으로 이해하고 있다. Eleanor M. Hadley, Antitrust in

이들 국가의 내부적인 동인도 유력하였고, 군국주의적이고 집중화된 경제질서의 근본적인 전환을 모색하는 스스로의 노력이 결합되었던 것으로 볼수 있다. 그 과정은 대략적으로 두 가지 방향에서 진행되었는데, 집중화된경제적 실체를 구체적으로 해소하는 과정과 규범적으로 경쟁질서를 확립하는 과정이 이에 해당한다.[8] 특히 후자와 관련하여, 이미 반세기 이상의경험을 가진 미국의 독점금지법 체계는 중요한 영향을 미쳤는데, 1947년3월에 제정된 일본의 「私的獨占の禁止及び公正取引の確保に關する法律」(이하 獨占禁止法)은 시간적 급박성이 시사하듯이, 당시의 미국의 독점금지법체계를 그 엄격성을 유지한 채, 거의 여과 없이 수용한 것으로 이해된다.[9] 따라서 엄격한 경쟁규범과 당시의 일본 경제의 현실 사이의 괴리를생각한다면, 경쟁정책의 완화를 내포하는 1949년 그리고 1953년의 연이은개정은 동법의 구체적 적용과 관련하여 불가피하였던 측면도 있다.[10] 그러나 미국의 독점금지법을 직접적으로 수용한 것이라 하더라도, 입법사적인 측면에서 獨占禁止法의 의의는 작지 않다. 무엇보다 동법은 일본의 경제질서를 분권화된 시스템 안에서 구축할 수 있는 틀을 제시한 것이고, 또한 입법기술적인 측면에서도 Sherman법, Clayton법, FTC법 등 여러 개별법에 흩어져 있던 미국의 독점금지법의 내용들을 단일한 법률에 집약함으로써, 이후 독점금지법을 제정하려는 나라에 하나의 전범이 되었다.

일본과 비교하여 충분한 논의과정을 거쳐 1957년에 제정된 독일의 'Gesetz gegen Wettbewerbsbeschränkungen'(이하 'GWB')은 독일 스스로의 문제의식이 입법에 반영됨으로써, 미국과는 다른 정책적 접근의 가능성을 열어주었다. 즉 독일의 GWB는 미국이나 직전에 입법된 일본의

Japan, Princeton Univ. Press, 1970, 496면.

8) 독일에서의 콘쩨른 해체와 일본의 재벌 해체에 관한 분석으로서, 홍명수, 재벌의 경제력집중 해소방안에 관한 연구, 서울대학교 박사학위논문, 2003, 75면 이하 참조.

9) 來生新, "日本の競爭政策の歷史的槪觀(1): 戰前から1977年改正まで", 後藤晃·領村與太郎 編, 日本の競爭政策, 東京大學出版會, 1998, 21-23면.

10) 위의 글, 34면 이하 참조.

獨占禁止法이 채택하였던 원인금지주의에 대비되는 폐해규제주의의 입장
을 취하였는데, 이는 지배적 지위 자체는 승인하면서 이를 남용할 경우에
그 행태를 규제하는 시장지배적 지위의 남용에 대한 규제로서 구체화되었
다.11) 또한 동일한 맥락에서 1973년의 동법의 제2차 개정 시까지 독점의
원인적 의미를 갖는 기업결합에 대한 규제는 이루어지지 않았다. 이러한
입법태도의 배경에는 전후 경제의 재건을 위하여 최소한의 경제력을 온존
할 필요성이 고려될 수밖에 없는 시대적 상황이 있었으며, 또한 사회적 시
장경제의 한 축을 이루는 경쟁질서를 경제주체들 간의 이해의 조정을 통
하여 조속히 확립하려는 입법자의 의도가 반영되었을 것이다.12)

(2) 한국에서 독점규제법의 제정

이상에서 살펴 본 바와 같이, 주요 국가에서의 독점금지법 제정은 그
과정이나 내용 면에서 상이하며, 제정 이후에도 각 나라의 경제사회적 조
건에 따라서 고유한 규범체계를 형성해 오고 있다. 그러나 적어도 인위적
인 독점화나 경쟁제한적인 행위를 규범적으로 제한하지 않는 한 본래의
의미에서의 시장경제질서를 기대하기 어려운 상황에 있었다는 점은 공통
적이며, 외부적 요인이 강하게 작용한 전후 독일과 일본의 법제정에서도
이와 같은 상황에 대한 입법자들의 인식이 전제되었다.

그렇다면 1980년 한국에서의 독점규제법의 제정 또한 이와 같은 인식
적 기초 위에서 이루어진 것으로 볼 수 있는가? David Gerber는 20세기
유럽의 경쟁정책을 통사적으로 분석하면서, 특히 후발산업국가에 있어서
산업정책(Industrialization)의 강화를 통한 자유주의적 경제사고의 쇠락과

---

11) Fritz Rittner, Wettbewerbs- und Kartellrecht, C. F. Müller, 1999, 271면 이하 참조.
12) 1949년 독일 기본법 제정과 그 이후 헌법상의 경제질서로서 사회적 시장경제의 전개
　　에 대해서는, Fritz Rittner, "Die wirtschaftsrechtliche Ordnung des Grundgesetzes",
　　40 Jahre Grundgesetz-Ringvorlesung der Rechtswissenschaftlichen Fakultat der
　　Universität Freibrug, Heidelberg, 1990, 141면 이하 참조.

이후 경제적 자유가 재평가 되어가는 과정에 대한 보편적인 이해를 구하고 있다.13) 돌이켜보면, 1980년의 우리가 이와 같은 인식 전환의 분기점에 서있었는지가 분명한 것은 아니다. 이미 1960년대 중반부터 몇 차례에 걸쳐 제안된 독점규제법 입법의 좌절을 경험하였고,14) 1980년 전후를 통하여 정부의 경제정책의 기조는 변함없이 경제발전에 우선적인 가치를 부여하고 있었다. 이러한 상황에서 시장경제질서의 형성이라는 과제가 입법자에게 시급한 것으로 받아들여진 계기는 앞서 Gerber가 언급하였던 보편적인 맥락 이상으로 구체화될 필요가 있다.

당시의 우리 내부로부터 제안되었던 경제사회적 요구는, 세계적인 불황하에서 종래 불균형성장론의 입장에서 체계화되었던 경제발전 프로그램의 수정, 그 동안에 이룩한 경제발전 성과의 내부적 조정, 경제사회적 조건의 변화에 대한 적절한 고려 등으로 집약될 수 있다.15) 무엇보다 당시 경제주체들에게 종래의 국가 주도에 의한 경제발전이 더 이상 유효하지 않을 수 있다는 인식은 경제정책의 수정을 가하는데 결정적인 역할을 한 것으로 생각된다. 이상의 문제의식이 반영된 새로운 공화국의 경제정책의 기본방향은, 발전속도의 조절을 함축하는 經濟安定化와 조정기제로서의 시장의 역할을 강조하는 經濟自由化로 상정할 수 있으며, 특히 시장 역할의 확대를 위한 법제도로서 독점규제법의 제정이 요구되었던 것으로 볼 수 있다.

2. 독점규제법의 체계와 비교법적 분석

전술한 것처럼 독점규제법 제정에 있어서 독일과 일본에서처럼 외부적

---

13) David J. Gerber, Law and Competition in Twentieth Century Europe, Oxford Univ. Press, 2001, 16면 이하 참조.
14) 독점규제법의 제정 이전의 입법화 시도에 관하여, 권오승, 경제법, 법문사, 2005, 95면 이하 참조.
15) 홍명수, 주 8)의 글, 21면.

인 강제가 중요하게 작용하였던 것은 아니다. 그러나 각국의 독점금지법이 제정되고 상당 기간 법제도 운영이 계속된 상황에서, 이들의 법규정이나 축적된 경험은 독점규제법 제정에 중요한 영향을 미쳤으며, 또한 비교법적 검토에 의한 선택적 수용이 가능한 상황에 있었다.

우선 최초 독점규제법의 기본적인 특성은 폐해규제주의의 입장을 취하고 있다는 점에서 찾을 수 있으며, 이는 지금까지도 유지되고 있는 우리 독점규제법의 기본입장이기도 하다. 즉 최초 독점규제법 제3조에 시장지배적 지위의 남용행위를 규제하는 규정을 도입하였다. 주지하다시피 이는 독일의 GWB에 기원하는 것이며, 지배적 지위 자체는 문제 삼지 않는 대신에 그 폐해만을 규제대상으로 하겠다는 독점에 대한 기본적인 대응방식에 관한 입법자의 선택을 의미한다. 따라서 독일 GWB의 태도를 수용한 것은, 단순한 법제도 계수의 의미를 넘어서 GWB의 제정시 기초가 되었던 현실경제와 경쟁규범에 관한 종합적인 인식을 우리 입법자들이 적극적으로 수용한 결과라 할 수 있다.

이 외에도 최초의 독점규제법은 비교적 정비된 법체계로서 출발하였는데, 제7조의 기업결합의 제한, 제11조의 부당한 공동행위의 제한, 제15조의 불공정거래행위의 제한 등을 규정함으로써, 경쟁의 자유와 공정을 보호하기 위한 핵심적인 제도들이 도입되었으며, 이로써 동법 제1조에서 밝힌 '공정하고 자유로운 경쟁의 촉진'을 위한 제도적 기반을 갖추었다고 볼 수 있다. 그러나 내용적으로 경쟁규범의 엄격한 적용을 완화한 측면이 있는데, 부당한 공동행위를 금지하는 대신에 등록을 요구하는 정도로 제한의 수준을 완화한 것은 대표적인 예에 해당한다. 한편 폐해규제주의와 관련한 독일의 영향과 별개로 미국이나 미국의 독점금지법체계를 원칙적으로 받아들였던 일본의 법제도 역시 많은 부분에서 영향을 미치고 있다. 예를 들어 최초 독점규제법 제17조 이하에 규정된 사업자단체에 대한 직접적인 제한은 일본 獨占禁止法 제8조에 연원하는 것이고, 불공정거래행위에 대한 규제 역시 미국의 FTC법 제5조와 이를 계수한 일본의 獨占禁止法

제19조의 불공정한 거래방법에 대한 규제에 기원한다.16) 한편 최초의 독점규제법 제20조에서 재판매가격유지행위에 대한 규제를 독립적으로 규정하고 있는 것 역시 최초 독점규제법의 한 특성이라 할 수 있는데, 재판매가격유지행위에 관한 미국을 중심으로 한 논의, 즉 상표내(intrabrand) 및 상표간(interbrand) 경쟁효과의 분석 및 형량의 필요성에 관한 논의가 구체적으로 반영되고 있다.17) 또한 동 규정은, 입법자가 명확하게 인식하고 있었는지는 별론으로 하고, 규정 자체에 위법성 평가요소를 두지 않음으로써 마치 당연위법적인 접근방식에 상응하는 규정형식을 취하고 있다는 점도 하나의 특색을 이룬다.

이상에서 알 수 있듯이, 우리의 최초의 독점규제법은 선행하는 다양한 독점금지법을 종합적으로 그리고 선택적으로 수용하였으며, 그 과정은 우리의 규범현실에 대한 이해와 현실경제적 요구의 기초 위에서 전개되었다. 이러한 전개과정은 법률적인 측면에서 동법이 갖는 한계와 문제점의 원인으로도 작용하였지만, 그렇다고 하여 동법의 제정에 의하여 경쟁질서의 확립을 위한 법제도적 기초가 마련되었다는 근본적 의의가 훼손될 수는 없다. 그러나 최초 독점규제법이 갖고 있었던 한계 역시 이후에 미친 영향은 지대한 것이고, 이에 관한 문제점이 현재 완전히 해소된 것으로 보기도 어렵다. 우선 지적할 수 있는 것은, 경제현실에 대한 고려가 충분한 것이었는지에 관한 것이다. 앞에서 언급한 것처럼, 법제정 당시의 입법자들이 동법이 경제에 미칠 충격의 완화를 고려한 것은 분명하지만, 다른 한편으로 경쟁규범의 실효성을 확보하기 위하여 당시 우리 경제의 근본적인 문제점에 관하여 충분한 이해를 하고 있었는지에 의문이다. 국가 주도의

---

16) 김영호, 불공정거래행위에 관한 연구, 서울대학교 박사학위논문, 1986, 12면.

17) 미국에서의 재판매가격유지행위에 관한 개괄로서, E. Thomas Sullivan & Jeffrey L. Harrison, Understanding Antitrust and Its Economic Implications 2nd ed., Matthew Bender, 1994, 151면 이하 참조. 한국에 재판매가격유지행위에 관한 논의가 수용된 초기 문헌으로서, 한정현, "재판매가격유지제도", 서울대학교 법학, 1976, 183면 이하 참조.

경제발전과정에서 거의 대부분의 산업이 독과점적 구조로 재편되고 또한 재벌이라는 집단적 구조로 결합되어 있는 상황에서, 폐해규제주의의 원칙에 기초한 규제만으로 개별 시장이 경쟁적인 구조로 재편될 수 있을지에 관한 문제의식이 결여되어 있었다. 또한 법체계적 정합성에 관하여 충분하게 고려되지 않았다는 점도 지적할 수 있다. 예를 들어 불공정거래행위의 제도적 의의나 기능은 시장지배적 지위의 남용규제가 존재하는지 여부에 따라서 달라질 수밖에 없는데, 법제정시에 이에 관한 문제의식이 있었는지는 의문이다. 제1차 개정에서 곧바로 폐지되었던 최초 독점규제법 제4조의 시장지배적 사업자에 의한 가격의 동조적 인상에 관한 규제도 유사한 문제를 갖고 있었다. 동 규정은 일본의 獨占禁止法 제18조의2에 기원하는 것으로서, 시장지배적 지위남용행위 규정이 없고 또한 카르텔의 금지가 세밀하게 규정되어 있지 않은 상황에서 그 의의를 찾을 수 있는 것인데,[18] 우리의 독점규제법 입장에서는 규제의 중복이 불가피하였다.

III. 독점규제법의 발전과정

1. 법개정 역사에 대한 개괄

최초 독점규제법에서 제기되었던 문제의식이 구체화되고, 또한 법해석과 적용에 있어서 초기 미숙성을 보충하는 경험이 축적되면서, 독점규제법의 제정 이후 지금까지 11차례의 법 개정이 이어졌다. 그때마다 개정의 필요성에 관한 구체적인 논의가 있었고, 각각의 쟁점이 다양하게 형성되었다. 따라서 일률적인 평가는 위험한 것이지만, 적어도 실체법적 측면에서 다음의 두 가지 관점이 독점규제법 발전과정을 분석하는데 유력할 것

---

18) 實方謙二, 獨占禁止法, 有斐閣, 1998, 253면 이하 참조.

으로 생각된다.

우선 법개정과정 전체를 일관해서 경제력집중의 문제는 가장 큰 쟁점이 되었으며, 이에 관한 논의는 여전히 현재진행형으로 계속되고 있다. 독과점적 구조가 일반화되어 있는 상황에서 개별시장적 접근만으로 경쟁적 구조로의 전환이 이루어질 수 있을지에 관한 의문은 1986년의 제1차 개정의 유력한 동인이었으며, 논의의 결과로서 지주회사의 규제, 상호출자의 규제, 출자총액제한제도 등이 경제력집중의 억제수단으로서 도입되었다. 물론 이러한 규제는 한국경제에 있어서 가장 중요한 경제적 실체인 재벌을 대상으로 한 것이다. 주지하다시피, 재벌은 한국사회에서 주요 논쟁의 진원지라 할 수 있으며, 독점규제법은 상이한 가치관과 전망이 구체적으로 대립하는 논쟁의 장을 제공하는 역할을 하였다.

또한 독점규제법의 발전과정은, 각각의 규제법리에 법리적 타당성을 부여하고 보완하는 일련의 과정으로 이해할 수 있다. 즉 독점규제법상 규제에 대한 제도적 의의와 현실에서 제기되는 문제들에 대한 이해가 심화되면서, 규제법리의 개선에 관한 구체적인 논의가 전개되어 왔다. 이러한 논의가 단지 법기술적인 차원에서만 전개되었던 것으로 볼 수는 없으며, 경쟁정책의 강화 또는 완화와 같은 기본적인 관점의 차이가 논의에 영향을 미쳤을 것이다.

2. 구체적 고찰

(1) 경제력집중의 억제(독점규제법 8조 이하)

개별시장적 규제만으로 경쟁적 구조로의 전환을 이룰 수 없다는 인식 하에서, 일반집중 내지 소유집중의 차원에서 경제력집중을 억제하는 규정이 제1차 개정 시에 도입되었다. 이후에도 경제력집중의 문제는 독점규제법상 가장 중요한 쟁점의 하나로 다루어졌으며, 논의는 지금까지도 계속되고 있다. 규제의 구체적인 내용은 지주회사의 설립금지, 상호출자의 금지, 출자총액제한제도 등이며, 1992년의 제3차 개정에서 채무보증제한제도가 보완되었다.

이상의 규제들은 모두 경제력집중 억제를 위하여 입안된 것이지만, 제도의 구체적인 의의에는 차이가 있으며, 이후의 개정에서도 일률적으로 다루어진 것은 아니다. 우선 지주회사의 원칙적 설립금지는(1차 개정법 7조의2), 2차 세계대전 이전 일본 재벌의 집단화 방식으로서 적극적으로 활용되었던 지주회사제도에 대한 일본 獨占禁止法상의 규제에 기원한다. 그러나 우리 재벌이 집단을 형성함에 있어서 지주회사방식을 적극적으로 활용한 예는 많지 않으며, 따라서 독점규제법상 규제는 예방적인 의미가 강하였던 것으로 볼 수 있다. 제1차 개정 이후 지주회사의 원칙적 설립금지는 10년 이상 지속되었지만, 1990년대 중반 일본에서 지주회사의 해금이 본격적으로 논의되고, 한국에서도 지주회사의 현실적 의의 및 기능상의 장단점에 관한 분석이 이루어지기 시작하면서,[19] 지주회사 설립금지 원칙의 전환을 맞게 되었다. 결국 1999년 2월 제7차 개정에서 지주회사의 설립이 원칙적으로 허용되고, 다만 경제력집중의 수단으로 활용되는 것을 억제할 필요에서 일련의 행위제한에 관한 규정이 도입되었다. 물론 이와 같은 제한적 허용은 지주회사의 긍정적 측면과 부정적 측면에 관한 형량의 결과로 볼 수 있으며, 지주회사제도가 재벌의 집단화에 기여할 수 있다는 입법자의 우려가 완전히 불식되지 않았다는 것을 보여준다. 그러나 다른 한편으로 개정 이후 공정거래위원회는 지주회사제도가 적극적으로 이용될 수 있는 방향으로 제도적 개선을 모색해 왔으며, 지주회사제도가 재벌의 소유 및 지배구조의 투명성을 제고하는데 긍정적인 기여를 할 것으로 기대하고 있다. 결론적으로 지주회사와 관련하여 경제력집중에 대한 우려와 기능상의 장점에 대한 사고가 병존하고 있는 상황이다.

---

19) 김건식, "지주회사규제의 재검토: 일본에서의 개정론을 중심으로", 서울대학교 법학 제37권 제1호, 1996, 299면 이하 참조.

수범자에 제한을 가하지 않고 있는 지주회사에 대한 규제와 달리, 상호출자의 금지, 출자총액의 제한, 채무보증의 금지 등의 규정은 수범자가 재벌에 한정되며, 다만 제1차 개정 시의 입법자에 의하여 재벌은 '대규모기업집단'이라는 중립적인 표현으로 대체되었다. 제1차 개정시 도입된 상호출자 금지제도는 큰 변화 없이 현재까지 유지되고 있다. 상호출자는 상법 제342조의2에 의해서도 규제되고 있는데, 동 규정은 모자회사관계를 전제하여 자회사의 모회사 주식취득을 금하고 있다. 독점규제법상의 규정은 모자회사관계를 전제하지 않고 계열관계에 있으면 상호출자를 금지하고 있으므로, 상법상의 규정을 강화한 것이라 할 수 있다. 그러나 여전히 규제대상은 직접적 상호출자에 제한되며, 따라서 실질적으로 경제력집중의 억제에 기여하고 있는지에 의문이다. 제3차 개정에 도입된 채무보증 제한에 관한 규정은 그 동안 지속적으로 강화되었으며, 결국 1998년 제6차 개정에서 신규채무보증이 원칙적으로 금지되었다. 원칙적 금지로까지 나아가게 된 것은 1997년 말 경제위기를 극복하는 과정에서 IMF의 요구가 결정적이었지만, 차입경영에 따른 재무구조의 부실화, 기업집단 전체의 연쇄도산 우려, 여신시장의 경직성과 그에 따른 자원배분의 비효율성 등에 근거한 내부적 반성과 비판의 결과이기도 하였다. 제1차 개정 시에 도입된 출자총액제한제도는 부침이 가장 심했으며, 2004년에 있었던 11차 개정에서도 집중적인 논의 대상이 되었다. 비교법적으로는 2002년 폐지되었던 일본의 獨占禁止法 제9조의2의 주식보유의 총량제한에 유사한 것이다. 출자의 동기나 내용을 불문한 총량제한의 성격상, 출자총액제한제도가 강도 높은 규제임은 분명하지만, 많은 예외규정에 의하여 본래 의도하였던 실효성이 발휘되고 있는지는 의문이다. 한편 기업의 자산운용에 대한 본질적 제한이라는 점에서 내지 투자에 대한 실질적인 억제라는 점에서의 비판도 지속적으로 제기되고 있다. 최근의 논의는 기업지배구조의 개선과 출자총액제한제도를 연계시키는 것과 관련하여 전개되고 있는데, 이는 2005년 4월 개정된 동법시행령에 반영되었다. 그러나 출자총액제한제도의 필요성과 타당성에 관한 논의에 있어서, 동제도가 도입된 근본적인 목적인 경제력집중의 억제가 여전히 정당한 정책목표인지에서부터 출발하여야 한다는 사고도 여전히 의미 있는 것으로 생각된다.[20]

경제력집중의 억제에 관한 규정이 독점규제법에 도입된 이후, 동 규정들이 경제력집중의 완화에 실질적으로 기여하였는지에 관하여 부정적인 판단이 가능하며, 최근의 지표로 보면, 경제력집중의 정도는 오히려 심화된 측면도 있다. 그러나 독점규제법상 경제력집중 억제제도의 도입은 재벌 문제를 경쟁질서의 관점에서 다루겠다는 입법자의 결단에서 비롯된 것이며, 이러한 관점이 유지되는 한, 동제도에 대한 평가는 앞으로의 법 발전에 유보되어야 할 문제라 할 수 있다.

(2) 시장지배적 지위의 남용 규제(독점규제법 제3조의2)

독점규제법 제정 시의 시장지배적 지위의 남용에 대한 규제의 기본구조는 지금까지 유지되고 있지만, 내용상으로는 작지 않은 변화가 있었다. 가장 중요한 것은 1999년 2월 제7차 개정에서 시장지배적 사업자의 지정제도를 추정제도로 전환한 것이라 할 수 있다. 시장지배적 지위의 남용은 시장지배력의 판단과 남용행위의 판단의 2단계로 이루어진다는 것은 우리 법적용기관에서도 이해되고 있었던 것이며, 시장점유율을 주로 한 지정제도 자체가 이러한 판단구조로부터 본질적으로 벗어나 있었던 것은 아니다. 그러나 매년 정기적으로 시장지배적 사업자를 일괄지정하는 것의 비효율성뿐만 아니라, 구체적 남용행위에 따른 관련시장을 전제하지 않은 시장지배력 판단이 타당한 것인지에 관한 비판이 제기되고 있었고,[21] 이러한 비판이 수용되어 독일과 마찬가지로 시장점유율을 시장지배력의 추정요건으로 규정하고 지정제도는 폐지하는 개정이 이루어졌다.

---

20) 홍명수, "출자총액제한제도의 정당성 검토", 법과 사회 제27호, 2004, 392면 이하 참조.
21) 권오승, 경제법, 법문사, 1998, 179-180면 참조.

또한 시장지배력 판단이 수요시장으로 확대된 점이나,[22] 시장지배력과 남용행위의 판단의 구체적 기준이 시행령과 공정거래위원회의 고시를 통하여 개선되어 왔다는 점도 지적할 수 있다. 그 과정에서 2001년의 독점규제법 시행령의 개정을 통하여 필수설비에 대한 접근 거절을 남용행위로서 판단할 수 있는 명시적인 근거가 마련된 점에 주목할 필요가 있다. 이는 물론 미국에서 발전되어 온 필수설비론, 특히 독일 GWB의 1999년 개정에서 명문으로 필수설비론이 받아들여진 점에 커다란 영향을 받은 것으로 생각된다. 다만 필수설비론이 태동한 미국에서조차도 이러한 법리가 기존의 거래거절 법리 이상의 특별한 경쟁규범적 의미를 갖고 있는지에 관한 본질적인 의문[23] 그리고 설비투자의 축소 등에 따른 소비자 후생의 장기적인 감소 우려 등의 경쟁정책적 문제가,[24] 입법 이후에도 여전히 남아 있다.

(3) 기업결합 규제(독점규제법 7조)

최초 제정 시부터 지금까지 기업결합에 대한 규제는 큰 변화 없이 유지되고 있다. 법리적 측면에서의 진전도 있었다. 우선 1996년 제5차 개정에서 실질적 경쟁제한성을 추정할 수 있는 규정을 도입하였으며(동법 7조 4항), 1999년 2월 제7차 개정에서 효율성에 기한 항변과 도산기업의 항변을 명문으로 받아들였다(동법 7조 2항). 특히 후자의 개정은 종래 산업합리화나 국제경쟁력 강화에 의한 항변에 비하여, 법리적으로 타당할 뿐만 아니라 경쟁정책적으로 바람직하다는 평가를 받는다. 한편 도산기업의 항변은 당시 전세계적으로 전개되었던 falling company에 관한 논의를 적극

---

22) 이에 관하여, 이봉의, "독점규제법상 수요지배력의 제문제(I)", 경제법연구, 서울대학교 경제법연구회, 1999, 14면 이하 참조.
23) Herbert Hovenkamp, Federal Antitrust Policy, West Group, 1999, 306면.
24) Phillip E. Areeda & Herbert Hovenkamp, Antitrust Law vol. IIIA, Little, Brown and Company, 1996, 201면.

적으로 수용한 의미가 있다.

그 동안의 개선에도 불구하고, 기업결합 규제와 관련하여 위법한 기업결합에 관한 시정조치에 관한 문제가 제기되고 있다. 그 동안 중요한 기업결합 사례에서 공정거래위원회는 위법성을 확인하면서도, 시정조치는 구조적 조치가 아닌, 행위제한조치에 머물렀다. 현대자동차와 기아자동차의 결합,25) SKT와 신세기통신의 결합이26) 대표적인 예인데, 이는 실질적으로 위법한 기업결합에 대한 우회적인 허용이 아닌지에 관한 우려가 있다. 한편 전술한 것처럼, 항변사유의 개정은 법리적인 측면에서 긍정적으로 볼 수 있지만, 이와 관련하여 동법 제7조 제1항 본문에 규정된 기업결합의 실질적 경쟁제한성 판단과 효율성이나 도산기업에 기초한 항변사유 사이에 체계적인 이해가 필요하다. 또한 동법 제7조 제3항에 규정된 불공정한 기업결합에 대한 규제를 독점규제법에 굳이 규정할 필요가 있는지에 관한 의문도 해소되지 않은 채 남아있다.27)

(4) 부당 공동행위 규제(독점규제법 19조)

법제정 당시 공동행위에 대한 규제는 등록제로서, 카르텔 규제에 있어서 실효성을 기대할 수 없는 입법태도를 취하였다. 1986년의 제1차 개정에서 곧바로 원칙적 금지로 전환하였으며, 이로써 카르텔에 대한 실질적인 규제가 시작된 것으로 볼 수 있다. 또한 동 개정에서 제11조 제3항의 부당한 공동행위 추정에 관한 규정이 도입되었는데, 규제의 실효성을 제고하기 위한 목적에서 입법된 것으로 생각되며, 그 대강을 유지한 채 많은 논란과 함께 현재에도 법 제19조 제5항으로 남아 있다. 법리적인 측면에서 보면 1999년 2월의 제7차 개정도 의미 있는 발전이라 할 수 있다. 동 개정에 의하여 동법 제19조 제1항에서 공동행위의 위법성을 기술하는 내

---

25) 공정위 의결 2002. 6. 18, 2002기결0610.
26) 공정위 의결 2000. 5. 16, 2000기결0129.
27) 권오승, 주 14)의 책, 245면.

용이 '일정한 거래분야에서 경쟁을 실질적으로 제한하는'에서 '부당하게 경쟁을 제한하는'으로 바뀌었는데, 공동행위 자체로 위법성이 명백한 경성 카르텔적인 경우가 존재할 수 있음을 고려한 것으로 이해된다.[28]

현재 부당 공동행위에서 제기되고 있는 가장 큰 쟁점은, 전술한 동법 제19조 제5항에 규정된 추정에 관한 것이다. 비교법적으로 보면, 미국에서의 인식 있는 병행행위나 유럽에서의 동조적 행위와 같은 개념을 통하여 공동행위의 외연을 확장하려는 논의가 전개되고 있으며, 이 경우에 행위의 일치 이외에 추가적으로 공동행위의 개연성이 있는 요소들에 대한 입증이 요구된다. 우리 입법자들이 이러한 문제의식에서 추정제도를 도입한 것은 분명하지만, 대법원이 지속적으로 이때의 추정을 법률상 추정으로 이해하고 엄격한 문리적 해석의 전개를 통하여 추가적 요소의 존재를 추정요건에서 제외함으로써,[29] 공동행위로 규제될 가능성은 지나치게 넓어진 상황에 있다. 최초의 문제의식에 부합하는 해석론을 구성할 필요성이 있으며, 나아가 입법적인 해결의 가능성도 검토되어야 한다.[30]

또한 공동행위가 일어나는 현실경제에 대한 지속적인 관찰이 요구된다. 예를 들어 행정지도에 의한 공동행위나 입찰담합과 같이 그 행태가 전형적으로 나타나는 경우에, 이에 대한 집중적인 분석이 이루어질 필요가 있다.

(5) 불공정거래행위 규제(독점규제법 23조)

전술한 것처럼, 법제정시 불공정거래행위에 대한 규제를 둔 것은 독점규제법의 중요한 특징으로서, 미국 그리고 직접적으로 일본의 독점금지법의 영향을 받은 것이다. 그러나 법제정시 독점규제법 전체의 관점에서 동

---

28) 개정 이전에 종래 규정상 위법성 판단기준에 관한 문제점을 지적한 것으로서, 권오승, "부당한 공동행위의 제한", 독점규제법시행 10주년기념학술대회, 1991, 12-13면 참조.

29) 이는 현재 대법원의 확고한 입장으로 여겨진다. 대법원 2002. 5. 28. 선고, 2000두1386 판결 참조.

30) 권오승, 주 14)의 책, 303면 참조.

규정에 대한 체계적인 이해는 결여되어 있었고, 이를 보완하려는 시도가 계속되었다. 이에 관한 논의과정에서 각각 경쟁의 자유와 경쟁의 공정에 초점을 맞춘 독일의 경쟁제한방지법(GWB)과 부정경쟁방지법(UWG)의 관계는 중요한 전범이 되었다. 즉 불공정거래행위에 대한 규제를 독점규제법상 다른 규제와 구분하여 각각 공정과 자유를 보호법익으로 한다는 체계적 이해가 제시되었는데,31) 이는 입법 초기에 우리 독점규제법 전반에 걸친 이해를 제고하는데 일정한 기여를 한 것으로 볼 수 있다. 그러나 불공정거래행위의 구체적인 유형 중에서 불공정성 판단을 위하여 경쟁의 다양한 측면이 고려될 수밖에 없는 유형들이 발견되면서, 이상의 체계적인 이해를 엄격하게 유지하는 것의 한계가 드러나고 있다. 이미 대법원은 "부당성 판단은 거래당사자의 거래상의 지위 내지 법률관계, 상대방의 선택가능성·사업규모 등의 시장상황, 그 행위의 목적 및 효과, 관련 법규의 특성 및 내용 등의 사정을 종합적으로 고려하여 그 행위가 공정하고 자유로운 경쟁을 저해할 우려가 있는지의 여부에 따라서 이루어진다"고32) 보고 있다. 결국 불공정거래행위에 있어서 불공정성 판단의 기준은, 개별 행위들의 경쟁규범적 의의를 분석하고, 이에 기초하여 구체화할 필요가 있다.33)

구체적인 불공정거래행위 유형 중에서, 1999년 2월 제7차 개정으로 추가된 부당한 지원행위는(동법 23조 1항 7호) 비교법적으로 그 예를 찾기 힘든 한국 독점규제법의 고유한 규제에 해당한다. 동 규정은 입법취지상 재벌에 의한 경제력집중 억제를 위한 것으로서, 입법시에 불공정거래행위로서 규정하는 것이 타당한 지에 관한 논의가 있었다.34) 그러나 부당지원

---

31) 정호열, "불공정거래행위에 대한 규제", 권오승 편, 공정거래법강의, 법문사, 1996, 299면 이하 참조.

32) 대법원 1998. 9. 8. 선고, 96누9003 판결.

33) 시장지배적 지위남용행위와 불공정거래행위 사이의 체계적 관련성을, 끼워팔기와 같은 구체적 법위반행위를 대상으로 하여 논하고 있는 것으로서, 이봉의, "독점적 사업자의 끼워팔기: 마이크로소프트사(MS)의 지위남용을 중심으로", 법과 사회 제27호, 2004, 331면 이하 참조.

행위가 비단 재벌에 한정되어 나타나는 것은 아니며, 부당지원행위의 폐해는 개별시장에서 파악될 수 있는 것이므로, 이러한 규정태도가 부당지원행위의 본질에서 크게 벗어나는 것으로 생각되지 않는다. 다만 불공정거래행위로서의 부당지원행위의 부당성 판단의 기준을 제시하는 것이 앞으로의 과제로 남겨져 있다.[35]

(6) 재판매가격유지행위 규제(독점규제법 29조)

법제정시 재판매가격유지행위 규제는 미국에서의 논의와 판례로부터 상당한 영향을 받은 것으로 이해된다. 특히 위법성 판단에 관한 기술이 배제된 당연위법적인 규정태도는 미국 판례에서 당연위법의 법리에 의하여 재판매가격유지행위를 다루는 것을 반영한 것이라 볼 수 있다.[36] 나아가 2001년의 제9차 개정에서 단서를 삽입하여, "상품이나 용역을 일정한 가격 이상으로 거래하지 못하도록 하는 최고가격유지행위로서 정당한 이유가 있는 경우에는 그러하지 아니하다"고 규정한 것은, 미국 연방대법원의 Khan 판결에서[37] 최고가격제 방식의 재판매가격유지행위에 당연위법 적용을 부정한 것이 반영된 것으로 생각된다.

그러나 당연위법의 법리가 우리 법제에서 수용될 수 있을 지에 관하여 대체로 부정적인 것을 감안한다면, 조문형식에 구애받지 않고 실질적인 경쟁제한심사가 가능한 것으로 이해할 수도 있다. 한편 동법 제29조 제2항은 저작물과 일정한 요건을 갖추고 공정거래위원회의 사전신고를 받은 상표품의 경우에 예외를 인정하고 있다. 저작물에 관해서는 저작의 활성화와 같은 예외인정 동기가 여전히 유효한지 현재 시점에서 검토할 필요

---

34) 권오승, 주 14)의 책, 285면 이하 참조.
35) 이호영, "상품·용역거래를 통한 계열회사 지원의 규제", 경제법판례연구, 2004, 220면 이하 참조.
36) 당연위법의 원칙과 합리성의 원칙에 관한 미국에서의 최근까지의 논의과정과 시사점을 상론한 것으로서, 양명조, 경제법강의, 신조사, 2005, 32-41면 참조.
37) State Oil Co. v. Khan, 522 U.S. 3(1997).

가 있으며, 상표품의 경우에는 사전 지정방식에 의한 적용제외가 상표내 경쟁제한성에 대한 고려를 경쟁제한성 판단에 흡수시키는 것보다 타당한 방식인지에 관한 재고가 필요하다.

Ⅳ. 앞으로의 과제

1. 법리적 타당성과 체계정합성 문제

독점규제법의 발전과정을 되돌아보면, 각 규제의 경쟁정책적 의의를 밝히고, 법적용의 타당성을 발전시켜 나아간 과정으로 이해된다. 그러나 앞의 Ⅲ. 2.에서 살펴본 것처럼, 여전히 남아있는 문제들이 있으며, 그 해결을 위하여 지속적으로 경쟁법리적 이해를 심화시켜 나아가야 할 것이다.

체계적 정합성 문제는 선행하는 외국의 독점금지법을 종합적으로 계수하는 과정에서 불가피하게 제기되었던 문제라 할 수 있다. 전술한 불공정거래행위의 이해와 관련된 문제도 그 중 하나라 할 것이다. 그러나 좀 더 근본적으로 우리 입법자가 폐해규제적 태도를 기본원칙으로 채택하고 있다는 점이 체계적 논의에 있어서 언제나 전제가 되어야 한다. 즉 시장지배적 사업자가 존재하는 시장에서 지배적 사업자의 남용행위에 대한 규제와 그와 같은 시장경직성이 사전적으로 요구되지 않는 불공정거래행위에 대한 규제 사이의 규범목적적인 조화를 도모할 필요가 있다.

기업결합에 대해서도 이러한 맥락에서 논의의 여지가 있다. 독일 GWB 제36조는 기업결합이 시장지배적 지위를 발생시키거나 강화할 것으로 예상되는 기업결합을 금지하고 있다. 이는 폐해규제주의적 입장에서 시장지배적 지위의 남용행위를 규제하고, 예외적으로 원인적인 의미가 있는 기업결합을 금지하고 있는 체계에 부합하는 것이라 할 수 있다. 이러한 점에서 기업결합의 위법성을 '경쟁을 실질적으로 제한하는'으로 구성하고 있는 현행법 규정의 의의에 대한 근본적인 이해가 요구된다 하겠다.

2. 경쟁정책과 산업정책의 조화

경쟁정책과 산업정책의 문제는 경쟁질서의 유지를 목적으로 한 독점금지법체계가 성립된 이후부터 줄곧 제기되었던 문제이다. 특히 최근에 들어서는 통신산업이나 전력산업과 같이 과거 정부주도의 산업들이 민영화 과정을 거치면서, 이행기적 문제가 많이 발생하고 있다. Meinrad Dreher는 헌법상의 기본질서로서의 경쟁질서에 관련된 것이므로 경쟁정책이 산업정책 등에 대하여 규범적으로 우월하다는 논지를 피력하고 있다.[38] 그러나 구체적인 문제에 접했을 때, 경쟁정책의 우선 적용에 있어서 현실적인 한계를 부인할 수 없다.

제도적인 측면에서는 산업정책의 담당기관과 공정거래위원회 사이에 협력가능성을 보장하는 것이 중요할 것이다. 나아가 경쟁정책에 대한 올바른 인식이 산업규제기관과 공정거래위원회 사이에 쌍방향적으로 이루어져야 한다. 산업규제기관으로서는 시장에 의한 자율적 조정메커니즘이 가능한 지에 대하여, 그리고 공정거래위원회로서는 문제가 되는 시장에서 경쟁질서가 구축되기 위하여 인위적인 개입이 여전히 필요한 지에 대하여 진지한 고려가 있어야 한다.

3. 경쟁정책과 Globalization

오늘날 국제거래의 확대와 자유화 경향은 경쟁정책은 한 국가에 제한될 수 없는 근거가 된다. 세계화의 차원에서 우리 독점규제법이 부딪칠 수 있

---

38) Meinrad Dreher, "Das Rang des Wettbewerbs im europäischen Gemeinschaftsrecht", WuW, 1998, 656면 이하 참조.

는 문제는 대내적 그리고 대외적으로 구분될 수 있다. 우선 대내적으로 세계화에 상응하는 법리적 구성이 필요할 것이다. 미국에서 시작된 역외적용은 우리나라의 하급심 판결에 수용되었으며, 현재로서는 미국 Alcoa 판결에서[39] 제시되었던 영향이론이 역외적용의 주된 법리적 근거가 되고 있다. 또한 관련시장의 획정 문제가 현안으로 다가서고 있다. 유럽위원회의 Microsoft 사건의 결정에서 관련시장은 전 세계로 획정되었는데, 비용조건이 동일할 수밖에 없는 상품에 있어서 관련시장은 확대될 수밖에 없을 것이고, 이에 관한 분석기법이 준비될 필요가 있다.

대외적으로 보면, 경쟁규범의 세계적 통일화 경향이 나타나고 있으며, 국제무역에 있어서 자유롭고 공정한 경쟁을 촉진시키기 위한 경쟁라운드가 전개되고 있다. 최종적인 결론에 이르는 것이 아직은 요원한 것으로 생각되지만, 이미 그 동안의 논의에서 이루어진 최소한의 합의는 우리의 경쟁법의 발전에도 중요한 지침이 될 수 있을 것이다. 이와 관련하여 OECD가 2003년에 작성한 파리포럼보고서는 그 동안의 논의 성과와 앞으로의 전개의 기초를 제공하고 있다는 점에서 중요한 의미가 있다. 구체적으로 동 보고서는 도하선언에서 제시된 무역과 경쟁에 관한 핵심원칙인 투명성, 무차별주의, 절차적 공정성이 경쟁정책의 관점에서도 핵심원칙에 해당함을 밝히고 있고, 경성카르텔에 대한 대응방안의 모색, 각국의 경쟁당국사이에 협력방안, 무역정책과 경쟁정책의 관점에서 타당한 경쟁제도의 형성과 강화, 그리고 개발도상국에서 경쟁정책이 발전할 수 있도록 지원하는 문제 등을 우선적으로 다루고 있다.[40]

한편 EC와 같이 보다 작은 지역적 범위 내에서, 예를 들어 동북아시아와 같은 범위 내에서 각국의 경쟁규범을 조화시킬 필요성이 있으며, 이에 관한 논의에 적극적으로 참여하는 것 또한 우리의 중요한 과제라 할 것이다.

---

39) U. S. v. Aluminum Co. of America, 148 F. 2d 416(2d Cir. 1945).
40) OECD, Trade and Competition: From Doha to Cancun, 2003, 4면.

2. 한국 경쟁정책의 평가와 전망 - 법학적 관점 -

I. 서론

독점규제법이 제정된 이후 30년 이상의 시간이 흘렀다. 한 세대를 넘는 기간 동안 독점규제법의 역사가 이어지면서, 집행 경험이 축적되고, 규제 기관과 수범자 모두에게서 경쟁정책과 법제도에 대한 이해도 깊어졌다. 물론 독점규제법의 시행이 가져다 준 성과는 이에 한하지 않을 것이다. 흔히 간과되는 것이지만, 경제질서의 원리로서 시장경제의 실질적 구현에 독점규제법이 기여한 바는 크다. 1990년대 말의 경제위기 시에 우리 경제에서 진정한 의미의 시장은 존재하지 않는다는 견해가 있었다.[1] 다소 과장된 것이기는 하지만, 이러한 주장은 기능적인 관점에서 분명 타당한 일면을 갖고 있었으며, 시장과 정부의 역할을 정하는 문제, 즉 규제가 타당한 영역을 정하는 문제 이전에 시장의 본래적 기능을 회복하는 것이 우리 경제의 선결적 과제라는 인식과 궤를 같이한다. 시장의 자율적 조정 기제가 실질적으로 작동하는 것은 시장경제를 유지하기 위한 당연한 전제이며, 이를 경제질서의 기본 원리로 채택하기 위한 규범적 정당성의 기초가 된다.[2] 이러한 관점에서 시장을 기능적으로 유지하기 위한 경쟁 메커니즘

---

1) 정운찬, "한국 자본주의의 전환을 위한 제언", 당대비평 제5호, 1998. 272면 이하 참조.

(mechanism)의 보호는 시장경제를 경제질서의 원리로 수용하고 있는 헌법상 요구이며, 이를 구체화하는 과정에서 독점규제법의 역할은 결정적인 의미가 있다.[3]

독점규제법은 앞서 경쟁정책을 제도적으로 실현하고 있었던 선진 입법을 참고하여 제정되었다. 1980년 독점규제법 제정이 갖는 의의에 대하여 일반적인 또는 시대적 상황에 따른 구체적인 이해가 가능할 것이다.[4] 그러나 어떠한 이해의 틀을 가져오더라도 후발 입법으로서의 한계를 피할 수 없었으며, 제도에 대한 구체적인 이해가 충분히 뒷받침되지 못한 상황에서 입법이 이루어졌다. 돌이켜보면, 제정 이후 독점규제법의 역사에서 선진 입법에서 발전하여 온 법리와의 간격을 줄이려는 시도가 많은 부분을 차지한다. 오늘날 그 간격이 줄어든 것은 분명하지만, 여전히 미국과 유럽 경쟁법의 동향은 주의를 환기시키는 계기가 되고 있다. 물론 우리 고유의 문제의식이 독점규제법에 투영된 부분도 적지 않다. 또한 전체 법질서 안에서 독점규제법의 문제를 사고하고자 하는 시도는, 언제나 경쟁정책적 관점에서 긍정적인 결과를 낳은 것은 아니지만, 독점규제법에 대한 이해의 폭을 넓히는데 기여해 왔다.

이 모든 것이 독점규제법의 발전 과정에서 고려되어야 하며, 이로부터 긍정적 평가가 가능한 부분이 드러날 것이다. 그러나 다른 한편으로 경쟁정책의 의의를 끊임없이 변화하는 경제사회적 조건 하에서 균형 있게 사

---

2) 계약자유와 경쟁을 상호 전제 조건으로 이해하는 것으로서, Fritz Rittner, "Vertragsfreiheit und Wettbewerbspolitik", Festschrift für A. Sölter, Heymann, 1982, 30-31면. 또한 독일 기본법 제2조 제1항의 인격의 자유로운 발현에서 계약자치(Vertragsautonomie)뿐만 아니라 경쟁의 자유(Wettbewerbsfreiheit)의 헌법적 근거를 구하고 있는 것으로, Rolf Schmidt und Stephanie Seidel, Grundgesetz, Verlag Rolf Schmidt, 2000, 92면.

3) 권오승, 경제법, 법문사, 2014, 55면.

4) 경제적 발전과 정치적 민주주의의 확산이 경쟁정책의 입법화에 영향을 미치고 있음을 분석한 것으로, David J. Gerber, Law and Competition in Twentieth Century Europe, Oxford Univ. Press, 2001, 16면 이하 참조.

고하고, 구체적 실현 과정에서 개선이 요구되는 부분은 여전히 남아 있으며, 우리의 전망이 시작되는 지점을 시사한다. 이하에서의 논의는 현재의 시점에서 법의 관점에서 바라 본 한국 경쟁정책의 평가와 전망에 관한 것이다. 우선 경쟁정책의 의의를 전체적으로 조망하고(II), 이어서 독점규제법을 중심으로 현재까지 이어져 온 경과와 나아갈 방향에 대하여 검토하고자 한다. 구체적으로 법 목적과 방법론의 문제(III), 규제 법리의 개선(IV), 집행 절차의 개선(V)의 순으로 논의를 전개할 것이다.

II. 경쟁정책의 재고

1. 경쟁정책과 경제정책

경쟁정책은 국가가 수행하는 다양한 경제정책의 일부를 구성할 뿐이다. Fikentscher의 정의에 따르면, 경제법은 "특정한 경제제도의 범위 안에서 경제적 정당성의 척도에 의하여 승인된 경제주체들의 자기실현과 삶의 유지를 보장하기 위하여 일반적인 원칙하에 그리고 전체적이거나 특별한 개입을 통하여 경제재의 위치와 위치의 상호 전환의 자유를 규율하는 법적으로 의미 있는 규범을 포괄하는 것"을[5] 의미하며, 이 정의에서 경쟁법의 역할은 기본적으로 상호 전환의 자유를 보장하는 것에 있다. 더욱이 사회적 시장경제를 경제질서의 원리로 받아들이고, 규범적으로 사회원리와 경제원리를 통합한 체제를 구축함으로써[6] 경쟁정책이 유효한 범위는 그 한

---

5) Wolfgang Fikentscher, Wirtschaftsrecht-B1 Weltwirtschaftsrecht, Europäisches Wirtschaftsrecht, C. H. Beck, 1983, 1면.
6) 사회적 시장경제의 의의에 관하여, Alfred Müller-Armack, "The Social Aspect of the Economic System", Horst Friedrich Wünsche supervised ed., Standard Texts on the Social Market Economy, Gustav Fisher, 1982, 17-21면 참조. 우리나라 경제질서를 사회적 시장경제로 이해하는 것에 관하여, 성낙인, 헌법학, 법문

도로 제약될 수밖에 없다. 이러한 상황에서 경쟁정책과 국가가 수행하는 다른 경제정책과의 관계를 어떻게 이해할 것인지의 문제는 필연적이다. 이는 시장참가자들의 자율과 정부의 고권적 개입의 경계를 정하는 본질적인 문제와 잇닿으며, 다양한 층위에서의 논의가 필요한 주제이기도 하다.

우선 헌법적 차원에서 시장과 정부의 역할과 양자의 관계는 경제질서의 기본 원리를 정하고 있는 헌법 제119조의[7] 해석 문제와 관련된다. 구체적으로 헌법 제119조 제1항은 헌법상 경제질서가 시장경제에 기초하고 있음을 밝히고 있으며, 제2항은 국민경제의 균형 성장 등 국가의 규제가 가능한 목적을 열거하고 있다. 두 조항의 해석에 있어서, 양자의 관계를 원칙과 예외로 이해하거나 양자 모두 고유한 규범적 의의를 가진다는 점에서 대등한 위치에 있는 것으로 보는 견해가 대립한다.[8] 시장의 기능이 원활히 작동하도록 하는 것에 초점을 맞추는 경쟁정책은 원칙적으로 시장경제를 천명하는 제1항에 소급하는 반면, 제2항은 다양한 목적에 따른 규제의 헌법적 근거를 제공한다. 따라서 양자의 관계에 대한 해석은 경쟁정책과 산업정책 등 다양한 경제정책 간에 규범적 우열을 이해하는데 영향을 미칠 것이다. 그러나 현재 전개되고 있는 논의 상황에 비추어, 이에 관한 결론이 쉽사리 도출될 것으로 보이지는 않으며, 결국 헌법적 판단의 유보를 전제로 경쟁정책의 위상을 구체적으로 검토하는 과제가 주어지고 있다. 이와 관련하여 경쟁정책은 경제질서의 구성 원리로부터 도출되는 것이므로, 다른 경제정책에 대하여 규범적 우위를 갖는다는 Dreher의 견해는[9]

사, 2013, 271-272면. 헌법재판소의 결정에서 이를 확인한 것으로, 헌재 1998. 4. 25. 선고 92헌바47 결정.

7) 헌법 제119조 ① 대한민국의 경제질서는 개인과 기업의 경제상의 자유와 창의를 존중함을 기본으로 한다. ② 국가는 균형 있는 국민경제의 성장 및 안정과 적정한 소득의 분배를 유지하고, 시장의 지배와 경제력의 남용을 방지하며, 경제주체 간의 조화를 통한 경제의 민주화를 위하여 경제에 관한 규제와 조정을 할 수 있다.

8) 이에 관한 상세한 논의는, 법제처, 헌법주석서 IV, 2010, 483-484면(전광석 집필 부분) 참조.

9) Meinrad Dreher, "Das Rang des Wettbewerbs im europäischen Gemeins-

참고할 만하다. 물론 헌법에서의 논의가 시사하듯이, 경쟁정책을 포함하여 각각의 경제정책은 헌법적 근거를 갖고 있고, 이 헌법 규정들 간의 우열이 전제되지 않는 상황에서 경쟁정책의 우위를 일반적으로 관철하기는 어려울 것이다. 그러나 질서원리로부터 도출된 경쟁정책의 의의는 정책 충돌의 상황에서 경쟁정책의 중요성을 상기시키고, 최소한 형량에서 고려해야 하는 한쪽 추의 의미를 되짚어 준다. 이러한 점에서 미국 '반독점법 현대화 위원회'(AMC; Antitrust Modernization Commission)의 "일반적으로 경쟁이 달성할 수 없는 중요한 사회적 이익을 경제적 규제가 달성할 수 있다고 하는 주장에 대하여 회의적(skeptical)인 태도가 유지되어야 한다"는[10] 지적은 유력한 의미가 있다. 물론 의문의 여지없이 규제가 타당한 영역은 여전히 존재하지만, 그 타당성의 검토에 있어서 경쟁정책적 관점도 반영되어야 한다.[11]

경쟁정책에 대한 이해를 제고하기 위하여, 두 가지 점에서 특별한 주의를 요한다. 우선 정책결정권자의 경쟁정책에 대한 인식은 현실적으로 경쟁정책의 실현에 있어서 가장 중요한 요소가 될 수 있다. 지난 정부의 몇 가지 예를 보면, 경쟁정책을 명백히 경쟁의 왜곡을 초래할 수밖에 없는 인위적 가격정책으로 치환하거나 공공발주사업의 신속한 수행을 카르텔 정책에 우선시키는 등의 예가 있었다. 결국 애초의 정책 목표조차도 달성한 것으로 보기 어려운 이와 같은 예는 경쟁정책의 몰이해가 낳은 결과이며, 그 폐해가 단지 당해 정책 실패에 머물지 않고 국민경제 전체의 부담으로

chaftsrecht", WuW, 1998, 656면 이하 참조.

10) AMC(Antitrust Modernization Commission), Report and Recommendations, 2007, 338.

11) 예를 들어, 새로운 방송서비스 제공 방식의 규제와 관련하여 OECD는 "(방송의 성격을 포함한) IPTV에 대한 정의가 전통적인 방송 규제가 IPTV에 적용될 필요가 있다는 것을 함축하는 것은 아니며, 오히려 관련 시장에서 점증하는 경쟁 수준에 의하여 방송 규제가 완화될 수 있다는 것을 함축할 수 있다"고 지적하였는데, 이러한 시각은 규제 산업 영역에서 경쟁정책이 수행하는 역할을 보여주는 것이다. OECD, IPTV: Market Developments and Regulatory Treatment, 2007, 6면 참조.

이어질 수 있음을 보여준다. 또한 정책 충돌을 상시적인 것으로 받아들이고, 이에 제도적으로 대응하는 것도 중요하다. 이러한 맥락에서 규제 산업 영역에서 경쟁정책의 중요성이 산업 내재적으로 확산되고 있다는 점도 아울러 고려되어야 한다.[12] 이러한 상황은 경쟁 기관과 규제 산업 기관 간에 협력의 계기 또한 주어지고 있음을 의미한다. 두 가지 측면에서 모두 현재 제도적 설계는 충분하지 못하다. 이와 관련하여 영국 경쟁법 체계에서 경쟁 기관과 규제 산업 기관이 경쟁정책의 실현 기구로서 관할을 공유하게 하거나,[13] 독일 통신법(Telekommunikationsgesetz)에서처럼 경쟁제한방지법(GWB; Gesetz gegen Wettbewerbsbeschränkungen)과의 충돌에 관한 절차적 해결 조항을 두는[14] 등의 비교법적 예를 참고할 수 있을 것이다. 무엇보다 경쟁정책의 주 실현 기관으로서 공정거래위원회의 전문성

12) "규제가 경쟁적 목표를 달성하기 위하여 경쟁의 존재나 시장의 힘의 작용에 의존할 경우에 경쟁법은 반드시 적용되어야 한다"는 지적으로, AMC, 주 10)의 책, 338면.

13) 예를 들어, 통신산업에 대한 규제 기관인 통신청(Ofcom; Office of Communications)은 통신법(Communications Act 2003) 제371조에 근거하여 경쟁제한적 행위에 대하여 일반 규제 기관인 공정거래청(OFT; Office of Fair Trading)과 함께 공동으로 관할권을 갖는다. 공동 관할에 관한 세부적인 절차는 경쟁법(Competition Act) 제54조에 근거하여 제정된 '경쟁법 공동관할 규칙(Competition Act Concurrency Regulations 2004)' 및 공정거래청이 통신청을 포함한 전문 규제 기관과 협력하여 제정한 '규제산업의 공동관할에 관한 가이드라인(Guideline on Concurrent Application to Regulated Industries)'에 의한다.

14) 독일 통신법 제2조 제3항은 "경쟁제한방지법의 규정은 ─ 통신법상의 규정에도 불구하고 ─ 영향을 받지 않는다"고 규정하여, 경쟁법과 통신법의 경합적 적용의 문제를 입법적으로 명확히 하고 있다. 또한 제82조는 통신 산업의 규제 기관이 사업의 인가나 제한을 할 경우 또는 시장을 획정하거나 지배력을 평가할 경우에 연방카르텔청과 협력할 것을 요구하고, 통신법과 경쟁제한방지법에 의한 규제를 할 경우 상대 관청의 절차에의 참여와 의견 진술의 기회를 제공할 것을 의무화하고 있다. 또한 통신법의 해석에 있어서 경쟁제한방지법과의 관련성에 따른 통일적인 해석을 요구하는 내용의 규정을 두고 있다. 제2조 제3항의 의의에 관하여, Klaus-Dieter Scheurle & Thomas Mayen hrsg., Telekommunikationsgesetz Kommentar, C. H. Beck, 2002, 84면 참조.

과 경쟁정책 실현에 있어서 규제 산업 기관과의 협력적 관계 설정이 조화
될 필요가 있다.

2. 경쟁정책과 재벌정책

재벌은 현실 경제에서 핵심적인 역할을 수행하는 경제적 실체로 존재한
다. 따라서 모든 경제정책에서 재벌에 대한 고려는 피할 수 없으며, 경쟁
정책도 예외는 아니다. 주지하다시피 1986년 제1차 독점규제법 개정 시부
터 재벌 문제는 경쟁정책과 불가피하게 관련될 수밖에 없었다. 동 개정은
경제력 집중을 억제하기 위하여 지주회사의 금지나 대규모 기업집단의 출
자제한과 같은 사전적 규제의 도입을 특징으로 하며, 제도의 존폐나 내용
의 변화가 거듭되었지만 입법 당시 제도의 기본 골격은 현재까지 계속되
고 있다. 경제력집중 억제의 규제 대상은 대규모 기업집단으로 상정되었
지만, 이는 전형적인 재벌의 구조와 집단적 운영 상황을 염두에 둔 것이라
는 점에서 동 규제가 재벌을 직접적인 대상으로 하고 있다는 점에 의문은
없다. 독점규제법상 재벌 규제의 도입과 관련하여 두 가지 측면에서 의의
가 있다. 우선 동 규제는 재벌 해체가 아닌 기존 재벌의 존재를 수용하면
서, 그 확대를 억제하는 방향으로 설계되었다는 점에 주목할 필요가 있다.
이러한 결정은 재벌정책의 기본 방향을 제시한 것이며, 이후 기본적으로
이러한 방향이 수정되지는 않았다. 또한 재벌 문제를 독점규제법의 틀 안
에 수용한 것 자체가 갖는 의미가 강조되어야 한다. 독점규제법상 경제력
집중 억제를 위한 규제의 도입은 재벌 문제의 모든 것은 아니지만, 적어도
경쟁정책적으로 문제가 되는 부분은 독점규제법에 의하여 규제하려는 입
법 의도가 반영된 것이다.[15] 이러한 입법적 의의는 독점규제법 내에서 재

---

15) 홍명수, "경제력집중 억제", 권오승 편저, 독점규제법 30년, 법문사, 2011, 245-249
　　면 참조.

벌 문제를 다룰 경우, 경쟁정책적 관점을 넘어서는 부분에 대하여 신중할 필요가 있음을 시사하는 것이다.

입법 이후 경제력 집중 억제를 위한 규제의 변화 과정은 다음의 세 가지 흐름으로 나타난다. 첫째 최초 입법시 주된 규제 방식이었던 사전적 규제는 지속적으로 완화되어 왔다. 지주회사 금지제도는 1999년 개정에 의하여 원칙적으로 설립을 허용하는 대신에 일정한 행위 제한을 부과하는 방식으로 변경되었고,16) 특히 많은 논란을 불러일으키며 입법적 변화가 심했던 출자총액제한제도는 2009년 개정에서 최종적으로 폐지되었다.17) 이러한 과정은 재벌의 기능이나 역할 그리고 이에 대한 인식의 변화에 기인하는 것이지만, 지나치게 획일적이고 형식적인 규제로서 제도가 갖는 불합리성의 문제도 제도 변화에 일정한 영향을 미쳤다. 둘째 사전적 규제의 축소에 대응하여 사후적으로 재벌의 행위를 구체적인 시장의 틀 안에서 다루려는 시도가 유력하게 전개되었다. 이러한 변화는 1998년 개정에 의하여 도입된 불공정거래행위의 한 유형으로서 부당지원행위의 규제에 의하여 구체화되었다. 대법원은 비교법적으로 유사한 규제가 없는 상황에서 지원행위의 부당성 판단 기준을 시장에서의 경쟁제한성과 경제력 집중을 종합하여 제시하였는데,18) 개별 시장에 기초한 부당성 판단은 구체적 행태에 초점을 맞추어 재벌 문제를 다루려는 사고의 전환을 보여준다. 셋째 정보 제공 의무를 부과하는 등 기존의 엄격한 규제를 대신하여 새로운 형태의 규제 수단이 도입된 것도 주목할 만하다. 특히 기업 지배 구조나 내부거래 등의 공개는 시장참가자들의 직·간접적인 압력에 의한 자율적 조정 가능성을 염두에 둔 것으로서 지속적으로 공개 범위가 확대되었다. 물론

---

16) 지주회사 금지제도 개정 시의 논의 과정과 일본의 영향에 관하여, 홍명수, 재벌의 경제력집중 규제, 경인문화사, 2006, 174-176면 참조.

17) 출자총액제한제도의 변화 과정에 관하여, 홍명수, 주 15)의 글, 252-253면 참조.

18) 대법원 2004. 3. 12. 선고 2001두7220 판결. 동 판결의 의의와 지원행위의 의의 및 부당성 판단에 관하여, 홍명수, "현저한 규모에 의한 지원행위(물량몰아주기)의 규제 법리 고찰", 법과 사회 제42호, 2012, 229면 이하 참조.

정보를 공유한다고 하더라도 시장참가자들의 행태에 미치는 변수는 다양하기 때문에, 이러한 의무 부과로부터 상당한 성과를 기대하는 것 자체는 과도한 것이지만, 새로운 방식의 규제로서 긍정적으로 평가할 부분도 있다.[19]

현 정부의 경제력 집중 억제에 대한 규제는 다소 강화된 방향으로 전개되고 있다. 우선 순환출자의 규제 범위를 직접적 상호출자 이상으로 확대하였다.[20] 2009년 출자총액제한제도의 폐지 이후 대규모 기업집단의 확대가 두드러지면서 기존의 상호출자금지제도만으로는 이를 억제하는데 한계가 있다는 인식에 따른 것이다. 또한 부당지원행위 규제도 강화되었는데, 특히 부당성 판단의 모호함을 피하고자 구체적인 지원 행태를 명정하고, 정상적인 거래와의 간격을 현저성에서 상당성으로 좁히는 시도 등은 규제 범위의 확대를 가능하게 하는 것이다.[21] 물론 향후 운영 상황을 지켜보아야 하겠지만, 이러한 제도 변화는 경제력 집중 억제를 위한 규제의 강화로 볼 수 있을 것이다. 그렇지만 이러한 변화를 재벌정책의 근본적인 변화로 이해하기는 어려우며, 무엇보다 경쟁정책의 관점에서 재벌 문제를 바라보는 독점규제법의 기본적인 태도는 유지되고 있는 것으로 보아야 한다.

3. 경쟁정책과 소비자정책

경쟁정책과 소비자정책은 원칙적으로 시장의 한 축을 이루는 소비자를 고려한다는 점에서 기본적인 유사성이 있다. 그러나 경쟁정책이 경쟁자의

---

19) 정보공시제도가 용이하게 접근하기 어려운 최소한의 정보를 시장참가자나 이해관계자에게 제공하도록 하고 있다는 점에서 긍정적 측면이 있다는 분석으로, 김경연, "독점규제법상 공시제도가 기업지배구조에 미치는 영향", 최근 경쟁법의 주요 쟁점과 과제, 2011, 68면 참조.
20) 2014년 개정에 의한 독점규제법 제9조의2 제2항 1문은 "상호출자제한기업집단에 속하는 회사는 순환출자를 형성하는 계열출자를 하여서는 아니 된다"고 규정한다.
21) 부당지원행위 관련 규정의 개정 의의에 관하여, 권오승 등 8인 공저, 독점규제법, 법문사, 2014, 275면 이하(홍명수 집필부분) 참조.

보호가 아닌 경쟁의 보호에 초점을 맞추며, 경쟁이 제대로 기능하고 있을 경우에 소비자를 포함한 시장참가자에 대한 관심은 2차적인 것이 된다. 반면 소비자정책은 시장에서 구조적으로 열등한 지위에 있는 소비자에 직접적으로 관심을 기울인다. 즉 구조적인 열등성으로 인하여 소비자 보호는 시장의 자율적 조정 기능에 의하여 충분히 보호되기 어렵고, 이러한 인식에 기초하여 구체적인 보호 체계의 구성을 목적으로 한다.22)

　그러나 다른 한편으로 독점규제법과 소비자법은 소비자 이익 실현의 공통의 과제를 수행하며,23) OECD가 지적한 것처럼 기능적으로 상호 보완이 필요한 관계에 있다는 점에도 주목할 필요가 있다.24) 즉 독점규제법상 소비자 이익은 본질적으로 경쟁 메커니즘의 원활한 작용으로부터 얻게 되는 구조적인 측면에서 파악되지만, 개별 거래에서 전형적으로 발생하는 소비자 이익 침해에 의하여 구체화되어야 하며, 또한 경쟁이 제대로 기능하는 경우도 이것이 소비자에게 이익이 되기 위해서는 적절한 소비자정책이 결합할 필요가 있음을 인식하여야 한다.25) 반면, 소비자법 체계에서는 소비자에게 구체적으로 발생하는 피해를 예상하고, 이에 대한 적절한 구제 수단을 확보하는 것이 중요하지만, 또한 공정한 거래질서가 소비자에게 가져다 줄 수 있는 궁극적인 이익에도 주의를 기울일 필요가 있을 것

---

22) 권오승, 소비자보호법, 법문사, 2005, 9-10면 참조.
23) von Hippel은 소비자 보호와 관련하여, 경제의 자기 조정 기능 강화, 경쟁의 촉진 등의 경쟁법적 접근 외에도, 개별 보호 법률에 의한 법적 조치, 사법적 통제와 행정적 통제, 소비자에 대한 정보제공과 교육, 소비자의 조직화, 소비자의 공익 기구에 대한 참가 확대 등이 종합적으로 소비자 보호에 기여한다고 보고 있다. Eike von Hippel, Verbraucherschutz, J. C. B. Mohr, 1986, 25면 참조.
24) OECD, The Interface between Competition and Consumer Policies, DAF/COMP/GF(2008), 2008, 18-19면.
25) 경쟁이 소비자에게 이익이 되는 것은, 소비자 정책의 스탠스와 실효성에 달려 있으며, 이러한 점에서 경쟁정책과 소비자정책은 보완적이라고 보는 것으로, John Vickers, Economics for consumer policy, Office of Fair Trading, British Academy Keynes Lecture, 2003, 5면 참조.

이다.26)

이와 같은 독점규제법과 소비자법의 상호 기능적 보완의 필요성은 경쟁정책과 소비자정책을 통합적으로 수행하는 조직으로서 공정거래위원회의 구조적 타당성을 뒷받침한다. 현재 공정거래위원회는 독점규제법뿐만 아니라 「소비자보호법」, 「약관의 규제에 관한 법률」, 「할부거래에 관한 법률」, 「제조물책임법」 등 소비자 보호에 관한 대부분의 법률을 소관하고 있다. 또한 구체적인 소비자 정책을 계발하고, 소비자 피해와 불만을 처리하기 위하여 설립된 한국소비자원은 소비자정책의 주관 부서로서 기능하고 있다.27) 전술한 것처럼 소비자 보호에 관한 공정거래위원회의 권한은 긍정적으로 평가할 부분이지만, 이와 같은 조직 편제와 권한 부여의 취지에 부합하는 역할이 실제 수행되었는지에 관해서는 의문이다. 경쟁정책과 소비자정책이 균형 있게 실현되어야 하며, 특히 장기간 이슈로 존재하면서도 여전히 미흡한 평가를 받고 있는 소비자 신용, 소비자 안전, 개인정보 보호 등의 문제에 주도적인 역할을 수행해 나아갈 필요가 있다.

4. 경쟁정책과 지식재산권정책

지식재산권법은 인류에 삶에 기여하는 유익한 지적 창작물의 계발을 촉진하기 위하여 지적 창작을 행한 자가 창작물로부터 충분한 유인이 될 수 있는 수준의 이익을 얻을 수 있도록 하는 것을 기본 내용으로 한다. 따라서 지적 창작물에 대한 창작자의 권리는 그 성격상 타인의 침해를 배제할 수 있는 배타적인 내용의 재산권으로 구성되며, 시장의 관점에서 보면 지

---

26) 소비자 보호를 위하여 경쟁법상의 제도가 보다 중요해지고 있다는 지적으로, Fritz Rittner & Meinrad Dreher, Europäisches und deutsches Wirtschaftsrecht, C. F. Müller, 2008, 25면 참조.

27) 소비자기본법 제42조 제1항은 공정거래위원회에 한국소비자원을 지도·감독할 권한을 부여한다.

식재산권자의 독점적 지위가 제도적으로 보장된다. 이러한 정책의 추구는 독점과 시장에서의 자유로운 활동을 제한하는 것에 대하여 부정적인 경쟁법과의 충돌을 예정하는 것이다. 이와 관련하여 지식재산권법과 경쟁법 모두 소비자 후생의 증대를 규범적 목표로서 공유하고, 따라서 특허법에 의한 독점적 지위의 부여는 경쟁정책적으로도 긍정적으로 볼 수 있다는 사고가 일반적으로 받아들여지고 있으며,[28] 이러한 관점에서 경쟁정책은 지식재산권이 기능하는 영역에서 적용을 자제하는 법리가 형성되었다.

　이는 독점규제법 제59조의 "이 법의 규정은 저작권법, 특허법, 실용신안법, 디자인보호법 또는 상표법에 의한 권리의 정당한 행사라고 인정되는 행위에 대하여는 적용하지 아니한다"는 규정에 의하여 구체화 되고 있다. 여기서 정당성 판단은 실질적으로 지식재산권법과 독점규제법의 경계를 정하는 의미를 가지며, 지식재산권정책과 경쟁정책의 충돌과 조화의 문제는 동 규정에 의하여 해석상의 문제로 전환한다. 이와 관련하여 최근 대법원은 제59조의 정당성 판단과 관련하여 "특허권의 정당한 행사라고 인정되지 아니하는 행위란 행위의 외형상 특허권의 행사로 보이더라도 그 실질이 특허제도의 취지를 벗어나 제도의 본질적 목적에 반하는 경우를 의미하고, 여기에 해당하는지는 특허법의 목적과 취지, 당해 특허권의 내용과 아울러 당해 행위가 공정하고 자유로운 경쟁에 미치는 영향 등 제반 사정을 함께 고려하여 판단하여야 한다"고 판시하였다.[29] 동 판결에서 제시한 판단 기준은 비교법적으로 특허 남용의 판단에 있어서 경쟁제한적 효과를 고려하는 미국 특허법의 일반적 태도와 유사하며,[30] 공정거래위원

---

28) Willard K. Tom & Joshua A. Newberg, " Antitrust and Intellectual Property: From Separate Spheres to Unified Field", Antitrust L. J. vol. 66 Issue 1, 1997, 228-229면.

29) 대법원 2014. 2. 27. 선고 2012두24498 판결.

30) 반독점정책은 특허법상 특허권 남용과 언제나 밀접히 관련되고 있다는 지적으로, Herbert Hovenkamp, Federal Antitrust Policly: The Law of Competition and Its Practice, Thomson/West, 2005, 242면.

회가 제정한 '지식재산권의 부당한 행사에 대한 심사지침'(예규 제80호)에서 제시한 정당성 판단 기준과도 대체로 일치한다.[31] 이상의 판단 기준을 따를 경우, 경쟁정책적 관점에서 추가되어야 할 부분이 있다. 우선 지식재산권제도에 대한 이해는 경쟁법의 영역에서도 필수적인 과제가 되고 있음을 유념할 필요가 있다. 또한 정당성 판단에서 경쟁제한적 효과에 대한 고려가 이루어진다면, 구체적인 위법행위로서 경쟁제한성과의 판단과 구별되는 법리적 구성이 필요할 것이다.

이러한 상황에서 공정거래위원회가 지식재산권 영역에서 전개되고 있는 현상에 주목할 필요성은 더욱 커지고 있다. 특히 최근 주요 이슈가 되고 있는 표준화 기구나 '특허괴물'의 활동은 경쟁법의 영역에서 규제 가능성의 문제를 낳고 있으며, 이는 지식재산권법과 경쟁법을 아우르는 종합적인 시각이 요구되고 있음을 시사하는 것이기도 하다. 기존의 경쟁정책적 관점에서 전형적으로 드러나는 행태에 대한 긍·부정의 평가를 종합하고, 가능한 규제 근거와 법리를 정립하는 것이 공정거래위원회가 집중해야 할 과제로 부각되고 있다.

III. 독점규제법의 목적과 방법론

1. 독점규제법의 목적

경쟁법의 목적과 관련하여 미국 반독점법에서 전개되었던 사고의 흐름은 참고할 만하다. 반독점법의 목적과 관련하여 경제적 효율성을 강조하

---

31) 동 지침은 정당성 판단 기준으로서, 새로운 발명 등을 보호·장려하고 관련 기술의 이용을 도모함으로써 산업 발전을 촉진하고자 한 지식재산권제도의 본래 취지에 부합하는지 여부와 관련 시장의 경쟁 상황과 공정한 거래질서에 미치는 영향 (II. 2. 나)을 제시하고 있다.

는 견해와 富의 정당한 분배를 일차적인 목적으로 제시하는 견해의 대립
으로 논의가 전개되었다. 효율성을 중시하는 입장에서 독점의 주된 문제
는 경제적 효율성의 감소에 있으며, 따라서 반독점법의 초점은 효율성 제
고에 맞추어져야 한다고 주장한다.[32) 반면, 분배적 관점에서 독점의 폐해
는 부가 소비자나 영세사업자로부터 독점적 사업자에게로 이전되는 것에
있으며, 독점에 대한 규제는 이러한 부의 편중을 억제하는 데에서 그 일차
적인 의의를 찾을 수 있다고 한다.[33) 후자의 관점을 대표하는 것으로서
Kaysen & Turner는 반독점정책에 있어서 공정한 행위의 증진과 대규모
기업의 성장 제한을 바람직한 정책 목표로서 제시하였으며,[34) 이러한 사
고는 구조적 관점에 의하여 주도되었던 2차 세계대전 이후 반독점정책에
영향을 미쳤다.[35) 그러나 Sylvania 판결[36) 이후 시카고(chicago)학파의
영향이 커지면서, 효율성 제고 내지 소비자 후생 증대를 반독점법의 목적
으로 하는 사고가 지배적인 위치를 차지하게 되었으며,[37) 일정한 문제 제
기가 없는 것은 아니지만[38) 이러한 기조는 현재까지 이어지고 있다.

---

32) 특히 시카고학파의 입장으로, 대표적인 주창자인 Robert Bork는 독점금지법의 유
   일한 목표는 소비자 후생의 극대화이며, 이는 사회의 경제적 자원이 최적으로 배
   분되었을 때 달성된다고 보고 있다. 또한 독점금지 소송은 누가 부유하거나 가난
   해야 하는가를 결정해주는 절차가 아니며, 독점금지법의 임무는 우리사회의 부,
   또는 소비자 후생의 수준을 결정하는 전체적 효율을 제고하는 것이라는 주장을
   전개하고 있다. Robert H. Bork, 신광식 역, 반트러스트의 모순, 교보문고, 1991,
   116-117면 참조.
33) Herbert Hovenkamp, 주 30)의 책, 48-49면에서 R. Lande의 견해 참조. 한편, 독
   점금지정책의 정당한 목표로 소득의 공평한 분배를 들고 있는 대표적인 견해로
   서, Carl Kaysen & Donald F. Turner, Antitrust Policy: An Economic and Legal
   Analysis, Harvard Univ. Press, 1959, 11면.
34) Carl Kaysen & Donald F. Turner, 위의 책, 11-17면 참조.
35) 또한 이 시기를 독점금지정책의 관점에서 시장의 불안정성에 대한 우려의 시기로
   특징지을 수 있다고 보는 것에, Herbert Hovenkamp, 주 30)의 책, 57면.
36) Continental T. V., Inc. v. GTE Sylvania Inc., 433 U.S. 36 (1977).
37) Herbert Hovenkamp, "Antitrust Policy after Chicago", Michigan L. R. vol. 84,
   1985. 11, 215-218면 참조.

독점규제법상 목적에 관한 논의는 동법의 목적에 관하여 직접적인 규정을 두고 있는 제1조를 중심으로 전개되고 있다. 동 조는 경쟁의 촉진을 직접적인 목적으로 하고, 궁극적 목적으로서 창의적 기업 활동의 조장, 소비자 보호 및 국민경제의 균형 발전을 들고 있다. 동 규정에 대하여 경쟁정책적 관점에서 의문이 있으며, 특히 경쟁과 기능적 관련성을 찾기 어려운 국민경제의 균형 발전에 대해서는 입법론적인 비판이 제기되고 있다.[39] 그러나 동 규정은 법원의 판결에 일정한 영향을 미치고 있으며, 특히 부당성 판단을 조각하는 정당화 사유로서 실질적인 기능을 하고 있다는 점에서, 제1조의 목적을 경쟁정책적 관점에서 고려하지 않을 수 없는 상황이 되고 있다. 예를 들어, 제주관광협회 사건에서[40] 대법원은 송객 수수료율의 조정이 제19조 제1항에 해당하는 가격제한이라는 점을 인정하면서도, 당해 행위가 소비자 보호와 국민경제의 균형 발전이라는 법의 궁극적 목적에 실질적으로 반하지 않는다는 점에서 부당성이 조각된다고 보았다. 이후 부당성 조각에는 이르지 않았지만, 국민경제의 균형 발전 등을 목적으로 규정한 제1조가 부당성 판단에서 고려된다는 입장은 10개 손해보험사 공동행위 사건이나[41] 온라인 음악 서비스 사업자들의 공동행위 사건에서[42] 유지되고 있다.[43] 이러한 태도에 대하여 여러 측면에서 비판이 가능

---

38) 본질적으로 가치관련적 개념인 효율성 개념을 구체적인 판단 기준으로서 명료하게 제시할 수 있는지, 이론적인 측면에서 동태적 분석론이나 전략적 분석론이 효율성 모델에 적절하게 반영될 수 있는지, 또한 정책적인 측면에서 분배의 문제가 반독점정책에서 완전히 배제될 수 있는 것인지에 관한 문제 제기로, 위의 글, 245, 255-283면 참조. 이에 관한 국내 논의로 시카고학파의 한계를 지적하는 것으로, 정호열, 경제법, 박영사, 2012, 79-80면 참조.

39) 권오승, 주 3)의 책, 84면 참조.

40) 대법원 2005. 9. 9. 선고 2003두11841 판결.

41) 대법원 2011. 5. 26. 선고 2008두20376 판결.

42) 대법원 2013. 11. 28. 선고 2012두17773 판결.

43) 부당성 판단에서 국민경제의 균형 발전 등을 고려한 일련의 판결에 대한 분석으로, 이승진, 공정거래법상 공동행위의 위법성 판단에 관한 연구, 연세대학교 박사학위논문, 2014, 191-219면 참조.

할 것이다. 우선 법리적인 측면에서 모호하고 불확정적인 개념으로 구성
되어 있는 제1조를 구체적인 법 위반행위의 부당성 판단 기준으로 원용하
는 것은, 이른바 '일반 조항으로의 도피'와 같은 우려를 피할 수 없으며,
따라서 그 적용에 신중할 필요가 있을 것이다. 또한 경쟁정책적 측면에서
도 재고의 여지가 있다. 국민경제의 균형 발전이 중요한 국가의 과제임은
분명하지만, 원칙적으로 경쟁자가 아닌 경쟁 과정의 보호를 목적으로 하
는 경쟁정책이 추구할 수 있는 대상인지는 의문이며, 따라서 이를 부당성
판단의 필수적인 고려 사항으로 할 경우, 그 한도에서 경쟁정책의 후퇴는
피할 수 없을 것이다.[44]

　이러한 비판이 유효하다는 점에 의문은 없지만 법원의 태도가 지속될
것이라는 점을 감안하면, 이에 대하여 경쟁정책적 관점에서 최선의 대응
을 찾으려는 시도가 현실적일 수 있다. 우선 소비자 보호나 국민경제의 균
형 발전의 의미를 가능한 한 경쟁정책적 관점에서 수용할 수 있는 범위로
제시할 필요가 있다. 예를 들어, 소비자 보호는 경쟁의 원활한 기능에 의
하여 이룰 수 있는 소비자 후생의 증대의 관점에서 이해하고,[45] 국민경제
의 균형 발전에 있어서는 경제주체 간 이익 조정이 경쟁을 통하여 가능한
상황이 우선적으로 고려되어야 한다. 또한 제1조의 목적이 구체적인 법
위반행위의 부당성 판단에 원용될 경우에 경쟁제한적 효과와 제1조 목적
에 부합하는 가치 평가 사이에 형량의 과정이 구체화될 필요가 있다. 예를
들어, 국민경제의 균형 발전의 경우 앞에서 언급한 비교 분석이 당연히 요
구되는 것이지만, 경쟁에 의한 결과가 균형 발전을 정당화 하는 다른 경제
정책적 목적 또는 공익적 가치에 배치되는지를 확인하고, 그 간격을 경쟁
제한적 효과의 비교 대상으로 삼는 방식을 고려할 수 있을 것이다.

　독점규제법의 목적은 대외적인 관점에서도 검토할 필요가 있으며, 특히

---

44) 이봉의, "독점규제법의 목적과 경쟁제한행위의 위법성", 경제법판례연구 제1권,
　　2004, 23면 이하.
45) 권오승, 주 3)의 책, 83면 참조.

여러 나라와 FTA를 체결하는 과정에서 현실적인 문제로 등장하고 있다. 2012년 발효된 한·미 FTA는 제16장에서 경쟁에 관한 사항을 다루고 있으며, 제16.1조는 "각 당사국은 반경쟁적 행위를 금지함으로써 자국 시장에서의 경쟁 과정을 증진하고 보호하는 경쟁법을 유지하거나 채택한다. 각 당사국은 경제적 효율성 및 소비자 후생을 증진시킬 목적으로 반경쟁적 행위에 대하여 적절한 조치를 취한다"고 규정하고 있다. 동 조항에서 2문은 반경쟁적 행위의 규제 목적으로서 경제적 효율성 및 소비자 후생의 증진을 제시하고 있다는 점에 주목을 요한다. 이와 같은 규정은 한국과 EU 간에 체결된 FTA 제11.1조에서 "양 당사자는 자신들의 무역 관계에서 자유롭고 왜곡되지 아니한 경쟁의 중요성을 인정한다"고 규정할 뿐, 경쟁법의 목적에 관하여 직접적인 규정을 피하고 있는 것과 대비되는 것이다. 여기에서 두 가지 점을 지적할 수 있다. 우선 효율성을 중심으로 경쟁법의 목적을 이해하는 것이 미국의 주류적 태도이고, 우리 내부에서도 많은 동의를 받고 있는 것이기는 하지만, 역사적 논쟁 과정이 보여주듯이 이러한 관점을 고정불변의 것으로 단정할 수는 없다. 앞에서 분배의 관점이 실제 경쟁정책의 실행 과정에서 완전히 배제될 수 있는지 의문을 표하는 Hovenkamp의 지적을 상기할 필요가 있으며, 정확히 말하자면 분배적 시각은 종국적으로 폐기되었다기보다는 언제든지 꺼내볼 수 있는 서랍 속으로 위치를 옮겼을 뿐이다.[46] 또한 독점규제법상 명문으로 규정된 입법 목적을 외국에서 충분히 인식하고 있다는 것을 우리 스스로도 인지하고 있을 필요가 있다. 예를 들어, Jones & Surfin은 국민경제의 균형 발전을 중요한 정책 목표의 하나로 제시하고 있는 것을 한국 경쟁법의 특징의 하나로 언급하고 있다.[47] 전술한 것처럼 독점규제법의 목적과 관련하여 내부

---

46) 독점금지법의 목적을 효율성이나 소비자 후생의 증대 외에 분배 문제 등이 중요하게 취급될 수 있다는 점에서 여전히 논쟁적인 것으로 이해하는 것으로, E. Thomas Sullivan & Jeffrey L. Harrison, Understanding Antitrust and Its Economic Implications, LexisNexis, 2003, 3-6면.

적인 논의가 전개되고 있으며 비판점이 존재한다는 것은 분명하지만, 논의의 결과를 추단할 수 없는 상태에서 현행법의 유효한 범위를 스스로 제한하는 태도가 바람직한 것으로 보기는 어려울 것이다.

2. 방법론

경쟁법 영역에서 방법론적인 대립은 국내에 한정된 문제는 아니다. 주지하다시피 미국과 EU는 고유한 경쟁법의 역사를 갖고 있으며, 이는 규제에 있어서 법리적 접근 방식의 차이로도 나타난다. 대표적으로 EU와 미국의 경쟁법 집행의 특징은 법 위반행위의 성립 여부에 초점을 맞추는 경우(form-based)와 구체적인 행위 효과에 중점을 두는 경우(effect-based)로 구분하여 이해되고 있다.[48] 이러한 차이로 인하여 동일하거나 유사한 행위에 대한 양 법제에서의 평가가 달라질 수 있다. 예를 들어, 항공운송 사업자인 British Airways가 여행사들에게 행한 리베이트(rebate) 제공에 관하여, 유럽 법원에서는 EU 기능조약 제102조 제1항의 위법 여부를 판단하기 위하여 시장지배적 지위에 있는 사업자의 남용행위가 경쟁을 제한하는 경향이 있음을 증명하는 것으로 충분하다고 본 반면에,[49] 유사한 사건에

---

47) 우리나라를 포함한 각 나라의 경쟁법의 목적을 비교 분석하여, 소비자 후생 외에 경제력 분산, 생산성 향상, 사회정책적 목적, 역내 단일 시장의 형성 등 다양한 목적이 경쟁법에 의하여 추구되고 있다는 것으로, Alison Jones & Brenda Sufrin, EU Competition Law, Oxford Univ. Press, 2011, 16-18면 참조.

48) 1990년대 후반 이후 EU에서 시장지배력 남용에 대한 규제는 경제적 분석을 중시하고 'effect-based'적인 접근이 강화되는 방향으로 변화하고 있다는 지적으로, Luc Peeperkorn & Katja Viertio, "Implementing an effects-based approach to Article 82", Competition Policy Newsletter, 2009, 20면 참조.

49) British Airways plc v. Commission (C-95/04) [2007] 4 CMLR 22. 한편 동 판결에서 유럽법원은 소비자에게도 이익이 되는 효율성 측면에서의 이득을 고려하고 있으며(para. 86), 이러한 점에서 경제적 정당화의 가능성을 확대한 것으로 동 판결을 평가하는 것으로, Joanna Goyder & Albertina Albors-Llorens, EC Competition

서 미국 연방 항소심은 문제가 된 행위가 소비자 후생에 부정적으로 미치
는 효과에 대한 분석이 이루어지지 않았다는 점을 주된 근거로 하여 셔먼
법(Sherman Act) 위반을 부정하였다.[50]

이와 같은 접근 방식상 차이의 기원은, 아마도 법체계적인 상이, 즉 대
륙법과 영미법으로 구분되는 법체계 안에 경쟁법이 위치하고 있다는 점까
지 소급할 것이다. 따라서 전체 법질서를 대륙법의 체계적 계수를 통하여
구축하고, 이 법체계 안에 경쟁법을 두고 있으면서 경쟁법 발전의 주도적
역할을 해온 미국 반독점법의 성과를 수용해야 할 위치에 있는 우리나라
독점규제법의 입장에서, 앞에서 언급한 접근 방식상의 차이를 조화하는
문제는 실질적인 의미를 갖는다. 또한 이러한 문제는, 특히 효과의 분석이
본질적으로 경제학적 도구로 행해지는 것이 불가피하다는 점을 상기하면,
어쨌든 규범 영역에 위치한 경쟁법상 문제를 해결하기 위하여 경제학적
분석 방식을 어느 정도까지 수용할 수 있을지의 문제와도 관련될 것이다.
궁극적인 해결을 지향할 경우에 이러한 차이가 용이하게 해결될 수 있을
지에 회의적일 수 있다. 그러나 큰 異論 없이 현재의 상황에서 하나의 방
향은 제시할 수 있을 것이다. Whish가 언급한 것처럼 경쟁법 분야에서 경
제학의 역할은 점점 커지고 있으며, 그 동안 경쟁법의 이해의 폭을 넓히는
데 의미 있는 기여를 하여 왔다.[51] 몇 가지 예를 들면, 네트워크 효과나
양면시장의 개념 제시, 과점적 시장에서 기업의 전략적 행태, 시장 획정이
나 경쟁상 손해 산정에 있어서 보다 정밀한 계량적 방식의 도입 등은 경
쟁법 적용에 있어서 경제학적 분석 방식의 의존도가 강화되어 왔음을 보
여준다.

Law, Oxford univ. Press, 2009, 332면 참조.

[50] Virgin Atlantic Airways Limited v. British Airways PLC. Docket No. 99-9402.
Argued 9. 22, 2000. decided July 24, 2001(U. S. 2nd Cir.).

[51] Richard Whish & David Bailey, Competition Law, Oxford Univ. press, 2012,
1-2면.

그러나 여전히 법적 사고의 역할도 핵심을 잃지 않은 채 남아 있다는 점도 염두에 두어야 한다. 우선 경제학 내지 경제학적 분석 방식이 갖는 한계를 생각해 볼 수 있다. 때로는 동일한 현상을 분석하면서 연구자 또는 채용된 분석 모델에 따라서 상반되는 결론이 도출되기도 하며, 동일한 법 적용이나 정책 결정이 가능하지 않을 만큼 편차가 큰 결과를 제시하기도 한다.[52) 이러한 경우에 법률가에 의한 선택이나 배제가 불가피하며, 극단적으로 경제학적 접근 방식의 무용론으로 이어질 수도 있다. 그러나 전술한 예에서 알 수 있듯이, 보다 많은 예에서 경제학은 경쟁정책의 형성과 경쟁법의 적용에 의미 있는 기여를 하여 왔으며, 올바른 법 적용의 기초가 되었던 경제학적 분석의 예가 축적되고 있다는 점도 상기할 필요가 있다. 사실 경제학과 법학을 포함한 사회과학의 영역은 방식의 한계나 결론의 불확실성의 문제를 공유한다. 따라서 한계적인 경우보다는 경제학적 분석 방식이 유효한 경우에, 법률가의 역할이 어떻게 자리매김 될 수 있는지가 중요하다. Cooter & Ulen에 의하면, 많은 경제학자들은 법률가들이 수행하는 작업의 의미를 충분히 이해하지 못하며, 철학의 한 부류일지도 모른다고 생각한다.[53) 물론 Cooter & Ulen의 지적은 비유적인 것이지만, 경제학과 법학에 있어서 사고와 방법론의 차이를 대비하는데 오히려 적절한 것일 수 있다. 경제학을 지배하는 사고는 적절히 변수를 통제한 상황에서 원인과 결과 사이의 관계를 합리적으로 추론하는데 집중한다. 반면 법은 기본적으로 가치체계이며,[54) 이 영역에서 행위에 대한 분석은 법체계에 부합하는지를 목적으로 이루어질 것이다. 이러한 대비는 경쟁법의 영역에

---

52) 물론 이 경우에 경제학 이론이 보다 합리적인 분석 모델의 판단을 도울 수도 있다. 모형 설정의 문제로서 이러한 편차를 다루고 있는 것으로, 류근관·오선아, "담합으로 인한 손해액 산정에 있어서 경제분석 상의 주요 쟁점", 응용경제 제12권 제2호, 2010, 97면 이하 참조.

53) Robert Cooter & Thomas Ulen, Law & Economics, Pearson, 2008, 59면.

54) Luhmann에 의하면, 규범은 사실적 기대라는 특수한 형식과 관련된다. Niklas Luhmann, 윤재왕 역, 사회의 법, 새물결, 2014, 51-59면 참조.

서 경제학의 의존이 필요한 한도와 이를 넘어서 존재하는 법학의 역할을 보여주는 것이며, 이로부터 독점규제법에서 요구되는 방법론의 大綱을 그릴 수 있을 것이다.

IV. 규제 법리의 개선

1. 시장 획정

그 동안 관련 시장의 획정에서 경제학적 분석 방식의 기여는 매우 컸으며, 각 나라의 경쟁당국은 이를 토대로 보다 정교화된 판단 방식을 정비하여 왔다.[55] 특히 1982년 미국 법무부(DOJ)가 '수평기업결합 가이드라인(horizontal merger guidelines)'에서 제시하였던 SSNIP 테스트(Small but Significant and Non-transitory Increase in Price Test)는 교차탄력성에 기초하여 순차적인 가격 변화 효과를 분석하는 방식으로서, 대체 가능성에 따른 시장 획정의 기본적인 사고를 유지하면서도 분석의 정밀성을 기할 수 있다는 점에서 지지를 받았으며, 주요 경쟁당국에서 널리 받아들여지고 있다. 예를 들어, EU에서는 Nestle와 Perrier의 기업결합 사건에서[56] 동 분석 방식이 활용되었고, 1997년 EC 위원회가 제정한 관련 시장 고시에 명시적으로 수용되었다.[57] 이러한 분석 방식은 국내 경쟁법에서도 구체적 사건에서 시장 획정의 방식으로 활용되고 있는데, 하이트와 진로의

---

55) 시장지배적 지위 남용행위 심사기준(공정위 고시 제2012-52호) II., 기업결합심사 기준(공정위 고시 제2013-9호) V., 공동행위 심사기준(공정위 예규 제165호) V. 2. 나. (1)에서 관련 시장 획정 방식과 기준을 제시하고 있다.

56) Nestle/Perrier(IV/M.2876) [2004].

57) EC Commission Notice on the definition of the relevant market for the purpose of Community competition law(relevant market notice) OJC 372 on 9/12/1997 para. 15.

기업결합 사건에서58) 공정거래위원회는 SSNIP Test에 기초한 임계매출감
소분석(Critical Loss Analysis)을 통하여 맥주시장과 소주시장을 별개의 시
장으로 획정하였다.

그러나 최근 일련의 부당공동행위 사건에서 시장 획정이 주된 이슈로
대두하면서, 시장 획정의 정교화 과정과 별개로 이 영역에서 해결이 필요
하였지만 다소 간과되었던 쟁점이 드러났다. BMW 자동차 판매 및 정비
서비스업을 영위하는 사업자간 가격 담합이 공정거래위원회에 의하여 부
당공동행위로 규제된 사건에서, 원심 법원과 대법원은 관련 시장 획정과
관련하여 상이한 판단을 보여주었다. 원심은 공정거래위원회의 태도를 지
지하면서 "관련 시장의 획정은 사업자들 사이에 경쟁의 경계를 특정하고
획정하는 수단이고 경쟁정책이 적용될 수 있는 기본 틀의 설정을 가능하
게 하는 것이므로, 공정거래법상 관련 시장의 획정을 필요로 하는 당해 행
위가 무엇인지에 따라 달리 취급되어야 한다"고 하였으며, 이어서 "기업결
합의 경우에는 기업결합으로 인하여 발생할 장래의 경쟁 상황의 변화를
예측하기 위한 전제로서 관련 시장의 획정이 문제되고 기업결합 자체가
규모의 경제 등 효율성을 수반하기 때문에 잠재적인 경쟁 압력을 폭넓게
반영하여 관련 시장을 획정하게 되는 것과 비교하여, 부당한 공동행위의
경우에는 이미 발생한 담합에 대하여 위법성을 사후에 판단하는 것으로서,
관련 시장을 획정함에 있어서 무엇보다도 행위자의 의도와 목적, 공동행
위로 이미 경쟁제한효과가 발생한 영역 내지 분야 등을 일차적인 판단 기
준으로 삼는다는 차이가 난다"고 판시하였다. 이를 전제로 관련 시장의 획
정을 위한 고려 요소로서 공동행위의 대상 및 사업자의 의도, 공동행위가
이루어진 영역 또는 분야, 공동행위의 수단 및 방법, 공동행위의 영향 내
지 파급효과를 제시하고, 이에 근거하여 당해 사건에서 관련 시장을 국내
BMW 신차종 판매 시장으로 획정하였다.59) 이와 같은 원심의 판단은 대

---

58) 공정위 2006. 1. 24. 의결 제2006-9호.
59) 서울고법 2010. 7. 22. 선고 2009누9873 판결.

법원에서 부인되었는데, 대법원은 원심이 제시한 관련 시장 획정 요소는 경쟁제한효과의 평가 요소이며, 관련 시장은 "공동행위의 거래 대상인 상품의 기능 및 효용의 유사성, 구매자들의 대체 가능성에 대한 인식 및 그와 관련한 경영의사 결정 행태 등을 종합적으로 고려하여" 획정되어야 한다고 판시하였다.[60]

동 판결에서 나타난 관련 시장의 획정에 관한 이해는 경쟁정책에서 관련 시장이 갖는 의의에 관하여 다시금 주목하는 계기가 되고 있다. EU 관련 시장 고시가 지적하고 있듯이, 관련 시장은 사업자들 간의 경쟁이 이루어지는 범위를 확인하고 정의하는 도구이며, 시장 획정의 주된 목적은 사업자들이 직면하는 경쟁제한을 시스템적으로 확인하는 것에 있다.[61] 시장 획정은 그 자체가 목적이 아니라 경쟁제한을 평가하기 위한 수단이라는 점에 의문은 없지만,[62] 경쟁이 이루어지는 또는 경쟁제한적 효과가 미치는 범위 안에서 시장을 어느 범위까지 획정해야 하는지가 명확한 것은 아니다. 일반적으로 경쟁에 미치는 영향은 수요 측면에서 대체 가능성(demand substitutability), 공급 측면에서 대체 가능성(supply substitutability) 및 잠재적 경쟁(potential competition)의 세 가지 차원에서 파악할 수 있다.[63] 원칙적으로 시장 획정은 수요 대체 가능성을 본질로 하며, EU 관련 시장 고시 역시 이러한 태도를 취하고 있다.[64] 이러한 태도는 사업자들 간의 경쟁이 거래상대방의 선택을 목적으로 이루어진다는 점에서 경쟁의 본질에 부합하며, 또한 수요 측면을 넘어서 시장의 범위를 정하고자 할 경우에 이를 시스템적으로 확정하는 것이 용이하지 않다는 점도 이유가 될 것이다. 그러나 EU 관련 시장 고시도 시장 획정을 수요 측면에 한정하고 있지

---

60) 대법원 2012. 4. 26. 선고 2010두18703 판결.
61) relevant market notice, para. 2.
62) Richard Whish & David Bailey, 주 51)의 책, 28면.
63) relevant market notice, para. 13.
64) relevant market notice, para. 14-15.

는 않으며, 특히 공급 측면에서 대체 가능성을 고려할 수 있음을 밝히고
있다는 점에 주목을 요한다. 즉 전환비용이 크지 않은 상황에서 단기간에
공급이 가능한 인접 시장의 사업자는 시장 획정에서 고려되어야 하는 것
으로 규정하고 있으며,65) 이 범위를 넘는 공급 측면은 시장 획정이 아니
라 경쟁력이나 경쟁제한의 영역에서 고려되어야 하는 것으로 이해되고 있
다.66) 이상의 EU 관련 시장 고시와 비교하여 보면, 대법원은 관련 시장
획정의 고려 요소를 수요 측면에서의 대체 가능성에 한정하는 태도를 유
지하고 있는 것으로 보인다. 반면, 원심 판결과 공정거래위원회가 보여준
태도는 제시된 관련 시장 획정의 고려 요소들의 성격이 다소 모호하지만,
기본적으로 수요 대체 가능성 개념에서 벗어난 시장 획정의 가능성을 시
사하고 있다. 관련 시장의 획정은 올바른 경쟁정책의 수립과 법 적용에 있
어서 타당한 경쟁제한성 판단의 기초를 제공한다는 점을 전제하면, 대법
원이 취하고 있는 태도를 수요 대체 가능성에 엄격히 한정하여 관련 시장
을 획정하는 것으로 이해한다면, 의문의 여지가 없는 것은 아니다. 이상에
서 살펴본 EU 관련 시장 고시를 중심으로 한 논의는 경쟁이 이루어지는
범위로서 이론적으로 관련 시장 획정과 구체적인 경쟁정책의 수단으로서
수요 대체 가능성에 기초한 실제적 획정 간의 간격을 보여주는 것이기도
하다.67) 따라서 수요 대체성에 포섭되지 않는 실제적 경쟁의 징표들의 중

---

65) relevant market notice, para. 20.
66) Richard Whish & David Bailey, 주 51)의 책, 38면.
67) 미국 반독점법 판례에서 제시된 하부시장(submarket) 개념이나 집합시장(cluster
market) 개념도 엄격한 대체가능성 판단 기준을 완화한 의미가 있다. 하부시장에
대하여 주 74) 참조. 집합시장 개념은 미국 법원의 반독점법 판례에서 형성된 것
으로서, 그룹으로 상품을 구매하는 것에 대한 소비자의 선호 또는 상품의 결합 판
매로 인한 비용절감 내지 편의에 기초하여, 대체재가 아닌 구성 요소임이 분명한
상품 또는 서비스들의 집합을 하나의 시장으로 파악할 수 있다는 것을 기본 내용
으로 한다. U. S. v. Philadelphia National Bank, 374 U.S. 321(1963) 판결 참조.
집합시장 개념은 공급자가 수요자에게 'one-stop shopping'으로 인한 비용절감의
이익을 제공할 수 있을 때에 적합할 수 있으며, 분석상의 편의가 있다는 것에,

요성이 커지고 이를 분석할 수 있는 기법들이 개발되는 정도에 따라서 고려되어야 할 판단 요소들은 확대될 수 있으며, 이러한 관점에서 대법원에서 제시한 관련 시장 획정의 판단 요소들은 원칙적인 의미로, 즉 추가적인 확대가 가능한 것으로 이해할 필요가 있다.

또한 이상에서 살펴본 대법원 판결과 그 원심 판결은 독점규제법의 위반 유형에 따라서 관련 시장 획정이 달리 취급해야 하는지의 문제에 관하여 이견을 표출하였으며, 이는 관련 시장의 획정이 위반 유형 별로 차별화될 수 있는지 아니면 통일적인 이해가 가능한지에 관한 문제를 제기하고 있다. 이러한 문제가 독점규제법과 규제 산업법 간에 발생하였다면, 양 법체계에서 시장의 이해가 상이할 수 있다는 점에 의문은 없을 것이다.[68] 그러나 독점규제법의 위반 유형에 따른 차별적 이해의 문제는 무엇보다 동일 법에서 적용되는 개념을 상이하게 구성하는 시도로 볼 수 있기 때문에, 일련의 논쟁이 불가피할 것이다. 이에 관한 EU 관련 시장 고시 para. 2의 언급은 참고할 만하다. 동 고시는 "관련 시장 획정의 범주는 일반적으로 시장에서 일정한 행위의 분석 그리고 상품 공급에 있어서 구조적 변화의 분석을 위하여 적용된다. 이러한 방법론은 조사 대상이 되는 경쟁 이슈의 성격에 따라서 상이한 결론을 도출할 수 있다"고[69] 규정한다. 동 규정의 의의와 관련하여, Goyder는 "기업결합 사건에서 초점은 필연적으로 기업결합의 미래에 있어서의 결과와 장래의 중요한 변화들, 예를 들어 분배, 특허 또는 기술적 진보에 있어서의 변화와 그 결과들의 개연성 또는 가능성에 두어지는 반면, 시장지배적 지위 남용행위 사건에서의 초점은 특정

Andrew I. Gavil, William E. Kovacic & Jonathan B. Baker, Antitrust Law in Perspective 2. ed., Thomson/West, 2008, 499면 참조.

68) 홍명수, "관련시장 획정과 통방융합", 경쟁법연구 제13권, 2006, 81-83면 참조.

69) "The criteria to define the relevant market are applied generally for the analysis of certain behaviours in the market and for the analysis of structural changes in the supply of products. This methodology might lead to different results depending on the nature of the competition issue being examined."

사업자의 과거의 행위에 두어져야 하며, 위원회는 적어도 시장이 그 기간에 걸쳐 작동하던 방식을 우선적으로 고려하여야 한다"는 것으로 이해하였다.[70] 이와 같은 관련 시장 획정과 관련하여 기업결합과 시장지배적 지위 남용의 대비는 경쟁 이슈에 따른 구체적인 차이가 가능하다는 점에 대한 이해를 돕는다. 그러나 이러한 차이는 방법론(methodology)의 차이가 아니라 방법론의 실제 적용 결과에서 나타나는 차이를 의미한다는 점을 유념할 필요가 있다. 이것은 기술적인 문제일 수도 있고,[71] 예측적으로 대체 가능성을 판단할 경우에 보다 넓은 범위에서 고려되어야 하는 요소들이 존재하는 결과에 기인하는 것일 수 있다. 한편, 미국 법무부의 2010년 기업결합 가이드라인은 유사한 문제에 대한 대응 방식으로서 주목할 만하다. 동 가이드라인 제4조는 "시장점유율과 시장집중도의 측정은 그 자체가 목적이 아니며, 합병이 경쟁에 미치는 효과를 밝혀주는 범위 내에서 유용하다. 규제 기관의 분석이 반드시 시장 획정으로부터 시작하여야 하는 것은 아니다. 경쟁효과를 평가하기 위하여 규제 기관에 의하여 사용되는 분석 툴 중 일부는 시장 획정에 기초하지 않는다"고[72] 규정하고 있다. 동 규정에 의하면 시장점유율이나 집중도를 파악하기 위한 전제로서 시장 획정도 경쟁제한성 심사에서 필수적인 것이 되지 않는다. Shapiro는 동 규정이 새로운 제안이 아니라 오랫동안 미국 기업결합 심사에서 행해져 온 관행을 반영한 것이라고 평하면서, 시장 획정을 거치지 않고 가격상승압력(upward pricing pressure)과 같은 지표를 통해서도 충분히 기업결합의 경쟁제한성 심사가 가능한 경우가 있다는 견해를 피력하고 있다.[73]

---

70) D. G. Goyder, EC Competition Law 3. ed., Clarendon Press, 1998, 330면.

71) 예를 들어, 가격 변화에 따른 교차 탄력성의 측정에서 과거 실제 변화 양상을 분석한 것과 앞으로 예상되는 행동에 대한 설문 방식의 조사 분석 사이에는 일정한 차이가 존재할 수 있다.

72) Horizontal Merger Guidelines(2010), 제4조.

73) Carl Shapiro, "The 2010 Horizontal Merger Guidelines: From Hedgehog to Fox in Forty Years", Antitrust L.J. vol. 77, 2010, 50면 이하 참조.

결론적으로 동 가이드라인은 기업결합 심사에 있어서 시장 획정을 필수적 단계가 아닌 상대적인 것으로 전환시켰다. EU 관련 시장 고시의 태도와 비교하면, 기업결합에 있어서 관련 시장 획정의 의의를 상이하게 구성한 것이 아니라, 그 기능을 상대화함으로써 유사한 문제에 대처하고 있다.

이상의 논의에 비추어, 앞에서 다룬 사건에서 원심 법원이 판시 사항에서 부당공동행위와 기업결합에서 있어서 관련 시장 획정의 의의를 차별적으로 제시한 것은 충분히 가능한 이론 구성으로 이해된다. 그러나 이러한 입론이 전체 자동차 시장이 아닌 BMW 자동차 시장으로 관련 시장을 획정하기 위한 논거로서 필요한 것인지는 의문이며,74) 여기에는 논리적 비약이 있는 것으로 보인다. 따라서 대법원 판결이 원심의 이론 구성을 받아들이지 않은 것은 타당하여 보이지만, 독점규제법 위반 유형 별로 관련 시장이 갖는 의의나 기능에 대한 논의는 추가적인 과제로서 남게 될 것이다.

2. 단독행위 규제

우선 규제 체계적 측면에서 보면, 독점규제법은 단독행위 규제와 관련하여 시장지배적 지위 남용행위와 불공정거래행위의 이원화된 규제 체계

---

74) 하부시장은 미국 반독점법 판례에서 형성된 개념으로, Brown Shoe Co. v. U. S. 사건[370 U.S. 294(1962)]에서 연방대법원은 "넓은 범위의 시장 안에 그 자체로 반독점법 목적을 위하여 상품시장을 구성하는 적절하게 정의된 하부시장이 존재할 수 있다. 이러한 하부시장의 경계는 분리된 경제적 단위로서의 산업 또는 공중의 인식, 상품 고유의 특성과 사용 방식, 특수한 생산 설비, 뚜렷이 구별되는 고객과 가격, 가격 변화에 대한 반응의 정도, 특수한 판매 방식 등과 같은 실제적 표지의 검토에 의하여 결정될 수 있다"고 판시하였다. 하부시장 개념의 적용이 일반적인 관련 시장 획정과 본질적으로 구별되는 것인지에 관한 의문을 제기하는 견해도 유력하며, 대부분의 최근 판례들은 기존의 관련 시장과 명확히 구별되는 의미로 하부시장을 사용하지 않는 경향을 보여주고 있다. E. Thomas Sullivan & Jeffrey L. Harrison, Understanding Antitrust and Its Economic Implications, Matthew Bender, 2003, 41면 참조. 국내 논의로서 하부시장 개념의 가능성을 인정하는 견해로, 신현윤, 경제법, 법문사, 2012, 147-148면 참조.

를 취하고 있다. 이는 EU 기능조약 제102조가 단독행위 규제의 유일한 근거인 것과 같은 일원화된 규제 체계와 대비되는 것이다. 그러나 각 나라의 경쟁법 체계에서 단독행위 규제는 다원적 근거를 갖고 있는 것이 오히려 일반적이다. 예를 들어, 미국, 독일, 일본의 경쟁법은 독점적 행태에 대한 주된 규제 외에 단독행위를 규제하는 근거를 두고 있다.75) 경쟁정책적 관점에서 중요한 것은, 규제 체계의 형식적 이해보다는 이러한 규제 체계가 경쟁정책의 필요성에 부합하는지 여부이며, 이러한 관점에서 이원화된 규제 체계를 이해할 필요가 있다. 즉 시장지배적 지위 남용 규제 외에 단독행위에 대한 규제 필요성이 있는 영역이 존재하는지가 검토되어야 하며, 대법원이 기타의 거래거절 사건에서 시장지배적 사업자가 아닌 유력 사업자 개념을 원용한 것에서 확인할 수 있듯이,76) 이러한 영역이 존재한다면 단독행위 규제로서 불공정거래행위 규제가 이에 충분히 대응하고 있는지가 논의되어야 할 것이다.

나아가 단독행위 규제의 한 축을 담당하고 있는 불공정거래행위 규제가 경쟁제한성 외에 불공정성에 기초하여 이루어지고 있다는 점은 독점규제법의 중요한 특징을 이룬다. 불공정성 규제에 관한 비교법적 검토에서 드러나듯이, 경쟁법에서 불공정성을 다루는 것 역시 드물지는 않다. 독일의 경우처럼 별도의 입법으로 이 문제에 대응하는 경우도 있지만, 일본이나 미국의 예는 경쟁법 안에 위치한 불공정성 규제 조항이 입법적으로 가능할 수 있음을 보여준다. 경쟁의 자유와 경쟁의 공정 문제는 서로 밀접히 연관되어 있다는 Rittner의 지적을 상기한다면,77) 이러한 태도가 경쟁정책의 본질에서 벗어나는 것으로 볼 수는 없다. 독점규제법 제정 이후 2012

---

75) 미국 FTC법 제5조, 일본 독점금지법 제19조, 독일 경쟁제한방지법 제20조 참조.
76) 대법원 2001. 1. 5. 선고 98두17869 판결. 한편, 동 판결에서 제시된 유력 사업자 개념을 긍정적으로 보는 견해로, 김차동, "단독거래거절에 의한 불공정거래행위의 규제원리", 권오승 편, 공정거래와 법치, 2004, 법문사, 704-705면 참조.
77) Fritz Rittner, Meinrad Dreher & Michael Kulka, Wettbewerbs — und Kartellrecht, C. F. Müller, 2014, 40-42면 참조.

년까지 공정거래위원회에 의하여 규제된 위반 유형별 사건을 보면, 전체 위반 사건 중에서 불공정거래행위 위반 사건이 약 62%에 이른다.[78] 이러한 수치는 독점규제법 집행이 불공정거래행위 규제에 지나치게 집중되고 있는 현상을 보여주는 것일 수도 있지만, 다른 한편으로 시장의 상황이 반영된 결과로 이해할 수도 있다.[79] 이러한 이해를 따를 경우, 법리적으로 양자의 관계를 어떻게 구축할 것인지의 문제가 제기된다. 이에 관한 현재의 논의를 보면, 지배적인 견해는 양자를 특별법적인 관계로 파악하고 있고,[80] 반면 법원은 양자의 규범 목적상의 차이를 지적하고 있다.[81] 그러나 이러한 논의는 불공정거래행위의 위법성 판단이 경쟁제한성과 불공정성으로 구분되고 있다는 점을 간과한 것으로 보이며, 이러한 구분을 전제할 경우만 시장지배적 지위 남용행위와 불공정거래행위의 관계가 올바르게 정립될 수 있을 것이다.

규제 내용적 측면에서, 시장지배적 지위 남용행위와 불공정거래행위의 양 영역에서 모두 규제 법리의 개선을 위한 노력이 필요할 것이다. 우선 미국 AMC가 단독행위 규제의 개선에 있어서 가장 우선되는 과제로 반경쟁적 행위에 대한 셔먼법 제2조 적용 기준의 명확화를 제안하고 있는 것처럼,[82] 시장지배적 지위 남용행위의 경우도 규제 기준의 명확화는 지속되어야 할 과제이다. 유럽 경쟁법에서 남용행위를 착취적 남용과 배제적 남용으로 유형화 하는 것은, 남용의 구체적 평가를 이끌 수 있다는 점에서 독점규제법 제3조의2 제1항 각호의 행위에 대해서도 유용한 지침이 될 수 있다. 한편 시장지배적 사업자의 착취적 남용에 대하여 공정거래위원회의

---

78) 공정거래위원회, 2013년판 공정거래백서, 2013, 65면 참조.
79) 불공정거래행위 규제가 경쟁질서 개선 측면에서 경제력 집중 억제나 독과점 억제보다도 더 실질적인 중요성을 가질 수 있다고 보는 견해로, 이기수·유진희, 경제법, 세창출판사, 2012, 175면 참조.
80) 권오승, 주 3)의 책, 309면; 양명조, 경제법강의, 신조사, 2007, 187-188면.
81) 대법원 2007. 11. 22. 선고 2002두8626 판결.
82) AMC, 주 10)의 책, 81-83면.

소극적 태도를 지적할 수 있지만, 이와 관련하여 시장의 자율성에 대한 경쟁당국의 과도한 개입이라는 점에서 주요 국가의 경쟁당국이 대체로 가격 남용 규제에 신중한 입장을 보이고 있다는 점도 염두에 둘 필요가 있다.[83] 다만 공적 서비스의 민영화 과정에서처럼 경쟁에 의한 가격 압력이 작용할 수 있을 만큼 충분히 시장이 성숙하지 못한 경우에 가격 남용 규제는 실효성이 있다는 지적은[84] 참고할 만한 것이다.

불공정거래행위 규제 개선과 관련하여, 우선 불공정성 관점에서 불공정거래행위 규제가 가능하다고 하더라도, 이러한 판단이 요구되는 구체적인 행위 유형과 이를 판단하는 기준의 제시가 명확하지 않은 측면이 있다. 독일 부정경쟁방지법이 시사하고 있는 것처럼, 불공정거래행위 규제의 주된 목적은 경쟁자 또는 거래상대방(소비자)의 이익 보호에 있다.[85] 이때 소비자의 이익은 합리적 결정의 기초가 주어지는 것으로부터 나오며, 미국 FTC법 제5조의 기만적 행위도 이러한 맥락에 위치한다. 현행 '불공정거래행위 심사지침'은 불공정성에 기초한 불공정거래행위에 대하여 위법성 판단 기준으로서 경쟁 방법의 불공정성 또는 거래 내용의 불공정성을 제시하고 있는데, 규제의 취지로부터 판단 기준의 도출이 명확하지 않으며 그에 상응하여 규제 기관의 자의적 개입의 여지는 커질 것이다. 이러한 관점

---

83) 독점 시장에서 비정상적 초과 이윤을 낳는 가격 설정의 메커니즘이 이론적으로 가능하다고 하더라도, 실제 가격이 이러한 수준에 해당하는지 그리고 이러한 가격이 초과 이윤을 획득하기 위한 의도와 관련되는지 아니면 내부 비효율성과 같은 원인에 의하여 나타나게 된 것인지를 판단하는 것이 용이하지 않다는 것으로, Mark Furse, Competition Law of the EC and UK, Oxford Univ. Press, 2004, 277면 참조.

84) Richard Whish, Competition Law, Oxford Univ. Press, 2005, 195면 및 Fritz Rittner & Meinrad Dreher, 주 26)의 책, 2008, 552면 참조.

85) UWG 제1조는 "이 법은 경쟁자, 소비자 및 기타 시장 참가자들을 불공정한 경쟁으로부터 보호하는 것이다. 이 법은 동시에 왜곡되지 않은(unverfälschten) 경쟁에 관한 일반의 이익(Interesse der Allgemeinheit)도 보호한다"고 규정되어 있다. 동 규정의 의의에 관하여, Friedrich L. Ekay u. a., Wettbewerbsrecht, C. F. Müller, 2005, 11면(Diethelm Klippel) 참조.

에서 특히 부당한 고객유인의 경우에서의 불공정성 판단은 거래상대방의 합리적 결정권의 침해에 기초하여 재구성될 필요가 있다. 또한 우월한 지위 남용의 경우는 독일 경쟁제한방지법상 이와 유사한 제20조의 규정이 경쟁제한적 관점에서 구성되어 있고,[86] 일본에서도 시장의 관점에서 동 규제를 이해하려는 논의가 전개되고 있다는 점을 고려하여,[87] 최소한 불공정성과 함께 경쟁제한성이 위법성 판단에서 고려될 수 있는 기준 개정이 검토될 필요가 있다. 나아가 근본적인 방안으로 불공정성의 핵심적 징표를 제시하고, 구체적인 행위 유형은 규제 기관의 법 적용 과정에서 제시되도록 하는 방안도 검토할 수 있을 것이다.

내용적 측면에서 불공정거래행위 규제의 중요한 특징 중 하나인 수직적 거래제한에 대한 규제와 관련하여, 산재되어 있는 규제 유형들을 정리함으로써 규제의 의의를 명확히 할 필요가 있다. 즉 상표내 거래제한으로서 재판매가격유지와 비가격 수직적 제한(거래지역 또는 거래상대방 제한) 그리고 상표간 거래제한으로서 끼워팔기와 배타조건부거래로 유형화하여 규정함으로써, 수직적 거래제한으로서의 성격을 공유하는 행위 유형들에 대한 이해를 제고하는 방향으로의 개정이 필요할 것이다.

3. 공동행위 규제

공동행위는 복수의 사업자의 합의에 의하여 성립한다. 각 국의 경쟁정책은 소비자에게 경쟁상의 손해를 입히는 가장 중요한 법 위반행위로서 카르텔을 지목하고, 이에 대한 규제를 강화하는 추세에 있으며,[88] 독점규제법도 이러한 경향을 따르고 있다. 법리적 측면에서 보면, 최근 개념적으로 요구되는 사업자의 복수성을 소멸시키는 경제적 단일체 개념이 쟁점이

---

86) Fritz Rittner & Meinrad Dreher, 주 26)의 책, 553-554면 참조.
87) 白石忠志, 獨禁法講義, 有斐閣, 2009, 95면.
88) OECD, Trade and Competition: From Doha to Cancun, 2003, 15면.

되었다. 이와 관련하여 개념 자체는 승인하면서 문제가 된 사건에서 해
당성을 부인하는 판결이 있었으며,[89] 공정거래위원회는 공동행위 심사
지침에서 '사실상 하나의 사업자' 개념을 통하여 이에 대응하고 있다. 경제
적 단일체 개념은 공동행위의 성립뿐만 아니라 책임의 귀속 주체를 정하는
문제 등[90] 다양한 맥락에서 중요하며, 이에 대한 종합적인 이해가 요구
된다.

　독점규제법 제19조 제1항 본문은 '계약, 협정, 결의 기타 어떠한 방법'
이라는 표현으로 합의를 규정하고 있다. EU 기능조약 제101조 제1항이나
독일 GWB 제1조에서처럼 합의, 단체적 결의, 동조적 행위(concerted
practices)로 합의를 유형적으로 분류하고 있는 것과 비교하여 보면, 비록
개방적인 태도를 취하고 있다고 하더라도 단지 실제상의 합의 태양을 열
거하고 있는 독점규제법 제19조 제1항의 규정 방식이 타당한지는 의문이
다. EU 기능조약에서 동조적 행위는 합의나 단체적 결의에 해당하지 않지
만 공동행위 인정이 가능한 주관적 상태를 지칭하며, 독립적인 행위와 공
동행위 사이에 경계를 정하는 의미를 갖는다. 유럽 법원은 동조적 행위에
관하여 "본질적으로 합의의 성립에 이르지 않았지만, 의도적으로 위험을
수반하는 경쟁의 위치로부터 벗어나기 위하여 실제적으로 협력하는, 사업
자들 간의 조정의 형태"로[91] 정의하고 있는데, 이러한 이해는 합의에 관
하여 개방적으로 규정하고 있는 독점규제법의 해석에도 도움이 될 수 있
을 것이다. 한편 동조적 행위는 점점 더 암묵적이고 은폐적인 방식으로 이
루어지고 있는 합의에 대한 경쟁정책적 대응 개념으로 이해할 수 있는데,
독점규제법은 이러한 문제에 제19조 제5항의 합의 추정에 의하여 대응하

---

89) 서울고법 2009. 9. 10. 선고 2008누15277 판결. 동 사건에 대한 상고는 심리불속
　　행 사유로서 기각되었다. 대법원 2009. 12. 24. 선고 2009두18509 판결.
90) Ariel Ezrachi, EU Competition Law, Hart Publishing, 2010, 1-2면 참조.
91) EuGH, Urt. v. 14. 7. 1972 - Rs. 48/69 및 Knut Werner Lange hrsg., Handbuch
　　zum deutschen und europäischen Kartellrecht 2. aufl., Verlag Recht und
　　Wirtschaft GmbH, 2006, 44면(Knut Werner Lange 집필부분) 참조.

고 있다. 대법원은 동 조항에서의 추정을 법률상 추정으로 이해하고 있는데,[92] 이러한 이해를 전제하면 간접사실은 행위의 일치 및 "해당 거래 분야 또는 상품·용역의 특성, 해당 행위의 경제적 이유 및 파급 효과, 사업자간 접촉의 횟수·양태 등 제반 사정"이며, 이의 입증을 통하여 법률상 추정이 이루어지는 요증(要證)사실은 합의가 될 것이고, 합의의 부존재를 본증(本證)으로서 입증하여 추정의 복멸이 가능할 것이다. 간접사실의 내용과 법률상 추정 구조에 비추어, 동 조항은 합의의 입증 곤란을 해소하려는 취지가 반영된 것으로 이해할 수 있다. 공적 제재의 발효 요건으로서 추정 제도를 원용할 수 있는지와 같은 본질적인 문제 제기는 별론으로 하고, 동 규정에서의 추정제도는 기본적으로 합의를 입증의 대상으로 전제한 것이라는 점을 염두에 둘 필요가 있다. EU 기능조약 제101조에서 동조적 행위는 합의 및 단체적 결의와 구별되는 공동행위 성립의 주관적 요건으로서 독립적인 의미를 갖는 것이다. 따라서 정황 증거를 통한 합의의 추정과 동조적 행위의 인정은 상당 부분 중복될 수 있지만, 독립적 행위의 입증을 통하여 합의 추정의 복멸이 이루어지는 경우 - 그러나 사업자간 의도적 조정이 존재하는 경우 - 에 드러나듯이, 양자의 포섭 범위가 항상 일치할 수 있는 것은 아니다. 이러한 의미에서 EU 경쟁법상 동조적 행위에 관한 논의는 개방적으로 규정된 합의의 이해를 구체화하기 위하여 독점규제법에서도 여전히 유효할 것이다. 나아가 합의의 태양을 규정하는 방식과 추정제도를 포함한 입법적 개선의 논의도 필요하다.

한편 현행 독점규제법 제19조 제1항은 사업자간 관계에 대하여 경쟁 관계에 있을 것을 요구하는 등의 특별한 규정을 두고 있지 않기 때문에,[93]

---

92) 대법원 2003. 12. 12. 선고 2001두5552 판결, 대법원 2003. 5. 27. 선고 2002두4648 판결 등.

93) 독일 경쟁제한방지법 제1조는 2005년 개정되어, 수평적 관계에 한정하는 의미를 갖고 있었던 '경쟁 관계에 있는(miteinander im Wettbewerb stehenden)'이라는 표현을 삭제하였는데, 이러한 변경에 의하여 수직적 카르텔도 동 법의 규제 대상이 되는 것으로 이해되고 있다. Fritz Rittner & Meinrad Dreher, 주 26)의 책, 419

해석상 수직적 공동행위도 동 규정의 공동행위에 포함되는 것으로 볼 수 있다. 그러나 미국 반독점법이나 EU 경쟁법과는 달리 수직적 공동행위를 규제 대상으로 하지 않는다고 보는 견해가 유력하며,[94] 규제 실무에서도 수직적 공동행위를 동 규정에 포섭하여 규제한 예는 드물다.[95] 앞으로 논의가 계속되어야 할 부분이지만, Whish가 지적한 것처럼 수직적 관계에서 나타나는 행위 조정이 일방적인지 양방향적인지에 따라서 규제 근거와 범위가 달라질 수 있기 때문에, 수직적 관계는 경쟁정책적 관심에서 벗어나기 어렵다. 특히 논의를 전개함에 있어서 현행 독점규제법상 불공정거래행위 규제가 수직적 거래제한의 규제를 포함하고 있지만, 행위 형식상 합의가 배제되는 경우에 규제의 공백이 발생할 수 있다는 점도 염두에 두어야 한다.

면 참조.

[94] 신현윤, 주 74)의 책, 233-234면; 이기수·유진희, 주 79)의 책, 152면; 정호열, 주 38)의 책, 337-338면 참조. 이에 대한 비판적 입장으로, 홍명수, "공정거래법 제19조 제1항의 해석과 수평적·수직적 공동행위의 규제 법리 고찰", 동아법학 제61호, 2013, 437-444면 참조.

[95] 최근 공정거래위원회의 규제 예에서 수직적 공동행위가 관련된 공동행위 규제가 나타나고 있다. 예를 들어, 공정거래위원회는 7개 영화 상영업자와 배급업자들의 공동행위를 인정하였으며(공정위 2008. 6. 10. 의결 제2008-168호), 동 심결에 대한 불복 소송에서, 최종적으로 대법원은 이에 관한 명시적 언급을 하지 않은 채 공동행위의 성립을 인정하였다(대법원 2010. 2. 11. 선고 2009두11485 판결). 한편 특허권자와 특허 실시권자 사이에서 실시허락과 관련된 합의(역지불합의)가 수직적 공동행위로서 제19조에 의한 공동행위의 규제 대상이 될 수 있는지와 관련하여, 대법원은 수직적 공동행위에 대한 직접적인 언급은 하지 않고, 특허 실시권자가 직접 발명을 통하여 특허권자가 될 수 있다는 점에서 양자 사이는 잠재적 경쟁 관계로 볼 수 있다는 점에 근거하여 규제 대상이 될 수 있다고 보았다. 동 사건의 원심 판결(서울고법 2012. 10. 11. 선고 2012누3028 판결)은 제19조 제1항이 수직적 공동행위를 배제하지 않는다는 입장을 개진하였지만, 대법원은 이에 대한 판단을 유보하고 있다. 대법원 2014. 2. 27. 선고 2012두24498 판결 참조.

V. 절차적 개선

1. 제재 측면

독점규제법 위반행위에 대하여 행정적 제재, 형사적 제재뿐만 아니라 사적 구제 방식도 제재 수단이 된다. 그 동안 제재 측면에서의 개선은 법 집행의 실효성 제고를 목적으로 전개되었으며, 제재 내용은 점차로 강화되어 왔다. 특히 OECD가 지적하였던 것처럼,[96] 경쟁정책의 실현에 있어서 충분한 억지력을 갖는 집행 수준이 요구되고, 비용-편익 분석에 따른 사업자의 행태가 적법행위로 유인될 수 있는 정도의 제재가 필요하다는 사고가 정책의 기조가 되었다. 이에 대하여 책임주의 관점에서 제재의 타당성을 이해하는 전통적인 사법관과의 충돌이 우려되기도 하지만, 국내 사법부의 경쟁정책에 대한 이해도가 높아지면서 이러한 우려는 어느 정도 불식된 것으로 볼 수 있다. 특히 부당이득 환수적 성격이 포함되어 있는 과징금 제도의 운영은 위반행위를 억제할 수 있는 수준의 금전적 제재의 법리적 기초를 제공하였다는 점에서 의의가 있다.

사적 구제의 활성화는 오랫동안 추구되어 온 정책 목표이며, 집단소송 제도나 징벌적 손해배상제도의 도입 등 제도적 환경의 조성이 정책적으로 추진되어 왔다. 다만 제도 개선 논의 과정에서 이러한 제도 도입이 실질적으로 사적 구제 활성화에 기여할 수 있는지, 나아가 경쟁정책 실현에 의미 있는 기여를 할 수 있는지의 관점이 계속해서 유지될 필요가 있다.

형사적 제재와 관련하여, 독점규제법 제66조 내지 제69조는 법 위반행위에 대한 제재로서 형벌을 부과하는 규정을 두고 있으며, 동 법에서 규제하고 있는 모든 위반행위들을 포괄한다. 그렇지만 불공정거래행위와 같이 경쟁제한성의 정도가 크지 않은 행위 유형까지 형사적 제재의 대상으로

---

96) OECD, 주 88)의 글, 19-20면.

삼는 것에 대해서는 비판의 여지가 있으며,[97] 지속적인 논의가 필요한 부분이다. 독점규제법상 형사적 제재는 다음의 두 가지 특징적인 성격을 취하고 있는데, 우선 제재 대상에 행위자인 사업자뿐만 아니라 법인의 대표자나 대리인, 사용인, 종업원 등도 포함되는 양벌 규정(제70조)이 존재한다.[98] 또한 제71조 제1항에 의하여 소추 조건으로서 고발제도를 유지하고 있다는 점도 특징적이며,[99] 동 권한의 남용을 억제하기 위하여 제71조는 공정거래위원회의 예외적 고발의무(제2항), 검찰총장의 고발요청권(제3항), 감사원장·조달청장·중소기업청장의 고발요청권(제4항) 그리고 공소 제기 후 고발의 취소 제한(제5항)을 규정하고 있다. 공정거래위원회가 고발 조치한 예가 미미한 것에 대한 비판이 있어 왔으며,[100] 이는 공정거래위원회의 실효성 있는 법 집행의 관점에서 충분히 참고할 만한 사항이다. 그러나 다른 한편으로, 공정거래법 위반행위에 대한 판단에 시장 분석 등 전문적인 심사가 요구될 뿐만 아니라, 광범위한 수사 기관의 형사사법권 집행이 기업활동의 위축을 초래할 수도 있다는 점 등이 공정거래위원회의 전속고발권제도를 유지하는 근거가 되었다는 점에도[101] 주의를 기울일 필요가 있다. 경쟁정책적 측면에서 보면, 형사적 제재의 강화가 경쟁정책의 실현에 있어서 긍정적인 결과를 낳을 수 있다는 지적이 유력하지만,[102] 공

---

97) 권오승 등 8인 공저, 주 21)의 책, 383면(이호영 집필 부분) 참조.
98) 법인이 관련된 범죄에서, 단지 법인의 구성원인 자연인만을 처벌하는 것으로는 형사정책적 목적을 달성하기 어렵고, 법적 정의에 부합하지 않는다는 점이 양벌 규정 도입의 근거로 이해되고 있다. 이천현·이승현, 공정거래법상 형사적 제재에 대한 개선방안 연구, 공정거래위원회, 2006, 11면.
99) 소추 조건으로서 고발이 요구되는 경우는 동법 제66조 및 제67조의 죄의 경우에 한한다.
100) 오영중, "담합 근절을 위한 공정거래법 개정 방향", 담합 근절을 위한 공정거래법 개정 심포지엄, 서울지방변호사회, 2012, 33-35면 참조.
101) 이천현·이승현, 주 98)의 글, 101-105면 참조.
102) 특히 법인뿐만 아니라 개인에 대한 형사적 제재의 강화가 카르텔의 실질적 억제력을 제고할 것이라는 분석으로, OECD, 주 88)의 글, 19-20면 참조.

정거래법 위반행위에 대한 형사적 제재의 실효성에 의문이 제기되기도 하는데,[103] 결국 균형 있는 사고를 통하여 적정한 수준에서의 형사적 제재의 활용을 모색해야 할 것이다.

2. 절차 및 조직 측면

모든 법 집행 절차의 개선 노력은 신속한 분쟁 해결에 이르기 위한 절차의 효율성과 최종 결론이 타당하게 도출될 수 있도록 하기 위한 절차의 공정성을 목적으로 한다. 독점규제법 집행 절차도 이러한 방향에서 개선이 경주되어 왔다. 특히 공정거래위원회가 관할하는 사건의 수가 급증하는 상황에서 절차의 신속성을 기하기 위한 제도적 개선에 초점이 모아졌다. 이미 입법 초기부터 시정권고제도나 약식 절차가 제도적으로 마련되었지만 신속한 절차 운영에는 한계가 있으며, 이를 보완하는 의미에서 별도의 기구인 공정거래조정원에 의한 조정제도나 동의심결제도가 도입되었다. 또한 앞에서 언급한 것처럼 사적 구제 수단의 활성화 역시 공정거래위원회가 부담하는 사건의 수를 감소시키는데 기여할 것이다. 이러한 제도들은 절차의 효율성을 기하기 위한 제도 개선으로서 긍정적인 평가가 가능하다. 그러나 다른 한편으로, 절차의 공정성과 타당성을 기하기 위한 노력에는 다소 소홀한 점이 있으며, 특히 구체적인 절차 운영 과정에서 전문성의 제고는 여전히 중요한 과제라 할 수 있다.

경쟁정책 담당 부서로서 공정거래위원회의 조직과 권한을 보면, 공정거래위원회의 위상을 제고하고 권한을 강화하는 방향으로 개선이 이루어져 왔다. 그러나 최근에는 이러한 권한을 분산하는 정책, 예를 들어 고발권의

---

103) 이와 관련하여 법리적으로 경쟁제한행위를 형법상 구성 요건화 하는 것이 용이하지 않고, 실효성 측면에서도 행정적 제재에 비하여 형사적 제재가 실효성 제고에 기여한다는 실증이 충분하지 않다는 지적으로, Fritz Rittner, Meinrad Dreher & Michael Kulka, 주 77)의 책, 673-674면 참조.

요청 권한을 여러 기관에 부여한 것과 같은 정책도 아울러 추구되고 있다. 권한의 집중과 분산은 각각의 정당성을 갖고 있는 것이며, 일률적인 평가에는 한계가 있을 것이다. 다만 권한의 분산과 관련하여 사전에 해당 기관의 경쟁정책에 대한 이해를 높이기 위한 노력이 전제되어야 한다는 점을 유념할 필요가 있다.

3. 독점규제법 위반행위에 있어서 주관적 요건

I. 서론

일반적으로 법적 의미에서 행위에는 주관적 측면과 객관적 측면이 모두 관련된다. 그러나 일정한 법체계에서 규율 대상인 행위를 특정할 경우에, 주관적 측면과 객관적 측면을 어떠한 방식으로 결합하여 규율 대상으로 할 것인지는 기본적으로 법정책적인 문제라 할 수 있다. 예를 들어 독점규제법 제19조 제1항은 1992년 합의만으로 공동행위가 성립하는 것으로 개정되었는데,[1] 이는 합의에 따른 실행행위를 공동행위의 성립 요건에서 배제하려는 경쟁정책적 판단에 따른 것이었다.[2] 물론 동 조항에서 합의는

---

1) 개정 전 제19조 제1항은 금지되는 행위를 "공동으로 일정한 거래분야에서 경쟁을 실질적으로 제한하는 다음 각호의 1에 해당하는 행위"로 규정하고 있었다. 동 규정에 대하여 합의는 실행 가능성을 전제로 이루어지는 것이고, 실행행위 이전에 규제기관이 합의를 발각하였을 경우에 규제할 수 없는 모순이 있다는 비판을 수용하여, "공동으로 일정한 거래분야에서 경쟁을 실질적으로 제한하는 다음 각호의 1에 해당하는 행위를 할 것을 합의"하는 것을 금지 대상으로 하는 내용으로 변경하였다. 공정거래위원회, 공정거래위원회 30년사, 2011, 210면 참조.

2) 비교법적으로 상이한 입법례도 있다. 예를 들어 일본의 「私的獨占の禁止及び公正取引の確保に關する法律」 제2조 제6항은 부당한 거래제한(공동행위)을 "상호간에 사업활동을 구속하거나 또는 수행하는 것"(相互にその事業活動を拘束し´又は遂行すること)으로 규정함으로써, 합의와 실행행위가 모두 공동행위를 구성하는 것

경쟁정책상 부정적인 판단이 가능한 공동행위의 본질에 상응하는 개념이고, 엄밀히 말하면 행위 자체를 주관적 성격의 합의에 기초하여 개념적으로 구성한(구성요건화) 것이다. 따라서 행위 주체인 행위자에게 속하는 주관적 요소의 법적 취급을 어떻게 할 것인지는 별개의 문제로 남게 된다.

특히 이러한 문제는 독점규제법 위반행위에서 공동행위 또는 단독행위인지를 불문하고 공통적으로 제기되는 것이고, 위법성을 징표할 수 있는 요소와 관련된다는 점에서 경쟁정책 관점에서 벗어날 수 없는 문제이다. 즉 독점규제법상 위반행위들이 대부분 경쟁제한성을 위법성의 본질로 하고 있다는 점을 고려하면, 경쟁제한성 평가가 행위자의 주관적 의도나 목적과 무관하게 이루어질 수 있는지 아니면 평가의 근거로서 이를 포함하는지는 경쟁정책의 핵심에 해당하는 문제라 할 수 있다. 그렇지만 독점규제법 전반에 걸쳐 법위반행위를 확정함에 있어서 이와 같은 의미에서의 주관적 요소가 요구되는지 그리고 어떠한 내용으로 구성되는지가 법문에 명확히 드러나는 것은 아니다. 또한 법리적으로도 이것이 전체적인 위법성 판단 과정에서 어떠한 위치에 있으며, 구체적으로 어떠한 기능을 하는지에 관한 논의가 충분히 이루어지지 않고 있다.

이와 관련하여 포스코 사건에서 대법원 판결은[3] 주목할 만하다. 동 판결은 시장지배적 지위남용행위로서 거래거절의 부당성 판단과 관련하여, 주관적 요건을 별개의 독립된 요건으로서 고려되어야 한다는 입장을 취하고, 또한 주관적 요건의 입증과 관련하여 사실상 추정을 포함한 구체적인 입증 방식을 제시하였다. 동 판결은 독점규제법 위반행위에 있어서 주관적 요건의 문제를 상세히 다루고 있다는 점에서 의의가 크지만, 이 문제가

으로 하고 있다. 한편 법문의 규정에도 불구하고 일본의 공동행위 규제에서 공동수행을 공동행위의 성립요건으로서 독자적인 의미를 부여하는 해석론은 지양되고 있다. 金井貴嗣・川濱 昇・泉水文雄, 獨占禁止法, 弘文堂, 2010(宮井雅明 집필부분), 45-46면 참조.
3) 대법원 2007. 11. 22. 선고 2002두8626 판결.

종결된 것으로 보이지는 않는다. 판결의 태도를 따를 경우에도 추가적으로 검토되어야 할 부분이 있으며, 무엇보다 이러한 태도가 타당한지에 관한 근본적인 논의가 필요하다. 즉 경쟁제한성 판단에 있어서 주관적 요건이 일반적으로 요구되는 것인지, 그리고 경쟁제한 행위의 유형별로 상이한 접근이 필요한지 등에 관한 문제는 동 판결 이후의 과제로 남게 될 것이다.

이하에서의 논의는 독점규제법 위반행위, 특히 경쟁제한적 행위에 있어서 주관적 요건을 다룰 것이다. 여기서의 주관적 요건은 경쟁제한적 행위를 전제로 경쟁제한의 의도(intent) 또는 목적(object)의 의미로 이해할 것이다. 따라서 전술한 것처럼 공동행위에 있어서 주관적 측면에 초점을 맞추어 행위를 구성한 것에 따른 합의와는 논의 차원을 달리한다. 한편 논의는 경쟁제한적 행위를 공동행위와 단독행위(시장지배적 지위남용행위와 불공정거래행위)로 구분하여 전개하고자 한다. 양자는 행위의 구조적 측면이나 규율 대상인 행위의 구성요건화 측면 그리고 각각의 행위에 대한 경쟁정책적인 평가 측면에서 구별되며, 이러한 차이는 주관적 요건에 관한 논의에도 일정한 영향을 미칠 것으로 생각된다. 그리고 논의 과정에서 적절한 시사점을 제공할 수 있는 비교법적 분석도 수행하고자 한다. 예를 들어 주관적 요건과 밀접히 관련되는 명문의 법적 근거를 두고 있는 EU 기능조약(Treaty on the Functioning of the European Union; TFEU) 제101조나 미국 Sherman법 제2조 등의 해석과 적용 사례는 독점규제법상 주관적 요건의 검토에 있어서도 유용할 것이다. 끝으로 독점규제법 위반행위는 제66조 내지 제69조에 의하여 형사처벌의 대상이 되므로, 여기서 다루게 될 주관적 요건을 범죄 성립요건의 관점에서도 검토할 것이다.

Ⅱ. 단독행위에서 주관적 요건

1. 비교법적 검토

(1) TFEU 제102조에 의한 시장지배적 지위남용행위 규제

독점규제법과 마찬가지로 독점에 대한 폐해규제주의적 입장에서 시장
지배력의 남용을 규제 대상으로 하고 있는 EU 경쟁법은 독점규제법상 주
관적 요건을 고려함에 있어서도 의미 있는 시사점을 제공할 것이다. EU
경쟁법상 시장지배적 지위남용규제는 TFEU 제102조에 근거하며,4) 동 규
정에 따라서 시장지배적 지위의 인정과 남용 판단을 종합하여 규제가 이
루어진다. TFEU 제102조 본문은 시장지배적 지위에 있는 사업자의 남용
을 금지하고, 본문 각호에 남용에 해당하는 행위를 예시하고 있는데, a)
직접 또는 간접으로 불공정하게 구매나 판매가격 또는 기타 불공정한 거
래조건을 부과하는 것, b) 생산, 유통 또는 기술상의 발전을 제한함으로써
소비자에게 손해를 끼치는 것, c) 거래당사자들 사이의 동일한 거래에 상
이한 조건을 부여하고, 그 결과 그들에게 경쟁상의 불이익을 부과하는 것,
d) 다른 당사자가 그 성질이나 거래관행에 비추어 당해 계약의 목적과 무
관한 부수적인 의무를 부담할 것을 조건으로 하여 계약을 체결하는 것 등
이 이에 해당한다.5)

---

4) TFEU(EU 기능조약)은 1958년 로마 조약에 기원한다. 로마조약에 따른 명칭은
Treaty establishing the European Economic Community(EEC 조약)이었으며,
1992년 마스트리트 조약에 따라서 Treaty establishing the European Community
(EC 조약)으로 변경되었고, 2009년 리스본 조약에 의하여 EU 기능조약을 현재의
명칭으로 하게 되었다. 현 EU 기능조약에서 공동행위 규제에 관한 제101조와 시
장지배적 지위남용 규제에 관한 제102조는 EEC 조약에서는 제85조와 제86조, EC
조약에서는 제81조와 제82조에 위치하였으며, 조문 번호의 변경에도 불구하고 내
용상의 변경은 없이 현재까지 이어지고 있다. 이하에서는 각 사건이 발생하였던
시기의 조문이 아닌, 현재 EU 기능조약에서의 조문으로 통일하여 사용할 것이다.
5) Commercial Solvents 사건에서 유럽법원은 "EC조약 제86조(현 102조)는 소비자

비록 중요한 행위 유형을 제시하고 있지만, 동 조항은 남용에 대한 정의를 포함하고 있지 않다. 유럽법원에서 다룬 경쟁법 관련 초기 사례인 Hoffmann-La Roche 사건에서[6] 남용에 대한 정의가 이루어진 후, 동 판결에서 제시된 남용에 대한 이해가 널리 받아들여지고 있다. 이에 의하면, "남용은 문제가 되는 사업자가 존재하는 결과로서 경쟁의 정도가 약화된 시장의 구조에 영향을 미치고, 또한 상업적 주체들의 거래에 기초한 상품과 용역에 있어서 통상적인 경쟁이 이루어지는 조건과는 다른 방법을 이용하여 현재의 시장에서 존재하는 경쟁의 정도를 유지하거나 그 경쟁의 발전을 저해하는 효과를 갖는 지배적 지위에 있는 사업자의 행위에 관련된 객관적 개념"이다.[7] 이와 같은 남용의 정의에서 두드러진 특징은, 남용에 해당하는 행위의 평가가 경쟁이 이미 제한되고 있는 특수한 시장 상황과 분리될 수 없다는 것이다. 따라서 잔존경쟁(Restwettbewerb, remaining competition)의 시장 상황과 이에 미치는 영향에 대한 분석이 남용 판단의 근거가 되며,[8] 이로부터 동 판결에서 언급한 객관적 개념으로서 남용의 의의가 도출된다.[9]

에게 직접적으로 손해를 가하는 경우 및 유효경쟁을 침해함으로써 간접적으로 소비자에게 손해가 발생하는 경우를 대상으로 한다"고 함으로써 이상의 남용 유형들을 통일적으로 이해할 수 있는 틀을 제시하고 있다. Case 6-7/73, Commercial Solvents Corporation v. Commission 6-7/73 ECJ [1974] ECR 223, 232.

6) Case 85/76, Hoffmann-La Roche & Co. AG v Commission, ECJ [1979] ECR 461.
7) Case 85/76, 541.
8) Gerhard Wiedemann hrsg., Handbuch des Kartellrechts, Verlag C. H. Beck, 1999, 766면(Georg-Klaus de Bronett 집필부분).
9) 이와 같은 태도는 EU 회원국의 경쟁법 운영에도 반영되고 있다. 예를 들어 독일 경쟁제한방지법(GWB) 제19조에 의한 시장지배적 지위의 남용 규제와 관련하여 남용 판단에 있어서 주관적 범주(subjective Kriterium)는 일반적으로 판단 기준으로서 적합하지 않다는 지적으로, Ulrich Immenga & Ernst-Joachim Mestmäcker hrsg., GWB Kommentar, C. H. Beck, 2001, 667면(Wernhard Möschel 집필부분) 참조. 또한 EU기능조약 제102조와 유사한 내용으로 시장지배적 지위남용행위를 규제하고 있는 영국 경쟁법(Competition Act 1998) 제18조의 적용과 관련하여 거의 동일한 해석론이 전개되고 있다. Mark Furse, Competition Law of the

물론 경쟁에 부정적 영향을 미치는 경향이 있는 행위의 성립 여부에 초점을 맞추는 form-based적 방식과 구체적으로 나타난 행위 효과에 중점을 두는 effect-based적 방식의 논쟁이 시사하듯이, 구체적인 남용 판단 과정에 이론이 존재하며, 유럽법원의 판결에서도 변화의 흐름이 나타나고 있다.[10] 그러나 어떠한 경우에도 남용 판단에서 행위자의 주관적 요건을 필수화 시키는 논의가 전개되고 있지는 않다. 구체적인 남용 판단의 사례를 보면, Commercial Solvents 사건에서[11] Commercial Solvents는 결핵 치료에 사용되는 에담부톨의 기초 생산물인 니트로프로페인과 아미노부타놀 시장에서 전세계적으로 독점적인 지위에 있었다. 이탈리아의 상대적으로 영세한 회사였던 Giorgio Zoja SpA(Zoja)는 아미노부타놀을 공급받아 에담부톨을 제조하고 있었다. Commercial Solvents는 자신의 이탈리아 자회사인 Istituto Chemioterapico Italiano(ICI)를 통하여 Zoja에 직접 에담부톨을 공급하고자 하였다. ICI와 Zoja의 교섭이 결렬된 후에, Commercial Solvents의 지시에 따라서 ICI사는 Zoja에 대한 아미노부타놀의 공급 수준을 점차적으로 낮추기 시작하였고, 결국 Zoja는 더 이상 에담부톨을 제조할 수 없게 되었다. 위원회는 Commercial Solvents와 ICI의 행위 목적은 에담부톨 시장에서 Zoja를 배제하려는 것이었고, 공급 중단에 관한 다른 합리적인 이유가 없다고 보았다. 이에 근거하여 위원회는 Commercial Solvents와 ICI의 공급 거절을 남용행위로 판단하였고, 이러한 판단은 유럽법원의 판결에서도 유지되었다. 이러한 판단의 주된 근거가 되었던 것

EC and UK, Oxford Univ. Press, 2008, 322면 이하 참조.

10) Case 95/04, British Airways plc v. Commission, ECJ [2007] 4 CMLR 22. 한편 동 판결에서 유럽법원(ECJ)은 소비자에게도 이익이 되는 효율성 측면을 고려하고 있으며(para. 86), 이러한 점에서 경제적 정당화의 가능성이 확대된 것으로 동 판결을 평가하는 것에 관하여, Joanna Goyder & Albertina Albors-Llorens, EC Competition Law, Oxford univ. Press, 2009, 332면 참조.

11) Case 6-7/73, Istituto Chemioterapico Italiano SpA and Commercial Solvents Corporation v. Commission, ECJ [1974] ECR 223.

은 Commercial Solvents와 ICI의 원료 공급 거절행위가 ICI가 참여하고 있던 에담부톨 시장의 경쟁 구조에 미친 영향이었다.[12] 이와 같이 경쟁자의 배제로서 남용은 행위에 대한 객관적 평가로서 이루어진 것이며, 실제 Commercial Solvents와 ICI가 경쟁자를 배제할 의도를 갖고 있었는지는 고려 대상이 되지 않았다.

다양한 유형의 남용행위들이 인정되었던 United Brands 사건도[13] 유사한 판단 과정을 보여준다. 대규모 플랜테이션을 운영하면서 유럽 시장에 바나나를 공급한 United Brands는 관련 국가에서 40~45%의 시장점유율을 갖고 있었으며, 지배적 사업자에 해당하였다. United Brands의 다음과 같은 행위, 즉 일정 기간 동안 유통사업자가 바나나를 재판매하는 것의 금지, 경쟁사업자의 바나나를 취급한 특정 유통사업자에 대한 공급 거절, 여러 국가들에서 상이한 가격책정을 한 행위 등이 남용행위로 인정되었다. 유럽법원은 앞의 두 행위들을 객관적인 의미에서 유통사업자에 대한 지배력의 강화와 경쟁사업자의 배제로 이해하고, 남용에 해당하는 것으로 판단하였다. 보다 쟁점이 되었던 차별적 취급은 Rotterdam에서 본선인도가격 방식으로 바나나를 공급하면서도 각국의 유통업자에게 상이한 가격을 책정하는 형태로 나타났다. 이와 관련하여 United Brands의 항변은 이러한 행위가 시장 상황에 대응한 자율적 가격 책정의 범위 안에 있다는 것이었고, 유럽법원은 이를 수용하지 않았다. 유럽법원이 동 행위를 남용으로 판단한 주된 근거는 가격 책정에 따른 위험 부담이 United Brands가 아니라 유통업자에게 귀속되었다는 것이었는데, 위험을 부담하지 않고 자신의 이익 극대화를 추구할 수 있는 행태는 정상적 시장에서는 기대할 수 없는 것으로서 지배적 지위의 남용에 해당한다는 입장을 취하였다. 물론 이러한 판단에 대해서는, 특히 시장 구조에 상응하는 가격 전략을 채택할

---

12) Joanna Goyder & Albertina Albors-Llorens, 주 10)의 책, 333-334면 참조.
13) Case 27/76, United Brands Company and United Brands Continentaal BV v. Commission, ECJ [1978] ECR 207.

수밖에 없는 사업자의 정당한 행위와의 경계가 모호하다는 점에서 비판의
여지가 있다.[14] 그러나 이러한 논의는 차치하고, 남용 판단의 방식에 주
목을 요한다. 즉 문제가 된 차별적 행위의 남용 판단은 행위의 주체가 갖는
시장에서의 지위와 이러한 지위로부터 가능하였던 행위의 객관적인 의의에
근거한 것이며, 여기에서 행위가 실제 시장에 미친 영향이나 효과에 대한
분석 또는 행위자의 주관적 의도나 목적의 입증이 필요했던 것은 아니다.

유럽법원에서 남용이 부정되었던 사례에서도 판단 구조와 방식은 기
본적으로 동일하다. 이와 관련하여 British Petroleum 사건은[15] 적절한
예가 될 것이다. 전 세계적인 원유 감산에 따른 오일 위기의 상황에서
British Petroleum(BP)이 네덜란드의 석유판매조직인 Aardolie Belangen
Gemeenschap BV(ABG)에게 원유 공급을 현저하게 줄인 것이 문제가 되
었다. BP가 이 시기에 네덜란드에 있는 모든 고객에게 공급을 줄이는 과
정에서, ABG 외의 다른 고객에게는 평균 12.5% 정도 공급을 줄인 반면,
ABG사에 대하여는 73% 정도 공급을 감축했고, 이로 인하여 ABG는 필요
한 나머지 부분을 공개 시장 또는 네덜란드 정부의 공적 시장운용 계획에
따라서 구매하여야 했다. 이에 대하여 위원회는 BP의 행위가 객관적으로
정당화할 수 없는 방식으로 구매자들에게 공급을 감축하고, 이로써 특정
시장 구조의 변화를 초래한 행위로서 TFEU 제102조에 해당한다고 보았
다. 이러한 위원회 결정에 대하여 유럽법원은, 특히 당사자의 상업적 관계
측면에서 상이한 견해를 취하였다. 유럽법원은 ABG가 장기계약상의 책임
을 부담하거나 정기적인 구매를 행하는 정규적인 고객이 아닌 일시적인
고객이었다는 점에 주목하였다. BP는 오일 위기 상황에서 12개월간 ABG
에 대하여 계약 이행을 줄이고, 장래에 원유를 다른 공급처로부터 구입할
것을 요청하였는데, 유럽법원은 이러한 행위를 종합하여 BP의 ABG에 대

---

14) Joanna Goyder & Albertina Albors-Llorens, 주 10)의 책, 324-325면.
15) Case 77/77, Benzine en Petroleum Handelsmaatschappij BV and others v
    Commission, ECJ [1978] ECR 1513.

한 원유 공급거절이 합리적인 공급전략에 따른 것으로서 정당화 될 수 있다고 판결하였다. 이러한 판단에 있어서 ABG가 정규적으로 지속적인 거래를 맺어온 BP의 고객이 아니라 일시적으로 비정규적인 거래를 했던 상대방이라는 점이 결정적이었다. 즉 BP와 ABG 사이에서 발생한 거래거절은 객관적으로 ABG를 시장에서 배제하는 것을 직접 목적으로 한 것이기보다는 원료 공급이 제한되고 있는 위기 상황에서 장기적 고객을 우선할 수밖에 없는 경영 판단에 따른 것이고,16) 이러한 판단에 있어서 양 당사자의 상업적 관계는 중요한 근거가 되었다. 동 사건에서 정당화 사유의 검토와 남용을 최종적으로 부정한 판단 과정을 보면, 이 역시 행위의 객관적 의미를 파악하는 관점에서 전개되었으며, 기본적으로 남용을 객관적 개념으로 이해하는 것과 동일한 맥락에서 이루어졌다.

물론 구체적인 사례에서 행위자의 주관적 의도나 목적에 대한 고려가 이루어질 수 있으며, 때로는 이것이 남용 판단에서 결정적인 역할을 할 수 있다. 이와 관련하여 ITT Promedia 사건을17) 참고할 만하다. 동 사건은 전화번호부 사업자인 ITT Promedia와 벨기에 유선통신 1위 사업자이면서 상업적으로 활용될 수 있는 가입자 명부를 보유하고 있는 Belgacom 사이에서 발생한 가입자 명부 제공에 관한 분쟁에서 비롯되었다. Belgacom과 ITT Promedia는 1984년 10년 기한으로 배타적으로 가입자 명부를 제공하는 계약을 체결하고, 공중전화번호부는 Belgacom의 명칭으로, 상업적 전화번호부는 ITT Promedia의 상호로서 발행하는 것에 합의하였다. 1995년 2월 10년의 계약상 발행권한의 유효기간이 종료하였지만, ITT Promedia는 계속해서 'Gouden Gids/Pages d'Or'의 명칭으로 전화번호부를 발행하였고, Belgacom은 1984년에 체결된 계약에 근거하여 ITT Promedia의 의무이행을 청구하는 소를 제기하였다. 이에 관하여 ITT Promedia는

---

16) Alison Jones & Brenda Surfin, EC Competition Law, Oxford Univ. Press, 2008, 530면 참조.

17) Case T-111/96, ITT Promedia NV v. Commission, CFI [1998] ECR II-207.

Belgacom의 법원을 통한 권리행사가 자신을 전화번호부 시장에서 배제하기 위한 것으로 TFEU 제102조에 반한다고 주장하였다. 이러한 경우에 남용성 인정 요건으로 1심법원은 1) 당해 행위가 권리를 확정하기 위한 시도로 볼 수 없고, 상대방을 단지 괴롭힐 목적에서 행해졌을 것, 2) 당해 행위가 경쟁의 제거를 목적으로 하는 계획 하에서 이루어졌을 것의 두 가지를 누적적 요건으로 제시하였다.[18] 특히 두 번째 요건을 충족하기 위하여 법원을 통하여 권리를 주장한 지배적 사업자의 반경쟁적 목적을 입증할 것이 필요하다는 입장을 취하였다.[19] 이와 같이 정당한 권리의 실현이 시장지배적 지위의 남용으로 평가되기 위해서는 권리 행사 주체의 실제 의도를 파악하는 것이 불가피하며, 이 한도에서 경쟁제한의 목적은 남용성 판단의 중요한 요건이 된다. 그러나 이는 소의 제기를 남용행위로 평가할 수 있는지가 쟁점이 된 예외적 상황에서 나타난 것이고, 일반적인 사건에 ITT Promedia 판결에서 제시된 법리를 확장하기는 어려울 것이다.

(2) Sherman법 제2조에 의한 독점 규제

미국 Sherman법 제2조는 독점에 대하여 원인규제적인 방식을 취하고 있다. 시장지배적 지위남용규제와 비교하여 독점에 대한 입법적 대응방식의 차이를 보여주는 Sherman법 제2조는 규제 대상인 행위에 독점화뿐만 아니라 독점에 관련된 일련의 행위를 포함하고 있다. 즉 동 조항은 독점화, 독점화의 시도, 또는 거래의 일부분을 독점하기 위하여 타인과 결합 또는 공모하는 행위는 중죄에 해당하는 것으로 규정한다.[20]

---

18) Case T-111/96, para. 30.

19) Case T-111/96, para. 55-56. 동 판결의 의의에 관하여, Katarzyna Czapracka, Intellectual Property and the Limits of Antitrust, Edward Elgar Publishing Ltd., 2009, 34면 참조.

20) "Every person who shall monopolize, or attempt to monopolize, or combine or conspire with any other person or persons, to monopolize any part of the trade or commerce among the several States, or with foreign nations, shall be

동 규정에서 독점화(monopolization)에 대해서는 Grinnell 판결에서[21] 제시된 이해가 유력한데, 이에 따르면 독점화는 관련시장에서 독점력을 보유하고, 그 독점력이 반경쟁적, 배타적인 수단에 의하여 또는 반경쟁적, 배타적인 목적을 위하여 의도적으로 획득, 유지 또는 활용되었을 것을 의미한다. 여기서 독점화는 행위자의 주관적 의도와 밀접히 관련된다. 이러한 이해는 동 규정의 초기 적용 사례에서부터 드러났다. 주요 거대 기업의 해체를 이끌었던 Standard Oil 판결이나[22] American Tobacco Company 판결은[23] 규제 대상인 독점을 한정하기 위하여 기업의 자연스러운 성장에 따른 자연적 독점과 인위적 독점, 즉 허용된 독점과 위법한 독점을 구분할 필요가 있었고,[24] 규제 대상을 특정하기 위하여 행위자의 주관적 의도에 대한 고려가 불가피한 것으로 이해하였다.[25] 그러나 법원의 태도가 주관적 의도(intent)에 대한 입증을 일반적으로 요구하는 방향으로 나아간 것은 아니다.[26] 적어도 주관적 의도를 직접적으로 입증하는 것에 대해서는 소극적이었으며, 특히 Alcoa 판결에서 언급된 "자신이 하고 있는 일을 의식하지 못한 채 독점화를 하는 독점기업은 없다"는[27] 사고가 널리 받아들여지고 있다. 결국 주관적 의도는 독점적 행위의 존재로부터 추정하는 방식이 유력하다. 이러한 맥락에서 Aspen 사건에서 연방대법원이 "의도의 증거는 혐의가 있는 행위를 배타적이거나 반경쟁적인 것으로 특징지을 수

deemed guilty of a felony."

21) U. S. v. Grinnell Corp., 384 U.S. 563 (1966).
22) Standard Oil Co. of New Jersey v. United States, 221 U.S. 1 (1911).
23) U. S. v. American Tobacco Company, 221 U.S. 106 (1911).
24) Phillip Areeda & Louis Kaplow, Antitrust Analysis, Little, Brown & Company, 1988, 470면 참조.
25) 221 U.S. 1, 1-3 참조. 동 판결에서 독점에 대한 대응 논의와 관련하여 William E. Kovacic, "Designing Antitrust Remedies for Dominant Firm Misconduct", Connecticut Law Review vol. 31, 1999, 1296-1298면 참조.
26) Herbert Hovenkamp, Federal Antitrust Policy, Thomson/West, 2005, 280-281면.
27) U. S. v. Aluminum Co. of America, 148 F.2d 416, 432 (1945). "no monopolist monopolizes unconscious of what he is doing".

있는지의 문제와 관련된다"고[28] 판시한 것의 의의를 이해할 필요가 있다.

Sherman법 제2조의 또 다른 행위 유형인 독점화의 시도(attempt to monopolize)에서 의도는 독점화의 경우와 상이한 위치에서 파악되는 특정적 의도(specific intent)를 포함한다. 여기서 독점화의 시도는 독점화의 전 단계를 포섭하기 위한 것임은 분명하며,[29] 이러한 단계에서 행위로부터 주관적 의도를 추정하는 것은 용이하지 않을 것이다. 그럼에도 불구하고 독점화의 시도에서 주관적 의도는 보다 실질적인 의미를 갖는데, 시장지배력을 확대하려는 모든 기업의 정당한 활동과 독점화를 위한 시도로서 행해진 행위 사이의 모호한 경계를 정함에 있어서 주관적 요건의 고려가 불가피한 측면이 있다. 즉 독점화 시도와 관련하여 주관적 의도는 필수적 요건으로서의 의미가 있으며, 미국 판례법도 이러한 방향으로 전개되어 왔다. 그렇지만 이 경우에도 주관적 의도에 직접적인 입증이 일반적으로 요구되고 있는 것은 아니다.

2차 American Tobacco Company 판결은 독점화 시도의 고유한 의의를 이해함에 있어서 적절한 예가 될 것이다. 1911년 판결에 의하여 American Tobacco Company는 해체되고 그 자산을 4 사업자가 분리하여 각각 사업을 영위하는 방식으로 최종적인 분할이 이루어졌다.[30] 동 판결 이후 미국 담배 산업은 독점에서 과점으로 구조적 전환을 하게 되었는데, 과점화된 산업에서 시장의 기능적 제한과 이들 시장이 독점화 될 수 있다는 우려에 따라서 1938년 임시국민경제위원회(Temporary National Economic Committee)가 조직되어 과점화된 산업에 대한 조사가 이루어졌고, 여기에 담배산업도 포함되었다. 동 위원회의 조사 결과에 기초하여 법무부는 American

---

28) Aspen Skiing Co. v. Aspen Highlands Skiing Corp., 472 U.S. 585, 602 (1985).
29) 동 유형은 보통형법상의 미수범(attempt)에 대응하는 것으로 이해된다. Phillip Areeda & Louis Kaplow, 주 24)의 책, 603-604면 참조.
30) 4 사업자는 American Tobacco Company, R. J. Reynolds, Liggett & Myers, Lorillard 이다.

Tobacco Company의 후신인 4 사업자 중 Lorillard를 제외한 3 담배사업자의 행위, 즉 1937년에서 1939년의 기간 동안 가격 고정에 관한 공모 그리고 독점화에 관한 일련의 행위가 Sherman법 제1조 및 제2조에 해당한다고 판단하고, 해당 사업자를 법원에 기소하였으며,[31] 최종적으로 연방대법원 판결에 의하여 유죄가 확정되었다.[32] 동 사건에서 담배 3사의 주된 항변은 1930년대 담배 3사의 시장점유율은 지속적으로 하락하였음에도,[33] 이들에 대하여 독점화 내지 독점화 시도 규정을 적용한 것은 타당하지 않다는 것이었다. 이에 대하여 연방대법원은 Sherman법 제2조의 적용에 있어서 경쟁자의 배제와 같은 실제적 효과가 요구되는 것은 아니라는 점을 밝히고, 특히 독점화 시도와 관련하여 "성공한다면 독점화를 달성하는, 이에 미치지 못하는 경우라도 독점화가 위험한 개연성(dangerous probability)을 창출하는 것에 근접하는 방법, 수단, 행위를 채택하는 것"으로[34] 판시하였다. 이러한 정의는 특정적 의도로서의 주관적 의도, 반경쟁적 행위, 독점화의 위험한 개연성의 3가지 요소로 구성되었으며, 이후 독점화 시도에 관한 판결에서 3가지 독립된 성립 요건은 원칙적으로 받아들여지고 있다.[35]

물론 이러한 판례의 태도가 일반적인 지지를 받는 것은 아니며, 음미할 만한 비판도 있다.[36] 또한 독점화 시도에 있어서 주관적 의도의 입증은

---

31) U.S. v. American Tobacco Company, et al., Temporary National Economic Committee Monograph, XXI, pp. 185-188.
32) American Tobacco Co. v. U. S., 328 U.S. 781 (1946).
33) 담배 3사의 시장점유율의 합은 1930년 90.7%에서 1939년 68.0%로 하락하였다. 328 U.S. 781, 795.
34) 328 U.S. 781, 785.
35) E. Thomas Sullivan & Jeffrey L. Harrison, Understanding Antitrust and Its Economic Implications, LexisNexis, 2003, 303-304면.
36) 이와 관련하여 Sherman법 제2조는 독점화 또는 독점화 시도의 방식으로 공모의 방식도 규정하고 있으며, 이 경우에도 구체적인 의도가 요구되는데, 이를 별도로 요구하지 않는 Sherman법 제1조와 비교하여, 적용상의 어려움이 발생할 것이라

여전히 쟁점이다. 이에 대한 직접적인 입증은 주관적 요건의 본질상 어려운 과제이며, 결국 객관적 증거로부터의 추론 과정은 이 경우에도 불가피할 것이다. 예를 들어 행위의 반경쟁적 성격, 독점화의 위험성의 정도, 행위가 독점화를 위한 계획 실행에 따른 것인지 여부 등은 주관적 의도를 추정하는데 유력한 의미가 있다.[37]

2. 독점규제법상 단독행위에서 주관적 요건

(1) 포스코 판결의 의의

동 판결은 주로 시장지배적 지위남용행위로서 거래거절이 문제가 되었던 사건에 관한 것이다. 대법원은 거래거절의 부당성 판단과 관련하여, "거래거절로 인하여 특정 사업자가 사업활동에 곤란을 겪게 되었다거나 곤란을 겪게 될 우려가 발생하였다는 것과 같이 특정 사업자가 불이익을 입게 되었다는 사정만으로는 그 부당성을 인정하기에 부족하고, 그 중에서도 특히 시장에서의 독점을 유지·강화할 의도나 목적, 즉 시장에서의 자유로운 경쟁을 제한함으로써 인위적으로 시장질서에 영향을 가하려는 의도나 목적을 갖고, 객관적으로도 그러한 경쟁제한의 효과가 생길 만한 우려가 있는 행위로 평가될 수 있는 행위로서의 성질을 갖는 거래거절행위를 하였을 때에 그 부당성이 인정될 수 있다"고 함으로써 부당성 판단에서 주관적 요건과 객관적 요건이 별개의 독립된 요건으로 모두 고려되어야 한다고 보았다.

나아가 "시장지배적 사업자의 거래거절행위가 그 지위남용행위에 해당한다고 주장하는 피고로서는 그 거래거절이 상품의 가격상승, 산출량 감소, 혁신 저해, 유력한 경쟁사업자의 수의 감소, 다양성 감소 등과 같은 경

는 지적으로, 위의 책, 326면 참조.

37) Herbert Hovenkamp, 주 26)의 책, 284면 참조.

쟁제한의 효과가 생길 만한 우려가 있는 행위로서 그에 대한 의도와 목적이 있었다는 점을 입증하여야 할 것이고, 거래거절행위로 인하여 현실적으로 위와 같은 효과가 나타났음이 입증된 경우에는 그 행위 당시에 경쟁제한을 초래할 우려가 있었고 또한 그에 대한 의도나 목적이 있었음을 사실상 추정할 수 있다 할 것이지만, 그렇지 않은 경우에는 거래거절의 경위 및 동기, 거래거절행위의 태양, 관련시장의 특성, 거래거절로 인하여 그 거래상대방이 입은 불이익의 정도, 관련시장에서의 가격 및 산출량의 변화 여부, 혁신 저해 및 다양성 감소 여부 등 여러 사정을 종합적으로 고려하여 거래거절행위가 위에서 본 경쟁제한의 효과가 생길 만한 우려가 있는 행위로서 그에 대한 의도나 목적이 있었는지를 판단하여야 할 것이다"고 판시하였다. 이로써 주관적 요건의 입증 책임이 규제기관에 있고, 경쟁제한적 효과의 입증에 의하여 이것이 사실상 추정될 수 있다고 보면서, 추정이 이루어지지 않을 경우 일정한 사실의 존재로부터 주관적 요건의 존부가 판단될 수 있다는 입장을 취하였다.

동 판결은 시장지배적 지위남용행위를 대상으로 하여, 부당성 판단에서 경쟁 제한의 목적이 주관적 요건으로서 반드시 고려되어야 한다는 점을 밝히고, 이에 대한 구체적인 입증 방식을 제시하고 있다. 이와 같이 주관적 요건의 내용을 경쟁제한의 목적으로 구성하고 있는 것에 비추어, 적어도 경쟁제한성을 위법성의 본질로 하는 독점규제법상 위반행위, 특히 시장지배적 지위남용행위와 같이 행태적으로 단독의 행위로서 독점규제법 위반행위가 되는 불공정거래행위에 대하여 이와 같은 부당성 판단 구조를 법원이 유지할 것이라는 예상도 가능하다.[38] 동 판결에서 주관적 요건의 입증 방식을 상세히 밝히고 있는 점도 주목할 만하다. 특히 주관적 요건의 입증책임이 규제기관에 있다는 것을 전제하고, 경쟁제한 효과로부터 사실상 추정될 수 있는 경우와 그렇지 않은 경우를 구분하여 입증 방식을 제

---

38) 동 판결의 의의를 시장지배적 지위남용행위로서 거래거절에 한정하여 이해하여야 한다는 견해로, 정호열, 경제법, 박영사, 2012, 200면 참조.

시하고 있는 점도 눈여겨 볼 부분이다. 물론 이러한 구분이 실질적인 의미를 갖는 것으로 보이지는 않는데, 경쟁제한 효과에 따른 사실상 추정이나 이러한 효과가 없을 경우 경쟁제한적 행태와 이로부터 경쟁제한의 우려가 있는 것의 입증을 통하여 주관적 요건의 존부를 판단하는 방식 간에 본질적인 차이가 있는지는 의문이다.[39]

한편 주관적 요건의 입증에 있어서 사실상 추정 방식의 원용은 법리적으로 입증책임 전환의 함의를 갖는다는 점에도 주의를 요한다. 즉 입증책임의 전환에 의하여 경쟁제한 목적의 부존재를 입증할 책임이 피규제자에게 부과될 수 있다. 물론 주관적 요건의 존재 이상으로 부존재의 입증은 곤란한 것이지만, 적어도 이러한 구조 자체는 부당성 판단의 주관적 요건이 충족되지 않은 것을 이유로 피규제자가 규제로부터 벗어나는 통로가 될 수도 있다.

(2) 주관적 요건의 타당성 검토

동 판결은 시장지배적 지위남용행위의 부당성 판단의 선례로서 이후 법원의 판결에 일정한 영향을 미치고 있으며,[40] 거래거절 이외의 남용 유형인 제3조의2 제1항 제5호 전단의 경쟁사업자 배제나[41] 동 조항 후단의 소비자 이익의 현저한 저해에[42] 있어서도 경쟁제한의 의도가 요구된다는 입장을 취하고 있다. 그러나 이상의 부당성 판단에 관한 판례의 태도에 대하

---

39) 동 판결은 경쟁제한적 우려에 대한 입증을 요구했다는 점에서 동 판결이 effect-based적 접근방식을 취한 것으로 이해하는 것으로, 정영진, "대법원의 시장경제에 대한 철학적 고뇌", 「법률신문」 2007. 12. 13. 참조. 한편 경쟁제한 효과가 나타나지 않은 경우에도 이에 대한 우려와 대응하는 주관적 요건의 입증을 통하여 부당성을 인정할 수 있다고 보는 것은, EU 경쟁법상 논쟁 구조를 원용하면, form-based적인 접근 방식과 관련되는 것이다.
40) 대법원 2010. 4. 8. 선고 2008두17707 판결; 대법원 2011. 10. 13. 선고 2008두1832 판결 참조.
41) 대법원 2009. 7. 9. 선고 2007두22078 판결.
42) 대법원 2010. 5. 27. 선고 2009두1983 판결.

여 대체로 부정적인 견해가 다수를 이룬다. 의도나 목적을 부당성 판단의 적극적 요건이 아니라 이를 판단하는 자료 정도로 이해하는 것이 타당하다고 보거나,[43] 경쟁제한 효과와 목적 사이에 경험칙이나 경쟁이론상 상관관계를 인정하기 어렵다는 점에서 사실상 추정의 법리를 적용하는 것에 대한 비판도 있다.[44] 또한 EU 경쟁법이나 미국 반독점법과의 비교법적 분석에 기초하여, 시장지배적 지위남용행위에 주관적 요건을 결부시키는 것의 문제점을 지적하는 견해도 유력하다.[45]

시장지배적 지위남용행위의 부당성 판단에서 주관적 요건을 필수적으로 요구하는 것이 비교법적으로 드문 예임은 분명하다. 앞에서 살펴본 것처럼, 독점규제법과 입법적 유사성을 지닌 TFEU 제102조에서 시장지배적 지위의 남용행위는 객관적 개념으로 이해되고 있으며, 주관적 요소는 이를 판단하는 근거의 하나로서 활용될 뿐이다. 그리고 이러한 이해는 시장지배적 사업자의 지위를 승인하면서, 이러한 사업자가 존재하는 특수한 시장 상황과 이러한 지위를 유지·강화하려는 행태를 종합적으로 파악하려는 것에 근거한다. 한편 미국 Sherman법 제2조에 의한 규제를 참고할 경우에, 동 규제가 기본적으로 독점에 대응 방식을 달리하고 있다는 점을 염두에 두어야 한다. 즉 Sherman법 제2조에 의한 독점화 규제는 독점의 형성 단계에서의 개입이며, 나아가 독점화 시도에 대한 규제는 이보다 더 앞선 단계를 상정한다. 따라서 자연적 독점과 같은 정당한 행위를 규제 대상에서 제외하기 위해서, 주관적 요건에 대한 고려가 불가피한 측면이 있으며, 독점에 이르지 못한 독점화 시도에 대한 규제는 이러한 요구를 더욱 피하기 어려울 것이다. 이와 같은 규제체계상의 특징은 비록 주관적 요건에 대한

---

43) 양명조, 경제법강의, 신조사, 2011, 108면.
44) 이봉의, "시장지배적 지위남용에 관한 leading case의 검토", 단독행위의 경쟁법적 쟁점, 제2회 SNU 경쟁포럼, 2010, 104면.
45) 신동권, 독점규제법, 박영사, 2011, 180-182면 및 이호영, "공정거래법상 시장지배적사업자 규제의 쟁점과 과제", 저스티스 제104호, 2008, 95면 참조.

직접적 입증을 요구하는 것에 소극적이기는 하지만, 미국 판례법상 독점 규제에서 주관적 요건이 여전히 유지되고 있는 근거가 되며, 이는 독점에 대한 상이한 규제체계를 채택한 독점규제법과 공유할 수 없는 부분이다.

대법원의 태도는 경쟁정책적 관점에서도 수용하기 어려운 측면이 있다. 남용의 부당성 판단에 주관적 요소가 개입될 경우, 비록 추정의 도움을 받는다 하더라도 입증의 곤란을 고려할 때, 규제의 예측가능성이나 명확성을 감소시킬 수 있으며, 무엇보다 주관적 요건으로 인하여 시장지배적 지위의 남용행위에 대한 적정한 규제 수준에서 벗어날 가능성이 있다. 포스코 판결 이후에 남용 판단에서 주관적 요건을 고려한 판결들은 모두 주관적 요건(경쟁제한의 목적)의 흠결로 부당성이 부정되었다. 예를 들어 자신의 MP3폰에 자신이 개발한 DRM을 탑재하여 자신이 운영하는 음악사이트로부터 구매한 음악파일만 재생하도록 한 것이 문제가 된 사건에서, 대법원은 경쟁제한 효과가 증명되지 않은 경우에는 "불이익 강제행위의 경위 및 동기, 불이익 강제행위의 태양, 관련 시장의 특성, 불이익 강제행위로 인하여 그 거래상대방이 입은 불이익의 정도, 관련 시장에서의 가격 및 산출량의 변화 여부, 혁신 저해 및 다양성 감소 여부 등 여러 사정을 종합적으로 고려하여 불이익 강제행위가 위에서 본 경쟁제한의 효과가 생길 만한 우려가 있는 행위로서 그에 대한 의도나 목적이 있었는지를 판단하여야 할 것"이라는 포스코 판결에서 제시된 법리를 확인하면서, 문제가 된 행위로 "경쟁제한의 효과가 일정한 정도로 나타났지만 DRM의 특성과 필요성 및 그 개발경위 등에 비추어 원고의 이 사건 행위에 있어서 경쟁제한의 효과에 대한 의도나 목적이 있었음을 추단하기 어려운 점"을 남용성을 부정하는 주요 근거로 언급하였다.[46] 동 판결이 시사하듯이, 기존의 판단 요건에 주관적 요건이 추가됨으로써 필연적으로 규제 대상은 줄어들 것이며,[47] 객관적 개념으로서 남용 판단에 기초한 EU 경쟁법과 비교할

---

46) 대법원 2011. 10. 13. 선고 2008두1832 판결.
47) 신동권, 주 45)의 책, 182면 및 Ulrich Immenga & Ernst-Joachim Mestmäcker

때, 이와 같은 규제 범위의 축소가 바람직한 것인지는 의문이다. 한편 주관적 요건의 충족 여부를 판단함에 있어서 규제기관의 재량이 과도하게 개입할 경우에, 주관적 요건의 요구는 오히려 규제 범위를 지나치게 확대하는 결과를 낳을 수도 있다.[48] 특히 경쟁제한의 효과가 나타나지 않아도 그 우려가 존재하는 것만으로 주관적 요건의 입증이 가능하다고 보는 대법원의 입장에서 이러한 가능성은 구체적인 의미를 갖는다. 결국 부당성 판단 기준에 주관적 요건이 포함됨으로써 규제 범위의 확대 또는 축소를 가져올 수 있으며, 어느 경우에도 남용행위의 부당성 판단에 부정적 영향을 미칠 것이다.

　나아가 다수의 불공정거래행위의 유형들은 경쟁제한성을 위법성의 본질로 하며, 이와 같은 공통된 특성은 시장지배적 지위남용행위의 부당성 판단 구조를 원용하는 근거가 될 수도 있다. 그러나 앞에서 살펴본 것처럼 이러한 판단 요건의 추가가 경쟁정책적으로 바람직하지 않으며, 논리필연적인 요구도 아니라는 점에서, 주관적 요건을 요구한 판례의 태도가 시장지배적 지위남용행위 이외에 다른 유형의 단독행위로 확대되는 것에 신중할 필요가 있다.

III. 공동행위에서 주관적 요건

1. TFEU 제101조에서 주관적 요건

(1) 경쟁제한의 목적과 효과의 의의

공동행위의 주관적 요건을 논의함에 있어서, 경쟁제한의 목적을 부당한

---

　hrsg., 주 9)의 책, 667면(Wernhard Möschel 집필부분)참조.
48) 이러한 가능성에 관한 언급으로, Herbert Hovenkamp, 주 26)의 책, 284면 참조.

공동행위의 요건으로서 명시적으로 규정하고 있는 EU 경쟁법의 검토는 많은 시사점을 제공한다. EU 경쟁법상 카르텔 규제 근거 규정인 TFEU 제101조 제1항은 경쟁을 방해, 제한 또는 왜곡하는 목적을 갖거나 또는 그러한 효과를 낳는 사업자들 사이의 합의를 금지한다. 동 조항의 기술 방식에 비추어, 경쟁제한의 목적과 효과는 상호대체적인 위법 요건을 구성한다.[49] 즉 동 규정에서 경쟁제한의 목적과 효과는 병렬적인 요건이 아니며, 일정한 형태의 카르텔은 그 성질상 정상적인 경쟁 기능을 침해하는 것으로 볼 수 있다는 사실에 의하여 양자의 구별이 가능하다는 것을 전제한다.[50] 따라서 양자의 존재를 입증함에 있어서 상호대체적인 관계에서 입증의 필요성과 분석 수준이 정해질 것이다.

이러한 점은 위원회가 발한 EC조약 제81조 제3항 가이드라인(이하 81(3) 가이드라인)에서[51] 구체화되고 있다. 동 가이드라인은 우선 합의가 경쟁제한적인 목적을 갖고 있는 경우에 구체적인 효과의 분석이 필요하지 않음을 명확히 밝히고 있다.[52] 동 가이드라인이 제시한 구체적인 기준을 보면, 목적에 의한 경쟁제한적인 합의는 그 본성(very nature)에 비추어 경쟁을 제한할 가능성이 매우 높은 경우(high potential)를 말하며, 산출량 감소와 가격 상승을 낳고 불합리한 자원 배분을 결과하는 가격 고정이나 시장 분할과 같은 것이 이에 해당한다.[53] 구체적인 합의가 이러한 목적을 포함하고 있는지는 다양한 요소들의 종합적인 분석에 기초하여야 한다.

---

49) Ariel Ezrachi, EU Competition Law, Oxford Univ. Press, 2010, 46면. 유럽법원도 이러한 입장을 취하고 있는데, 규정상 'or'라는 표현에 주목하면서, 동 요건은 누적적(cumulative)인 것이 아니라 대체적(alternative)인 것이라고 판단하였다. Case 56/65, Societe Technique Miniere v. Maschinenbau Ulm GmbH, ECJ [1966] ECR 235, 249.

50) 위의 책, 46-47면.

51) Guidelines on the application of Article 81(3) of the Treaty, [2004] OJ C101/97. 동 가이드라인은 TFEU 제101조에 대해서도 유효하다.

52) 81(3) Guidelines, para. 20.

53) 81(3) Guidelines, para. 21.

이때 합의의 내용과 합의에 의하여 추구된 객관적 목적뿐만 아니라 합의가 적용될 맥락과 시장에서 카르텔 참가자들의 실제 행태 등도 고려되어야 한다. 합의가 실제 실행된 방식은 비록 합의가 명시적으로 경쟁제한적 효과를 언급하고 있지 않은 경우에도, 목적에 의한 경쟁제한의 실질을 밝히는데 기여할 수 있다. 그러나 경쟁 제한에 관한 주관적 의도(subjective intent)가 이에 관련된 증거이기는 하지만, 필수적인 요건은 아니다.54)

한편 81(3) 가이드라인에 의하면, 합의의 경쟁제한의 목적이 인정되지 않는 경우 경쟁제한 효과에 대한 분석이 이루어져야 하며, 이러한 효과는 추정될 수 없다고 밝힌 부분은 주목할 만한 것이다. 이때의 효과에 대한 분석은 실제적·잠재적 효과를 모두 포함하며, 관련시장에서 가격, 산출량, 혁신 내지 상품의 다양성과 질에 합리적으로 예측될 수 있는 부정적인 영향을 미치는 한도에서 경쟁제한성이 인정된다.55)

(2) 구체적인 적용 사례 검토

경쟁제한의 목적이 고려된 사례로서 British-American Tobacco의 독일 자회사인 BAT Cigaretten-Fabriken(BAT CF)과 네덜란드 회사인 Segers 사이의 담배 상표권 조정에 관한 합의가 문제가 되었던 사건이 있다.56) 동 사건에서 BAT CF는 'Dorcet' 상표를 보유하고 있었고, Segers는 독일에서 자신이 보유한 'Toltecs'의 상표 등록을 시도하였다. 비록 BAT CF의 Dorcet가 휴면 상표이었고, 계약 체결일 시점에서 독일법상 상표 보호 기간이 종료된 상태이었지만, 상표 분쟁을 조정하기 위한 계약을 체결하였고, 동 계약에서 양 당사자는 Segers가 자신의 Toltecs 제품을 BAT CF의 승인을 받은 판매업자를 통해서만 독일에서 판매할 수 있는 내용에 합의하였다. 동 계약이 EEC조약 제85조 제1항(현 TFEU 제101조 제1항, 이하에서 현재의 조

---

54) 81(3) Guidelines, para. 22.
55) 81(3) Guidelines, para. 24.
56) Case 35/83, BAT Cigaretten-Fabriken v. Commission, ECJ [1985] ECR 363.

항으로 표시)에 반하는지와 관련하여, 양 당사자, 특히 상대적으로 경제력
이 우위에 있었던 BAT CF가 추구한 합의의 목적이 무엇인지가 주된 쟁점
이 되었다. 이에 관하여 유럽법원은 당사자의 실질적 목적이 담배 시장의
분할에 있다고 보고, 문제가 된 계약에 따른 구체적 효과의 분석 없이
EEC조약 제85조 제1항에 위반한 것으로 판결하였으며,57) 동 사건은 경쟁
법과 상표법(지적재산권법)의 충돌 문제를 다룬 사례로서도 주목을 받았
다.58) 상표권의 등록이 경쟁제한의 목적을 인정하는 근거가 될 수 있다고
본 Grundig 사건도 참고할 만하다. 독일 회사인 Grundig- Verkaufs-GmbH
(Grundig)는 프랑스 회사인 Consten SaRL(Consten)과 자사 가전제품의
독점적 판매계약을 체결하면서, 다른 회원국의 유통업자들에 의한 병행수
입을 금지하고, 또한 Grundig의 상표인 'Gint'를 Consten이 프랑스에서 자
신의 상표로 등록하는 것에 합의하였다. 동 합의가 TFEU 제101조 제1항
에 반하는지와 관련하여, 유럽법원은 경쟁제한의 목적을 중심으로 판단하
고, 경쟁제한의 효과에 대한 분석은 수행하지 않았다. 특히 유럽법원은 당
해 계약에서 병행수입을 금지하고 있을 뿐만 아니라, 상표권의 등록은
Consten으로 하여금 배타적인 판매지역을 보장하는 의미를 갖는다는 것에
주목하면서, 이로부터 경쟁제한의 목적을 인정할 수 있다고 보았으며, 최
종적으로 동 계약은 위법한 것으로 결론을 내렸다.59)

　동 판결은 수직적 합의도 TFEU 제101조에 포섭된다는 점을 밝힌 선례
로서도 의미를 가지며, 이러한 유형의 하나인 배타적 공급계약에 대하여
경쟁제한적 목적을 인정한 사례로 주목을 받았다. 그러나 이에 대해서는
판결 당시부터 비판이 있었으며,60) 배타적 공급계약의 경쟁제한적 목적이

57) Case 35/83, para. 22-23. 동 판결의 의의에 관하여, Alison Jones & Brenda
　　Sufrin, 주 16)의 책, 773면 참조.
58) Joanna Goyder & Albertina Albors-Llorens, 주 10)의 책, 289면 참조.
59) Joined Cases 56 & 58/64, Consten SaRL & Grundig-Verkaufs-GmbH v.
　　Commission, ECJ [1966] ECR 299.
60) 동 판결에서 경쟁제한의 효과를 분석하지 않은 것에 대한 비판은 초기부터 있었

이후 유럽법원의 판결에서 당연하게 받아들여졌던 것은 아니다. 예를 들어 주점 사업자인 Stergois Delimitis(Delimitis)와 양조 사업자인 Henninger Bräu AG(Henninger) 사이의 배타적 판매계약이 문제되었던 사건에서 유럽법원은 상이한 태도를 취하였다.[61] 동 사건에서 Delimitis는 Henninger 가 제공하는 맥주와 음료의 최소 수량(minimum quantity)을 공급받는 계약을 체결하였다. Delimitis는 이러한 급부내용을 이행하는데 실패하였으며, 계약 종료 후 Delimitis가 Henninger에게 보증금 반환을 청구하자, Henninger는 급부가 이행되지 않은 부분을 공제한 액수를 지급하였다. Delimitis는 보증금 전부의 반환을 청구하면서, Delimitis와 Henninger 사이에 체결된 계약이 경쟁법에 반하는 것으로서 TFEU 제101조 제2항에 의하여 무효라고 주장하였다. 프랑크푸르트 주고등법원은 동 사건의 선결문제로서 유럽법원에 예비판단(preliminary ruling)을 구하였고, 유럽법원은 동 합의가 TFEU 제101조 제1항에 반하지 않는다고 결정하였다. 이러한 판단의 근거로서 유럽법원은 동 계약에서 배타적 판매에 관한 합의가 경쟁제한의 목적을 갖고 있지 않으며, 따라서 경쟁제한의 효과를 분석하여야 한다고 보았다. 당사자들 사이의 거래량은 미미하지만, Henninger는 다수의 주류 소매상들과 유사한 계약을 체결하고 있었기 때문에, 그 효과에 대해서는 당해 계약뿐만 아니라 다른 유통계약을 포함하여 누적적으로 평가하여야 하는데, 이러한 관점에서도 다른 사업자가 동 시장에 접근할 기회의 측면에서 배제되었다고 보기는 어렵기 때문에 시장이 봉쇄되었다고 볼 수 없고, 따라서 경쟁제한의 효과를 인정할 수 없다고 판단하였다.

한편 아일랜드의 Beef Industry Development Society(BIDS) 사건은[62]

으며, 특히 이러한 유형의 계약이 상표 간 경쟁을 촉진시킬 수 있는 것과 같은 효과의 분석의 결여가 지적되었다. Ariel Ezrachi, 주 49)의 책, 74-75면 참조.

61) Case C-234/89, Stergios Delimitis v. Henninger Bräu AG, ECJ [1991] ECR I-935.
62) Case C-209/87, Competition Authority v. Beef Industry Development Society, ECJ [2008] ECR I-8637.

경쟁제한의 목적과 구체적인 주관적 의도 간의 관계에 대한 의미 있는 시사점을 제공한다. BIDS는 과잉생산 문제를 다루는 합의를 체결하였는데, 동 합의가 TFEU 제101조 제1항에 반하는지의 문제가 제기되었다. 이에 관하여 유럽법원은 경쟁을 방해, 제한, 왜곡하는 목적이 드러나는 경우에 실제 효과에 관한 분석의 필요성이 없다는 점을 다시 확인하면서, 10개 육우사업자들이 전체 생산량의 25%를 감축하기로 한 합의는 목적상 경쟁제한적이며, 따라서 TFEU 제101조 제1항에 반한다는 결론을 내렸다. 특히 판단 과정에서 사업자들의 구체적 의도를 검토한 부분에 주목을 요한다. 실제 사업자들은 경쟁제한의 의도보다는 산업 전체의 위기를 최소화하기 위한 목적을 갖고 있었던 것으로 보인다. 그러나 유럽법원은 이러한 점은 경쟁제한의 목적에 있어서 고려되어야 할 요소가 아니며, 사업자들이 유일한 목적으로서 경쟁제한의 목적을 갖고 있지 않을 뿐만 아니라, 다른 합법적인 목적을 추구하는 경우에도 목적에 의한 경쟁제한을 인정할 수 있다고 판시하였다.[63]

동조적 행위에 있어서도 경쟁제한의 목적과 효과에 의한 분석 방식이 유효한지에 관하여 이동통신사업을 영위하는 T-Mobile Netherlands에 관한 사건은[64] 적절한 예가 될 것이다. 동 사건에서 유럽법원은 TFEU 제101조 제1항의 해석상 합의의 형태가 합의, 결의 또는 동조적 행위의 어떠한 것이든지 간에 경쟁제한의 목적 또는 효과의 분석이 적용되며, 따라서 경쟁제한의 목적이 인정되는 경우에 이에 대한 실제 효과의 입증은 요구되지 않는다는 점을 분명히 하였다.[65] 동조적 행위에 관하여 Suiker Unie 판결에서 유럽법원이 제시한 정의가 동 사건에서도 원용되고 있는데, 이에 의하면 동조적 행위는 "본질적으로 합의의 성립에 이르지 않았지

---

63) Case C-209/87, para. 21.
64) Case C-8/08, T-Mobile Netherlands BV and Others v. Raad van bestuur van de Nederlandse Mededingingsautoriteit, ECJ [2009] 5 CMLR 11.
65) Case C-8/08, para. 24.

만, 의도적으로 위험을 수반하는 경쟁의 위치로부터 벗어나기 위하여 실제적으로 협력하는 사업자들 간의 조정"을[66] 의미한다. 동 사건에서는 경쟁사업자 간에 정보의 교환이 사업자가 처한 경쟁의 위험을 감소시키거나 불확실성을 낮춘다면 사업자 간에 경쟁을 제한할 수 있다는 점에 근거하여 동조적 행위의 경쟁제한성을 인정하였다. 특히 제출된 자료에 드러난 것처럼 우편료 선지불의 가입방식, 중개인에 대하여 지불된 보수 등에 관한 정보 교환은 최종 이용자의 가격 고정에 관한 결정적 요소가 될 수 있다고 판단하였다.[67] 동 판결에서 다룬 동조적 행위는 합의와 같이 사업자 간에 사전적 교섭이나 의사 교환이 이루어지지 않는 것을 특징으로 하며, 이러한 경우에도 행위 참가자들이 공유하는 경쟁제한의 목적을 상정할 수 있다고 본 점에서 동 판결의 의의를 찾을 수 있다.

규제 산업의 영역에서 경쟁제한의 목적에 의한 분석이 타당한 것인지에 관하여, Glaxo Smith Kline(GSK) 사건은[68] 주목할 만하다. 영국의 제약회사인 GSK는 자사 제품을 스페인에 수출하면서 스페인 도매업자에게 제시한 판매계약서에 국내 판매가격보다 높은 이중 가격정책을 취하였고, 또한 병행 수입을 제한하는 내용을 두었다. 위원회는 이러한 계약이 병행수입이 경쟁제한의 목적을 갖는 것으로 보는 유럽법원의 선례에 따라서 TFEU 제101조 제1항에 반하는 것으로 판단하였다. 이에 대하여 GSK는 유럽1심법원에 항고하였으며, 1심법원은 제약산업의 특수한 성격에 주목하였다. 즉 제약산업은 수요과 공급에 의하여 의약품 가격이 결정되는 대신에 넓은 범위에서 국가에 의한 규율이 이루어지고 있는 영역이고,[69] 이러한 상황에서 문제가 된 계약으로부터 경쟁제한의 목적을 추론할 수 없다고 판단

66) Case 40/73, Suiker Unie & Others v. Commission, ECJ [1975] 1663, para. 173.
67) Case C-8/08, para. 36-37.
68) Case C-501/06, Glaxo Smith Klein Unlimited v. Commission, ECJ [2010] 4 CMLR 2.
69) Richard J. Pierce Jr. & Ernest Gellhorn, Regulated Industries, West Group, 1999, 11-12면.

하였다. 동 판결에 대한 상고에서 유럽법원은 1심법원의 판단을 번복하였
다. 즉 1심법원은 경쟁제한의 목적이 최종 소비자가 유효한 경쟁으로부터
누리는 이익이 배제되는 한도에서 인정될 수 있다고 판시하였는데, 이러한
판단의 근거를 TFEU 제101조 제1항의 규정에서 찾을 수 없으며, 무엇보다
동 조항은 경쟁자 내지 소비자의 이익뿐만 아니라 시장 구조의 보호를 목
적으로 한다는 점을 지적하였다.[70] 이러한 판단에 따라서 유럽법원은 문제
가 된 계약의 경쟁제한성을 인정하였다. 동 판결은 규제산업의 제한된 경
쟁이 이루어지고 있는 영역에서도 경쟁제한의 목적과 효과에 따른 분석이
적용될 수 있음을 밝혔다는 점에서 의의가 있다. 다만 판시사항에서 TFEU
제101조의 목적으로서 시장 구조의 언급은 과잉해석(over-corrected)으로
서 동 조항의 적용에 혼선을 낳을 수 있다는 우려도 있다.[71]

합의의 경쟁제한적 목적이 인정되지 않을 경우에 추가적으로 이루어져
야 할 분석 방식과 관련하여 European Night Services(ENS) 사건을[72] 참
고할 필요가 있다. 동 사건에서 ENS는 합작회사로서 몇몇 철도회사와 공
동으로 해협 터널을 통한 야간 승객운송 서비스를 하고자 하였다. ENS가
맺은 합의를 통지 받은 후, 위원회는 동 합의가 ENS와 모회사 사이에 그
리고 모회사와 ENS 및 제3자 사이의 경쟁을 제한한다는 결론을 내리고,
다만 동 합의는 ENS에 참가한 회사가 다른 제3자에게도 합의의 내용과 동
일하게 철도 서비스를 제공한다는 조건 하에 TFEU 제101조 제3항의 적용
면제에 해당하는 것으로 결정하였다. 위원회의 결정에 대하여 ENS는 항고
하였으며, 1심법원은 위원회의 결정을 취소하였다. 1심법원의 판단 과정
을 보면, 동 합의가 가격고정, 시장 분할과 같은 명백한 경쟁제한을 포함
하고 있지 않다면, 효과에 대한 추가적인 고려가 불가피함을 분명히 하고

---

70) Case C-501/06, para. 62-63.
71) Ariel Ezrachi, 주 49)의 책, 84면.
72) Joined Cases T-374, 375, 384 & 388/94, European Night Services Ltd. v.
    Commission, CFI [1998] ECR II-3141.

있다. 즉 사업자의 행위가 이루어지는 경제적 맥락에서 실제 작동하는 경쟁 조건, 합의가 포괄하는 상품 그리고 관련 시장의 경제적 구조 등에 대한 분석이 요구된다고 보았다. 또한 실제 경쟁 조건의 분석은 이미 존재하는 사업자들 간의 경쟁뿐만 아니라, 시장 구조와 경쟁이 기능하는 경제적·법적 맥락의 관점에서 기존 사업자들 그리고 새로운 시장진입자들 간에 구체적인 경쟁이 가능한지의 의미에서 잠재적 경쟁도 대상으로 하여야 한다고 판시하였다.73) 이러한 판단 방법과 관련하여, O2 사건도74) 참고할 필요가 있다. 독일의 이동통신사업자인 O2 GmbH & Co OHG(O2)와 T-Mobile Deutschland GmbH(T-Mobile)은 3세대 이동통신을 위한 인프라 구축을 공유하는데 합의하였고, 이를 위원회에 통지하였다. 위원회는 동 합의가 대체로 경쟁법에 반하지 않는 것으로 보았지만, 두 사업자의 통신망 사이에 국내 로밍은 문제가 될 수 있는 것으로 보고, 결국 한시적으로 제101조 제3항에 의한 적용 면제에 해당하는 것으로 판단하였다. 위원회의 결정에 항고하면서, O2는 위원회의 판단 방식에 문제를 제기하였다. 즉 위원회가 국내 로밍에 관한 합의가 경쟁제한의 목적을 갖지 않는다는 것을 전제로 경쟁제한 효과의 분석을 수행하는 과정에서, 이동통신 시장의 특수성을 충분히 고려하지 못하였다고 주장하였다. 이와 관련하여 1심 법원은 경쟁제한 효과의 분석을 위하여 현재 그리고 잠재적인 경쟁에 합의가 미치는 영향과 합의가 없을 경우에 경쟁 상황을 모두 필수적으로 고려하여야 한다고 보았다. 또한 특히 지배적 사업자가 존재하고, 시장 구조가 본질적으로 집중화되어 있으며, 진입장벽이 높아서 유효한 경쟁에 의문이 있는 시장, 즉 자유화 과정에 있는 시장 또는 신흥 시장의 경우에 합의가 없는 상태에서의 경쟁 상황 분석은 반드시 필요하다는 점을 지적하였다. 1심법원은 이러한 관점에서 위원회는 문제가 된 합의가 없을 경우의 경쟁 상황에 대한 분석을 수행하지 않았고, 이는 동 합의가 경쟁에 미

---

73) Joined Cases T-374, 375, 384 & 388/94, para. 136-137.
74) Case T-328/03, O2 GmbH & Co OHG v. Commission, CFI [2006] 5 CMLR 5.

치는 실제적 그리고 잠재적 효과의 분석의 왜곡을 낳을 수 있다고 판시하였다.[75] 이에 근거하여 1심법원은 원고인 O2의 항변을 수용하여 위원회의 결정이 위법한 것으로 결론을 내렸다.

(3) 경쟁정책적 평가

이상에서 살펴 본 TFEU 제101조 제1항에 규정된 경쟁제한의 목적과 효과의 적용 사례, 특히 목적에 의한 경쟁제한성이 인정된 사례는 일반적으로 경성(hardcore)으로 분류되는 카르텔 유형에 속한다. 81(3) 가이드라인은 경성카르텔을 일반적으로 목적에 의한 경쟁제한을 구성하는 것으로 하고 있으며, 이에 해당하는 예로 수평적 카르텔의 경우 가격 고정, 산출량 제한, 시장 분할 등을 들고 있고, 수직적 카르텔로서는 최저 재판매가격유지나 수직적 지역 제한 등을 언급하고 있다.[76] 물론 이러한 대응이 절대적인 것은 아니며,[77] 앞에서 다룬 O2 사건이 시사하듯이, 거래 당사자와 시장의 구체적 상황에 따라서 경쟁과 경쟁제한에 대한 이해는 달라질 수밖에 없다. 또한 미국에서 최저 재판매가격유지의 규제 법리를 당연위법 대신 합리성 원칙으로 변경한 Leegin 판결이[78] EU 경쟁법에 미친 영향에서 알 수 있듯이,[79] 경쟁정책적인 사고의 변화에 따라서 경성카르텔 유형에도 변화가 불가피할 것이다.

---

75) Case T-328/03, para. 72-73, 116.
76) 81(3) Guidelines, para. 23.
77) Ariel Ezrachi, 주 49)의 책, 77면 참조.
78) Leegin Creative Leather Products, Inc. v. PSKS, Inc., 551 U.S. 877 (2007).
79) 예를 들어 2010년 제정된 수직적 제한에 대한 위원회 가이드라인은 재판매가격유지행위에 대하여 경성적 성격을 인정하면서도, 친경쟁적 효과의 고려가 요구되는 경우에 대하여 기술하고 있다. Guidelines on Vertical Restraints, 2010/C 130/01, para. 106-107 참조. Leegin 판결이 유럽 경쟁법에 미친 영향과 관련하여, Mart Kneepkens, "Resale Price Maintenance: Economics Call for a More Balanced Approach, 656 European Competition Law Review, vol 28 issue 12, 2007, 664면 참조.

그렇지만 현행 EU 경쟁법에서 경쟁제한적 목적과 효과에 따른 공동행위의 규제 방식은 유지될 것으로 보이며, 이러한 규제 방식 내지 규제 체계가 갖는 고유한 경쟁정책적 의의에 대한 이해가 필요하다. 우선 주목할 것은 목적에 의한 경쟁제한성 인정은 원칙적으로 경쟁제한적 효과에 대한 분석을 배제한다는 점에서,[80] 미국 반독점법상 당연위법 원칙의 적용과 법리적인 유사성이 있다는 점이다. 더욱이 미국 반독점 판례법상 당연위법 원칙의 적용 대상에 해당하는 가격고정, 시장분할, 끼워팔기, 보이코트 등은 그 본래의 성격(very nature)에서 경쟁제한의 목적을 갖는 공동행위로 이해되는 것과 공통된다. 따라서 경쟁제한의 목적에 근거하여 위법한 카르텔로 규제하는 방식에 대한 당연위법적인 이해도 가능할 것이다.[81] 전술한 유럽법원에서 다루어진 BAT CF 사건을 보면, 문제가 된 상표권 조정에 관한 계약이 시장분할의 의미를 갖는 것인지가 중요하며, 시장분할로 평가된 이후 이에 따른 효과에 대한 분석은 더 이상 진행되지 않았다. 이와 같은 규제 체계적 특성은 흔히 form-based적 접근방식과 effect-based적 접근방식을 대비시키고, 후자에 의한 규제 법리의 확대를 의도하는 사고에서 보면, 지나치게 형식적인 것으로 이해될 수 있는 부분이다.[82]

---

80) 경쟁제한의 목적이 인정된 이후 경쟁제한 효과에 대한 추가적인 분석이 전혀 불필요한 것은 아니다. 특히 양적인(quantitative) 판단이 필요할 수 있는데, 규제의 실효성과 관련하여 제한의 크기가 최소기준(de minimis)을 상회하는지, 그리고 보다 중요한 과징금 산정의 기준으로 요구될 수 있다. Richard Whish, Competition Law, Oxford Univ. Press, 2009, 125면 참조.

81) William Kovacic는 'object-based'와 'per se illegal'을 경쟁정책적 관점에서 동일한 범주로 묶고 있다. William E. Kovacic, "Importance of the Effects-Based Approach and the Rule of Reason in Competition Law", 2012, 6면 참조.

82) 1990년대 후반 이후 EU경쟁법에서 경제적 분석을 중시하고 'effect-based'적인 접근이 강화되는 방향으로 변화하고 있다는 지적으로, Luc Peeperkorn & Katja Viertio, "Implementing an effects-based approach to Article 82", Competition Policy Newsletter, 2009. 11, 20면 참조. 또한 Damien Gerard, "Effects-based enforcement of Article 101 TFEU: the object paradox", Kluwer Competition Law Blog, 2012. 2. 17. 참조.

또한 TFEU 제101조 제1항의 주관적 요건으로서 경쟁제한의 목적은 구체적인 주관적 의도와 무관하게 입증될 수 있다는 것에 주의를 기울일 필요가 있다. 물론 81(3) 가이드라인이 지적한 것처럼 구체적인 주관적 의도의 존재가 경쟁제한의 목적을 입증함에 있어서 의미 있는 것임은 분명하지만, 이에 절대적으로 의존하지 않는다.[83] 오히려 전술한 BIDS 사건에서 보여준 것처럼, 주관적 의도가 경쟁제한을 지향하지 않는 것이 분명하게 드러나는 경우에도 합의의 성격에 근거하여 경쟁제한의 목적이 인정될 수 있다. 결국 TFEU 제101조 제1항에서 경쟁제한의 목적은 행위자의 구체적인 주관적 의도로서 구성된 것이 아니라, 합의의 성격으로부터 추론되는 경쟁정책적 평가의 개념으로 이해할 수 있다.

2. 독점규제법상 공동행위에서 주관적 요건 문제

독점규제법 제19조 제1항은 "사업자는 계약·협정·결의 기타 어떠한 방법으로도 다른 사업자와 공동으로 부당하게 경쟁을 제한하는 다음 각 호의 어느 하나에 해당하는 행위를 할 것을 합의하거나 다른 사업자로 하여금 이를 행하도록 하여서는 아니된다"고 규정한다. 동 규정에서 공동행위는 합의에 의하여 성립하며, 이 합의가 부당하게 경쟁을 제한할 경우에 금지된다. 동 규정은 1999년 법 개정에 의하여 과거 '일정한 거래분야에서 경쟁을 실질적으로 제한하는'이라는 표현을 변경한 것으로서, 개정 전후를 불문하고 부당공동행위 규제에서 경쟁제한성이 요구된다는 점에는 변함이 없지만, 동 개정이 공동행위에 대한 위법성 판단에 있어서 공동행위 유형에 따른 탄력적인 대응을 가능하게 하고, 특히 경성카르텔과 연성카르텔에 있어서 효과적인 규제를 할 수 있게 되었다고 이해하는 견해가 유력하다.[84] 동 규정의 경쟁정책적 의의에 대해서는 대체로 이해를 같이하고 있

---

83) 81(3) Guidelines, para. 22.

지만, 구체적으로 동 규정의 해석과 관련하여 부당성과 경쟁제한성의 관계에 대해서는 상이한 시각이 존재한다. 대부분의 견해는 부당성과 경쟁제한성을 통일적으로 이해하여 경쟁제한성 판단으로 종합하는 입장을 취하지만,[85] 부당성이 명문으로 규정된 것에 초점을 맞추어 정당화 사유의 고려와 같은 고유한 기능을 수행하는 통로가 될 수 있다고 보는 견해도 있다.[86] 그러나 해석상 차이에도 불구하고, 공동행위의 위법성의 본질이 경쟁제한성에 있다는 것에 이론은 없으며, 또한 이를 판단함에 있어서 주관적 요건에 대한 특별한 고려를 요구하지는 않는다.

공정거래위원회의 규제 실무도 동일한 태도를 보여주고 있는데, 특히 「공동행위 심사기준」에서 제시하고 있는 위법성 판단의 전체적인 구조에서 이러한 태도가 확인할 수 있다. 동 심사기준에서 위법성 심사(V)는 공동행위의 성격 및 시장 분석(1단계), 경쟁제한 효과 분석(2단계), 효율성증대 효과 분석(3단계), 경쟁제한 효과와 효율성증대 효과의 비교형량(4단계)의 과정을 거치며, 특히 1단계에서 공동행위 성격의 심사는 "공동행위의 대상이 되는 경제활동의 종류 및 합의의 수준 등의 요소"에 의하여 이루어지며, 이 과정에서 경쟁제한 효과만 발생시키는 것이 명백한 경우로 결정이 되면, 원칙적으로 경쟁제한 효과나 효율성증대 효과 등의 분석은 거치지 않게 된다(V. 1. 가). 이와 같은 판단 구조는 기본적으로 TFEU 제101조 제1항에 해당하는지 여부를 판단하는 구조와 유사하다. 특히 동 조항에서 대체적 요건으로 규정되어 있는 경쟁제한의 목적 또는 효과와 관련하여, 합의의 본래의 성격으로부터 경쟁제한의 목적이 존재하는지를 판단하고, 경쟁제한 목적이 인정될 경우 경쟁제한의 효과에 대한 추가적 분석이 요

84) 권오승, 경제법, 법문사, 2009, 257면; 신동권, 앞의 책, 445면. 한편 동 개정이 언급한 개정 취지를 반영하고 있는지에 의문을 표하며, 개정 전후로 규제 실무에는 변함이 없다는 지적으로, 이기수·유진희, 경제법, 세창출판사, 2012, 127면 참조.
85) 권오승, 위의 책, 256-257면; 신현윤, 경제법, 법문사, 2012, 246면; 이호영, 독점규제법, 홍문사, 2012, 218-219면.
86) 정호열, 주 38)의 책, 347면.

구되지 않는 구조는 공동행위의 성격의 심사로부터 출발하는 「공동행위 심사기준」의 위법성 판단 구조에 상응하는 것이다. 또한 TFEU 제101조 제1항에서 경쟁제한 목적의 판단과 관련하여 구체적인 주관적 의도를 필요로 하지 않는 것처럼, 동 심사기준도 이 부분에서 경쟁제한을 지향하는 구체적인 주관적 의도를 요구하고 있지 않으며, 공정거래위원회의 심결이나 대법원 판결도 동일한 태도를 보여주고 있다.

그러나 앞에서 살펴본 것처럼 시장지배적 지위남용행위의 경쟁제한성 판단에 있어서 주관적 요건을 인정한 대법원 판결(2002두8626)이 이와 같은 규제 실무에 영향을 미칠지는 예상하기 어렵다. 물론 경쟁제한 행위라는 위법성의 본질적 측면에서 공통되는 특징에 근거하여 동 대법원 판결의 법리를 확장하는 시도가 가능할 수 있다. 그러나 이러한 입론이 논리필연적인 근거를 갖고 있는 것은 아니며, 경쟁정책적으로도 타당한지에 의문이 있다. 앞에서 살펴본 EU경쟁법상 카르텔 규제에 있어서 경쟁제한의 목적은 합의(행위) 성격의 추론으로부터 구성한 객관화된 개념이며, BIDS 판결이 시사하는 것처럼 사업자의 구체적인 주관적 의도로부터 분리된 경쟁제한성 판단의 핵심적 표지로 기능한다. 부당 공동행위 규제의 본질이 여기에 있다면, 구체적 주관적 의도가 필수 요건으로 개입될 여지는 없을 것이다.

Ⅳ. 형법상 관련 문제 검토

1. 범죄 성립에 있어서 주관적 요건의 의의

독점규제법 제66조 내지 제68에 근거하여 동법 위반행위에 대한 형벌의 부과가 가능하다. 따라서 위반행위의 규제 근거 조항들은 범죄를 정하고 있는 조항으로서의 의미도 갖는다. 대법원의 태도에 따라서 시장지배적 지위남용행위의 부당성 판단에 주관적 요건을 요구할 경우에, 이러한 요건이 형사처벌의 대상이 되는 범죄의 성립에 있어서 어떠한 의미를 갖는지가 문제된다. 즉 독점규제법 제66조 내지 제68조의 범죄가 성립하기 위하여 경쟁제한의 목적 내지 의도의 의미로서 주관적 요건이 요구될 경우에, 이러한 요건이 범죄 성립에 있어서 고의와 어떠한 관련이 있는지, 그리고 고의에 포함되지 않는 것으로 본다면 이를 형법상 어떻게 평가할 것인지에 관한 논의가 이루어질 필요가 있다.

우선 일반화된 견해에 따라서 고의가 객관적 구성요건요소를 인식 범위로 한다는 점을 전제하면,[87] 남용행위의 부당성 판단 근거로서 제시된 주관적 요건을 고의의 한 내용으로 볼 수 있을지는 주관적 요건을 구성하는 경쟁제한의 목적에 대한 이해에 따른다. 이러한 맥락에서 경쟁제한이 객관적 구성요건요소에 해당한다면, 이에 대한 주관적 작용도 주관적 구성요건요소로서의 고의에 포섭될 수 있을 것이다. 독점규제법 제3조의2 제1항 본문은 시장지배적 사업자의 남용행위를 금지하며, 각호에 의하여 구체화되어 1호에서 부당하게 가격을 결정·유지·변경하는 행위가 금지된다. 공법적 관점에서 보면, 동 조항에서 부당성은 행정 규제의 정당성을 뒷받침하기 위한 불가피한 규정이라 할 수 있다. 반면 형법적 관점에서 법문에 명시된 부당성이 행위의 성격을 특정하는 규범적 구성요건요소로 기능하는지, 또는 구성요건 외부에 위치하는지가 명확하지는 않다.

행정 규제의 실례를 보면, 공정거래위원회의 심결 과정에서 규제 대상인 행위를 확정하고, 이에 대한 부당성(위법성) 평가를 통하여 최종적으로 규제 여부와 내용을 결정하는 단계를 거친다. 이러한 단계적 구조는, 즉 사실의 확정과 위법성 평가의 분리는 각 단계별로 피규제자의 항변을 수용하고, 논의 구조를 적절하게 유지하며, 나아가 시정조치의 타당성과 실효성을 기하는데 기여할 수 있다.[88] 이때 위법성은 전체 법질서에 반하는

---

87) 이재상, 형법총론, 박영사, 2003, 158면 이하 참조.
88) 「공정거래위원회 시정조치 운영지침」은 시정조치의 원칙으로서(V. 1.), 실효성의

지에 관한 평가이며, 독점규제법 위반행위와 관련하여 경쟁질서가 핵심적인 고려 사항이 될 것이다. 이러한 맥락에서 경쟁질서에 반하는 것으로 구성된 개념인 경쟁제한성은 위법성을 징표한다. 비록 규제 성격에 본질적인 차이가 있지만, 이와 같은 판단 구조와 위법성에 대한 이해를 형법에 원용하는 것도 가능한 것으로 보인다. 무엇보다 이러한 판단구조는 형법체계에서도 논리적합성을 잃지 않으며, 범죄 성립의 요건에 부합하는 측면이 있다. 이러한 관점을 수용하면, 경쟁제한은 구성요건적 요소에 해당하는 것으로 볼 수 없으며, 따라서 고의의 대상은 아니다. 그러나 부당성 평가에 있어서 경쟁제한을 지향하는 주관적 작용으로서 경쟁제한의 목적을 주관적 요건으로 요구한다면, 이를 구성요건의 영역에 위치시킬 수밖에 없으며, 고의와는 다른 주관적 구성요건요소로서[89] 이해하는 것이 불가피할 것이다.

2. 비난가능성과 금지착오의 문제

대법원 판결이 시사하듯이, 부당성 판단의 요건으로 경쟁제한의 목적을 요구할 경우에, 이의 흠결은 부당성을 부정하는 근거가 될 것이다. 반면

원칙(시정조치는 당해 위반행위를 효과적으로 시정할 수 있도록 실효성 있게 명하여져야 한다), 연관성의 원칙(시정조치는 당해 위반행위의 위법성 판단과 연관되게 명하여져야 한다), 명확성과 구체성의 원칙(시정조치는 시정조치를 받은 피심인이 이행해야 될 시정조치의 내용이 무엇이고, 공정거래위원회가 이행을 확보하고 점검하여야 할 내용이 무엇인지 알 수 있도록 명확하고 구체적으로 명하여져야 한다), 이행 가능성의 원칙(시정조치는 피심인이 당해 시정조치를 사실상·법률상 이행하는 것이 가능할 수 있도록 명하여져야 한다), 비례의 원칙(시정조치는 당해 위반행위의 내용과 정도에 비례하여 명하여져야 한다)을 제시하고 있는데, 이러한 원칙이 실현되기 위해서는, 위반행위의 특정과 위법성의 평가가 전제되어야 한다. 공정거래위원회에 의하여 부과되는 시정조치의 형식적·내용적 측면에서의 특징에 관하여, 조성국, 독점규제법 집행론, 경인문화사, 2010, 44-48면 참조.
89) 목적범에 있어서의 목적이나 경향범에 있어서의 내적 경향과 같은 위치에 있게 될 것이다.

부당성 판단에 있어서 주관적 요건을 수용하지 않을 경우에, 경쟁제한 목적의 부재가 불법의 성립에 있어서 특별한 고려 대상이 되지는 않을 것이다. 그러나 경쟁제한 목적을 갖고 있지 않는 상태가 책임 단계에서 고려될 수는 있다. 특히 이와 같은 주관적 상태는 책임의 본질인 비난가능성에 일정한 영향을 미칠 수 있다. 그러나 행위자가 차지하고 있는 시장지배적 사업자의 지위와 객관적 요건인 경쟁제한 효과의 충족을 전제할 때, 책임의 핵심적 요건인 기대가능성 측면에서 책임의 조각을 예상하기는 어려울 것으로 보인다.

경우에 따라서 경쟁제한의 목적이 없는 상태는 경쟁규범에 의한 금지가능성에 대한 인식의 결여로 이어질 수 있으며, 이러한 경우 금지착오의 문제가 발생할 수도 있을 것이다. 이와 관련하여 독일 북서부지역의 경질벽돌 제조업자들에 관한 사건을90) 참고할 만하다. 동 사건에서 규제 대상이 되었던 경질벽돌 제조업자들은 공동으로 민법상 회사(Montagsgesellschaft)와 유한회사(Vereinigten O. Klinkerwerke GmbH, VOK)를 설립하였는데, Montagsgesellschaft는 가격과 거래조건에 관한 합의 수단이 되었고, VOK는 경질벽돌의 배타적인 판매수단이 되었다. 이에 의하여 당해 지역의 경질벽돌 제조업자 상호간에 경쟁은 배제되었으며, 유력한 경질벽돌 판매업자인 Tonvorkommen은 당해 시장에서 퇴출되었다.91) 당해 회사설립(계약)은 구 경쟁제한방지법(GWB) 제1조에 의하여 무효가 되었고, 동법 제38조 제1항에 의하여 연방카르텔청은 동 사업자들에 대하여 과태료(Geldbuße)를 부과하였다. 동 처분에 대한 경질벽돌 제조업자들의 주된 항변은 행위가 비난받을 수 없는 금지착오의 상태에서 이루어진 것으로서 면책될 수 있다는 것이었는데, 특히 당해 카르텔의 미미한 시장영향 때문에 제1조를 적용가능한 것으로 고려하지 않았고, 이는 경쟁제한의 감지가능성(Spürbarkeit)이라는 기술되지 않은 구성요건 표지의 해석에 관한 착

---

90) BGHSt 21, 18, Kartellsenat, Beschl. vom 27. Januar 1966.
91) BGHSt 21, 18, 18-19.

오로서 금지착오에 해당한다고 주장하였다.92) 연방대법원은 연방카르텔청
이 경질벽돌 제조업자들에게 사전에 카르텔금지 위반에 대한 경고를 하였
다는 점에 주목하였다.93) 예를 들어 과태료 부과 이전 최종 서신에서 경질
벽돌 제조업자들의 카르텔금지 위반을 분명하게 설명하였으며, 특히 동 서
신은 다른 건축재료에 관한 연방대법원 판결에서 감지가능성(Spürbarkeit)
이 인정되었다는 점을 인용하고 있었다. 따라서 당해 사업자들의 금지착
오가 회피불가능한 것으로 보기는 어려우며, 과태료의 부과는 타당한 것
으로 판결하였다.

동 판결은 금지착오가 쟁점으로 다루어졌던 사건으로서 회피가능성 판
단에 관한 선례가 된다.94) 동 판결에서 금지착오 주장은 받아들여지지 않
았지만, 금지착오 가능성 자체를 부정한 것은 아니다. 물론 실무적으로 독
일 경쟁제한방지법 사건에서 금지착오가 인정된 예는 거의 없지만,95) 착
오의 회피불가능성 판단에 관한 일정한 시사점을 주고 있다.96)

---

92) 독일법체계에서 과태료의 의의와 절차 등에 관하여 질서위반법(Gesetz über
Ordnungswidrigkeiten)이 통일적으로 규정하고 있다. 특히 질서위반법 제11조 제
2항은 금지착오에 관한 별도의 규정을 두고 있으며(Fehlt dem Täter bei
Begehung der Handlung die Einsicht, etwas Unerlaubtes zu tun, namentlich
weil er das Bestehen oder die Anwendbarkeit einer Rechtsvorschrift nicht
kennt, so handelt er nicht vorwerfbar, wenn er diesen Irrtum nicht vermeiden
konnte.), 동 규정의 법리는 형법상 금지착오와 동일하게 전개되고 있다. 동 판결
에서 금지착오 문제는 질서위반법 제11조 제2항에 근거하여 다루어졌다. 우리 법
체계에서는 과태료 부과에 관한 일반법인 「질서위반행위규제법」 제8조에서 위법
성의 착오에 관하여 규정하고 있고, 동 규정은 독점규제법에 근거하여 부과되는
과태료에 관하여 적용될 수 있을 것이다. 또한 부당이득 환수 외에 행정벌적 성
격도 아울러 갖는 것으로 이해되는 과징금 부과에 있어서도 위법성 착오에 관한
논의가 적용될 여지는 있다.
93) BGHSt 21, 18, 19.
94) Volker Emmerich, Fälle zum Wettbewerbsrecht 4. Aufl., C. H. Beck, 2000, 38
면 이하 참조.
95) Fritz Rittner & Meinrad Dreher, Europäisches und deutsches Wirtschaftsrecht,
C. F. Müller, 2008, 653면.

V. 결론

시장지배적 지위남용행위로서 부당한 거래거절에 해당하기 위하여 경쟁제한의 의도나 목적이 별개의 독립된 요건에 해당한다고 본 대법원 판결은, 시장지배적 지위남용행위뿐만 아니라 다른 단독행위 유형인 불공정거래행위와 공동행위를 포함하여 일반적으로 독점규제법 위반행위에 있어서 주관적 요건이 충족되어야 하는지의 문제로 확대될 여지를 남겼다. 동 판결에 대하여 비판적인 입장이 개진되었지만, 이후 판결에서 대법원이 취한 태도는 유지되고, 적어도 시장지배적 지위남용행위 일반으로 확대되고 있는 것으로 보인다. 따라서 이 문제에 관한 법리적 검토의 필요성이 요구되고 있는 상황이다.

시장지배적 지위남용 규제와 관련하여 유사한 입법방식을 채택하고 있는 EU 기능조약에서 남용행위는 객관적 개념으로 이해되며, 경쟁제한의 의도와 같은 주관적 요건이 독립적으로 고려되지는 않는다. 이미 시장지배적 사업자가 존재함으로 인하여 경쟁이 제한되고 있는 시장에서, 행위의 객관적 특성이 당해 시장의 상황을 침해하는 것으로 볼 수 있는지가 남용 판단에 있어서 결정적이다.[97] 한편 Sherman법 제2조에 의한 독점화 또는 독점화 시도의 규제에 있어서 주관적 요건은 다른 객관적 요건에 의한 추정이 이루어진다 하더라도 적어도 필수적인 고려 사항으로 받아들여지고 있다. 그러나 이러한 법리 구성은 독점에 대한 대응 방식이 상이한 법체계, 즉 미국 반독점법이 취하고 있는 것과 같이 독점을 직접적으로 규제하고 나아가 독점에 이르기 전인 시도 단계에서 규제를 행하고 있는 규

---

96) Ulrich Immenga & Ernst-Joachim Mestmäcker hrsg., 주 9)의 책, 1952-1954면 (Gerhard Dannecker & Jörg Biermann 집필부분) 참조. 특히 Dannecker & Biermann은 착오의 회피불가능성 판단을 통하여 면책뿐만 아니라 과태료의 감액 가능성도 언급하고 있다.

97) Gerhard Wiedemann hrsg., 주 8)의 책, 827면(Gerhard Wiedemann 집필부분) 참조.

제체계를 전제로 이해될 필요가 있다. 따라서 독점규제법상 시장지배적 지위남용 규제에 이를 원용하는 데는 일정한 한계가 있을 것이다. 무엇보다 판례의 태도를 뒷받침하는 법리적 근거를 찾기 어려우며, 경쟁정책상으로도 바람직한지는 의문이다.

공동행위에 있어서도 위법성 판단에서 주관적 요건이 문제될 수 있지만, 이를 독립된 요건으로서 이를 이해하는 것에 의문이 있으며, 비교법적으로도 유사한 규제 법리는 드물다. 이와 관련하여 EU 기능조약 제101조의 경우 규제 대상인 공동행위를 정함에 있어서 명시적으로 경쟁제한의 목적을 언급하고 있다는 점에서 주의를 요한다. 그러나 이때 경쟁제한의 목적은 공동행위의 성질상 경쟁제한의 효과를 갖는 경우에 존재하는 것으로서, 입증되어야 하는 주관적 요건으로 이해되지는 않는다. 물론 경쟁제한의 목적이 인정되는 공동행위는 미국 반독점법상 당연위법 행위와 유사하며, 이러한 관점에서 적용 범위와 타당성에 대한 의문이 제기되기도 하지만, 이러한 논의는 경쟁제한의 목적을 주관적으로 이해하려는 시도와는 무관한 것이다.

독점규제법 위반행위에 있어서 주관적 요건은 형법의 관점에서도 문제가 될 수 있다. 경쟁제한의 의도 또는 목적의 의미로서 주관적 요건은, 시장지배적 지위남용행위에서 별개의 부당성 판단 요건으로 보는 판례의 태도와 구성요건에 관한 형법의 일반적 이해를 종합할 경우에, 고의 외의 다른 주관적 구성요건요소로 이해될 가능성이 크다. 반면 주관적 요건을 별개의 독립된 고려 요소로 보지 않는다면, 주관적 요건의 내용을 구성하는 경쟁제한의 의도나 목적은 책임 영역에서 비난가능성의 문제에 반영될 수 있을 것이다. 그리고 후자의 경우에 경쟁제한의 의도나 목적의 부재가 위법성 인식의 결여로서 금지착오의 문제가 될 수 있다는 점도 염두에 두어야 한다.

4. 특허관리전문회사와 경쟁정책

I. 서론

최근 지식재산권법뿐만 아니라 경쟁법 영역에서 특허침해 소송을 통하여 고액의 수익을 얻는 것을 주된 사업 내용으로 하는 회사가 이슈로 떠오르고 있다. 이러한 회사들을 가리켜 특허괴물(patent troll)이라는 표현이 사용되기도 한다. troll이라는 용어가 시사하고 있는 것처럼,[1] 이 용어에는 경제적 가치를 만들어 내고 있는 기업을 공격하여 가치 창출에 기여하는 바 없이 단지 지대를 추구(rent-seeking)하는 사업자에 대한 부정적 가치 판단이 함축되어 있다.[2] 특허괴물의 전형적인 행태로서, 발명 활동에 종사하지 않는 대신 기존의 특허 매입에 집중하는 것, 과도한 특허 실시료를 요구하는 것, 특허권의 주장이 기습적이나 은폐적인 방식으로 이루어지는 것 등이 거론된다.[3] 물론 이러한 징표들은 규제 필요성을 강하

---

1) troll은 스칸디나비아 지방에서 내려오는 전설상의 존재로서 어두운 동굴 등에 숨어 살다가 기습적으로 나타나 인간에 해를 끼치는 괴물을 말한다. patent troll이라는 용어가 널리 퍼지게 된 계기는 Intel의 general counsel이었던 Peter Detkin이 Intel에 대하여 특허침해 소송을 제기하였던 Techsearch를 지칭하면서부터인 것으로 알려져 있다. http://en.wikipedia.org/wiki/Patent_troll 참조.

2) https://www.patentfreedom.com/about-npes/background/ 참조.

3) Janice M. Mueller, Patent Law, Wolters Kluwer, 2013, 579-580면 참조.

게 뒷받침하는 근거가 될 수 있을 것이다. 그러나 다른 한편으로 특허괴물의 존재 또는 그들의 행위로부터 긍정적인 효과가 존재한다는 점에서, 상반되는 효과 간의 형량 없이 특허괴물에 관하여 정책적으로 단일한 판단에 이를 수는 없을 것이다. 따라서 특허괴물이라는 표현에 특허법 또는 경쟁법의 관점에서 주의를 환기시키는 측면이 있음은 분명하지만, 이미 부정적인 함의가 내포되어 있음으로 인하여 논의의 기초가 되는 개념으로서는 한계가 있다. 더욱이 법적 측면에서 앞에서 언급한 부정적 행위들을 규제 대상으로 특정하고, 이를 토대로 특허괴물을 법적 개념으로 구성하는 것이 용이하지 않으며, 정책적으로도 이러한 규범적 시도가 타당한지는 의문이다.

특허괴물 또는 특허괴물이 야기하는 부정적 측면을 문제로서 인식하는 것과 별개로, 논의의 전개과정에서 성급한 판단을 배제할 수 있는 가치중립적인 용어의 사용이 필요할 수 있다. 즉 일정한 가치판단이 배제된 상태에서 논의를 전개하는 것이 규제의 실질을 기하기 위하여 타당한 접근방식이 될 것이다. 이와 관련하여 미국 연방거래위원회(Federal Trade Commission)에서 특허괴물에 상응하는 표현으로 NPE(non-practicing entity)나 PAE(patent assertion entity)를 사용하고 있는 것은 참고할 만하다.[4] NPE는 그 자체의 의미로서 특허실시를 하지 않는 주체를 말하며, 이러한 행태는 특허괴물로 통칭되는 회사에서 전형적으로 나타난다. 그러나 비실시적인 행태가 언제나 전제되는 것은 아니기 때문에, 보다 일반적인 의미에서 특허 주장의 주체를 의미하는 PAE라는 표현도 가능할 것이다.[5]

---

4) 미국 연방거래위원회 위원인 Joshua Wright는 최근 경쟁법 이슈로서 PAE 또는 NPE에 특허 침해 소송의 문제를 언급하고 있다. Joshua D. Wright, "Recent Antitrust Enforcement and Policy Initiatives at the U.S. Federal Trade Commission", ABA Section of International Law Conference: China - Inside and Out Roundtable with Enforcers, 2013, 7-8면 참조.

5) 2012년 FTC와 DOJ의 공동 워크샵에서는, 전형적인 NPE의 활동과는 구분되는 의미에서 기술 개발이나 이전과 같은 긍정적 함의를 갖고 있는 PAE가, 여전히 널리

이를 종합하여 이하의 논의에서는 전문적으로 특허관리를 행하는 회사의 의미로 '특허관리전문회사'를 사용하기로 한다. 즉 정책적으로 중요한 징표가 되는 행태를 부각시키면서 부정적인 함의를 배제한 개념인 특허관리전문회사를 중심으로 논의를 전개할 것이다. 우선 특허관리전문회사의 전형적인 사업 활동이 시장에 미치는 영향과 이에 대한 경쟁정책적 의의를 살펴보고(Ⅱ), 이에 기초하여 독점규제법에 의한 구체적인 규제 가능성을 검토할 것이다(Ⅲ).

Ⅱ. 특허관리전문회사의 경쟁정책적 의의

1. 특허관리전문회사의 의의와 현황

(1) 특허관리전문회사의 의의

전술한 것처럼 특허관리전문회사는 특허관리를 전문으로 하고, 이로부터 수익의 주된 부분을 창출하는 회사를 말한다. non-practicing이라는 표현에서 알 수 있듯이, 상품의 생산·유통 과정에서 특허의 대상인 발명품을 직접적으로 활용하지 않는 경우가 많으며,[6] 이 경우 생산 활동에 종사하는 사업자와 직접적인 경쟁관계에 있지 않게 된다.[7]

특허 관리를 전문적으로 행하는 것이 핵심적인 표지이지만, 해당 특허

사용되지만 부정확한 개념인 특허 괴물을 대신하는 용어로 사용되었다. Robert Skitol, "FTC-DOJ Workshop on Patent Assertion Entity Activities: Fresh Thinking on Potential Antitrust Responses to Abusive Patent Troll Enforcement Practices", (http://www.drinkerbiddle.com/resources/publications/2012/ftc-doj-patents-workshop) 참조.

6) Richard Stim, Patent, Copyright & Trademark, Nolo, 2009, p. 108 및 Stefan Luginbuehl, European Patent Law, Edward Elgar, 2011, 75면 참조.

7) Janice M. Mueller, supra note 3), 579면.

의 대상인 발명 과정에 직접적으로 참여하는 경우는 드물며, 분산되어 있는 다수의 특허를 대개의 경우 저가로 매수하는 방식으로 특허권을 취득하여 사업의 기초로 한다. 그러나 발명 활동에 직접적으로 관련되는지 여부가 특허관리전문회사를 구분하는 결정적인 표지가 되는 것은 아니다. 실제 특허관리전문회사 중에서 전체 사업에서 차지하는 비중이 미미하더라도 발명 과정에 직·간접적으로 참여하는 경우도 있다.[8] 따라서 특허권의 취득이 어떻게 이루어졌는지 여부는 불문하고, 특허 실시허락이 주된 수익의 원천이 될 수 있을 정도로 다수의 특허를 보유하고 있는지 또는 일정한 제조 과정 전반에 영향을 미칠 수 있는 특허 포트폴리오를 구축하고 있는지 등이 특허관리전문회사로서 파악될 수 있는 실질적인 표지가 될 것이다.

특허관리전문회사가 수익을 창출하는 방식에도 주목할 필요가 있다. 특허관리전문회사는 자신이 보유한 다수의 특허권에 대한 실시허락을 통하여 지급받는 실시료를 기본적인 수익으로 하지만, 특허침해에 따른 손해배상청구도 상당한 비중을 차지한다.[9] 따라서 특허권의 보유와 주장은 높은 수익을 가능하게 하는 방식으로 이루어지게 된다. 즉 제도적으로 독점적 지위를 특허권자에게 부여하면서 상정하였던 것과는 달리, 특허권의 보유와 주장은 기만적이거나 은폐적인 방식으로 나타날 수 있으며, 우월한 협상력을 바탕으로 과도한 실시료의 취득으로 이어질 수 있다. 따라서 많은 경우에 특허관리전문회사의 특허 보유와 주장에는 법적 분쟁이 뒤따르고 있으며, 특허관리전문회사의 업무도 이를 효율적으로 수행할 수 있는 방향으로 조직화되고 있다.[10]

---

8) 예를 들어 세계 최대의 NPE인 Intellectual Ventures의 경우 Invention Labs를 운영하면서 자체 및 위탁을 통한 R&D를 수행하고 있다.
9) 특허권 침해를 주장하는 소제기를 특허괴물의 전형적인 행태로 언급하는 것으로서, Richard Stim, supra note 6), 108면.
10) R&D 정보센터, 글로벌기업과 국제특허분쟁현황과 특허괴물 동향분석, 지식산업정보원, 2012, 50-51면 참조.

(2) 특허관리전문회사의 현황

특허관리전문회사는 2000년대 이후 본격적으로 등장하기 시작하였다.
그 배경으로서 경제적, 제도적 환경의 변화가 언급되고 있는데,[11] 이는 일
시적인 현상에 머물지 않고 특허관리전문회사의 수는 계속 증가하고 있는
상황이다. 다음의 〈표 1〉은 지난 10년간 미국에서 특허관리전문회사의 특
허소송과 피소된 사업자 수의 변화를 보여준다.

〈표 1〉 특허관리전문회사의 특허소송 및 피소 사업자(2004-2013)[12]

연도	특허소송(건)	피소 사업자(수)
2004	235	634
2005	353	974
2006	378	997
2007	452	1852
2008	532	2039
2009	492	2183
2010	600	3745
2011	1164	4624
2012	2686	3403
2013	3174	3785

〈표 1〉에서 알 수 있듯이, 특허관리전문회사가 제기한 특허 소송과 이
에 관련된 사업자의 수는 지속적으로 증가하고 있으며, 지식재산권 영역
을 넘어서 경제 전체의 관점에서 의미 있는 사업 주체로 자리매김 될 수
있는 수준에 이르고 있다. 또한 영업 범위도 특정 국가에 한정되지 않고
전 세계적으로 확장되는 추세이며, 우리나라도 특허관리전문회사의 유력
한 활동 무대에 포함되고 있는 상황이다. 2004년부터 2011년 7월까지의
기간 동안 동안 82개의 특허관리전문회사가 우리나라 기업을 상대로 특허

---

11) 미국에서 NPE(특허괴물)의 등장 배경에 관한 상세한 설명으로, 이상주, 대한민국
    에 특허괴물 몰려온다-독점금지법 위반으로 대응하라, 나남, 2010, 36-53면 참조.
12) https://www.patentfreedom.com/about-npes/litigations/ 참조.

소송을 제기하였다.13) 산업별로 보았을 때, 이러한 현상이 정보통신산업
이나 제약산업과 같이 특허가 산업 전반을 주도하고 경쟁의 핵심 요소로
서 자리하고 있는 부문에 한정되는 것은 아니다. 〈표 2〉에서 알 수 있듯
이, 특허관리전문회사의 영향력은 특정 산업을 넘어서 경제 전반에 걸쳐
확대되고 있다.

〈표 2〉 특허관리전문회사가 제소한 분야별 특허소송 현황(2011. 9. 누계)14)

반도체	소프트웨어응용	금융서비스	통신장비	시스템 인프라
1,050	958	664	552	476
통신서비스	컴퓨팅	무선통신	소비자 가전	디지털 영상
371	286	285	212	198
산업재	부품	소비재	의약/바이오	유통
117	111	36	35	12

이러한 상황은, 특허법 영역에서 이에 관한 통제가 가능하지 여부와 무
관하게, 특허관리전문회사의 존재와 활동에 대하여 경쟁법에서 관심을 기
울일 만한 충분한 근거가 될 것이다.15)

---

13) 동 기간 동안 우리나라 기업을 상대로 가장 많은 특허 소송을 제기한 NPE는
Intellectual Ventures 6건, Microunity Systems Engineering 5건, Washington
Research Foundation 5건 등이다. 한편 우리나라 기업 중 NPE에 의하여 가장 많
이 특허 소송을 제기당한 사업자는 삼성전자 68건, LG전자 49건 등이다. R&D 정
보센터, 주 10)의 책, 62-63면 참조.
14) 위의 책, 58-59면 참조.
15) 물론 특허관리전문회사가 아닌 특허권자, 예를 들어 실제 제조활동에 종사하면서
특허를 보유하고 있는 사업자 역시 경쟁법의 관심을 모을 수 있다. 그러나 양자
에 대한 경쟁법상 관심에는 차이가 있을 수 있는데, 전자의 경우 특허관리전문회
사의 권리 침해 주장 등의 활동이 문제되는 반면, 후자의 경우 특히 특허권과 제조
과정 사이의 수직적 통합에 따른 방해적 행태에 초점이 모아질 수 있다. Damien
Geradin, "What's Wrong with Royalties in High-Technology Industries?",
Geoffrey Manne & Joshua Wright ed. Competition Policy and Patent Law
under Uncertainty, Cambridge Univ. Prss, 2011, 478면 참조. 한편 실제 특허 소
송에서 NPE가 차지하는 비중은 5분의1에 불과하며, NPE의 특허 주장이 경제에

2. 경쟁정책적 의의

(1) 특허관리전문회사의 기능

전술한 것처럼 특허관리전문회사의 활동에는 긍정적 측면과 부정적 측면이 모두 존재한다. 구체적으로 소규모 발명가를 보호하고, 특허가치를 극대화 하며, 무엇보다 이상의 순기능을 가능하게 하는 기초로서 특허시장을 활성화 하는 것이 특허관리전문회사의 긍정적 측면으로 거론된다.[16) 특허권자에게 독점적인 지위를 부여하는 특허법 체계는 특허권자가 특허 대상인 발명품을 직접 활용하거나 타인에 대하여 실시 허락하는 것을 상정한다. 따라서 특허권의 부여는 당연히 특허 이후의 거래 과정을 염두에 둔 것이며, 특허권의 재산권적인 구성도 이러한 과정을 제도적으로 뒷받침하기 위한 것으로 볼 수 있다.[17) 이러한 과정의 원활한 전개는 발명품이 체화된 상품의 출현에 의하여 궁극적으로 소비자 후생의 제고로 이어질 것이다. 그러나 거래 내지 시장의 제도적 기초가 마련되어 있다 하더라도, 실제 시장의 형성은 거래주체의 자율적 판단에 의존할 수밖에 없다. 특허의 대상인 일정한 기술이 상품에 반영되는 과정에는 특허 대상의 가치뿐만 아니라 다양한 요소의 고려가 불가피하며, 이로 인하여 특허와 상품화 그리고 그 이전의 실시허락 사이에 일정한 지체가 발생하게 된다. 이러한 간격을 메울 수 있는 존재로서 특허관리전문회사는 유력한 의미가 있다. 전술한 것처럼 특허관리전문회사는 산재되어 있는 특허를 매입하여 다수의 특허를 보유하는 것을 사업의 기초로 삼으며, 실제 특허의 실시허

미치는 영향은 과장되어 있다는 지적으로, Joshua D. Wright, supra note 4), 10-11면 참조.

16) 이상주, 주 11)의 책, 99-105면 참조.

17) 특허의 재산권적 형성에 따른 이익으로 투자의 유인과 높은 가치 이용자로의 이전 가능성을 들고 있는 것으로, James Bessen & Michael J. Meurer, Patent Failure, Princeton Univ. Press, 2008, 34-36면 참조.

락을 통하여 상품화를 의도하는 사업자에 비하여 보다 적극적으로 특허권 또는 특허권 이용 시장에 개입하게 된다.[18] 이와 같은 시장의 활성화는 특허 가치에 대한 시장적 평가를 가능하게 할 것이며, 이로 인하여 소규모 사업자(발명가)가 시장에 참가할 수 있는 기회가 확대될 수 있다.

반면 특허관리전문회사에 대한 부정적 시각은, 특허관리전문회사의 활동이 시장의 자율적 기능에 따른 가격 형성, 그리고 이에 의한 자원의 효율적 배분과 시장참가자들의 효용을 제고하는 것에 부정적인 영향을 미치고 있다는 데에 모아지고 있다.[19] 전술한 것처럼 특허관리전문회사가 특허 시장의 활성화에 의미 있는 기여를 하고 있는 것은 분명하지만, 특허관리전문회사의 실제 활동은 다수의 특허를 보유하거나 포트폴리오적 특허 구성을 통하여 특허 이용 시장에서 우월한 협상력을 확보하는 것에 집중되고 있으며, 이를 통하여 정상적인 거래에서 기대할 수 있는 수준 이상의 대가를 취득하는 것으로 나타나고 있다. 특허를 재산권으로 상정할 경우에 권리의 불확실성과 특허의 존재를 사전에 파악하기 위한 정보비용의 증가 등이 부정적 효과로서 거론되는데,[20] 특허관리전문회사의 활동은 이러한 문제를 심화시킬 수 있다. 이는 거래 상대방과 소비자의 후생 감소를 초래할 수 있으며, 궁극적으로 특허 이용에 따른 비용 증가, 특히 생산적 효율성과 무관한 지대 추구적 행위의 결과로서 사회적 비용의 증가를 낳을 수 있다. 또한 특허제도의 고유한 정책적 관점에서 특허관리전문회사의 행태에 대한 문제제기도 있다. 특허권은 경제활동에서 혁신을 촉진하기 위하여 인정되는 것인데, 실제 특허관리전문회사의 활동은 발명과 무

---

18) 선구적 발명과 상업적 적용이 같이 이루어질 때 특허의 가치가 극대화될 수 있으며, 이를 위하여 양자 모두에게서 충분한 이익이 보장되는 유인체계가 필요하다 (Robert Cooter & Thomas Ulen, Law & Economics, Pearson, 2008, 129면 참조). 특허관리전문회사의 활동은 이러한 발명과 상업화 사이의 간격을 좁히는 역할을 할 수 있다.
19) 이상주, 주 11)의 책, 105-112면 참조.
20) James Bessen & Michael J. Meurer, supra note 17), 38-40면 참조.

관한 기존 특허권 매수에 치중하고 있기 때문에, 발명 자체에 기여하는 바는 크지 않다. 따라서 특허 제도에 의한 특허권자의 보호 정책이 특허관리전문회사에 대해서는 타당성을 갖기 어렵다는 지적이 가능하다.

이와 같이 특허관리전문회사에 대한 긍·부정의 평가가 교차하고 있는 것은 일의적인 정책적 판단이 가능하지 않음을 시사하는 것이기도 하다. 즉 어느 한 측면이 언제나 우월한 것으로 단정될 수 없으며, 특허관리전문회사의 존재 자체가 곧바로 규제를 정당화 하는 근거가 될 수 있는 것은 아니다. 특허관리전문회사에 대한 규제를 행할 경우에, 구체적인 행위를 대상으로 긍정적 측면과 부정적 측면을 형량하는 과정이 불가피하며, 이에 기초하여 구체적인 규제의 타당성이 결정될 것이다.

(2) 특허관리전문회사의 경쟁정책적 평가

특허관리전문회사의 행태는 크게 특허권을 취득하는 과정과 이후 특허권을 행사하는 과정으로 구분할 수 있다. 어느 경우나 특허권 또는 실시허락과 관련된 시장을 전제로 하며, 따라서 각각의 과정에서 드러나는 전형적인 행태는 경쟁정책상 문제가 될 수 있다. 즉 특허관리전문회사에 대한 부정적인 인식이 곧바로 경쟁정책에 반영될 수 있는 것은 아니며, 특허관리전문회사의 행태가 시장의 본질적 기능으로서 경쟁 메커니즘에 부정적으로 작용할 경우에 비로소 특허관리전문회사에 대한 경쟁정책적 고려가 이루어질 것이다.

특허에 관한 권리를 재산권으로 구성하고 있는 법체계에서 해당 권리의 이전은 제도적으로 보장된다. 따라서 특허권을 매입하는 특허관리전문회사의 행태가 그 자체로 문제되지 않지만, 특허 관련 시장에 일정한 영향을 미칠 경우에 특허권 매입은 경쟁정책적인 주의를 환기시킬 것이다. 특히 특허 매입을 통하여 관련 시장에서 독점화에 이르거나 시장지배력을 갖게 될 경우에, 이에 대한 통제가 가능한지는 전형적인 경쟁법상의 문제이다. 물론 이에 대한 규범적 대응은 경쟁법체계가 독점에 대하여 원인금지주의적 또는 폐해규제주의적으로 구성되어 있는지에 따라서 상이할 수 있기 때문에, 특허 매입의 상황뿐만 아니라 법체계에 대한 이해가 전제되어야 한다. 또한 특허관리전문회사의 특허 매입 행태가 경쟁법적 관심을 불러 일으킬 수도 있다. 특허 매입 과정에서 특허관리전문회사의 기만적 행태가 드러난 경우나 소규모 발명가 또는 사업의 실패로 보유한 관련 특허를 매각하고자 하는 사업자 등을 상대로 한 특허관리전문회사의 특허 매수 행위가 상대적으로 우월한 지위에 기반하여 이루어진 경우에 경쟁법에 의한 규제 대상이 될 수 있다. 그러나 이러한 행태가 특허 매매에서만 전형적으로 문제되는 것은 아니며, 일반 상품 시장에서도 빈번히 발생하는 행태이므로 특허 관련 경쟁정책의 고유한 문제에 속하는 것은 아니다.

특허관리전문회사의 특허권 보유 이후 경쟁법적 문제는 주로 권리를 행사하는 과정에서 나타나지만, 권리 행사 외에도 특허권 보유 이후의 행태가 다양한 관점에서 문제될 수 있다. 우선 특허관리전문회사의 행위를 공동행위와 단독행위로 구분하여 경쟁법적 규율 가능성을 검토할 수 있다. 공동행위는 특허관리전문회사가 표준화 과정에 참여하거나 특허풀을 형성할 경우에 구체화 될 수 있다. 이 과정에서 특허관리전문회사를 포함한 사업자들은 표준화나 특허풀 운영과는 별개로 경쟁 요소에 관한 합의에 이를 수 있으며, 이에 대한 경쟁법상 규제가 가능하다. 그러나 이와 같은 공동행위의 가능성은 특허 내지 특허관리전문회사에 한정된 특수한 문제는 아니며, 일반적인 공동행위 규제 틀이 적용될 것이다. 반면 특허관리전문회사 행위를 단독행위 관점에서 볼 경우에 경쟁정책상 특수한 문제가 제기되며, 특히 이에 대한 규제 가능성은 특허법에 의한 허용 범위를 고려하는 것과 무관하게 이루어질 수 없다는 점에서 특징적이다. 앞에서 살펴본 특허관리전문회사의 부정적 기능을 전형적으로 나타내는 실시허락의 거절, 과도한 실시료 요구, 기습적인 권리 주장 등은 특허법체계에서 이러한 행위가 갖는 의의를 판단하지 않고 이루어지기 어려울 것이다. 한편 경쟁법상 단독행위로서 특허관리전문회사에 대한 규율은 각 국의 경쟁법상 단독행위 규제체계에 따라서 구체적인 규제 범위가 결정될 수 있다는 점도 염두에 두어야 한다.

III. 독점규제법상 규제 가능성

1. 특허법과 독점규제법의 관계

특허법은 인류에 도움이 되는 새롭고 유익한 발명을 촉진하기 위하여 발명을 행한 자가 발명품으로부터 발명 활동에 충분한 유인이 될 수 있는 수준의 이익을 얻을 수 있도록 하는 것을 기본 내용으로 한다. 따라서 특허권은 그 성격상 타인의 침해를 배제할 수 있는 배타적인 내용으로 구성되며, 시장의 관점에서 보면 특허권 보유자의 독점적 지위가 제도적으로 보장된다. 당연히 이러한 점은 독점에 대하여 부정적 입장에 있는 경쟁법과의 충돌을 예정하는 것이며, 특허법과 경쟁법을 아우르는 종합적 판단이 요구되는 부분이기도 하다. 이와 관련하여 지식재산권법과 경쟁법 모두 소비자 후생의 제고라는 목표를 규범적으로 공유하며, 따라서 특허법에 의한 독점적 지위의 부여는 경쟁정책적으로도 긍정적인 평가가 가능하다는 이해가 일반적으로 받아들여지고 있다.[21]

이러한 관점에서 특허법에 의하여 제도적으로 허용되는 범위 안에 있는 한, 특허권자의 행태에 대하여 경쟁법의 적용은 제한될 것이다. 이와 같은 특허법과 경쟁법 간의 법적용 원칙은 독점규제법에 수용되었다. 동법 제59조는 "이 법의 규정은 저작권법, 특허법, 실용신안법, 디자인보호법 또는 상표법에 의한 권리의 정당한 행사라고 인정되는 행위에 대하여는 적

---

[21] Willard K. Tom & Joshua A. Newberg, "Antitrust and Intellectual Property: From Separate Spheres to Unified Field", Antitrust L. J. vol. 66 Issue 1, 1997, 228-229면.

용하지 아니한다"고 규정하고 있다. 동 규정은 독점규제법의 적용제외 사유의 하나로 지식재산권의 행사를 명확히 함으로써, 특허법을 포함한 지식재산권법과 독점규제법의 관계에 관한 입법적인 해결을 시도하고 있는 한편,[22] 지식재산권법 적용상의 한계를 명시적으로 언급하고 있다. 이에 의하면, 지식재산권법이 독점규제법에 우월한 효력을 갖는 범위는 동법에 의한 권리의 정당한 행사에 한하며, 동법에 의한 권리가 인정되지 않거나, 인정되지만 그 권리의 행사가 정당성을 잃어 권리 남용에 해당할 경우에 독점규제법의 적용은 방해되지 않는다.[23]

우선 특허법상 권리에 해당하지 않을 경우에 독점규제법의 적용은 법리적으로 의문이 없지만, 권리의 존부나 범위가 다투어질 경우에 독점규제법의 적용 범위는 이에 관한 판단에 의존하게 된다.[24] 이에 관하여 유럽에서 다루어진 BAT Cigaretten-Fabriken(이하 BAT) 사건을 보면, 독일의 BAT는 독일법상 'Dorcet'라는 상표를 등록하였고, 동 상표가 5년간 휴면 상태로 인하여 누구든지 등록의 취소를 구할 수 있는 상황에서 네덜란드의 Segers가 동종의 상품을 자신의 상표와 유사한 'Toltecs'라는 상표로 독일에서 판매하는 것을 제한하였는데, 유럽법원은 당해 사건에서 상표권에 근거한 경쟁법 적용의 배제를 받아들이지 않았다.[25] 미국의 경우 이 문제

---

22) 동 규정을 경쟁정책과 지식재산권정책의 입법적 조정의 의미로 이해하는 것으로서, 정호열, 경제법, 박영사, 2012, 97면. 동 견해에서는 특허권 보유자의 남용적 행태 등이 독점규제법에 의하여 규제될 가능성은 당연히 존재하는 것이기 때문에, 공 규정의 실제적 의의는 없는 것으로 보고 있다.

23) 권오승 외 7인, 독점규제법, 법문사, 2013, 355-357면 참조.

24) 경계를 정할 수 없다면, 그것은 더 이상 재산권이 아니라는 취지에서 특허권의 권리 설정이 핵심적인 것이지만, 유체물을 대상으로 한 일반적 재산권에서 비하여 어려움이 따른다고 지적하는 것으로, James Bessen & Michael J. Meurer, supra note 17), 38-39면.

25) Case 35/83, BAT Cigaretten-Fabriken v. Commission, (1985) ECR 363. 동 판결에 대하여 지식재산권법과 경쟁법의 관계를 다룬 선례로서의 의의를 부여하는 것으로서, Joanna Goyder & Albertina Albors-Llorens, EC Competition Law, Oxford Univ. Press, 2009, 289면 참조.

에 관한 선례로서의 의미를 갖는 Morton Salt Co. v. G. S. Suppiger Co. 사건을[26) 참고할 만하다. 동 사건에서 Morton Salt는 특허를 보유하고 있는 소금침전기계를 임대하면서 특허가 없는 소금정제도 함께 구입할 것을 요구하는 끼워팔기를 행하였다. 이에 대하여 연방대법원은 특허는 허락된 범위 안에서 독점에 대한 면책을 주장할 수 있는 것이고, 특허권자가 특허받지 않은 상품시장에서 경쟁을 제한하기 위하여 특허를 사용한 경우에 특허법에 의하여 보호받지 못한다는 입장을 취하였다.[27)

한편 특허권이 인정되는 상황에서 남용에 따른 독점규제법 적용 가능성 판단은 특허법과 독점규제법의 적용 범위를 결정하는 실질적인 기준으로 기능한다. 즉 유효하게 취득한 특허권이라 하더라도 남용적으로 행사될 경우에 이에 대한 독점규제법의 적용이 가능하며, 따라서 권리 남용의 판단은 독점규제법에 근거한 규제의 선결적인 의미를 갖게 된다. 이러한 논리 구조에 비추어, 특허권 남용의 판단이 특허법의 영역에서 이루어지는 것인지, 남용 판단의 기준이 무엇인지, 보다 구체적으로 경쟁에 미치는 부정적 영향이 이때의 판단 근거로 원용될 수 있는지의 문제가 어려운 과제로서 주어진다. 독점규제법의 관점에서 보면, 제59조에서 정당성의 해석론이 핵심적인 문제로서 제기된다. 이와 관련하여 당해 권리의 행사가 시장의 경쟁에 악영향을 미치는지 여부를 판단 기준으로 제시하는 것과 같이 독점규제법 관점에서의 판단을 강조하거나,[28) 반면 특허법 관점에서

---

26) 314 U.S. 488(1942).
27) 동 판결은 특허권자가 비특허 상품과 끼워팔기를 행한 경우 기여침해(contributory infringement)에 대한 특허침해 주장을 할 수 없다고 본 것으로 이해되었지만, 1953년 특허법 개정에 의하여 기여침해에 대한 권리 주장 제한은 완화되었다. 예를 들어 1980년 Dawson Chem Co. v. Rohm & Haas Co.(448 U.S. 176) 사건에서 연방대법원은 끼워팔기 행위가 특허권자의 기여침해에 대한 특허침해 주장을 제한하지 않는다고 판시하였다. Ernest Gellhorn, William E. Kovacic & Stephen Calkins, Antitrust Law and Economics, Thomson/West, 2004, 491-492면 참조.
28) 신현윤, 경제법, 법문사, 2014, 140면, 손영화, "지식재산권에 대한 공정거래법의 적용", 판례월보 제361호, 2000, 34면 참조. 또한 유사한 규정에 해당하는 일본

판단이 이루어져야 한다는 견해도 있다.[29] 이에 관한 미국에서의 논의를 보면, 전적으로 혹은 부분적으로 의존하든지 간에 경쟁침해 여부는 특허권 남용의 중요한 판단 기준으로서 고려되고 있다.[30] 즉 특허권 남용 판단은 특허권자의 경쟁제한적 행태에 초점을 맞추는 경쟁정책과 특허의 공공적 성격을 반영한 특허정책의 관점에서 이루어지고 있다. 비록 후자에 대해서 구체적 내용이 모호하다는 점이나 실질적으로 경쟁정책적 관점이 투영될 수밖에 없다는 한계가 지적되고 있지만,[31] 이와 같은 판단 방식은 판례법상 기본 원칙으로 유지되고 있다. 이와 같은 논의는 독점규제법 제59조의 해석론에도 참고할 수 있을 것이다. 무엇보다 동 규정이 독점규제법에 위치하고 있으며, 따라서 특허권 남용 여부를 결정하는 정당성 판단도 독점규제법 체계와 무관하기 어렵다는 점은 이러한 해석론의 유력한 근거가 될 수 있다. 결국 이러한 해석론을 받아들일 경우에 제59조의 정당성 판단 기준은 이중적으로 제시될 것이다.[32]

이와 같은 입장은 공정거래위원회의 실무와 대법원 판결에도 반영되고 있다. 즉 공정거래위원회가 제정한 '지식재산권의 부당한 행사에 대한 심사지침'(이하 지식재산권 심사지침)은 정당성 판단 기준으로서, (1) 새로운 발명 등을 보호·장려하고 관련 기술의 이용을 도모함으로써 산업발전을

獨占禁止法 제21조의 해석과 관련하여 경쟁정책적 관점에서 지식재산권법에 의한 권리 행사인지 여부를 판단하여야 하는 것으로 보는, 白石忠志, 獨禁法講義, 有斐閣, 2009, 200면 참조.

29) 서울고법 2012. 10. 11. 판결 2012누3028 참조.

30) 반독점정책은 특허법상 특허권 남용과 언제나 밀접히 관련되고 있다는 지적으로, Herbert Hovenkamp, Federal Antitrust Policy: The Law of Competition and Its Practice, Thomson/West, 2005, 242면.

31) 위의 책, 243-245면 참조.

32) 일본 독점금지법에서 유사한 해석론을 취하고 있는 것으로서, 金井貴嗣·川濱 昇·泉水文雄 編, 獨占禁止法, 弘文堂, 2010, 386면(和久井理子 집필부분)은 지적재산권제도의 취지를 일탈하고 목적을 위배하는 경우에 지적재산권의 남용이 되며, 그 판단에 있어서 경쟁에의 악영향도 고려되어야 한다고 한다.

촉진하고자 한 지식재산권 제도의 본래 취지에 부합하는지 여부와 (2) 관련 시장의 경쟁상황과 공정한 거래질서에 미치는 영향을(II. 2. 나) 제시하고 있다. 즉 특허권(지식재산권) 인정의 취지와 경쟁에 미치는 영향을 종합적으로 고려하고 있으며, 대법원은 "특허권의 정당한 행사라고 인정되지 아니하는 행위란 행위의 외형상 특허권의 행사로 보이더라도 그 실질이 특허제도의 취지를 벗어나 제도의 본질적 목적에 반하는 경우를 의미하고, 여기에 해당하는지는 특허법의 목적과 취지, 당해 특허권의 내용과 아울러 당해 행위가 공정하고 자유로운 경쟁에 미치는 영향 등 제반 사정을 함께 고려하여 판단하여야 한다"고 판시함으로써 대체로 지식재산권 심사지침에서 제시한 기준을 수용하고 있다.[33)]

그러나 특허권자의 권리 행사가 경쟁제한적 행태에 근거하여 정당성을 잃고 독점규제법의 규제 대상이 되는 경우에도, 독점규제법에 의한 규제가 곧바로 이루어질 수 있는 것은 아니다.[34)] 독점규제법 위반행위에 해당

---

33) 대법원 2014.02.27. 판결 2012두24498. 동 판결의 원심 판결에서는 특허권의 남용에 따른 독점규제법의 적용과 관련하여, "① 특허권자의 특허가 무효이거나 경쟁사업자가 특허를 침해한 것이 아님이 명백함에도 특허권자와 경쟁사업자가 관련시장에서 경쟁을 제한하기 위한 목적으로 합의에 이른 경우, ② 특허기간의 만료 후에도 경쟁사업자가 관련 제품을 시장에 출시하지 않도록 한 경우, ③ 방법의 발명의 경우 제조방법과 상관없이 특허를 이용하여 생산한 제품과 동일한 제품에 관한 연구 또는 제조, 판매 등을 금지하는 경우, ④ 특허기간 만료 시까지 경쟁사업자가 특허권을 침해하지 않고도 할 수 있는 연구 또는 시험을 하지 않기로 함으로써 특허기간이 만료된 이후에도 경쟁사업자가 바로 제품을 출시하지 못하여 실질적으로 특허권자의 독점권이 연장되는 효과가 발생하는 경우, ⑤ 당해 특허와 직접적으로 관련이 없는 다른 특허에 관련된 연구개발, 관련 제품의 출시 등을 금지하는 경우에는 다른 특별한 사정이 없는 한 특허권의 부당한 행사로서 공정거래법의 적용을 받는다고 볼 것이다"라고 판시하였다(서울고법 2012. 10. 11. 선고 2012누3028 판결). 한편 원심판결은 독점규제법 제59조의 정당성을 "독점규제법의 원리에 따라 판단할 것이 아니라 특허법의 원리에 따라 결정하여야 하여야 한다"고 판시하였으나, 이에 관하여 대법원은 명시적인 언급은 하지 않았다.

34) 지식재산권 심사지침 II. 2. 나의 단서는 "해당 지식재산권 행사가 이 법에 위반되는지는 관련 규정별 위법성 성립요건을 별도로 검토하여 판단한다"고 규정하고

하기 위하여 주로 경쟁제한성에 기초한 위법성 판단이 요구되며, 정당화 사유 등의 종합적인 검토를 거쳐 규제 대상으로 확정된다. 한편 이러한 판단 과정에서 경쟁제한성은 특허법 영역에서 발생한 행위에 대한 규제 가능성을 판단하는 선결 단계와 구체적인 위법성을 확정하는 단계에서 이중적으로 문제가 된다. 이때 각각의 판단에서 경쟁제한성이 갖는 의미가 동일한 의미를 갖는 것으로 볼 경우에, 지식재산권법과 독점규제법의 관계를 규율하는 기본 규정인 제59조의 의의를 잃게 될 수도 있다. 따라서 독점규제법의 적용 범위를 경쟁제한성에 기초하여 결정하는 문제와 구체적인 위법성을 판단하는 문제에서 경쟁제한성에 대한 이해는 차별적으로 이루어질 필요가 있다.[35]

특허관리전문회사에 대한 독점규제법상 규제도 당연히 이상에서 논의한 바와 같은 특허법과 독점규제법 간의 관계에 대한 이해를 전제한다. 따라서 양자의 기본적인 관계를 규율하는 동법 제59조에 기초하여 독점규제법의 적용이 가능할 경우에, 비로소 특허관리전문회사에 대한 독점규제법상 규제 가능성이 구체화 될 수 있다.

2. 단독행위 규제

(1) 시장지배적 지위남용 규제

주지하다시피 독점에 대한 대응 방식으로서 폐해규제주의적 규제체계는 원임금지주의와 대비되어 독점의 형성 과정에 원칙적으로 개입하지 않는다. 다만 인위적으로 지배력 강화를 낳는 기업결합은 폐해규제주의 하

있다.

35) 독점규제법의 적용 범위와 관련된 문제를, 지식재산권의 배타적 권리로서의 속성상 허용되어야 할 경쟁제한과 권리남용으로서의 부당한 경쟁제한을 구별하는 과점에서 보아야 한다는 지적으로, 정상조, "저작권의 남용에 대한 독점규제법의 적용", 권오승 편, 공정거래와 법치, 법문사, 2004, 857면 참조.

에서도 예외적으로 규제되고 있다.[36] 폐해규제주의 기초한 독점규제법은 시장지배적 지위 자체는 문제 삼지 않고 그 지위의 남용행위를 규제하고 있다. 이러한 규제체계에서 시장지배적 지위의 존부와 남용 여부의 판단이 단계적으로 이루어지며, 시장지배적 지위의 전제로서 관련시장의 획정이 요구된다. 이와 같은 판단 구조는 특허관리전문회사의 행위에 대한 규제에도 마찬가지로 적용될 것이다.

가장 선행하는 문제는 특허관리전문회사가 속한 관련시장의 획정이다. 특허 관리를 전문으로 하는 회사로서 특허관리전문회사의 지배력의 근원은 특허권의 보유에 있지만, 이와 관련된 시장의 획정이 명확한 것은 아니다. 거래 유형에 따라서 특허권 자체의 거래가 이루어지는 시장과 특허 실시허락 시장으로 나눌 수 있고, 시장지배력 남용과 관련해서는 후자의 시장이 주로 문제가 될 것이다. 특허 실시허락 시장을 대상으로 할 경우, 무엇보다 관련시장 획정에서 보편적으로 활용되는 대체가능성 기준이 이 경우에도 유효한 것인지에 대하여 논의의 여지가 있다. 대체가능성 기준에 엄격히 따른다면, 각 특허의 대체 기술이 존재하는지에 따라서 관련시장의 범위가 정해질 것이고, 많은 경우 대체 기술이 존재하지 않음으로 인하여 개별 특허 자체가 하나의 관련시장을 구성할 수 있다. 그러나 이와 같이 세분화된 시장 획정이 경쟁정책적으로 바람직한 것인지에 의문이 있으며,[37] 실제 특허관리전문회사의 거래상 영향력은 다수의 특허를 보유하는 것에 비롯되고 있는 현실에 부합하지 않는 측면이 있다. 반면 산업 또는

---

36) 특허관리전문회사가 기업결합에 참가할 경우에 당연히 독점규제법상 기업결합 규제 대상이 된다. 예를 들어 Microsoft의 Nokia 휴대폰 사업부문 인수 후 Nokia는 특허관리에 집중된 영업구조를 갖게 되었는데, 경쟁정책적 관점에서 Nokia의 향후 행태에 대한 지속적 모니터링을 강조하고 있는 것으로, Joaquin Almunia, "Intellectual property and Competition policy", IP Summit 2013, 3면.

37) 특허권 등 지식재산권이 특정 상품에 대한 경쟁제한을 가능하게 해주지만 대부분의 경우에 다른 대체상품과의 경쟁이 존재하기 때문에 지식재산권자가 필연적으로 시장지배적 지위를 갖는다고 말할 수 없다는 지적으로, 정상조, 주 35)의 글, 852면.

일정한 상품에 관련된 특허 전체를 하나의 시장으로 획정하는 것은 지나
친 확장으로서 일반적으로 통용되는 관련시장 획정 방식에서 벗어나며,
그 방식에 함축되어 있는 경쟁정책적 타당성을[38] 기대하기 어려울 것이
다. 지식재산권 심사지침에서 제시하고 있는 기술시장의 개념은 이러한
문제의식이 반영된 것으로 보인다. 동 심사지침은 지식재산권의 부당성
판단이 이루어지는 시장을 기술시장이라는 개념에 기초하고 파악하고 있
는데, 지식재산권으로의 특징이 반영될 수 있다는 점에서 동 개념의 유용
성이 인정될 수 있다.[39] 그러나 기술시장 개념이 일반적인 시장획정과 구
분되는 특유의 획정 방식에 기초하고 있는지는 여전히 불명확하다.[40] 한
편 다수의 특허가 하나의 기술적 프로세스에 관련되고 있다는 점에서, 시
장획정 방식에서 언급되고 있는 집합시장 개념을 참고할 만하다. 미국의
반독점법 판례에서 형성된 집합시장은 상품을 묶음으로 거래하는 것에 대
한 거래 당사자의 선호 또는 상품의 결합 판매로 인한 비용 감소 등의 편
의에 기초하여, 대체재가 아니며 전체의 구성 부분으로서 의미가 있는 상
품들의 집합을 하나의 시장으로 파악할 수 있는 개념으로 제시된 것이
다.[41] 동 개념은 금융 서비스, 의료 서비스, 교육 서비스, 사무용품 등을

---

38) 시장 획정의 주된 목적은 사업자들이 직면한 경쟁제한을 체계적인 방법으로 확인하
   는 것에 있다는 것에, Richard Whish & David Bailey, Competition Law, Oxford
   Univ. Press, 2012, 40면.

39) 최승재, "국내 특허권 및 지재권 남용에 대한 유형과 사례 분석; 한국에서의 NPE
   논의의 실익과 전망을 더하여", 경쟁저널 제176호, 2014, 19면 참조.

40) 지식재산권 심사지침 II. 3. 가. (2)는 기술시장의 판단 시 고려되어야 하는 특수
   성과 관련하여, "일반적으로 상품·용역 거래에 비해 기술의 거래는 운송면의 제
   약이 적어 관련 시장의 지리적 범위가 확대될 가능성이 크다. 또한 기술의 전용
   가능성이 있는 경우, 특정 시점에 해당 기술이 거래되지 않지만 향후 거래될 가능
   성이 있는 분야 또한 관련 시장에 포함할 수 있다. 반면 표준화에 따른 기술호환
   문제 등으로 인해 대체기술로의 전환이 곤란한 경우에는 한정된 범위의 거래 분
   야만을 관련 시장으로 획정 할 수 있다. 한편 기술시장의 특성상 관련 시장점유
   율의 산정이 어려운 경우에는 해당 기술을 이용한 상품의 시장점유율을 주요 참
   고자료로 활용할 수 있다"고 규정한다.

전체로서 하나의 시장으로 볼 수 있는 개념으로 원용되었는데, 일정한 상품 생산이나 유통에 있어서 다수의 특허들이 관련되고 이들을 기술적 프로세스의 구성 요소로 하여 전체로서 거래상 인식이 형성되어 있을 경우에 특허 실시허락과 관련해서도 유력한 의미가 있다.

관련시장의 획정 이후 시장지배력의 판단 단계에서도 특허 관련시장의 특성이 고려되어야 한다. 일반적으로 시장지배력의 판단 기준으로서 시장점유율, 진입장벽의 존재 및 정도, 경쟁사업자와의 상대적 규모 등이 거론되고, 독점규제법은 제4조에 시장점유율에 의한 추정 규정을 둠으로써 동 기준의 규범적 우위를 인정하고 있다. 이와 같은 기준은 특허관리전문회사의 시장지배력을 판단함에 있어서도 원칙적으로 적용될 수 있지만, 추가적으로 살펴볼 부분도 있다. 우선 시장점유율은 기본적으로 관련시장에서의 매출액 비중으로 산정되는데, 특허 시장의 경우 이러한 계산 과정이 여의치 않을 수 있으며, 따라서 일반 상품 시장과 달리 시장점유율이 중요한 지표로서 활용되기 어려울 수도 있다. 또한 실제 특허관리전문회사 지배력의 양상도 일반 상품 시장과는 상이한 관점에서 파악될 수 있다는 점도 염두에 두어야 한다. 예를 들어 전체 기술적 프로세스에서 당해 특허가 갖는 필수성의 정도나 포트폴리오적 구성도 등은 특허관리전문회사의 시장지배력을 뒷받침하는 원천이 되며, 시장지배력 판단에서 이에 대한 고려가 이루어질 필요가 있다.

시장지배적 지위의 남용행위는 착취적 남용과 배제적 남용으로 구분할 수 있다. 전자는 시장지배적 지위에서 정상적 시장에서 기대하기 어려운 대가를 통하여 과도한 이익을 취하는 경우를 말하며, 독점규제법 제3조의2 제1항 제1호의 가격 남용이 이에 해당한다. 후자는 시장지배력의 유지 또는 강화를 위하여 시장에서 경쟁사업자의 사업활동을 제한하는 경우를 상정한다. 특허관리전문회사의 행위 중에서 전형적으로 착취적 남용에 해

---

41) ABA(Section of Antitrust Law), Antitrust Law Developments vol. 1. 6. ed., ABA Publishing, 2007, 581면.

당하는 것은 특허 실시허락과 관련하여 과도한 실시료의 요구이며, 일정 부분 특허권 침해에 따른 손해배상청구도 이와 관련된다. 시장지배적 사업자가 요구한 가격이 남용에 해당하는지는 비교시장 분석이나 비용기초 분석 등에 의하여 이루어지지만, 어느 경우나 남용 판단이 용이하지 않다. 더욱이 이러한 내용의 규제는 시장의 자율성에 대한 공적 기구의 과도한 개입이라는 비판에 직면하고 있으며, 주요 국가의 경쟁당국은 가격 남용 규제에 신중한 입장을 보이고 있다.42) 이러한 사고는 특허관리전문회사의 과도한 실시료 요구 등에 대해서도 마찬가지로 적용될 것이다. 다만 공적 서비스의 민영화 과정에서처럼 경쟁에 의한 가격 압력이 작용할 수 있을 만큼 충분히 시장이 성숙하지 못한 경우에 가격 남용 규제는 실효성이 있다는 지적은43) 참고할 만하며, 이러한 논리는 특허 실시허락 시장에서도 적용이 가능한 것으로 보인다.

배제적 남용의 경우 경쟁 사업자에 대한 경쟁침해적 행태를 문제 삼으며, 이 경우 시장지배력을 보유하고 남용행위가 나타나는 시장과 경쟁제한적 효과가 발생하는 시장이 분리될 수 있다는 점에도 주의를 기울여야 한다. 특허관리전문회사의 경우에도 특허 실시허락 시장뿐만 아니라 당해 특허와 관련된 시장을 종합적으로 파악할 필요가 있다. 배제적 남용과 관련하여 전형적인 행위로서 특허관리전문회사가 특허 실시허락을 거절하는 경우가 이에 해당하며, 과도한 실시허락 조건을 요구하는 것처럼 실질적으로 거래거절로 평가할 수 있는 경우도 당연히 이에 포함될 것이다. 일반

---

42) 독점 시장에서 비정상적 초과이윤을 낳는 가격 설정의 메커니즘이 이론적으로 가능하다 하더라도, 실제 가격이 이러한 수준에 해당하는지 그리고 이러한 가격이 초과이윤을 획득하기 위한 의도와 관련되는지 아니면 내부 비효율성과 같은 원인에 의하여 나타나게 된 것인지를 판단하는 것이 용이하지 않다는 것에, Mark Furse, Competition Law of the EC and UK, Oxford Univ. Press, 2004, 277면 참조.

43) Richard Whish, Competition Law, Oxford Univ. Press, 2005, 195면 및 Fritz Rittner & Meinrad Dreher, Europäisches und deutsches Wirtschaftsrecht, C. F. Müller, 2008, 552면 참조.

적으로 거래 당사자에게는 체약의 자유가 있으므로 거래거절 자체가 위법한 것으로 평가되는 것은 아니지만, 거래거절을 통하여 경쟁 사업자가 시장에서 배제될 우려가 발생할 때 경쟁제한성이 인정될 수 있으며, 시장지배력 있는 사업자의 거래거절은 이러한 가능성을 증대시킬 것이다. 시장지배적 지위의 남용으로서 거래거절의 규제는 이에 기초하며, 특허관리전문회사에 대해서도 동일하게 적용될 것이다. 이 외에도 다수의 특허를 보유하고 있는 특허관리전문회사의 경우, 거래상대방에게 일괄적인 실시허락을 요구할 수 있다. 이 경우에 주상품 시장과 부상품 시장의 분리가 가능하다면, 끼워팔기로서의 규제 가능성도 있다. 이때 일반 상품시장에서의 끼워팔기 규제와 마찬가지로 주상품 시장에서의 지배력과 부상품 시장에서의 경쟁제한 효과 등에 종합적인 판단이 요구된다. 이 외에도 특허권은 무형의 자산으로서 경쟁법상 필수설비에 해당할 수 있기 때문에, 독점규제법 시행령 제5조 제3항 제3호에 근거한 필수요소에 대한 거절로서 규제 가능성이 주어진다.[44] 그러나 이 경우에 필수설비론에 관한 긍부정의 논의를 종합적으로 인식하고 구체적인 적용 가능성을 살펴볼 필요가 있을 것이다.[45]

한편 배제적 남용과 관련하여 특허관리전문회사의 특허권 침해 주장이 소송의 형태로 이루어질 경우에, 이와 같은 소제기 자체가 남용으로 평가될 수 있는지가 다투어질 수 있다. 실제 특허관리전문회사에 의한 특허권 침해 주장과 이에 따른 소제기는 소송의 승패 여부를 떠나서 상대방 사업자의 사업 활동을 위축시키거나 최종적으로 시장에서의 배제로 이어질 수 있다. 따라서 소제기를 통한 권리 주장이 배제적 남용에 해당할 여지가 있음은 분명하다. 그러나 소를 통한 권리의 주장은 사법체계가 부여한 기본

---

44) 지식재산권과 같은 무형의 자산이 필수설비에 해당할 수 있다고 본 유럽 법원의 선례로서, Case C-241 & C-242/91 P, RTE v. Commission, (1995) ECR I-743 참조.
45) 홍명수, "표준특허 관련 행위에 대한 공정거래법상 규제 가능성 검토", 법학논총 제36권 제2호, 2013, 822면 참조.

적 권리에 속하고, 소송의 결과가 소제기 시로 돌아가 부정적인 평가를 내
릴 수 있는 근거가 될 수 없다는 점도 염두에 두어야 한다. 이러한 점에서
EU 경쟁법이나[46] 미국 반독점법 판례에서[47] 소제기자의 주관적 요건에
초점을 맞추어 남용성을 도출하고 있는 것은 유력한 의미가 있다.

(2) 불공정거래행위 규제

독점규제법은 단독행위 규제를 시장지배적 지위남용과 불공정거래행위
로 이원화 하고 있으며, 따라서 불공정거래행위의 관점에서 규제 가능성
도 검토할 필요가 있다. 양자의 관계를 특별법적 관계로 이해하는 것이 지
배적인데, 이에 의하면 특별법에 해당하는 시장지배적 사업자를 대상으로
한 남용 규제가 우선적으로 행해지고, 그 규제 가능성이 부인될 경우에 불
공정거래행위 규제가 이루어진다. 그러나 독점규제법 제23조에서 규제하
는 불공정거래행위의 위법성은 경쟁제한성이 아닌 거래불공정성 등에 의
해서도 파악할 수 있으며, 이와 같이 상이한 위법성의 기초는 양자를 특별
법적 관계에 위치시키는 것을 제한한다.[48]

「불공정거래행위 심사지침」에 의하면, 불공정거래행위의 세부 유형 중
위법성 판단을 경쟁수단의 불공정성에 의하는 유형이 '부당한 고객유인',

---

46) ITT Promedia 사건에서 유럽법원은 계약에 따르지 않고 전화번호 명부를 사용하
였다는 권리주장이 남용에 해당하는지와 관련하여, 1) 당해 행위가 권리를 확정하
기 위한 시도로 볼 수 없고, 상대방을 단지 괴롭힐 목적에서 행해졌을 것, 2) 당해
행위가 경쟁의 제거를 목적으로 하는 계획 하에서 이루어졌을 것의 두 가지를 누
적적 요건으로 제시하였다. Case T-111/96, ITT Promedia NV v. Commission,
CFI [1998] ECR II-207, para. 30.

47) Professional Real Estate Investors, Inc. v. Columbia Pictures Industry, Inc., 508
U.S. 49(1993)에서 미국 연방대법원은 기만적 소송(sham litigation)이 서면법에
반하는 요건으로서, 1) 객관적 근거 없이 소 제기가 이루어지고, 2) 사법절차를
이용하여 경쟁자의 사업을 직접적으로 방해하기 위한 의도(intent)로서 행해질 것
을 제시하였다.

48) 이에 관한 논의로, 홍명수, 경제법론II, 경인문화사, 2010, 268-271면 참조.

'거래강제',[49] '사업활동 방해' 등이며, 거래내용의 불공정성에 의하는 유형에는 '거래상 우월한 지위남용'이 해당한다. 이와 같이 불공정성에 기초한 위법성 판단은 독점규제법상 불공정거래행위 규제의 중요한 특징을 이루며, 불공정거래행위로서 특허관리전문회사를 규제할 경우에 염두에 두어야 할 부분이다. 예를 들어 특허관리전문회사의 특허권 주장이 기습적이거나 기만적으로 이루어졌지만, 행위에 따른 경쟁제한적 효과가 발생하지 않은 경우에 경쟁법상 규제의 한계가 드러날 수 있다. 비교법적 예를 보면, 미국의 Rambus 사건의 경우 법원은 Rambus의 기만적인 특허권 주장과 독점화 사이에 인과관계를 부정하고, Rambus의 행위가 셔먼법 제2조와 FTC법 제5조에 반하는 것으로 보았던 FTC의 결정을 파기하였다.[50] 전술한 것처럼 독점규제법상 불공정거래행위 규제는 수단 또는 거래내용의 불공정성에 기초하여 이루어질 수 있으며, 이와 같은 규제체계는 특허관리전문회사의 기만적 행태를 규제할 수 있는 유력한 근거가 될 수 있다. 특히 거래상 우월적 지위남용에서 우월적 지위는 거래상대방과의 관계에서 상대적으로 파악하기 때문에, 시장지배력이 부인된 특허관리전문회사의 경우도 이에 해당할 수 있다는 점에 주목할 필요가 있다. 이러한 관점에서 최근 미국 FTC가 특허관리전문회사인 'MPHJ Technology Investments (이하 MPHJ)의 행위를 소비자 기만의 관점에서 규제한 것은 참고할 만하다. 동 사건에서 MPHJ는 문서 스캐닝기술 관련 특허를 매입한 이후 다수의 중소기업에게 특허 침해를 주장하고, 해당 기술을 사용하는 직원당 1,200$을 지급할 것을 요구하는 서신을 발송하였으며, MPHJ의 자회사 명의로 9,000개 이상의 중소기업에게 이미 다른 기업이 실시료를 지불하였다는

---

49) 동 심사지침은 거래강제 유형 중 사원판매와 기타의 거래강제 외에 끼워팔기는 불공정성과 경쟁제한성이 모두 위법성 판단의 근거가 되는 것으로 규정하고 있다.

50) Rambus Incorporated v. FTC, 522 F.3d 456 (D.C. Cir. 2008). 동 판결에 대한 FTC의 상고는 연방대법원에서 기각되었다. US Supreme Court certiorari denied by FTC v. Rambus Inc., 129 S. Ct. 1318, 173 L. Ed. 2d 586, 2009 U.S.

허위의 사실을 기재한 후속 서신을 보내고, MPHJ를 대리하는 법률회사도 4,800개 이상의 중소기업에게 유사한 내용의 서신을 보냈다. FTC는 이러한 행위를 소비자 기만으로 평가하고, 행위의 중지와 장래 위반 시 행위당 16,000$의 벌금을 부과할 것이라는 의견을 표명하였으며, 이에 MPHJ가 동의함으로써 사건이 종결되었다.[51]

한편 전술한 것처럼 불공정거래행위의 위법성은 경쟁제한성에 기초하여 판단할 수도 있으며, 거래거절, 차별적 취급 등이 대표적이다. 이러한 유형의 규제에서도 경쟁제한성의 판단이 요구되지만 시장지배력을 전제할 필요가 없으며, 특허관리전문회사의 시장지배적 지위의 판단이 용이하지 않을 경우에 해당 위반유형들은 유력한 규제 근거가 될 수 있다.

3. 공동행위 규제

특허관리전문회사는 표준화 과정이나 특허풀의 형성·운영 과정에 참여함으로써 동종의 특허를 보유하고 있는 사업자와 일정한 관계를 유지하게 되며, 이러한 과정은 참가 사업자들에게 공동행위의 기회를 제공할 수 있다. 이 외에도 특허관리전문회사가 다른 특허관리전문 사업자와 공동행위를 행할 가능성은 일반적으로 존재한다. 이러한 공동행위에 대하여 독점규제법 제19조에 의한 규제가 가능하다는 점에 의문은 없다.[52] 표준화 과정이나 특허풀의 운영 과정 등이 공동행위를 낳을 수 있는 계기가 될 수 있다는 점은 규제기관의 주목을 요하는 부분이지만, 이때의 공동행위가

51) FTC, "FTC Settlement Bars Patent Assertion Entity From Using Deceptive Tactics", 2014. 11. 6. 동 사건의 심사 과정에서 FTC의 소비자보호국 국장인 Jessica Rich는 특허는 혁신을 촉진하기 위한 것이지, 기만적 행위의 허가장은 아니라는 의견을 피력하였다.
52) 공정거래위원회가 2012년 제정한 「독점규제법 자율준수를 위한 표준화기구의 모범운영기준」은 표준화 기구 운영 과정에서 공동행위의 가능성에 대하여 주의하고 있다.

특허 내지 특허관리전문회사에 특유한 것은 아니다. 일반적인 공동행위의 규제 틀에서, 즉 주관적 요건으로서 합의의 존재 및 방식, 실행 여부와 제재의 정도, 합의의 구체적 내용 측면에서 분석이 이루어질 수 있다.

그러나 특허관리전문회사의 공동행위와 관련하여 몇 가지 주의할 점이 있다. 첫째 특허관리전문회사가 참여한 공동행위의 구체적인 합의 내용은 일반적인 공동행위에서 상정할 수 있는 모든 유형을 포괄하며, 따라서 독점규제법 제19조 제1항 각호에서 정한 합의 유형 모두가 특허관리전문회사 공동행위의 합의 내용으로서 검토될 수 있다. 표준화기구의 표준설정을 위하여 모인 사업자들이 회합의 기회를 이용하여 가격이나 거래조건 등에 대한 담합을 시도할 수 있다. 그렇지만 표준화 기구나 특허풀이 지향하는 바가 본질적으로 특정 기술의 배타적 이용이나 특허권 간의 조정과 관련되므로, 특히 특정 사업자의 사업 활동을 제한하거나 배제하는 것이 주된 의도로 작용하고 있는지에 대해서 지속적인 주의가 필요하다.53) 예를 들어 특허풀의 운영 과정을 보면, 풀을 구성하는 특허권 상호 간의 관계가 대체적인지, 보완적인지에 따라서 경쟁관계에 미치는 영향이 상이하게 나타날 수 있다는 점에 주의를 기울여야 한다.54) 둘째 표준화 기구 또는 특허풀의 활동과 관련된 공동행위는 연성적 성격이 강한 공동행위로서 분류될 수 있다. 표준화나 특허풀의 운영은 효율성을 제고한다는 측면에서 경쟁정책상 긍정적으로 평가할 수 있는 요소를 갖고 있으며, 이러한 점은 결국 공동행위로서 최종적인 위법성 판단에 형량의 과정이 필요함을 시사하는 것이다. 셋째 많은 경우 표준화 기구나 특허풀은 수직적 관계에 있는 사업자들로 구성된다는 점도 염두에 두어야 한다. 최근 이슈가 되고

---

53) 계승균, "표준특허의 법적 성격과 명암", 지식재산정책 제11권, 2012, 46면 참조.
54) 특허권 간의 관계가 대체적일 경우 이들 간에 이해관계의 조정이 중요한 의미를 갖게 될 것이고, 보완적일 경우 보완관계 외부에 위치한 사업자의 배제적 성격이 부각될 것이다. 특허풀 운영의 유형별 특징에 관하여, 육소영, "특허 풀과 시장경쟁", 상사판례연구 제19집 제1권, 2006, 123-124면 참조.

있는 역지급 합의의 문제도 적어도 부분적으로 수직적 맥락에 위치한다. 현행 독점규제법 제19조의 해석과 관련하여, 동 규정이 미국 반독점법이나 EU 경쟁법과 달리 수직적 공동행위를 규제 대상으로 하지 않는다고 보는 견해가 유력하며,55) 규제 실무도 수직적 공동행위를 동 규정에 포섭하여 규제한 예는 드물다.56) 이러한 견해에 따르면, 표준화 기구나 특허풀 운영과 관련된 특허관리전문회사의 공동행위를 독점규제법상 규제하는데 한계가 있을 것이다.

4. 역외적용의 문제

특허관리전문회사 행위의 독점규제법 위반과 관련하여, 이들의 위반행위가 외국에서 나타나고 이로 인한 경쟁상의 침해는 국내에서 발생하는 경우를 상정할 수 있으며, 이때 역외적용의 문제가 제기될 수 있다. 경쟁법의 역외적용을 비교법적으로 검토하면, 우선 미국의 경우 U. S. v. Aluminum

---

55) 신현윤, 주 28)의 책, 233-234면; 이기수·유진희, 경제법, 세창출판사, 2012, 152면; 정호열, 주 22)의 책, 337-338면 참조. 이에 대한 비판적 입장을 개진하고 있는 것으로서, 홍명수, "공정거래법 제19조 제1항의 해석과 수평적·수직적 공동행위의 규제 법리 고찰", 동아법학 제61호, 2013, 437-444면 참조.

56) 최근 공정거래위원회의 규제 예에서 수직적 공동행위가 관련된 공동행위 규제가 나타나고 있다. 예를 들어 공정거래위원회는 7개 영화 상영업자와 배급업자들의 공동행위를 인정하였으며(공정위 2008. 6. 10. 의결 제2008-168호), 동 심결에 대한 불복 소송에서 최종적으로 대법원은 이에 관한 명시적 언급을 하지 않은 채, 공동행위의 성립을 인정하였다(대법원 2010. 2. 11. 판결 2009두11485). 한편 특허권자와 특허 실시권자 사이에서 실시허락과 관련된 합의(역지불 합의)가 수직적 공동행위로서 제19조에 의한 공동행위의 규제 대상이 될 수 있는지와 관련하여, 대법원은 수직적 공동행위에 대한 직접적인 언급은 하지 않고, 특허 실시권자가 직접 발명을 통하여 특허권자 될 수 있다는 점에서 양자 사이는 잠재적 경쟁 관계로 볼 수 있다는 점에 근거하여 규제 대상이 될 수 있다고 보았다. 동 사건의 원심판결(서울고법 2012. 10. 11. 판결 2012누3028)은 제19조 제1항이 수직적 공동행위를 배제하지 않는다는 입장을 개진하였으나, 대법원은 이에 대한 판단을 유보하고 있다. 대법원 2014. 2. 27. 판결 2012두24498 참조.

Co. of America 판결에서[57] 법원은 미국 영토 외에서 이루어진 행위라 하더라도 미국 시장에 직접적이고 예측가능하며 실질적인 효과를 낳을 경우에 미국 반독점법의 적용이 가능하다는 입장을 취함으로써 역외적용의 가능성을 처음으로 인정하였다. 이후 Timberlance Lumber Co. v. Bank of America 판결에서[58] 관할권의 확대로 불이익을 받게 되는 외국과 미국의 반독점법 적용에 따른 이익을 비교형량하여 관할권을 결정하여야 한다는 수정 이론(이익형량이론)이 제시되기도 하였으나, 전반적으로 효과주의의 기조 위에서 역외적용의 가능성을 인정하고 있다. EU의 경우 유럽법원은 Béguelin Import Co. v. GL Import Export SA 사건에서[59] 경제적 단일체 개념에 기초하여 역외적용의 가능성을 시사하였으며, Wood Pulp 사건에서[60] 행위(합의)가 EU 역외에서 이루어졌다 하더라도 이에 따른 실행(implementation)이 역내에서 이루어진 경우 역외적용이 가능하다는 입장을 취하였다. 이와 같이 유럽법원은 미국 판례에서처럼 경쟁법의 고유한 관점에서 역외적용을 인정하기 보다는, 기존 관할권의 법리를 유지하면서 행위주체나 행위지 개념 확대를 통하여 이 문제에 대응하고 있는 것으로 이해된다.[61]

현행 독점규제법은 제2조의2에서 역외적용에 관한 명시적인 규정을 두고 있지만, 동 규정의 도입 이전에도 역외적용을 하였으며, 최초의 역외적용 사건인 흑연전극봉 사건에서 대법원은 "외국사업자가 외국에서 다른 사업자와 공동으로 경쟁을 제한하는 합의를 하였더라도, 그 합의의 대상에 국내시장이 포함되어 있어서 그로 인한 영향이 국내시장에 미쳤다면

---

57) U.S. v. Aluminum Co. of America, 148 F.2d 416(2nd Cir. 1945).
58) Timberlance Lumber Co. v. Bank of America, N.T. & S.A, 549 F.2D 597(9th Cir. 1976).
59) Case 22/71, Béguelin Import Co. v G.L. Import Export SA, 1971 [ECR] 949.
60) Case 89/85, A. Ahlström Osakeyhtiö and others v Commission, 1993 [1993] I-1307.
61) Richard Whish & David Bailey, supra note 38), 495-499면 참조.

그 합의가 국내시장에 영향을 미친 한도 내에서 독점규제법이 적용된다"
고[62] 판시하였다. 이러한 태도는 미국의 효과주의를 역외적용 근거로서
수용한 것으로 보이며, 이는 2004년 법 개정에 의하여 도입된 제2조의2가
"이 법은 국외에서 이루어진 행위라도 국내시장에 영향을 미치는 경우에
는 적용한다"고 규정함으로써 입법적으로 반영되었다. 이와 같은 규정에
비추어, 특허관리전문회사의 독점규제법 위반행위가 외국에서 행해지고,
이 행위의 효과가 국내 시장에 미칠 경우에 독점규제법의 역외적용이 가
능할 것이다. 다만 현재까지 공정거래위원회에 의한 역외적용 사례는 모
두 공동행위에 대한 것인데,[63] 단독행위에 대한 역외적용도 법리적으로
가능한 것으로 볼 수 있다.

IV. 결론

특허관리전문회사의 등장은 특허법 체계의 형성 시에, 즉 자유로운 권
리 양도가 가능한 재산권으로서 특허권을 구성하면서 예상치 못한 현상임
은 분명하다. 따라서 특허법의 규범 목적에 본질적으로 부합하지 않는 특
허관리전문회사의 행태가 특허괴물이라는 이름으로 드러나고, 경제 전반에
걸쳐 부정적인 영향을 미치는 경우에도, 이에 대하여 특허법 체계가 충분
한 대응을 하지 못하고 있는 점은 일견 수긍할 만한 현상으로 보여 진다.

그러나 특허관리전문회사의 등장이 새로운 것은 경쟁법 체계에서도 마
찬가지이다. 생산·유통 과정에서의 기여가 명확치 않음에도 불구하고, 특
허관리전문회사에게 상당한 이익 배분이 이루어지거나 특허권의 보유에
의하여 생산·유통 과정에 직접적으로 참여하지 않으면서도 이를 통제하고

---

62) 대법원 2006. 3. 24. 판결 2004두11275.
63) 권오승 외 7인, 주 23)의 책, 347면 참조.

있는 상황은 경쟁정책상 충분한 고려가 이루어지지 않은 부분이며, 따라서 이에 대한 규범적 대응도 미진하다. 그렇지만 특허관리전문회사에 대한 부정적 인식이 강하고, 또한 특허법 체계에서의 규제 가능성이 제한되고 있다고 하여, 곧 바로 경쟁법에 의한 규제 가능성이 주어지거나 유일한 대안 식으로 이해하는 것은 섣부른 것이다. 특허관리전문회사 자체가 경쟁정책적으로도 유의미한 긍정적 기능을 동시에 갖고 있으며, 나아가 경쟁법 체계가 경쟁을 제한하는 힘이나 행태에 대한 규범적 대응으로 나타난 것이지만, 본질적으로 시장의 자율성을 존중하는 기초 위에 구축된 체계라는 점을 상기할 필요가 있다. 이러한 관점에서 특허관리전문회사에 대한 독점규제법의 적용에 신중한 접근이 필요할 것이다. 그러나 전술한 것처럼 특허관리전문회사의 행태가 경쟁법적 침해를 낳을 수 있다는 우려가 존재한다는 점도 부인할 수 없다. 특히 국내 경쟁법상 충분한 대응 법리가 갖추어지지 않을 경우, 다국적 기업의 형태로 존재하는 특허관리전문회사에 의하여 이러한 문제가 현실화 될 수 있으며, 이에 대응하는 법리의 형성은 시급한 과제가 되고 있다.

독점규제법상 특허관리전문회사에 대한 구체적인 규제 가능성과 관련하여, 특허법과 독점규제법의 관계 정립은 여전히 선행하는 과제가 될 것이다. 즉 법 제59조에 의하여 특허관리전문회사의 행태가 특허권 남용이 되어 독점규제법의 적용 가능성이 주어지는 경우에, 비로소 독점규제법상 규제 가능성이 구체화 된다. 이를 전제로 독점규제법상 각 위반 유형에 포섭될 수 있는지에 관한 논의가 이루어져야 한다. 독점규제법상 모든 위반 유형이 특허관리전문회사와 관련될 수 있지만, 특히 불공정거래행위에 대해서는 상당한 주목을 요한다. 독점규제법상 불공정거래행위는 경쟁제한성뿐만 아니라 경쟁 수단이나 거래 내용에서의 불공정성도 위법성 판단기준으로 하며, 이러한 규제 체계는 특허관리전문회사의 기만적 행태가 드러나지만 경쟁제한적 효과가 불명확한 경우에 유력한 규제 근거가 될 수 있다.

5. 지식재산권법과 경쟁법의 충돌에 관한 BAT Cigaretten-Fabriken 사건의 분석

I. 서론

지식재산권법과 경쟁법은 독점에 대한 상이한 입장, 즉 전자는 인간의 지적 활동을 촉진하기 위하여 제도적으로 지적 결과물에 대한 배타적 권리를 부여하는 반면, 후자는 경쟁을 제한하는 행위를 억제하는 것으로 구별된다. 그러나 양자는 소비자 후생의 극대화를 궁극적인 목적으로서 공유하며, 따라서 지식재산권법에 의하여 부여된 독점적 지위는 경쟁법상 허용될 수 있다는 이해가 일반적으로 받아들여지고 있다.[1] 이러한 관점에서 지식재산권법에 의하여 제도적으로 허용되는 범위 안에 있는 한, 지식재산권자의 행태에 대한 경쟁법의 적용은 제한될 것이다. 지식재산권법과 경쟁법 간의 법적용 원칙은 독점규제 및 공정거래에 관한 법률(이하 독점규제법)에 명시적으로 수용되었다. 동법 제59조는 "이 법의 규정은 저작권법, 특허법, 실용신안법, 디자인보호법 또는 상표법에 의한 권리의 정당한 행사라고 인정되는 행위에 대하여는 적용하지 아니한다"고 규정하고 있

---

1) Willard K. Tom & Joshua A. Newberg, " Antitrust and Intellectual Property: From Separate Spheres to Unified Field", Antitrust L. J. vol. 66 Issue 1, 1997, 228-229면.

다. 동 규정은 독점규제법의 적용제외 사유의 하나로 지식재산권의 행사를 명확히 함으로써 지식재산권법과 독점규제법의 관계에 관한 입법적인 해결을 시도하고 있는 한편,[2] 또한 적용 제외 사유로서 지식재산권법의 한계를 명시적으로 언급하고 있다. 이에 의하면, 지식재산권법이 독점규제법에 우월한 효력을 갖는 범위는 동법에 의한 권리의 정당한 행사에 한하며, 동법에 의하여 부여된 권리로 볼 수 없거나, 그 권리의 행사가 남용되어 정당성을 잃을 경우에 독점규제법의 적용은 방해되지 않는다.[3]

지식재산권법상 권리에 해당하지 않을 경우에 독점규제법의 적용이 가능하다는 것에 법리적인 의문은 없지만, 권리의 존부나 범위가 다투어질 경우 독점규제법의 적용 범위는 이에 관한 판단에 의존하게 될 것이다.[4] 이와 관련하여 유럽법원에서[5] 다룬 BAT Cigaretten-Fabriken 사건은[6] 주목할 만하다. 문제가 된 사안에서 독일의 BAT Cigaretten-Fabriken(이하 BAT CF)은 독일법상 'Dorcet'라는 상표를 등록한 상표권자의 지위에 있었으며, 이러한 사실이 쟁점의 중요한 부분을 구성하고 있다. 동 사건은 비록 1980년대 발생한 것이지만, 상표권에 근거한 경쟁법 적용의 배제를 받

---

2) 동 규정을 경쟁정책과 지식재산권정책의 입법적 조정의 의미로 이해하는 것으로, 정호열, 경제법, 박영사, 2012, 97면. 동 견해는 지식재산권 보유자의 남용적 행태 등이 독점규제법에 의하여 규제될 가능성은 당연히 존재하는 것이기 때문에, 동 규정의 실질적 의의에 의문을 표하고 있다.

3) 권오승 외 7인 공저, 독점규제법, 법문사, 2014, 355-357면 참조.

4) James Bessen & Michael J. Meurer, Patent Failure, Princeton Univ. Press, 2008, 38-39면 참조.

5) EU기능조약상 경쟁규범에 반하는 행위에 대해서 유럽 위원회는 시정조치 또는 과징금 부과 결정을 내리며, 이를 다툴 경우 유럽법원에 소를 제기할 수 있다. 1989년 이후 불복의 소는 1심 법원(General Court, 2009년 이전에는 Court of First Instance)을 거치게 되며, 이러한 구조 하에서 유럽 법원은 법률심으로서 최종심의 기능을 한다. 유럽 경쟁법 위반 사건의 절차와 각 기구의 기능에 관하여, Richard Whish & David Bailey, Competition Law, Oxford Univ. Press, 2012, 53-56면 참조.

6) Case 35/83, BAT Cigaretten-Fabriken v. Commission, (1985) ECR 363.

아들이지 않은 유럽법원의 최종적인 판단과 이를 뒷받침한 법리의 전개는 지식재산권법과 경쟁법의 경계, 구체적으로 독점규제법 제59조의 정당성 해석과 관련하여 여전히 시사하는 바가 크다.[7]

이하에서는 BAT Cigaretten-Fabriken 사건의 경과와(II) 유럽법원의 판결 내용을 검토하고(III), 결론으로서 동 판결의 의의와 독점규제법의 운영에 있어서 의미 있는 시사점을 제시하고자 한다(IV).

II. 사건의 경과

1. 사실관계

BAT Cigaretten-Fabriken 사건은 Antonius I.C.M. Segers(이하 Segers)가 네덜란드에서 fine-cut 담배의 판매를 위하여 Toltecs Special 상표를 사용한 것이 발단이 되었다. 1973. 1. 31. Segers는 Class 34(담배 원료와 담배제품)에 대하여 국제적인 상표 등록을 신청하였고, Segers가 보호를 추구한 나라 중에 독일도 포함되었다.

BAT CF는 1973. 7. 25. 자신의 상표인 Dorcet가 1970. 1. 15. 등록되었고, 독일어 발음상 'Toltecs'와 'Dorcet'의 유사성이 있으므로 자신이 앞서 행한 상표 등록은 Segers에 우선권을 갖는다는 점을 이유로 독일에서 Segers의 상표 등록에 이의를 제기하였다. 그러나 BAT CF의 상표는 휴면 상태에 있었고 상업적으로 사용되지 않았는데, 그럼에도 Segers는 독일에서 BAT CF의 주장을 다투는 법적 절차를 개시하지는 않았다. 이에 관하

---

7) BAT Cigaretten-Fabriken v. Commission 판결에 대하여 지식재산권법과 경쟁법의 관계를 다룬 선례로서의 의의를 지적하는 것으로서, Joanna Goyder & Albertina Albors-Llorens, EC Competition Law, Oxford Univ. Press, 2009, 289면 참조.

여 Segers는 BAT CF와 같이 경제력이 있는 사업자와 소송에 관련되기를
원하지 않았다고 설명하였다.[8] 대신 Segers는 문제를 해결하기 위하여
BAT CF와의 협상 과정에 들어갔으며, Segers는 자신이 제조한 fine-cut 제
품을 의미하는 '특별 담배상품'(a specific tobacco product)을 판매하기
위하여 Toltecs 상표의 사용 제한을 제안하였다. 그런데 1975. 1. 15. 이후
Dorcet 상표가 5년 동안 사용되지 않았기 때문에, 독일법 하에서 이해관
계 있는 자는 누구든지 동 상표의 등록 삭제를 청구할 수 있었으며, 이러
한 상황에서 Segers는 스스로 이 권리를 행사하지 않았다. 등록 후 5년이
경과한 다음날인 1975. 1. 16. Segers는 BAT CF와 계약을 체결하였는데,
계약조건의 대부분은 Segers가 제안한 것이고, BAT CF는 이를 수정 없이
받아들였다.

한편 Segers는 자신의 상표를 사용할 권리를 보유한 담배를 'Curly Cut
Tobacco'와 'SHAG'로 표현하였고, 네덜란드 언어 용법에서 이 용어는 각
각 coarse-cut 담배와 fine-cut 담배에 관련되는 것이기 때문에, 이 합의는
착오(drafting error)를 포함하고 있었다는 것이 위원회 결정과 법원에 제
출된 자료에서 분명하게 드러났다. 이와 관련하여 Segers는 계약 체결 이
후에도 이러한 실수를 인식하지 못하였다고 재판과정에서 진술하였다.[9]

계약 체결 이후 Segers는 배타적 유통업자인 Muller-Broders를 통하여
독일 내에서 자신의 상품 판매를 시작하였다. BAT CF는 Muller-Broders
에게 fine-cut 제품을 판매하기 위한 Toltecs 상표의 사용을 허락하였다.
1978. 8. 16. Segers는 BAT CF에게 다른 수입상을 이용할 것이라고 통보

---

8) Case 35/83, para. 9.

9) 위원회는 Segers가 이러한 실수와 그것의 법적 결과를 정정할 권리를 독일 법원
에서 행사하지 않았다는 것에 주의를 기울여야 한다고 지적하였다. 위원회는 결
정 이유에서 Segers가 BAT CF와 같이 재정적 능력이 큰 지위에 있는 회사와 자
신이 감당할 수 없는 고비용의 소송에 관련되는 위험을 부담할 위치에 있지 않았
다고 설명한다(Commission Decision no 82/897 of 16 Dec 1982, Subpara. II
(3)(A)(A)).

하였고, Muller-Broders와 동일한 방식으로 새로운 수입상에게 Toltecs 상
표 사용의 허용을 서면으로 요청하였다. BAT CF는 1978. 8. 23. 계약 조
건에 따라서 Segers는 curly-cut 담배 판매 권한을 자유롭게 다른 수입상
에게 양도할 수 있지만, fine-cut 담배를 위한 Toltecs 상표의 사용 권한은
BAT CF에 의해 Muller-Broders에게 부여되었으며, BAT CF의 입장에서
Muller-Broders가 동 상품의 수입업자로 남아 있다고 답하였다. Muller-
Broders는 이후 거래를 종료하고, 자신의 영업을 Peter Grassmann GmbH
(Grassmann)에게 양도하였다.

　한편 Segers는 다른 잠재적 수입상 Planta와 협상을 개시하였다. 그러나
그 협상은 상표 사용을 둘러싼 불확실성 때문에 긍정적인 결과를 낳지 못
하였다. Grassmann과의 단기간 교섭 후에, Segers는 다시 Planta와 접촉
하였다. 그때 Segers는 BAT CF에게 Grassmann과 동일한 조건으로 Planta
를 그의 새로운 도매 유통업자로 승인해 줄 것을 요청하였다. BAT CF는
1979. 8. 14. Segers가 Grassmann에게 남아 있는 Toltecs 담배 재고를 처
분하는 것을 조건으로 fine-cut 담배를 포괄하는 계약을 연장할 의사가 있
다는 것을 서면으로 답하였다. 이 요구에 관한 Segers의 응답이 없는 상황
에서, BAT CF는 1979. 12. 14. 서면으로 Segers에게 독일에서 Toltecs
fine-cut 담배의 제3자를 통한 유통을 종료할 것이고, 동 서면의 사본을
Planta에게도 보냈다고 통지하였다. 이러한 의사교환은 1980. 1. 14. 서면
에서 확인되었는데, 동 서면에서 BAT CF는 독일 시장에서 향후 Toltecs
담배의 모든 판매를 금지할 것이라고 밝혔다.

　BAT CF와의 교섭이 난항에 봉착하자, Segers는 1978년 이전 독일에서
Toltecs 담배의 판매를 중단하였다. 1980. 6. 12. Segers는 유럽 위원회에
BAT CF가 EEC조약 제85조 또는 제86조(현 EU기능조약 제101조 또는 제
102조)를[10] 위반하였다고 신고하였다.

　───
　10) EEC조약(Treaty establishing the European Economic Community, 1957) 제85조
　　　및 제86조는 EC조약(Treaty establishing the European Community, 1992) 제81

2. 유럽 위원회의 결정

유럽 위원회는 BAT CF와 Segers 사이의 합의가 공동체 시장 안에서 경쟁을 제한하는 목적 또는 효과를 가지며, 동 합의에 의하여 1978년 이후 독일 시장에의 Segers 수출이 거의 0%로 떨어질 정도로 방해를 받았다는 사실에 주목하였다.[11] 또한 위원회는 동 합의가 EU기능조약 제101조 제3항의 적용 대상이 되는지(적용제외에 해당하는지)도[12] 고려하였는데, 유럽 위원회는 동 합의가 사전에 통지되지 않았고,[13] 상품의 생산 또는 유

조 및 제82조, EU기능조약(2007) 제101조 및 제102조로 변경되었으며, 조약 명칭과 조문상의 위치가 바뀌었을 뿐 내용상의 변화는 없다. 이하에서 관련 조항은 현 EU기능조약으로 표기한다. 특히 경제적 측면에서 EU 공동체를 뒷받침하는 조약들의 변화 과정에 관한 간략한 개괄로서, Margot Horspool & Matthew Humphreys, European Union Law, Oxford Univ. Press, 2008, 11-32면 참조.

11) Case 35/83, para. 3.

12) EU기능조약 제101조 제3항의 규정은 다음과 같다. "The provisions of paragraph 1 may, however, be declared inapplicable in the case of: - any agreement or category of agreements between undertakings, - any decision or category of decisions by associations of undertakings, - any concerted practice or category of concerted practices, which contributes to improving the production or distribution of goods or to promoting technical or economic progress, while allowing consumers a fair share of the resulting benefit, and which does not: (a) impose on the undertakings concerned restrictions which are not indispensable to the attainment of these objectives; (b) afford such undertakings the possibility of eliminating competition in respect of a substantial part of the products in question." 동 규정은 카르텔에 해당하는 행위에 대한 적용 제외에 관한 것으로서, 적극적 요건으로 ① 상품의 생산 또는 유통의 향상 내지 기술적 또는 경제적 발전을 촉진하는 것에 기여할 것과 ② 이에 따른 이익이 소비자에게 공정하게 분배될 것을 규정하고, 소극적 요건으로 ① 사업자에 부과된 제한이 목적 달성을 위하여 필수적인 것이 아닐 것과 ② 상품의 실질적 부분에서 경쟁을 제거할 가능성이 있을 것을 규정하고 있다. 동 규정에 의한 적극적 요건과 소극적 요건의 의의에 관하여, Albertina Albors-Llorens, EC Competition Law and Policy, William Publishing, 2002, 58-60면 참조.

13) 2003년 EU 집행규칙(Council Regulation (EC) No 1/2003 of 16 December 2002

통에 어떠한 기여도 하지 않았다는 점에서 제101조 제3항이 적용될 수 없다고 판단하였다. 또한 유럽 위원회는 BAT CF의 위반행위가 중대하고, 따라서 이에 따른 과징금 부과가 정당하다고 보았다.

1982. 12. 16. 내린 유럽 위원회의 결정 내용은 다음과 같다. 1) 1975. 1. 16. 당사자 사이에 체결된 합의에서 다음과 같은 내용, 즉 ① Segers가 독일 내에서 Toltecs Special 상표 하에서 fine-cut 유형의 제품을 출시하지 않거나, BAT CF에 의해 승인된 수입업자를 통해서 또는 일정한 조건을 충족한 경우가 아니면 그러한 판매활동을 행하지 않을 의무를 부담한다는 내용, 그리고 ② Segers가 BAT CF에게 상표 Toltecs Special의 등록이나 이용에 관하여 어떠한 권리를 주장하지 않을 의무를 부담하고, BAT CF가 5년 이상의 기간 동안 Dorcet 상표를 사용하지 않는 경우 또는 이 상표의 등록 경신을 하거나 또는 독일 상표법 제31조의 의미에서 그것과 혼동을 줄 수 있는 상표를 등록하는 경우에도 동일한 의무를 부담한다는 내용은 EEC조약 제85조 제1항에 반한다. 2) 당해 사업자는 이상의 위반행위를 장래에 중단하여야 한다. 특히 BAT CF는 Segers에게 또는 수입상들에게 독일 내에 당해 수입과 Toltecs 담배의 판매를 방해하거나 제한하기 위하여 어떠한 경제적 압력도 행사해서는 안 된다. 3) Dorcet 상표가 5년 이상의 기간 동안 사용되지 않고 남아 있는 경우에 항변불가조항(no-challenge clause)이 연장된 것을 고려하여, 위에 언급된 위반행위에 대하여 BAT CF에게 50,000 ECU 또는 115,635 DM의 과징금을 부과한다.[14]

---

on the implementation of the rules on competition laid down in Articles 81 and 82 of the Treaty)이 제정되기 이전에는 개별적으로 적용 제외를 받고자 하는 사업자는 사전에 위원회에 통지할 것이 요구되었다. 동 규칙의 제정에 따라서 개별 적용 제외에 있어서 사전 신고제는 폐지되었다. 이러한 제도 변화에 대한 긍정적인 평가로서, Richard Whish & David Bailey, supra note 5), 166-168면.
14) Case 35/83, para. 6.

Ⅲ. 유럽법원의 판결

1. BAT CF의 항변 사유

BAT CF(원고)는 유럽법원에 동 위원회의 결정에 불복하는 소를 제기하였으며, 불복의 근거로서 4가지 항변사유를 제시하였다. 즉 원고는 유럽 위원회가 당해 결정과 관련하여 다음과 같은 오류를 범한 것으로 주장하였는데, 1975. 1. 16. 합의의 진정한 의미를 이해함에 있어서 오류, 합의와 그 내용에 포함된 조건에 대한 법적 이해(legal classification)에 있어서 오류, EU기능조약 제101조 3항에 따른 적용 제외의 거부 결정의 위법, 최종적으로 과징금(fine) 부과에 있어서 위법 등 4가지 사유에 근거하여 유럽 위원회의 결정을 다투었다.

2. 경쟁 규범에 반하는 합의의 존재

합의의 진정한 의미를 이해하는데 있어서 유럽 위원회가 오류를 범했다는 주장과 관련하여, BAT CF는 문제가 된 계약에서 부여된 자신의 권리를 포기하였고, 그 권리를 자신에 유리한 것으로 고려하지 않았으며, 또한 위원회의 심리 과정에서 계약상 권리를 포기할 의사를 표했다고 진술하였다. 또한 체결된 계약상에 착오가 있었지만, 어쨌든 계약은 Toltecs 상표 하에서 fine-Cut 담배를 Segers가 판매하는 것을 금지하는 규정을 두지 않았다는 점에서 문제가 되고 있는 계약 내용에 대하여 위원회가 오해한 것이라고 주장하였다.

이에 대하여 유럽 위원회는 BAT CF가 합의를 철회하였다고 주장하기 위해서는 계약 상대방에게 공식적으로 이를 통보하여야 했고, 적어도 Segers에 의하여 승인된 마지막 유통업자인 Planta에게 더 이상 Toltecs fine-Cut 담배의 판매에 반대하지 않는다는 것을 통보하여야 했다는 입장을 취하였다. 또한 BAT CF의 두 번째 주장에 관하여, 위원회는 계약에서 curly-Cut 담배에 대한 언급은 BAT CF에 의하여 의식적으로 이루어진 것이고, BAT CF는 Segers가 그 제품을 제조하지 않았다는 사실을 알고 있었으며, BAT CF의 목적은 Toltecs 상표 하에서 fine-Cut 담배의 수입에 관한 완전한 통제를 확보하는 것이었다고 보았다.

이 문제에 관하여 유럽법원은 유럽 위원회의 판단을 지지하였다. 즉 유럽 위원회 심리 과정에서 BAT CF가 의사를 밝힌 것이 다른 당사자와의 합의를 종료하기에 충분한 것은 아니고, 따라서 1975. 1. 16. 계약은 유럽 위원회의 결정 시까지 계속된 것으로 추정되어야 한다고 보았다. 동 계약이 fine-cut 담배를 포함하는지의 문제에 관하여, 유럽법원은 동 계약이 객관적으로 모호하며, 모순되는 해석이 가능하다는 점을 지적하는 것으로 충분하다고 보았다. 비록 그 모호한 문구가 Segers로부터 야기된 것은 사실이만, 그것은 Segers가 실제 생산한 유일한 담배의 판매를 제한함으로써 BAT CF의 목적에 기여하는 것이었기 때문에, BAT CF가 그러한 모호성으로부터 이득을 취하였다는 사실을 부인할 수 없다고 보았다. 결론적으로 유럽법원은 BAT CF가 자신의 행위에 의하여 계약에 주어졌던 실질적 의미를 계약의 형식적 의미로 환원하면서 유럽 위원회를 비판할 수 없으며, 이에 기한 항변은 수용할 수 없다고 판시하였다.[15]

3. 상표권의 범위

유럽 위원회가 문제가 된 계약에 대한 법적 이해에 있어서 잘못이 있다는 것과 관련하여, BAT CF는 공동체법의 관점에서 동 계약에 대하여 위원회가 판단할 권한을 갖고 있지 않다고 주장하였다. 동 계약은 법적인 보

---

15) Ibid., para. 22-23.

호가 종료된 이후 Dorcet 상표의 지위를 공고히 하고자 하는 의도로서 소위 불가쟁 조항(no-challenge clause)을 포함한 다른 상표의 사용 범위를 정하는 한계(delimitation) 계약이며, 이러한 계약의 유효성은 국내법 하에서 다루어질 문제이고, 또한 불가쟁 조항의 활용은 일반적인 관행으로서 독일법 하에서 합법적인 것으로 고려된다고 주장하였다. 나아가 BAT CF는 유럽 위원회가 두 상표 사이의 혼동에 관한 심각한 위험을 발견할 수 없었다고 판단한 것에 대하여, 국내법에 의한 적용과 다른 승인 기준을 유럽 위원회가 공동체법의 관점에서 정한 것이라고 비판하였다. 즉 BAT CF는 이러한 위험의 평가가 국내법과 공동체법의 두 기준에 의하여 이루어질 수 없으며, Segers가 동의하였던 것처럼 독일법 원칙에 따르면 Toltecs와 Dorcet 사이의 혼동의 위험은 실제 존재하였고, 만약 그렇지 않았다면 Segers가 먼저 BAT CF에게 한계 계약의 체결을 제안하지 않았을 것이라고 주장하였다.16)

이에 대하여 유럽 위원회는 상이한 상표들 사이의 혼동의 위험을 인정

---

16) BAT CF 측에 보조 참가한 독일연방 정부는 이 점에 관하여 상고인의 항변을 지지하였다. 독일 정부는 상표법 영역에서 한계 계약의 매우 큰 현실적 중요성을 강조하였다. 독일 정부는 기존의 상표들의 수에 비추어, 이러한 계약은 상표 보유자들에게 우호적 합의를 통하여 각각의 권리의 범위를 정하는 것을 가능하게 함으로서 법적 분쟁을 방지한다는 점에서 중요한 역할을 수행한다고 주장하였다. 또한 독일 정부는 그러한 계약의 유효성은 국내법 하에서 결정되는 문제라는 점을 강조하였다. 이 사건에서 독일정부는 독일에 적용된 승인 기준에 따르면, 위원회 자신도 심리 과정에서 음성학적 혼동의 위험이 인정되어야 한다는 것에 동의하였던 것처럼, 두 상표 사이의 혼동의 가능성은 배제될 수 없다는 견해를 취하였다. 즉 독일 정부는 위원회가 이러한 계약의 당사자들을 위하여 자신이 행한 승인을 대체할 수 없다고 주장하였다. 따라서 독일 정부의 관점은 원칙적으로 한계 계약이 EU기능조약 제101조의 의미에서 경쟁 제한을 구성할 수 없다고 주장하였다. 한편 법원은 이상의 주장에도 불구하고, 독일 정부가 이러한 합의가 실제 충돌하는 상표에 관한 분쟁을 해결하는 기능을 행하지 않았다면, 경쟁을 제한하는 것을 의도한 것이며, 그것은 제101조에 위반할 수 있다는 점은 인정하였다는 점을 강조하였다. Ibid., para. 27-29.

하는 것은 국내법에 의하여 다루어질 문제이지만, 어느 상표로부터 도출된 배타적 권리의 범위는 관련 공동체 규범의 효과에 의하여 제한된다는 점을 강조하였다. 즉 위원회는 이러한 제한이 경쟁법 규정(EU기능조약 101조 및 102조)과 수입 제한은 단지 산업 또는 상업적 재산권의 보호를 위하여 정당화될 수 있는 한에서만 허용하는 규정(EU기능조약 제36조) 양자로부터 도출된다고 보았다. 그리고 이러한 두 가지 측면에서의 제한은, 국내 법원이나 상표 보유자들 사이의 계약의 차원에서 무엇이 혼동의 위험을 구성하는지에 관한 재량적 해석이 상품의 자유로운 이동의 제한을 야기해서는 안 된다는 것을 보장할 목적으로, 혼동의 요건인 중대성(serious)에 반영되는 것으로 보았다.

이러한 관점에서 유럽 위원회는, 특히 두 상표의 시각적 디자인의 비교로부터 혼동의 위험이 없는 것으로 판단하였다. 물론 유럽 위원회도 한계 계약이 유용하고 또한 적법할 수 있다는 것을 부인하지 않았다. 그러나 특히 선행하는 상표권 보유자는 법적 조언이 부족하고 대체로 경제적으로 취약한 등록 신청자로 하여금 한계 계약 체결에 의하여 인위적 갈등(artificial conflict)을 해결하도록 유인할 수 있고, 위원회는 경쟁법적 관점에서 이와 같이 명백히 정당화 될 수 없는 근거에서 새로운 상표의 등록에 반대하는 전적으로 허위인 계약(fictitious agreements)에 나타날 수 있는 위험을 지적하였다. 이러한 맥락에서 위원회는 계약에 포함되어 있는 불가쟁 조항에 특별한 중요성을 부여하였다. 위원회는 사용되지 않는 등록 상표 수의 감소는 시장의 개방과 경쟁 증대를 촉진할 것이며, 따라서 이미 등록으로부터 배제되어야 하는 상표의 우선성을 Segers가 인정하였다는 사실이 경쟁의 자유를 상당한 정도 감소시킨다고 보았다.

이 문제에 대하여 유럽법원은 BAT CF와 독일 정부가 주장하고 또한 유럽 위원회도 동의한 것처럼 한계 계약으로 알려진 계약은 일반적으로 적법하며, 그것이 양 당사자의 상호 이익 하에 그들 각각의 상표가 사용되는 범위를 정하는 것에 기여하고, 또한 그들 사이의 혼동이나 충돌을 피하려

는 의도로서 이루어진 것이라면 유효하다고 보았다. 그러나 이러한 합의
가 시장을 분할하거나 다른 방식으로 경쟁을 제한하는 목적을 가질 경우
에, EU기능조약 제101조의 적용으로부터 벗어나는 것을 의미하지는 않는
다고 지적하면서, EU 공동체의 경쟁법 체계가 카르텔 금지를 회피하기 위
하여 국내 상표법 하에서의 권리를 부당하게 행사하는 것을 허용하지 않
는다고 판시한 1966. 7. 13. 판결을[17] 상기시켰다. 이러한 관점에서 유럽
법원은 1975. 1. 16. 계약의 분석에서 드러난 다음과 같은 내용들, 즉 명
확히 특정될 수 없는 일정한 종류의 담배 판매에 있어서 Toltecs 상표의
사용 제한, 5년의 법적 보호 기간이 만료된 이후에도 Dorcet 상표에 대한
자신의 상표의 우선권을 주장할 Segers의 권리 포기, 자신의 제품이 마는
담배에 적합하거나 권장할 만하다는 사실을 광고할 Segers 자신의 권리
포기 등이 Segers에 책임과 불이익을 부과하는 것에 초점을 맞추고 있다
는 것은 분명하다고 보았다. 특히 마지막 조항은 상표 사용의 문제와 관계
되는 외관조차도 갖고 있지 않다고 지적하였다.

또한 유럽법원은 문제가 된 계약이 순전히 허위의 것에 지나지 않는지
와 관련하여 BAT CF가 독일 시장에서 Toltecs 상표의 보호를 허용하는 것
에 대한 자신의 반대를 철회하는 것에 동의하였다는 점에 주목하였다. 나
아가 유럽법원은 두 상표 사이에 혼동의 위험을 평가하기 위하여 어떠한
기준이 적용되어야 하는지의 문제를 해결할 필요 없이, 한편으로 Segers는
특정 회원국에서 법적으로 획득되고 사용되고 있는 상표의 보유자이고,
다른 한편으로 BAT CF는 이해당사자의 신청에 의하여 제거될 수 있는 사
용되지 않고 있는 휴면 상표의 보유자이기 때문에, BAT CF의 경쟁자인
Segers 제품의 유통을 담당하고 있는 사업자는 상표 보유에 근거한 권리
의 남용을 주장하기에 충분하다고 판단하였다. 또한 Segers가 그의 배급
업자들과의 관계에서 겪은 어려움이 부분적으로 BAT CF와 관련 없는 환

---

17) Joined Cases 56 & 58/64, Consten & Grundig v. Commission, (1966) ECR 299, 346.

경에 기인하는 것이었다 할지라도, BAT CF는 몇몇 경우에 Segers가 선택한 배급업자들과의 관계를 방해하였다는 것에 의문은 없다고 보았다. 더욱이 유럽법원은 BAT CF가 계약 초안에서의 모호성을 자신의 이익을 위하여 이용하였다는 것은 분명한 사실이라고 판단하였다.

특히 유럽 법원은 BAT CF가 1980. 1. 14. Segers에게 보낸 서면에서 BAT CF의 실제 목적에 관하여 의문의 여지를 남겨 놓지 않았다는 점에 주목하였는데, 동 서면에서 드러난 BAT CF의 목적은 어떠한 경제적 중요성도 갖고 있지 않은 휴면 상표에 관한 이익의 보호가 아니라, 독일에서 Segers 제품의 판매를 방지하는 것이었다. 유럽법원은 이상의 근거에 따라서 1975. 1. 16. 계약이 BAT CF가 상표법에 관련된 의도적으로 야기한 충돌에 기초하여 경쟁 조건에 영향을 미치는 것을 가능하게 하였다는 점은 명백한 것으로 보았으며, 네덜란드로부터 독일로의 수입, 즉 공동체 내 무역에 영향을 미쳤다는 것은 다툼의 여지가 없다고 판단하였다. 유럽법원은 이에 기초하여 위원회가 다툼의 대상이 된 계약에 대한 법적 이해에 잘못이 있다는 BAT CF의 주장을 받아들이지 않았다.[18]

4. 적용 제외

적용제외 항변에 관하여 BAT CF는 유럽 위원회가 EU기능조약 제101조 제3항의 적용을 부인하는 이유를 적절하게 제시하지 않았다고 다투었다. 그리고 그 계약이 단지 상표권의 행사를 제한하는 것에 관련된다면 통지가 면제될 수 있으며, 문제가 된 합의가 없었다면 Segers는 Toltecs 상표 하에서 자신의 제품을 판매하는 것이 가능하지 않았을 것이라는 점에서 그 합의가 독일 시장에서의 담배 유통에서의 향상에 기여하였다고 주장하였다.[19]

---

18) Case 35/83, para. 33-37.

유럽법원은 BAT CF의 이러한 주장의 논거가 1975. 1. 16. 계약의 내용 그리고 유일한 목적이 독일 시장에서 Segers 담배가 팔리는 것을 억제하는 것이었던 BAT CF의 행위에 비추어 명백히 모순된다고 보았으며, 따라서 그 계약은 EU기능조약 제101조 제3항에 규정된 요건을 충족하지 못하는 것으로 판단하였다. 이러한 판단에 기초하여 BAT CF의 항변을 받아들이지 않았다.[20]

5. 과징금 부과

과징금과 관련하여 유럽 위원회는 계약에 포함된 불가쟁 조항에 근거하여 50,000 ECU의 과징금을 BAT CF에게 부과하였다. 과징금 부과의 이유는 결정 서문의 Part IV(2)(B)의 두 번째와 세 번째 Para.에서 다음과 같이 제시되었다. 1967. 12. 4. 이용자 요건이 독일 상표법에 도입되었을 때,[21] Dorcet 상표가 5년 이상의 기간 동안 사용되지 않고 있는 경우조차도 Segers가 자신의 권리를 주장하는 것을 제한하는 내용의 계약이 사용되지 않는 상표 등록을 취소하고 새로운 신청자의 진입을 촉진하기 위한 명시적인 요건의 의미나 목적에 반한다는 것은 명백한 것이다. 이러한 맥락에서 위원회는 Dorcet 상표가 1970. 1. 15. 등록되고, 독일 상표법에 의한 보호기간이 종료된 지 하루 후인 1975. 1. 16. BAT CF가 계약을 체결하였다는 사실이 특히 중요하다고 보았다. BAT CF는 그 계약에 의하여 당시의 법에 의하여 방어될 수 없었던 법적 지위가 보장된다는 것을 알고 있었다.

---

19) 이러한 주장은 제101조 제3항에서 요구하는 적용 제외의 적극적 요건의 충족을 의미하는 것이다. Albertina Albors-Llorens, supra note 12), 58-59면 참조.

20) Case 35/83, para. 39-41.

21) 독일 상표법 제25조 제1항에 의하여 5년 이상 등록된 상표의 이용이 없을 경우에 제3자의 청구에 의하여 등록이 취소될 수 있다.

한편 유럽 위원회는 EU기능조약 제101조에 반하는 계약의 일방 당사자임에도 불구하고, Segers에게 과징금을 부과하지 않았는데, 위원회가 밝힌 이유는 다음과 같다. Segers는 상대적으로 작은 회사이며, BAT CF와의 분쟁이 시작되었을 때 독일에서의 법적 지위와 공동체법에 관하여 적절한 정보를 제공받지 못하였다. Segers의 법적 경험의 부족은 명백히 착오에 의한 계약을 그대로 사용한 것이나, BAT CF와의 분쟁 과정에서 분명하게 드러나는 것이다. 이에 대하여 BAT CF는 본질적으로 동일한 계약의 양 당사자를 위원회가 불균등하게 다루었다고 비판하였다. 즉 당해 계약은 두 당사자에 대하여 동일한 조건으로 체결되었고, 따라서 그에 대한 책임도 동등하게 부담하여야 한다는 견해를 취하였다. 그리고 위원회가 중요하게 고려한 것으로서, 휴면 Dorcet 상표의 법적 보호기간 종료 후 하루 만에 문제가 된 계약이 체결되었던 사실은 전적으로 우연이며, 특히 계약 체결에 관한 서면 교환에서 Segers의 느린 일처리 때문이었다고 주장하였다. 최종적으로 BAT CF는 분쟁 대상인 계약이 체결된 시점에서 독일법 또는 공동체법 어느 것에도 반한다는 징표가 없었다는 점에서 BAT CF의 잘못이 있다는 것을 부인하였다.

이에 대하여 법원은 두 당사자가 범한 위반의 중대성 또는 각각의 위법의 정도 문제에 대한 필수적인 검토 없이, 과징금은 자신의 제품을 팔지 않거나 또는 BAT CF에 의하여 승인된 수입업자를 통해서만 팔아야 하는 Segers에게 부여된 의무 때문이 아니라, 그가 보유하고 있는 상표의 행사에 관한 Segers의 의무 때문에 부과된 것이라고 언급한 것으로 충분하다고 보았다. 그러나 이러한 의무가 Segers 제품의 판매에 관련될 때에는 공동체 경쟁법상 의미를 갖는 것이라고 판시하였고, 이에 대한 고려가 행해지지 않았다는 점에서 유럽법원은 BAT CF에 대한 과징금 부과 결정을 무효로 판결하였다.[22]

---

22) Case 35/83, para. 43-46. 한편 이러한 무효 판결이 기술적인 이유에서 이루어진 것으로 보는 것으로서, Joanna Goyder & Albertina Albors-Llorens, supra note

Ⅳ. 결론 - 판결의 의의

동 판결은 지식재산권법(상표법)과 경쟁법이 충돌하는 전형적인 문제로서 주목을 받았다. 특히 휴면 상표에 대한 권리에 기초하여, 다른 사업자의 정당한 사업활동을 방해한 것은 지식재산권(상표권)의 남용으로서 경쟁법에 반한다고 본 것은, 두 영역 모두에서 유력한 선례로 기능하고 있다.[23]

구체적으로 동 사건은 상표법에 의한 보호가 배제될 수 있는 상황에 처한 사업자가 계약의 방식으로 다른 사업자의 상표권 행사를 제한한 것이 문제가 되었다. 즉 우선하는(그러나 배제가 가능한) 상표권을 직접적으로 주장하기 보다는 이를 계약 체결에 있어서 유리한 계약 조건으로 이용한 것이며, 동 계약을 분석하는 과정에서 당사자의 의도가 상표권 충돌의 조정에 있는지 아니면 경쟁 사업자의 시장 배제에 있는지가 결정적이었다. 유럽법원은 후자에 초점을 맞추어 최종적으로 당해 계약이 경쟁법에 반하는 것으로 판단하였는데, 이러한 판단 과정은 상표권 문제에 있어서 경쟁법이 적용될 수 있는 경우의 적절한 예가 될 것이다. 한편 동 판결은 당해 사건에서 문제가 되었던 한계 계약(delimitation agreement)에 대해서 당사자가 보유한 상표 간에 혼동의 실질적 위험이 있고, 시장 분할에 대한 공모가 없는 경우에 EU기능조약 제101조의 적용 범위 밖에 위치한다고 봄으로써, 한계 계약이 허용될 수 있는 기준을 제시하고 있다는 점에서도 의의를 찾을 수 있다.[24]

산업적인 측면에서 보면, 동 사건은 다국적 회사의 독일 자회사와 영세한 네덜란드 회사 간의 분쟁이라는 점에서도 주목할 만한 것이다. 유럽 위

---

7), 289면 참조.

23) 위의 책, 289면.

24) Alison Jones & Brenda Sufrin, EU Competition Law, Oxford Univ. Press, 2011, 773면 및 Richard Whish & David Bailey, supra note 5), 795-796면 참조.

원회와 유럽법원이 모두 전제하였던 것처럼, 경제력 측면에서 대등하지 않은 당사자 간에 계약은 힘의 불균형이 구체적인 사업활동에 미칠 수 있는 영향에 초점을 맞추어 파악하여야 하며, 이와 같은 당사자 간의 관계에 대한 실질적이고 분석적인 접근은 다른 유사한 사례에서도 참고가 될 수 있을 것이다.

6. 시장지배적 지위남용행위와 불공정거래행위의 관계와 단독행위 규제체계의 개선

I. 서론

경쟁법 위반행위는 일반적으로 단독행위와 공동행위로 대별할 수 있으며, 독점규제법은 단독행위에 의한 법위반행위 규제를 시장지배적 지위남용과 불공정거래행위로 이원화하는 규제체계를 취하고 있다. 이러한 규제체계는 단독행위 규제를 시장지배적 지위남용 규제에 한정하고 있는 EU 경쟁법과 같은 규제체계와 뚜렷이 대비된다.[1] 나아가 독점규제법상 단독행위 규제의 이원화는 성격을 달리하는 상이한 기준에 의하여 위법성 판단이 이루어지는 구조를 취하고 있다는 점에서도 특징적이다. 비교법적으로 독일의 경쟁제한방지법(Gesetz gegen Wettbewerbsbeschränkungen; GWB)처럼 단독행위 규제가 복수의 규정에 의하여 이루어지고 있는 예가 드물지 않지만, 독점규제법상 단독행위 규제 근거가 되는 조항들은 위법성의 본질에서 서로 차이가 있으며, 이러한 조항들이 단일한 법률에 편제되어 있다는 점은 독점규제법의 중요한 법체계적 특징을 이룬다.[2]

---

1) EU 경쟁법상 시장지배적 지위남용 규제는 단독행위(unilateral conduct)에 대한 규제가 이루어지는 범위를 정하는 의미를 갖는다. Richard Whish & David Bailey, Competition Law, Oxford Univ. Press, 2012, 180면 참조.

그 동안 전개되었던 단독행위 규제체계의 개선에 관한 논의는 대체로 이와 같은 규제체계의 특징적 모습, 특히 위법성의 성격을 달리하는 이원화된 규제체계를 출발점으로 한다.3) 물론 독점규제법상 단독행위 규제체계가 비교법상 이례적이라는 점만으로 개선 논의가 정당화 되거나 논의 방향이 정해질 수 있는 것은 아니다. 중요한 것은 이와 같은 규제체계가 법리적으로 또는 법적용 측면에서 타당성을 기하고 있는지의 문제이다. 구체적으로 이원화된 규제체계가 규제의 중복을 낳을 수 있는지, 또는 규제의 형식적인 분류와 이에 따른 적용이 오히려 규제의 공백을 초래하는 것은 아닌지, 나아가 보다 본질적인 문제로서 상이한 성격의 규제를 단일한 법률에 통합하고 있는 입법 방식이 각각의 고유한 규제 의의를 실현하는데 방해가 되는 것은 아닌지 등에 관한 문제 인식이 이원화된 규제체계를 대상으로 하는 논의에 있어서 유지되어야 한다.

이러한 관점에서 논의를 전개할 경우에, 시장지배적 지위남용과 불공정거래행위의 관계에 대한 이해가 전제되어야 한다. 양자의 관계적 이해로부터 양 규제의 포섭 범위와 중첩되는 부분이 밝혀질 것이며, 이는 단독행위 규제 개선의 필요성과 구체적인 방안에 관한 논의의 기초를 제공한다. 물론 개선이 필요한지 그리고 어떠한 방식으로 이루어져야 하는지에 관해서는 다양한 시각이 가능하며, 궁극적으로는 경쟁정책에 관한 기본적인 입장, 예를 들어 불공정성의 문제를 경쟁정책의 실현 범위 안에 위치시킬 것인지에 관한 다양한 견해들이4) 구체적인 개선 방안의 차이에 영향을 미

---

2) 이에 관한 논의로서, 홍명수, "불공정거래행위 규제의 의의와 개선 논의의 기초", 안암법학 제45호, 2014, 460-461면 참조.

3) 이호영, "공정거래법상 단독행위 규제체계의 현황 및 개선방향", 경쟁저널 제169호, 2013, 3면 이하 참조.

4) 이에 관하여 부정적인 취지의 논의로서, 정호열, "불공정거래행위에 대한 규제", 권오승 편, 공정거래법강의, 법문사, 1996, 299면 이하, 권오승, 경제법, 법문사, 2002, 311면, 김학현, 공정거래법상 단독행위 규제 제도의 합리적 개편 방안, 한양대학교 박사학위논문, 2011, 180-181면, 긍정적인 취지의 논의로서 이황, "불공정거래행위 중 끼워팔기에 관한 소고", 경쟁법연구 제14권, 2006, 275면 등 참조.

칠 것이다. 이와 같은 경쟁정책적 사고의 간극이 쉽사리 좁혀지지는 않을 것이고, 구체적인 개선안도 다양한 내용으로 이루어질 수밖에 없을 것이다. 그렇지만 적어도 개선 필요성에 동의할 경우에, 공통적인 이해가 가능한 부분을 확인하고 이를 논의의 기초로 하는 것이 개선 논의의 실질을 기하기 위하여 필요하다. 즉 현재의 논의 상황에서 콘센서스가 도출될 수 있는 부분을 확인하고, 이를 계속되는 논의의 출발점으로 삼을 필요가 있다.

이하에서의 논의는 두 부분으로 구성된다. 우선 시장지배적 지위남용행위와 불공정거래행위의 의의 및 양자의 관계에 관하여 살펴본 후에(Ⅱ), 현행 독점규제법상 단독행위 규제체계에 관한 논의를 전개할 것이다. 구체적으로 단독행위 규제체계를 개괄하고, 개선 논의의 기초로 삼을 수 있는 부분을 제시하고 한다(Ⅲ).

Ⅱ. 시장지배적 지위남용행위와 불공정거래행위의 관계

1. 양자의 의의

(1) 시장지배적 지위남용행위의 의의

시장지배적 지위남용 규제는 지배적 지위와 남용의 단계적 판단을 요구한다.[5] 시장지배적 지위의 판단은 관련시장의 획정을 전제함으로, 시장지배적 지위남용 규제에서 관련시장 획정은 가장 선행하는 단계에 위치한

한편 불공정거래행위 규제에 의한 경쟁질서 개선 효과 측면에서 동 규제가 경제력집중 억제나 독과점 형성 규제보다 더 실질적인 중요성을 갖는다는 것으로, 이기수·유진희, 경제법, 세창출판사, 2006, 202면 참조.
[5] 시장지배적 지위와 남용은 상호 유기적으로 관련되고 있기 때문에, 양자의 분석은 통합적으로 이루어져야 한다는 것으로, Alison Jones & Brenda Sufrin, EU Competition Law, Oxford Univ. Press, 2014, 272면 참조.

다. 이와 관련하여 EU 경쟁법 집행을 위하여 시장지배적 지위남용행위를 포함한 경쟁법 위반행위 판단의 전제로서 유럽위원회가 제정한 'European Commissions Notice on the Definition of the Relevant Market for the Purpose of EU Competition Law'(이하 관련시장 고시)는 참고할 만하다.[6] 동 고시는 사업자가 직면하는 세 가지 경쟁 압력에 의한 억제 효과를 수요 대체가능성(demand substitutability), 공급 대체가능성(supply substitutability) 및 잠재적 경쟁(potential competition) 측면에서 제시하면서, 시장 획정을 위하여 가장 중요한 것은 수요 대체가능성이고, 공급 대체가능성은 특별한 경우에만 관련시장 획정에서 고려되며,[7] 잠재적 경쟁은 언제나 시장획정 보다는 시장력(market power)의 문제로 이해되는 것임을 밝히고 있다.[8]

독점규제법 제2조 제7호 1문은 시장지배적 사업자를 "일정한 거래분야의 공급자나 수요자로서 단독으로 또는 다른 사업자와 함께 상품이나 용역의 가격·수량·품질 기타의 거래조건을 결정·유지 또는 변경할 수 있는 시장지위를 가진 사업자"로 규정하고 있다. 동 규정은 개별 시장에 미칠 수 있는 영향력에 초점을 맞춘 것이며, 경제학에서의 독과점에 대한 이해와 맥을 같이하는 것이다.[9] 이러한 이해는 시장지배적 지위남용을 규제하고 있는 다른 법체계에서도 유사하게 전개되고 있다. 예를 들어 유럽법원

---

6) 관련시장 고시 para. 2는 "시장의 획정은 사업자들 간에 경쟁의 경계를 확인하고 획정하는 도구이다. 이는 위원회가 경쟁정책 적용의 체계를 구축하는데 기여할 것이다. 시장 획정의 주된 목적은 사업자들이 직면한 경쟁적 제한을 시스템적인 방법으로 확인하는 것이다. 상품별 그리고 지리적 차원 모두에서 시장을 획정하는 목적은 사업자들의 행동을 제약하고 효과적인 경쟁압력으로부터 독립적으로 행동하지 못하게 할 수 있는 실제 경쟁자들을 확정하는 것이다"라고 규정하고 있다.
7) 관련시장 고시 para. 20 내지 23은 공급 대체가능성이 관련시장 획정 시 고려될 수 있는 경우를 규정하고 있는데, 원칙적으로 사업자의 공급 전환 비용이 작을 경우에 관련시장 획정에서 고려될 여지는 커질 것이다.
8) 관련시장 고시, para. 13.
9) 이윤 극대화 지점에서 독점 시장에서의 균형이 이루어진다는 설명 방식은 독점 사업자가 산출량과 가격을 임의로 결정할 수 있음을 전제한 것이다. Paul Samuelson & William Nordhaus, Economics, McGraw-Hill, 1995, 158-161면 참조.

은 TFEU 제102조의 시장지배적 지위를 "경쟁사업자, 고객 그리고 최종적으로 소비자로부터 상당한 정도 독립적으로 행위 함으로써 관련 시장에서 유효하게 경쟁을 억제할 수 있는 사업자가 향유하고 있는 경제적 힘을 갖는 지위"로[10] 이해하고 있으며, 유럽위원회가 제102조의 집행 원칙으로서 제정한 'Guidance on Article 102 Enforcement Priorities'(이하 102조 지침)은 사업자가 상당 기간 경쟁 수준 이상으로 가격을 올려 이윤을 증가시킬 수 있는 경우에 실질적인 시장력(substantial market power)을 갖고 있는 것으로 규정하고 있다.[11]

시장지배적 지위의 판단과 관련하여 독점규제법은 제2조 제7호 2문에서 "시장지배적 사업자를 판단함에 있어서는 시장점유율, 진입장벽의 존재 및 정도, 경쟁사업자의 상대적 규모 등을 종합적으로 고려한다"는 규정을 두고 있다. 동 규정은 시장지배적 지위의 판단을 위한 세 가지 기준을 제시하고 있는데, 이에 한정되는 것은 아니며, 전술한 의미에서 시장력에 영향을 미칠 수 있는 모든 요소들이 종합적으로 고려되어야 한다. 이러한 점에서 유럽의 '102조 지침'이 시장지배적 지위의 결정에서 고려하여야 할 사항을 세 가지로 유형화 한 것은 시사하는 바가 크다. 이에 의하면 사업자의 시장 활동에 영향을 미칠 수 있는 것은, 1) 실제 경쟁자의 공급과 시장에서의 지위, 2) 실제 경쟁자의 확대나 잠재적 경쟁자의 진입에 의한 신뢰할 만한 위협, 3) 거래상대방의 거래능력 등이며, 이들로부터 어느 정도 자유로운지가 지배적 지위의 판단에서 고려되어야 한다. 또한 이상의 고려사항 중 어느 하나가 그 자체로 결정적인 것이 아니라도, 다른 고려사항과 종합하여 지배적 지위가 인정될 수 있다.[12]

우선 실제 경쟁 상황에 대한 고려에 있어서, 완전한 독점 시장을 제외한 경쟁 사업자가 존재하는 대부분의 시장에서 시장점유율은 시장 구조

---

10) United Brands v. Commission, Case 27/76 [1978] ECR 207, para. 65.
11) 102조 지침, para. 11.
12) 102조 지침, para. 11.

및 그 시장에서 사업을 영위하고 있는 사업자들의 상대적 중요성에 관한 의미 있는 정보를 제공한다.[13] 독점규제법도 이러한 중요성을 반영하여 제4조에 시장점유율에 의한 추정 규정을 두고 있다.[14] 그러나 시장점유율은 유용한 최초의 지표일 뿐이며, 시장의 유동성, 상품 차별의 정도, 일정 기간에 걸친 시장점유율의 경향이나 발전 등을 종합적으로 고려한 지배력 분석이 불가피할 것이다.[15] 또한 실제 경쟁 상황뿐만 아니라 잠재적인 경

---

13) 시장지배력의 판단 기준으로서 시장점유율에 관한 유럽법원의 규제 실무를 보면, Hoffmann-La Roche 사건에서 시장점유율의 중요성은 시장 마다 상이하지만, 매우 큰 점유율(very large shares)은 예외적인 경우를 제외하고 그 자체로 지배적 지위의 존재를 입증하는 것으로 보는 것이 타당하다는 입장을 취하였다(Hoffmann-La Roche v. Commission, Case 85/76 [1986] ECR 461, para. 41). AKZO 사건에서는 50%의 시장점유율을 매우 큰 점유율로 추정할 수 있으며, 이 경우에 지배력이 있지 않다는 입증책임은 사업자가 부담하는 것으로 보았다(AKZO v. Commission, Case C-62/86 [1991] ECR I-3359, para. 60). 대체로 유럽법원은 AKZO 기준을 유지하는 입장을 취하고 있지만, 시장점유율이 50% 이하인 경우에도 시장지배적 지위를 인정한 경우가 있으며, 예를 들어 United Brands 사건에서는 40-45%의 시장점유율을 갖고 있는 사업자에 대하여 시장점유율 외의 다른 요인들의 종합적 고려를 통하여 시장지배적 지위를 인정하였다(United Brands Continental BV v. Commission, Case 27/76 [1978] ECR 207, para. 66). 또한 Virgin/British Airways 사건에서 유럽위원회가 40% 미만(39.7%)의 시장점유율을 가진 사업자에 대하여 최초로 지배적 지위를 인정한 경우도 있다(OJ [2000] L30/1). 이와 관련하여 '102조 지침'은 시장점유율이 40% 미만인 경우 지배력이 없는 것으로 볼 수 있지만(not likely), 규제기관이 주의를 기울여야 할 경우도 있는 것으로 보고 있다(para. 14). 한편 현행 독점규제법상 시장점유율에 의한 시장지배력 추정 기준이 너무 높으며, 동 기준의 완화를 통하여 규제의 실효성을 강화하여야 한다는 논의에 관하여, 권오승·이호영·홍명수, 시장지배적 지위 남용행위와 불공정거래행위 규정 합리화 방안 연구, 공정거래위원회 연구용역보고서, 2015, 91면 참조.
14) 독점규제법이 시장점유율에 근거한 시장지배력의 추정을 규정함으로써 다른 고려 요소에 비하여 시장점유율에 우월한 규범적 가치를 부여하고 있는 것에 관하여, 시장점유율은 시장봉쇄의 실제적인 힘으로 작용함으로써, 시장지배력 대용 이상의 의미를 갖고 있다고 보는 것으로, Herbert Hovenkamp, Federal Antitrust Policly: The Law of Competition and Its Practice, Thomson/West, 2005, 82-83면 참조.
15) 102조 지침, para. 13. 참조.

쟁 압력도 지배력에 영향을 미치며, 이를 분석함에 있어서 당해 시장 진입에 따르는 어려움의 정도가 고려되어야 한다. 구체적으로 1) 지식재산권의 보유와 같은 법적·제도적 장벽, 2) 규모의 경제 또는 범위의 경제, 필수설비의 보유, 기술적 우위, 자본조달의 우위, 수직적 통합의 정도, 고도로 발달된 유통 시스템, 우월한 브랜드 이미지의 구축 등 지배적 사업자가 누리고 있는 경제적 이점(economic advantages),[16] 3) 플랫폼의 상용성(ubiquity)으로 대표되는 네트워크 효과, 거래상대방의 거래 전환비용 및 네트워크 효과, 4) 지배력 있는 경우에만 가능한 행위들의 존재[17] 등이 고려될 필요가 있을 것이다. 끝으로 거래상대방의 구매력도 지배력을 억제할 수 있다. 102조 지침은 거래상대방이 충분한 협상력을 갖고 있을 경우에 지배력이 억제될 수 있다는 규정을 두고 있는데,[18] 이러한 협상력은 거래상대방의 규모나 사업에서 차지하는 중요성에 기인할 수 있기 때문에 이러한 부분에 주의를 기울일 필요가 있을 것이다. 그러나 구매력이 단지 시장지배력으로부터 거래상대방의 이익을 보호하는 정도로 제한될 수도 있으며, 이러한 경우에는 시장지배력을 억제하는 효과를 기대하기 어렵다는 점도 염두에 두어야 한다.

　시장지배적 지위가 인정될 경우에 남용성 판단이 이어지며, 이러한 판단의 대상이 된다는 의미에서 시장지배적 사업자는 왜곡되지 않은 경쟁을 침해하는 행위가 허용되지 않는 특별한 의무를 부담하게 된다.[19] 독점규제법 제3조의2 제1항은 남용에 해당하는 행위를 열거하고 있으며, 가격남

---

16) Richard Whish & David Bailey, 주 1)의 책, 184-185면.

17) 예를 들어 리베이트나 가격차별 등의 행위는 지배력이 전제되어야만 실효적으로 행해질 수 있는 것이므로, 이러한 행위는 행위 주체의 지배력 판단의 고려 요소가 될 수 있다. 이에 관하여 리베이트나 가격차별 등의 남용성은 지배적 지위를 전제하기 때문에, 이러한 행위를 지배적 지위의 판단 요소로 볼 경우에 순환논법에 빠질 위험이 있다는 비판이 있지만, 유럽법원은 이러한 비판을 받아들이지 않았다. Michelin v. Commission, Case 322/81 [1983] ECR 3461. 위의 책, 186면 참조.

18) 102조 지침, para. 18.

19) Michelin v Commission, Case 322/81 [1983] ECR 3461, para. 57.

용(1호), 출고조절(2호), 사업활동 방해(3호), 진입 제한(4호), 기타의 행위 (5호)[20] 등이 이에 해당한다. 동 규정의 형식상 위에서 열거된 행위는 예시적이며, 따라서 타당한 법적용을 위하여 남용의 의의에 관한 일반적인 이해가 요구될 것이다.[21] 법 영역에서 남용은 다양한 용례를 갖고 있기 때문에, 구체적인 의미를 파악함에 있어서 해당 규범의 목적에 대한 이해가 선행되어야 한다. 이와 관련하여 유럽의 '102조 지침'이 시장지배적 지위남용에 관한 개입 필요성에 관하여 언급한 부분, 즉 "위원회는 일반적으로 시장지배적 사업자에 상응하는 효율성을 갖고 있는 것으로 판단되는 경쟁사업자의 경쟁을 방해하거나 방해할 수 있는 경우에만 시장지배적 사업자의 행위에 대하여 개입할 것이다"는[22] 규정은 유력한 의미가 있다. 동 규정에서 보호의 대상은 (효율적) 경쟁이며, 따라서 남용의 의미도 보호 대상인 경쟁의 침해로부터 도출될 것이다. 이러한 입장은 우리 대법원 판결에서도 확인할 수 있는데, 포스코 사건에서 대법원은 "시장지배적 지

---

20) 동호는 "부당하게 경쟁사업자를 배제하기 위하여 거래하거나 소비자의 이익을 현저히 저해할 우려가 있는 행위"를 규정하고 있으며, 입법 취지상 작은 일반조항 (kleine generale Klausel)으로서의 성격을 갖고 있는 것으로 보인다. 다만 동법 시행령 제5조 제5항은 동 규정의 의의를, 부당하게 상품 또는 용역을 통상거래가격에 비하여 낮은 대가로 공급하거나 높은 대가로 구입하여 경쟁사업자를 배제시킬 우려가 있는 경우(1호)와 부당하게 거래상대방이 경쟁사업자와 거래하지 아니할 것을 조건으로 그 거래상대방과 거래하는 경우(2호)로 한정하여 규정함으로써 작은 일반조항으로서의 성격은 제한되고 있다.

21) EU 기능조약(Treaty on the Functioning of the European Union; TFEU) 제102조의 적용에 있어서 남용의 개념적 이행의 실제적 필요성에 관하여, Richard Whish & David Bailey, 주 1)의 책, 193면 참조.

22) 102조 지침, para. 26 또한 동 지침 para. 6에서는 "위원회는 단순히 경쟁자를 보호하는 것이 아니라 효율적인 경쟁을 보호하는 것이 중요하다는 것을 유념하여야 한다"고 규정한다. 이러한 규정들은 Deutsche Telekom 사건에서 유럽법원이 "TFEU 제102조는 시장지배적 사업자가 자신과 동등하게 효율적인 실제 경쟁자 및 잠재적 경쟁자를 시장에서 배제하는 효과를 갖는 가격 정책을 금지한다"고 판시한 사항을 수용한 것으로 보인다(Deutsche Telekom v. Commission, Case C-280/08 P [2010] ECR I-9555, para. 177).

위남용행위로서의 거래거절의 부당성은 독과점적 시장에서의 경쟁촉진이
라는 입법목적에 맞추어 해석하여야 할 것"이라고[23] 판시함으로써 남용과
경쟁의 직접적 관련성을 명확히 하였다.

동 규제의 목적을 경쟁 보호로서 이해하고, 남용의 의의를 경쟁제한적
인 관점에서 구성할 경우에, Hoffmann-La Roche 사건에서 유럽법원이 제
시한 남용의 정의를 참고할 만하다. 동 판결에서 "남용은 문제가 되는 사
업자의 존재로 인하여 경쟁의 정도가 약화된 시장의 구조에 영향을 미치
고, 또한 경제 주체들의 거래에 기초한 상품과 용역에 있어서 정상적인 경
쟁(normal competition)이 이루어지는 조건과는 다른 방법을 이용하여 현
재의 시장에 존재하는 경쟁의 정도를 유지하거나 그 경쟁의 발전을 저해
하는 효과를 갖는 지배적 지위에 있는 사업자의 행위에 관련된 객관적 개
념이다."[24] 비록 주관적 요건이 결합됨으로써 논쟁을 낳고 있기는 하지
만,[25] 대법원도 이와 같은 남용에 대한 이해와 기본적으로 유사한 입장을
취하고 있다. 예를 들어 티브로드 사건에서 대법원은 "시장에서의 자유로
운 경쟁을 제한함으로써 인위적으로 시장질서에 영향을 가하려는 의도나
목적을 갖고, 객관적으로도 그러한 경쟁제한의 효과가 생길 만한 우려가
있는 행위로 평가될 수 있는 불이익 강제행위를 하였을 때 그 부당성이
인정될 수 있다"고[26] 판시함으로써 경쟁제한 효과가 남용 행위의 본질임
을 밝히고 있다.[27]

이상의 남용의 의의와 관련하여 두 가지 점에서 논의가 추가될 필요가

---

23) 대법원 2007. 11. 22. 선고 2002두8626 판결.
24) Hoffmann-La Roche v. Commission, Case 85/76 [1979] ECR 461, para. 91.
25) 이에 관한 논의로서, 홍명수, "독점규제법 위반행위에 있어서 주관적 요건의 검
   토", 경쟁법 연구 제29권, 2014, 5면 이하 참조.
26) 대법원 2008. 12. 11. 선고 2007두25183 판결.
27) 동 판결이 경쟁제한성 판단에 있어서 효과주의적 접근방식(effect-based approach)
   을 취한 것에서 의의를 찾는 것으로, 이민호·주현영, "시장지배적 지위 남용행위
   의 '부당성'에 관한 연구-판례를 중심으로-", 사법 제22권, 2012, 104면 이하 참조.

있다. 우선 동 정의는 원칙적으로 배제적 남용에 관한 것이고, 시장지배적 지위남용의 또 다른 유형인 착취적 남용을 포괄하기에는 한계가 있다.[28] 지배적 사업자가 경쟁사업자를 배제하는 행위도 궁극적으로는 착취적인 목적과 관련되는 것이기 때문에, 이를 남용 개념에서 전적으로 배제하는 것은 타당하지 않을 수 있으며,[29] 또한 시장에 의한 압력을 기대하기 어려운 과도기적인 시장에서 착취적 남용 규제의 경쟁정책적 의의가 강조될 수도 있다.[30] '102조 지침'도 착취적 남용의 규제 가능성 자체는 부인하지 않음으로써 남용행위를 착취적 남용과 배제적 남용으로 이원화하는 태도를 유지하고 있다.[31] 또한 배제적 측면에서 남용을 이해할 경우에도, 이러한 남용에 대한 이해는 통상적인 경쟁과의 비교를 불가피한 것으로 하며, 이때 정상적인 경쟁의 의의를 밝히는 것이 추가적인 과제로 주어질 것이다. 유럽법원은 정상적인 경쟁을 장점(merits)에 의존하여 이루어지는 경쟁으로 이해하고 있다. 예를 들어 Deutsche Telekom 사건에서 유럽법원이 "자신의 장점에 의존하는 경쟁의 영역에서 벗어나 기타 다른 방법을 이용하는 것"을[32] TFEU 제102조에 의하여 허용되지 않는 지배력 강화의 방법으로 판시하였는데, 이러한 이해는 남용을 구체화하는 유효한 기준이 될 수 있다는 점에서 주목을 요한다.[33]

---

28) Philip Lowe는 착취적 남용과 배제적 남용에 적용되는 통일적인 남용 개념의 제시는 물리학자가 뉴턴 물리학과 양자역학을 통합하려는 시도만큼이나 어렵다고 한다. Richard Whish & David Bailey, 주 1)의 책, 198면.

29) Pinar Akman, The Concept of Abuse in EU Competition Law, Hart Publishing, 2015, 3면 이하.

30) Richard Whish, Competition Law, Oxford Univ. Press, 2005, 195면 및 Fritz Rittner & Meinrad Dreher, Europäisches und deutsches Wirtschaftsrecht, C. F. Müller, 2008, 552면 참조.

31) 102조 지침, para. 6.

32) Deutsche Telekom v. Commission, Case C-280/08 P [2010] ECR I-9555, para. 177.

33) Richard Whish & David Bailey, 주 1)의 책, 198면 참조.

(2) 불공정거래행위의 의의

불공정거래행위 규제 근거인 독점규제법 제23조 제1항은 공정한 거래를 저해할 우려가 있는 행위를 불공정거래행위로서 금지하고 있다. 동 규정은 공정한 경쟁보다 넓은 함의를 갖는 공정한 거래의 유지를 보호 목적으로 하며, 따라서 동 규정이 위법성의 징표로 제시하고 있는 공정거래저해성의 의의는 경쟁제한성보다 넓은 범위를 포괄한다는 견해가 지배적이다.[34] 즉 공정거래저해성은 내용상 경쟁제한성뿐만 아니라 다양한 관점에 따른 기준에 의하여 판단되며,[35] 판례 또한 이러한 입장을 취하고 있다.[36]

불공정거래행위의 위법성 판단이 경쟁제한성에 근거할 경우에, 이러한 판단은 기본적으로 관련시장에서의 경쟁제한적 효과의 분석에 기초하며, 이는 시장지배적 지위남용행위와 같이 경쟁제한성에 의하여 위법성 판단이 이루어지는 독점규제법상 다른 법위반 유형과 본질적으로 다르지 않다. 그러나 전술한 것처럼 불공정거래행위의 위법성 판단은 경쟁제한성에

---

34) 권오승, 경제법, 법문사, 2014, 303면; 신현윤, 경제법, 법문사, 2012, 267면; 양명조, 경제법, 신조사, 2013, 354면. 특히 공정 거래와 공정 경쟁을 논쟁적으로 소개하며, 전자의 입장을 취하는 것으로, 신동권, 독점규제법, 박영사, 2011, 556-557면 참조.

35) 이기수·유진희, 주 4)의 책, 203면; 이호영, 독점규제법, 홍문사, 2011, 245면; 정호열, 경제법, 박영사, 2010, 392면.

36) 불공정거래행위 부당성 판단에 관한 선례에 해당하는 대법원 1998. 9. 8. 선고 96누9003 판결은 "부당성의 유무를 판단함에 있어서는 거래당사자의 거래상의 지위 내지 법률관계, 상대방의 선택 가능성·사업규모 등의 시장상황, 그 행위의 목적 및 효과, 관련 법규의 특성 및 내용 등 여러 사정을 고려하여 그 행위가 공정하고 자유로운 경쟁을 저해할 우려가 있는지의 여부에 따라야 할 것이다"고 판시하였는데, 동 판시사항에서 행위의 목적 및 효과는 경쟁제한성 판단에 그리고 상대방의 선택가능성 등은 불공정성 판단에 상응하는 것이다. 또한 시장지배적 지위남용과 불공정거래행위 규제의 규범 목적상의 차이를 밝힌 대법원 2007. 11. 22. 선고 2002두8626 판결이나 불공정성에 기초하여 끼워팔기의 부당성을 판단한 대법원 2006. 5. 26. 선고 2004두3014 판결은 이러한 입장을 시사한다.

한정되지 않으며, 특히 경쟁제한성과 구별되는 위법성 판단 기준으로서 불공정성은 불공정거래행위의 위법 유형의 하나를 대표하기 때문에, 이에 대한 이해는 독점규제법에서 규제하는 불공정거래행위의 고유한 의의를 구체화하는 의미가 있다.

전술한 것처럼 불공정거래행위의 위법성 판단 근거로서 불공정성은 경쟁제한적 효과에 기초하지 않으며, 본질적으로 공정성의 침해로부터 파악될 수 있는 개념이다. 일반적으로 거래에서의 공정은 거래당사자들의 이익이 균형 있게 고려되는 것에 있으며, 이러한 균형이 침해됨으로써 발생하는 거래상대방의 불이익은 불공정성 판단의 유력한 근거가 될 것이다. 특히 여기서의 이익 고려는 경쟁과 관련되는 법익의 관점에서 이루어진다는 점에 주의를 요한다.[37) 또한 거래 과정에서 수단의 공정성을 문제 삼을 수도 있다. 경쟁의 관점에서 보면 공정한 경쟁은 상품의 장점에 의하여 경쟁이 이루어지는 것이며, 이외의 수단에 의할 경우에 경쟁의 공정성이 침해될 수 있고, 이를 불공정성의 근거로 파악할 수도 있을 것이다.

'불공정거래행위 심사지침'(2015. 12. 31. 공정거래위원회 예규 제241호, 이하 불공정 심사지침)은 이상의 두 가지 계기로부터 불공정성을 파악하고 있다. 즉 불공정 심사지침은 후자를 경쟁수단의 불공정성 그리고 전자를 거래내용의 불공정성으로 구분하고, 경쟁수단의 불공정성은 "상품 또는 용역의 가격과 질 이외에 바람직하지 않은 경쟁수단을 사용함으로써 정당한 경쟁을 저해하거나 저해할 우려가 있음" 그리고 거래내용의 불공정성은 "거래상대방의 자유로운 의사결정을 저해하거나 불이익을 강요함으로써 공정거래의 기반이 침해되거나 침해될 우려가 있음"을 의미하는 것으로 규정한다(불공정 심사지침 Ⅲ. 1. 가. (1) (라)).

이와 같이 이중적으로 파악된 불공정성의 의의는 불공정 심사지침에서 정하고 있는 불공정거래행위 세부 유형에 따라서 구체화되고 있다. 불공

---

37) Fritz Rittner, Meinrad Dreher & Michael Kulka, Wettbewerbs- und Kartellrecht, C. F. Müller, 2014, 69면 참조.

정 심사지침은 위법성 판단이 불공정성에 의하여 이루어지는 불공정거래
행위 유형들을 불공정성의 주된 내용이 경쟁수단의 불공정성에 의한 경우
와 거래내용의 불공정성에 의하는 경우로 나누고, 전자에는 부당한 고객
유인, 거래강제, 사업활동 방해에 속한 유형, 후자에는 거래상 지위남용의
유형들이 속하는 것으로 규정하고 있다. 다음의 〈표 1〉은 독점규제법 시
행령 [별표 1의2] '불공정거래행위의 유형 및 기준'(이하 '불공정거래행위
유형')에서 규정한 불공정거래행위의 세부 유형을 불공정 심사지침에서
제시하고 있는 위법성 판단 기준에 따라서 분류한 것이다.

〈표 1〉 위법성 판단 기준에 따른 불공정거래행위 세부 유형[38]

경쟁제한성		- 거래거절(공동의 거래거절, 기타의 거래거절) - 차별적 취급(가격차별, 거래조건차별, 집단적 차별) - 경쟁사업자 배제(부당염매, 부당고가매입) - 거래강제(끼워팔기) - 구속조건부 거래(배타조건부 거래, 거래지역 또는 거래상대방 제한)
불공정성	경쟁수단의 불공정성	- 부당한 고객유인(부당 이익에 의한 고객유인, 위계에 의한 고객유인, 기타의 부당 고객유인) - 거래강제(사원판매, 기타의 거래강제) - 사업활동 방해(기술의 부당이용, 인력의 부당유인·채용, 거래처 이전 방해, 기타의 사업활동 방해)
	거래내용의 불공정성	- 거래상 지위의 남용(구입 강제, 이익제공 강요, 판매목표 강제, 불이익 제공, 경영간섭)
경쟁제한성+경제력집중		- 차별적 취급(계열회사를 위한 차별) - 부당지원행위

결국 불공정거래행위 규제에서 불공정성의 판단은 경쟁수단과 거래내
용 측면에서 이루어지며, 특히 불공정거래행위의 세부 유형별로 각각의

---

38) 2015. 12. 31. 개정한 '불공정거래행위 심사지침'은 종전 경쟁제한성과 불공정성 양자에 기초하였던 끼워팔기의 위법성 판단 기준을 경쟁제한성의 단일한 기준에 의하는 것으로 변경하였다.

판단 기준이 유효한 행위를 상정하여 구체적인 판단 기준을 제시하는 방식으로 규제 실무가 운영되고 있다. 그러나 이와 같은 유형별 분류에 따른 형식적 접근은 불공정성에 근거한 불공정거래행위의 이해에 부정적 영향을 미칠 수 있다는 점에서 일정한 문제제기가 가능할 것이다.

이와 관련하여 독일 부정경쟁방지법상(Gesetz gegen den unlauteren Wettbewerb; UWG) 불공정성에 대한 이해를 참고할 만하다. 동법 제1조는 "이 법은 경쟁자, 소비자 및 기타 시장참가자들을 불공정한 경쟁으로부터 보호하는 것이다. 이 법은 동시에 왜곡되지 않은 경쟁에 관한 일반의 이익(Interesse der Allgemeinheit)도 보호한다"고 규정하고, 특히 동 규정에 기술된 소비자의 이익에서 소비자의 결정의 자유는 핵심적인 의미가 있다.[39] 나아가 불공정거래행위를 금지하는 동법 제3조 제1항은 "경쟁사업자, 소비자 기타 시장참가자의 이익에 영향을 미칠 수 있는 불공정한 거래행위는 금지된다"고 규정함으로써 거래상 불이익 측면에서 불공정거래행위를 파악한다는 점을 명확히 하고 있지만, 이때 불이익의 의미를 거래 내용이나 경쟁수단으로 한정하고 있지는 않다. 이와 비교하여, 심사지침상의 분류는 거래상 불이익의 판단에 있어서 수단과 내용 간에 의미 있는 차이가 존재한다는 것을 전제한 것이지만, 이것이 가능할지 의문이며, 무엇보다 이러한 접근 방식은 거래상 불이익이라는 불공정성의 본질을 파악하는데 지장을 초래할 수도 있다. 앞에서 살펴본 대법원 판결(96누9003)은 다양한 요소의 종합적 고려 하에 공정하고 자유로운 경쟁을 저해할 우려가 존재하는지를 부당성 판단 기준으로 제시하였는데, 이러한 종합적인 판단 방식은 불공정성의 판단에도 요구되는 것이다. 즉 특정한 행위를 대상으로 수단과 내용 모두에서 불공정성의 판단이 필요할 수도 있으며, 이를 형식적으로 제한하는 것은 타당성을 기하기 어려울 것이다.

---

39) Friedrich L. Ekey u. a., Wettbewerbsrecht, C. F. Müller, 2005, 50면(Diethelm Klippel & Antje Brämer) 참조.

2. 양자의 관계

(1) 특별법적 관계

시장지배적 지위남용행위와 불공정거래행위 규제의 관계를 특별법적인 관점에서 이해하는 견해가 지배적이다.[40] 동 견해에서는 시장지배적 지위남용행위 규제가 불공정거래행위 규제의 특별법에 해당한다. 특별법과 일반법은 법적용 순서에 관한 원칙을 함의로서 갖고 있으므로, 양 규정에 모두 포섭되는 행위에 대해서는 특별법 우선원칙에 따라서 시장지배적 지위남용행위로서의 규제가 우선적으로 검토된다.

양자의 관계를 특별법적 관계로 보는 논거에 관해서는 상이한 시각이 존재한다. 유력한 견해는 양 규제의 수범자 범위에 차이가 있다는 점을 특별법적 관계의 근거로 제시하고 있다. 시장지배적 지위남용행위 규제에서 수범자는 시장지배적 사업자로 제한되는 반면에, 불공정거래행위 규제는 사업자 일반을 대상으로 하며, 이와 같은 수범자 측면에서의 제한이 전자를 후자의 특별법으로 볼 수 있는 근거가 되는 것으로 이해하고 있다.[41]

이와 달리 양 규제가 적용되는 시장의 구조적 성격에 차이가 있다는 점에 초점을 맞추어 특별법적 관계의 타당성을 구할 수도 있다. 전술한 견해에서 수범자가 일정한 범위로 제한된다는 점은 특별법적 관계의 결정적인 표지가 될 수 있지만, 보다 중요한 것은 수범자적 특성과 이에 따른 시장구조의 차별화 그리고 이에 기초하여 구축된 규범적 차이라 할 수 있다. 즉 동일한 행위라도 행위 주체가 시장지배적 지위에 있는 사업자인지 여부에 따라서 경쟁정책적 평가는 상이할 수 있다.[42] 무엇보다 이러한 수범자적 특성은 근본적으로 수범자가 존재하는 시장의 특성에 연유하는 것이

---

40) 권오승, 주 34)의 책, 283면; 양명조, 주 34)의 책, 187-188면.
41) 권오승, 주 34)의 책, 283면.
42) Gerhard Wiedemann hrsg., Handbuch des Kartellrechts, C. H. Beck, 1999, 831면(Gerhard Wiedemann) 참조.

라는 점도 염두에 두어야 한다. 시장지배적 사업자가 존재하는 시장과 그렇지 않은 시장은 경쟁의 관점에서 이미 본질적인 차이를 갖고 있으며, 이와 관련하여 잔존경쟁 개념은 의미 있는 시사점을 제공한다. 잔존경쟁은 시장지배적 사업자의 존재에 의하여 이미 구조적으로 경쟁이 제약되고 있는 상황에서의 경쟁,[43] 즉 지배적 사업자와 다른 열위의 사업자들 사이의 경쟁으로 구성된 개념이며,[44] 동 개념에 의하여 구조적 제약이 있는 시장에서 보호되어야 할 최소한의 범위가 결정된다. 결국 시장지배적 사업자가 존재하는 시장은 이에 대한 특별한 규제의 필요성을 낳으며, 수범자의 제한은 이러한 필요성이 규범적으로 수용된 결과이다. 이러한 관점에서 불공정거래행위 규제와의 관계에서 시장지배적 지위남용행위 규제의 특별법적 지위는 본질적으로 시장의 특성에 기인한 것으로 이해할 수도 있다.

(2) 불공정성의 고려

이상의 특별법적 관계에 관한 논의는 시장지배적 지위남용행위 규제와 불공정거래행위 규제 간에 규범 목적에 있어서, 특히 위법성의 본질에 있어서 차이가 없다는 것을 전제할 경우에만 유효한 것이다. 그렇지만 앞에서 불공정거래행위의 의의에 관하여 살펴본 것처럼, 이러한 전제가 유지될 수 있는 범위는 제한된다. 특별법 우선 원칙에 관하여 대법원은 이 "원칙은 동일한 형식의 성문법규인 법률이 상호 모순·저촉되는 경우에 적용되는 것이고 법률이 상호 모순·저촉되는지 여부는 법률의 입법목적, 적용범위 및 규정사항 등을 종합적으로 검토하여 판단하여야 한다"고[45] 판시하였다. 즉 관련 법규정들이 상호 모순·저촉되지 않는다면 동시에 적용될

---

43) 앞에서 살펴본 Hoffmann-La Roche 판결에서 유럽법원은 남용 개념을 이미 시장지배적 사업자의 존재로 인하여 경쟁의 정도가 약화된 시장에 기초하여 정의하고 있다.

44) Gerhard Wiedemann hrsg., 주 42)의 책, 766면(Georg-Klaus de Bronett).

45) 대법원 1998. 11. 27. 선고 98다32564 판결.

수 있는 것이고, 이때 관련 규정들이 특별법·일반법의 관계에 있는지에
관한 검토는 불필요한 것이 된다.

이러한 관점에서 시장지배적 지위남용행위와 불공정거래행위를 관계적
으로 살펴보면, 불공정거래행위의 세부 유형 중 경쟁제한성에 기초하여
위법성 판단이 이루어지는 유형들을 시장지배적 사업자가 행할 경우에 시
장지배적 지위남용행위에도 해당할 수 있으며, 이때 양 규정의 적용에 따
른 법적 효과에는 차이가 있다. 따라서 이러한 행위 유형의 경우에, 이를
규율하는 양자는 상호 모순·저촉적인 관계에 있는 것으로 볼 수 있을 것이
다. 그렇지만 경쟁제한성에 기초하지 않는 다른 불공정거래행위의 세부
유형을 전제하면, 동일한 행위가 시장지배적 지위남용행위와 불공정거래
행위에 해당하는 경우에 보호 대상과 규범 목적상의 차이가 드러나며, 따
라서 양 규정을 동시에 적용되는 것이 법리적으로 문제되지 않는다. 즉
이 경우에는 양자를 상호·저촉 관계로 이해할 수 있는 여지가 주어지지
않는다.

이상의 논의를 종합하면, 불공정거래행위의 유형 중 경쟁제한성에 기초
하여 위법성 판단이 이루어지는 유형에 대해서는 시장지배적 지위남용행
위와 불공정거래행위의 관계를 특별법적 관계로 볼 수 있으나, 경쟁제한
성에 의하지 않는 불공정거래행위 위법 유형에 대해서도 이러한 관계와
이에 따른 법적용 원칙을 적용하기는 어려울 것이다. 이와 관련하여 포스
코 사건에서 대법원 판결은 주목할 만하다. 동 판결에서 대법원은 "공정거
래법 제3조의2 제1항 제3호의 시장지배적 사업자의 거래거절행위와 공정
거래법 제23조 제1항 제1호의 불공정거래행위로서의 거래거절행위는 그
규제목적 및 범위를 달리하고 있으므로 공정거래법 제3조의2 제1항 제3호
가 규제하는 시장지배적 사업자의 거래거절행위의 부당성의 의미는 공정
거래법 제23조 제1항 제1호의 불공정거래행위로서의 거래거절행위의 부당
성과는 별도로 독자적으로 평가·해석하여야 한다. 공정거래법이 그 제3조
의2 제1항 제3호에서 시장지배적 사업자의 지위남용행위로서의 거래거절

행위를 규제하면서도 그 제23조 제1항 제1호에서 시장지배적 사업자를 포함한 모든 사업자의 불공정거래행위로서의 거래거절행위를 규제하고 있는 이유는, 거래거절이 시장지배적 사업자의 지위남용에 해당하는지 여부를 떠나 단지 그 거래상대방과의 관계에서 공정한 거래를 저해할 우려가 있는 행위라고 평가되는 경우에는 이를 규제하여야 할 필요성이 있기 때문이다. 따라서 공정거래법 제23조 제1항 제1호의 불공정거래행위로서의 거래거절행위에 관하여는 그 행위의 주체에 제한이 없으며, 또한 그 당해 거래거절행위의 공정거래저해성 여부에 주목하여 특정 사업자의 거래기회를 배제하여 그 사업활동을 곤란하게 하거나 곤란하게 할 우려가 있는 경우, 거래상대방에 대한 부당한 통제 등의 목적 달성을 위한 실효성 확보 수단 등으로 거래거절이 사용된 경우 등과 같이 사업자의 거래거절행위가 시장에 미치는 영향을 고려하지 아니하고 그 거래상대방인 특정 사업자가 당해 거래거절행위로 인하여 불이익을 입었는지 여부에 따라 그 부당성의 유무를 평가하여야 한다. 이에 비하여 공정거래법이 그 제3조에서 공정거래위원회로 하여금 독과점적 시장에서 경쟁을 촉진하기 위한 시책을 수립·시행하여야 할 의무를 부과하고 또한 그 제3조의2에서 시장지배적 사업자를 수범자로 하여 그 지위남용행위를 규제하면서 그 지위남용행위의 하나로 거래거절행위를 규정하고 있는 이유는, 불공정거래행위로서의 거래거절행위와는 달리 시장지배적 사업자가 존재하는 독과점적 시장에서 시장지배적 사업자의 경쟁을 제한하는 거래거절행위를 규제하여야 할 필요성이 있기 때문이다"라고[46) 판시하였다. 동 판결은 거래거절 행위를 대상으로, 동 행위가 시장지배적 지위남용행위와 불공정거래행위에 모두 해당할 수 있지만, 양자는 규제 목적과 범위에 차이가 있으므로, 독자적으로 평가·해석되어야 한다는 입장을 취하고 있다. 즉 동 판결이 취하고 있는 입장은 시장지배적 지위남용행위와 불공정거래행위의 관계를 특별법적으

---

46) 대법원 2007. 11. 22. 선고 2002두8626 판결.

로 이해하는 것과는 차이가 있으며, 오히려 양자의 경합적인 규율 가능성을 시사하는 것이다.[47]

결국 불공정거래행위의 위법성 판단이 다원적으로 이루어지고 있다는 점을 전제할 경우에, 시장지배적 지위남용행위와 불공정거래행위의 관계를 특별법적 관계로 이해할 수 있는 부분은 제한적이며, 특별법 관계에 해당하지 않는 부분에 대해서는 양자의 중복 적용이 가능한 경합적 관계로 이해할 수밖에 없을 것이다. 그러나 이러한 법리적 결론에도 불구하고, 양 규정의 중복 적용을 당연히 받아들여야 하는 것은 아니다. 우선 법적용 측면에서 보았을 때, 경쟁제한성과 불공정성 또는 경쟁의 자유와 공정이 개념상 구별될 수 있는 것과는 별개로 실제 거래 현실에서는 상호간에 밀접히 관련될 수 있으며, 엄밀한 구별이 언제나 가능한 것은 아니다. 경쟁제한적 행태에 대한 규제를 통하여 보호하려는 경쟁은 공정한 경쟁에 한정되며, 이러한 맥락에서 경쟁의 자유와 경쟁의 공정의 관련은 불가피한 것일 수 있다.[48] 또한 법적용 과정에서 필수적으로 요구되는 정책적 관점에서도 경합적 적용의 문제가 검토되어야 한다. 양 규정에 모두 포섭되는 행위에 대하여 어느 하나의 규정에 의한 규제가 이루어짐으로써 규제 목적이 충분히 실현된 것으로 볼 수 있는 경우에, 경합적 법적용은 과잉규제로 판단될 수도 있을 것이다.

---

47) '불공정 심사지침'은 위법성 판단이 경쟁제한성 또는 불공정성에 의하는지에 따라서 세부 유형을 형식적으로 나누어 접근하는 방식을 취하고 있으며, 거래거절 행위는 심사지침 상 경쟁제한성에 의하는 행위 유형으로 분류된다. 그러나 이와 같은 이해가 법원의 판결에 수용되지 않고 있으며, 오히려 법원은 행위 유형이 아닌 행위의 구체적 내용에 따라서 불공정성을 판단할 수 있다는 입장을 취하고 있는 것으로 보이며, 동 판결은 이러한 태도의 연장선에서 이해할 수도 있을 것이다.

48) Fritz Rittner, Meinrad Dreher & Michael Kulka, 주 37)의 책, 40-42면 참조.

Ⅲ. 단독행위 규제체계의 개선

1. 현행 단독행위 규제체계의 의의

(1) 이원적 규제체계

현행 독점규제법상 단독행위 규제는 이원적인 규제체계에 의하고 있다. 앞에서 살펴본 것처럼 시장지배적 지위남용행위와 불공정거래행위 규제는 사업자의 단독행위를 규제하는 주된 근거가 되며, 동법 제19조에 의한 공동행위 규제 등과 함께 독점규제법의 전체 규제체계의 근간을 이룬다. 나아가 단독행위 규제의 한 부분을 담당하는 불공정거래행위 규제가 위법성의 성격을 달리하는 행위 유형들을 포괄하여 규제 대상으로 삼고 있다는 점도 독점규제법의 고유한 규제체계적 특징에 해당한다.

다음의 〈표 2〉는 독점규제법상 단독행위 규제체계의 전체적인 모습을 보여주고 있는데, 결국 단독행위 규제체계의 이원적 성격은 규제 근거의 형식적인 측면에서뿐만 아니라 위법성 판단의 실질적인 측면에서도 연유하고 있는 것이다.

〈표 2〉 단독행위 규제체계의 개괄

독점규제법상 단독행위 규제		
규제 대상 행위		
경쟁제한 행위		불공정 행위
규제 근거		규제 근거
시장지배적 지위남용행위 (법 3조의2)	불공정 거래행위 (법 23조)	불공정 거래행위 (법 23조)

(2) 현행 규제체계의 문제점 검토

독점규제법상 단독행위 규제로서 시장지배적 지위남용행위와 불공정거래행위 규제는 각각 그 자체로서 개선의 과제를 갖고 있으며, 지속적으로 실효성 있는 규제로서 기능하기 위하여 이러한 과제는 상시적인 것으로 이해되어야 할 것이다. 미국 AMC(Antitrust Modernization Commission)가 단독행위 규제 개선에서 가장 우선적인 과제로 반경쟁적 행위에 대한 Sherman법 제2조 적용의 기준을 명확히 하는 것을 제시하였는데,[49] 이러한 관점은 독점규제법의 단독행위 규제 개선에 있어서도 마찬가지로 유효하다. 예를 들어 독점규제법, 동법 시행령 및 공정거래위원회가 제정한 '시장지배적 지위남용행위 심사기준'(이하 남용 심사기준)에 의한 남용 규제가 현실 경제에서 발생하고 있는 다양한 남용 유형들을 적절하게 포섭할 수 있는지에 관해 의문이 있으며, 결합판매, 리베이트, 이윤 압착 그리고 표준필수특허의 실시 거절과 같은 지식재산권 영역에서 발생하는 남용 등에 대하여 실효성 있는 규제가 가능하도록 하는 입법적 정비도 필요할 것이다.[50] 또한 동일한 관점에서 불공정거래행위에 대한 논의도 이루어져야 하며, 구체적인 규제 내용의 개선에 있어서 불공정거래행위의 규제, 특히 불공정성에 기초한 규제가 독점규제법에 근거하여 행해지고 있는 것이 정책적으로 타당한지에 관한 문제도 아울러 검토되어야 한다. 이와 관련하여 불공정성의 문제를 경쟁제한방지법이 아니라 원칙적으로 사적 구제에 의존하는 부정경쟁방지법에서 다루고 있는 독일의 경쟁법 체제를 참고할 수 있을 것이다.

한편 개별 규제의 개선과 별개로, 규제체계적 관점에서 단독행위 규제의 개선이 논의될 필요도 있으며, 논의의 출발점으로서 단독행위의 규제 체계적 문제가 검토되어야 한다. 이미 언급한 것처럼 경쟁법상 단독행위 규제 근거를 단일한 법조항에 두고 있지 않다는 것 자체가 문제가 되는 것은 아니며, 비교법적으로 유사한 예를 확인할 수 있다. 예를 들어 독일

---

49) Antitrust Modernization Commission, Report and Recommendations, 2007, 81-83면.
50) 102조 지침, para. 19 참조.

의 경쟁제한방지법은 단독행위 규제 근거로서 제19조에 의하여 시장지배
적 지위남용행위를 규제하고 있으며, 동조 제2항 제1호와 제2호는 방해적
남용과 착취적 남용을 규율하고, 제3호 내지 제5호에서 차별적 취급, 필수
설비 접근 거절, 부당한 이익제공 강요를 별도의 규제 대상으로 규정하고
있다. 그러나 단독행위 규제가 이에 한하는 것은 아니며, 제20조 및 제21
조에서 단독행위 규제에 관한 추가적인 근거 규정을 두고 있다.

　이를 개략적으로 보면, 제20조는 전체적으로 시장지배적 지위남용 규제
의 수범자를 확대하는 의미가 있다. 제20조 제1항은 제19조 제2항 제1호
의 방해적 남용에 관한 수범자를 확대하고 있으며, 동 규정에 의하여 특정
한 상품시장에서 중소 사업자가 다른 사업자로 거래를 전환할 충분하고
예측할 수 있는 가능성이 존재하지 않는 정도로 종속될 경우에 이들과 거
래관계에 있는 사업자는 상대적 시장력을 갖고 있는 사업자로서 동 규정
의 규제 대상이 된다. 이때 대상 행위는 전술한 것처럼 방해적 남용이며,
제19조에 의한 경우와 위법성 판단을 달리하는 것은 아니다. 제2항은 제
19조 제2항 제5호의 부당 이익제공 강요에 관하여 수범자를 확대하고 있
으며, 양자 사이에 부당성 판단에 차이가 있지 않다. 이때 수범자는 제1항
과 마찬가지로 종속성을 기준으로 정하는데, 이 경우에는 종속적 위치에
있는 상대 사업자를 중소 사업자에 한정하지 않으므로, 이러한 점에서 상
대적인 시장력이 인정되는 범위는 제1항에 비하여 넓을 수 있다. 이러한
차이를 제외하고 제1항과 제2항에 의한 규제에서 수범자의 표지는 상대적
시장력(relative Marktmacht)이며, 이는 종속적 관계에 의하여 결정되고,
종속성 판단을 위하여 시장 획정을 전제로 충분하고 예측가능한 회피(거
래전환) 가능성이 고려된다.[51] 제3항은 우월적 지위에 있는 사업자를 규
제 대상으로 한다. 이때 우월적 지위는 동일한 시장에서 경쟁관계에 있는
중소 사업자에 대한 것이며, 이러한 지위에 기초하여 중소 사업자의 사업

---

51)　Hermann-Josef Bunte hrsg., Kartellrecht Kommentar B 1 Deutsches
　　　Kartellrecht, Luchterhand, 2014, 572-576면(Jörg Nothdurft) 참조.

활동을 부당하게 방해하는 행위가 금지 대상이 된다. 결국 동 규정에서 수
범자의 핵심적 표지는 우월한 시장력(überlegene Marktmacht)이며, 이는
사업자들의 시장에서의 지위를 상호 비교하는 것에 의하여 결정된다. 경
쟁제한방지법은 이를 판단하는 요소를 특별히 언급하지 않음으로써 개방
적인 태도를 취하고 있는데, 시장점유율 외에 재정능력, 시장진입과 제한
의 정도, 조직 구조 등이 고려 요소가 될 것이다.[52] 제5항은 경제단체 또
는 직능단체 등이 특정 사업자의 가입을 거부하는 행위를 규제 대상으로
하는데, 가입거부가 경쟁상 손실을 낳을 것을 요건으로 하고 있다는 점에
서 기본적으로 방해적 남용의 특수한 형태로 이해할 수 있을 것이다.

　제21조에 의한 규제는 수범자에 제한을 두고 있지 않으며, 또한 구체적
인 규제 대상인 행위 측면에서도 제19조 또는 제20조의 규제와 연관성을
갖고 있지 않다는 점에서 특징적이다. 우선 제4항의 규제는 카르텔청에
의한 규제 원인을 제공하였다는 이유로 다른 사업자를 침해하는 것을 금
지하며, 경쟁제한방지법 전체의 제도적 실효성 유지에 관련되는 것이므로
경쟁제한방지법의 고유한 규제 대상 행위로서의 의의는 제한적이다. 이를
제외하고 제1항 내지 제3항의 규제 대상 행위를 살펴보면, 우선 보이콧에
관한 제1항의 규제는 사업자 또는 사업자단체가 특정 사업자에 대한 거래
중단을 요구하는 행위를 금지하는데, 명문으로 특정 사업자를 해할 의도
(Absicht)를 요구하고 있다. 구체적인 위법성 판단은 보이콧 상대방이 받
게 되는 불이익에 기초하며, Rittner & Dreher는 동 규제에서 경쟁과정의
자유가 문제될 수 있지만, 주된 쟁점은 아니라는 입장을 취한다.[53] 제2항
은 손해를 가하거나 이에 대한 위협을 하는 행위와 계약적인 근거 없이
일정한 행위를 유인하기 위하여 이익을 제공하거나 약속하는 행위를 규제
대상으로 하고 있으며, 사업자의 의사결정의 자유를 침해하거나 경쟁을
저해한다는 점에 근거하여 이를 위법한 행위로 규정하고 있다. 제3항은

---

52) 위의 책, 592-593면(Jörg Nothdurft) 참조.
53) Fritz Rittner, Meinrad Dreher & Michael Kulka, 주 34)의 책, 492면.

경쟁제한적 행위 등을 강요하는 행위를 규제 대상으로 하며, 사업자의 의사 결정의 침해와 경쟁상 자유의 제한으로부터의 보호를 규제 목적으로 한다.

다음 〈표 3〉은 이상에서 살펴본 경쟁제한방지법상 단독행위 규제 유형을 정리한 것이다.

〈표 3〉 독일 경쟁법상 단독행위 규제체계[54]

	규제 대상 행위	위법성	수범자
GWB 19(2)	남용행위(착취, 방해)	경쟁제한성	시장지배적 사업자
GWB 20(1)	방해적 남용행위	경쟁제한성	상대적 시장력 사업자 (상대 사업자는 중소 사업자)
GWB 20(2)	부당 이익강요	경쟁제한성	상대적 시장력 사업자
GWB 20(3)	중소기업 대상 방해 남용	경쟁제한성	우월한 시장력 사업자
GWB 20(5)	가입거부행위	경쟁제한성	경제 단체 등
GWB 21(1)	보이콧	이익 침해 경쟁 침해	사업자, 사업자 단체
GWB 21(2)	부당 유인행위(권유, 위협)	의사결정 자유 침해 경쟁 침해	사업자, 사업자 단체
GWB 21(3)	동조행위의 강요	의사결정 자유 침해 경쟁 침해	사업자, 사업자 단체
GWB 21(4)	제재에 대한 보복 행위	이익 침해 경쟁질서 보호	수범자 제한 없음

〈표 3〉에서 확인할 수 있듯이, 독일 경쟁제한방지법상 단독행위 규제 역시 복수의 규정에 근거하고 있다는 점에서 독점규제법과 다르지 않으며, 이와 같은 규제체계의 형성은 시장지배적 지위남용행위 규제만으로 단독의 경쟁법 위반행위에 대한 제재가 충분하지 않을 수 있다는 입법적 판단에 따른 것으로 볼 수 있다.[55] 이러한 점은 독점규제법의 규제체계의 형

---

54) Michael Kling & Stefan Thomas, Kartellrecht, Vahlen, 2015, 641면에서 재구성.
55) 위의 책, 637-640면 참조.

성과 제도 운영에 있어서도 고려될 수 있다. 그러나 몇 가지 점에서 독점 규제법과 비교되는 주목할 만한 차이가 존재한다. 우선 독일 경쟁제한방지법상 단독행위 규제는 대부분 경쟁제한성에 근거하여 이루어지는 반면, 앞에서 살펴본 것처럼 독점규제법상 단독행위 규제는 경쟁제한성뿐만 아니라 불공정성도 중요한 규제 근거가 된다는 점에서 구별된다. 이러한 차이는 구체적인 규제체계의 형성에도 나타나는데, 경쟁제한방지법상 단독행위 규제는 제19조에 의한 시장지배적 지위남용행위 규제를 중심으로 하고, 다른 규제는 이를 보완하는 형식으로 이루어지고 있는데 반하여, 독점규제법상 시장지배적 지위남용행위와 불공정거래행위 규제는 상호 독립적인 형식으로 규정되어 있다. 나아가 이와 같은 규제상의 차이는 경쟁법 전체의 체계에도 영향을 미치는데, 독일의 경우 경쟁제한성 위반행위의 규제로서 경쟁제한방지법과 불공정성 위반행위의 규제로서 부정경쟁방지법이 종합적으로 경쟁법 체계를 구성하고 있는데 반하여,[56] 불공정성 규제의 중요한 근거가 되는 불공정거래행위 규제가 독점규제법 안에 위치함으로써 독일 경쟁법과는 확연히 구별되는 법체계를 이루고 있다.

결국 단독행위 규제와 관련하여 독점규제법이 독일의 경쟁제한방지법과 구별되는 가장 중요한 특징은 불공정성에 따른 규제도 함께 행해지고 있다는 점이며, 더욱이 이러한 규제가 경쟁제한성 규제의 근거도 되는 불공정거래행위 규제에 포함되어 있다는 점은 이러한 특징을 더욱 두드러지게 한다. 이와 관련하여 연혁적으로 독점규제법 제정에 영향을 미쳤으며,[57] 독점규제법상 불공정거래행위 규제와 유사하게 불공정성에 기초한 위법성 판단이 쟁점이 되고 있는 미국 FTC법 제5조를 참고할 필요가 있을 것이다. 미국 FTC법은 제5조 제1항에서 "거래에서 또는 거래에 영향을 미치는 불공정한 경쟁방법 그리고 불공정하거나 기만적인 행위는 위법하다"는 규정을 두고 있다. 동 규정 후단의 불공정하거나 기만적인 행위와 관련

---

56) Fritz Rittner, Meinrad Dreher & Michael Kulka, 주 34)의 책, 40-42면 참조.
57) 홍명수, 주 3)의 글, 453-454면 참조.

하여, FTC는 판단 요건으로서 1) 소비자의 오인을 유발할 가능성이 있어야 하고, 2) 이는 구체적 상황에서 합리적 인간의 관점에서 판단되어야 하며, 3) 상품에 관한 소비자 행위 또는 결정에 영향을 미칠 수 있는 실질적인 것이어야 한다는 세 가지를 제시함으로써, 불공정성에 기한 판단 기준을 구체화하고 있다.[58] 반면 전단의 불공정한 경쟁방법에 반하는지 여부는 경쟁제한성에 의하며, 다만 경쟁제한성 외의 다른 요소도 고려될 수 있는지에 관하여 논의가 있다. 이를 긍정한 연방대법원의 판결과[59] 이에 대한 비판적인 입장이 대립하고 있지만,[60] 어떠한 입장을 취하든지 간에 경쟁제한성이 동 규정의 적용에 있어서 핵심적인 판단 기준이 되고 있다는

---

58) FTC, Policy Statement on Deception, 1983. 10. 14. 동 규정에 의한 최근의 규제 사례로서 특허관리전문회사인 'MPHJ Technology Investments(이하 MPHJ)가 문서 스캐닝기술 관련 특허를 매입한 후 당해 특허를 다수의 중소기업이 침해하였다는 주장을 하면서 로열티를 요구하였던 사건을 참고할 수 있다. 동 사건에서 MPHJ가 이미 다른 기업은 로열티를 지불하였다는 허위 사실을 기재한 로열티 지불 요구 서신을 다수의 중소기업에게 보낸 것이 문제가 되었다. FTC는 이러한 행위를 FTC법 제5조에 근거하여 소비자를 기만하는 것으로 평가하고, 행위 중지와 장래 위반 시 행위 당 16,000$의 벌금을 부과할 것이라는 의견을 표명하였으며, 이에 MPHJ가 동의함으로써 사건이 종결되었다. FTC, "FTC Settlement Bars Patent Assertion Entity From Using Deceptive Tactics", 2014. 11. 6.

59) FTC v. Sperry & Hutchinson Co., 405 U.S. 233 (1972), FTC v. Indiana Federation of Dentists, 476 U.S. 447 (1986).

60) 연방대법원의 입장이 일반적으로 받아들여지고 있는 것은 아니지만, 이러한 입장을 반영한 규제 사례도 있다. 최초의 특허권 보유자(National Semiconductor)가 표준화기구에 실질적으로 무료에 해당하는 액수로 실시 허락할 것을 약속하여 당해 특허가 표준특허가 된 이후에 당해 특허의 최종 양수인인 N-Data가 고액의 특허 실시료를 요구한 것이 문제가 된 사건에서, FTC는 경쟁제한성이 아닌 기만성에 초점을 맞추어 N-Data의 행위가 FTC법 제5조가 금지하는 불공정한 경쟁방법(unfair method of competition)에 해당하는 것으로 판단하였고, 동 사건은 FTC의 결정을 N-Data가 수용하면서 동의명령으로 종결되었다. Negotiated Data Solutions, LLC, FTC File No. 0510094, Statement of the Federal Trade Commission (Jan. 23, 2008). 동 결정에 대하여 비판적인 견해로서, Charles T. Compton, "Tumultuous times: the escalating US debate on the role of antitrust in standard setting", Competition Law International vol. 5 no. 1, 2009, 34-35면 참조.

것은 분명하다.[61] 종합하면 FTC법 제5조는 전단의 경쟁제한성과 후단의 불공정성을 아우르는 규제 형식을 취하고 있으며, 이는 독점규제법상 불공정거래행위 규제의 위법성 판단 구조와 유사하다.

양자 간에 드러나는 차이는 규정의 형식적 측면에서 찾을 수 있다. 앞에서 살펴본 것처럼 FTC법 제5조는 전단과 후단으로 나뉘어 포섭하는 규제 대상에 차이가 규정상 드러난다. 반면 독점규제법상 불공정거래행위 규제는 이러한 차이가 법형식적 측면에서 명확히 주어지지는 않는다. 물론 공정거래위원회의 불공정 심사기준은 세부 유형별로 경쟁제한성과 불공정성을 분리하고 있지만, 동 기준 자체가 규범적 구속력을 갖는지에 논의의 여지가 있을 뿐만 아니라,[62] 양자의 명확한 분리가 이론적으로나 실무적으로 가능한지도 의문이다. 불공정거래행위로서 거래거절에 관한 판결(2002두8626)에서 대법원은 거래 상대방의 불이익에 초점을 맞추어 위법성을 판단하여야 한다고 보았는데, 이러한 태도는 거래거절을 불공정거래행위의 하나로 열거하고 있는 독점규제법 제23조 제1항의 규정에서 경쟁제한성과 불공정성이 행태적으로 명확히 분리될 수 없음을 시사하는 것이기도 하다.

결국 이상의 논의를 종합하면, 독점규제법상 단독행위 규제체계의 가장 중요한 특징이자 문제점은 불공정거래행위로서 규제되는 행위의 위법성 판단이 상이한 성격의 경쟁제한성과 불공정성에 기초하여 이루어지고, 이러한 판단이 단일한 조항에 근거함으로써 초래될 수 있는 양자 간의 혼선

---

61) FTC법 제5조가 확대 적용되기 위한 두 가지 요건으로서, 반경쟁적으로 보이지만 법기술적으로 반독점법에 포섭되기 어려운 경우 그리고 판단 오류에 따른 사회적 비용(social cost of an error)이 상대적으로 작은 경우를 제시하고 있는 것으로, Herbert Hovenkamp, 주 14)의 책, 597면.

62) 이와 관련하여 "일반적으로 행정 각 부의 장이 정하는 고시라 하더라도 그것이 특히 법령의 규정에서 특정 행정기관에게 법령 내용의 구체적 사항을 정할 수 있는 권한을 부여함으로써 그 법령 내용을 보충하는 기능을 가질 경우에는 그 형식과 상관없이 근거 법령 규정과 결합하여 대외적으로 구속력이 있는 법규명령으로서 효력을 가지는 것"이라고 한 대법원(1999. 11. 26. 선고 97누13474 판결) 참조.

과 불명확성으로 집약할 수 있을 것이다.

2. 개선 논의의 기초

(1) 현행 규제체계의 긍정적 측면과 형량의 필요성

이상의 독점규제법상 단독행위 규제체계의 문제점에 관한 논의에도 불구하고, 현행 규제체계가 갖는 긍정적 측면에도 주의를 기울일 필요가 있다. 우선 주목할 부분은 단독행위의 경쟁제한성 측면에서 매우 넓은 범위에서의 대응이 가능하다는 점이다. 단독행위 규제의 수범자가 시장지배적 사업자로 한정되는 EU 경쟁법은 말할 것도 없이, 앞에서 살펴본 독일 경쟁제한방지법의 경우에도 원칙적으로 시장지배적 사업자가 규제 대상이 되고, 상대적 시장력을 갖고 있거나 우월한 지배력의 사업자에 대하여 예외적으로 규제범위를 확대하는 입법 방식을 취하고 있다. 반면 독점규제법의 경우 불공정거래행위의 수범자는 제한이 없기 때문에, 동 규정에 의한 경쟁제한성 측면에서의 규제 범위는 매우 포괄적이다. 이러한 점은 과잉 규제의 문제를 낳을 수도 있지만,[63] 이를 감안하여도 경쟁제한적인 단독행위 위반행위에 대한 보다 완비된 방식으로 이해할 수 있을 것이다.

또 다른 긍정적인 측면은 경쟁제한성과 불공정성의 통합적 사고와 관련된다. 물론 앞에서 언급한 것처럼 이질적인 성격의 위법성 판단 기준이 동일한 법규정으로부터 도출되고 있다는 것은 법적용상의 혼선과 규제의 타

---

[63] 경쟁법상 과잉 규제(false positives)의 문제는 경쟁촉진적인 행위도 규제 대상이 됨으로써 실질적으로 소비자 이익에 부정적인 효과를 낳을 수 있다는 우려에 관한 것이다. Trinko 판결에서 미국 연방대법원은 과잉 규제(mistaken inferences and the resulting false condemnations)가 반독점법이 보호하고자 하는 행위를 오히려 위축시킴으로써 이에 따른 사회적 비용을 초래할 수 있다는 점을 지적하고 있다(Verizon Communications Inc. v. Law Offices of Curtis Trinko, 540 U.S. 398, 414(2004)). 과잉 규제와 이에 대비되는 과소 규제(false negatives)의 문제에 관하여, Richard Whish & David Bailey, 주 1)의 책, 194-195면 참조.

당성에 의문을 낳을 수 있다. 그러나 다른 한편으로 이와 같은 규정 방식은 경쟁제한성과 불공정성 또는 경쟁의 본질적 측면에서 경쟁의 자유와 공정을 종합적으로 이해하는데 유용할 수 있으며, 이러한 종합이 경쟁정책적 관점에서는 바람직한 접근방식일 수도 있다. Rittner & Dreher가 언급한 것처럼, 경쟁의 공정과 자유에 관련된 법규범이 서로를 배척하는 것이 아니라 상호보완적인 역할을 수행하며,64) 이에 대한 이해는 엄격한 형식적인 분리로 인한 규제의 공백을 피하거나 경쟁침해의 구체적이고 실질적인 이해를 도움으로써 궁극적으로 경쟁정책의 실현에 기여할 수 있다.

현행 단독행위 규제체계에 대한 긍정적인 측면에 대한 이해로부터 개선 논의의 과정에서 다루어야 할 두 가지 과제가 주어진다. 우선 앞에서 분석한 현행 단독행위 규제의 개별적 문제 그리고 규제체계적 문제를 긍정적인 것으로 평가되었던 요소와 형량할 필요가 있을 것이다. 결국 이 문제는 정책적 판단에 의할 수밖에 없지만, 규제체계를 개선하는 방향으로 나아간다면, 현행 규제체계에서 긍정적으로 평가되었던 부분을 개선안에서 유지하는 것 역시 중요한 과제가 될 것이다.

(2) 개선 방안 논의의 기초

이상의 논의에 비추어 단독행위 규제의 타당한 개선 방안은 경쟁제한성과 불공정성을 포괄하는 것이어야 하며, 양 측면에서 균형 있게 제시되어야 한다. 우선 경쟁제한성의 측면에서는 시장지배적 지위남용 규제만으로 단독행위 규제가 충분한 것인지에 대한 논의가 필요하며, 규제의 확대가 요구된다면, 기존의 불공정거래행위 규제 중 경쟁제한성에 따른 위법 유형을 별도로 묶는 방식으로 할 것인지, 아니면 이를 폐기하고 독일 경쟁제

---

64) 경쟁제한적 행태에 대한 규제를 통하여 보호하려는 경쟁은 공정한 경쟁에 한정되며, 이러한 맥락에서 경쟁의 자유와 경쟁의 공정의 관련은 불가피한 것이라고 지적하는 것으로, Fritz Rittner, Meinrad Dreher & Michael Kulka, 주 34)의 책, 41 면 참조.

한방지법과 같이 상대적 시장력 또는 우월한 지배력과 같은 개념을 통하여 규제 확대를 시도할 것인지를 정하여야 할 것이다.

불공정성 측면에서는 기존의 불공정거래행위에서 불공정성에 기초한 위법 유형들을 분리할 경우에 해당하는 규범을 어디에 위치시킬지의 문제가 핵심이다. 현재와 같이 독점규제법에 해당 규정을 두거나, 또는 독일의 부정경쟁방지법과 같은 별도의 법률을 제정하여 불공정성에 관한 규제 근거를 마련할 수도 있을 것이다. 또한 구제 수단을 현재와 같이 행정적 규제에 의하거나 사법적 구제를 원칙적인 수단으로 상정할 것인지도 논의되어야 할 문제이다. 이러한 문제를 포함하여 법제도의 연속성이나 규제의 명확성과 같은 기본적인 입법 취지에서부터 구체적인 제도 운영의 실효성에 이르기까지 다양한 쟁점의 검토가 결론에 이르는 과정에서 요구될 것이다.

이상의 논의를 종합하면, 불공정거래행위의 해체와 위법 유형에 따른 분리가 우선적으로 검토되어야 하고, 또한 이후 논의의 기초가 되어야 한다. 이에 기초한 경우에만, 경쟁제한성과 불공정성 양 측면에서 개선의 타당성이 뒷받침될 수 있을 것이다. 그러나 이에 동의할 경우에도 이러한 분리를 어떠한 방식으로 수행할 것인지의 문제가 제기된다.[65]

앞에서 살펴본 것처럼, 종래 공정거래위원회의 불공정거래행위 규제 실무는 불공정거래행위의 세부 유형별로 경쟁제한성에 의하는 경우와 불공정성에 의하는 경우를 분류하고 이에 따라서 위법성을 판단하고 있으며, 이러한 접근 방식을 불공정거래행위의 분리에 원용할 수 있을 것이다. 그러나 이와 같은 세부 유형에 따른 형식적 접근은 법적용의 명확성 측면에서 규제기관과 수범자 모두에게 긍정적인 점이 있지만, 구체적인 행위의 의의를 지나치게 도식적으로 파악함으로 인하여 경쟁정책적 타당성을 기하기 어려운 측면이 있다. 포스코 판결의 예를 보면, 공정거래위원회의 불

---

65) 경쟁제한행위와 불공정거래행위의 분리 필요성을 주장하는 것으로, 김학현, 주 4)의 글, 189면 이하 참조. 동 견해에서 구체적인 분리 방식을 제시하지 않고 있다.

공정 심사지침에서 경쟁제한성에 의하고 있는 불공정거래행위로서의 거래
거절에 관하여 대법원은 거래상대방의 불이익에 초점을 맞추어 위법성 판
단 기준을 제시하고 있으며, 이러한 이해가 불공정성의 본질에서 벗어나
는 것으로 볼 수는 없을 것이다.

반면 행위의 실질에 기초하여 불공정성을 파악하는 것은 규제의 명확성
에 부정적인 영향을 미칠 수 있지만, 불공정성을 실질적으로 파악하고 규
제의 타당성을 기한다는 점에서는 긍정적일 수 있다. 행위의 실질에 기초
할 경우 구체적으로 불공정거래행위가 어떻게 분리될 수 있는지가 논의되
어야 할 것이다. 이와 관련하여 독일 부정경쟁방지법상 불공정행위 규제
를 살펴볼 필요가 있다. 동법 제3조 제1항은 일반조항적인 형식으로 "불
공정한 거래행위가 경쟁자, 소비자 또는 기타 시장참가자의 이익에 상당
한 영향을 미치는 경우에 금지된다"고 규정하고, 제4조에서는 이에 해당하
는 행위를 예시적으로 열거하고 있다.[66] 구체적으로 소비자 그 밖의 시장
참가자의 결정의 자유에 인격침해적인 압력의 행사 또는 기타 부당하게
영향을 미치는 것에 해당하는 거래행위(1호), 소비자의 정신적 또는 신체
적 결함, 노령, 거래 경험부족, 경솔, 공포, 궁박을 이용한 것에 해당하는
거래행위(2호), 상거래의 광고로서의 성격(Werbecharakter)을 은폐하는
행위(3호), 가격할인, 경품 또는 선물과 같은 판매촉진수단과 관련하여 제
공의 조건이 명확하고 분명하게 제시되지 않은 행위(4호), 광고 성격의 경
연 또는 시합에서 참가 조건을 불명확하고 모호하게 제시한 행위(5호), 본
질적으로 특정 상품과 관련되지 않는 현상이나 추첨에 소비자가 참가함에
있어서 그 상품의 구입을 조건으로 하는 행위(6호), 경쟁사업자의 표식,
재화, 용역, 활동, 개인적 또는 상업적 상황을 불신하게 하거나 폄하하는

---

66) 제4조에서 열거하고 있는 규정들은 일반조항적인 제3호의 의의를 명확히 하고, 이에
    의하여 보다 큰 투명성을 이루기 위한 취지로 이해되고 있다. Ansgar Ohly & Olaf
    Sosnitza, Gesetz gegen den unlauteren Wettbewerb mit Preisangabenverordnung
    Kommentar, C. H. Beck, 2014, S. 281 참조.

(verunglimpft) 행위(7호), 경쟁자의 상품이나 사업 또는 사업자나 경영진의 구성원에 관하여 영업이나 신용을 훼손할 수 있으며, 진실한 것으로 입증되지 않은 사실을 주장하거나 유포한 행위. 그리고 사실의 전달이 비밀스럽게 이루어지고, 송신자와 수신자가 정당한 이해관계를 갖고 있는 경우에, 진실에 반하는 사실이 주장되거나 유포된 경우(8호), 경쟁자의 재화나 서비스를 모방한 재화나 서비스를 제공한 경우로서, 상업적 관점에서 회피 가능한 구매자의 기만에 해당하거나, 모방된 재화나 상품의 가치를 부당하게 이용 또는 침해하거나 또는 모방에 필요한 기술이나 자료를 부정한 방법으로 얻은 경우에 해당하는 경우(9호), 경쟁자를 의도적으로 방해하는 행위(10호), 시장 참가자의 이익을 규율하기 위하여 규정된 법규정에 반하는 행위(11호) 등이 이에 해당한다. 이와 같은 규정 방식은 불공정성의 본질을 반영한 일반조항을 두고, 전형적인 행위들을 구체적으로 열거하는 방식을 이에 결합함으로써 규제의 타당성과 실효성을 기하고 있다는 점에서 긍정적이며, 불공정거래행위 규제의 법적 위치를 어떻게 정하든지 간에, 유력한 입법 방식으로 고려될 수 있을 것이다.

불공정성에 기초한 불공정거래행위의 규제 근거가 독자적으로 주어진다면, 불공정거래행위 규제를 통하여 다루어졌던 경쟁제한적 위법 행위들이 남게 되며, 이에 대하여 경쟁정책적 관점에서의 규제 필요성을 검토한 후에, 이 부분과 시장지배적 지위남용행위를 종합하여 경쟁제한적인 단독행위 규제 체계를 새롭게 구축할 수 있을 것이다.

Ⅳ. 결론

독점규제법상 단독행위 규제는 주로 시장지배적 지위남용행위와 불공정거래행위에 의하며, 이와 같은 이원화된 규제체계는 법 제정 시부터 이어진 독점규제법 규제체계의 핵심을 이룬다. 또한 불공정거래행위의 위법성 판단이 경쟁제한성과 불공정성 등 다원적인 기초에서 이루어지고 있다는 점도 독점규제법의 고유한 특징으로 자리하고 있다.

독점규제법상 단독행위 규제체계의 특징은 시장지배적 지위남용행위와 불공정거래행위의 관계를 이해함에 있어서 전제가 되어야 한다. 무엇보다 불공정거래행위의 본질이 이원적으로 파악될 수밖에 없는 상황에서 시장지배적 지위남용행위와 불공정거래행위의 관계를 일의적으로 파악하는 것에는 한계가 있다. 즉 불공정거래행위의 위법성 판단이 경쟁제한성에 의한 경우에 해당하는 행위를 기준으로 양자의 관계를 특별법적 관계로 이해하는 것이 가능하지만, 규범 목적의 상이가 드러날 수밖에 없는 불공정성에 의한 경우에는 이러한 관계적 이해가 더 이상 유지되기 어려울 것이다. 따라서 불공정거래행위의 성격에 따라서 양자의 관계를 차별적으로 파악하는 것이 불가피하며, 이러한 이해를 바탕으로 단독행위 규제체계의 개선에 관한 논의가 이루어져야 한다.

물론 규제체계 개선 논의는 현 체계의 문제점뿐만 아니라 긍정적 측면을 종합하는 것이 되어야 하며, 이러한 과정을 통하여 개선 논의의 타당성이 뒷받침될 수 있을 것이다. 이러한 관점에서 동일한 법규정에 기초한 불공정거래행위의 위법성이 상이하게 이루어짐으로써 나타나는 규제의 혼선이나 불명확성은 규제 범위의 확대나 강화 등의 긍정적 측면을 상쇄하는 요인으로 작용할 수 있다는 점이 부각될 것이다. 이와 같은 문제 인식은 단독행위 규제체계 개선 논의가 전개되어야 할 방향을 시사한다. 즉 현행 독점규제법상 위법성 판단이 경쟁제한성과 불공정성에 기초하여 이루어지고 있는 불공정거래행위를 각각의 위법 유형에 따라서 분리하는 것이 우선적인 과제가 될 것이며, 이를 토대로 경쟁제한성과 불공정성에 따른 새로운 단독행위 규제체계가 구성될 필요가 있다. 전자의 경우에는 시장지배적 지위남용의 규제를 전제로, 경쟁정책상 추가적으로 규제 필요성이 있는 경쟁제한적 행위들을 검토하는 과정이 요구될 것이다. 후자의 경우에는 불공정성이 문제가 되는 행위를 공적 규제의 대상으로 유지할 것인지, 규제할 경우에 독점규제법을 계속해서 규제 근거로 할 것인지 아니면 독일 부정경쟁방지법처럼 별도의 법률에 의하여 규제할 것인지 그리고 규제를 할 경우에 대상이 되는 행위를 어떠한 형식으로 규정할 것인지 등에 관한 논의가 추가적으로 이루어져야 할 것이다.

7. EU 경쟁법상 시장지배적 지위남용행위 규제에 있어서 시장지배적 지위의 판단

I. 서론

독점규제법은 독점에 대하여 폐해규제주의적 입장을 취함으로써 시장지배적 지위 자체는 승인하는 대신에 그 지위가 남용되었을 경우에 규제하는 체계를 채택하고 있다. 이러한 규제 방식은 미국의 Sherman법 제2조에서 'monopolize' 또는 'attempt to monopolize'를 규제 대상으로 삼는 원인금지주의적인 규제 방식과 구별되며, 이러한 규제체계에서 초점은 독과점적 지위의 형성이 아닌 기존의 지배력이 남용되는 행태에 모아진다.[1] 그러나 남용행위의 주체로서 시장지배적 지위를 전제하기 때문에, 위법성 판단과정에서 시장지배력의 존부는 불가결의 고려 요소가 되고, 따라서 전체적으로 시장지배력 남용에 대한 규제는 시장지배력의 존부에 대한 판단과 남용행위 여부에 대한 판단의 2단계 심사과정을 거치게 된다. 한편 시장지배적 지위의 판단에는 법기술적으로 관련시장의 획정이 선행되어야 하며, 따라서 시장지배적 지위남용행위에 해당하는지의 판단은

---

1) 미국 연방대법원은 Sherman법 제2조를 관련시장에서 독점력을 보유할 것과 이 독점력이 반경쟁적, 배타적인 수단에 의하여 또는 반경쟁적, 배타적인 목적을 위해서 의도적으로 획득, 유지 또는 활용되었을 것에 기초하여 이해하고 있다. U. S. v. Grinnell Corp., 384 U.S. 563, 570-571 (1966).

관련시장 획정, 시장지배적 지위의 판단, 경쟁제한성에 기초하는 남용성 판단 과정이 이어질 것이다. 이하에서는 전술한 판단 과정 중에서 시장지배적 지위의 판단에 관하여 EU 경쟁법을 중심으로 상론하고자 한다. 이러한 논의로부터 EU 경쟁법과 마찬가지로 시장지배적 지위남용행위를 규제하고 있는 독점규제법의 운영에 있어서 많은 시사점을 도출할 수 있을 것이다. 논의는 시장지배적 지위남용행위의 규제 체계와 의의를 살펴보고 (Ⅱ), 이어서 구체적으로 EU 경쟁법에서 이루어지고 있는 시장지배적 지위의 판단 과정을 검토할 것이다(Ⅲ). 이상의 논의를 통하여 독점규제법상 시장지배적 지위의 판단 과정에서 개선되어야 할 점을 제안하고, 이를 결론에 대신하고자 한다(Ⅳ).

Ⅱ. 시장지배적 지위남용행위의 규제체계

1. 관련시장 획정

관련시장의 획정은 경쟁의 관점에서 의미 있는 영향을 미칠 수 있는 범위를 인위적으로 결정하는 것을 뜻한다. 이러한 점에서 EC 위원회의 '관련시장의 획정에 관한 고시'(EC Commission Notice on the definition of the relevant market for the purpose of Community Competition Law, 이하 relevant market 고시)가 "시장획정은 사업자들 사이에 경쟁의 경계를 특정하고 획정하는 수단이며, 경쟁정책이 적용될 수 있는 기본 틀의 설정을 가능하게 한다"(para. 2)고 밝힌 부분은 적절한 설명이라 할 수 있다. 독점규제법은 제2조 제8호의 "일정한 거래분야라 함은 거래의 객체별·단계별 또는 지역별로 경쟁관계에 있거나 경쟁관계가 성립될 수 있는 분야를 말한다"는 규정에 의하여 관련시장 개념을 수용하고 있으며, 공정거래위원회가 제정한 「시장지배적 지위 남용행위 심사기준」(이하 남용심사기준)은 II.에서 일정한 거래분야의 판단 기준을 가장 선행하는 심사 기준으로 제시하고 있다.

2. 독점규제법상 시장지배적 지위남용행위 규제

관련시장 획정을 전제로 독점규제법상 시장지배적 지위남용 규제는 시장지배적 지위의 인정과 남용행위의 판단의 과정을 거치게 된다. 우선 시장지배적 지위와 관련하여 독점규제법 제2조 제7호는 "시장지배적 사업자라 함은 일정한 거래분야의 공급자나 수요자로서 단독으로 또는 다른 사업자와 함께 상품이나 용역의 가격·수량·품질 기타의 거래조건을 결정·유지 또는 변경할 수 있는 시장지위를 가진 사업자를 말한다. 시장지배적 사업자를 판단함에 있어서는 시장점유율, 진입장벽의 존재 및 정도, 경쟁사업자의 상대적 규모 등을 종합적으로 고려한다"는 규정을 두어 시장지배적 사업자의 기본 개념과 판단 기준을 제시하고 있다. 또한 동법 제4조에서 주된 판단 기준의 하나인 시장점유율에 의한 시장지배적 사업자의 추정에 관하여 규정함으로써[2] 시장지배적 지위에 관한 전체적인 규율체계를 완성하고 있다. 이러한 지위에 있는 사업자가 동법 제3조의2 제1항 각 호에 규정한 행위를 할 경우에 남용행위로서 규제된다. 동 조항에서 정한 남용의 유형들은 동법 시행령 제5조의 각 항에 의하여 구체화되고 있으며, 전술한 '남용심사기준'은 시행령 상에 구체화된 남용행위들의 세부적인 판단 기준을 제시하고 있다.[3]

이와 같은 규제체계는 독점규제법과 마찬가지로 폐해규제주의에 입각하고 있는 EU 경쟁법상 시장지배적 지위남용 규제체계와 대체로 유사하

---

2) 독점규제법 제4조는 1 사업자의 시장점유율이 100분의 50 이상인 경우(1호)와 3 이하의 사업자의 시장점유율의 합계가 100분의 75 이상인 경우를 추정 요건으로 제시하고 있다.

3) '남용심사기준'상의 지배적 지위 판단 기준에 관한 개괄적 설명은, 신동권, 독점규제법, 박영사, 2016, 71-75면 참조.

다. 그러나 구체적인 비교법적 검토에 의하면, 앞서 언급한 단계별 심사과정에서 일정한 차이가 존재함을 확인할 수 있다. 이러한 차이는 기술적인 부분일 수도 있고(일정한 거래분야를 관련시장의 의미로 사용한 것), 시장 환경의 차이에 따른 정책적 판단의 결과로서 나타난 것일 수도 있다(시장점유율에 의한 추정 요건의 차이). 그러나 이러한 차이가 경쟁정책적 관점에서 개선의 필요성을 시사하는 부분도 있다.

3. EU 경쟁법상 시장지배적 지위남용행위 규제

EU 경쟁법상 시장지배적 지위남용행위의 규제는 TFEU(Treaty on the Functioning of the European Union) 제102조에 근거한다. 동조 제1문은 "공동체 시장 내에서 또는 상당한 부분에서 하나 또는 그 이상의 사업자에 의한 지배적 지위의 남용은 공동시장과 양립불가한 것으로서 회원국 간에 거래에 영향을 미칠 경우에 금지된다"고 규정하고 있다. 동 규정에 의하여 시장지배적 지위남용행위에 대한 규제가 이루어지며, EU 경쟁법상 단독행위에 관한 별도의 규제 근거를 마련하고 있지 않으므로 시장지배적 지위남용 규제는 경쟁법에 반하는 단독행위 규제의 주된 근거가 된다.

시장지배적 지위남용 규제는 지배적 지위와 남용의 판단을 요구한다. 전술한 것처럼 지배적 지위의 판단은 관련시장의 획정을 전제하기 때문에, 결국 시장지배적 지위남용 규제에 있어서 관련시장 획정은 가장 선행하는 단계에 위치한다. 유럽위원회가 제정한 relevant market 고시는[4] 사업자

---

4) 관련시장 고시 para. 2는 "시장의 획정은 사업자들 간에 경쟁의 경계를 확인하고 획정하는 도구이다. 이는 위원회가 경쟁정책 적용의 체계를 구축하는데 기여할 것이다. 시장 획정의 주된 목적은 사업자들이 직면한 경쟁적 제한을 시스템적인 방법으로 확인하는 것이다. 상품별 그리고 지리적 차원 모두에서 시장을 획정하는 목적은 사업자들의 행동을 제약하고 효과적인 경쟁압력으로부터 독립적으로 행동하지 못하게 할 수 있는 실제 경쟁자들을 확정하는 것이다"라고 규정하고 있다.

가 직면하는 세 가지 경쟁에 의한 억제 효과를 수요 대체가능성, 공급 대체가능성 그리고 잠재적 경쟁 측면에서 제시하고 있다. 이 중에서 시장 획정을 위하여 가장 중요한 것은 수요 대체가능성이며, 공급 대체가능성은 특별한 경우에만 관련시장 획정에서 고려된다.[5] 그리고 잠재적 경쟁은 언제나 시장획정 보다는 시장력(market power)의 문제로 이해하고 있다(관련시장 고시 para. 13).

관련시장이 획정되면, 동 시장에서 시장지배적 지위의 존부를 결정하고, 이에 기초하여 남용에 관한 판단 과정이 이어진다.[6] TFEU 제102조는 이상의 요건 외에도 문제가 된 행위가 회원국 간의 거래에 미치는 영향을 추가적인 요건으로 규정하고 있다. TFEU는 유럽연합을 구성하는 회원국 간의 경제공동체를 지향하며,[7] 이러한 관점이 규제에 반영된 것으로 볼 수 있을 것이다. 따라서 동 요건은 그 자체로서의 의미를 갖는 것이지만, 단독행위 규제로서 시장지배적 지위남용 규제의 고유한 의의에 비추어 핵심적인 것은 시장지배적 지위와 남용행위가 될 것이다.

III. 유럽 경쟁법상 시장지배적 지위의 의의

1. 시장지배적 지위의 의의

TFEU 제102조는 시장지배적 지위에 관한 정의 규정을 두고 있지 않으

---

5) 관련시장 고시 para. 20 내지 23은 공급 대체가능성이 관련시장 획정 시 고려될 수 있는 경우를 규정하고 있는데, 원칙적으로 사업자의 공급 전환 비용이 적을 경우에 관련시장 획정에서 고려될 여지는 커질 것이다.

6) 시장지배적 지위와 남용은 판단에 있어서 단계적으로 구분되지만, 상호 관련성을 고려할 때 양자의 분석은 통합적으로 이루어져야 한다는 것으로, Alison Jones & Brenda Sufrin, EU Competition Law, Oxford Univ. Press, 2014, 272면 참조.

7) TFEU 제26조 제1항은 동 조약의 목적으로서 역내 시장(internal market)의 형성과 보장을 밝히고 있다.

며, 동 규정의 의의는 해석론에 맡기고 있다. 유럽법원은 TFEU 제102조에서의 지배적 지위를 "경쟁사업자, 고객 그리고 최종적으로 소비자로부터 상당한 정도 독립적으로 행위함으로써 관련 시장에서 유효한 경쟁의 억제를 가능하게 할 수 있는 사업자가 향유하는 경제적 파워를 갖는 지위"로[8] 이해하고 있다. 이러한 이해는 유럽위원회의 실무에서도 유사하게 나타나고 있는데, 동 위원회가 제102조의 집행 원칙으로서 제정한 'Guidance on Article 102 Enforcement Priorities'(이하 102조 지침)은 사업자가 상당 기간 경쟁 수준 이상으로 가격을 올려 이윤을 증기시킬 수 있는 경우에 실질적인 시장력(substantial market power)을 갖고 있는 것으로 규정하고 있다(para. 11).

전술한 것처럼 시장지배적 지위남용 행위는 EU 경쟁법상 단독행위 규제의 주된 근거이며, 따라서 시장지배적 지위는 단독행위로서의 규제 대상 여부를 결정하는 기준(binary term)이 된다. 즉 지배적 지위에 따른 특별 책임을 부담하는 사업자와 일방적 행위가 더 이상 경쟁법상 심사 대상이 되지 않는 사업자를 나누는 경계와 같은 기능을 수행한다.

2. 시장지배적 지위의 고려 요소

102조 지침은 시장지배적 지위의 결정에 있어서 세 가지 고려 사항을 제시하고 있으며, 1) 실제 경쟁자에 의한 공급과 이들의 시장에서의 지위에 의한 억제, 2) 실제 경쟁자의 확대나 잠재적 경쟁자의 진입에 의한 신뢰할 만한 위협에 따른 억제, 3) 거래상대방의 거래능력에 의하여 가해지는 억제 등이[9] 이에 해당한다. 또한 동 지침은 이상의 고려사항 중 어느 하나가 그 자체로 결정적인 것이 아니라도, 다른 고려사항과 종합하여 지배적 지위가 인정될 수 있다고[10] 밝히고 있다.

---

8) United Brands v. Commission, Case 27/76 [1978] ECR 207, para. 65.
9) 102조 지침, para. 12.

IV. 시장지배적 지위의 구체적 판단

1. 실제 경쟁상황과 시장점유율

독점은 시장지배적 지위가 인정되는 명확한 근거가 되지만, 법적 독점의 경우를 제외하고 독점이 나타나고 있는 시장을 찾기는 힘들 것이다. 대부분의 시장에서는 경쟁관계에 있는 사업자들이 존재하며, 이때 시장점유율은 시장 구조 및 그 시장에서 사업을 영위하고 있는 사업자들의 상대적 중요성에 관한 의미 있는 정보를 제공한다. 그러나 '102조 지침' para. 13이 언급하고 있는 것처럼, 시장점유율은 유용한 최초의 지표일 뿐이며, 시장의 유동성, 상품 차별의 정도, 일정 기간에 걸친 시장점유율의 경향 또는 발전 등을 종합적으로 고려한 지배력 분석이 요구된다.[11]

유럽법원은 Hoffmann-La Roche 사건에서 시장점유율의 중요성은 시장마다 상이하지만, 매우 큰 점유율(very large shares)은 예외적인 경우를 제외하고 그 자체로 지배적 지위의 존재를 입증하는 것이라고 보는 것이 타당하다는 입장을 취하였다.[12] 또한 AKZO 사건에서는 50%의 시장점유율을 매우 큰 점유율로 추정할 수 있으며, 이 경우에 지배력이 있지 않다는 입증책임은 사업자가 부담하는 것으로 보았다.[13] 대체로 유럽법원은 AKZO 기준을 유지하는 입장을 취하고 있지만, '102조 지침'은 동 기준을 명시적으로 원용하고 있지 않으며, 시장점유율이 클수록 그리고 그것이

---

10) 102조 지침, para. 11.
11) 국내 논의로서 시장점유율과 시장지배력의 인과관계에 관한 논의가 충분히 않다고 보는 것으로, 권오승·서정, 독점규제법—이론과 실무—, 법문사, 2016, 147면 참조. 한편 시장점유율은 시장봉쇄의 실제적인 힘으로 작용함으로써, 시장지배력 대용 이상의 의미를 갖고 있다고 보는 것으로, Herbert Hovenkamp, Federal Antitrust Policly: The Law of Competition and Its Practice, Thomson/West, 2005, 82-83면 참조.
12) Hoffmann-La Roche v. Commission, Case 85/76 [1986] ECR 461, para. 41.
13) AKZO v. Commission, Case C-62/86 [1991] ECR I-3359, para. 60.

지속된 기간이 길수록 지배적 지위의 존재의 중요한 예비적 지표를 구성할 수 있다는 원칙적 입장을 밝히고 있을 뿐이다(para. 15).

한편 유럽법원은 시장점유율이 50% 이하인 경우에도 시장지배적 지위를 인정한 경우가 있으며, 예를 들어 United Brands 사건에서는 40-45%의 시장점유율을 갖고 있는 사업자에 대하여 시장점유율 외의 다른 요인들의 고려를 통하여 시장지배적 지위를 인정하였다.14) 나아가 유럽위원회가 Virgin/British Airways 사건에서 40% 미만(39.7%)의 시장점유율을 가진 사업자에 대하여 최초로 지배적 지위를 인정한 경우도 있다.15) 동 결정의 취소를 구하는 소송에서 1심 법원은 경쟁자보다 상당한 큰 점유율, 국제적인 여객 수송 거리, 운송 서비스의 범위, 허브 네트워크로서의 지위, 여행사들의 의무적인 파트너라는 점 등을 고려하여 위원회 결정을 지지하였는데, 특히 시장점유율이 감소하고 있다는 사실이 지배력을 부인하는 근거가 될 수 없다고 언급한 것은 주목할 만하다.16)

한편 지배적 지위의 판단과 관련하여 시장점유율 기준에 의한 안전지대의 설정에 관한 논의가 전개되고 있다. 유럽법원의 판결에서 이에 관한 기준이 제시되지는 않았지만, '102조 지침'은 시장점유율이 40% 미만인 경우 지배력이 없는 것으로 볼 수 있지만(not likely), 규제기관이 주의를 기울여야 할 경우도 있는 것으로 보고 있다(para. 14).

2. 잠재적 경쟁압력과 고려요소들

이상에서 살펴본 것처럼 시장점유율이 그 자체로 지배적 지위를 결정하는 것은 아니며, 특히 이 지표는 장래 시장에서 사업을 확대하거나 새롭게

---

14) Case 27/76 [1978] ECR 207, para. 66.
15) OJ [2000] L30/1.
16) British Airways plc v. Commission, Case T-219/99 [2003] ECR II-5917, para. 224.

진입할 가능성이 있는 사업자에 의한 경쟁 압력을 드러내는데 한계를 갖고 있다. 이러한 관점에서 법적 장벽, 지배적 사업자가 향유하고 있는 경제적 이점(economic advantages), 거래상대방의 거래 전환비용 및 네트워크 효과, 지배력 있는 회사 자신의 행위 등이 고려될 필요가 있다.

법적 장벽과 관련하여 지식재산권의 보유는 그 자체로 지배적 지위를 형성하지는 않더라도 그 정도와 기간에 의하여 진입장벽이 될 수 있다. Tetra Pak Ⅰ 사건에서 독점적 특허와 노하우 라이선스의 이익을 가진 사업자의 Tetra Pak 인수는, 라이선스된 기술에 접근할 수 없는 다른 사업자들이 시장에 진입하는 것을 어렵게 만들었기 때문에 지배력을 인정하는 중요한 근거가 되었다.[17] 또한 Hugin 사건에서 유럽법원은 다른 사업자들이 영국의 Design Copyright Act 1968에 의하여 침해청구를 당할 위험 때문에 부품을 생산할 수 없었기 때문에, Hugin이 금전등록기용 부품시장에서 지배적 지위를 점하고 있음을 인정하였다.[18] 이 외에도 법적 진입장벽으로서 정부의 라이선스 요건의 규율, 주파수에 대한 정부의 규제, 법적인 독점력의 부여, 관세 또는 비관세 장벽 등이 고려될 수 있을 것이다.

시장지배적 사업자가 향유하는 경제적 이점도 사업 확장 또는 진입을 억제하는 방향으로 작용할 수 있다는 점에서 고려 대상이 된다. 구체적으로 규모의 경제 또는 범위의 경제, 필수설비의 보유, 기술적 우위, 자본조달의 우위, 수직적 통합의 정도, 고도로 발달된 유통 시스템, 우월한 브랜드 이미지의 구축 등이 고려 대상이 될 것이다.[19]

네트워크 효과 역시 확장 또는 진입의 장벽이 될 수 있다. 이는 Microsoft 사건에서 유력한 고려 요소가 되었는데, 유럽위원회는 퍼스널

---

17) Tetra Pak Rausing SA v. Commission, Case T-51/89 [1990] ECR II-309.
18) Centre Belge d'Etudes de Marche Telemarketing v. CLT, Case 311/84 [1985] ECR 3261.
19) Richard Whish & David Bailey, Competition Law, Oxford Univ. Press, 2012, 184-185면 참조.

컴퓨터 시장에서 마이크로소프트의 상용성은 거의 모든 상업용 애플리케이션 소프트웨어가 마이크로소프트 플랫폼과 최우선적으로 호환가능함을 의미하였고, 이는 자기강화적 동력(self-reinforcing dynamic)으로 작용하여 플랫폼 사용자의 증가는 이를 기반으로 하는 소프트웨어의 증가로 이어지면서 진입장벽으로 기능하게 되었음을 밝히고 있다.[20]

또한 사업자의 행위 자체도 지배력의 판단에 중요한 고려 대상이 된다. 예를 들어 유럽법원은 United Brands 사건에서 문제가 된 사업자가 차별적 리베이트를 행한 사실에 주목하였는데, 리베이트는 경쟁자들이 시장에 진입할 수 없게 하는 진입장벽으로 기능할 수 있다.[21] 특히 Michelin 사건은 행위가 지배력 판단에서 고려되는 의미를 숙고하게 하는 계기가 되었다. 동 사건에서 Michelin은 유럽위원회가 차별적 가격이 제시되었으므로 우월하고, 우월하기 때문에 차별적 가격은 남용이라는 순환논적인 접근을 하였다고 항변하였는데, 유럽법원은 이에 관한 명시적인 언급은 하지 않았지만 유럽위원회의 결정을 지지함으로써 이러한 비판을 수용하지는 않았다.[22] 이와 같은 순환론에 관한 비판에도 불구하고 유럽위원회는 행위를 우월함의 고려 요소로 보는 태도를 유지하고 있으며, 무엇보다 전술한 시장지배력의 정의에 비추어 사업자의 행위를 지배력 판단의 고려 요소에서 배제하는 것은 타당성을 기하기 어려울 것이다.[23]

3. 구매력

거래상대방의 구매력이 시장지배력을 제한할 수도 있다. '102조 지침'은 거래상대방이 충분한 협상력을 갖고 있을 경우에 지배력이 억제될 수

---

20) Commission Decision, 2004. 3. 24., para. 448-459.
21) Case 27/76 [1978] ECR 207, para. 67-68.
22) Michelin v. Commission, Case 322/81 [1983] ECR 3461.
23) Richard Whish & David Bailey, 주 19)의 책, 186면 참조.

있다는 규정을 두고 있다(para. 18). 이러한 협상력은 거래상대방의 규모나 사업에서 차지하는 중요성에 기인할 수 있을 것이다. 그러나 경우에 따라서 구매력이 단지 시장지배력으로부터 거래상대방의 이익을 보호하는 정도로 제한될 수도 있으며, 이러한 경우에 시장지배력을 억제하는 효과를 기대하기 어렵다는 점에도 주의할 필요가 있다.

4. 남용행위와의 관련성

(1) 남용의 의의

시장지배적 지위를 남용할 경우에 TFEU 제102조에 의한 규제가 이루어진다. 전술한 것처럼 시장지배적 지위는 EU 경쟁법상 단독행위 규제의 가능한 범위를 정하는 경계와 같은 의미를 갖는다. 따라서 이러한 지위에 있는 사업자에 대해서는 남용적 관점에서 특별한 주의가 요구되며, 유럽법원은 시장지배적 사업자는 왜곡되지 않은 경쟁을 침해하는 행위가 허용되지 않는 특별한 의무(special responsibility)를 부담한다는 입장을 취하고 있다.[24]

시장지배적 지위의 남용에 대한 경쟁당국의 개입 필요성과 관련하여, 102조 지침은 "위원회는 일반적으로 시장지배적 사업자에 상응하는 효율성을 갖고 있는 것으로 판단되는 경쟁사업자의 경쟁을 방해하거나 방해할 수 있는 경우에만 시장지배적 사업자의 행위에 대하여 개입할 것이다"는[25] 규정을 두고 있다. 동 규정은 TFEU 제102조 나아가 EU 경쟁법의 목적이 경쟁자가 아닌 경쟁의 보호라는 점을 명확히 하고 있다는 점에서 의의가 있지만, 이 외에도 보호가 요구되는 경쟁이 효율적 경쟁임을 강조하고 있다는 점에도 주목을 요한다. 이러한 입장은 유럽법원의 판례에도 나

---

24) Case 322/81 [1983] ECR 3461, para. 57.
25) 102조 지침, para. 26.

타나고 있는데, Deutsche Telekom 사건에서 유럽법원은 "TFEU 제102조
는 시장지배적 사업자가 자신과 동등하게 효율적인 실제 경쟁자 및 잠재
적 경쟁자를 시장에서 배제하는 효과를 갖는 가격 정책을 금지한다"고[26]
판시하였다.

동 규제의 목적을 경쟁 보호로서 이해할 경우에, 남용의 의의는 경쟁제
한적인 관점에서 도출될 것이다. 이와 관련하여 Hoffmann-La Roche 사건
에서 유럽법원의 정의에 의하면, "남용은 문제가 되는 사업자의 존재로 인
하여 경쟁의 정도가 약화된 시장의 구조에 영향을 미치고, 또한 경제 주체
들의 거래에 기초한 상품과 용역에 있어서 정상적인 경쟁이 이루어지는
조건과는 다른 방법을 이용하여 현재의 시장에서 존재하는 경쟁의 정도를
유지하거나 그 경쟁의 발전을 저해하는 효과를 갖는 지배적 지위에 있는
사업자의 행위에 관련된 객관적 개념이다."[27] 이와 같은 남용의 의의는
일반적으로 받아들여지고 있지만, 두 가지 점에서 논의가 추가될 부분이
있다. 동 정의는 원칙적으로 시장지배적 지위 남용의 두 유형 중 배제적
남용에 해당하는 것이고, 시장지배적 지위남용의 또 다른 유형인 착취적
남용을 동 정의가 포괄하기에는 한계가 있을 것이다.[28] 또한 동 판결에서
남용의 의의는 통상적인 경쟁과의 비교를 핵심으로 하는데, 이때 정상적
인 경쟁의 의의를 밝히는 것이 추가적인 과제로 남게 될 것이며, 이와 관
련하여 최근 ECJ이 정상적인 경쟁을 장점(merits)에 의존하여 이루어지는
경쟁으로 이해하고 있는 것을 참고할 수 있을 것이다.[29]

26) Deutsche Telekom AG v. Commission, Case C-280/08 P [2010] ECR I-9555,
    para. 177.
27) Case 85/76 [1979] ECR 461, para. 91.
28) Richard Whish & David Bailey, 주 19)의 책, 198면.
29) 예를 들어 Deutsche Telekom 사건에서 ECJ은 제102조 하에서 자신의 장점에 의
    존하는 범위에 있지 않은 다른 방법을 사용하여 지배적 지위를 강화하는 행위는
    금지된다는 입장을 취하였다. Case C-280/08 P [2010] ECR I-9555, para. 177.

(2) 시장지배적 지위와 남용행위의 관련성

남용행위의 유형 중 특히 배제적 남용과 관련하여 시장지배적 지위와 남용의 관계에 관한 문제가 제기되고 있다. 이와 관련하여 Tetra Pak II 사건에서 유럽법원은 "제102조의 적용은 지배적 지위와 남용행위 간에 관련성(a link between the dominant position and the abusive conduct)을 상정한다"고 하였다.[30]

이러한 판시사항은 두 가지 측면에서 의의가 있다. 우선 동 판시사항이 종래 유럽법원이 보여주었던 지배적 지위와 남용에 대한 이해와 충돌하는 지의 문제가 제기될 수 있다. 유럽법원은 Hoffmann-La Roche 사건에서 시장지배적 지위에 의하여 부여된 경제적 힘의 사용에 의하여 남용이 행해져야 한다는 것을 부인하였다.[31] 이러한 입장은 AstraZeneca 사건에서 유럽 1심법원의 판결에서도 확인할 수 있는데, 동 판결은 시장지배적 지위의 남용이 지배적 지위에 기인하는 경제적 힘의 사용일 필요는 없다고 판시하였다.[32] 그러나 엄밀히 말하면, Hoffmann-La Roche 판결에 나타난 이해는 남용이 지배적 지위 자체의 행사일 필요는 없다는 것이고, 양자 사이에 관련성 자체를 부인하는 것은 아니라는 점에서 주의를 요한다. 이러한 관점에서 지배적 지위와 남용 간의 관련성을 요구하고 있는 Tetra Pak II 판결은 모순되지 않는 것으로 볼 수 있으며,[33] 지배적 지위와 남용이 별개의 시장으로 분리될 수 있음을 보여주고 있다는 점에서 동 판결의 의의를 찾을 수도 있을 것이다.[34]

또한 이러한 관련성은 시장지배적 지위 자체가 남용행위 판단에 일정한 영향을 미칠 수 있음을 시사하는 것이기도 하다. 102조 지침은 배제적 남

---

30) Tetra Pak International v. Commission, Case C-334/94 [1996] ECR I-5951.
31) Case 85/76 [1979] ECR 461.
32) Case T-321/05 [2010] ECR II-2805.
33) Richard Whish & David Bailey, 주 19)의 책, 204면 참조.
34) 홍명수, "수직적 구조에서 지배력 남용 판단에 관한 고찰", 경쟁법 연구 제35권, 2017, 200-201면 참조.

용 여부를 조사하기 위하여 고려되어야 하는 요소를 제시하고 있는데,[35] 1) 시장지배적 지위의 정도, 2) 관련시장의 상황, 특히 규모의 경제가 작용하는 범위와 네트워크 효과의 존부 등, 3) 경쟁사업자들의 시장에서의 지위, 지배적 사업자에 비하여 상대적으로 규모가 작은 경우에도 혁신적이거나 가격경쟁력을 가지고 있을 경우, 4) 고객 또는 원재료 공급자의 시장에서의 지위, 5) 남용행위의 정도, 총 매출에서 차지하는 비중, 남용행위의 기간, 반복성 여부 등, 6) 시장 배제의 실제 효과, 시장점유율의 변화등, 7) 내부 문서 등과 같은 시장 배제 전략에 대한 직접적 증거 등이 이에 해당한다. 동 규정에서 알 수 있듯이, 102조 지침은 배제적 남용 판단의 첫 번째 고려 요소로서 시장지배적 지위의 정도를 언급하고 있는데, 이는 지배적 지위와 그 정도가 동일한 행위에 대한 상이한 남용 판단을 가능하게 함으로써 일정한 영향을 미칠 수 있음을 시사하는 것이며,[36] 이러한 관점에서 시장지배적 지위와 남용행위의 관련성을 구체화할 수도 있을 것이다.

V. 결론

EU 경쟁법상 독과점 규제는 TFEU 제102조에 근거하며, 독점규제법과 마찬가지로 폐해규제주의적 입장에서 시장지배적 지위남용행위를 규제 대상으로 한다. 두 경쟁법 체계는 시장지배적 지위와 남용 판단의 2단계 과

---

35) '102조 지침'은 반경쟁적 봉쇄(anticompetitive foreclosure)라는 개념을 통하여 배제적 남용의 문제를 다루고 있는데(para. 19), 동 지침에서 반경쟁적 봉쇄는 "시장지배적 사업자의 행위의 결과로서 실제 또는 잠재적 경쟁사업자의 실효성 있는 시장 접근이 방해되거나 시장에서 배제되는 상황"을 기술하기 위한 개념으로 사용된다.

36) Gerhard Wiedemann hrsg., Handbuch des Kartellrechts, C. H. Beck, 1999, 831 면(Gerhard Wiedemann).

정을 거쳐서 최종적인 위법 판단을 내린다는 점에서 구조적으로 유사하며, 따라서 EU 경쟁법에서 전개되어 온 해당 법리는 독점규제법 운영에 있어서도 많은 참고가 될 것이다.

특히 시장지배적 지위의 판단은 수범자를 한정한다는 점에서 규범적 중요성을 갖고 있으며,[37] 전체적으로 시장지배적 지위남용행위 규제의 핵심을 이룬다. 이와 관련하여 독점규제법 제2조 제7호 2문은 "시장지배적사업자를 판단함에 있어서는 시장점유율, 진입장벽의 존재 및 정도, 경쟁사업자의 상대적 규모등을 종합적으로 고려한다"고 규정함으로써 시장지배적 지위의 판단 요소를 제시하고 있다. 이와 같은 판단 요소는 타당한 것이지만,[38] 경쟁정책적 관점에서 시장지배적 지위의 판단이 요구되는 근거와 필수적으로 검토되어야 할 요소들의 제시로서 충분한 것으로 보기는 어렵다.

이와 관련하여 EU 경쟁법에서 전개되고 있는 논의는 많은 시사점을 제공한다. 즉 102조 지침은 1) 실제 경쟁자에 의한 공급과 이들의 시장에서의 지위에 의한 억제, 2) 실제 경쟁자의 확대나 잠재적 경쟁자의 진입에 의한 신뢰할 만한 위협에 따른 억제, 3) 거래상대방의 거래능력에 의하여 가해지는 억제를 시장지배적 지위 판단을 위한 세 가지 고려 요소로 제시하고 있다. 이러한 요소들은 경쟁정책적 관점에서 도출된 것으로서 타당성을 갖는 것이며, 구체적 판단이 적절하게 이루어질 수 있는 지침으로 기능하고 있다. 또한 시장지배적 지위와 남용행위의 관련성에 관한 논의도 시장지배적 지위남용행위를 종합적으로 이해는데 도움이 될 것이다.

---

37) 독점규제법상 단독행위 규제는 시장지배적 지위남용행위와 불공정거래행위로 이원화되어 있다는 점에서 특징적이며, 경쟁제한성 관점에서의 규제는 시장지배적 지위남용행위 규제가 핵심을 이룬다. 홍명수, "불공정거래행위 규제의 의의와 개선 논의의 기초", 안암법학 제45호, 2014, 460-461면 참조.

38) 독점규제법상 시장지배적 지위는 경제학에서의 독과점 개념과 일치하는 개념은 아니며, 규범적 차원에서 정의될 수 있는 개념이라는 것으로, 권오승 등 8인 공저, 독점규제법, 법문사, 2016, 38면.

8. 수직적 구조에서 지배력 남용 판단

I. 서론

독점규제법 제3조의2는 시장지배적 지위에 있는 사업자의 남용행위를 규제 대상으로 한다. 동 규정에 의하여 시장지배적 지위에 있는 사업자의 행위가 남용에 해당할 경우에 당해 행위는 금지된다. 입법적으로 시장지배력 자체를 문제 삼지 않는 대신 이를 남용할 경우에 규제하는 방식을 취한 결과로서 시장지배적 지위와 남용 판단이 단계적으로 이어지는 심사 과정을 거치게 된다.

사업자는 다양한 경제적 목적으로 상류시장과 하류시장에 모두 진출하여 사업을 영위하는 사업 방식을 취할 수 있으며, 이와 같은 수직적 구조를 취하고 있는 사업자의 남용 행위도 동일한 판단 구조 하에서 다루어질 것이다. 수직적으로 통합된 방식으로 사업을 영위하는 사업자를 대상으로 시장지배적 지위의 남용행위를 규제할 경우에 이러한 구조적 특성이 고려되어야 하며, 이러한 점에서 일반적인 남용 규제와는 차별성을 갖는다. 우선 수직적으로 통합된 사업자는 상하 연결되는 복수의 시장에 관련되므로 시장지배적 지위와 남용행위가 각각 다른 시장에서 나타날 수 있고, 이로 인하여 시장지배적 지위와 행위의 기초로서 양 시장을 모두 고려 대상으로 삼아야 할 것이다.[1] 나아가 수직적 구조 하에서 시장지배적 지위의 남용 문제를 다룰 경우에 행위와 효과 간에도 시장별 분리가 나타날 수 있다는 점에 주의를 요한다. 시장지배적 지위 남용 규제에서 행위의 남용성 판단은 경쟁제한성에 기초하는데,[2] 수직적 구조 하에서는 일정한 행위의 경제적 효과가 수직적 연관 하에서 확대될 수 있고, 이로 인하여 행위가 나타난 시장과 행위의 경쟁제한적 효과가 발생하는 시장이 분리될 수 있다. 이러한 상황에서 사실관계로서 행위의 존부와 경쟁법상 행위의 규범적 평가는 상이한 시장을 대상으로 이루어지게 될 것이다.

이하에서 논의는 수직적 구조 하에서 시장지배적 사업자의 남용행위 판단을 대상으로 한다. 이러한 접근은 기존의 남용행위 법리에 대한 이해를 새롭게 하는 계기가 될 수 있으며, 또한 행위와 남용성 판단이 시장별로 분리되는 것에 초점을 맞추어 논의를 전개함으로써 남용 판단의 실질을 기할 수 있다는 점에서도 의의가 있다. 논의의 전개는 수직적 구조 하에서 남용의 의의를 살펴보는 것에서 출발하고자 한다. 여기서는 수직적 통합화로 인한 남용 가능성과 이로 인하여 발생하는 행위와 남용의 시장별 분리 현상을 중점적으로 다룰 것이다(Ⅱ). 이어서 이러한 구조 하에서 남용 문제가 발생할 가능성을 검토하고 전형적으로 예상되는 행위들을 구체적으로 분석할 것이다(Ⅲ). 나아가 별도의 장에서 최근 이슈가 되고 있는 특허권자에 의한 수직적 통합화 문제를 남용 관점에서 상론할 것이다(Ⅳ).

---

1) Richard Whish & David Bailey, Competition Law, Oxford Univ. Press, 2012, 205면, Alison Jones & Brenda Sufrin, EU Competition Law, Oxford Univ. Press, 2011, 363-364면 참조. 시장지배적 지위와 남용 행위가 시장별로 분리될 경우에 양자 사이의 관계에 관하여 유럽법원은 Tetra Pak Ⅱ 사건에서 "제102조의 적용은 지배적 지위와 남용행위 간에 관련성(a link between the dominant position and the abusive conduct)을 상정한다"고 판시하였다. Tetra Pak International v. Commission, Case C-334/94 [1996] ECR Ⅰ-5951.

2) 대법원 2007. 11. 22. 선고 2002두8626 판결.

II. 수직적 구조에서 남용의 의의

1. 남용의 의의와 수직적 통합화

(1) 남용의 의의

독점규제법 제3조의2 제1항은 규제 대상으로 시장지배적 사업자의 남용행위를 명정하고 있다. 동 규정에 반하는 행위로서 규제 대상이 되기 위하여 시장지배적 사업자의 행위는 남용에 해당하여야 하며, 행위의 남용 판단은 동 규정의 규범 목적에 비추어 판단될 것이다.

이와 관련하여 EU 경쟁법상 유사한 규정인 EU기능조약 제102조의 목적에 관한 이해는 참고할 만하다. 유럽위원회가 제정한 '102조 지침'(Guidance on Article 102 Enforcement Priorities)은 "위원회는 단순히 경쟁자를 보호하는 것이 아니라 효율적인 경쟁을 보호하는 것이 중요하다는 것을 유념하여야 한다"는[3] 원칙을 밝히고, 지배력 남용에 관한 규제기관의 개입 필요성과 관련하여 "위원회는 일반적으로 시장지배적 사업자에 상응하는 효율성을 갖고 있는 것으로 판단되는 경쟁사업자의 경쟁을 방해하거나 방해할 수 있는 경우에만 시장지배적 사업자의 행위에 대하여 개입할 것이다"는[4] 규정을 두고 있다. 동 규정의 취지에 비추어 남용의 의의는 경쟁제한성에 기초하며, 이러한 관점에서 Hoffmann-La Roche 사건에서 유럽법원이 제시한 남용의 의의가 유력하다. 동 판결에 의하면 "남용은 문제가 되는 사업자의 존재로 인하여 경쟁의 정도가 약화된 시장의 구조에 영향을

---

3) 102조 지침, para. 6. 이 외에도 보호가 요구되는 경쟁이 효율적 경쟁임을 강조하고 있다는 점에도 주목을 요한다. 이러한 입장은 유럽법원의 판례에서도 나타나고 있는데, Deutsche Telekom 사건에서 유럽법원은 "TFEU 제102조는 시장지배적 사업자가 자신과 동등하게 효율적인 실제 경쟁자 및 잠재적 경쟁자를 시장에서 배제하는 효과를 갖는 가격 정책을 금지한다." Deutsche Telekom AG v. Commission, Case C-280/08 P [2010] ECR I-9555, para. 177.

4) 102조 지침, para. 26.

미치고, 또한 경제 주체들의 거래에 기초한 상품과 용역에 있어서 정상적인 경쟁(normal competition)이 이루어지는 조건과는 다른 방법을 이용하여 현재의 시장에서 존재하는 경쟁의 정도를 유지하거나 그 경쟁의 발전을 저해하는 효과를 갖는 지배적 지위에 있는 사업자의 행위에 관련된 객관적 개념이다."[5] 이와 같은 남용의 의의는 일반적으로 받아들여지고 있지만, 두 가지 측면에서 논의가 이어지고 있다. 우선 동 정의는 원칙적으로 배제적 남용에 관한 것이고, 시장지배적 지위 남용의 또 다른 유형인 착취적 남용을 포괄하기에는 한계가 있다.[6] 또한 동 판결에서 남용의 의의는 통상적인 경쟁과의 비교를 핵심으로 하는데, 이때 정상적인 경쟁의 의의를 밝히는 것이 추가적인 과제로 남게 될 것이다. 이와 관련하여 유럽법원은 정상적인 경쟁을 장점(merits)에 의존하여 이루어지는 경쟁으로 이해하고 있다.[7]

EU 경쟁법과 마찬가지로 시장지배적 지위남용 행위를 규제하는 독점규제법에서 남용에 관한 이해는 유사하게 전개되고 있다. 동법 제3조의2 제1항에서 규제하는 행위의 남용성은 시장에서의 정상적인 행위로부터 벗어나는 것을 의미하며, 동 규정의 입법 취지 나아가 독점규제법의 규범 목적으로서 자유롭고 공정한 경쟁의 보호를 전제할 경우에, 이에 대한 판단은 경쟁에 기초할 수밖에 없을 것이다. 이러한 입장은 법원의 남용 판단에도 수용되고 있는데, 거래거절의 남용성 판단과 관련하여 대법원은 거래거절 행위가 지위남용행위에 해당하기 위해서는 거래거절이 "경쟁제한의 효과가 생길 만한 우려가 있어야 한다"는[8] 입장을 취하였다. 물론 EU 경쟁법상 논의에서 살펴본 것처럼 독점규제법상 남용행위의 유형으로 인정되고

---

5) Case 85/76 [1979] ECR 461, para. 91.

6) Richard Whish & David Bailey, 주 1)의 책, 198면.

7) 예를 들어 Deutsche Telekom 사건에서 유럽법원은 제102조 하에서 자신의 장점에 의존하는 범위에 있지 않은 다른 방법을 사용하여 지배적 지위를 강화하는 행위는 금지된다는 입장을 취하였다. Case C-280/08 P [2010] ECR I-9555, para. 177.

8) 대법원 2007. 11. 22. 선고 2002두8626 판결.

있는 착취적 남용의 경우에도 이와 같은 남용의 의의가 유효한지에 관하여 논의의 여지는 있지만, 적어도 배제적 남용 행위에 관하여 경쟁제한적 효과는 판단의 핵심적 기준으로 작용할 것이다.[9]

(2) 수직적 통합화와 남용

특정한 상품 시장에서 지배력을 보유하고 있는 사업자는 다양한 경제적 동기로 상하 인접한 시장에 진출할 수 있다. 일반적으로 수직적으로 연결되어 있는 시장에 진출하는 경제적 동기는 비용절감 측면에서 파악할 수 있는데, 부품이나 원재료의 공급 또는 유통 과정을 수직화 할 경우에 다른 사업자와의 거래관계에서 불가피하게 발생하는 거래 비용이 줄어들 것이고, 이러한 부분이 가격에 반영된다면 궁극적으로 소비자에게 이익이 될 수 있다는 점에서 긍정적인 평가가 가능하다. 또한 안정적인 거래 관계의 확보도 사업자의 지속적인 사업활동의 보장과 이에 기반한 적극적인 경영전략을 수립하는데 도움이 됨으로써 효율성 제고에 기여할 수도 있다.[10]

물론 이와 같은 긍정적 효과가 언제나 나타나는 것은 아니며, 다른 한편으로 수직적인 사업의 확장 과정에서 예상되는 부정적인 효과에 대해서도 주의를 두어야 한다. Oliver Williamson이 지적한 것처럼 거래를 내부화 할 경우에 거래 과정에서 발생하는 탐색 비용 등이 감소하지만, 내부과정의 조직화와 관리에 따른 비용이 추가적으로 발생할 수 있으며,[11] 후

---

9) 착취남용의 부당성 징표는 행위가 사회적으로 용인되는 이익추구를 얼마나 현저하게 벗어났는가에 있으며, 배제남용의 부당성 징표는 경쟁사업자를 시장에서 배제함으로써 독점력을 형성, 유지, 강화하는 것에 있다고 보는 것으로, 권오승·서정, 독점규제법-이론과 실무-, 법문사, 2016, 154-155면 참조.

10) 권영주, "수직적 통합 및 분리의 경제적 이유와 사례 분석", 정보통신정책 제15권 19호, 2003, 18-19면 참조.

11) Oliver E. Williamson, "Antitrust Lenses and the Uses of Transaction Cost Economics Reasoning", Thomas M. Jorde & David J. Teece ed., Antitrust, Innovation, and Competitiveness, Oxford Univ. Press, 1992, 140-141면 및 권영주, 위의 논문, 20면 참조.

자가 전자를 상회한다면 효율성 측면에서 부정적인 평가를 내릴 수 있다. 이와 같은 상반된 효과의 가능성은 사업의 수직화가 언제나 효율성 제고로 이어질 수 있다는 사고를 제한한다. 또한 수직적 통합화는 경쟁제한적 효과를 낳을 수 있다는 점도 염두에 두어야 한다. 수직화 과정에서 나타난 일련의 행위가 지배력이 존재하는 시장 또는 상하 인접 시장에 부정적인 영향을 미칠 수 있으며, 이러한 점은 수직적으로 통합된 사업자에 대하여 경쟁정책적인 관점에서 주의를 촉구하는 계기가 될 것이다.

사업자가 수직적인 확장을 시도할 때, 취할 수 있는 방법은 다양하다. 가장 단순하게 경제주체의 단일성을 유지하면서 내부에 수직적으로 인접한 시장에 진출하기 위한 사업 부문을 둘 수 있으며, 인접 시장에 새로운 회사를 설립하거나 기존 회사와의 결합을 통하여 시장에 참가하는 것도 가능하다. 또한 기존 사업자와 일련의 제휴관계를 구축하여 통일된 의사에 따라서 사업활동을 영위할 수도 있다. 그러나 이러한 법적, 조직적 방식의 차이가 구체적인 독점규제법 위반행위에 대한 규율에 영향을 미칠 수는 있지만, 수직화에 따른 남용 문제를 경쟁정책적으로 검토함에 있어서 결정적인 의미를 갖는 것은 아니다. 중요한 것은 수직적 통합화에 의하여 특정 사업자가 인접한 상하 시장에 모두 참여할 경우에 일정한 시장에서의 행위가 수직적으로 연결된 다른 시장에도 영향을 미칠 수 있다는 것이며, 따라서 지배력 남용의 기초인 경쟁제한적 효과의 판단은 행위가 있었던 시장에 제한되지 않고 수직적 관계를 통하여 확장될 것이다.

2. 남용과 효과의 시장별 분리

전술한 것처럼 수직적인 조직 구조를 취하고 있는 사업자의 남용 행위에 있어서 지배적 지위와 남용행위 나아가 경쟁제한 효과가 시장별로 분리될 수 있지만, 이러한 분리가 동일한 양상으로 전개되는 것은 아니다.

우선 판단의 복잡함을 더는 간명한 형태로서 시장지배적 지위와 남용행위 그리고 이로부터 경쟁제한의 효과가 모두 동일한 시장에서 나타나는 경우가 있을 것이다. 예를 들어 Michelin 사건에서는[12] 타이어 시장에서 지배적 지위에 있는 사업자가 리베이트 등의 행위를 하였고, 이 행위는 당해 시장에서 경쟁사업자를 배제하는 효과를 낳았다.

이에 반하여 시장의 분리는 지배적 지위와 남용행위 및 경제적 효과가 나타나는 양상에 따라서 다양하게 전개될 것이다. 우선 남용행위와 경쟁제한적 효과가 발생하는 시장 간에 수직적 관계가 존재하지 않는 경우도 사례를 통하여 확인할 수 있다. 예를 들어 유럽 경쟁법에서 다루어졌던 British Gypsum 사건에서는[13] 플라스터보드 시장에서 지배적 지위에 있는 사업자가 동 시장과 수평적 관계에 있는 플라스터 시장에서도 사업을 영위하면서 플라스터보드 시장에서의 충성 고객을 플라스터 시장에서 우선적인 거래 대상으로 한 행위가 남용행위로 규제되었다. 당해 행위의 목적은 궁극적으로 플라스터보드 시장에서의 지배적 지위를 유지하는 것에 있었으며, 지배적 지위는 플라스터보드 시장, 남용행위는 플라스터 시장 그리고 남용의 경제적 효과는 플라스터보드 시장에서 나타났다. 한편 남용행위와 이에 따른 경제적 효과가 시장별로 분리될 때, 양 시장 간에 수직적 관계가 존재하는 경우도 다수의 사례에서 확인된다. 예를 들어 Commercial Solvents 사건에서는[14] 원재료 시장에서 지배적 지위에 있는 사업자가 자신의 자회사가 위치한 완제품 시장에서 경쟁사업자를 배제하기 위하여 이들에 대한 원재료 공급을 제한하였으며, 이때 지배적 지위와 남용은 원재료 시장에 위치하였고, 남용행위에 따른 경제적 효과는 완제품 시장에서 발생하였다. Marche Telemarketing 사건에서는[15] 방송시장

12) Michelin v. Commission, Case T-203/01 [2003] ECR II-4071, para. 65.
13) British Gypsum v. Commission, Case C-310/93 P [1995] ECR I-865.
14) Chemioterapico Italiano & Commercial Solvents Corp. v. Commission, Case 6 to 7/73 [1974] ECR 223.

을 독점하고 있는 국영 사업자가 하류 시장인 텔레마케팅 시장에 진출하면서 동 시장에서 사업을 영위하고 있었던 경쟁 사업자에게 방송서비스를 중단함으로써 당해 사업자를 시장에서 퇴출시킨 것이 문제가 되었고, 유럽법원은 지배력 남용을 인정하였다. 이때 지배적 지위와 남용행위는 방송시장에 존재하였고, 경쟁사업자가 퇴출된 남용 효과는 하류시장인 텔레마케팅 시장에서 발생하였다. 유럽위원회의 잠정적 조치로 종료되었던 Sealink/B&I－Holyhead 사건에서16) Sealink는 Holyhead지역에서 항만을 소유, 운영하고 있었으며, 여객선과 페리 서비스를 위한 항만시설 시장에서 시장지배적 지위를 가지고 있었다. Sealink는 하류시장인 페리 시장에 진출하면서 동 시장의 경쟁사업자인 B&I을 차별하여 시장지배력을 높이고자 항만시설 운영스케줄을 자신에게 유리하게 조정하였으며, 유럽위원회는 이러한 행위가 지배력 남용에 해당하는 것으로 판단하였다. 동 사건에서 지배적 지위와 남용행위는 항만시설 시장에 존재하였고, 남용행위에 따른 경쟁제한적 효과는 수직적으로 연결된 페리 시장에서 발생하였다.

이와 같이 남용행위와 효과가 상이한 시장에서 발생하는 경우에 행위의 남용성 판단은 행위가 있었던 시장이 아닌 다른 시장의 분석에 기초하여야 한다. 물론 행위가 일정한 효과를 낳았다는 점이 전제되어야 하기 때문에, 양 시장의 관계와 양 시장에 진출한 사업자의 종합적인 이해가 아울러 검토되어야 할 것이다. 특히 분리되는 시장들이 수직적 관련성을 갖고 있을 경우에는 이미 특정한 시장에서 지배적 지위에 있는 사업자가 다른 시장으로 지배력을 확대하고자 하는 유인이 있으며, 지배적 지위에 있는 시장에서의 일정한 행위를 통하여 다른 시장에서의 경쟁을 제한하는 효과를 낳을 가능성이 존재한다. 이러한 가능성을 염두에 둘 경우에, 상품의 생산과 유통 과정에서 상류시장과 하류시장을 통합하는 사업방식을 취하고 있

---

15) Case 311/84 Centre Belge d'Etudes de Marche Telemarketing v. CTL [1985] ECR 3261, [1986] 2 CMLR 558.

16) [1992] 5 CMLR 255.

는 사업자의 경제적 동기와 행위가 전후방 연관 시장에 미치는 효과에 대한 분석이 불가피할 것이다.

III. 수직적 구조에서 남용의 구체적 검토

1. 수직적 구조에서 남용의 일반적 양상

(1) 착취적 남용과 배제적 남용

시장지배적 지위의 남용은 지배적 지위로부터 정상적인 시장에서 기대하기 어려운 과도한 이익을 얻는 행위를 의미하는 착취적 남용과 지배적 지위 자체를 확대·유지하기 위하여 경쟁사업자를 배제하는 의미에서의 배제적 남용으로 나눌 수 있으며, 독점규제법 제3조의2 제1항 각호는 각각의 유형에 대한 규제 근거를 제시하고 있다.[17]

남용 유형의 하나로서 배제적 남용의 경우 경쟁사업자에게 미치거나 미칠 우려가 있는 경쟁제한적 효과에 초점을 맞추며, 이러한 효과의 구체적 분석을 통하여 남용 판단이 이루어진다. 반면 착취적 남용의 경우 배제적 남용에 비하여 남용의 구체적 기준이 명확하지 않을 뿐만 아니라, 경쟁정책상 지배적 사업자에 의한 착취적 성격의 가격 책정은 그 자체로 경쟁을 초래할 수 있다는 사고는 이러한 유형의 남용에 대한 규제에 근본적인 의문을 낳는다.[18] 그렇지만 착취적 남용의 폐해 가능성을 완전히 부정하기는 어려우며, 이에 대한 규제가 여전히 유효한 경우를 상정할 수 있다. 이러한 점에서 '102조 지침'이 착취적 남용에 관한 구체적 기준을 제시하지 않았지만 규제 가능성을 분명히 한 것은 의미가 있다.[19] 이와 관련하여

---

17) 권오승 등 8인 공저, 독점규제법, 법문사, 42-43면; 신동권, 독점규제법, 박영사, 2016, 135면; 신현윤, 경제법, 법문사, 2012, 153면
18) 이에 관한 찬반론의 상세는 권오승·서정, 주 9)의 책, 153면 참조.

EU 경쟁법에서 다루어진 United Brands 사건에서[20] 최종적으로 가격의 남용성을 부인하였지만, 가격이 공급된 상품의 경제적 가치(economic value)와 합리적 관련성을 갖지 않을 때 부당하다는 기본 원칙을 제시하고, 또한 소비자(거래상대방)가 이러한 가격 책정의 결과로서 손해를 입을 경우에 경쟁에 미치는 효과의 분석 없이 제102조에 의하여 금지되는 행위임을 밝힌 것은 참고할 만하다.[21] 그러나 구체적인 문제에서 가격의 남용 수준을 판단하는 것은 여전히 어려운 과제로 남아 있으며, 여기에 비효율의 문제, 즉 시장지배적 사업자의 높은 가격 책정이 내부 비효율이나 혁신에 둔감한 현실안주의 태도에 기인한 것일 때에도 이를 착취적 남용으로 규제할 수 있는지에 관한 문제도 제기되고 있다.[22] 비효율에 대한 법적 제재가 가능한 것이 아니라면, 결국 높은 가격 책정의 원인이 무엇인지에 관한 분석이 중요한 쟁점으로 부각될 것이다.[23]

수직적으로 통합된 사업 구조를 취하고 어느 한 시장에서 지배적 지위에 있는 사업자의 행위도 두 유형의 남용에 모두 해당할 수 있다. 민영화

---

19) '102조 지침'이 착취적 남용의 규제 가능성은 여전히 인정하면서도 주요 내용은 배제적 남용의 구체화로 이루어져 있고, 착취적 남용에 관한 구체화가 배제되어 있는 것에 관하여 비판적인 견해로서, Pinar Akman, The Concept of Abuse in EU Competition Law, Hart Publishing, 2015, 3면.

20) Case 27/76 [1978] ECR 207.

21) 동 사건에서 문제가 된 바나나 가격과 주요 경쟁사업자의 가격 차이가 단지 7%이었는데, 유럽법원은 이러한 차이가 가격 남용을 인정하기에 충분하지 않은 것으로 판단하였다. 동 판결의 의의에 관하여 Joanna Goyder & Albertina Albors-Llorens, EC Competition Law, Oxford Univ. Press, 2009, 317면 참조.

22) 높은 가격 책정이 초과이윤을 획득하기 위한 의도와 관련되는지 아니면 내부 비효율성과 같은 원인에 의하여 나타나게 된 것인지를 판단하는 것이 용이하지는 않다는 지적으로, Mark Furse, Competition Law of the EC and UK, Oxford Univ. Press, 2004, 277면.

23) 분석 과정에서 경쟁 압력의 부재로 인한 비효율적인 운영 결과가 비용에 반영된 경우에 이를 고려하여야 하는지의 문제가 제기된다는 것으로, Knut Werner Lange hrsg., Handbuch zum Deutschen und Europäischen Kartellrecht, Recht und Wirtschaft GmbH, 2006, 459-460면(Wolfgang Hübschle) 참조.

과정을 거치면서 충분히 경쟁적 구조가 형성되지 않은 시장에서는 경쟁에 의한 자율적 가격 통제를 기대하기 어려우며, 이 경우에 경쟁법상 가격남용 규제는 실질적인 의미를 가질 수 있는데, 이러한 상황에 있는 사업자가 수직적으로 통합된 구조를 취하면서 자신이 사업을 영위하고 있는 시장 중 하나에서 착취적 남용에 해당하는 가격 책정을 할 수도 있다.[24] 그렇지만 수직적 구조에서 전형적으로 나타나는 남용 행위는 수직적인 통합화 과정에서 이미 특정시장에서 보유하고 있는 지배력을 다른 시장으로 확대, 강화하는 것에 관련될 것이며, 이러한 점에서 배제적 남용이 보다 실질적인 문제로서 대두된다.

(2) 수직적 구조에서 배제적 효과의 실현 방식

수직적 구조 하에서 발생하는 배제적 남용은 앞에서 EU 경쟁법상 규제 사례에서 확인할 수 있듯이 일정한 시장에서 이미 보유하고 있는 지배력을 수직적으로 연관된 다른 시장으로 확대하고자 하는 시도와 관련될 가능성이 크다. 이러한 시도가 어떠한 방식으로 실현되는지에 관한 이해는 남용의 의미를 구체적으로 이해하는데 도움이 될 수 있으며, 이와 관련하여 Whish & Bailey의 유형화는 유력한 의미가 있다.

Whish & Bailey는 수직적으로 통합한 사업자의 배제적 남용과 관련하여 두 가지 가능성을 제시하고 있는데, 지배적 사업자가 상류 시장에서 원자재를 공급하는 경쟁사업자를 배제하는 수평적 봉쇄와 지배적 사업자가 하류 시장에서 경쟁사업자를 배제하는 수직적 봉쇄가 이에 해당한다. 이하에서 [그림 1]과 [그림 2]는 경쟁사업자를 배제함에 있어서 수평적 봉쇄와 수직적 봉쇄의 전형적인 차이를 보여준다.

---

24) 가격남용 규제는 특히 망(newwork) 관련 산업에서 새로운 전기를 마련하고 있다는 견해로, Fritz Rittner & Meinrad Dreher, Europäisches und deutsches Wirtschaftsrecht, C. F. Müller, 2008, 552면.

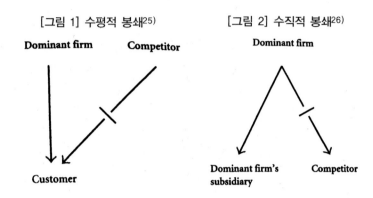

[그림 1] 수평적 봉쇄[25]

Dominant firm   Competitor

Customer

[그림 2] 수직적 봉쇄[26]

Dominant firm

Dominant firm's subsidiary   Competitor

[그림 1]과 [그림 2]에서 알 수 있듯이, 수직적 구조 하에서 수평적 봉쇄와 수직적 봉쇄는 지배력을 다른 시장으로 이전시키는 효과를 낳고 있다는 점에서 공통되지만, 배제적 효과가 작용하는 방향에 있어서 뚜렷이 구별되는 특징을 보여준다. 전자의 경우 배제적 효과는 경쟁사업자와 거래상대방의 거래를 제한하는 측면에서 실현되는 반면, 후자의 경우에는 자신과 거래관계에 있는 사업자의 거래를 제한하는 방향으로 배제적 효과가 발생한다. 전자에 해당하는 행위로서 배타적 거래, 리베이트, 약탈적 가격 등이 있으며, 후자에는 하류 시장에서의 경쟁을 제한할 수 있는 거래거절이나 이윤 압착 등이 해당할 것이다.[27]

이러한 유형화에 비추어 수직적 구조 하에서 구체적으로 배제가 발생하는 시장에는 차이가 있으며, 경쟁제한적 효과의 분석 대상인 시장도 이에 따르게 될 것이다. 한편 수직적 구조 하에서 수평적 봉쇄와 수직적 봉쇄는 개별 행위의 남용성 평가의 방향을 제시하는 것이지만, 이와 관련된 행위가 복합적으로 나타날 수 있다는 점에도 주의를 요한다. 즉 수직적으로 통합된 사업자가 지배력 확대를 시도할 경우에 수평적 봉쇄와 수직적 봉쇄

---

25) Richard Whish & David Bailey, 주 1)의 책, 205면.
26) 위의 책, 205면.
27) 위의 책, 204-205면.

를 결합할 수 있으며, 이러한 경우에는 분석 대상도 복합적으로 이루어져
야 할 것이다.

2. 수직적 구조에서 배제적 남용의 구체적 가능성 검토

(1) 수평적 봉쇄

수직적 구조에서 배제적 남용은 다양한 형태로 나타날 수 있으며, 전술
한 것처럼 수평적 봉쇄의 방식을 취할 수도 있다. 이에 해당하는 전형적인
행위로서 배타적 거래를 들 수 있는데, 지배적 사업자가 자신과 수직적으
로 통합된 거래상대방과의 거래를 배타적으로 행할 경우에 지배적 사업자
의 경쟁사업자는 시장에서 배제될 위험을 갖게 되며, 이때 시장 봉쇄의 우
려가 실질적인 것인지가 남용 판단의 결정적인 기준이 될 것이다.[28] 거래
상대방에 대하여 리베이트가 제공될 경우에도 이러한 행위가 경쟁사업자
의 배제로 이어진다면 배제적 남용에 해당할 수 있다.[29] 또한 약탈적 가
격 책정도 경쟁사업자를 배제할 수 있다는 점에서 수직적 구조 하에서의
수평적 배제의 예가 될 것이다. 물론 약탈적 가격이 경쟁정책상 규제 대상
이 되는지에 관하여 논의의 여지는 있으며,[30] '102조 지침'은 약탈적 가격

---

28) 배타적 거래의 경쟁제한성은 관련 시장에서 경쟁사업자에게 시장 접근의 제한을
포함한 비용 상승을 초래함으로써 경쟁사업자의 경쟁력을 약화시킬 수 있다는 것
에 근거한다. 미국 반독점법상 배타적 거래의 규제 법리를 개략적으로 보면, 연방
대법원의 Tempa Electronic 판결 이후 규제 대상이 되는 배타적 거래는, 관련 시
장에서 경쟁사업자에 대한 시장봉쇄효과가 발생하며, 또한 이러한 거래가 실질적으
로 경쟁상 손실을 낳을 수 있는 기간 동안 이루어질 경우에 반독점법상 위법한 것
으로 평가되고 있다. Andrew Gavil, William Kovacic & Jonathan Baker, Antitrust
Law in Perspective, Thomson/West, 2008, pp. 592-594 및 ABA, Antitrust Law
Development 6. ed., ABA Publishing, 2007, 216면 참조.

29) 남용에 관련된 리베이트 제공의 문제는 본질적으로 배타적 관계의 형성과 관련된
다는 것으로, Ulrich Gassner, Grundzüge des Kartellrechts, Verlag Vahlen, 1999,
114면 참조.

책정을 남용으로 평가하기 위한 기준으로서 가격이 평균회피비용(average avoidable cost) 이하일 것, 당해 사업자에게 합리적인 대체 행위를 기대하기 어려울 것, 이러한 행위로 인하여 경쟁 사업자의 경쟁 가능성이 제한될 것 등의 요건을 제시하고 있다.[31]

(2) 수직적 봉쇄

수직적으로 통합된 구조를 취하고 있는 사업자의 남용과 관련하여 수직적 봉쇄는 특정시장에서 지배적 지위에 있는 사업자가 자신의 자회사 등과 경쟁하는 사업자와의 거래를 제한함으로써 경쟁제한적 효과를 낳을 수 있으며, 이러한 행위의 전형으로서 이윤 압착을 들 수 있다. 이윤 압착은 상류시장과 하류시장에 모두 참가하고 있는 수직적으로 통합된 지배적 사업자가 하류시장에서 경쟁하고 있는 사업자에게 상류시장에서 상품을 공급하고 있을 때, 상류시장에서는 하류시장에 위치한 효율적인 경쟁 사업자가 이익을 기대하기 어려운 수준으로 상품 공급 가격을 높게 책정하고, 하류시장에서의 가격은 낮게 책정하는 것을 말한다.[32] 이러한 행위의 남용성 여부가 주된 쟁점이 되었던 Duetsche Telekom 사건에서 유럽법원은 "TFEU 제102조는 시장지배적 사업자가 자신과 동등하게 효율적인 경쟁자 및 잠재적 경쟁자를 배제하는 가격 정책을 금지한다"고 판시함으로써[33] 이윤 압착적인 행위가 남용에 해당한다는 점을 명확히 하였다. 동 판결이 갖는 경쟁정책적 의의는 우선 약탈적 가격에서처럼 가격이 비용 이하로 책정된 경우가 아니라도 남용에 해당할 가능성을 제시하였다는 점에서 찾을 수 있지만, 상류시장과 하류시장에서의 가격을 종합하여 경쟁사업자의

30) Phillip Areeda & Louis Kaplow, Antitrust Analysis 4. ed., Little, Brown and Company, 1988, 528면.
31) 102조 지침, para. 64 참조.
32) 102조 지침, para. 80.
33) Deutsche Telekom AG v. Commission, Case C-280/08 P [2010] ECR I-9555, para. 177.

배제 가능성을 검토함으로써 수직적 구조로서의 특징이 부각되었다는 점
도 주목할 만한 것이다.

한편 통합된 수직적 구조 안에 위치함으로써 이윤 압착과 구조적으로
유사하지만 상류시장과 하류시장의 사업자가 별개의 주체로 존재한다는
점에서 차이가 있는 가격 조정(price alignment)의 경우도 수직적 구조 하
에서의 가격 남용의 예로서 살펴볼 필요가 있다.[34] 이에 해당하는 대표적
인 사건으로 France Télécom 사건을[35] 들 수 있다. 동 사건에서 France
Télécom은 자회사인 Wanadoo를 통하여 인터넷 서비스를 제공하였는데,
초고속 인터넷 시장에서 경쟁사업자의 가격에 대응하여 자사 서비스의 가
격을 평균가변비용 이하로 책정하는 가격 조정을 한 것이 문제가 되었다.
이 사건이 Deutsche Telekom 사건에서의 이윤압착과 구별되는 점은,
Deutsche Telekom은 도·소매단계에서 단일 사업자로 활동하였던 반면에,
동 사건에서 Wanadoo는 France Télécom의 자회사이긴 하였지만 별개의
법인격을 취하고 있었고, 하나의 사업자로 볼 수 있을 만큼 France
Télécom이 Wanadoo의 가격 정책에 결정적인 영향을 미쳤다는 증거가
제시되지 않았다는 점이다. 즉 단일한 사업자가 상류시장과 하류시장의
가격을 책정하는 이윤 압착과는 행태적으로 구별되었는데, 그러나 수직적
구조에서 경쟁 사업자를 배제하는 효과를 낳을 수 있다는 점에서는 본질
적으로 동일하였다. 유럽법원은 동 사건에서 나타난 가격 조정 행위, 특히
경쟁 사업자의 가격에 대응하여 자사 상품의 가격을 조정하는 행위에 대
하여, 시장지배적 지위에 있는 사업자라 하더라도 적절하고 합리적인 조
치를 통하여 자신의 상업적 이익을 보호하기 위한 권리가 박탈되는 것은
아니지만, 이러한 조치의 실제 목적이 지배적 지위를 강화하고 남용하는

---

34) 가격 조정과 이윤 압착의 비교에 관하여, Christian Koenig, Andreas Bartosch,
  Jens-Daniel Braun & Marion Romes, EC Competition and Telekommunications
  Law, Wolters Kluwer, 2009, 127면 참조.
35) France Telecom v. Commission, Case C-202/07 P, [2009] ECR I-2369.

것이라면 시장지배적 지위남용의 규제 대상에서 제외되지 않는다는 입장을 취하였다.[36]

한편 수직적 구조에서 비가격적인 방식으로 경쟁사업자 배제를 시도할 수도 있다. 예를 들어 양 시장에서 모두 사업을 영위하는 지배적 사업자는 상류시장에서 직접적으로 공급을 거절하는 방법을 취할 수 있으며, 또는 실질적인 거래거절(constructive refusal)에 해당하는 일정한 조건을 부과하는 방식으로 거래를 제한할 수도 있다. '제102조 지침'은 후자에 해당하는 경우로 부당한 공급 지체, 저품질 상품의 공급, 비합리적인 대가의 요구 등을 제시하고 있는데,[37] 어느 경우에도 이러한 행위에 의하여 하류시장에서 경쟁하는 사업자의 경쟁이 제한될 경우에 거래거절로서의 남용성이 인정될 것이다.

Ⅳ. 수직적 구조에서 특허권 남용의 문제

1. 특허권자의 수직적 통합화

발명 기술에 대한 특허를 보유하고 있는 자는 특허의 실시 허락을 하고 실시료를 받는 것에 의하여 이익을 실현하거나, 자신의 특허 기술을 직접 사용하여 상품에 구현하고 이것의 판매를 통한 수익을 추구할 수도 있다. 어느 경우에나 특허권자의 이익 극대화 관점에서 선택이 이루어질 것이고, 원칙적으로 이에 관한 법적 제한이 존재하지 않는다. 특히 후자의 경우에 특허 기술의 보유가 시기적으로 선행할 필요는 없으며, 상품 제조업자가

---

36) 동 판결이 시장지배적 사업자의 가격 조정 행위에 대한 규제 가능성을 밝힌 것의 의의에 관하여, Antonio Bavasso, "Recoupment in Predatory Pricing: France Telecom v. Commission", Allen & Overy, 2009, 1면 참조.
37) 102조 지침, para. 78.

기업결합이나 양도 등에 의하여 당해 상품에 구현된 기술의 특허권을 사후적으로 취득하는 경우도 가능하다.

특허권자가 후자의 방식을 취할 경우, 즉 특허 기술과 동 기술이 사용된 상품을 모두 제공할 경우에 특허권자는 수직적으로 연결된 시장을 통합한 지위에 있게 된다. 이 경우에 사업자는 특허 실시 시장에서의 이익과 이를 구현한 상품 시장에서의 이익을 종합적으로 고려하게 될 것이다. 특히 어느 하나의 시장에서 보다 큰 이익을 얻을 수 있고, 이러한 이익 증대가 전체적으로 수익을 극대화하는데 유리한 것으로 판단할 경우에 다른 시장에서의 행태는 보다 큰 이익을 얻을 수 있는 시장에서의 이익 증대를 이룰 수 있는 방향으로 조정될 가능성이 크다. 이러한 행태는 단지 특허 실시 시장에서의 이익 극대화만을 추구하는, 예를 들어 특허관리전문회사의 행태와 분명히 구별되는 것으로서, 관련된 시장들 간의 종합적인 시각이 요구되는 부분이기도 하다.

이러한 점에서 일반적인 상품 시장을 전제로 논의되었던 수직적으로 통합된 지위에 있는 사업자로서의 특징이 여기에 적용될 수 있다. 하류시장 진출을 통하여 이익 극대화를 모색하는 사업자는 당해 시장에서의 지배력 강화를 주된 시장 전략으로 채택할 가능성이 크며, 상류시장에서의 행태는 이러한 의도와 밀접히 관련될 것이다. 이와 같은 행태적 특징은 사업자의 수직적 구조에서 연유하며, 특허권자가 수직적으로 통합된 지위를 구축하고 있는 경우에 이러한 구조적 특징은 마찬가지로 중요한 고려 요소가 될 것이다.

2. 수직적 구조에서 특허권 남용

(1) 수직적 구조 하에서 특허 실시의 거절

전술한 것처럼 수직적으로 통합된 사업자가 어느 하나의 시장에서 지배력을 갖고 있다면, 예를 들어 부품 또는 원재료 시장에서 지배적 지위에 있으면서 동시에 완제품 시장에도 진출하고 있는 경우에 전자의 시장에서 거래 행태는 후자의 시장에서 경쟁에 영향을 미칠 수 있다. 특허권자가 보유하고 있는 특허 기술이 특정한 상품 생산에서 대체가 용이하지 않은 필수적 성격을 지닐 경우에도 동일한 이해가 가능하다. 상품 시장에서 특허권자와 경쟁하고 있는 사업자는 당해 상품의 생산을 위하여 특허권자가 보유한 특허 기술의 사용이 불가피한 상황에 처하게 될 것이고, 이러한 구조적 특징은 경쟁정책적 관점에서 중요한 의미를 갖는다. 앞에서 살펴본 Commercial Solvents 사건에서처럼 부품 또는 원재료 공급을 완제품 시장에서 경쟁하는 사업자에 대하여 제한하는 것은 전형적인 예가 될 것이다. 물론 하류시장에서의 경쟁사업자에 대한 경쟁제한의 수단이 이에 한정되는 것은 아니다. 더욱이 특허권자가 특허를 실시하는 시장의 특성에 대한 이해는 실질적으로 경쟁제한의 의미를 갖는 다양한 행태를 파악하기 위하여 필수적이다.

우선 가장 단순한 형태로서 특허 실시의 거절을 상정할 수 있으며, 또한 과도한 실시료의 요구나 부당한 조건의 부과 등도 실질적으로 거절의 의미를 갖는 것으로 볼 수 있다. 물론 특허권자는 특허 실시에 관한 재량을 갖지만, 원칙적으로 계약 자유의 범위 안에 있는 특허권자의 행위에 대해서도 예외적으로 경쟁법적인 관점에서의 개입 여지는 있으며, 이러한 개입의 정당성은 특허 내지 특허 실시의 고유한 의의로부터 도출된다.[38]

또한 특허권자의 특허가 표준필수특허에 해당하고, 표준화 과정에서 특허 실시와 관련하여 FRAND 확약을 한 경우에는, 이에 대한 고려도 불가피하다. 기술 표준화는 호환성의 확대나 안정적인 후속 연구개발의 촉진

---

38) 특허권 남용에 관하여 민법상 권리남용 법리 외에 특허권 남용의 고유한 판단 기준의 제시가 필요하며, 이때의 기준은 특허정책 외에 경쟁정책도 반영하여 이중적으로 구성되어야 한다는 것으로, 홍명수, "특허권 남용에 대한 시장지배적 지위 남용행위로서 규제 가능성 검토", 경쟁법연구 제34권, 2016, 159-161면 참조.

등 소비자의 이익에 궁극적으로 기여하는 바가 크지만, 대체 기술 경쟁의
배제 내지 억제와 같은 부정적인 측면도 있다. FRAND 확약은 표준화의
긍정적 측면을 강화하고 특허 홀드업과 같은 부정적인 측면을 최소화하는
정책적 의의가 있다. 일반적으로 표준화는 전체 산업을 당해 표준에 고착
시킨다. 이로 인하여 표준필수 특허권자에게는 발명의 가치를 넘어서 표
준화된 기술의 전환 비용에 기초한 실시료의 요구와 획득이 가능하게 되
고, 홀드업과 홀드업 리스크는 다른 산업 종사자들의 비용과 불확실성의
증가를 야기하여 혁신 저해효과를 낳을 수 있으며, 궁극적으로 발명의 가
치와 보상 간의 관계를 단절시킴으로써 투자를 왜곡하고 소비자의 이익을
침해할 수도 있다.[39] 거래거절은 이러한 위험이 발생할 수 있는 구체적인
수단이 될 수 있으며, 따라서 FRAND 확약의 존재와 그 내용은 특허 실시
에 관한 특허권자의 일련의 행위를 거래거절로서 평가하기 위한 중요한
근거가 될 것이다.

(2) 기타 행위

특허 실시의 거절은 전형적으로 당해 특허를 사용한 다음 단계 시장의
경쟁에 부정적인 영향을 미치는 경우에 해당하지만, 이 외에도 하류시장
에서 경쟁 사업자의 경쟁력을 제한할 수 있는 다양한 방식이 존재한다. 특
허 실시에 대한 부당한 조건을 부과하는 것이 한 예이지만, 특허 기술을
사용하는 자를 특허금지청구와 같은 법적 불안정성에 노출시키는 일련의 행
위도 경쟁정책적 관점에서 주목할 부분이다. 물론 이에 관한 분석은 특허
기술 시장의 분석만으로 충분치 않을 수 있으며, 특허 기술을 사용하여 제
조된 상품 시장과 연결되는 수직적인 구조가 전체적으로 고려되어야 한다.

예를 들어 특허권자가 자신의 표준필수 특허를 경쟁 사업자가 사용하는
것에 대하여 사실상 제한을 가하지 않지만 실시 계약을 체결하지 않는 경

---

39) Nos. 2012-1548, 2012-1549. Brief of Amicus Curiae FTC.

우, 즉 상대방에 대한 특허침해금지청구를 하지 않고 따라서 특허 기술 사용을 전반적으로 제한하지 않는 경우에도, 경쟁 사업자가 특허 실시에 관한 법적 권리를 부여받지 않고 있다는 점이 법적 불안정성에 노출되는 원인으로 작용할 수 있다. 이러한 행위는 최근 공정거래위원회에서 다루어졌던 Qualcomm 사건에서[40] 드러났는데, Qualcomm은 잠재적 실시권자들에 대한 부제소확약 또는 특허 사용의 사실상 묵인 조치를 취하는 대신 이들이 요구하는 실시 허락을 하지 않았다.

이와 같은 행위는 당해 거래에서뿐만 아니라 수직적 맥락에서 그 효과가 이후의 거래에도 미칠 수 있다는 점에서 배제적 남용에 관한 이해가 적용될 여지가 있다. 특허에 관한 실시권을 보유하고 있지 않은 경쟁 사업자로부터 당해 특허 기술이 구현된 부품을 구매하여 상품 생산에 활용할 경우에, 거래 상대방 역시 마찬가지로 특허침해금지청구로부터 자유롭지 않게 되며, 별도로 표준필수 특허권자와 라이선스 계약을 체결해야 할 부담을 갖게 될 것이다. 물론 제품 구매와 별개로 라이선스 계약을 체결하여야 하는 부담은 Qualcomm으로부터 모뎀칩셋을 구매한 경우에도 소진적인 거래 방식을 취하고 있지 않기 때문에 동일한 것이라 할 수 있지만,[41] 부담의 성격에는 차이가 있다. 즉 별개의 사업자로부터 제품과 특허 실시의 분리 구매는 거래상 비용의 증가나 거래 관계의 안정성 등의 측면에서 불이익을 낳을 수 있다. 이러한 점은 Qualcomm이 제공하는 모뎀칩셋의 거래 상대방이 경쟁 사업자와의 거래를 주저하게 되는 실질적 요인으로 작용할 수 있으며, 결과적으로 표준특허 실시 시장뿐만 아니라 당해 특허 기술을 사용한 상품 시장에서 Qualcomm의 지배력 강화로 이어질 수 있다.

이러한 관점은 표준특허 실시 이후 단계에서의 시장에 나타나는 특허권자의 행태를 이해함에 있어서도 유력한 의미가 있다. 수직적 시장 구조 하

---

40) 공정위 2017. 1. 20. 의결 제2017-025호.
41) 당해 사건에서 지식재산권 업무를 담당하고 있는 Qualcomm의 본사인 QI는 모뎀 칩셋을 제조, 판매하는 QTI에 대해서 라이선스를 주고 있지 않았다.

에서 특허권자의 행위 동기는 두 시장에서의 지배력을 모두 강화·유지하는 방향으로 형성될 가능성이 크다. 전술한 것처럼 특허 기술의 이용과 관련하여 특허 실시권을 부여하는 내용의 계약적인 방식을 취하지 않는 것은, 하류시장에서 특허권자의 지배력 강화에 영향을 미칠 수 있을 것이다. 다른 한편으로 하류 시장에서 특허 기술을 구현한 상품의 판매와 별도의 라이선스 계약을 체결할 경우에 거래 상대방은 당해 특허 기술을 직접적으로 구현한 상품 시장에는 참여하지 않으므로 특허 실시를 통하여 특허 소진이 발생할 가능성을 차단하는 효과를 낳을 수 있다.42) 이러한 효과는 특허 실시 시장에서의 지배력을 지속시킬 수 있으며, 이상의 행위를 종합하여 표준필수 특허권자는 특허 실시 시장과 당해 기술을 구현한 상품 시장 모두에서 지배력의 확대·유지를 실현할 수 있다.

V. 결론

특정한 시장에서 지배력을 보유한 사업자가 수직적으로 관련된 시장에도 참여하고 있을 경우에 시장지배력의 남용 문제는 이들 시장 모두를 포괄한다. 남용 규제의 법리적 관점에서 보면, 수직적 구조 하에서의 남용 규제는 지배적 지위가 존재하는 시장과 남용 행위 또는 경쟁제한의 효과가 발생하는 시장이 분리될 수 있음을 전제할 필요가 있다. 이러한 상황에서 시장지배력 남용에 대한 이해는 특정 시장에 제한되지 않고, 수직적 관계망을 통하여 확장되고 종합되어야 할 것이다.

---

42) 특허소진론은 특허권자의 승인 아래 발명을 구현한 제품이 판매된 경우에 그 제품의 추후 사용에 관하여 특허권자의 독점적 권리가 소멸한다는 법 원칙을 말한다. 특허소진이 이루어지기 위하여 특허가 구현된 제품, 특허권자의 승인, 판매의 요건이 충족되어야 하는 것으로 이해된다. 이에 관한 상론은, 설민수, "특허권 소진 법리의 역사적 전개와 한국에서의 적용", 사법논집 제55집, 2012, 35면 이하 참조.

수직적 구조 하에서의 남용행위와 관련하여 착취적 남용과 배제적 남용이 모두 가능하지만, 특히 이미 지배적 지위에 있는 시장에서의 지배력을 수직적으로 확대하는 상황에서 발생할 수 있는 배제적 남용의 가능성이 보다 실제적이다. 수직적 구조 하에서의 배제적 남용은 수평적 봉쇄와 수직적 봉쇄로 구분할 수 있으며, 특히 수직적 봉쇄는 상류시장에서 지배적 지위에 있는 사업자가 자신과 수직적으로 통합된 하류시장 사업자의 경쟁 상대방에 대한 거래를 제한하는 경우를 말한다. 수직적 봉쇄의 대표적인 예로서 거래거절이나 이윤 압착 등과 같은 행위를 들 수 있으며, 상류시장에서 지배적 사업자의 행위로 인하여 경쟁사업자들이 하류 시장에서 배제될 위험이 실질적인 것인지에 분석의 초점이 모아질 것이다.

이러한 관점은 특허권자가 수직적 구조 하에서 사업을 영위할 경우에도 유지되어야 하며, 특히 특허권이 수직적 거래제한을 합법화할 수 있는 주요 수단이 될 수 있다는 점을[43] 염두에 둘 필요가 있다. 특허권자가 자신의 특허 기술을 이용한 상품 시장에도 진출하고 있을 경우에, 일반적으로 상정할 수 있는 것은 특허 실시의 거절을 통하여 상품 시장에서의 경쟁제한을 시도하는 것이다. 이러한 행태도 당연히 주시하여야 할 대상이지만, 특허 기술의 이용을 제한하지 않더라도 특허 실시 계약을 통하여 실시권을 부여하는 방식을 회피하는 것은 실질적으로 상품 시장에서 경쟁하고 있는 사업자의 경쟁력을 침해하는 효과를 낳을 수 있다는 점에 주목할 필요가 있다. 특히 이러한 행위가 경쟁 사업자를 법적 불안정성에 노출시키는 방향으로 작용하고, 이로 인하여 경쟁제한적 효과가 발생하는지의 판단은 표준필수 특허권자를 중심으로 하는 수직적 구조의 관점에 의하여야 할 것이다.

---

43) 설민수, 위의 글, 29면 참조.

9. 시장지배적 지위남용행위로서 특허권 남용의 규제 가능성

I. 서론

특허권의 남용이 경쟁법상 이슈로 다루어지는 것은 지식재산권으로서 특허권의 본질적 특성에서 연유한다. 지식재산권법은 지적 창작물에 대하여 창작자에게 제도적으로 배타적 권리를 부여하는 법체계이다.[1] 주지하다시피 배타적 권리의 부여가 정당화 될 수 있는 근거는 궁극적으로 발명의 제도적 보호가 인류의 후생 증진에 기여할 수 있다는 점에 있으며, 이러한 제도적 취지는 지식재산권법 체계 전반을 아우르는 지도원리가 되고 있다.

---

1) 특허권의 효력에 관하여 특허법 제94조 본문은 "특허권자는 업으로서 특허발명을 실시할 권리를 독점한다"고 규정하고 있다. 한편 미국 연방특허법 제154조 (a) (1)에서는 특허권자에게 배타적 권리(the right to exclude others from making, using, offering for sale, or selling the invention)를 부여하는 것으로 규정하고 있는데, 배타적 권리와 비교하여 독점권의 의미가 명확한 것은 아니다. 독점권의 행사는 특허법 제126조에 의한 침해금지청구권을 통하여 구체화되는데, 이는 소극적으로 침해의 배제를 청구할 수 있는 권리이며(이는 미국 특허법에서의 특허권의 기본적 의의로 이해된다. Janice M. Mueller, Patent Law, Wolters Kluwer, 2013, 17면 참조), 독점권은 이 이상의 적극적인 함의를 갖는 것으로 이해되지만, 구체적인 행사 방식이 법적으로 제도화되어 있지는 않다. 윤선희, 특허법, 법문사, 2003, 546-547면 참조.

지식재산권법상 부여되는 배타적 권리 또는 독점적 지위는 경쟁제한적 행태를 규제하는 경쟁법과의 충돌을 낳을 수 있으며, 일반적으로 경쟁법은 지식재산권법에서 보호하고 있는 권리의 행사에 대하여 경쟁법의 적용을 유보하는 방식으로 이 문제의 해결을 시도하고 있다. 경쟁법과 지식재산권법 모두 소비자 후생의 증대라는 목적을 공유하며, 지식재산권법상 권리에 대한 독점적 지위의 부여가 경쟁법의 궁극적 목적에 배치되지 않는다는 사고는[2] 이러한 방식에 따른 문제 해결의 타당성을 뒷받침한다.

다른 한편으로 경쟁법 적용의 유보는 지식재산권법상 권리의 행사를 이유로 경쟁정책상 수용되는 것이기 때문에, 이러한 전제가 유지되지 않는다면 문제가 되고 있는 권리의 행사는 다시 경쟁법의 적용에 노출될 것이다. 물론 직관적으로 지식재산권법상의 권리인지 그리고 허용된 범위 안에서의 권리 행사인지 여부를 명확히 파악할 수 있는 경우에, 이에 대한 특별한 주의가 요구되지는 않는다. 문제는 지식재산권법상 권리의 외관을 갖추고 있지만, 실질적으로 권리의 행사가 정당한 것으로 인정되지 않는 경우이다.

유형적으로 보면, 지식재산권법상 권리의 행사가 정당하지 않은 경우는 애초에 지식재산권법상의 권리가 인정되지 않는 경우와 권리는 존재하지만 그 행사가 정당하지 않은 경우로 나뉠 것이다. 특히 후자는 지식재산권의 남용으로서 지식재산권법상 권리로서의 보호 대상이 되지 않으며, 나아가 문제가 된 행위에 대한 경쟁법 적용은 더 이상 제한되지 않을 것이다.

이하에서는 지식재산권 중 특히 특허권을 대상으로 남용에 따른 경쟁법 적용의 문제를 다룰 것이다. 우선 특허권 남용의 의의와 남용 판단의 기준

---

2) Willard K. Tom & Joshua A. Newberg, "Antitrust and Intellectual Property: From Separate Spheres to Unified Field", Antitrust L. J. vol. 66 Issue 1, 1997, 228-229면. 지식재산권법과 경쟁법의 관계를 경쟁질서 유지법으로서 상호보완적인 관계에 있다는 것으로, 박희섭·김원오, 특허법원론, 세창출판사, 2006, 22-23면 참조.

을 살펴보고, FRAND 확약 위반 등 특허권 남용 가능성이 있는 구체적인
행위들을 검토할 것이다(II). 이어서 특허권 남용에 해당하는 행위에 대한
경쟁법 적용 문제를 논의할 것이다. 경쟁정책적 관점에서 경쟁법 적용의
법적 근거를 확인하고, 특히 독점규제법 적용에 있어서 동법 제59조의 해
석론을 통하여 구체적인 적용 법리를 제시할 것이다(III). 이상의 논의에
기초하여 특허권 남용에 해당하는 행위를 대상으로 독점규제법 위반 유형
에 따른 구체적인 규제 가능성을, 특히 시장지배적 지위남용행위를 중심
으로 검토하며(IV), 특히 남용성 판단에 관해서는 착취적 남용과 배제적
남용으로 나누어 상론할 것이다(V).

II. 특허권 남용의 의의와 판단 기준

1. 특허권 남용의 의의

(1) 특허권 남용의 개념

특허권 남용은 개념상 유효한 특허권을 전제로 그 행사가 법이 허용하
지 않는 방식으로 행사되는 것을 의미한다. 이러한 이해가 반영된 것으로
서 미국 특허법은 허용된 권리의 범위를 부당하게 확대하는 것을 특허권
남용의 핵심적 징표로 하며,[3] 특허권자가 특허권 부여에 의하여 허용된
물적 또는 시간적 범위(physical and temporal scope)를 부당하게 넓히고
있는지에 초점을 맞추고 있다.[4] 대표적인 예로서 끼워팔기에 관하여 미국
연방대법원은 Morton Salt 사건에서[5] 특허를 보유한 소금침전기계의 임대

---

3) 미국 특허법상 특허권 남용(patent misuse)은 특허법 제282조 (b) (1)에 의한 특
   허권자의 침해배제청구에 대한 항변 사유로서 구체화 된다. Janice M. Mueller,
   주 1)의 책, 567면 이하 참조.
4) 위의 책, 568-569면.

에 특허 대상이 아닌 소금정제를 끼워 판매한 행위는 특허권의 범위를 소금침전기계에서 소금정제로 확대하고 있다는 점에서 특허권 남용에 해당한다고 판단하였다. 이러한 관점에서 특허 실시 이후의 가격 고정행위나 판매지역 제한을 가하는 행위도 특허권 남용에 해당할 수 있을 것이다.6)

한편 미국과 같이 특허권 남용에 관한 명시적 근거를 두고 있지 않은 우리나라 특허법 체계에서는 권리 남용의 일반적 관점에서 특허권 남용을 이해하는 것이 유력하다. 권리남용 금지의 원칙 내지 이를 포괄하는 신의성실의 원칙은 계약법뿐만 아니라 모든 법률관계를 지배하는 법의 일반원칙으로 이해되며,7) 특허권도 법리적으로 이러한 권리남용 금지 원칙의 적용을 받는 것으로 볼 수 있다. 권리남용 금지의 원칙은 정당한 이해관계의 조정을 의미하는 것이고,8) 따라서 각 권리가 갖는 고유한 의의가 판단의 기초가 되어야 할 것이다. 이러한 관점에서 특허권 남용을 이해할 경우에 특허권의 본질에 비추어 권리남용으로서 특허권 행사의 법적 효과를 부인하는 것도 가능하다. 다만 후술하는 바와 같이 권리남용에 있어서 엄격한 요건의 충족을 요구하고 있는 우리 판례의 태도에 의할 때 일반적 권리남용으로서 특허권 남용에 따른 무효 법리가 실질적인 의미를 갖는지는 의문이다.

---

5) Morton Salt Co. v. G. S. Suppiger Co., 314 U.S. 488(1942).
6) 가격 고정행위는 특허권자가 특허물건을 판매한 이후 매수인의 재판매 가격을 유지하거나, 특허물건을 매수한 실시권자가 특허물건을 이용하여 만든 상품 가격을 유지하는 것을 의미한다. 판매지역 제한은 상당한 이유 없이 특허물건의 판매 이후 매수인의 판매 지역을 제한하는 것을 말한다. 미국 판례법상 이러한 유형의 특허권 남용에 관한 개략적인 설명으로서, 임호, 특허법, 법문사, 2003, 658-659면 참조.
7) 대법원 1993. 5. 14. 선고 92다21760 판결. 권리남용의 금지를 규정하고 있는 독일 민법 제226조는 사법뿐만 아니라 공법 영역에서도 적용되는 것으로 보고 있다. Kurt Rebmann, Franz Jürgen Säcker & Roland Rixecker, Münchener Kommentar zum Bürgerliches Gesetzbuch Band 1**, C. H. Beck, 2001, 2242면.
8) Hans Brox, Allgemeiner Teil des BGB, Carl Heymanns Verlag, 1999, 297면.

(2) 유사 개념과의 구별 - 광의의 특허권 남용

특허권 남용은 특허권의 존재를 전제하므로, 특허권 자체가 부존재하는 경우는 특허권 남용과는 다른 차원의 문제이다. 그렇지만 특허권의 존부가 언제나 명확한 것은 아니다. 특허법이 비록 재산권에 상응하는 보호 체계를 구축하고 있다 하더라도 유체물을 대상으로 한 재산권과 달리 지적 창작인 발명을 대상으로 하는 특허권의 경계는 상대적으로 모호할 수밖에 없으며,9) 이에 관한 다툼이 있을 경우에 경쟁법의 적용 역시 이 판단에 의존할 수밖에 없다. 따라서 특허권의 부존재와 특허권 남용에 따른 경쟁법 적용의 문제는 구조적으로 유사한 측면이 있다.10) 또한 특허 출원이나 심사 과정에서 신의성실의 원칙에 반하는 행위가 있을 경우에 특허권자의 권리 행사에 대하여 상대방이 다툴 수도 있다. 이 경우는 특허권을 전제로 그 행사에 대항하는 것이 아니라 특허권의 성립 과정에 대하여 이의를 제기하는 것이므로, 이 역시 엄밀한 의미에서 특허권 남용과는 구별된다.11)

한편 보유하고 있는 특허권을 은폐하거나 실시에 관한 허위의 정보를 제공함으로써 이를 신뢰한 상대방에게 피해를 주는 경우와 같이 금반언 원칙(estoppel)에 반하는 행위는 적법한 특허권을 전제로 그 행사를 문제 삼으며, 특히 금반언 원칙에 반하는 행위의 적법성은 궁극적으로 특허제도의 의의에 비추어 판단하게 된다는 점에서 특허권 남용과 유사하다.12)

---

9) James Bessen & Michael J. Meurer, Patent Failure, Princeton Univ. Press, 2008, 38-39면 참조.

10) 상표권의 존부와 경쟁법 적용 문제를 다룬 사건과 이에 대한 분석으로, Case 35/83, BAT Cigaretten-Fabriken v. Commission, (1985) ECR 363; Joanna Goyder & Albertina Albors-Llorens, EC Competition Law, Oxford Univ. Press, 2009, 289면.

11) Janice M. Mueller, 주 1)의 책, 567면.

12) 금반언 원칙에 반하는 행위는 미국 특허법상 특허권 남용으로 다루어지지 않는다. 미국 특허법상 특허권 남용은 특허법이 허용한 권리의 범위를 일탈한 행위를 말하며, 금반언 원칙에 반하는 행위는 특허권자의 선행행위와 후행행위 간의 모순이 있는 경우에 전자에 대한 신뢰를 보호하는 차원에서 후자의 행위의 적법성

금반언 원칙에 반하는지는 특허권자의 선행행위와 이후 행해지는 특허 실시 등의 후행행위 간에 모순이 있는 경우에 주로 문제가 되며, 최근에는 특허의 표준화 과정에서 빈번히 발생한다. 구체적으로 기술 표준화 과정에서 의도적으로 특허에 관한 정보를 은폐하고 기술 표준화가 이루어진 이후 특허권에 근거하여 과도한 실시료를 요구하거나 특허침해소송을 제기하는 양상으로 전개되는 특허매복행위,13) 기술 표준화 과정에서 표준화 기구가 표준특허의 공정하고 합리적인 이용 조건의 관점에서 제시한 FRAND 조건이나 표준특허의 보유권자에 의한 FRAND 확약을 표준 성립 이후 특허보유권자가 위반하는 행위 등이 이에 해당할 것이다. 이러한 점에서 특허권자의 금반언 원칙에 반하는 행위는 넓은 의미에서 특허권 남용으로 파악할 수도 있다.

2. 특허권 남용의 판단 기준

권리 남용에 관한 일반 원칙으로서 민법상 권리남용은 권리 행사의 외관이 존재하고, 이때의 행사가 권리를 인정한 사회적 이유에 반하는 것을 요건으로 한다.14) 재산법적 보호 체계를 취하고 있는 특허법에서 법 규정에 반하지 않는 한 민법의 적용이 가능하며,15) 특히 특허법에 별도의 규정이 존재하지 않는 권리 남용과 관련하여 민법상의 법리가 원용될 수 있

을 부인하는 것이므로, 유효한 특허권을 전제하고 있다는 점에서는 특허권 남용과 유사하다. 위의 책, 540-541면 참조. 또한 우리 사법체계에서 금반언 원칙이나 권리남용 금지의 원칙은 신의성실 원칙의 파생 원칙으로 이해되고 있다는 점도 상기할 필요가 잇다.

13) 특허매복 행위가 특허권 남용으로 이어질 가능성이 큰 것으로 언급한 것으로서, European Commission, "Antitrust: Commission confirms sending a Statement of Objections to Rambus", 2007. 8. 23.

14) 곽윤직·김재형, 민법총칙, 박영사, 2014, 82-83면 참조.

15) 윤선희, 주 1)의 책, 26면 참조.

을 것이다. 이와 관련하여 대법원은 권리남용에 있어서 권리 행사자의 가
해의 의도나 목적과 같은 주관적 요건을 요구하고 있으며,[16] 이러한 태도
를 유지할 경우에 민법상 권리남용의 법리를 적용하여 특허권 남용을 판
단하는데 한계가 있을 것이다.[17]

따라서 특허권 남용의 적절한 판단을 위하여 특허권의 제도적 의의에
기초하는 고유한 판단 기준의 제시가 이루어질 필요가 있다. 이때 특허권
남용의 판단이 특허 제도의 의의 및 특허 제도가 위치한 법질서 전체의
관점에서 이루어진다는 점에 의문은 없지만, 구체적으로 고려되어야 할
사항과 판단 기준에 대해서는 논의의 여지가 있다. 이와 관련하여 미국 특
허법상 특허권 남용의 판단 기준으로 경쟁제한성이 유일한 판단기준으로
고려되거나 적어도 가장 중요한 요소의 하나로 다루어지고 있다는 점은
시사하는 바가 크다.[18] 후자의 입장은 미국 판례법이 취하고 있는 것인데,
동 입장에서 특허권 남용의 판단은 경쟁정책 외에 특허의 공공적 성격을
반영한 특허정책의 관점에서 이루어지고 있다. 비록 남용 판단 기준으로
서 특허정책의 구체적 내용이 모호하고, 나아가 실질적으로 경쟁정책적
관점이 주로 투영될 수밖에 없다는 한계가 지적되고 있지만,[19] 이와 같은
판단 방식은 미국 판례법상 기본 원칙으로 유지되고 있다.

이상의 논의는 끼워팔기나 가격고정행위와 같은 특허권의 부당한 확대
로서 남용 행위를 염두에 두고 미국 특허법상 전개된 것이지만, 금반언 원
칙에 반하여 권리 행사의 효력이 부인되는 행위 등에도 마찬가지로 적용
될 수 있을 것이다. 전술한 것처럼 최근 표준특허와 관련하여 이슈가 되고

---

16) 대법원 1994. 11. 22. 선고 94다5458 판결.
17) 이상주, 대한민국에 특허괴물 몰려온다: 독점금지법 위반으로 대응하라, 나남,
    2010, 167면 참조.
18) 반독점정책은 특허법상 특허권 남용과 언제나 밀접히 관련된다는 지적으로,
    Herbert Hovenkamp, Federal Antitrust Policly: The Law of Competition and Its
    Practice, Thomson/West, 2005, 242면.
19) 위의 책, 243-245면 참조.

있는 것은 표준특허 보유권자가 표준화 이전에 기만적인 행위를 통하여 표준화가 이루어지도록 하거나 표준화 이전의 선행행위에 배치되는 행위를 표준화 이후에 행하는 경우이다. 이러한 행위에 대하여 표준특허 보유권자의 기만성을 문제 삼거나 선행하는 약속 위반을 계약법적 법리를 원용하여 다툴 수 있을 것이며, 이를 통하여 표준특허 보유권자의 청구에 대항하거나 특허권 침해 주장을 부인할 수 있다. 이때 판단 기준은 특허법 영역에서 법의 일반원칙인 신의성실 원칙이나 금반언 원칙의 구체화를 통해서 제시되고 있다. 미국 특허법상 논의를 보면, 금반언 원칙에 근거하여 특허권 행사에 대항하기 위해서는, 1) 특허권자가 상대방에게 특허권 행사를 하지 않을 것이라고 합리적으로 추론할 수 있도록 오인시킬 것, 2) 상대방은 특허권자의 오인을 유발하는 행위를 신뢰할 것, 3) 이러한 신뢰에 의하면 특허권자가 권리를 실행할 경우에 실질적으로(materially) 피해를 입게 될 것의 요건이 충족되어야 한다.[20] 이와 같은 판단 기준은 유력한 의미가 있지만, 최근 이슈가 되고 있는 FRAND 확약 위반의 경우 등에서 경쟁정책적 관점의 반영이 요구되고 있다는 점에도 주의할 필요가 있다. FRAND 조건은 공정성, 합리성, 비차별성 등 경쟁정책적 관점에서 의미 있는 내용으로 구성되며, 이를 계약법적 구속력이 있는 확약의 형태로 표현하였을 경우에 이러한 조건과 그 이행의 문제는 계약법적 차원을 넘어서 경쟁법적으로도 유의미한 검토 대상이 된다.[21] EU에서의 논의를 보면, EU 기능조약 제102조에 의한 규제 대상이 되는 시장지배적 지위남용 행위에 FRAND 확약 위반 행위도 포함될 수 있다고 보는데,[22] 이러한 사고는 FRAND 확약을 위반하는 일련의 행위가 특허권으로서 보호되는 범위를 넘어설 수 있다는 것을 전제하며, 이러한 판단이 경쟁정책적 관점에서

---

20) Janice M. Mueller, 주 1)의 책, 541면 참조.
21) 계승균, "표준특허의 법적 성격과 명암", 지식재산정책 vol. 11, 2012, 48면 참조.
22) Peter Mes, Patentgesetz/Gebrauchsmustergesetz Kommentar, C. H. Beck, 2011, 169면 참조.

이루어질 수 있음을 시사한다.

결국 이상의 논의를 종합하면, 민법상 권리남용 법리 외에 특허권 남용의 판단에 관한 고유한 기준의 제시가 필요하며,23) 이때의 기준은 특허정책 외에 경쟁정책도 반영하여 이중적으로 구성되어야 할 것이다. 이와 같은 특허권 남용 판단의 이중적 기준은 대법원 판례에 반영되고 있다.24) 그러나 전술한 것처럼 특허법 체계 내에서 특허권 남용에 관한 명시적 규정이 존재하지 않고 있는 상황에서 이러한 판단 기준의 실효성에는 한계가 있으며, 이러한 점에서 경쟁제한의 규제 법리가 형성되어 있는 독점규제법은 특허권 남용의 문제를 고려할 수 있는 실질적인 법영역이 될 것이다.

III. 독점규제법 적용의 근거

1. 특허권 남용 규제의 경쟁정책적 근거

특허권의 부여는 인위적 독점화를 특허 정책에 의하여 허용하는 제도라는 점에서, 그 행사가 허용 범위를 넘어설 경우에 경쟁정책적 관점에서 당해 특허권 및 특허권 행사의 문제가 재고될 필요가 있으며, 특허권 남용은 독점규제법 영역에서 이러한 재고를 수행하는 구체적인 계기가 될 것이다.

물론 특허권 남용에 대한 구체적인 법적 대응 가능성을 논의함에 있어서 법체계적 특징이 아울러 고려되어야 한다. 특허권 남용이나 특허권 보유자의 금반언에 반하는 행위 등은 특허법 영역에서 나타나는 문제이고, 따라서 미국 특허법 제282조와 같이 특허권 남용 등의 법적 효과에 관한

---

23) 특허권 남용을 특허법과 민법이 교차하는 경우와 특허법과 경쟁법이 교차하는 경우로 유형화하여 이해하는 것으로, 김병일, "지식재산권의 부당한 권리 행사와 남용적 행사 방지에 관한 고찰", 경쟁저널 제180호, 2015, 4-5면 참조.
24) 대법원 2014. 02. 27. 선고 2012두24498 판결.

근거를 마련하고 있는 경우에는 특허법 내에서의 법적 대응이 우선적으로 고려될 수 있다.[25] 그러나 국내 현행 특허법에서는 이에 상응하는 근거 규정을 두고 있지 않으며, 이와 같은 제도적 환경 하에서 경쟁정책적 함의를 갖는 특허권 남용에 관한 실효성 있는 법적 대응은 경쟁법 영역에서의 과제로 주어지고 있다.[26]

2. 독점규제법의 적용과 제59조의 정당성 심사

앞에서 살펴본 것처럼 특허권 남용에 해당하는 행위는 경쟁정책적인 문제를 야기할 가능성이 크며, 인위적 독점화를 통한 발명 촉진의 제도적 취지에 비추어 남용 판단에서 이에 대한 고려는 당연한 요구라 할 수 있다. 그러나 특허권 남용은 여전히 특허법 영역에서 출발한 문제이며, 미국 특허법에서 특허권 남용 판단에 특허정책과 경쟁정책이 종합적으로 고려되고 있는 것처럼 특허법 고유의 관점이 남용 판단에 반영될 필요가 있다는 점도 염두에 두어야 한다.

---

25) 미국 특허법 제282조에서의 특허권 남용은 Windsurfing 판결(Windsurfing Int'l, Inc. v. AMF, Inc., 782 F.2d 995(Fed. Cir. 1986)) 이후 "반경쟁적 효과를 갖는 특허의 물적 또는 시간적 범위의 부당한 확대"로 이해되고 있으며, 이는 특허권 남용과 반독점법 이론의 결합으로 평가되고 있다. Robert J. Hoerner, "The Decline(and Fall?) of the Patent Misuse Doctrine in the Federal Circuit", 69 Antitrust L. J., 2001, 672-673면 참조.

26) 대법원은 "특허권침해 소송을 심리하는 법원은 특허에 무효사유가 있는 것이 명백한지 여부에 대해 판단할 수 있고, 심리한 결과 당해 특허에 무효사유가 있는 것이 분명한 때에는 그 특허권에 기초한 금지와 손해배상 등의 청구는 특별한 사정이 없는 한 권리남용에 해당돼 허용되지 아니한다"고 함으로써 특허권 남용을 특허권침해 소송의 선결 문제로서 다룰 수 있다고 보았다(대법원 2004. 10. 28. 선고 2000다69194 판결). 동 판결은 특허침해자의 특허무효의 항변으로서 특허권 남용을 인정한 것으로 볼 수 있지만, 특허권 남용에 관한 별도의 규정이 존재하지 않는 한, 특허법에 근거한 특허권 남용의 법리를 인정하기 어렵다고 보는 견해가 유력하다. 이상주, 주 17)의 책, 162-163면 참조.

이러한 이해는 지식재산권 영역에서 독점규제법 적용의 기본 원칙을 제시하고 있는 제59조의 적용과도 밀접히 관련된다. 독점규제법 제59조는 "이 법의 규정은 「저작권법」, 「특허법」, 「실용신안법」, 「디자인보호법」 또는 「상표법」에 의한 권리의 정당한 행사라고 인정되는 행위에 대하여는 적용하지 아니한다"고 규정한다. 동 규정은 지식재산권법 관련 행위에 대한 독점규제법 적용 범위의 실질적 기준으로서 행위의 정당성을 제시하고 있다. 이에 의하여 특허권 남용에 대한 독점규제법 적용에 있어서도 제59조에 의한 정당성 심사가 선행하며, 앞에서 살펴본 특허권 남용에서의 남용 판단은 법리적으로 제59조의 정당성 심사의 틀 안에서 이루어지게 된다. 즉 남용적인 특허권 행사는 유효하지 않으며, 이때의 남용 판단은 제59조에서 정당성 심사의 구체적 내용을 이룬다. 물론 특허권 남용과 제59조에서의 정당한 특허권 행사에 해당하지 않는 행위가 정확히 일치하는 것은 아니다. 후자는 지식재산권법에 의한 권리 자체가 인정되지 않는 경우도 개념적으로 포함하며, 권리의 존부가 명확치 않은 경우에 이에 대한 판단 역시 제59조의 정당성 심사 과정에 위치할 것이다. 그렇지만 권리는 존재하지만 이를 법이 허용한 취지에 부합하지 않게 행사하는 경우를 상정하는 남용의 형태는 제59조의 정당성 심사에 있어서 주된 관심의 대상이 될 것이다.

독점규제법 제59조는 동법의 적용 범위에 관한 기준을 제시하는 한편, 지식재산권법과 독점규제법의 실질적 경계를 정하는 의미를 갖는다. 이러한 경계에 대한 이해는 양 영역으로부터 가능한 것이기 때문에, 이때의 정당성 판단이 어떠한 기준에 의하는지, 구체적으로 특허권 남용의 경우 특허법과 독점규제법의 어느 관점에서 남용 판단이 이루어지는지가 명확한 것은 아니다. 이에 관한 논의를 보면, 문제가 된 특허권의 행사가 관련 시장에 부정적인 영향을 미치는지 여부를 판단 기준으로 제시하면서 독점규제법 관점에서의 판단을 우선하는 견해가 있다.[27] 반면 문제가 된 남용 행위가 특허법 영역에서 발생한 것이기 때문에 정당성 판단 역시 특허법 관점에서 이루어져야 한다는 입장도 가능하며, 최근 이러한 입장을 명시적으로 밝힌 고등법원의 판결도 존재한다.[28)]

이상의 두 입장은 독점규제법과 특허법의 각 영역에서 특허권 남용에 대한 이해를 보여준다. 그렇지만 특허법상의 행위를 독점규제법 제59조의 프리즘을 통해서 파악하는 법구조를 전제할 경우에, 두 관점에서 특허권 남용에 대한 이해의 종합은 불가피할 것이다. 또한 앞에서 살펴본 것처럼 특허권 남용의 판단에서 경쟁정책에 대한 고려가 필요하다는 점을 상기한 다면, 특허권 남용을 대상으로 한 제59조의 정당성 심사에서 특허법과 독점규제법의 관점을 모두 수용한 이중적 방식의 타당성을 긍정할 수 있을 것이다.[29)]

---

27) 신현윤, 경제법, 법문사, 2014, 140면; 손영화, "지식재산권에 대한 독점규제법의 적용", 판례월보 제361호, 2000, 34면 참조. 또한 유사한 규정에 해당하는 일본 獨占禁止法 제21조 "이 법률의 규정은 저작권법, 특허법, 실용신안법, 의장법 및 상표법에 의한 권리 행사로 인정되는 행위에 대해서는 적용하지 않는다"의 해석과 관련하여, 경쟁정책적 관점에서 지식재산권법에 의한 권리 행사인지 여부를 판단하여야 하는 것으로 보는, 白石忠志, 獨禁法講義, 有斐閣, 2009, 200면 참조.

28) 서울고법 2012. 10. 11. 선고 2012누3028 판결은 독점규제법 제59조의 정당성을 "독점규제법의 원리에 따라 판단할 것이 아니라 특허법의 원리에 따라 결정하여야 하여야 한다"고 판시하였다. 동 판결이 이러한 입장에서 제시한 독점규제법 제59조의 구체적인 적용 기준을 보면, "① 특허권자의 특허가 무효이거나 경쟁사업자가 특허를 침해한 것이 아님이 명백함에도 특허권자와 경쟁사업자가 관련시장에서 경쟁을 제한하기 위한 목적으로 합의에 이른 경우, ② 특허기간의 만료 후에도 경쟁사업자가 관련 제품을 시장에 출시하지 않도록 한 경우, ③ 방법의 발명의 경우 제조방법과 상관없이 특허를 이용하여 생산한 제품과 동일한 제품에 관한 연구 또는 제조, 판매 등을 금지하는 경우, ④ 특허기간 만료 시까지 경쟁사업자가 특허권을 침해하지 않고도 할 수 있는 연구 또는 시험을 하지 않기로 함으로써 특허기간이 만료된 이후에도 경쟁사업자가 바로 제품을 출시하지 못하여 실질적으로 특허권자의 독점권이 연장되는 효과가 발생하는 경우, ⑤ 당해 특허와 직접적으로 관련이 없는 다른 특허에 관련된 연구개발, 관련 제품의 출시 등을 금지하는 경우"에는 다른 특별한 사정이 없는 한 특허권의 부당한 행사로서 독점규제법의 적용을 받는다.

29) 일본 독점금지법 제21조의 해석과 관련한 유사한 견해로, 金井貴嗣·川濱 昇·泉水文雄 編, 獨占禁止法, 弘文堂, 2010, 386면(和久井理子 집필 부분)은 지적재산

이와 같은 입장은 공정거래위원회의 실무와 대법원 판결에도 반영되고 있다. 공정거래위원회가 제정한 '지식재산권의 부당한 행사에 대한 심사지침'(예규 제80호, 이하 지식재산권 심사지침)은 정당성 판단 기준으로서, (1) 새로운 발명 등을 보호·장려하고 관련 기술의 이용을 도모함으로써 산업발전을 촉진하고자 한 지식재산권 제도의 본래 취지에 부합하는지 여부와 (2) 관련 시장의 경쟁상황과 공정한 거래질서에 미치는 영향을(II. 2. 나) 제시하고 있다. 즉 특허권(지식재산권) 인정의 취지와 경쟁에 미치는 영향을 종합적으로 고려하고 있으며, 대법원은 "특허권의 정당한 행사라고 인정되지 아니하는 행위란 행위의 외형상 특허권의 행사로 보이더라도 그 실질이 특허제도의 취지를 벗어나 제도의 본질적 목적에 반하는 경우를 의미하고, 여기에 해당하는지는 특허법의 목적과 취지, 당해 특허권의 내용과 아울러 당해 행위가 공정하고 자유로운 경쟁에 미치는 영향 등 제반 사정을 함께 고려하여 판단하여야 한다"고 판시함으로써 이중적 기준을 수용하고 있다.[30]

특허권의 행사가 정당성을 잃고 독점규제법의 규제 대상이 되는 경우에도, 동법에 의한 규제가 곧바로 가능한 것은 아니다.[31] 당연히 문제가 된 특허권 남용 행위가 독점규제법 위반행위에 해당하는지를 판단하기 위하여 주로 경쟁제한성에 기초한 위법성 판단이 요구되며, 정당화 사유 등의 종합적인 검토를 거쳐 규제 대상으로 확정된다. 이러한 판단 과정에서 문제가 된 행위가 경쟁에 미치는 영향은 독점규제법에 의한 규제 가능성을 선결적으로 판단하는 정당성 심사 단계와 이후 개별 위반조항에 근거하여 구체적인 위법성을 확정하는 단계에서 모두 문제가 된다. 그렇지만 공통

권제도의 취지를 일탈하고 목적을 위배하는 경우에 지적재산권의 남용이 되며, 그 판단에 있어서 경쟁에 미칠 악영향도 고려되어야 한다는 입장을 취한다.

30) 대법원 2014. 02. 27. 선고 2012두24498 판결.

31) 지식재산권 심사지침 II. 2. 나의 단서는 "해당 지식재산권 행사가 이 법에 위반되는지는 관련 규정별 위법성 성립요건을 별도로 검토하여 판단한다"고 규정하고 있다.

적으로 경쟁제한적 효과를 대상으로 하며 사실상 평가의 내용이 중복될 수 있다 하더라도, 각각의 단계에서 경쟁에 미치는 영향에 대한 고려는 기능적으로 분리될 뿐만 아니라, 독점규제법의 적용 범위를 결정하는 문제와 구체적인 위법성을 판단하는 문제에서 경쟁제한성에 대한 이해는 차별성을 갖는다.[32] 특히 전자에서 고려 대상이 되는 경쟁의 문제가 일반적인 가능성 차원이라면, 후자에 있어서 경쟁에 미치는 효과의 분석은 긍정적 내지 부정적 측면에서 구체적으로 이루어지고, 이를 형량하는 과정으로 전개될 것이다.

IV. 독점규제법상 시장지배적 지위남용으로서의 규제

1. 독점규제법에 의한 규제 가능성

독점규제법에 의한 규제는 공동행위와 단독행위 규제로 대별할 수 있으며, 각각의 경우에 모두 특허권 남용이 문제될 수 있다. 우선 수평적 또는 수직적 관계에 있는 복수의 사업자들 간에[33] 공동행위에 의하여 특허권의

---

32) 독점규제법의 적용 범위와 관련된 문제를, 지식재산권의 배타적 권리로서의 속성상 허용되어야 할 경쟁제한과 권리남용으로서의 부당한 경쟁제한을 구별하는 과정에서 보아야 한다는 지적으로, 정상조, "저작권의 남용에 대한 독점규제법의 적용", 권오승 편, 공정거래와 법치, 법문사, 2004, 857면 참조.

33) 특허 실시 계약은 전형적으로 수직적 관계에 있는 사업자 간에 이루어지는 것이므로 수직적 관계에서의 부당 공동행위 규제가 중요하다. 미국 반독점법이나 EU 경쟁법과 달리 독점규제법 제19조에 의한 부당 공동행위 규제는 수직적 공동행위를 규제 대상으로 하지 않는다는 견해로, 신현윤, 앞의 책, 233-234면; 이기수·유진희, 경제법, 세창출판사, 2012, 152면; 정호열, 경제법, 박영사, 2012, 337-338면 참조. 이에 대한 비판적 입장을 개진하고 있는 것으로서, 홍명수, "독점규제법 제19조 제1항의 해석과 수평적·수직적 공동행위의 규제 법리 고찰", 동아법학 제61호, 2013, 437-444면 참조. 한편 특허권자와 실시권자 사이에서 실시와 관련된 합의(역지불 합의)가 수직적 공동행위로서 제19조에 의한 공동행위의 규제 대상이

범위가 정당한 행사로서의 보호 범위를 넘어 확대될 경우에 독점규제법상 부당 공동행위로서 규제가 가능하다. 아울러 표준화 과정은 특정한 기술을 배제하는 효과를 낳으며, 표준필수 특허권자가 이러한 과정에 참여한 경우에 이 과정을 부당 공동행위의 관점에서 검토할 수도 있을 것이다. 또한 복수의 기업이 단일한 지배관계를 형성하는 기업결합에서 특허의 보유 및 행사가 기업결합 이후의 경쟁에 미치는 영향은 유력한 고려 요소가 될 수도 있다.[34)]

이러한 규제 가능성을 부인할 수 없지만, 보다 실질적인 의의는 단독행위 규제에서 나타난다. 독점규제법상 단독행위 규제는 시장지배적 지위남용행위와 불공정거래행위로 이원화 되어 있으므로, 양 행위에 대한 규제 가능성이 모두 검토 대상이 된다. 그러나 특허권 남용은 제도적 보호 취지

될 수 있는지와 관련하여, 대법원은 수직적 공동행위에 대한 직접적인 언급은 하지 않고, 특허 실시권자가 직접 발명을 통하여 특허권자 될 수 있다는 점에서 양자 사이는 잠재적 경쟁관계로 볼 수 있다는 점에 근거하여 규제 대상이 될 수 있다고 보았다. 동 사건의 원심판결(서울고법 2012. 10. 11. 선고 2012누3028 판결)은 제19조 제1항이 수직적 공동행위를 배제하지 않는다는 입장을 개진하였으나, 대법원은 이에 대한 판단을 유보하고 있다(대법원 2014. 2. 27. 선고 2012두 24498 판결).

34) 공정위 2015. 8. 24. 의결 제2015-316호. 공정거래위원회는 동 의결에서 당해 기업결합의 잠재적 봉쇄효과와 관련하여 안드로이드 OS에 사용되는 자신의 특허 실시료를 과도하게 인상하여 윈도우 단말기와 경쟁관계에 있는 안드로이드 단말기 제조업자의 생산비용을 증가시키거나 새로운 사업자의 시장 진입을 저지할 수 있다는 우려에 초점을 맞추었고, 잠재적 협조효과와 관련하여 결합 이전에 특정 단말기 제조업자와 체결한 사업제휴계약이 경쟁에 부정적인 영향을 미칠 가능성을 고려하였다. 이 사건이 시사하는 바와 같이, 특허의 사용, 관리를 주된 사업부문으로 하는 특허관리전문회사가 기업결합의 당사자가 되고 있는 경우, 특허 실시와 관련된 전략적 행위의 가능성은 특허권 남용에 관한 예측으로 주의가 주어져야 할 부분이다. 이와 관련하여 Microsoft가 Nokia의 휴대폰 사업부문을 양수한 것과 관련하여, 사업부문 양도 이후에도 Nokia가 특허 실시를 통하여 자신의 지위를 남용할 가능성에 대한 지속적인 주의가 필요함을 언급하고 있는 것으로서, Joaquin Almunia, "Intellectual property and Competition policy", IP Summit 2013, 3면 참조.

를 넘는 특허 보유자의 권리 남용적 행위에 의하여 전형적으로 드러나고, 많은 경우 특허권자는 관련시장에서 지배적 지위를 가질 수 있다는 점에서 시장지배적 지위남용행위로서의 규제 가능성은 우선적인 고려 대상이 될 것이다.

2. 특허권 남용과 시장지배적 지위 남용의 개념 구별

앞에서 살펴본 것처럼 특허권 남용에 해당할 경우에 더 이상 특허법에 의한 권리로서 보호되지 않으며, 이와 같은 법적 조치의 전제로서 특허권이 남용되었을 것이 요구된다. 반면 시장지배적 지위의 남용은 시장지배적 사업자의 일정한 행위에 대한 경쟁법적 평가이며, 이에 해당할 경우에 경쟁법에 의한 일정한 제재가 이루어질 것이다.

이와 같이 특허권 남용과 시장지배적 지위의 남용은 용어상의 공통점에도 불구하고, 개념적으로 구별된다. 물론 특허권자는 많은 경우에 당해 특허의 실시 시장에서 시장지배적 지위에 있을 것이고, 따라서 특허권 남용에 해당하는 행위가 있을 경우에 동 행위는 시장지배적 지위남용으로 평가될 가능성이 크다. 그러나 양자는 여전히 개념적으로 구분되고, 판단 과정도 상이한 단계에 위치하는 것이므로 양자를 분리하는 사고가 요구된다.

양자의 구분은 남용 판단의 목적과 판단 기준의 차이로 구체화 할 수 있다. 우선 남용 판단의 목적과 관련하여, 특허권 남용은 특허법에 의한 유효한 권리로서의 보호가 주어질 것인지의 전제로서 남용 판단이 요구되는 것이고, 또한 현행 독점규제법 제59조에 의하여 이러한 판단은 동 규정의 정당성 심사와도 관련된다. 즉 특허권 남용이 인정되면 당해 권리 행사의 정당성이 부인되고, 따라서 독점규제법의 적용이 가능하게 될 것이다. 반면 시장지배적 지위의 남용은 동 지위에 있는 사업자의 지배력 행사가 경쟁정책적으로 허용될 수 있는지를 판단하기 위한 것이며, 시장지배적 사업자의 규제 가능성을 구체화하기 위한 목적으로 남용 판단이 이루어진다.

남용의 판단 기준과 관련하여, 특허권 남용의 경우에는 전술한 대법원 판결이나 지식재산권 심사지침에서 제시하고 있는 것처럼, 특허정책과 경쟁정책이 종합적으로 남용 판단의 기준으로 작용한다. 이에 반하여 시장지배적 지위의 남용에서 남용의 판단 기준은 특히 배제적 남용의 경우 경쟁제한성에 기초하며, 따라서 경쟁제한의 효과 또는 이에 대한 우려가 존재하는지가 주된 판단 기준이 될 것이다. 물론 시장지배적 지위 남용의 판단에서도 특허권과 관련된 다양한 사항이 남용 또는 이를 정당화하는 사유로서 고려될 것이지만, 시장지배적 지위의 남용 규제는 이미 시장지배적 사업자의 존재로 인하여 경쟁이 제한되고 있는 시장에서 자신의 지배력을 유지·확대하거나 정상적인 시장에서 기대할 수 있는 이익을 추구하는 행위를 억제하기 위한 것이므로, 본질적으로 남용 판단의 핵심은 경쟁제한성에 있다.

3. 관련시장 획정

시장지배적 지위남용 규제에서는 시장지배적 지위의 판단이 남용 판단에 선행하며, 또한 시장지배적 지위의 전제로서 관련시장의 획정이 요구된다. 이러한 판단 구조는 특허권 남용 행위를 시장지배적 지위의 남용으로서 규제할 경우에도 마찬가지로 적용되며, 특허권 남용과 관련된 시장의 획정은 가장 선행하는 단계에 위치한다.

기술적 발명에 대하여 특허가 이루어진 경우에 특허권자는 당해 특허발명을 실시할 권리를 독점하며, 특허권에 의한 경제적 이익의 실현은 당해 발명을 직접 이용하거나 특허 실시를 통하여 이루어질 것이다. 이러한 점에서 특허법상 특허권 이전이나 특허 실시 등에 관한 규정은(특허법 100조 내지 102조) 기술적 발명의 사용에 관한 시장을 제도화 한 것으로 이해할 수 있다. 이에 따라서 특허권에 관한 시장은 특허권 자체의 거래가 이루어지는 시장과 특허 실시 시장으로 나눌 수 있고, 특히 특허권 남용의 관점에서는 후자의 시장이 주로 문제가 된다.

특허 실시 시장을 대상으로 관련시장을 확정할 경우에도 대체가능성에 의한 경쟁법상 관련시장 확정 기준이 일반적으로 원용될 것이다. 그렇지만 특허 및 특허 실시의 특수한 성격에 대한 고려가 불가피하다. 이와 관련하여 공정거래위원회가 제정한 「지식재산권 심사지침」은 지식재산권에 관련된 시장의 고려 대상으로서 상품시장과 별개로 특허 실시허락계약 등의 형태로 관련 기술이 거래되는 기술시장 개념을 제시하면서, 기술시장의 확정이 일반적인 시장확정 방법에 의하되, 기술시장의 특수성이 고려되어야 하는 것으로 보고 있다(Ⅱ. 3. 가 (2)). 나아가 동 지침은 기술시장 확정에서 고려되어야 할 특수한 성격으로서, 지리적 범위의 확대가능성, 향후 기술 전용이 가능할 경우를 고려한 예측적인 시장확정의 필요성 등을 지적하면서, 또한 주목할 만한 것으로서 "표준화에 따른 기술호환 문제 등으로 인해 대체기술로의 전환이 곤란한 경우에는 한정된 범위의 거래분야만을 관련 시장으로 확정할 수 있다"고 언급하고 있다.

일반적으로 특허는 출원 과정에서 기존 발명과의 동일성 심사를 거치게 되므로, 특허의 대상이 된 기술은 이미 독자적인 가치가 있는 것으로 평가를 받은 것이지만, 이 과정에서 요구되는 동일성 평가는 경제적 관점에서 이루어지는 대체가능성 판단과는 그 성격을 달리하므로, 특허가 적법하게 성립하였다 하더라도 당연히 당해 특허에 한정해서 관련시장이 확정되는 것으로 볼 수는 없다. 그러나 지식재산권 심사지침이 언급하고 있는 것처럼 개별 특허 실시에 한정하여 시장이 확정될 수도 있으며, 특히 이러한 가능성은 표준화 등에 의하여 기술 대체가 실질적으로 가능하지 않게 되는 경우에 의미를 갖는다는 점도 염두에 두어야 한다.

한편 지식재산권 심사지침은 관련시장으로 고려되어야 할 것으로 기술시장 외에 상품시장 및 혁신시장 개념을 제시하고 있다. 구체적으로 지식

재산권 관련시장으로서 고려되어야 하는 상품시장은 "해당 상품 생산에
필요한 원재료, 부품, 생산설비 등이 거래되는 시장, 해당 상품을 투입요
소로 하여 생산된 상품이 거래되는 시장, 그 밖에 해당 지식재산권의 행사
로 인해 영향을 받을 수 있는 시장"을 의미하며,[35] 혁신시장은 "당해 지식
재산권 행사로 인해 영향을 받는 연구개발 및 이와 경쟁관계에 있거나 경
쟁관계가 성립할 수 있는 새로운 또는 개량된 상품이나 기술·공정의 창출
을 위한 연구개발"로[36] 획정할 수 있다.

　동 지침은 상품시장, 기술시장, 혁신시장을 별개의 시장획정 고려 대상
으로 기술하고 있지만, 이들 시장은 각각의 시장획정과 관련하여 상호보
완적인 의미를 갖고 있다는 점에도 주의를 요한다. 예를 들어 특허 실시와
관련된 시장은 주로 기술시장적 관점에서 획정되지만, 당해 기술이 반영
된 상품시장이나 기술 자체의 형성 과정을 함축하고 있는 혁신시장과 수
직적으로 이어지는 전후방의 연관성을 맺고 있으며, 따라서 이에 대한 종
합적인 이해가 필요할 것이다.

　이러한 이해는 특히 특허권 남용에 있어서 실질적인 의미가 있다. 관련
시장 획정의 주된 목적은 사업자들이 직면한 경쟁제한을 시스템적인 방법
으로 확인하는 것에 있다는 점을 상기한다면,[37] 특허권 남용이 특허의 실
시나 특허침해금지청구와 같은 권리 주장의 과정에서 구체화된다 하더라
도, 이를 둘러싼 경쟁 상황에 대한 이해는 기술시장을 넘어서 당해 기술이
반영된 상품시장 등으로 확장될 필요가 있다. 무엇보다 특정한 기술의 대
체가능성 판단은 당해 기술이 반영된 상품시장과의 종합적인 이해를 통해
서만 타당성을 기할 수 있을 것이다.[38]

---

35) 지식재산권 심사지침 II. 3. 가. (1).
36) 지식재산권 심사지침 II. 3. 가. (3).
37) Richard Whish & David Bailey, Competition Law, Oxford Univ. Press, 2012, 40
　　면 참조.
38) 예를 들어 특정한 상품 생산에 필수적으로 요구되는 특허 기술이 대체가능하지
　　않더라도, 동 기술이 사용된 상품 시장이 경쟁 구조 하에 있는 경우, 기술 비대체

또한 흔히 다수의 특허 기술이 하나의 상품 생산에 관여하고 있다는 점에도 주의를 기울일 필요가 있다. 이러한 경우 특정한 기술에 한정하기 보다는 상품 생산에 결합하고 있는 기술들을 종합하여 시장 상황을 이해하는 것이 보다 타당한 접근 방식일 수 있으며, 이와 같이 기술적 관련성이 있는 특허 기술을 전체적으로 파악하고자 할 경우에 미국 반독점법 판례에서 형성된 집합시장(cluster market) 개념이 유용할 수 있다.[39]

4. 시장지배적 지위

일반적으로 시장지배력의 판단은 시장점유율, 진입장벽의 존재 및 정도, 경쟁사업자와의 상대적 규모 등에 의하며, 독점규제법 제4조는 시장점유율에 의하여 시장지배적 지위를 추정함으로써 동 기준의 규범적 우위를 인정하고 있다. 이러한 판단 기준은 특허권 남용 문제를 다룰 때도 마찬가지로 적용되지만, 관련시장 획정에서 고려되었던 특허 시장의 특수성은 시장지배적 지위의 판단에도 일정한 영향을 미칠 것이다. 특허법에 의하여 특허권자는 독점적 지위를 제도적으로 보장받지만, 지배적 지위는 당해 특허 대상이 된 기술이 시장에서 갖는 의의에 영향을 받으며, 따라서 이와 관련된 다양한 요소의 고려가 불가피하다.

특히 기술 표준화의 상황은 표준화기구를 통해서든 사실상의(de facto)

성이 갖는 의미는 제한적일 것이다.

39) 집합시장(cluster market)은 상품을 묶음으로 거래하는 것에 대한 거래 당사자의 선호 또는 상품의 결합 판매로 인한 비용 감소 등의 편의에 기초하여, 대체재가 아니며 전체의 구성 부분으로서 의미가 있는 상품들의 집합을 하나의 시장으로 파악할 수 있는 개념으로 미국 판례법상 제시된 것이다. 동 개념은 금융 서비스, 의료 서비스, 교육 서비스, 사무용품 등을 전체로서 하나의 시장으로 볼 수 있는 개념으로 제시된 것인데, 일정한 상품 생산이나 유통에 있어서 다수의 특허들이 관련되고 이들을 기술적 프로세스의 구성 요소로 하여 전체로서의 거래상 인식이 형성되어 있을 경우에 유력한 의미가 있다. ABA(Section of Antitrust Law), Antitrust Law Developments vol. 1, 6. ed., ABA Publishing, 2007, 581면 참조.

표준화에 이른 경우이든 당해 기술을 특정한 상품 생산과정에서 필수화시 킴으로써 기술 대체성을 제약할 것이기 때문에 지배적 지위의 인정에 중 요한 근거가 될 수 있다. 일정한 기술이 표준에 포함된다면, 그 기술의 시 장 가치는 변화할 것이며, 특허 보유자의 시장 지배력의 증대로 이어질 가 능성이 크다. 즉 표준화는 표준에 이르지 않은 상황에서 가능하지 않았던 수준의 지배력 증대를 낳을 수 있다.[40] 이러한 상황은 시장지배력의 관점 에서 표준화에 관한 특별한 주의를 요구하는 것이지만, 또한 표준화 과정 자체에 주목하는 계기도 된다. 즉 표준화기구를 통하여 이해관계자들의 합의를 거쳐 이루어진 표준은 여전히 대체 기술이 이용 가능한 상황에서 인위적으로 형성된 것이며, 이와 같은 형성과정 상의 특징은 상업적으로 필수화된 특허와 구별되는 것이다. 이러한 차이는 특허 보유자의 사업전 략상의 차이로도 나타나는데, 전자의 경우 FRAND 확약을 중심으로 이용 문제가 다루어지지만, 후자의 경우 경쟁사업자의 배제 전략이 폭 넓게 활 용될 수 있다.[41] 나아가 이러한 차이점은 후술하는 남용 판단에 일정한 영향을 미칠 수 있지만, 시장지배적 지위 자체는 수용하면서 지위의 남용 만을 문제 삼는 폐해규제주의 하에서 지배력 형성 과정의 차이가 결정적 인 의미를 갖는 것은 아니라는 점도 염두에 두어야 한다.

다른 한편으로 특허 실시 시장에서의 독점적 지위에도 불구하고, 상품 시장 등의 경쟁 상황이 이를 억제하는 방향으로 작용할 수 있다는 점도 염두에 두어야 한다. 또한 전술한 것처럼 다수의 특허 기술이 특정한 상품 생산에 결합하고 있을 경우에, 특허를 보유하고 있는 사업자 간의 상호 견 제는 지배력 행사의 한계로 작용할 수 있고, 동일한 맥락에서 수직적 관계 에 있는 시장에 진출함으로써 경쟁 사업자와 교차적으로 실시권을 보유하

---

40) Ruben Schellingerhout, "Standard-setting from a competition law perspective", Competition Policy Newsletter no. 1-2011, 4면.

41) Fiona M. Scott-Morton, "The Role of Standards in the Current Patent Wars", Department of Justice, 2012, 8-9면 참조.

게 되는 상황도 지배력 행사를 억제할 수 있다.[42]

또한 법기술적 측면에서 주의를 기울일 부분도 있다. 전술한 것처럼 시장점유율은 지배적 지위의 판단과 관련하여 가장 중요한 요소로 기능하지만, 이를 계산하기 위한 관련시장 매출액의 파악이 특허 실시 시장에서는 여의치 않을 수 있다. 심사지침은 이러한 경우 "해당 기술을 이용한 상품의 시장점유율을 주요 참고자료로 활용할 수 있다"(II. 3. 가 (2))는 규정을 두고 있는데, 이 외에 기술 사용의 양적 비중 등도 고려될 수 있을 것이다.

V. 남용성 판단

1. 착취적 남용

시장지배적 지위의 남용행위는 착취적 남용과 배제적 남용으로 구분할 수 있다. 전자는 시장지배적 지위에 기하여 정상적 시장에서 기대하기 어려운 대가를 책정하여 과도한 이익을 취하는 경우를 말하며, 후자는 시장지배력의 유지 또는 강화를 위하여 시장에서 경쟁사업자의 사업활동을 제한하거나 배제하는 경우를 의미한다. 특허권 남용이 독점규제법상 규제대상인 시장지배적 지위의 남용에 해당하는지의 판단 역시 이와 같은 남용의 유형에 따라서 구체화될 수 있다.

착취적 남용에서는 지배적 지위에 기하여 특정한 상품 가격을 지나치게 높게 책정하는 경우를 문제 삼으며, 독점규제법 제3조의2 제1항 제1호가 규제 근거가 된다.[43] 특허권 남용에서 착취적 남용의 형태는 특허 실시료

---

42) 복수(multi-market)에 위치한 사업자의 전략적 행태에 관한 설명으로, Herbert Hovenkamp, 주 18)의 책, 564-565면 참조.

43) 동항 제2호의 출고조절도 가격상승 메커니즘을 이용한 가격 인상을 의도한 경우

의 과도한 책정에서 전형적으로 나타난다. 그러나 이에 대한 구체적인 규제 가능성에 대해서는 논의의 여지가 있으며, 부정적인 시각도 유력하다. 우선 경쟁법 일반에서 가격 남용 규제에 대한 회의적인 시각은 시장의 자율성에 대한 규제 기관의 과도한 개입에 대한 비판적 관점에 따른 것이며, 이는 주요 국가의 경쟁 당국이 가격 남용 규제에 신중한 입장을 취하는데 영향을 미치고 있는 것으로 보인다.[44] 이러한 사고는 특허법 영역에서 특허 실시료에 대한 직접적인 규제가 바람직하지 않다는 인식과도 맥을 같이하는 것이다. 특허법에 의하여 특허권자는 독점적 지위에 있으며, 특허 실시에 관한 자율적 권한을 갖는다. 이는 내용적으로 실시료에 관한 결정의 자유를 함축하는 것이며, 실시료에 대한 개입은 특허권자에 배타적 권한을 부여하는 특허의 제도적 의의를 침해하는 것일 수 있다.[45]

가격남용 규제에 있어서는 기술적인 문제도 뒤따른다. 즉 남용 수준을 어떻게 파악할 것인지가 용이하지 않으며, 독점 시장에서 비정상적 초과이윤을 낳는 가격 설정의 메커니즘이 이론적으로 가능하다 하더라도, 실제 가격이 이러한 수준에 해당하는지 그리고 이러한 가격이 초과이윤을 획득하기 위한 의도와 관련되는지 아니면 내부 비효율성과 같은 원인에 의한 것인지의 판단이 용이하지는 않다.[46] 이러한 문제는 비용기초 분석이나 비교시장 분석 등 어느 방식에 의하든 객관적으로 타당한 기준을 제

에 착취적 남용에 해당할 수 있다. 권오승·서정, 독점규제법: 이론과 실무, 법문사, 2016, 176면 참조.

44) 비정상적인 초과이윤을 얻을 수 있는 가격 책정의 경우에 (잠재적) 경쟁사업자에 의한 경쟁 압력에 의한 시장의 자기 조정에 우선적인 의미를 부여하여야 한다는 것으로, Mark Furse, Competition Law of the EC and UK, Oxford Univ. Press, 2004, 277면 참조.

45) 권남훈·홍대식, "지식재산권에 대한 실시료의 수준과 경쟁법의 역할", 정보법학 제15권 제2호, 2011, 96면 이하 참조.

46) Knut Werner Lange hrsg., Handbuch zum Deutschen und Europäischen Kartellrecht 2. Aufl., Verlag Recht und Wirtschaft GmbH, 2006, 459-460면 (Wolfgang Hübschle 집필 부분) 참조.

시하는데 한계로 작용할 것이며, 특허 실시료의 남용성을 판단하는데 있어서도 동일하다. 기술 발명의 특성 상 비용기초적인 분석은 여의치 않을 뿐 아니라, 유효 경쟁이 이루어지고 있는 비교 대상인 시장을 찾는데도 어려움이 따를 것이다.

그러나 가격남용 규제에 관한 경쟁정책적 또는 법기술적 측면에서의 부정적 시각에도 불구하고, 특허 실시료와 관련된 남용에 대한 경쟁법상 규제 필요성에도 주의를 요한다. 무엇보다 경쟁에 의한 가격 압력이 작용할 만큼 충분하게 시장이 성숙하지 못한 경우에 가격 남용 규제는 실효성이 있다는 지적은[47] 참고할 만하며, 이러한 논리는 특허 실시에 관한 시장에서도 유력한 의미가 있다. 동 시장은 특허권자에게 배타적 권리를 부여하는 법제도에 의하여 뒷받침되며, 동일성 심사를 거치는 특허 과정에 비추어 동종 상품의 공급자가 경합하는 경쟁 시장의 형성에 한계가 있다. 이러한 시장의 특성을 고려할 때, 합리적 수준의 실시료 책정을 이끌어 낼 수 있는 자율적 기능에 회의적일 수밖에 없으며, 특히 기술 표준화가 이루어져서 당해 기술에 관한 특허가 필수화되었을 경우에 특허 실시료의 남용은 현실적인 문제로서 대두할 것이다. 물론 전술한 것처럼 특허 실시료의 남용 판단에서 실시료의 부당성 판단에 어려움이 따르는 것은 분명하지만, 유효한 경쟁 시장을 상정하여 이를 판단하는 원칙이 적용된다는 점에 의문은 없으며, 특히 특허권자는 자신의 특허 기술이 이용되는 생산 과정 전반을 고려하여 이익 실현을 의도할 것이기 때문에, 부당성 판단 과정에서 당해 기술이 반영된 상품시장과의 종합적인 고려가 이루어질 필요가 있을 것이다.

착취적 남용의 관점에서 과도한 실시료를 다룰 경우에 다음의 세 가지 점이 충분히 고려될 필요가 있다. 첫째 우선 실시료 기반을 부품·기기 단

---

47) Richard Whish, Competition Law, Oxford Univ. Press, 2005, 195면 및 Fritz Rittner & Meinrad Dreher, Europäisches und deutsches Wirtschaftsrecht, C. F. Müller, 2008, 552면 참조.

위 또는 최종 상품 단위로 할 것인지는 특허권자의 재량에 해당하지만, 최종 상품 가격을 기준으로 실시료를 책정하는 것이 당연히 정당화될 수 있는 것은 아니며, 이에 대한 유력한 의문이 제기되고 있다는 점도 염두에 두어야 한다. 이와 관련하여 미국의 Laser Dynamics 사건에서[48] 연방순회법원의 판시사항은 참고할 만하다. 동 법원은 일부 부품에 구현된 특허의 실시료를 최종 상품에 기반하여 계산할 경우 동 부품 외의 다른 부품이 기여한 가치까지도 보상할 상당한 위험이 있으며, 따라서 최종 상품을 기준으로 실시료를 산정하는 것은 특허침해소송에서 적정한 보상을 산정하는데 오류를 낳을 수 있기 때문에 실시료 기반은 특허와 밀접히 관련 있는 판매 가능한 최소 침해단위이어야 한다고 판시하였다. 이러한 태도가 일반적으로 받아들여지고 있는 것은 아니지만, 미국 연방대법원이 제시한 특허침해보상의 원칙으로서 특허가 기여한 가치만을 보상하여야 한다는[49] 기본 원칙을 이해하는 한 방식을 보여주고 있다는 점에서 시사하는 바가 크다. 둘째 실시료의 부당성을 시장지배적 지위의 착취적 남용의 관점에서 파악할 경우 남용의 판단은 경쟁법의 일반 원칙에 따를 것이며, 이와 관련하여 Microsoft v. Motorola 사건에서[50] 미국 연방항소법원의 판단은 주목할 만한 것이다. 동 사건에서 Microsoft는 Motorola가 최종상품 가격의 2.25%에 해당하는 금액을 실시료로 요구한 것이 과도한 것으로 FRAND 확약에 반하는 것이라고 다투었다. 동 법원은 최종상품 기반의 실시료 산정 방식은 긍정하면서, 적정한 실시료 산정을 위하여 전체 표준특허에서 특허 포트폴리오가 차지하는 비중이나 기술적 기여도 등에 기초한 특허가 표준에서 차지하는 중요도, 특허 포트폴리오가 실시권자의 제품에

48) Laser Dynamics, Inc. v. Quanta Computer, Inc., 694 F.3d 51, 57 (Fed. Cir. 2012).
49) Garreston v. Clark, 111 U.S. 120(1884)에서 제시한 원칙이다.
50) Microsoft Corp. v. Motorola, Inc., No. 14-35393, 2015 U.S. Court of Appeals for the 9th Cir.

서 차지하는 중요도, 특허 포트폴리오와 비교 가능한 다른 특허의 라이선스 계약 등을 고려하여야 한다고 판시하였다. 이때 비교 가능한 라이선스 계약의 고려는 비교시장적 분석에 상응하는 것으로서 남용성 판단의 가능한 방식의 제시로 이해될 수 있을 것이다. 셋째 실시료가 표준필수 특허에 관한 것일 경우에, 부당한 실시료 채택의 가능성이 있으며, 더욱이 당해 사건에서처럼 상대방이 법적 불안정성에 노출되어 있는 상황에서 이러한 가능성은 더욱 커질 수 있다는 점에도 주의를 요한다. 이와 관련하여 Apple-Motorola 사건에서 FTC가 제출한 법정의견서를[51] 참고할 만하다. 동 의견서에서 FTC는 금지청구의 위협 하에서 이루어지는 실시료 협상은 FRAND 확약과 충돌하는 방식으로 특허권자의 이익이 과도하게 고려될 수 있다고 보았다. 또한 실시자는 표준의 실행에 고착되기 때문에 금지청구의 위협과 관련하여 높은 전환 비용이 발생하며, 이는 특허권자에게 FRAND 확약에도 불구하고 비합리적인 조건의 채택을 가능하게 할 것이다. 나아가 기술의 가치와 특허권자가 받는 보상 간에 나타나는 불균형은, 정보통신산업에서의 표준필수특허와 관련하여 자주 나타나는 것처럼 특히 복잡한 다수의 구성상품 중 상대적으로 작은 비중의(minor) 구성품에 관한 특허에 기초하여 금지청구가 이루어질 경우에 문제가 될 수 있다고 보고 있다. 이러한 상황 하에서 금지청구의 위협은 FRAND 확약을 한 표준필수 특허권자에게 특허 기술 가치 이상의 실시료를 실현시킬 수 있으며, 이는 소비자에게 가격 인상의 부담으로 이어질 수 있음을 지적하고 있다. 이러한 상황은 표준필수 특허권자의 과도한 실시료에 대하여 경쟁법적으로 개입할 수 있는 근거가 될 수 있다.

　이상의 사항을 고려하더라도, 실시료 수준의 정당한 범위를 결정하는 것은 여전히 어려운 과제가 될 것이다. 이와 관련하여 IEEE가 제시한 합리적 실시료의 산정 기준은 참고할 만하다. IEEE는 합리적 실시료의 산정

---

51) Nos. 2012-1548, 2012-1549. Brief of Amicus Curiae FTC.

과정에서 하나의 의무적 요소와 세 가지 재량적 요소의 고려를 제안하였는데, 의무적 요소로서 합리적 실시료는 IEEE 표준에 기술이 포함됨으로써 발생한 가치(표준화에 따른 가치)를 배제한 적절한 보상을 의미하여야 하며, 재량적 요소로서 1) 해당 발명 또는 발명품의 기능이 필수 특허를 사용하는 판매 가능한 가장 작은 단위의 실시의 가치에 기여한 가치, 2) 동일한 IEEE 표준을 위하여 모든 필수특허가 기여한 가치의 관점에서 해당 필수 특허가 필수 특허를 사용하는 판매 가능한 가장 작은 단위의 실시에 기여한 가치, 3) 필수특허의 사용을 대상으로 하고 있는 기존의 실시계약이 명시적 또는 묵시적인 금지청구의 위협 하에서 이루어지지 않고, 문제가 되고 있는 실시계약의 상황에 충분히 비교될 만한 상황과 그 결과로서 나타난 실시계약인 경우에 해당 실시계약의 세 가지를 제시하였다. DOJ는 IEEE에 의하여 제안된 세 가지 비강제적 고려 요소가 경쟁정책에 부합한다는 취지에서 수용 가능한 것으로 평가하였는데,52) 이와 같은 고려 요소들은 실시료의 남용성을 판단하는데 있어서도 유력한 의미가 있다.53)

끝으로 표준화 과정이 특허 실시료의 타당성에 미치는 영향에 대해서도 논의가 이루어질 필요가 있다. 우선 표준화기구에 의한 기술 표준화 과정

---

52) http://s3.amazonaws.com/cdn.orrick.com/files/IEEE-Policy.pdf 및 FTC, Response to IEEE, 2015. 2. 2.

53) IEEE가 표준필수 특허의 실시료 산정과 관련하여 제안한 재량적 고려 요소는 합리적 특허 실시료 산정과 관련한 미국 판례법상 원칙인 Georgia-Pacific 요소를 표준필수 특허의 경우를 대상으로 Robert 판사에 의하여 수정된 Georgian-Pacific 요소와 유사하다. 수정된 Georgia-Pacific 요소는 3단계 분석으로 이루어지는데, 1단계는 특허가 표준에서 차지하는 중요도, 2단계는 문제가 된 특허가 실시 제품에서 차지하는 중요도, 3단계는 비교 가능한 다른 특허 실시와의 비교 등이다. DOJ가 IEEE에 의해 제시된 세 가지 재량적 고려 요소를 수용 가능한 것으로 본 것은, 합리적 실시료 산정과 관련하여 수정된 Georgia-Pacific 요소가 경쟁정책에 부합한다는 것을 인정한 것으로 볼 수도 있다. 이와 관련하여, 홍동표, "표준특허의 FRAND 실시료 산정 사례 분석: 미국 Microsoft 판결 및 Innovatio 판결을 중심으로", 경쟁저널 제183호, 2015. 11, 65면 이하 참조.

에서는 당해 기술에 관한 특허권자가 합리적이고 비차별적인 실시 조건을 제시함으로써 FRAND 확약이 이루어지는 경우가 일반적이며, 이때 FRAND 확약에서 제시한 실시 조건은 문제가 된 실시료의 부당성 판단에서 중요한 고려 사항이 될 것이다. 물론 FRAND 확약은 표준필수 특허권 보유자와 표준화기구 간의 약정으로서, 이에 위반하는 행위도 원칙적으로 계약법상 문제이며, 당연히 경쟁법 위반에 해당하는 것은 아니다. 그러나 다수의 이해관계자의 참여를 통하여 구성된 표준화기구에 의해 이루어지는 표준화는 그 자체로 기술 경쟁을 제한하는 합의를 함의로서 갖고 있으며,54) 전술한 것처럼 합리적이고 비차별적인 실시 조건을 내용으로 하는 FRAND 확약은 경쟁정책적 관점에서도 의미가 있다. 이러한 점에서 FRAND 확약에서 제시된 조건은 실시료의 부당성을 판단하는 절대적 기준은 아니지만, 적어도 경쟁법상 검토를 수행함에 있어서 부당성 판단의 출발점으로서 기능할 수는 있을 것이다.

한편 표준화기구와 같은 인위적인 절차에 의하지 않고, 산업 내에서의 선호가 모아지면서 사실상의 표준화가 이루어진 경우에 가격남용 관점에서의 실시료 규제가 표준화기구를 통해서 성립된 표준필수 특허와 마찬가지로 이루어질 수 있는지에 관하여 논의의 여지가 있다. 그러나 앞서 시장지배력 판단에서 언급하였던 것처럼 시장지배적 지위는 수용하면서 그 남용만을 문제 삼는 규제체계에서 이러한 차이가 갖는 규범적 의의가 결정적인 것은 아니다. 비록 시장지배력에 이르는 경로상의 차이가 뚜렷하고, 이것이 남용 판단에 사실상의 영향을 미칠 수 있다 하더라도, 원칙적으로 지배력과 남용 판단은 분리되는 것이며, 이와 같은 독점규제법의 규제체계에서 사실상 표준화에 따른 표준필수특허에 대한 남용 규제 가능성을 전적으로 배제하기는 어려울 것이다. 무엇보다 Scott-Morton이 지적한 것처럼 표준을 구현하기 위하여 필수적인 특허라면, 그것은 이미 표준필수

---

54) Ruben Schellingerhout, 주 40)의 글, 3면 참조.

특허이며,55) 당해 특허 보유자의 지위가 경쟁정책적 관점에서 구별되는 것은 아니다. 또한 표준화기구에 의한 표준화의 경우 표준필수 특허 보유자에 의한 FRAND 확약이 결합하는 경우가 일반적이지만, 사실상 표준화의 경우 FRAND 확약이 주어지거나 또는 사전적으로 합리적인 실시 조건의 제시가 이루어지는 경우는 드물다는 점에도 주목할 필요가 있다. 전술한 것처럼 FRAND 확약은 이해관계자의 협의를 통하여 성립된 합리적이고 비차별적인 실시 조건을 내용으로 하며, 따라서 표준화기구에서 이루어지는 협의 과정은 경쟁 기능을 대신하는 의미를 갖는다. 반면 사실상 표준화의 경우 표준필수 특허 보유자의 특허 실시는 이러한 통제 밖에 위치하게 된다. 이러한 상황에 대하여 경쟁법적 관점에서 상반된 이해가 가능한데, 사실상 표준화를 이루고 있는 특허권자의 경우 FRAND 확약에 의한 자기 구속의 결여를 보완하는 의미에서 경쟁법상 규율의 필요성이 강조될 수 있지만, 다른 한편으로 표준화기구에 의해 주도된 것과 같이 인위적으로 경쟁 배제가 이루어지지 않았다는 점은 실질적으로 경쟁법상 규율 가능성을 낮추는 요인이 될 것이다.56) 한편 사실상 표준화의 경우 일반적으로 실시료를 포함한 실시 조건 등을 내용으로 하는 FRAND 확약 등이 존재하지 않기 때문에, 규제 실무상 표준필수특허의 실시료에 관한 가격 남용적 규제에 있어서 보다 큰 어려움에 직면할 수도 있다. 결국 경쟁법 일반의 원칙에 따라서 가상적인 경쟁시장을 상정하여 가격 수준을 비교하는 방식을 원용할 수 있으며, 이때 FRAND 확약이 이루어질 경우에 예상되는 실시료 수준은 경쟁시장 가격의 추론을 구체화하는데 도움이 될 것이다.57)

---

55) Fiona M. Scott-Morton, 주 41)의 글, 9면.

56) Anne Layne-Farrar, "Moving Past The SEP RAND Obsession: Some Thoughts on The Economic Implications of Unilateral Commitments and The Complexities of Patent Licensing", 2014, 12면 이하 참조.

57) Case C-170/13(Huawei Technologies Co. Ltd v. ZTE Corp., ZTE Deutschland GmbH) 사건에서 Advocate General Wathelet은 의견서(2014. 11. 20.)에서 "de

2. 배제적 남용

시장지배적 지위남용으로서 배제적 남용과 관련하여, 유럽 법원이 Hoffmann-La Roche 판결에서 제시한 남용 개념은 규제의 의의와 행태적 특징을 적절히 반영하고 있다는 점에서 유력한 의미가 있다. 동 판결은 시장지배적 지위의 남용을 "남용은 문제가 되는 사업자의 존재의 결과로서 경쟁의 정도가 약화된 시장의 구조에 영향을 미치고, 또한 상업적 주체들의 거래에 기초한 상품과 용역에 있어서 통상적인 경쟁이 이루어지는 조건과는 다른 방법을 이용하여 현재의 시장에서 존재하는 경쟁의 정도를 유지하거나 그 경쟁의 발전을 저해하는 효과를 갖는 지배적 지위에 있는 사업자의 행위에 관련된 객관적 개념"으로 정의하고 있다.[58] 동 정의에서 남용 개념은 정상적인 시장에서 나타나기 어려운 행위라는 점과 경쟁 정도의 유지나 제한의 효과를 갖는다는 점에 기초하는데, 이러한 요소들은 배제적 남용의 핵심적 표지로서 의미가 있다.

독점규제법 제3조의2 제1항 각호에 규정된 남용 유형이 배제적 남용을 명시적으로 언급하고 있지 않지만, 상품의 판매 또는 용역의 제공을 부당하게 조절하는 행위(2호), 다른 사업자의 사업활동을 부당하게 방해하는 행위(3호), 새로운 경쟁사업자의 참가를 부당하게 방해하는 행위(4호), 부당하게 경쟁사업자를 배제하기 위하여 거래하거나 소비자의 이익을 현저

---

facto SEP 보유자는 FRAND 확약에 구속되는 SEP 보유자에 비하여 더 큰 협상력을 가지며, 요구한 실시료가 명백히 과도한(clearly excessive) 경우에만 남용으로 다루어질 수 있다"(para. 48)는 견해를 밝히고 있다. Wathelet의 견해는 일반적으로 시장지배적 지위에 있는 사업자의 가격 책정이 과도한 경우에만 남용이 되는 것에 비하여 보다 강화된 요건의 적용으로 이해될 여지가 있다.

58) Case 85/76, Hoffmann-La Roche & Co. AG v Commission [1979] ECR 461, para. 91. 동 판결에서의 남용 정의에 관하여, 이는 배제적 남용에 한정되며, 착취적 남용까지 포함한 포괄적인 정의에 미치지 못하는 한계를 지적하는 것으로, Richard Whish & David Bailey, 주 37)의 책, 198면 참조.

히 저해할 우려가 있는 행위(5호) 등은 배제적 남용에 해당할 것이다.

시장참가자들의 경쟁 방식을 정형화시켜 이해할 수 없는 것처럼, 구체적으로 배제적 남용에 해당하는 행위는 매우 다양하며, 이러한 점에서 사업활동 방해에 관한 넓은 포섭 범위를 갖는 제3호 및 동법 시행령 제5조 제3항 제4호의 규정은 배제적 남용에 해당하는 다양한 행위의 규제 근거로서 실질적인 중요성이 있다.[59] 구체적으로 거래거절, 끼워팔기, 차별 행위, 배타조건부 거래, 리베이트 등이 대표적인 배제적 남용 행위로서 거론되며, 이러한 행위들은 특허권 남용에서도 주목할 만한 것이다.

특허권 남용과 관련하여 배제적 남용의 전형적인 행위들을 살펴보면, 우선 특허 실시의 거절을 들 수 있다. 일반적인 거래거절의 경우처럼 지속적인 거래관계의 중단뿐만 아니라 새로운 거래 요청의 거절도 거래거절에 해당할 수 있다. 또한 과도한 실시허락 조건을 요구하는 것처럼 실질적으로 거래거절로 평가할 수 있는 경우도 거래거절의 맥락에서 다루어질 수 있을 것이다. 일반적으로 거래거절은 거래 주체가 향유하는 계약자유의 범위 안에 있으며, 특허권자의 특허 실시도 마찬가지로 이해된다. 그러나 거래거절의 상대방이 시장에서 배제되거나 배제될 우려가 있는 경쟁제한적 효과가 발생할 때 경쟁법상 규제가 가능하며, 시장지배적 지위에 있는 사업자의 거래거절은 이러한 가능성을 증대시킬 것이다. 특허권 남용으로서 실시 거절에 대해서도 이와 같은 경쟁법상 거래거절의 규제 법리가 적용된다.

한편 거래거절에 관한 특수한 법리로서 필수설비론의 적용도 고려할 수 있다. 특허는 무형의 자산으로서 경쟁법상 필수설비에 해당할 수 있으며,[60] 독점규제법 시행령 제5조 제3항 제3호에 근거한 필수요소에 대한 거절로서 구체적인 규제 가능성이 주어진다. 이 경우에 필수설비론에 관

---

59) 권오승, 경제법, 법문사, 2014, 167-168면 참조.
60) 지식재산권과 같은 무형의 자산이 필수설비에 해당할 수 있다고 본 유럽 법원의 선례로서, Case C-241 & C-242/91 P, RTE v. Commission, (1995) ECR I-743 참조.

한 긍·부정의 논의를 종합적으로 인식하고 구체적인 적용에 신중할 필요가 있을 것이다.[61]

특허권 남용과 관련하여 일정한 특허 실시를 주상품으로 하여 다른 상품을 부상품으로 끼워 파는 행태도 문제가 될 수 있다. 예를 들어 다수의 특허를 보유하고 있는 특허관리전문회사의 경우 거래상대방에게 자신이 보유한 복수의 특허에 대하여 일괄적인 실시를 요구하는 방식을 전략적으로 취할 수 있다. 물론 이러한 판매 전략이 특허관리전문회사에서만 나타나는 것은 아니며, 또한 끼워 파는 대상인 부상품이 특허에 국한되는 것은 아니다. 끼워팔기에 관한 고전적인 선례인 Morton salt 사건이 보여주듯이, 특허 실시와 일반 상품의 결합도 충분히 예상할 수 있다. 일반 상품시장에서의 끼워팔기 규제와 마찬가지로 행태적으로 단일성 판단을 거쳐서 끼워팔기에 해당할 경우에, 경쟁제한성 심사를 통하여 최종적으로 남용 판단을 하게 될 것이다.

특허 실시와 관련하여 차별적 행위도 문제가 될 수 있다. 실시 상대방에 따라서 실시료 등의 조건에 차별을 가할 경우에, 경쟁법상 문제가 되는 차별행위로서 남용성이 인정될 수 있다. 차별행위는 일반적으로 경쟁제한 효과가 나타나는 시장을 기준으로 1선 차별과 2선 차별로 구분할 수 있다. 전자는 수요 탄력성에 따라 수요자 그룹을 분리하여 차별적인 가격 전략을 채택함으로써 거래량의 확대를 시도하는 것으로서, 이에 의하여 차별이 이루어지는 시장 자체에서 경쟁사업자에 대한 경쟁제한 효과가 발생한다. 반면 2선 차별은 차별적인 거래 조건이 부과된 이후의 시장에서 불리한 거래조건을 부과 받은 사업자에게 미치는 경쟁제한 효과에 초점을 맞춘다.[62] 특허 실시와 관련된 차별 행위는 당해 특허와 경쟁관계에 있는

---

61) 홍명수, "표준특허 관련 행위에 대한 독점규제법상 규제 가능성 검토", 법학논총 제36권 제2호, 2013, 822면 참조.

62) Thomas Sullivan & Jeffrey L. Harrison, Understanding Antitrust and Its Economic Implications, LexisNexis, 2003, 308면 참조.

다른 특허가 존재하는 경우가 드물다는 점을 감안하면, 대체로 특허 실시 시장 보다는 특허 실시 이후의 당해 기술이 반영된 상품 시장에서 문제가 되는 경우가 많으며, 따라서 대체로 2선 차별적인 관점에서 경쟁제한 효과의 분석이 유효할 것이다. 2선 차별은 특히 특허권자가 자신의 특허 기술을 이용한 상품 시장에도 참여하고 있을 경우에 현실적인 문제로 대두한다. 이러한 경우 행위의 남용 판단의 초점은 불리한 실시 조건을 부여받은 2선 시장의 사업자가 경쟁에서 배제될 우려가 있는지에 모아질 것이다.

또한 특허권자가 자신의 기술 특허를 배타적인 조건을 부과하는 방식으로 실시하는 경우, 자신과의 거래 확대 내지 유지의 수단으로 리베이트 방식을 사용하는 경우 등도 경쟁 구조에 있는 특허 실시 시장 또는 기술 특허를 사용하는 상품 시장에서 실질적인 시장 봉쇄가 이루어지는지에 관한 분석을 통하여 남용성 판단이 가능하다.

특허권 남용과 관련하여 특허침해금지청구와 같은 소송이 배제적 남용으로 평가될 수 있다는 점에도 주의를 기울일 필요가 있다. 특허권 침해 주장과 이에 따른 소제기는 소송의 승패 여부를 떠나서 침해금지 청구를 당하는 상대방 사업자의 사업 활동을 위축시키거나 최종적으로 시장에서의 배제로 이어질 수 있으며, 특히 표준필수 특허의 경우 이로 인한 경쟁 제한의 우려가 커질 수 있다. 따라서 이러한 경우가 배제적 남용에 해당할 여지가 있음은 분명하다. 그러나 소를 통한 권리의 주장은 사법체계가 부여한 기본적 권리에 속하고, 소송의 결과가 소제기 시로 돌아가 부정적인 평가를 내릴 수 있는 근거가 될 수 없다는 점도 염두에 두어야 한다. 이러한 점에서 EU 경쟁법이나[63] 미국 반독점법에 관한 판례에서[64] 소제기자

---

63) ITT Promedia 사건에서 유럽법원은 계약에 따르지 않고 전화번호 명부를 사용하였다는 권리주장이 남용에 해당하는지와 관련하여, 1) 당해 행위가 권리를 확정하기 위한 시도로 볼 수 없고, 상대방을 단지 괴롭힐 목적에서 행해졌을 것, 2) 당해 행위가 경쟁의 제거를 목적으로 하는 계획 하에서 이루어졌을 것의 두 가지를 누적적 요건으로 제시하였다. Case T-111/96, ITT Promedia NV v. Commission, CFI [1998] ECR II-207, para. 30.

의 주관적 요건을 요구하고, 이에 기초하여 남용성을 도출하고 있는 것에 주목할 필요가 있으며, 이는 특허침해금지청구에서도 동일한 의미를 갖는다.[65]

물론 이때 주관적 요건으로서 경쟁자 배제의 목적이나 의도는 합리적인 추론이 가능한 객관화된 요건을 통한 입증이 불가피할 것이고,[66] 이러한 맥락에서 유럽에서 특허침해금지청구를 시장지배적 지위의 남용으로 다루었던 몇 가지 사례는 시사하는 바가 크다. 독일 연방대법원(BGH)은 Orange Book 판결에서 사실상 표준의 지위에 있는 원고(Philips)의 특허에 관련된 사건을 다루었다.[67] 동 사건에서 피고는 원고에게 특허 실시를 요구하였고, 원고가 이를 거절하자 실시 없이 특허 대상인 기술을 제품 생산에 사용하였으며, 이에 원고는 특허침해금지소송을 제기하였다. 이에 대하여 피고는 항변으로서 특허 실시를 거절한 원고의 행위가 시장지배적 지위의 남용에 해당한다는 주장을 전개하였다. 이와 관련하여 BGH는 시장지배적 지위남용에 근거한 피고의 항변은 가능하다는 것을 전제하고, 원고의 실시 거절을 남용으로 평가하기 위해서는 피고의 실시 청구가 원고가 제안한 실시 조건이 비차별적이고 반경쟁적이지 않은 한 수용하겠다는 의미에서의 무조건적인 청약이어야 하며, 기왕의 특허 사용에 대하여 장래 체결될 실시 계약에 따라서 의무를 이행하겠다는 내용을 포함한 경우에 인정된다는 취지의 판결을 내렸다. 동 판결은 앞에서 살펴본 거래거절로서의

---

64) Professional Real Estate Investors, Inc. v. Columbia Pictures Industry, Inc., 508 U.S. 49(1993)에서 미국 연방대법원은 기만적 소송(sham litigation)이 셔먼법에 반하는 요건으로, 1) 객관적 근거 없이 제소가 이루어지고, 2) 사법절차를 이용하여 경쟁자의 사업을 직접적으로 방해하기 위한 의도(intent)로서 행해질 것을 제시하였다.

65) Katarzyna Czapracka, Intellectual Property and the Limits of Antitrust, Edward Elgar Publishing Ltd., 2009, 34면 이하 참조.

66) 대법원은 경쟁제한의 의도나 목적을 경쟁제한 효과 등의 입증을 통하여 사실상 추정될 수 있다고 보고 있다. 대법원 2007. 11. 22. 선고 2002두8626 판결.

67) BGH Urt. v. 6. 5. 2009.

특허 실시 거절의 남용 판단에 관하여 의미 있는 기준을 제공한 것이지만,[68] 다른 한편으로 특허침해금지청구가 남용에 해당하는 것을 판단하기 위하여 피고의 일정한 행위로부터 객관적인 요건을 도출하고 있는 것은 시사하는 바가 크다. 이러한 입장은 Motorola의 표준특허인 Cudak GPRS 남용 사건에서도 확인할 수 있다. 유럽위원회(European Commission)는 동 사건에 관한 결정에서 Apple이 FRAND 조건에 따라서 결정된 실시료율을 따르겠다는 잠재적 실시권자(willing licensee)의 의사를 명백히 밝혔음에도 불구하고, Motorola가 특허침해소송을 제기하여 부쟁의무 조항이나 손해배상책임 인정 조항 등이 포함된 실시 조건을 요구한 것은 TFEU 제102조에 반한다고 판단하였다.[69] 동 결정은 앞에서 살펴본 BGH의 Orange Book 판결에 비하여 특허침해금지청구의 남용성 판단의 요건으로서 특허침해자의 행위 요건을 완화하였고, 이로써 남용 판단의 가능성을 확대하였다는 점에서 의의가 있다. 그렇지만 특허 침해자의 행위, 즉 객관적인 표지를 통하여 특허권자의 남용 가능성을 판단한다는 점에서는 동일한 맥락에 있다. Orange Book 판결에서 나타난 남용 가능성을 확대한 것으로 평가받는 판결로서, 유럽법원(ECJ)이 Huawei v. ZTE 사건에서[70] FRAND 확약을 제공한 표준필수 특허권자의 특허침해금지청구가 TFEU 제102조에 해당하지 않을 수 있는 조건을 제시한 것은 시사하는 바가 크다. 동 판결에서 유럽법원이 제시한 조건은, 1) 표준필수특허권자는 침해금지청구 이전에 침해가 문제가 되고 있는 자(침해주장자)에게 당해 특허와 침해 방식을 명시하여 통지하여야 하고, 2) 통지를 받은 침해주장자가 FRAND 조건에 따른 실시계약의 체결 의지를 표명한 경우에, 표준필

---

68) Jörg Witting, "German Federal Supreme Court decides in landmark case on competition law defence", Bird & Bird, 2009 및 Jonesday.com, "Standards-Essential Patents and Injunctive Relief", 2013, 9-11면 참조.

69) Case AT.39985 - Motorola, Commission Decision of 29. 4. 2014.

70) Case C-170/13 Huawei Technology Co. Ltd v. ZTE Corp.

수특허권자는 침해주장자에게 실시료와 실시료 계산 방식을 포함한 FRAND 조건을 명시한 구체적인 청약을 서면으로 제시하여야 하고, 3) 침해주장자는 통상적인 관행에 따라서 신의성실하게 표준필수특허권자의 청약에 대응하여야 하고, 4) 동 청약을 침해주장자가 승낙하지 않는 경우 지체 없이 서면으로 FRAND 조건에 부합하는 반대청약을 하여야 하고, 5) 침해주장자가 계속해서 문제가 되는 표준필수특허를 사용하고 있는 경우 표준필수특허권자가 반대청약을 거절한 때로부터 통상적인 관행에 따라서 표준필수특허 사용에 대한 적절한 담보를 제공하여야 하며, 반대청약 이후 합의에 이르지 않은 경우 당사자들은 합의에 의하여 독립적인 제3자에게 실시료 결정을 요청할 수 있다는 것 등이었다.71) 이러한 조건이 충족될 경우에 남용 규제의 대상에서 벗어나 표준필수 특허권자의 특허침해금지청구가 유효하게 이루어질 수 있다는 점에서 동 판결의 기본적인 의의를 찾을 수 있지만, 다른 한편으로 이러한 조건은 충족 여부에 따라서 남용 판단이 가능한 기준으로서의 의미를 가질 수 있다는 점에서도 주목할

---

71) 동 판결은 사실상(de facto) 표준에 관한 사건이었던 Orange Book 판결에 비하여 표준필수특허 보유자의 금지청구가 남용에 해당할 가능성을 확대하고 있다는 점에서 의의가 있다는 분석으로, 윤신승, "유럽사법재판소의 Huawei v. ZTE 사건 판결", 경쟁저널 제182호, 2015, 36면 이하 참조. 한편 미국 eBay Inc. v. MercExchange, LLC, 547 U.S. 388 (2006) 사건에서 영구적 특허침해금지청구가 형평 원칙에 부합하기 위하여 연방대법원이 제시한 요건은, 1) 침해행위가 회복할 수 없는 손해를 낳을 것, 2) 금전적 손해배상과 같은 법률상 구제 수단이 손해를 전보하는데 부적절할 것, 3) 원고와 피고 사이에 침해의 균형(balance of hardships)을 고려하여, 형평적인 구제가 적절할 것, 4) 공공의 이익이 영구적 금지에 의하여 침해받지 않을 것이었다. 최근 IEEE(Institute of Electrical and Electronic Engineers)는 실시자가 합리적인 실시료와 다른 합리적 조건을 결정한 권한을 갖고 있는 하나 이상의 법원에 의한 판결 절차에 참여하지 않거나 결과에 따르지 않는 경우를 제외하고, IEEE의 RAND 확약에 동의한 사업자는 금지청구를 하거나 이를 집행할 수 없다는 입장을 취하였는데, 이에 대하여 DOJ는 이러한 입장이 금지청구에 의한 구제 가능성을 제한하는 것이지만, 금지청구의 이용가능성에 관한 보다 큰 명확성을 제공함으로써 친경쟁적인 목적에 부합하는 것으로 보았다. FTC, Response to IEEE, 2015. 2. 2.

만하다.

이와 같은 판단 기준은 독점규제법 위반 사건에서도 유사하게 전개되고 있는데, 공정거래위원회는 삼성전자가 Apple에 대하여 특허침해금지소송을 제기한 것이 시장지배적 지위남용에 해당하지 않는다고 보았으며, 이때 Apple이 성실하게 특허 실시 협상 과정에 임하였다고 볼 수 없는 반면, 표준필수 특허권자인 삼성전자는 성실하게 협상에 임한 것으로 볼 수 있다는 점을 주된 근거의 하나로 제시하였다.[72)]

VI. 결론

특허권은 발명을 한 자에 부여되는 배타적인 권리를 내용으로 한다. 그 행사는 당연히 법적인 보호 대상이 되지만, 남용에 해당할 경우에 권리로서의 보호가 더 이상 주어지지 않게 된다. 이러한 의미에서 특허권 남용은 특허권을 인정하는 제도의 본질적 의의에 반하는 행위를 의미하며, 원칙적으로 남용 판단의 기준도 이러한 관점에서 구성될 것이다. 미국에서 형성된 특허법 영역에서의 판례는 특허권 남용을 경쟁정책과 밀접히 관련되는 것으로 이해하여 왔다. 이러한 관점은 우리 법체계에서 특허권 남용을 이해하는데 있어서도 유력한 의미가 있다.

특허권 남용 행위에 대한 경쟁법상 규제 가능성과 관련하여, 독점규제법 제59조가 정당한 권리의 행사에 해당하지 않을 경우에만 동법이 적용되는 것으로 규정하고 있는 것이 제도적인 전제가 되고 있다. 정당성 판단에 관하여 대법원은 특허법적 관점과 경쟁법적 관점의 종합을 제시하고 있으며, 이러한 기준에 의하여 정당성이 인정되지 않는다면, 당해 행위에 대한 독점규제법상 규제가 이루어질 수 있다.

---

72) 공정위, 보도참고자료, 2014. 2. 25.

특허권 남용은 독점규제법의 모든 위반 유형과 관련되지만, 특허권자의 권리 행사에 대한 규제 가능성은 단독행위 규제에 가장 많이 관련될 것이고, 특히 특허권 남용의 본질에 비추어 시장지배적 지위남용행위로서의 규제 가능성이 우선적인 고려 대상이 될 것이다.

시장지배적 지위남용 규제는 착취적 남용과 배제적 남용으로 나뉘며, 특허권 남용은 각각의 경우에 모두 문제될 수 있다. 문제가 되고 있는 특허 기술이 표준화 되고, 그 과정에서 특허권자의 FRAND 확약이 주어진 경우에는 특별한 주의가 요구된다. 기술 표준화는 대체 기술의 경쟁을 인위적으로 배제하는 것으로서, 표준화 과정에서 제시되는 FRAND 확약은 기술 표준이 가져올 수 있는 독점의 폐해를 최소화하기 위한 장치로서의 의미를 갖는다. 따라서 FRAND 확약에 반하는 일련의 행위는 남용성 평가의 대상이 될 수 있으며, 이는 과도한 실시료가 문제가 되는 착취적 남용과 경쟁 사업자의 배제에 주된 관심이 모아지는 배제적 남용 모두에 있어서 중요한 의미를 갖는다.

10. 소수지분 취득의 선례로서 BAT and Reynolds 사건의 분석

I. 서론

BAT and Reynolds v. Commission 사건은[1] 원고들과 경쟁관계에 있는 사업자들이 상호 지분을 취득하는 계약을 체결하고, 위원회(EC Commission)가 이를 승인하자, 원고들이 유럽법원(ECJ)에 위원회 결정의 취소를 구하는 소를 제기하였던 사건이다. 문제가 된 사업자의 지분 취득은 의결권 25%를 넘지 않는 소수지분에 해당하는 것이었다. 원고들은 당해 지분 취득의 경쟁제한성을 주장하였고, 위원회 그리고 최종적으로 유럽법원은 원고들의 주장을 받아들이지 않았다. 그러나 그 과정에서 소수지분 취득이 경쟁정책적으로 어떠한 문제를 낳을 수 있는지에 관한 상세한 논의가 전개되었으며, 이러한 유형의 행위로부터 야기되는 경쟁정책적 문제를 검토함에 있어서 유력한 선례가 되었다.

동 사건은 기업결합 규제로 다루어진 사건은 아니다. Horspool & Humphreys가 지적한 것처럼,[2] 사건이 문제가 된 시기에 EU 차원에서 기

---

1) Joined Cases 142 & 156/84, BAT & R. J. Reynolds v. Commission, (1987) ECR 4487.
2) Margot Horspool & Matthew Humphreys, European Union Law, Oxford Univ.

업결합 규제의 법적 근거가 마련되지 않은 상황이었기 때문에, 당시 EU 경쟁법에 근거하여 부당 공동행위와 시장지배적 지위남용에 의한 규제 가능성이 집중적으로 논의되었다. 그러나 역설적으로 이와 같은 규제 상황은 오히려 소수지분 취득의 경쟁제한성에 관한 심도 있는 논의가 이루어진 배경이 된 것으로 보인다. 소수지분 취득을 지배권 취득의 관점에서 보지 않고, 즉 기업결합 규제의 프리즘을 벗어나 그 자체의 경쟁제한성을 평가할 수 있는 계기를 제공하고 있다는 점에서 동 판결의 의의를 찾을 수 있을 것이다. 또한 동 판결은 절차법적으로도 의미가 있다. 동 사건에서 원고는 소수지분 취득의 당사자가 아니라 경쟁관계에 있는 사업자이었고, 이들이 행정절차 및 사법절차에서 어떠한 지위를 갖는지도 쟁점이 되었으며, 이에 관한 유럽법원의 판단은 많은 시사점을 제공하고 있다.

이하에서는 우선 동 사건의 경과를 밝히고(Ⅱ), 이어서 유럽법원의 판결 내용을 상세히 살펴본 후에(Ⅲ), 판결의 의의와 시사점을 검토할 것이다(Ⅳ).

Ⅱ. 사건의 경과

1981년 Philip Morris Inc.(이하 PM)은 Rembrandt Group Limited(이하 Rembrandt)로부터 Rothmans Tobacco Holdings Ltd.(이하 Rothmans Holdings) 주식의 50%를 350만 불에 매수하는 계약(1981년 계약)을 체결하였다. Rothmans Holdings는 Rembrandt에 의하여 완전 소유된 지주회사이었는데, 공동체 시장 중 특히 베네룩스 3국에서 중요한 담배 제조업자인 Rothmans International plc.(이하 Rothmans International)을 지배하기에 충분한 지분을 보유하고 있었다. 이 계약으로 인하여 PM은 경쟁 사업자인 Rothmans International 수익의 21.9%를 간접적으로 취득하게 되

Press, 2008, 500면.

었다.

한편 1981년 계약은 Rothmans International의 직·간접적인 지분을 보유하고 있는 두 사업자 사이의 균형을 유지하기 위한 조항을 두고 있었다. 우선 PM과 Rembrandt 중 어느 하나가 Rothmans Holdings 주식을 처분하는 경우에 다른 일방에게 우선매수청구권(right of first refusal)을 부여하고 있었고, 나아가 경영과 관련하여 두 사업자에게 Rothmans Holdings 이사회 구성원의 동등한 지명권을 부여하였다. 또한 1981년 계약은 Rembrandt가 Rothmans International의 영업 활동과 관련하여 그때까지 행사하여 왔던 권한을 계속 유지할 수 있도록 하고, 경쟁적 성격의 정보는 PM이 이용할 수 없게 하는 규정을 두었다. 그러나 동 계약은 합작 유통과 제조, 기술적 노하우 그리고 연구 개발 등의 분야에서 PM과 Rothmans International의 협력에 관한 규정을 포함하고 있었다.

1981년 계약에 대하여 British American Tobacco Company Ltd.(이하 BAT)와 R. J. Reynolds Industries, Inc.(이하 Reynolds)가 이의를 제기한 후에, 위원회는 동 계약이 EEC조약 제85조와 제86조[3] 모두를 침해하는 효과를 낳을 수 있다는 점에서 PM과 Rembrandt에게 계약에 반대하는 의견을 표명했다. 위원회와의 협의를 거친 후에 PM과 Rembrandt는 1981년 계약을 위원회의 부정적 판단의 근거가 되었던 부분을 배제한 새로운 계약(1984년 계약)으로 대체하였다.

1984년 계약에서 PM은 Rothmans Holdings에 대한 지분을 포기하고, 대신 Rothmans International에 대한 지분을 직접 취득하기로 하였다. 새롭게 획득한 지분은 30.8%이고, 의결권의 24.9%이었다. 한편 동 계약 이후에도 Rembrandt는 지분의 30.8%, 그리고 의결권의 43.6%를 보유하였다. 1981년 계약처럼 새로운 계약도 각 당사자에게 우선매수청구권을 부여하였다. 제3자에게 지분을 처분할 경우에 지분 전부를 처분하여야 하며,

---

3) 현 EU기능조약 제101조와 제102조를 의미하며, 이하에서는 EU기능조약의 조항으로 표기한다.

이때의 처분은 단일 매수자 또는 10인 이상의 매수자들을 대상으로 한다. 또한 Rembrandt가 단일 매수자에게 지분을 처분한다면, 그 매수자는 PM 의 지분에 대해서도 동일한 제안을 하여야 한다. 최종적으로 1984년 계약 은 각 당사자 중 어느 하나가 지분을 처분할 경우에도, 각 당사자의 Rothmans International 의결권이 동등하게 유지될 수 있도록 하는 규정을 두었다.

1984년 계약은 위원회에서 당사자들과 관계있는 다른 사업자들도 참여한 상태에서 논의되었다. 특히 이들 사업자들은 PM이 Rothmans International 의 경영을 대표하지 않으며, 공동체 안에서 두 그룹이 경쟁관계에 있는 상황에서 PM 그룹의 행위에 영향을 미칠 수 있는 Rothmans International 그룹에 관한 정보를 PM이 이용할 수 없도록 하는 것을 보장하고자 하였다. 나아가 PM은 계약을 수정하는 경우, PM의 Rothmans International 지분이 증가하는 경우 및 의결권이 25% 이상이 되는 경우에 위원회에 통보하라는 요구를 받아들였다. 후자의 두 경우에 위원회는 3개월 동안 현상유지를 하도록 하고, 그 기간 동안 위원회는 적절한 조치를 결정할 수 있도록 하였다.

1984. 3. 22. 위원회는 1984년 계약이 공동체법에 반하지 않는다는 의견서를 PM과 Rembrandt에게 송부하였다. 이에 대하여 BAT는 1984. 6. 4. 그리고 Reynolds는 1984. 6. 20. PM과 Rembrandt 사이에 체결된 계약이 EU기능조약 제101조와 제102조에 반하지 않는다고 한 위원회 결정의 취소를 구하는 소를 유럽법원에 제기하였다. 이들은 또한 위원회가 유럽법원의 판결에 따라서 자신의 결정을 변경하도록 유럽법원이 명령을 내릴 것을 청구하였다. 유럽법원은 1984. 10. 26. 결정으로 두 사건을 병합하였으며, 1984. 11. 28. 결정으로 피고(위원회) 측에서 PM과 Rembrandt의 보조참가를 허용하였다.

III. 유럽법원의 판결

1. 절차법적 측면

당해 사건의 소송에서, 먼저 본안 판결 이전에 청구 적격의 문제가 다투어졌다. 보조참가인으로서 Rembrandt는 1984. 3. 22. 위원회의 의견서가 EEC조약 제173조 2문에서[4] 규정한 처분에 해당하지 않으며, 동 조항에 따라서 원고들이 직접적이고 개별적으로 의견서에 관련되지 않는다는 것을 이유로 당해 청구가 허용될 수 없다고 주장하였다.[5] 또한 피고인 위원회는 유럽법원이 특정한 조치를 내리도록 위원회에 명할 수 있다는 원고들의 주장은 허용될 수 없는 것으로 각하되어야 한다고 주장하였다.

이에 대하여 유럽법원은 위원회의 1984. 3. 22. 의견서가 결정의 형식으로 작성되고, 송부되었다는 것에 주목하였다. 더욱이 동 의견서는 조사를 종료한 후에 행해진 당해 합의(계약)의 분석을 포함하고 있었으며, 청구인들이 새로운 증거를 제시하지 않는 한 조사의 재개 요청을 금지하였다는 점에서 결정과 같은 내용과 효과를 갖고 있다고 보았다. 따라서 청구 적격을 부인하는 주장은 받아들일 수 없다고 판단하였다. 그러나 원고들이 유럽법원에 다툼이 된 결정을 대체하는 구체적인 조치를 위원회에 명령할 것을 청구한 것에 대해서, 유럽법원은 EEC조약 제173조에 따른 절차

---

4) EEC조약 제173조 2문은 내용상의 변경 없이 현 EU기능조약 제263조 4문에 위치하고 있다. 동 규정은 다음과 같다. "Any natural or legal person may, under the conditions laid down in the first and second paragraphs, institute proceedings against an act addressed to that person or which is of direct and individual concern to them, and against a regulatory act which is of direct concern to them and does not entail implementing measures."

5) 동 조항은 원고적격에 있어서 직접성과 개별성 요건을 제시한 것으로 이해된다. 두 요건에 관하여, Edward J. Tabaczyk, "Establishing Locus Standi under Article 173(2) of the EEC Treaty", Northwestern Journal of International Law & Business vol. 7, 1985, 182-183면 참조.

에서 동 법원은 어떠한 결정의 적법성을 재고하는 권한을 가질 뿐이기 때문에, 이러한 청구는 허용될 수 없다고 보았다.[6]

절차적 측면에서의 위법성과 관련하여, 원고들은 구 집행규칙(17/62) 제3조 제2항에 근거하여 문제가 된 계약에 이의를 제기한 자의 지위에서[7] 위원회 조사 과정에 충분히 참여하지 못하였다고 주장하였다. 법원에 제출된 자료에 의하면, PM과 Rembrandt의 영업상 비밀이 포함된 것으로 여겨진 것을 제외하고, 위원회는 원고들에게 1981년 계약이 EU기능조약 제101조와 제102조에 반한다고 한 1982. 5. 19. 의견서의 사본을 보냈다. 또한 원고들에게 이에 대한 PM과 Rembrandt의 답변서에 코멘트를 할 수 있는 기회가 주어졌으며, 1982. 10. 5.-7. 기간에 열린 심리에 참여하였다. 이어서 원고들은 심리과정의 사본을 받았으며, 심리 이후 서면으로 PM이 제출한 추가 의견에 대하여 코멘트를 할 기회를 가졌다.

1983년 5월에 위원회는 원고들에게 PM과 Rembrandt가 1981년 계약의 많은 부분을 변경하였다는 것을 통지하였고, 이에 관한 의견 교환이 있었으며, 원고들과 위원회 간의 회합이 뒤따랐다. PM과 Rembrandt가 최종적으로 1981년 계약을 1984년 계약으로 대체한 후에, 원고들은 1983. 12. 16. 위원회로부터 더 이상의 조사를 계속할 충분한 이유가 없으며, 원고들이 추가적인 의견을 제출할 수 있다는 것을 서면으로 통지받았다. 이 통지로부터 원고들은 새로운 계약과 PM과 Rembrandt가 실행할 내용에 관한 정보를 얻을 수 있었다.

위원회가 결정을 내린 것은, 원고들로부터 새로운 계약과 실행에 대한 의견을 받은 이후이었다. 원고들은 원 계약의 수정에 관한 협상 시까지 그들이 위원회의 조사에 밀접히 관련되었다는 것을 인정하지만, 위원회가

---

6) Joined Cases 142 & 156/84, para. 12-13.
7) 구 집행규칙 제3조 제2항은 다음과 규정하고 있다. "Those entitled to make application are: (a) Member States; (b) natural or legal persons who claim a legitimate interest."

영업상 비밀 개념을 지나치게 넓게 해석함으로써 특정 자료에 접근할 수 없었다고 주장하였다. 또한 원고들은 위원회와 PM 및 Rembrandt 간의 협의 과정에 참여하는 것이 허락되었거나 또는 적어도 회의록이 제공되고 절차의 경과가 지속적으로 통보되었어야 한다고 주장하였다. 이러한 점에서 원고들은 유럽판례법에서 정의된 공정한 절차에 관한 권리가 침해되었으며, 위원회는 적법절차에 위반하였다고 주장하였다.

이에 대하여 유럽법원은 우선 조사의 목적이 된 사업자와 위반행위 중단에 대하여 적법한 이해를 갖고 이의를 제기한(신고한) 사업자가 동일한 절차적 상황에 있는 것은 아니라는 점을 강조하였다. 물론 유럽법원은 1985. 3. 28. 판결에서[8] 밝힌 것처럼, 신고인에게 행정 절차의 과정에서 자신의 적법한 이익을 방어할 기회가 주어져야 하며, 위원회는 신고인이 제시한 모든 사실 또는 법적 문제를 고려하여야 한다는 점을 확인하였다. 그러나 신고인의 절차적 권리가 위원회 조사의 목적이 된 사업자들에게 공정한 절차가 보장되어야 하는 권리 수준에 이르는 것은 아니며, 어쨌든 신고인의 권리가 공정한 절차에 의하여 조사를 받아야 하는 사업자들의 권리를 방해하기 시작하는 정도에 이를 경우에 한계를 넘어서는 것이라고 판단하였다. 이와 관련하여 유럽법원은 1986. 6. 24. 판결을[9] 언급하였는데, 동 판결에서 EEC조약 제214조와 규칙 17/62[10] 제20조 제2항에 규정된 전문가의 비밀유지 의무(obligation of professional secrecy)는 신고인과 관련하여 완화되며, 적절한 조사를 수행하기에 필요한 한도에서 비밀유지 의무의 대상이 되는 일정한 정보를 신고인에게 전달할 수 있다고 보았다. 그러나 동 판결은 또한 신고인이 사업상 비밀이 포함된 자료가 제공

---

8) Case 298/83, Cicce v. Commission (1985).
9) Case 53/85, Akzo Chemie BV & Akzo Chemie UK Ltd. v. Commission (1986). 특히 동 판결의 para. 27 참조. 동 판결의 의의에 관하여 Ariel Ezrachi, EU Competition Law, Hart Publishing, 2010, 424-425면 참조.
10) Regulation 17/62는 Regulation 1/2003으로 대체되었다.

되어야 할 위치에 있지 않다는 점을 강조하였으며, 조사 중에 있는 사업자가 그러한 공개를 방지하기 위하여 행할 수 있는 방식을 제시하였다. 유럽법원은 동 판결을 원용하면서, 당해 절차에서 신고인들은 사업상 비밀의 노출 없이 이용될 수 있었던 자료가 그들에게 제공되지 않았다는 것을 주장할 수 없다고 보았으며, 이에 근거하여 원고들의 항변을 받아들이지 않았다.11)

또한 1981년 계약의 수정을 위한 PM 및 Rembrandt와 위원회 간의 협의와 관련하여, 유럽법원은 무엇보다 행정절차는 합의 또는 행위에 관련된 회사에게 EU기능조약상 규범에 부합할 수 있는 기회를 제공하여야 한다는 점을 상기할 필요가 있음을 지적하고, 이러한 가능성이 실질적인 것이 될 수 있도록 위원회가 부정적으로 평가한 원인을 제거할 대안 제시를 위하여 사업자와 위원회 간 비공개 협의를 진행할 수 있는 권한이 부여되어야 한다고 보았다. 그리고 신고인이 협상과정에 참여하거나 수시로 제출된 안에 대한 의견을 제출하기 위하여 절차의 진행상황에 대한 통지를 지속적으로 받게 될 경우에 이러한 권리는 위험에 처해질 수 있으며, 신고인의 적법한 이익은 위원회가 절차의 종료를 제안한 시점에 협상의 결과가 신고인에게 통지된다면 충분히 보호된다고 보았다. 당해 사건에서 원고들은 신고인으로서의 지위에서 위원회의 의견서와 함께 모든 관련 정보를 받았으며, 따라서 이 부분에 관한 항변도 받아들일 수 없다고 판시하였다. 한편 원고들은 PM과 위원회 간의 협상 과정에서 특히 위원회의 전 구성원 중의 하나에 의하여 압력이 행사되었다고 주장하였는데, 이에 관하여 유럽법원은 이를 뒷받침할 만한 증거를 원고들이 제출하지 못하였다고 지적하는 것으로 충분하다고 판시하였다.

또한 원고들은 위원회가 송부한 의견서에 포함되지 않았고, 따라서 원고들이 사전에 이에 대하여 진술할 기회가 주어지지 않은 새로운 사유가

---

11) Case 142 & 156/84, para. 21-22.

추가되었다는 항변을 제기하였다. 유럽법원은 이 역시 기각되어야 한다는
입장을 취하였는데, 원고들이 신고인의 지위에서 제출한 의견은 위원회가
보다 숙고하는 계기가 된 것은 분명해 보이며, 따라서 위원회가 최종 결정
을 내리기 전에 신고인들에게 추가적인 의견 제출의 기회를 주어야 할 의
무를 위반한 것은 아니라고 판단하였다. 이러한 모든 판단에 비추어 행정
절차에 관한 항변은 전체적으로 근거 없는 것으로 기각되어야 한다고 판
결하였다.[12]

끝으로 원고들은 위원회가 결론에 이르게 된 과정을 정확하게 밝히지
않았기 때문에 그 결정이 무효라고 주장하였다. 원고들은 위원회의 당해
결정이 위원회의 이전 결정보다 더 자세하게 이루어져야 하고, 위원회가
전체적이고 완전한 형태로 이유를 설명하여야 하는 의무를 부담한다고 주
장하였다. 원고들은 위원회가 반대 의견을 표명했던 1981년 계약에 관한
입장을 문제가 된 결정에서 변경하였기 때문에, 1981년 계약에서 변경된
1984년 계약의 부분들에 관하여 그것이 허용되는 이유에 관한 전체적이고
완전한 설명을 제공할 특별한 책임을 부담한다는 주장을 덧붙였다. 이에
관하여 유럽법원은 위원회가 결정에서 이유의 설시를 제공할 의무의 범위
는 문제가 된 조치의 성격과 그것이 채택된 상황에 따른다는 기존 원칙을
확인하고 있다. 이러한 원칙에 기초하여 볼 때, 신청을 기각하는 조치의
경우 경쟁 규범에 반하지 않는다고 보는 이유를 밝히는 것으로 충분하다
고 보았다. 특히 위원회는 이전 반대 의견과 관련해서 그 차이를 설명할
책임을 부담하지 않는데, 왜냐하면 이전에 이루어진 반대 의견은 성격상
잠정적인 것이고 관련 회사들과 관련하여 행정적 절차의 범위를 정하는
것을 의도한 준비 서면에 불과하기 때문이라고 보았다.

또한 유럽법원은 1975. 11. 26. 판결에서[13] 일련의 결정에서 어떤 결정
이 이전 것보다 확연히 더 나아간 경우에 위원회는 그 이유에 대한 설명

---

12) Case 142 & 156/84, para. 15-27.
13) Case 73/74 Papier Peints v. Commission (1975).

을 제시하여야 한다고 판시하였지만, 당해 사건에서 다투어진 결정들은
이러한 유형들과는 차이가 있다는 점도 지적하였다. 이와 함께 원고들이
제기한 이의에 대하여 위원회가 충분한 답을 하지 않았다는 주장과 관련
하여, 유럽법원은 EEC조약 제190조 하에서[14] 위원회에게 결정을 정당화
할 상황과 이를 채택한 법적 근거를 설시할 것이 요구된다 할지라도, 이
조항이 행정 절차에서 다루어졌던 모든 사실과 법적 문제를 위원회가 논
의하여야 한다는 것을 의미하지 않는다고 판시한 1984. 1. 17. 판결을[15]
원용하였다. 따라서 유럽법원은 이 사건에서 위원회가 1984년 계약이 경
쟁규범을 침해하지 않는다고 판단한 근거와 이에 관한 법적 고려를 언급
한 것으로 충분하다고 보았다. 이러한 관점에서 문제가 된 위원회 결정의
이유 설시가 불충분한 것으로 볼 수는 없다고 하였으며, 이에 따른 항변을
받아들이지 않았다.[16]

2. 실체법적 측면

유럽법원은 위원회의 결정이 1981년 계약이 아닌 1984년 계약을 대상
으로 한 것이며, 1981년 계약은 단지 양 당사자들의 원래의 의도를 밝히
는 한도에서만 관련된다는 것을 전제하고, 이 사건에서 주된 쟁점은 경쟁
회사의 소수 지분 취득이 EU기능조약 제101조와 제102조의 침해에 해당
하는지에 관한 것이라고 밝히고 있다. 또한 Rothmans International의 주
식 취득은 계약이 효력을 발한 후에 독립적으로 남아 있는 사업자들 간에

---

14) 동 규정의 내용은 "Regulations, directives and decisions adopted jointly by the
European Parliament and the Council, and such acts adopted by the Council
or the Commission, shall state the reasons on which they are based and shall
refer to any proposals or opinions which were required to be obtained
pursuant to this Treaty." 유사한 내용은 현 EU기능조약 제296조에 규정되어 있다.
15) Joined Cases 43 & 63/82 VBVB & VBBB v. Commission (1984).
16) Joined Cases 142 & 156/84, para. 66-73.

합의의 문제이기 때문에, 무엇보다 이 문제는 제101조의 관점에서 검토되어야 한다고 판시하였다.

우선 원고들은 소수 지분이라 하더라도, 경쟁하는 회사의 상당한 지분을 취득하면, 경쟁에 제한적 효과를 미칠 것으로 추정되어야 한다고 주장하였다. 이와 같은 주식 취득은, 특히 한 사업자의 시장점유율 증가가 경쟁자들의 대응을 낳을 수밖에 없는 담배시장과 같이 지속적이고 높은 복점 시장에서 관련 회사의 상업적 행동에 불가피하게 영향을 미칠 수밖에 없으며, 담배시장에서 가장 큰 두 사업자 사이의 지분적 관계의 성립은 경쟁 균형을 파괴할 것이라고 주장하였다. 원고들은 문제가 된 거래는 경쟁 제한적 효과를 가질 뿐만 아니라 그것을 의도한 것이며, 이는 문제가 된 계약과 당사자들 사이의 협력에 관하여 규정한 1981년 계약 내용으로부터 명백하다고 주장하였다. PM은 변경된 계약에서도 원 계약과 동일한 가격을 지불하였다는 점에서, Rothmans International 지분을 직접적으로 취득할 수 있도록 한 1981년 계약에서 가능하였던 사업상 협력의 의도를 PM이 포기하였다는 어떠한 징표도 없으며, 더욱이 PM과 Rembrandt가 인도네시아, 말레이시아 그리고 필리핀에서 협력적 관계에 관한 합의를 하였다는 사실에 비추어 양자가 공동체 시장에서 협력하고자 하는 의도는 확실하다고 주장하였다.

또한 원고들은 문제가 된 계약의 반경쟁적 효과와 의도가 Rothmans International 주식을 처분하고자 하는 경우에 각 당사자에게 우선매수청구권을 부여하는 조항에 의하여 재차 강화되었다는 의견을 개진하였다. 이러한 조항들은 Rothmans International의 지배권을 획득할 가능성을 PM에게 부여할 할 의도가 반영된 것이고, 동등한 지분의 취득이 단지 수동적인 투자가 아니라는 것을 보여주는 것으로 이해하였다. 이러한 조항에 의하여 부여된 권리의 행사가 EU기능조약 제101조에 반할 수 있다는 사실은 그 자체로 그 계약의 목적이 경쟁을 제한하는 것이라는 점을 뒷받침하기에 충분한 것이라고 주장하였다. 또한 원고들은 위원회에 의하여 요구된 행위가 계약으로부터 반경쟁적 성격을 제거하는데 결코 충분한 것이 아니라고 주장하였다. 무엇보다 Rothmans International의 경영권에 관한 규정은 PM이 Rothmans International의 실질적인 주주로서의 지위에서 비공식적 영향력을 행사는 것을 방지하지 못할 것이고, 나아가 PM이 자신의 우선매수청구권을 행사한다면 PM과 Rothmans International 사이에 이해가 분리되지 않음으로써 제101조의 위반에 관련될 수 있으며, Rembrandt의 주식이 PM에게 또는 PM으로부터 독립적인 최소 10인 이상에게 팔릴 경우에 PM은 Rothmans International에 대한 효과적인 지배권을 얻게 될 것이라고 주장하였다.

이에 대하여 유럽법원은 한 사업자가 경쟁자의 동등한 지분을 취득하는 것이 그 자체로 경쟁을 제한하는 행위에 해당하지 않는다 하더라도, 이러한 취득행위는 그들이 활동하고 있는 시장에서의 경쟁을 제한하거나 왜곡하기 위하여 문제가 된 사업자의 사업상 행위에 영향을 미치는 수단이 될 수 있다는 점을 인정하였다. 특히 계약에 의하여 상대 회사의 주식 또는 상대 회사의 자회사 주식의 취득에 의하여 사업자가 법적 또는 사실상 다른 사업자의 사업상 행위에 대한 지배권을 취득하는 경우에 또는 계약이 사업자 간 사업상 협력을 제공하거나 그러한 협력이 활용되기 용이한 구조를 창출하는 경우에 그것은 현실화될 수 있다고 보았다. 또한 계약이 지분을 취득한 사업자에게 이후 국면에서 자신의 지위를 강화하거나 다른 사업자에 대한 효과적인 지배권을 갖게 할 가능성을 부여할 경우에도 마찬가지일 수 있으며, 계약의 단기적 효과뿐만 아니라 그것의 잠재적 효과 그리고 계약이 장기적 계획의 일부분일 수 있는 가능성도 고려되어야 한다고 보았다. 또한 모든 계약(합의)은 경제적 맥락에서 특히 관련 시장 상황의 관점에서 평가되어야 하며, 더욱이 관련 사업자가 세계적으로 사업을 영위하는 다국적 사업자일 경우에 공동체 외부에서 맺고 있는 그들의 관계도 간과될 수 없고, 특히 문제가 된 계약이 당사자들 간에 글로벌 차원에서의 협력 정책의 한 부분일 수 있다는 점을 고려하는 것이 필수적이라고 보았다. 이러한 관점에서 유럽법원은 위원회 결정의 타당성을 검토하였다. 우선 위원회는 담배시장의 상황과 관련하여, 1981년 계약에 반대하는 의견서에서 조사 대상 기간인 1976년부터 1980년까지 당해 시장이 침체되어 있음을 확인하였다. 또한 위원회 조사에 의하면, 국가 독점인 프랑스와 이태리 시장을 제외하고, 공동체 시장은 원고들과 보조참가인들을 포함한 6개 그룹에 의하여 지배되고 있었다. 위원회는 침체되어 있고, 과점적 구조에 있으며, 그리고 가격 또는 연구에 있어서 실질적 경쟁이 없는 시장에서 광고와 기업결합은 시장점유율 증대의 주된 수단이라는 점을 고려하였다. 더욱이 당해 시장은 상당한 자원과 기술을 보유하고 있는 대규모사업자에 의하여 지배되고 있고, 광고가 매우 중요하기 때문에, 진입장벽이 매우 높다는 점도 인정하였다. 이러한 시장에서 시장점유율의 확대를 의도하는 사업자는 경쟁자를 지배할 수 있는 기회가 나타났을 때 강하게 유인될 것이고, 이러한 상황에서 둘 이상의 지배적 사업자들 간에 기업결합이나 사업적 협력을 촉진할 수 있는 계약은 경쟁제한을 낳을 수 있을 것이다. 유럽법원은 위원회가 이러한 시장 상황에 대하여 특별한 주의를 기울여야 하고, 특히 일견 단지 수동적 투자를 제공하는 것으로 보이는 계약이 실제로 그 사업자의 인수를, 혹은 이후 국면에서 시장 분할의 관점에서 사업자 사이에 협력을 의도한 것이 아닌지 여부를 고려하여야 한다고 보았다. 그렇지만 유럽법원은 위원회가 제101조에 위반하였다고 보기 위해서는 그 합의가 관련 시장에서 사업자의 경쟁적 행태에 영향을 미칠 목적이나 효과를 갖고 있음을 보여줄 수 있어야 한다고 판시하였다.[17]

PM과 Rembrandt가 위원회에 제출한 1984년 계약은 PM이 Rothmans International 이사회와 다른 경영조직에 대표를 두지 않으며, 의결권의 25% 이하로 지분을 보유하는 제한을 가하고 있다. 반면 Rembrandt는 의결권의 43.6%를 보유하고 있고, 의결권의 나머지는 넓게 분산되어 있기 때문

---

17) Joined Cases 142 & 156/84, para. 45.

에, 이러한 지분구조는 Rembrandt가 담배시장에서 Rothmans International 의 사업 정책을 지속적으로 결정하는 것을 가능하게 하는 것이다. 더욱이 1981년 계약과 달리 1984년 계약은 PM과 Rothmans International 사이의 사업적 협력 또는 그러한 협력을 용이하게 할 수 있는 구조의 형성에 관한 어떠한 규정도 포함하고 있지 않으며, 사업자들은 그들의 경쟁 행위에 영향을 미칠 수 있는 정보 교환을 하지 않기로 약속하였다. 유럽법원은 Rothmans International 지분을 처분하는 것에 관하여 양 당사자가 위원회에 제출한 약속에 의하여 보충된 1984년 계약이, 다른 당사자의 사업적 행위에 영향을 미치는 것을 가능하게 할 목적 또는 효과를 갖는다는 결론을 뒷받침하기에 충분하지 않다고 보았다.

그러나 유럽법원은 원고들이 주장하는 것처럼 이 사건에서 PM의 Rothmans International의 지분 보유가 관련 사업자들에게 그들의 사업 정책을 결정할 때 다른 당사자 이익의 고려를 요구하는지 여부도 검토되어야 한다고 보았다. 이와 관련하여 위원회는 Rembrmadt가 Rothmans International에 대한 투자로부터 가능한 한 가장 큰 이익을 얻기 위한 자신의 고유한 이해를 갖고 있으며, 자신의 의결권과 전통적인 Rothmans International과의 경영상 관계를 통하여 PM의 이익을 고려함 없이 Rothmans International의 사업 정책을 실제로 통제할 수 있다고 보았다. 비록 PM이 특정한 결정을 방해할 수 있는 충분한 의결권을 갖고 있다 할지라도, 그 가능성이 Rothmans International의 경영에 있어서 Rembrandt에 영향을 미칠 수 있는 실제 위험에 이른다고 보기에는 지나치게 가정적인 것으로 보았다.

또한 Rothmans International의 경영진과 종업원이 가능한 한 자사의 수익 극대화를 추구하는 것을 목표로 하지 않을 것이라고 판단할 근거는 없다고 보았다. 비록 PM이 자신이 Rothmans International의 수익에서 차지하는 몫 때문에, Rothmans International 성공에 대한 이해관계를 갖고 있다 할지라도, 위원회에 따르면 PM의 일차적 관심은 자신의 점유율과 매출액의 증대에 있다고 보아야 할 것이다. 따라서 PM은 Rothmans International의 시장점유율 증가를 제한하는데 상당한 이해관계를 갖고 있다. 따라서 위원회는 PM에 의한 Rothmans International의 소수 지분 취득이 그 자체로 공동체 담배시장에서 경쟁적 지위에 어떠한 변화를 낳을 것으로 보지 않았다. 유럽법원은 법원에 제출된 증거에서 위원회와 다른 평가를 할 만한 근거는 없다고 보았다. 특히 지분 취득으로 인하여 PM이 자신의 시장점유율을 잃지 않고 시장의 특정 부문에 집중할 수 있고, Rothmans International에게는 시장의 다른 부문에서의 사업활동을 증가시키도록 함으로써 시장분할이 나타날 수 있다는 추론을 뒷받침하는 근거는 없다고 판시하였다. 또한 PM과 Rothmans International이 공동체 시장 외에서 그들의 관계에 영향을 미치는 방식으로 협력한다는 결론을 뒷받침하는 충분한 근거도 없다고 보았다. 원고들은 단지 세계 시장의 일정 부분에서 그러한 협력이 있다는 것을 주장할 뿐이며, 보조참가인들은 그러한 협력이 단지 다른 당사자에게 속한 특정한 브랜드의 사용에 관한 합의일 뿐이고, 그것은 문제가 된 분야에서는 일반적으로 나타나는 약정이며, 사실 신고인들에 의해서도 사용되고 있다고 주장하였다. 이러한 상황에서 당해 계약이 세계 담배시장에서 두 다국적 사업자 간에 글로벌 협력 정책의 한 부분이라고 결론지을 수는 없다고 판시하였다.[18)]

유럽법원은 문제가 된 계약이 Rothmans International 지분을 일방이 매도하는 경우에 관한 규정을 포함하고 있고, 그러한 규정이 주위 상황이 변화 없이 유지되는 경우에 제101조에 위반할 가능성을 낳고 있다는 사실이, 그 자체로 당해 계약의 목적이 경쟁을 제한하는 것이라는 것을 보여주기에 충분하지 않다고 보았다. 1984년 계약이 Rothmans International의 사업 정책을 효과적으로 지배할 수 있었던 Rothmans Holdings의 지배권 공유를 대체하고, 이러한 계약의 대체가 PM에 의하여 지불된 매수가격을

---

18) Joined Cases 142 & 156/84, para. 50-52.

낮추지 않았다는 것은 사실이지만, 그러나 PM은 특히 다른 경쟁 사업자가
Rothmans International의 지배권을 갖는 것을 방지할 수 있는 것과 같은
다른 이익을 갖게 되었고, Rothmans International 수익이 증가함에 따라
서 얻을 수 있는 이익의 증대도 염두에 두어야 한다고 지적하였다. 동 계
약의 배경에서 PM이 수동적인 투자 이상으로 거래를 진행시킬 것을 고려
하였다 할지라도, 순전히 가정적인 판단에 기초하여 이러한 계약 규정으
로부터 소수지분의 획득이 Rothmans International의 지배권을 가지려는
계획의 첫 단계라는 결론이 도출될 수 있는 것은 아니라고 보았다.[19]

한편 유럽법원은 이러한 규정들이 즉각적인 반경쟁적 효과를 낳는지 그
리고 위원회가 이 규정들의 잠재적 효과를 충분히 검토하였는지, 즉 효과
측면에서의 고려도 필요하다고 보았다. 위원회는 이 규정들이 현재 당사
자들의 경쟁적 행위에 영향을 미치는 것으로 보지는 않았다. 일정 시점에
서 Rothmans International 지분의 처분이 가능하다는 것을 염두에 둔다
면, Rothmans International의 가장 중요한 이해관계는 효과적으로 경쟁이
이루어지도록 하여 투자 가치를 증대하는 것이다. 반면 PM은 Rembrandt
의 Rothmans International 주식 처분 대가를 낮추는데 이해를 갖고 있고,
따라서 자신의 추가적인 시장점유율을 획득하기 위한 노력을 억제할 이유
를 갖지 않는다. 더욱이 결과적으로 Rothmans International의 직원들은
PM에 의해 고용될 수 있는 가능성을 갖게 되었으며, 이는 그들이 전문적
인 능력을 발휘하는데 긍정적인 영향을 미칠 수도 있다. 또한 위원회는
Rembrandt의 Rothmans International 지분 처분 시 PM이 이를 방해할 수
있는 능력을 갖고 있다는 사실이 Rembrandt와 Rothmans International의
경영에 일반적인 영향을 미칠 수 있는 실제 위협에 해당하는 것으로 보지
않았다. 유럽법원은 이상의 위원회 평가와 다르게 볼 증거는 없으며, 더욱
이 문제가 된 조항에서 제3자에 의한 Rothmans International 주식 인수가

---

19) Joined Cases 142 & 156/84, para. 53.

방해될 수 있다는 사실이 제101조에 반하는 현재의 경쟁 제한으로 고려될 수 없다고 보았다. 무엇보다 보조참가인들이 지적한 것처럼, 이러한 유형의 규정은 그들의 실질적 투자를 보호하기 위한 계약 당사자의 적법한 이익에 의하여 정당화될 수 있다는 것에 동의하였다. 또한 이 사건의 경우에 PM의 이해가 Rothmans International의 지배권 획득과 상관없이 다른 경쟁 사업자가 Rothmans International의 지배권을 얻는 것을 방지하는 것에 있다는 사실이 그 자체로 경쟁 제한에 해당할 수 없다고 보았다.[20]

유럽법원은 문제가 된 규정의 잠재적 효과와 관련하여, 분명하게 위원회가 제101조에 반하는 효과를 방지하기 위한 조치를 취한 것으로 보았다. PM은 계약의 수정, 개정, 보충을 위원회에 통지하고, 또한 Rothmans International의 지분 증가가 발생하거나 의결권의 25% 이상이 되는 경우에 48시간 이내에 위원회에 통지할 것을 약속하였다. 이러한 통지 이후 위원회의 요청이 있을 경우, PM은 위원회가 제101조와 제102조의 관점에서 새로운 상황을 검토하는 기간으로서 3개월 동안 현 상태를 유지하는 것을 보장하기 위하여 공동체 담배시장에서 PM과 Rothmans International의 이익을 분리하는 조치를 행할 것을 약속하였다. 원고들이 지적한 것처럼, 이러한 약속은 PM이 추가적인 지분 증가 없이 Rothmans International의 지배권을 실효적으로 획득한 경우에, 특히 Rembrandt가 자신의 지분을 최소 10 이상의 독립적 구매자에게 처분한 경우에, 적용될 수 없다는 것은 사실이다. 그렇지만 Rembrandt가 자신의 지분을 위에서 언급한 방식으로 처분하고, PM이 계약상 자신의 권리를 행사하지 않을 것이라고 가정할 경우에, PM의 지배권은 다른 사업자에 의하여 추후 의결권의 집중이 일어날 것을 방지할 수 없는 수준의 미미한 것일 수 있다. 그러므로 법원은 PM과 Rembrandt의 약속에 의한 위원회의 감시와 통제 권한의 강화가 양 당사자에 의한 Rothmans International 지분의 후속 처분이 제101조에 반하는

---

20) Joined Cases 142 & 156/84, para. 56.

효과를 낳는 것을 방지하기 위한 것으로 받아들여져야 한다고 판단하였다.[21]

끝으로 원고들은 합의의 다양한 요소들이 개별적으로 제101조 제1항에 반하는 것으로 보이지 않는 경우조차도 이들 요소들이 결합하여 종합적으로 반경쟁적 효과를 낳을 수 있는지를 검토하는 것이 필요하다고 주장하였다. 원고들의 주장은 위원회가 이와 같은 분석을 하지 않았다는 것이 아니라, 이에 근거한 결론에 반대하는 것으로 이해된다. 이에 관하여 유럽법원은 1985. 7. 11. 판결을 상기시키고 있다.[22] 동 판결은 일반적인 원칙으로서 제101조 제1항의 적용 요건이 충족되는지 여부의 문제를 법원이 종합적으로 검토하는 경우에, 위원회가 승인을 내리기 전에 행한 검토가 필수적인 절차와 이유 설시에 관한 규칙에 따랐는지, 사실들이 정확하게 언급되었는지 그리고 승인에 있어서 명백한 잘못이 있는지 또는 권한 남용이 있는지 여부를 확인하는 것에 제한된다고 판시하였다. 이러한 관점에서 유럽법원은 위원회의 결정 과정에 명백한 실수가 드러나지 않는다고 보았으며, 특히 계약의 잠재적 효과와 관련하여 위원회가 당사자들 사이에 이후 전개될 경쟁 상황을 주시할 의도가 있고, 나아가 원고들은 새로운 증거 제출에 의하여 계약에 대한 보다 엄밀한 조사를 언제든지 요구할 수 있다고 한 것에 주목하였다. 결론적으로 유럽법원은 위원회가 전체로서의 계약에 대한 분석을 하지 못했다는 주장을 받아들이지 않았다.[23]

EU기능조약 제102조의 적용과 관련하여, 법원은 시장지배적 지위의 남용은 문제가 된 지분보유가 다른 사업자를 효과적으로 지배하는 결과를 낳거나 또는 적어도 다른 사업자의 경영에 일정한 영향을 미칠 경우에 제기될 수 있다고 판시하였다. 이러한 관점에서 볼 때, 제101조의 적용에 관한 논의에서 드러난 것처럼 1984년 계약이 이러한 효과를 갖는 것으로 볼

---

21) Joined Cases 142 & 156/84, para. 58.
22) Case 42/84, Remia v. Commission (1985).
23) Joined Cases 142 & 156/84, para. 62-63.

수 없으며, 따라서 제102조 적용에 관한 주장 역시 받아들일 수 없다고 판
결하였다.[24]

IV. 판결의 의의

동 판결은 우선 절차법적 측면에서, 위원회가 사업자의 특정한 행위를
허용하는 의견 표명의 법적 성격을 밝히고, 또한 그 과정에서 이해 관계자
의 절차적 권리의 보장과 관련하여 의미 있는 기준을 제시하고 있다는 점
에서 의의가 있다.[25] 당해 사건에서 원고들은 지분취득의 합의를 한 계약
당사자가 아니라, 이들과 경쟁관계에 있는 사업자들이었다. 원고들은 문제
가 된 지분취득에 관한 계약이 경쟁법에 반하는지에 관한 위원회의 심의
및 협의 과정에 참여하였고, 위원회가 동 계약을 적법한 것으로 결정하자
이해관계자의 지위에서 유럽법원에 위원회 결정의 취소를 구하는 소를 제
기하였다. 절차법적인 문제와 관련하여 유럽법원의 판단 중에서 법원이
위원회에게 특정한 내용의 처분을 할 것을 명령할 수 있는지에 대하여 부
인한 것이나, 이해관계자들에게도 위원회 결정 과정에서 적법한 절차가
보장되어야 한다는 것은 우리 독점규제법에서도 이의 없이 받아들여질 수
있는 것이다.

그러나 다른 몇 가지 쟁점에 대한 판단은 독점규제법 운영 과정에서 시
사하는 바가 크다. 우선 위원회가 문제가 된 계약을 적법한 것으로 밝힌
의견 표명이 결정에 해당하는지, 또한 이에 대하여 이해관계를 갖고 있는
자가 결정의 취소를 구할 수 있는 원고적격을 갖는지에 관하여 유럽법원
은 긍정적으로 판단하였다. 유럽법원은 문제가 된 행위에 대하여 위원회

---

24) Joined Cases 142 & 156/84, para. 65.
25) Alison Jones & Brenda Sufrin, EU Competition Law, Oxford Univ. Press, 2011,
    1070-1081면.

가 적법한 것으로 한 의견 표명(의견서의 제시)은 조사를 종결하고 새로운 증거가 제시되지 않는 한 조사를 재개하지 않는 의미를 갖고 있기 때문에 결정(decisions)에 상응하는 것으로서 처분성을 인정하였다. 또한 이해관계자의 지위에 있는 사업자들의 원고적격을 인정한 것도 주목할 만한 것이다. 이와 관련하여 유럽법원은 원고적격의 요건인 결정과 직접적이고 개별적으로 관련되는 자에 원고들이 해당한다고 보았는데, 이때 개별성 요건의 충족은 결정 대상자(addressee)와 밀접히 관련되고 있다는 점에서 구하고 있다.26) 독점규제법상 이 문제에 관하여 대법원은 부정적이다. 즉 대법원은 공정거래위원회에 대한 신고는 단서제공에 불과할 뿐이고 무혐의 결정은 항고소송의 대상이 되는 행정처분에 해당하지 않는다는 입장을 취하고 있다.27) 그러나 헌법재판소가 공정거래위원회의 무혐의 조치는 시정조치에 대응하며, 공권력 행사의 한 태양에 속하는 것으로서 헌법소원의 대상이 될 수 있다고 판단한 예가 있으며,28) 독점규제법 위반행위로 피해를 입은 사업자나 소비자 등 일정한 법적 지위가 인정되는 자에 대한 무혐의 결정은 취소소송의 대상이 될 수 있다는 견해도 있다.29) 이러한 논의와 관련하여 유럽법원이 동 판결에서 취한 태도는 참고할 만한 것이다. 또한 이해관계자의 절차적 보장에 관한 유럽법원의 견해도 의미 있는 시사점을 제공한다. 유럽법원은 이해관계자의 절차적 보장이 당연히 요구되는 것으로 판단하였지만, 또한 피심인과 이해관계자가 동일한 절차적 상황에 있지 않음을 강조하였다. 즉 이해관계자의 절차적 권리가 위원회 조사의 대상이 된 사업자의 적법절차의 권리 수준에 이르는 것은 아니며, 이해관계자의 절차적 권리가 조사 대상 사업자들의 공정한 절차적 보장을

---

26) Edward J. Tabaczyk, 주 5)의 글, 178-181면 참조.
27) 대법원 2000. 4. 11. 선고 98두5682 판결.
28) 헌재 2004. 6. 24. 선고 2002마496 판결.
29) 이에 관한 상세한 논의는, 조성국, 공정거래법 집행론, 경인문화사, 2010, 86면 참조.

받을 권리를 침해하게 될 경우에 한계를 넘어서는 것이라고 판시한 것은
주목을 요하는 부분이다.30)

　실체법적으로 동 사건은 PM의 경쟁 사업자인 Rothmans International
지분 취득에 관한 것이고, 특히 지배권 획득에 이르지 않은 소수지분 취득
이 문제가 된 사건이다. 위원회의 조사나 유럽법원의 판결은 동 사건을 기
업결합이 아닌 카르텔이나 시장지배력 남용의 문제로서 다루고 있다.31)
이 사건 이후 EU 차원에서 기업결합 규제에 관한 입법이 이루어졌으며,
만약 입법 이후에 이 사건이 다루어졌다면 다른 방식으로 경쟁제한성이
평가되었을 것이다. 이러한 맥락에서 동 판결은 기업결합 규제에 관한 별
도의 입법을 촉구하는 계기가 된 측면도 있다.32) 그러나 비록 동 판결에
서 위법성을 인정하지 않았지만, 소수지분 취득이 당사자 사이의 협력을
강화하거나 그러한 협력을 용이하게 할 수 있는 구조를 창출하는 경우에
규제 대상이 될 수 있다고 본 것은 경쟁정책적으로 여전히 의미가 있는
것이다.33)

　동 판결에서 유럽법원은 카르텔로서 규제 가능성을 집중적으로 검토하
였다. EU기능조약 제101조 제1항은 경쟁을 방해, 제한 또는 왜곡하는 목
적을 갖거나 또는 그러한 효과를 낳는 사업자들 사이의 합의를 금지하며,

---

30) 이와 관련하여 OECD는 조사 대상 사업자 외의 제3자의 절차적 권리와 관련하여,
　　위반행위의 피해자인 경우에는 보호적 측면에서, 일반 공중과 같은 제3자는 정보
　　제공적 측면에서 절차적 권리가 구성되어야 한다고 제안한다. OECD, Trade and
　　Competition: From Doha to Cancun, 2003, 13-15면.
31) 동 판결에서 제101조와 제102조에 의한 규제 가능성이 검토된 것은 판결 당시
　　EU 법체계에서 기업결합을 규제하는 법규가 없었기 때문으로 설명하기도 한다.
　　기업결합 규제 근거는 1989년 유럽 이사회(Council)가 Regulation 4064/89를 제
　　정하면서 마련되었고, 동 Regulation은 Regulation 139/2004로 대체되었다.
　　Margot Horspool & Matthew Humphreys, 주 2)의 책, 500면 참조.
32) Anshul Sehgal, Evolution of the EU Merger Regulations Explained by Relevant
　　Case Studies, Competition Commission of India, 2012, 17-18면.
33) Joanna Goyder & Albertina Albors-Llorens, EC Competition Law, Oxford Univ.
　　Press, 2009, 388-389면 및 Alison Jones & Brenda Sufrin, 주 25)의 책, 863면 참조.

이때 목적과 효과는 누적적인 것이 아닌 상호 대체적인 요건으로 이해되고 있다.[34] 동 판결에서도 유럽법원은 주식취득에 관한 합의가 경쟁제한의 목적 또는 효과를 갖는지를 상세히 검토하였다. 동 판결은 최종적으로 당해 합의의 위법성을 부인하였지만, 이러한 합의가 부당한 공동행위에 해당할 가능성 자체를 부인하였던 것은 아니다. 즉 경쟁자의 지분을 동등하게 취득하는 것은 이들이 위치하고 있는 시장에서 경쟁제한적으로 사업자의 행위에 영향을 미칠 수 있는 수단이 될 수 있다는 점을 인정하였다. 더욱이 당해 관련시장이 진입장벽이 높고 장기간 과점 구조를 유지하고 있는 시장이기 때문에, 지배적 지위에 있는 사업자들 간의 지분 취득이 경쟁제한적일 수 있다는 점에서 위원회가 특별한 주의를 기울일 필요가 있음을 지적하고 있다. 그러나 문제가 된 행위의 구체적 분석을 통하여, 지분취득자와 피취득자의 기본적인 이해관계는 다르며 각자의 경쟁유인이 여전히 존재한다는 점, 관련시장 구조의 직접적인 변화를 초래하지 않는다는 점, 다른 시장(아시아 시장)에서의 협력관계가 관련시장에서 협력의 직접적인 근거가 될 수 없다는 점, 우선매수청구권 등이 계약상 규정되어 있어도 장래 지배권 획득을 위한 첫 단계로서의 평가는 성급한 것이라는 점 등을 근거로 하여 당해 합의의 경쟁제한의 목적을 부인하였다. 또한 효과 측면에서 주식취득 이후에도 취득자와 피취득자는 독자적으로 경쟁할 수 있는 유인이 존재한다는 점 그리고 취득자의 추가적 지분 취득이 발생하는 경우 위원회에 사전 통지와 위원회 조치를 위한 일정 기간 유보를 약속함으로써 향후 경쟁제한 효과가 발생하는 것에 위원회가 대응할 수 있는 방안이 마련되어 있다는 점을 들어, 경쟁제한성을 인정하지 않았다.

또한 EU기능조약 제102조의 시장지배적 지위남용 규제와 관련하여, 지분취득이 다른 회사를 효과적으로 지배하는 결과를 낳거나 다른 회사의 경영에 일정한 영향을 미칠 경우에 남용에 해당할 가능성이 있지만, 당해

---

34) Ariel Ezrachi, 주 9)의 책, 46면.

사건에서 지분취득이 이러한 효과를 낳지 않는다는 점에서 남용성을 인정하지 않았다. 이상의 요건 중 첫 번째는 기업결합 규제가 제도화 된 이후에 기업결합 규제 요건에 해당하는 것이지만, 두 번째는 시장지배적 지위 남용행위의 관점에서 여전히 유효한 것이며, 이러한 점에서도 동 판결의 의의를 찾을 수 있을 것이다.

행위의 특성 측면에서 동 사건은 전형적인 소수지분 취득에 관한 사건이라 할 수 있다. 소수지분 취득의 경쟁제한성과 관련하여, 여전히 취득-피취득 사업자 간 이해가 완전히 일치하지 않는다는 점에서 경쟁제한성 인정이 용이하지 않지만, 협조 효과나 수직적 관계에서 거래를 제한할 수 있는 단독 효과의 가능성이 존재하며, 이는 소수지분 취득의 경쟁제한성을 인정하는 근거가 될 수 있다.[35] 무엇보다 동 판결의 판시사항에서 언급한 것처럼, 과점적 시장구조가 보편화 되어 있는 산업에서는 장기적으로 고착화 되어 있는 시장구조를 변화시키기 위한 수단으로 주요 사업자가 지분적 관계를 형성하는 방식을 채택할 수 있다는 점을 염두에 두어야 한다. 이와 관련하여 기업결합 규제의 관점에서 소수지분 취득의 문제를 다루려는 시도가 나타나고 있다. EU에서는 소수지분 취득은 기업지배권의 획득에 미치지 못하므로 기업결합 규제에서 배제될 수 있지만, 이러한 지분 취득도 경쟁제한성을 낳을 수 있으므로 소수지분 취득을 기업결합 규제 범위에 포함시킬 필요가 있다는 주장이 전개되고 있다.[36] 이러한 논의는 독점규제법상 기업결합 규제에서도 유력한 의미가 있지만, 논의의 전제로서 소수지분 취득의 경쟁정책적 의의 및 독점규제법에 의한 규제 가능성을 다양한 관점에서 살펴볼 필요가 있으며, 이러한 점에서 동 판결은 선례로서의 의의가 있다.

---

35) 이상돈, "소수지분 취득에 대한 경쟁제한적 기업결합규제-유럽 및 미국 경쟁법과의 비교법적 검토", 한국경쟁법학회 하계학술대회, 2014, 8-13면 참조.
36) 위의 자료, 23-32면 참조. 또한 Ariel Ezrachi, 주 9)의 책, 308-309, 399-400면 참조. 특히 399-400면에서는 소수지분 취득의 선례로서 동 판결의 의의를 밝히고 있다.

11. 영업양수 방식의 기업결합에 있어서 심사 범위와 시정조치

I. 서론

기업결합은 복수의 기업이 단일한 지배관계를 형성하는 과정 또는 그 결과를 말한다. 기업 간의 결합은 자본적, 인적, 조직적 차원에서 다양한 방식으로 이루어질 수 있으며, 독점규제법 제7조 제1항은 각 호에서 기업결합의 방식을 5가지 형태로 제시하고 있다. 동호는 복수의 기업이 단일한 지배관계 아래로 재편될 수 있는 전형적인 방식을 상정한 것인데, 어떠한 방식을 취하든지 간에 단일한 지배관계의 형성은 기업결합의 성부를 판단하는 핵심적 표지로서 기능하며,[1] 그 동안의 논의는 구체적인 결합

---

1) 독점규제법은 지배관계의 형성을 기업결합의 성립요건으로서 명시적으로 규정하고 있지 않지만, 기업결합의 개념적 이해를 통하여 지배관계의 형성은 불문의 표지로 받아들여지고 있으며, 공정거래위원회가 제정한 「기업결합 심사기준」도 이러한 태도를 따르고 있다. EU 기업결합 규칙(EU Merger Regulation No. 139/2004) 제3조 제1항은 합병(a호)과 지배권 취득(b호)를 기업결합 유형으로 규정하고, 특히 지배권 취득의 방식으로 주식, 자산, 계약, 기타의 방법을 제시하고 있다. 한편 독일 경쟁제한방지법(GWB; Gesetz gegen Wettbewerbsbeschränkungen) 제37조 제1항 제2호는 지배권의 획득을 지분 취득, 자산 취득 등과 별개의 구별되는 독립적인 결합 유형의 하나로 규정하고 있는데, 동 규정은 지배권 획득이 가능한 경우로 자산의 소유권이나 이용권 취득 또는 의사 결정에 영향을 미칠 수 있는 권리 부

방식에 따른 차별성을 고려하지 않고, 대체로 단일한 지배관계 형성 자체에 초점을 맞추어 진행되어 왔다. 그러나 독점규제법상 기업결합 규제에 있어서 구체적인 결합 방식에 대해서도 주의를 기울일 필요가 있으며, 최근 공정거래위원회에서 다루었던 마이크로소프트와 노키아의 기업결합은 이러한 필요성을 환기시키는 계기가 되었다.

독점규제법 제7조 제1항은 각 호에서 5가지의 기업결합 방식을 규정하고, 동항 제4호의 "다른 회사의 영업의 전부 또는 주요 부분의 양수·임차 또는 경영의 수임이나 다른 회사의 영업용 고정자산의 전부 또는 주요 부분의 양수"에 의하여 결합 방식의 하나로서 영업양수를 제시하고 있다. 기업결합 규제는 기업결합의 존부를 판단하고, 경쟁제한성에 기초하여 당해 기업결합이 독점규제법에 반하는지를 심사한 후에, 위법한 기업결합에 대하여 일정한 제재를 부과하는 순으로 진행된다. 영업양수에 의한 기업결합 규제도 기본적으로 이러한 과정을 거치게 될 것이다. 이 과정에서 기업결합 방식으로서 영업양수의 특징적 성격이 고려될 수 있으며, 경우에 따라서 이러한 고려가 필수적으로 요구될 수도 있다. 무엇보다 합병과 유사하게 행위에 의하여 곧바로 단일한 지배관계의 형성이 이루어지며, 영업양도 주체가 새로운 지배관계로부터 배제되는 특징은, 이에 따른 기업결합의 경쟁제한성을 심사하고, 나아가 당해 기업결합에 대하여 일정한 제재를 가함에 있어서 고려되어야 한다. 이는 기업결합 규제 법리의 타당성, 책임원칙에 기초한 제재의 정당성 그리고 당해 기업결합에 대한 시정조치로서 실효성을 기하기 위한 불가피한 요구일 것이다.

이하에서는 영업양수 방식에 의한 기업결합의 특유한 문제를 논의하고자 한다. 특히 동 유형의 기업결합에 있어서 위법성의 심사와 시정조치의

여나 계약 체결 등을 예시하고 있으며, 기본적으로 다양한 방식을 포섭하는 개방적인 의미로 이해되고 있다. Michael Kling & Stefan Thomas, Kartellrecht, Vahlen, 2016, 769-772면 및 Fritz Rittner & Meinrad Dreher, Europäisches und deutsches Wirtschaftsrecht, C. F. Müller, 2008, 594-595면 참조.

범위를 정하는 문제에 초점을 맞추어 검토할 것이며, 구체적으로 영업양도인이 이러한 범위에 포함될 것인지의 문제를 중점적으로 논의할 것이다. 이와 관련하여 최근 동의의결로서 종결된 마이크로소프트와 노키아의 기업결합 사건은[2] 유력한 의미가 있다. 당해 기업결합에서는 주식취득의 방식도 이용되었지만, 마이크로소프트가 노키아의 단말기 제조와 서비스 사업 관련 자산을 양수한 것이 핵심이었으며, 영업양수로서의 기업결합 특징이 드러난 사건이다. 동 사건은 마이크로소프트의 동의의결 신청을 공정거래위원회가 수용하면서 종결되었지만,[3] 단말기 사업부문을 양도한 노키아도 여전히 위법성 심사와 시정조치의 대상이 될 수 있는지와 같은 종래 다루어지지 않았던 문제가 새롭게 부각되는 계기가 되었다. 이하에서의 논의는 다음과 같이 전개할 것이다.

우선 영업양수 방식에 의한 기업결합의 의의를 살펴보고(II), 이어서 영업양수 측면에서 기업결합의 심사 범위(III) 및 시정조치 대상의 범위를 논의한 후에(IV), 끝으로 독점규제법상 영업양도인의 규제 가능성을 추가적인 쟁점으로서 검토할 것이다(V). 이상의 논의를 전개하는 과정에서 앞에서 언급한 마이크로소프트의 노키아 단말기 사업부문 양수를 중요 예로서 다룰 것이다.

---

2) 공정위 2015. 8. 24. 의결 제2015-316호.
3) 당해 기업결합 사건이 동의의결로서 종결된 것과 관련하여, 상당 기간 이행여부의 감독이 필요한 기업결합 시정조치의 한계를 보완하는데 기업결합 사건에서 동의의결의 실질적인 의의가 있음을 지적하는 것으로, 최승재, "기업결합 동의의결의 향후 전망: 마이크로소프트와 노키아의 기업결합 사건을 중심으로", 경쟁저널, 제183호, 2015. 11, 13면 참조.

Ⅱ. 영업양수 방식에 의한 기업결합의 의의

1. 기업결합으로서 영업양수

(1) 영업양수의 의의

독점규제법은 영업양수를 직접 정의하는 규정을 두고 있지 않다. 영업양도(수)에 따른 법률관계를 직접적으로 규율하는 상법도 영업양도를 명문으로 정의하지 않으며, 영업양도의 구체적인 의의에 관하여 해석상 논의가 있다. 지배적인 견해는 영업양도에 따른 양도인과 양수인의 책임 등에 관한 규정이나(상법 41조 내지 45조) 주주총회 결의 사항에 관한 규정에서(상법 374조) 영업양도를 일정한 영업목적에 의하여 조직화된 유기적 일체로서의 기능적 재산의 이전을 목적으로 하는 채권계약으로 보고 있다.4) 또한 대법원도 "영업양도가 있다고 볼 수 있는지의 여부는 양수인이 유기적으로 조직화된 수익의 원천으로서의 기능적 재산을 이전받아 양도인이 하던 것과 같은 영업적 활동을 계속하고 있다고 볼 수 있는지의 여부에 따라 판단되어야 한다"고5) 판시함으로써 이러한 태도를 수용하고 있다.

이러한 이해에 따르면,6) 영업양도(수)의 본질은 영업의 계속적 수행을

---

4) 이는 영업재산양도설의 통설적 견해를 따른 것으로서, 손주찬·정동윤 편, 『주석상법』, 한국사법행정학회, 2003, 310-311면(손주찬 집필 부분) 참조.

5) 대법원 1998. 4. 14. 판결 96다8826 선고.

6) 상법에서 제41조 내지 제45조의 영업양도와 제374조의 영업양도의 해석과 관련하여, 양자를 통일적으로 이해하려는 형식설, 양자의 실질적 차이를 인정하는 실질설, 양 입장을 절충하려는 절충설의 대립이 있다. 대법원은 "상법 제374조 제1항 제1호 소정의 영업의 양도란 동법 제1편 제7장의 영업양도를 가리키는 것이므로 영업용 재산의 양도에 있어서는 그 재산이 주식회사의 유일한 재산이거나 중요한 재산이라 하여 그 재산의 양도를 곧 영업의 양도라 할 수는 없지만, 주식회사 존속의 기초가 되는 중요한 재산의 양도는 영업의 폐지 또는 중단을 초래하는 행위로서 이는 영업의 전부 또는 일부의 양도와 다를 바 없(다)"고 판시함으로써 양 규정에서 영업양도를 통일적으로 이해하면서 동시에 상법 제374조(주주총회

가능하게 하는 기능적 재산의 이전에 있다.[7] 이를 영업양도(수) 관계의
주체 측면에서 보면, 양도 대상인 기능적 재산에 실현되고 있던 양도인의
지배관계가 양수인의 새로운 지배관계로 흡수됨을 의미하며, 이로부터 독
점규제법이 영업양수를 기업결합의 한 방식으로 포착한 계기를 찾을 수
있다. 즉 독점규제법상 기업결합 규제의 관점에서 영업양수를 기업결합
방식의 하나로 규정한 것은 독립적으로 기능하던 영업재산이 양수인에 의
하여 새롭게 형성된 단일한 지배관계로 통합되는 현상에 근거한 것이다.

(2) 기업결합으로서 영업양수의 특징

기업결합의 한 방식으로서 영업양수의 특징적 양상에도 주목할 필요가
있다. 특히 기업결합의 핵심적 표지인 단일한 지배관계 형성의 관점에서
영업양수는 고유한 의미를 갖는다. 전술한 것처럼 영업양수는 기능적 재
산의 이전이며,[8] 이때 이전은 합병과 유사하게[9] 추가적인 행위나 평가가
필요하지 않은 최종적인 의미를 갖는 것이 일반적이다. 이러한 맥락에서
공정거래위원회가 제정한 「기업결합 심사기준」(공정거래위원회 고시 제
2015-3호, 이하 심사기준) IV에서도 합병과 영업양수의 경우에는 당해 행

특별결의)의 고유한 의의에 따른 차별화된 이해의 여지를 주고 있다(정찬형, 상법
강의(上), 박영사, 2005, 163면 참조). 이상의 논의의 연장선에 상법과 독점규제
법에서 영업양도를 동일한 의미로 볼 수 있는지에 관하여 논의의 여지가 있다.
독점규제법 제7조 제1항 제4호는 상법상 영업양도의 범위를 경영 수임이나 임차
등을 포함할 수 있도록 확장하는 명시적인 규정을 둠으로써 이 문제의 입법적 해
결을 시도하고 있다.

7) 이때 이전되는 재산의 의의에 관하여 독일 경쟁제한방지법상 자산(Vermögen) 획
득에 의한 기업결합에서 자산을 거래 가능한 유형 또는 무형의 모든 재화 또는
권리를 포괄하는 것으로 이해하고 있는 것을 참고할 수 있을 것이다. Michael
Kling & Stefan Thomas, 주 1)의 책, 767면 참조.

8) 신현윤, 경제법, 법문사, 2012, 166면에서는 영업양수에서의 영업을 회사의 사업목
적을 위하여 조직화되고 유기적 일체로서 기능하는 재산권의 집합으로 보고 있다.

9) 이러한 관점에서 영업양도와 흡수합병의 유사성을 언급한 것으로서, 이철송, 회사
법 강의, 박영사, 2003, 100면 참조.

위로 지배관계가 형성된다고 보고, 지배관계의 형성여부를 판단하는 별도의 심사기준이 필요하지 않음을 밝히고 있다.[10)]

　행위 자체로부터 기업결합이 이루어지는 영업양수의 특성을 기업결합에 참가한 사업자의 관점에서 보면, 특히 흡수합병에서 피합병기업과 마찬가지로[11)] 영업을 양도한 사업자는 이전된 영업재산을 중심으로 새롭게 형성된 지배관계에서 종국적으로 배제됨을 의미한다.[12)] 영업 양도의 구체적인 방식과 양도 후 양도인과 양수인의 관계는 개별 계약 내용에 따라서 상이할 것이다. 그러나 일반적으로 영업의 양도는 자산 매각 방식(sale of assets)이나 주식 양도의 방식(sale of corporate shares)으로 이루어진다는 점을 전제하면, 양도인이 영업 양도 이후 양도된 재산에 대하여 일정한 영향력을 갖게 되는 경우를 상정하기는 어려울 것이다. 후자의 경우에는 주식 양도에 의하여 양도인은 지배권과 경영권을 행사할 지분적 기초를 잃게 되며, 전자의 경우에도 양도된 재산을 중심으로 이루어지는 영업에 양도인이 참여할 가능성이 일반적으로 존재하지 않는다.[13)]

　독점규제법 제7조 제1항 제4호가 영업양도가 아닌 영업양수로서 기업결합 방식을 규정하고 있는 것도 이러한 맥락에서 이해할 수 있을 것이다. 상법 제41조 내지 제45조는 영업양도를 표제로 하여 편제되어 있는데, 독

10) 합병이나 영업양수의 경우에 행위로부터 바로 지배관계가 형성된다고 보는 것으로서, 권오승, 경제법, 법문사, 2014, 195면; 이기수·유진희, 경제법, 세창출판사, 2006, 95면; 정호열, 경제법, 박영사, 2010, 231면 참조.
11) 根岸 哲·舟田正之, 獨占禁止法概說, 有斐閣, 2006, 88면 참조.
12) 영업양수에 비견되는 독일 경쟁제한방지법상 자산(Vermögen) 획득 방식의 기업결합에 있어서 양도인의 시장주체로서의 지위가 소멸되는 것을 지적하는 것으로, Fritz Rittner, Meinrad Dreher & Michael Kulka, Wettbewerbs- und Kartellrecht, C. F. Müller, 2014, 573면 참조. 또한 EU 기업결합 규칙 제3조 제1항 b호에서 규정하고 있는 지배권 취득과 관련하여 양도인은 당해 기업결합의 참가자가 아니라고 언급하는 것으로, Michael Kling & Stefan Thomas, 주 1)의 책, 321면 참조.
13) 영업양도 방식으로서, 'sale of assets'와 'sale of corporate shares'에 관한 개략적인 설명으로, Arnold Goldstein, Business Transfers, John Wiley & Sons, 1986, 93-94면 참조.

점규제법은 이와 같은 상법상의 규정 태도와 달리 양수인의 관점에서 영업 양도를 파악하고 있으며, 이는 기본적으로 새롭게 형성된 지배권의 귀속 주체를 중심으로 기업결합의 규제체계를 이루고 있는 것과 관련된다.[14]

2. 기업결합 규제체계와 영업양수

(1) 기업결합 규제체계

복수의 기업이 단일한 지배관계를 형성하는 의미에서 기업결합은 개별 기업이 보유하고 있던 시장력(market power)의 결합이며, 이로 인하여 기 업결합에 참가한 사업자 간에 존재하던 경쟁 관계는 소멸하게 된다.[15] 이 러한 기업결합이 장래에 시장의 구조나 행태에 미치게 될 영향은 경쟁정 책적인 주의를 촉구하는 근거가 된다. 그렇지만 기업결합이 시장에 미치 게 될 효과를 일의적으로 단정할 수는 없다. 수평적 또는 비수평적 결합 양상에 따라서 이러한 효과를 분석할 경우에 긍정적인 측면과 부정적인 측면이 교차하는 것이 일반적이다. 따라서 상반되는 효과를 형량 하는 과

---

14) 기업결합의 방식으로 영업양수를 명시적으로 규정하고 있는 일본 「私的獨占の禁 止及び公正取引の確保に關する法律」 제16조도 규제 대상인 행위를 다른 회사의 영업의 전부 또는 중요 부분의 양수(1호), 다른 회사의 영업상의 고정자산의 전부 또는 중요 부분의 양수(2호), 다른 회사의 영업의 전부 또는 중요 부분의 임차(3 호), 다른 회사의 영업의 전부 또는 중요 부분에 대한 경영의 수임(4호), 다른 회 사와 영업상의 손익 전부를 공통으로 하는 계약의 체결(5호) 등을 규정함으로써, 독점규제법의 규정과 유사한 태도를 보여주고 있다. 동 규정에서 사업을 양수하 여 승계한 측이 규제 대상이 된다는 점을 지적한 것으로서, 白石忠志, 獨禁法講 義, 有斐閣, 2009, 195면 참조.
15) 이러한 설명은 주로 수평적 기업결합에 관한 것이다. 수직적 기업결합의 경우, 가 장 주된 양상은 상호거래를 내부화하는 것으로 나타나는데, 이에 관한 경쟁정책적 의의가 일의적으로 판단될 수 있는 것은 아니다. Herbert Hovenkamp, Federal Antitrust Policly: The Law of Competition and Its Practice, Thomson/West, 2005, 385면 참조.

정이 불가피하다. 그 과정에서 별개로 운용되던 경제적 자원의 통합에 따른 효율성의 제고, 규모의 경제 실현에 의한 소비자 후생의 증대, 경쟁력의 강화로 인한 경쟁상황의 실질적 개선, 국민경제적으로 추구하는 정책 목표에 기여할 가능성 등 다양한 관점에서 제시되는 긍정적 효과가 검토될 것이다. 물론 형량의 한 축으로서 문제가 된 기업결합의 부정적 효과에 대한 평가는 필수적이며, 경쟁정책적인 관점에서 부정적 효과는 경쟁제한성으로 대표된다. 이러한 관점에서 독점규제법 제7조 제1항 본문은 '경쟁을 실질적으로 제한'하는 기업결합을 규제 대상으로 명정하고 있고, 동 규정에서 경쟁제한성은 기업결합 규제의 핵심을 이룬다.

실질적 경쟁제한성의 판단과 상반되는 효과와의 형량 과정을 거쳐 최종적으로 경쟁제한적인 기업결합으로 평가되면, 동법 제16조 제1항에 근거하여 시정조치가 부과된다. 동 규정은 위법한 기업결합의 시정조치 대상을 원칙적으로 기업결합의 당사회사로 정하고 있으며, 이들을 대상으로 기업결합으로 야기된 경쟁제한적 효과를 억제할 수 있는 구조적 또는 행태적 내용의 조치가 부과된다. 이와 같이 기업결합 규제체계는 지배관계 형성과 경쟁제한성의 판단에 기초한 기업결합 심사 그리고 이에 기초한 시정조치의 부과로 이어지며, 법리적으로 선행하는 판단이 이후에 영향을 미치는 단계적 구조를 취한다. 즉 복수의 기업에 의하여 새롭게 형성된 단일한 지배관계는 경쟁제한성 판단의 출발점이면서, 동시에 심사 범위의 기초가 되며, 심사를 통하여 도출된 판단은 궁극적으로 시정조치의 대상과 내용에 영향을 미칠 것이다. 이로부터 벗어날 경우에, 경쟁정책의 타당성과 실효성에 관한 문제가 제기될 수 있으며, 법리적 측면에서도 독점규제법상 규제에 당연히 적용되는 책임주의 원칙과 비례성 원칙에 반하게 됨으로써 규제의 정당성을 잃을 수 있다.

(2) 영업양수에 대한 기업결합 규제

독점규제법이 정하고 있는 5가지 기업결합 방식 간에 기업결합 규제 법리의 적용에 있어서 차이가 있는 것은 아니지만, 기업결합 방식으로서 영업양수가 갖는 특징적 성격에 대한 고려가 필요할 수 있다. 영업양수의 특징적 양상은 행위 자체에 의하여 새로운 지배관계가 형성되고, 이전된 영업재산의 지배관계가 양수인을 중심으로 새롭게 구축된다는 점이다. 따라서 양수인에 귀속되었던 기존의 지배관계에 이전된 영업재산을 중심으로 한 지배관계가 통합됨으로써 나타나는 결합 주체(merged entity)는 당해 기업결합의 위법성 심사 및 시정조치의 내용과 범위를 결정하는 기준이 될 것이다.

한편 독점규제법 제7조 제1항 제4호는 영업양수의 세부 유형을 다양하게 규정하고 있는데, 특히 영업 임차나 경영 수임 등의 경우 좁은 의미에서의 영업양수와는 구별되는 것으로 세부 유형에 따라서 차별화된 접근이 필요한지에 관하여 논의의 여지가 있다.[16] 그러나 이러한 유형들도 영업의 주체가 변경되고 새로운 지배권이 형성되었다는 점에서는 좁은 의미에서의 영업양수와 본질적으로 다르지 않으며,[17] 소유권의 이전이 수반되지 않는다는 점이 지배관계의 새로운 형성을 방해하지 않는다면 경쟁정책적으로 의미 있는 차이로서 부각되지는 않을 것이다. 이러한 점에서 영업양수의 세부 유형들을 대상으로 차별적으로 논의를 전개할 실익은 크지 않으며, 이들을 포괄하는 단일한 의미로서 영업양수를 논의하는 것으로 충분할 것이다.[18]

---

16) 상법에서 영업양도는 소유관계의 변동을 가져오는 반면, 경영위임이나 영업의 임대차는 경영관계의 변동만을 가져온다는 점에서 구별된다는 지적으로, 정찬형, 주 6)의 책, 161면 참조.

17) 根岸 哲·舟田正之, 주 11)의 책, 88-89면 참조.

18) 영업양수의 세부 유형에 관한 설명으로, 정호열, 주 10)의 책, 229-230면 참조.

III. 기업결합 심사와 영업양수

1. 기업결합의 심사 범위와 결합특유성

독점규제법상 기업결합에 대한 위법성 심사는 경쟁제한성에 근거하여 이루어지며, 효율성 제고 등의 긍정적 효과를 아울러 검토하여 최종적인 판단을 하는 과정으로 진행된다. 기업결합에 있어서 경쟁제한성 심사는 새롭게 형성된 단일한 지배관계에 기초한 결합주체를 대상으로 한다. 즉 결합 이전에 별개로 존재하던 경제주체의 지위를 문제 삼는 것이 아니라, 지배관계의 통합이 향후 시장에 미치게 될 영향에 초점을 맞추게 된다. 따라서 기업결합의 경쟁제한성 판단은 기업결합으로 인하여 야기되는 결합 특유(merger specific)의 경쟁제한적 효과를 수평적, 비수평적 측면에서 심사하는 방식으로 이루어지며,19) 이 범위를 벗어나는 심사는 정당성을 인정받기 어려울 것이다.20)

물론 많은 경우 기업결합에 참여하는 사업자는 문제가 되는 시장에서 결합 이전부터 이미 반경쟁적인 영향을 미칠 수 있는 요소들과 관련될 수 있다. 그렇지만 기업결합 규제가 당해 기업결합과 무관하게 기업결합 참가 사업자에 의하여 야기될 수 있는 모든 경쟁제한적 효과를 심사하는 방식으로 운영되는 것은 기업결합 규제의 경쟁정책적 의의나 규범적 타당성

---

19) 이러한 판단은 기본적으로 기업결합으로 인하여 변화된 시장 상황과 기업결합이 존재하지 않을 경우에 예상되는 시장 상황의 비교를 통하여 이루어진다. ICN Merger Working Group: Investigation and Analysis Subgroup, ICN Merger Guidelines Workbook, 2006, 8면 참조.

20) 이와 대비되는 견해로서 기업결합으로 새롭게 형성될 지배관계가 발생시키는 경쟁제한성 외에 기업결합과 인과관계에 있는 예상 가능한 일정 범위의 경쟁제한행위를 기업결합 심사에 포함시켜야 한다는 것으로, 이선희, "기업결합신고에 대한 시정조치 부과대상 및 행위내용의 기준", 시장경제와 사회조화, 권오승교수 정년 기념논문집, 2015, 189면 참조. 그러나 기업결합과 인과관계에 있는 예상 가능한 범위라면, 결합특유의 범위 안에 위치하는 것으로 볼 수 있을 것이다.

을 침해하고, 궁극적으로 기업결합뿐만 아니라 독점규제법 위반행위 전반에 걸쳐 규제의 실효성을 약화시키는 결과를 낳을 수 있다. 결국 결합특유의 범위를 넘어서는 부분에 대한 규제는, 기업결합이 아닌 경쟁법상 단독행위나 공동행위에 관한 다른 규제에 유보되어야 할 것이다.

2. 영업양수의 심사

(1) 영업양수에 있어서 심사 범위

기업결합의 심사 원칙은 영업양수 방식에 의한 기업결합에 있어서도 당연히 적용된다. 예를 들어 영업의 주요 부분의 양수가 이루어진 경우에, 기업결합의 관점에서 문제가 되는 것은 해당하는 영업 부분이 양도인에게 속해 있을 때의 시장 상황이 아니라, 양수인에게 이전된 이후에 나타나게 되는 시장 변화이며,[21] 양도인 자체는 새롭게 형성된 지배관계 밖에 위치하는 한 기업결합 경쟁제한성 심사에 포함될 여지는 없다.

한편 이와 관련하여 독점규제법 제16조 제1항이 위법한 기업결합의 시정조치 대상을 기업결합의 당사회사로 규정하고 있는 것이 심사 범위에 영향을 미치는지를 살펴볼 필요가 있다. 동 규정에서 당사회사를 구체화하여, 심사기준 III. 2.는 취득회사와 피취득회사가 모두 당사회사에 포함되며, II. 5.는 합병의 경우 합병으로 소멸되는 회사, 영업양수의 경우 양도회사 등이 피취득회사에 해당하는 것으로 보고 있다. 독점규제법 제16조 제1항의 당사회사는 위법한 기업결합에 참가한 사업자를 의미하며, 심사기준의 규정은 '당사회사'의 문리적 해석에 따른 것으로 이해된다.[22] 그

---

21) 白石忠志, 주 14)의 책, 195면 참조.
22) 이러한 해석은 당사회사를 기업결합의 구체적인 행위 측면에서 이해한 것이며, 기업결합의 참가자 측면에서 보면, 당사회사에 양도인이 포함되지 않는 것으로 볼 수도 있다. 지배권 취득 방식의 기업결합에서 지배권을 양도한 자는 기업결합의 참가자가 아니라고 보는 것으로, Michael Kling & Stefan Thomas, 주 1)의 책,

러나 이러한 이해를 기업결합의 심사 범위를 정하는 기준에까지 원용하는
것은 지나치게 형식적이다. 동법 제16조 제1항은 경쟁제한적인 기업결합
에 대하여 일정한 제재를 부과하는 근거 조항이며, 당해 기업결합에 참가
한 사업자를 시정조치의 수명자로 한다는 취지에 따른 것이다. 따라서 문
제가 된 기업결합으로 나타난 경쟁제한적 효과를 판단하는 범위를 정함에
있어서 동 규정을 원용할 수 있는지는 의문이다. 전술한 것처럼 기업결합
의 경쟁제한성 판단은 당해 기업결합 특유의 범위에 한정되는 것이며, 이
는 위법한 기업결합 상태를 해소하기 위한 시정조치 부과에 논리적으로
선행하는 것이고, 역으로 구속되는 것은 아니다.

공정거래위원회가 다루었던 오웬스코닝 기업결합 사건은 이러한 문제
가 전형적으로 나타났던 예이다. 동 사건에서 오웬스코닝은 상고방베트로
텍스로부터 유리강화섬유 사업부문을 인수하는 수평적 기업결합을 하였
고, 이에 대하여 공정거래위원회는 당해 기업결합이 유리강화섬유 시장에
서 경쟁제한성이 있는 것으로 판단하고, 영업양수인인 오웬스코닝뿐만 아
니라 양도인인 상고방베트로텍스 등도 수명자에 포함하여 주식 또는 자산
매각의 구조적 조치를 명하였다.[23] 물론 동 사건에서 공정거래위원회가
영업양수인뿐만 아니라 영업양도인도 시정조치의 대상으로 하고 있다는
점은 눈여겨 볼 부분이지만, 동 심결에서 경쟁제한성 판단은 양수된 사업
부문을 중심으로 하여 당해 기업결합이 시장에 미치는 부정적 영향 등을
고려한 것에 따른 것이고, 영업양도 이후 잔존 사업부문에서 영업양도인
이 갖게 되는 시장에서의 지위나 시장에 미칠 영향 등은 심사 과정에서
검토 대상이 되지 않았다는 점에도 주목할 필요가 있다.

321면 참조.
23) 공정위 2007. 12. 5. 의결 제2007-548호. 한편 동 심결에서 구조적 내용의 시정조
   치의 실행 가능성 및 시장 상황 등을 고려하여 공정위는 동 심결의 내용을 행태적
   조치로 변경하는 재의결을 하였다. 공정위 2008. 11. 3. 의결 제2008-294호 참조.

(2) 마이크로소프트의 노키아 영업양수 사건 검토

이상의 논의는 마이크로소프트의 노키아 영업양수 사건과도 밀접히 관련된다. 당해 기업결합은 마이크로소프트가 노키아의 38개 자회사의 주식을 취득하고, 병행하여 노키아 본사와 5개 자회사의 단말기 제조 및 서비스 사업 관련 자산을 양수하는 방식으로 이루어졌다. 당해 기업결합에는 이동통신 서비스와 단말기 이용에 관한 대부분의 시장이 관련되었다.[24] 마이크로소프트는 모바일 OS, 모바일 앱, 특허기술 및 단말기의 한 종류인 태블릿 시장에서 사업 활동을 영위하였고, 노키아의 사업 부문은 단말기 시장에 집중하였지만, 통신·네트워크 관련 특허기술도 보유하고 있었다. 당해 기업결합에서 노키아의 특허기술 부문은 양도 대상에서 제외되었으므로, 기업결합의 양상은 주로 모바일 OS 등의 시장과 단말기 시장의 수직적 결합으로 나타났으며, 부분적으로 단말기 시장에서의 수평적 결합의 성격도 있었다.

당해 기업결합에 대하여 유럽 위원회는 마이크로소프트가 인수한 노키아 단말기 사업부문이 마이크로소프트가 기왕에 제공하고 있던 모바일 운영체제, 모바일 어플리케이션, 메일 서버 등과 배타적으로 결합함으로써 경쟁을 제한할 가능성이 있는지 여부를 중점적으로 검토하였다. 이러한 분석은 수직적 결합에 따른 시장 봉쇄 효과에 초점을 맞춘 것인데, 모바일 운영체제 시장 등에서의 마이크로소프트의 점유율과 단말기 시장에서 노키아의 점유율이 낮은 수준에 머물고 있는 것에 비추어[25] 다른 단말기 제조업자에 대하여 공급을 제한하는 등의 배타적인 거래를 할 가능성이 거

---

24) 공정거래위원회는 당해 사건에 대한 동의의결에서 모바일 생태계가 모바일 단말기 시장, 모바일 운영체제(OS) 및 소프트웨어(모바일 앱) 시장, 모바일 특허기술 시장 등으로 구성되어 있는 것으로 파악하였다.

25) 2013년 상반기 기준 스마트폰 운영체제 시장에서 마이크로소프트의 Windows Mobile의 시장점유율은 세계 시장에서 3%, 국내 시장에서 0%이고, 동 시기에 스마트폰 단말기 시장에서 노키아의 점유율은 세계 시장에서 3%, 국내 시장에서 0%로 나타났다. IDC, Worldwide Quarterly Mobile Phone Tracker, 2013. Q2.

의 없는 것으로 판단하고, 최종적으로 당해 기업결합을 승인하는 결정을 하였다.[26] 한편 유럽 위원회 결정에서 당해 기업결합의 승인뿐만 아니라 결정 과정에서 양도인의 지위에 있던 노키아에 대하여 언급한 부분도 주목할 만하다. 동 위원회는 당해 기업결합에서 노키아는 양도인일 뿐이고, 심사는 결합 주체(merged entity)에 한정되기 때문에 EU 경쟁법상 기업결합 규제 범위에 위치하지 않는다는 점을 분명히 하였다. 물론 단말기 사업부문의 양도 이후에도 노키아는 특허 포트폴리오를 보유함으로써, 특허실시와 관련하여 노키아가 이를 남용할 가능성은 여전히 존재한다고 볼수 있고, 동 위원회도 기업결합 이후 이 문제에 대하여 주시할 것임을 밝히고 있다. 그러나 이와 같은 노키아의 남용 가능성은 기본적으로 당해 기업결합과는 별개의 문제이며, 동 위원회는 이를 EU 기능조약 제102조에 의하여 시장지배적 지위남용행위에 해당하는지의 관점에서 다루어져야 할 문제로 보았다.[27]

마이크로소프트의 노키아 휴대폰 사업부문 인수에 관한 공정거래위원회의 결정은 피심인인 마이크로소프트의 자율적 시정방안을 승인한 동의의결의 형식으로 종료되었다는 점에서 차이가 있지만, 사건에 대한 기본적인 접근 방식에 있어서는 유럽 위원회와 크게 다르지 않다. 동의의결 대상 행위의 경쟁제한성 심사는 당해 영업양수를 통하여 형성된 결합주체를 대상으로 수직적 측면에서의 잠재적 봉쇄효과와 수평적 측면에서의 잠재적 협조효과를 중심으로 전개되었으며,[28] 이 과정에서 기업결합 이후 양

---

26) European Commission, Press Release, 2013. 12. 4.

27) Ibid.

28) 공정거래위원회는 잠재적 봉쇄효과와 관련하여 안드로이드 OS에 사용되는 자신의 특허 실시료를 과도하게 인상하여 윈도우 단말기와 경쟁관계에 있는 안드로이드 단말기 제조업자의 생산비용을 증가시키거나 새로운 사업자의 시장 진입을 저지할 수 있다는 우려에 초점을 맞추었고, 잠재적 협조효과와 관련하여 결합 이전에 특정 단말기 제조업자와 체결한 사업제휴계약이 경쟁에 부정적인 영향을 미칠 가능성을 고려하였다. 공정위 2015. 8. 24. 의결 제2015-316호 44-55문.

수 범위에서 제외된 사업 부문을 영위하게 된 양도인에 대한 심사는 이루어지지 않았다. 비록 공정거래위원회가 명시적으로 언급하지는 않았지만, 결합 이후의 노키아와 관련된 부분을 경쟁제한성 심사에서 제외한 것은 새로운 지배관계로부터 종국적으로 배제되는 영업양도인이 기업결합의 경쟁제한성 심사 범위에 포함되지 않는다는 판단에 따른 것으로 볼 수 있다. 한편 심사기준 IV. 3. 가. (8)은 수직적 기업결합에서 시장의 봉쇄효과 판단을 위한 고려 사항으로 "당해 기업결합에 관련된 상품과 원재료 의존관계에 있는 상품시장 또는 최종 산출물 시장의 상황 및 그 시장에 미치는 영향"을 제시함으로써, 수직적으로 관련된 일정한 시장의 심사 가능성을 밝히고 있다는 점에 근거하여 동 의결에 대한 일정한 비판이 가능할 수 있다. 그러나 동 규정은 기본적으로 결합주체에 의한 시장봉쇄 효과가 발생할 수 있는 범위를 수직적 관련 하에서 제시한 것이며, 결합주체에 속하지 않는 사업자로부터 야기될 수 있는 시장봉쇄 효과를 고려하는 근거로서 이해될 수 있는 것은 아니다. 따라서 동 규정을 당해 기업결합에서 양도인에 해당하는 노키아의 심사 근거로 원용하기는 어려울 것이다.

IV. 기업결합 시정조치와 영업양수

1. 기업결합 시정조치의 내용과 대상

경쟁제한적인 기업결합으로 평가될 경우에, 독점규제법 제16조 제1항에 근거하여 시정조치가 부과된다. 시정조치의 부과는 최종적인 위법성 판단의 기초가 된 경쟁제한적 효과의 해소를 목적으로 하며, 구체적인 시정조치의 내용과 대상은 이러한 목적을 실현하기 위한 정책적 판단에 따라서 결정될 것이다.

독점규제법 제16조 제1항은 위법한 기업결합의 시정조치 대상을 원칙적으로 기업결합의 당사회사로 정하고,29) 나아가 특수관계인까지 시정조치의 대상을 확장하고 있다. 동법 시행령 제11조는 특수관계인의 범위를, 1) 당해 회사를 사실상 지배하고 있는 자, 2) 동일인 관련자, 3) 경영을 지배하려는 공동의 목적을 가지고 당해 기업결합에 참여하는 자로 정하고 있는데, 여기서의 특수관계인도 기본적으로 결합 주체의 지배 관계 관점에서 파악한 개념이므로, 이와 같은 시정조치 대상의 확대가 경쟁제한성 판단의 대상인 기업결합 주체로부터 본질적으로 벗어나는 것은 아니다.

동 조항에서 시정조치 대상으로 명시된 기업결합 당사회사의 의의에 관하여, 전술한 것처럼 심사기준은 당사회사에 취득회사와 피취득회사가 모두 포함되고, 특히 영업양수의 경우 양도회사가 피취득회사에 해당하는 것으로 보고 있다. 위법한 기업결합에 참가한 사업자 중 어느 범위까지를 시정조치의 대상으로 할 것인지는 정책적으로 결정할 문제이다. 그렇지만 구체적인 시정조치의 부과는 기업결합으로 야기되는 경쟁제한성 판단에 기초하여야 하며, 이러한 범위를 넘어서는 시정조치는 타당성을 결할 수 있다. 즉 복수의 기업에 의하여 새롭게 형성된 단일한 지배관계는 경쟁제한성 판단의 출발점이고, 동시에 심사 범위를 제한하며, 나아가 시정조치의 대상과 내용을 정함에 있어서도 영향을 미친다. 이러한 점에서 제16조 제1항에 규정된 기업결합의 당사회사는 위법한 기업결합에 대한 시정조치의 범위를 정하는 한계기능을 수행하지만, 피취득회사가 언제나 당연히 이에 포함되는 것으로 볼 것은 아니다. 특히 구조적 조치가 요구되고 이러한 조치의 실효성을 기하기 위하여 피취득회사에 대한 명령이 불가피한 예외적 상황이 아니라면, 기업결합에 의하여 형성된 지배관계에서 종국적으로 배제된 사업자를 수명자로 하는 것에는 신중할 필요가 있을 것이다.30)

---

29) 동 조항은 경쟁제한의 폐해를 시정하기 위한 조치의 실효성을 제고하기 위하여 기업결합 당사회사 외에 '특수관계인'도 시정조치의 대상이 될 수 있는 것으로 규정하고 있다. 또한 동 규정은 문제가 된 행위의 주체로서 사업자 외에 위반행위를 한 자(위반행위자)를 시정조치의 대상으로 추가하고 있다.

2. 영업양수에 대한 시정조치

(1) 영업양수에 있어서 시정조치의 내용과 대상

영업양수 방식의 기업결합의 경우 수명자를 정하는 문제에 있어서, 영업양수의 기본적 특징에 대한 고려가 이루어져야 한다. 특히 주식취득 방식의 기업결합과의 비교는 이러한 특징을 보다 명확하게 보여준다. 주식취득 방식의 경우 피취득회사가 보유한 주식 전부를 취득하는 경우가 아니라면, 취득회사에 의하여 기존의 지배관계를 포괄한 새로운 단일한 지배관계가 형성되더라도 피취득회사 역시 새로운 지배관계의 구성 부분으로 존재할 수 있다.[31] 그러나 영업양수의 경우에는 합병과 마찬가지로 양도인을 중심으로 한 기존의 지배관계는 종국적으로 소멸하며, 양도인은 더 이상 결합 주체의 지배관계 안에 위치하지 않게 된다. 이와 같이 양도인으로서 위법한 기업결합에 참여하였지만, 기업결합에 따른 새로운 지배관계에 포함되지 않으며, 따라서 당해 기업결합의 경쟁제한성 판단 범위에서 벗어나 있다는 점은 시정조치 부과 대상의 범위를 정함에 있어서 당연히 고려되어야 할 부분이다.

이와 관련하여 일본의 입법 태도는 참고할 만하다. 일본 독점금지법 제16조 제1항 본문은 "회사는 다음의 행위를 함으로써 일정한 거래분야에서의 경쟁을 실질적으로 제한하게 되는 경우에 그러한 행위를 하여서는 안 된다"고 규정하고 각 호에서 다른 회사의 사업의 전부 또는 중요 부분의 양수(1호) 등을 규정하여 기업결합 방식의 하나로서 영업양수를 규제하고 있다. 동 규정에 위반한 사업자에 대한 시정조치 부과 근거 조항인 제17

---

30) 이와 대비되는 견해로서, 동 규정은 취득회사뿐만 아니라 피취득회사의 기업결합 후 영업활동 등에 대하여 광범위하게 규율할 필요성을 반영한 것으로 이해하는 것으로, 이선희, 주 20)의 글, 192면 참조.

31) 이러한 점이 주식취득에 의한 기업결합의 경우 새로운 지배관계가 형성되었는지에 관한 실질 심사가 필요한 원인이 된다.

조의2 제1항은 "… 제16조 제1항 … 규정에 위반하는 행위가 있는 때에 공정거래위원회는 제8장 제2절에서 규정하는 절차에 따라 사업자에 대하여 주식의 전부 또는 일부의 처분, 사업의 일부양도 등 이러한 규정에 위반하는 행위를 배제하기 위해 필요한 조치를 명할 수 있다"고 규정하고 있다. 즉 동법 제16조 제1항은 회사가 다른 회사의 영업을 양수하는 등에 의하여 경쟁을 실질적으로 제한하는 기업결합을 금지하고, 公正取引委員會는 제17조의2 제1항에 의하여 이에 위반한 사업자에 대하여 시정조치를 부과할 수 있다. 두 규정을 종합하면, 영업양수를 한 사업자가 수명자이며, 독점규제법과 달리 영업양도의 주체는 시정조치 대상에서 제외된다.[32] 물론 이에 관한 입법은 법정책적인 문제이며, 일의적으로 규정의 타당성을 주장할 수 없지만, 영업양수 관련 일본 독점금지법상 시정조치 부과 규정은 유사한 법규정을 두고 있는 독점규제법의 운영에 있어서 일정한 시사점을 주고 있다.

공정거래위원회가 영업양수 방식의 기업결합 사건을 다룬 예에서도, 대체로 시정조치의 대상은 양수회사로 한정되었다. 예를 들어 코오롱의 고합 나일론 필름 사업 인수,[33] INI 스틸 및 현대하이스코의 한보철강 영업양수,[34] 롯데인천개발의 신세계 인천점(영업용 고정자산) 양수 사건[35] 등에서 시정조치 부과 대상은 양수회사이었으며, 특히 세 사건 모두 영업용 자산의 제3자 매각을 시정조치 내용으로 하면서 양도인을 시정조치 대상

---

32) 公正取引委員會에서 다루어진 사건을 보면, 東寶(株)가 스바루興業으로부터 스바루좌 및 오리온좌의 2개 극장을 임차한 사건에서 동 위원회는 동보의 2극장 임차가 영업의 주요부문 임차(영업양수)로서 경쟁을 실질적으로 제한하는 기업결합에 해당한다고 보고, 양수인인 동보를 피심인으로 하여 스바루홍업으로부터 극장 임차를 하지 않을 것을 명하는 시정조치를 부과하였다. 昭和 25. 9. 29. 동 심결에 대하여 피심인인 동보는 불복의 소를 제기하였는데, 최종적으로 최고재판소는 公正取引委員會의 판단을 지지하면서 기각하였다. 最判, 昭和 29. 5. 25.

33) 공정위 2002. 12. 23. 의결 제2002-306호.

34) 공정위 2004. 11. 17. 의결 제2004-285호.

35) 공정위 2013. 4. 29. 의결, 2013기결0741.

의 범위에 포함시키지 않았다. 그러나 이와 다른 입장을 취한 경우도 있으며, 앞에서 다루었던 오웬스코닝의 영업양수 사건이 대표적이다. 동 사건에 대하여 2차례 의결이 이루어졌는데, 공정거래위원회는 첫 번째 의결에서 구조적 조치를 내용으로 하는 시정명령을 부과하였고,[36] 두 번째 의결에서는 구조적 조치의 실행 가능성 등을 고려하여 행태적 조치를 부과하는 내용으로 원 시정조치를 변경하였다.[37] 시정조치의 수명자 측면에서 주목할 것은, 첫 번째 의결에서는 수명자에 양도인인 상고방베트로텍스도 포함하여 시정명령이 내려진 반면, 두 번째 의결에서는 시정조치의 대상이 양수인인 오웬스코닝에 한정되었다는 점이다. 이러한 차이는 두 의결에서 구조적 조치와 행태적 조치의 상이한 내용으로 시정조치가 내려진 점에 기인하는 것으로 볼 수 있다. 두 번째 의결에서 취해진 행태적 조치는 영업양수 자체를 승인하는 전제에서 이루어지는 것이므로, 시정조치의 수명자는 결합주체로 한정될 수밖에 없었을 것이다. 반면 당해 기업결합 자체를 금지하면서 원상회복과 같은 내용의 구조적 조치를 취할 경우에는 양수인도 시정조치의 부과 대상이 될 수 있으며, 첫 번째 의결에서는 이러한 접근 방식이 드러나고 있다.[38] 결국 오웬스코닝 사건에서 공정거래위원회의 심결은 시정조치의 성격에 따라서 수명자의 범위가 달라질 수 있음을 시사한 것이며, 이러한 접근 방식은 기업결합 규제의 실효성 있는 방안으로 고려될 수 있을 것이다.

---

36) 공정위 2007. 12. 5. 의결 제2007-548호.
37) 공정위 2008. 11. 3. 의결 제2008-294호.
38) 씨제이오쇼핑의 주식취득 방식에 의한 온미디어와의 기업결합 사건에서 공정거래위원회는 피취득회사도 대상으로 하여 채널거래에 있어서 거래거절 등의 행위를 하지 않을 것을 내용으로 하는 시정명령을 내렸다. 이때 행태적 시정조치의 대상이 된 사업자는 취득회사인 씨제이오쇼핑에 흡수된 회사이므로, 영업양수에 있어서 양도인에 대한 시정조치 가능성을 논의함에 있어서 원용하기는 어려울 것이다. 공정위 2010. 8. 31. 의결 제2010-110호.

(2) 마이크로소프트의 노키아 영업양수 사건 검토

마이크로소프트가 노키아의 휴대폰 사업부문을 인수하는 계약에서 드러난 내용을 보면, 노키아는 스마트폰과 피처폰의 제조와 판매로 구성된 단말기 사업부문의 대부분을 마이크로소프트에 양도하고, 모바일 네트워크 장비사업, 디지털 지도사업, 특허권 관리 등의 사업을 영위하는 사업자로 남게 된다. 즉 동 양도계약 이후 노키아는 더 이상 단말기 사업에서 유의미한 사업자로 존재하지 않게 되며, 해당 부문은 영업양수 후 마이크로소프트의 새로운 지배관계 하에 놓이게 된다. 유럽 위원회는 당해 기업결합을 승인하면서 그 대상을 마이크로소프트로 하고, 노키아는 기업결합의 심사 범위에서 배제하였으며, 당연히 노키아에 대한 시정조치는 부과되지 않았다.[39]

이와 같은 유럽 위원회의 사건 처리 결과는 유사한 기업결합 규제체계를 이루고 있는 독점규제법에서도 참고할 수 있을 것이다. 물론 앞에서 살펴본 것처럼 독점규제법 제16조 제1항이 시정조치의 수명자를 영업양도인도 개념적으로 포함될 수 있는 기업결합의 당사회사로 정하고 있지만, 구체적인 사건에서 수명자는 경쟁제한성 판단의 범위와 경쟁제한적 효과를 배제하는 조치의 실효성 측면에서 고려되어야 하며, 이러한 관점에서 영업양수 방식의 기업결합에서 영업양도인이 시정조치의 대상이 될 여지는 크지 않을 것이다. 또한 공정거래위원회가 영업양수 사건을 처리한 예에서 나타난 것처럼, 구조적 조치와 행태적 조치를 구분하고 전자의 경우에 양도인에 대한 시정조치 부과가 가능한 방식을 수용할 수 있다 하더라도, 행태적 조치에서는 양도인에 대한 규제 필요성은 더욱 긍정하기 어려울 것이다.

당해 기업결합 사건은 마이크로소프트가 시정방안을 제시하고, 공정거래위원회는 이를 수용하는 동의의결의 형식으로 종료되었다. 이 과정에서

---

39) European Commission, Press Release, 2013. 12. 4.

마이크로소프트는 우선 수직적 봉쇄효과와 관련하여 마이크로소프트가 갖고 있는 표준필수 특허의 경우 FRAND 조건으로 라이선스하고, 국내 단말기 제조업자에 대한 특허침해금지청구를 하지 않으며, 라이선스 실시권자에 대한 교차 라이선스를 요구하지 않는 등을 내용으로 하는 시정방안을 제시하였다. 또한 비표준특허의 경우에는 종래 라이선스 조건을 유지하는 등의 내용을 시정방안으로서 제시되었다. 한편 수평적 협조효과의 우려에 대하여 과거 국내 단말기 제조업자와 체결하였던 사업제휴계약에서 영업정보의 교환에 관한 조항 및 이행의무를 삭제하는 방안을 제시하였다.[40] 공정거래위원회는 이상의 시정방안이 당해 기업결합으로 야기될 수 있는 경쟁제한적 우려를 충분히 해소할 수 있는 것으로 판단하고, 최종적으로 동의의결을 채택하였다. 한편 양도인인 노키아는 시정방안에 포함되지 않았으며, 공정거래위원회는 특별한 이의를 하지 않음으로써 결과적으로 이를 수용한 것으로 보인다.

당해 기업결합 이후 노키아는 양도 대상인 단말기 제조 부문에서 더 이상 의미 있는 사업자로 남아 있지 않게 되며, 당해 기업결합의 심사가 마이크로소프트에 인수된 단말기 사업부문과 기왕에 마이크로소프트가 제공하던 모바일 운영체제와 보유하고 있는 특허실시 등의 수직적 관련성에 초점이 맞추어질 수밖에 없다는 점에서, 노키아는 당해 기업결합으로부터 제기된 경쟁정책적 문제에서 벗어나 있는 것으로 볼 수 있다. 또한 결합주체에 의하여 야기되는 경쟁제한적 우려를 해소하는 시정방안을 검토하는 과정에서 결합주체에 속하지 않은 양도인의 시정 방안이 포함될 필요성은 보이지 않으며, 따라서 공정거래위원회가 시정방안의 검토에서 노키아를 고려하지 않은 것의 타당성을 인정할 수 있을 것이다.

---

40) 공정위 2015. 8. 24. 의결 제2015-316호 61-72, 75-76문.

V. 영업양도인에 대한 규제 가능성

1. 기업결합 후 영업양도인의 지위

앞에서 살펴본 것처럼 영업양수에 의한 기업결합이 이루어지면, 영업양도인은 이전된 영업재산을 중심으로 한 지배관계에서 종국적으로 배제되며, 더 이상 결합 주체로서 파악되지 않는다. 물론 영업양수가 영업양도인이 영위하던 사업부문 전체를 대상으로 하지 않을 경우, 양도인은 여전히 잔존사업 부문에서 사업자로 존재하게 된다.[41] 이때 잔존사업의 주체로서 영업양도인은 결합 주체와 구별되는 것이기 때문에, 영업양도인에 대한 경쟁법적 주의가 기업결합으로부터 직접적으로 연유하는 것은 아니다.

그렇지만 기업결합(영업양수)은 수평적, 수직적 맥락에서 시장 상황에 중요한 영향을 미칠 수 있으며, 이러한 상황 변화는 양도인이 영업양도 후 유지하고 있는 사업부문에서도 의미를 가질 수 있다. 또한 영업양도인은 영업양도 이후 잔존 사업부문에 자신의 경제적 자원을 집중할 수 있게 됨으로써 이 부문에서 보다 큰 경쟁력을 발휘할 가능성도 있을 것이다. 특히 당해 기업결합에서는 영업양도인인 노키아가 보유하고 있는 특허의 남용 가능성도 고려 대상이 될 수 있다. 유럽 위원회가 당해 기업결합의 승인 결정에서 언급한 것처럼, 특허 포트폴리오를 보유한 노키아가 특허 실시와 관련하여 자신의 지위를 남용할 가능성은 경쟁정책적으로 간과하기 어려운 문제이며, 경쟁당국으로서 지속적으로 관심을 기울일 대상임이 분명하다. 그렇지만 이러한 문제가 당해 기업결합의 경쟁제한성 심사 범위에 속하는 것은 아니며,[42] 경쟁법상 다른 위법 유형에서 규제의 근거를 구하

---

41) 영업양도 후 양도인은 청산 등의 과정을 거쳐 더 이상 사업자로서 존재하지 않을 수 있고, 영업 부문을 직접 영위하지 않은 채 지주회사나 투자 회사로 존속할 수도 있다. Arnold Goldstein, 주 13)의 책, 93-94면 참조.

42) 이에 관한 명확한 언급으로, Joaquin Almunia, "Intellectual property and

는 것이 타당한 접근방식일 것이다.

2. 영업양도인의 규제 가능성 검토

(1) 독점규제법상 영업양도인의 규제 가능성-시장지배적 지위남용

영업양도인에 대한 경쟁법상 규제를 기업결합 규제의 틀을 넘어서 고려할 때, 가장 우선적인 고려 사항은 영업양도인에 대한 단독행위로서의 규제 가능성이며, 특히 경쟁제한적 관점에서 시장지배적 지위남용행위에 해당하는지가 실질적인 문제로서 제기될 수 있다.[43]

시장지배적 지위의 남용에 관하여 대법원은 티브로드 사건에서 "(객관적으로도) 경쟁제한의 효과가 생길 만한 우려가 있는 행위로 평가될 수 있는 불이익 강제행위를 하였을 때"를[44] 남용행위로서의 부당성이 인정될 수 있는 것으로 보고 있다. 이러한 이해를 전제하면, 자신의 영업재산을 양도하는 행위는 동 재산에 기초하던 사업활동 주체로서의 지위를 상실하는 것이기 때문에, 양도행위 자체가 경쟁을 제한하는 의미에서 지배적 지위의 남용으로 판단될 여지는 거의 없을 것이다.

그렇지만 양도행위가 잔존 사업부문에서 영업양도인의 지배적 지위에 미칠 영향에 대해서는 주의를 요한다. 우선 고려할 수 있는 것은 영업양도인이 잔존 사업부문을 계속 영위하게 될 경우에, 자신의 경제적 자원을 이에 집중함으로써 남은 사업부문에서 경쟁력이 강화될 수 있다는 점이다. 그러나 이러한 가능성 자체가 일반적인 것으로 보기는 어렵고, 더욱이 잔존 사업부문에서의 경쟁력 강화가 전체 시장에서 경쟁정책적으로 긍정적인 평가가 이루어질 수도 있을 것이다.

Competition policy", IP Summit 2013, 3면 참조.
43) 최수희, "해외 경쟁당국의 수직적 기업결합 관련 경쟁제한성 평가에 대한 검토 및 시사점", 경쟁저널 제183호, 2015. 11, 17-18면 참조.
44) 대법원 2008. 12. 11. 선고 2007두25183 판결.

한편 영업양도는 양도인과 양수인 사이의 계약을 통하여 이루어지며, 양도 과정에서 이전될 재산과 유보할 재산에 관한 구체적이고, 포괄적인 논의를 거치게 된다.[45] 이 과정에서 그리고 최종적인 계약 내용에 의하여 양자 간에는 경제적으로 일정한 협력관계가 조성될 수도 있다. 복수의 사업자에 의한 집합적(collective) 시장지배력을 인정한다면, 양자 사이에 경제적 관련성(economic links)이 존재할 경우에 집합적으로 시장지배적 지위가 가능하다.[46] 이때 경제적 관련성 인정과 관련하여, 유럽법원은 사업자들 사이에 약정이나 법적 관계가 필수적으로 요구되는 것은 아니고, 문제가 된 시장의 구조적 분석에 의할 수 있다는 입장을 취하고 있으며, 예를 들어 단일하거나 공동의 가격정책을 취하는 것이 이에 해당할 수 있다.[47] 이와 같은 유럽법원의 판결에 기초하여 영국 공정거래청이 경제적 관련성을 구조 또는 특정 시장에서 공동의 정책(common policy)을 추구하는 것과 같은 행태로부터 파악할 수 있다고 정식화 한 것은 참고할 만하다.[48] 사안에 따라서 영업양도 이후 이러한 관계가 구체화 될 수 있으

---

45) 구체적인 양도재산에 관하여 양 당사자가 고려하는 사항에 관한 설명으로, Arnold Goldstein, 주 13)의 책, 193-195면 참조.

46) Irish Sugar 사건에서 유럽 법원은 집합적 시장지배력이 동일 시장 내의 수평적 관계에서만 인정될 수 있는 것이 아니라, 특허권자와 사용권자 또는 제조업자와 유통업자와 같은 수직적인 관계에서도 경제적 관련성(economic links)에 기초하여 집합적 시장지배력이 인정될 수 있음을 밝히고 있다. Irish Sugar plc. v. Commission, Case C-497/99R [2001] 5 CMLR 1082. 동 판결의 의의에 관하여, Mark Furse, Competition Law of UK and EU, Oxford Univ. Press, 2008, 299면 참조. 또한 경제적 관련성에 기초한 집합적 시장지배력의 의의에 관하여, "둘 이상의 독립적인 사업자가 특정한 시장에서 경제적 관련성(economic links)에 의하여 통합되어 다른 사업자들에 대하여 집합적으로 시장지배력을 가질 수 있다. 예를 들어 약정이나 라이센스를 통하여 다른 경쟁자, 고객 그리고 궁극적으로는 소비자들에 대하여 지배력을 가능하게 하는 기술적 우위를 얻게 됨으로써 집합적으로 시장지배력을 보유할 수 있다"고 한 Società Italiana Vetro SpA v. Commission, Case T-68, 77 and 78/89 [1992] ECR II-1403 5 CMLR 302, para. 358 참조.

47) Compagnie Maritime Belge SA & others v. Commission, Case C-395, 396/96 P [2000] ECR I-1365, para. 45-46.

며, 이는 경쟁당국의 주의를 촉구하는 계기가 될 것이다. 그러나 당해 영업양수에서는 영업양수 후 지분적 관계 등의 구조적 관련성이 존재하지 않고, 또한 마이크로소프트나 노키아가 속한 시장에서 공동의 정책을 추구할 것으로 예상되는 구체적인 근거가 드러나지 않는다는 점에서, 경제적 관련성 요건이 충족되는 것으로 보기는 어려울 것이다.

(2) 노키아의 특허 남용 우려 문제

이상의 논의에 비추어 영업양도인이 기업결합 이후 시장지배적 지위남용행위로서 문제가 될 수 있는 여지는 크지 않으며, 당해 기업결합 사건에서 노키아의 위치도 일반적인 분석에서 크게 벗어나는 것은 아니다. 그러나 영업양도 이후 노키아가 특허관리전문회사로 존속하게 된다는 점은 특허 남용 가능성의 관점에서 특별한 주의를 요한다. 공정거래위원회가 동의의결에서 제시한 자료에 의하면, 2014. 1. 1. 기준으로 노키아는 미국 내에서 모바일에 관련된 특허로서 통신·네트워크 4,592개, 소프트웨어 1,418개, OS 920개, 단말기 하드웨어 1,350개, 디자인 1,183개 등 총 8,543개의 특허기술을 보유하고 있는 것으로 나타나고 있다.[49] 앞에서 살펴본 것처럼, 특허기술 시장과 단말기 제조 시장 등에서 수직적 결합의 성격을 갖고 있는 당해 기업결합에서 수직적 봉쇄효과에 따른 우려를 해소하기 위하여, 동의의결은 마이크로소프트가 보유하고 있는 표준특허 또는 비표준특허의 실시에 있어서 FRAND 조건에 따르거나 종래 조건의 유지 등을 시정방안으로 수용하였지만, 양도인인 노키아에 대해서는 유사한 내용의 시정안이 제시되거나 요구되지 않았다. 이러한 태도는 기업결합의 심사 범위나 시정조치의 대상이 원칙적으로 결합 주체에 제한된다는 점에서 타당한 것으로 볼 수 있지만, 영업양도인에 대한 추가적인 고려 시 주의를

---

48) OFT(Office of Fair Trade), Abuse of a dominant position, 2004, 16면(para. 4.25) 참조.
49) 공정위 2015. 8. 24. 의결 제2015-316호 32문 참조.

기울여야 할 부분에 대한 의미 있는 시사점을 제공한다.

우선 특허 남용의 가능성을 시장지배적 지위남용의 측면에서 고려할 경우에, 지배적 지위가 전제되어야 하며, 또한 관련시장의 획정이 이에 선행할 것이다. 특허기술 내지 특허실시 시장의 획정과 관련하여, 대체 가능한 상품이 존재하는 범위로 관련시장을 획정하는 기본 원칙은 특허실시 시장에서도 동일하게 적용되지만, 각 특허를 대상으로 개별적으로 대체가능성을 판단할 것인지 또는 노키아가 보유하고 있는 모바일 관련 특허 전체를 대상으로 할 것인지가 결정되어야 한다. 대체로 특허권자는 자신이 보유하고 있는 특허 포트폴리오를 일괄적으로 거래 대상으로 하고 있다는 점을 고려할 때, 후자의 방식이 보다 거래 현실에 부합하는 것으로 보이며,50) 이러한 관점에서 시장획정을 할 경우에, 노키아의 지배적 지위는 용이하게 인정될 수 있을 것이다. 물론 시장지배적 지위가 인정되는 것만으로 남용 규제가 가능한 것은 아니며, FRAND 확약에 반하는 거래조건의 제시 또는 과도한 실시료의 요구나 실시 거절 등 남용으로 평가될 수 있는 행위가 드러나야 한다. 이러한 남용의 우려를 낳을 수 있는 노키아의 행위가 구체화되고 있지는 않으며, 따라서 현재의 시점에서 시장지배적 지위남용행위로서의 규제 가능성 언급은 섣부른 것일 수 있다. 그렇지만 영업양도 이후 노키아의 특허 남용 가능성을 대비하여, 유럽 위원회가 경쟁당국의 지속적인 모니터링의 필요성을 밝히고 있듯이,51) 공정거래위원회에서도 이에 대한 주의를 기울일 필요가 있을 것이다.

한편 남용 판단과 관련하여 상반되는 두 가지 측면에서의 고려가 균형 있게 이루어질 필요가 있다. 우선 노키아가 단말기 제조부문을 양도한 이후 특허관리전문기업으로서 사업을 영위할 경우, 과거 단말기 제조 과정

---

50) 유사한 방식으로 시장획정을 한 예로서, 퀄컴의 표준필수 특허와 모뎀칩셋 시장에서의 지배력 남용 사건에 대한 공정거래위원회 2009. 12. 30. 의결 제2009-281호 및 서울고등법원 2013. 6. 19. 선고 2010누3932 판결 참조.

51) Joaquin Almunia, 주 42)의 글, 3면 참조.

에서 주요 경쟁사업자가 보유한 특허의 실시허락이 불가피함으로 인하여 발생하였던 억제 효과가 소멸됨으로써 특허 남용 가능성이 보다 커질 수 있을 것이다.[52] 반면 이와 같은 상황 변화는 수직적 구조에 기초하여 사업을 영위하던 사업자가 단층적인 사업 방식으로 전환한 것을 의미한다는 점에도 주목을 요한다. 즉 기업결합 이전 노키아는 상류의 특허실시 시장과 하류의 단말기 제조 시장에 모두 진출하여 사업을 영위하는 수직적 구조를 취하고 있었으며, 이로부터 각 사업 부문을 포트폴리오적으로 운영하거나,[53] 다시장(multi-market) 사업자로서 약탈적 가격 책정을 포함하여 전략적으로 영업을 하는[54] 등 수직적 구조 하에서 경쟁사업자를 배제하는 행위가 가능한 위치에 있었다.[55] 그러나 영업양도 후 특허 부문에 집중하는 사업자로 남게 될 경우에 이러한 행위의 가능성은 줄어들 것이고, 이는 경쟁정책상 긍정적인 평가가 가능한 부분이다.

VI. 결론

독점규제법상 기업결합 규제는 당해 기업결합으로 형성된 새로운 지배

---

52) 중국 상무부는 당해 기업결합에 있어서 노키아가 교차 라이선스에 의한 억지력에서 자유롭게 됨으로써 특허 남용의 유인이 강화되었음을 지적하였다. 최수희, 앞의 글, 20면 참조.

53) 노키아 입장에서는 경쟁정책적으로 부정적일 수 있는 포트폴리오 효과의 이점을 더 이상 누리지 못하게 되는 것을 의미할 수 있다. 포트폴리오 효과의 부정적 측면에 관한 개략적인 설명으로, Eric Emch, "Portfolio effects in merger analysis: differences between EU and U.S. practice and recommendations for the future", Antitrust Bulletin vol. 49, 2004, 57면 참조.

54) 다시장(multi-market) 사업자의 전략적 행태에 관한 설명으로, Herbert Hovenkamp, 주 15)의 책, 564-565면 참조.

55) 자회사의 경쟁사업자와의 거래를 제한하는 방식으로 수직적 구조 하에서 이루어지는 배제적 효과에 관한 설명으로, Richard Whish & David Bailey, Competition Law, Oxford Univ. Press, 2012, 205면 참조.

관계의 주체로서 결합 주체가 향후 관련 시장에 미치는 부정적 효과에 기초하여 이루어진다. 기업결합의 한 방식으로서 영업양수는 기능적 재산의 이전을 본질로 하며, 합병과 마찬가지로 추가적인 행위가 개입될 필요 없이 기업결합이 완성되며, 영업양도인은 종국적으로 결합 주체에서 배제되는 것을 특징으로 한다.

따라서 기업결합의 경쟁제한성 판단에서, 영업양수에 의한 기업결합에서 영업양도인의 경우처럼 결합 주체에 속하지 않는 사업자는 원칙적으로 고려 범위에서 제외될 것이다. 또한 독점규제법 제16조 제1항에서 시정조치의 수명자를 당사회사로 정하고 있고, 문리적 해석상 영업양도인도 이에 포함되는 것으로 볼 수 있지만, 기업결합의 경쟁제한성 심사 범위가 이에 구속되는 것으로 보기는 어려울 것이다. 이러한 관점에서 마이크로소프트에 의한 노키아 단말기 사업부문 양수 사건에서 양도인인 노키아는 당해 기업결합에 의한 경쟁제한성 심사 범위에 포함되는 것으로 볼 수 없으며, 공정거래위원회의 동의의결도 시정방안에 따른 경쟁제한 우려의 해소 여부를 심사함에 있어서 이에 관한 고려를 행하지 않았다.

독점규제법 제16조 제1항은 영업양수 방식의 기업결합에 대한 시정조치를 부과하는 근거가 된다. 그러나 위법상태를 해소하고 장래 유사한 위험을 방지하고자 하는 시정조치의 목적에 비추어 시정의 필요성이 인정되는 범위에서 영업양도인이 수명자로서 고려될 수 있는 것이며, 당연하게 이에 포함되는 것으로 볼 것은 아니다. 특히 원상회복 등을 내용으로 하는 구조적 조치가 아닌 행태적 조치를 부과할 경우에, 이러한 시정조치 대상에 영업양도인을 포함하는 것에는 신중한 접근을 요한다. 마이크로소프트의 노키아 영업양수 사건에 대한 동의의결도 행태적 조치를 시정방안으로 수용하면서 노키아를 시정 대상으로 고려하고 있지 않으며, 이러한 태도는 영업양수 방식의 기업결합의 특성과 행태적 조치를 내용으로 하는 시정방안에 부합하는 것으로 볼 수 있다.

영업양도 이후 단말기 관련 다수의 특허를 보유하고 있는 노키아는, 특허권 남용의 측면에서 여전히 경쟁정책적 관심의 대상이 될 수 있으며, 규제기관의 지속적인 주의를 요구하는 부분이다. 물론 이러한 고려는 당해 기업결합의 차원이 아닌 단독행위 규제와 같은 다른 위법 유형으로서의 규제 가능성을 염두에 두고 이루어져야 한다. 향후 남용 가능성에 주의를 기울임에 있어서, 영업양도 이후 특허관리전문회사로서 잔존 사업부문에 집중함으로써 지배력이 강화될 수 있는 측면과 수직적으로 통합된 방식에서 단일한 사업방식으로 전환함으로써 경쟁제한의 우려가 완화될 수 있는 측면 등이 균형 있게 고려되어야 할 것이다.

12. 독점규제법상 지주회사 규제와 개선 방안

I. 서론

독점규제법상 지주회사 규제는 경제력집중 억제를 위한 규제로서 도입되었다. 2차 세계대전 이전 일본 전시경제가 지주회사를 중심으로 운영되었던 역사적 경험은[1] 지주회사가 경제력 집중의 수단으로 활용될 수 있다는 실례가 되었으며, 이를 참고하여 1986년 독점규제법 개정에 경제력집중 억제를 위한 규제로서 지주회사 규제가 포함되었다.

1986년 독점규제법 개정에 따른 지주회사 규제는 지주회사의 설립 금지를 원칙으로 하였지만, 1999년 법 개정에 의하여 지주회사의 설립 및 제한을 허용하는 대신 일정한 제한을 가하는 내용으로 변경되었다. 이후 독점규제법상 지주회사 규제의 기본 구조는 현재까지 유지되고 있다. 그러나 규제의 내용과 적정 수준 나아가 규제 자체의 정당성에 관한 논의가 지속되고 있다. 따라서 현행 지주회사 규제가 규제의 도입 목적이었던 경제력집중 억제의 관점에서 여전히 필요한 것이며, 타당성을 갖고 있는지를 현재의 시점에서 검토할 필요가 있을 것이다. 특히 공정거래위원회는 1999년 지주회사 규제의 근본적인 변화 이후 지주회사 체제를 대규모기업

---

1) 三和良一, 槪說日本經濟史 近現代, 東京大學出版會, 2002, 148-149, 158-159면 참조.

집단의 지배구조로 수용하도록 하는 적극적인 지주회사 권장 정책을 추진하여 왔는데, 이와 같은 정책 기조가 여전히 유효한 것인지도 논의되어야 할 문제이다.

이하에서의 논의는 다음의 순서로 진행한다. 우선 지주회사의 의의를 특징, 유형, 기능 측면에서 분석하고(Ⅱ). 이어서 현행 독점규제법상 지주회사 규제의 내용을 상론한다. 규제 도입 이후 상당한 변화고 있었고, 규제 도입 시와 비교하여 규제 내용은 매우 복잡하게 구성되어 있다. 규제의 도입 목적과 제도적 취지에 따라서 규제의 내용을 구체적으로 분석하고, 아울러 현행 규제체계 하에서 지주회사의 현황을 살펴볼 것이다(Ⅲ). 이상의 분석에 기초하여 제도의 개선이 필요한 부분을 지적하고, 바람직한 개선 방안을 제시할 것이다(Ⅳ).[2]

Ⅱ. 지주회사의 의의

1. 지주회사의 특징

지주회사의 등장은 회사의 주식 취득이 가능하게 된 법제도상 변화에 기인한다. 최초의 지주회사로 알려진 미국의 Standard Oil Company of New Jersey의 경우, New Jersey주 회사법이 회사의 타회사 주식 취득을 허용하는 개정을 한 후에 설립되었다.[3] 지주회사는 이러한 제도적 기반 위에서 다른 회사의 주식 취득을 특징적 양상으로 하는 회사의 한 형태로 발전하였다.

---

2) 지주회사 규제와 관련된 중요한 이슈인 금산분리 문제는 이 책 '21. 금산분리의 역사성과 현재성'에서 상론할 것이다.

3) Ernst L. Bogart & Donald L. Kemmerer, Economic History of the American People, Longmans, Green & Co., 1951, 494면.

지주회사는 다양한 경제적 목적을 위하여 존재한다. 우선 타회사 주식의 취득은 복수의 기업을 단일한 지배하에 편제하는 것을 가능하게 하며, Standard Oil Company of New Jersey가 지주회사의 방식으로 확대한 과정을 Sherman법 위반에 해당하는 것으로 보고 지주회사 체제를 해체하였던 미국 연방대법원 판결에서[4] 드러나듯이 지주회사는 경제력집중의 수단으로 활용될 수 있다.[5] 또한 지주회사의 확산은 기능적 측면에서도 이유를 찾을 수 있다. 타회사 주식을 취득한 지주회사는 지분적 소유를 통하여 지배권을 갖지만, 경영은 피취득회사의 자율에 맡길 수 있는데, 소유와 경영의 회사 간 분리는 finance와 business의 기능적 분화를 뜻하며, 경제적 필요와 변화에 상응하여 지주회사와 자회사의 관계를 탄력적으로 정립하는 것을 가능하게 한다.

지주회사가 다양한 경제적 목적과 관련된다는 것은 지주회사의 특징적 요소에 대한 이해를 돕는다. 현대에 이르러 회사의 다른 회사 주식 취득은 일반적인 현상이며, 사업적 제휴관계나 안정적인 거래관계의 확보 또는 단순한 투자 등 매우 다양한 목적으로 타회사 주식을 취득하고 있다. 따라서 다른 회사의 주식을 보유하고 있는 것 외에 지주회사로 파악할 수 있는 추가적인 요소가 필요한데, 전술한 지주회사의 확산 과정에 비추어 주식 취득은 무엇보다 지배관계 형성과 관련되는 것이어야 한다. 물론 소유와 경영의 기능적 분리에 관한 설명에서 언급한 것처럼 지배관계 형성이 구체적인 지배권 행사를 의미하는 것은 아닐지라도, 적어도 지배의 가능성이 주어져야 한다.[6] 또한 지배의 의미 또는 정도와 관련하여 지주회사로서의 기능이 실질적인 것이 되기 위해서는 피취득회사의 경영에 대한

---

4) Standard Oil Co. of New Jersey v. U. S., 221 U.S. 1(1911).
5) 2차 세계대전 이전 일본의 재벌은 이와 같은 지주회사의 기능을 적극적으로 수용하여 재벌의 기본구조는 지주회사 체제에 의하게 되었다. 홍명수, 재벌의 경제력집중 규제, 경인문화사, 2006, 121-122면 참조.
6) James C. Bonbright & Gardiner C. Means, The Holding Company: Its Public Significance and Its Regulation, McGraw-Hill Book Company, 1932, 8면.

최종적인 결정권이 전제되어야 한다. 따라서 절대적인 지분 보유는 아니라도, 최소한 지분구조상 경영에 대한 최종적인 결정 권한이 지주회사에게 귀속되는 의미에서의 지배관계가 형성될 필요가 있다.

지주회사를 인정하기 위하여 지배관계 형성 외에 다른 요소가 추가될 필요가 있는지에 관하여 논의의 여지가 있다. 전술한 것처럼 지주회사는 자회사 지배를 통하여 다양한 경제적 목적을 이루기 위해 활용되며, 지주회사의 기능적 이해를 위해 이에 대한 고려는 필요할 것이다. 이로부터 지배관계 이면에 있는 특정한 목적에 따라서 지주회사의 범위를 제한적으로 이해할 필요가 있는지가 문제될 수 있다. 예를 들어 다수의 기업을 단일한 지배관계로 결합시키는 것과 같은 경제력집중의 관점에서 지주회사를 이해할 수도 있을 것이다. 그러나 다양한 경제적 목적이 동시에 추구될 수 있고, 경우에 따라서 사전에 명확히 이를 인식하기 어려울 수 있다는 점에서 지배를 통하여 이루고자 하는 특정한 목적에 한정하여 지주회사를 이해하기는 어려운 측면이 있다. 또한 지주회사가 수행하는 업무의 범위를 자회사 지배로 한정하여 지주회사의 범위를 제한할 수도 있다. 이러한 이해는 후술하는 순수지주회사와 사업지주회사의 구분과도 관련된다. 그러나 자회사 지배의 업무만을 수행하는 순수지주회사만을 지주회사로 파악하는 것은 많은 지주회사가 자회사 지배 외에 고유한 사업을 영위하고 있다는 점에서 지나치게 제한적이며, 지주회사의 기능과 경제에 미치는 영향 등의 측면에서 고유한 사업의 영위 여부가 실질적 의미를 갖는 것으로 보기는 어렵다는 점에서 정책적으로도 타당성이 뒷받침되지 않는다. 한편 지주회사는 자회사 지배를 위하여 많은 자본이 소요되므로 다양한 자금조달 방식에 의존하게 되며, 전형적으로 지주회사를 주식회사의 형태로 하여 소액 자본을 모집하는 방식이 이용될 수 있다.[7] 이러한 점에 착안하여 지주회사를 지분을 증권화 하여 발행하는 형태의 회사로 한정하여 이해할

---

7) 일본 재벌의 지주회사 체제에서는 家閥이 지배하는 본사를 지주회사화 하면서 지주회사를 공개하는 과정이 병행되었다. 三和良一, 前揭書, 148-149면.

수도 있을 것이다.[8] 그러나 지주회사의 자금 조달이 지주회사 체제 유지에 있어서 핵심적인 것임은 분명하지만, 특정한 자금 조달 방식에 한정하여 지주회사를 이해하여야 할 근거를 찾기 어렵다는 점에서 이를 지주회사의 요건의 하나로 받아들이는 것이 적절한지는 의문이다.

이상의 논의에 비추어 지주회사는 주식 취득에 의한 지배관계의 형성에 초점을 맞추어 이해될 필요가 있으며,[9] 특히 경제력집중의 억제를 위한 지주회사 규제의 관점에서는 하나 또는 그 이상의 기업에 대한 지배관계 형성이 핵심이다.[10] 이 외에 경제 현실에서 나타나는 지주회사의 특징적 양상들은 구체적인 규제 내용을 정하는 과정에서 고려하는 것으로 충분할 것이다.

2. 지주회사의 유형

지주회사는 다른 회사의 주식 보유를 통한 지배관계 형성을 목적으로 하지만, 흔히 고유한 사업을 직접 영위하기도 한다. 이때 고유한 사업 영위 여부를 기준으로 이를 영위하고 있는 지주회사를 사업지주회사, 그렇지 않은 경우를 순수지주회사로 분류할 수 있다. 미국에서는 지주회사가 대체로 사업지주회사 형태로 발전하였는데, 자회사의 독자성이 강화될수록 지주회사가 이끄는 기업집단 전체의 운영에 지장이 초래될 수 있다는 점에서 지주회사가 직접적으로 사업을 영위하는 부분을 두는 방식이 선호

---

8) 지주회사를 자회사의 주식 발행을 대행하는 의미에서 증권대위적인 것으로 이해하는 것에 관한 설명으로, 이동원, 지주회사, 세창출판사, 2001, 6면.

9) Bonbright & Means는 지주회사를 "주식회사 여부를 불문하고, 다른 회사의 증권을 적어도 일부분 소유하여 그 회사의 경영을 지배하거나 실질적으로 영향을 미칠 수 있는 지위를 갖고 있는 회사"로 정의하고 있다. James C. Bonbright & Gardiner C. Means, 주 6)의 책, 10면.

10) 독점규제법 제2조 제1의2호는 지주회사를 "주식(지분을 포함)의 소유를 통하여 국내회사의 사업내용을 지배하는 것을 주된 사업으로 하는 회사"로 정의하고 있다.

되었다는 분석이 있다.11) 우리나라에서도 순수지주회사 형태의 지주회사
는 찾아보기 힘들며, 일반적으로 주식 배당률이 높지 않은 상황에서 지주
회사가 고유한 사업을 영위하지 않을 경우에 지주회사의 재무구조가 취약
할 수 있다는 점도 영향을 미친 것으로 보인다. 후술하는 바와 같이 독점
규제법은 규제 대상인 지주회사의 요건으로서 고유한 사업 영위 여부는
고려하지 않고, 자산에서 차지하는 자회사 주식 비율에 따른 형식적인 기
준에 의하여 지주회사를 파악하고 있다. 즉 순수지주회사만을 규제 대상
으로 하지 않고, 또한 사업지주회사를 전적으로 배제하지 않은 채 형식적
으로 규제 대상을 정함으로써 순수지주회사와 사업지주회사의 구분을 규
제체계에 수용하지 않는 입법 방식을 취하고 있다.

　지주회사는 피지배관계에 있는 복수의 기업들과 함께 하나의 지배관계
를 구축하게 된다. 이와 같은 지배관계 그룹이 이들 기업들과 계열관계를
이루는 전체 기업집단에서 어떠한 위치에 있는지를 기준으로 분류할 수도
있다. 즉 지주회사가 기업집단의 최상위에 위치하여12) 각각의 사업을 영
위하는 자회사를 총괄하는 구조와 지주회사가 기업집단 내 다른 기업과
계열관계를 이루면서 다만 특정한 사업부문에서 자신의 지배를 받는 자회
사를 총괄하는 구조가 가능하며, 전자에 해당하는 지주회사는 상부지주회
사, 후자는 중간지주회사에 해당할 것이다. 특히 중간지주회사는 신규 사
업 진출의 효율성을 기할 수 있고, 독립적인 재정 구조를 취함으로써 신규
사업의 위험을 기업집단 전체에 전가되지 않도록 할 수 있다는 점에서 유
용성이 있다.13) 현행 독점규제법상 상부지주회사와 중간지주회사는 모두
가능하다. 또한 양자에 대한 규제 내용에도 차이가 없는데, 정책적인 측면

---

11) 後藤晃, "一般集中の規制", 後藤晃·鈴村興太郎 編, 日本の競爭政策, 東京大學出版
　　會, 1999, 250-251면 참조.
12) 이 경우에 기업집단의 총수인 동일인의 전체 기업집단에 대한 지배관계는 지주회
　　사의 지배에 기초하게 된다.
13) 이동원, 주 8)의 책, 14-15면.

에서 양자에 대한 상이한 접근이 필요할 수도 있다. 후술하는 바와 같이 지주회사의 긍정적 기능 중 하나는 지주회사 체제가 대규모기업집단 지배구조의 투명성을 제공할 수 있다는 것이며, 중간지주회사의 경우 자신을 중심으로 구축되어 있는 그룹이 전체 기업집단의 일부분에 지나지 않기 때문에 이와 같은 투명성 제고 효과가 온전히 발휘되기 어려울 것이다.

지주회사의 설립방식에 따라서 기존의 회사가 지주회사로 전환하는 경우와 새롭게 지주회사를 설립하는 경우로 구분할 수도 있다. 지주회사 설립형은 지주회사를 신설하고 사업을 영위하는 자회사와 지배관계를 형성하는 경우와 기존의 회사들이 결합하여 지주회사를 설립하는 경우로 나눌 수 있다. 전자에는 신설된 지주회사가 출자를 통하여 사업회사인 자회사를 직접 설립하는 방식, 기존의 사업회사를 인수하는 방식 등이 있으며,[14] 기존 기업들이 공동으로 지주회사를 설립하는 후자의 경우 지주회사의 설립 시 각 사업회사의 주주가 당해 주식을 출자하고 지주회사의 주식을 배정받는 방식 등이 이용될 수 있다.[15] 지주회사 전환형의 경우 기존의 회사는 타회사의 지배를 제외한 다른 사업부문을 배제하거나 축소시킬 것이다. 이때 가능한 방법으로 기존의 회사가 영위하고 있던 사업부문을 현물출자나 재산인수 등의 방식으로 자회사 또는 기타 회사에 이전하는 방식과 기존의 회사를 사업부문별로 분할하여 타회사 지배 부분만을 기존 회사에 남겨 놓는 방식 등이 있다.[16] 현재 지주회사는 대체로 전환 방식에 의하고 있는데,[17] 지주회사 전환의 경우 필연적으로 전환하는 당해 회사의 지배구조에 변화가 따르는 것은 아니지만, 지주회사와 사업회사의 분

14) 최성근, "지주회사의 설립방식", 상사법연구 제18권 제1호, 1999, 130-133면 참조.
15) 위의 글, 130-133면. 한편 이 경우는 독점규제법 제7조 제1항 제5호가 규정하고 있는 새로운 회사설립에 의한 기업결합에 해당할 수 있으며, 당해 지주회사 설립에 의한 기업결합의 경쟁제한성이 인정될 경우에 동 조항에 근거하여 규제될 수도 있다.
16) 위의 글, 115-129면.
17) 공정거래위원회, 일반지주회사 및 금융지주회사 현황, 2016 참조.

할 방식으로 지주회사 전환이 이루어질 경우 동일인 등 기존 지배주주의 지배권이 강화되는 방향으로 지배구조가 재편될 수도 있다. 이는 독점규제법상 지주회사 규제 도입 시 충분히 예상되었던 현상은 아니며, 이를 경제력집중의 관점에서 새롭게 고려할 경우 지주회사 설립의 방식에 따른 분류에 주의를 기울일 필요가 있을 것이다.

자회사 사업의 특성에 따라서 지주회사를 유형화 할 수도 있다. 자회사가 영위하는 사업이 금융업에 해당할 경우 지주회사는 금융지주회사, 금융업 외의 사업일 경우 일반지주회사로 구분할 수 있다.[18] 금융지주회사의 경우 금융의 안정성과 같은 특별한 정책적 목표가 아울러 고려되어야 한다.[19] 따라서 이에 대한 규율은 별도의 규범체계에 의할 필요가 있으며, 현행 「금융지주회사법」이 근거 법률이 되고 있다. 금융지주회사와 일반지주회사의 구분은 뒤에서 살펴볼 행위 규제에서도 의미를 갖는데, 금산분리 원칙이 적용되어 일반지주회사와 금융지주회사는 다른 유형에 속한 자회사를 둘 수 없는 제한이 부과되고 있다.

3. 지주회사의 기능

Bonbright & Means에 의하면 지주회사는 통제권한의 집중, 재정의 통일, 자본조달 가능성의 확대, 피라미드적 지배구조의 확립 등을 위하여 이용된다.[20] 그러나 지주회사를 통한 목적의 실현과 지주회사의 기능이 국민경제적 차원이나 이해관계자의 이익 균형의 관점에서 바람직한지는 별

---

18) 2016년 9월 기준 일반지주회사는 152개 사, 금융지주회사는 10개 사로 나타나고 있다. 공정거래위원회, 2016년 공정거래법상 지주회사 현황 분석결과, 2016, 3면.
19) 금융 규제는 실물 경제에 부정적인 영향을 미칠 수 있는 금융 시스템의 불안정성을 최소화하는 것을 궁극적인 목적으로 한다는 것으로, E. P. Ellinger, Eva Lomnicka & C. V. M. Hare, Ellinger's Modern Banking Law, Oxford Univ. Press, 2011, 26-27면.
20) James C. Bonbright & Gardiner C. Means, 주 6)의 책, 12-20면 참조.

개의 문제이며, 대체로 지주회사는 긍정적 측면과 부정적 측면을 모두 갖는다고 보는 것이 실제적 이해에 부합할 것이다. 지주회사의 긍정적 기능으로서 통일적인 지배관계의 형성에 의하여 지배구조의 안정화와 투명성을 제고할 있다는 점이 강조되며, 공정거래위원회는 이를 지주회사 권장정책의 주된 근거로 제시하고 있다.21) 다만 이러한 긍정적 측면은 전체 기업집단이 지주회사를 중심으로 편제되어 있을 경우에 유효하며, 중간지주회사 형태의 지주회사의 경우에는 한계가 있을 것이다. 지주회사가 경영 효율성을 제고하는데 기여할 수 있다는 점도 긍정적 기능으로 거론된다.22) 지주회사는 자회사를 지배할 수 있지만, 지배권의 현실적 행사 대신 자회사가 사업을 영위함에 있어서 자율성과 전문성을 높이는 방식으로 운영할 수도 있다. 이러한 운영 방식은 자회사가 자신이 담당하는 사업에 역량을 집중시킴으로써 경쟁력이 향상되는 계기가 될 수도 있다.23) 새로운 산업이나 시장에 진출 시 지주회사가 유력한 방식이 될 수도 있다. 지주회사 체제에서 자본 조달의 이중적인(지주회사와 자회사 양자를 통한 조달) 구조는 사업영역 확대에 수반하는 자본의 필요에 유연하게 대처하는 것을 가능하게 하며, 또한 신규 사업 등에의 진출에 따른 위험이 기업집단 전체에 미치는 영향을 축소시킴으로써 진입과 퇴출의 부담을 줄일 수 있을 것이다.24)

지주회사의 부정적 측면과 관련하여, 우선 효율성 제고 효과에 대한 회의적인 시각이 있다는 점도 염두에 두어야 한다. 지주회사 체제가 자회사의 전문성을 제고하는 방향으로 운영되어 경영의 효율성 제고를 낳을 수 있지만, 자회사 사업 부문에서의 자율성 강화는 기업집단 전체의 조정과

21) 공정거래위원회, 주요 현안 및 정책과제: 대통령 업무 보고, 2003. 4. 7., 5면 참조.
22) 이재형, 지주회사의 본질과 정책과제, 한국개발연구원, 2000, 50면.
23) 지주회사 체제는 상호출자 관계로 얽혀 있는 기업집단에 비하여 독립적인 경영 가능성을 부여한다는 점에서 기업집단 지배구조의 개선의 의미를 갖고 있다는 분석으로, 강철규, "재벌개혁의 올바른 방향", 사상 제28호, 1996, 60면 이하 참조.
24) 이재형, 주 22)의 책, 50-51면 참조.

중장기적인 운영에 부담을 낳을 수 있으며, 결국 지주회사 체제가 효율성을 제고할 것이라는 일률적 평가에는 한계가 있다.[25] 지주회사의 설립에 따른 비용 측면에 대해서도 주의를 요한다. 지주회사를 신설하거나 전환하는 경우에는 자회사 주식의 취득 과정에서 많은 자금이 소요될 수 있으며, 이는 현실적으로 지주회사 설립의 부담으로 작용할 수 있다.[26] 필요 자금을 차입에 의존할 경우 설립 후 재정 안정성의 문제, 자기자본 방식으로 조달할 경우 지배구조의 취약성의 문제가 발생할 수 있다. 또한 지주회사의 설립 이후 지주회사의 수익은 자회사 주식의 배당에 의존할 수밖에 없는데, 일반적으로 주식 배당률이 차입금리보다 낮은 상황에서 지주회사의 재무구조가 장기적으로 악화될 가능성도 있다.[27] 지주회사의 부정적 측면으로 가장 주목할 것은 경제력집중 문제이다. 지주회사 체제는 지주회사, 자회사, 손자회사 등으로 이어지는 구조를 취한다. 이러한 구조에서 지주회사는 손자회사 이후에 직접적 지분을 필요로 하지 않으므로 적은 자본으로 다수의 기업을 단일한 지배관계 안에 놓이게 하는 방식으로 유용하며, 2차 세계대전 이전 지주회사 체제로 구축되었던 일본 재벌은 이에 관한 구체적인 예가 될 것이다,[28]

이상에서 살펴본 것처럼 지주회사는 긍정적인 기능과 부정적인 기능을 모두 갖고 있다. 1999년 독점규제법 개정에 의하여 지주회사 자체를 금지하지 않고 지주회사의 설립·전환이 가능하게 된 것은 지주회사의 긍정적

---

25) 後藤晃, 주 11)의 책, 251면.
26) 지주회사의 설립전환 시 주식의 교환이나 이전에 있어서, 객관적인 회사재산 평가를 위한 조치가 미흡하고, 전환사채·신주인수권부사채 등에 대한 특별한 고려가 배제되어 있다는 문제점을 지적하는 것으로서, 김재현·최장현, "개정 상법상 지주회사의 설립 방식의 검토", 기업법연구 제8집, 2001, 291-293면 참조.
27) 김상조, "(주)SK 사건을 빌미로 한 재계의 재벌개혁 저지 의도를 경계하며", in http://peoplepower21.org/issue/news_comments, 2003. 4., 3면.
28) 金井貴嗣, 獨占禁止法, 靑林書院, 2000, 136-138면. 한편 지주회사는 재벌구조를 영속화, 고착화 시킬 수 있다는 우려에 관하여, 최정표, 재벌시대의 종언, 고원, 1999, 155면 참조.

측면에 대한 인식이 강화되었음을 보여주지만, 다른 한편으로 지주회사에 대한 일련의 규제가 계속되고 있는 것은 지주회사의 부정적 측면에 대한 우려가 여전히 불식되지 않았음을 의미한다. 따라서 향후 지주회사 개선에 관한 논의에 있어서도 상반되는 효과의 적절한 형량이 불가피할 것이다.

III. 지주회사 규제의 내용과 지주회사 현황

1. 독점규제법상 지주회사 규제의 연혁과 규제체계

1999년 법 개정에 의하여 지주회사를 원칙적으로 허용하는 대신, 일정한 제재를 부과하는 방향으로 규제의 근본적인 전환이 이루어졌다. 이 과정에서 1997년 일본 獨占禁止法 개정은 규제 변화에 많은 영향을 미쳤다. 일본에서의 지주회사 규제는 일률적 금지에서 사업지배력이 과도하게 집중되는 경우에 예외적으로 규제하는 방식으로 변경되었는데, 지주회사가 더 이상 재벌 형성 수단으로 기능할 가능성이 크지 않다는 점, 지주회사의 긍정적 기능이 발휘되도록 지주회사에 대한 선택의 여지를 기업에게 줄 필요가 있다는 점 등이 고려되었다.[29] 이러한 변화는 독점규제법상 지주회사에 대한 이해를 새롭게 하는 계기가 되었으며, 특히 순환출자관계에 의하고 있는 기존의 재벌 구조에 비하여 지주회사 체제가 상대적으로 구조적 투명성이 있다는 점이 부각되었다. 결국 지주회사 설립을 원칙적으로 허용하는 규제의 근본적 변화가 이루어졌으며,[30] 다른 한편으로 지주

---

29) 後藤晃, 주 11)의 책, 238면. 일본 獨占禁止法은 2002년 개정되어, 동법에 의한 지주회사 규제는 회사 형태를 불문하고 과도한 사업지배력을 보유하고 있는 회사를 규제하는 것에 흡수됨으로써, 지주회사만을 대상으로 하는 규제체계는 더 이상 존속하지 않게 되었다. 이에 관하여 佐藤一雄·川井克倭·地頭所五男 編, テキスト獨占禁止法, 靑林書院, 2004, 230면 (滝川敏明 집필부분).

30) 개정 당시의 논의에 관하여, 김건식, "지주회사규제의 재검토: 일본에서의 개정론

회사가 여전히 경제력집중의 수단이 될 수 있다는 우려도 반영하여 지주회사 및 자회사 등에 대한 제한을 부과하게 되었다.[31]

지주회사 설립·전환의 허용 이후 공정거래위원회는 재벌 구조를 지주회사 체제로 전환하는 정책을 추진하였다. 그러나 대규모기업집단에 해당하는 재벌의 지주회사 체제 전환이 기대에 미치지 못하자, 지주회사 전환을 용이하게 할 수 있는 방안이 모색되었고, 그 결과로서 지주회사 등에 부과되었던 제한을 완화하는 방향으로의 개정이 계속되었다. 〈표 1〉에 나타난 것처럼 지주회사 규제의 완화는 지주회사 체제가 수평적, 수직적으로 확대될 수 있는 여지를 제공하였다.

〈표 1〉 지주회사 규제 변화

법개정	지주회사 규제 변화
1986. 12.	· 지주회사의 원칙적 금지
1999. 2.	· 지주회사 설립의 허용 및 행위제한 부과
2002. 1.	· 지주회사 설립·전환 시 유예기간(1년) 신설
2004. 12.	· 지주회사 유예기간 신설·확대 · 지주회사 등에 대한 행위제한 규정 개정
2007. 4.	· 지주회사 설립·전환 요건의 완화 - 자회사 및 손자회사에 대한 최소 지분율 요건 완화(50%~40%) - 지주회사 부채비율 한도 완화(100%~200%)
2007. 8.	· 손자회사 규제의 개정 - 자회사의 손자회사 주식 보유 시 사업관련성 요건을 폐지 - 증손회사의 예외적 주식 보유를 허용

이러한 변화 과정을 거친 현행 독점규제법상 지주회사 규제는 설립 제한과 행위 제한으로 구성된다. 지주회사의 설립·전환은 신고로서 충분하지만, 독점규제법상 지주회사를 정의하는 규정 또한 실질적으로 지주회사

을 중심으로", 법학 제37권 제1호, 1996, 299면 이하 참조.

31) 지주회사가 경제력집중의 수단이 될 수 있다는 우려는 여전히 존재하며, 따라서 지주회사 허용 이후 엄격한 규제가 수반되어야 한다는 것으로, 최정표, "지주회사와 재벌", 상경연구 제31집 제2호, 2006, 40면 이하 참조.

의 설립·전환의 요건으로 기능한다. 또한 독점규제법 제8조의3은 대규모 기업집단과 관련하여 지주회사의 설립·전환 시 채무보증 해소를 요구하는 특칙을 규정하고 있다. 행위 제한은 지주회사 규제와 지주회사와 수직적 인 지배 관계 하에 있는 자회사 등의 규제로 나뉜다.

2. 지주회사 설립 규제

(1) 신고주의

독점규제법 제8조는 지주회사를 설립하거나 전환한 자가 동법 시행령이 정하는 바에 의하여 공정거래위원회에 신고할 것을 요구하고 있다. 구체적인 절차는 동법 시행령 제15조에 의하며, 지주회사의 설립·전환을 완료한 후에 사후적 신고로 충분하다. 신고 내용에 관한 공정거래위원회의 심사 규정은 존재하지 않는데, 규정의 취지가 지주회사 설립 금지에서 설립자유로의 전환에 있다는 점에서, 동 신고는 성립요건이 아니라 설립 통지의 의미로서 이해할 수 있을 것이다.[32]

(2) 독점규제법상 지주회사 등의 요건

독점규제법의 적용을 받는 지주회사는 일정한 요건을 충족하여야 하며, 이는 지주회사의 설립 및 전환을 실질적으로 제한하는 의미를 갖는다. 독점규제법 제2조 제1의2호에서 지주회사는 국내 회사의 사업내용의 지배를 주된 사업으로 하며, 자산총액이 5천억원 이상이어야 한다(시행령 2조 1항). 지주회사 규제는 경제력집중의 억제를 위한 것이므로, 규제 대상인 지주회사의 규모는 경제력집중의 관점에서 의미 있는 수준이어야 할 것이다.

지주회사의 정의 규정에서 '사업내용 지배'의 구체적 의미는 피지배 관

---

32) 신고제도의 운영 및 법적 성격에 관한 논의로서, 양재헌, "노동조합 설립시 신고 주의에 관한 연구", 법학논총 제24집, 2010, 252-254면 참조.

계에 있는 자회사에 관한 규정에서 드러난다. 동법 시행령 제2조 제3항에서 지주회사의 자회사로 인정되기 위하여 자회사는 지주회사의 계열회사이고(1호), 지주회사가 소유하는 주식이 사실상 회사를 지배하는 자 또는 동일인관련자 중 최다출자자가 소유하는 주식과 같거나 많아야 한다(2호). 계열회사는 동일한 기업집단에 속한 회사 상호 간에 관계를 의미하며(법 2조 3호), 이러한 관계가 지주회사와 자회사 간에 존재하여야 한다. 동시에 지주회사의 자회사 지분이 최다출자자에 해당할 경우 지주회사는 자회사의 사업내용을 지배하는 것이 된다. 결국 독점규제법상 사업내용 지배의 판단은 계열관계와 최다출자의 기준에 의한다.[33] 이 외에 지주회사가 기업집단의 동일인이거나 주력회사일[34] 필요는 없으며, 따라서 지주회사의 유형으로 중간지주회사가 제도적으로 가능하다.

'주된 사업'의 의미는 동법 시행령 제2조 제2항에 의하며, 지주회사가 소유하고 있는 자회사 주식가액의 합계액은 당해 회사 자산총액의 100분의 50 이상이어야 한다. 동 규정이 순수지주회사를 규제 대상으로 정한 것으로 보는 것은 의문이지만,[35] 적어도 동 기준 외에 고유한 사업의 영위 여부를 지주회사 요건으로 고려하지 않는다는 취지로 이해할 수 있을 것이다. 경제력집중의 관점에서 지주회사가 독자적인 사업을 수행하는지 여부가 본질적인 문제는 아니며, 자회사를 지배하는 지주회사로서 기능하고 이것이 전체 사업에서 중요한 부분을 차지하고 있는 것으로 충분하므로, 독점규제법상 주된 사업의 규정 방식에 문제가 있는 것으로 볼 것은 아니다.

---

33) 동법 시행령 제3조는 동일한 기업집단에 속하는 표지인 동일인의 사업내용 지배를 지분에 의한 형식적 판단(1호) 외에 실질적인 판단도 가능한 것으로(2호) 규정하고 있으며, 이 한도에서 지주회사의 자회사 사업내용 지배의 판단에도 실질적인 고려가 이루어질 수 있다.

34) 주력회사란 동일 기업집단에 속한 회사 중 자산총액이 가장 큰 계열회사를 말한다. 공정거래위원회, 2014년 공정거래법상 지주회사 현황 분석 결과, 2014, 1면 참조.

35) 이동원, 주 8)의 책, 11면 참조.

(3) 채무보증제한기업집단에 대한 특칙

독점규제법 제8조의3은 지주회사 설립 및 전환과 관련하여 상호출자제한기업집단에[36] 관한 특칙을 두고 있다. 동 규정에 의하여 상호출자제한기업집단에 속하는 회사를 지배하는 동일인 또는 당해 동일인의 특수관계인이 지주회사를 설립 또는 전환하고자 하는 경우에, 지주회사와 자회사 간의 채무보증(1호), 지주회사와 다른 국내 계열회사 간의 채무보증(2호), 자회사 상호 간의 채무보증(3호), 자회사와 다른 국내 계열회사 간의 채무보증을(4호) 해소하여야 한다.

지주회사 체제 안에 있는 회사는 지분적인 관계로 연결되어 있기 때문에 채무보증은 지주회사 체제 전체에 위험을 야기할 수 있으며, 동 규제는 지주회사 체제의 안정성을 확보하기 위한 조항으로 이해된다. 한편 동법 제10조의2는 채무보증제한기업집단에 속한 회사의 계열회사에 대한 채무보증을 금지하고 있으므로, 채무보증제한기업집단에 대한 특칙이 필요한지에 대한 의문이 제기될 수 있다. 그러나 신규로 채무보증제한기업집단으로 지정된 경우 채무보증 해소는 2년간 적용이 유보되기 때문에(법 14조 3항 3호), 지주회사 설립 및 전환에 있어서 특칙의 적용은 채무 해소의 측면에서 규제의 공백을 메우는 의미가 있을 것이다.

3. 지주회사 등의 행위 규제

(1) 지주회사 행위 규제

1) 부채비율 제한

지주회사가 자본총액의 2배를 초과하는 부채액을 보유하는 행위는 금지되며, 다만 지주회사 설립·전환 시 동 기준을 초과하는 부채액에 대해서

---

36) 상호출자제한기업집단의 자산총액 기준은 10조원 이상이며(시행령 21조 2항), 공시대상기업집단의 자산총액 기준은 5조원 이상이다(시행령 21조 1항).

는 2년간 적용이 유예된다(법 8조의2 2항 1호). 동 규제는 차입자금으로 인한 무리한 확장을 억제하기 위한 것뿐만 아니라, 지주회사의 과도한 채무는 지주회사 체제 전체의 안정성을 해할 수 있다는 점에서 재무건전성 유지를 위한 것으로도 이해된다. 1999년 규제 도입 시 부채비율은 자본총액 기준이었으나, 2007년 4월 개정에 의하여 자본총액의 2배로 허용 기준이 확대되었다. 이러한 변화는 부채비율 완화를 통하여 지주회사로의 전환을 촉진하려는 정책적 목표에 따른 것이다.

2) 자회사 주식소유비율 제한

지주회사가 자회사의 주식을 그 자회사 발행주식 총수의 100분의 40 미만으로 소유하는 행위는 금지되며, 자회사가 상장법인, 국외상장법인, 공동출자법인인 경우와 벤처지주회사의 자회사인 경우 기준은 100분의 20으로 낮추어 적용된다(법 8조의2 2항 2호).[37] 동 제한은 소액 자본으로 다

---

37) 지주회사로 전환하거나 설립될 당시에 자회사의 주식을 자회사 주식보유기준 미만으로 소유하고 있는 경우로서 지주회사로 전환하거나 설립된 날부터 2년 이내인 경우(가목), 상장법인 또는 국외상장법인이거나 공동출자법인이었던 자회사가 그에 해당하지 아니하게 되어 자회사 주식보유기준에 미달하게 된 경우로서 그 해당하지 아니하게 된 날부터 1년 이내인 경우(나목), 벤처지주회사이었던 회사가 그에 해당하지 아니하게 되어 자회사 주식보유기준에 미달하게 된 경우로서 그 해당하지 아니하게 된 날부터 1년 이내인 경우(다목), 자회사가 주식을 모집하거나 매출하면서 「자본시장과 금융투자업에 관한 법률」 제165조의7에 따라 우리사주 조합원에게 배정하거나 당해 자회사가 「상법」 제513조 또는 제516조의2의 규정에 따라 발행한 전환사채 또는 신주인수권부사채의 전환이 청구되거나 신주인수권이 행사되어 자회사 주식보유기준에 미달하게 된 경우로서 그 미달하게 된 날부터 1년 이내인 경우(라목), 자회사가 아닌 회사가 자회사에 해당하게 되고 자회사 주식보유기준에는 미달하는 경우로서 당해 회사가 자회사에 해당하게 된 날부터 1년 이내인 경우(마목), 자회사를 자회사에 해당하지 아니하게 하는 과정에서 자회사 주식보유기준에 미달하게 된 경우로서 그 미달하게 된 날부터 1년 이내인 경우(자회사주식보유기준에 미달하게 된 날부터 1년 이내에 자회사에 해당하지 아니하게 된 경우에 한한다, 바목), 자회사가 다른 회사와 합병하여 자회사 주식보유기준에 미달하게 된 경우로서 그 미달하게 된 날부터 1년 이내인 경우인

수의 기업을 지배하는 것을 억제함으로써 경제력집중의 우려를 완화하기 위한 정책적 목표에 따른 것이다. 또한 자회사가 상장법인 등인 경우에는 보다 적은 지분으로 지배관계 형성이 가능한 현실을 고려한 것으로 볼 수 있다. 동 규제의 최초 규제 수준은 자회사 주식소유비율 100분의 50(상장회사의 경우에는 100분의 30) 이상이었으나 2007년 4월 개정에 의하여 현행 기준으로 완화되었으며, 이 역시 지주회사 촉진 정책에 따른 것이다.

3) 자회사 외의 계열회사 주식소유 등의 제한

지주회사가 계열회사가 아닌 국내회사(「사회기반시설에 대한 민간투자법」 제4조 제1호부터 제4호까지의 규정에 정한 방식으로 민간투자사업을 영위하는 회사를 제외)의 주식을 당해 회사 발행주식총수의 100분의 5를 초과하여 소유하는 행위(소유하고 있는 계열회사가 아닌 국내회사의 주식가액의 합계액이 자회사의 주식가액의 합계액의 100분의 15 미만인 지주회사에 대하여는 적용되지 않음) 또는 자회사 외의 국내 계열회사의 주식을 소유하는 행위는 금지된다(법 8조의2 2항 3호).[38] 동 규제는 자회사 외의 비계열회사 또는 계열회사의 주식 소유를 제한함으로써 지주회사 규제의 회피를 방지하며, 또한 지주회사 체제를 유지하면서도 당해 지주회사가 자회사 외의 계열회사나 비계열회사의 주식을 보유하고 있을 경우

경우(사목) 등에 해당할 때 동 규정의 적용이 제외된다(법 8조의2 2항 2호 단서).
38) 지주회사로 전환하거나 설립될 당시에 이 호 본문에서 규정하고 있는 행위에 해당하고 있는 경우로서 지주회사로 전환하거나 설립된 날부터 2년 이내인 경우(가목), 계열회사가 아닌 회사를 자회사에 해당하게 하는 과정에서 이 호 본문에서 규정하고 있는 행위에 해당하게 된 날부터 1년 이내인 경우(같은 기간 내에 자회사에 해당하게 된 경우에 한한다, 나목), 주식을 소유하고 있지 아니한 국내계열회사를 자회사에 해당하게 하는 과정에서 그 국내계열회사 주식을 소유하게 된 날부터 1년 이내인 경우(같은 기간 내에 자회사에 해당하게 된 경우에 한한다, 다목), 자회사를 자회사에 해당하지 아니하게 하는 과정에서 당해 자회사가 자회사에 해당하지 아니하게 된 날부터 1년 이내인 경우(라목) 등에는 동 규정의 적용이 제외된다(법 8조의2 2항 3호 단서).

지주회사 설립 허용의 근거가 되었던 투명성 제고 효과는 줄어들 것이라는 점이 고려된 것으로 이해된다. 그러나 동 규제에 의하여 이러한 입법취지가 충분히 실현되고 있는지에 관하여 논의의 여지가 있다. 2016년 8개 지주회사 전환 대규모기업집단에서 계열회사들이 지주회사 체제 안에 위치하는 비율, 즉 지주회사 편입율은 74.4%이고, 25.6%의 계열회사가 지주회사 체제 외부에 위치하고 있다.[39]

4) 금산분리

독점규제법은 금산분리 원칙을 실현하기 위한 제한을 지주회사의 행위 제한으로서 부과하고 있다. 금융업 또는 보험업을 영위하는 자회사의 주식을 소유하는 지주회사인 금융지주회사가 금융업 또는 보험업을 영위하는 회사[40] 외의 국내회사의 주식을 소유하는 행위 그리고 금융지주회사 외의 지주회사인 일반지주회사가 금융업 또는 보험업을 영위하는 국내회사의 주식을 소유하는 행위는 금지되며, 예외적으로 2년간의 유예기간이 주어진다(법 8조의2 2항 4호 및 5호). 금산분리 원칙은 금융자본과 산업자본의 상호 지배를 방지하려는 것이며, 금융자본과 산업자본 양자에 모두 적용되어야 실효성을 가질 수 있으며, 독점규제법 제8조의2 제2항 제4호 및 제5호는 각각 금융지주회사와 일반지주회사의 행위 제한으로서 다른 영역의 자회사를 두는 것을 금지하는 내용의 제한을 부과하고 있다.

5) 지주회사의 보고의무

지주회사는 지주회사·자회사·손자회사 및 증손회사(지주회사 등)의 주

---

39) 공정거래위원회, 주 17)의 자료, 9면 참조.

40) 동법 시행령 제15조의4 제2항에 의하여, 금융회사 또는 보험회사에 대한 전산·정보처리 등의 역무의 제공(1호), 금융회사 또는 보험회사가 보유한 부동산 기타 자산의 관리(2호), 금융업 또는 보험업과 관련된 조사·연구(3호), 기타 금융회사 또는 보험회사의 고유 업무와 직접 관련되는 사업(4호) 등을 영위하는 회사도 포함된다.

식소유현황·재무상황 등 사업내용에 관한 보고서를 공정거래위원회에 제
출하여야 할 의무를 부담한다(법 8조의2 7항).[41] 동 보고의무는 지주회사
현황 등의 파악을 위한 행정적 편의를 제공하지만, 나아가 수집된 자료는
공정거래위원회에 의하여 공중에 공개되고,[42] 이는 시장 등의 자율적 통
제의 기초가 될 수 있다는 점에서도 의미가 있다.[43]

(2) 자회사 등의 행위 규제

1) 자회사의 행위 제한

독점규제법 제8조의2 제3항은 일반지주회사의 자회사의 행위를 제한하
고 있다.[44] 우선 손자회사의 주식을 그 손자회사 발행주식 총수의 100분
의 40 미만으로(손자회사가 상장법인·국외상장법인·공동출자법인인 경우
손자회사 주식보유기준은 100분의 20) 소유하는 행위는 금지된다(1호).[45]

---

41) 이와 같은 보고서 제출은 당해 사업연도 종료 후 4개월 이내에 하여야 하며, 동
    보고서에는 지주회사 등의 명칭·소재지·설립일·사업내용 및 대표자의 성명 등
    회사의 일반현황(1호), 지주회사 등의 주주현황(2호), 지주회사 등의 주식소유 현
    황(3호), 지주회사 등의 납입자본금·자본총액·부채총액·자산총액 등 재무현황(4
    호) 등의 사항이 기재되어야 한다(시행령 15조의6 1항).
42) 공정거래위원회는 대규모기업집단의 정보를 제공하는 인터넷 사이트인 http://gro
    upopni.ftc.go.kr을 2008년부터 개설하여 운영하고 있는데, 동 사이트에는 지주회
    사의 현황에 관한 내용도 있다.
43) 홍명수, 주 5)의 책, 260-264면 참조.
44) 금융지주회사의 자회사에 대한 규제는 「금융지주회사법」에 의한다.
45) 다만 자회사가 될 당시에 손자회사의 주식을 손자회사 주식보유기준 미만으로 소
    유하고 있는 경우로서 자회사에 해당하게 된 날부터 2년 이내인 경우(가목), 상장
    법인 또는 국외상장법인이거나 공동출자법인이었던 손자회사가 그에 해당하지 아
    니하게 되어 손자회사 주식보유기준에 미달하게 된 경우로서 그 해당하지 아니하
    게 된 날부터 1년 이내인 경우(나목), 손자회사가 주식을 모집 또는 매출하면서 「자
    본시장과 금융투자업에 관한 법률」 제165조의7에 따라 우리사주조합에 우선 배
    정하거나 당해 손자회사가 「상법」 제513조 또는 제516조의2의 규정에 따라 발행
    한 전환사채 또는 신주인수권부사채의 전환이 청구되거나 신주인수권이 행사되어
    손자회사 주식보유기준에 미달하게 된 경우로서 그 미달하게 된 날부터 1년 이내

2007년 8월 개정에 의하여 손자회사 주식소유의 조건이었던 사업관련성이 폐지되었다. 이러한 목적상 제한의 폐지는 지주회사 체제의 수직적 범위를 확대하는 의미를 갖는다.46) 또한 일반지주회사의 자회사가 손자회사 이외의 국내 계열회사의 주식을 소유하는 행위는 금지되며(2호), 다만 지주회사와 달리 비계열 국내회사의 주식소유에 대해서는 제한을 두고 있지 않다. 이러한 제한은 규제 회피 목적의 행위를 차단하는 것과 동시에 지주회사 체제의 투명성을 제고하려는 입법취지에 따른 것이다. 한편 2007년 개정 이전에 다른 국내회사의 주식을 지배목적으로 소유하는 행위를 금지하는 형태로 되어 있던 동 규정의 적용에 관하여 대법원은 규제의 취지가 "자회사를 통하여 계열기업을 확장하는 것을 억제하기 위한 것"으로 보고 다른 국내회사에 지주회사는 포함되지 않는 것으로 판단하였다.47) 제2호의 입법취지가 수직적 확대의 억제라는 점을 전제한다면, 수직적 확대의 우려가 없는 지주회사는 자회사의 국내 계열회사에 포함되지 않는 것으로 해석될 수 있다. 그러나 명문으로 손자회사 외의 국내 계열회사 주식 소유를 금지하고 있으며, 자회사의 지주회사 주식 취득은 지배구조의 투명성 측면에서 문제가 될 수 있으므로, 지주회사도 국내 계열회사에 포함되어 자회사에 의한 주식소유의 금지 대상으로 보는 것이 타당할 것이다. 끝으로 금산분리 원칙을 반영하여 일반지주회사의 자회사가 금융업이나 보험

인 경우(다목), 손자회사가 아닌 회사가 손자회사에 해당하게 되고 손자회사주식 보유기준에는 미달하는 경우로서 당해 회사가 손자회사에 해당하게 된 날부터 1년 이내인 경우(라목), 손자회사를 손자회사에 해당하지 아니하게 하는 과정에서 손자회사주식보유기준에 미달하게 된 경우로서 그 미달하게 된 날부터 1년 이내인 경우(같은 기간 내에 손자회사에 해당하지 아니하게 된 경우에 한한다, 마목), 손자회사가 다른 회사와 합병하여 손자회사주식보유기준에 미달하게 된 경우로서 그 미달하게 된 날부터 1년 이내인 경우(바목) 등에는 예외적으로 허용된다(법 8조의2 3항 1호 단서).

46) 〈표 2〉는 2007년 8월 개정 이후인 2008년부터 손자회사의 수가 급격히 증가하였음을 보여준다.

47) 대법원 2006. 11. 23. 선고 2004두8583 판결.

업을 영위하는 회사를 손자회사로 지배하는 행위는 금지되며, 2년간의 유예가 허용된다(3호).

2) 손자회사의 행위 제한

독점규제법 제8조의2 제4항은 일반지주회사의 손자회사가 국내계열회사의 주식을 소유하는 것을 금지한다.[48] 한편 동항 단서에 의한 적용제외 사유 중 제4호에서 손자회사가 국내 계열회사의 지분 전체를 소유하는 경우는 상시적으로 금지 대상에서 제외됨으로써 증손회사가 제도적으로 가능하게 되었다. 지주회사 체재의 수직적 확대에 대한 우려는 적은 지분으로 다수의 기업을 지배하게 됨으로써 방사적으로 하위 단계의 피지배기업이 늘어나게 될 수 있다는 점에 기인하는데, 100% 출자의 경우 수직적 확대에 따른 경제력집중 우려가 크지 않다는 점을 고려한 것이다. 〈표 2〉에서 현재 증손회사의 수는 손자회사의 수에 미치지 못하며, 방사적 확대 경향은 나타나지 않고 있다. 그렇지만 제도적으로 상시적인 증손회사의 존재를 허용한 것 자체는 의미가 있다.

이와 관련하여 2014년 「외국인투자촉진법」 개정에 의하여 증손회사의 규율에 관한 중요한 예외가 제도적으로 주어졌다는 점에도 주목을 요한다. 동법 제30조 제6항은 일반지주회사의 손자회사는 동법 제18조 제1항 제2호의 기준에 따른 외국인투자에 해당할 것(1호), 일반지주회사의 손자회사가 그 공동출자법인 발행주식 총수의 100분의 50 이상을 소유할 것(2

---

48) 손자회사가 될 당시에 주식을 소유하고 있는 국내계열회사의 경우로서 손자회사에 해당하게 된 날부터 2년 이내인 경우(1호), 주식을 소유하고 있는 계열회사가 아닌 국내회사가 계열회사에 해당하게 된 경우로서 당해 회사가 계열회사에 해당하게 된 날부터 1년 이내인 경우(2호), 자기주식을 소유하고 있는 손자회사가 회사분할로 인하여 다른 국내계열회사의 주식을 소유하게 된 경우로서 주식을 소유한 날부터 1년 이내인 경우(3호), 손자회사가 국내계열회사(금융업 또는 보험업을 영위하는 회사를 제외) 발행주식 총수를 소유하고 있는 경우(4호) 등에는 동 규정이 적용되지 않는다(법 8조의2 4항 단서).

호), 외국인이 그 공동출자법인 발행주식 총수의 100분의 30 이상(외국인의 보유주식 비율은 공동출자법인이 되는 시점 및 그 이후에 소유한 주식에 한하여 산정)을 소유할 것(3호), 일반지주회사의 손자회사가 그 공동출자법인의 발행주식 중 외국인이 소유한 주식 외의 모든 주식을 소유할 것(4호)의 요건을 모두 충족할 경우에 독점규제법 제8조의2 제4항에도 불구하고 외국인과 함께 공동출자법인의 주식을 소유할 수 있는 것으로 규정하고 있다. 동 규정에 의하여 외국인이 공동출자한 회사의 경우 일반지주회사의 손자회사는 50%의 출자에 의하여 증손회사를 둘 수 있게 되었다. 외국인이 국내 사업에 출자 방식으로 투자할 경우 단독 출자 보다 국내 회사와의 공동 출자를 선호할 수 있기 때문에, 외국인 투자 촉진책의 하나로서 손자회사의 증손회사 100% 지분 제한을 완화할 필요가 있다는 입법취지에 따른 것이다. 그러나 외국인 투자 촉진의 필요가 있다 하더라도 이러한 규정이 손자회사 행위 제한에 중요한 예외가 된다는 점은 분명하다. 따라서 「외국인투자촉진법」 제30조 제7항은 일반지주회사의 손자회사가 제6항에 따라 공동출자법인의 주식을 소유하고자 하는 경우에는 외국인투자위원회의 승인을 받아야 하며, 이 경우 산업통상자원부장관은 동법 시행령 제39조의2에 따라서 손자회사와의 사업관련성 및 합작주체로서의 적절성 여부 등에 관하여 공정거래위원회의 사전 심의를 거쳐야 한다. 이와같은 심의 대상의 법정은 손자회사 제한의 예외를 허용하는 것에 대한 우려를 완화하기 위한 것이다. 결국 중요한 것은 실제 제도의 운영이며, 이에 대하여 향후 지속적으로 주의를 기울일 필요가 있을 것이다.

3) 증손회사의 행위 제한

독점규제법 제8조의2 제5항에 의하여 증손회사의 국내 계열회사의 주식 소유는 금지된다.[49] 동 규정에 의하여 독점규제법상 증손회사 이하의

---

49) 증손회사가 될 당시에 주식을 소유하고 있는 국내 계열회사인 경우로서 증손회사

단계는 원칙적으로 허용되지 않으며, 이는 지주회사 체제의 최하위 단계를 법적으로 한정한 의미가 있다. 그러나 동항 단서에 의하여 예외적으로 증손회사의 국내 계열회사의 주식 소유는 가능하며, 한시적이지만 고손회사의 존재 가능성이 있다는 점에도 주목을 요한다. 더욱이 독점규제법 제8조의2 제6항에서 유예기간은 주식가격의 급격한 변동 등 경제여건의 변화, 주식처분금지계약, 사업의 현저한 손실 그 밖의 사유로 인하여 부채액을 감소시키거나 주식의 취득·처분 등이 곤란한 경우에 공정거래위원회의 승인을 얻어 2년을 연장할 수도 있다. 지주회사 체제의 수직적 범위를 증손회사로 한정하려는 증손회사 규제의 취지를 고려할 때, 고손회사의 예외적 존재 가능성에 대해서는 엄격한 태도를 유지할 필요가 있다.

4. 지주회사의 현황

〈표 2〉 지주회사 등의 수(2005-2016)[50]

구 분	2005	2006	2007	2008	2009	2010	2011	2012	2013	2014	2015	2016
지주회사	25	31	40	60	79	96	105	115	127	132	140	162
자회사	159	196	262	375	462	530	575	623	680	668	689	786
손자회사	63	62	96	215	321	423	555	636	696	686	693	809
증손회사	-	-	-	9	30	38	57	90	74	80	80	82

지주회사 규제가 설립·전환의 허용과 행위 제한 방식으로 변경되고, 또한 지속적으로 행위 제한의 수준이 완화됨에 따라서 지주회사의 수는 증가 추세에 있다. 특히 2007년 법개정 이후 지주회사는 큰 폭으로 증가하

에 해당하게 된 날부터 2년 이내인 경우(1호) 및 주식을 소유하고 있는 계열회사가 아닌 국내회사가 계열회사에 해당하게 된 경우로서 그 회사가 계열회사에 해당하게 된 날부터 1년 이내인 경우(2호)에는 금지 대상에서 제외된다(법 8조의2 5항 단서).
50) 공정거래위원회, 주 17)의 자료, 7면 참조.

였고, 제도적으로 상시적인 설립 가능성이 부여된 증손회사도 존재하게 되었다. 이러한 변화는 규제의 완화에 관한 동 개정이 실질적인 영향이 있었음을 보여준다. 〈표 2〉는 2005년 이후 지주회사 및 자회사 등의 변화에 관한 것이다.

IV. 지주회사 규제의 개선

1. 지주회사 권장 정책과 규제의 조화

(1) 지주회사 권장 정책과 규제의 타당성

전술한 것처럼 지주회사의 설립·전환 자체를 허용하는 규제체계 변화 과정에서 특히 지주회사 체제가 갖는 기업집단 지배구조의 투명성이 강조 되었고,[51] 이는 공정거래위원회가 추진한 지주회사 권장 정책의 근거로서 도 유력한 의미가 있었다.[52]

그러나 동 개정 이후 법 시행 초기에 지주회사의 설립 및 전환의 실적 은 매우 저조하였다. 법 시행 후 약 2년이 경과한 2000년 12월 기준 설 립·전환한 지주회사는 7사에 불과하여, 애초에 목표로 하였던 성과에 미 치지 못하였다.[53] 이후 지주회사 권장 정책을 추진하는 과정에서 지주회 사의 설립·전환이 보다 용이하게 이루어질 수 있도록 하는 법 개정이 계 속되었다. 〈표 2〉가 보여주는 것처럼 이러한 규제 완화는 지주회사의 증 가로 이어졌지만, 다른 한편으로 제도 변화에 의하여 지주회사의 부정적 측면을 최소화하기 위하여 도입되었던 규제가 본래의 취지를 잃을 수 있

---

51) 공정거래위원회, 시장경제 창달의 발자취: 공정거래위원회 20년사, 2001, 352면 참조.
52) 공정거래위원회, 주 17)의 자료, 13면.
53) 공정거래위원회, 주 51)의 책, 355면 참조.

다는 문제가 제기되었으며, 두 입장의 균형을 모색하는 것이 중요한 과제로 주어지고 있다.

(2) 설립 규제의 개선

1) 설립 및 전환 과정의 규제 개선

지주회사의 설립·전환에 있어서, 특히 대규모기업집단의 경우 기존 계열회사를 지주회사로 전환하는 방식이 주로 활용되고 있다. 자연인을 동일인으로 하는 대규모기업집단(총수 있는 민간집단)의[54] 경우 총수나 동일인 관련자인 친족이 계열회사에 대한 지분 소유를 통하여 기업집단에 대한 지배관계를 구축하고 있다.[55] 이때 특정한 계열회사를 지주회사로 전환하면서 다른 계열회사는 지주회사의 자회사로 위치시키고, 이 과정에서 총수 등이 보유하고 있는 다른 계열회사에 대한 주식을 지주회사의 주식과 교환하는 방식이 활용된다. 이를 통하여 각 계열회사에 분산되어 있던 총수 등의 지분은 지주회사의 지분으로 통합됨으로써 전체적으로 총수의 지배권 강화 효과를 낳게 될 것이다. 이러한 현상은 계열회사를 지주회사로 전환하는 과정에서 채택하는 인적분할 방식에서도 나타난다. 인적분할 방식으로 계열회사인 a로부터 사업부문을 분리하여 지주회사인 A와 사업회사인 B로 분리할 경우에 기존의 a회사 주주인 총수 등은 A와 B에 동

---

54) 대규모기업집단은 지배구조의 특징에 따라서, 총수 있는 민간집단, 총수 없는 민간집단, 공기업집단 등으로 구분할 수 있다. 2016년 4월 기준 총수 있는 민간집단 45개, 총수 없는 민간집단 7개, 공기업집단 13개로 나타나고 있다. 공정거래위원회, 2016년 상호출자제한 및 채무보증제한 기업집단 지정 현황, 2016, 4면 참조. 2016. 9. 29. 독점규제법 시행령 제17조 개정에 의하여 대규모기업집단 자산총액 기준은 10조 이상으로 상향되었다.

55) 2016년 지정 45개 총수 있는 민간집단의 지분 현황을 보면, 총수 2.1%, 친족 2.0%, 계열회사 50.6%, 기타(임원, 비영리법인, 자기주식 등) 2.6%로서 내부지분율 총합은 57.3%로 나타나고 있다. 이러한 수치는 2012년(56.1%) 이후 큰 변화 없이 유지되고 있다. 공정거래위원회, 2016년 대기업집단 주식소유현황 보고서, 2016, 3-4면 참조.

일한 지분을 보유하게 되며, 이후 사업회사인 B의 주식을 지주회사가 되는 A의 주식과 교환하는 과정이 뒤따른다. 예를 들어 기존의 a회사 지분을 10% 보유하는 자는 인적분할 후 A회사와 B회사 모두에 10% 지분을 갖게 되고, 자신이 보유하게 된 B회사 지분 10%를 A회사 주식과 대등한 가치로 교환한다면,[56] 지주회사로 전환한 A회사에 대한 지분은 20%로 증가하게 된다. 여기에 더하여 지주회사가 총수 등이 보유한 사업회사에 대한 주식과 자기주식을 교환하는 방식으로 사업지주회사의 지분을 늘릴 수도 있다. 이는 지주회사로 전환하는 회사의 자기주식의 문제와도 관련된다. 인적 분할 방식에 따른 전환 후 지주회사는 여전히 자기주식을 보유하는 한편, 동일한 지분의 사업회사에 대한 지분을 취득하게 되는데, 이때 자기주식성이 해소됨으로써 의결권이 되살아난다. 이러한 현상도 지주회사 이후 총수 등의 지배권이 강화되는 요인이 되는데, 예를 들어 10%의 자기주식을 보유하고 있는 회사가 인적 분할 방식으로 지주회사로 전환하면, 지주회사는 사업회사에 대하여 10%의 의결권 있는 주식을 갖게 되고, 이는 총수 등의 지배권은 강화되고 비지배주주의 지배권은 지주회사의 의결권이 되살아나는 정도에 비례하여 감소되는 결과를 낳게 될 것이다.

이와 같은 지주회사 전환 과정은 지주회사를 중심으로 한 기업집단에 대한 총수의 지배력이 실질적인 추가 출자 없이 강화될 수 있음을 보여준다.[57] 물론 지주회사 제도의 의의에 비추어, 특히 경제력집중의 관점에서 이에 대한 부정적 결론이 당연하게 도출될 수 있는 것은 아니다. 지주회사

---

56) 실제 지주회사와 사업회사의 교환비율이 등가적으로 이루어지기 보다는 사업회사의 주식을 고평가하여 교환비율을 정할 것이며, 이때 지주회사에 대한 지분율은 더욱 증가할 것이다.

57) 경제력집중은 시장집중, 일반집중, 소유집중으로 유형화 할 수 있으며, 지주회사 전환 과정에서 발생하는 문제는 특히 소유집중의 관점에서 문제가 될 것이다. 소유집중은 기업 또는 기업집단의 발행주식 또는 잔여청구권이 소수의 자연인이나 그 가족에게 집중되는 것을 의미한다. 황인학, 경제력집중-한국적 인식의 문제점, 한국경제연구원, 1997, 26-27면 참조.

를 적극적으로 권장하는 정책의 근거가 되었던 지배구조의 통일성과 투명성의 강화 그리고 부수적으로 지배권 승계 과정의 투명성 확보 등의 긍정적 측면은 이러한 지주회사의 전환 과정을 고려할 경우에도 여전히 유효하다. 다만 이와 같은 상반된 효과를 형량할 필요성은 존재하며, 지주회사 전환에 의한 총수의 지배력 강화가 합리적인 수준 이상이거나, 인위적인 지배권 강화로 평가될 수 있는 경우에는, 종합적으로 지주회사 전환에 대한 부정적인 판단이 내려질 수도 있다. 그러나 현행 독점규제법상 이와 같은 형량이 절차적으로 가능한 근거는 없다.58) 앞에서 살펴본 것처럼 지주회사의 설립 및 전환은 사후적 신고주의에 의하며, 실질적인 심사 규정은 존재하지 않는다. 설립 규제는 지주회사 규제의 가장 선행하는 단계이며, 경제력집중의 우려가 여전히 존재하는 한 이 단계에서의 규제 가능성을 실질화 할 필요가 있을 것이다.

2) 지주회사의 유형에 따른 규제의 차별화 문제

지주회사의 유형 중에서 지주회사의 권장 정책을 추진하는 관점에서 의미 있는 것은 상부지주회사와 중간지주회사의 구분이다. 전술한 것처럼 상부지주회사는 기업집단 내의 지배관계에서 지주회사가 최상위에 위치한 경우를 말한다. 공정거래위원회는 지주회사로 전환한 지주회사가 기업집단 내 주력회사일 경우 기업집단 전체가 지주회사 체제 내에 편제된 것으로 이해하고 있는데,59) 이때의 전환 지주회사가 상부지주회사에 해당할 것이다. 반면 중간지주회사는 자신의 자회사에 대한 지배관계를 구축하지

---

58) 윤승웅·김원웅·송민경, "지주회사 전환과 지배구조 리스크: 만도 사례를 중심으로", 경제법 연구 제13권 제3호, 2014, 4면 이하에서는 이사회의 독립성 강화나 이사 책임의 강화를 통하여 지주회사 전환시 발생하는 지배구조 리스크에 대응하여야 한다는 견해를 제시하고 있다. 이는 기본적으로 지주회사 전환의 문제를 회사법적 관점에서 파악한 것으로서 독점규제법에 근거한 문제 인식과 대안이 필요할 것이다.

59) 공정거래위원회, 주 34)의 자료, 2면 참조.

만, 기업집단 내에서 의사결정 과정의 핵심에 위치하지 않는다.

이와 같은 구별은 지주회사를 권장하는 정책의 주된 근거가 되었던 지배구조의 통일성과 투명성 측면에서 의미 있는 차이를 보여준다. 즉 중간지주회사가 설립·전환된 경우에는 기업집단 전체 지배구조의 통일성과 투명성 측면에서 의의가 크지 않을 수 있다. 또한 경제력집중의 우려가 큰 경우는 상부지주회사의 경우이며, 중간지주회사는 상대적으로 이러한 우려가 실질적인 것이 아닐 수 있다. 이와 같은 이해는 양자에 차별화된 규제 설계가 필요함을 시사한다. 예를 들어 지주회사 권장 정책의 대상을 정하거나 경제력집중의 우려에 따른 규제를 도입할 경우에 그 대상을 상부지주회사에 초점을 맞추어 정하는 것을 고려할 수 있으며, 중간지주회사의 경우에는 기업집단 전체의 투명성 강화와 같은 제도적 보완이 뒤따를 필요가 있을 것이다.

(3) 행위 규제의 개선

1) 부채비율 제한의 문제

앞에서 살펴본 것처럼 지주회사 부채비율 제한 기준은 제도 도입 시 자본총액 100%에서 2007년 4월 법 개정 이후 200%로 완화되었으며, 개정 이후 지주회사의 수는 급격히 증가하였다. 2005년 이후 지주회사의 부채비율의 평균 수치는 다음과 같다.

〈표 3〉은 지주회사의 부채비율이 자본총액 200% 기준에 비하여 매우 낮은 수준으로 유지되고 있음을 보여준다. 기준이 완화된 2007년 4월 이후 잠시 증가하는 추세를 보이다가, 2010년 다소 하락하는 추세를 보이며, 특히 지주회사 전환 대기업집단에 속한 지주회사의 부채비율은 25.4%에 불과하다. 이러한 현황에 비추어 지주회사 규제로서 부채비율 제한에 대한 긍정적인 평가가 가능할 것이다. 그러나 실제 지주회사의 부채비율과 독점규제법상 기준의 괴리가 매우 크다는 점도 주목할 부분이다. 즉 지주

회사 부채비율의 전체 평균은 40.2%로서 200% 기준과는 상당한 차이가 있으며, 따라서 현재의 기준은 지나치게 완화된 것이라고 볼 수도 있다.

〈표 3〉 지주회사 부채비율(2005-2016)[60]　　　　　　　　　　　　　　(단위: %)

구 분	2005	2006	2007	2008	2009	2010	2011	2012	2013	2014	2015	2016
일반지주회사	28.6	24.7	34.1	45.5	46.4	54.9	43.3	44.8	39.3	37.3	42.7	41.2
(대기업집단)	49.9	25.1	65.8	57.7	37.9	37.5	43.8	39.8	27.2	26.3	31.2	25.7
금융지주회사	17.0	20.1	20.1	18.3	23.2	19.0	15.4	23.0	19.4	20.9	26.8	25.4
(대기업집단)	-	-	-	-	57.9	42.6	32.4	31.8	21.5	10.3	18.4	20.5
합계	27.2	24.1	32.7	43.2	43.8	50.4	40.0	42.5	37.2	35.4	41.6	40.2
(대기업집단)	49.9	25.1	65.8	57.7	39.9	37.9	43.1	39.0	26.6	25.4	30.6	25.3

2) 자회사 주식소유비율 제한 문제

전술한 것처럼 자회사 주식소유비율의 완화는[61] 지주회사의 증가에 일정한 영향을 미친 것으로 보인다. 그러나 경제력집중 억제의 관점에서 자회사 주식소유 비율 완화를 긍정적으로 볼 수 있는지에 관하여 논의의 여지가 있다. 무엇보다 현행 기준은 소액의 자본으로 다수의 자회사를 두는 것을 충분히 가능하게 하는 수준이라는 점에 주목할 필요가 있다. 또한 상장법인 등의 경우 20%의 주식소유비율 기준은, 동 기준 이하에서는 지배관계 형성 자체가 실질적으로 가능하지 않을 수 있기 때문에 실효성 있는 규제로서의 의미가 있는지도 의문이다. 〈표 4〉는 2016년 9월 기준 지주회사가 소유하는 자회사 주식소유비율에 관한 것이다.

〈표 4〉에 의하면 지주회사의 자회사 주식소유비율은 독점규제법상 기준의 2배를 상회하고 있다. 이와 같은 현황은 규제의 실효성에 의문을 낳

---

60) (대기업집단)은 지주회사 전환 대기업집단 소속 지주회사를 말한다. 공정거래위원회, 주 17)의 자료, 6면.
61) 자회사의 손자회사 주식소유비율 제한도 동일한 입법취지에 따른 변화로 볼 수 있다.

으며, 현행 독점규제법상 지주회사의 자회사 주식소유비율 제한 기준이
재고될 필요가 있음을 보여주는 것이다.

〈표 4〉 자회사 지분율[62)

구 분	자회사 지분율		
	상장	비상장	전체
일반지주회사	40.7%	82.6%	72.4%
금융지주회사	48.5%	95.6%	91.0%
평균	41.0%	83.9%	74.1%

3) 자회사 외의 계열회사 주식소유 제한 문제

자회사 외의 계열회사 주식소유를 제한하는 입법취지에는 규제 회피를
방지하는 것 외에도 지주회사 체제의 투명성을 더욱 강화하기 위한 목적
도 포함된다. 그러나 전술한 것처럼 지주회사 전환 대기업집단에서 지주
회사 편입율이 74.4%인 것은 제도의 취지가 충분히 실현되고 있는지에 의
문을 낳는다. 즉 지주회사의 자회사 주식소유를 제한하는 것만으로 기업
집단 전체의 지주회사 체제로의 편입은 여의치 않은 상황이며, 기업집단
의 총수 등은 지주회사 전환 이후에도 상당한 수의 계열회사를 지주회사
체제 밖에 위치시키고 있다.

규제 내용 측면에서 주목할 것은, 이러한 규제는 지주회사가 자회사 외
의 계열회사 등의 주식 소유를 제한하는 내용으로 되어 있지만, 반대로 계
열회사가 지주회사 체제 내 회사의 주식을 취득하는 것에는 제한이 없다
는 점이다. 따라서 지주회사 체제 내 계열회사와 외부의 계열회사 간에 지
분적 관련성은 부분적으로 유지되고 있으며, 이를 제한하는 내용의 규제
를 추가하는 것도 고려할 수 있을 것이다. 이와 관련하여 보다 근본적인
접근도 논의할 수 있다. 예를 들어 지주회사 편입율 자체를 하나의 규제

---

62) 공정거래위원회, 주 17)의 자료, 8면.

지표로 삼는 방식이다. 직접적으로 계열회사 모두를 지주회사 체제에 편입할 것을 강제하는 것은 과잉 규제일 수 있지만, 일정한 편입율을 제시하고, 이를 상회하는 편입율을 보이는 대규모기업집단에 인센티브를 부여하는 방식을 상정할 수 있을 것이다.

2. 지주회사 체제의 수직적 확대의 문제

(1) 지주회사 체제의 수직적 구조

전술한 것처럼 독점규제법 제8조의2 제3항 내지 제5항은 자회사, 손자회사 그리고 증손회사에 대한 일정한 제한을 부과하고 있다. 이러한 규제는 지주회사 규제의 목적을 달성하기 위하여 지주회사 외에 지주회사 체제 안에 있는 회사를 규제 대상에 포함시킬 필요가 있다는 점에서 불가피한 것이지만, 또한 지주회사 체제에서 가능한 수직적 범위를 법적으로 정하는 의미를 갖는다. 현행 지주회사 규제체계는 지주회사를 정점으로 하여 자회사, 손자회사, 증손회사까지를 상시적으로 인정하고, 예외적으로 고손회사도 둘 수 있는 것으로 하고 있다. 제도 도입 초기에 손자회사까지 가능하였던 것과 비교하면, 규제 완화에 의하여 지주회사 체제의 수직적인 범위가 확대되었음을 알 수 있다. 수직적 범위의 확대를 수반하는 규제 완화는 지주회사 체제 안에 다수의 계열회사를 편입시키는 것을 가능하게 하였고, 이는 결과적으로 지주회사 증가의 유인이 된 것으로 볼 수 있다. 그러나 지주회사 체제의 수직적 확대로 인하여 경제력집중을 강화할 수 있다는 우려도 아울러 나타나고 있다는 점에 주의를 기울일 필요가 있다.

(2) 수직적 범위와 관련하여 고려하여야 할 문제

현행 독점규제법은 증손회사까지를 상시적으로 허용하고 있다. 이에 더하여 두 가지 중요한 제도적 특징이 부가되고 있는데, 첫째 증손회사는 원칙적으로 손자회사가 100% 지분을 소유하는 경우에만 가능하도록 되어 있으며, 둘째 예외적으로 고손회사가 가능할 수 있는 근거 규정을 마련하고 있다는 점이다.

첫 번째 특징과 관련하여, 증손회사의 허용을 원칙적으로 손자회사의 100% 지분 소유에 한정한 것은 방사적 확대 가능성을 제도적으로 억제하고자 하는 목적에 따른 것이다. 즉 소액의 자본으로 다수의 하위 회사를 둘 경우에 지주회사 체제는 단선적인 형태가 아니라 방사적인 형태로 확대될 수 있으며, 이로 인하여 경제력집중에 대한 우려는 더욱 커질 것이다. 100% 지분 소유에 의한 제한은 이러한 우려를 해소하는데 어느 정도 기여할 것으로 보이며, 〈표 2〉에 나타나고 있는 것처럼 증손회사의 제도적 허용 이후 증손회사의 수가 지주회사 수의 약 60%에 불과한 것은 이러한 제도적 취지가 어느 정도 실현된 것으로 볼 수 있을 것이다. 그러나 증손회사는 지주회사로부터 3단계가 확장된 것이고, 따라서 증손회사 제도가 향후 어떻게 운용되고 있는지에 대하여 예의 주시할 필요가 있다. 입법적으로도 두 가지 측면에서의 주의가 요구된다. 우선 경제력집중의 우려가 존재하는 상황에서 현행 제도 이상으로 수직적 범위를 확대하는 것은 바람직한 것으로 보이지 않는다. 또한 「외국인투자촉진법」에 의하여 증손회사 허용 요건이 완화되었던 것처럼 독점규제법 외의 다른 법률을 통한 우회적인 확대에 대해서는 신중한 접근이 필요할 것이다.

두 번째 특징으로서 고손회사의 예외적 존재 가능성에 대해서도 주목할 필요가 있다. 현행 독점규제법상 고손회사는 최대 2년간 한시적으로만 가능하도록 되어 있지만, 적어도 이 한도에서 지주회사 체제는 고손회사까지 확장되어 있는 것이다. 따라서 예외 사유에 대한 엄격한 적용이 요구되는 것으로 볼 것이다. 이와 관련하여 2년간의 고손회사 허용 기간이 독점규제법 제8조의2 제6항에 의하여 공정거래위원회의 승인에 의해 연장될 수 있다는 점에도 주목을 요한다. 지주회사 체제의 수직적 범위의 확대를 제한하고자 하는 입법 취지를 고려할 때 적어도 고손회사에 대해서는 유

예기간의 연장에 신중할 필요가 있으며, 이러한 취지가 제도적으로 반영
될 필요성이 있다.

3. 경제력집중 억제를 위한 규제의 종합적 고려

(1) 경제력집중 규제체계에서 지주회사 규제의 의의

독점규제법상 경제력집중 억제를 위한 규제는 대규모기업집단에 대한
규제와 지주회사에 대한 규제로 대별할 수 있다. 전자는 기존의 재벌로 대
표되는 대규모기업집단에 대한 규제이며, 기업집단 자체의 해체를 의도하
는 것은 아니지만 출자규제나 의결권 규제 등을 통하여 대규모기업집단의
확대나 비정상적인 유지를 억제하려는 것을 목적으로 한다. 반면 지주회
사 규제는 기본적으로 기업집단의 형성 과정을 통제하는 측면이 있다. 지
주회사 체제는 기업집단 조직 방식의 하나이며, 이에 대한 규제는 본질적
으로 대규모기업집단의 형성에 대한 제한으로서의 의미를 갖는다. 따라서
대규모기업집단 정책의 관점에서 지주회사 규제는 사전적 또는 예방적 성
격을 갖고 있다.

한편 대규모기업집단의 구조적 분류도 경제력집중 억제를 위한 규제체
계에서 의미 있는 관점을 제공한다. 공정거래위원회는 주력회사가 지주회
사로 전환한 대규모기업집단을 지주회사 전환 대기업집단으로 이해하고,
이러한 전환이 이루어지지 않은 기업집단과 대비하고 있다. 지주회사로
전환하지 않은 기업집단은 대체로 순환적 출자구조에 기초하여 기업집단
을 조직하고 있으며, 따라서 지주회사로 전환한 기업집단과 그렇지 않은
기업집단을 각각 지주회사형 기업집단과 순환출자형 기업집단으로 분류할
수도 있다.[63] 이러한 관점에서 경제력집중 억제를 위한 규제체계는 지주

---

63) 공정거래위원회, 주 54)의 자료, 11-16면 참조. 동 자료에서는 2016년 4월 기준
   순환출자형 기업집단 8개, 지주회사형 기업집단 19개로 나타나고 있다.

회사형 기업집단을 대상으로 한 지주회사 규제와 순환출자형 기업집단에 초점을 맞춘 상호출자 금지 등의 출자 규제로 구분된다.

이와 같은 유형별 이해를 전제하면, 양 규제에서 나타나는 차별적인 성격의 규제 내용이 합리적 근거에 의하여 뒷받침되고, 전체적인 관점에서 양 규제가 균형을 이룰 필요성이 있다. 즉 어느 한 쪽의 규제가 과중할 경우 당해 규제뿐만 아니라 경제력집중 억제를 위한 규제 전체의 타당성과 실효성에 의문이 제기될 수 있다. 특히 지주회사 권장 정책을 추진할 경우에도 이러한 이해가 반영되어야 한다.

(2) 종합적 관점에서 지주회사 규제체계의 개선

대규모기업집단 규제의 핵심에 해당하는 출자 규제는 상호출자 금지를 기본으로 하고, 2014년 법 개정에 의하여 순환출자 금지가 추가되었다. 기존의 독점규제법 제9조에 의한 상호출자 금지는 직접적인 상호출자만을 금지대상으로 하고, 간접적이거나 순환적인 상호출자는 규제 대상에 포함되지 않았다. 이를 보완하는 의미의 출자총액제한제도가 있었지만, 동 규제는 지나치게 형식적이고 과도한 규제라는 비판에 따라서[64] 2009년 법 개정에 의하여 폐지되었다. 동 규제의 폐지 이후 간접적인 상호출자의 규제 필요성에 대한 논의가 전개되었으며, 결국 2014년 법 개정에 따라서 순환출자 금지 제도가 도입되었다.[65]

동 개정에 의하여 도입된 독점규제법 제9조의2 제2항 본문은 "상호출자 제한기업집단에 속하는 회사는 순환출자를 형성하는 계열출자를 하여서는 아니 된다. 순환출자회사집단에 속하는 계열회사의 계열출자대상회사에 대한 추가적인 계열출자 또한 같다"고 규정함으로써 순환출자를 원칙적으로 금지하고 있다. 그러나 동 개정 부칙 제2조는 기존의 대규모기업집단

---

64) 홍명수, "경제력집중의 억제", 권오승 편, 독점규제법 30년, 법문사, 2011, 252-253면 참조.

65) 권오승 등 8인 공저, 독점규제법, 법문사, 2015, 152면 참조.

에 속하는 회사는 법 시행 후 취득 또는 소유하게 되는 주식에 한정하여 규정이 적용되고(1항), 신규 대규모기업집단에 대해서는 지정 이후 취득 또는 소유하게 되는 주식에 대해서만 적용되는 것으로 함으로써(2항), 기존 대규모기업집단의 출자관계를 규제 대상에서 배제하고 있다. 따라서 순환출자 금지는 상호출자 금지에 비하여 강한 규제임은 분명하지만, 순환출자에 기초한 기존 대규모기업집단의 지배구조의 변경을 요구하는 것은 아니다.[66]

이러한 관점에서 순환출자형 대규모기업집단이 자발적으로 지주회사형 대규모기업집단으로 전환을 시도할 것인지는 의문이며, 출자총액제한제도가 폐지되기 이전 지주회사에 대한 특례조항이 일정한 기능을 하였다는 점을 상기할 필요가 있다. 2009년 3월 법 개정에 의하여 출자총액제한제도가 폐지되기 이전의 독점규제법 제10조 제1항은 "동일한 기업집단에 속하는 국내 회사들의 자산총액의 합계액이 10조원 이상인 기업집단에 속하는 회사는 당해 회사의 순자산액에 100분의 40을 곱한 금액을 초과하여 다른 국내회사의 주식을 취득 또는 소유하여서는 아니 된다"고 규정하고 있었는데, 동조 제7항 제2호에 의하여 지주회사에는 동 규정의 적용이 배제되었다. 결국 출자총액 규제가 존속하던 시기에 지주회사는 동 규제의 적용에서 벗어날 수 있는 유인의 의미가 있었으며, 출자규제 제도와 지주회사 규제 제도는 이러한 맥락에서 상호 관련성을 갖고 있었다.

전술한 것처럼 현행 독점규제법상 출자규제는 순환출자 금지 제도의 도입 이후에도 여전히 실효성 있는 규제로서 기능하는데 한계를 보이고 있으며, 이러한 상황에서 지주회사로의 전환을 촉진할 수 있는 제도적 설계도 여의치 않을 것이다. 2009년 3월 개정 이전의 독점규제법의 규제체계를 참고한다면, 출자규제의 실효성을 강화하고, 동시에 지주회사에 대한 적용 제외를 고려하여 양 규제의 균형을 기하는 방식의 논의도 필요할 것

---

66) 위의 책, 153면 참조.

이다. 이러한 필요성은 최근의 실증 연구를 통해서도 확인할 수 있는데, 2000에서 2010년까지의 민간대규모기업집단의 계열확장에 관한 분석을 보면, 계열확대를 위한 다각화는 기업집단 내부의 유휴 경영 효율성을 제고하기 보다는 지배주주의 지배 편익이 더 큰 요인으로 작용한 것으로 나타나고 있다.[67] 이러한 분석은 지배편익을 가능하게 하는 계열사 출자 등의 억제를 필요로 하는 것이지만, 이를 직접적인 규제 대상으로 하는 것 외에 현실적인 대안으로서 지배구조의 개선이 제안되고 있으며, 이러한 관점에서 지주회사 제도의 활용을 논의할 수 있을 것이다.

Ⅴ. 결론

지분 보유를 통하여 하나 이상의 기업에 대한 지배관계를 형성하고 있는 회사로서 지주회사는 경영의 효율성을 제고하고, 지배구조의 투명성을 강화하며, 신규산업의 진출 등에 탄력적으로 대응할 수 있는 기능상 장점을 갖고 있다. 그러나 조직 운영 또는 재정 측면에서 부정적 기능도 나타날 수 있으며, 무엇보다 다수의 기업을 지주회사 체제에 편입시킴으로써 경제력집중의 수단으로 활용될 수 있다는 우려도 존재한다.

독점규제법은 지주회사 제도의 기능상 장점을 활용하면서도, 부정적 효과가 나타날 수 있는 우려를 불식시키기 위하여, 지주회사 자체는 원칙적으로 허용하면서 지주회사 등에 대한 행위를 규제하는 규제체계를 형성하였다. 그러나 공정거래위원회가 지속적으로 지주회사 권장정책을 추진하는 과정에서 지주회사 규제의 내용은 상당 부분 완화되어 왔으며, 이러한 상황은 현재의 시점에서 지주회사 규제의 타당성과 실효성을 검토할 필요

---

67) 장지상·하준·이근기, 대규모기업집단의 다각화 추이 및 결정요인, 산업연구원, 2011, 112-114면 참조.

를 낳고 있다.

　무엇보다 지주회사 권장정책의 일환으로 완화된 지주회사 규제의 내용이 지주회사의 부정적 측면을 최소화하기 위하여 도입된 제도의 본질을 침해하는 것인지를 살펴볼 필요가 있으며, 현재의 규제 내용은 이러한 측면에서 의문이 있는 부분들이 포함되어 있다. 또한 설립 과정에 대한 규제의 미비에 대해서는 재고가 요구되며, 지주회사의 종류, 특히 지주회사 체제로의 전환을 의미하는 상부지주회사와 중간지주회사에 대한 차별화된 규율체계의 도입도 고려할 수 있을 것이다. 현행 지주회사 체제는 제도적으로 증손회사까지 확대가 가능하며, 한시적으로 고손회사의 존재도 가능하다. 제도 도입 초기와 비교하여, 지주회사 체제는 수직적으로 확대되어 왔으며, 이러한 시도는 2014년 「외국인투자촉진법」에서 증손회사의 예외적인 요건 완화를 위한 규정에서 알 수 있듯이 계속되고 있다. 지주회사 체제의 수직적 확대는 경제력집중의 유력한 수단이 될 수 있다는 점에서 최소한 현재 수준 이상으로 확장하는 것에 대해서는 신중할 필요가 있을 것이다. 또한 대규모기업집단에 대한 출자 규제와 지주회사에 대한 규제를 종합적으로 이해하는 것도 중요하다. 이러한 관점에서도 지주회사 규제의 실효성을 제고하는 방안이 모색될 필요가 있다.

13. 공정거래법 제19조 제1항의 해석과
수평적·수직적 공동행위의 규제 법리

I. 서론

부당 공동행위의 규제 근거인 독점규제법 제19조 제1항은 규제 대상인 행위로서 사업자들 간의 부당한 공동행위뿐만 아니라 '다른 사업자로 하여금 이를 행하도록 하는 행위'도 규정하고 있다. 2004년 법개정에 의하여 도입된 동 규정이 비교법적으로 드문 예이기는 하지만, 공동행위에 직접 참가하지 않은 외부의 제3자에 대해서도 규제가 필요한 경우가 있을 수 있다는 점에서 이에 대한 긍정적인 평가가 가능할 것이다.[1]

그러나 규제 필요성에 동의하더라도, 동 규정에서 행위의 특정이 다소 모호하게 이루어지고 있다는 점에서, 동 규정의 구체적인 의의나 적용 범위에 관하여 해석상 다툼은 불가피하였던 것으로 보인다. 이러한 문제는 최근 동 규정을 적용한 공정거래위원회의 규제 사례와 법원의 일련의 판결이 상이한 입장을 취함으로써 구체화되었다. 특히 법원은 다른 사업자가 공동행위를 하도록 하는 행위를 교사행위(또는 이에 준하는 행위)의 관점에서 이해하고, 이로부터 동 규정의 적용 범위를 매우 제한적으로 정하

---

1) 공정거래위원회, 공정거래법 개정(안) 주요 내용, 2004. 5. 3., 3면에서는 "부당한 공동행위를 교사한 사업자에 대한 법적용 근거 마련"을 개정 이유로 제시하고 있다.

는 해석론을 전개하였다.[2]

　이러한 해석론이 타당한지는, 즉 교사 법리의 원용이 적합한 것인지는 궁극적으로 경쟁정책적 관점에서 검토되어야 할 문제이며, 따라서 동 규정의 입법취지 그리고 그 이면에 있는 공동행위의 특징적 요소에 대한 주의를 환기시킨다. 입법취지에서 확인할 수 있듯이, 동 규정은 부당한 공동행위가 행해진 것을 전제로 여기에 일정한 관여를 한 제3자에 대하여 규제 확대를 의도하고 있으며,[3] 특정한 법위반행위를 전제로 책임 범위를 확장하고 있다는 점에서 법원이 이해한 것과 같이 정범과 공범의 구조와 유사한 측면이 있다. 그러나 행태적인 측면에서 보면, 동 규정에서 제3자의 관여는 동일 시장에 위치하지 않은 사업자를 전제한 것이므로,[4] 수직적인 관계에서 공동행위를 파악할 수 있는 계기를 제공한다. 즉 동 규정은 수평적 요소와 수직적 요소가 모두 포함된 공동행위와 관련된 것으로 볼 수 있다. 특히 수평적 공동행위와 수직적 공동행위 간에 경쟁법 규율상의 차이를 고려하면, 이러한 특징이 경쟁정책적 관점에서 보다 주목할 만한 부분이며, 논의도 여기에서 출발할 필요가 있다.

　이하에서 논의는, 우선 독점규제법 제19조 제1항 본문 후단의 '공동행위를 하게 하는 행위'의 의의와 동 규정에 근거하여 수평적 요소와 수직적

---

2) 서울고법 2008. 12. 24. 선고, 2008누14854 판결 및 대법원 2009. 5. 14. 선고, 2009두1556 판결.

3) 이호영, 독점규제법, 홍문사, 2012, 181면.

4) 동일 시장 내에 위치한 제3자 관여의 경우에, 이때 제3자도 공동행위에 참가한 때에는 공동행위의 참가자로서 규율될 것이고, 다른 참가자들에 미친 영향력 행사는 개별적으로 부과되는 제재 수단과 정도에 반영될 것이다. 제3자가 공동행위에 참가하지 않은 경우를 이론상 상정할 수 있지만, 이러한 행위의 합리적인 동기나 유인을 찾기는 어렵다. 즉 동일 시장 내에 있는 제3자가 다른 경쟁사업자들과의 공동행위로부터 공동의 이익을 갖게 되는 경우라면 이에 참여할 것이고, 공동의 이익이 없는 경우라면 제3자로서 공동행위에 관여할 유인도 존재하지 않을 것이기 때문에(Jean Wegman Burns, "The New Role of Coercion in Antitrust", Fordam Law Review vol. 60. issue 3, 1991, 381-385면 참조), 실질적으로 이러한 행위의 가능성은 거의 없을 것으로 보인다.

요소가 복합적으로 나타난 경우에 동 규정을 적용한 사례를 검토할 것이다(II). 이어서 주요 국가에서 유사한 행태, 즉 수평적 요소와 수직적 요소가 중복적으로 나타나는 행위에 대한 규제 법리를 살펴볼 것이다. 특히 유사한 법적 대응으로서 유럽 경쟁법상 간접적 공동행위나 미국 반독점법상 수평적·수직적 공동행위의 규제에 주목하고, 집중적으로 분석할 것이다(III). 이상의 논의를 종합하여, 결론으로서 수평적 요소와 수직적 요소를 모두 포함하고 있는 공동행위에 대한 타당한 경쟁정책적 대응 방안을 제시하고, 이를 제19조 제1항의 해석론에 적용하도록 할 것이다(IV).

II. 독점규제법상 규제 법리

1. 제19조 제1항 후단의 의의

독점규제법 제19조 제1항 후단의 '다른 사업자로 하여금 이를 행하도록 하는 행위' 규정은 공동행위에 직접적으로 참여하지 않았지만, 다른 사업자들의 공동행위에 일정한 관여를 한 자에 대한 규제 필요성을 반영한 것이라 할 수 있다. 법문은 구체적으로 규제 대상이 되는 제3자의 관여를 '공동행위를 하게 하는 행위'로 규정하고 있는데, 이로써 동 규정의 적용은 부당한 공동행위를 전제하고, 이에 대한 일정한 관여를 규제하는 방식으로 이루어지게 된다.

그러나 법문의 규정에도 불구하고 규제 대상이 되는 제3자의 공동행위에 대한 관여의 정도가 명확한 것은 아니며, 이에 대한 해석상 이견이 존재한다. 유력한 견해는 동 규정에서의 행위를 교사(범)의 의미로 이해하고 있으며,5) 이는 법원의 판결에 의해서 지지되고 있다. 이론적으로 교사로

---

5) 양명조, 경제법강의, 신조사, 2011, 206면 및 정호열, 경제법, 박영사, 2012,

이해하는 근거가 뚜렷하게 제시된 것은 아닌데, 대체로 법문의 문리적 해석상 교사에 상응하는 측면이 있으며, 주 1)에서 원용한 것처럼 공정거래위원회의 개정안 제안에서 교사에 한정했던 것은 정책적으로 타인의 실행행위에 대한 유·무형의 원조 행위(방조)까지 책임 범위를 확대하는 것은 타당하지 않다는 입장을 반영한 것으로 생각된다. 이와 관련하여 후술하는 바와 같이 법원은 판시사항에서 침익적 행정행위의 근거가 되는 동 규정의 특성에 비추어 교사에 한정하는 엄격한 해석이 필요함을 강조하고 있다.

이러한 견해에 명확히 반대하는 입장은 아니지만, 방조를 포함한 담합 조장행위까지 동 규정에 포섭하는 것이 법리적으로 가능하다고 것을 전제로 동 규정의 적용 범위에 관하여 보다 유연한 입장을 보여주는 견해도 있으며,6) 특히 공정거래위원회의 규제 실무는 교사적인 관점보다 넓게 동 규정을 적용함으로써 법원의 견해와는 뚜렷이 대비되는 입장을 보이고 있다.7)

동 규정의 적용범위를 교사의 의미에 제한할 것인지 또는 이 보다 넓은 범위로 파악할 것인지는, 원칙적으로 부당한 공동행위에 관여한 제3자의 행태에 대한 경쟁정책적 판단에 따라야 할 것이다. 그러나 이에 관한 적절한 판단이 이루어지기 위해서는 행태의 전형적인 양상에 대한 이해가 필요하며, 특히 수직적 공동행위 규제의 관점은8) 이러한 이해를 구체화하는 데 도움이 될 것이다. 따라서 이러한 논의는 공정거래법 제19조에 의하여 수직적 공동행위의 규제가 가능한 것인지에 관한 문제와 불가피하게 관련될 수밖에 없으며, 규제 가능성에 관한 입장의 차이는 동 규정의 의의를 수직적 공동행위의 관점에서 이해하는데, 나아가 동 규정의 적용 범위에도 영향을 미칠 것이다.

336-337면.

6) 이기수·유진희, 경제법, 세창출판사, 2012, 152-153면 참조.

7) 공정위 2008. 5. 2. 의결 제2008-137호.

8) 신동권, 독점규제법, 박영사, 2011, 419면 참조.

우선 독점규제법 제19조 제1항의 규정 형식은 수직적 공동행위 규제의 가능성을 긍정하는 주된 근거가 된다. 동 규정은 EU 기능조약(TFEU) 제101조 제1항과 마찬가지로 공동행위에 참가하는 사업자들의 관계를 한정하는 표현을 두고 있지 않으며, 이러한 규정 태도는 수직적 공동행위도 동 규정의 규제 대상에 포함시키는 것을 가능하게 한다.9) 또한 경쟁정책적 관점에서 EU 경쟁법이나 미국 반독점법에서처럼 수평적 공동행위와 수직적 공동행위를 모두 공동행위 규제 대상으로 하는 것이 바람직하다는 주장도 있다.10) 반면 제19조 제1항에 의한 수직적 공동행위 규제에 부정적인 입장은 대체로 독점규제법의 법체계적 특징에 근거한다.11) 즉 독점규제법은 수직적 공동행위에 해당하는 행위들을 법 제23조의 불공정거래행위나 제29조의 재판매가격유지행위로서 규제하고 있고, 이를 수직적 공동행위로서 규제하게 된다면, 규제의 중복이나 혼선을 낳을 수 있다는 점을

---

9) 예를 들어 독일의 경쟁제한방지법(GWB; Gesetz gegen Wettbewerbsbeschrän-kungen) 제1조는 2005년 개정되어 수평적 관계에 한정하는 의미를 갖고 있었던 '경쟁관계에 있는'(miteinander im Wettbewerb stehenden)이라는 표현을 삭제하였는데, 이러한 변경에 의하여 수직적 카르텔도 동법의 규제 대상이 되는 것으로 이해되고 있다. Fritz Rittner & Meinrad Dreher, Europäisches und deutsches Wirtschaftsrecht, C. F. Müller, 2008, 419면 참조.

10) 경쟁법 규제체계를 단독행위와 공동행위에 기초하여 구축할 것을 제안하면서, 수직적 공동행위 규제가 공동행위 규제에 포함되어야 한다는 논의를 전개하는 것으로서, 이호영, "공정거래법상 수직적 공동행위 규제의 도입", 최근 경쟁법의 주요 쟁점과 과제(2010년 한국경쟁법학회 추계학술대회), 2010. 11, 88-91면 참조.

11) 일본 獨占禁止法은 제19조 및 제2조 제9항에서 불공정한 거래방법으로 수직적 제한에 해당하는 구속조건부 거래나 재판매가격유지 등의 행위를 규제하고 있다는 점에서 우리 공정거래법 체계와 유사한데, 공동행위를 규제하는 제3조에 의하여 수평적 공동행위뿐만 아니라 수직적 공동행위도 규제되는 것으로 보는 견해로서, 谷原修身, 獨占禁止法 要論, 中央經濟社, 2006, 159-160면은 이러한 유형의 규제의 본질은 공동행위성에 있다는 점에서 긍정적으로 보고 있다. 또한 수직적 공동행위는 수평적 공동행위의 실효성을 보장하는 기능을 한다는 점에서 규제의 중요성이 있다는 지적으로서, 金井貴嗣·川濱 昇·泉水文雄, 獨占禁止法, 弘文堂, 2010, 38면(宮井雅明 집필부분) 참조.

지적하며, 그 동안 공정거래위원회에 의한 규제 사례가 없었던 것도 이러한 규제체계의 특징을 반영한 결과로 이해한다.[12)

이와 같은 제19조 제1항에 의한 수직적 공동행위의 규제 가능성에 관한 견해의 차이는, 수직적 공동행위 요소를 포함하고 있는 제19조 제1항 후단에 대한 이해와 논리적으로 관련될 수밖에 없다. 우선 규제 가능성에 부정적인 입장에서 제19조 제1항 후단은 제한적인 범위에서 수직적 공동행위 규제의 근거를 도입한 것으로 볼 수 있다. 반면 제19조 제1항에 의한 수직적 공동행위 규제가 가능한 것으로 보는 입장에서 후단의 규정은 수직적 공동행위 규제 가능성을 새롭게 창설한 것이 아니라, 수직적 공동행위 요소가 관련된 특정한 행태에 대한 경쟁정책적인 주의를 환기시키는 의미를 갖게 될 것이다. 이러한 차이는 당연히 '부당 공동행위를 하게 하는 행위'의 해석에 영향을 미칠 것이지만, 앞에서 살펴본 것처럼 기존의 해석론에서 수직적 공동행위 규제 가능성에 기초한 입론은 찾기 어려우며, 동 규정이 적용된 사례에서도 이러한 점은 불명확한 상태로 남아 있다.

2. 규제 사례 검토 - 모토코리아 사건

(1) 사건의 경과

모토코리아 사건은 공정거래위원회에 의하여 제19조 제1항 후단이 적용된 최초의 사례에 해당한다(의결 제2008-137호). 통신장비 제조·판매 사업자인 모토로라코리아 주식회사(이하 모토코리아)는 자사의 주파수공용통신장치 국내총판인 주식회사 리노스(이하 리노스), 회명산업 주식회사

---

12) 신현윤, 경제법, 법문사, 2012, 233-234면 및 이기수·유진희, 주 6)의 책, 152면 참조. 한편 부정적 입장을 취하면서, 제19조 제1항 제9호의 "기타의 행위로서 다른 사업자의 사업활동 또는 사업내용을 방해하거나 제한함으로써 일정한 거래분야에서 경쟁을 실질적으로 제한하는 행위" 규정은 수직적으로 관련되는 사업자들도 규제 대상에 포함된다고 보는 것으로서, 정호열, 주 5)의 책, 337-338면 참조.

(이하 회명산업), 주식회사 씨그널정보통신(이하 씨그널) 등 3개사를 통하여 판매하였는데, 2003년 12월부터 2006년 2월까지 있었던 15건의 주파수 공용통신장치 구매입찰에서 이들 4개사의 담합이 문제가 되었다. 공정거래위원회는 모토코리아가 자사의 국내총판인 리노스, 회명산업, 씨그널 등 3개사에 낙찰자와 들러리 응찰자, 투찰가격 등을 지시한 후에 입찰에 참여시켜 낙찰 받는 방식을 통하여 담합행위를 한 것으로 판단하였다. 즉 모토코리아는 사전에 총판별로 수요처를 지정하고, 이러한 지정에 따라서 총판 3사는 입찰에 참여하였으며, 총판 3사는 피심인 모토코리아에 의해 지정된 낙찰예정자가 실제 낙찰 받을 수 있도록 만남 또는 의사연락 등을 지속적으로 수행한 점이 정황증거로서 제시되었다. 공정거래위원회는 특히 모토코리아에 대한 공동행위 규율을 공정거래법 제19조 제1항 후단의 "다른 사업자로 하여금 이를 행하도록 하여서는 아니된다"는 규정에 의하였다. 그 근거로서 제19조 제1항에서 정하고 있는 합의가 묵시적 합의 또는 암묵적 요해까지 포함하여 넓게 인정되고, 이러한 규정 태도에 비추어 후단이 적용되기 위하여 "반드시 강제성이 있어야 하는 것은 아니고, 단순히 협조 또는 권장 등을 통해 부당한 공동행위를 하도록 유도·조정하는 것만으로도 법위반에 해당된다"고 판단하였다.

동 심결에 대한 항고소송은 총판3사의 공동행위와 이에 대한 모토코리아의 관여 행위로 나뉘어 진행되었는데, 모토코리아의 항고에 따른 소송에서 원심은 모토코리아의 행위에 대한 제19조 제1항 후단의 적용을 부인하였고(2008누14854), 이는 대법원 판결에서 최종적으로 확정되었다(2009두1556).[13] 특히 대법원은 적용 부인의 이유로서 동 규정에 관하여 "법률

---

13) 총판3사의 공동행위에 관한 항고소송에서는 모토코리아와 총판3사를 경제적 단일체로 파악할 수 있는지가 주된 쟁점이었고, 이에 대하여 법원은 부정적으로 판단하였다. 서울고법 2009. 9. 10. 선고 2008누15277 판결. 동 사건에 대한 상고는 심리불속행 사유로서 기각되었다. 대법원 2009. 12. 24. 선고 2009두18509 판결. 한편 동 판결의 의의에 관하여, 홍명수, "부당한 공동행위 성립에 있어서 경제적 단일체 문제의 검토", 법학연구 제54권 제1호, 2013. 2, 14면 이하 참조.

조항의 입법 취지 및 개정경위, 관련 법률조항의 체계, 이 조항이 시정명령과 과징금 납부명령 등 침익적 행정행위의 근거가 되므로 가능한 한 이를 엄격하게 해석할 필요가 있는 점 등에 비추어 보면, 위 제19조 제1항 후단의 '다른 사업자로 하여금 부당한 공동행위를 행하도록 하는 행위'는 다른 사업자로 하여금 부당한 공동행위를 하도록 교사하는 행위 또는 이에 준하는 행위를 의미하고, 다른 사업자의 부당한 공동행위를 단순히 방조하는 행위는 여기에 포함되지 않는다"고 판시하였다.

(2) 검토

동 사건에서 공정거래위원회와 법원은 제19조 제1항 후단의 적용 범위에 관한 상이한 판단을 하였다. 각 판단의 이론적 근거가 명확하게 제시된 것은 아니지만, 양 견해의 상호 대비는 경쟁정책적 관점에서 의미 있는 차이를 보여주고 있다.

우선 공정거래위원회는 제19조 제1항에서 규제하는 공동행위 요건으로서 합의를 다양한 행태를 포괄하는 넓은 의미로 이해할 수 있으며, 이러한 해석론이 후단의 규정에도 적용되어야 한다는 것을 논거로서 제시하고 있다. 물론 기본적 행위를 정하는 방식이 이에 관여한 행위의 특정에 논리적으로 연결되는 것은 아니다. 그러나 암묵적이고, 은폐적인 방식으로 이루어지는 공동행위가 갈수록 증가하고 있는 상황에서 동조적 행위 또는 인식 있는 병행행위와 같은 합의의 경계에 위치하는 행태를 포섭하기 위하여 넓은 의미로 합의를 이해하는 것이 불가피하다는 점을 상기하면, 제3자의 관여 행위도 이러한 경쟁정책적 요구에서 벗어나 있는 것으로 보기 어렵다. 이러한 점에서 제19조 제1항 후단의 규정을 넓게 적용하기 위하여 공정거래위원회가 제시하고 있는 논거는, 최소한 착안점으로서 긍정적인 측면이 있다.

법원이 취하고 있는 견해는 제19조 제1항 후단의 규정이 침익적 행정행위의 근거가 되는 것이므로 엄격히 해석될 필요가 있다는 점을 주된 근거로 제시한다. 그러나 독점규제법상 모든 규제 조항은 침익적 성격을 갖고 있는 것이므로, 동 규정만의 특별한 성격으로 이해될 것은 아니다. 다만 이러한 성격을 법원이 특별히 논거로서 지적한 것은, 동 규정이 수평적 공동행위를 원칙적 규제 대상으로 하는 제19조 제1항 규제체계에서 예외적인 규제 근거에 해당하며, 따라서 예외적으로 규제 대상을 확대한 것이므로 적용 범위를 좁게 해석할 필요가 있음을 강조한 것으로 추론할 수는 있을 것이다. 그렇다 하더라도 법원이 판시 사항에서 교사를 명시적으로 언급하고 있는 것은, 기본적으로 법원의 입장을 수용하는 경우에도 지나치게 제한적 해석일 수 있다는 점에서 타당성에 의문이 있다. 형법상 교사범 성립에 있어서 핵심적 요건은 범죄를 행할 의사가 없는 타인에게 범죄 실행의 결의를 가지게 하는 것인데,[14] 카르텔로 인한 경제적 이익의 귀속 주체인 공동행위 참가자들의 행태로부터 여기서의 실행행위라 할 수 있는 주관적 요소로 구성된 합의의 결의 여부를 용이하게 파악할 수 있는지는 의문이며, 이는 동 규정의 적용범위를 극히 제한하는 결과로 이어질 수 있다. 법원이 '교사에 준하는 행위'를 언급한 것은 어느 정도 이러한 문제의식을 반영한 것으로 볼 수 있다. '교사에 준하는 행위'의 의미 자체가 명확한 것은 아니지만, 합의의 결의가 이미 존재하는 상황에서도 제3자에 대한 규제가 가능한 경우를 상정할 수 있으며, 이 경우에 고려되어야 하는 요소들에 관한 논의가 추가되어야 할 것이다. 가능한 방식으로서 제3자의 관여의 정도 또는 공동행위 참가자와 제3자 간에 합의의 주도 여부를 기준으로 할 수 있으며, Burns가 지적한 것처럼 수직적 공동행위에 있어서 강요는 합의의 성립에 필수적 요소일 수 있다는 점도[15] 고려될 수 있다. 그러나 이러한 논의가 기본적으로 교사(범)의 구조 하에서 이루어지고 또한 형법상 법리에 영향을 받을 수밖에 없다는 한계는 여전히 남는다. 예를

---

14) 이재상, 형법총론, 박영사, 2003, 473면.
15) Jean Wegman Burns, 주 4)의 글, 434-435면 참조.

들어 형법상 교사범과 공동정범의 구별은 기능적 행위지배의 존부에 의하여 이루어지는데,[16] 수평적 관계에 있지 않은 제3자가 행위지배가 인정되는 방식으로 공동행위에 참여하였을 경우에, 제19조 제1항 후단의 적용이 배제되면서 또한 수평적 공동행위의 범위에 포함되지 않는 것을 이유로 규제상의 공백이 발생할 수도 있다.[17]

이상의 논의에서 알 수 있듯이, 제19조 제1항 후단의 해석에 관한 공정거래위원회와 법원의 견해 모두 법리상 불가피한 귀결로 보기는 어려우며, 결국 경쟁정책적 관점에서 보다 바람직한 입장이 무엇인지에 관한 정책상의 판단 문제로 보아야 할 것이다. 따라서 실제 예상되는 행태, 즉 기존 공동행위에 제3자가 관여하는 행태의 분석을 통하여, 경쟁정책상 규제 필요성과 제19조 제1항 후단의 해석론 사이의 간격을 확인하는 과정이 중요하다. 구체적으로 기본적 실행행위로서 수평적 공동행위에 수직적인 관계에 있는 제3자가 관여한 경우에,[18] 법원의 견해에서 규제 대상이 될 수

---

16) 이재상, 주 14)의 책, 472면 참조. 한편 제19조 제1항 위반행위는 동법 제66조에 의하여 형벌의 부과 대상이 된다. 이때 범죄행위로서 제19조 제1항에 위반한 행위가 필요적 공범인지 공동정범인지에 관하여, 제19조 제1항이 구성요건으로서 복수의 참가자를 예정하고 있으므로 필요적 공범에 해당하고, 외부에 있는 자는 교사 또는 방조로서 공범이 될 수 있다고 보는 것으로, 神山敏雄, 獨禁法犯罪の硏究, 成文堂, 2002, 94-95면 참조.

17) 7개 영화배급업자와 영화상영업자 간에 가격담합 사건에서 공정거래위원회는 수직적 관계를 고려하지 않고 이들의 행위가 부당 공동행위에 해당하는 것으로 판단하였다(공정위 2008. 6. 10. 의결 제2008-168호). 동 심결의 항고 소송에서 법원은 공정거래위원회의 판단을 유지하면서, 제19조 제1항 후단 규정이 교사 또는 이에 준하는 행위로 이해되는 것에 비추어 수평적 관계에 있지 않은 사업자도 수평적 관계에 있는 사업자와 공동하여 부당 공동행위를 할 수 있는 것으로 판시하였다(서울고법 2009. 10. 7. 선고 2009누2483 판결). 동 심결과 판결은 수평적 공동행위의 존재를 전제한 것이기는 하지만, 수직적 공동행위 규제와 관련하여 의미 있는 진전으로 평가할 수 있다. 다만 판시사항에서 제19조 제1항 후단의 취지를 언급하였지만, 동 규정의 직접적 적용의 결과로 결론을 도출한 것은 아니다.

18) 기본적 실행행위를 수직적 공동행위로 하고, 이에 대한 제3자 관여의 경우도 상정할 수 있지만, 제19조 제1항에 의한 수직적 공동행위 규제에 부정적인 다수설

있는 행위 이외에 경쟁정책상 규제 필요성이 있는 행위가 존재하는지를
판단하고, 이에 기초하여 타당한 해석론이 도출될 수 있을 것이다.

III. 수평적·수직적 공동행위의 외국 규제 법리

1. 미국 반독점법상 수평적·수직적 공동행위 규제

(1) 이중 유통의 문제

이중 유통은 제조업자가 유통업자에게 재판매를 하면서 자신도 직접 소
비자에게 판매를 하는 경우(dual distribution)를 말하며, 이 경우에 제조업
자가 재판매시 유통업자에게 일정한 제한을 가할 경우에 수평적 공동행위
와 수직적 공동행위의 특징이 복합적으로 나타난다.[19] 이러한 경우 유통
업자에 대한 제한을 경쟁자의 입장에서 파악할 것인지 아니면 유통구조
안에서 상류시장에 위치한 공급자의 입장에서 파악할 것인지에 따라서 각
각 수평적 제한과 수직적 제한의 특성이 부각될 것이다. 어느 요소를 우선
적으로 볼 것인지는 미국 반독점법에서 당연위법과 합리성 원칙의 법리가
적용되는 영역의 구분과 밀접히 관련되며, 특히 수평적 측면을 강조할 경
우에 여전히 수평적 가격고정을 당연위법으로 규율하는 법리의 적용을 받
게 된다는 점에서 실무적 중요성이 크다.

이중 유통에 대한 규제 실무는, 적어도 Sylvania 판결[20] 이후 수직적 범
주에서 해결하는 경향이 강화된 것으로 볼 수 있다.[21] Hovenkmap가 적

의 입장에서 논의의 적합성이 떨어질 수 있으며, 수평적 요소와 수직적 요소가 복
합적으로 나타나는 경우에 비하여 구조가 단순하여 논의의 실효성도 크지 않을
것이다.

19) E. Thomas Sullivan & Jeffrey L. Harrison, Understanding Antitrust and Its
Economic Implications 4. ed., Matthew Bender, 2003, 238면.

20) Continental T. V., Inc. v. GTE Sylvania Inc., 433 U.S. 36 (1977).

절히 지적한 것처럼 시장지배력을 갖고 있지 않은 사업자가 이중 유통 시스템을 이용하여 중복적으로 거래 제한을 행하기는 용이하지 않다. 또한 시장지배력이 뒷받침되는 경우에도 이를 통하여, 즉 독립적 소매상과 자신이 직영하는 매장 간의 합의를 통하여 추가적인 이윤을 획득하는 것에 대한 유인이 존재한다고 보기 어렵다.22) 무임승차 문제에 있어서도 이중 유통 시스템에 부과되는 제한은 제조업자의 직영 매장에 불리하게 작용할 수 있다. 즉 이윤과 손실이 궁극적으로 제조업자에게 귀속되는 상황에서 제조업자가 운영하는 소매장은 적극적으로 마케팅을 행할 것이고, 이를 인식하고 있는 경쟁 소매상들은 마케팅 서비스 제공 등과 관련하여 소극적으로 임할 가능성이 클 것이다.23)

이와 같은 특성은 이중 유통에서 발생하는 거래제한을 수직적 관점에서 보게 하는 중요한 근거가 되며, 수직적 거래제한에서 일반적으로 요구되는 형량, 즉 브랜드 간 경쟁의 제고나 유통 과정에서의 효율성 향상 또는 독립적 소매상들의 카르텔에 대한 대응과 같은 친경쟁적 효과의 분석이 필요함을 시사하는 것이다.

사무용 복사기를 제조하는 Toshiba America와 이를 공급받아 판매하는 회사인 Copy-Data Systems(CDS) 사이의 거래지역 합의 사건은24) 이러한 분석의 필요성을 보여주는 적절한 예가 될 것이다. Toshiba와 CDS는 1970년 New York, New Jersey, Connecticut, Rhode Island, Massachusetts 주에서 CDS의 배타적 판매지역에 관한 합의를 하였는데, Toshiba가 직접

---

21) Stuart Altschuler, "Sylvania, Vertical Restraints, and Dual Distribution", Antitrust Bulletin vol 25 no 1, 1980, 62-64, 83-84면 참조.

22) 수평적 측면에서 추가적 이윤 획득이 가능하다면, 제조업자 차원에서도 충분히 이를 실현할 수 있을 것이다. Herbert Hovenkamp, Federal Antitrust Policy, Thomson/West, 2005, 490면 참조.

23) 위의 책, 490-491면 참조.

24) Copy-Data Systems Co. & Synergistics Co. v. Toshiba America Co., 663 F.2d 405, 1981-2 Trade Cases P 64, 343.

판매지역을 확대하는 정책을 취하면서 1974년에는 CDS의 판매지역이 New Jersey 주로 축소되었다. CDS는 양자 사이의 합의가 당연위법에 해당하는 거래지역 제한이라는 이유로 제소하였고, 연방항소심은 Toshiba가 CDS에 복사기를 공급하고 있으므로 양자 사이에 수직적 관계가 존재함과 동시에 시장에서 복사기를 직접 판매하고 있기 때문에 이중 유통의 상황에 있고, 특히 수직적 거래제한 측면에 초점을 맞추어 합리성의 원칙에 따라서 규율하여야 한다고 보았다. 이러한 판단 원칙에 기초하여 연방항소심은 복사기 시장에서 높은 시장점유율을 보이고 있는 Xerox와 IBM에 대항하기 위해 Toshiba가 적극적인 마케팅을 할 필요가 있었고, Toshiba와 CDS의 거래지역 제한은 이러한 판매 전략의 일환으로서 브랜드 간 경쟁을 제고하는 효과가 거래지역 제한의 부정적 효과보다 크다는 점을 인정하여, 당해 합의가 Sherman법 제1조에 반하지 않는 것으로 판단하였다.

이중 유통 시스템에서 나타나는 합의(거래제한)를 수직적 측면에서 분석하는 미국 반독점법상의 경향을 우리 독점규제법 체계에 대입할 경우에, 수직적 공동행위 규제에 부정적인 다수의 견해에 비추어 규제의 공백으로 이어질 수 있다.[25] 이와 관련하여 각주 17)에서 언급한 영화배급업자 및 영화상영업자 간의 가격담합 사건은 주목할 만한 것이다. 동 사건에서 규제 대상 사업자 중 1사업자는 배급업자와 상영업자의 지위를 겸하고 있었으며, 따라서 동 사건은 부분적으로 이중 유통의 문제를 포함하고 있었다. 물론 공정거래위원회나 법원이 이 부분에 대한 분명한 인식을 갖고 있었던 것으로 보이지는 않지만, 결론적으로 수평적 공동행위에 포함될 수 있는 것으로 본 것은 향후 이 문제에 대한 해결 방향을 시사한다. 그러나 미국 반독법상 이중 유통의 분석에서 드러난 것처럼 이중 유통 상의 제한은 수직적 제한으로서의 특성이 보다 중요한 것으로 볼 수 있으며, 이를 수평

---

25) 물론 수직적 거래제한을 규제하고 있는 불공정거래행위나 재판매가격유지행위로서 규제될 가능성은 있으나, 이 경우 양 당사자 사이의 합의 형식이 규제의 실효성을 제한할 수 있다. 이호영, 주 3)의 책, 105면 참조.

적 공동행위로 규율하는 것이 정책적으로 타당한지는 의문이다. 이러한 점에서 이중 유통 시스템을 이용하여 나타나는 합의에 대하여 제19조 제1항 후단의 규정을 직접적으로 원용하고, 특히 그 과정에서 수직적 측면의 고려를 적극적으로 행하는 방안이 논의될 필요가 있을 것이다.

(2) 수평적 합의의 우회 문제

수직적 거래제한이 수평적 거래제한을 우회하려는 수단으로 사용될 수도 있다는 점에 대한 지적도 유력하다. 예를 들어 소매업자들이 자신들의 경쟁제한 행위를 용이하게 하기 위하여 제조업자들의 수직적 가격제한(재판매가격유지)을 이용할 수 있으며 또한 제조업자들이 제조 단계에서 가격의 안정성을 기하기 위하여 수직적 가격고정을 사용할 수도 있다. 이러한 가능성의 제기는 수직적 가격고정에 당연 위법의 법리를 적용하는 것의 정당성을 확보하기 위하여 보다 확고하게 당연 위법의 원칙과 결합되어 있는 수평적 가격고정과 결부시키려는 의도와 어느 정도 관련되어 있을 것이다. 그러나 이론적인 측면에서 이러한 가능성 자체는 인정한다 하더라도 과연 수직적 거래제한, 특히 수직적 가격고정이나 수직적 시장분할에 당연 위법의 법리를 적용시킬 수 있을 정도로 이 가능성이 현실적인 검증으로 뒷받침 될 수 있는가 하는 것은 여전히 문제점으로 남는다.26)

결국 우회 여부의 판단은 구체적·개별적 판단의 과제로 주어질 것이다. 이러한 점은 최근 Leegin 판결에서도27) 확인할 수 있는데, 최저재판매가격유지에 대한 당연위법 법리의 적용을 부인한 다수의견도 재판매가격유지는 카르텔을 용이하게 하는데 이용되거나 소매상들이 주도하여 카르텔을 형성하고 이를 위하여 제조업자에게 재판매가격유지를 요구하는 형태로 나타날 수도 있다는 점을 인정하고 있다. 이러한 점은 (합리성의 원칙

---

26) E. Thomas Sullivan & Jeffrey L. Harrison, 주 19)의 책, 227면.
27) Leegin Creative Leather Products, Inc. v. PSKS, Inc., 551 U.S. 877 (2007).

에 따른) 형량의 과정에서 구체적으로 파악되어야 할 문제이지만, 어느 한 측면이 우월하게 작용하였는지를 판단하는 것이 현실적으로 용이하지는 않을 것이다.[28]

이 문제는 두 가지 측면에서 독점규제법 제19조 제1항 후단의 적용과 관련된다. 우선 수평적 합의의 우회 수단으로 수직적 합의가 활용된 것이 입증된다면, 현재 판례의 태도, 즉 교사 또는 이에 준하는 방식으로 이루어진 행위만 제19조 제1항 후단에 포섭되는 것으로 보는 해석에 비추어 수평적 측면에서 합의의 유인이 강하게 작용하고 수직적 측면은 이를 보조한 경우에 이 부분에 대한 규제 가능성은 없을 것이다. 그러나 수평적 공동행위의 실효성을 강화하는데 기여한 것이 인정되는 상황에서, 이에 대한 규제 가능성이 배제되는 것이 경쟁정책적으로 타당한지는 의문이다.

또한 수평적 합의의 우회에 대한 입증이 이루어지지 않는다면, 독점규제법상 이러한 행위에 대한 규제 가능성은 크지 않을 것이다. 미국 반독점법에서 이러한 문제는 수직적 거래제한의 문제로서 반경쟁적 효과와 친경쟁적 효과의 형량을 통하여 최종적으로 위법성이 판단되지만, 독점규제법 체계에서 이러한 가능성은 제한되며, 이는 이중 유통의 문제에서 언급한 바와 같이 규제의 공백을 낳을 수 있다. 이러한 공백을 최소화하기 위하여, 미국 반독점법상 수직적 거래제한에 대한 형량의 과정을 제19조 제1항 후단의 해석론에 반영하는 것을 고려할 필요가 있다.

2. 유럽 경쟁법상 간접적 공동행위 규제의 예 - Argos 사건

(1) Argos 사건의 내용

영국 경쟁법(Competition Act) 하에서[29] 다루어진 Argos 사건은[30] 수

---

28) 카르텔 비용의 부담에 대한 분석을 제안하면서, 이 방식도 명확한 결론을 도출하는데 한계가 있다고 지적하는 것으로서, E. Thomas Sullivan & Jeffrey L. Harrison, 주 19)의 책, 227-228면 참조.

직적 관계에 있는 사업자를 매개로 하여 이루어진 수평적 관계에 있는 사업자 간의 간접적 가격 고정(indirect price fixing)의 문제를 다룬 사건으로서 수평적·수직적 요소가 결합된 공동행위의 양상에 대한 이해를 위하여 유용한 시사점을 제공한다.

동 사건에서는 두 개의 분리된 합의가 문제되었다. 우선 축구용품에 관한 사건에서 Umbro는 2000년 유러피언 챔피언쉽 기념 축구용품을 제조하였고, 이를 JJB, Sports Soccer 등의 소매상을 통하여 판매하였다. JJB는 Sports Soccer가 Umbro 제품에 대하여 가격할인을 하고 있다는 불만을 제기하였고, Umbro가 이에 대응하는 조치를 취하도록 하는 압력을 행사하였다. 이에 따라서 Umbro는 Sports Soccer와 논의를 가졌고, 다른 주요 소매상들도 할인을 하지 않는다는 조건 하에서 가격을 올리지 않는 것에 합의하였으며, JJB는 가격인상을 하지 않을 것을 Umbro에게 보장하였다. 장난감과 게임기에 관한 다른 사건에서 Argos와 Littlewoods는 Hasbro가 생산한 제품을 판매하였다. Hasbro는 Argos, Littlewoods 및 다른 소매상들과 일상적으로 의사를 교환하였다. 각 소매상들은 이를 통하여 장래 가격책정에 관한 의향을 Hasbro에게 전달하였고, 다시 Hasbro는 이를 다른 소매상들에게 전달하였다. 이러한 과정에서 Hasbro는 모든 소매상들에 대하여 Action Man 등 중요 제품에 대한 가격 책정을 조정할 수 있었다. 두 사건에서 수직적으로 상류에 있는 사업자가 수직적 합의에 이른 구체적 행태에는 차이가 있었지만 전체적으로 합의의 구조는 유사하였으며, 특히 수평적 관계에 있는 사업자들 간에 직접적인 접촉이 없었다는 점은 사안의 공통된 특징으로 나타났다.

두 가지 합의에 대하여 영국 공정거래청(Office of Fair Trading; OFT)

---

29) 영국 경쟁법에서 부당 공동행위 규제는 제2조에 의하며, 동 규정에 의해서 수직적 공동행위도 규제되고 있다. Mark Furse, Competition Law of the EC and UK, Oxford Univ. Press, 2008, 183면 이하 참조.
30) Argos, Littlewoods and JJB v. OFT, Court of Appeal [2006] EWCA Civ 1318.

은 경쟁법 제2조에 해당하는 것으로 보았는데, 합의의 성립 범위와 관련하여 특히 수직적 합의뿐만 아니라 수평적 합의도 성립하는 것으로 판단하였다.[31] 사업자들은 수직적 합의에 관한 OFT의 결정은 수용하였지만, 수평적 합의 부분에 대해서 다투면서 항소하였고, 경쟁 항소법원(Competition Appeal Tribunal)과 최종적으로 항소법원(Court of Appeal)은 공정거래청의 판단을 지지하였다. 특히 항소법원의 판결 과정에서 수평적 합의를 부인하는 근거로 제시된 항변 사유는 주목할 만한데, Umbro의 제품 소매상인 JJB는 "일반적으로 소매상은 새롭고 더 경쟁적인 매장에 제품을 공급하지 않을 것을 공급자에게 요구하는 압력을 행사할 수 있으며, 이러한 행위는 부당한 공동행위로서 규제되지 않는다. 다른 경쟁자의 행위에 대하여 불만을 제기하는 경쟁자는 당해 공급자가 불만에 대응하는 것에 관한 선택을 할 수 있는 경우에, 경쟁법상 책임을 부담하지 않는다"는[32] 주장을 전개하였다. 이에 대하여 항소법원은 "소매상(A)이 자신이 제공한 장래 가격에 관한 정보를 공급자(B)가 시장 조건에 영향을 미치기 위하여 행사할 것이 합리적으로 예상될 수 있는 상황에서 그 공급자(B)에게 정보를 제공하였고, 당해 공급자(B)가 그 정보를 다른 소매상(C)에게 전달하였다면, A, B, C 모두는 경쟁을 제한하는 동조적 행위(concerted practice)의 당사자가 된다"고[33] 판시하면서, JJB의 주장을 받아들이지 않았다.

(2) 판결의 의의

동 판결은 수직적 관계에 있는 사업자를 매개로 하는 간접적 공동행위의 성립에 관한 판단 기준을 제시하였다는 점에서 의미가 있다. 즉 하류에 위치한 사업자들 간에 직접적인 의사교환이 없는 경우에도 어느 사업자가 자신이 제공한 정보를 상류에 있는 사업자가 시장 조건에 영향을 미칠 의

---

31) Decision of the Office of Fair Trading No. CA98/8/2003.
32) EWCA Civ 1318. para. 33.
33) EWCA Civ 1318. para. 91.

도로 활용할 것이 예상되는 상황에서 정보 제공을 하고, 실제로 상류 사업자가 당해 정보를 제공한 사업자의 경쟁사업자에게 전달한 경우에 전체로서 공동행위는 성립하는 것이 된다. 역으로 정보 제공 사업자가 이러한 예상을 할 수 없는 경우에 공동행위의 성립은 부정될 것이고, 따라서 이러한 예상이 가능한 것인지를 입증하는 것이 규제기관의 중요한 과제가 된다.[34]

동 사건의 쟁점은 기본적으로 간접적인 의사교환의 경우에 수평적 공동행위의 성립에 관한 것이며, 그 자체로 유의미한 것이지만, 의사교환을 매개한 사업자의 역할에 대해서도 주의를 기울일 필요가 있다.[35] 두 개의 합의에서 수직적 위치에 있는 사업자의 행태는 합의의 성립을 직접적으로 유도하기 보다는 정보를 취합하여 제공하거나 불만을 제기하는 사업자에 대응하는 방식으로 나타났고, 이러한 행태는 결국 수평적 공동행위 성립에 있어서 결정적인 요인이 되었다. 영국 공정거래청이나 항소법원이 인정한 것처럼 이러한 유형의 행위도 경쟁제한적 효과를 낳을 수 있다는 점에 의문은 없으며, 그렇다면 당해 수평적 공동행위 성립에 결정적인 기여를 한 사업자에 대한 규제 필요성도 긍정할 수 있을 것이다.[36]

IV. 결론

법원은 독점규제법 제19조 제1항 후단의 부당 공동행위를 '하게 하는 행위'에 의미를 교사 또는 이에 준하는 행위로 이해하는 매우 제한적인 해석론을 전개하고 있다. 그러나 동 규정이, 특히 수직적 공동행위 규제 가

---

34) Ariel Ezrachi, EU Competition Law, Hart Publishing, 2010, 122면 참조.
35) Whish는 동 사안에서 수평적 합의의 성격은 상류시장에 있는 제조업자의 매개를 통한 유통업자들의 간접적 합의로부터 도출되는 것으로 이해하고 있다. Richard Whish, Competition Law, Oxford Univ. Press, 2009, 332면.
36) 당해 사건에서 상류에 위치한 사업자인 Umbro와 Hasbro는 수직적 공동행위의 당사자로서 규제되었다.

능성을 부인하는 다수의 견해에서 공동행위의 수직적 관여자에 대하여 규제의 범위를 확대하는 의미를 갖고 있다는 점을 고려할 때, 법원의 해석론이 경쟁정책적으로 타당한지에 대해서는 의문이 있다. 수평적 측면과 수직적 측면이 복합적으로 나타나는 행위 유형에 대한 비교법적 분석에서 확인한 것처럼, 다른 나라의 경쟁법에서 문제가 되고 있는 간접적 공동행위, 이중 유통의 문제, 수평적 공동행위의 우회 문제 등에 대해서 법원의 제한적 해석 방식으로 적절히 대응하는데 한계가 있을 것이다.

또한 교사의 법리 구조가 합의의 다양한 형태와 조화하기 어려운 측면도 있다. 명시적 합의의 성립이 극히 예외적이며, 암묵적이고 은폐적인 방식으로 공동행위가 이루어지고 있는 상황에서, 행위 실행의 결의를 하게 하는 것을 핵심적 요건으로 하는 교사의 구조는 수직적 위치에서 이루어지는 대부분의 제3자 관여 행위를 규제에서 배제하는 결과를 낳을 수 있다. 나아가 제19조 제1항에 의한 수직적 공동행위에 대한 규제가 이루어지고 있지 않은 상황에서, 제19조 제1항 후단을 극히 제한적으로 해석할 경우에, 규제의 공백이 발생할 수 있다는 점도 염두에 두어야 한다. 물론 법원이 취하고 있는 교사에 기초한 제19조 제1항 후단의 해석은 보다 명확하게 행위의 범위를 특정 하며, 동 규정은 형벌의 부과 대상이 될 수도 있다는 점에서 이러한 태도가 갖는 긍정적인 측면도 있다. 그러나 수직적 관여에 대한 경쟁정책적 고려가 제19조 제1항 후단(하게 하는 행위)의 문리적 해석 범위 안에서 이루어진다면, 형법적 차원에서 죄형법정주의의 요구로부터 벗어나지는 않을 것이다.

따라서 기존의 (수평적) 공동행위를 지원하거나 강화하는 형태의 관여 행위도 경쟁정책상 의미 있는 수준에서 경쟁제한의 효과를 낳는다면, 동 규정의 해석상 이를 규제 대상에 포함할 수 있도록 하는 것이 바람직하다. 또한 동 규정이 수평적 측면과 수직적 측면이 복합적으로 나타나는 공동행위에 대하여, 현행 법체계에서 가장 실효성 있는 규제 근거가 될 수 있다는 점도 염두에 둘 필요가 있다.

14. EU 경쟁법상 공동행위 관련 정보교환

I. 서론

사업자들 간에 정보의 교환은 많은 시장에서, 경쟁적 시장에서조차도 발견되는 일반적인 모습이다. 사업자들은 다양한 동기로 정보를 교환하며, 이 중에는 효율성 증대와 같이 경쟁정책적으로 긍정적인 평가가 가능한 경우도 있을 것이다. 그러나 경쟁의 관점에서 정보교환의 부정적 측면이 인식되고 있고, EU 경쟁법도 이에 기초한 규제 법리를 형성하여 왔다. 정보교환은 개념적으로 복수의 사업자를 전제하며, 정보교환에 관한 행위 주체들의 사전 인식이 필요하므로 행태적인 측면에서 공동행위와의 밀접한 관련성이 드러난다. 따라서 정보교환은 주로 공동행위 영역에서 문제가 되고 있으며, EU 경쟁법도 이러한 관점에서 정보교환의 문제를 다루고 있다.

비교법적 관점에서 EU 경쟁법상 정보교환에 관한 논의를 참고하는 데는 몇 가지 의미가 있다. 우선 EU 경쟁법에서 정보교환의 규제 사례를 통하여 축적된 경험은 독점규제법의 운영에 있어서도 많은 참고가 될 것이다. 특히 2011년 제정된 수평적 공동행위 가이드라인(Guidelines on horizontal cooperation agreements; 이하 Guidelines)은[1] 정보교환(information exchange)을 별도의 장인 제2장에서 규정하고 있는데, 동 규정은 정보교환에 관한 그 동안의 논의를 집약하고, 체계적으로 정리하고 있다는 점에서 독점규제법상 정보교환의 문제를 다룸에 있어서도 의미 있는 시사점을 제공할 것이다.[2] 한편 법체계적인 관점에서의 주의도 요구된다. EU 경쟁법상 공동행위 규제는 EU 기능조약 제101조에 근거하며, 정보교환의 규제 법리 역시 동 규정에 기초하여 형성되고 있다. 공동행위 규제는 다른 경쟁법 위반 유형에 비하여 보편적인 성격을 갖는 것으로 이해되지만,[3] 주요 국가의 경쟁법상 공동행위에 관한 구체적인 규정에 다소간의 차이도 존재하며, 이러한 차이가 규제 법리의 내용에 구체적인 차이를 가져올 수도 있다. 특히 목적에 의한(by object) 경쟁제한에 기초한 공동행위 규제는 독점규제법에서 대응하는 규제 법리를 찾기 어려운 EU 경쟁법의 고유한 것으로서 정보교환에 관한 논의에 있어서도 주의를 기울일 필요가 있을 것이다.

이하에서 EU 경쟁법상 공동행위에 관련 정보교환의 규제 법리에 관하여 논의할 것이다. 우선 정보교환의 의의와 유형 그리고 공동행위와의 관련성에 관한 이해를 다룬다. 특히 정보교환의 다양한 방식과 동조적 행위를 포함한 공동행위의 구체적 유형에서 정보교환이 갖는 의미를 살펴볼 것이다(Ⅱ). 이어서 정보교환에 의한 경쟁제한적 효과에 관한 논의를 검토한다. 특히 EU 경쟁법상 정보교환의 경쟁제한성 판단에서 고려 요소가 되고 있는 것을 체계적으로 제시하고, 그 의의를 살펴볼 것이다(Ⅲ). 나아가 정보교환이 낳을 수 있는 효율성 제고 등의 긍정적 효과를 분석하고, 상반되는 효과를 종합하는 분석 틀에 관하여 논의할 것이다(Ⅳ). 그리고 각각의 논의를 전개하는 과정에서 Guidelines에서 정보교환에 관한 규정을 주

---

1) Guidelines on the applicability of Article 101 of the Treaty on the Functioning of the European Union to horizontal co-operation agreements[Official Journal C 11 of 14.1.2011].
2) 동 Guidelines 제정 이전 EU 경쟁법에서 전개된 정보교환에 관한 논의에 관하여, 홍명수, "정보 교환과 카르텔 규제", 법과 사회 제36호, 2009, 277면 이하 참조.
3) OECD, Trade and Competition: From Doha to Cancun, 2003, 15면 이하 참조.

로 참고할 것이며, 관련되는 부분에서 EU에서 다루었던 정보교환의 사례를 다룰 것이다. 끝으로 공정거래위원회가 제정한 '공동행위 심사기준'상 정보교환에 관한 규정과 최근 대법원에서 다루어진 정보교환 관련 사건에서 제시한 법리를 비판적으로 검토하고, EU 경쟁법에서 전개된 논의의 시사점을 제시할 것이다(V).

II. 정보교환의 의의

1. 정보교환의 의의와 유형

(1) 정보교환의 의의

정보교환의 핵심적 기능은 교환 주체들이 정보를 공유하는데 있으며, 이로써 주체들 간의 정보 비대칭성이 해소될 수 있다. 경쟁시장에 이르지 못하는 주된 요인의 하나로 정보의 불균형이 지적되고 있듯이,[4] 사업자들 간 정보의 공유는 시장의 효율성 개선에 기여할 수 있다. 개별 사업자의 입장에서 정보교환은 특정 기업에서 시작된 혁신의 성과를 산업 전체로 확산하는데 도움이 될 수 있고, 또한 수요에 관한 정보의 제공은 사업자의 요소 투입이나 재고 운영 등에서 효과적인 대응을 가능하게 함으로써 내부적 효율성을 향상시킬 수 있을 것이다.[5] 소비자 역시 정보교환으로부터 긍정적 효과를 누릴 수 있는데, 예를 들어 공개적인 방식으로 정보 교환이 이루어지고, 소비자가 이에 접근하는 것이 가능한 경우에는 탐색 비용이 줄어

---

[4] 경제학 이론에서 시장참가자들의 불완전한 정보는 시장 실패(market failures)의 중요 원인의 하나로 이해되고 있다. Paul Samuelson & William Nordhaus, Economics 15th ed., McGraw-Hill, 1995, 272면 참조.

[5] 사업자가 통계적 공백 상태에서 경쟁할 수는 없다는 지적으로, Richard Whish & David Bailey, Competition Law 7th ed., Oxford Univ. Press, 2012, 540면.

들고 선택의 기회가 확장되는 등의 소비자 후생 증대를 기대할 수 있다.[6]

다른 한편으로 정보교환은 공동행위 수행의 유력한 수단이 될 수 있는데, 공동행위 참가자들 내부에서 핵심적인 자료의 공유는 공동행위 형성의 기초가 될 수 있으며, 또한 정보의 공유는 공동행위 이탈을 감시하고, 방지하는데 기여할 수 있다. 기능적 측면에서 보면, 정보교환이 참가 사업자들의 불확실성을 줄임으로써 전략적 유용성을 가져다 줄 수 있다는 점도 중요하다. 경쟁사업자들이 상호 시장 전략을 인식하고 있을 경우에 그렇지 않은 경우와 비교하여 경쟁 양상은 달라질 수 있으며, 경우에 따라서 경쟁제한적인 것으로 평가될 수도 있다. 이는 독립적이고 자율적인 시장 참가자들의 행위를 보호하고자 하는 경쟁법에서 정보교환에 주목할 수밖에 없는 이유가 된다.[7] 이와 같이 정보교환은 경쟁정책적 관점에서 상반되는 효과를 낳을 수 있으며, 따라서 이를 경쟁법상 규제할 경우에 긍정적 측면과 부정적 측면을 종합하는 형량의 과정이 불가피하다.

(2) 정보교환의 유형

정보교환이 행해지는 방식은 매우 다양하다. 우선 정보교환이 사업자들 사이에서 직접적 또는 간접적인 방식에 의하는지에 따라서 구분할 수 있다. 후자의 경우 사업자들이 구성하는 단체에 의하거나 시장조사전문기관과 같은 제3자를 이용하는 방식 등이 이용된다.[8] 이 외에도 다양한 관점

---

6) Guidelines, para. 55-57.

7) 유럽법원은 Case C-8/08, T-Mobile Netherlands BV and others v. Raad van bestuur van de Nederlandse Mededingingsautoriteit, ECJ [2009] 5 CMLR 11, para. 32에서 "경쟁자들 사이의 정보교환과 관련하여, 모든 경제 운영주체는 그가 채택하고자 하는 정책을 독립적으로 결정하여야 한다는 원칙이 상기되어야 한다"고 판시하였다.

8) Guidelines은 이러한 구분을 행할 뿐, 양자가 경쟁정책상 구분되는 의미를 추가적으로 설명하고 있지는 않다. 이와 관련하여 경쟁관계에 있는 사업자들 간 직접적 정보의 제공은 대체로 가격 고정을 유일한 목적으로 하며, 산업 전반에 걸친 정보의 유통이 가져다 줄 수 있는 이익, 즉 효율성 증대를 기하기는 어렵다고 지적

에서 정보교환의 유형화가 가능하다. 정보의 내용, 예를 들어 가격, 수량, 설비, 유통, 연구 개발 등 구체적으로 교환되는 정보의 대상에 따라서 분류할 수 있다. 교환된 정보가 포괄하는 범위, 특히 관련 시장에서 차지하는 비중도 중요하며, 정보의 처리 방식이 총합적인 것인지 개별적인 것인지도 유의미한 기준이 될 수 있다. 교환된 정보의 시간적 특성에 따른 구분도 가능한데, 과거의 자료를 정보화한 것인지 또는 장래의 사업자 의도를 반영한 것인지에 따라서 경쟁정책적 평가가 상이하게 이루어질 수 있다. 정보교환의 빈도도 고려 대상이 되는데, 빈도 자체도 중요하지만 시장에서 이루어지고 있는 전형적인 거래의 특성과 종합하여 정보교환의 의미가 구체화될 수 있을 것이다. 또한 교환되는 정보의 성격이 공적인 것인지 그리고 정보교환이 공개적으로 이루어지고 있는지 여부도 정보교환의 구체적 의의를 이해하는데 유용한 기준이 될 수 있다.

물론 이와 같은 정보교환의 분류는 정보교환 자체를 이해하는데 도움이 될 수 있지만, 이러한 유형화가 경쟁정책적 관점에서 문제가 되고 있는 정보교환 평가의 기초가 될 수 있다는 점에서 더욱 의미가 있다. 즉 정보교환을 일의적으로 평가하는 것에는 한계가 있으며, 또한 어느 하나의 유형에 경쟁정책적 평가가 전적으로 의존하는 것도 타당성을 결하기 쉽다. 위에서 언급한 각각의 기준에 따라서 정보교환을 분류하여 구체적인 의의를 파악하고, 이를 종합하는 과정이 필요할 것이다.

2. 공동행위와의 관련성

(1) 정보교환과 공동행위의 관계

전술한 것처럼 정보의 교환에는 개념적으로 복수의 사업자가 관련되며,

하는 것으로, Herbert Hovenkamp, Federal Antitrust Policly: The Law of Competition and Its Practice 3rd ed., Thomson/West, 2005, 218면 참조.

이러한 특징은 단독행위가 아닌 공동행위로서의 규제 가능성에 초점을 맞추는 계기가 된다. 또한 EU 경쟁법상 정보교환 그 자체가 금지되는 것은 아니고, 공동행위와의 관련성이 드러날 때 비로소 규제 대상이 된다는 점에서 이에 대한 이해는 경쟁법상 정보교환의 규제 범위를 정하는 의미를 갖는다. 공동행위는 EU 기능조약 제101조에 근거하여 규제되며, 동조 제1항은 경쟁을 금지, 제한, 왜곡하는 목적 또는 효과를 갖는 합의, 단체의 결정, 동조적 행위를 금지한다. 정보교환 규제는 동 조항에서 규정한 공동행위에 포섭되어야 하며, 이러한 맥락에서 정보교환과 공동행위의 관련성이 구체화되어야 한다. 공동행위 규제 법리는 공동행위의 성립과 위법성 판단으로 구성되며, 정보교환과 공동행위 관계의 이해는 전자에 해당할 것이다.9)

이와 관련하여 Guidelines이 제시하고 있는 정보교환과 공동행위 관계의 유형화는 주목할 만하다. 이에 의하면, 정보교환은 공동행위를 형성하거나 그 구성부분이 될 수 있으며, 이러한 경우에만 EU 기능조약 제101조에 의한 규제 대상이 될 수 있다.10) 우선 후자의 경우 전체적으로 공동행위가 성립하고 있는 상황에서 정보교환이 한 부분으로 기능하는 것을 말하는데, 예를 들어 생산량에 관한 수평적 합의의 틀 안에서 비용에 관한 정보를 교환하는 것이 이에 해당한다. 이 경우에 정보교환의 고려는 수평적 합의 자체를 평가하는 과정에서 이루어지게 된다. 반면 전자의 경우에는 정보교환에 의하여 공동행위가 성립하게 된다.11) 즉 정보교환이 행해진 경우, 이를 토대로 합의, 사업자단체의 결정 또는 동조적 행위를 인정하는 경우가 이에 해당한다. 예를 들어 사업자들이 장래 부과하고자 하는 상품 가격에 관한 자신의 의사를 교환하기로 합의한 경우, 이러한 정보교

---

9) Fritz Rittner, Meinrad Dreher & Michael Kulka, Wettbewerbs- und Kartellrecht 8. aufl., C. F. Müller, 2014, 320-321면 참조.
10) Guidelines, para. 60.
11) Guidelines, para. 59.

환은 가격에 관한 공동행위로서 합의나 단체적 결정의 성립을 인정하는 근거가 될 수 있다.

(2) 동조적 행위와 정보교환

EU 기능조약 제101조가 제시하고 있는 공동행위의 세 가지 유형은 모두 정보교환에 의하여 성립이 인정될 수 있지만, 합의나 단체적 결정에 이르지 않은 상태에서의 공동행위의 가능성을 상정하고 있는 동조적 행위(concerted practices)의 경우에는 정보교환과 관련하여 특별한 주의를 요한다. EU 경쟁법에서 동조적 행위는 합의나 단체적 결정에 해당하지 않지만 사업자 간 공동행위로서 평가될 수 있는 모든 행위를 포섭한다. 동조적 행위와 관련하여 Suiker Unie 판결에서 제시한 개념이 유력하며, "본질적으로 합의의 성립에 이르지 않았지만, 의도적으로 위험을 수반하는 경쟁의 위치로부터 벗어나기 위하여 실제적으로 협력하는 사업자들 간 조정의 형태"로[12] 이해된다. Guidelines 역시 조정(coordination)과 협력(cooperation)을 동조적 행위의 필수적 요건으로 규정함으로써,[13] Suiker Unie 판결이 제시한 개념을 수용하고 있다. 이에 의하면, 정보교환이 사업자들의 실제적 협력을 위한 조정의 방식으로 이용될 경우에, 이를 통하여 동조적 행위의 성립 가능성이 구체화될 것이다.[14]

이와 관련하여 추가적으로 살펴볼 부분이 있다. 우선 정보교환에 의한 동조적 행위의 성립 가능성이 사업자들로부터 경쟁사업자들의 행위에 의

---

12) Case 40/73, Suiker Unie & Others v. Commission, ECJ [1975] 1663, para. 173. 동 판시사항에 대한 설명으로, Knut Werner Lange hrsg., Handbuch zum deutschen und europäischen Kartellrecht 2. aufl., Verlag Recht und Wirtschaft GmbH, 2006, 44면(Knut Werner Lange 집필부분) 참조.

13) Guidelines, para. 60.

14) 사업자들 간의 정보교환을 동조적 행위의 핵심적 표지인 조정의 대표적 예로 이해하는 것으로, Fritz Rittner & Meinrad Dreher, Europäisches und deutsches Wirtschaftsrecht 3. aufl., C. F. Müller, 2008, 428면 참조.

식적으로 대응할 수 있는 권리를 제한하는 것은 아니다. 정보교환이 동조적 행위에 해당하기 위해서는, 이러한 교환이 시장에서의 전략적 불확실성을 감소시킬 경우이어야 한다. 즉 경쟁사업자들 사이에서 전략적 자료의 공유는 시장에서 사업자들의 독립성을 줄이고 경쟁의 유인을 줄이는 방향으로 작용할 수 있으며, 이러한 점에서 동조적 행위가 공동행위에 해당할 수 있다.15)

한 사업자만이 자신의 경쟁사업자들에게 전략적 정보를 드러내는 상황도 동조적 행위에 해당할 수 있다. 특정 사업자가 경쟁사업자들에게 장래 사업계획에 관한 전략적 정보를 밝힐 때, 관련되는 모든 경쟁사업자의 전략적 불확실성은 줄어들고, 경쟁제한과 담합의 위험을 증가시킬 수 있다.16) 다른 한편으로 한 사업자가 신문을 통하여 일방적인 발표를 하는 것처럼 경쟁사업자가 아닌 공중을 상대로 정보를 공개한 경우에, 이러한 행위가 일반적으로 동조적 행위를 구성하지는 않을 것이다. 그러나 동조적 행위가 될 가능성이 전적으로 배제되는 아닌데, 위에서 언급한 특정 사업자의 발표가 경쟁사업자들의 추가적 발표로 이어질 경우와 같이, 사업자들의 일련의 발표 행위가 동조적 행위의 요건인 조정에 이르기 위한 전략적 대응의 한 수단임이 드러난 경우에는 동조적 행위에 해당할 수도 있다.17)

Ⅲ. 정보교환의 경쟁제한성

1. 정보교환의 경쟁제한 메커니즘

정보교환이 시장에 미치는 경쟁제한적 효과는 다양한 방식에 의하여 실

---

15) Guidelines, para. 61.
16) Guidelines, para. 62.
17) Guidelines, para. 63.

현될 수 있다. 가장 우선적으로 고려할 것은 정보교환이 시장에 존재하는 불확실성에 관하여 사업자들 간에 일치하는 기대를 형성할 수 있다는 점이다. 이에 기초하여 사업자는 조정에 관한 명시적 합의 없이도 경쟁적 행위를 조정하는 조건에 관한 공동의 이해에 이를 수 있으며, 특히 장래의 사업자 의도에 관한 정보의 교환은 이러한 공동의 이해를 가능하게 하는 가장 유력한 수단이 된다.[18]

정보교환은 담합의 내부적 안정성을 증가시키는 것, 특히 참가 사업자들의 이탈 감시에 의해서도 경쟁제한적 효과를 낳을 수 있다. 즉 정보교환은 담합에 참가한 사업자들이 담합으로부터 이탈하고 있는지 그리고 보복을 시도하려고 하는지에 관한 감시를 가능하게 할 정도로 충분히 시장을 투명하게 만들 수 있다.[19] 또한 정보교환은 담합의 외부적 안정성을 증가시키는 것에 의해서도 경쟁제한적 효과를 낳을 수 있다. 즉 정보교환을 통하여 시장의 투명성을 높이는 것은, 관련 시장에서 발생하는 신규 진입의 감시를 가능하게 할 수 있다.[20]

한편 Guidelines은 담합의 가능성을 높이는 것과 별개로, 정보교환 자체가 반경쟁적 봉쇄를 낳을 수 있다는 점도 언급하고 있다. 특히 배타적 정보교환이 이루어질 경우 동일 시장에서의 반경쟁적 봉쇄 효과가 중요한데, 사업적으로 민감한 정보의 교환은 교환 시스템에 포함되지 않은 사업자들에게 상당한 경쟁적 불이익을 줄 수 있다는 것이 이러한 봉쇄 효과로 이어질 수 있다. 교환되는 정보가 매우 전략적이며, 관련 시장의 상당 부분을 대상으로 할 경우에 이러한 효과가 구체화될 수 있다. 또한 정보교환이 수직적 구조 하에서 경쟁에 부정적인 영향을 미칠 수 있다는 점에도 주목을 요한다. 예를 들어 정보교환 당사자 중 수직적으로 통합된 사업자가 있는 경우에, 하류시장에서 얻은 정보를 이용하여 가격의 인상을 시도

---

18) Guidelines, para. 66.
19) Guidelines, para. 67.
20) Guidelines, para. 68.

할 수도 있다. 이에 의하여 수직적으로 통합된 사업자들은 하류시장에서 경쟁사업자들의 비용을 증가시킴으로써 하류시장에서의 반경쟁적 봉쇄를 낳을 수 있을 것이다.[21]

2. 목적에 의한 경쟁제한

앞에서 언급한 것처럼 EU 기능조약 제101조 제1항은 경쟁을 방해, 제한 또는 왜곡하는 목적을 갖거나 또는 그러한 효과를 낳는 사업자들 사이의 합의를 금지한다. 동 규정의 형식에 비추어, 경쟁제한의 목적과 효과는 상호대체적인 위법 요건을 구성한다.[22] 따라서 양자의 입증과 관련하여, 상호대체적인 관계에서 입증의 필요성과 분석 수준이 정해질 것이다. 위원회가 제정한 EU 기능조약 제101조 제3항 Guidelines(이하 101(3) Guidelines)은[23] 이에 관한 구체적 기준을 제시하고 있다. 101(3) Guidelines은 합의가 경쟁제한적인 목적을 갖고 있는 경우에 구체적인 효과의 분석이 필요하지 않음을 명확히 하고 있다.[24] 목적에 의한 경쟁제한적인 합의는 그 본성에 비추어 경쟁을 제한할 가능성이 매우 높은 경우를 말하며, 산출량 감소와 가격 상승을 낳고 불합리한 자원 배분을 결과하는 가격 고정이나 시장 분할 등이 이에 해당한다.[25] 구체적인 합의가 이러한 목적을 포함하고 있는지는 다양한 요소들의 종합적인 분석에 기초하여야 하는데, 이때 합의의 내용과 합의에 의하여 추구된 객관적 목적뿐만 아니

---

21) Guidelines, para. 69-71.
22) Ariel Ezrachi, EU Competition Law 1st ed., Oxford Univ. Press, 2010, 46면. 유럽법원도 이러한 입장을 취하고 있는데, 규정상 'or'라는 표현에 주목하면서, 동 요건은 누적적인 것이 아니라 대체적인 것이라고 판단하였다. Case 56/65, Societe Technique Miniere v. Maschinenbau Ulm GmbH, ECJ [1966] ECR 235, 249.
23) Guidelines on the application of Article 101(3) of the TFEU
24) 101(3) Guidelines, para. 20.
25) 101(3) Guidelines, para. 21.

라 합의가 적용될 맥락과 시장에서 공동행위 참가자들의 실제 행태 등도 고려되어야 한다. 그리고 합의가 실제 실행된 방식은 비록 합의가 명시적으로 경쟁제한적 효과를 언급하고 있지 않은 경우에도, 목적에 의한 경쟁제한의 실질을 밝히는데 기여할 수 있다.26)

목적에 의한 경쟁제한성 인정은 원칙적으로 경쟁제한적 효과에 대한 분석을 배제한다는 점에서, 기본적으로 미국 반독점법상 당연위법 원칙의 적용과 법리적 유사성이 있다. 더욱이 미국 판례법상 당연위법 원칙의 적용 대상에 해당하는 가격고정, 시장분할, 끼워팔기, 보이코트 등은 그 본래의 성격에서 경쟁제한의 목적을 갖는 공동행위로 이해되는 것과 공통된다. 따라서 경쟁제한의 목적에 근거하여 위법한 카르텔로 규제하는 방식에 대한 당연위법적인 이해도 가능할 것이다.27) 유럽법원에서 다루어진 BAT CF 사건을28) 보면, 문제가 된 상표권 조정에 관한 계약이 시장분할의 의미를 갖는지가 중요하며, 시장분할로 평가된 이후 이에 따른 효과 분석은 진행되지 않았다. 이와 같은 규제 체계적 특성은 흔히 form-based적 접근방식과 effect-based적 접근방식을 대비시키고, 후자에 의한 규제 법리의 확대를 의도하는 사고에서 보면, 지나치게 형식적인 것으로 이해될 수 있는 부분이다.29)

---

26) 101(3) Guidelines, para. 22.
27) William Kovacic는 'object-based'와 'per se illegal'을 경쟁정책적 관점에서 동일한 범주로 묶고 있다. William E. Kovacic, "Importance of the Effects-Based Approach and the Rule of Reason in Competition Law", 2012, 6면 참조. available in http://boyanov.com/BNV_resources/uploads/
28) Case 35/83, BAT Cigaretten-Fabriken v. Commission, (1985) ECR 363.
29) 1990년대 후반 이후 EU경쟁법에서 경제적 분석을 중시하고 'effect-based'적인 접근이 강화되는 방향으로 변화하고 있다는 지적으로, Luc Peeperkorn & Katja Viertio, "Implementing an effects-based approach to Article 82", Competition Policy Newsletter(2009), p. 20 및 Damien Gerard, "Effects-based enforcement of Article 101 TFEU: the object paradox", Kluwer Competition Law Blog, 2012, A1 참조.

이상의 논의에 비추어 경쟁제한의 목적을 가진 정보교환은 목적에 의한 경쟁제한으로 고려될 수 있으며, 정보교환이 목적에 의한 경쟁제한을 형성하는지는 정보교환의 성격상 경쟁제한으로 이끄는 것이 가능한지가 검토되어야 한다. 특히 개별 사업자들의 향후 가격 또는 수량에 대한 의도에 관한 정보교환은 담합의 결과로 이어질 가능성이 클 것이다. 이러한 의도에 관한 상호 정보는 경쟁사업자들이 시장점유율 손실을 초래하거나 새로운 가격의 조정 기간 동안 극심한 가격 경쟁을 촉발하지 않고서도 공동으로 보다 높은 가격 수준에 이르는 것을 가능하게 할 수 있으며, 장래 의도에 관한 정보교환은 실제 자료의 교환보다 친경쟁적 근거를 제시할 가능성이 적다. 따라서 장래 의도하고 있는 가격 또는 수량에 관한 개별화된 자료를 경쟁자 간에 교환하는 것은 목적에 의한 경쟁제한으로 볼 여지가 크다. 덧붙여 장래 의도하고 있는 가격 또는 수량에 관한 개별화된 자료를 경쟁자들 사이에서 행하는 사적 교환은 일반적으로 가격 또는 수량 고정의 목적을 갖는 것이기 때문에, 대체로 공동행위로 고려될 것이다. 공동행위를 형성하는 정보교환은 제101조 제1항을 침해할 뿐만 아니라, 제101조 제3항을 충족할 가능성이 매우 낮다.[30]

정보교환과 관련하여 목적에 의한 경쟁제한으로 규제된 사례로 T-Mobile Netherlands 사건이[31] 대표적이다. 동 사건에서는 네덜란드에서 이동통신 사업을 영위하는 5 사업자가 후불판매자에 대한 표준판매상 보상에 관한 논의 과정에서 정보를 교환한 것이 문제가 되었는데, 유럽법원은 경쟁사업자들의 모든 병행행위가 반경쟁적 목적을 가진 동조적 행위에 해당하는 것은 아니지만, 관련 사업자들의 거래조건 변경의 시기, 범위, 세부적 내용에 관한 참가자들의 불확실성을 제거할 수 있는 정보교환은 반경쟁적 목적을 추구하는 것으로 취급되어야 한다고 보았다.[32]

---

30) Guidelines, para. 73-74.
31) Case C-8/08, T-Mobile Netherlands BV and others v. Raad van bestuur van de Nederlandse Mededingingsautoriteit, ECJ [2009] 5 CMLR 11.

3. 경쟁제한 효과의 판단

(1) 경쟁제한 효과의 판단 원칙

정보교환이 경쟁에 미치는 효과는 원칙적으로 정보교환이 낳을 수 있는 효과와 정보교환이 없었을 경우에 나타날 경쟁적 상황의 비교에 의한다. 이에 의하여 정보교환이 가격, 산출, 품질, 품목의 다양성 또는 혁신과 같은 경쟁의 지표들에 주목할 만한 부정적 효과를 미칠 가능성이 드러날 경우에 경쟁제한적인 것으로 평가될 것이다. 이러한 분석은 개별 사례에서 나타나는 특수한 요소들의 종합적인 고려에 기초하여야 하며, 이때 고려 요소들은 관련된 시장의 조건과 정보교환의 특성으로 나누어 살펴보는 것이 유용하다. 일정한 시장 조건들은 사업자들 간 조정을 용이하게 하거나, 이를 내부적·외부적으로 유지되게 할 수 있다. 당연히 이러한 시장에서의 정보교환은 다른 시장에 비하여 경쟁제한적인 효과를 낳을 가능성이 클 것이다. 또한 정보교환이 시장 특성을 변화시킬 수 있다는 점도 염두에 두어야 한다. 예를 들어 정보교환이 시장에서의 투명성 증가, 복잡성 감소, 불안정성의 완화 또는 비대칭성의 보완 등의 방향으로 시장 조건을 변화시킬 수도 있다. 따라서 초기 시장 조건과 정보교환이 이러한 조건들을 어떻게 변화시키는지를 평가하는 것이 중요하다. 이러한 관점은 정보교환의 성격에 관한 주의가 필요함을 보여준다. 즉 정보교환 시스템의 성격, 정보교환의 빈도, 교환된 정보의 유형 등도 검토될 필요가 있으며, 결국 시장의 특성과 정보교환의 유형을 종합하여 최종적인 평가가 이루어질 것이다.[33]

---

32) Ibid., para. 41. 한편 동 판결이 정보교환에 관하여 지나치게 형식적인 접근을 하고 있으며, 목적에 의한 경쟁제한의 과도한 해석에 의하여 법적 불안정성을 낳고 있다는 비판으로, Ariel Ezrachi, 주 22)의 책, 130면 참조.
33) Guidelines, para. 75-76.

(2) 시장 특성

가. 투명성 - 시장의 투명성은 사업자들이 상호 조정의 조건에 관한 공통의 이해에 도달하거나 내부적 및 외부적 담합의 안정성을 증가시킴으로써 담합을 용이하게 할 수 있다. 정보교환은 이러한 투명성을 증가시킬 수 있고, 경쟁의 전략적 불확실성을 억제할 수 있다. 반면 시장에서의 투명성에 기여하지 않는 정보교환은 상대적으로 경쟁제한 효과를 덜 갖게 될 것이다. 그러므로 정보교환의 경쟁제한적 효과의 평가는 정보교환 이전의 투명성의 정도와 정보교환에 의한 변화를 종합하는 것에 기초하여야 한다. 그리고 시장에서 투명성 수준의 변화를 평가할 때, 사업자들이 경쟁사업자들의 행위를 판단함에 있어서 이용가능한 정보가 어느 범위까지 사용될 수 있는지를 정하는 것이 결정적이다.[34]

나. 집중도 - 사업자 수가 적으면 사업자 간 조정 조건에 관한 공통의 이해에 이르고 이탈을 감시하는 것이 보다 쉽기 때문에, 견고한 과점은 시장에서의 담합을 용이하게 할 수 있고, 또한 담합이 유지될 가능성을 높인다. 보다 많은 사업자가 담합에 참여하는 경우에, 이탈로 인하여 얻을 수 있는 이익은 커지고, 결과로부터 얻는 이익의 몫은 줄어들 수 있다. 따라서 견고한 과점에서의 정보교환은 그렇지 않은 경우에 비하여 경쟁제한 효과가 강화될 수 있다. 그러나 견고한 과점시장이 아니라도 정보교환이 투명성을 증대하거나 시장 환경을 변경함으로써 사업자 간 조정을 보다 용이하게 할 수 있는 가능성은 남아 있다.[35] 이상의 논의는 과점적 시장 구조 하에서 이루어지는 정보교환의 문제를 다루었던 Fiatagri 사건에서 유럽1심법원의 판결과 동일한 입장에 있다. 동 사건에서는 영국의 농업용 트랙터 시장에서 제조업자들의 판매량과 유통업자들의 판매량 및 수입물량에 관한 자료를 교환한 것이 문제가 되었는데, 유럽1심법원은 고도로

---

34) Guidelines, para. 78.
35) Guidelines, para. 79.

집중화된 과점 시장은 이미 경쟁이 감소한 상태이며, 이러한 상황에서 이러한 정보교환은 경쟁을 상당한 정도로 침해할 수 있다고 판시하였다.[36]

다. 복잡성 - 시장 환경이 복잡할 경우에 사업자들의 담합 가능성은 줄어들 수 있지만, 정보교환이 어느 정도 이러한 환경을 단순화 시킬 수도 있다. 복잡한 시장 환경 하에서는 일반적으로 사업자 간 조정에 관한 공통의 이해에 도달하거나 이탈을 감시하기 위하여 더 많은 정보가 요구될 것이다. 예를 들어 단일한 동종의 상품의 가격 담합이 매우 차별화된 상품 시장에서 수많은 가격에 대한 것보다 성립되기가 보다 용이하다. 그렇지만 이러한 어려움을 피할 목적으로 사업자는 단순한 가격 규칙을 형성하기 위하여(예를 들어 기준소매가격) 정보를 교환할 수 있을 것이다.[37]

라. 안정성 - 수요와 공급 조건이 상대적으로 안정적일 때, 담합은 이루어지기 쉽다. 불안정한 환경 하에서 사업자는 자신의 판매 상실이 수요의 전체적인 하락 때문인지 또는 특히 경쟁자의 낮은 가격 제시 때문인지를 알기 어려울 수 있으며, 담합을 유지하기가 어렵다. 따라서 수요의 변동성,[38] 시장에서 특정 회사의 실질적 내부 성장 또는 새로운 회사의 빈번한 진입 등은 현재의 시장 상황이 충분히 안정적이지 않다는 것을 보여주는 징표가 될 수 있다. 이러한 상황에서 정보교환은 시장에서의 안정성 증가에 기여할 수 있고, 시장에서의 담합을 가능하게 할 수 있다. 한편 담합 유지가 가능하기 위해서는, 담합에 참가하지 않은 현재 그리고 장래의 경쟁 사업자들과 같은 외부자 및 고객들의 대응이 담합으로부터 기대되는 결과를 위협할 수 없어야 하며, 이러한 맥락에서 진입장벽의 존재는 시장에서의 담

---

36) Case T34/92, Fiatagri UK Ltd & New Holland Ford Ltd v. Clommission, CFI [1994] ECR II-905, para. 91.

37) Guidelines, para. 80.

38) Guidelines에서 수요 변동성은 수요의 가격탄력성 관점에서 이해할 수도 있다. U. S. v. Container Corp. of America, 393 U. S. 333(1969) 사건에서 연방대법원은 수요가 가격에 대하여 비탄력적인 시장에서 가격 정보의 교환은 가격을 안정화하는 요인이 된다고 판시하였다.

합이 보다 용이하고, 지속가능한 것이 되도록 할 수 있을 것이다.[39]

마. 대칭성 - 담합은 대칭적 시장 구조에서 이루어질 가능성이 크다. 가격, 수요, 시장점유율, 상품 범위, 설비능력 등의 측면에서 사업자들이 동질적일 때, 이들에게 담합의 유인 가능성이 있으며, 사업자 간 조정에 있어서 공통의 이해에 도달할 가능성이 크다. 그러나 이질적인 시장 구조 하에서도 일정한 경우 정보교환이 담합을 발생시킬 수도 있는데, 정보교환은 사업자들이 상호간에 차이점을 인식하게 할 수 있고, 그들의 이질성을 조정할 수 있는 수단을 강구하는데 도움을 줄 수 있다.[40]

바. 담합의 안정적 유지 가능성 - 정보교환에 의한 담합이 안정성을 갖는지 또한 지속가능한 것인지도 시장의 관점에서 파악할 수 있다. 우선 담합의 안정성은 사업자들의 장래 이익의 할인율에도 달려있다. 사업자들이 담합으로부터 얻을 수 있는 모든 장래 이익보다 저가 정책으로부터 얻을 수 있는 현재의 이익에 보다 더 큰 가치를 부여할수록, 담합의 가능성은 줄어들 것이다. 또한 담합은 오랫동안 동일한 시장에서 사업을 영위하여 온 사업자들 사이에서 발생할 가능성이 더 큰데, 이러한 상황에서 사업자들은 조정에 더 많은 부분을 의지할 것이다.[41] 어떠한 사업자가 오랫동안 다른 사업자와 교류할 것을 알고 있을 경우에, 이탈로부터 얻게 될 단기 이익보다 담합에 의한 장래 이익이 더 가치 있을 것이기 때문에, 담합에 대한 보다 큰 유인을 갖게 될 것이다. 한편 담합의 지속성을 위하여, 충분히 신뢰할 만하고 적절한 보복의 위험이 가능하여야 한다. 이탈의 결과가 참가 사업자들에게 담합의 조건에 따르는 것이 최선의 이익이라는 확신을 줄만큼 충분히 엄격한 것이 아닌 시장에서는 담합이 유지되기 어려울 것이다. 예를 들어 이러한 제재가 드물고, 정확하지 않은 것으로 특징지어지는 시장에서는 이탈로부터 얻게 되는 이익은 크고, 확실하며 직접적인 반

---

39) Guidelines, para. 81.
40) Guidelines, para. 82.
41) Guidelines, para. 83.

면, 제재로부터 받게 되는 손실은 작고, 불확실하며 단지 일정 기간 후에 구체화될 수 있는 것이기 때문에, 충분한 제재 메커니즘을 갖추기 어려울 것이다. 또한 이러한 메커니즘의 신뢰성은 다른 참가사업자들이 보복에 대한 유인을 갖고 있는지에 달려 있는데, 이는 가격전쟁을 촉발하는 것에서 발생하는 단기 손실과 담합으로 복귀하였을 경우에 잠재적 장기 이익의 형량에 의한다.42)

4. 정보교환의 유형에 따른 경쟁제한 효과의 분석

(1) 전략적 정보

경쟁자들 사이에 전략적 자료, 즉 시장에서의 전략적 불확실성을 줄이는 자료의 교환은 다른 유형의 정보보다 부당한 공동행위에 해당하기 쉽다. 전략적 자료의 공유는 경쟁에 대한 유인을 감소시킴으로써 당사자들의 의사 결정의 독립성을 줄이기 때문에, 경쟁제한 효과를 낳을 수 있다. 전략적 정보는 가격, 고객 리스트, 비용, 수량, 매출액, 판매량, 설비능력, 시장계획, 위험, 투자, 기술 그리고 연구개발 프로그램과 그 결과에 관련된 것일 수 있다. 일반적으로 가격과 수량에 관한 정보는 가장 전략적이며, 비용과 수요에 관한 정보가 뒤를 따른다. 그러나 연구개발에 관하여 경쟁하고 있다면, 경쟁을 위하여 가장 전략적인 자료는 기술자료이다.43)

(2) 시장을 포괄하는 범위

정보교환이 경쟁제한 효과를 갖기 위해서는 교환에 관련된 사업자들이 관련시장의 충분히 큰(sufficiently large) 범위를 포괄하여야 한다. 예를 들어 UK Agricultural Tractor Registration Exchange 사건에서44) 위원회

---

42) Guidelines, para. 84-85.
43) Guidelines, para. 86.

는 영국 트랙터 시장에서 정보교환에 관련된 4 사업자가 80% 이상의 시장점유율을 갖고 있다는 것을 위법 판단의 중요한 근거로 보았다. 정보교환에 참가하지 않는 경쟁자들은 관련된 사업자들의 반경쟁적 행위를 억제할 수 있는데, 이들이 조정된 가격 수준 이하로 가격을 책정할 경우에 담합 결과의 외부적 안정성은 위협받을 수 있을 것이다.[45]

시장에서의 충분히 큰 부분을 포괄하는 것은 추상적으로 정의될 수 없으며, 각 사건 별로 특유의 요소들과 문제가 되고 있는 정보 유형에 기초하여 파악되어야 한다. 물론 어느 정도의 범위에서 경쟁제한적 효과가 발생할 수 있는지가 명확한 것은 아니다.[46] Guidelines은 단지 최소 기준만을 제시하고 있는데, 정보교환이 수평적 합의 유형의 맥락에서 행해지고 그것의 실행을 위하여 필요한 정도를 넘지 않을 경우에, 동 Guidelines이나 일괄면제 규칙 또는 최소허용기준 고시(De Minimis Notice) 등에서 제시하는 시장점유율 최소기준 이하의 시장 포괄범위는 대체로 정보교환이 경쟁제한 효과를 야기할 만큼 충분히 크지 않은 것으로 볼 수 있다.[47]

(3) 총량/개별 자료

개별 회사의 인식이 충분히 어려운 순수한 총량 자료의 교환은 회사 차

---

44) OJ (1992) L 68/19.

45) Guidelines, para. 87.

46) 미국의 American Column & Lumber Co. v. U. S., 257 U. S. 377(1921) 사건에서 연방대법원은 목재의 판매가격, 구매자 성명, 회원의 생산비율, 현재 재고와 향후 전망에 관한 정보를 교환한 것을 위법한 것으로 판단하였는데, 당해 사건에서 정보교환이 이루어진 범위는 전체 산업의 3분의1 정도였다. 이러한 범위가 충분한 것인지를 동 판결의 비판의 근거의 하나로 언급하고 있는 것으로, Ernest Gellhorn, William E. Kovacic & Stephen Calkins, Antitrust Law and Economics 5th ed., West, a Thomson Business, 2004, 287면.

47) Guidelines, para. 88. 일괄면제와 관련하여 R&D 부문에서는 25%, 전문화(specialization) 부문에서는 20%가 안전항 기준으로서 이를 넘지 않을 경우에 동 범위에서의 정보교환은 시장의 충분히 큰 부분에서 경쟁에 영향을 미치지 않은 것으로 볼 수 있다.

원의 개별 자료의 교환보다 경쟁제한의 효과가 크지 않을 것이다. 사업자 단체나 시장조사기관에 의하여 집계된 시장 자료(판매자료, 설비자료, 투입과 구성부분의 비용 자료)의 수집과 공표는 공급자들과 고객들에게 일정한 분야에 대한 명확한 이해를 가능하게 하기 때문에 이익을 줄 수 있다. 이러한 자료 수집과 공표는 시장참가자들에게 시장 조건에 대한 그들의 전략을 효율적으로 채택하는데 도움이 될 수 있다. 일반적으로 견고한 과점 시장에서 행해지지 않는 한, 총량 자료의 교환이 경쟁제한 효과를 낳지는 않는다. EC 위원회가 다루었던 Fatty Acid 사건의 경우 3개의 대기업과 40여개의 중소기업으로 시장이 구성되었는데, 동 위원회는 이들이 구성한 협회가 개별기업을 특정할 수 없는 총량 자료로서 생산량과 판매량을 발표한 것 자체를 문제 삼지는 않았다.[48] 반면 개별화된 자료의 교환은 시장에서의 공통의 이해와 이탈자 또는 신규 참가자를 선정하는 것에 의한 제재 전략을 가능하게 한다. 그렇지만 총량 자료의 교환이 특정한 성격의 시장에서 담합을 용이하게 할 수 있는 가능성을 배제할 수는 없다. 즉 일정 수준 이하의 시장가격을 파악할 수 있는 총량 자료의 교환에 의하여 과점시장의 구성원들이 자동적으로 누군가가 담합으로부터 이탈하고 보복 조치를 취하는지를 추정할 수도 있다.[49]

(4) 자료의 시기

역사적 자료의 교환은 경쟁자의 미래 행위의 지표이거나 시장에서 공동의 이해를 제공하는 것이 아닐 수 있으므로, 담합으로 이끌지 않을 수 있다. 더욱이 자료가 오래된 것일수록 적시에 이탈을 파악하고 따라서 적절한 보복의 신뢰할 만한 위협으로서 덜 유용할 것이기 때문에, 역사적 자료

---

48) OJ L 3, 6/01/1987. 한편 동 사건에서 위원회는 3개 대기업이 주도한 향후 4개월 동안의 판매량에 관한 자료 교환은 EU 기능조약 제101조 제1항에 해당하는 위법한 것으로 판단하였다.

49) Guidelines, para. 89.

의 교환은 이탈의 감시로서 유용성이 크지 않을 것이다. 자료가 언제부터 역사적인 것인지, 즉 경쟁에 대한 위험을 부과하지 않을 만큼 충분히 오래된 것인지를 사전적으로 결정할 기준은 없다. 자료가 순수하게 역사적인지 여부는 관련시장의 특성과 산업에서의 가격 재협상의 빈도수에 달려있다. 예를 들어 자료가 산업 평균적인 계약 기간보다 오래된 것이라면, 역사적인 것으로 고려될 수 있다. 또한 자료가 언제부터 역사적인지 기준은 자료의 성격, 집계, 빈도 그리고 관련시장의 성격(안정성과 투명성)에 달려 있다.[50]

(5) 정보교환의 빈도

시장에서의 공통된 이해와 이탈의 감시를 더욱 가능하게 하는 정보 교환의 빈도는 담합 위험을 증가시킨다. 불안정한 시장은 안정적 시장보다 담합이 가능하기 위한 정보교환을 더욱 빈번하게 요구할 것이다. 일반적으로 장기계약이 체결되는 시장에서는(드문 가격 재협상이 징표) 빈번하지 않은 정보교환만으로도 담합을 이루기에 충분하다. 이에 비하여 빈번한 가격 재협상이 징표하는 단기계약의 시장에서 드문 정보교환은 담합을 이루기에 충분하지 않을 것이다. 한편 담합이 가능하기 위해 요구되는 정보교환 빈도는 교환되는 자료의 성격, 시기 및 집계에도 의존한다.[51]

(6) 공적/사적 정보

일반적으로 순수하게 공적인 정보의 교환은 부당 공동행위에 해당하지 않을 것이다. 순수한 공적 정보는 모든 경쟁사업자와 고객이 균등하게 접근할 수 있는 정보를 말한다. 정보가 순수하게 공적인 것이 되기 위해서는, 정보를 교환하는 사업자에 비하여 교환 시스템에 참가하지 않는 고객

---

50) Guidelines, para. 90.
51) Guidelines, para. 91.

과 사업자들에게 정보를 획득하는 비용이 더 발생하지 않아야 한다. 반면 경쟁사업자들 사이에 교환된 자료가 공적 영역에서 이루어진 것으로 언급된다 하더라도, 다른 사업자들이 자료를 구하는데 드는 비용이 쉽게 구할 수 있는 수준을 넘어서는 것이라면, 순수하게 공적인 것은 아니다. 또한 시장에서 정보를 모을 수 있는 가능성이 이러한 정보가 경쟁사업자들에게도 접근될 수 있는 시장자료가 되는 것을 반드시 의미하는 것은 아니다.[52]

자료의 공적 이용가능성이 있는 경우에도(예를 들어 규제기관에 의하여 공표된 정보), 경쟁사업자들에 의한 추가적인 정보교환의 존재가 시장에서의 전략적 불확실성을 더욱 줄이는 것이라면, 경쟁제한 효과를 야기할 수 있다. 이러한 경우에 그것은 담합 쪽으로 시장 균형을 쏠리게 할 수 있는 결정적 정보가 된다.[53]

(7) 공개적/비공개적 정보교환

교환된 자료가 모든 경쟁자들과 고객들에게 균등하게 접근될 수 있는 것이라면(접근 비용 측면에서), 정보교환은 순수하게 공개적인 것이다. 정보가 공개적으로 교환된다는 사실은, 비참가 사업자, 잠재적 경쟁자 및 고객이 잠재적 경쟁제한 효과를 억제할 수 있는 한도에서, 담합의 가능성을 감소시킬 수 있다.[54] 이러한 점은 Wood Pulp 사건에서 유럽법원 판결을[55] 수용한 것으로 보이는데, 유럽법원은 사업자들의 정보교환이 고객에게도 공개되었던 방식이 낮게 가격을 책정하는 방향으로 경쟁사업자들의 가격 경쟁을 유도한 것으로 보았으며, 당해 정보공개의 위법성을 부인하였다.[56] 그러나 Guidelines은 순수한 공개적 정보교환이 시장에서 담합을

가능하게 할 수 있는 가능성이 전적으로 배제될 수 없다는 점을 추가적으로 기술하고 있는데, 예를 들어 가격에 관한 대외적인 정보 공개가 개별 사업자의 이탈을 억제하고, 가격 고정의 구속력을 강화할 수도 있다는 점을 고려한 것으로 보인다.[57]

Ⅳ. 정보교환의 효율성 증대 효과

1. 효율성 증대의 내용

정보교환은 효율성 증대를 낳을 수 있다. 효율성 증대는 경쟁정책상 긍정적인 것이며, 따라서 정보교환의 경쟁제한적 효과와 효율성 증대에 의하여 긍정적으로 평가될 수 있는 효과를 형량하고, 이를 통하여 규제 범위를 정하는 것은 정보교환의 핵심적인 문제가 된다.[58]

사업자들이 산업에서 최선의 업무수행을 참고하고 이에 따른 유인 체계를 고안할 경우에, 경쟁사업자들의 비용에 관한 정보는 그들이 더욱 효율적인 사업자가 되도록 하는데 기여할 수 있다.[59] 또한 특정한 상황에서는 정보교환이 사업자들로 하여금 수요가 높은 시장으로 생산을 전환하게 하거나, 비용을 낮추는데 도움을 줄 수 있다. 이러한 유형의 효율성 제고 가

---

56) 동 판결의 의의에 관하여, Mark Furse, Competition Law of the EC and UK 3rd ed., Oxford Univ. Press, 2004, 149-150면 참조.

57) 미국의 Petroleum Products Antitrust Litigation (9th Cir. 1990) 906 F.2d 432(9th Cir. 1990)에서 법원은, 정유사들이 딜러 할인율의 축소와 딜러 가격 인상을 언론 보도를 통하여 공표하고, 이를 공개적으로 게시한 행위에 대하여, 이러한 행위가 가격 고정의 불확실성을 감소시키고, 시장에서 가격조정이 쉽게 받아들여질 수 있도록 하기 위한 것으로 보고, 합의 추정의 근거가 되는 것으로 판단하였다.

58) Richard Whish, Competition Law 4th ed., Oxford Univ. Press, 2005, 486-487면 참조.

59) Guidelines, para. 95.

능성은 사업자들이 가격 또는 수량에 관하여 경쟁하고 있는지와 같은 시장의 특성과 시장에 존재하는 불확실성의 성격에 의존한다. 이러한 맥락에서 정보교환의 일정한 형태는, 예를 들어 불필요한 재고를 줄이거나 수요가 높은 지역으로 부패성 상품을 빠르게 이송하고 낮은 수요 지역에서 이를 줄이는 경우에 실질적인 비용을 절감할 수 있게 할 것이다.[60]

또한 소비자에 관한 비대칭적 정보가 있는 시장에서 사업자들 사이에 소비자 자료의 교환은 효율성 증가를 낳을 수 있다. 예를 들어 불이행이나 신용불량의 측면에서 고객의 과거 행태를 정리하는 것은 소비자들에게 자신의 위험 노출을 억제하도록 하는 유인을 제공하며, 또한 어떠한 소비자가 낮은 위험으로 일을 수행하고 낮은 가격의 부과로 이익을 받아야 하는지의 파악을 가능하게 한다. 이러한 맥락에서 정보교환은 소비자 고착을 감소시킬 수도 있고, 이로써 경쟁 강화를 유발할 수 있다. 이러한 효율성의 예는 은행과 보험 산업에서 찾을 수 있는데,[61] 이 영역에서는 소비자 파산과 위험 특성에 관한 빈번한 정보교환이 특징이다.[62]

일정한 상황에서 시장점유율에 관한 과거와 현재의 자료 교환은 사업자들이 소비자들의 상품에 관한 신호를 이해할 수 있게 함으로써 사업자와 소비자 모두에 이익을 제공한다. 또한 품질에 관한 정보가 불완전한 상황에서 소비자들은 자주 품질에 관한 상대적 정보를 얻기 위하여 가격과 시장점유율과 같은 간접적인 수단을 사용한다는 점도[63] 염두에 두어야 한다.

한편 순수하게 공개적인 정보교환은 소비자들이 보다 알고 선택하는 것을 돕는 것(그리고 그들의 탐색 비용을 줄이는 것)에 의하여 소비자들에게 이익을 줄 수 있다. 소비자들은 대부분 구매 결정에 가장 관련이 있는 현

---

60) Guidelines, para. 96.
61) EC 위원회는 보험사업자들의 단체인 Nuobo Cegam이 회원사들의 합의 내용에 관한 면책 신청을 수용하면서, 보험사업자들 간의 위험에 관한 정보교환은 사회적 이익을 낳을 수 있다고 보았다. OJ L 099, 11/04/1984.
62) Guidelines, para. 97.
63) Guidelines, para. 98.

재 자료의 공개적 교환으로부터 이러한 이익을 얻을 것이다. 유사하게 현재의 투입가격에 관한 공개적 정보교환은 사업자들의 탐색 비용을 낮출 수 있으며, 이는 낮은 최종재 가격을 통하여 소비자들에게도 이익이 될 수 있다. 이러한 유형의 직접적 소비자 이익은 장래 가격책정의 교환에 의해서는 잘 발생하지 않을 수 있는데, 사업자들은 그들의 가격책정 의사를 밝힌 후에 소비자들이 그 정보에 기초하여 실제 구매하기 전에 이를 수정할 수 있기 때문이다. 일반적으로 소비자들은 그들의 소비 계획을 마련할 때, 사업자들의 장래 가격 의사에 의존할 수 없다. 그러나 어느 범위에서는 사업자들이 발표된 장래 가격을 실행 전에 바꿀 수 없을 수도 있는데, 예를 들어 사업자들이 소비자들과 상호 조정을 반복해 왔고 소비자들은 장래 가격을 인식하고 있는 것에 의존할 때 또는 소비자들이 선 주문을 하였을 때가 이에 해당한다. 이러한 상황에서 장래에 관한 정보를 교환하는 것은 고객들의 지출 계획을 개선시킬 수 있다.[64]

현재와 과거 자료의 교환은 장래 의도의 교환보다 효율성 증대를 낳을 수 있다. 그러나 특별한 상황에서는 장래의 의도를 밝히는 것이 효율성 증대로 이어질 수 있는데, 예를 들어 미리 연구개발 경쟁의 승자를 알고 있는 사업자는 비용을 들여 동일한 행위를 반복하거나 회복될 수 없는 자원을 낭비하는 것을 피할 수 있다.[65]

2. 불가피성과 소비자 이전 문제

(1) 불가피성

정보교환에 의한 효율성 증대를 달성하기에 필요한 범위를 넘어서는 제한은 EU 기능조약 제101조 제3항의 면책 요건을 충족하지 않는다. 불가피

64) Guidelines, para. 99.
65) Guidelines, para. 100.

성 요건의 충족을 위해서는, 당사자들이 교환된 자료의 주제, 집계, 시기, 교환의 비밀성 및 빈도뿐만 아니라 정보교환의 범위가 효율성 증대를 낳는데 불가피한 최소한의 위험을 낳고 있다는 점을 입증할 필요가 있을 것이다. 나아가 교환은 효율성 증대의 획득에 관련되는 변수를 넘어서는 정보를 포함하지 않아야 한다. 예를 들면 벤치마킹을 목적으로 할 때, 산업순위에 관하여 일정한 형식으로 집계된 정보는 담합 위험이 낮은 상태에서 효율성 증대를 낳을 수 있기 때문에, 개별화된 자료 교환이 일반적으로 불가피한 것은 아니다. 끝으로 장래 의도에 관한 개별화된 자료의 공유는, 특히 그것이 가격과 수량에 관련된 것이라면, 불가피한 것으로 보기 어렵다.[66)

유사하게 수평적 합의의 부분을 형성하는 정보교환이 합의의 경제적 목적(연구개발 합의에 필요한 기술 공유 또는 생산 합의의 맥락에서 비용자료)의 실행을 위해 필요한 범위를 넘어서지 않는 한, 제101조 제3항의 요건을 충족할 가능성이 높다.[67)

(2) 소비자에게 이전

불가피한 제한에 의하여 획득된 효율성 증대는 정보교환에 의하여 야기된 경쟁제한 효과를 상회하는 정도로 소비자에게 이전되어야 한다. 이는 EU 기능조약 제101조 제3항이 명시적으로 "소비자에게 경쟁제한적 행위로부터 결과한 이익을 공유하여야 하는 것"으로 규정한 것에 기인한다. 효율성 증대로 인하여 발생한 이익이 누구에게 귀속하는지(사업자 또는 소비자) 문제는 본질적으로 분배의 문제로 이해할 여지가 있고, 따라서 경쟁법이 이에 관여하는 것에 대하여 부정적일 수 있다. 그러나 전술한 명문의 규정은 이 문제의 입법적 해결로 보이며, 소비자에게 귀속되는 공정한 몫

---

66) Guidelines, para. 101.
67) Guidelines, para. 102.

은 반경쟁적 효과와 친경쟁적 효과의 균형 조건으로 이해되고 있다.[68] 이러한 맥락에서 Guidelines도 소비자에게의 효율성 증대 이익 귀속을 면책 조건으로 제시하고 있다. 한편 정보교환에 관련된 당사자들의 시장 지배력이 낮을수록, 효율성 증대의 소비자 이전은 경쟁제한 효과를 상회할 가능성이 더 커질 것이다.[69]

V. EU 정보교환 규제 법리의 시사점

1. EU기능조약 제101조 제1항과 독점규제법 제19조 제1항의 비교

EU기능조약 제101조 제1항은 경쟁을 금지, 제한, 왜곡하는 목적 또는 효과를 갖는 사업자들 간의 합의, 사업자 단체의 결정, 동조적 행위를 금지한다. 앞에서 살펴본 것처럼 동 조항은 합의를 세 가지 형태로 규정하고, 각각에 해당하는 행위는 부당 공동행위로서 규제된다. 독점규제법상 부당 공동행위 규제 근거인 제19조 제1항은 합의를 "계약·협정·결의 기타 어떠한 방법"으로 법정하고 있다. 양 규정을 비교하면, EU기능조약 제101조는 공동행위를 세 가지 유형으로 파악하여 이를 규제 대상으로 특정하고 있는 반면, 독점규제법 제19조의 경우 공동행위의 행태로서 계약 등의 행위를 열거하면서 기타 행위도 이에 포섭되는 것으로 하는 개방적인 규정 방식을 취하고 있다. 이러한 규정의 차이는 공동행위의 포섭 범위에 차이를 낳을 수 있으며, 특히 EU기능조약 제101조에서 명시하고 있는 동조적 행위의 규율 가능성이 문제될 수 있다. 이와 관련하여 다음 두 가지 측면에서 검토가 이루어질 필요가 있다. 우선 제19조 제1항의 개방적 형식

---

68) Alison Jones & Brenda Sufrin, EU Competition Law 6th ed., Oxford Univ. Press, 2011, 258면.
69) Guidelines, para. 103.

은 공동행위에 해당하는 합의를 폭넓게 인정할 수 있는 여지를 제공한다. 대체로 동 규정에서의 합의는 계약을 넘어서 의사의 연락 또는 일치가 있었다는 상호인식이나 이해 또는 암묵적 양해까지 포함하는 넓은 개념으로 이해되고 있다.[70] 물론 광의의 해석을 전제해도 동조적 행위가 이에 포함될지 여부는 논의되어야 하며, 이를 긍정하는 견해도 있지만[71] 유력한 반론도 제기되 있다.[72] 또한 동법 제19조 제5항에 의하여 공동행위의 외관이 존재하고 합의의 개연성이 있는 제반사정이 있을 때 합의가 추정된다는 점도 염두에 둘 필요가 있다. 동 조항에서 제시하고 있는 제반사정의 예로서 상품의 특성, 해당 행위의 경제적 이유, 사업자 간 접촉의 횟수 및 양태 등은 동조적 행위를 인정하기 위한 고려 대상과 유사하며, 이러한 점에서 대법원에 의하여 법률상 추정으로 인정되고 있는 제19조 제5항에 의한 합의 추정은 동조적 행위의 규율에 상응하는 법적 효과를 낳을 수 있다. 이상의 논의에 비추어 EU기능조약 제101조와 독점규제법 제19조의 규정 방식의 차이에도 불구하고, 공동행위의 성립과 부당성 판단에 있어서 정보교환의 의의를 다루고 있는 EU 경쟁법에서의 논의는 독점규제법 운영에 있어서도 참고할 수 있을 것이다.

2. 공정거래위원회 '공동행위 심사기준'의 분석

공정거래위원회는 부당 공동행위 규제와 관련하여 '공동행위 심사기준'(개정 2015. 10. 23. 공정거래위원회 예규 제235호, 이하 심사기준)을 제정하여 운영하고 있다. 심사기준은 정보교환을 두 가지 차원에서 기술하

---

70) 권오승, 경제법, 법문사, 2015, 115면; 신현윤, 경제법, 법문사, 2012, 241면; 이기수·유진희, 경제법, 세창출판사, 2006, 173면; 양명조, 경제법, 신조사, 2014, 289면; 정호열, 경제법, 박영사, 2016, 326면.
71) 정재훈, 공정거래법 소송실무, 육법사, 2014, 58면 참조.
72) 권오승·서정, 독점규제법-이론과 실무, 법문사, 2016, 291-292면 참조.

고 있는데, 합의 성립과 관련하여 합의 추정 보강을 위한 정황증거의 하나로 정보교환을 들고 있으며(II. 2. 나. (2)), 공동행위의 위법성 심사에서 경쟁제한 효과의 분석과 관련하여 참여사업자 간 경쟁제한 수준의 심사에 정보교환 여부를 고려하도록 규정하고 있다(V. 2. 나. (5)).

EU Guidelines에서 살펴본 것처럼 정보교환은 공동행위의 성립과 위법성 판단에 모두 관련되므로 심사기준이 두 측면에서 정보교환에 관하여 규정하고 있는 것은 타당한 방식으로 이해된다.73) 그러나 정보교환의 다양한 함의를 고려할 때, 현행 규정들이 부당 공동행위의 규제와 관련하여 실질적인 의의가 있는지는 의문이다.

우선 심사기준은 합의 추정을 보강하는 정황증거로서 정보교환의 증거가 있는 경우를 규정하고 있으며(II. 2. 나. (2) (가)), 예로서 특정 기업의 가격, 산출량 등 결정을 위한 내부 업무보고 자료에 다른 경쟁기업의 가격, 산출량 등에 대한 향후 계획 등 일반적으로 입수할 수 없는 비공개 자료가 포함된 경우와(예 3) 특정기업이 가격인상 또는 산출량 감축 의도를 밝히고 다른 경쟁기업들의 반응을 주시한 후 그 반응에 따라 가격인상 또는 는 산출량 감축을 단행한 경우를(예 4) 들고 있다. 이러한 정보교환의 예가 공동행위의 성립을 인정하는 근거가 될 수 있다는 점은 분명하지만, 정보교환이 공동행위의 성립과 관련되는 핵심적인 표시의 제시와는 거리가 있다. Guidelines이 언급하고 있는 것처럼 이러한 관련성은 정보교환이 경쟁의 불확실성을 감소시키고 사업자들의 협력과 조정 가능성을 높이는 것을 핵심적 요소로 하며, 이러한 점은 심사기준에도 반영될 필요가 있다.

또한 심사기준은 경쟁제한 심사와 관련하여 경쟁과 관련된 민감한 정보교환이 없거나 적절하게 차단되어 있는 경우에는 경쟁제한 효과를 야기할

---

73) 정보교환 자체를 부당 공동행위로 규율하는 것은 곤란하고, 합의 추정의 정황증거가 되는 것은 가능하다는 견해가 있으며, 이러한 견해는 정보교환을 공동행위의 성립 측면에서 파악한 것으로 보인다. 한서희, "동조적 행위로서 정보교환과 공정거래법상 합의", 경쟁법연구 제28권, 2013, 69면

가능성이 작고, 이러한 정보가 교환될 경우에는 경쟁제한 효과를 야기할 가능성이 증가한다고 규정함으로써(V. 2. 나. (5) ②와 ③), 정보교환을 경쟁제한의 고려 요소로 제시하고 있다. 경쟁과 관련된 민감한 정보의 교환은 공동행위의 관점에서 경쟁에 부정적 영향을 미칠 수 있지만, 구체적 판단 기준으로서 동 규정이 실질적인 의미가 있는지는 의문이다. 이와 관련하여 EU 경쟁법에서 전개되고 있는 정보교환에 관한 분석적 접근을 참고할 필요가 있을 것이다. 전술한 것처럼 Guidelines은 정보교환과 관련한 공동행위의 경쟁제한성 심사와 관련하여 시장과 정보교환의 특성을 구체적으로 제시하여 이를 종합적으로 고려할 것을 규정하고, 또한 정보교환이 낳을 수 있는 친경쟁적 효과로서 효율성 제고 등도 형량의 대상으로 삼고 있다. 이와 같은 구체적 기준의 제시가 정보교환에 관한 실효성 있는 규제를 위하여 요구될 것이다.

3. 대법원 판결의 분석

대법원은 16개 보험회사의 공동행위 사건에서[74] 정보교환에 관한 주목할 만한 판시사항을 보여주었다. 대법원은 부당한 공동행위의 성립과 관련하여 "경쟁 사업자들이 가격 등 주요 경쟁요소에 관한 정보를 교환한 경우에, 그 정보 교환은 가격 결정 등의 의사결정에 관한 불확실성을 제거하여 담합을 용이하게 하거나 촉진할 수 있는 수단이 될 수 있으므로 사업자 사이의 의사연결의 상호성을[75] 인정할 수 있는 유력한 자료가 될 수 있지만, 그렇다고 하더라도 그 정보 교환 사실만으로 부당하게 경쟁을 제

---

74) 대법원 2014. 7. 24. 선고 2013두16951 판결.
75) 대법원 2013. 11. 28. 선고 2012두17421 판결에서 대법원은 "(합의는) 부당한 공동행위가 있었던 것과 일치하는 외형이 존재한다고 하여 당연히 합의가 있었다고 인정할 수는 없고 사업자 간 의사연결의 상호성을 인정할 만한 사정에 대한 증명이 있어야 하며", 그 증명책임은 공정거래위원회에 있다고 판시하였다.

한하는 행위에 대한 합의가 있다고 단정할 수는 없고, 관련 시장의 구조와 특성, 교환된 정보의 성질·내용, 정보 교환의 주체 및 시기와 방법, 정보 교환의 목적과 의도, 정보 교환 후의 가격·산출량 등의 사업자 간 외형상 일치 여부 내지 차이의 정도 및 그에 관한 의사결정 과정·내용, 그 밖에 정보 교환이 시장에 미치는 영향 등의 모든 사정을 종합적으로 고려하여 위 합의가 있는지를 판단하여야 한다"고 보았으며, 이에 기초하여 당해 사건에서 "16개 생명보험회사 사이에 미래의 예정이율 및 공시이율 등에 관한 정보교환행위가 있었다는 사정만으로 막바로 부당한 공동행위를 한 것이라고 볼 수는 없고, 원고 등 16개 생명보험회사가 2001년부터 2006년까지 정보교환행위를 통해 각자의 이율을 결정하여 왔다는 사정만으로 그들 사이에 '공동으로 예정이율 등을 결정'하기로 하는 합의가 있었다고 인정할 증거가 부족하다는 등의 이유를 들어", 공동행위 성립을 부인하였다.

이와 같은 대법원의 입장은 4개 라면제조업자의 공동행위 사건에서도[76] 유지되고 있다. 동 사건에서 공정거래위원회는 4개 사업자가 2001년부터 2010년까지 모두 6차례에 걸친 가격인상을 하면서 인접한 시기에 유사한 인상률을 보였고, 그 과정에서 사업자들 간 정보교환이 중요한 역할을 한 점을 인정하고 4개 라면제조업자의 행위가 공동행위에 해당하는 것으로 보았으며,[77] 이 판단은 원심에도 유지되었다.[78]

그러나 대법원은 16개 보험회사 공동행위 사건에서 제시하였던 정보교환에 관한 법리를 확인하면서, 이에 기초하여 공동행위의 성립을 부인하

---

76) 대법원 2015. 12. 24. 판결 2013두25924.

77) 공정거래위원회 2012. 7. 12. 의결 제2012-107호.

78) 서울고법 2013. 11. 8. 판결 2012누24223. 동 판결은 대법원에서 지지되지 않았지만, 정보교환을 시장의 구조와 성격, 정보의 대상, 정보의 내용, 정보교환의 시기와 방법, 정보교환의 주체 측면에서 분석하고, 이를 토대로 정보교환이 "시장에서의 자유롭고 공정한 경쟁에 위협이 되고 사업자들 간의 공동행위에 대한 유력한 증거가 될 수 있다"고 판시함으로써 정보교환에 대한 분석적 접근의 일단을 보여주고 있다. 동 판결과 상고심 판결에 대한 분석으로, 신동권, 독점규제법, 박영사, 2016, 448-449면 참조.

였다. 대법원은 1차 인상에 관한 합의가 합의 내용의 특정이나 증거의 신빙성 측면에서 인정되기 어렵고, 따라서 동 합의가 향후 6차까지 이어지는 가격 합의를 위한 정보교환의 기초에 해당하지 않는 것으로 보았다. 또한 2차 내지 6차의 가격 인상에 관련된 각 정보교환이 사업자들의 상호의사연결을 추단하기에 부족한 것으로 판단하였다. 아울러 각 사업자들의 평균가격인상률이나 가격 인상 폭의 차이에 비추어 '외형상 일치'가 인정될 수 있는지 불분명하며, 시장에서 70%의 점유율을 갖고 있는 1위 사업자의 가격을 후순위 사업자가 추종하는 가격전략이 가능하다는 점 등도 지적하였다.

동 판결에 관하여, 합의 인정의 고려 요소로서 '외형상 일치'를 당해 사건에서 부인한 것, 특히 외형상 일치를 공동행위의 본질인 의식적인 경쟁회피의 관점에서 파악하지 않고 형식적인 일치를 지향하고 있는 태도가 타당한지는 의문이다.[79] 정보교환의 측면에서 보면, 의사 상호성의 인정근거로서 정보교환을 지나치게 제한적으로 이해하고 있는 것에 대하여 일정한 문제제기가 가능하다. 합의 및 정보교환의 사실 인정과 관련하여 동 판결에서 요구하고 있는 입증의 정도는 형사재판에서와 같은 엄격한 증명의 수준으로 보이며, 이러한 태도가 타당한 지에 관하여 논의의 여지가 있을 것이다.[80] 나아가 공동행위 성립에 있어서 정보교환에 대한 적절한 이해가 반영되고 있는지에 의문이 따른다. Guidelines이 지적하고 있는 것처럼 공동행위 성립의 핵심적 징표로서 정보교환이 갖는 의미는 전략적 불확실성의 감소에 있으며, 대법원이 합의의 본질을 의사의 상호성에 있다고 본다면, 의사의 상호성 판단의 요소로서 정보교환이 갖는 의의도 이러

---

79) 외형상 일치에 관한 판단기준의 제시가 필요하다는 것으로, 류송, "정보교환 공동행위 관련 국내 사례의 검토와 시사점", 서울대학교 경쟁법센터 2016 제1차 법·정책 세미나, 2016, 17면 참조.

80) 독점규제법 사건이 형사소송과 행정소송에서 다루어질 때 각 절차에서 요구되는 증명 수준의 차이에 관한 논의로서, 홍명수, "행정소송과 형사소송에서 독점규제법 위반사건의 비교 검토", 경제법연구 제14권 제3호, 2015, 261면 이하 참조.

한 관점에서 파악되어야 할 것이다. 즉 정보교환이 관련 사업자들의 불확실성을 감소시키는데 영향을 미치고 있는지가 핵심적 고려 사항이 되어야 하며, 이에 기초하여 의사의 상호성 판단이 이루어져야 한다. 이러한 점에서 동 판결이 정보교환과 공동행위 성립의 관계를 밝히고 있지만, 구체적 적용에 있어서 정보교환의 기능적 의의를 충분히 파악하고 있는 것으로 보이지 않으며, 동 판결에 대한 일정한 문제제기가 가능할 것이다.

Ⅵ. 결론

부당 공동행위의 규제와 관련하여 정보교환을 어떻게 이해할 것인지의 문제는 경쟁법을 집행하고 있는 각 나라에서 중요한 쟁점이 되고 있다. EU 경쟁법에서도 이에 관하여 오랜 논의가 이어져오고 있으며, Guidelines은 그 동안의 논의를 정리한 것으로서 비교법적으로도 의미 있는 시사점을 제공하고 있다.

이는 다음의 세 가지로 집약할 수 있는데, 우선 정보교환은 공동행위의 성립과 경쟁제한성 판단 모두에서 고려되어야 한다. 즉 정보교환은 공동행위의 성립 측면에서도 검토되어야 하고, 또한 경쟁제한성 심사에 있어서도 정보교환이 경쟁에 미치는 영향의 분석이 이루어져야 하며, 양자는 부당한 공동행위의 판단 과정에서 별개의 의미를 갖는다. 또한 정보교환의 경쟁제한성 심사와 관련하여 정보교환의 유형별 검토가 필요하고, 아울러 시장의 성격에 대한 다양한 분석이 결합되어야 한다는 점도 중요하다. 즉 정보 유형의 측면에서 교환되는 자료가 전략적 정보에 해당하는지 여부, 시장에서 정보가 포괄하는 범위, 총량 또는 개별 자료인지 여부, 자료의 시기, 정보교환의 빈도, 공적 정보인지 여부, 공개적으로 정보가 교환되었는지 여부 등이 검토되어야 하고, 시장 측면에서 시장의 투명성, 집중도, 복잡성, 안정성, 대칭성, 담합의 유지 가능성 등이 분석되어야 한다.

끝으로 정보교환은 효율성 제고와 같은 친경쟁적 효과를 낳을 수 있으며, 따라서 필수적으로 상반되는 경쟁 효과들의 비교형량이 요구된다는 점에도 주목할 필요가 있다.

정보교환에 관하여 Guidelines이 제시하고 있는 기본 원칙은 독점규제법의 운영에도 많은 시사점을 주고 있다. 공정거래위원회가 제정한 공동행위 심사기준은 정보교환에 관하여 원칙적인 이해를 보여주고 있지만, 구체적인 기준으로서는 미흡한 것으로 평가할 수 있다. 또한 정보교환이 문제가 되었던 국내 사례에 대한 대법원 판결에서 정보교환에 대한 이해가 충분한 것으로 보이지 않으며, 향후 규제 실무에서 공동행위 관련 정보교환에 대한 이해가 보완될 필요가 있다.

15. 건설산업에서 입찰담합 규제의 개선

I. 서론

최근 건설산업 분야에서 입찰담합에 대한 규제가 증가하고 있다. 특히 공공발주사업의 입찰 과정에서 담합에 대한 규제 사례가 빈번히 발생하고 있는데, 건설산업에서 오랫동안 지속되어 왔던 위법한 관행에 대하여 규제기관이 적극적으로 대응한 결과로 이해된다. OECD가 지적한 것처럼 입찰담합은 위법성이 명백한 경성적 카르텔에 해당한다는 점에서,1) 최근 공정거래위원회가 주도하고 있는 입찰담합에 대한 규제 강화는 긍정적으로 평가할 수 있을 것이다.

경쟁정책의 관점에서 입찰담합 규제의 중요성이 강조되고 있지만, 또한 입찰담합은 경쟁정책 외에 다양한 사회적 이익과도 관련되며, 특히 공공발주사업의 경우 이러한 특징이 더욱 두드러진다. 현행 법체계를 보면, 입찰담합에 대하여 독점규제법 외에 「국가를 당사자로 하는 계약에 관한 법률」(이하 국가계약법), 「지방자치단체를 당사자로 하는 계약에 관한 법률」(이하 지방계약법), 형법 등의 법률에서 규제 근거가 마련되어 있으며, 이와 같은 규제체계는 입찰담합에 관한 정책적 논의가 특정한 법률에 한정

---

1) OECD, Trade and Competition: From Doah To Cancun, 2003, 17면.

하지 않고 종합적으로 이루어질 필요가 있음을 시사하는 것이다. 물론 독점규제법을 비롯한 각각의 법률들은 입찰담합 규제에 있어서 고유한 규제 목적에 따르고 있지만, 내용상 상당 부분 유사한 규제로 구성되어 있다. 이에 대한 고려가 충분하지 않을 경우에, 그 자체로 정당성을 갖는다 하더라도 규제체계 전체의 관점에서 중복 규제나 과잉 규제를 결과할 수 있으며, 결국 합리성을 결한 규제는 제도의 실효성에 문제를 낳을 것이다.

이하에서의 논의는 입찰담합 중에서도 특히 건설산업에서 발생하는 입찰담합에 대한 규제 개선을 목적으로 하며, 논의의 타당성을 기하기 위하여 건설산업의 특징적 양상에 대한 이해가 뒷받침되어야 할 것이다. 논의의 독점규제법상 규제를 살펴보는 것에서 시작한다. 독점규제법상 위법행위에 대한 시정조치나 과징금 부과 등 행정적 제재를 주된 검토 대상으로 하지만(II), 또한 구제 수단으로서 일정한 역할을 담당하고 있는 손해배상청구에 의한 사법적 구제나 형사적 제재도 아울러 검토할 것이다(III). 이어서 국가계약법이나 형법 등에 의한 입찰담합 규제를 살펴볼 것이다(IV). 각 법률에서 이루어지고 있는 입찰담합 규제의 내용을 살펴보고, 독점규제법상 규제와의 비교를 통하여 규제의 구체적인 의의를 검토할 것이다. 이상의 논의를 통하여 각각의 법률에 근거한 입찰담합 규제의 종합적인 고려가 불가피하다는 점을 밝히고, 이러한 관점에서 규제의 타당성과 실효성을 검토할 것이다(V).

II. 독점규제법상 건설산업에서 입찰담합의 행정적 제재

1. 건설산업에서 입찰담합 규제의 의의

(1) 입찰담합 규제의 의의

입찰은 경쟁 메커니즘을 활용하여 거래 상대방과 거래 조건을 동시에 결정하는 시스템으로서의 의미를 갖는다.[2] 거래 방식으로서 입찰의 선택은 상대방 결정에 있어서 공정성을 기하고, 경쟁 기능을 통하여 거래의 효율을 제고할 목적으로 이루어진다. 특히 공적 기구가 거래 주체일 경우에 이러한 목적은 공익 실현과도 밀접히 관련된다.[3] 국가계약법 제10조 제1항이나 지방계약법 제9조 제1항 등이 계약에 있어서 경쟁입찰을 원칙적인 계약 방식으로 규정한 것은 이러한 맥락에서 이해할 수 있을 것이다. 입찰담합은 복수의 입찰 참가자들이 입찰의 본질적 의의, 즉 경쟁에 의하여 거래 상대방과 기본적인 거래조건이 결정되는 입찰의 고유한 기능을 침해하는 것을 의미한다. 나아가 입찰담합은 경쟁 외관의 의도적인 창출에 의하여 경쟁제한의 효과를 심화시킨다는 지적이 유력하다.[4] 이처럼 경쟁의 외양을 갖추는 특성은 입찰에서 담합이 은폐되기 쉬운 원인으로 작용하며, 따라서 담합 행태의 실질을 파악하는 것이 입찰담합의 규제에 있어서 가장 중요한 과제가 되고 있다.[5]

독점규제법은 입찰담합을 부당 공동행위의 한 유형으로 규제하고 있다. 동법 제19조 제1항 제8호는 입찰담합을 "입찰 또는 경매에 있어 낙찰자, 경락자, 투찰가격, 낙찰가격 또는 경락가격, 그 밖에 대통령령으로 정하는 사항을 결정하는 행위"로 규정하고, 동법 시행령 제33조는 낙찰 또는 경락

---

2) 鈴木滿, 入札談合の研究, 信山社, 2001, 2면.

3) 독일 경쟁제한방지법(GWB: Gesetz gegen Wettbewerbsbeschränkungen) 제97조 제1항은 공적조달의 첫 번째 원칙으로 경쟁 원칙을 제시하고 있다. 동 규정은 동조 제5항에서 공적 조달의 제공자는 가장 경제적인(wirtschaftlichst) 자로 선정되어야 한다는 원칙과 조응하여 공적조달에 있어서 정책의 기본 방향을 밝힌 것으로 이해된다. Ulrich Immenga & Ernst-Joachim Mestmäcker hrsg., GWB Kommentar 3. Aufl., C. H. Beck, 2001, 2232-2235면(Meinrad Dreher) 참조.

4) 위의 책, 145-146면(Daniel Zimmer) 참조.

5) 미국 법무부는 입찰담합의 구체적인 모습을 입찰 억제(bid suppression), 보조 입찰(complementary bidding), 순환 입찰(bid rotation), 하청계약화(subcontracting) 등으로 분류하고, 입찰담합 파악의 지침으로 활용하고 있다. DOJ, "Price Fixing, Bid Rigging, and Market Allocation Schemes: What They are and What to Look For"(available at http://www.justice.gov/atr/public/guidelines/211578.pdf., 2-3면.

의 비율(1호), 설계 또는 시공의 방법(2호), 그 밖에 입찰 또는 경매의 경
쟁 요소가 되는 사항(3호)을 합의 대상으로 구체화하고 있다. 일반적으로
공동행위의 부정적 효과는 경쟁에 의하여 이루어질 수 있는 시장 기능을
침해하는 것에 있으며,[6] 따라서 공동행위의 부당성 판단은 경쟁제한성에
근거한다.[7] 공동행위의 한 유형으로서 입찰담합에 대해서도 동일한 이해
가 가능할 것이다.

나아가 공동행위로서 입찰담합의 특성, 즉 경쟁의 외관을 통하여 은폐
를 용이하게 하면서도 경쟁의 본질을 해하고, 또한 경쟁제한 효과 외에 다
른 긍정적 효과를 기대하기 어려운 행위 특성은 입찰담합을 경성 공동행
위로 분류하는 근거가 된다.[8] 경쟁정책적으로 부당 공동행위에 대한 규제
가 지속적으로 강화되어 오고 있지만,[9] 전체 공동행위 사건 중에서 상당
한 비중을 차지하고 있고 경성 공동행위로서의 특징을 갖고 있는 입찰담
합에 대해서는 이러한 필요성이 더욱 강조되고 있다. 이는 입법적으로도
구체화되고 있는데, 특히 2007년 독점규제법 개정에 의하여 공공부문에서
입찰담합 규제의 실효성을 제고하기 위한 법제도의 도입은 주목할 만한
것이다. 동 개정은 제19조 제1항 제8호에서 입찰담합을 공동행위의 한 유
형으로 명시하였을 뿐만 아니라,[10] 제19조의2에서 입찰담합의 발생 빈도
수가 높은 공공입찰에 관하여 규제기관 간 협력시스템을 제도화하였다는
점에서도 의의가 크다.[11] 이와 같이 실체적·절차적으로 입찰담합 규제가

---

6) 신현윤, 경제법, 법문사, 2014, 241면; 이기수·유진희, 경제법, 세창출판사, 2012,
   149면.
7) 권오승, 경제법, 법문사, 2014, 275-277면; 이호영, 독점규제법, 홍문사, 2013,
   218-219면.
8) OECD, 주 1)의 글, 17면 참조.
9) 공정거래위원회, 공정거래위원회 30년사, 2011, 556-557면 참조.
10) 입찰담합이 별도로 부당 공동행위의 유형으로 규정되기 전에는 주로 가격담합 또
    는 시장분할(거래상대방 담합) 등의 규정에 의하여 규제가 이루어졌다.
11) 독점규제법 19조의2 ① 공정거래위원회는 국가·지방자치단체 또는 「공공기관의
    운영에 관한 법률」에 따른 공사업자가 발주하는 입찰과 관련된 부당한 공동행위

강화되면서, 공정거래위원회에 의한 동 유형의 공동행위에 대한 규제 사례도 점증하고 있다. 동법 제19조 제1항 제8호에 의한 규제가 본격적으로 이루어진 2009년 이후부터 2012년까지의 부당 공동행위 규제 상황을 보면, 전체 235건의 규제 사례 중에서 입찰담합 규제는 약 43%에 해당하는 101건으로서 제19조 제1항 각 호에 규정된 행위 유형 중 가장 높은 비중을 차지하고 있다.12)

(2) 건설산업에서 입찰담합 규제

이상의 독점규제법상 입찰담합에 관한 규제와 관련하여 건설산업은 특별한 의미를 갖는다. 건설산업은 발주자의 주문에 의하여 생산활동을 수행하는 수주산업으로서, 일반 상품과 달리 선계약-후생산의 방식으로 공급이 이루어지는 특징을 갖고 있다.13) 발주자의 주문에 따른 수주는 일반적으로 입찰 방식으로 진행되며, 건설산업은 다른 어떠한 산업보다도 입찰 방식에 의한 거래가 보편화되어 있는 분야라 할 수 있다. 따라서 입찰담합 규제에 있어서 건설산업의 비중이 높으며, 동 규제가 건설산업 전반에 걸쳐 중요한 의미를 갖는 것은 충분히 예상되는 것이다.

물론 건설산업에서 입찰담합의 사례가 증가하고 있는 현상이, 단지 입찰에 따른 거래가 일반화되어 있다는 사실에만 기인하는 것은 아니며, 담합으로 이끄는 유인이 건설산업에 구조적으로 자리하고 있다는 점에도 주의를 기울일 필요가 있다. 이러한 점은 건설산업에서 입찰 과정이나 개별 사업자의 대응 방식에 나타나는 특징에서 확인할 수 있다. 21세기 들어

를 적발하거나 방지하기 위하여 중앙행정기관·지방자치단체 또는 「공공기관의 운영에 관한 법률」에 따른 공사업자의 장에게 입찰 관련 자료의 제출과 그 밖의 협조를 요청할 수 있다. ② 대통령령으로 정하는 공공기관의 장은 입찰공고를 하거나 낙찰자가 결정된 때에는 입찰관련 정보를 공정거래위원회에 제출하여야 한다.
12) 공정거래위원회가 경고 이상의 조치를 취한 사건을 대상으로 한 것이다. 공정거래위원회, 2013년판 공정거래백서, 2013, 184면 참조.
13) 김수삼 외, 한국의 건설산업-그 미래를 건설하자, 삼성경제연구소, 2003, 26면.

입찰에서 낙찰자 결정 방식은 최저가(lowest price) 방식에서 경쟁력 우선 (highest competitiveness) 방식으로 변화하고 있으며,[14] 입찰에 참여하는 사업자의 종합적인 경쟁력이 가장 중요한 결정 지표가 되고 있다. 그러나 건설 사업자의 경쟁력 측정이 용이한 것은 아니며, 이는 입찰에 참가한 건설 사업자에게 지속적인 사업 활동의 기초가 되는 예측 상의 어려움을 주는 요인이 된다.[15] 또한 건설 사업자의 경쟁력 측면에서 구체적 사업의 수주가 주기적으로 이어지는 것이 결정적이라는 점도 염두에 둘 필요가 있다.[16] 즉 경쟁력 평가의 모호함에 의하여 실제 경쟁의 요소가 분명히 드러나지 않으면서, 또한 주기적인 사업 수주가 회사의 경쟁력과 지속적 사업 수행에 불가피한 건설산업의 고유한 특성은 개별 사업자 입장에서 안정적인 거래관계 확보의 필요성을 낳으며, 이는 구체적인 사업에서 입찰담합으로 이끄는 유인이 되고 있다.

2. 행정적 제재

(1) 공정거래위원회의 건설산업 규제 동향

전술한 것처럼 최근 독점규제법에 의한 건설 사업을 영위하는 사업자의 입찰담합 규제 사례는 증가하고 있다. 다음의 〈표 1〉은 2010년 이후 건설산업에서 입찰담합을 이유로 공정거래위원회에 의하여 시정명령과 과징금 부과처분이 이루어진 사건을 보여준다.

---

14) 최저가 방식은 사업 범위가 협소하고, 새로운 개발이나 혁신의 유인이 크지 않은 경우에 여전히 유효한 방식으로 활용되고 있으며, 또한 발주기관 입장에서 공적 통제에 따라서 경쟁력 우선 방식에 소극적일 수 있다는 분석도 제시되고 있다. Roger Flanagan, Weisheng Lu, Liyin Shen & Carol Jewell, "Cometitivenss in Construction: A Critical Review of Research", Construction Management and Economics Vol. 25 Issue 9, 2007, 994-995면 참조.

15) 위의 글, 995-996면 참조.

16) 위의 글, 997-998면 참조.

〈표 1〉 입찰담합에 관한 건설산업 사업자 규제 사례(2010 - 2014)

연도	건수	입찰담합 사업 명(참가사업자 수)
2010	9	영덕군·영양군 발주 조경사업(2), 인천향촌 아파트건설 2공구(13), 보령동대 아파트건설 1공구(14), 성남판교 아파트건설 16공구(12), 전주효자 아파트건설 5공구(16), 주공 인천사옥건설 1공구(18), 성남판교 아파트건설 9공구(10), 청원오송 아파트건설 2공구(8), 파주운정 아파트건설 8공구(17)
2011	3	국방부 공군 원주관사 시설사업(2), 대구시 공동주택 건립공사(2), 국방부 계룡대·자운대 관사 시설사업(2)
2012	2	부천 노인복지시설 공사(2), 4대강 살리기 사업 1차 턴키공사(16)
2013	4	광주 총인처리시설 공사(4), 영주 다목적댐 공사(4), 진위 일반산단 폐수종말처리시설 공사(3), 연천군 생활폐기물 소각처리시설 공사(2)
2014	24	인천도시철도 2호선 턴키공사(21), 공촌하수처리장 증설 등 공사(2), 광주·전남 수질복원센터 시설 공사(2), 대구도시철도 3호선 턴키대안공사(16), 경인운하사업 1, 2, 3, 6공구 건설 공사(9), 경인운하사업 4공구 건설 공사(2), 경인운하사업 5공구 건설 공사(2), 부산지하철 1호선 연장 턴키공사(6), 인천 운북하수처리장 증설 공사(2), 완주 지방산업단지 폐수종말처리장 고도처리시설 설치사업(2), 이천시 장호원·가평군 하수처리장 등 총인처리시설 설치사업(2), 파주시 공공하수 및 폐수종말처리시설 총인처리시설 설치사업(2), 의정부시 음식물류폐기물 공공처리시설 건설사업(2), 김포한강신도시 크린센터 시설공사 등(6), 대구 서부하수처리장 외 1개소 총인처리시설 설치공사(2), 고양삼송 수질복원센터 시설공사(2), 광주광역시 하수슬러지 처리시설 설치공사(3), 호남고속철도 제2-3공구 노반신설 기타공사(2), 호남고속철도 제2-1공구 노반신설 기타공사(28), 낙동강하구둑 배수문 증설공사(3), 서울지하철 9호선 3단계 919공구 건설공사(2), 낙동강 살리기 17공구 사업(2), 금강살리기 1공구(서천지구) 사업(2), 영월 강변저류지 조성공사(한강살리기 17공구)(3),

〈표 1〉에 나타난 것처럼 건설산업에서 입찰담합 규제 사례는 2014년 현저히 증가하였고, 특히 공공기관에 의하여 발주된 사업에서 이러한 현상이 집중되었다. 담합 양상을 보면, 대부분의 규제 사례에서 입찰담합은 낙찰자를 사전에 정하고, 이에 동조하는 사업자가 들러리로 투찰하는 방식(cover bidding)으로 이루어졌다. 들러리 입찰자의 경제적 이익은 시장할당(market allocation)을 통하여 다른 입찰에서 낙찰자 지위를 약속받거나 공동도급 구성원으로서의 지위를 보장받는 방식 등으로 보전되었다.

특히 4대강 공사나 지하철 건설 공사 등과 같은 대규모 사업의 경우에 발주자는 다양한 정책적 목표에 따라서 전체 공사를 복수의 공구로 분할하여 입찰을 실시하는 것이 일반적인데, 이와 같은 공구 분할 입찰에서 건설사업자들이 사전에 입찰에 참가할 공구를 합의하는 방식으로 담합이 행해졌다. 정부가 국책사업으로 추진한 4대강 살리기 사업과 관련하여 건설사업자들이 사전에 공동협의체를 구성하고, 전체 공사금액을 배분하는 기본합의를 한 후에 공구별로 구체적인 입찰담합을 행한 사건은 전형적인 예가 될 것이다.17) 공정거래위원회는 낙찰자뿐만 아니라 들러리로 입찰에 참여한 자를 모두 입찰담합으로 규제하고 있으며, 다만 시정조치나 과징금 부과 등에서 입찰 참가자의 지위나 역할을 고려하고 있다.

(2) 위법 판단과 시정조치

이상의 입찰담합 사건에서 행위 자체의 존부가 다투어진 예는 드물다. 대부분의 사건에서 독점규제법 제19조 제5항의 합의 추정 조항이 적용되지 않고, 직접적으로 합의의 입증이 이루어진 것도 특기할 만한 것이다. 또한 부당 공동행위는 합의만으로 성립하고 합의에 따른 실행행위가 별개의 성립 요건으로 요구되지 않지만,18) 최근 규제된 입찰담합 사건에서는 대부분 실행행위(담합에 의한 응찰)가 수반되었다는 점도 특징적이다.

한편 합의 자체에 다툼이 있었던 경우는 대체로 공구 분할과 같이 발주처에 의하여 전체 공사가 사전에 분할되고 개별적으로 입찰이 이루어진 사건에서 나타나고 있다. 입찰참가자 간에 명시적인 합의 또는 동조적 행

---

17) 동 사건의 규제 의의에 관하여, 공정거래위원회, 앞의 책(주 13), 189면 이하 참조. 한편 발주처 별로 시장분할이 이루어진 예도 있는데, 영덕군과 영양군이 발주한 조경사업에 관한 입찰담합 사건에서는 두 건설사업자가 사전에 각 군별로 시장을 분할하고, 입찰에 참가하는 방식으로 담합이 행해졌다. 공정위 2010. 7. 6. 의결 제2010-76호.
18) 대법원 1999. 2. 23. 선고 98두15849 판결.

위로 평가될 수 있는 상호 조정이 배제된 상태에서 개별적인 선택의 결과로 분할된 공구에 따른 입찰이 이루어졌다면 합의의 존재가 부인될 수 있으며,19) 이 경우에 입찰담합은 물론 부당공동행위의 다른 유형, 예를 들어 4호의 시장분할 등과 같은 부당 공동행위 유형에도 해당하지 않을 것이다. 따라서 공사가 발주자에 의하여 사전에 분할된 방식으로 입찰이 진행될 경우, 독자적인 응찰전략에 따라서 입찰참가자들이 개별 공구별로 분산되는 결과가 나타날 수도 있기 때문에, 규제기관이 합의 입증에 보다 주의를 기울일 필요가 있다. 또한 행위 측면에서 검토될 수 있는 것은 사업자인 법인에 속한 임직원의 행위에 대한 평가이다. 실제 합의 과정에 참여하는 자는 자연인으로서 임직원이며, 독점규제법이 형사적 제재에 있어서 양벌 규정을 두고 있는 것도 이러한 상황 인식을 반영한 것으로 볼 수 있다. 이때 임직원이 자신이 속한 법인의 의사에 반하면서 합의에 이르게 되었을 경우에, 이러한 행위의 효과를 법인에 귀속시킬 수 있는지가 문제 될 수 있다. 원칙적으로 임직원의 행위에 따른 경제적 효과가 법인에 귀속되는 경우라면, 구체적인 의사결정 과정에 문제가 있다 하더라도, 이는 법인 내부의 문제로서 별개의 법률상 책임을 부담하는 것은 별론으로 하고, 법인을 합의주체로서 인정할 수 있을 것이다. 다만 시정조치나 과징금 부과 등에 있어서 이러한 상황을 충분히 고려하는 것이 독점규제법에도 당연히 적용되는 책임주의 원칙에 부합하는 것일 수 있다.

담합에 의한 입찰의 위법성은 경쟁제한성에 기초하며, 공정거래위원회도 이러한 관점에서 입찰담합의 위법성을 판단하고 있다. 인천도시철도 2호선 턴키 공사 입찰담합 사건이나20) 경인운하사업 1·2·3·6 공구 입찰담합 사건 등에서21) 공정거래위원회는 낙찰자 등을 사전에 정함으로써 당해

---

19) 예를 들어 4대강 살리기 사업 1차 턴키공사 관련 입찰담합 사건에서 전체 사업의 지분율 배분 과정에는 참여하였지만, 공구 분할 합의에 참여하지 않은 사업자들은 입찰담합 행위자로 인정되지 않았다. 공정위 2012. 8. 31. 의결 제2012-199호.
20) 공정위 2014. 1. 8. 의결 제2014-6호.

입찰시장에서의 경쟁이 제한되었다는 점에서 위법성을 인정하고 있다. 특히 후자의 사건에서 공정거래위원회가 "낙찰가격과 낙찰자 결정에 관한 합의는 응찰과정에서의 자유로운 가격경쟁을 제한하고 그로 인하여 당해 입찰에서의 낙찰자 및 낙찰가격 결정에 영향을 미치는 것임이 분명하므로, 특별한 사정이 없는 한 부당하다고 볼 수밖에 없다"고 언급한 부분은 주목할 만한 것이다. 실제 공정거래위원회에서 처리한 입찰담합 사건에서 위법성 판단이 쟁점이 되었던 예는 드물며, 이 부분에서의 논의는 효율성 제고 등의 친경쟁적 효과에 근거한 정당화 사유를 통하여 위법성이 조각될 수 있는지에 집중되고 있다. 그러나 공정거래위원회가 입찰담합 사건에서 이와 같은 정당화 사유를 수용하여 위법성을 부인한 예는 찾기 어렵다. 예를 들어 공구 분할을 내용으로 한 입찰담합이 문제가 되었던 4대강 살리기 사업 사건에서[22] 공정거래위원회는 담합에 의하여 공구별로 진행되는 공사의 경제적 통합을 이루고 이로부터 효율성이 증대하였다는 피심인들의 주장에 대하여, 효율성 증대를 위하여 이와 같은 담합이 반드시 필요한 것으로 인정하기 어렵다는 점을 이유로 이를 위법성 조각의 사유로 받아들이지 않았다.

당해 입찰 시장에서의 경쟁제한에 근거하여 위법성을 인정할 경우에, 당연히 시정조치는 이러한 효과를 배제하는 내용으로 구성될 것이다. 근거 조항으로서 독점규제법 제21조는 "당해 행위의 중지, 시정명령을 받은 사실의 공표, 기타 시정을 위한 필요한 조치"를 조치의 내용으로 규정하고 있다. 동 규정에서 시정조치는 당해 행위의 중지를 원칙으로 하지만, '기타 시정을 위한 조치'에 근거하여 시정조치의 내용이 그 이상으로 확대될 여지가 있다. 기타 필요한 조치로서 공정거래위원회가 행한 명령을 보면, 이해관계자들에 대한 시정조치나 합의파기 등의 통지명령, 시정조치 이행 등에 관한 보고명령, 교육실시명령, 점검활동 보장명령, 자료 보관명령 등

---

21) 공정위 2014. 4. 17. 의결 제2014-76호.
22) 공정위 2012. 8. 31. 의결 제2012-199호.

이 있다. 특히 공정거래위원회가 당해행위 중지뿐만 아니라 장래에 동일 유형의 행위를 금지하는 내용의 명령을 한 것이 다투어졌는데, 대법원은 이러한 명령이 위법하지 않은 것으로 보았다.23) 또한 밀가루 제조사업자의 공동행위 사건에서24) 대법원이 시정조치로서 정보교환의 중지명령이 가능한 것으로 판시한 것도 주목할 만하다. 결국 '기타 필요한 조치'에서 필요성은 경쟁제한 효과 해소의 관점에서 판단되어야 하며, 시정명령 역시 국가의 권력적 행정작용이라는 점에서 비례의 원칙에 부합하는 것이어야 한다. 따라서 시정조치는 목적상 경쟁제한적 효과를 배제하는 것이어야 하고, 또한 이러한 목적을 달성하기 위하여 필요최소한의 내용으로 구성되어야 할 것이다.

이러한 관점에서 입찰담합에 관하여 부과된 시정조치는 대체로 유사한 행위의 재발을 방지하는데 초점이 맞추어지고 있다. 특히 건설산업에서 입찰담합의 규제 예를 보면, 담합에 의한 투찰과 낙찰자 선정이 이루어지고, 이에 따른 계약체결과 사업이 시행된 이후에 담합 사실이 공정거래위원회에 의하여 인지된 경우가 대부분이기 때문에, 당해행위의 중지명령이 내려진 경우는 거의 없으며, 대체로 장래에 동일·유사한 행위의 금지를 내용으로 하고 있다. 또한 많은 경우 시정조치의 내용으로 입찰에 관련된 정보를 입찰 참여 사업자들 간에 교환하는 행위를 금지하고 있다는 점도 주목할 만한 것이다. 예를 들어 4대강 살리기 입찰담합 사건에서 공정거래위원회는 시정조치로서 장래 유사한 행위의 금지 명령과 함께 "피심인들은 향후 정부 또는 공공기관이 발주하는 건설공사 입찰에 참여하면서 시장에서 공개되는 정보를 수집하는 외에 피심인들의 내부 입찰참여 의사 및 결정사항 등에 관한 정보를 직접 접촉이나 유무선 전화 또는 이메일 등 기타 어떠한 방법으로도 수집하거나 교환하는 행위를 다시 하여서는 아니된다"는 내용의 시정명령을 부과하였다.25)

---

23) 대법원 2008. 8. 21. 선고 2006두12081 판결.
24) 대법원 2009. 5. 28. 선고 2007두24616 판결.

(3) 과징금 부과

독점규제법 제22조에 의하여 부당한 공동행위는 과징금 부과처분의 대상이 된다. 일반적으로 과징금은 부당이득환수적 성격과 행정제재벌적 성격을 모두 갖고 있는 것으로 이해되고 있으며,[26] 따라서 법위반 행위자가 위반행위를 통하여 얻게 되는 이득은 과징금 산정에 있어서 당연히 고려되어야 한다. 물론 이러한 이득의 파악이 용이한 것은 아니다. 독점규제법 제55조의3 제1항은 과징금 부과 시 참작 사항으로 위반행위의 내용 및 정도(1호), 위반행위의 기간 및 횟수(2호), 위반행위로 인해 취득한 이익의 규모 등(3호)을 규정하고 있고, 동조 제3항의 위임에 따른 동법 시행령 [별표 2] '위반행위의 과징금 부과기준'(이하 '과징금 부과기준')은 구체적 기준을 제시하고 있다. 동 기준은 위반행위 유형별로 관련매출액의 일정한 비율에 중대성 정도에 따라 차등화 된 부과기준율을 곱하여 기본 산정기준을 제시하고(2. 가), 부당 공동행위는 관련매출액에 100분의 10을 곱한 금액을 기본으로 한다.[27] 기본 산정기준에 의하여 정한 금액을 대상으로 일정한 사유에 따라서 각각 100분의 50을 한도로 하는 두 차례 조정(감액과 가중을 포함)을 하고(2. 나, 다),[28] 이를 다시 위반사업자의 현실적 부당능력 등을 고려하여 원칙적으로 100분의 50 한도에서 감액하여 부과과징금을 정하며, 이 과정에서 경우에 따라 과징금이 면제될 수 있다(2. 라).

---

25) 공정위 2012. 8. 31. 의결 제2012-199호.

26) 권오승, 주 7)의 책, 411면; 신현윤, 주 6)의 책, 392-394면 참조.

27) 관련매출액과 관련하여 대법원은 "과징금 산정의 기준이 되는 매출액을 산정함에 있어서 그 전제가 되는 부당한 공동행위와 관련된 상품 또는 용역의 범위는, 부당한 공동행위를 한 사업자간 합의의 내용에 포함된 상품 또는 용역의 종류와 성질·거래지역·거래상대방·거래단계 등을 고려하여 개별적·구체적으로 판단하여야 한다"고 보았다. 대법원 2003. 1. 10. 선고 2001두10387 판결 참조.

28) 1차 조정은 행위 요소에 의한 조정으로서 기본 산정기준의 100분의 50 범위에서 위반행위의 기간 및 횟수에 따른 조정이다(2. 나). 2차 조정은 행위자 요소에 의한 조정으로서 1차 조정된 산정기준의 100분의 50 범위에서 위반사업자의 고의·과실, 위반행위의 성격과 사정 등의 사유를 고려하여 조정한다(2. 다).

이상의 원칙에 따른 과징금 부과와 관련하여, 공정거래위원회가 제정한 「과징금부과 세부기준 등에 관한 고시」(개정 2014. 5. 30. 공정거래위원회 고시 제2104-7호, 이하 과징금고시)는 위반행위 유형별로 세부적 기준을 마련하고 있다. 특히 입찰담합에 관하여 보면, 관련매출액의 경우 낙찰이 되어 계약이 체결된 경우에는 계약금액, 낙찰은 되었으나 계약이 체결되지 않은 경우에는 낙찰금액, 낙찰이 되지 아니한 경우에는 예정가격(예정가격이 없는 경우에는 응찰금액)을 당해 입찰담합에 참여한 각 사업자의 관련매출액으로 보며, 응찰하지 아니하였거나 탈락한 자에 대하여는 산정기준의 2분의 1 범위 내에서 감액할 수 있다(과징금고시 IV. 1. 다. (1) (마)). 전술한 것처럼 관련매출액은 부당이득환수적 성격의 과징금 부과에 있어서 기초를 정하는 의미가 있으며, 관련매출액은 위반행위로 인하여 얻게 되는 이득과 비례적 관련성을 갖는다는 점에서 기준으로서의 타당성을 갖게 된다. 입찰담합에 참가한 사업자는 다른 거래분야에서의 공동행위와 달리 매출액이 기준으로서 부적절하므로, 이를 보완하는 의미에서 계약금액을 기준으로 원용한 것으로 볼 수 있다. 그러나 입찰담합에 참가하는 동기와 구체적인 행태는 매우 다양하며, 따라서 기준으로서 계약금액이 언제나 타당한 것은 아니라는 점을 정책적으로 고려할 필요가 있을 것이다.

기본 산정기준에서 결정적인 기준에 해당하는 중대성에 따른 부과기준율은 부당 공동행위의 경우 다음 〈표 2〉와 같이 이루어지며, 동 기준은 당연히 입찰담합에도 적용된다.

〈표 2〉에서 중대성의 정도에 관한 세부평가 기준은 위반행위의 내용과 정도에 따라서 구체화되고 있으며, 입찰담합을 포함한 부당 공동행위의 경우에도 세부평가 기준이 마련되어 있다(과징금고시 [별표] 세부평가 기준표 2. 다.).

430 _ 경제법론 IV

〈표 2〉 부당 공동행위 부과기준율[29]

중대성의 정도	기준표에 따른 산정점수	부과기준율
매우 중대한 위반행위	2.6 이상	8.0%이상 10.0%이하
	2.2 이상 2.6미만	7.0%이상 8.0%미만
중대한 위반행위	1.8 이상 2.2 미만	5.0%이상 7.0%미만
	1.4 이상 1.8 미만	3.0%이상 5.0%미만
중대성이 약한 위반행위	1.4 미만	0.5%이상 3.0%미만

이에 의하면, 위반행위의 내용 및 정도에 따른 평가 비중을 경쟁제한성 (0.2), 이행 정도(0.2), 관련시장 점유율(0.1), 관련매출액(0.3), 피해규모 또는 부당이득(0.3), 지역적 범위(0.1)로 배분하고, 각 기준 별로 상·중·하 에 따른 점수를 부여한다. 특히 입찰담합의 경우에는 일반 공동행위와 별 도로 특칙을 두고 있는데, 관련매출액의 경우 계약금액이 200억 이상, 100 억 이상 200억 미만, 100억 미만으로 나누어 각각 상·중·하로 평가하며, 지역적 범위의 경우 발주처가 중앙정부, 지방자치단체 및 공공기관인 경 우에는 상, 민간기업인 경우에는 중으로 평가한다.

전술한 것처럼 이상의 기본 산정기준에 따른 금액을 대상으로 1차, 2차 조정을 거친 후에 최종적으로 부과과징금이 결정되며, 이는 입찰담합의 경우에도 동일하다. 다만 2차 조정과 관련하여 과징금고시가 입찰담합의 경우 특칙을 두고 있고, 특히 최근에 이에 대한 개정이 이루어진 것에 주 의를 기울일 필요가 있다. 즉 과징금고시 IV. 3. 다 (2)는, 다수의 사업자 가 관련된 상황에서 위반행위에 단순 가담하거나 추종적 역할만을 수행한 것이 명백한 경우 및 다른 사업자의 권유나 대리로 참여한 경우에 100분 의 20 이내, 기망 또는 강박에 의하여 부득이하게 참여한 경우에 100분의 30 이내의 감액에 관하여 규정하면서, 다만 입찰담합에 있어서 탈락한 것 을 이유로 이미 일정한 감경이 이루어진 참가사업자에 대하여는 동 감경

---

29) '과징금고시' IV. 1. 다. (1).

이 적용되지 않는 것으로 규정하고 있다. 이러한 규정은 동일한 사유에 의한 이중 감경을 방지하겠다는 취지로 이해되지만, 그 타당성에는 의문이 있다. 무엇보다 입찰 탈락자에 대한 감경은 이들의 부당이득 규모를 합리적으로 조정하고자 하는 목적에서 이루어진 것으로서, 본질상 행위자적 요소에 따른 감경과 성격을 달리하는 것이다. 따라서 동 규정에서 감경 사유의 배제를 뒷받침하는 합리적 근거를 찾기 어렵다. 또한 최근 과징금고시 IV. 3. 다 (1)의 개정 전에는 100분의 50이내의 감경이 이루어지는 사유로서 합의 후 실행이 없는 경우와 함께 입찰이 무효가 된 경우를 규정하고 있었는데, 동 개정에 의하여 후자의 경우를 삭제한 것에 대해서도 재고의 여지가 있다. 입찰 무효를 감경 사유로 규정한 것은, 그 자체로 거래상대방에 대한 손실이나 부당하게 취득한 이익이 미미한 수준이거나 발생하지 않았다는 점에 근거한 것으로서, 본질적으로 실행행위의 존부와는 무관한 것이다. 이 경우에도 입찰담합에 따른 낙찰과 계약체결이 이루어진 것과 비교하여 폐해의 크기에는 현저한 차이가 존재하는 것이고, 이러한 점은 과징금 감경사유로서 고려되기에 충분하다. 따라서 동 규정의 삭제가 정책적으로 바람직한 지에 대해서는 의문이 있다.

건설산업에서 입찰담합에 관하여 과징금이 부과된 사례를 보면, 공정거래위원회는 기본적으로 부과기준의 적용에 있어서 엄격한 태도를 유지하고 있는 것으로 보인다. 우선 기본 산정기준을 정함에 있어서 가장 결정적인 의미를 갖는 중대성 정도의 판단과 관련하여, 대부분의 건설시장 입찰담합 사건에서 공정거래위원회는 중대성 정도를 최상위인 '매우 중대한' 수준으로 파악하고 있으며, 따라서 관련매출액에 중대성 정도에 따른 부과기준율을 곱한 기본 산정기준을 매우 높게 책정하고 있다. 앞에서 언급한 것처럼 입찰담합은 경쟁제한성이 중대하고 명백한 공동행위 유형으로 이해되지만, 그러나 모든 입찰담합에서 그 정도가 획일적으로 평가될 것은 아니며, 구체적·개별적인 판단이 필요한 경우도 있다. 예를 들어 위반행위의 내용 측면에서 중요한 고려 사항인 효율성 제고도 경우에 따라서 인정될 여지가 있으며, 위반행위의 정도 측면에서 필수적인 고려 사항인 피해규모나 부당이득의 크기도 매우 상대적인 것이다. 따라서 현행 과징금고시의 3등급 분류체계에 따라서 획일적으로 중대성 정도를 파악하는 것에는 의문이 있다. 이와 관련하여 매출액 규모가 유사한 두 사업자의 동종의 위반행위에 대하여 현저하게 차이가 나는 과징금(fine)을 부과하였던 EU 경쟁법 사례는 참고할 만하다. 경쟁사업자의 도매 제공에 있어서 지나치게 높은 가격을 부과하는 가격압착 행위를 시장지배적 지위남용 문제로서 다루었던 Telefónica 사건과 Deutsch Telekom 사건에서 유럽위원회는 전자에 대하여 15,100만 유로의 과징금을 부과한 반면, 후자에 대해서는 1,260만 유로의 과징금을 부과하였다.30) 이와 같은 과징금 부과액의 차이는 시장의 규모, 소비자 손해의 크기 외에도 동일한 위반유형의 행위가 반복되고 있는 상황에서 엄격한 제재가 필요하다는 정책적 판단이 반영된 것으로 이해되고 있다.31) 이와 비교하여, 거의 모든 사건에서 획일적으로 '매우 중대한' 위반행위로 정형화 되어 있는 부과기준율에 따르고 있는 공정거래위원회의 태도는 재고될 필요가 있다.

또한 관련매출액 결정 자체도 논란이 될 수 있다. 4대강 살리기 사업 입찰담합 사건에서 나타난 것처럼 공정거래위원회는 공동수급의 경우에도 참여자의 지분에 따라서 계약금액을 분할하지 않고 계약금액 전체를 참여자 각각의 관련매출액으로 정하고 있다. 이에 관하여 공정거래위원회는 "첫째 행정목적을 실현하기 위해서 과징금 부과기준을 위반행위의 대상이

---

30) Commission Decision of 4 July 2007, COMP/38.78 - Wanadoo Espana vs. Telefónica, OJC 83, 2 April 및 Deutsche Telekom AG v. Commission of E. C. (T-271/03, 2008. 4. 10) 참조. 두 사건의 의의에 관한 분석으로 Joanna Goyder & Albertina Albors-Llorens, EC Competition Law, Oxford Univ. Press, 2009, 650-651면.

31) Antitrust: Commission decision against Telefónica - frequently asked questions, MEMO/07/274, Brussels, 4th July 2007. 그리고 이에 관한 설명으로서, Richard Whish, Competition Law, Oxford Univ. Press, 2009, 746면.

된 당해 입찰의 규모를 반영하는 것으로 볼 수 있는 계약금액으로 한다고 하여 부당하다고 볼 수 없으며, 둘째 공동수급의 경우, 담합 행위자가 취득한 이익의 규모가 단독으로 공사계약을 체결하였을 경우보다 현저히 작다는 점을 고려하여야 하지만, 전체 계약금액을 기준으로 관련매출액을 산정한 것 자체가 위법하거나 반드시 과징금의 액수를 공동수급체 내 원고의 지분에 해당하는 비율만큼 감액하여야 하는 것을 의미하는 것은 아니며, 공정거래위원회가 위반행위의 규모 및 영향, 제재의 필요성 등과 아울러 피심인이 이 사건 위반행위로 인하여 취득한 이득의 규모 등을 종합적으로 고려하여 적절한 범위 내에서 과징금의 액수를 산정하는 것이 타당하다"는 점을 근거로 제시하고 있다. 그러나 이러한 논거의 타당성에 의문이 있다. 물론 과징금이 부당이득환수뿐만 아니라 행정제재벌로서의 성격을 갖고 있고, 따라서 과징금 산정이 취득한 부당이득의 크기에 엄격히 구애받는 것은 아니다. 그러나 부당이득의 규모 그리고 이에 관한 대략적인 범위를 정하고 있는 개념으로서 관련매출액은 과징금 산정의 출발점으로 여전히 중요한 의미를 가지며, 용이하게 획정할 수 있는 관련매출액을 피하는 것은 과징금 부과에 있어서도 기본적인 법원칙으로 적용되는 책임주의 원칙에서 벗어날 우려가 있다. 물론 공정거래위원회가 밝힌 것처럼 이러한 요소가 이후의 과징금 부과 과정에서 반영될 수는 있지만, 과징금 산정의 출발점으로서 관련매출액을 정하는 단계에서 고려되는 것과는 실질적인 차이가 존재한다는 점을 염두에 둘 필요가 있다. 또한 입찰담합에 참가한 탈락자, 즉 들러리 입찰자의 관련매출액의 산정에도 의문이 있다. 앞에서 살펴본 것처럼, 현행 과징금고시는 입찰에 참가하지 않았거나 탈락한 자의 관련매출액을 낙찰자 산정기준의 2분의 1 범위 내에서 감액하여 정할 수 있는 것으로 규정하고, 공정거래위원회의 실무는 대체로 2분의 1 기준을 그대로 원용하는 것으로 나타나고 있다.[32] 그러나 이러한 기

---

32) 경인운하사업 제1공구부터 제6공구까지의 건설공사 입찰담합 사건에 대한 공정위 2014. 4. 17. 의결 제2014-76, 77, 78호 참조.

준이 실제 입찰담합에서 참가자들 간에 이득의 분배를 반영하고 있는지는 의문이다. 예를 들어 낙찰자 1인을 중심으로 들러리 입찰자 2인이 입찰담합에 참여한 경우, 과징금고시 규정에 의한 최고 감액 한도를 적용할 경우에 부당이득의 분배가 낙찰자와 들러리 입찰자들 간에 각각 50%로 이루어지는 것을 의미하게 되는데, 이러한 가정이 실제를 반영한 것으로 보기는 어려울 것이다. 앞에서 논의한 것처럼 들러리 입찰자들이 담합을 통하여 추구하는 경제적 이익은 몇 가지 유형으로 나타나며, 낙찰 이후 하청계약의 보장이나 이후의 입찰에서의 우선 순위 부여와 같은 것이 대표적이다. 이와 같이 들러리 입찰자의 경제적 동기를 입찰담합 전후의 상황을 종합적으로 파악하고, 이를 기초로 부당하게 취득할 이득을 예측할 필요가 있으며, 이러한 점에서 현행 고시가 최대로 감액하여도 낙찰자 계약금액의 50%에 이르는 금액을 들러리 입찰자의 관련매출액으로 정하는 방식의 타당성에 의문이 있다.

공정거래위원회의 실무를 보면, 1차, 2차 조정과 최종적으로 부과과징금을 정하는 과정에서 입찰담합 위반자에 대한 실질적인 과징금 감액이 이루어지고 있다. 예를 들어 4대강 살리기 사업의 입찰담합 사건에서, 공정거래위원회는 행위자요소를 고려하는 2차 조정과 관련하여, 컨소시엄의 구성이 공동행위를 직접적으로 목적하지 않았다는 점을 반영하여 담합 참가자들 전부에 대하여 20% 감경을 하고, 단순 가담자에 대해서는 30%의 추가 감경을 하였다. 나아가 최종적인 부과과징금을 산정함에 있어서 공동수급에 따른 부당이득 규모의 감소를 반영하고, 건설산업의 경기 위축 등을 고려하여 입찰담합참여자 전부에 대하여 30%를 감경하였으며, 적자상태에 있었던 사업자에 대하여 30%를 추가적으로 감경하였다. 또한 경인운하사업 입찰담합 사건에서는 2차 조정 과정에서 조사에 협력한 사실에 근거하여 30% 내지 15%의 감경이 있었고, 최종 부과과징금 결정에서 앞에서 살펴본 사건과 마찬가지로 공동수급체를 구성하여 낙찰된 경우에 부당이득 규모의 축소를 고려한 10% 감경,[33) 경기위축에 따른 10% 감경,

그리고 적자 상태에 있었던 사업자에 대한 50% 감경이 이루어졌다. 이와 같은 과징금 감경의 예는 적절한 것으로 보이지만, 추가적으로 정책적 부분에 대한 고려가 충분하지 못하였다는 점을 지적할 수 있을 것이다. 예를 들어 4대강 살리기 사업 등은 정부가 주도한 것으로서 민간부문의 적극적인 협력이 불가피하였던 사업이었고, 이러한 점은 공동행위의 위법성 평가 및 과징금 산정에서 충분히 고려되었어야 할 것이다.[34] 또한 과징금 산정 과정에서 경쟁정책적 고려가 필요하다는 점도 지적할 수 있다. 즉 과징금 부과가 문제된 시장에서 피규제자의 퇴출로 이어질 경우에 이는 경쟁 상황을 오히려 악화시킬 수도 있으며, 이는 규제의 수준이 경쟁정책적으로 바람직한 결과를 지향하여야 한다는 관점에서 과징금 부과액이 결정될 필요가 있음을 의미한다.[35]

III. 독점규제법상 사적 구제 및 형사적 제재

1. 사적 구제로서 손해배상 청구

(1) 손해배상청구의 의의

독점규제법 위반행위에 의한 침해는 사적 분쟁해결 방식으로도 구제될 수 있다. 현행 독점규제법은 미국이나 독일에서처럼 일반적인 행위중지 청구권을 인정하지 않기 때문에, 동법 제56조에 의한 손해배상청구는 사적 구제로서 대표적인 방식이 되고 있다.[36] 독점규제법 제56조 제1항은,

---

33) 공정위 2014. 4. 17. 의결 제2014-76호.

34) 현행 과징금 고시 IV. 3. 다. (4)에서는 정부의 시책이 동인이 되어 위반행위가 이루어진 것으로 인정되는 경우 100분의 20 이내의 감경이 가능한 것으로 규정하고 있다.

35) Richard Whish & David Bailey, Competition Law, Oxford Univ. press, 2012, 519면 참조.

"사업자 또는 사업자단체는 이 법의 규정을 위반함으로써 피해를 입은 자가 있는 경우에는 당해 피해자에 대하여 손해배상의 책임을 진다. 다만 사업자 또는 사업자단체가 고의 또는 과실이 없음을 입증한 경우에는 그러하지 아니하다"고 규정한다. 동 규정은 민법상 불법행위에 기한 손해배상청구의 특별규정으로서의 성격을 갖고 있지만, 주관적 요건의 입증책임이 가해자에게 전환된 것을 제외하면, 일반 불법행위와 다르지 않다. 따라서 동 규정에 의한 손해배상청구에서 주관적 요건에 관한 입증책임 부분을 제외하고, 불법행위에 관한 일반법리가 유효하게 적용될 것이다.

일반적으로 불법행위 성립요건은 가해자의 고의 또는 과실에 의한 행위, 가해자의 책임능력, 가해행위의 위법성, 손해의 발생 그리고 가해행위와 손해 사이의 인과관계이며, 이상의 요건은 독점규제법 제56조에 의한 손해배상청구에서도 동일하게 적용된다. 그렇지만 구체적인 요건의 충족 여부와 관련하여 논의가 필요한 부분이 있다. 우선 손해의 범위를 어떻게 정할 것인지가 명확치 않으며, 이와 관련하여 미국 반독점법에서 전개된 논의는 시사하는 바가 크다. 미국 반독점법상 손해 개념은 판례를 통하여 정립되었으며, Clayton법 제4조 a항의 규정이 중요한 법적 근거로 기능한다. 동항은 배상청구가 가능한 손해를 "반독점법에서 금지하는 행위로 인한"(by reason of anything forbidden in the antitrust laws) 것으로 규정하고 있는데, 이에 의하여 행위의 반독점법 위반이 동 규정에 의한 손해배상청구를 결정한다.[37] 이러한 법리는 "이 법의 규정을 위반함으로써 피해를 입은"과 같이 규정하고 있는 독점규제법 제56조 제1항의 해석에 있어서도 유력한 의미가 있다. 인과관계와 관련하여, 미국 반독점법에서는 행

---

36) 이 외에도 사업자간의 합의가 동법 제19조 제1항 및 제4항에 의하여 무효인지 여부를 구하는 청구가 가능하며, 또한 독점규제법 위반 문제가 다른 사법적 분쟁에서 선결문제로 다루어질 수도 있다. 홍명수, 경제법론Ⅱ, 경인문화사, 2010, 467면 참조.

37) E. Thomas Sullivan & Jeffrey L. Harrison, Understanding Antitrust and Its Economic Implications, LexisNexis, 2003, 51면.

위와 손해 사이의 인과관계를 구체적 원인(material cause) 내지 실질적 원인(substantial cause) 개념에 기초하여 이해하며, 이는 가설적 제거(but for test) 절차를 통하여 나타나는 모든 원인을 인과관계의 범위 안에 위치시키는 것을 피하려는 시도와 관련된다. 특히 반독점법 위반행위 이후 거래 과정이 이어진 경우에 실질적으로 인과관계를 파악하려는 시도는 다음 단계의 거래 주체에 의한 손해배상청구를 제한하는 의미를 가지며, 이는 직접성 심사방식으로 구체화되고 있다.[38) 우리나라에서는 민법상 불법행위에 의한 손해와 관련하여 상당인과관계론이 일반적으로 받아들여지고 있으며,[39) 다른 법리가 제시되지 않는 상황에서 독점규제법상 손해배상청구도 이에 의할 것이다. 이때 상당인과관계를 구체화하는 의미에서 미국 반독점법상 직접성 심사에 관한 논의는 참고할 만하다.

구체적인 배상청구에 있어서 실질적인 중요성을 갖는 것은 손해의 크기를 산정하는 것이다. 민법상 손해배상청구에 있어서 손해의 산정은 차액설의 관점에서 이해하는 것이 지배적이다. 차액설은 가해자의 위반행위로 인하여 야기된 상태와 위반행위가 없었을 경우에 가능한 상태와의 비교를 통하여 손해의 크기를 파악하는 이론이며, 동 법리는 독점규제법상 손해배상청구에도 원용되고 있다.[40)

---

38) 이러한 심사방식을 따른 판결로서, Illinois Brick Co. v. State of Illinois 판결이 (Illinois Brick Co. v. Illinois, 431 U.S. 720(1977)) 대표적이다. 동 사건에서 콘크리트벽돌의 직접적 구매자가 아닌 Illinois 주는 가격담합이 이루어졌던 최초의 콘크리트벽돌의 판매로부터 2단계를 경과한 간접적 구매자이었고, 이에 근거하여 연방대법원은 Illinois 주의 청구적격을 부인하였다. 동 판결에 대하여 간접구매자의 배상청구를 인용함으로써 발생할 수 있는 이중 배상의 위험이 현실적이지 않으며, 또한 손해의 전보라는 측면에서 충분한 것이 아닐 수 있다는 논의를 전개하는 것으로서, Andrew I. Gavil, "Antitrust Remedy Wars Episode I: Illinois Brick From Inside The Supreme Court", St. John's Law Review vol. 79 no. 3, 2005, 581-585면.

39) 곽윤직, 채권각론, 박영사, 1998, 727면.

40) 권오승 등 8인 공저, 독점규제법, 법문사, 2014, 370-373면 참조.

(2) 입찰담합에 있어서 손해배상 청구

독점규제법상 손해배상 법리는 부당한 공동행위의 경우에도 동일하게 적용될 것이다. 즉 공동행위(입찰담합)로 인하여 야기된 손해를 입은 자가 손해배상청구권을 행사하기 위하여 각 요건의 충족 여부가 검토되어야 한다. 실무상 입찰담합에 따른 손해배상청구 사건에서 주된 쟁점은 손해액의 결정이며, 전술한 것처럼 민법상 일반적으로 받아들여지고 있는 차액설의 관점에 의하고 있다. 독점규제법상 다른 위반유형, 예를 들어 시장지배적 지위남용행위와 같은 단독행위로 인한 손해배상청구에서는 피해자에게 발생한 일실이익의 개념을 통하여 손해를 구체화하는데, 이는 차액설에 따른 전형적인 손해 산정 방식이라 할 수 있다. 입찰담합에 있어서 손해의 산정도 동일한 맥락에서 이루어지지만, 특유의 쟁점이 나타나고 있다. 무엇보다 위반행위(담합)가 없었을 경우에 가능한 상태는 담합이 배제된 상태에서의 가격 변화를 통하여 추론할 수 있는데, 이 과정에서 다양한 경제학적 분석 방식이 활용될 수 있다.[41] 즉 입찰담합에서 손해는 담합에 따른 낙찰가격과 가상적으로 판단한 담합배제가격의 차이를 말하며, 이를 판단하기 위하여 채택된 분석 방식의 타당성 여부는 손해 산정 자체의 타당성을 결정하는 중요한 쟁점으로 부각될 것이다.

대법원은 군납유류 담합 사건에서[42] 차액설의 관점을 따르면서 "위법한 입찰담합행위로 인한 손해는 담합행위로 인하여 형성된 낙찰가격과 담합행위가 없었을 경우에 형성되었을 '가상 경쟁가격'의 차액을 말한다"는 기본원칙을 제시하고, 동 원칙에 기초하여 원심에서 가상 경쟁가격의 산정을 위하여 채택하였던 표준시장 비교와 회계분석이 결합된 방식이 법리적 타당성을 결한 것으로 판단하였다. 원심은 문제가 된 사안에서 싱가포르 현물시장 가격을 표준시장 가격으로 상정하였는데, 대법원은 과점체제

---

41) 위의 책, 373-376면 참조.
42) 대법원 2011. 7. 28. 선고 2010다18850 판결.

하에 있는 국내 군납유류시장과 완전경쟁에 가까운 싱가포르 현물시장이 비교 대상이 되기에 적절치 않다는 점과 다양한 가격 형성 요인에 대한 분석이 결여되었다는 점을 지적하였다. 나아가 가상 경쟁가격의 구체적 판단 기준에 관하여 "가상 경쟁가격은 담합행위가 발생한 당해 시장의 다른 가격형성 요인을 그대로 유지한 상태에서 담합행위로 인한 가격상승분만을 제외하는 방식으로 산정하여야 한다. (중략) 담합행위가 종료 후 가격형성에 영향을 미치는 요인들이 현저하게 변동한 때에는, (중략) 그러한 변동 요인이 담합행위 후의 가격형성에 미친 영향을 제외하여 가상 경쟁가격을 산정함으로써 담합행위와 무관한 가격형성 요인으로 인한 가격변동분이 손해의 범위에 포함되지 않도록 하여야 한다"고 판시하였다. 이와 같은 판결 내용이 손해액 산정에 있어서 특정한 경제 모델을 제시한 것은 아니라 하더라도, 내용상 복수의 설명변수를 고려하는 중회귀분석(multiple regression analysis) 방식에 상응하며, 적어도 경제학에서 통용되는 분석 모델의 수용 가능성을 시사한 것으로 볼 수 있을 것이다.[43] 이후 밀가루 담합 사건에 관한 대법원 판결도[44] 이러한 견해를 유지하고 있다. 동 판결은 "계량경제학적 분석방법인 회귀분석을 통하여 담합 후 더미변수와 3개월 전의 원맥도입가 및 실질국내총생산 등을 각각 설명 변수로 하고 밀가루 입고단가를 종속변수로 한 회귀방정식을 추정한 다음, 이를 근거로 계산한 밀가루의 경쟁가격을 전제로 원고의 손해액을 산정"한 것의 적법성을 인정하였는데, 이는 군납유류 담합 사건에 비하여 보다 구체적으로 회귀분석 방식을 수용한 예로서 의미를 갖는다.[45] 이상의 대법원 판결에서 언급한 회귀분석 방식은 벤치마크 할 수 있는 시장을 전제로 담합 여

---

43) 주진열, "카르텔 손해액 추정을 위한 계량경제분석의 규범적 통제", 경제법판례연구 제8권, 2013, 207면 참조.

44) 대법원 2012. 11. 29. 선고 2010다93970 판결.

45) 동 사건에 관한 분석으로, 이선희, "밀가루 담합사건에 있어서 손해배상액의 산정", 경제법판례연구 제8권, 2013, 258면 이하 참조.

부에 따른 시장비교나 전후시기 비교를 통하여 가격 형성 요인을 추론해 내고, 이를 통하여 담합이 이루어지지 않을 경우를 가정한 경쟁가격을 도출해 내는 방식이며,[46] 그 자체로 담합으로 인한 가격변동과 다른 가격 형성요인의 분리를 함의로서 가지고 있다. 밀가루 담합 사건에 대한 대법원 판결이 회귀분석 방식의 타당성을 지적한 것도 이에 근거한 것이라 할 수 있으며, 이러한 태도는 건설사의 입찰담합과 관련된 손해배상청구에서도 유지될 것으로 보인다.[47]

그러나 대법원 판결이 시사하고 있는 것처럼 이러한 분석 방식이 절대적이지 않으며, 차액설에 기초한 손해 산정 법리의 틀 안에서 보다 적절한 분석 방식의 도입의 가능성은 열려 있는 것으로 보아야 할 것이다. 이와 관련하여 건설산업에서 입찰 내지 입찰담합의 기능적 이해가 뒷받침될 필요가 있다. 즉 입찰담합에서 합의된 낙찰가격은 본질적으로 일반적인 상품 가격합의에서처럼 초과이익의 향유가 아닌 낙찰자를 정하는 수단의 의미가 크고,[48] 담합이 배제된 경우에 입찰 참가자 역시 경쟁자의 투찰 수준 예측에 기초하여 행위할 것이다.[49] 또한 공공발주사업의 기술적 조건 등이 공사 별로 상이하고, 이러한 상황이 입찰 참가 사업자 수나 가격 형성에 일정한 영향을 미칠 수밖에 없기 때문에, 담합이 없었던 다른 입찰의 경우에 기초하여 가상 경쟁가격을 상정하는 것에 한계가 있다는 점도 염두에 두어야 한다.

---

46) 류근관·오선아, "담합으로 인한 손해액 산정에 있어서 경제 분석 상의 주요 쟁점", 응용경제 제12권 제2호, 2010, 90면 이하 참조.

47) 예를 들어 서울 지하철 7호선 연장공사 입찰담합 사건에서 서울중앙지법의 1심 판결은 기본적으로 위에서 언급한 대법원의 손해 산정 방식을 따르고 있다. 서울중앙지법 2014. 1. 10. 선고 2011가합26204 판결.

48) Herbert Hovenkamp, Federal Antitrust Policy - The Law of Competition and Its Practice 3. ed., Thomson/West, 2005, 152면 참조.

49) 예를 들어 다른 공사에서 낙찰자가 된 경쟁 사업자는 당해 입찰에서 저가로 입찰에 참여하지 않을 것으로 예상할 수 있다.

2. 형사적 제재

(1) 독점규제법상 형사적 제재의 내용과 절차

독점규제법 제66조 내지 제69조는 법위반행위에 대한 제재로서 형벌을 부과하는 규정을 두고 있다. 독점규제법은 시장경제질서를 유지하는데 핵심적인 법제도로서 기능하며, 따라서 동법 위반자에 대한 형벌의 정당성을 인정할 수 있다. 물론 독점규제법에서 규제하는 모든 위반행위를 형벌의 대상으로 삼는 것, 특히 불공정거래행위와 같이 경쟁제한성의 정도가 크지 않은 행위 유형까지 형사적 제재의 대상에 포함시키는 것에 대해서는 비판의 여지가 있지만,50) 부당한 공동행위는 이러한 문제제기의 대상이 되지는 않는다.

독점규제법상 형사적 제재는 다음의 두 가지 특징적인 성격을 갖고 있다. 우선 제재 대상에 행위자인 사업자뿐만 아니라 법인의 대표자나 사용인 등이 포함되는 양벌규정(70조)을 두고 있으며,51) 또한 절차적 측면에서 소추조건으로서 고발제도를 유지하고 있다. 고발은 제3자가 수사기관에 대하여 범죄사실을 신고하여 범인의 처벌을 희망하는 의사표시에 불과하지만, 법이 고발을 소제기의 요건으로 규정하고 있을 경우에 고발은 소송의 조건이 되며, 독점규제법 제71조 제1항은 이를 규정하고 있다.52)

---

50) 권오승 등 8인 공저, 주 40)의 책, 383면 참조.

51) 법인이 관련된 범죄에서 단지 법인의 구성원인 자연인만을 처벌하는 것으로는 형사정책적 목적을 달성하기 어렵고, 법적 정의에 부합하지 않는다는 점이 양벌규정 도입의 근거로 이해되고 있다. 이천현·이승현, 독점규제법상 형사적 제재에 대한 개선방안 연구, 공정거래위원회, 2006, 11면 참조.

52) 소추조건으로서 고발이 요구되는 경우는 동법 제66조 및 제67조의 죄의 경우에 한한다. 소송조건으로서 공정거래위원회의 고발은 검사의 공소권 행사에 대한 제한을 의미하지만, 한편 공정거래위원회에 전속적으로 부여된 고발권이 남용될 소지도 있다. 이를 통제하기 위하여 독점규제법 제71조는 공정거래위원회의 예외적 고발의무(2항), 검찰총장의 고발 요청권(3항), 감사원장·조달청장·중소기업청장의 고발 요청권(4항), 공소제기 후 고발의 취소 제한(5항)을 규정하고 있다.

(2) 입찰담합에 대한 형사적 제재의 의의

부당한 공동행위에 대한 형사적 제재는 독점규제법 제66조 제1항 제9호에 근거하며, 위반한 자는 3년 이하의 징역 또는 2억원 이하의 벌금에 처해질 수 있다. 전술한 것처럼 동 유형의 죄에 대해서는 동법 제71조에 의하여 공정거래위원회의 고발이 소추조건으로서 요구되며, 입찰담합의 경우도 이러한 규정들의 적용을 받게 된다.

공정거래위원회의 규제 사례를 보면, 앞에서 살펴본 〈표 1〉에서 2010년부터 2014년까지 건설산업에서의 입찰담합으로 규제된 전체 42건의 규제 사례 중 20건의 사례에서[53] 공정거래위원회의 고발 조치가 이루어졌으며, 특히 7건의 경우 양벌규정이 적용되었다. 이처럼 2010년 이후 건설산업 입찰담합 사건에서 고발 조치가 높은 비중을 차지하고 있는 것은, 공정거래위원회가 2010년까지 부당 공동행위로 규제한 전체 사례 중 고발 조치의 비중이 5.6%에 불과하였던 것에[54] 비추어 매우 이례적이다.

그 동안 공정거래위원회가 고발 조치한 사례가 미미한 것에 대한 비판이 있어 왔으며,[55] 이는 실효성 있는 법집행의 관점에서 충분히 참고할 만한 지적이다. 그러나 다른 한편으로 독점규제법 위반행위에 대한 판단

---

53) 인천향촌 아파트건설 2공구 사업(양벌), 전주효자 아파트건설 5공구 사업(양벌), 주공 인천사옥건설 1공구 사업(양벌), 파주운정 아파트건설 8공구 사업(양벌), 대구시 공동주택 건립공사 사업, 광주 총인처리시설 공사 사업, 진위 일반산단 폐수종말처리시설 공사 사업, 연천군 생활폐기물 소각처리시설 공사 사업(양벌), 인천도시철도 2호선 턴키공사 사업, 광주·전남 수질복원센터 시설공사 사업(양벌), 대구도시철도 3호선 턴키공사 사업, 부산지하철 1호선 연장 턴키공사 사업, 인천 운북하수처리 증설 공사 사업, 호남고속철도 제2-3공구 노반신설 기타공사, 호남고속철도 제2-1공구 노반신설 기타공사(양벌), 호남고속철도 제4-2공구 노반신설 기타공사, 호남고속철도 제1-2공구 노반신설 기타공사, 고양삼송 수질복원센터 시설공사, 호남고속철도 차량기지 건설 공사, 서울지하철 9호선 3단계 919공구 건설공사 등 20건이다.
54) 오영중, "담합 근절을 위한 독점규제법 개정 방향", 담합 근절을 위한 독점규제법 개정 심포지엄, 서울지방변호사회, 2012, 34면 참조.
55) 위의 글, 33-35면 참조.

에 시장분석 등 전문적인 심사가 요구될 뿐만 아니라, 광범위한 수사기관의 형사사법권 집행이 기업활동의 위축을 초래할 수도 있다는 점 등이 공정거래위원회의 전속고발권 제도를 유지하는 근거가 되었다는 점에도[56] 주의를 기울일 필요가 있다. 경쟁정책적 측면에서 보면, 형사적 제재의 강화가 경쟁정책의 실현에 있어서 긍정적인 결과를 낳을 수 있다는 지적이 유력하며,[57] 이러한 사고는 공정거래위원회가 특히 입찰담합과 관련하여 고발 조치를 확대하는데 영향을 미친 것으로 보인다. 그러나 독점규제법 위반행위에 대한 형사적 제재의 실효성에 의문이 제기되기도 하며,[58] 결국 균형 있는 사고를 통하여 적정한 수준에서의 형사적 제재의 활용을 모색하여야 할 것이다.

IV. 입찰 관련 법률에 의한 규제

1. 개괄

독점규제법 외에도 국가계약법 제27조 및 지방계약법 제31조 등에 의하여 입찰담합 위반행위자를 포함한 부정당업자에 대한 입찰 참가자격의 제한이 이루어지고 있다. 동 규제는 입찰담합 위반행위자에 대하여 일정 기간 동안 사업활동 범위를 제한하는 내용으로 구성되어 있다. 앞에서 살

---

56) 이천현·이승현, 주 51)의 글, 101-105면 참조.
57) 특히 법인뿐만 아니라 개인에 대한 형사적 제재의 강화가 카르텔의 실질적 억제력을 제고할 것이라는 분석으로, OECD, 주 1)의 글, 19-20면 참조.
58) 이와 관련하여 법리적으로 경쟁제한 행위를 형법상 구성요건화 하는 것이 용이하지 않고, 실효성 측면에서도 행정적 제재에 비하여 형사적 제재가 실효성 제고에 기여한다는 실증이 충분하지 않다는 지적으로서, Fritz Rittner, Meinrad Dreher & Michael Kulka, Wettbewerbs- und Kartellrecht, C. F. Müller, 2014, 673-674면 참조.

퍼본 것처럼 입찰담합에 대하여 독점규제법상 행정적 제재로서 공정거래위원회에 의한 시정조치와 과징금 부과가 가능하며, 나아가 형사적 제재나 사적 구제수단에 의한 제재 등 다양한 제재 수단이 활용될 수 있다. 그럼에도 불구하고 국가계약법이나 지방계약법에 의하여 독점규제법 외에 추가적인 제재가 이루어질 수 있는데, 이와 같이 강화된 규제체계가 정책적으로 타당하며, 규제의 실효성을 기할 수 있는지에 관하여 논의의 필요성이 있다.

또한 「건설산업기본법」 제95조 및 형법 제315조에 의하여 입찰담합 행위는 형사 처벌의 대상이 될 수 있다. 전술한 것처럼 독점규제법 제66조 제1항 제9호에 의하여 입찰담합 행위에 대한 형사처벌이 이루어질 수 있으며, 공정거래위원회는 최근 고발 조치의 확대를 통하여 동 규정에 근거한 형사적 제재를 적극 활용하고 있는 상황이다. 그렇지만 독점규제법 외에도 형법이나 건설산업기본법에 의한 형사적 제재가 가능하며, 이러한 규정들은 형사적 제재에 의한 입찰담합 규제를 종합적 관점에서 검토할 필요성을 낳고 있다.

2. 국가계약법 등에 의한 규제

부정당업자에 대한 입찰참여의 제한 규제는 국가계약법 제27조와 지방계약법 제31조 등에 근거한다. 우선 국가계약법 제27조 제1항은 "각 중앙관서의 장은 경쟁의 공정한 집행이나 계약의 적정한 이행을 해칠 염려가 있거나 그 밖에 입찰에 참가시키는 것이 적합하지 아니하다고 인정되는 자에게는 2년 이내의 범위에서 대통령령으로 정하는 바에 따라 입찰 참가자격을 제한하여야 하며, 그 제한사실을 즉시 다른 중앙관서의 장에게 통보하여야 한다. 이 경우 통보를 받은 다른 중앙관서의 장은 대통령령으로 정하는 바에 따라 해당 부정당업자의 입찰 참가자격을 제한하여야 한다"고 규정하고 있다. 구체적인 제한 사유는 동법 시행령에 위임되어 있는데,

동법 시행령 제76조 제1항은 각호는 부정당업자에 해당하는 구체적 사유를 명시하고 있고, 이 중 제7호는 입찰담합에 관한 것으로서 "경쟁입찰, 계약 체결 또는 이행 과정에서 입찰자 또는 계약상대자 간에 서로 상의하여 미리 입찰가격, 수주 물량 또는 계약의 내용 등을 협정하였거나 특정인의 낙찰 또는 납품대상자 선정을 위하여 담합한 자"를 규정하고 있다. 지방계약법에서도 유사한 규정을 두고 있는데, 동법 제31조 제1항은 부정당업자의 입찰참가자격 제한에 관하여 규정하고, 동법 시행령 제92조 제1항은 구체적으로 부정당업자에 해당하는 사유를 제시하고 있다. 그 중 제7호의 사유가 입찰담합에 관한 것이다.[59]

이상의 국가계약법 등에 의한 부정당업자 입찰참가 제한 처분은 입찰담합을 행한 자에게 일률적으로 부과되는 기속적인 형식으로 규정되어 있다. 국가계약법 등에서의 입찰담합 판단은 실질적으로 독점규제법에 의한 입찰담합 규제에 영향을 받을 것이므로, 공정거래위원회에 의하여 독점규제법상 입찰담합 위반행위를 한 것으로 인정된 사업자는 자동적으로 공공사업의 수주에서 일정 기간 배제될 수밖에 없는 구조가 형성되었다. 조달청에서 행한 규제 예를 보면, 입찰담합에 따른 부정당업자 제재는 최근 급격히 증가하고 있는 추세이며, 특히 공정거래위원회에 의한 입찰담합 판단을 대체로 수용하고 있는 것으로 보인다.[60] 전술한 것처럼 부정당업자

---

59) 이 외에도 「공공기관의 운영에 관한 법률」 제39조 제2항 및 동법 시행규칙인 「공기업·준정부기관 계약사무규칙」 제15조 제1항 그리고 「지방공기업법」 제64조의2 제4항 및 동법 시행령 제57조의4 제1항에 의하여 입찰참가자격의 제한이 이루어질 수 있다.

60) 2009년부터 2013년까지 조달청에 의하여 부정당업자로서 입찰참가 제한이 부과된 건수는 1,435건이며, 이중 입찰담합을 사유로 한 경우는 80건으로 4.9%에 해당한다. 특히 2013년에는 전체 242건 중 입찰담합 사유에 의한 건수는 34건인 14.0%로 급격히 비중이 높아졌다. 2013년 34건의 입찰담합 사유에 의한 부정당업자 제재 처분을 보면, 공공발주사업에서 입찰담합에 따른 처분이 17건이며, 이는 모두 공정거래위원회의 처분에 따른 것이다. 조달청, 2013 조달연보, 2014, 257면 참조. 입찰담합을 포함한 부정당업자 제재 사유별 실태에 관하여, 김경만,

에 대한 입찰참가 제한은 정책적으로 공공사업에 관한 계약과정의 공정성과 계약이행의 성실성을 보장하기 위한 목적에서 이루어진 것이며, 이러한 관점에서 입찰담합을 행한 자에 대한 입찰참가 자격 제한 자체가 문제가 될 것은 아니다.[61] 그러나 제도 운영의 타당성과 실효성에 관하여 다양한 측면에서 논의가 이루어질 필요가 있다.

우선 법형식적 측면에서 기속적으로 규정되어 있는 규정 태도에 대해서 의문이 있으며,[62] 입찰참가 제한 사업자에게 충분한 절차적 보장이 주어지고 있지 않다는 점도 문제가 될 수 있다.[63] 또한 구체적인 운영에 있어서 획일성 문제도 드러난다. 구체적인 입찰담합 사건에서 참가사업자들 간에는 위반의 정도나 내용에는 상당한 차이가 존재하며, 특히 주도적 역

부정당업자제재 제도의 개선방안에 대한 연구, 고려대 행정대학원 석사학위논문, 2012, 54-56면 참조.

61) 김태완, "지방계약법상 부정당업자입찰참가자격제한 제도의 개선방안에 관한 연구-실무운용과정에서의 제도적 미비를 보완하기 위한 입법론적 방안을 중심으로", 지방계약연구 제2호, 2010, 2-4면 참조. 또한 사경제 주체로서 나선 국가는 부정한 사업자와의 계약을 하지 않을 자유를 향유하며, 이와 같은 사법적 원리의 적용도 부정당업자 계약 배제 근거의 하나가 될 수 있다는 것으로서, 박정훈, "부정당업자의 입찰참가자격제한의 법적 제문제", 서울대학교 법학 제46권 제1호, 2005, 283면.

62) 비교법적인 예를 보면, EU의 공적계약지침(Directive 2004/18/EC on the coordination of procedures for the award of public works contracts, public supply contracts and public service contracts) 제45조 제2항의 경우 과거 전문적 행위(professional conduct, 자신의 영업적 활동과 무관한 위법행위는 배제되는 의미)와 관련한 위법행위에 의하여 기판력 있는 판단을 받은 경우(c호) 또는 발주처에 의하여 위법행위가 확인된 경우에(d호) 계약에서 배제될 수 있는데, 이는 규제기관의 재량에 따르는 형식(may be excluded)을 취하고 있다. 동 규정에 관하여, Peter Trepete, Public Procurement In The EU, Oxford Univ. Press, 2007, 344-346면 참조.

63) 미국의 연방조달규칙(Federal Acquisition Regulation)은 공적 계약에서의 배제 조치(debarment)를 취할 경우 적법절차적 원칙에 따라서 해당 사업자에게 충분한 소명의 기회를 부여하고 있다. Federal Acquisition Regulation Subpart 9.406-3 참조.

할을 수행한 사업자와 단순 가담 사업자 또는 낙찰자와 들러리 입찰자 사이에는 위법성 평가에 있어서 의미 있는 구분이 가능할 것이다. 이러한 차이가 반영되지 않고, 획일적으로 위반사업자 모두에게 동일한 기간의 자격제한을 부과하는 방식은[64] 정당한 제도 운영으로 보기 어려우며, 제도의 실효성에도 부정적인 영향을 미칠 수 있다.

또한 책임주의적 관점에서도 논의의 여지가 있다. 입찰담합 위반자에 대하여 공정거래위원회는 경쟁제한적 효과를 해소하기 위한 목적의 시정조치를 부과하며, 여기에 국가계약법 등에 의하여 입찰참여 제한 조치가 추가된다. 물론 이와 같은 제도 운영은 엄격한 법집행 측면에서 의의가 있지만, 책임주의적 관점에서 위반사업자의 책임 범위를 넘는 과도한 것인지의 문제가 발생할 수 있다는 점에도 주의를 기울일 필요가 있다. 앞에서 살펴본 것처럼 공정거래위원회의 입찰담합 위반사업자에 대한 시정조치는 대부분 향후 입찰담합 행위를 금지하고, 나아가 정보 교환과 같은 담합 관련 행위를 금지하거나 지속적인 보고나 자율적인 감독기능을 갖출 것 등이 조치 내용에 포함되는 경우도 많으며, 이러한 내용의 시정조치에 위반하였을 경우 추가적인 제재가 뒤따른다.[65] 따라서 국가계약법 등에 의한 입찰참가 배제 조치는 공정거래위원회의 제재 이상으로 가중된 규제를 의미하게 된다. 물론 국가계약법 등과 독점규제법은 규범 목적의 차이가 있으므로, 동일한 위반 행위에 대한 제재가 각 법률에 의거하여 별도로 부과되는 것 자체가 타당성을 결하는 것으로 볼 수는 없다. 그러나 국가계약법 등이 공공사업에 있어서 계약의 공정화를 추구하는 목적은 기본적으로 시장에서의 자유롭고 공정한 경쟁을 보호하려는 독점규제법의 목적과 유사

---

64) 예를 들어 4대강 살리기 사업 입찰담합에 대해서는 1.5년, 인천지하철 2호선 공사 입찰담합에 대해서는 2년이 입찰참가 자격제한 기간으로 해당 사업자 모두에게 동일하게 부과되었다.

65) 독점규제법 제67조 제6호는 시정조치에 응하지 않은 자에 대하여 2년 이하의 징역 또는 1억 5천만원 이하의 벌금에 처한다는 규정을 두고 있다.

한 것이다. 이러한 점에서 건설산업에서의 입찰담합에 대한 현행 규제를 종합적으로 볼 때, 이중 규제적 측면이 있음을 부인하기 어렵다. 이와 관련하여 국가계약법 시행령 제76조 제1항 제3호가 "「독점규제 및 공정거래에 관한 법률」 또는 「하도급거래 공정화에 관한 법률」의 규정에 위반하여 공정거래위원회로부터 입찰참가자격제한 요청이 있는 자"를 부정당업자의 해당 사유로 규정하고 있는 것에 주목할 필요가 있다. 동 규정은 입찰담합 외에 독점규제법 및 하도급법 위반행위자에 대하여 공정거래위원회의 요청을 요건으로 부정당업자로 인정하는 내용으로 되어 있다. 이와 같이 입찰담합에 대한 규제가 독점규제법뿐만 아니라 국가계약법 등에 의하여 중복적으로 이루어지고 있는 상황에서, 전문적인 경쟁당국으로 하여금 종합적인 시각에서 이를 검토할 수 있는 기회를 갖게 하는 것은 규제 타당성과 실효성 제고의 관점에서 충분히 고려할 만한 것이다.

나아가 건설산업 내지 국민경제 전체의 관점에서 입찰참가 자격제한제도의 의의를 살펴볼 필요도 있다. 특히 대형 공사를 수행할 수 있는 건설사업자가 한정되어 있는 국내 건설산업의 현황을 고려할 때, 사전적으로 진입제한적 성격을 갖는 입찰참가 자격제한제도의 신중한 운영이 요구된다.[66] 즉 경쟁력 있는 사업자의 사전적인 진입제한은 국내 건설시장에서의 경쟁에 오히려 부정적인 영향을 미칠 수 있으며,[67] 경쟁의 보호를 내용으로 하는 독점규제법뿐만 아니라 공공사업 계약의 공정화를 추구하는 국가계약법 등의 입법 목적에 배치되는 결과를 낳을 수 있다. 앞에서 언급한 것처럼 입찰담합의 위반 정도를 실질적으로 고려하여 차등화 된 방식으로 입찰참가 자격제한 기간을 부과하는 것을 고려할 수 있으며, 벌점제 방식을 도입하여 1회의 입찰담합 위반이 곧바로 시장 배제로 이어지는 현

---

66) 김태완, 주 61)의 글, 17-18면 참조.
67) 과징금 부과와 관련하여 이러한 조치가 경쟁 상황을 악화시킬 수 있다는 점도 고려되어야 한다는 지적으로, Richard Whish & David Bailey, 주 35)의 책, 519면 참조.

재의 방식을 수정할 필요도 있다. 특히 후자는 공공사업 수주를 주된 사업 영역으로 하는 사업자를 입찰 공정화로 유인할 수 있는 실효성 있는 제재 수단이 될 수 있다는 점에서 유력한 의미가 있다.

3. 형법 등에 의한 규제

형법상 입찰의 공정성을 해하는 행위는 입찰방해죄를 구성한다. 형법 제315조는 "위계 또는 위력 기타 방법으로 경매 또는 입찰의 공정을 해한 자는 2년 이하의 징역 또는 700만원 이하의 벌금에 처한다"고 규정하고 있다. 또한 특별 형법으로서 「건설산업기본법」 제95조는 건설공사의 입찰 에서, 부당한 이익을 취득하거나 공정한 가격 결정을 방해할 목적으로 입 찰자가 서로 공모하여 미리 조작한 가격으로 입찰한 자(1호), 다른 건설업 자의 견적을 제출한 자(2호), 위계 또는 위력, 그 밖의 방법으로 다른 건설 업자의 입찰행위를 방해한 자(3호)에 대하여 5년 이하의 징역 또는 5천만 원 이하의 벌금에 처하는 규정을 두고 있다.

이와 같은 형법 그리고 건설산업기본법의 규정은 입찰의 공정성이 법공 동체가 보호하여야 하는 중요한 법익에 해당한다는 인식에 기초하며,[68] 앞에서 살펴본 것처럼 부당 공동행위(입찰담합)에 대하여 형사적 제재를 부과하고 있는 독점규제법도 이러한 인식을 공유한다. 그러나 형법상 입 찰담합죄와 독점규제법상 부당 공동행위에 관한 죄 사이에는 주목할 만한 구성요건상의 차이가 존재한다. 행위 측면에서 보면, 형법상 입찰방해죄는 입찰담합 행위만이 구성요건으로 되는 것은 아니고, 위계나 위력에 의한 것과 같은 다른 유형의 입찰 방해행위도 이에 포섭된다. 반면 독점규제법 상 형벌 부과 대상인 입찰담합은 동법 제19조 제1항 제8호의 입찰담합에

---

68) 이에 관하여 이재상, 형법각론, 박영사, 2000, 207-208면 참조. 유사한 구성요건으 로 되어 있는 건설산업기본법상 규정에 대해서도 동일한 이해가 가능할 것이다.

관한 합의만으로 성립하며, 경쟁정책적 평가를 통하여 규제 여부가 확정된다. 이와 같이 구성요건적으로 포섭되는 행위의 차이는 양 죄의 성격이 본질적으로 다르다는 점에 기인하는데, 형법상 입찰방해죄가 기본적으로 개인적 법익을 보호하기 위한 죄라면, 독점규제법상 부당 공동행위의 죄는 경쟁질서와 같은 개인적 차원을 넘어서는 법익 보호를 목적으로 한다.[69] 이러한 불법의 본질에 있어서 차이는 구체적인 행위 평가에서도 의미를 갖는다. 예를 들어 담합행위의 목적이 적정한 가격을 유지하면서 무모한 출혈경쟁을 방지함에 있고 낙찰가격도 공정한 가격의 범위 내인 경우에는 담합행위자 사이에 금품의 수수가 있다 하더라도 경매나 입찰의 공정을 해하였다고 볼 수 없으므로 형법상 입찰방해죄가 성립하지 않는 것으로 보는 견해가 유력하다.[70] 그러나 이 경우에도 독점규제법의 관점에서는 경쟁을 제한하는 행위로 평가가 가능하다는 점에서 형벌의 대상이 될 수 있다. 양 죄의 구성요건이 상이함에 따라서 하나의 행위가 양 죄에 모두 해당할 수 있으며, 이때 상상적 경합의 법리에 따라서 형량이 정하여질 것이다. 그러나 경쟁정책과 형사정책을 포함하여 법정책적인 관점에서 형사적 제재가 독점규제법과 형법에 의하여 경합적으로 가능한 구조가 타당한지는 의문이다. 비교법적으로 이와 같은 예를 찾기는 어렵다. 미국의 경우 Sherman법 제1조가 입찰담합을 포함한 카르텔에 대한 형사처벌의 근거가 되고 있으며, 이 외에 연방법 차원에서 형사적 제재의 근거 조항은 존재하지 않는다. 독일은 입찰담합을 규제하는 경쟁제한방지법(Gesetz gegen Wettbewerbsbeschrängkungen)에서 형사적 제재를 하고 있지 않으며, 형

69) 이상돈, 공정거래형법, 법문사, 2010, 68-69면 참조.
70) 이재상, 주 68)의 책, 209면. 이러한 취지의 판결로서 대법원 1971. 4. 20. 선고, 70도2241 판결, 대법원 1982. 11. 9. 선고, 81도537 판결 참조. 한편 일본 형법 제96조의3 제2항은 "공정한 가격을 해하거나 또는 부정한 이익을 얻을 목적으로 담합한 자"에 대하여 2년 이하의 징역 또는 250만엔 이하의 벌금에 처한다고 규정함으로써, 구성요건상 공정가격의 침해나 부정한 이익 취득을 담합의 목적으로 요구하고 있다.

법 제298조의 경쟁제한적 입찰담합죄(Wettbewerbsbeschrängkungende Absparchen bei Ausschreibungen)로 처벌될 수 있을 뿐이다.[71]

한편 입찰담합의 형사 제재가 여러 법률에 근거하고 있는 체계는 법집행의 차원에서도 의미가 있으며, 특히 독점규제법상 공정거래위원회의 전속고발제도 운영에 있어서 이러한 규제 체계에 대한 고려가 요구된다. 전술한 것처럼 전속고발제도의 입법취지는 법위반행위의 경제적 효과에 대한 분석에 있어서 규제기관의 전문성이 필요하다는 점에 근거한 것이지만, 다른 한편으로 이러한 이해는 동 제도의 운영에 있어서 공정거래위원회의 신중한 접근이 필요함을 시사하는 것이기도 하다.[72] 상이한 성격의 권력기관이 특정한 행위에 대한 형사 제재 절차에 관여하도록 하는 제도적 설계는 그 자체로 단일 기관에 의한 집행으로부터 야기될 수 있는 권력적 개입의 부정적 효과를 억제하려는 의미를 갖는다. 이러한 맥락에서 공정거래위원회가 입찰담합 행위에 대한 형사적 제재로서 고발 권한을 행사할 경우에 공정거래위원회의 당연한 직무로서 요구되는 불법의 정도에 대한 평가뿐만 아니라 법질서 전체의 관점에서 당해 행위에 대한 처벌이 어떻게 이루어지고 독점규제법에 의한 형벌의 부과가 필요한지의 등에 대한 고려가 이루어져야 한다.[73] 즉 문제가 된 입찰담합에 대하여 형법 또는 건설산업기본법 등에 의한 규제가 가능한 경우에, 독점규제법에 의한 형사적 제재는 이러한 제도적 상황에 대한 고려 하에서 신중하게 접근할 필요가 있다.

---

71) 동 규정은 자유로운 경쟁을 보호법익으로 하며, 이러한 점에서 우리나라 형법상 입찰방해죄와 차이가 있다. Adolf Schönke & Horst Schröder, Strafgesetzbuch Kommentar, C. H. Beck, 2006, 2486면 참조.
72) 이천현·이승현, 주 51)의 글, 103-105면 참조.
73) 이상돈, 주 69)의 책, 40-42면에서 주장하는 '공정거래형법의 최소화'는 입법론뿐만 아니라 법집행 측면에서도 주목할 만한 것이다.

V. 규제의 종합적 고려

1. 규제의 타당성 검토

건설시장의 입찰담합 위반행위에 대한 규제는 원칙적으로 부당 공동행위에 대한 규제 근거법인 독점규제법에 의한다. 그러나 이에 한정되는 것은 아니며, 입찰의 공정화를 도모하거나, 경쟁 메커니즘으로부터 기대할 수 있었던 정당한 이익이 침해되는 것을 방지하는 등의 다양한 목적의 법률에 근거하여 규제가 이루어진다. 따라서 독점규제법상 규제의 타당성 검토는 당연한 요구이지만, 다양한 법률에 산재되어 있는 제재를 이해하고, 각 법률에 의한 규제의 규범 목적상 차이와 비례 원칙에 따른 책임 문제를 종합적으로 고려하는 것 또한 중요하다. 독점규제법의 관점에서 입찰의 문제를 다룰 경우에도, 입찰에 관하여 우리 법질서가 요구하는 다양한 이익의 형량과 전체 법질서의 유기적 관련성이 충분히 고려되어야 한다.74) 나아가 이러한 관점은 독점규제법 외의 법률에 근거하여 이루어지고 있는 입찰담합 규제에 대한 분석에도 필요한 것이다. 즉 그 자체로는 좋은 규제(good regulation)라 하여도,75) 종합적인 관점에서 문제가 드러날 수 있다.

전술한 것처럼 독점규제법상 입찰담합에 대한 행정적 제재는 시정조치와 과징금의 부과에 의한다. 우선 시정조치와 관련하여 독점규제법상 입

---

74) 郷原信朗, 獨占禁止法の日本的構造, 淸文社, 2004, 130-131면 참조.

75) Baldwin이 좋은 규제(good regulation)의 요건으로서 제시한 5가지 기준은 참고할 만하다. 이에 의하면, 구체적으로 1) 규제가 법적 권한의 범위 안에서 행해질 것, 2) 규제기관이 규제에 따른 책임을 부담할 것, 3) 규제가 적법절차(fair, accessible and open)에 따라 이루어질 것, 4) 규제기관이 충분한 전문성(sufficient expertise)을 갖고 있을 것, 그리고 5) 규제가 효율적으로 이루어질 것 등이 좋은 규제의 판단기준에 해당한다. Robert Baldwin, Martin Cave & Martin Lodge, Understanding Regulation, Oxford Univ. Press, 2012, 27-31면 참조.

찰담합에 대한 규제는 담합에 의하여 낙찰이 행해지고 이에 따른 계약이 종료된 이후에 이루어지는 것이 일반적이기 때문에, 당해 행위의 중지 보다는 장래 유사한 행위의 금지를 내용으로 하는 예방적 성격의 조치가 주를 이룬다. 따라서 국가계약법 등에 의하여 부과되는 부정당업자에 대한 제재는 공정거래위원회에 의하여 부과되는 시정조치와 종합하여 살펴볼 필요가 있다. 입찰담합을 행한 사업자는 이미 공정거래위원회에 의하여 향후 담합행위 금지명령을 부과 받은 상태에서, 추가적으로 국가계약법 등에 의하여 일정 기간 동안 입찰참가 자체가 허용되지 않는 입찰참가 자격제한의 조치를 부과 받게 된다. 이러한 조치는 본질적으로 인위적 진입제한에 해당하며, 과도한 제재는 당해 시장에서 경쟁의 활성화를 추구하는 정책 목적에 부합하지 않을 수 있다. 특히 최초에 입찰담합 행위자에 대하여 시정조치를 부과하는 공정거래위원회에서 이와 같은 자동적인 진입제한 조치가 거의 고려되지 않는다는 점도 염두에 두어야 한다. 즉 공정거래위원회에서 시정조치 부과 시 책임원칙에 대한 고려는 자신이 부과하는 시정조치의 한도에서 이루어질 뿐이며, 그 이상의 제재는 고려 대상의 범위에 있지 않다. 이는 결국 입찰담합 행위자에 대한 행정적 제재의 책임주의 한계를 정하는 제도적 장치의 미비를 의미하는 것이다.

공정거래위원회에 의한 과징금 부과는 독점규제법 시행령 [별표 2] '과징금 부과기준'과 공정거래위원회가 제정한 '과징금고시'에 의하는데, 입찰담합에 대해서는 매우 엄격한 기준이 적용되고 있으며, 앞에서 논의한 것처럼 감액 사유에 대한 고려는 적극적으로 이루어지지 않는 경향을 보이고 있다. 과징금 부과와 관련하여 독점규제법 제56조에 근거한 손해배상청구를 통한 사적 구제가 가능하며, 이는 입찰담합 사업자에 대한 금전적 제재로서의 실질을 아울러 갖고 있다. 즉 입찰담합으로 얻게 된 이득은 손해배상에 의하여 피해자에게 환원하게 되며, 그리고 이 한도에서 부당이득 환수로서의 성격을 갖고 있는 과징금의 부과와의 중복이 발생한다. 물론 공법상 의무이행의 확보 수단으로서의 성격을 갖는 전자와 손해의 공평한 분담의 법리에 기초한 후자 간에 규범 목적상의 차이는 분명하며, 따라서 상호 간에 법리적으로 청구의 방해가 일어나지 않는다. 그러나 책임주의 원칙상 양자의 중복적인 적용 문제는 여전히 중요하다. 특히 부당이득 환수의 의미가 내포되어 있는 과징금 부과에 있어서 동일한 위반행위로 인한 손해배상액의 지급은 위반행위자가 취득한 부당이득이 그 한도에서 축소되는 것을 의미하며, 과징금 산정에서 이에 대한 고려가 현실적으로 가능하지 않다 하더라도, 사후 해당하는 액수를 환원하는 것과 같은 제도 도입은 법리적 타당성이 충분한 것으로 보인다.[76]

이와 같은 종합적 관점은 형사적 제재에 있어서도 의미가 있다. 독점규제법과 형법에 의한 형벌 규정의 경합적 적용이 법리적으로 가능하다 하더라도, 구체적인 제도 운영에 있어서 특히 공정거래위원회의 고발 권한 행사는 양자에 대한 종합적인 이해에 기초하여 이루어질 필요가 있다.

2. 규제의 실효성 검토

규제의 실효성은 구체적인 제재가 피규제자의 적법 행위를 유인하는데 긍정적인 영향을 미치는지의 측면에서 다루어질 문제이다. 이러한 관점에서 개별 기업의 행위 분석뿐만 아니라, 행위자가 속한 시장이나 산업 환경, 경쟁 조건의 변화, 국민 경제적 상황 등이 종합적으로 검토되어야 할 것이다.

---

76) 독일 경쟁제한방지법(GWB) 제34조 제1항은 독점규제법상 과징금에 상응하는 법 위반 사업자에 대한 부당이득 환수(Vorteilsabschöpfung)에 관하여 규정하고, 제2항은 손해배상, 벌금의 부과, 몰수, 환급(Rückerstattung) 조치 등이 취해진 경우에 부당이득 환수 규정은 적용되지 않는다고 규정한다. 동 규정은 손해배상 등이 이루어지면 그 범위에서 부당이득이 축소된다는 점에 근거한 것으로서, 부당이득 환수적 성격을 갖고 있는 독점규제법상 과징금 제도의 운영에 있어서 참고할 수 있을 것이다. Fritz Rittner, Meinrad Dreher & Michael Kulka, 주 58)의 책, 642면 참조.

앞에서 살펴본 것처럼 건설산업에서 입찰담합 사업자에 대한 제재는, 금전적 제재로서 공정거래위원회의 과징금 부과와 사적 구제로서 손해배상청구가의 인용이 있으며, 행정적 제재로서 향후 입찰담합 행위의 중지를 주 내용으로 하는 시정명령과 국가계약법 등에 의한 부정당업자로서 입찰참가 자격 제한조치가 있다. 또한 형법과 건설산업기본법 그리고 독점규제법에 의하여 입찰담합 행위자에 대한 형사적 제재도 가능하다. 위반행위자의 입장에서 이상의 제재는 종합적으로 인식되며, 규범 목적의 차이에 따라 분리되지 않는다. 따라서 제재의 실효성 판단 역시 제재가 이루어지는 전체 법질서의 맥락에서 종합적으로 이루어질 필요가 있다. 이러한 관점에서 건설산업에서 입찰담합 위반자에 대하여 유사한 규제가 중복적으로 이루어지고 있는 상황은 과잉 규제의 문제가 제기될 여지를 낳고 있다. 일반적으로 피규제자는 규제를 비용적 관점에서 고려하며, 위반행위로 인하여 얻게 될 이득과의 형량을 통하여 행위결정을 하게 된다. 이때 규제가 이루어질 확률과 강도는 비용과 비례적 관계에 있는 요소로서 기능한다. 따라서 제재의 강도를 높일 경우에 위반행위의 비용 상승효과를 낳고, 위반행위 억제에 기여할 것으로 예상할 수 있다. 그러나 위반행위로 인한 비용이 이미 한계치에 있는 경우에, 추가적인 제재의 강화는 행위자에게 더 이상 적법행위의 유인으로 기능하지 않는다.[77] 따라서 이로 인한 제재의 실효성 제고 효과를 기대하기 어려울 것이며, 오히려 집행비용의 부담 증가나 피규제자의 법준수 의지의 약화와 같은 부정적 효과가 나타날 수도 있다.[78]

또한 건설산업 입찰담합 위반자에 대한 구체적인 제재 근거가 여러 법

---

[77] 이러한 결론은 처벌수준과 확률로 구성된 처벌기대수준이 행위자에 미치는 영향에 대한 경제학적 분석에 따른 것으로서, Robert Cooter & Thomas Ulen, Law and Economics, Pearson, 2007, 494-497면 참조.

[78] 2012. 1. 12.에 행해졌던 부정당업자에 대한 특별사면 조치는 제도 운영의 문제점을 반증하는 것이라 할 수 있다. '건설업체 등에 대한 제재조치의 해제범위', 기획재정부 공고 제2012-22호 참조.

률에 산재되어 있는 규제 체계도 규제의 실효성에 영향을 미칠 수 있다. 물론 건설산업에서 입찰담합 문제는 경쟁정책적 관점에서만 접근할 수 있는 문제는 아니며, 지나친 경쟁에 따른 공적시설의 부실공사의 방지나 공공사업에 있어서 계약의 공정화 및 투명화와 같은 다른 공익적 관점에서의 개입도 여전히 중요한 의미를 갖는다. 따라서 입찰담합에 대하여 다양한 법률에서 규제 근거를 마련하고 있는 것이 그 자체로 문제가 되지는 않는다. 그러나 이로 인하여 규제기관이나 제재절차가 분산됨으로써 위반행위자에게 불필요한 혼선을 낳을 수 있다는 점에 대해서는 주의를 기울일 필요가 있다.79) 다양한 성격의 제재가 혼재되어 있는 상황에서, 분산되어 있는 규제기관 간에 통일적으로 규제절차를 수행하거나 이견을 조정할 수 있는 제도적 장치의 미비는 과잉 제재 문제 등에 대한 효과적인 대응을 어렵게 할 것이다.

VI. 결론

입찰담합은 경성적 공동행위에 해당하는 것으로서 이에 대한 엄격한 규제가 요구되고 있다. 공정거래위원회는 이러한 요구에 상응하여 입찰담합 규제를 강화하고 있다. 이러한 경향에 대하여 경쟁정책적으로 긍정적인 평가가 가능하지만, 건설산업 특히 공공발주사업에서 나타나는 입찰담합에 대하여 다양한 법률에 의하여 규제가 이루어지고 있기 때문에, 이를 종합하여 규제의 타당성과 실효성을 논의할 필요가 있다.

이러한 관점에서 볼 때, 국가계약법 등에 의하여 행해지고 있는 부정당업자에 대한 입찰참가 제한은 공정거래위원회에 의하여 이미 입찰담합으로 규제된 사업자에 대해서 상당한 기간 동안 입찰참가 자격제한이 재량

---

79) 이는 규제비용의 상승으로 이어질 것이다.

의 여지없이 부과되고 있다는 점에서 문제가 될 수 있다. 더욱이 이에 대한 피규제자의 항변이나 형량의 과정이 제도화되지 않고 있다는 점에서 절차적 적법성에 의문이 제기될 수밖에 없다. 입찰담합은 독점규제법상 행위의 존부나 위법성 판단이 매우 어렵고, 이에 대한 제재도 책임원칙의 범위 안에서 실효성을 기하기 위하여 심도 있는 고려가 행해져야 하는 위반 유형이다. 따라서 이에 대한 규제는 규제기관인 경쟁당국의 전문성에 기초하여 이루어질 필요가 있다. 이러한 관점에서 보면, 부정당업자의 지정과 입찰참가 자격제한에 전문적인 경쟁규제기관으로서 공정거래위원회가 개입할 여지가 전혀 없다는 것은 동 제도의 타당성에 의문을 낳으며, 이는 부정당업자에 대한 입찰참가 자격제한을 기본적으로 좋은 규제로서 평가하는데 한계로 작용할 것이다.

입찰담합 규제에 관한 근거가 여러 법률에 분산되어 있는 상황에서 규제의 분산에 따른 폐해에 대해서도 주목을 요한다. 이러한 상황은 규제기관 간의 충돌이나 절차의 혼선을 낳을 수도 있지만, 무엇보다 규제의 정당성이나 실효성에 대한 평가에 어려움을 줄 수 있으며, 충분한 조정이 이루어지지 않을 경우에 예상치 못한 규제 비용의 증가를 가져올 수 있다.[80] 따라서 입찰담합에 관한 주된 규제기관이라 할 수 있는 공정거래위원회가 분산되어 있는 규제를 종합적으로 인식하고, 규제 간의 충돌을 조정할 수 있는 제도적 장치를 마련할 필요가 있다.

또한 구체적인 제도 운영에 있어서도 전체 규제를 종합하는 시각이 요구된다. 예를 들어 금전적 제재로서의 성격을 공유하는 과징금의 부과와 손해배상청구의 인용은 별개의 법리에 따라서 행정절차와 사법절차로 분리되어 진행되지만, 이를 상호 무관하게 이해할 것은 아니다. 공정거래위원회에서의 과징금 부과 시 사전적으로(손해배상 청구가 인용되었거나 인용 가능성이 있는 경우 이를 사전에 과징금 산정에 반영하는 것) 또는 사

---

80) Robert Baldwin, Martin Cave & Martin Lodge, 주 75)의 책, 37면 참조.

후적으로(과징금 부과처분 이후 손해배상청구가 인용된 경우에 해당하는 금액을 환급하는 것) 다른 유형의 금전적 제재에 대한 고려를 행하는 것은, 규제의 정당성뿐만 아니라 피규제자의 수인도를 높임으로써 전반적인 실효성 제고에 기여할 수 있다. 이러한 관점은 형사적 제재에 있어서도 필요하다. 독점규제법상 입찰담합에 대한 형사 제재의 절차적 요건으로서 공정거래위원회가 고발권한을 행사할 경우에, 당해 행위의 위법성뿐만 아니라 여러 법률에 의하여 입찰담합에 대한 형사 처벌이 가능하다는 점에 대한 인식이 고발 권한 행사에 반영되어야 할 것이다.

16. 불공정거래행위 규제의 의의와
개선 논의의 기초

I. 서론

법위반행위로서 단독행위 규제를 시장지배적 지위남용행위와 불공정거래행위로 구분하는 것은 독점규제법 규제의 중요한 특징 중의 하나이다. 이와 같은 이원화된 규제가 비교경쟁법상 드문 것은 아니지만, 나아가 위법성의 본질을 다양한 관점에서 파악하고 이를 하나의 범주로 묶어 불공정거래행위로 규제하는 방식은 일본을 제외한 다른 나라의 경쟁법에서 쉽게 찾아볼 수 없는 독점규제법의 고유한 특징을 이룬다.

이와 관련하여 독점규제법상 이원화된 단독행위 규제체계 그리고 위법성의 본질을 다원적으로 구성하는 불공정거래행위의 규제 방식이 경쟁정책의 실현에 있어서 바람직하지 않을 수 있다는 사고가 가능하며, 이는 불공정거래행위의 규제 개선 논의로 이어지고 있다.[1] 그렇지만 일정한 규제체계와 내용상의 특징이 그 자체로 경쟁정책의 한계로 받아들여질 것은 아니며, 이러한 특징으로 대표되는 불공정거래행위 규제가 경쟁정책적으로 수용 가능한지는 구체적으로 검토되어야 할 문제이다. 그리고 이를 위

---

1) 이호영, "공정거래법상 단독행위 규제체계의 현황 및 개선방향", 경쟁저널 제169호, 2013, 3-4면 참조.

하여 제도에 대한 이해, 즉 규제의 도입과 법리의 형성과정 나아가 유사한 문제에 대응하는 주요 국가 경쟁법의 운영 상황에 관한 종합적인 이해가 필요할 것이다.

이러한 관점에서 불공정거래행위 규제 개선에 관한 논의는 독점규제법상 불공정거래행위 규제의 중요한 특징으로 부각되는 두 가지 측면, 즉 단독행위 규제로서의 규제 체계적 측면과 거래의 불공정성까지 포함하여 위법성을 판단하는 규제 내용적 측면에서 모두 이루어질 필요가 있다. 이하에서의 논의는 우선 독점규제법상 불공정거래행위 규제의 도입과 규제 법리의 형성 과정을 연혁적으로 살펴볼 것이다(Ⅱ). 이어서 단독행위에 대한 규제가 시장지배적 지위남용행위와 불공정거래행위로 이원화된 규제체계와 이에 기초한 불공정거래행위 규제의 의의를 검토할 것이다(Ⅲ). 또한 위법성 판단이 경쟁제한성뿐만 아니라 거래불공정성까지 포함하여 이중적으로 이루어지고 있는 규제 상황을 분석하고 그 의의를 검토할 것이며, 논의 과정에서 유사한 규제를 행하고 있는 나라의 비교법적 검토도 아울러 수행할 것이다(Ⅳ). 이상의 논의를 종합하여 결론으로서 불공정거래행위 규제 개선에 관한 논의의 기초를 확인하고, 이로부터 개선 논의의 방향을 제시하고자 한다(Ⅴ).

Ⅱ. 불공정거래행위 규제의 형성과 전개과정

1. 불공정거래행위 규제의 연혁

(1) 일본 독점금지법상 불공정한 거래방법 규제의 형성

독점규제법 제정 시에 도입된 불공정거래행위 규제는 미국의 FTC법 제5조 그리고 이를 계수한 일본 「私的獨占の禁止及び公正取引の確保に關する法律」(이하 독점금지법) 제19조의 불공정한 거래방법에 대한 규제에 기

원한다.[2] 특히 일본 독점금지법 제19조는 규제 내용 측면에서 보다 직접
적인 영향을 미친 것으로 볼 수 있으며, 따라서 동 규정의 도입 과정에 대
한 구체적인 이해는 독점규제법의 관점에서도 의미가 있을 것이다.

　일본 독점금지법은 2차 세계대전 이후 점령 정책의 일환으로 미군정의
주도 하에 1947년 제정되었다. 당시 경제 측면에서 점령 정책은 전시 경
제를 뒷받침하였던 재벌 중심의 집중화된 경제 시스템을 해체하여 경제
민주화를 이루는 방향으로 추진되었으며,[3] 가문을 정점으로 지주회사 체
제를 구축하고 있었던 재벌의 해체와 항구적으로 분산된 경제 시스템의
구축을 위한 독점금지법 제정으로 구체화되었다. 유사한 상황에 있었던
독일과 비교하여 보면, 일본의 독점금지법 제정은 비교적 이른 시기에 이
루어졌으며,[4] 내용 측면에서도 일본 내부에서의 논의가 실질적으로 배제
된 상태에서 매우 급진적인 제도를 수용하였다는 점에서 특징적이다.[5] 그
러나 이와 같은 입법 초기의 엄격한 태도가 지속적으로 유지되었던 것은
아니며, 이후 독점금지법의 변화 과정과 집행은 제도의 엄격성을 완화하
는 방향으로 전개되었다.[6] 법제도 측면에서 제정 당시 독점금지법의 주요
내용은 일본 특유의 재벌에 대한 입법적 대응을 포함하고 있다. 즉 기존의
재벌이 해체되었지만, 재벌의 부활을 방지할 목적으로 지주회사의 금지(9
조), 부당한 사업능력의 교차(較差) 배제(8조)[7] 등 독점금지법의 고유한

---

2) 김영호, 불공정거래행위에 관한 연구, 서울대학교 박사학위논문, 1986, 12면.
3) Eleanor M. Hadley, Antitrust in Japan, Princeton Univ. Press, 1970, 496면.
4) 독일의 경쟁제한방지법도 일본과 유사하게 연합국의 점령정책의 일환으로 추진되
　었지만, 독일 내부에서의 논의가 전개되면서 일본보다 시기적으로 늦은 1957년
　법제정이 이루어졌다.
5) Wyatt Wells, Antitrust and the Formation of the Postwar World, Columbia
　Univ. Press, 2002, 174면 이하 참조.
6) 정치적으로 독점금지법의 엄격한 운용과 분산화 정책은 지지를 받지 못하였다.
　보수적인 입장에서는 생산능력의 감소를 우려하였고, 진보적인 입장에서는 분산
　화가 아닌 국유화와 노동세력의 산업지배를 지향함으로써, 집중된 경제를 분산
　화 하는 정책은 좌우 양쪽으로부터 비판의 대상이 되었다. 위의 책, 176면 참조.

규제가 도입되었으며, 기업결합 규제에 있어서도 매우 강화된 규제체계를 형성하였다(10조 내지 16조). 일반 경쟁법의 관점에서 특징적인 것은, 미국 반독점법의 핵심인 Sherman법, Clayton법, FTC법의 주요 내용을 종합하고, 별다른 수정 없이 이를 수용하였다는 점이다.[8] 즉 제2장에서 미국 Sherman법 제1조와 제2조에 상응하는 부당한 거래제한과 사적독점의 금지에 관한 규정을 두었고, 동 규정은 각각 카르텔과 독점에 대응하는 경쟁정책 실현의 주된 근거로서 기능하도록 하였다. 그리고 이를 보완하는 의미에서 독점규제법상 불공정거래행위 규제의 기원이 되는 불공정한 경쟁방법을 규제하는 조항(19조)을 마련하였다.

종전 후 짧은 입법기간을 고려하면, 최초의 독점금지법에 대한 일본 내부에서의 논의가 충실하게 이루어지기는 어려웠을 것이며, 따라서 1953년 독점금지법 개정에 의한 규제 완화는 법 시행 이후 일본 스스로의 제도적 이해가 어느 정도 반영된 결과로 볼 수 있다. 특히 불공정한 경쟁방법에 대한 개정은 이러한 관점에 따른 설명이 유력하다. 주지하다시피 미국에서 1890년 제정된 Sherman법은 규제 근거로서 일반조항적인 성격의 2개 실체조항만을 두고 있으며, 이로 인한 규제의 한계를 보완하는 취지에서 1914년 Clyaton법과 FTC법이 제정되었다. 독점금지법 제19조는 FTC법 제5조와 직접적으로 관련되는데, 1953년 개정은 독점금지법 제19조의 내용을 FTC법 제5조에 보다 일치시키는 방향으로 전개되었다. FTC법 제5조 제1항은 "거래에서 또는 거래에 영향을 미치는 불공정한 경쟁방법(unfair methods of competition) 그리고 불공정하거나 기만적인 행위(unfair or deceptive acts or practices)는 위법하다"고 규정하고, 제2항에서 연방거래

---

7) 동 규정은 인위적인 균등화 정책의 구현으로서, 사업자 간에 사업능력의 차이가 매우 클 경우에 公正取引委員會가 이를 시정하기 위하여 영업시설의 양도 등의 조치를 취할 수 있는 것을 내용으로 하였다.

8) 後藤晃・領村與太郎 編, 日本の競爭政策, 東京大學出版會, 1998, 21-23면(來生新) 참조.

위원회에 이를 규제하는 구체적 권한을 부여하였다. 동 규정에서 규제 대상은 불공정한 경쟁방법 이상의 행위를 포괄하고 있었으며, 1953년 개정된 독점금지법 제19조에서 금지되는 행위를 '불공정한 경쟁방법'에서 '불공정한 거래방법'으로 변경한 것은 직접적인 입법모델이었던 FTC법 제5조 제1항의 규정 방식을 수용한 것으로 이해된다.9) 또한 독점금지법 제2조 제7항에 규정된 불공정한 거래방법의 구체적인 행위 유형을 公正取引委員會가 지정하도록(일반지정) 한 개정도, 불공정한 거래방법 규제와 관련하여 동 위원회에 주도적 역할을 부여하고 있다는 점에서 FTC법 제5조 제2항을 모델로 한 것으로 보인다.10)

한편 1953년 독점금지법 개정은 불공정한 거래방법의 규제 내용 측면에서도 의미 있는 변화를 담고 있는데, 무엇보다 불공정 거래방법 유형의 하나로 우월적 지위남용 규제의 도입은 당시 비교법적인 예를 찾을 수 없는 독점금지법 고유한 규제로서 주목할 만하다. 동 규제는 법제정시에 도입되었던 부당한 사업능력 교차의 배제에 관한 규정의 폐지를 보완하는 차원에서 이루어졌는데,11) 우월적 지위와 남용 개념의 불명확성이 입법 당시부터 지적되었다.12) 그럼에도 불구하고 입법 취지에서 드러난 것처럼 대기업과 중소기업 관계에서 나타날 수 있는 불공정 거래 관행에 대한 문제 인식을 불공정한 거래방법 규제에 반영한 것은 독점금지법 제19조 자체의 법체계적 의의와 관련하여 눈여겨 볼 부분이다.

1953년 독점금지법 개정에 따른 불공정한 거래방법의 규제체계는 1986년 일반지정의 개정에 의하여 세부 유형이 확대될 때까지 유지되었으며, 따라서 1980년 독점규제법 제정 시에 도입된 불공정거래행위 규제에 직접적인 영향을 미친 것으로 볼 수 있다. 1953년 개정법에 따른 불공정한 거

---

9) 위의 책, 100-111면(若杉隆平) 참조.
10) 위의 책, 100면(若杉隆平).
11) 위의 책, 31-32면(來生新) 참조.
12) 위의 책, 98면(若杉隆平) 참조.

래방법의 규제 내용을 구체적으로 보면, 법 제2조 제7항은 부당한 거래거
절, 부당한 차별취급, 부당염매, 부당한 고객유인·거래강제, 배타조건부
거래, 구속조건부 거래 등 6개의 행위를 규정하고, 公正取引委員會는 세부
유형으로서 거래거절, 거래조건 차별, 사업자단체의 차별적 취급, 대가 차
별, 부당염매·부당고가매입, 고객유인·거래강제, 배타조건부 거래, 구속조
건부 거래, 임원선임 간섭, 우월적 지위 남용, 경쟁사업자 방해, 경쟁회사
에 대한 내부 간섭 등의 12개 행위를 지정하였다.

(2) 독점규제법상 불공정거래행위 규제 도입

최초 독점규제법에서 불공정거래행위는 제15조에 의하여 규제되었다.
동조는 불공정거래행위의 6가지 유형을 각호에 규정하고, 세부 유형은 경
제기획원장관의 지정에 따르는 것으로 하였다. 동조 각호에 규정된 불공
정거래행위 유형은, 부당하게 거래상대방을 차별적으로 취급하는 행위(1
호), 부당하게 경쟁자를 배제하기 위하여 거래하는 행위(2호), 부당하게
경쟁자의 고객을 자기와 거래하도록 유인하거나 강제하는 행위(3호), 자기
의 거래상의 지위를 부당하게 이용하여 상대방과 거래하는 행위(4호), 거
래상대방의 사업 활동을 부당하게 구속하는 조건으로 거래하는 행위(5호),
상품 또는 용역에 관하여 허위 또는 과장된 광고를 하거나 상품의 질 또
는 량을 속이는 행위(6호) 등이었다. 또한 동법 시행령 제21조의 규정에
근거한 고시로서(경제기획원 고시 제40호), 부당한 거래거절(1호), 거래조
건 등의 차별적 취급(2호), 집단배척 및 집단적 차별취급(3호), 차별대가(4
호), 부당염매 및 부당고가매입(5호), 부당한 고객 유인(6호), 부당표시(7
호), 부당한 거래강제(8호), 우월적 지위의 남용(9호), 부당 배타조건부 거
래(10호), 부당 구속조건부 거래(11호), 허위·과장광고 및 기만행위(12호)
등의 행위가 불공정거래행위에 해당하는 구체적인 행위로 지정되었다.[13]

---

13) 불공정거래행위의 하나로 부당한 표시·광고 등에 대한 규제는, 동 시기에 제정되

이와 같은 규정 방식은 전술한 것처럼 당시 일본 독점금지법상 불공정한 거래방법의 규제와 상당히 유사하다. 그러나 부당표시나 허위·과장광고 및 기만행위 규제 등을 불공정거래행위 유형으로 규정한 것에서 알 수 있듯이, 독점금지법에서 명시적으로 규정되어 있지 않은 행위 유형들도 불공정거래행위에 포함되었는데, 이러한 부분은 미국 FTC법 제5조에서 규제하는 기만행위의 영향을 받은 것으로 보인다.[14] 이러한 점을 종합하면, 입법 당시의 독점규제법상 불공정거래행위 규제는 일본 독점금지법의 불공정한 거래방법을 모델로 삼으면서, 또한 미국 FTC법 제5조의 규정도 직접적으로 참고한 것으로 볼 수 있다.[15]

이상의 입법 연혁은 규제 내용뿐만 아니라 규제체계 측면에서도 의미가 있다. 앞에서 언급한 것처럼 일본 독점금지법에서 불공정한 거래방법에 대한 규제는 사적 독점의 금지만으로 충분하지 못하다는 정책적 판단에 따른 것이고, 불공정한 거래방법 규제의 규제체계적 의의는 이에 기초한다. 물론 독점규제법 제정 시 이러한 인식이 명확히 뒷받침되고 있었던 것으로 보기는 어려우며, 양국의 경쟁법체계에 의미 있는 차이가 존재한다는 점에서도 일본 독점금지법에서의 논의가 독점규제법에 곧바로 원용될 수는 없을 것이다. 그러나 단독행위 규제의 한 축으로서 불공정거래행위 규제가 존재하는 독점규제법과 일본 독점금지법의 구조적 유사성에 비추어, 독점금지법 규제체계에 기초한 불공정한 거래방법에 관한 구체적 이해는 독점규제법에도 일정한 영향을 미친 것으로 볼 수 있다.[16] 한편 독점규제법 위반 유

었던 소비자보호법상 표시·광고 기준 제정과 함께 표시광고에 대한 법적 규제의 시초가 된다(강창경·정순희·허경옥, 소비자법과 정책, 학지사, 1998), 324-325면 참조. 불공정거래행위로서 부당한 표시·광고 규제는 1999년 「표시·광고의 공정화에 관한 법률」의 제정에 의하여 별도의 법률에 의하게 되었다.

14) 황적인·권오승, 경제법, 법문사, 1984, 140-141면 참조.

15) 미국 FTC법 제5조 제1항처럼 불공정거래행위를 일반조항 형식으로 규정하는 것이 다양한 불공정거래행위 유형을 열거하는 것의 한계를 고려할 때, 보다 바람직한 입법이 될 수 있다는 입법 당시의 비판으로, 황주명, "공정거래법의 입법을 계기로", 법률신문 제1376호, 1980. 12. 15, 4면 참조.

형으로서 불공정거래행위의 특성을 이해하고 전체 규제체계에서 적절한 위치를 찾으려는 시도는, 경쟁의 자유와 공정 또는 경쟁제한성과 불공정성의 관계적 이해를 심화시키는 계기가 되었으며, 그 과정에서 양자의 주된 규율을 경쟁제한방지법(Gesetz gegen Wettbewerbsbeschränkungen; GWB)과 부정경쟁방지법(Gesetz gegen den unlauteren Wettbewerb; UWG)에 근거하여 행하고 있는 독일의 경쟁법 체계는 유력한 의미가 있었다.

2. 불공정거래행위 규제에 미친 비교법적 영향

(1) 일본 불공정한 거래방법의 유형화

앞에서 살펴본 것처럼 독점금지법의 입법 초기에 불공정한 거래방법에 대한 규제의 입법 취지는 핵심적 규제에 해당하는 사적금지와 부당한 거래제한 규제의 보완적 성격을 갖는 것으로 받아들여졌다. 이러한 이해는 동법 제3조에 의한 사적독점 금지의 예방적 성격을 불공정한 거래방법의 규제에 부여하는 견해처럼, 동 규제에 독점금지법 체계에서 일정한 위상을 부여하는 방식으로 구체화되었다. 독점금지법상 사적독점의 규제는 독점적 지위와 동 지위에 기초하여 다른 사업자를 지배하거나 배제하는 행위를 대상으로 하며, 규제 요건으로서 독점적 지위가 충족되어야 한다. 불공정한 거래방법의 규제는 이와 같은 독점적 지위에 이르는 과정에 대한 통제의 의미를 가지며, 따라서 사적독점 규제와 보완적인 관련성을 갖는다.[17] 그러나 이에 대하여 불공정한 거래방법의 규제는 거래 자체의 공정성을 위한 것이고, 특히 개별적 거래에서 나타나는 억압성 자체를 문제 삼고 있다는 점에서 동 규제의 고유한 의의를 찾는 견해도 존재한다.[18]

---

16) 정호열, "불공정거래행위의 금지", 권오승 편, 공정거래법강의II, 법문사, 2000, 379면 참조.
17) 谷原修身, 獨占禁止法の解說, 一橋出版, 2006, 12-13면.
18) 後藤 晃·鈴村興太郎 編, 주 8)의 책, 98-99면(若杉隆平) 참조.

이와 같은 견해의 대립은 불공정한 거래방법의 규제 대상인 행위 유형이 매우 다양하게 구성되어 있고, 이를 단일한 관점에서 통일적으로 파악하기 어렵다는 점에서 어느 정도 예상되는 것이라 할 수 있다. 그렇지만 불공정한 거래방법을 다음의 세 가지 유형으로 분류하는 것에 대해서는 대체로 일치된 견해를 보이고 있는데, 자유경쟁저해형(自由競爭沮害型), 불공정경쟁수단형(不公正競爭手段型), 자유경쟁기반침해형(自由競爭基盤侵害型) 등이 이에 해당한다. 자유경쟁저해형에는 재판매가격의 구속이나 구속조건부거래 등과 같이 경쟁제한성의 측면에서 문제가 될 수 있는 거래유형이 속하며, 불공정경쟁수단형은 기만적 고객유인이나 부당한 이익 제공에 의한 고객유인 등에서 볼 수 있듯이, 수단 자체의 불공정성에 규제의 초점이 있는 경우를 말한다. 자유경쟁기반의 침해형에 해당하는 것으로는 우월적 지위의 남용 등이 대표적인데, 특히 이러한 행태는 일본 특유의 전근대적 거래관계에 기인하는 것으로서 유통의 근대화나 자연스러운 시장 환경의 변화에 따라서 해소되기 어렵기 때문에, 특별한 규율의 필요성이 있는 것으로 이해되고 있다.[19]

이상의 불공정한 거래방법의 유형화가 규제 대상인 행위에 대한 구체적인 이해를 제고하는데 유용한 것은 분명하지만, 불공정한 거래방법의 공통된 표지로서 공정경쟁저해성에 의하여 다양한 유형들이 통일적으로 파악될 수 있는지에 관한 문제를 피하기 어려울 것이다. 특히 다양한 경쟁정책상의 의미를 갖는 행위 유형을 단일한 위법성 표지로서 포섭하는 것이 가능한지에 대한 의문이 제기되고 있다.[20] 논의의 전개를 간략히 보면, 학설은 세 견해로 나뉘는데, 공정한 경쟁을 가격, 품질, 기타 서비스 등에 관한 능률 경쟁으로 보고 이러한 경쟁질서를 방해할 우려가 있는 상태를 공정경쟁저해성으로 이해하는 견해, 공정경쟁저해성을 시장에 있어서 사

---

19) 稗貫俊文, "日本の競爭法の實體規定の構造的な特徵について", 경쟁법연구 제12권, 2005, 144-145, 158면.
20) 위의 글, 144, 158면 참조.

업자의 자유로운 활동에 대한 방해행위로서 이해하는 견해, 그리고 양자를 결합하여 종합적으로 이해하는 견해의 대립이 있다. 전술한 것처럼 다양한 경쟁정책적 함의를 갖고 있는 불공정한 거래방법의 유형들을 포괄하기 위해서는 공정경쟁저해성에 대한 종합적인 이해가 불가피하다는 견해가 유력하다.[21]

(2) 독일 부정경쟁방지법과 경쟁제한방지법 관계

독일의 경쟁법 체계에서 부정경쟁방지법과 경쟁제한방지법은 양 축을 이룬다. 우선 불공정한 경쟁의 규제를 내용으로 하는 부정경쟁방지법의 보호 목적은 연혁적으로 동법 초기에 경쟁자 보호에 제한되던 것이, 소비자의 보호, 나아가 일반 공익의 보호로 확대되어 왔으며,[22] 2004년 법개정에 따라 변경된 제1조는 이러한 변화를 명문으로 수용하였다. 현행 UWG 제1조는 "이 법은 경쟁자, 소비자 및 기타 시장참가자들을 불공정한 경쟁으로부터 보호하는 것 그리고 동시에 왜곡되지 않은 경쟁에 관한 일반의 이익을 보호하는 것이다"고 규정되어 있다.[23] 동 개정은 부정경쟁방지법의 고유한 의의를 확고히 하였다는 점에서도 의의를 찾을 수 있는데, 특히 개정 이전 본질적으로 민법에 연원하는 개념인 양속(die guten Sitten) 위반의 관점에서[24] 불공정성을 파악함으로써 야기되었던 법적용의 모호성을 해소한 것은 주목할 만한 변화로서 받아들여지고 있다.[25]

제1조에 기술된 소비자의 이익에서 소비자의 결정의 자유는 핵심적인

---

21) 谷原修身, 주 17)의 책, 42면.

22) Friedrich L. Ekay u. a., Wettbewerbsrecht 2. Aufl., C. F. Müller, 2005, 11면 (Diethelm Klippel).

23) 2004년 개정 전 UWG 제1조는 "거래에서 양속에(die guten Sitten) 반하는 경쟁행위를 한 자에 대해서는 중지청구 또는 손해배상 청구를 할 수 있다"고 규정되어 있었다.

24) Peter Müssig, Wirtschaftsprivatrecht, C. F. Müller, 2003, 490면.

25) Friedrich L. Ekey u. a., 주 22)의 책, 48면(Diethelm Klippel & Antje Brämer).

의미를 가지며, 나아가 소비자 결정의 기초는 객관적으로 타당하고 충분한 정보가 소비자에게 제공되는 것의 보장에 있는 것으로 이해되고 있다.[26] 불공정성 판단의 근거는 일반조항적 성격의 제3조에 의하여 주어지고 있는데, 동조 제1항에서 "불공정한 거래행위는 허용되지 않는다"는 금지 규정을 두고, 제2항에서 "소비자에 관련된 거래행위가 사업자로서의 주의를 결하고 있고, 본질적으로 소비자의 경제적 행태에 영향을 미칠 경우에는 불공정한 것이다"고 하는 불공정성의 원칙적 판단 기준을 제시하고 있다. 또한 제3조a는 "시장참가지의 이익 측면에서 시장 행태를 규율하기 위한 법규정에 반하는 행위를 하고, 그 침해가 소비자, 기타 시장참가자 또는 경쟁자의 이해를 상당히(spürbar) 침해하는 것에 해당할 경우에 불공정한 행위가 된"고 규정함으로써 시장참가자 관점에서 불공정 행위의 판단 기준을 아울러 제시하고 있다. 이상의 불공정거래행위의 원칙적 판단 기준은 제4조 내지 제7조에 의하여 규율되는 개별 불공정거래행위 규정을 통하여 구체화된다.

　이상의 부정경쟁방지법은 거래의 공정성 관점에서 규제체계를 형성하고 있으며, 전술한 것처럼 경쟁제한방지법과 함께 광의의 경쟁법 체계를 구성한다. 물론 양자는 규범 목적상에 차이가 있으며, 전자가 불공정한 경쟁 방식을 규제 대상으로 하는 반면에 후자는 시장경제의 제도로서 경쟁 자체의 보호를 목적으로 한다.[27] 그러나 이론상 구별과는 별개로, 경쟁의 공정과 경쟁의 자유(경쟁제한)가 구체적인 행위에서 언제나 명확히 드러나는 것은 아니다. 따라서 엄격한 구별을 시도하기 보다는, 양 규제체계가 경쟁의 보호라는 동일한 목적 하에 상호 보완적으로 기능한다는 점이 강

---

26) 위의 책, 50면(Diethelm Klippel & Antje Brämer) 참조.
27) Gassner의 복싱 경기에 비유한 설명에 의하면, 벨트라인 아래를 가격하는 행위를 규제하는 것은 불공정한 경쟁에 관한 것이고, 승부조작과 같은 행위를 규제하는 것은 경쟁제한에 관련된다. Ulrich Gassner, Grundzüge des Kartellrechts, Verlag Vahlen, 1999, 3면 참조.

조되기도 한다.28) 이러한 이해는 특정한 행위를 규제함에 있어서 부정경
쟁방지법과 경쟁제한방지법의 종합적인 관점이 필요할 수 있음을 시사한
다. 독일 연방대법원에서 다루어진 Strom und Telefon 사건은29) 이에 관
한 적절한 예가 될 것이다. 동 사건에서 전력시장에서 시장지배적 사업자
인 Stadtwerke S. GmbH는 전기서비스에 통신서비스를 연계하여 판매하
였고, 이러한 행위가 끼워팔기로서 법에 위반되는지에 관하여 연방대법원
은 최종적으로 동 행위의 위법성을 부인하였다. 연방대법원은 동 행위가
경쟁제한방지법 제19조의 시장지배적 지위남용행위에 해당하는지와 관련
하여 Deutsch Telekom AG가 지배적 지위를 차지하고 있는 통신시장에서
동 행위의 경쟁제한 가능성이 없다는 것을 이유로 남용성을 부인하였으며,
아울러 끼워팔기가 상품 가격에 관하여 소비자를 현혹하거나 잘못된 정보
를 제공하는 것에 의하여 소비자의 합리적 선택을 침해하는지의 관점에서
문제가 된 행위를 검토하고 부정경쟁방지법상 불공정 행위에도 해당하지
않는 것으로 판단하였다. 비록 동 사건은 문제가 된 행위의 위법성이 부인
된 것이기는 하지만, 경쟁제한방지법과 부정경쟁방지법의 위반 여부를 모
두 검토하여 최종적인 판단에 이르렀다는 점에서 주목할 만한 것이다.30)

---

28) Fritz Rittner, Meinrad Dreher & Michael Kulka, Wettbewerbs- und Kartellrecht,
   C. F. Müller, 2014, 40-42면 참조. 나아가 경쟁법과 소비자법 간에 상호 보완의
   필요성을 주장하는 것으로서, OECD, The Interface between Competition and
   Consumer Policies, DAF/COMP/GF(2008), 2008, 18-19면 참조.
29) BGH, Urt. v. 4. 11. 2003.
30) 특정한 행위가 경쟁제한방지법과 부정경쟁방지법에 반하는지를 모두 검토하여야
   하는 예로서 리베이트도 들 수 있다. 즉 리베이트는 경쟁제한방지법 제19조 제1
   항에 근거하여 시장지배력의 유지·강화에 기여하는 것이라면, 시장지배적 지위남
   용행위로서 규제될 수 있으며, 동시에 부정경쟁방지법 제4조 제4호의 "가격할인,
   경품 또는 선물과 같은 판매촉진수단에 있어서 제공의 조건이 명확하고 분명하게
   제시되지 않을 경우"에 근거하여 불공정성이 문제될 수도 있다. 특히 후자의 경
   우에 리베이트는 가격할인에 해당하며, 리베이트의 크기, 리베이트가 제공되는 상
   품의 특정, 어떠한 조건 하에서 리베이트를 받을 수 있는지 등이 리베이트 제공의
   명확성 여부를 판단함에 있어서 중요한 기준이 된다. Friedrich L. Ekey u. a., 주

3. 부당성 판단의 이원화에 기초한 규제 법리의 형성

이상에서 살펴본 일본 독점금지법상 불공정한 거래방법이나 독일의 부정경쟁방지법에 대한 법체계적 이해 및 구체적인 규제 의의에 관한 논의는 충분히 참고할 만한 것이다. 특히 앞에서 언급한 것처럼 독점규제법상 불공정거래행위에 직접적 영향을 미친 것으로 보이는 일본 독점금지법상 불공정한 거래방법의 규제 의의와 유형화 논의는 유사한 규제체계를 이루고 있는 독점규제법에서도 시사하는 바가 크다.

그러나 이와 관련하여 양 법체계 간의 차이에 대해서도 주목할 필요가 있다. 우선 독점금지법상 불공정한 거래방법 규제의 의의는 사적독점 규제와 관련하여 이를 보완하는 관점이 유력하지만, 독점규제법은 일본 독점금지법과 달리 원인금지주의가 아닌 폐해규제주의적 입장에서 시장지배적 지위남용행위를 규제하고 있으며, 따라서 사적독점에 대한 예방적 관점에서 불공정한 거래방법의 규제를 이해하는 시각을 독점규제법에 원용하는 것은 적절치 않을 수 있다. 물론 일본에서 사적독점의 규제는 시장지배적 지위남용 규제에 근접하는 방향으로 나아가고 있다는 지적도 있지만,[31] 독점에 대한 대응 방식의 근본적인 차이를 간과하기는 어려울 것이다. 또한 불공정거래행위의 세부 유형에 있어서의 차이도 고려되어야 한다. 입법 초기부터 불공정거래행위의 세부 행위에는 일본 독점금지법상 불공정한 거래방법에는 없었던 부당한 표시·광고 행위와 같은 행위들이 포함되어 있었다. 또한 이후 법 개정에 의하여 부당지원행위와 같은 우리 고유의 경쟁정책적 문제가 반영된 행위들이 추가됨으로써 현행 독점금지법상 불공정한 거래방법과 독점규제법상 불공정거래행위에 해당하는 구체적인 행위에는 의미 있는 수준의 차이가 존재하고 있다. 따라서 일본 독점

---

22)의 책, 221면(Gunda Plaβ) 참조.

31) 金井貴嗣·川濱 昇·泉水文雄, 獨占禁止法, 弘文堂, 2010, 141-142면(山部俊文).

금지법에서 통용되는 불공정한 거래방법의 유형화를 독점규제법에 곧바로
적용하는 것에는 한계가 있을 것이다. 더욱이 일본 내부에서 경쟁정책적
관점에 따른 구체적인 행위에 대한 이해가 변하고 있다는 점도 참고할 필
요가 있다. 예를 들어 우월적 지위의 남용의 경우 입법 초기부터 거래 당
사자 간의 사업능력의 차이에 초점을 맞추어 전개되어 왔지만, 시장에 기
초한 이해의 필요성을 주장하는 견해도 유력하다.32) 이와 같이 특정한 불
공정한 거래방법에 관한 이해의 변화는 시장 환경 또는 경쟁정책이 구체
적인 법이론에 반영되는 과정에서 불가피할 것이며, 따라서 불공정한 거
래방법의 유형화의 직접적인 원용은 바람직하지 않을 것이다.

한편 입법 초기 독점규제법 전체의 관점에서 불공정거래행위를 이해하
는 과정에서 각각 경쟁의 자유와 경쟁의 공정에 초점을 맞춘 독일의 경쟁
제한방지법과 부정경쟁방지법의 관계는 중요한 전범이 되었다. 즉 주로
경쟁의 자유에 관련된 독점규제법상 다른 규제와 구분하여 불공정거래행
위 규제는 경쟁의 공정을 보호법익으로 한다는 체계적 이해가 제시되었는
데,33) 이는 입법 초기에 독점규제법 전반에 걸친 이해를 제고하는데 일정
한 기여를 한 것으로 볼 수 있다. 이러한 이해는 입법론까지 확대되어 공
정성 문제는 별도의 입법을 통하여 해결하거나 규제를 사적 분쟁해결 방
식으로 전환하고, 공정거래위원회에 의한 독점규제법 운영은 경쟁제한(경
쟁의 자유)에 초점을 맞추어야 한다는 논의로 이어졌다.34) 그렇지만 독일
과 같은 규제체계는 1909년 부정경쟁방지법의 입법 이후 오랜 규제 경험
이 축적된 상황에서 1957년 경쟁제한방지법이 제정됨으로써 형성되었다는
점도 염두에 둘 필요가 있다. 즉 독점규제법을 제정할 당시에 독일과 같은
거래의 공정성 보호를 위한 일반적인 규제체계가 부재하였던 상황은35) 독

---

32) 白石忠志, 獨禁法講義, 有斐閣, 2009, 95頁.
33) 정호열, "불공정거래행위에 대한 규제", 권오승 편, 공정거래법강의, 법문사, 1996,
   299면 이하 참조.
34) 권오승, 경제법 4판, 법문사, 2002, 311면 참조.

일과의 비교 논의에 있어서 간과될 수 없는 부분이다. 또한 독점규제법상 불공정거래행위는 거래의 공정성만을 보호 대상으로 하는 것은 아니며, 입법 초기부터 현재까지 불공정거래행위의 세부 유형은 경쟁제한(경쟁의 자유)에 상당한 비중을 두고 구성되어 있다는 점도 염두에 두어야 한다. 즉 불공정거래행위의 부당성 판단을 위하여 경쟁의 다양한 측면이 고려될 수밖에 없는 유형들의 존재는 독일 (광의의) 경쟁법에서 연원하는 법체계적인 이해를 엄격하게 유지하는 것의 한계를 보여준다.

그러나 경쟁의 자유와 공정은 경쟁의 본질을 이해함에 있어서 여전히 유용한 개념이며, 특히 구체적인 행위에서 경쟁의 어느 측면으로부터 침해가 현실화되고 있는지를 파악하는데 실질적인 표지로서 기능한다. 그리고 이로부터 Rittner가 언급한 것처럼, 경쟁의 공정과 자유에 관련된 법규범이 서로를 배척하는 것이 아니라 상호보완적인 역할을 수행하고,[36] 이로써 궁극적으로 경쟁정책의 실현에 기여할 수 있다는 사고가 유력한 의미를 갖게 될 것이다. 이와 같이 경쟁의 공정과 자유를 목적으로 하는 규제의 고유한 의미와 상호보완적인 기능에 대한 종합적인 이해는 불공정거래행위의 위법성 판단에 관한 다양한 기준을 통일적으로 파악할 수 있는 이론적 기초를 제공한다. 독점규제법상 불공정거래행위의 규제목적은 공정한 경쟁보다 넓은 함의를 갖는 공정한 거래의 유지에 있으며, 경쟁사업자를 넘어서 거래상대방의 보호까지 규제목적에 포함된다는 견해도,[37] 기

---

35) 우리나라의 부정경쟁방지법(1998년 법명 변경에 따라서 현 「부정경쟁방지 및 영업비밀보호에 관한 법률」)은 1961년 제정되었다. 부분적으로 소비자의 오인유발 방지나 영업비밀 보호를 통한 공정한 경쟁방식과 관련되지만, 상표·상호 등에 관한 사업자의 권리 보호를 중심으로 발전하여 왔으며, 이러한 점에서 사업자의 불공정행위 전반을 다루는 독일의 부정경쟁방지법과 구별된다. 윤선희·김지영, 부정경쟁방지법, 법문사, 2012, 38면 이하 참조.

36) 경쟁제한적 행태에 대한 규제를 통하여 보호하려는 경쟁은 공정한 경쟁에 한정되며, 이러한 맥락에서 경쟁의 자유와 경쟁의 공정의 관련은 불가피한 것이라고 지적한다. Fritz Rittner, Meinrad Dreher & Michael Kulka, 주 28)의 책, 41면.

37) 권오승, 경제법 11판, 법문사, 2013, 303면; 신현윤, 경제법, 법문사, 2012, 267면.

본적으로 이러한 사고와 맥을 같이하는 것이다. 규제 사례를 보면, 거래거절, 우월적 지위남용, 사업 활동 방해 등이 문제가 되었던 불공정거래행위 사건에서 대법원은 "부당성의 유무를 판단함에 있어서는 거래당사자의 거래상의 지위 내지 법률관계, 상대방의 선택가능성·사업규모 등의 시장상황, 그 행위의 목적 및 효과, 관련 법규의 특성 및 내용 등의 사정을 종합적으로 고려하여 그 행위가 공정하고 자유로운 경쟁을 저해할 우려가 있는지의 여부에 따라서 이루어진다"고38) 판시하였다. 동 판결은 불공정거래행위의 부당성 판단 기준을 종합적인 관점에서 제시하고 있으며, 이러한 입장은 이후의 판결에서도 원칙적으로 유지되어 왔다. 그러나 불공정거래행위의 구체적 유형에 따라서 부당성 판단의 특수한 기준을 제시하기도 하였다. 대표적으로 부당지원행위의 부당성 판단과 관련하여, 대법원은 "지원주체와 지원객체와의 관계, 지원행위의 목적과 의도, 지원객체가 속한 시장의 구조와 특성, 지원성 거래규모와 지원행위로 인한 경제상 이익 및 지원기간, 지원행위로 인하여 지원객체가 속한 시장에서의 경쟁제한이나 경제력집중의 효과 등은 물론 중소기업 및 여타 경쟁사업자의 경쟁능력과 경쟁여건의 변화 정도, 지원행위 전후의 지원객체의 시장점유율의 추이, 시장개방의 정도 등을 종합적으로 고려하여 당해 지원행위로 인하여 지원객체의 관련시장에서 경쟁이 저해되거나 경제력 집중이 야기되는 등으로 공정한 거래가 저해될 우려가 있는지 여부를 기준으로 한다"고39) 판시함으로써, 개별 시장에서의 경쟁제한성 외에 경제력집중도 부당성 판단에서 고려될 수 있는 것으로 보았다. 계열회사를 위한 차별에 관해서도 대법원은 유사한 입장을 취하였는데, 동 규제의 요건으로서 계열회사를 유리하게 하기 위한 의도는, "특정 사업자가 자기의 이익을 위하여 영업활동을 한 결과가 계열회사에 유리하게 귀속되었다는 사실만으로는 인정하

---

38) 대법원 1998. 9. 8. 선고, 96누9003 판결.
39) 대법원 2004. 3. 12. 선고 2001두7220 판결; 대법원 2004. 10. 14. 선고 2001두2881 판결.

기에 부족하고, 차별행위의 동기, 그 효과의 귀속주체, 거래의 관행, 당시
계열회사의 상황 등을 종합적으로 고려하여 사업자의 주된 의도가 계열회
사가 속한 일정한 거래분야에서 경쟁을 제한하고 기업집단의 경제력 집중
을 강화하기 위한 것이라고 판단되는 경우에 한하여 인정된다"고[40] 판시
하였다. 거래의 공정성 관점이 부당성 판단에서 핵심적인 역할을 수행한
예로서 끼워팔기에 관한 대법원 판결을 들 수 있을 것이다. 동 판결에서
대법원은 "끼워팔기가 정상적인 거래관행에 비추어 부당한지 여부는 종된
상품을 구입하도록 한 결과가 상대방의 자유로운 선택의 자유를 제한하는
등 가격과 품질을 중심으로 한 공정한 거래질서를 저해할 우려가 있는지
여부에 따라 판단하여야 한다"고 판시하였는데,[41] 이와 같은 판단 기준은
경쟁제한의 관점에서 주상품시장에서 부상품시장으로의 지배력 전이나 시
장봉쇄 효과에 근거한 부당성 판단 기준과 대비되는 것이다.[42] 이러한 태
도는 부당한 고객유인사건에서도 확인할 수 있는데, 대법원은 제약회사가
의료기관에 리베이트 등을 제공한 사건에서 부당성을 "객관적으로 고객의
의사결정에 상당한 영향을 미칠 가능성이 있는지 여부에 따라 결정된다"
고[43] 판시하였다. 이상의 판례에서 나타난 부당성 판단은 단일한 기준이

---

40) 대법원 2004. 12. 9. 선고, 2002두12076 판결. 동 판결에서 경제력집중은 지원행
　　위 의도의 내용으로 제시되었지만, 위법행위의 성립요건으로 이해할 수 있을 것
　　이다. '불공정거래행위 심사지침'은 계열사를 위한 차별의 위법성 요건으로 경쟁
　　제한성과 함께 경제력집중을 제시하고 있다.
41) 대법원 2006. 5. 26. 선고 2004두3014 판결.
42) 동 판결에 대하여 비판적인 입장으로, 별개 상품성에 대한 의문과 경쟁제한적 효
　　과에 초점을 맞추지 않음으로써 효율성이 있는 끼워팔기까지 규제할 수 있는 위
　　험이 있다는 점에서 비판하는 견해(이호영, 독점규제법, 홍문사, 2013, 303면), 상
　　대방 선택의 자유의 침해는 강제성을 인정할 수 있는 요소이지 부당성 판단의 요
　　소는 아니라는 입장에서 동 판결(원심 판결)을 비판하는 견해(김차동, "끼워팔기",
　　경제법판례연구 제3권, 2006, 286면) 등이 있고, 끼워팔기의 부당성 판단과 관련
　　하여 경쟁제한성을 배제하고 공정거래저해성에 기초하고 있는 것을 긍정적으로
　　보고 있는 견해(이황, "불공정거래행위 중 끼워팔기에 관한 소고", 경쟁법연구 제
　　14권, 2006, 275면) 등이 개진되었다.

아나라 경쟁의 다양한 측면에서 제시된 기준에 따르고 있다. 특히 경제력 집중이 관련된 경우를 제외하면, 불공정거래행위의 위법성 판단을 경쟁제한성과 불공정성의 이중적 기준에 의하는 것은 대법원의 확고한 입장으로 자리하고 있다.

III. 단독행위 규제로서의 의의

1. 단독행위 규제로서의 특징

(1) 시장지배적 지위남용행위와의 관계

독점규제법상 단독행위 규제가 불공정거래행위와 시장지배적 지위남용행위 규제로 이원화되는 규제체계 하에서, 불공정거래행위 규제가 가능한 범위는 기본적으로 양자의 관계 설정에 의존하며, 그 만큼 이에 관한 논의는 독점규제법 체계에서 실질적인 의미를 갖는다. 시장지배적 지위남용행위 규제와 불공정거래행위 규제의 관계에 관하여 특별법적인 관점에서 이해하는 견해가 지배적이다.[44] 이에 의하면, 전자는 후자에 대하여 특별법의 위치에 있고, 따라서 양 규제가 모두 적용 가능한 경우에 특별법 우선 원칙에 따라서 시장지배적 지위남용행위로서의 규제 가능성이 먼저 검토되어야 한다. 특별법적 관계로 볼 수 있는 근거로서, 다수의 견해는 수범자의 제한에 초점을 맞추고 있다. 즉 시장지배적 지위남용행위 규제의 경우 수범자가 시장지배적 사업자로 제한되는 반면에, 불공정거래행위 규제는 사업자 일반을 규제 대상으로 하기 때문에, 이와 같은 수범자 측면에서의 제한이 전자를 후자에 대한 특별법의 위치에 있게 하는 근거가 되는

---

43) 대법원 2010. 12. 23. 선고 2008두22815 판결.
44) 권오승, 주 37)의 책, 309면; 양명조, 경제법강의, 신조사, 2007, 187-188면.

것으로 보고 있다.[45] 한편 양 규제는 대상으로 하는 시장의 성격에도 차이가 있으며, 이에 근거하여 특별법적 관계를 파악할 수도 있다. 전술한 견해에서 수범자의 제한은 주목할 만한 것이지만, 보다 중요한 것은 수범자적 특성에서 오는 규범적 차이라 할 수 있다. 즉 동일한 행위라도 시장지배적 지위에 있는 사업자와 그러한 지위에 있지 않은 사업자의 행위인지에 따라서 경쟁정책적 평가는 상이하게 나타날 수 있으며, 이러한 수범자적 특성은 근본적으로 수범자가 존재하는 시장의 특성에 연유한다. 무엇보다 시장지배적 사업자가 존재하는 시장과 그렇지 않은 시장은, 유효경쟁의 관점에서 이미 본질적인 차이를 갖고 있다. 이와 관련하여 유럽 경쟁법에서 제시된 잔존경쟁의 개념은 의미 있는 시사점을 제공한다. 잔존경쟁은 시장지배적 사업자의 존재에 의하여 이미 구조적으로 경쟁이 제약되고 있는 상황에서의 경쟁, 즉 지배적 사업자와 다른 열위의 사업자들 사이의 경쟁으로 구성된 개념이며,[46] 동 개념은 구조적 제약이 있는 시장에서 보호되어야 할 최소한의 범위를 결정한다. 결국 시장지배적 사업자가 존재하는 시장 자체가 특별한 규제 필요성의 근거가 되며, 이러한 점에서 시장지배적 지위남용행위의 규제를 일반적인 시장을 전제한 불공정거래행위 규제에 대한 특별법적 관계로 이해할 수도 있을 것이다.[47]

그러나 특별법과 일반법은 동일한 규율 대상을 전제로 법적용의 우선을 정하는 법원칙으로서 기능한다는 점을 상기한다면, 거래의 불공정성까지 포함하고 있는 불공정거래행위의 특성이 이러한 관계적 이해와 부합할 수 있는지가 문제될 수 있다. 시장지배적 지위남용행위의 부당성은 경쟁제한적인 측면에서 판단한다는 것을 전제하면, 양 규제의 규율 대상이 일치한

---

45) 권오승, 주 37)의 책, 309면.
46) Gerhard Wiedemann hrsg., Handbuch des Kartellrechts, C. H. Beck, 1999, 766면(Georg-Klaus de Bronett).
47) 이봉의, "독점적 사업자의 끼워팔기: 마이크로소프트사(MS)의 지위남용을 중심으로", 법과 사회 제27호, 2004, 336-338면 참조.

다고 보기 어려우며, 이러한 점에서 특별법 원칙의 적용에 대한 의문은 피할 수 없을 것이다. 이러한 문제의식은 대법원 판결에 나타났는데, 포항종합제철(주)의 시장지배적 지위남용 사건에서 대법원은 , "공정거래법 제3조의2 제1항 제3호의 시장지배적 사업자의 거래거절행위와 공정거래법 제23조 제1항 제1호의 불공정거래행위로서의 거래거절행위는 그 규제목적 및 범위를 달리하고 있으므로 공정거래법 제3조의2 제1항 제3호가 규제하는 시장지배적 사업자의 거래거절행위의 부당성의 의미는 공정거래법 제23조 제1항 제1호의 불공정거래행위로서의 거래거절행위의 부당성과는 별도로 독자적으로 평가·해석하여야 한다"고 판시하였다.[48] 앞에서 살펴본 것처럼 경쟁의 다양한 측면으로부터 부당성 판단의 기준을 구하고 있는 불공정거래행위의 특성에 비추어, 이와 같은 판례의 태도는 충분한 근거를 갖고 있는 것으로 보인다. 그러나 불공정거래행위의 부당성에 있어서도 경쟁제한성에 기초한 판단이 주를 이루고 있다는 점을 감안하면, 시장지배적 지위남용행위 규제와 특별법의 관계로 파악할 수 있는 부분은 분명 존재하며, 이는 단독행위 규제의 이원화로 이해될 수 있는 부분이기도 하다.

즉 경쟁제한적 단독행위로 한정해서 볼 경우에, 독점규제법상 규제 근거는 주로 시장지배적 지위남용행위와 불공정거래행위로 나뉘며, 전술한 특별법적 관계론은 이원적 단독행위 규제체계에 대한 이해의 기초를 제공한다. 특별법적인 이해의 근거로서 제시되었던 시장지배적 지위에 있는 수범자의 제한성 또는 경쟁이 이미 구조적으로 제약될 수밖에 없는 시장의 특수성은 경쟁정책상 특별한 고려 필요성의 근거가 될 수 있는 것이며, 이는 이원화된 단독행위 규제의 설명방식으로도 유효할 것이다. 그러나 이러한 이론적 이해로부터 일반적 규제로서 불공정거래행위 규제의 정당성이 당연히 도출될 수 있는 것은 아니다. 즉 경쟁제한적인 단독행위 규제가 시장지배적 지위남용행위 규제로 충분한 것인지, 아니면 이러한 지위

---

48) 대법원 2007. 11. 22. 선고 2002두8626 판결.

에 있지 않은 사업자에게까지 규제가 확장될 필요성이 있는지는 경쟁정책적 관점에서 별도로 검토되어야 할 문제이다.

(2) 단독행위로서 수직적 경쟁제한 규제

경쟁제한적 측면에서 불공정거래행위 규제와 관련하여, 동 규제가 단독행위 중에서도 수직적 거래제한 행위에 대한 중요한 규제 근거가 되고 있다는 점에도 주목을 요한다. 물론 수직적 측면에서 발생하는 경쟁제한적 행위에 대하여 시장지배적 지위남용행위와 불공정거래행위 모두 규제 근거로서 가능하다. 그러나 비가격제한(non-price restraints)이나 배타조건부 거래와 같은 전형적으로 수직적 거래제한에 해당하는 행위들을 불공정거래행위의 구체적 유형으로 명시하고 규제 대상으로 삼고 있는 것은,[49] 경쟁정책 실현에 있어서 불공정거래행위 규제가 수행하는 역할의 중요성을 시사한다.

이러한 점은 독점규제법상 부당 공동행위의 규제 범위와 관련해서도 살펴볼 필요가 있다. 독점규제법 제19조 제1항의 규정 형식상 수직적 공동행위의 규제 가능성이 배제되지는 않는다. 즉 동 규정은 EU 기능조약 제101조 제1항과 마찬가지로 공동행위에 참가하는 사업자들의 관계를 수평적으로 한정하는 표현을 두고 있지 않으며, 이러한 규정 태도는 수직적 공동행위도 동 규정의 규제 대상에 포함시키는 해석을 가능하게 한다.[50] 또

---

49) 일반적으로 수직적 거래제한은 상표내 거래제한과 상표간 거래제한으로 나뉘며, 전자에는 재판매가격유지와 수직적 비가격 제한, 후자에는 끼워팔기와 배타조건부 거래가 포함되는 것으로 이해되고 있다(E. Thomas Sullivan & Jeffrey L. Harrison, Understanding Antitrust and Its Economic Implications, LexisNexis, 2003, 213 면). 독점규제법 시행령 〈별표1의2〉는 수직적 비가격 제한은 구속조건부 거래의 하나로서 제7호 나목, 끼워팔기는 거래강제의 하나로서 제5호 가목, 배타조건부 거래는 구속조건부 거래의 하나로서 제7호 가목에 의하여 규제되며, 재판매가격유지에 대해서는 동법 제29조에 별도의 규제 근거를 두고 있다.

50) 예를 들어 독일 경쟁제한방지법 제1조는 2005년 개정되어 수평적 관계에 한정하는 의미를 갖고 있었던 '경쟁관계에 있는'(miteinander im Wettbewerb stehenden)이

한 경쟁정책적 관점에서 EU 경쟁법이나 미국 반독점법에서처럼 수평적
공동행위와 수직적 공동행위를 모두 공동행위 규제 대상으로 하는 것이
바람직하다는 주장도 있다.[51] 그러나 동법 제19조 제1항에 의한 수직적
공동행위 규제에 관해서는 대체로 부정적인 입장에 있는데, 독점규제법의
법체계적 특징이 주된 논거로 제시되고 있다.[52] 즉 이미 독점규제법은 수
직적 공동행위에 해당하는 행위들을 제23조의 불공정거래행위나 제29조의
재판매가격유지행위로서 규제하고 있고, 이를 수직적 공동행위로서 규제
할 경우에 규제의 중복이나 혼선을 낳을 수 있으며, 그 동안 공정거래위원
회에 의한 규제 사례가 없었던 것도 이러한 규제체계의 특징을 반영한 결
과로 이해한다.[53]

2005년 독일 경쟁제한방지법 개정이 시사하듯이, 입법론까지 포함하여

라는 표현을 삭제하였는데, 이러한 변경에 의하여 수직적 카르텔도 동법의 규제
대상이 되는 것으로 이해되고 있다. Fritz Rittner & Meinrad Dreher, Europäisches
und deutsches Wirtschaftsrecht, C. F. Müller, 2008, 419면 참조.

51) 경쟁법 규제체계를 단독행위와 공동행위에 기초하여 구축할 것을 제안하면서, 수
   직적 공동행위 규제가 공동행위 규제에 포함되어야 한다는 논의를 전개하는 것으
   로서, 이호영, "독점규제법상 수직적 공동행위 규제의 도입", 최근 경쟁법의 주요
   쟁점과 과제, 2010년 한국경쟁법학회 추계학술대회, 88-91면 참조.

52) 일본 獨占禁止法은 제19조 및 제2조 제9항에서 불공정한 거래방법으로 수직적 제
   한에 해당하는 구속조건부 거래나 재판매가격유지 등의 행위를 규제하고 있다는
   점에서 우리 독점규제법 체계와 유사한데, 공동행위를 규제하는 제3조에 의하여
   수평적 공동행위뿐만 아니라 수직적 공동행위도 규제되는 것으로 보는 견해로서,
   谷原修身, 주 17)의 책, 159-160면은 이러한 유형의 규제의 본질은 공동행위성에
   있다는 점에서 긍정적으로 보고 있다. 또한 수직적 공동행위는 수평적 공동행위
   의 실효성을 보장할 수 있다는 점에서 중요성이 있다는 점을 지적하는 것으로서,
   金井貴嗣・川濱 昇・泉水文雄, 주 31)의 책, 38면(宮井雅明) 참조.

53) 신현윤, 주 37)의 책, 233-234면 및 이기수・유진희, 경제법, 세창출판사, 2012,
   152면 참조. 한편 부정적 입장을 취하면서, 제19조 제1항 제9호의 "기타의 행위로
   서 다른 사업자의 사업활동 또는 사업내용을 방해하거나 제한함으로써 일정한 거
   래분야에서 경쟁을 실질적으로 제한하는 행위" 규정은 수직적으로 관련되는 사업
   자들도 규제 대상에 포함된다고 보는 것으로서, 정호열, 경제법, 박영사, 2012,
   337-338면 참조.

이러한 논의의 추이는 지켜볼 필요가 있을 것이다. 그러나 현재의 논의 과정에서 드러나고 있는 것처럼, 수직적 공동행위가 독점규제법 제19조에 의하여 규제될 가능성은 크지 않으며, 이러한 상황에서 수직적 거래제한 행태에 대한 불공정거래행위로서의 규제 가능성은 실질적인 의미를 갖게 된다. 즉 수직적 관계에 있는 사업자 간에 경쟁제한적 효과를 갖는 합의가 성립되었을 경우에, 공동행위 참가자 중 시장지배적 지위가 인정되지 않거나 남용행위로서 평가가 주어지지 않는다면, 수직적 관계에서 구체화될 수 있는 불공정거래행위 유형은 유일한 규제 근거로서 남게 될 것이다. 물론 공동행위로부터 경쟁정책적으로 의미 있는 단독행위의 계기를 추출하는 것이 용이하지 않다는 점을 고려할 때, 규제상의 공백은 피할 수 없을 것으로 예상되지만, 불공정거래행위로서의 규제가 독점규제법상 수직적 공동행위에 대한 규제의 최종적인 수단으로서의 의미를 갖는다는 점을 염두에 둘 필요가 있다.

2. 비교법적 검토

(1) 독일 경쟁제한방지법 제20조 및 제21조의 의의

앞에서 살펴본 일본 독점금지법 외에도, 주요 국가의 경쟁법에서 단독행위 규제 근거가 여러 규정에 흩어져 있는 예는 드물지 않게 존재한다. 전술한 것처럼 독일의 경우 거래의 공정을 다루는 별도의 법률로서 경쟁제한방지법 외에 부정경쟁방지법이 있지만, 경쟁제한방지법에도 단독행위 규제와 관련하여 다원적으로 규제 근거를 마련하고 있다. 물론 규제 내용이 독점규제법이나 일본 독점금지법과 동일한 것은 아니지만, 경쟁법의 운영과 관련하여 참고할 만한 것이다. 독일 경쟁제한방지법은 제1조 내지 제3조에서 카르텔(부당 공동행위)을 규제하고, 제18조 이하에서 시장지배적 지위남용행위를 규제한다. 동법 제18조는 시장지배적 지위를 정의하고, 제

19조는 구체적인 남용에 해당하는 행위를 규정하고 있다. 단독행위 규제 측면에서 제18조 및 제19조에 의한 시장지배적 지위남용 규제가 핵심을 이루지만, 제20조 및 제21조에서 시장지배적 지위를 반드시 요구하지 않는 사업자의 경쟁제한적 행태를 규제하고 있다는 점에도 유의할 필요가 있다.

구체적으로 보면, 제20조 제1항에 의하여 사업자 또는 사업자 단체는, 특정한 재화 또는 용역의 공급자 또는 수요자로서 다른 사업자로 전환할 수 있는 충분하고 합리적인 가능성이 존재하지 않는 방식으로(상대적 시장력) 중소기업이 이들에게 종속되어 있는 경우에 제19조 제2항 제1호(남용행위로서 사업활동 방해)의 적용을 받는다. 특정한 재화 또는 용역의 공급자가 1문의 의미에서 종속된 수요자에게, 통상적인 가격할인 또는 기타의 반대급부에 부가하여 동종의 다른 수요자에게는 하지 않는 특별한 이익의 제공을 정규적으로 요구할 경우에 추정된다. 제2항에 의하여 사업자 또는 사업자단체에 대하여 자신에게 종속되어 있는 사업자와의 관계에서 제19조 제2항 제5호(남용행위로서 자신에게 이익을 제공하도록 다른 사업자에게 요구하거나 유인하는 것에 자신의 시장지위를 이용하는 행위)가 적용된다. 제3항에서 중소기업인 경쟁자에 대하여 우월한 시장력을 갖고 있는 사업자는 이러한 경쟁자들을 직·간접적으로 방해하기 위하여 자신의 시장력을 행사하여서는 안 된다. 특히 사업자가 '식품법'(Lebensmittel- und Futtermittelgesetzbuch) 제2조에서 정의한 식품을 비용 이하로(unter Einstandspreis) 제공하거나(1호),[54] 다른 재화 또는 용역을 일시적이지 않게 비용 이하로 제공하거나(2호), 경쟁 상태에 있는 재화 또는 용역의 하류시장에 있는 중소기업에게 공급 대가로 당해 시장에서보다 높은 가격으로 제공하는 경우에(3호), 객관적으로 정당화되지 않는 한 1문의 부당한 방해행위에 해당한다. 식품의 원가 이하 판매는 부패나 상업적으로 적정한 시기에 판매하지 못하게 될 위험을 방지하기 위하여 기타 이와 유사한

---

54) 동 규정은 한시적 조항으로서 2018년 1월 1일부터 효력을 잃게 되었다.

곤란한 상황에 해당하는 경우에 정당화 될 수 있다. 식품이 자선단체의 업무 수행 과정에 제공된 경우에는 부당한 방해행위에 해당하지 않는다. 제4항에서 특정한 사실에 근거하여 일반적인 경험칙에 따라서 제3항에서 의미하는 시장력을 남용한 외관이 나타날 경우에, 그 외관을 부정하고 또한 관련 경쟁자 또는 제33조의 단체가 설명하는 것은 가능하지 않지만 청구를 받은 사업자는 용이하게 설명할 수 있고, 기대가능한 경우에 청구의 기초가 된 상황을 설명할 책임은 당해 사업자가 부담한다. 제5항에서 경제단체와 직능단체 그리고 품질표시단체는 어떤 사업자의 가입을 거절하는 것이 실질적으로 정당하지 않은 차별 취급에 해당하고, 그 사업자에게 경쟁상의 부당한 손해를 초래할 경우에 그 사업자의 가입을 거절하여서는 안 된다.

또한 제21조 제1항에서 사업자 또는 사업자 단체는 특정한 사업자를 부당하게 침해할 목적으로 다른 사업자 또는 사업자 단체에게 공급금지 또는 구매금지를 요구하여서는 안 된다. 제2항에서 사업자와 사업자 단체는 다른 사업자에게 손해를 가할 위협을 하여서는 안 되며, 또한 다음 규정에 의하여 계약적 구속의 대상이 될 수 없는 행위를 하게 하기 위하여 이익을 약속하거나 허용하여서는 안 된다. 이때 규정은 동 법률(1호), EU 기능조약 제101조 또는 제102조(2호), 동법과 EU 기능조약 제101조 또는 제102조에 근거한 EU 위원회 또는 카르텔청의 처분(3호)을 의미한다. 제3항에서 사업자와 사업자 단체는 제2조, 제3조 또는 제28조 제1항에서의 합의 또는 결의에 참가(1호), 제37조에 의한 다른 사업자와의 기업결합(2호), 경쟁을 제한할 목적으로 시장에서 동종의 행위(3호)를 강제하여서는 안 된다. 제4항에서 카르텔청의 개입을 신청하였거나 유발하였다는 이유로 다른 사업자에게 경제적 손해를 끼치는 행위는 금지된다.

이상의 규정은 경쟁정책적으로 제1조의 카르텔과 제19조의 시장지배적 지위남용 규제를 보완하는 의미를 갖는다. 예를 들어 제20조는 시장지배적 지위에 있지 않지만, 거래상대방에 대하여 상대적으로 우월한 지위에

484 _ 경제법론 IV

있거나 거래 상대방이 종속적인 지위에 있을 경우에 사업활동 방해 등의
행위를 남용행위로서 규제하고, 제21조는 집단적으로 이루어지는 보이코
트와 같은 행위에 대한 특별한 규제 근거를 제공한다.[55] 즉 제20조와 제
21조는 제1조와 제19조에 의한 규제 대상의 범위를 넓히며, 이는 특히 수
범자 측면에서 시장지배적 사업자가 아닌 사업자 일반을 대상으로 하는
것에 의하여 구체화 되고 있다.[56] 이와 관련하여 다음의 연방대법원 판결
은[57] 적절한 이해를 제공한다. 피고인 시는 자동차면허 사업소를 운영하
면서, 사업소 일부를 번호판 사업자에게 임대를 하고 있었다. 자동차면허
사업소에서 200m 떨어진 곳에서 번호판 사업을 영위하던 원고는 피고에
게 자동차면허 사업소에 자신이 사업 광고물을 부착할 것을 청구하였고,
피고가 이를 거절한 행위가 경쟁제한방지법 제20조 제1항의 사업활동 방
해 행위에 해당하는지가 문제가 되었고, 연방대법원은 최종적으로 이를
인정하였다. 동 사안에서 피고인 시의 행위는 번호판 시장의 경쟁을 제한
하는 효과를 낳고 있지만, 시의 시장지배적 지위 인정 여부가 불확실한 상
황에서 제20조는 적절한 규제 근거를 제공하고 있다.

특히 2013년 6월 경쟁제한방지법의 제8차 개정에 의하여 이러한 규제
의의는 더욱 강화되었는데,[58] 무엇보다 종속성에 기초한 상대적 시장력
(relative Marktmacht) 개념의 명시적 수용은 주목할 만하다. 이와 관련하여
현실 경제에서 대부분의 기업은 어느 정도 다른 기업에 대하여 종속적인 관
계를 유지하고 있기 때문에, 동 규정의 적용이 지나치게 확대될 수 있다는

---

55) Fritz Rittner & Meinrad Dreher, 주 50)의 책, 553-554면 참조.

56) 동 규정들의 우선적 의의를 수범자 범위의 확대에서 찾는 것으로서, Michael
    Kling & Stefan Thomas, Kartellrecht, Verlag Franz Vahlen, 2007, 621면 참조.

57) BGH, Urt. v. 8. 11. 2005.

58) 특히 2013년 제8차 개정에서 제20조의 개정은, 경쟁정책과 중소기업정책의 기초
    위에서 시장지배적 사업자뿐만 아니라, 유력한 사업자(marktstarke Unternehmen)
    를 규제 대상에 포함시킨 것에 의의가 있다. http://gesetzgebung.beck.de/node/
    1019598 참조.

우려가 존재하며,[59] 이는 동 규정의 적용에 신중을 기하는 원인으로 작용할 수도 있을 것이다. 그러나 이러한 우려에도 불구하고 단독행위 규제의 관점에서 경쟁제한방지법의 이와 같은 규제 체계는 시장지배적 사업자와 일반적 사업자의 이원화를 의미하며, 단독행위 규제가 시장지배적 사업자에 대한 규제만으로 충분하지 않다는 경쟁정책적 판단을 시사하는 것이다.

(2) 미국 Clayton법 제2조와 FTC법 제5조

Sherman법을 보완할 목적으로 제정된 Clayton법과 FTC법은 절차·조직 관련 규정뿐만 아니라 실체법적으로도 중요한 조항을 포함하고 있다. Clayton법상 대표적인 실체법적 조항은 Robinson-patman법에 의하여 개정된 차별 행위를 다루고 있는 제2조이다. 제2조 a항은 가격차별에 관하여, "그 차별의 효과가 실질적으로 일정한 거래분야에서 경쟁을 감소시키거나 독점을 형성할 우려가 있는 경우에, 또는 차별의 이익을 받거나 의식적으로 취득한 자와의 경쟁 내지 그러한 자의 고객과의 경쟁을 제한, 파괴, 방해하는 경우에 위법하다"고 규정하고 있다. 동 조항은 차별의 위법성이 경쟁제한 효과에 기초한다는 점을 분명히 하고 있으며, 차별에 의한 경쟁제한 효과가 나타나는 시장을 당해 시장인 경우와 이후의 시장인 경우로 나누어 차별 행위를 1선 차별과 2선 차별로 구분하는 근거를 제시하고 있다.[60] 한편 동항 단서는 비용상 차이에 따른 가격 차이를 규제 대상에서 제외하는 비용상 항변의 근거를 마련하고 있으며, 이로써 경쟁정책적인 관점에서 차별은 비용상 조건이 동일함에도 불구하고 상이한 거래조건이 부과되는 것으로 이해되고 있다.[61] 또한 제2조 b항은 유력한 항변사

---

59) Fritz Rittner, Meinrad Dreher & Michael Kulka, 주 28)의 책, 464-465면.

60) E. Thomas Sullivan & Jeffrey L. Harrison, 주 49)의 책, 308면 참조.

61) Phillip E. Areeda & Herbert Hovenkamp, Antitrust Law - An Analysis of Antitrust Principles and Their Application vol. III, Little, Brown and Company, 1996, 213면 참조.

유로서 경쟁대응항변에 관하여 규정하고 있다.[62] 이상의 Clayton법 제2조에 근거한 차별행위 규제와 관련하여, 규제의 의의로서 입법 초기에 영세사업자 보호와 같은 비경쟁정책적인 목적이 입법취지로서 제시되기도 하였지만, 제도 운영은 경쟁제한의 관점에서 이루어져 왔다.[63] 즉 전술한 1선 차별과 2선 차별로 나누어 전자의 경우에는 차별이 나타난 시장에서 경쟁사업자의 경쟁상 침해 그리고 후자의 경우에는 차별된 그룹이 시장에서 배제될 우려에 초점을 맞추어 부당성을 판단한다. 차별이 실효성 있게 실행되기 위해서는 차별 주체가 시장에서 일정한 정도의 지배력을 갖고 있을 것이 요구된다. 따라서 Clayton법 제2조에 의한 차별의 부당성 판단에서도 시장지배력의 고려가 불가피하지만, Sherman법 제2조에 근거한 독점화 또는 독점화 시도로서 고려되는 것과는 차이가 있다.[64] 비록 Clayton법 제2조에 의한 차별 규제가 경쟁정책적으로 타당한지에 대한 의문이 지속적으로 제기되고 있지만,[65] 현행 반독점법 체계에서 차별행위(단독행위)에 대한 유효한 규제 근거로서 기능하고 있다.

앞에서 살펴본 것처럼 FTC법 제5조는 불공정한 경쟁방법 또는 불공정하거나 기만적인 행위를 규제 대상으로 한다. 동 규정의 적용 예를 보면, 연방대법원의 판례로서 경쟁제한성을 넘어서는 규제 범위가 인정된 경우도 있다. 그러나 이러한 판례의 태도가 지속적으로 유지된 것으로 보기는

---

62) 연방대법원 판례에서 정식화된 경쟁대응항변 요건은, 판매자는 신뢰할 수 있는 거래상대방으로부터 정보를 얻고, 이를 조사하기 위하여 노력하여야 하며, 거래상대방의 요구에 따라서 가격을 낮추지 않을 경우에 거래 종결의 심각한 위험에 직면하고 있어야 한다. Great Atlantic & Pacific Tea Co., Inc. v. FTC, 440 U.S. 69(1979).

63) Herbert Hovenkamp, Federal Antitrust Policly: The Law of Competition and Its Practice, Thomson/West, 2005, 578-579면 참조.

64) 독점화 규제에서 시장지배력 요건은 필수적이며, 시장점유율 기준에 관한 법원의 경향을 보면, 90% 이상은 확고하게 시장지배력을 인정하고 있으며, 50% 이하의 경우에는 시장지배력을 인정하는 경우가 드물다. 위의 책, 272-273면 참조.

65) 위의 책, 573-574면 참조.

어려우며, 대체로 경쟁제한성에 기초하여 동 규정을 이해하는 것이 유력하다.[66] 물론 FTC법 제5조에서의 불공정성 판단 기준은 여전히 논쟁적이지만, 이를 별론으로 하고 경쟁제한성의 관점에서도 FTC법 제5조가 고유한 기능을 수행하고 있다는 점에 주목할 필요가 있다. 이러한 관점에서 연방 순회 재판소에 다루어졌던 du Pont 사건은 시사하는 바가 크다. 동 사건에서 FTC는 Sherman법 제1조의 의미에서 합의는 없지만, 과점 시장에서 이와 유사한 결과를 낳을 수 있는 조장행위들(facilitating practices)을 FTC법 제5조에 의하여 규제하였는데, 동 법원은 과점산업에서의 사업 활동이 묵시적 합의가 없음에도 불구하고 FTC법 제5조의 불공정한 것이 되기 위해서는 행위자의 반경쟁적인 목적이나 의도 그리고 합리적인 경영상 이유가 존재하지 않는 것과 같은 남용행위의 증거가 요구된다고 판시하고,[67] FTC의 결정을 번복하였다. 동 판결은 FTC법 제5조 적용의 지나친 확대를 억제하였다는 점에서 긍정적인 평가를 받았지만,[68] 법기술적인 측면에서도 의미 있는 시사점을 제공한다. 즉 동 판결은 FTC법 제5조가 적용될 수 있는 요건을 제시함으로써 Sherman법 제1조의 의미에서 합의의 존재가 인정되지 않은 경우에 문제가 된 사업자의 개별 행위를 규제할 수 있는 가능성을 제시하고 있다.

IV. 불공정성 규제로서의 의의

1. 불공정성 규제의 내용

독점규제법상 불공정거래행위의 규제목적은 공정한 경쟁보다 넓은 함

---

66) 위의 책, 596-597.
67) E. I. du Pont D Nemours & Co. v. FTC, 729 F.2d 128, 139-140(2. Cir. 1984).
68) Herbert Hovenkamp, 주 63)의 책, 597면.

의를 갖는 공정한 거래의 유지에 있으며, 경쟁사업자를 넘어서 거래상대
방의 보호까지 규제목적에 포함된다.[69] 이러한 관점에서 동 규정이 위법
성의 징표로 제시하고 있는 공정거래저해성의 의의는 경쟁제한성보다 넓
은 범위를 포괄하는 것으로 이해되고 있다.[70] 즉 공정거래저해성은 내용
상 경쟁제한성과 거래불공정성으로 구성되는 것으로 보며, 전술한 것처럼
판례 또한 이러한 입장을 취한다.[71]

　'불공정거래행위 심사지침'(이하 심사지침)은 위법성 판단에서 경쟁제한
성과 불공정성이 주로 고려되는 행위 유형을 제시하고 있다. 구체적으로
보면, 동법 시행령 〈별표1의2〉 제4호 부당한 고객유인, 제5호 거래강제,
제6호 거래상 지위의 남용, 제8호 사업 활동 방해의 위법성 판단은 불공정
성에 근거하며, 제5호의 거래강제 중 끼워팔기는[72] 경쟁제한성과 불공정

---

69) 권오승, 주 37)의 책, 277면; 신현윤, 주 37)의 책, 267면.

70) 이호영, 주 42)의 책, 260면.

71) 불공정거래행위 부당성 판단에 관한 선례에 해당하는 대법원 1998. 9. 8. 선고 96
누9003 판결은 "부당성의 유무를 판단함에 있어서는 거래당사자의 거래상의 지위
내지 법률관계, 상대방의 선택 가능성·사업규모 등의 시장상황, 그 행위의 목적
및 효과, 관련 법규의 특성 및 내용 등 여러 사정을 고려하여 그 행위가 공정하고
자유로운 경쟁을 저해할 우려가 있는지의 여부에 따라야 할 것이다"고 판시하였
는데, 동 판시사항에서 행위의 목적 및 효과는 경쟁제한성 판단에 그리고 상대방
의 선택가능성 등은 불공정성 판단에 상응하는 것이다. 또한 시장지배적 지위남
용과 불공정거래행위 규제의 규범 목적상의 차이를 밝힌 대법원 2007. 11. 22. 선
고 2002두8626 판결이나 불공정성에 기초하여 끼워팔기의 부당성을 판단한 대법
원 2006. 5. 26. 선고 2004두3014 판결은 이러한 입장을 시사한다. 한편 공정거
래위원회가 제정한 '불공정거래행위 심사지침'은 경쟁제한성은 "당해 행위로 인해
시장 경쟁의 정도 또는 경쟁사업자(잠재적 경쟁사업자 포함)의 수가 유의미한 수
준으로 줄어들거나 줄어들 우려가 있음을 의미(Ⅲ 1. 가 (2) (다))하는 것으로,
불공정성은 "경쟁수단 또는 거래내용이 정당하지 않음을 의미한다. 경쟁수단의
불공정성은 상품 또는 용역의 가격과 질 이외에 바람직하지 않은 경쟁수단을 사
용함으로써 정당한 경쟁을 저해하거나 저해할 우려가 있음을 의미한다. 거래내용
의 불공정성이라 함은 거래상대방의 자유로운 의사결정을 저해하거나 불이익을
강요함으로써 공정거래의 기반이 침해되거나 침해될 우려가 있음을 의미"(Ⅲ 1.
가. (2) (라))하는 것으로 규정하고 있다.

성의 고려가 모두 필요한 것으로 규정하고 있다. 다른 유형들의 위법성 판단은 모두 경쟁제한성에 기초하며, 제10호 부당 지원행위와 제2호의 차별적 취급 중 계열회사를 위한 차별은 경제력집중도 아울러 고려한다. 동 지침은 불공정거래행위 유형에 따른 위법성 판단이 위에서 제시된 기준을 '위주로' 한다고 규정하고 전적으로 어느 하나에 의하는 방식을 취하고 있지 않지만, 공정거래위원회의 구체적인 불공정거래행위에 대한 경쟁정책적 이해를 보여주는 예로서 충분하다. 다음의 〈표-1〉은 심사지침에 따라서 불공정거래행위의 세부 유형을 위법성의 중점별로 분류한 것이다.

〈표 1〉 위법성 근거에 따른 불공정거래행위 유형 분류

경쟁제한성	·거래거절(공동의 거래거절, 기타의 거래거절) ·차별적 취급(가격차별, 거래조건차별, 집단적 차별) ·경쟁사업자 배제(부당염매, 부당고가매입) ·구속조건부 거래(배타조건부 거래, 거래지역 또는 거래상대방 제한)
불공정성	·부당한 고객유인(부당 이익에 의한 고객유인, 위계에 의한 고객유인, 기타의 부당 고객유인) ·거래강제(사원판매, 기타의 거래강제) ·거래상 지위의 남용(구입 강제, 이익제공 강요, 판매목표 강제, 불이익 제공, 경영간섭) ·사업활동 방해(기술의 부당이용, 인력의 부당유인·채용, 거래처 이전 방해, 기타의 사업활동 방해)
경쟁제한성+불공정성	·거래강제(끼워팔기)
경쟁제한성+경제력집중	·차별적 취급(계열회사를 위한 차별), 부당지원행위

나아가 동 지침은 불공정성에 근거한 불공정거래행위 유형들을 불공정성의 주된 내용이 불공정한 경쟁수단에 의한 경우와 거래내용의 불공정성에 의하는 경우로 나누고, 특히 후자에는 거래상 지위남용의 유형들이 해

---

72) 2015년 동 지침의 개정에 의하여 끼워팔기는 경쟁제한성만 위법성 판단 기준이 되는 것으로 변경되었다.

당하는 것으로 규정하고 있다. 이와 같은 분류는 심사지침이 불공정성을 경쟁수단 또는 거래내용에서 파악하는 것에 상응하며, 미국 FTC법 제5조가 불공정한 경쟁방법 외에 불공정하거나 기만적인 행위를 규제 대상으로 명시하고 있는 것이나 일본 독점금지법상 불공정한 거래방법의 한 유형인 불공정경쟁수단형에 해당하는 행위의 분류와 유사한 측면이 있다.73) 이러한 구분은 위법성 판단의 기본 방향을 제시하는 것이지만, 이 구분이 실질적인 의미를 갖기 위해서는 공정한 거래를 침해하는 상황에 대한 구체적인 이해가 필요하다. 예를 들어 부당이익에 의한 고객유인이나 위계에 의한 고객유인 규제에서 주된 보호법익은 거래상대방의 합리적 선택에 있으며,74) 경쟁수단의 불공정성은 합리적 선택의 침해 가능성에 의하여 구체화될 수 있을 것이다.

2. 비교법적 검토

전술한 것처럼 일본 독점금지법 제19조에 의한 불공정한 거래방법은 구체적 유형으로서 불공정성에 초점을 맞춘 위법 유형을 포함하고 있으며, 불공정경쟁수단형 또는 자유경쟁기반침해형 등이 이에 해당한다. 일본에서의 논의에 따르면, 이들 유형의 위법성 판단은 경쟁제한적 효과에 근거한 자유경쟁저해형과 달리 거래 과정에서의 불공정성에 근거하며, 특히 거래에서 통용되는 정상적인 상관습이 판단 기준으로 기능한다.75) 물론 이와 같은 판단 기준의 모호성을 지적하고,76) 시장에서의 거래 제한행위를 규제하는 독점금지법 전체의 체계와 조화시키려는 시도가77) 유력하지만,

---

73) 稗貫俊文, 주 19)의 글, 144-145, 158면.
74) 앞에서 살펴본 독일 부정경쟁방지법은 소비자 이익의 보호를 목적으로 하며, 소비자 결정의 자유는 소비자 이익의 가장 핵심적인 내용으로 이해되고 있다.
75) 後藤晃·領村與太郎 編, 주 8)의 책, 102면(若杉隆平).
76) 上揭書, 105頁(若杉隆平).
77) 白石忠志, 주 32)의 책, 95면 참조.

다양한 경쟁정책적 고려 하에 입법된 불공정한 거래방법의 위법성 판단 기준의 하나로서 불공정성을 원용하고 있는 규제체계는 유지되고 있다.

불공정성 관점을 경쟁법상 규제 근거로서 반영한 입법의 원형에 해당하는 미국 FTC법 제5조의 해석과 적용도 참고할 만하다. 동 조는 불공정한 경쟁방법 또는 불공정하거나 기만적인 행위를 규제 대상으로 하며, 특히 후자의 적용과 관련하여 FTC는 판단 요건으로서, (1) 소비자의 오인을 유발할 가능성이 있어야 하고, (2) 이는 구체적 상황에서 합리적 인간의 관점에서 판단되어야 하며, (3) 상품에 관한 소비자 행위 또는 결정에 영향을 미칠 수 있는 실질적인 것이어야 한다는 세 가지 요건을 제시하고 있다.[78] 동 조의 적용과 관련하여 쟁점이 되고 있는 것은 전자인 불공정한 경쟁방법의 적용 범위에 관한 것이다. 특히 경쟁제한성 외에 다른 공익적 가치가 불공정한 경쟁방법의 판단에서 고려될 수 있다고 본 연방대법원 판결이 있었으며, 이에 의할 경우에 FTC법 제5조에 의한 규제 범위는 확대될 것이다. 예를 들어 Sperry & Hutchinson 사건에서[79] 연방대법원은 반독점법에 반하지 않는 행위도 FTC법 제5조의 불공정한 경쟁방법에 근거하여 규제 대상이 될 수 있다고 보았으며, Indiana Dentists 사건에서는[80] 불공정성의 판단 기준이 반독점법을 위반하는 것뿐만 아니라 다른 공공정책(public policy)에 반하는 경우까지 포함한다는 주목할 만한 판결을 내렸다. 물론 이러한 연방대법원의 태도가 일반적으로 받아들여지고 있는 것은 아니지만, 여전히 규제 실무에는 일정한 영향을 미치고 있는 것으로 보인다. 예를 들어 표준특허의 실시허용을 거부한 것이 문제가 되었던 Rambus 사건에서,[81] FTC는 Rambus가 표준 채택 이후 기술 시장에서의 독점력을 얻기 위하여 자신의 특허를 공개하지 않는 방식으로 기만적

---

78) FTC, Policy Statement on Deception(1983. 10. 14.)
79) FTC v. Sperry & Hutchinson Co., 405 U.S. 233(1972).
80) FTC v. Indiana Federation of Dentists, 476 U.S. 447(1986).
81) Rambus Incorporated v. FTC, 522 F.3d 456 (D.C. Cir. 2008).

행위를 하였고, 이는 Sherman법 제2조와 FTC법 제5조를 위반하는 행위라고 판단하였다. 그러나 연방항소법원은 Rambus가 기만적 행위를 통하여 고액의 실시료를 받게 된 것이 곧바로 반독점법 위반행위에 해당하는 것은 아니며, Rambus가 특허 정보를 공개한 경우 표준화기구가 표준화 과정에서 다른 결정을 하였을 것이라는 입증이 이루어지지 않았다는 점에 근거하여 Rambus의 기만행위와 독점화 사이의 인과관계를 부인하고 FTC의 결정을 파기하였다.82) FTC의 결정에 따라서 사건이 종료되었던 Negotiated Data Solutions, LLC(N-Data) 사건도 유사하다.83) 동 사건에서 최초의 특허권 보유자(National Semiconductor)는 표준화기구에 실질적으로 무료에 해당하는 액수로 실시 허락할 것을 약속하였고 이후 당해 특허는 표준특허가 되었는데, 당해 특허의 최종 양수인인 N-Data가 고액의 특허 실시료를 요구한 것이 문제가 되었다. FTC는 N-Data의 행위가 FTC법 제5조가 금지하는 불공정한 경쟁방법에 해당하는 것으로 판단하였으며, FTC의 결정을 N-Data가 수용하면서 동의명령으로 종결되었다. 이상의 사건은 모두 표준특허 보유자의 일방적 행위를 불공정행위에 관한 규제 근거인 FTC법 제5조에 의하여 규제할 수 있음을 보여주고 있다. 그러나 FTC법 제5조의 불공정성이 경쟁제한성을 넘어서 판단될 수 있는 것인지에 대한 비판이 제기되고 있으며,84) 이러한 태도가 향후 법원의 판단에 수용될 지는 여전히 의문인 상황이다.85) 이와 관련하여 FTC법 제5조가

---

82) 동 판결에 대한 FTC의 상고는 연방대법원에서 기각되었다. US Supreme Court certiorari denied by FTC v. Rambus Inc., 129 S. Ct. 1318, 173 L. Ed. 2d 586, 2009 U.S.

83) Negotiated Data Solutions, LLC, FTC File No. 0510094, Statement of the Federal Trade Commission (Jan. 23, 2008).

84) Charles T. Compton, "Tumultuous times: the escalating US debate on the role of antitrust in standard setting", Competition Law International vol. 5 no. 1, 2009, 34-35면 참조.

85) 표준특허 관련 행위를 FTC법 제5조에 의하여 규제하는 태도의 향후 전망에 관하여, 이문지, "표준특허의 기회주의적 행사와 미국 반트러스트법 및 연방거래위원

확대 적용되기 위한 두 가지 요건으로서, 반경쟁적으로 보이나 법기술적으로 반독점법에 포섭되기 어려운 경우 그리고 판단 오류에 따른 사회적 비용이 상대적으로 작은 경우가 제시되고 있는 것은 유력한 의미가 있다.[86] 이 주장은 기존의 반독점법 적용 범위를 FTC법 제5조를 통하여 확장할 수 있지만, 여전히 그 범위는 경쟁정책의 관점에서 구하려는 절충적인 시도로 이해되며, 따라서 FTC가 몇 차례 규제 실무에서 보여주었던 것과 같은 범위로 FTC법 제5조를 확대하려는 시도와는 차이가 있다. 그러나 불공정성을 경쟁정책의 관점에서 이해하더라도 구체적인 규제 대상 행위를 특징하는 징표로서 또는 규제 대상인 행위를 인식하는 계기로서 불공정성의 관점이 유효할 수 있다는 함의를 갖고 있다는 점에서, FTC법 제5조의 규제 대상으로서 불공정한 경쟁방법의 고유한 의의를 부인하는 것은 아니다. 나아가 FTC법 제5조는 불공정한 경쟁방법 규제의 확대 가능성은 별론으로 하더라도, 기만행위와 같이 전형적인 불공정성의 관점에서 파악되는 행위를 규제 대상으로 하고 있다는 점도 주목할 부분이다.

V. 결론: 개선논의의 기초

1. 단독행위 규제와 불공정성 규제의 경쟁정책적 의의

이상의 논의에서 알 수 있듯이, 각 나라의 경쟁법 체계에서 이원화된 단독행위 규제가 이례적인 것은 아니다. 미국, 독일, 일본의 경쟁법 모두 독점적 행태에 대한 주된 규제 외에 단독행위를 규제하는 근거를 두고 있다. 물론 각 나라의 독점에 대한 기본적 태도의 차이, 경쟁법의 형성에 영향을 미친 법체계의 상이 그리고 경쟁정책적 관점에서 규제 필요성에 대

회법 제5조 부활의 의미”, 서강법학 제11권 제2호, 2009, 223-229면 참조.
86) Herbert Hovenkamp, 주 63)의 책, 597면.

한 인식의 차이에 따라서 단독행위 규제의 입법 방식과 규제 내용은 달라질 수밖에 없을 것이다. 이러한 점에서 독점규제법에서 불공정거래행위를 단독행위 규제 근거로 두고 있고, 주요 나라의 경쟁법과 비교하여 규제 범위가 다소 넓다는 것이 부정적인 평가의 근거가 될 수는 없다. 중요한 것은 시장지배적 지위남용규제 외에 단독행위에 대한 규제 필요성이 있는 영역이 존재하는지 여부이며, 대법원이 기타의 거래거절 사건에서 시장지배적 사업자가 아닌 유력 사업자 개념을 원용한 것에서 확인할 수 있듯이,87) 이러한 영역의 존재를 부인하기는 어려울 것이다. 그렇다면 단독행위 규제로서 불공정거래행위 규제의 의의는 이러한 영역에 충분히 대응하고 있는지의 관점에서 이해되어야 한다. 또한 불공정성 규제와 관한 비교법적 검토에서 드러나듯이, 경쟁법 내에서 불공정성을 다루는 방식 역시 드문 것은 아니다. 독일의 경우처럼 별도의 입법으로 이 문제에 대응하는 경우도 있지만, 일본이나 미국의 예는 경쟁법 안에 위치한 불공정성 규제 조항이 입법적으로 가능할 수 있음을 보여준다.

따라서 불공정거래행위 규제에 의하여 단독행위 규제가 이원화되고, 또한 불공정거래행위의 위법성 판단이 경쟁제한성을 넘어서 이루어지고 있는 현행 제도 운영이 그 자체로서 문제가 되는 것은 아니다. 규제의 중복이나 과잉 규제는 우리 고유의 경쟁정책적 판단에 기초하여 다루어야 할 문제이다. 독점규제법 제정 이후 2012년까지 공정거래위원회에 의하여 규제된 위반유형별 사건을 보면, 전체 위반 사건 중 불공정거래행위 위반 사건이 약 62%에 이른다.88) 이러한 수치는 독점규제법 집행이 불공정거래행위 규제에 지나치게 집중되고 있는 현상을 보여주는 것일 수 있지만, 다른 한편으로 이러한 위법 유형이 광범위하게 나타나고 있는 시장의 상황

87) 대법원 2001. 1. 5. 선고 98두17869 판결. 한편 동 판결에서 제시된 유력 사업자 개념을 긍정적으로 보는 견해로서, 김차동, "단독거래거절에 의한 불공정거래행위의 규제원리", 권오승 편, 공정거래와 법치, 2004, 법문사, 704-705면 참조.
88) 공정거래위원회, 2013년판 공정거래백서, 2013, 65면 참조.

이 반영된 결과로 이해할 수도 있다.[89]

2. 개선 논의의 방향

불공정거래행위 규제의 개선과 관련하여, 현행 독점규제법 체계에서 단독행위 규제와 불공정성 규제의 기본적인 의의가 경쟁정책적으로 부정될 수 있는 것이 아니라면, 개선 논의도 이를 유지하는 방향으로 이루어져야 할 것이다.

미국 반독점법 근대화 위원회(Antitrust Modernization Commission)는 단독행위 규제의 개선에 있어서 가장 우선되는 과제로서 반경쟁적 행위에 대한 Sherman법 제2조의 적용 기준의 명확화를 제안하고 있다.[90] 이는 독점규제법의 관점에서도 마찬가지로 중요한 의미를 갖는 것이지만, 이러한 과제를 수행함에 있어서 불공정거래행위 규제체계의 특징에 대한 이해가 선행되어야 한다. 단독행위 규제체계가 시장지배적 지위남용행위와 불공정거래행위로 이원화되고 있는 상황에서 이에 관한 현재의 논의를 보면, 지배적인 견해는 양자를 특별법적인 관계로 파악하고 법원은 양자의 규범목적상의 차이를 지적하는 것에 머무르고 있다. 이러한 논의는 불공정거래행위의 위법성 판단이 크게 경쟁제한성과 불공정성으로 구분되고 있다는 점을 전제로 심화될 필요가 있으며, 이에 기초하여 불공정거래행위 규제의 의의가 구체화될 수 있을 것이다.

개선에 관한 논의가 요구되는 몇 가지 점을 지적하면, 우선 불공정성 관점에서 불공정거래행위 규제가 가능하다 하더라도, 이러한 판단이 요구

---

[89] 불공정거래행위 규제가 경쟁질서 개선 측면에서 경제력집중 억제나 독과점 억제보다도 더 실질적인 중요성을 가질 수 있다고 보는 견해로서, 이기수·유진희, 주 53)의 책, 175면 참조.

[90] Antitrust Modernization Commission, Report and Recommendations, 2007, 81-83면.

되는 구체적인 행위 유형과 이를 판단하는 기준의 제시가 명확하지 않은 측면이 있다. 독일 부정경쟁방지법이 시사하고 있는 것처럼, 불공정거래행위 규제의 주된 목적은 경쟁자 또는 거래상대방(소비자)의 이익 보호에 있다. 이때 소비자의 이익은 합리적 결정의 기초가 주어지는 것으로부터 나오며, 이는 미국 FTC법 제5조의 기만적 행위에 대한 이해와 맥을 같이하는 것이다. 현행 심사지침은 불공정성에 기초한 불공정거래행위에 대하여 위법성 판단기준으로서 경쟁방법의 불공정성 또는 거래내용의 불공정성을 제시하고 있는데, 규제의 취지로부터 판단 기준의 도출이 명확하지 않으며, 그에 상응하여 규제기관의 자의적 개입의 여지는 커질 것이다. 이러한 관점에서 특히 부당한 고객유인의 경우 불공정성 판단은 거래상대방의 합리적 결정권의 침해에 기초하여 재구성될 필요가 있을 것이다. 또한 우월한 지위남용의 경우에는, 독일 경쟁제한방지법상 이와 유사한 제20조의 규정이 경쟁제한적 관점에서 구성되어 있고, 일본에서도 시장의 관점에서 동 규제를 이해하려는 논의가 전개되고 있다는 점을 고려하여, 최소한 불공정성과 함께 경쟁제한성이 위법성 판단에서 고려될 수 있는 기준 개정이 검토될 필요가 있다. 나아가 근본적인 방안으로 불공정성의 핵심적 징표를 제시하고, 구체적인 행위 유형은 규제기관의 법적용 과정에서 제시되도록 하는 방안도 검토할 수 있을 것이다.

　내용적 측면에서는 불공정거래행위 규제의 중요한 특징 중 하나인 수직적 거래제한에 대한 규제와 관련하여, 산재되어 있는 규제 유형들을 정리하여 규제의 의의를 명확히 할 필요가 있다. 즉 상표내 거래제한으로서 재판매가격유지와 비가격 수직적 제한(거래지역 또는 거래상대방 제한) 그리고 상표간 거래제한으로서 끼워팔기와 배타조건부 거래로 유형화하여 규정함으로써, 수직적 거래제한으로서의 성격을 공유하는 행위 유형들에 대한 이해를 제고하는 방향으로의 개정이 필요할 것이다. 또한 이와 관련하여 현행 독점규제법상 수직적 공동행위가, 이론적 타당성은 별론으로 하고, 제19조에 의하여 규제되지 않고 있다는 점도 아울러 고려되어야 한

다. 이러한 상황에서 수직적 거래제한의 규제는 행위 형식을 합의까지도
포괄할 수 있는 방향으로 정하여 규제의 공백을 피할 수 있는 방향으로의
개선이 필요할 것이다.

17. 불공정거래행위의 유형에 따른 위법성 판단
-불공정성을 중심으로-

I. 서론

독점규제법 위반행위 중 단독행위에 대한 규제는 주로 시장지배적 지위
남용 규제와 불공정거래행위 규제에 의한다. 단독행위 규제가 이원화되어
있는 것은 독점규제법의 중요한 특징을 이루며,[1] 불공정거래행위의 규제
는 이와 같은 규제체계를 전제로 이해될 필요가 있다.

단독행위 중 독점규제법 제3조의2에 의한 시장지배적 지위남용 규제는
EU기능조약 제102조나 독일 경쟁제한방지법(GWB) 제19조에 상응하며,
기원적으로 미국 Sherman법 제2조에 의한 독점화 규제와도 관련된다. 동
규제는 시장지배적 지위 자체는 승인하면서, 다만 그 지위의 남용행위만
을 규제 대상으로 삼는다. 비록 구체적 적용에 어려움이 따를 수 있지만,
경쟁제한성에 근거한 남용의 법리적 의의는 비교적 명확하다.[2] 그럼에도

---

1) 이호영, "공정거래법상 단독행위 규제체계의 현황 및 개선방향", 경쟁저널 제169
   호, 2013, 3-4면. 한편 단독행위와 대비되는 공동행위의 의의 및 유형별 이해에
   관하여, 정완, "공정거래법상 부당한 공동행위 규제의 합리적 개선방안", 경희법
   학 제42권 제3호, 2007, 236-238면 참조.
2) 시장지배적 지위남용의 의의를 방해적 남용과 착취적 남용을 아울러 통일적으로
   구하기 어렵다는 것에 관하여, Richard Whish & David Bailey, Competition

불구하고 독점규제법이 불공정거래행위를 위법한 단독행위의 한 태양으로 별도로 규정하고 있는 것은, 단독행위 규제와 관련하여 시장지배적 지위 남용 규제로 충분하지 않다는 판단에 따른 것이며, 경쟁정책상 규제 필요 성이 인정되지만 시장지배적 지위남용 규제에 포섭되지 않는 영역을 상정 한 것이라 할 수 있다.

우선 경쟁제한성의 관점에서 시장지배적 지위남용 규제의 적용범위는 시장지배적 지위가 인정되는 경우로 제한될 수밖에 없고, 이로 인하여 경 쟁제한적 행태에 대한 규제 범위를 확장할 필요가 있을 것이다. 또한 경쟁 제한성 외에 경쟁정책적으로 의미가 있는 다른 가치 판단 요소도 영향을 미칠 수 있다. 흔히 경쟁 메커니즘이 제대로 작동하기 위한 조건으로, 시 장의 개방(open), 시장참가자의 자유(free) 그리고 공정(fair)을 들고 있 다.[3] 앞의 두 가지 조건이 구조에 초점을 맞춘 것이라면, 공정은 시장참 가자들의 행태에 대한 주의를 환기시킨다. 이들 간의 관계, 특히 자유와 공정에 관하여 양자가 상호조건적으로 밀접히 결합되어 있다는 Rittner의 지적을 상기한다면,[4] 공정의 문제를 경쟁정책적으로 다루는 것이 경쟁 보 호의 규범 체계에서 본질에 벗어나는 것은 아니다. 이와 같이 공정성의 문 제를 이해할 경우에, 이를 침해하는 행태에 대한 규제도 경쟁법의 틀 안에 서 가능하며, 불공정거래행위는 이러한 관점에서 구성될 수도 있다.

현행 독점규제법상 불공정거래행위 규제는 위에서 언급한 두 가지 관점 을 모두 수용한 것으로 보인다. 물론 이에 대하여 다양한 관점에서의 비판 이 가능하겠지만, 구체적인 법 적용 과정에서 드러나는 법리적 쟁점을 명 확히 하는 것이 입법론을 포함한 논의의 기초로서 의미가 있을 것이다. 이 하에서의 논의는 불공정거래행위 규제에 있어서 불공정성에 의한 위법성

Law, Oxford Univ. press, 2012, 198면.

3) 권오승, 경제법, 법문사, 2015, 80-81면.

4) Fritz Rittner, Meinrad Dreher & Michael Kulka, Wettbewerbs-und Kartellrecht, C. F. Müller, 2014, 40-41면.

판단에 관한 것이다. 우선 위법성 판단기준으로서 불공정성의 의의를 밝히고(II), 이어서 불공정거래행위의 유형 중 불공정성에 기초하여 위법성 판단이 이루어지고 있는 유형들을 개별적으로 살펴봄으로써5) 불공정성의 구체적 의의와 나아가 경쟁정책적 관점에서 바람직한 방향으로 법제도가 운용되고 있는지를 분석할 것이다(III). 이상의 논의에 기초하여 불공정거래행위 규제의 개선에 관한 일정한 제안을 하고자 한다(IV).

II. 불공정거래행위의 위법성 판단과 불공정성

1. 불공정거래행위의 위법성 판단 기준

(1) 이원적 판단 구조

불공정거래행위의 위법성 판단은 관점을 달리하는 다양한 판단 기준에 의한다. 우선 독점규제법상 다른 법위반 유형처럼 경쟁제한성은 불공정거래행위 위법성의 중요한 내용이 되고 있다. 불공정거래행위 규제는 사업자 단독으로 행한 행위를 대상으로 하기 때문에, 마찬가지로 단독행위의 경쟁제한성을 문제 삼는 시장지배적 지위남용행위와의 관계 설정이 필요하다. 이와 관련하여 수범자가 한정되어 있다는 점6) 또는 시장지배적 사업자가 존재함으로 인한 시장의 특수성에 근거하여7) 후자가 전자에 대한

---

5) 불공정거래행위 중 불공정성에 기초한 위법성 판단 유형은, 규제 실무의 기준이 되고 있는 공정거래위원회가 제정한 '불공정거래행위 심사지침'에 의한다.

6) 권오승, 주 3)의 책, 309면; 권재열, 경제법, 법원사, 2005, 221면; 양명조, 경제법강의, 신조사, 2007, 187-188면.

7) 이봉의, "독점적 사업자의 끼워팔기: 마이크로소프트사(MS)의 지위남용을 중심으로", 법과 사회제27호, 2004, 336-338면 참조. 시장지배적 사업자가 존재하는 시장의 특성을 잔존경쟁(Restwettbewerb)적으로 이해하는 것으로, Gerhard Wiedemann hrsg., Handbuch des Kartellrechts, C. H. Beck, 1999, 766면(Georg-Klaus de

특별법적 지위에 있다고 보는 견해가 지배적이다. 이와 같은 특별법적 관계에 기초한 양자에 대한 이해는 법리적 귀결로서 법적용상의 우열로 이어질 것이다. 또한 이러한 논의의 함의로서 불공정거래행위가 시장지배적 지위남용의 여개념적으로 구성된다는 결론이 도출되며, 이로부터 경쟁제한성의 관점에서 구체적인 불공정거래행위의 규제 범위가 정해질 것이다.

그렇지만 불공정거래행위의 위법성 판단은 전적으로 경쟁제한성에 근거하지 않는다. 대법원이 시장지배적 지위남용행위와 불공정거래행위 규제 간에 규범 목적상의 차이를 강조한 것은 불공정거래행위 위법성의 다원적인 판단 기준을 수용한 것으로 이해되며,[8] 또 다른 판단 기준으로서 불공정성은 경쟁제한성에 포섭되지 않는 일련의 행위들을 규제 대상에 포함시키는 기능을 한다.[9] 즉 거래 과정에서 발생하는 구체적인 불이익에 초점을 맞추어 불공정거래행위의 위법성 판단이 가능한 경우도 있으며, 이때 경쟁제한 효과의 분석은 더 이상 요구되지 않을 것이다.

(2) 포괄 개념으로서 공정거래저해성

경쟁제한성과 불공정성으로 대별되는 불공정거래행위 위법성 판단의 이원적 구조는 불공정거래행위 규제에 관한 독점규제법 제23조 제1항에 근거한다. 특히 동 규정에서 공정거래저해성은 불공정거래행위의 징표로서 경쟁제한성과 불공정성을 포괄하는 개념으로 기능한다. 물론 성격을 달리하고 구체적인 판단 과정에서 중점을 두게 되는 방법론상의 차이도 분명한 두 판단 기준을 하나의 개념으로서 포괄할 수 있는지 나아가 이러한 규제 방식이 경쟁정책적으로 바람직한 것인지에 관하여 논의의 여지가 있다.

Bronett) 참조.
8) 대법원 2007. 11. 22. 선고 2002두8626 판결.
9) 부당 지원행위나 차별적 취급 중 계열회사를 위한 차별의 경우 경제력 집중도 위법성 판단의 고려 요소가 된다. 이러한 점에서 불공정거래행위의 위법성 판단 구조를 다원적인 것으로 이해할 수 있을 것이다.

비교법적으로 경쟁제한방지법 외에 불공정성에 초점을 맞춘 부정경쟁 방지법(UWG)을 두고 경쟁법 체계를 구축하고 있는 독일은 독점규제법 제23조와 대비되는 입법 예를 보여준다. 이 경우에 경쟁제한성과 불공정 성은 별개의 법률에 근거한 위법성 판단의 기준이 되며, 이를 포괄하는 상 위 개념이 요구되지는 않는다. 물론 이러한 법체계에서도 특정한 행위가 양 규범에 모두 포섭될 수 있지만,[10] 행위 평가는 각각의 법률에서 독립 적으로 이루어진다.

이와 대조적으로 독점규제법 제23조에 직접적인 영향을 미친 일본 독점 금지법 제19조나 미국 FTC법 제5조는 경쟁제한성과 불공정성의 통일적 운영에 관한 일정한 시사점을 제공한다. 독점금지법 제19조의 불공정한 거래방법과 관련하여 일본에서의 논의는 이를 자유경쟁저해형, 불공정경 쟁수단형, 자유경쟁기반침해형 등으로 구분하는 것이 일반적이다.[11] 이 유형 중 특히 부당한 고객유인을 전형으로 하는 불공정경쟁수단형은 수단 자체의 불공정성에 초점을 맞춘 것이고, 자유경쟁기반침해형은 우월적 지 위의 남용으로 대표되며 시장의 자율적 해결을 기대하기 어려운 상황에서 특별한 규율의 필요성이 반영된 것으로 이해된다.[12] 이와 같은 유형별 이 해에 따르면, 거래방법의 불공정성은 상이한 내용으로 구성된 위법성을 포괄하는 개념으로 기능하고 있다.

또한 일본 독점금지법 제19조의 모델이 되었던 미국 FTC법 제5조 제1 항이 "거래에서 또는 거래에 영향을 미치는 불공정한 경쟁방법 그리고 불

---

10) 독일의 경우 전기서비스에 통신서비스를 끼워팔기한 Strom und Telefonie II 사 건에서 경쟁제한방지법과 부정경쟁방지법 위반 여부가 동시에 다루어졌다. BGH, Urt. v. 4. 11. 2003.

11) 稗貫俊文, "日本の競爭法の實體規定の構造的な特徵について", 경쟁법연구 제12권, 2005, 144-145, 158면.

12) 위의 글, 144, 158면. 한편 불공정한 거래방법의 규제는 거래 자체의 공정성을 위 한 것이고, 특히 개별 거래에서 나타나는 억압성 자체를 문제 삼고 있다는 점에서 동 규제의 고유한 의의를 찾는 견해로, 後藤 晃·鈴村興太郎 編, 日本の競爭政策, 東京大學出版會, 1998, 98-99면(若杉隆平) 참조.

공정하거나 기만적인 행위는 위법하다"고 규정하고 있는 것도 참고할 수
있다. 동 규정 후단의 불공정하거나 기만적인 행위와 관련하여 FTC는 판
단 요건으로서 (1) 소비자의 오인을 유발할 가능성이 있어야 하고, (2) 이
는 구체적 상황에서 합리적 인간의 관점에서 판단되어야 하며, (3) 상품에
관한 소비자 행위 또는 결정에 영향을 미칠 수 있는 실질적인 것이어야
한다는 세 가지를 제시함으로써, 불공정성에 기한 판단 기준을 구체화하
고 있다.13) 반면 전단의 불공정한 경쟁방법에 반하는지 여부는 경쟁제한
성에 의하며, 다만 경쟁제한성 외의 다른 요소도 고려될 수 있는지에 관하
여 논의가 있다. 이를 긍정한 연방대법원의 판결과14) 이에 대한 비판적인
입장이 대립하고 있지만,15) 어떠한 입장을 취하든지 간에 경쟁제한성이

13) FTC, Policy Statement on Deception(1983. 10. 14.). 동 규정에 의한 최근의 규
제 사례로서 특허관리전문회사인 'MPHJ Technology Investments(이하 MPHJ)가
문서 스캐닝기술 관련 특허를 매입한 후 당해 특허를 다수의 중소기업이 침해하
였다는 주장을 하면서 로열티를 요구하였던 사건을 참고할 수 있다. 동 사건에서
MPHJ가 이미 다른 기업은 로열티를 지불하고 있다는 허위 사실을 기재한 로열티
지불 요구 서신을 다수의 중소기업에게 보낸 것이 문제가 되었다. FTC는 이러한
행위를 FTC법 제5조에 근거하여 소비자를 기만하는 것으로 평가하고, 행위 중지
와 장래 위반 시 행위 당 16,000$의 벌금을 부과할 것이라는 의견을 표명하였으
며, 이에 MPHJ가 동의함으로써 사건이 종결되었다. FTC, "FTC Settlement Bars
Patent Assertion Entity From Using Deceptive Tactics", 2014. 11. 6.
14) FTC v. Sperry & Hutchinson Co., 405 U.S. 233(1972); FTC v. Indiana
Federation of Dentists, 476 U.S. 447(1986).
15) 연방대법원의 입장이 일반적으로 받아들여지고 있는 것은 아니지만, 이러한 입장
을 반영한 규제 사례도 있다. 최초의 특허권 보유자(National Semiconductor)가
표준화기구에 실질적으로 무료에 해당하는 액수로 실시 허락할 것을 약속하여 당
해 특허가 표준특허가 된 이후에 당해 특허의 최종 양수인인 N-Data가 고액의 특
허 실시료를 요구한 것이 문제가 된 사건에서, FTC는 경쟁제한성이 아닌 기만성
에 초점을 맞추어 N-Data의 행위가 FTC법 제5조가 금지하는 불공정한 경쟁방법
(unfair method of competition)에 해당하는 것으로 판단하였고, 동 사건은 FTC
의 결정을 N-Data가 수용하면서 동의명령으로 종결되었다. Negotiated Data
Solutions, LLC, FTC File No. 0510094, Statement of the Federal Trade
Commission (Jan. 23, 2008). 동 결정에 대하여 비판적인 견해로서, Charles T.

동 규정의 적용에 있어서 핵심적인 판단 기준이 되고 있다는 것은 분명하다.[16] 결국 FTC법 제5조는 전단의 경쟁제한성과 후단의 불공정성을 아우르는 위법성 판단 구조를 취하고 있다.

이와 같이 미국 FTC법 제5조와 일본 독점금지법 제19조에 의한 규제는 독점규제법 제23조가 경쟁제한적인 행위와 불공정한 행위를 하나의 조항에 근거하여 동시에 규제하는 것이 이례적이지 않음을 보여준다. 또한 경쟁정책의 본질에 비추어 이러한 규제체계의 타당성을 긍정할 수도 있다. 앞에서 언급한 경쟁의 자유와 공정 사이의 상호조건적 인식은 보다 큰 틀에서 경쟁정책에 대한 이해를 가능하게 하며, 이러한 사고의 반영으로서 공정거래저해성의 의의가 구체화될 수 있다. 즉 경쟁제한성과 거래 불공정성 모두 경쟁정책의 실현에 복무하며, 이를 포괄하는 도구 개념으로 공정거래저해성을 이해할 수 있을 것이다.[17]

2. 불공정성의 의의

(1) 불공정성의 내용

경쟁제한성과 구분되는 독자적인 불공정거래행위의 위법성 판단 근거로서 불공정성은 경쟁제한적 효과에 기초하지 않는다. 우선 고려할 수 있

Compton, Tumultuous times: the escalating US debate on the role of antitrust in standard setting, Competition Law International vol. 5 no. 1, 2009, 34-35면 참조.

16) FTC법 제5조가 확대 적용되기 위한 두 가지 요건으로서, 반경쟁적으로 보이지만 법기술적으로 반독점법에 포섭되기 어려운 경우 그리고 판단 오류에 따른 사회적 비용(social cost of an error)이 상대적으로 작은 경우을 제시하고 있는 것으로, Herbert Hovenkamp, Federal Antitrust Policly: The Law of Competition and Its Practice, Thomson/West, 2005, 597면.

17) 일본 독점금지법 제19조의 불공정한 경쟁방법의 다양한 유형들을 포괄하기 위하여 공정경쟁저해성 개념의 종합적인 이해가 필요하다는 것으로, 谷原修身, 獨占禁止法の解說, 一橋出版, 2006, 42면 참조.

는 것은 경쟁의 공정성 문제이다. 일반적으로 공정한 경쟁이란 상품의 장점(merit)에 의한 경쟁을 의미하며, 이외의 수단에 의할 경우에 경쟁의 공정성이 침해될 수 있다. 또한 거래 상대방에게 발생하는 불이익도 불공정성 판단의 유력한 근거가 된다. 이때의 불이익은 경쟁 메커니즘의 침해로부터 야기되는 우회적인 것이 아니라 거래 과정에서 직접적으로 야기되는 것이며, 이 역시 불공정성의 근거가 될 수 있다.

'불공정거래행위 심사지침'(2012. 4. 25. 공정거래위원회 예규 제134호, 이하 심사지침)은 이상의 두 가지 계기로부터 불공정성을 파악하고 있으며, 전자는 경쟁수단의 불공정성 그리고 후자는 거래내용의 불공정성으로 구분하고 있다. 즉 심사지침에서 경쟁수단의 불공정성은 "상품 또는 용역의 가격과 질 이외에 바람직하지 않은 경쟁수단을 사용함으로써 정당한 경쟁을 저해하거나 저해할 우려가 있음"을 의미하며, 거래내용의 불공정성은 "거래상대방의 자유로운 의사결정을 저해하거나 불이익을 강요함으로써 공정거래의 기반이 침해되거나 침해될 우려가 있음"을 의미한다(심사지침 III. 1. 가. (1) (라)).

이와 같이 이중적으로 파악된 불공정성의 구체적 의의는 심사지침에서 정하고 있는 불공정거래행위 세부 유형에 따라 분리되어 적용되고 있다. 즉 심사지침은 위법성 판단을 불공정성에 의하고 있는 불공정거래행위 유형들을 불공정성의 주된 내용이 경쟁수단의 불공정성에 의한 경우와 거래내용의 불공정성에 의하는 경우로 나누고, 전자에는 부당한 고객유인, 거래강제, 사업활동 방해에 속한 유형, 후자에는 거래상 지위남용의 유형들이 해당하는 것으로 규정하고 있다.

(2) 불공정성의 이원화의 문제

심사지침상의 불공정성은 공정의 관점에서 구성된 개념으로 경쟁제한 성과는 상이한 내용으로 위법성 판단의 가능성을 구체화하고 있다. 특히 경쟁수단과 거래내용 측면에서 불공정성 판단 기준을 제시하고 있으며, 전술한 것처럼 이는 불공정성이 드러나는 계기를 반영하고 있다는 점에서 불공정성에 대한 구체적인 이해에 도움이 될 것이다. 그러나 이와 같은 분리가 불공정거래행위의 세부 유형에 따라서 형식적으로 적용되고 있는 것에 대해서는 논의의 여지가 있다.

이와 관련하여 독일 부정경쟁방지법상 불공정성에 관한 이해는 참고할 만하다. 동법 제1조는 "이 법은 경쟁자, 소비자 및 기타 시장참가자들을 불공정한 경쟁으로부터 보호하는 것이다. 이 법은 동시에 왜곡되지 않은 경쟁에 관한 일반의 이익도 보호한다"고 규정하고 있다. 특히 동 규정에 기술된 소비자의 이익에서 소비자의 결정의 자유는 핵심적인 의미를 갖는 것으로 이해되고 있으며,[18] 여기서 불이익의 의미를 거래내용이나 경쟁수단으로 분리하거나 제한하는 근거를 두고 있지 않다.

이와 같은 독일 부정경쟁방지법에서 불공정거래행위 규제 방식과 비교하여 볼 때, 심사지침이 경쟁수단의 불공정성과 거래내용의 불공정성을 형식적으로 별개의 위법 유형으로 분리하여 규정하는 태도가 바람직한지는 의문이다. 전술한 것처럼 불공정성을 파악할 수 있는 계기로서 경쟁수단이나 거래내용의 제시는 불공정성을 구체적으로 이해하는데 유용할 수 있지만, 특정한 행위 유형이 전적으로 어느 하나의 판단 기준에 의한다고 보는 것은 지나치게 형식적이다. 이러한 분류가 전제하고 있는 수단과 내용 간에 의미 있는 차이가 명확한 것은 아니며, 불공정거래행위 유형을 수단과 내용에 의하여 형식적으로 구분하는 것은 거래상 불이익이라는 불공정성의 본질을 파악하는데 지장을 초래할 수도 있다. 거래거절, 우월적 지위남용, 사업 활동 방해 등이 문제가 되었던 불공정거래행위 사건에서 대법원은 "부당성의 유무를 판단함에 있어서는 거래당사자의 거래상의 지위 내지 법률관계, 상대방의 선택가능성·사업규모 등의 시장상황, 그 행위의

---

18) Friedrich L. Ekey u. a., Wettbewerbsrecht, C. F. Müller, 2005, 50면(Diethelm Klippel & Antje Brämer) 참조.

목적 및 효과, 관련 법규의 특성 및 내용 등의 사정을 종합적으로 고려하여 그 행위가 공정하고 자유로운 경쟁을 저해할 우려가 있는지의 여부에 따라서 이루어진다"고[19] 판시하였는데, 이와 같은 종합적인 판단 방식은 불공정성의 판단에도 요구되는 것이다. 즉 특정한 행위를 대상으로 수단과 내용 모두에서 불공정성의 판단이 필요할 수도 있으며, 이를 형식적으로 제한하는 것은 타당성을 기하기 어려울 것이다.

Ⅲ. 불공정거래행위 유형에 따른 위법성 검토

1. 부당한 고객유인

(1) 의의

부당한 방식으로 고객을 유인하여 거래가 이루어질 경우 불공정거래행위로서 규제 대상이 될 수 있다. 이러한 행위는 경쟁의 이익이 소비자에게 귀속되는 것을 방해하며, 특히 거래상대방의 합리적 선택을 제한하거나 왜곡할 수 있다는 점이 중요한 규제 근거가 된다. '불공정거래행위 유형'은 부당한 고객유인의 세 가지 세부 유형을 제시하고 있다.

'불공정거래행위 유형'에서 부당한 이익에 의한 고객유인은 "정상적인 거래관행에 비추어 부당하거나 과대한 이익을 제공 또는 제공할 제의를 하여 경쟁사업자의 고객을 자기와 거래하도록 유인하는 행위"(4호 가목), 위계에 의한 고객유인은 "부당한 표시·광고 외의 방법으로 자기가 공급하는 상품 또는 용역의 내용이나 거래조건 기타 거래에 관한 사항에 관하여 실제보다 또는 경쟁사업자의 것보다 현저히 우량 또는 유리한 것으로 고객을 오인시키거나 경쟁사업자의 것이 실제보다 또는 자기의 것보다 현저

---

19) 대법원 1998. 9. 8. 선고, 96누9003 판결.

히 불량 또는 불리한 것으로 고객을 오인시켜 경쟁사업자의 고객을 자기
와 거래하도록 유인하는 행위"(4호 나목)로 정의되고 있다. 기타의 부당한
고객유인은 위의 두 가지 유형에 해당하지 않는 고객유인을 의미하지만
'불공정거래행위 유형'은 특히 거래방해 행위에 초점을 맞추어 정의하고
있으며, "경쟁사업자와 그 고객의 거래에 대하여 계약성립의 저지, 계약불
이행의 유인 등의 방법으로 거래를 부당하게 방해함으로써 경쟁사업자의
고객을 자기와 거래하도록 유인하는 행위"(4호 다목)가 이에 해당한다.

(2) 위법성 판단 기준

부당한 고객유인의 위법성은 불공정성에 근거하며, 특히 경쟁수단의 불
공정성에 초점을 맞추어 위법성 판단이 이루어지고 있다. '심사지침'에서
제시하고 있는 구체적인 판단 기준을 보면, 부당한 이익에 의한 고객유인
의 경우 정상적인 거래관행에 비추어 부당하거나 과대한 이익제공(제의)
에 해당되는지 여부와 경쟁사업자(잠재적 경쟁사업자 포함)의 고객을 자
기와 거래하도록 유인할 가능성이 있는지 여부 등을 종합적으로 고려하여
위법성을 판단한다. 이때 이익제공(제의)으로 인한 효율성 증대효과나 소
비자후생 증대효과가 경쟁수단의 불공정성으로 인한 공정거래저해 효과를
현저히 상회하는 경우나 부당한 이익제공(제의)을 함에 기타 합리적인 사
유가 있다고 인정되는 경우 등에는 위법성이 부인된다. 심사지침은 음성
적 리베이트를[20] 전형적인 예로 들고 있다(V. 4. 가 (2)).

위계에 의한 고객유인의 경우 기만 또는 위계가 경쟁사업자(잠재적 경
쟁사업자 포함)의 고객을 오인시키거나 오인시킬 우려가 있는지 여부와

---

[20] 음성적 리베이트는 투명하지 않은 방식으로 제공되는 리베이트를 말한다. 그러나
투명하게 제공된 리베이트의 경우도 독점규제법의 규제 대상이 될 수 있다. 특히
리베이트가 경쟁사업자의 배제 수단으로 활용될 수 있음을 지적하는 것으로서,
Ulrich Immenga & Ernst-Joachim Mestmäcker hrsg., GWB Kommentar, C. H.
Beck, 2001, 672-675면(Wernhard Möschel) 참조.

기만 또는 위계가 고객유인을 위한 수단인지 여부 등을 고려하여 위법성을 판단한다. 즉 오인가능성과 이로 인한 자기와의 거래 유인가능성이 모두 고려된다. 한편 심사지침은 동 유형의 경우 합리성 등에 의한 예외 인정의 가능성이 없음을 밝히고 있는 것도 특징적이다. 심사지침이 예시하고 있는 것을 보면, 표시광고 이외의 방법으로 사실과 달리 자신의 상품이 경쟁사업자의 것보다 현저히 우수한 것으로 거래상대방을 오인시켜 자기와 거래하도록 하는 행위나 할인판매를 한다고 선전하면서 예상 수요를 충족시키기에 현저히 부족한 수량만을 할인판매 대상으로 하여 고객을 유인하는 행위, 이른바 '미끼 상품' 방식의 판매 행위 등이 동 유형에 해당한다(V. 4. 나. (2)).

구체적으로 거래방해 행위를 의미하는 기타의 부당한 고객유인의 위법성 판단은 거래방해가 고객유인을 위한 수단인지의 여부와 거래방해에 의해 경쟁사업자와 거래를 중단시킴으로써 자기와 거래할 가능성이 있는지 여부를 고려하여 판단한다.[21] 즉 방해행위가 있다 하더라도 자기와의 거래를 유인하기 위한 수단으로서 행해진 것인지가 결정적이다. 또한 동 유형에서 부당한 이익에 의한 고객유인과 마찬가지로 합리성이 인정될 경우 위법성이 부인될 수 있다. 심사지침은 경쟁사업자와 고객 간의 거래를 방해하기 위한 목적으로 경쟁사업자와 고객 간 계약의 성립을 저지하거나 계약해지를 유도하는 행위나 합리적 이유 없이 자신의 시장지위를 이용하여 판매업자에 대해 경쟁사업자의 제품을 매장내의 외진 곳에 진열하도록 강요하는 행위를 동 유형에 해당하는 것으로 예시하고 있다(V. 4. 다. (2)).

(3) 규제 사례

부당한 이익에 의한 고객유인의 규제 사례로서 빙과류, 유제품 등을 제

---

21) 동 유형의 행위는 경쟁사업자의 고객을 쟁탈한다는 점에서 위법성이 더욱 강하다고 보는 것으로, 신현윤, 경제법, 법문사, 2015, 295면 참조.

조하여 이를 판매하는 사업자 등이 유통업자에게 지급한 판촉지원금이 문제가 되었다. (주)빙그레, 해태유업(주), 매일유업(주) 등은 독점적인 거래 등을 조건으로 거래처에게 판촉지원금을 지급하였으며, 공정거래위원회는 당해 사업자들이 지급한 판촉지원금은 정상적인 거래관행에 반하는 과다한 이익 제공으로서 고객의 합리적인 선택을 왜곡시켜 고객을 유인하기 위한 수단으로 사용된 것이므로, 이들의 행위를 부당한 고객유인행위로 인정하고 시정명령을 내렸다.[22] 해당 유형의 규제 사례로서 가장 빈번하게 발생하는 행태는 리베이트 제공과 관련된 것이며, 특히 제약산업에서 이에 관한 규제 사례가 집중되었다. 특히 2007년 동아제약 등 10개 제약회사에 대한 규제가 대표적이다.[23] 문제가 된 사건에서 제약회사들은 다양한 방식으로 리베이트를 제공하였으며, 공정거래위원회는 이러한 행위들이 부당한 공동행위에 해당하는 것으로 판단하였다. 판단 과정을 보면, 공정거래위원회는 문제가 된 사업자들이 제공한 리베이트 총액이 약 5,228억원에 이를 정도로 크고, 환자의 의약품 선택권이 없고 의료인에 의해 의약품 처방·판매가 결정되는 특수한 환경 하에서 제약회사는 의료기관을 대상으로 자사의 의약품이 채택·처방·판매되도록 음성적 리베이트 경쟁을 하였다는 점을 지적하였다. 이러한 행태는 결국 제약회사의 비용 부담, 의약품 가격 상승 나아가 신약 연구·개발의 투자 감소로 이어짐으로써 궁극적으로 소비자 이익의 침해를 낳을 수 있다는 점이 위법성 판단의 주된 근거가 되었다. 한편 리베이트적인 지원 행위가 의약품 시장의 정

22) 공정위 1993. 7. 5. 의결 제93-97호.
23) 구체적인 심결은, 동아제약(주) 공정위 2007. 12. 20. 의결 제2007-551호, (유)한국비엠에스 공정위 2007. 12. 20. 의결 제2007-552호, 한미약품(주) 공정위 2007. 12. 20. 의결 제2007-553호, (주)유한양행 공정위 2007. 12. 20. 의결 제2007-554호, 일성신약(주) 공정위 2007. 12. 21. 의결 제2007-557호, 국제약품공업(주) 공정위 2007. 12. 21. 의결 제2007-558호, 한올제약(주) 공정위 2007. 12. 21. 의결 제2007-559호, 삼일제약(주) 공정위 2007. 12. 20. 의결 제2007-560호, (주)중외제약 공정위 2007. 12. 20. 의결 제2007-561호, (주)녹십자 공정위 2007. 12. 20. 의결 제2007-562호, 등이다.

상적인 관행이라는 주장과 관련하여, 공정거래위원회는 정상적인 거래관행은 상품의 가격이나 품질 등을 통하여 고객의 수요를 창출하는 것이라는 점을 전제하고, 제약회사들의 행태를 사회통념상 정상적인 거래관행으로 보기 어렵다고 판단하였다. 동 사건에서 규제를 받은 사업자들은 대부분 항고소송을 제기하였는데, 법원은 과징금 부과와 같은 집행 과정에서 제기된 문제 등을 제외하고 대체로 공정거래위원회의 판단을 지지하는 입장을 취하였다.24) 특히 동아제약 사건의 항소심에서 법원은 정상적인 거래관행이 현실의 거래관행과 항상 일치하는 것은 아니고, 바람직한 경쟁질서에 부합하는 관행을 의미하며, 이 기준에 따라서 제공된 경제적 이익이 과다한 것인지를 판단하여야 한다고 보았다.25) 또한 동 사건의 상고심에서 대법원이 고객유인행위의 부당성은 "객관적으로 고객의 의사결정에 상당한 영향을 미칠 가능성이 있는지 여부에 따라 결정된다고 할 것인데, 전문의약품의 경우 보건의료 전문가인 의사가 환자를 위하여 의약품을 구매 또는 처방하는 특수성이 있으므로 의사나 의료기관의 의약품에 대한 의사결정은 곧바로 최종 소비자인 환자의 의약품 구매로 연결될 수밖에 없는 점, 이 사건에서 문제된 원고의 구체적인 개개의 지원행위는 의사나 의료기관 등을 상대로 의약품의 처방증대 또는 판매증진을 위한 의도로 행해진 것인 점 등에 비추어 보면, 원고의 의료기관 등에 대한 이 사건 각 지원행위는 경쟁사업자의 고객을 유인할 가능성이 있다"고 판시한 것은 고객유인행위의 본질을 밝히고 있다는 점에서 주목할 만하다.26)

위계에 의한 고객유인의 규제 사례를 보면, 한국오라클(주)가 DBMS제품 및 설치 용역을 수주하는 과정에서 경쟁사업자의 경영현황이나 영업능력에 관하여 과거자료에 근거한 불리한 부분만을 발췌하고 객관적인 검증

24) 대법원 2010. 11. 25. 선고 2008두23177 판결; 대법원 2010. 11. 25. 선고 2009두9543 판결; 대법원 2010. 12. 23. 선고 2008두22815 판결.
25) 서울고등법원 2008. 11. 5. 선고 2008누2462 판결.
26) 대법원 2010. 12. 23. 선고 2008두22815 판결.

없이 경쟁사업자 제품의 기능상의 결격을 지적하는 비교자료를 작성하여 배포한 행위가 문제가 되었으며, 공정거래위원회는 당해 행위를 위계에 의한 고객유인으로 판단하였다.[27] 또한 삼성에버랜드(주)가 위탁급식계약을 체결하는 과정에서 기업신용등급, 위생사고 건수, 식자재 등과 관련하여 자신의 장점과 경쟁사업자의 단점이 부각되는 내용의 문서를 고객에게 송부한 사건에서, 공정거래위원회는 당해 행위로 인한 고객의 실제 유인 여부와 상관없이 유인 가능성이 있었다는 점에서 위법성을 인정하였다.[28]

(4) 검토

부당한 고객유인에 해당하는 세 가지 세부유형의 위법성 판단은 경쟁수단의 불공정성에 근거하여 이루어지며, 심사지침은 이를 전제로 세부 기준을 마련하고 있다. 심사지침에서 제시하고 있는 기준은 불공정성이 드러나는 태양이 경쟁수단에 따라서 차이가 있다는 점을 고려하여 각 경쟁수단 별로 구체적인 내용을 담고 있지만, 기준의 타당성에 관하여 논의가 필요한 부분도 있다.

우선 부당한 이익에 의한 고객유인의 경우 이익 제공의 과대성과 유인 가능성이 핵심적인 기준이고, 특히 이익 제공의 과대성은 정상적인 거래관행과 비교하여 판단한다. 비록 유인 가능성이 있는 행위일 경우에도 정상적인 거래의 범위 안에 있다면 위법성을 인정하기 어려울 것이다. 그러나 이러한 관점이 타당한 것이라 하더라도, 이익 제공의 과대성 판단기준으로서 정상적인 거래관행, 특히 '관행'이라는 표현이 적절한 것인지는 의문이다. 과대성 판단의 기준은 정상적인 상황에서 이루어지는 거래이며, 비교 대상으로 유사한 행위의 반복을 개념적으로 함축하는 관행까지 요구하는 것은 아니다. 독일의 부정경쟁방지법이 '양속'을 불공정성 판단 기준

---

27) 공정위 1999. 9. 29. 의결 9904유거0533.
28) 공정위 2011. 8. 1. 의결 제2011-131호.

에서 입법적으로 배제한 것을 참고할 필요가 있을 것이다.[29] 이러한 관점에서 전술한 동아제약 사건 판결에서 법원이 정상적인 거래관행은 현실의 거래관행과 항상 일치하는 것은 아니고, 바람직한 경쟁질서에 부합하는 관행을 의미한다고 판시한 것은 적절한 지적으로 보인다.

위계에 의한 고객유인의 경우 고객의 오인가능성과 거래 유인가능성을 기준으로 하며, 행태적 특징과 불공정성을 파악할 수 있는 계기의 측면에서 적절한 기준 제시로 이해된다. 그러나 앞에서 살펴본 것처럼 합리성 등에 의한 예외적 허용의 가능성을 부인하고 있는 것에 대해서는 논의의 여지가 있다. 비록 동 유형에서 예외적 허용의 예를 찾기 어려운 특성이 있다 하더라도, 효율성 제고나 소비자 후생 증대 효과와 형량으로서 고려되는 과다한 이익제공 행위와 위계·기만 등의 행위가 질적 차이를 갖는지 의문이며, 더욱이 예외 가능성의 일반적 부인은 동 유형에 해당하는 위법 행위 규제를 당연위법화 할 여지를 제공한다.

기타의 부당한 고객유인은 거래방해 행위가 자신과의 거래를 유인하는 것으로 이어질 가능성에 초점을 맞추어 위법성을 판단한다. 동 유형의 표제에서 드러나듯이, 동 유형은 이익 제공이나 위계 이외의 행위로서 나타나는 고객유인을 대상으로 한다. 그러나 거래방해가 이와 같은 행위를 모두 포섭하기 위한 개념으로 적절한지는 의문이다. 한편 심사지침이 이에 해당하는 행위로서 구체적으로 제시하고 있는 진열 행위에 대해서는 추가적인 논의가 필요할 것이다. 심사지침은 합리적 이유 없이 자신의 시장지위를 이용하여 판매업자에 대해 경쟁사업자의 제품을 매장 내의 외진 곳

---

29) 2004년 개정 전 UWG 제1조는 "거래에서 양속에(die guten Sitten) 반하는 경쟁행위를 한 자에 대해서는 중지청구 또는 손해배상 청구를 할 수 있다"고 규정되어 있었다. 동 규정은 본질적으로 민법에 연원하는 개념인 양속(die guten Sitten) 위반의 관점에서 불공정성을 파악함으로써 법적용상의 모호함을 초래한다는 비판이 있었고, 이를 반영하여 현행 규정과 같은 내용으로 법개정이 이루어졌다. Peter Müssig, Wirtschaftsprivatrecht, C. F. Müller, 2003, 490면 및 Friedrich L. Ekey u. a., 주 18)의 책, 48면(Klippel/Brämer) 참조.

에 진열하도록 강요하는 행위가 거래방해로서 기타의 부당한 고객유인에 해당하는 것으로 보고 있다. 이러한 행위가 방해적 성격을 갖고 있음은 분명하지만, 진열이 유통과정에서의 경쟁에서 중요한 요소가 되고 있는 사실을 고려할 때, 이를 불공정성의 관점에서 파악하는 것이 타당한지는 의문이다. 비교법적으로 진열 또는 진열허용비(slotting allowance)의 문제는 양적 또는 질적으로 불리한 진열 공간을 갖게 되는 경쟁사업자의 배제적 관점에서 제기되며, 이때 당사자 간 합의를 통한 계약적인 방식의 경우도 경쟁법상 규제 범위 안에 위치한다. 특히 이러한 행위는 기본적으로 유통과정에서의 효율성 창출과 관련되며, 따라서 경쟁 배제적 효과와의 형량이 기본적으로 요구된다.30) 이러한 접근 방식이 Philip Morris 사건31)에서 구체적으로 드러났는데, 동 사건에서 Philip Morris는 유통업자들과 진열허용비의 지급, 자유로운 계약 해지 그리고 자사의 시장점유율 이상의 진열 공간을 요구하지 않는 것 등을 내용으로 하는 진열에 관한 계약을 체결하였으며, 이러한 행위가 반독점법상 문제가 되는지와 관련하여 법원은 Philip Morris가 시장지배력을 갖고 있다고 보기 어렵고 경쟁사업자의 배제 효과가 인정되지 않는다는 점 등에 근거하여 문제가 된 행위가 Sherman법 제1조 및 제2조에 해당하지 않는다고 보았다. 물론 진열과 관련하여 위법한 행위가 개입될 수 있으며, 특히 시장지배력을 갖고 있는 사업자가 유통과정에서 이러한 문제를 야기할 가능성이 존재하지만, 이는 경쟁제한적 측면에서 접근하는 것이 정책적으로 타당할 수 있다.32)

---

30) 진열허용비가 유통과정에서의 혁신에 기여하고, 상품에 대한 정보를 유통업자에게 제공하며, 특히 유통 상의 위험을 유통업자로부터 제조업자에게 이전하는 효과를 낳는 점 등의 고려가 반경쟁적 효과와 아울러 고려되어야 한다는 입장을 보이고 있는 것으로, Kenneth Kelly, The antitrust analysis of grocery slotting allowances: The procompetitive case, Journal of Public Policy & Marketing Vol. 10 no. 1, 1991, 188-190면 참조.

31) R.J. Reynolds Tobacco Co. v. Philip Morris Inc., 199 F. Supp. 2d 362 (M.D.N.C. 2002), aff'd per curiam, 67 Fed. Appx. 810 (4th Cir. 2003).

32) 시장봉쇄율이 일정 기준(40%) 이하 이거나 진열에 관한 계약이 1년 이내의 단기

끝으로 불공정성 측면에서 위법성을 파악하는 부당한 고객유인의 의의
가 세 가지 세부 유형별로 제시된 기준에 충실히 반영되고 있는지도 살펴
볼 문제이다. 불공정한 경쟁수단은 직접적으로 시장참가자들의 불이익을
낳을 수 있으며, 전술한 것처럼 이를 파악함에 있어서 경쟁의 기능적 분석
에 의존하지 않는다. 이와 같은 불이익은 독일 부정경쟁방지법 제1조가
시사하고 있는 것처럼 경쟁사업자와 거래상대방 모두에게 발생할 수 있으
며, 따라서 위법성의 실질적 근거도 이로부터 제시되어야 한다. 즉 부당한
고객유인의 경우 경쟁사업자가 거래 기회를 잃게 되는 불이익과 거래 상
대방이 유인적 행위에 의하여 합리적 선택이 침해됨으로써 발생하는 불이
익이 모두 고려되어야 하며,33) 따라서 심사지침이 제시하고 있는 위법성
판단의 세부 기준이 특히 거래상대방(소비자)의 합리적 선택의 침해에 따
른 불이익을 모호하게 처리하고 있는 것은 재고될 필요가 있다. 즉 소비자
의 선택이 침해되었는지 여부가 구체적인 판단에 반영될 수 있도록, 이를
판단 기준으로서 명시하는 것이 바람직하다.

2. 거래강제

(1) 의의

불공정거래행위의 한 유형으로서 거래강제는 강제로 인한 선택의 제한
이 핵심적 징표가 된다. 이때 강제를 물리적인 강제나 의사표시상 하자로
서의 강박에 한정하여 이해할 것은 아니며, 거래의 선택을 구속하는 일체

인 경우에, 반독점법에 의한 규제 가능성을 부인하는 것으로서, Joshua D. Wright,
Antitrust Law and Competition for Distribution, Yale Journal on Regulation
Vol. 23, No. 2, 2006, 175-176면 참조.

33) 대법원은 제3자(전문적 의료기관)가 선택하는 제약산업에서의 거래적 특성을 고
려하면서, 리베이트에 의한 불이익이 결국 소비자에게 미칠 수 있음을 지적하였
다. 대법원 2010. 12. 23. 선고 2008두22815 판결.

의 상황이 고려되어야 한다. 예를 들어 시장구조적인 측면에서의 구속적 상황이 문제될 수 있고, 또는 당사자 사이에 선행하는 계약에 따른 구속적 관계가 영향을 미칠 수도 있다. 이와 같이 다양한 측면에서 거래강제의 가능성을 파악할 수 있다는 것은, 거래강제의 부당성의 근거를 경쟁제한 측면과 거래불공정 측면 모두에서 찾을 수 있음을 시사한다.

'불공정거래행위 유형'은 거래강제의 세부 유형으로서, 끼워팔기, 사원판매, 기타의 거래강제 등 세 가지를 제시하고 있다. 끼워팔기는 "거래상대방에게 대하여 자기의 상품 또는 용역을 공급하면서 정상적인 거래관행에 비추어 부당하게 다른 상품 또는 용역을 자기 또는 자기가 지정하는 사업자로부터 구입하도록 하는 행위"(5호 가목), 사원판매는 "부당하게 자기 또는 계열회사의 임직원으로 하여금 자기 또는 계열회사의 상품이나 용역을 구입 또는 판매하도록 강제하는 행위"(5호 나목), 그리고 기타의 거래강제는 "정상적인 거래관행에 비추어 부당한 조건 등 불이익을 거래상대방에게 제시하여 자기 또는 자기가 지정하는 사업자와 거래하도록 강제하는 행위"(5호 다목)를 말한다.

(2) 위법성 판단 기준

심사지침은 종래 끼워팔기의 위법성 판단 기준을 경쟁수단의 불공정성과 경쟁제한성에 근거하여 제시하였지만, 2015년 동 지침 개정에 의하여 경쟁제한성에 의하는 것으로 변경하였다. 종래 기준에 의하면, 끼워팔기의 강제가 가능한지, 끼워팔기가 정상적인 거래관행에 비추어 부당한지 그리고 끼워팔기 강제가 이루어지고 있는지 등을 고려하여 위법성을 판단한다 (구 심사지침, V. 5. 가. (2)).

사원판매는 같은 거래강제 유형인 끼워팔기와 달리 경쟁수단의 불공정성에 기초해서만 위법성이 판단이 이루어진다. 심사지침이 제시하는 기준은, 사업자의 임직원에 대한 강제가 있는지 그리고 임직원에 대한 구입강제가 경쟁사업자의 고객을 자기 또는 계열회사와 거래하도록 하기 위한 수단으로 사용되는지 여부 등이며, 또한 사원판매의 기간이나 목표량의 크기는 위법성 유무에 영향을 미치지 않는다는 것을 명시적으로 밝히고 있다(Ⅴ. 5. 나. (2)).

기타의 거래강제의 경우에 심사지침에 의하면 사업자가 거래상대방에 대해 불이익을 줄 수 있는 지위에 있는지 여부, 당해 불이익이 정상적인 거래관행에 비추어 부당한지 여부, 거래상대방에 대해 자기 또는 자기가 지정하는 사업자와 거래하도록 강제하는 효과가 있는지 여부 등을 고려하여 위법성을 판단한다. 또한 심사지침은 이에 해당하는 행위로서 협력업체에 대한 판매목표 강제나 사실상의 판매 강요를 예시하고 있다(Ⅴ. 5. 다. (2)).

(3) 규제 사례

끼워팔기 규제 사례로서 거래조건의 차별, 끼워팔기 등이 복합적으로 관련되었던 한국토지공사 사건이 있다. 한국토지공사는 상대적으로 선호도가 높았던 부천상동지구 공동주택지를 판매하면서, 선호도가 낮은 인천 마전지구 공동주택지를 끼워팔았고, 마찬가지 방식으로 용인 신봉·동천·죽전·동백 4개 지구 공동주택지 판매에 남양주 호평·평내·마석 3개 지구 공동주택지 판매를 연계하였다. 공정거래위원회는 한국토지공사의 행위가 거래상대방에게 선호되는 상품을 그렇지 않은 상품의 판매에 연계한 것이고, 따라서 끼워팔기로서 거래강제에 해당하는 것으로 판단하였다.[34] 피심인인 한국토지공사가 이에 불복하여 제기한 소송에서, 최종적으로 대법원은 공정위의 판단을 유지하는 판결을 하였다.[35] 특히 대법원은 끼워팔기의 부당성은 "종된 상품을 구입하도록 한 결과가 상대방의 자유로운 선

---

34) 공정위 2001. 4. 2. 의결 제2001-045호.
35) 대법원 2006. 5. 26. 선고 2004두3014 판결.

택의 자유를 제한하는 등 가격과 품질을 중심으로 한 공정한 거래질서를 저해할 우려가 있는지 여부에 따라 판단하여야 한다"고 판시하였는데, 전술한 것처럼 심사지침 개정에 의하여 끼워팔기의 부당성 판단이 경쟁제한성 위주로 변경된 것은 선택의 제한 등 소비자 이익침해의 관점에서 부당성 판단 기준을 제시하고 있는 대법원의 판단에는 배치되는 것이다.[36]

사원판매에 관련된 것으로 ㈜KT가 규제된 사건이 있다. 동 사건에서 ㈜KT는 2002년 피씨에스 매출목표를 달성하기 위해 비영업직 직원에게 개인별로 7∼27대의 연간판매목표를 설정하고, 이를 강제하기 위하여 목표에 미달한 직원에 대하여 인사상 불이익을 부과하는 등의 행위를 하였다. 공정거래위원회는 회사의 우월한 지위를 바탕으로 회사의 지시를 거부할 수 없는 직원에 대하여 직원의 자유의사에 관계없이 강제적인 사원판매를 통해 시장점유율을 확대하는 것은 공정한 수단에 의한 경쟁이 아니며, 피심인의 직원의 입장에서 피심인과의 고용관계 등 때문에 본인의 구매의사에 반하는 구매를 하게 됨으로써 후생이 감소되고 가격·품질 등의 비교를 통한 합리적인 구매가 제한되었다는 점 등에 근거하여 당해 행위의 부당성을 인정하였다.[37] 또한 거제수산업협동조합은 자신의 마트·뷔페예식사업단 및 일반부서의 직원에게 공제료·수수료·예탁금·계약고의 유치 그리고 12개 금융지점 및 일반부서 등의 직원에게 마트 상품판매 및 뷔페예식 이용 등에 관하여 해당 직원이 수행하는 업무와 실질적으로 밀접한 관련이 없는 개인별 목표를 부여하였다. 공정거래위원회는 문제가 된 행위가 강제성이 있으며, 합리적인 구매결정의 자유를 침해하고 경쟁사업자의 상품을 구매할 가능성을 침해함으로써 소비자 후생의 감소를 낳았다는 점에 근거하여 위법성을 인정하였다.[38]

---

36) 홍명수, "끼워팔기 등 불공정거래행위", 공정거래법 판례선집, 사법발전재단, 2012, 560면 이하 참조.
37) 공정위 2002. 10. 31. 의결 2002경촉0940.
38) 공정위 2013. 3. 21. 의결(약) 제2013-035호.

기타의 거래강제에 관한 규제 사례로서, ㈜대우건설은 아파트 분양 시 자신이 연대보증한 대출을 이용한 분양세대로 하여금 소유권 이전 및 근저당권 설정 등의 업무를 피심인이 지정한 법무사에게만 위임하도록 하였다. 공정거래위원회는 이러한 행위가 법무사 선택의 권리를 제한하며, 부동산 등기서비스 시장의 참여를 제한함으로써 공정한 경쟁을 침해한다는 점에서 위법한 것이고, 또한 지정법무사에 대한 업무의 위임이 업계관행이라 하더라도 시공사 위주의 업무편의를 위한 것에 불과하므로 정상적인 거래관행으로 보기 어렵다고 판단하였다.[39]

(4) 검토

거래강제의 세 유형은 경쟁수단의 불공정성에 근거하여 위법성 판단이 이루어지지만, 끼워팔기의 경우 공정거래위원회의 심사지침은 경쟁제한성 위주로 위법성이 판단되는 것으로 변경되었다. 물론 끼워팔기가 경쟁제한적 효과를 낳을 수 있지만, 또한 대법원이 지적한 것처럼 강제적 행태로 인하여 선택권이 제한되는 거래상대방의 이익 측면에서도 위법성이 인정될 수 있으므로 이러한 변경이 타당한지에 대해서는 논의의 여지가 있다. 대법원 판결에서처럼 경쟁제한성과 불공정성 모두를 위법성 판단기준으로 원용할 경우에 양자의 구체적 의의를 명확히 할 필요가 있을 것이다. 끼워팔기의 경쟁제한성은 주로 주상품을 부가상품과 판매상 연계함으로써 주상품 시장에서의 지배력이 부가상품시장으로 전이되거나 시장봉쇄 효과가 발생할 수 있다는 점에 근거하며,[40] 미국 반독점법에서는 둘 이상의 상품의 존재(상품의 복수성), 판매자에 의한 끼워팔기의 강제, 강제가 가능할

---

39) 공정위 2006. 10. 10. 의결 2006서경0031.

40) 끼워팔기의 중점이 지배력 이전에서 시장봉쇄 효과로 옮겨가고 있다는 지적으로, Herbert Hovenkamp, 주 16)의 책, 419면. 특히 시장봉쇄 효과에 관한 분석으로서, Phillip E. Areeda, Antitrust Law - An Analysis of Antitrust Principles and Their Application vol. IX, Little, Brown and Company, 1991, 55-61면 참조.

수 있는 주상품 시장에서 판매자의 충분한 경제력의 보유, 부가상품 시장에서 경쟁제한적인 효과, 부가상품 시장에서의 미미하지 않은 거래량의 제한 등이 핵심적인 표지가 되고 있다.[41] 이와 비교하여 끼워팔기의 불공정성 측면에서는 거래상대방(소비자)의 합리적 선택이 침해되는 것이 위법성 판단의 핵심이며, 전술한 대법원의 태도를 따를 경우에 이러한 관점에서 불공정성 판단 기준이 구체화될 필요가 있을 것이다.

사원판매나 기타의 거래강제에서 야기되는 불공정성의 문제 역시 거래상대방의 합리적 선택의 침해를 본질로 한다. 이때 강제성은 단지 거래 행태를 특징짓는 요소이며, 합리적 선택을 침해하는지의 판단이 전적으로 강제성에 의존하는 것은 아니다. 엄밀히 구분하면 강제성은 기본적으로 행위의 성립 요건이며, 불공정성의 판단은 위법성 영역에서 이루어진다. 즉 강제적 성격의 행위로 인한 거래상대방 선택의 제한이 실질적인 것인지 그리고 공정한 경쟁의 관점에서 허용될 수 있는 것인지가 불공정성 판단의 기준이 되어야 한다.

3. 거래상 지위의 남용

(1) 의의

거래상대방에 대하여 우월한 지위에 있는 자가 자신의 지위를 남용하여 경제상 불이익을 상대방에게 부과하는 경우를 규제 대상으로 한다. 여기서 거래상 우월적 지위는 시장지배적 지위와 같은 정도의 지위를 의미하는 것은 아니며,[42] 거래상대방과의 관계에서 상대적으로 결정된다. 또한 그 정도는 상대방이 거래를 전환하는 것이 가능한지 또는 요구받은 거래조건을 회피하기 어려운지 등을 주된 기준으로 판단한다.[43]

---

41) Herbert Hovenkamp, 주 16)의 책, 392면.
42) 이호영, 독점규제법, 홍문사, 2010, 295면 참조.

'불공정거래행위 유형'은 이에 해당하는 다섯 가지 세부 유형을 제시하고 있다. 이에 해당하는 세부 유형으로서 구입강제는 "거래상대방이 구입할 의사가 없는 상품 또는 용역을 구입하도록 강제하는 행위"(6호 가목), 이익제공강요는 "거래상대방에게 자기를 위하여 금전, 물품, 용역 기타의 경제상 이익을 제공하도록 강요하는 행위"(6호 나목), 판매목표 강제는 "자기가 공급하는 상품 또는 용역과 관련하여 거래상대방의 거래에 관한 목표를 제시하고 이를 달성하도록 강제하는 행위"(6호 다목), 불이익 제공은 "가목 내지 다목에 해당하는 행위외의 방법으로 거래상대방에게 불이익이 되도록 거래조건을 설정 또는 변경하거나 그 이행과정에서 불이익을 주는 행위"(6호 라목) 그리고 경영간섭은 "거래상대방의 임직원을 선임·해임함에 있어 자기의 지시 또는 승인을 얻게 하거나 거래상대방의 생산품목·시설규모·생산량·거래내용을 제한함으로써 경영활동을 간섭하는 행위"를(6호 마목) 말한다.

(2) 위법성 판단 기준

거래상 지위남용 행위의 위법성 판단은 불공정성에 근거하며, 특히 거래 내용의 불공정성에 초점을 맞춘다. 세부 유형별로 심사지침이 제시하고 있는 기준을 보면, 모든 세부 유형에서 거래 상대방에 대한 거래상 우월적 지위를 전제로 각각의 행태별로 특유의 부당성 판단 요건을 제시하고 있다.

구입강제의 경우 당해 행위를 한 목적, 거래상대방의 예측가능성, 당해 업종에서의 통상적인 거래관행, 구입강제로 인한 거래상대방의 피해 발생 여부, 관계법령 등을 종합적으로 고려하여 부당성 여부를 판단한다.(V. 6. 가. (2)). 이익제공 강요의 경우 당해 행위의 부당성 판단에서 당해 행위를 한 의도 및 목적, 거래상대방의 예측가능성, 당해업종에서의 통상적인

---

43) 白石忠志, 獨禁法講義, 有斐閣, 2009, 94면 金井貴嗣·川濱 昇·泉水文雄, 獨占禁止法, 弘文堂, 2010, 334면(金井貴嗣).

거래관행, 당해 이익제공의 내용과 성격, 관계법령 등을 고려한다(V. 6. 나. (2)). 판매목표 강제의 경우 판매목표의 달성에 강제성이 있는지 여부 등이 특유의 위법성 판단 기준으로 제시되고 있다. 이때 판매목표의 달성을 강제하는 수단에 제한이 없으며, 목표가 과다한 수준인지, 실제 거래상 대방이 목표를 달성하였는지 여부는 강제성 인정에 영향을 미치지 않는다. 목표불이행시 실제로 제재수단이 사용되었을 필요는 없다(V. 6. 다. (2)). 불이익 제공의 경우 당해 행위를 한 의도 및 목적, 거래상대방의 예측가능성, 당해업종에서의 통상적인 거래관행, 관계법령, 거래대상 상품 또는 용역의 특성, 불이익의 내용과 정도 등을 종합적으로 고려하여 부당성 여부를 판단한다(V. 6. 라. (2)). 특히 동 유형의 경우에는 불이익 제공 존부의 판단이 용이하지 않다는 점에도 주의를 기울일 필요가 있다.[44] 법원은 앞서 언급한 세 유형과 동일시 할 수 있을 정도의 불이익이어야 하고, 이에 관한 판단은 거래의 전체적 관점에서 종합적으로 이루어져야 한다는 입장을 보이고 있다.[45] 불이익경영간섭의 경우 경영간섭의 의도 및 목적, 관계법령, 거래대상 상품 또는 용역의 특성, 경영간섭의 내용과 정도 등을 종합적으로 고려하여 부당성 여부를 판단한다. 의결권의 행사나 채권회수를 위한 간섭으로서 법적 근거가 있거나 합리적인 사유가 있는 경우로서 투자자 또는 채권자로서의 권리를 보호하기 위해 필요하다고 인정되는 경우에는 법위반으로 보지 않을 수 있으며, 당해 수단의 합목적성 및 대체수단의 유무 등을 함께 고려하여야 한다(V. 6. 마. (2)).

(3) 규제 사례

구입 강제의 규제 사례로서 (주)아이가 자기의 대리점인 36개 전문점에

---

44) 불이익 제공을 법률적으로 정확히 정의하기 쉽지 않다는 지적으로, 이기수·유진 희, 경제법, 세창출판사, 2012, 200면 참조.
45) 대법원 2001. 12. 11. 선고 2000두833 판결; 대법원 2006. 12. 21. 선고 2004두 5119 판결.

대하여 주문하지 않은 NUK용품 및 화장품 등을 임의로 공급한 사건이 있다. 공정거래위원회는 주문하지 않은 상품을 일방적으로 공급한 행위는 자기의 거래상 우월적 지위를 이용하여 거래상대방에게 사실상 구입을 강제한 행위임을 인정하여 당해 행위에 대해 시정명령을 내렸다.[46] 또한 공정거래위원회는 남양유업(주) 사건에서 국내 유가공산업의 치열한 경쟁 상황에서 대리점이 주문한 수량보다 초과공급을 한 행위를 부당한 구입강제로 판단하였다.[47]

이익제공 강요가 문제된 사례로 종합유선방송사업자인 ㈜경북케이블티브이방송이 자신의 방송설비인 변조기를 구입하면서, 구입비용의 일부를 거래상대방인 8개 방송채널사용사업자에게 부담하도록 한 사건이 있었다. 공정거래위원회는 변조기는 피심인에게 전달되는 비디오 신호를 특정채널로 변환하는 기계장치로서 피심인 사업 영위에 필요한 자산이고, 따라서 이것의 구입비용을 거래상대방에게 전가하는 것은 합리성을 결한 것으로서 부당한 이익제공 강요에 해당하는 것으로 판단하였다.[48]

판매목표 강제의 규제 사례로 올림푸스한국(주)은 '기타제품판매대리점계약'에서 (주)중외메디칼에게 2004. 7. 1.부터 2005. 3. 31.까지의 기간 중 서울 등 6개 지역에서 의료제품·내시경 처치구 등의 기타제품을 독점적으로 판매할 수 있는 권리를 부여하면서 32억원의 연간 목표구매액을 설정하고, 이를 달성하지 못할 경우에는 계약을 해지하도록 하였다. 피심인은 2005. 7. 22. (주)중외메디칼이 판매목표를 달성하지 못하였음을 이유로 '기타제품판매대리점계약'을 종료시키고 (주)중외메디칼에 대한 제품공급을 중단하였다. 공정거래위원회는 목표구매액 제시와 미달성시 계약해지가 판매상 목표의 강제에 해당하는 것으로 판단하였다.[49]

---

46) 공정위 1994. 2. 2. 의결 제94-12호.
47) 공정위 2006. 12. 6. 의결 2006서경1597.
48) 공정위 2006. 3. 28. 의결 2005조일4285.
49) 공정위 2007. 3. 6. 의결 2006서경1459.

불이익 제공의 규제 사례로서, 승용차용 타이어 수입도매업을 영위하는 굿이어코리아(주)는 승용차용 타이어를 판매하는 (주)대성산업과 대리점계약을 체결하면서 대리점에게 판매목표를 설정할 수 있도록 하고 3분기 동안 사업목표를 달성하지 못할 경우에 일방적으로 계약을 해지할 수 있도록 규정하였으며, 대리점계약서에 하자담보책임의 면책, 현금 이외의 결제의 경우에 담보로서 백지어음수표의 제공강제, 원인유무를 불문하고 30일 전의 서면통지에 의한 자유로운 계약해지 등의 조건을 붙여서 거래하였다. 공정거래위원회는 사업목표 미달성시 일방적 계약 해지는 판매목표강제, 하자담보책임의 면책 등은 불이익 제공에 해당한다고 보고 시정명령을 내렸다.50) 또한 공정거래위원회는 ㈜한국씨티은행이 변동금리부 주택담보 대출상품의 대출금리를 시장금리가 하락하고 있는 상황에서도 고정시킨 행위를 고객에게 불이익을 제공한 행위로서 위법한 것으로 판단하였다.51)

경영 간섭의 규제 사례로서, 삼양식품공업은 자사 제품의 판매촉진을 위하여 5개 대리점 사업자에게 판매차량의 증차를 요구하고, 이에 응하지 않을 경우 대리점을 교체하겠다고 통지하였다. 공정거래위원회는 판매차량의 증차가 대리점에게도 이익이 될 수 있지만 그 결정은 대리점 사업자의 경영상 고유 권한에 속하는 것이므로 대리점의 경영활동을 간섭하는 행위에 해당하는 것으로 판단하였다.52)

(4) 검토

거래상 지위남용 행위는 불공정거래행위의 한 유형으로서 규제 대상이 되며, 심사지침은 위법성을 거래 내용의 불공정성에 기초하여 판단하는

---

50) 공정위 1994. 6. 21. 의결 94경축166.
51) 공정위 2006. 9. 15. 의결 제2006-203호. 동 심결에 대한 취소소송에서 대법원은 최종적으로 동 심결의 적법성을 인정하였다. 대법원 2009. 10. 29. 선고 2007두20812 판결.
52) 공정위 1991. 6. 18. 의결 제91-53호.

것으로 규정하고 있다. 동 유형의 핵심적 표지는 거래상 우월적 지위의 존부이며, 불공정성 판단의 전제가 된다. 거래상 우월적 지위의 판단은 거래상대방과의 관계에서 상대적으로 이루어지며,53) 이러한 관점에서 상대방이 갖는 구속의 정도가 높을 때 우월적 지위가 인정된다. 전술한 것처럼 구속의 정도를 판단하는 주된 기준은 상대방의 거래전환 가능성이나 회피가능성 등이며, 심사지침도 대체로 이에 부합하는 내용으로 판단 기준을 제시하고 있다.

거래상 지위남용 행위의 다섯 가지 세부 유형에서 불공정성의 판단은 당해 행위의 의도나 목적, 정상적인 거래관행, 구체적인 행위의 내용과 정도 등을 고려하여 이루어진다. 이러한 고려 요소들이 불공정성 판단에 관련되는 것은 사실이지만, 명확한 기준제시로서 한계가 있으며, 규제의 의의에 부합하는지에 의문이 있다. 시장지배적 지위남용 규제와 유사하게 거래상 지위남용 규제는 거래상 우월한 지위를 전제로 그 남용성을 규제하는 것이며, 거래상 지위 자체가 문제되지는 않는다. 즉 거래상 지위를 남용할 경우에만 규제 대상이 되며, 남용의 판단은 구체적인 거래 내용에서 드러난 불이익의 정도에 기초하여 이루어질 것이다. 이때 거래상 지위가 없는 상황에서의 정상적인 거래와의 비교는 남용성 판단의 결정적인 기준이 된다. 심사지침에서 종합적으로 제시하고 있는 고려 요소들은 거래상 지위가 배제된 상태에서 가능한 거래의 모습을 상정하는데 도움이 되는 것이며, 이와 같이 상정된 거래의 내용과 구체적으로 나타난 거래 내

---

53) 2010년 판결에서 대법원은 손해보험사들이 피해차주들에 대한 대차료 지급 등을 하지 않은 행위를 불이익 제공에 해당한다고 보았는데, 이때 구체적인 거래관계가 없는 일반적인 관계에서도 동 규정상의 행위에 해당할 수 있다고 판단한 것에 주목할 필요가 있다. 대법원 2010. 1. 14. 선고 2008두14739 판결. 한편 대법원은 이후 판결에서 거래관계가 거래상 지위남용행위의 전제이며, 거래관계가 없는 경우에 대한 동 규정의 적용을 확대하는 것에 소극적인 입장을 취하였다. 영화 상영사업자와 제작자의 관계에서 거래관계의 부재를 이유로 거래상 지위남용을 부정한 판결로서, 서울고등법원 2015. 1. 9. 선고 2013나74846 판결 및 대법원 2017. 5. 31. 선고 2015다17975 판결 참조.

용의 비교가 남용성 여부를 결정할 것이다. 이러한 이해가 충분히 반영되고 있지 못하다는 점에서, 심사지침에서 제시한 불공정성 판단 기준에 일정한 문제제기가 가능할 것이다.

세부 유형 중 판매목표 강제에 대해서는 추가적인 논의가 필요하다. 거래상 지위남용으로서 판매목표 강제가 앞에서 살펴본 거래강제와 구별되는 점은, 이때 강제가 거래강제의 경우처럼 상황적인 강제가 아니라 직접적으로 상대방의 불이익을 촉발하는 행태로서 의미가 있는 것이다. 따라서 행위 자체가 불공정성 판단의 근거가 되는 것이고, 심사지침이 언급한 것처럼 이를 통한 목표 달성 여부 등은 강제성 인정에 영향을 미치지 않는다. 나아가 이러한 강제를 가능하게 한 거래상 지위와 종합하여 상대방에게 미치거나 우려가 있는 불이익이 남용 판단의 근거로서 작용한다는 점이 구체적 기준으로 명확히 제시될 필요가 있다.

보다 본질적인 문제로서 거래상 지위남용의 위법성 판단을 불공정성에 기초하는 것이 타당한지의 문제도 검토될 필요가 있다. 연혁적으로 거래상 지위남용 규제는 일본 독점금지법 제19조에 기원하며, 특히 1953년 동법 개정에서 중소 사업자의 보호 취지로 도입된 것이다.[54] 거래상 우월적 지위에서 발생하는 남용적 행태가 불공정성의 관점에서 규제 필요성이 있는 것은 분명하지만, 이러한 행태는 시장적 관점에서도 문제가 될 수 있다. 일본에서의 논의를 보면, 이러한 점을 고려하여 동 규제의 운용을 보다 시장에 대한 이해를 반영하는 방향으로 할 필요가 있음을 지적하는 견해가 있다.[55] 동일한 맥락에서 대법원 판결이 불이익 제공 여부의 판단과 관련하여, 불이익의 내용과 불이익 발생의 개연성과 아울러 "당사자 사이

---

54) 동 규정은 1946년 독점금지법 제정시에 도입되었던 부당한 사업능력 較差의 배제에 관한 규정의 폐지를 보완하는 차원에서 이루어졌는데, 사업능력 교차 배제는 기업 간 규모의 차이를 인위적으로 균등화하려는 내용을 담고 있었으며, 이를 폐지하는 대신에 거래상 우월한 지위의 남용을 규제가 도입되었다. 後藤 晃・鈴村興太郎 編, 주 12)의 책, 31-32면(來生新) 참조.

55) 白石忠志, 주 43)의 책, 95면 참조.

의 일상거래과정에 미치는 경쟁제약의 정도" 등을 판단 기준으로 제시하였다는 것을[56] 상기할 필요가 있다. 또한 최근 독일 경쟁제한방지법의 개정에 의하여 경쟁제한적 관점에서 상대적으로 우월한 지배력을 갖고 있는 사업자의 남용 행위를 규제 대상에 포함시키고 있다는 점에도[57] 주목을 요한다. 즉 거래상 지위남용행위는 경쟁제한적 측면에서도 일정한 주의가 요구되는 행태이며, 이러한 관점에서도 위법성을 판단할 수 있는 근거를 마련하고, 이를 기존의 중소기업 보호에 연원을 두고 있는 불공정성에 의한 판단과 종합하여 이해하는 방향으로 구성하는 것에 관한 논의가 필요하다.

4. 사업활동 방해

(1) 의의

사업활동의 방해는 사업자가 다른 사업자의 사업활동을 부당하게 방해하는 행위를 말하며, '불공정거래행위 유형'은 네 가지 세부 유형을 규정하고 있다. 기술의 부당이용은 "다른 사업자의 기술을 부당하게 이용하여 다른 사업자의 사업활동을 심히 곤란하게 할 정도로 방해하는 행위"(8호 가목), 인력의 부당유인·채용은 "다른 사업자의 인력을 부당하게 유인·채용하여 다른 사업자의 사업활동을 심히 곤란하게 할 정도로 방해하는 행위"(8호 나목), 거래처 이전방해는 "다른 사업자의 거래처 이전을 부당하게 방해하여 다른 사업자의 사업활동을 심히 곤란하게 할 정도로 방해하는 행위"(8호 다목) 그리고 기타의 사업활동방해는 "가목 내지 다목 외의 부당한 방법으로 다른 사업자의 사업활동을 심히 곤란하게 할 정도로 방해하는 행위"를 말한다.

---

56) 대법원 1998. 3. 27. 선고 96누18489 판결.
57) Fritz Rittner, Meinrad Dreher & Michael Kulka, 주 4)의 책, 452-454면.

(2) 위법성 판단 기준

사업활동 방해 행위의 위법성 판단은 경쟁수단의 불공정성에 의한다. 심사지침은 네 가지 행위 유형에 공통되는 기준을 제시하고 있는데, 행위의 부당성과 사업활동이 심히 곤란하게 되는지 여부를 종합적으로 고려하여 위법성을 판단한다(V. 8. 가, 나, 다, 라). 특히 기타의 사업활동 방해는 앞의 세 가지 유형에 해당하지 않는 방해 행위를 포괄하는 기능을 하는데, 심사지침은 이에 해당하는 예로서, 경쟁사업자의 대리점 또는 소비자에게 경쟁사업자의 도산이 우려된다던지 정부지원 대상에서 제외된다는 등의 근거 없는 허위사실을 유포하여 경쟁사업자에게 대리점계약의 해지 및 판매량감소 등을 야기하는 행위를 들고 있다.

(3) 규제 사례

사업활동 방해로서 공정거래위원회가 규제한 사례는 드물며, 특히 현재까지 공정거래위원회가 기술의 부당이용으로서 규제한 예는 없다. 인력의 부당유인·채용으로서 규제된 사례로서, (유)현대오토엔지니어링은 현대자동차(주)와 설계용역업무의 위탁계약을 체결한 리빙인력개발의 설계도면CAD 및 사양입력요원 50명 중 41명을 유인하여 입사에 응하게 하고, 현대자동차는 현대오토엔지니어링에게 동 행위를 교사하는 한편 리빙인력개발과의 위탁계약을 해지하였다. 공정거래위원회는 현대자동차와 현대오토엔지니어링의 행위가 리빙인력개발의 인력을 부당하게 유인·채용하여 사업활동을 심히 곤란하게 할 정도로 방해하는 행위에 해당한다는 점을 인정하고 시정명령을 내렸다.[58]

거래처 이전방해 규제 사례로서, 한국출판협동조합은 자신과 일원화공급계약(전속적 공급계약)을 체결하여 거래하던 2개의 출판사가 다른 출판유통기구로 거래처를 이전하기 위하여 장부이체방식에 의한 정산을 요청

---

58) 공정위 1997. 12. 8. 의결 제97-181호.

하자 정산절차에 대한 사전 논의 없이 각 서점에 기 출고된 당해 출판사들의 서적을 일시에 무조건 전량 반품하도록 조치하였다. 공정거래위원회는 이러한 행위가 부당하게 거래상대방의 정상적인 거래처이전을 방해함으로써 사업활동을 심히 곤란하게 하는 행위에 해당한다는 점을 인정하고, 시정명령을 내렸다.[59]

(4) 검토

전술한 것처럼 사업활동 방해의 경우 불공정한 경쟁수단의 관점에서 행위의 부당성과 사업활동의 곤란성을 표지로 위법성을 판단한다. 동 유형에 해당하는 불공정거래행위 규제가 적극적으로 이루어지지 않고 있는데, 이는 규정의 성격과 일정한 관련이 있다. 사업활동 방해는 불공정성에 근거하는 다른 불공정거래행위 유형에 해당하지 않는 행위들을 사업 방해의 관점에서 포괄하는 의미를 가지며, 따라서 적용상 보충적인 성격을 갖고 있다. 그러나 심사지침이 제시하고 있는 위법성 판단 기준이 동 유형의 불공정성의 특징을 적절히 고려하지 못하고 있다는 점에서도 원인을 찾을 수 있다. 동 유형의 행위 중 기술의 부당이용이나 인력의 부당유인·채용은 완제품 사업자와 부품 사업자 또는 원사업자와 하도급 사업자와 같이 수직적 관계에 있는 사업자 간에 발생할 가능성이 큰데, 이에 대한 이해가 심사지침에 반영되지 않은 부분은 문제점으로 지적할 수 있을 것이다.

특히 기술의 부당이용에 관한 규제 사례가 나타나지 않는 것은 규제 필요성 측면에서 검토를 요하는 부분이다. 문제가 된 기술이 특허의 대상일 경우에는 특허법에 의한 특허침해청구 등을 통하여 보호를 구할 수 있지만, 동 규정은 특허권을 전제하지 않으므로, 당해 기술이 특허 대상인지 여부와 무관하게 기술의 부당 이용자에 대한 규제가 이루어질 수 있고, 이를 통한 피침해자의 보호 범위가 확대될 수 있다.[60] 또한 동일한 상품 생

---

59) 공정위 1997. 4. 12. 의결 제97-52호.

산 과정에서 수직적으로 연관된 사업자들이 자신이 보유한 특허를 교차 실시하는 경우가 흔히 나타나며, 이러한 상황에서 상대적으로 열위에 있는 사업자의 특허기술의 실시가 특허법적으로 정당한 경우라 하더라도, 교차 실시 자체가 동 규정에 의하여 부당한 것으로 평가될 경우에 규제 가능성이 주어질 수 있다는 점에도 주의를 기울일 필요가 있다.

IV. 결론 - 규제 개선의 제안

1. 이원적 판단 구조의 개선

독점규제법상 불공정거래행위의 위법성 판단은 경쟁제한성과 불공정성 등 다원적 기준에 의하여 이루어진다. 이와 같은 규제체계는 경쟁제한성과 불공정성의 관점에서 문제가 되는 행위들을 불공정거래행위 개념에 의하여 통일적으로 파악하여 독점규제법에서 규제할 수 있다는 경쟁정책적 판단에 따른 것이다. 물론 이에 대한 입법론적 비판이 가능하다. 특히 불공정성이 문제 되는 행위의 경우, 이를 공적 규제 대상으로 하는 것이 바람직한지, 또한 경쟁제한의 문제가 주를 이루는 독점규제법에서 규제하는 것이 타당한지는 여전히 의미 있는 쟁점이며, 전체 경쟁정책의 관점에서 심도 있게 다루어야 할 주제이다. 이에 관한 논의 과정에서 경제사회적 조건의 변화, 특히 거래 현실과 시장참가자들의 행태에 대하여 지속적인 주의가 주어져야 할 것이다. 일본 독점금지법에서 불공정한 거래방법의 한

---

60) 중소기업의 기술탈취 문제와 관련하여 특허권에 의한 보호는 특허권을 취득하지 못하거나 어려운 경우 또는 특허권 행사에 실질적인 한계가 있는 경우가 많기 때문에 실효성을 갖기 어려우며, 이러한 점에서 동 규정이 갖는 의의가 있다. 이와 관련하여 오세영, "중소기업 기술역량 확보방안에 관한 연구-기술자료 임치제도를 중심으로-", 고려대학교 석사학위논문, 2016, 34-56면 참조.

유형으로서 거래상 지위남용을 도입하던 시기에 일본 유통구조의 전근대
성을 착안점으로 삼았던 것은 적절한 예가 될 것이다.

입법론적 논의는 별론으로 현행 규제 체계를 수용할 경우에, 경쟁제한
성과 불공정성의 차별화된 접근 방식을 구성하는 것이 핵심적인 과제가
된다. 현재 심사지침에 나타난 공정거래위원회의 운용 방식은 불공정거래
행위의 유형 별로 경쟁제한성과 불공정성을 구분하는 것이다. 전술한 것
처럼 이러한 방식에 따라서 경쟁제한성이 위법성의 근거가 되는 유형에
거래거절, 차별적 취급, 경쟁사업자 배제, 구속조건부 거래 등이 속하며,
불공정성에 의하는 경우는 부당한 고객유인, 거래강제, 거래상 지위의 남
용, 사업활동 방해 등이고, 거래강제의 세부 유형인 끼워팔기는 경쟁제한
성을 위법성 판단의 근거로 하고 있다. 이와 같은 형식적인 구분은 규제
명확성을 제고하고, 특히 수범자들에게 불공정거래행위 위반 여부에 대한
현실적인 지침을 제공하는데 기여할 수 있을 것이다.

그러나 이러한 구분이 위법성의 기초로서 경쟁제한성과 불공정성의 의
의를 충실히 반영하며, 경쟁정책적으로 바람직한지 나아가 가능한지는 의
문이다. 무엇보다 위법성의 본질에 부합하지 않는 규제 결과를 낳을 수 있
다는 점을 염두에 두어야 한다. 예를 들어 경쟁제한성으로 분류되는 차별
적 취급의 경우 1선 차별과 2선 차별로 구분하여 사업자가 시장에서 배제
될 수 있는 경쟁제한적 효과를 분석하고, 이에 기초하여 위법성을 판단한
다. 그렇지만 차별적 취급에 의하여 선호되지 않은 그룹은 거래 과정에서
직접적으로 불이익을 갖게 되며, 이들의 불이익에 초점을 맞춘 위법성 판
단도 가능할 것이다. 반면 불공정성에 의하는 거래상 지위 남용의 경우,
상대적으로 우월한 지위의 남용에 의하여 경쟁상의 침해가 발생할 수 있
으며,[61] 이러한 점에서 경쟁제한성에 관한 심사가 요구될 수 있다.

---

61) 예를 들어 독일 경쟁제한방지법 제20조는 시장지배적 지위에 있지 않지만 거래상
   대방에 대하여 상대적으로 우월한 지위에 있거나 거래 상대방이 종속적인 지위에
   있을 경우에 사업활동 방해 등의 행위를 남용행위로서 규제한다. 동 규정의 의의

결국 경쟁제한성과 불공정성의 형식적인 구분과 획일화된 방식의 제도 운영은 불공정성의 본질을 파악하는데 지장을 초래할 수 있으며, 경쟁정책적으로 바람직하지 않은 결과를 낳을 수 있다. 이를 피하기 위해서는 불공정거래행위의 위법성 판단이 경쟁제한성, 불공정성 등에 의하여 이루어진다는 점을 전제하고, 각각의 의의를 분명히 한 다음, 구체적인 적용은 세부 유형의 분석에 유보하는 것이 타당한 접근 방식일 수 있다.

2. 불공정성 판단 기준의 재고

불공정성은 공정성의 침해로서 구성된 개념이며, 경쟁 또는 거래 과정이 상품의 장점을 중심으로 이루어지지 않는 경우를 상정한다. 이로 인한 폐해는 시장참가자들의 불이익으로 구체화되며, 이에 기초하여 불공정성 판단이 이루어진다. 따라서 시장참가자로서 경쟁사업자 또는 거래상대방 (소비자)에게 발생하는 불이익을 파악하는 것이 불공정성 여부를 결정함에 있어서 핵심적인 의미가 있다.

이러한 관점에서 심사지침이 불공정성을 경쟁수단의 불공정성과 거래 내용의 불공정성으로 구분하고, 이를 행위 유형 별로 분리 적용하는 것이 적절한지는 의문이다. 중요한 것은 문제가 된 행위로서 시장참가자들이 갖게 되는 불이익의 구체적인 내용을 파악하는 것이다. 예를 들어 경쟁사업자의 경우에 불이익은 대체로 거래가 제한되거나 거래의 기회를 잃게 되는 것으로서 나타날 것이다. 반면 거래상대방(소비자)의 불이익은 거래 과정을 종합하여 판단하게 되며, 특히 합리적 선택의 침해는 불이익의 본질적인 내용을 구성한다. 불공정성을 형식적으로 구분하여 이를 유형에 따라 적용하는 방식은 불이익의 실질적인 파악에 지장을 초래할 수 있으

를 수범자 범위의 확대에서 찾는 것으로서, Michael Kling & Stefan Thomas, Kartellrecht, Verlag Franz Vahlen, 2007, 621면 참조.

며, 경쟁수단이나 거래내용상의 불이익을 행위 유형에 따라 제한하지 않고 종합적으로 고려하는 것이 불공정성의 본질에 부합하는 것일 수 있다.

불이익의 판단 과정에서 정상적인 거래와의 비교는 필수적이다. 심사지침이 대부분의 불공정성에 따른 불공정거래행위 유형에서 정상적인 거래관행을 고려 요소로 제시하고 있는 것은 이러한 필요성을 반영한 것으로 볼 수 있다. 그러나 정상적 거래'관행'이라는 표현 자체가 타당한지는 의문이다. 이는 불필요하게 양속과 같은 의미로 이해될 여지를 제공하며, 관행에 초점을 맞출 경우에 특정한 행위가 일반적으로 행해지고 있는 것만으로 불공정성이 부인될 수 있는 문제를 낳는다. 따라서 '정상적 거래관행'에서 관행을 배제한 '정상적 거래'로 표현의 수정을 검토할 필요가 있다.

18. 독일 부정경쟁방지법에 의한 불공정거래행위 규제의 의의와 시사점

I. 서론

독일 법체계에서 경쟁에 대한 규율은 서로 성격을 달리하는 부정경쟁방지법(UWG)과 경쟁제한방지법(GWB)으로 이원화 되어 있다는 점에서 특징적이다. 경쟁제한방지법이 주로 경쟁의 자유의 관점에서 사업자 행위의 경쟁제한성에 초점을 맞추는 반면, 부정경쟁방지법은 주로 공정한 경쟁의 보호를 목적으로 하여 불공정한 행위를 규제 대상으로 한다. 이와 같은 이원화는 독점규제법의 경우처럼 단일한 법률에 의하여 경쟁제한적인 행위와 불공정한 행위에 대한 규제가 이루어지고 있는 것에 대비된다.

독일과 우리나라 경쟁법 체계의 비교를 통하여 드러나는 특징적 양상은 독점규제법의 규제 개선에 관한 논의에 있어서 주목할 만한 것이다. 예를 들어 경쟁제한성에 근거하는 시장지배적 지위남용행위 규제와 불공정성에 근거하는 불공정거래행위의 규제를 단일한 법률에 의하는 것이 규제의 실효성과 타당성 측면에서 바람직한지의 문제를 논의할 때, 독일의 이원화된 경쟁법 체계는 유력한 입법 모델로서 참고가 된다.[1] 나아가 독일 부정

---

1) 홍명수, "시장지배적 지위남용행위와 불공정거래행위의 관계와 단독행위 규제체계의 개선", 경쟁법연구 제33권, 2016, 63-70면 참조.

경쟁방지법의 제도적 의의와 운영은, 특히 독점규제법상 불공정거래행위 규제와 관련하여 보다 실질적인 의미를 갖는다. 독점규제법상 불공정거래 행위 규제는 경쟁제한성뿐만 아니라 불공정성에 근거하여 이루어지고 있 으며, 경쟁제한성에 의하는 경우와 비교하여 상대적으로 불공정성에 근거 한 규제 법리는 불명확한 점이 존재하고 있다. 이를 개선하는 관점에서도 독일 부정경쟁방지법의 규제 법리에 대한 이해는 논의의 충실을 기하는데 도움이 될 수 있을 것이다.

이하에서의 논의는 우선 부정경쟁방지법의 목적과 규제체계를 개관하 고(Ⅱ), 이어서 부정경쟁방지법의 규제 내용을 구체적으로 살펴볼 것이다 (Ⅲ). 이상의 논의에 기초하여 결론으로서 독점규제법상 불공정거래행위 규제 법리의 개선에 있어서 시사점을 제안하고자 한다(Ⅳ).

Ⅱ. 부정경쟁방지법의 목적과 규제체계

1. 부정경쟁방지법의 목적

(1) 부정경쟁방지법의 형성과 법체계적 의의

독일에서 부정경쟁방지법의 형성은 19세기까지 거슬러 올라간다. 최초 의 입법은 1896년에 이루어졌는데, 당시의 법은 부정 경쟁의 폐단이 두드 러지는 행위(예, 오인유발, 신용 훼손, 악의의 비방 등)에 관한 개별적인 규정을 두었을 뿐이고, 부정경쟁 행위에 관한 일반적인 규제를 시도하지 는 않았다. 따라서 여전히 일반 불법행위에 관한 민법 제826조는 일반적 인 부정경쟁 행위에 대한 규율 근거로서 기능하였으며, 이러한 불완전성 은 1909년 부정경쟁방지법 개정의 주된 동인이 되었다.[2] 1909년 부정경

---

2) Volker Emmerich, 정호열 역, 부정경쟁법, 삼지원, 1996, 31-32면 참조.

쟁방지법은 일반조항을 도입하여 양속위반의 경쟁행위를 금지함으로써 종래 문제가 되었던 입법적 흠결을 보완하였으며, 이로 인하여 형성된 불법행위에 관한 민사 특별법으로서의 지위는 현재까지 이어지고 있다.3)

1909년 이후 부정경쟁방지법에 의하여 경쟁에 관한 일반적인 규율이 가능하게 되었으며, 일반조항적인 규정의 내용이 판례를 통하여 구체화됨으로써 실효성 있는 규제 근거로서 기능하여 왔다. 주목할 것은 동법의 보호법익이 점차 확대되었다는 점인데, 초기에 경쟁자 보호에 한정되던 동법의 보호법익에 관한 이해는 소비자 보호 나아가 일반 공중의 이익의 보호까지 넓혀졌으며,4) 이러한 인식은 이후 동법 개정에 반영되었다.

1909년 이후 지속되었던 법체계에 상당한 변화를 낳은 부정경쟁방지법 개정이 2004년 있었고, 이후 2008년과 2016에도 중요한 법 개정이 이어졌다. 이러한 변화는 우선 1세기 이상 큰 변동 없이 유지되었던 부정경쟁방지법의 근대화를 목적으로 이루어졌는데, 특히 동법의 목적을 규정하고 있는 제1조와 일반조항으로서 기능하고 있는 제3조의 개정은 이러한 변화를 집약한 것으로 볼 수 있다. 즉 동법의 보호법익을 명정하고, 이를 구체적인 위반행위의 표지에 반영하는 작업을 통하여 동법의 제도적 의의를 명확히 하는 방향으로 개정이 이루어졌다.5) 또한 변화의 주된 동인의 하나는 외부적으로 주어졌는데, 단일한 역내 시장을 지향하는 유럽공동체의 발전은 EU 법과 독일 국내법의 조화를 요구하였고, 이러한 요구에 부응하는 방향으로의 개정이 불가피하였다. 무엇보다 부정경쟁방지법은 이에 상응하는 EU 법에 비하여 보다 강화된 규제 내용을 갖고 있었으며, 이를 조정하는 내용의 개정이 필요하였다. 특히 2005년 EU의 불공정거래행위 지침(Unfair Commercial Practices Directive)이6) 중요한 영향을 미쳤다. 동

---

3) 위의 책, 33-37면 참조.
4) 위의 책, 41-45면 참조.
5) Fritz Rittner, Meinrad Dreher & Michael Kulka, Wettbewerbs- und Kartellrecht, C. F. Müller, 2014, 20-21면 참조.

지침은 소비자 보호에 관한 구체적인 내용을 담고 있었으며, 이는 2008년 부정경쟁방지법 개정에 반영되었다.7) 동 개정에 의한 소비자 보호의 강화는 부정경쟁방지법에서 전통적으로 추구하여 온 경쟁자 보호의 관점과 종합될 필요성을 낳았으며, 다른 한편으로 소비자 보호에 한정된 EU 불공정거래행위 지침의 관점에서 여전히 불공정 경쟁 일반으로 범위를 확장하고 있는 동법에 대한 비판도 있었고,8) 이를 조화하는 입법적 과제가 부과되었다.9) 2016년 개정은 이에 관한 논의의 결과를 반영한 것으로서, 대표적으로 개정법 제4조는 경쟁자보호의 표제 하에 새롭게 구성되었다.10)

이상에서 살펴본 것처럼 2000년대 이후 부정경쟁방지법은 근본적인 변화를 겪었지만, 공정한 경쟁의 보호를 통한 경쟁 규범으로서의 성격은 변함없이 유지되고 있다. 즉 불공정한 경쟁을 규율하는 법으로서 부정경쟁방지법은 경쟁 자유의 보호를 목적으로 하는 경쟁제한방지법과 함께 광의의 경쟁법 체계를 구성한다.11) 경쟁을 규율하는 규범으로서 양자는 보호의 중점이 경쟁의 어떤 측면에 두어지는지에 따라서 일정한 차이를 갖고 있다. 그러나 이러한 구별이 이론적으로 가능하다는 점에 의문은 없지만,

---

6) Directive 2005/29/EC of the European Parliament and of the Council of 11 May 2005; concerning unfair business-to-consumer commercial practices in the internal market and amending Council Directive 84/450/EEC, Directives 97/7/EC, 98/27/EC and 2002/65/EC of the European Parliament and of the Council and Regulation (EC) No 2006/2004 of the European Parliament and of the Council.

7) Fritz Rittner, Meinrad Dreher & Michael Kulka, 주 5)의 책, 21-23면 참조.

8) 이에 관하여, 정주미, 공정거래법상 불공정거래행위의 위법성에 관한 연구, 서울대학교 박사학위논문, 2017 39-40면 참조.

9) Fritz Rittner, Meinrad Dreher & Michael Kulka, 주 5)의 책, 22면.

10) 그러나 2016년 개정이 편제를 새롭게 하였을 뿐 금지되는 행위의 새로운 추가는 없었으며, 이러한 점에서 동 개정은 본질적인 개선이 아니며, 실무에서 일정한 변화를 낳을 것으로 기대하기 어렵다는 것으로, Christian Frerix, "Das Gesetz gegen den unlauteren Wettbewerb(UWG) ist geändert worden - Grundsanierung oder Kosmetikkur?", http://www.socialmediarecht.de/, 2016, 4면 참조.

11) Ulrich Gassner, Grundzüge des Kartellrechts, Verlag Vahlen, 1999, 1-2면 참조.

문제가 되는 구체적인 행위에서 경쟁의 공정과 경쟁의 자유(경쟁제한)가 언제나 명확하게 드러나는 것은 아니다. 오히려 양자의 엄격한 구별을 시도하기 보다는, 양 규제체계가 경쟁의 보호라는 동일한 목적 하에 상호 보완적으로 기능한다는 점이 강조되기도 한다.[12]

(2) 부정경쟁방지법의 목적

부정경쟁방지법 제1조에 의하면, 동법의 목적은 경쟁자, 소비자 및 기타 시장참가자를 불공정한 거래행위로부터 보호하는 것, 그리고 동시에 왜곡되지 않은 경쟁에 관한 일반의 이익(Interesse der Allgemeinheit)을 보호하는 것이다. 전술한 것처럼 동 규정은 2004년 개정에 의하여 도입된 것인데, 연혁적으로 경쟁자 보호에서 소비자, 나아가 일반 공중의 이익을 보호하는 방향으로 동법의 기능이 확대되어 온 것을 목적 규정을 통하여 명시적으로 수용한 것으로 이해되고 있다.[13]

동 규정은 보호 대상에 경쟁자뿐만 아니라 다른 시장참가자도 포함시키고 있으며, 이를 사업자 측면에서 종합하여 사업자의 보호를 동법이 규정하는 목적의 하나로 이해할 수도 있다. 이러한 이해에 의할 경우에, 보호 대상인 사업자에는 수평적 측면에서 실제적 또는 잠재적 경쟁자뿐만 아니라 수직적 맥락에서 파악할 수 있는 시장 참가자도 포함된다. 한편 보호 대상인 경쟁자의 이익은 경제적 이익으로 구성되며, 사업자의 개별적 이해관계(persönliche Verhältnisse)는 경제적 관련성이 존재하는 경우에만 이에 해당할 것이다.[14] 보호 대상으로서 소비자의 이익은 소비자의 의사

---

12) Fritz Rittner, Meinrad Dreher & Michael Kulka, 주 5)의 책, 40-42면 및 OECD, The Interface between Competition and Consumer Policies, DAF/COMP/ GF(2008), 2008, 18-19면 참조.

13) Peter Müssig, Wirtschaftsprivatrecht, C. F. Müller, 2003, 490면 이하 및 Friedrich L. Ekey u. a., Heidelberger Kommentar zum Wettbewerbsrecht, C. F. Müller, 2005, 48-50면(Diethelm Klippel & Antje Brämer) 참조.

14) Fritz Rittner, Meinrad Dreher & Michael Kulka, 주 5)의 책, 31면 참조.

결정의 자유를 핵심적인 내용으로 하며, 소비자 의사 결정의 기초로서 객관적으로 타당하고 충분한 정보가 소비자에게 제공되는 것을 보장하는 것이 중요하다.[15] 왜곡되지 않은 경쟁에 관한 일반적 이익의 보호는 성과경쟁과 같은 특정한 내용이나 의미의 경쟁을 전제하는 것은 아니다. 이와 같은 경쟁에 관한 일반적 이익은 구체적인 경쟁 왜곡의 행위로부터 판단되며, 구체적인 행위가 경제적 이익 측면에서 과정으로서의 경쟁과 경쟁 참가자들을 침해하는지가 결정적인 기준이 될 것이다.[16]

부정경쟁방지법 제1조가 동법의 목적을 다원적으로 규정하고 있는 것은, 이러한 목적들 간의 관계가 정립될 필요성을 낳는다. 동 규정의 형식에 비추어 다양한 차원에서 제시된 목적들은 상호 독립적이며, 규범적으로 동등한 지위에 있는 것으로 볼 수 있다.[17] 즉 어느 하나의 목적이 주된 것으로서 다른 목적을 부차적인 것으로 하거나 효력상 우위에 있는 것으로 해석되지 않는다. 이러한 이해에 따르면, 목적들 간의 충돌을 해결하는 문제가 해결될 필요가 있다. 그렇지만 어느 하나의 목적이 우월하지 않다는 것을 전제하면, 결국 다양한 목적을 실제상 정합적으로 사고하는 것(praktische Konkordanz)이 불가피하며, 소비자 또는 사업자 보호의 목적도 왜곡되지 않는 경쟁으로부터 일반 공중이 갖는 이익의 관점에서 해석하는 것은 이러한 정합성을 보여주는 예가 될 것이다.[18]

2. 부정경쟁방지법의 규제체계

부정경쟁방지법은 실체법적 규정과 절차법적 규정 그리고 형벌 등의 제

---

15) Friedrich L. Ekey u. a., 주 13)의 책, 50면 이하(Diethelm Klippel & Antje Brämer) 참조.
16) Fritz Rittner, Meinrad Dreher & Michael Kulka, 주 5)의 책, 34면 참조.
17) 위의 책, 34면.
18) 위의 책, 34-35면 참조.

재에 관한 규정을 두고 있다. 실체법적 규정은 일반조항으로서의 성격을 갖고 있는 제3조와 제3조a[19] 그리고 구체적인 금지 규정으로서 제4조 내지 제7조로 구성되어 있다. 제3조는 2004년 개정 이전 부정경쟁방지법의 제1조에 상응하는 것이지만, 불공정거래행위로서의 본질에 보다 부합하는 방향으로 개정이 이루어짐으로써 일반조항으로서의 성격에는 변화가 없었다. 제4조 내지 제7조는 제3조의 일반적 금지 규정을 구체화하는 의미가 있다.

제2장의 제8조 내지 제11조는 동법에 위반한 행위의 법적 효과에 관하여 규율한다. 제8조에서는 침해배제청구권과 금지청구권을 규정하고 있으며, 특히 동조 제3항에서는 동 청구권의 주체로서 경쟁사업자뿐만 아니라 사업자단체, 소비자 보호를 위한 조직, 상공회의소와 같은 단체에 의한 청구도 가능한 것으로 함으로써 경쟁법상 단체소송의 법적 근거를 마련하고 있다. 또한 제9조에서는 손해배상청구권 그리고 제10조에서는 고의의 불공정한 거래행위에 의하여 다수의 피해자로부터 이익을 얻은 사업자에 대한 이익상환(Gewinnabschöpfung) 청구권에 관하여 규정하고 있다. 특히 제10조에 의한 이익상환청구권은 대량생산과 유통과정에서 사업자의 불공정거래행위(3조 내지 7조에 해당하는 행위)에 의하여 발생하는 소액다수 피해에 대한 입법적 대응에 해당한다.[20] 이상의 규정들은 동법 위반행위에 대한 규제가 원칙적으로 사적인 분쟁해결절차에 의하고 있음을 보여준다.

제3장의 제12조 내지 제15조에서는 절차와 권한 등에 관한 규정을 두고 있다. 제12조에서는 불공정거래행위에 따른 법적 효과를 실현하기 위한 청구절차, 공표 권한, 소송가액의 감액 등에 관하여 규정하고 있다. 제13조와 제14조는 각각 물적 관할과 장소적 관할에 관하여 규정하고 있으며,

19) 동법 제3조a는 법위반 행위가 불공정거래행위에 해당하는 경우에 관하여 규정하고 있다.
20) Ansgar Ohly & Olaf Sosnitza, Gesetz gegen den unlauteren Wettbewerb mit Preisangabenverordnung Kommentar, C.H.Beck, 2014, 949면 참조.

제15조에서 조정절차에 관한 규정을 두고 있다. 특히 조정절차는 사실관계를 보다 잘 파악하고 있는 분쟁 당사자가 자율적으로 분쟁을 해결한다는 점에서 절차적 의의가 인정되고 있다.[21] 제4장의 제16조 내지 제20조에서는 형벌이나 과태료 등의 제재에 관하여 규정하고 있다.

Ⅲ. 부정경쟁방지법의 규제 내용

1. 일반적 금지 행위

부정경쟁방지법 제3조 제1항에 의하여 불공정한 거래행위는 금지된다. 동조 제2항은 불공정 거래행위에 관하여 규정하고 있는데, 소비자를 대상으로 한 거래가 사업자로서의 주의를 결여하고 있고, 본질적으로 소비자의 경제적 행태에 영향을 미칠 경우에는 불공정한 것이 된다. 동 규정에서 불공정성의 핵심적 표지에 해당하는 개념들은 동법 제2조에서 입법적으로 정의되고 있다. 우선 '사업자로서의 주의'는 사업자가 소비자를 상대로 하는 사업영역에서 정상적인 시장에서의 관행에 비추어 신의와 성실에 따라 합리적으로 받아들여질 수 있는 전문적인 지식과 주의로서 표준적인 것을 의미한다(2조 7호). 또한 '소비자의 경제적 행위에 대한 본질적 영향'은 정보가 주어진 상태에서 결정을 할 소비자의 능력을 상당히(spürbar) 침해하고 이로써 다른 경우에는 가능하지 않았던 거래상 결정을 유발하기 위한 거래상 행위를 행하는 것을 의미한다(2조 8호). 특히 제2조 제8호의 규정에서 주목할 것은 침해의 정도가 미미한 것은 금지 대상인 행위에서 배제되는 상당성(spürbarkeit) 기준을 원용하고 있다는 것인데, 이로써 침해의 정도에 관한 실질적인 판단이 요구될 것이다.

---

21) 위의 책, 1056면.

또한 동법에서 열거하고 있는 소비자에 대한 거래 행위는 언제나 금지되며(3조 3항), 소비자에 대한 거래를 판단함에 있어서는 평균적인 소비자를 또는 소비자의 일정한 그룹을 대상으로 할 경우에 이 그룹의 평균적인 구성원을 기준으로 한다. 사업자의 경제적 행태가 정신적·육체적 결함, 노령 또는 경솔에 기초하여 거래 행위 또는 대상인 상품 측면에서 특별한 보호필요성이 있고, 명확히 특정될 수 있는 소비자의 일부 그룹에 대해서만 본질적으로 영향을 미칠 것으로 예상되는 경우의 거래상 행위는 이 그룹의 평균적 구성원의 관점에서 판단되어야 한다(3조 4항).

이와 같은 부정경쟁방지법 제3조의 체계는 제1항의 원칙적 금지 규정을 두고 제2항 내지 제4항에서 이를 보충하는 형식을 취하고 있지만, 본질적으로 일반조항으로서의 성격은 유지되고 있다. 동 조항은 연혁적으로 2004년 개정 전 부정경쟁방지법 제1조의 "거래에서 양속에 반하는 경쟁행위를 한 자에 대해서는 중지청구 또는 손해배상청구를 할 수 있다"는 규정에 기원하며, 동 규정은 2004년 개정에 의하여 "불공정한 거래행위가 경쟁자, 소비자 또는 기타 시장참가자의 이익에 상당한 영향을 미치는 경우에 금지된다"로 변경되었다. 이때의 법 개정은 양속위반에 기초하여 불공정성을 판단하는 것이 타당하지 않다는 지적을 반영한 것이었고, 이러한 비판을 받아들여 부정경쟁방지법의 입법 목적에 보다 부합하는 방향으로의 법 개정이 이루어졌다.[22] 이와 같이 동 규정은 내용상의 중요한 변화를 반영한 것이었지만, 종래 부정경쟁방지법 제1조의 규정형식은 수용하였고, 법체계적으로 제4조 내지 제7조에 의한 구체적 금지를 뒷받침하는 이념적 근거로서의 일반조항적 성격은 유지되었다. 다만 금지의 구체적 방식에는 2016년 개정을 통하여 변화가 있었는데, 앞에서 살펴본 것처럼 제3조 제1항은 불공정한 거래행위를 금지할 뿐이며, 개정 전 동 조항에서처럼 불공정한 거래행위의 내용에 관한 규정은 두고 있지 않다. 그러나

---

22) 위의 책, 205-206면 참조.

경쟁자, 소비자, 일반공중의 이익 침해로서 구성되는 불공정성 판단의 기조에 변화가 있는 것으로 보기는 어렵다. 예를 들어 2016년 개정에서 새롭게 도입된 제3조a는 시장참가지의 이익 측면에서 시장 행태를 규율하기 위한 법규정에 반하는 행위를 하고, 그 침해가 소비자, 기타 시장참가자 또는 경쟁자의 이해를 상당히 침해하는 것에 해당할 경우에 불공정한 행위가 되는 것으로 규정하고 있는데,[23] 이러한 규정은 동법이 보호하고자 하는 법익을 시사하는 것이다.

2. 구체적 금지 행위

(1) 경쟁자 보호

동법 제4조는 경쟁자 보호의 관점에서 불공정 거래행위를 규정하고 있다. 동조 제1호에서 경쟁자의 상표, 상품, 용역, 행위 또는 인적 내지 거래적 관계를 훼손하거나 비방하는 행위는 불공정 거래행위에 해당한다. 제2호에서는 경쟁자의 상품, 용역 또는 사업에 대하여 또는 기업의 소유자 내지 기업지배의 구성원인 자에 대하여 영업이나 신용을 침해하는 입증되지 않은 사실을 주장하거나 유포하는 행위는 불공정 거래행위에 해당한다. 유포 행위가 공연하지 않은 방식으로 이루어지고 유포행위의 당사자나 수취인이 이에 대하여 적법한 이해를 갖고 있을 경우에는, 사실이 진실에 반하는 경우에 한해서 불공정한 것이 된다. 제3호에서는 경쟁자의 상품 또는 용역을 모방한 것을 공급한 경우에, 상품 또는 용역의 사업상 기원에 관한 모방자의 회피가능한 착오가 수반되었거나, 부적절하게 모방된 상품 또는 용역의 핵심적 가치가 이용 또는 침해되었거나, 모방에서 요구되는 지식 또는 관련 자료를 부정하게 획득하였다면 불공정 거래행위에 해당한

---

23) 동 규정은 개정 이전 제4조 제11호에서 규정하고 있었던 내용을 새롭게 편제한 것인데, 내용적으로도 개정 이전에는 시장참가자만을 명시하던 것에서 소비자와 경쟁자를 새롭게 추가하였다.

다. 제4호에서 경쟁자를 의도적으로 방해한 경우에 불공정 거래행위에 해당한다.

이상의 행위는 동법의 개정 이전에도 불공정 거래행위로서 규제된 것이지만,[24] 동 개정에 의하여 경쟁자 보호라는 표제 하에 동일한 유형의 규제 대상 행위로 편제된 것으로 볼 수 있으며, 경쟁자 보호를 목적으로 하는 부정경쟁방지법의 입법취지를 명확히 한 것으로 이해된다.

(2) 과도한 거래행위

동법 제4조a는 불공정 거래행위의 유형으로서 과도한(aggressiv) 거래행위에 관하여 규정하고 있다. 동조 제1항에서 소비자 또는 시장참가자에게 다른 경우에는 가능하지 않았던 거래 결정을 유발하는 과도한 거래행위를 행한 경우에 불공정 거래행위에 해당한다. 모든 상황의 고려 하에 구체적인 사례에서 괴롭힘(Belästigung, 1호), 육체적 폭력의 행사를 포함한 강요(2호), 허용되지 않는 영향력 행사(3호)에 의하여 소비자 또는 기타 시장참가자의 결정의 자유를 상당히 침해할 경우에 그 거래 행위는 과도한 것이다. 육체적 폭력의 행사 또는 위협이 없는 경우에도 사업자가 자신의 시장 지위를 이용하여 소비자 또는 기타 시장참가자들이 정보에 의하여 결정할 권한을 본질적으로 제한하는 방식으로 압력을 행사할 경우에는 허용되지 않는 영향력 행사가 인정된다.

한편 제1항에서 거래행위가 과도한 것인지 여부는 시기, 장소, 거래 방식 또는 기간(1호), 위협적이거나 모욕적인 표현 또는 행동방식의 사용(2호), 소비자 또는 기타 시장참가자의 결정에 영향을 미치기 위하여 이들의 판단능력을 침해하는 정도로 구체적인 곤궁 또는 어려운 상황의 의식적인 이용(3호), 소비자 또는 기타 시장참가자의 계약을 해제하거나 다른 상품

---

24) 제1호 내지 제4호의 행위는 개정 이전 제4조 제7호 내지 제10호에서 규정하고 있었다.

또는 다른 사업자로 전환할 수 있는 권리와 같은 계약적 권리 행사를 방해하고자 하는 사업자의 과도하거나 부적절한 비계약적 방식의 방해(4호), 법적으로 허용되지 않는 위협(5호) 등에 기초하여 판단한다. 특히 제3호에서의 상황을 검토할 경우에는, 소비자의 정신적·육체적 결함, 연령, 거래 경험 미숙, 경솔, 불안, 궁박한 상태 등을 고려한다.

2016년 개정법은 불공정 거래행위의 표지로서 과도성(aggressiv)을 제시하고 있다. 이러한 표지는 새로운 것이지만, 이에 관한 판단은 궁극적으로 소비자 또는 시장참가자의 결정의 자유를 침해하는 것에 기초하므로, 개정 이전의 규정과 비교하여 본질적인 변화로 볼 것은 아니다. 특히 제4조a 제1항 2문은 시장에서의 지위를 이용하여 소비자 등의 결정에 영향을 미치는 행위를 불공정 거래행위로서 규정하고 있는 것에 주목을 요한다. 동 규정은 시장에서의 지위 이용을 전제한 것으로서, 결정 권한의 본질적 제한이 나타나는 행위를 규제 대상으로 하고 있다. 동 규정의 취지에 비추어, 전체 가격만을 표시하고 구성상품의 개별 가격을 고객에게 전달하지 않는 끼워팔기는 고객이 가격에 대한 판단을 어렵게 하거나 가격을 은폐하는 행위로서 이에 해당할 수 있다.[25] 또한 사업자가 제공하는 상품과 경쟁사업자의 상품 가격이나 품질을 합리적으로 비교하여 상품을 선택하는 것을 방해하는 행위도 부당한 고객유인(Übertriebenes Anlocken)으로서 동 규정에 해당하는 것으로 볼 여지가 있다.[26]

(3) 오인 유발 행위 등

제5조는 허위 정보 또는 기만에 해당하는 정보를 제공하여 오인을 유발하는 거래행위(Irreführende geschäftliche Handlungen), 제5조a는 부작위에 의한 오인 유발행위를 불공정한 것으로 규제하고 있다. 양자는 작위와 부작위에 의한 오인 유발행위를 각각 규정하고 있는데, 부작위에 의한 경

---

25) Friedrich L. Ekey u. a., 주 13)의 책, 136면(Gunda Plaβ).
26) 위의 책, 139면 이하(Gunda Plass).

우 구매 결정에 영향을 미친 경우에 한정함으로써 구성요건적인 차이를 보여주고 있다. 이는 부작위에 의한 행위가 작위에 상응하는 규범적 평가를 받기 위하여 요구되는 불가피한 것으로 이해된다.

제6조는 비교 광고를 규제 대상으로 정하고 있다. 2004년 개정 이전에 모든 비교 광고가 규제되었던 것은 아니며, 일정한 조건 하에 허용이 가능한 것으로 규율되었다. 이와 같은 태도는 현행 부정경쟁방지법에도 유지되고 있는데, 제6조 제2항은 불공정한 비교 광고로서 동일한 수요 또는 목적을 충족하는 상품에 관한 것이 아닐 것(1호), 실질적이고, 관련성이 있고, 검증 가능하며, 전형적인 상품의 특성이나 가격에 기초한 객관적인 비교가 아닐 것(2호), 광고주와 경쟁사업자의 상품 간에 혼동을 유발할 가능성이 있을 것(3호), 경쟁자에 의하여 사용되는 상표의 평판에 불공정하게 영향을 미칠 것(4호), 상품이나 사업 활동, 사업자에 대한 비방에 해당할 것(5호), 상표권의 보호 하에 있는 다른 상품의 모방이나 복제품일 것(6호) 등을 제시하고 있다.

제7조는 시장참가자가 원하지 않는 부당한 방식으로 평온을 해하는 (Unzumutbare Belästigungen) 판촉행위를 규제하고 있다. 이에 해당하는 행위로서 특히 중요한 것은 동조 제2항 제2호의 규정인데, 동 규정은 명시적인 소비자의 동의가 없거나 다른 시장참가자로서 동의가 추정되는 경우가 아닌 한, 이러한 행위는 평온을 해하는 행위로서 허용되지 않는다. 이때 동의의 추정은 위에 해당하는 행위가 시장참가자의 구체적인 이익 범위 안에 있을 경우에 이루어질 것이다.

IV. 결론

독일 경쟁법 체계에서 부정경쟁방지법은 경쟁제한방지법과 마찬가지로 경쟁의 보호를 지향하지만, 구체적인 입법 목적에 있어서 양자는 뚜렷이 구별된다. 부정경쟁방지법은 공정한 경쟁의 보호를 주된 목적으로 하며, 이에 따라서 부정경쟁방지법상 위법성 판단은 경쟁자, 소비자 또는 기타 시장참가자의 불이익에 초점을 맞추어 이루어지며, 특히 의사 결정의 자유의 침해가 주된 판단 기준으로 작용한다. 이러한 점에서 경쟁제한성에 초점을 맞추어 시장구조적이고 경쟁질서적인 관점에서 접근하는 경쟁제한 방지법과 구별된다.

독점규제법상 불공정성에 근거한 불공정거래행위에 대한 규제 실무는 문제가 되고 있는 불공정성을 경쟁수단 또는 거래내용에 측면에서 파악하고 있다. 그러나 이와 같은 이해는, 특히 경쟁제한성과 관계에서 명확하지 않으며, 구체적인 법적용 측면에서도 혼선을 낳을 수 있다. 이러한 점에서 독일 부정경쟁방지법의 규제 목적과 구체적인 규제 법리의 전개는 시사하는 바가 크다.

독점규제법상 단독행위 규제체계에 관한 논의에서 불공정거래행위 중 불공정성에 기초한 불공정거래행위의 규제의 취급은 핵심적인 문제로 자리하고 있다. 이 논의의 중요성을 부인할 수 없지만, 이에 앞서 불공정성에 기초한 불공정거래행위 규제 법리의 개선이 필요하며, 이를 위하여 독일 부정경쟁방지법의 제도적 이해를 참고할 필요가 있을 것이다.

19. 부당 지원행위 규제의 법리적 검토

I. 서론

경제력집중 억제를 위한 규제의 실효성을 제고하기 위하여 1996년 독점규제법 개정으로 부당 지원행위 규제가 도입되었다.[1] 동 규제는 불공정거래행위의 한 유형으로서 부당 지원행위를 규정함으로써, 불공정거래행위 규제체계 안에 위치하게 되었다. 입법상의 논란에도 불구하고, 동 규정에 의한 규제가 축적되어 왔으며, 이 과정에서 불분명하였던 여러 법리적 쟁점들도 명확해졌다. 그러나 여전히 모호하게 남아 있는 부분이 있으며, 더욱이 2013년 법 개정에 의하여 동 규정의 변화와 아울러 특수관계인에 대한 부당한 이익제공 행위를 별도로 규제하는 근거 규정이 새롭게 도입됨으로써, 부당 지원행위 규제체계의 전반적인 이해를 새롭게 할 필요성이 나타났다.

이러한 필요성에 상응하여, 이하에서 부당 지원행위 규제 체계를 전반적으로 검토할 것이다. 우선 2013년 독점규제법 개정 이후 부당 지원행위

---

1) 동 규제의 도입 이전에 유사한 행위는 차별 행위로서 규제되었다. 신영수, "특수관계인에 대한 부당한 이익제공행위의 규제 법리", 경제법연구 제14권 제3호, 2015, 238-239면 참조.

규제의 의의를 전체적으로 개괄한 다음, 여전히 모호한 측면이 있는 지원 행위의 성립과 부당성 판단에 관하여 논의하고, 이어서 새롭게 도입된 특수관계인에 대한 규제를 살펴보는 순으로 논의를 전개할 것이다.

II. 규제의 의의

1. 규제 필요성

독점규제법상 부당 지원행위 규제는 동일한 기업집단에 속한 계열회사 간 거래를 전형적인 규제 대상으로 상정한다.[2] Oliver Williamson에 의하면, 이러한 유형의 거래는 단일한 기업 내에서 이루어지는 내부거래와 시장에서의 (외부)거래의 성격이 혼합된 형태(hybrid form)를 의미한다.[3] 단일한 조직 내에서의 거래는 내부적인 자원 배분에 상응하며, 따라서 경쟁법이 개입할 여지는 없을 것이다.[4] 계열회사 간 거래도 부분적으로 이러한 성격을 갖고 있지만, 시장을 통한 거래의 형식도 취하고 있다는 점에서 경쟁법상 규율이 가능한 것으로 볼 수 있다.

계열회사 간 거래의 동기는 다양하며, 특히 Williamson 사고의 연장선에서 내부거래와 외부거래 또는 그 중간 형태는 효율성을 추구하는 경제주체의 선택에 따른 결과로 이해할 수 있다. 물론 계열회사 간 거래는 양

---

2) 부당 지원행위를 규제하는 독점규제법 제23조 제1항 제7호는 지원객체를 다른 회사로 규정함으로써 동 규정에 의한 규제 대상을 계열회사 간 거래에 한정하지 않고 있다.

3) Oliver E. Williamson, "Antitrust Lenses and the Uses of Transaction Cost Economics Reasoning", Thomas M. Jorde & David J. Teece ed., Antitrust, Innovation, and Competitiveness, Oxford Univ. Press, 1992, 140면.

4) 단일한 경제주체(single entity) 내에서의 기능할당의 문제에 경쟁법의 개입 여지는 없다는 것에, Ariel Ezrachi, EU Competition Law, Hart Publishing, 2010, 2면 참조.

당사자에게 귀속되는 거래상 이익을 기업집단 내에 유보시키는 것을 의도하거나 그 결과를 낳으며, 이러한 부분이 계열회사 간 거래를 선택하는 주된 동기로 작용할 수도 있다.

계열회사 간 거래가 경제에 미치는 효과 역시 다양한 맥락에서 파악할 수 있다. 우선 계열회사 간 거래는 그 성격이 함축하듯이, 적어도 부분적으로 관련된 시장을 내부화(internalization) 하게 될 것이다. 거래 당사자 간에 계약적 방식으로 경쟁사업자를 배제하는 것과 같은 효과를 조직적인 방식에 의하여 이룰 수 있으며, 특히 재벌에 의한 집단적 운영방식이 보편적으로 행해지고 있는 우리 경제의 특수성을 고려할 때, 이러한 현상은 다수의 시장이 축소되고, 파편화되는 결과로 이어질 수 있다.[5] 또한 계열회사 간 거래를 통하여 발생한 거래상 이익이 총수 및 특수관계인 또는 기업집단 내에 유보되는 결과는 계열회사 간 거래의 문제를 경제력집중의 차원에서 고려할 필요성을 낳는다. 즉 계열회사 간 거래는 기업집단의 전체적인 규모의 확대나 지배구조의 강화 문제에 주의를 기울일 계기를 제공한다.

2. 독점규제법상 규제체계

독점규제법상 부당 지원행위 규제는 제23조 제1항의 불공정거래행위 금지 규정에 근거한다. 입법 과정에서 불거졌던 편제상의 논쟁은, 비록 부당 지원행위가 불공정거래행위의 한 유형으로 규정되었다 하더라도 여전히 경제력집중 억제를 위한 규제로서의 성격도 갖고 있으며, 따라서 규제의 의의를 복합적으로 이해할 필요가 있음을 시사한다. 즉 부당지원행위를 불공정거래행위의 관점에서 바라보아야 하는 규범적 요구를 부인할 수

---

5) 신광식, "재벌의 사익편취는 어떻게 막을 것인가?-토론문", 「재벌의 사익편취는 어떻게 막을 것인가」, 2015, 65-66면 참조.

는 없으며, 경제력집중의 우려를 낳는 일정한 행위를 불공정거래행위의 위법성 표지인 공정거래저해성의 관점에서 평가하여야 할 과제가 주어지고 있다.

이와 같은 규제체계적 특징은 지원행위의 부당성 판단에 영향을 미치고 있다. 대법원은 지원행위의 부당성 판단에 있어서 "지원주체와 지원객체와의 관계, 지원행위의 목적과 의도, 지원객체가 속한 시장의 구조와 특성, 지원성 거래규모와 지원행위로 인한 경제상 이익 및 지원기간, 지원행위로 인하여 지원객체가 속한 시장에서의 경쟁제한이나 경제력집중의 효과 등은 물론 중소기업 및 여타 경쟁사업자의 경쟁능력과 경쟁여건의 변화 정도, 지원행위 전후의 지원객체의 시장점유율의 추이, 시장개방의 정도 등을 종합적으로 고려하여 당해 지원행위로 인하여 지원객체의 관련시장에서 경쟁이 저해되거나 경제력 집중이 야기되는 등으로 공정한 거래가 저해될 우려가 있는지 여부를 기준으로 한다"고[6] 판시함으로써, 지원행위의 부당성 판단 기준을 경쟁제한성과 경제력 집중에 근거하여 이원적으로 제시하고 있으며, 이와 같은 판례의 태도는 공정거래위원회의 「부당한 지원행위의 심사지침」(2014. 4. 7. 예규 제190호, 이하 심사지침)에도 반영되었다.

지원행위의 부당성 판단 기준의 이원적 제시는 중요한 법리적 진전이지만, 여전히 해결되어야 할 쟁점들이 남아 있다. 1) 우선 사실관계의 확정 단계에서 지원행위의 의의를 명확히 할 필요가 있다. 계열회사 간에 이루어지는 모든 거래가 아니라 지원의 의미를 갖는 행위만 규제 대상이 된다는 점에서, 지원 개념을 구체적으로 이해하는 것은 지원행위 규제의 선결적인 과제가 될 것이다. 2) 부당성 판단은 경쟁제한성과 경제력집중의 이원적 기준에 의하여 이루어지지만, 각각의 판단 기준을 구체화 할 필요가 있다. 3) 2013년 법 개정에 의하여 도입된 사익편취 행위 등의 규제 의의

---

6) 대법원 2004. 3. 12. 선고 2001두7220 판결; 대법원 2004. 10. 14. 선고 2001두2881 판결.

를 부당 지원행위 규제와의 관계에서 이해하고, 기존 규제체계와의 정합
성을 유지하면서 새로운 규제의 적용 법리를 제시할 필요가 있다.

III. 지원행위의 성립

1. 지원행위의 의의

독점규제법 제23조 제1항 제7호는 "부당하게 특수관계인 또는 다른 회
사에 대하여 가지급금·대여금·인력·부동산·유가증권·상품·용역·무체재
산권 등을 제공하거나 상당히 유리한 조건으로 거래하는 행위(가) 또는 다
른 사업자와 직접 상품·용역을 거래하면 상당히 유리함에도 불구하고 거
래상 실질적인 역할이 없는 특수관계인이나 다른 회사를 매개로 거래하는
행위(나)를 통하여 특수관계인 또는 다른 회사를 지원하는 행위"를 불공정
거래행위의 하나로서 규정하고 있다.

동 규정을 구체화한 동법 시행령 [별표 1의2] 「불공정거래행위의 유형
및 기준」(이하 불공정거래행위 유형) 제10호는 부당지원행위의 세부유형
으로 자금지원(가),[7] 자산·상품 등의 지원(나),[8] 인력지원(다),[9] 부당한
거래단계 추가(라)[10] 등을 제시하고, 이상의 행위를 통하여 과다한 경제상

---

7) 특수관계인 또는 다른 회사에 대하여 가지급금·대여금 등 자금을 상당히 낮거나
 높은 대가로 제공 또는 거래하거나 상당한 규모로 제공 또는 거래하는 행위.
8) 특수관계인 또는 다른 회사에 대하여 부동산·유가증권·무체재산권 등 자산 또는
 상품·용역을 상당히 낮거나 높은 대가로 제공 또는 거래하거나 상당한 규모로 제
 공 또는 거래하는 행위.
9) 특수관계인 또는 다른 회사에 대하여 인력을 상당히 낮거나 높은 대가로 제공 또
 는 거래하거나 상당한 규모로 제공 또는 거래하는 행위.
10) 1) 다른 사업자와 직접 상품·용역을 거래하면 상당히 유리함에도 불구하고 거래
 상 역할이 없거나 미미한 특수관계인이나 다른 회사를 거래단계에 추가하거나 거
 쳐서 거래하는 행위, 2) 다른 사업자와 직접 상품·용역을 거래하면 상당히 유리함

이익을 제공함으로써 특수관계인 또는 다른 회사를 지원하는 행위를 규제 대상으로 정하고 있다. 또한 심사지침[11] II. 4.는 지원행위를 "지원주체가 지원객체에게 직접 또는 간접으로 제공하는 경제적 급부의 정상가격이 그에 대한 대가로 지원객체로부터 받는 경제적 반대급부의 정상가격보다 높거나(무상제공 또는 무상이전의 경우를 포함) 현저한 규모로 거래하여 지원주체가 지원객체에게 과다한 경제상 이익을 제공하는 작위 또는 부작위를 말한다"고 규정하고 있다.

이상의 독점규제법 및 시행령 등에서 부당 지원행위 규제에 관한 규정은, 규제 대상이 되는 지원행위의 몇 가지 핵심적인 표지를 제공한다. 우선 지원객체는 특수관계인[12] 또는 다른 회사를 의미하며, 동일 기업집단에 속한 계열회사에 한정되지 않는다. 이러한 규정 방식은 기업집단 간 교차지원 행태나 우회적인 지원행위를 포섭하기 위한 것으로 이해되며, 대법원은 부당 지원행위 금지의 입법 취지에 비추어 다른 회사의 범위가 계열회사에 한정되지 않는 것으로 보고 있다.[13]

불공정거래행위 유형 제10호에서 지원은 경제상 이익의 제공을 의미한다. 즉 여기서의 지원은 경제상 이익을 제공하는 방식에 의하고, 또한 과다한 것이어야 한다. 과다한 경제상 이익이 제공되는 방식은 가목 내지 라목에 의하는데, 거래과정을 전체적으로 파악하여 지원의 의미가 드러나는

에도 불구하고 특수관계인이나 다른 회사를 거래단계에 추가하거나 거쳐서 거래하면서 그 특수관계인이나 다른 회사에 거래상 역할에 비하여 과도한 대가를 지급하는 행위.

11) 대법원은 동 심사기준의 법적성격을 사무처리준칙에 불과한 것으로 보고, 법원이나 수범자에 대한 기속력을 인정하지 않는다. 대법원 2004. 4. 23. 선고 2001두6517 판결 참조.

12) 대법원은 자연인인 특수관계인에 대한 지원도 동 규정에서 규제하는 지원행위에 해당할 수 있다고 보고 있다. 대법원 2004. 9. 24. 선고 2001두6364 판결. 자연인인 특수관계인이 시장에 참가하지 않는 상황에서 지원행위 규제 문제에 관하여, 홍명수, 경제법론II, 경인문화사, 2010, 364-365면 참조.

13) 대법원 2004. 10. 14. 선고 2001두2881 판결.

라목을 제외하고, 가목 내지 다목의 세부 유형은 정상적인 거래와 비교하여 대가나 규모 측면에서 상당한 차이가 있는 행위를 말하며, 이에 의하여 과다한 경제상 이익의 제공이 이루어지는 경우가 지원에 해당할 것이다.

거래조건 차이의 상당성은[14] 정상적인 거래와의 비교를 통하여 판단한다. 정상적인 거래를 상정함에 있어서 유효한 경쟁시장을 전제할 것은 아니며, 문제가 된 행위가 이루어진 시장에서 지원주체와 객체 간의 특별한 관계가 없는 경우에 예상되는 거래를 의미한다. 경제적 이익의 과다성은 지원 상대방에게 귀속되는 이익의 크기에 관한 판단이며, 상당성과는 별개의 판단 기준에 의한다. 논리적으로 보면 거래조건 차이의 상당성은 경제적 이익의 과다성 판단에 선행하며, 전자는 후자의 필요조건에 해당할 것이다. 따라서 거래조건의 차이가 상당한 경우라 하더라도 경제적 이익의 크기가 과다한 수준에 이르지 않는 경우도 상정할 수 있다.

거래조건상 차이의 상당성이나 경제적 이익의 과다성 판단은 사실관계의 영역에 해당하지만, 부당 지원행위의 규제 대상을 정하는 것이기 때문에 규범 목적과 무관하지 않으며, 지원행위의 부당성 판단에 영향을 미칠 수 있는 수준은 상당성 또는 과다성을 인정할 수 있는 기준이 될 것이다. 즉 지원행위의 부당성 심사가 필요한 수준의 상당성 또는 과다성이 있는지가 지원행위의 성립 여부의 판단에서 검토되어야 하며, 부당성 판단의 중요한 고려 요소들이 이 과정에 영향을 미칠 수 있다.

2. 지원행위의 유형

불공정거래행위 유형 제10호는 가목 내지 다목에서 지원행위의 내용에 따라서 가지급금·대여금 등 자금지원, 부동산·유가증권·무체재산권 또는

---

14) 2013년 개정에 의한 현저성에서 상당성으로의 변화는 정상거래와의 차이의 축소를 의미하며, 따라서 입법적으로 규제 범위의 확대를 의도한 것으로 이해된다. 독점규제법(법률 제12095호, 2013. 8. 13., 일부개정) 개정이유 참조.

상품·용역 등의 자산·상품 등 지원, 인력지원 등의 세부 유형을 정하고
있다. 자금과 자산은 유동성의 차이에 따른 구분이며, 이는 구체적인 경제
적 이익 실현의 방식에 차이를 가져올 수 있으므로 주의가 필요하지만, 엄
밀한 구분이 가능한 것은 아니다. 심사지침은 자금지원을 지원주체가 지
원객체의 금융상 편의를 위하여 직접 또는 간접으로 현금 기타 자금을 이
용할 수 있도록 하는 경제상 이익을 제공하는 일체의 행위라 함으로써(III.
1. 가), 해당하는 지원 유형의 범위를 폭넓게 정하고 있으며, 자산 등의 지
원은 이와 관련하여 상대적으로 이해할 수 있다.

또한 구체적인 지원 방식, 즉 경제적 이익의 구체적인 실현 방식에 의
하여 정상 거래와 비교하여 상당히 높거나 낮은 대가로 거래하는 경우와
상당한 규모로 거래하는 경우로 구분할 수 있다. 일반적으로 거래조건에
서 가장 중요하게 취급되는 것은 가격과 수량이므로 이에 따른 구분이 가
능하며, 차이가 발생한 구체적인 거래조건을 대가나 수량 측면에서 파악
할 수 있다. 대가 측면에서 상당한 차이는 정상적인 거래와의 비교를 통하
여 이루어지며, 지원주체와 객체 간에 특수관계가 존재하지 않을 경우에
예상되는 대가를 기준으로 한다. 심사지침은 자금 지원과 관련하여 정상
금리에 관한 상세한 기준을 제시하고 있으며, 자산, 부동산 임대차, 상품·
용역의 거래와 관련하여 동일한 원칙의 적용을 보여주고 있다(심사지침
III. 1. 내지 4.).

규모 측면에서도 지원행위의 의미를 갖기 위해서는 정상적인 거래를 상
정한 비교가 이루어져야 한다. 심사지침은 상품·용역의 거래와 관련하여
상당한 규모의 판단은 지원객체가 속한 시장의 구조와 특성, 지원행위 당
시의 지원객체의 경제적 상황, 여타 경쟁사업자의 경쟁능력 등의 종합적
인 고려에 의하는 것으로 하고 있다(심사지침 III. 4. 나). 동 규정에서의
종합적인 판단 기준의 제시는 규모측면에서의 지원적 성격의 고려에 부합
하며, 다른 유형의 규모 측면에서의 지원행위 판단에도 원용할 수 있을 것
이다. 그러나 대가 측면에서의 지원행위 판단과 마찬가지로 이 경우에도

정상적인 거래와의 비교가 필요하다는 점을 적시하지 않은 것을 지적할수 있다. 즉 문제가 된 행위가 나타난 시장과 지원주체 및 객체 간에 특수관계를 배제한 구체적인 상황에서 가능한 거래량이 상당성 판단의 기초가된다는 점에 대한 이해가 필요하다.

또한 규모 측면에서의 지원행위 판단과 관련하여 심사지침은 비용절감효과가 지원객체에게 과도하게 귀속하는지 여부, 지원객체의 사업위험이제거되는지 여부를 제시하고 있으며(심사지침 III. 4. 나. 2)), 효율성 증대효과에 대한 고려도 요구하고 있다(심사지침 III. 4. 나. 3)). 우선 효율성증대효과가 부당성이 아닌 지원행위의 판단에서 고려될 수 있는 사항인지는 의문이다. 비용 절감효과나 사업위험의 제거 문제는 정상적인 거래와의 차이가 상당한지의 판단에 관련될 수 있지만, 행위의 경쟁제한성 판단에서도 의미가 있을 수 있다는 점에서 부당성 판단의 고려 요소가 될 수도 있다.

불공정거래행위 유형과 심사지침이 대가와 규모 측면을 구분하여 지원행위를 파악하고 있지만, 양자는 지원행위의 성립과 관련하여 종합적으로이해될 필요가 있다는 점에도 주의를 요한다. 무엇보다 형식적으로 파악한 이러한 분류가 실제 거래의 이해에 있어서 엄격하게 유지되기는 어려울 것이다. 예를 들어 가격 차이가 커도 거래량이 미미한 경우라면 지원행위는 인정되지 않을 것이고, 가격 차이가 크지 않아도 거래량이 상당한 경우에는 지원행위에 해당할 수 있다. 즉 대가 측면과 규모 측면을 종합할경우에 지원행위는 실질적인 의미를 갖게 될 것이다. 이러한 관점에서 대가 상의 차이가 거의 없는 상황에서 오직 거래의 규모 측면에서 경제적이익의 제공이 이루어지는 경우에, 상당한 규모로 거래하는 지원행위의고유한 의의가 존재한다.[15]

---

15) '대법원 2007. 1. 25. 선고 2004두7610 판결'은 현저한 규모의 거래로 인하여 과다한 경제상 이익을 제공한 것인지 여부의 판단에서 '지원성 거래규모 및 급부와반대급부의 차이'도 고려되어야 하는 것으로 보고 있다.

3. 거래단계의 추가에 의한 지원행위

법 제23조 제1항 제7호 나목은 "다른 사업자와 직접 상품·용역을 거래하면 상당히 유리함에도 불구하고 거래상 실질적인 역할이 없는 특수관계인이나 다른 회사를 매개로 거래하는 행위"를 지원행위의 한 유형으로 규정하고 있다. 이를 구체화 한 일반유형 제10호 라목은 1) 다른 사업자와 직접 상품·용역을 거래하면 상당히 유리함에도 불구하고 거래상 역할이 없거나 미미한 특수관계인이나 다른 회사를 거래단계에 추가하거나 거쳐서 거래하는 행위와 2) 다른 사업자와 직접 상품·용역을 거래하면 상당히 유리함에도 불구하고 특수관계인이나 다른 회사를 거래단계에 추가하거나 거쳐서 거래하면서 특수관계인이나 다른 회사에 대해 거래상 역할에 비하여 과도한 대가를 지급하는 행위를 규정하고 있다. 즉 거래상 역할의 존부와 역할에 대한 대가 측면에 초점을 맞추어 앞에서 살펴본 유형 외의 지원행위 규제 대상을 정하고 있다.

우선 첫 번째 유형과 관련하여 추가된 거래단계의 거래상 역할에 대한 판단이 필요하다. 이러한 점에서 당해 거래단계를 거치지 않은 경우(동종 상품의 다른 유통 경로를 포함)와의 비교가 불가피하며, 따라서 거래과정 전체에 대한 이해가 요구된다. 거래상 역할이 미미한 경우는, 두 번째 유형이 거래상 역할의 존재를 전제로 행위 유형을 파악하고 있다는 점을 고려할 때, 실질적으로 거래상 역할의 존재를 인정하기 어려운 경우를 의미하는 것으로 볼 수 있을 것이다.

두 번째 유형은 거래상 역할 자체가 부인되지는 않지만, 역할에 비하여 과도한 대가가 주어지고 있는 경우를 상정한 것이다. 대가의 과도성을 고려한다는 점에서 앞에서 살펴본 자금 등의 지원행위와 유사하지만, 과도성 판단을 위한 비교 대상으로 문제가 된 거래단계를 거치지 않는 직접적인 거래를 명시하고 있다는 점에서 고유한 의의가 있다. 이 경우에 직접적

거래의 상당한 유리와 추가된 거래단계에 대한 과도한 대가 지급이 당해
행위 성립의 요건이 될 것이다.

IV. 지원행위의 부당성

1. 심사지침상의 부당성 판단 기준

심사지침은 부당성 판단과 관련하여 전술한 대법원 판결에서 제시한 판
단 기준을 기본 원칙으로 원용하고 있다(IV 1). 이에 기초하여 부당한 지
원행위에 해당하는 경우와 해당하지 않는 경우를 열거하고 있다. 나아가
부당성이 인정되는 전자의 경우와 관련하여 주로 경쟁제한성의 관점에서
구체적 판단 기준을 제시하고 있다.

부당한 지원행위에 해당하는 경우로서(IV. 2.) 지원객체가 당해 지원행
위로 인하여 일정한 거래분야에 있어서 유력한 사업자의 지위를 형성·유
지 또는 강화할 우려가 있는 경우(가)를 규정하고 있다. 동 규정에서 지원
객체의 유력 사업자 개념을 사용하고 있다는 점에 주목할 필요가 있다. 이
는 시장지배적 사업자 개념을 의도적으로 피하여 시장지배적 지위에 미치
지 못하는 경우까지 포함시키려는 의도로 이해되지만, 의미가 명확하게
드러나지는 않는다. 대법원은 단독의 거래거절 사건에서 거래 상대방을
시장에서 배제할 우려를 낳을 수 있는 지위의 의미로서 유력사업자 개념
을 사용한 경우가 있는데,16) 이 개념을 원용한 것이라면, 경쟁제한 효과에
초점을 맞춘 판단기준으로 볼 수 있다. 그렇다면 이러한 효과에 상응하는
유력 사업자의 요건이 보충되어야 하며, 일본 公正取引委員會가 관련 시
장에서 시장점유율 10% 이상 또는 상위 3위 이내를 유력 사업자 판단 기

---

16) 대법원 2001. 1. 5. 선고 98두17869 판결.

준으로 사용하고 있는 것을 참고할 수 있을 것이다.17) 그러나 이러한 접근
방식은 유력사업자의 지위가 유지·형성되는 것만으로 당해 시장에서의 경
쟁제한 효과를 인정하기 어렵고, 오히려 유력사업자의 지위는 시장의 경쟁
을 활성화하는 방향으로 작용할 수도 있다는 점에서 한계가 있다.18) 따라
서 유력 사업자의 기준 외에 추가적으로 경쟁제한적 효과에 대한 분석이
결합되지 않는 한, 동 기준의 적용만으로 타당성을 기하기 어려울 것이다.

지원객체가 속하는 일정한 거래분야에 있어서 당해 지원행위로 인하여
경쟁사업자가 배제될 우려가 있는 경우(나)와 관련하여, 동 규정은 경쟁제
한성의 관점에서 적절한 판단 기준이며, 특히 규모 측면에서의 부당성 판
단과 관련해서 실질적인 의미를 가질 수 있다. 정상적인 거래량을 초과하
는 거래는 경쟁사업자 또는 잠재적 경쟁사업자에게 귀속될 수 있었던 거
래 기회의 축소를 의미하며, 이러한 점에서 경쟁사업자 배제 가능성은 규
모 측면에서 지원행위의 부당성 판단의 유력한 기준이 될 수 있을 것이다.

지원객체가 당해 지원행위로 인하여 경쟁사업자에 비하여 경쟁조건이
상당히 유리하게 되는 경우(다)는, 경쟁사업자에 비하여 경쟁조건의 상당
한 유리가 그 자체로 경쟁사업자에 대한 경쟁제한의 효과를 의미하는 것
은 아니며, 다만 이러한 효과로 이어질 수 가능성이 있으므로 당해 지원행
위에 대한 주의를 환기시키는 의미가 있을 것이다. 또한 지원객체의 경쟁
력 강화가 친경쟁적 효과를 낳을 가능성도 염두에 두어야 하며, 상반되는
효과의 형량 과정이 요구된다.

지원객체가 속하는 일정한 거래분야에 있어서 당해 지원행위로 인하여
지원객체의 퇴출이나 타사업자의 신규진입이 저해되는 경우(라)와 관련하

---

17) 김차동, "단독거래거절에 의한 불공정거래행위의 규제원리", 권오승 편, 공정거래
   와 법치, 법문사, 2004, 700면 참조.
18) 지원행위와 경쟁제한성 간의 인과관계와 관련하여 유사한 취지의 논의를 전개하
   고 있는 것으로서, 서정, 부당한 지원행위 규제에 관한 연구, 서울대학교 박사학
   위논문, 2008, 97면 이하 및 송옥렬, "부당내부거래규제에 대한 이론적 논쟁", 권
   오승·이원우 편, 공정거래법과 규제산업, 법문사, 2007, 232면 참조.

여, 우선 동 규정에서 특정 사업자의 퇴출 억제가 갖는 의미가 경쟁제한성 측면에서 단일하게 파악될 수 없다는 점에 주의를 요한다. 시장참가자의 수가 유지되는 것에 대해서는 시장구조적 측면에서 긍정적인 평가도 가능하며, 이러한 행태가 현재 또는 잠재적 경쟁사업자의 배제와 결합될 경우에만, 당해 시장에서의 경쟁제한 효과를 인정하는 근거가 될 수 있다. 또한 한계 계열사의 퇴출 억제는 전체 기업집단의 유지 또는 확대의 효과를 낳을 수 있다는 점에서 동 기준은 경제력집중의 관점에서도 유력한 고려사항이 될 수 있을 것이다. 한편 동 규정에서 '타사업자의 신규진입 저해'는 경쟁제한성 판단의 중요한 표지가 되며, 특히 규모 측면에서 지원행위의 부당성 판단과 관련하여 주의를 기울일 필요가 있다.

끝으로 관련 법령을 면탈 또는 회피하는 등 불공정한 방법 또는 절차를 통해 지원행위가 이루어지고, 이로 인하여 지원객체가 속하는 일정한 거래분야에서 경쟁이 저해되거나 경제력 집중이 야기되는 등으로 공정한 거래가 저해될 우려가 있는 경우(마)를 규정하고 있다.

심사지침은 부당한 지원행위에 해당하지 않는 경우로서(IV. 3.), 대규모 기업집단 계열회사가 기업구조조정을 하는 과정에서 구조조정 대상회사나 사업부문에 대하여 손실분담을 위해 불가피한 범위 내에서 지원하는 경우(가), 「중소기업의 사업영역 보호 및 기업 간 협력 증진에 관한 법률」에 의하여 위탁기업체가 사전에 공개되고 합리적이고 비차별적인 기준에 따라 수탁기업체(계열회사 제외)를 지원하는 경우(나), 기업구조조정 과정에서 일부사업부문을 임직원 출자형태로 분사화하여 설립한 중소기업기본법상의 중소기업에 대하여 당해회사 설립일로부터 3년 이내의 기간 동안 자생력 배양을 위하여 지원하는 것으로서 다른 중소기업의 기존 거래관계에 영향이 적은 경우(다), 정부투자기관·정부출자기관이 공기업 민영화 및 경영개선계획에 따라 일부 사업부문을 분사화하여 설립한 회사에 대하여 분사 이전의 시설투자자금 상환·연구기술인력 활용 및 분사 후 분할된 자산의 활용 등과 관련하여 1년 이내의 기간 동안 자생력 배양을 위하여 불가피하게 지원하는 경우로서 기존 기업의 거래관계에 영향이 적은 경우(라), 금융지주회사법에 의한 완전지주회사가 완전자회사에게 자신의 조달금리 이상으로 자금지원을 하는 경우(마), 개별 지원행위 또는 일련의 지원행위로 인한 지원금액이 1천만원 이하로서 공정거래저해성이 크지 않다고 판단되는 경우(바), 「장애인고용촉진 및 직업재활법」 제28조 제1항에 따른 장애인 고용의무가 있는 사업주가 같은 법 제2조 제8호에 해당되는 장애인 표준사업장의 발행주식 총수 또는 출자총액의 50%를 초과 소유하여 실질적으로 지배하고 있는 장애인 표준사업장에 대하여 자생력 배양을 위하여 합리적인 범위 내에서 지원하는 경우(사), 「사회적 기업 육성법」 제7조에 따라 고용노동부장관의 인증을 받은 사회적 기업의 제품을 우선 구매하거나, 사회적 기업에게 각종 용역을 위탁하거나, 사회적 기업에게 시설·설비를 무상 또는 상당히 유리한 조건으로 임대하는 등의 방법으로 지원하는 경우(아) 등을 규정하고 있다.

심사지침이 법적 구속력을 갖지 않는다는 점에서, 동 지침에서 제시하고 있는 부당성 부인의 경우를 절대적인 것으로 이해할 것은 아니며, 부당성이 부인되는 것으로 규정된 사유에 해당하는 경우에도 당해 행위의 부당성에 관한 심사가 종국적으로 배제되는 것은 아니다. 한편 위에서 언급한 「중소기업의 사업영역 보호 및 기업 간 협력 증진에 관한 법률」 등 다른 법률에 근거하여 행해진 지원행위에 대해서는 독점규제법 제58조에 의한 적용 제외가 가능한지를 검토할 수도 있다.

이상의 심사지침 상의 부당성 판단 기준은 개별적으로 타당성을 갖고 있다 하더라도, 지원행위 부당성 판단의 핵심적인 표지인 경쟁제한성과 경제력집중의 관점에서 판단기준의 의의가 명확하지 않으며,[19] 이러한 점에서 적용상 한계를 보완하기 위한 논의의 필요성은 여전히 남아 있다.

---

19) 외부의 경쟁과 관련된 부분과 계열사 간 부의 이전의 문제는 분명하게 구분하여야 한다고 언급하고 있는 것으로서, 송옥렬, 위의 글, 239면 참조.

2. 경쟁제한성 심사

지원행위의 부당성 판단을 경쟁제한 효과에 초점을 맞추어 분석하는 것은, 불공정거래행위의 한 유형으로서 부당지원행위를 규제하는 체계에서 법리적 타당성을 갖고 있으며, 대법원 판결에 의해서도 뒷받침되고 있다. 이와 같은 심사는 경제력집중 억제 정책과 관련하여 사전적 규제에서 사후적 규제로, 또한 국민경제적 차원에서 개별 시장 중심으로의 정책 변화를 수용한 것이라는 점에서도[20] 의의가 있다. 지원행위는 지원행위를 행한 시장에서의 경쟁뿐만 아니라 지원을 받은 지원객체가 참가하고 있는 다음 단계 시장의 경쟁에도 영향을 미칠 수 있다. 따라서 지원행위에 대한 경쟁제한성 분석은, 거래상 차별에서 1선(primary) 차별과 2선(secondary) 차별을 구분하여 분석하고 있는 것과 유사하게[21] 두 시장을 구분하여 접근하는 것이 유용할 것이다.

지원행위가 나타난 시장에서의 경쟁제한 효과 분석은 지원행위로 인한 시장의 변화, 특히 당해 시장에서의 경쟁사업자가 배제되는 정도에 초점을 맞출 필요가 있다. 이러한 점에서 지원행위 시장에서는 지원주체와 객체 간에 상당한 규모의 거래가 이루어지는 경우가 주된 고려 대상이 될 수 있는데, 이러한 거래는 당해 시장의 경쟁사업자를 배제하는 시장봉쇄 효과를 낳을 수 있다. 이와 같은 효과가 발생하는 메카니즘은 구조적으로 배타적 거래와 유사한데, 특히 계열회사 관계에 있는 사업자 간의 거래는 배타적 계약 형식을 취하지 않더라도 단일한 기업집단의 운영 원리에 의하여 유사한 경제적 효과를 낳을 수 있다는 점을 염두에 둘 필요가 있을

---

20) 홍명수, "경제력집중 억제", 권오승 편, 독점규제법 30년, 법문사, 2011, 262-263 면 참조.

21) Herbert Hovenkamp, Federal Antitrust Policy 3. ed., Thomson/West, 2005, 581-582면에서 이러한 구별은 경쟁정책적으로도 상이한 접근 방식을 필요로 한다는 점에서 유의미한 것으로 보고 있다.

것이다. 일반적으로 배타적 거래에서 시장봉쇄 효과는 당해 지원행위에 따른 거래가 전체 시장에서 차지하는 비중으로 추론할 수 있다. 미국 반독점법상 배타적 거래의 규제를 살펴보면, 연방대법원의 Tempa Electronic 판결[22] 이후 배타적 거래가, 관련 시장에서 경쟁사업자에 대한 시장봉쇄 효과를 낳고, 이러한 거래가 실질적으로 경쟁상 손실을 낳을 수 있는 기간 동안[23] 이루어질 경우에 반독점법상 위법한 것으로 평가되고 있다. 한편 시장점유율 외에도 당해 시장의 구조나 특성, 경쟁사업자의 거래 전환 등의 대응 가능성, 기존 경쟁사업자가 행하는 배타적 거래의 정도, 신규 사업자의 진입제한 가능성 등이 종합적으로 고려되고 있다. 한편 경쟁사업자에 대한 시장봉쇄효과를 실질적으로 파악하기 위하여, 경쟁사업자의 최소효율규모 개념이 유용할 수 있다. 최소효율규모(minimum efficient scale)는 평균비용이 최저인 수준을 의미하는데, 이에 미치지 못하는 수준에서 생산이 이루어질 수밖에 없을 경우 비용이 증가하고, 이러한 상황이 지속됨으로써 경쟁사업자가 시장에서 배제될 수 있다.[24] 이러한 기준은 시장봉쇄의 절대적인 크기뿐만 아니라 경쟁사업자의 침해 가능성을 구체적으로 고려함으로써 시장봉쇄의 의의를 경쟁정책적으로 평가할 수 있다는 점에서 긍정적이다.[25] 이상의 논의에서 지원주체와 지원객체 간에 상당 기

---

22) Tempa Electronic Co. v. Nashville Coal Co. 365 U.S. 320 (1961).

23) 예를 들어 Motion Picture 사건에서 FTC는 배타적 거래의 기간을 1년 이하로 단축할 것을 명령하였으며, 연방대법원은 이를 지지하였다. FTC v. Motion Picture Advertising Service 344 U. S. 392(1953). 한편 독일의 경쟁제한방지법(GWB) 규제 실무에서는 3개월 이하의 배타적 거래는 경쟁정책상 문제가 되지 않는 것으로 보고 있다. Ulrich Gassner, Grundzüge des Kartellrechts, Verlag Vahlen, 1999, 114면 참조.

24) 경쟁정책상 배타적 행위를 경쟁자의 비용 상승(Raising Rivals' Costs) 구조로 분석하고 있는 것으로서, Andrew Gavil, William Kovacic & Jonathan Baker, Antitrust Law in Perspective, Thomson/West, 2008, 592-594면 참조.

25) 이때 경쟁침해 효과는 경쟁사업자가 시장에서 완전히 배제되는 정도가 아니라, 비용 상의 부담으로 퇴출의 압력을 받는 정도에 이른 경우에도 인정될 수 있다. Phillip Areeda, Antitrust Law Vol. IX, Little, Brown & Company, 1991, 55-61면 참조.

간에 걸쳐 진행된 거래를 통하여 당해 시장에서 배제된 거래량이 경쟁사업자가 동 시장에서 퇴출될 우려를 낳을 정도에 이르면, 경쟁제한성의 관점에서 당해 지원행위의 부당성을 인정할 수 있는 근거가 될 수 있을 것이다.[26)]

지원행위에 의하여 지원객체가 속한 다음 단계의 시장에서 경쟁제한적 효과를 낳을 가능성도 고려되어야 한다. 전술한 심사지침은 '경쟁조건의 유리'에 기초하여 부당성을 판단할 수 있는 것으로 규정하고 있지만, 이것만으로 경쟁제한적 효과를 파악하는 것에는 한계가 있으며,[27)] 시장 행태에 대한 분석이 추가될 필요가 있다. 구체적으로 지원행위 이후 지원객체가 자신이 참가하고 있는 시장에서 실질적으로 유리한 경쟁조건에 위치하게 되었는지에 대한 분석이 요구된다. 물론 이러한 행위는 부당염매나 부당고가매입, 그리고 지원주체의 지원객체에 대한 지원적 거래가 지원객체의 경쟁사업자와의 거래와 병행적으로 발생한 경우에 거래상 차별이나 가격압착의 문제를 야기할 수도 있으며, 각각의 요건이 충족되는지 여부가 우선적으로 검토될 수 있다. 이러한 관점에서 다음 단계 시장에서의 지원행위로 인한 경쟁제한성 판단은 보충적일 수 있으며, 당연히 부당 지원행위의 고유한 측면에서 경쟁제한적 효과가 분석되어야 한다.

3. 경제력집중 심사

경제력집중은 시장집중, 일반집중, 소유집중 등 다의적으로 사용되는

---

26) 이러한 점에서 지원객체 자신의 퇴출 억제 효과는 경쟁제한 효과의 분석에 있어서 결정적인 의미를 갖는 것은 아니다. 지원행위 부당성 판단에 있어서 지원객체 퇴출 억제 효과 분석의 한계에 관하여, 주진열, "공정거래법상 부당지원행위 규제에 대한 비판적 고찰", 서울대학교 법학, 2012, 653-654면 참조.

27) 어떤 기업의 자금력 제고 내지 경영여건 개선이 장기적으로 경쟁자의 축출을 통한 소비자후생의 감소로 이어진다는 것은 불확실한 몇 가지 조건을 충족해야만 가능하다는 것에 관하여, 서정, 주 18)의 글, 108면 이하 참조.

개념이기 때문에, 지원행위의 부당성 판단기준으로서 경제력집중의 의미를 명확히 할 필요가 있다. 일반적으로 시장집중은 개별 시장에서의 집중도를 나타내는 것으로서 경쟁제한 효과를 판단하는 것과 관련되기 때문에, 경쟁제한성과 독립적으로 사용되고 있는 경제력집중의 경우 시장집중의 의미는 포함하지 않는 것으로 이해하는 것이 타당할 것이다. 따라서 지원행위의 부당성 판단기준으로 경제력집중은 소유집중과 일반집중의 관점에서 구체화될 필요가 있다.

소유집중은 기업의 발행주식 또는 잔여청구권이 소수의 자연인 또는 그 가족에 집중되는 것을 의미한다.[28] 우선 단순한 지분권 이전으로 소유집중의 총량, 즉 동일인과 친족이나 계열회사 등의 동일인관련자에 의한 내부지분율에 변화가 없을 경우에 소유집중의 관점에서 문제가 되지 않을 수 있다. 그러나 지분 이전이 지배권 승계의 의미를 갖는 경우에는 이를 어떻게 평가할 지에 대한 논의가 추가될 필요가 있다. 독점규제법이 지배권 승계를 제한하는 규정을 두고 있지 않으므로 지배권 승계 자체를 문제 삼을 수 없지만, 기존 지배권을 구성하는 권리의 이전이 아니라 새로운 지배권을 창출하는 방식으로 지배권이 승계될 경우에 소유집중 강화의 관점에서 이를 평가할 수도 있을 것이다. 또한 소유집중을 구성 지분의 변화의 관점에서도 검토할 필요가 있다. 일반적으로 총수가 자연인인 기업집단의 내부지분은 총수 및 총수 친족이나 계열회사 등의 동일인관련자의 지분으로 구성되는데, 예를 들어 지분 구성의 변화가 총수의 지분율을 낮추고 동일인관련자의 지분율을 높임으로써 내부지분율이 상승하는 방향으로 나타난 경우에 소유지배 괴리도가[29] 심화될 수 있으며, 이는 소유집중의 관점에서 부정적 평가의 근거가 될 수 있다. 한편 상당한 규모의 지원행위에

---

28) 황인학, 경제력집중 한국적 인식의 문제점, 한국경제연구원, 1997, 26면.
29) 일반적으로 소유지배 괴리도는 총수 및 총수의 친족의 지분율의 합계(소유지분율)와 친족을 제외한 동일인관련자, 특히 계열회사의 비중이 높은 지분율(의결지분율)의 차이로 파악된다.

의한 소유집중의 강화로 인하여 지원객체의 시장 가치가 증대하고, 이에
대한 지분가치가 아울러 상승할 경우에 소유집중의 강화로 이어질 수도
있으며,[30] 이러한 관점에서 소유집중을 평가할 필요도 있을 것이다. 끝으
로 소유집중에 관한 정책 기조가 규범적으로 정립될 필요가 있다는 점에
주의를 요한다. 구체적으로 경제력집중의 한 내용으로서 소유집중이 강화
되는 것에 대한 우려가 존재하지만, 소유지배괴리도의 심화도 중요한 고
려 사항이 되고 있으며, 동일인(총수)의 지배권 강화는 양자가 충돌하는
양상으로 나타날 수도 있다. 결국 형량의 문제로 귀결될 것이지만, 총수
지분의 증가에 관한 평가의 기본 원칙을 규범적으로 제시하는 방안도 강
구될 필요가 있다.

일반집중은 산업이나 국민경제 일반에서 특정 기업이나 기업집단이 차
지하는 비중을 의미한다.[31] 독점규제법상 경제력집중 억제에 대한 규제는
자산총액을 기준으로(상호출자제한기업집단 10조, 공시대상기업집단 5조)
대상을 정하고 있다. 이러한 지표는 일반집중의 관점에서 도출된 것이며,
이와 같은 규정 방식은 일반집중을 나타내는 다양한 지표 중에서 입법자
가 '자산'을 실제적인 지표로 선정하고 있음을 의미한다.[32] 물론 자산 기
준이 일반집중의 지표로서 가장 적합한 것인지, 5조원 또는 10조원 기준
이 경제 현실을 반영하는지 등에 관한 논의가 가능하며, GDP와 실질적인
비교가 가능한 부가가치 창출액과 같은 지표를 활용하는 등의 대안 검토

---

30) 이러한 현상은 터널링 효과(tunnelling effect)의 관점에서도 이해가 가능하다. 가
   족이 지배하는 기업집단에서 터널링 효과에 의하여 지배주주의 사적 이익 실현이
   기업 이익에 우선하는 것에 대한 분석으로서, Sumon Bhaumik & Andros
   Gregoriou, "Family" ownership, tunneling and earnings management: A review
   of the literature, William Davidson Institute Working Paper No. 954, 2009,
   12-13면 이하 참조.
31) 황인학, 주 28)의 책, 25면.
32) 독점규제법과 유사한 일본 獨占禁止法 제9조의 사업지배력 과도집중 규제도 자산
   총액을 기준으로 하고 있다. 이에 관한 상론은, 홍명수, 경제법론I, 경인문화사,
   2008, 194면 이하 참조.

가 필요할 수도 있다. 이러한 논의는 별론으로 하고, 일반집중 차원에서 지원행위의 부당성 판단 기준으로 자산 기준을 원용하여 지원행위를 통한 자산총액의 증가를 현실적인 판단 기준으로 삼을 수 있을 것이다. 예를 들어 지원행위가 없을 경우에 예상되는 자산총액과[33] 지원행위 이후의 총액을 비교하여, 증가가 상당한 수준에 이르는 경우라면, 일반집중의 관점에서 당해 지원행위에 대한 부당성 평가가 가능할 것이다. 한편 지원행위에 따른 자산총액에 있어서 의미 있는 변화가 없는 경우에도 전체 기업집단의 관점에서 고려되어야 할 요소들이 있다. 특히 대규모기업집단이 순환출자적인 구조를 취하고 있을 경우에 이러한 출자구조에서 지분 관계의 핵심적인 역할을 수행하는 계열회사가 존재하게 되며, 이러한 회사에 대한 지원행위의 의의는 자산총액뿐만 아니라 전체 기업집단 유지의 관점에서 파악할 필요가 있으며, 이에 대한 지원행위의 기여가 드러나면, 일반집중의 차원에서 부당성 평가가 가능할 수 있다. 또한 일반적으로 기업집단의 유지에 일정한 비용이 발생한다는 점도 주의를 요하는 부분이다. 즉 계열관계를 유지하기 위한 일정한 출자는 불가피하며, 이때 출자는 대부분 계열관계를 유지하는 동안 매몰비용의 성격을 가질 것이다. 이때 기업집단은 계열관계를 유지하는데 들어간 비용을 회수할 유인을 갖게 되며, 계열회사 간 거래는 일정 정도 이러한 비용을 줄이는 방향으로, 따라서 전체 기업집단의 유지를 용이하게 하는 방향으로 작용할 수도 있다. 결론적으로 일반집중의 관점에서 지원행위의 부당성을 평가할 경우 기업집단 규모의 증대 여부는 일차적인 고려 사항이 되지만, 나아가 지원주체와 지원객체가 속한 기업집단의 유지나 운영에 관한 종합적인 관점이 반영되어야 한다.

---

33) 지원객체에 대한 지원행위가 없을 경우에 지원객체가 관련 시장에서 존속할 가능성이나 범위 등에 대한 실질적인 평가를 통하여, 지원객체의 자산 변화를 객관적으로 예상할 필요가 있다.

4. 정당화 사유의 검토

지원행위의 부당성이 인정되는 경우에도, 정당화 사유가 존재하는 경우에 최종적으로 위법성이 부인될 수 있다. 우선 사업상의 필요성이 정당화 사유로서 고려될 수 있는지에 관하여 대법원은 이를 긍정하면서도, 단순한 사업경영상의 필요 또는 거래의 합리성 내지 필요성이 있다는 사유만으로는 부당지원행위의 성립요건으로서 부당성이 부정될 수 없다고 판시하였다.34) 이윤추구를 목적으로 하는 기업 활동은 본질적으로 사업상 필요성과 무관한 것으로 보기 어렵기 때문에, 매우 제한된 범위에서 사업상 필요성을 정당화 사유로 인정할 수밖에 없을 것이다. 이어서 어떠한 경우에 사업상 필요성이 긍정적으로 원용될 수 있는지에 대한 논의가 필요하며, 이는 결국 부당지원행위를 정당화 할 수 있는 사유들에 대한 종합적인 이해를 통하여 가능할 것이다. 특히 사업자가 지원객체에 대한 지원을 의도하였는지가 중요한 고려 대상이 된다. 경쟁법상 의도는 행위로부터 추론되는 객관적 증거를 통하여 이해할 수 있으며,35) 직접적인 입증 대상이기 보다는 행위의 합리적 설명에 의해서 판단되어질 것이다. 이러한 관점에서 문제가 된 행위에서 지원의도를 배제하거나 부차적인 것으로 할 수 있는 합리적인 설명이 가능한 경우에 지원행위의 부당성은 인정되지 않을 수 있다.

한편 효율성에 기초한 정당화 항변은 당연히 가능하며, 특히 상당한 규모의 거래에 의한 지원행위와 관련하여 다양한 효율성 제고 효과에 대한 분석이 이루어질 필요가 있다. 전술한 것처럼 계열회사 간 거래의 내부화적 성격은 배타적 거래와 유사한 측면이 있으며, 배타적 거래에 의한 경쟁제한성 분석의 최종적인 단계로서 효율성에 따른 정당화 사유가 검토되어

---

34) 대법원 2004. 10. 14. 선고 2001두2935 판결.
35) Herbert Hovenkamp, 주 21)의 책, 281-283면 참조.

야 한다. 배타적 거래에 '경쟁자 비용 상승' 구조를 적용하여, 경쟁사업자
의 비용 상승(시장에 대한 접근 제한 등을 포함)을 확인하는 단계, 경쟁자
배제로 인하여 독점력을 갖게 되고, 이를 가격에 반영하는지를 평가하는
단계, 그리고 최종적으로 배타적 행위로 인한 효율성이 경쟁사업자의 경
쟁상 손해를 상회하는지, 특히 배타적 행위에 따른 비용절감이 가격인하
를 통하여 소비자에게 귀속되는지 등을 분석하는 단계로 구분하는 방식을
취할 수 있으며,36) 이와 같은 단계적 분석 방식은 지원행위 부당성 판단
에도 원용할 수 있을 것이다.

이때 안정적인 거래 관계의 형성, 장기적 생산계획의 확립, 기술조건의
특화에 따른 향상, 안정적 유통망의 구축, 거래객체의 성실성 확보를 통한
무임승차의 방지 등이 효율성 제고 효과로서 고려될 수 있다.37) 결국 이
러한 효과가 경쟁사업자에게 미친 경쟁상의 손해보다 큰 것으로 평가할
수 있는지의 문제로 전환할 것이다.

끝으로 이러한 효율성 항변이 경쟁제한성이 아닌 경제력집중 효과에 근
거한 부당성 판단에 대해서도 가능한지에 대한 논의가 추가될 필요가 있
다. 이와 관련하여 독점규제법상 경제력집중 억제를 위한 규제도 동법이
추구하는 창의적인 기업활동, 소비자 보호, 국민경제의 균형 발전 등의 목
적에 복무하는 것이라는 점을 염두에 두어야 할 것이다. 효율성 제고는 근
본적으로 이러한 목적에 긍정적으로 작용하는 것을 전제로 항변 사유로
수용된 것이기 때문에, 경제력집중에 따른 부당성 판단에 있어서도 정당
화 사유로서 의미를 가질 수 있다.

---

36) Andrew Gavil, William Kovacic & Jonathan Baker, 주 24)의 책, 596면.
37) ABA, Antitrust Law Development 6. ed., ABA Publishing, 2007, 221면 참조.

V. 특수관계인에 대한 이익제공 행위 규제

1. 규제 의의

2013년 법개정에 의한 독점규제법 제23조의2에 의한 규제는 특수관계인에 대한 이익 귀속에 초점을 맞추어 규제체계를 형성하고 있다. 특정한 거래를 통하여 총수(동일인)나 그 친족이 이익을 취득하는 것은 분명하지만, 기존의 부당 지원행위를 통하여 규제가 불분명하였던 점을 보완하는 취지에서 입법이 이루어졌으며, 따라서 지원행위와 유사하지만 귀속 주체 측면에서 특별한 의미가 있는 이익 귀속의 문제가 핵심을 이룬다.

이러한 취지에 따라서 법 제23조의2 제1항 각호는 특수관계인, 구체적으로 대규모기업집단의 총수나 그 친족에게 이익이 귀속되는 경우를 규제 대상으로 한다. 물론 대규모기업집단에 관련된 특수관계인의 이익 추구행위 자체를 부당한 것으로 볼 수는 없을 것이다. 더욱이 동 행위와 경제력 집중의 관련성이 명확히 드러나는 것은 아니며, 당연히 이에 관한 심사 과정이 요구된다. 제도적 의의와 관련하여, 이러한 행위들은 기본적으로 이미 경제력이 집중된 상황을 이용한 것이라 할 수 있고, 기업집단 나아가 국민경제적 차원에서 효율성을 저해할 수 있다는 점에서 규제의 정당화 근거를 찾을 수 있을 것이다.

2. 규제 대상 행위

독점규제법 제23조의2 제1항은 상호출자제한기업집단에 속한 회사가 특수관계인(동일인 및 그 친족) 또는 특수관계인이 일정 비율 이상의 주식을 보유한 계열회사에게[38] 다음의 행위를 통하여 부당한 이익을 귀속시키

---

38) 동법 시행령 제38조 제2항에서 상장법인의 경우 30%, 비상장법인의 경우 20%.

는 행위를 금지한다. 대상이 되는 행위는, 정상적인 거래에서 적용되거나 적용될 것으로 판단되는 조건보다 상당히 유리한 조건으로 거래하는 행위(1호), 회사가 직접 또는 자신이 지배하고 있는 회사를 통하여 수행할 경우 회사에 상당한 이익이 될 사업기회를 제공하는 행위(2호), 특수관계인과 현금, 그 밖의 금융상품을 상당히 유리한 조건으로 거래하는 행위(3호), 사업능력, 재무상태, 신용도, 기술력, 품질, 가격 또는 거래조건 등에 대한 합리적인 고려나 다른 사업자와의 비교 없이 상당한 규모로 거래하는 행위(4호) 등이다. 나아가 동법 시행령 [별표 1의3] '특수관계인에게 부당한 이익을 귀속시키는 행위의 유형 또는 기준'(이하 부당이익유형)은 규제 대상인 행위를 구체적으로 규정하고 있다.

부당이익유형 제1호에서 상당히 유리한 조건의 거래는, 가지급금·대여금 등 자금을 정상적인 거래에서 적용되는 대가보다 상당히 낮거나 높은 대가로 제공하거나 거래하는 행위(가), 부동산·유가증권·무체재산권 등 자산 또는 상품·용역을 정상적인 거래에서 적용되는 대가보다 상당히 낮거나 높은 대가로 제공하거나 거래하는 행위(나), 인력을 정상적인 거래에서 적용되는 대가보다 상당히 낮거나 높은 대가로 제공하거나 거래하는 행위(다)를 말하며, 다만 시기, 종류, 규모, 기간, 신용상태 등이 유사한 상황에서 법 제7조 제1항에 따른 특수관계인이 아닌 자와의 정상적인 거래에서 적용되거나 적용될 것으로 판단되는 조건과의 차이가 100분의 7 미만이고, 거래당사자간 해당 연도 거래총액이 50억원(상품·용역의 경우에는 200억원) 미만인 경우에는 상당히 유리한 조건에 해당하지 않는 것으로 보고 있다. 동 유형의 규제는 법 제23조 제1항 제7호의 부당 지원행위로서 규제가 불명확한 부분을 보완하는 의미가 강하다. 예를 들어 특수관계인이 시장에 참가하고 있는 사업자가 아닌 경우에 정상적인 거래조건과 상당한 차이가 드러날 때에도 개별 시장에서의 경쟁제한성이나 경제력집중 측면에서 부당성 판단이 용이하지 않을 수 있으며, 동 규정은 이에 대한 유력한 규제 근거가 될 수 있다.

제2호의 사업기회의 제공은 회사가 직접 또는 자신이 지배하고 있는 회사를 통하여 수행할 경우 회사에 상당한 이익이 될 사업기회로서 회사가 수행하고 있거나 수행할 사업과 밀접한 관계가 있는 사업기회를 제공하는 행위를 의미한다. 다만 회사가 해당 사업기회를 수행할 능력이 없는 경우(가), 회사가 사업기회 제공에 대한 정당한 대가를 지급받은 경우(나), 그 밖에 회사가 합리적인 사유로 사업기회를 거부한 경우(다)는 제외한다. 동 규정은 전형적으로 터널링 효과에 기반한 사익추구행위의 규제로서 의미가 있다.

제3호의 현금, 그 밖의 금융상품의 상당히 유리한 조건의 거래는 특수관계인과 현금, 그 밖의 금융상품을 정상적인 거래에서 적용되는 대가보다 상당히 낮거나 높은 대가로 제공하거나 거래하는 행위를 의미한다. 다만 시기, 종류, 규모, 기간, 신용상태 등이 유사한 상황에서 법 제7조 제1항에 따른 특수관계인이 아닌 자와의 정상적인 거래에서 적용되거나 적용될 것으로 판단되는 조건과의 차이가 100분의 7 미만이고, 거래당사자간 해당 연도 거래총액이 50억원 미만인 경우에는 상당히 유리한 조건에 해당하지 않는 것으로 본다. 동 규정은 거래 주체를 특수관계인에 한정함으로써 거래상 이익이 직접 특수관계인에게 귀속되는 경우를 상정하고 있다. 이 경우에도 정상적인 거래와의 비교를 행하지만, 앞에서 살펴본 제1호의 경우와 마찬가지로 동 규정의 행위는 부당 지원행위에 의한 규제를 보완하는 의미가 있다.

제4호의 합리적 고려나 비교 없는 상당한 규모의 거래는 거래상대방 선정 및 계약체결 과정에서 사업능력, 재무상태, 신용도, 기술력, 품질, 가격, 거래규모, 거래시기 또는 거래조건 등 해당 거래의 의사결정에 필요한 정보를 충분히 수집·조사하고, 이를 객관적·합리적으로 검토하거나 다른 사업자와 비교·평가하는 등 해당 거래의 특성상 통상적으로 이루어지거나 이루어질 것으로 기대되는 거래상대방의 적합한 선정과정 없이 상당한 규모로 거래하는 행위를 의미한다. 다만 거래당사자 간 상품·용역의 해당연도 거래총액(2 이상의 회사가 동일한 거래상대방과 거래하는 경우에는 각 회사의 거래금액의 합계액)이 200억원 미만이고, 거래상대방의 평균매출액의 100분의 12 미만인 경우에는 상당한 규모에 해당하지 않는 것으로 본다. 동 유형의 규제와 관련하여 기업의 효율성 증대, 보안성, 긴급성 등 거래의 목적을 달성하기 위하여 불가피한 경우로서 대통령령이 정하는 거래에 대해서는 적용이 제외된다(23조의2 2항).39) 동 규정 역시 부당 지원 행위에 의한 규제를 보완하는 의미가 있다. 특히 규모 측면에서의 지원 행위 규제의 실효성을 높이기 위한 입법 취지가 반영된 것으로 내부 의사결정의 비합리성에 초점을 맞추어 규제 대상인 행위를 정하고 있다. 그러나

---

39) 동법 시행령 제38조 제4항 및 [별표 1의4] '법 제23조의2 제1항 제4호를 적용하지 아니하는 거래'에서 이에 해당하는 경우는 1. 효율성 증대효과가 있는 거래; 다음 각 목의 어느 하나에 해당하는 경우로서 다른 자와의 거래로는 달성하기 어려운 비용절감, 판매량 증가, 품질개선 또는 기술개발 등의 효율성 증대효과가 있음이 명백하게 인정되는 거래. 가. 상품의 규격·품질 등 기술적 특성상 전후방 연관관계에 있는 계열회사간의 거래로서 해당 상품의 생산에 필요한 부품·소재 등을 공급 또는 구매하는 경우, 나. 회사의 기획·생산·판매 과정에 필수적으로 요구되는 서비스를 산업연관성이 높은 계열회사로부터 공급받는 경우, 다. 주된 사업영역에 대한 역량 집중, 구조조정 등을 위하여 회사의 일부 사업을 전문화된 계열회사가 전담하고 그 일부 사업과 관련하여 그 계열회사와 거래하는 경우, 라. 긴밀하고 유기적인 거래관계가 오랜 기간 지속되어 노하우 축적, 업무 이해도 및 숙련도 향상 등 인적·물적으로 협업체계가 이미 구축되어 있는 경우, 마. 거래목적상 거래에 필요한 전문 지식 및 인력 보유 현황, 대규모·연속적 사업의 일부로서의 밀접한 연관성 또는 계약이행에 대한 신뢰성 등을 고려하여 계열회사와 거래하는 경우. 2. 보안성이 요구되는 거래; 다음 각 목의 어느 하나에 해당하는 경우로서 다른 자와 거래할 경우 영업활동에 유용한 기술 또는 정보 등이 유출되어 경제적으로 회복하기 어려운 피해를 초래하거나 초래할 우려가 있는 거래. 가. 전사적 자원관리시스템, 공장, 연구개발시설 또는 통신기반시설 등 필수시설의 구축·운영, 핵심기술의 연구·개발·보유 등과 관련된 경우, 나. 거래 과정에서 영업·판매·구매 등과 관련된 기밀 또는 고객의 개인정보 등 핵심적인 경영정보에 접근 가능한 경우. 3. 긴급성이 요구되는 거래; 경기급변, 금융위기, 천재지변, 해킹 또는 컴퓨터바이러스로 인한 전산시스템 장애 등 회사 외적 요인으로 인한 긴급한 사업상 필요에 따른 불가피한 거래.

이에 관한 외부에서의 심사가 용이하지 않을 수 있다는 점을 고려할 때, 이와 같이 대상을 특정한 방식이 실효성이 있을지는 의문이다. 또한 효율성 등에 기초한 적용 제외 사유를 명시적으로 규정하고 있다는 점에서도 특징적이다. 효율성 등에 의한 항변은 독점규제법 위반행위에 일반적으로 원용될 수 있는 것이며, 따라서 이를 명시하고 있는 취지를 이해할 필요가 있다. 시행령 [별표 1의4]는 효율성 증대효과의 명백성을 요구하고 있는데, 이와 같은 규정 태도와 명시적인 근거 규정을 두고 있는 취지를 고려할 때, 효율성 등에 기한 적용제외는 신중하게 이루어질 필요가 있을 것이다.

3. 부당성 판단

법 제23조 제1항 제7호에 의한 부당지원행위 규제는 지원행위 성립과 부당성에 관한 판단 과정을 거친다. 이 과정에서 직관적으로 효율적인 기업 운영과 무관한 것으로 보이는 거래도 동 규정에 의한 규제 대상에서 제외되는 경우가 발생할 수 있다. 법 제23조의2는 이와 같은 적용상의 어려움을 피하고 규제의 실효성을 높이기 위한 목적으로 도입되었다. 특히 기업 또는 기업집단의 효율적 경영과 무관한 총수 또는 그 친족 그리고 이들이 일정 비율 이상의 주식을 보유한 계열회사의 사익추구적 행위를[40] 규제 대상으로 하고, 위법성 판단 구조를 다르게 할 수 있는 근거를 마련하고 있다. 구체적으로 규제 대상인 행위를 구체적인 이익 귀속에 초점을 맞추어 구성함으로써 지원행위 판단의 어려움을 피할 수 있게 되었고, 규제 근거를 제23조에서 벗어나게 함으로써 제23조의 해석상 요구되었던 부당성 판단기준이 적용되지 않게 되었다.

그렇지만 입법과정에서 당연위법적인 규제 형식은 채택되지 않고, 부당성 심사가 여전히 필요한 식으로 규정되었다. 그러나 공정거래위원회의

---

40) 이러한 행위는 대리인 문제에 전형적으로 해당하는 행위로 이해할 수도 있다.

규제 실무는 동 규제에 있어서 행위의 성립 여부 외에 별도의 부당성 판단을 하지 않는 방식으로 전개되고 있다. 예를 들어 공정거래위원회는 현대증권이 동일인의 친족이 90%의 지분을 보유하고 있었던 HST와 거래한 행위를 동 규정에 의하여 규제하였는데,[41] 동 사건에서 현대증권은 제록스와 지점용 복합기 임대차거래에 있어서 직거래 방식 대신에 HST를 거래 중간에 위치시켜 이중으로 임대차계약을 맺는 방식을 택하였다. 공정거래위원회는 당해 행위가 법 제23조의2 제1항 제1호에 해당하는 것으로 보고, 이에 대한 시정조치와 과징금 부과를 명하였다. 동 사건에서 공정거래위원회는 문제가 된 행위가 제23조의2 제1항 제1호에 해당하는지, 즉 정상적인 조건보다 상당히 유리한 조건으로 거래가 이루어졌는지에 초점을 맞추었으며, 당해 행위의 위법성에 관한 판단을 행하지는 않았다. 이러한 입장은 2016년 12월 제정한 '총수일가 사익편취 금지규정 가이드라인'에도 반영되었는데, 동 가이드라인은 "총수일가 사익편취행위 해당여부의 판단은 법 제23조의2 제1항 각 호에서 정한 금지행위에 해당하고 그 결과 총수일가에게 부당한 이익이 귀속되었음이 입증되는 것으로 충분하다. 다시 말해, 법 제23조 제1항 제7호의 부당한 지원행위가 행위 요건과 별도로 부당성(공정거래저해성) 요건을 입증하여야 하는 것과 달리, 총수일가 사익편취행위는 금지행위의 유형에 해당하는 경우 특별한 다른 사유가 없는 한 법 제23조의2를 위반한 것으로 본다"고 규정하고 있다(Ⅲ). 한편 이와 같은 공정거래위원회의 입장이 법원에 의하여 받아들여지지 않고 있다. 대한항공 등의 사익편취 행위와 관련하여 공정거래위원회는 전술한 현대증권 사건과 동일하게 취급하면서 행위의 위법성을 인정하고 시정명령을 내렸는데,[42] 이에 대한 취소소송에서 법원은 "제23조의2의 입법취지와 목적, 입법경과, 문언내용, 법령 해석의 일반 원칙 등에 비추어 볼 때 부당성도 독립된 규범적 요건이라고 인정된다"는 것을 전제하고, 공정거

---

41) 공정위 2016. 7. 7. 의결 제 2016-189호.
42) 공정위 2017. 1. 10. 의결 제2017-009호.

래위원회의 부당성 입증이 충분치 않다는 점을 심결을 취소하는 주된 논거로 삼았다.[43]

이상의 논의에서 특수관계인에 대한 이익제공이 부당성 판단 없이 법위 반행위로 판단될 수 있는 것인지는 의문이며, 입법 취지 등을 고려하여 동 규정에서의 고유한 부당성 판단 기준에 관하여 논의가 이루어질 필요가 있다. 동 규정에 의한 규제 대상이 되는 행위는 모든 이익 귀속이 아니라 부당한 이익 귀속이며, 부당성 판단은 동 규정의 해석상 여전히 요구된다.[44] 다만 제23조가 아닌 별개의 조항에 규제 근거를 마련하고 있는 입법 취지에 비추어 제23조에 근거한 부당 지원행위에서의 부당성 판단과 동일하게 볼 것은 아니며, 특히 불공정거래행위로서의 성격이 반영된 경쟁제한성은 판단 기준에서 배제되는 것으로 볼 수 있다. 결국 이익 귀속의 부당성은 동 규제가 본질적으로 대규모기업집단의 경제력집중을 억제하기 위한 목적과 관련된다는 점을 고려하여 판단하여야 할 것이다.[45]

또한 동 규제의 입법 취지로서 고려되었던 사익편취 억제의 관점도 고려할 필요가 있다. 전술한 규제 대상 행위의 세부 유형에서 확인할 수 있듯이, 동 규제는 터널링 효과가 시사하는 것처럼 기업 간의 거래 이익을 총수 및 그 가족에 귀속시키려는 행위를 규제 대상으로 한다. 이와 같은 규제 태도는 사익편취적 행위로부터 부당성의 본질을 파악할 필요성을 낳고 있다. 사익편취적 행태는 지배권의 승계와 관련되는 경우가 많으며, 승계 과정에서 요구되는 필요자금 확보의 한 방편으로 이용되고 있다. 또한

---

43) 서울고법 2017. 9. 1. 선고 2017누36153 판결.
44) 이와 같은 입장으로, 이선희, "공정거래법상 사익편취금지 규제의 실효성에 대한 연구", 2017년 법·경제분석그룹(LEG) 연구보고서, 공정거래조정원, 2017, 216-218 면 참조.
45) 부당성의 내용이 일반 및 소수지배의 경제력집중야기성에 있다고 할 때, 구체적인 결정요소는 1) 해당 행위로 인하여 특수관계인에게 이익이 귀속되는 것이 합당한가 하는 점과 2) 귀속되는 이익의 규모라고 볼 수 있다는 것으로, 위의 글, 217면 참조.

지배권 승계와 관련 없는 경우에도, 대체로 거래상 발생한 이익을 총수 또는 가족에게 귀속시키려는 동기에서 사익편취적 행태가 나타나고 있다. 그러나 사익편취 행위가 어떠한 목적에 의한 것인지를 불문하고, 이러한 행위의 본질은 기업에게 유보될 이윤을 총수 등에게 이전하는데 있으며, 이로부터 이해관계의 충돌이 발생한다. 물론 이에 관한 규율은 회사의 내외에 위치한 이해관계를 조정하는 회사법 등에 의할 수 있지만, 이러한 행태는 기업집단적 운영에서 비롯된 것이라는 점에서 기업집단 규제의 중요한 근거 법률인 독점규제법에 의한 규제 가능성도 충분한 것으로 볼 수 있다. 이러한 관점에서 총수 또는 그 가족에 귀속되는 이익이 기업의 이익에 본질적으로 상충되는 부분, 즉 기업에게 정당하게 귀속될 이익을 침해하는 것을 부당성 판단의 기준으로 원용할 수 있을 것이다.

즉 법 제23조 제1항 제7호에 의한 부당 지원행위 규제의 실효성을 제고하고, 특히 사익편취적 행태에 직접적으로 초점을 맞추고 있는 규제체계를 종합적으로 고려할 때, 법 제23조의2에 의한 특수관계인의 이익 귀속 행위의 부당성 판단 기준은 경제력집중과 사익편취적 상충을 내용으로 하여 이원적으로 제시할 수 있을 것이다.

VI. 결론

1996년 독점규제법 개정에 의하여 부당 지원행위가 불공정거래행위의 한 유형으로 도입된 것은, 경제력집중 억제를 위한 규제의 중요한 전환의 함의를 갖고 있다. 즉 동 규제의 도입은 출자 규제 등 사전적 규제에만 의존하던 경제력집중 규제를 개별 시장을 중심으로 한 사후적 규제로 전환하는 계기가 되었으며, 경쟁 메커니즘의 보호를 목적으로 하는 경쟁법의 고유한 의의에 보다 부합하는 제도 운영을 지향하는 의미가 있었다.

그러나 동 규제는 비교법적 예를 찾기 어려운 내용으로 구성되었으며,

행위 성립 측면에서 지원행위의 의의와 위법성 판단 등에 관한 다양한 논의가 불가피하였다. 그 동안 논의의 진전을 보면, 우선 행위 측면에서 가격과 수량으로 대표되는 거래조건 상의 유리를 정상적인 거래와의 비교를 통하여 평가하고 이에 기초하여 지원행위의 성립을 인정하며, 이러한 맥락에서 규모 측면에서의 지원행위가 가능한 것으로 이해되고 있다. 또한 지원행위의 위법성 판단이 경쟁제한성과 경제력집중의 이중적 관점에서 이루어질 수 있다는 대법원 판결 이후, 이러한 태도가 공정거래위원회 실무에 반영되고 있는 점도 중요한 성과로 볼 수 있을 것이다.

물론 여전히 개선되어야 할 점이 존재한다. 예를 들어 규모 측면에서의 부당한 지원행위의 성립이 가능한 것으로 보는 것에는 대체적인 동의가 있지만, 가격이나 수량 등의 거래조건 차이를 정상적인 거래와의 비교를 통하여 지원행위로서 파악하는 과정의 법리적 정립에는 미흡한 점이 있다. 또한 위법성 판단에서 경쟁제한성과 경제력집중의 구체화가 여전히 요구되고 있다. 경쟁제한성 측면에서는 지원행위 시장과 다음 단계 시장을 분리하여 각 시장에서 경쟁제한적 효과의 분석이 이루어질 필요가 있고, 경제력집중 측면에서는 일반집중 또는 소유집중의 관점에서 집중이 유지되거나 강화될 수 있는 조건들을 파악하는 것이 중요하며, 이러한 방향으로 구체화 작업이 계속될 필요가 있다.

또한 규제의 실효성 제고는 여전히 중요한 과제이며, 2013년 법 개정에 의하여 도입된 특수관계인에 대한 이익제공 행위 규제는 이 문제에 대한 입법적 대응으로 볼 수 있을 것이다. 결국 기존 부당 지원행위의 규제와 새롭게 도입된 특수관계인 이익제공 행위 규제를 종합하여 규제체계를 통일적으로 이해할 필요가 있으며, 이러한 맥락에서 후자의 행위에 대한 위법성 판단의 기준이 제시되어야 할 것이다.

20. 행정소송과 형사소송에서 독점규제법 위반사건의 비교

I. 서론

독점규제법상 위반 행위에 대한 법적 대응은 다양한 방식으로 이루어진다. 법위반 사업자에 대한 시정조치나 과징금 부과와 같은 행정적 규제가 주를 이루지만, 독점규제법 제66조 내지 제68조에 근거한 형사적 제재도 가능하며, 위반행위의 피해자는 동법 제56조에 의한 손해배상청구를 통하여 사적 구제를 도모할 수도 있다. 어느 경우에나 독점규제법 위반행위를 전제하지만, 각 법 영역의 지도 원리와 절차적 특수성이 구체적인 요건의 충족 여부를 판단하는데 영향을 미칠 것이다. 예를 들어 독점규제법 위반행위에 기한 손해배상청구는 손해의 공평한 분담이라는 사법상 기본 원칙의 적용을 통하여 구체화되며,[1] 형벌의 부과에 있어서는 국가의 권력행사로부터의 기본권적 보장으로서 죄형법정주의와 범죄자에게 형사책임을 귀속시키기 위한 적법절차적 요청이 반영된다.

---

[1] 이 외에도 사적 분쟁해결 절차에서 독점규제법상 문제가 다루어지는 경우로서, 사업자 간 합의가 독점규제법 제19조 제1항 및 제4항에 의하여 무효인지 여부를 구하는 청구가 가능하며, 또한 독점규제법 위반 문제가 다른 사법적 분쟁에서 선결문제로 다투어질 수 있다. 홍명수, 경제법론II, 경인문화사, 2010, 467면 참조.

당연히 독점규제법 위반사건이 행정쟁송으로서 다투어질 경우에도, 민사절차나 형사절차와 구별되는 행정소송의 고유한 특성이 반영된 절차에 의하여 규율될 것이다. 일반적으로 독점규제법 위반사건의 행정소송화는 공정거래위원회가 법위반 사업자에 대하여 행한 시정조치나 과징금 부과 등을 내용으로 하는 심결의 처분성을 전제로, 이의 취소를 구하는 취소소송의 형태로 나타난다. 취소소송의 소송물은 문제가 되고 있는 처분의 위법성이므로 독점규제법 위반사건의 경우 공정거래위원회 심결의 적법 여부가 다툼의 대상이 되고, 소송구조적으로는 심결의 대상이었던 피심인이 원고, 심결의 주체인 공정거래위원회가 피고에 위치한다. 이와 같은 소송물과 소송구조적 측면에서의 특성은 취소소송 심리의 원칙으로서 당사자주의와 직권주의가 병존하는 이유가 될 것이다.

독점규제법 위반행위와 관련하여 위반 행위사실의 인정과 위법성의 평가 그리고 이에 관한 공정거래위원회의 판단이 갖는 의의는 이상에서 대별한 소송 형식상의 차이를 염두에 두고 이해할 필요가 있다. 물론 독점규제법 위반사건을 형사적 또는 사적 구제 방식으로 다룰 경우에도 취소소송과 마찬가지로 독점규제법 위반행위 여부가 핵심적인 쟁점이 되지만, 이러한 판단은 각 소송을 지도하는 원리의 구체적인 적용에 영향을 받을 수 있으며, 이로부터 상이한 결론이 도출될 수도 있다. 이와 관련하여 하나의 법적 문제를 절차의 차이에 따라서 상이하게 취급하는 것이 법질서 전체의 관점에서 바람직한 것인지와 같은 근본적인 문제제기가 가능할 것이며, 절차의 차이에 따른 상이한 판단이 허용되는 범위가 어느 정도인지와 같은 실제적인 문제와도 부딪힐 것이다.

이하에서 논의의 목적은 독점규제법 위반행위를 다루는 행정소송과 형사소송의 고유한 절차적 특성에 기초하여 경쟁정책의 법적 실현 과정에 관한 구체적인 이해를 제공하는 것이다. 우선 독점규제법 위반사건이 행정소송으로 다투어지는 경우를 구조적으로 분석하고(II), 또한 형사소송에서 독점규제법 위반사건의 의의를 살펴본 후에(III), 이를 토대로 최근 공정거래위원회가 다룬 사건 중에서 형사 절차가 진행되었던 사건의 검토를 통하여 행정쟁송과 형사절차에 있어서 독점규제법 위반 사건이 갖는 구체적인 의의를 확인하고, 통일적인 이해가 가능한 부분을 제시하고자 한다(IV).

II. 독점규제법 위반사건의 행정소송의 의의

1. 공정거래위원회의 심결과 취소소송

독점규제법의 소관부서로서 공정거래위원회는 동법 위반행위에 대하여 일정한 처분을 행할 권한을 갖는다. 공정거래위원회는 사업자의 행위가 동법에서 금지하는 행위에 해당하는지를 행위사실과 위법성 측면에서 판단하고, 이에 해당할 경우 시정명령을 내리거나 과징금을 부과하는 등의 조치를 취한다.

대체로 독점규제법 위반행위에 있어서 위법성의 본질은 경쟁제한성에 있으며,[2] 따라서 위법상태의 해소를 목적으로 하는 공정거래위원회의 시정조치는 경쟁제한적인 상태의 제거와 유사한 상황의 초래를 방지하는 것에 초점을 맞춘다. 또한 국가의 권력적 작용이므로 위법행위와의 비례적 관련성이 요구될 것이다. 과징금 제도는 새로운 형태의 의무이행 확보 수단으로 도입되었으며, 위반행위에 따른 기회비용을 높임으로써 적법행위로의 유인을 제고하기 위한 정책 목표가 반영된 것이다. 과징금의 성격과

---

2) 독점규제법 위반행위 중에서 독점규제법 제23조 제1항에 의한 불공정거래행위 일부 유형의 위법성은 거래 불공정성을 위법성의 본질로 하며, 부당지원행위와 같이 경제력집중도 위법성 판단의 근거가 되는 경우도 있다. 그러나 대체로 독점규제법 위반행위의 위법성은 경쟁제한성에 근거하기 때문에, 이하에서의 논의는 위법성 판단에 있어서 경쟁제한성에 초점을 맞추어 전개할 것이다. 여기서의 논의는 위법성 판단과 관련된 절차적 이해를 도모하는 것이므로, 다른 위법 유형의 경우에도 논의 구조상의 차이는 없다.

관련하여 부당이득 환수적 성격과 행정제재벌적 성격을 겸유하고 있다고 보는 것이 지배적이다.[3] 이러한 이해에 따르면, 위반행위로부터 얻은 이득이 과징금 산정의 출발점이 되며, 위반행위 및 위반행위 주체와 관련된 가중과 감경사유를 고려하여 최종적으로 과징금액이 정해진다.[4]

독점규제법 위반행위가 행정소송으로 다투어지는 경우에 항고소송으로서 공정거래위원회 심결의 취소를 구하는 취소소송이 일반적이다. 취소소송의 소송물은 처분의 위법성이라는 점에서 독점규제법 위반사건이 취소소송의 형식으로 진행되고 본안심리에서 다루어질 경우에 소송의 객체는 공정거래위원회의 심결이 적법한지 여부가 된다. 즉 문제가 되고 있는 심결과 관련하여 공정거래위원회가 결론에 이르는 과정에서 행한 사실 인정이나 위법성 판단 그리고 처분의 내용이 적법하게 이루어졌는지가 주된 쟁점으로서 다루어질 것이다.

심결의 대상인 피심인이 원고로서 공정거래위원회의 심결의 취소를 구할 경우에 공정거래위원회는 피고에 위치하게 된다. 「행정소송법」 제8조 제2항은 행정소송법에 특별한 규정을 두고 있지 않은 경우에 민사소송법의 준용을 규정하고 있으므로, 취소소송의 심리는 원칙적으로 당사자주의에 의하며,[5] 내용적으로 처분권주의와 변론주의의 적용을 받는다. 특히 전자는 불고불리의 원칙으로서 구체화되어, 심리의 개시와 범위는 원칙적으로 당사자의 청구에 제한된다. 그러나 국가의 권력적 작용을 대상으로

---

3) 권오승, 경제법, 법문사, 2015, 412면; 신현윤, 경제법, 법문사, 2014, 393면; 정호열, 경제법, 박영사, 2013, 522면. 한편 독점규제법상 각 위반행위에 부과되는 과징금의 성격을 일률적으로 이해할 수 없고, 위반행위 별로 파악하여야 한다는 견해로서, 이기수·유진희, 경제법, 세창출판사, 2012, 271면 참조.

4) 독점규제법 시행령 [별표 2] '위반행위의 과징금 부과기준'에 의하면, 위반행위 별 기본 산정기준에 의하여 기본 과징금을 정하고(2. 가), 위반행위와 위반사업자에 따른 가중·감경을 하여 과징금을 조정한 후(2. 나, 다), 최종적으로 위반사업자의 현실적 부담능력이나 위반행위가 시장에 미치는 효과 등을 고려하여 과징금 부과액을 정하는(2. 라) 순으로 과징금 산정이 이루어진다.

5) 김동희, 행정법I, 박영사, 2009, 735면.

한다는 점에서 취소소송은 당사자의 이해관계를 넘는 공익적 성격을 갖고 있으며, 이러한 점에서 행정소송법 제26조는 "법원은 필요하다고 인정할 때에는 직권으로 증거조사를 할 수 있고, 당사자가 주장하지 아니한 사실에 대하여도 판단할 수 있다"고 규정하고 있다. 동 규정은 명확히 변론주의의 예외를 의미하지만, 동 규정이 상정하고 있는 예외 범위에 관하여 논의의 여지가 있다.6) 이에 관하여 행정소송법 제26조는 "행정소송의 특수성에 연유하는 당사자주의, 변론주의에 대한 일부 예외규정일 뿐 법원이 아무런 제한 없이 당사자가 주장하지 아니한 사실을 판단할 수 있는 것은 아니고, 일건 기록에 현출되어 있는 사상에 관하여서만 직권으로 증거조사를 하고 이를 기초로 하여 판단할 수 있을 따름이고, 그것도 법원이 필요하다고 인정할 때에 한하여 청구의 범위 내에서 증거조사를 하고 판단할 수 있을 뿐이다"고7) 판시한 것에서 알 수 있듯이, 대법원은 적어도 직권탐지주의를 주된 심리원칙으로 이해하지 않는 것으로 보인다. 그러나 최근 "행정소송에서 기록상 자료가 나타나 있다면 당사자가 주장하지 않았더라도 판단할 수 있고, 당사자가 제출한 소송자료에 의하여 법원이 처분의 적법 여부에 관한 합리적인 의심을 품을 수 있음에도 단지 구체적 사실에 관한 주장을 하지 아니하였다는 이유만으로 당사자에게 석명을 하거나 직권으로 심리·판단하지 아니함으로써 구체적 타당성이 없는 판결을 하는 것은 행정소송법 제26조의 규정과 행정소송의 특수성에 반하므로 허용될 수 없다"고8) 판시함으로써 직권탐지주의적인 확장을 시도하고 있다는 점에도 주목할 필요가 있다.9)

---

6) 학설로는 동 규정을 원칙적인 심리원칙으로서 직권탐지주의를 채택한 것으로 이해하는 견해, 여전히 변론주의가 원칙이며 동 규정을 보충적 직권조사의 근거로 보거나 직권탐지주의에 의한 보충으로 이해하는 견해, 변론주의와 직권주의의 절충으로 이해하는 견해 등이 주장되고 있다. 학설의 전개에 관하여, 김창조, "항고소송에 있어서 입증책임", 법학논고 제48집, 2014, 50-53면 참조.

7) 대법원 1994. 10. 11. 선고 94누4820 판결.

8) 대법원 2010. 2. 11. 선고 2009두18035 판결.

이상의 심리상 원칙은 행정소송의 주장책임 및 입증책임의 분배에도 영향을 미칠 것이다. 우선 주장책임의 문제는 행정소송법 제26조의 직권탐지주의적인 성격을 어느 정도로 인정하는지와 관련된다. 법원은 행정소송을 지도하는 변론주의의 관점에서 주장책임의 문제를 파악하고 있다. 즉 행정소송이 "당사자주의, 변론주의를 기본구조로 하는 이상 행정처분의 위법을 들어 그 취소를 청구함에 있어서는 직권증거조사사항을 제외하고는 그 취소를 구하는 자가 위법된 구체적인 사항을 먼저 주장하여야 한다"는[10] 입장을 취한다. 그러나 적어도 일정한 범위에서 직권탐지주의적인 성격을 인정한다면, 그 한도에서 변론주의에 입각한 주장책임의 귀속은 완화될 수 있을 것이다.

입증책임의 분배에 관하여 다양한 견해가 개진되고 있다. 구체적으로 행정행위의 공정력을 전제한 원고책임설, 법치주의에 따른 피고책임설, 법률요건 분배설, 행정행위내용 분배설, 구체적 사안별 분배설, 조사의무 반영설 등의 견해가 있으며,[11] 기본적으로 논의 구조는 원고의 지위에 있는 사인과 피고인 행정청 간의 입증책임 분배에 있어서 민사법상의 원칙을 유지할 수 있는지 또는 공적 관점에서 일정한 수정이 필요한지에 대한 시각의 차이로 나타난다. 대법원은 "행정소송에 있어서 입증책임은 원칙적으로 민사소송의 일반원칙에 따라 당사자에게 분배되고 항고소송의 특성에 따라 당해처분의 적법을 주장하는 피고에게 그 적법사유에 대한 입증책임이 있다"고[12] 판시함으로써 법률요건 분배설을 따른다. 독점규제법 위반사건에서 이에 관한 언급이 명시적으로 주어지지 않았지만, 이와 같은 판례의 태도는 공정거래위원회 심결의 취소소송에서도 유지되고 있는 것으로 보인다. 예를 들어 독점규제법 제23조 제1항의 불공정거래행위 규

---

9) 김창조, 주 6)의 글, 55면 참조.
10) 대법원 1995. 7. 28. 선고 94누12807 판결.
11) 김창조, 주 6)의 글, 57-64면 참조.
12) 대법원 1984. 7. 24. 선고 84누124 판결.

제와 관련하여, 동법 시행령 〈별표 1의2〉의 세부 유형에 관한 규정에서
부당성에 관한 기술을 '정당한 사유 없이'와 '부당하게'로 구분하고 있는
것과 관련하여, 법원은 전자의 경우 정당한 사유의 존재를 원고가 입증하
여야 하는 반면, 후자의 부당성 입증 책임은 피고인 공정거래위원회에게
있다는 입장을 취하고 있다.[13] 이러한 이해는 법률요건 분배설의 관점을
수용한 것으로서, 독점규제법 위반과 관련한 취소소송 일반에서 입증책임
분배의 원칙을 시사하는 것이기도 하다. 또한 독점규제법상 추정 조항을
법률상 추정으로 이해하는 것도[14] 동일한 관점을 따른 것으로 볼 수 있
다. 법률상 추정은 입증책임의 완화 및 전환의 함의를 갖고 있으며, 추정
이전에 사법적 관계에서 적용되는 입증책임의 분배를 전제한다는 점에서,
독점규제법상 추정 규정이 적용되지 않는 상태에서 입증책임 분배의 일반
적인 원칙을 보여준다.

---

13) 대법원 2001. 12. 11. 선고 2000두833 판결.

14) 대법원 2002. 3. 15. 선고 99두6514, 6521 판결. 이와 같은 판결은 2007년 개정
이전의 독점규제법 제19조 제5항을 대상으로 한 것으로서, 개정 전 제19조 제5항
은 "2 이상의 사업자가 일정한 거래분야에서 경쟁을 실질적으로 제한하는 제1항
각 호의 1에 해당하는 행위를 하고 있는 경우 동사업자간에 그러한 행위를 한 것
을 약정한 명시적인 합의가 없는 경우에도 부당한 공동행위를 하고 있는 것으로
추정한다"고 되어 있었고, 개정 이후 "2 이상의 사업자가 제1항 각 호의 어느 하
나에 해당하는 행위를 하는 경우로서 해당 거래분야 또는 상품·용역의 특성, 해
당 행위의 경제적 이유 및 파급효과, 사업자간 접촉의 횟수·양태 등 제반사정에
비추어 그 행위를 그 사업자들이 공동으로 한 것으로 볼 수 있는 상당한 개연성
이 있는 경우에는 그 사업자들 사이에 공동으로 제1항 각 호의 어느 하나에 해당
하는 행위를 할 것을 합의한 것으로 추정한다"는 내용으로 변경되었다. 동 개정
은 간접사실의 내용 및 추정 대상인 요증사실을 변경한 것인데, 개정 이후에도 동
규정을 법률상 추정으로 보는 대법원의 태도는 유지될 것으로 보인다. 개정 이전
조항을 대상으로 한 것이지만, 개정 이후의 판결로서 동일한 태도를 보여주고 있
는 것으로서 대법원 2009.4.9. 선고 2007두6892 판결 참조. 이와 같은 판례의 태
도에 대하여 비판적인 견해로서 동 규정상의 추정을 행정법상 추정으로 보고, 규
제기관의 규제절차 착수조건으로 이해하여야 한다는 것으로, 권오승, 주 3)의 책,
274-275면 참조.

취소소송에서의 입증책임을 법률요건 분배설의 관점에서 이해할 경우, 처분의 권한에 관한 법률상 규정의 형식이 입증책임 분배에 있어서, 결정적인 기준이 될 것이다. 이러한 관점에서 볼 때, 독점규제법상 위반행위에 관한 규정은 특정한 행위를 금지하는 방식으로 규정되어 있다는 점에 주목할 필요가 있다. 사법관계에서처럼 요건의 충족을 규제기관의 이익으로 관념할 수는 없다 하더라도, 이에 상응하는 해석을 통하여 동 규정에 근거한 권한 행사가 다투어질 경우에 입증책임은 원칙적으로 공정거래위원회에 속하는 것으로 볼 수 있을 것이다.15) 전술한 것처럼 취소소송 일반에 관한 입증책임 분배 원칙을 법률요건 분배설에 의하고 있는 것과 독점규제법상 불공정거래행위 세부 유형에서 부당성 기술에 관한 규정 방식 상의 차이를 입증책임 분배의 관점에서 파악하고 동법상 추정 조항을 법률상 추정으로 이해하고 있는 것을 종합하여 볼 때, 법원 역시 이러한 입장을 취하고 있는 것으로 보인다.

독점규제법 위반사건의 취소소송과 관련하여 입증책임의 분배를 민사소송에 준하는 방식으로 하는 것에 대해서는, 앞에서 언급한 입증책임 분배에 관한 학설에서 제기된 것처럼 일정한 비판이 가능할 것이다. 무엇보다 본질적인 문제로서 사법상의 이해관계를 합리적으로 조정하기 위하여 제시된 원칙을 권력적 행정행위와 관련된 분쟁을 해결하는 절차에서 원용하는 것이 타당한지에 관한 문제제기를 피할 수 없을 것이다. 또한 동 원칙이 지지될 수 있는 근거 중의 하나는 원칙의 적용이 결과적으로 행정청(공정거래위원회)에게 입증책임을 귀속시키는 것으로 나타난다는 점인데,16) 앞에서 지적한 것처럼 법률상 추정 등에서 예외적인 입증책임의 전

---

15) 대법원은 침익적 처분과 관련된 건축법 위반사건 판결에서 "(건축법상) 철거의무가 있는 건물이라 하더라도 그 철거의무를 대집행하기 위한 계고처분을 하려면 다른 방법으로는 이행의 확보가 어렵고 불이행을 방치함이 심히 공익을 해하는 것으로 인정될 때에 한하여 허용되고 이러한 요건의 주장입증책임은 처분 행정청에 있다"(대법원 1993. 9. 14. 선고 92누16690 판결)고 판시하였다.

16) 독점규제법 위반사건의 취소소송에서 처분은 대체로 공정거래위원회의 심결이 될

환을 수용할 경우 권력적 행정행위의 상대방에게 행정행위의 위법성에 관한 입증을 요구하는 것이 정책적으로 바람직한 것인지에 대해서도 논의의 여지가 있다. 이러한 문제제기는 독점규제법상 추정 규정을 입증책임 전환의 관점에서 파악하는 것에 의문을 낳는 것임은 물론, 법률요건 분배적으로 독점규제법 사건의 취소소송에서 입증책임 분배를 파악하는 것 자체에 대한 재고가 필요함을 시사한다.

2. 취소소송으로서 독점규제법 위반사건의 특징

앞에서 살펴본 것처럼 독점규제법 위반사건을 취소소송의 구조 하에서 다룰 경우에 당해 심결이 심리의 객체이며,[17) 따라서 심결의 기초가 된 사실 인정이나 위법성 판단 및 심결의 최종적인 내용 그리고 심결에 이르는 과정의 절차적 적법성이 모두 심리의 대상이 된다. 취소소송의 본질상 이러한 이해에는 의문이 없으며, 특히 행정소송법상 논의에서 사실문제도 취소소송의 심리 대상이 된다고 보는 견해가 지배적이라는 점을[18) 감안하면, 행정소송법 체계에 위치한 공정거래위원회 심결의 취소소송에 있어서 법률문제뿐만 아니라 사실문제도 법원의 심리 범위에 포함되는 것으로 볼 것이다. 비교법적으로 보면, 일본 「私的独占の禁止及び公正取引の確保に関する法律」(이하 독점금지법)은 2009년 개정 이전 제80조에서 실질적 증거의 법칙을 규정하고 있었다. 동조 제1항은 "심결취소의 소송에 대하여

것이고, 이러한 심결의 판단 근거와 처분 내용은 공정거래위원회가 작성한 의결서에 기재되므로, 실제 공정거래위원회의 입증책임은 의결서의 제출을 통해 이루어질 것이다.

17) EU 경쟁법 절차를 규율하는 유럽기능조약(TFEU; Treaty on the Functioning of the European Union) 제263조는 유럽법원이 경쟁법 위반행위에 관한 위원회(European Commission)의 처분의 적법성(legality)을 심사할 권한을 갖는다고 명시적으로 규정하고 있다. Richard Whish & David Bailey, Competition Law, Oxford Univ. press, 2012, 54-56면 참조.

18) 김동희, 주 5)의 책, 736면 참조.

공정취인위원회가 인정한 사실은 이를 입증할 실질적 증거가 있을 때에는 법원을 구속한다"는 내용으로 되어 있었고, 이에 의하여 취소소송에서 법원의 사실 심리는 제한되었다.[19] 동 규정이 폐지된 이후 실질적 증거의 원칙은 공정취인위원회의 심결 취소소송에서 더 이상 유효하지 않게 되었다. 동 규정의 폐지는 실질적 증거의 원칙이 피심인의 절차적 보호 측면에서 문제가 있고, 사실 심리를 배제하는 것이 사법부의 고유한 기능에 비추어 타당하지 않다는 취지에 따른 것이지만, 폐지 이전 제도의 의의로서 준사법적 기능을 수행하는 공정취인위원회의 사실 인정에 관한 전문성을 존중하는 사고는[20] 독점규제법의 운용에 있어서도 참고할 만하다.

한편 사실 인정에 대한 심리와 관련하여, 독점규제법 위반사건에서는 실제 사실에 관한 자료가 경제학적 방식이 적용된 경제적 분석의 형태를 취하는 경우가 많으며, 이를 취소소송의 심리에서 어떻게 평가할 수 있는지의 문제가 제기될 수 있다. 이와 관련하여 유럽법원(ECJ)의 접근 방식은 일정한 시사점을 제공한다. Consten and Grundig v Commission 사건에서[21] 유럽법원은 복잡한 평가를 필요로 하는 경제적 이슈와 관련하여 법원의 심리는 관련 사실과 이로부터의 법적 추론에 한정되며, 경제적 평가를 통하여 내린 위원회의 결정을 대체하는 것은 이에 포함되지 않는다고 보았다. 이와 같이 경제적 평가와 관련하여 유럽법원의 심리는 관련 사실 기술의 정확성, 평가에 있어서 명백한 오류의 여부, 법적 추론의 타당성에 국한되며,[22] 특히 활용한 자료가 사실 측면에서 정확하고, 신뢰성과 일관성이 유지되고 있는지 여부 그리고 복잡한 상황 평가의 목적상 고려하여야 하는 모든 정보를 담고 있는지와 이들이 결론을 뒷받침할 수 있는지

---

19) 개정 전 동 규정의 의의에 관하여, 谷原修身, 獨占禁止法の解說, 一橋出版, 2006, 91면 이하 참조.

20) 위의 책, 92면.

21) Consten and Grundig v. Commission, Case 56/64 & 58/64 [1966] ECR 299.

22) GlaxoSmithKline Services Unlimited v. Commission, Case T-168/01 [2006] ECR II-2969, para. 241.

여부가 고려 대상에 포함된다.[23] 대법원이 이에 관한 명시적인 언급을 하고 있지는 않지만, 경제학적 분석 방식의 수용 예는 나타나고 있다. 예를 들어 부당 공동행위로 인한 손해배상청구소송에서 대법원은 "감정인의 감정 결과는 감정 방법 등이 경험칙에 반하거나 합리성이 없는 등의 현저한 잘못이 없는 한 존중하여야 한다"는 기본 원칙을 확인하고, 계량경제학적 분석방법인 회귀분석을 통하여 손해액을 산정한 감정 결과를 수용하였다.[24] 동 판결은 독점규제법 위반에 따른 손해배상소송에서 감정에 활용된 경제학적 분석 방식의 수용에 관하여 언급한 것이지만, 동 판결에 나타난 대법원의 입장은 공정거래위원회가 채택한 경제적 분석에도 원용될 수 있을 것으로 보이며, 이 경우에 채택된 경제적 분석 방식이 합리성을 결하고 있는지가 중요한 심사 대상이 될 것이다.

한편 사실 심리와 관련하여 법원은 위반행위로 적시된 사실의 존부뿐만 아니라 위법성 판단에 기초가 되는 제반 상황에 관한 포괄적인 고려를 행하게 될 것이다. 예를 들어 불공정거래행위 사건에서 대법원은 "불공정거래행위로서 (공정거래)법의 규제대상이 되기 위하여는, (중략) 그것이 법의 목적에 비추어 부당한 것이어야 하고, 이 때 그 부당성의 유무를 판단함에 있어서는 거래당사자의 거래상의 지위 내지 법률관계, 상대방의 선택 가능성·사업규모 등의 시장상황, 그 행위의 목적 및 효과, 관련 법규의 특성 및 내용 등 여러 사정을 고려하여 그 행위가 공정하고 자유로운 경쟁을 저해할 우려가 있는지의 여부에 따라야 할 것이다"라고[25] 판시하였는데, 동 판결에서 적시한 부당성 판단을 위한 고려 사항의 존부 역시 법

---

23) 위의 판결, para. 242. 이러한 입장은 위원회가 경제 분석에 기초한 판단을 함에 있어서 재량(margin of appreciation)을 갖고 있음을 전제한 것이다. Richard Whish & David Bailey, 주 17)의 책, 164면 참조.

24) 대법원 2012. 11. 29. 선고 2010다93790 판결. 동 판결의 의의에 관하여, 이선희, "밀가루 담합사건에 있어서 손해배상액의 산정", 경제법판례연구 제8권, 2013, 258면 이하 참조.

25) 대법원 1998. 9. 8. 선고 96누9003 판결.

원의 판단 범위에 속할 것이다.

공정거래위원회 심결의 기초가 된 위법성 인정에 관한 이의는 전형적인 법률 문제로서 법원의 검토 대상이 되며, 당연히 이에 관한 공정거래위원회의 판단이 법원을 구속하지 않는다. 우선 위법성 판단의 기초 내지 방법론으로서 형식주의(form-based)와 효과주의(effect-based)의 대립에 주목할 필요가 있다.26) 이러한 대립 구조는 국내 경쟁법에도 영향을 미치고 있으며, 법원의 입장이 효과주의에 기초하고 있다거나 이를 수용하고 있다는 시각도 있다.27) 이에 관한 법원의 명시적인 언급이 있었던 것은 아니지만, 적어도 법원이 경쟁제한적 효과를 핵심적인 고려 사항으로 하고 있는 것은 분명한 경향으로 보인다. 이미 경쟁제한적 효과에 관한 공정거

---

26) 1990년대 후반 이후 EU에서 경쟁제한성 평가에 있어서 경제적 분석을 중시하는 'effect-based'적인 접근이 강화되는 방향으로 변화하고 있다는 지적으로, Luc Peeperkorn & Katja Viertio, "Implementing an effects-based approach to Article 82", Competition Policy Newsletter, 2009, 20면 참조. 두 접근방식에 따른 차이를 보여주는 예로서 항공운송 사업자인 British Airways가 여행사들에게 행한 리베이트 제공에 관하여, 유럽법원은 EC조약 제82조 제1항의 위법 여부를 판단하기 위하여 시장지배적 지위에 있는 사업자의 남용행위가 경쟁을 제한하는 경향이 있음을 증명하는 것으로 충분하다고 본 반면에(British Airways plc v. Commission (C-95/04) [2007] 4 CMLR 22), 유사한 사건에서 미국 연방 항소심은 문제가 된 행위가 소비자 후생에 부정적으로 미치는 효과에 대한 분석이 이루어지지 않았다는 점을 주된 근거로 하여 Sherman법 위반을 부정하였다(Virgin Atlantic Airways Limited v. British Airways PLC. Docket No. 99-9402. Argued 9. 22, 2000. decided July 24, 2001(U. S. 2nd Cir.). Joanna Goyder & Albertina Albors-Llorens, EC Competition Law, Oxford univ. Press, 2009, 332면 참조.

27) 대법원은 포스코 사건에 관한 판결에서 시장지배적 사업자의 거래거절에 의한 남용행위와 관련하여 "시장에서의 자유로운 경쟁을 제한함으로써 인위적으로 시장질서에 영향을 가하려는 의도나 목적을 갖고, 객관적으로도 그러한 경쟁제한의 효과가 생길만한 우려가 있는 행위로 평가될 수 있는 행위로서의 성질을 갖는 거래거절 행위를 하였을 때에 그 부당성이 인정될 수 있다"고 판시하였다(대법원 2007. 11. 22. 선고 2002두8626 판결). 동 판결이 효과주의적 접근방식을 취한 것으로 이해하는 것으로서, 황창식·신광식, "시장지배적 사업자의 거래거절에 대한 독점규제법리: 대법원의 포스코 사건 판결", 경쟁법연구 제18권, 2008, 104-105면 참조.

래위원회의 경제적 분석은 보편적으로 행해지고 있으며, 사실 인정에 관한 경제적 분석에서 언급하였듯이 활용된 분석 방식이 합리성을 결하고 있는지 여부는 이로부터 도출된 결론의 적법성을 판단하는데 있어서 중요한 고려 요소가 될 것이다. 독점규제법 위반사건에서 위법성의 본질은 대체로 경쟁제한성에 있으며, 많은 경우 일정한 행위가 경쟁에 미치는 영향은 상반되는 효과가 경합하여 나타나기 때문에, 평가에 있어서 상이한 결론의 도출은 충분히 예상되는 것이다. 이와 관련하여 경쟁 집행기관의 판단 오류의 문제를 잘못된 확대적용(false positives)과 잘못된 축소적용(false negatives)으로 구분하여 이해하려는 시도는 시사하는 바가 크다. 잘못된 확대적용은 경쟁에 긍정적인 측면을 충분히 고려하지 못하고 경쟁제한적 행위로 판단하는 경우를 말하고, 잘못된 축소적용은 그 반대의 경우를 의미한다.[28] 어느 경우에나 바람직한 법적용에서 벗어나는 것이지만, 미국에서는 특히 전자에 대한 우려에 보다 큰 의미를 부여하고 있다. 예를 들어 Trinko 사건에서 미국 연방대법원은 해석상 오류와 그 결과로서 잘못된 규제는 반독점법이 보호하고자 하는 바람직한 행위를 억제할 수 있기 때문에 특별한 비용이 발생하며, 이와 같은 잘못된 확대적용의 비용은 Sherman법 제2조의 부당한 확대를 경계할 것을 요구한다고 판시하고 있다.[29] 이와 같은 법적용 오류에 대한 유형적 이해와 특히 전자에 대한 우려에 초점을 맞추고 있는 태도는 법원이 공정거래위원회의 심결을 심사하는 과정에서 참고할 수 있을 것이다.[30]

　문제가 된 행위의 위법성이 인정되는 경우에 공정거래위원회는 대체로 행위의 정당화 사유를 추가적으로 검토한다. 이때 정당화 사유의 성격이

---

28) Richard Whish & David Bailey, 주 17)의 책, 157면 참조.

29) Verizon Communications Inc. v. Law Offices of Curtis Trinko, 540 U.S. 398, 414(2004).

30) EU의 경우 잘못된 확대적용에 대한 우려에 초점을 맞추는 미국과는 상이한 경향을 보이고 있다는 분석으로, Richard Whish & David Bailey, 주 17)의 책, 158면 참조.

무엇이며, 어떠한 내용으로 구성되는지가 명확한 것은 아니다. 형법적 사고에 대입하면, 위법성 조각사유에 해당하는지 책임 조각사유에 해당하는지 등이 엄밀히 구분될 필요가 있지만, 이를 전제로 논의가 전개되고 있지는 않다. 그러나 구체적인 사유가 법질서 전체의 관점에서의 적법성 평가인지 또는 기대불가능성 측면에서의 판단인지에 관한 대략적인 구분은 가능하며, 이를 구체적인 심리 과정에 원용할 수도 있을 것이다. 특히 앞에서 주장책임에 관하여 살펴보았듯이 원고의 정당화에 관한 구체적인 주장이 있는 경우에만 심리의 대상이 된다는 원칙을 엄격히 적용할 경우에, 이러한 분류는 주장책임의 범위를 정하는데 유용할 수 있다. 또한 정당화 사유의 구체적인 내용이 어떻게 구성되는지도 살펴보아야 한다. 특정한 행위가 경쟁에 미치는 영향은 경쟁제한적(반경쟁적) 효과와 경쟁촉진적(친경쟁적) 효과와 같이 상충되는 방향으로 나타날 수 있다. 이때 친경쟁적 효과의 고려는 전체적인 경쟁제한성(위법성)의 범주 안에서 고려될 부분이며, 위법성 인정을 전제로 한 정당화 사유로서 다루어질 것은 아니다.[31] 한편 법원이 정당화 사유로서 경제의 균형 발전과 같은 국민경제적 차원에서의 고려를 행하고 있다는 점에도 주목을 요한다. 즉 독점규제법 제1조에서 정하고 있는 동법의 목적을 행위의 부당성 판단에 적극적으로 수용하고 있으며,[32] 이 한도에서 정당화 사유의 범위는 확대될 것이다.[33]

---

31) 경쟁제한성에 기한 위법성 심사와 위법성 조각사유로서 정당화 사유의 심사를 단계적으로 구분하는 것으로, 이승진, 독점규제법상 공동행위의 위법성 판단에 관한 연구, 연세대학교 박사학위논문, 2014, 177-178면 참조.

32) 대법원 2005. 9. 9. 선고 2003두11841 판결, 대법원 2011. 5. 26. 선고 2008두20376 판결, 대법원 2013. 11. 28. 선고 2012두17773 판결.

33) 이에 관한 비판적 논의로서, 이봉의, "독점규제법의 목적과 경쟁제한행위의 위법성", 경제법판례연구 제1권, 2004, 23면 이하 및 홍명수, "한국 경쟁정책의 평가와 전망: 법학적 관점", 경쟁저널 제178호, 2015, 13-14면 참조. EU 경쟁법상 부당공동행위 면책의 근거 조항인 TFEU 제101조 제3항의 적용과 관련하여, 이를 경제적 효율성에 한정하여 좁게 적용하는 입장과 산업, 환경, 고용, 지역, 문화 등의 다양한 공익적 관점을 수용하여 넓게 적용하는 입장의 대립이 있다. 예를 들어

위반사실의 인정과 위법성을 전제로 공정거래위원회가 부과하는 시정
조치나 과징금도 적법성 심사의 대상이 된다. 전술한 것처럼 책임주의의
원칙상 시정조치나 과징금 모두 위법행위와 비례적 관련성이 유지되어야
하며, 특히 부당이득 환수적 성격을 갖고 있는 과징금 부과에 있어서는 위
반행위와의 관련성이 과징금 책정에서 기술적으로 요구된다.[34]

시정조치의 적법성과 관련하여 자주 문제가 되는 것은, 공정거래위원회
에 의하여 위반행위로 적시된 사항을 넘어서 행위를 금지하는 내용이 적
법한지에 관한 것이다. 이와 관련하여 법원은 시정조치와 행위와의 관련
성을 엄격히 요구하지 않는 태도를 보여주고 있다.[35] 시정조치는 원칙적
으로 위법(경쟁제한적) 상태의 제거와 유사한 상태의 재현을 방지하는 것
을 목적으로 하며, 따라서 위반행위의 금지뿐만 아니라 장래 유사한 행위
의 방지를 내용으로 하는 것이 불가피한 측면이 있다. 이에 관한 공정거래
위원회의 판단은 재량적 성격을 갖고 있으며, 규제기관의 전문성에 유보
될 부분이기도 하다. 이러한 점에서 법원이 위반행위와 시정 조치 간의 비
례적 관련성을 폭 넓게 인정하는 태도는 타당한 것으로 보인다.

전문화(specialization) 카르텔의 면책 허용은 성격상 산업정책의 반영으로 이해될
수 있으며, 유럽 법원은 Metro v. Commission 사건에서(Case 26/76 [1977] ECR
1875) 고용의 안정화를 주된 정당화사유로서 고려한 경우도 있다. 동 조항의 적
용을 넓게 인정할 경우, 적용 기준의 불확실성의 문제를 피하기 어려우며, 최근
위원회의 실무는 경제적 효율성에 초점을 맞추어 동 조항을 좁게 적용하려는 경
향을 보이고 있다. 이상의 논의에 관하여 Richard Whish & David Bailey, 주 17)
의 책, 157-160면 참조.

34) 동법 시행령 [별표 2] '위반행위의 과징금 부과기준'에서 과징금 부과는 위반행위
와 직접적·관련적으로 관련된 물적 범위로서 관련상품과 시간적 범위로서 시기와
종기를 정하는 것에서 출발한다.

35) 대법원은 장래에 동일한 유형의 행위를 금지하는 내용의 명령이 가능한 것으로
보고 있으며(대법원 2008. 8. 21. 선고 2006두12081 판결), 밀가루 제조사업자의
공동행위 사건에서는(대법원 2009. 5. 28. 선고 2007두24616 판결) 시정조치로서
정보교환의 중지명령이 가능한 것으로 판결하였다. 또한 독점규제법에 따른 시정
명령은 그 본질적인 속성상 다소간의 포괄성·추상성을 띨 수밖에 없다고 판시한
것으로, 대법원 2013. 11. 14. 선고 2012두19298 판결.

과징금 부과 역시 기본적으로 재량행위라 할 것이고, 이러한 재량을 행사함에 있어 과징금 부과의 기초가 되는 사실을 오인하였거나, 비례·평등의 원칙에 위배되는 등의 사유가 있다면 이는 재량권의 일탈·남용으로서 이에 대한 위법 판단이 가능할 것이다.36) 주로 문제되는 것은 위반행위와의 관련성 부분, 즉 물적 범위로서 관련상품의 획정과 시간적 범위로서 시기와 종기의 확정이며, 법원은 이때의 관련성 판단은 엄격하게 행하고 있다. 특히 이 과정에서 입증책임에 관한 법원의 판단은 주목할 만한 것인데, 범용제품에 관한 합의에 대한 과징금 산정에서 관련상품의 범위에 차별화된 제품을 포함시킬 수 있는지가 문제가 된 사건에서 대법원은 원고가 차별성을 입증할 경우에 피고인 공정거래위원회가 이를 포함시키기 위하여 이들 제품시장에서 경쟁제한 효과가 발생하였거나 발생할 우려가 있다는 점을 입증하여야 한다고 판시하였다.37) 한편 과징금 부과 과정에서 공정거래위원회가 행하는 행위 또는 행위자 측면에서의 가중·감경 사유의 고려에 대하여 법원이 개입하는 경우는 드물고, 시정조치에서 논의한 것과 동일한 맥락에서 이해할 수 있을 것이다.

III. 독점규제법 위반행위에 대한 형사적 제재

1. 형사적 제재의 의의

독점규제법 제66조 내지 제69조는 동법 위반행위에 대한 제재로서 형

---

36) 대법원 2011. 6. 30. 선고 2009두12631 판결.
37) 대법원 2011. 5. 26. 선고 2009두12082 판결. 관련상품에 관한 근거 규정인 독점규제법 시행령 [별표 2] '위반행위의 과징금 부과기준' 제2호 가목 비고 규정은 "관련상품의 범위는 위반행위로 인하여 직접 또는 간접적으로 영향을 받는 상품의 종류와 성질, 거래지역, 거래상대방, 거래단계 등을 고려하여 정하(는)"것으로 되어 있다. 법률요건 분배설에 따르면, 동 규정에서 관련상품 범위의 최종적인 입증책임은 공정거래위원회가 부담한다.

벌을 부과하는 근거 규정을 마련하고 있다. 동 규정들은 독점규제법이 금지하는 위반행위를 모두 포섭한다. 이와 같이 독점규제법에서 규제하는 모든 위반행위를 형벌의 대상으로 삼는 것, 특히 불공정거래행위와 같이 경쟁제한성의 정도가 크지 않은 행위 유형까지 형사적 제재의 대상에 포함시키는 것에 대해서는 비판의 여지가 있을 것이다.38) 그러나 독점규제법은 시장경제질서의 기능적 핵심인 경쟁의 보호를 목적으로 한다는 점에서, 이를 보호 법익으로 하는 범죄로서 동법 위반행위를 상정하는 것 자체는 입법정책상 가능한 것으로 이해된다. 경쟁정책적 측면에서 보면, 형사적 제재의 강화가 경쟁정책의 실현에 있어서 긍정적인 결과를 낳을 수 있다는 지적이 유력하며,39) 이러한 사고는 형벌 규정의 도입뿐만 아니라 최근 공정거래위원회가 고발 조치를 확대하는데 일정한 영향을 미친 것으로 보인다. 그러나 독점규제법 위반행위에 대한 형사적 제재의 실효성에 의문이 제기되고 있다는 점도40) 염두에 둘 필요가 있다.

독점규제법상 형사적 제재는 형벌의 대상에 행위 주체인 사업자뿐만 아니라 법인의 대표자나 사용인 등이 포함되는 양벌규정(70조)에 의하고 있다.41) 양벌규정의 의의는 행위자와 일정한 관련이 있는 자에게 형벌을 부과함으로써 형벌 목적을 달성하고자 하는데 있으며, 사업자 외에 실행자

---

38) 권오승 등 8인 공저, 독점규제법, 법문사, 2014, 383면 참조.
39) 특히 법인뿐만 아니라 개인에 대한 형사적 제재의 강화가 카르텔의 실질적 억제력을 제고할 것이라는 분석으로, OECD, Trade and Competition: From Doah To Cancun, 2003, 19-20면 참조.
40) 이와 관련하여 법리적으로 경쟁제한 행위를 형법상 구성요건화 하는 것이 용이하지 않고, 실효성 측면에서도 행정적 제재에 비하여 형사적 제재가 실효성 제고에 기여한다는 실증이 충분하지 않다는 지적으로서, Fritz Rittner, Meinrad Dreher & Michael Kulka, Wettbewerbs- und Kartellrecht, C. F. Müller, 2014, 673-674면 참조.
41) 법인이 관련된 범죄에서 단지 법인의 구성원인 자연인만을 처벌하는 것으로는 형사정책적 목적을 달성하기 어렵고, 법적 정의에 부합하지 않는다는 점이 양벌규정 도입의 근거로 이해되고 있다. 이천현·이승현, 독점규제법상 형사적 제재에 대한 개선방안 연구, 공정거래위원회, 2006, 11면 참조.

라 할 수 있는 사용인 등을 형벌 대상으로 하는 것도 동일한 취지로 이해할 수 있을 것이다.

또한 절차적 측면에서 소추조건으로서 고발제도를 유지하고 있다는 점도 특징적이다. 고발은 제3자가 수사기관에 대하여 범죄사실을 신고하여 범인의 처벌을 희망하는 의사표시에 불과하지만, 독점규제법 제71조 제1항은 고발을 소추조건으로 규정하고 있다.42) 한편 공정거래위원회가 고발 조치한 사례가 미미한 것에 대한 비판이 제기되고 있다.43) 이는 실효성 있는 법집행의 관점에서 충분히 참고할 만한 지적이지만, 다른 한편으로 독점규제법 위반행위에 대한 판단에 시장분석 등 전문적인 심사가 요구될 뿐만 아니라, 광범위한 수사기관의 형사사법권 집행이 기업활동의 위축을 초래할 수도 있다는 점 등이 공정거래위원회의 전속고발권 제도를 유지하는 근거가 되었다는 점에도44) 주의를 기울일 필요가 있다. 또한 이와 같은 제도의 도입은 고발 권한의 행사에 있어서 공정거래위원회의 신중한 접근이 필요함을 시사하는 것이기도 하다.45) 상이한 성격의 권력기관이 특정한 행위에 대한 형사 제재 절차에 관여하도록 하는 제도적 설계는 그 자체로 단일 기관에 의한 집행으로부터 야기될 수 있는 권력 작용의 부정적 효과를 억제하려는 의미를 갖는다. 이러한 맥락에서 공정거래위원회가 고발 권한을 행사하는 단계에서 행정적 제재 외에 추가적으로 형벌의 부과가 필요한지의 등에 대한 고려가 이루어질 필요가 있다.46)

---

42) 소추조건으로서 고발이 요구되는 경우는 동법 제66조 및 제67조의 죄의 경우에 한한다. 소추조건으로서 공정거래위원회의 고발은 검사의 공소권 행사에 대한 제한을 의미하지만, 한편 공정거래위원회에 전속적으로 부여된 고발권이 남용될 소지도 있다. 이를 통제하기 위하여 독점규제법 제71조는 공정거래위원회의 예외적 고발의무(2항), 검찰총장의 고발 요청권(3항), 감사원장·조달청장·중소기업청장의 고발 요청권(4항), 공소제기 후 고발의 취소 제한(5항)을 규정하고 있다.

43) 오영중, "담합 근절을 위한 독점규제법 개정 방향", 담합 근절을 위한 독점규제법 개정 심포지엄, 서울지방변호사회, 2012, 33-35면 참조.

44) 이천현·이승현, 주 41)의 책, 101-105면 참조.

45) 위의 책, 103-105면 참조.

2. 형사사건으로서 독점규제법 위반사건의 특징과 비교

(1) 독점규제법 위반사건의 형사적 특징

일반적인 범죄와 마찬가지로 독점규제법상 범죄의 경우도 범죄성립요건의 각 단계에 따른, 즉 구성요건 해당성, 위법성, 유책성의 판단 과정을 거치게 된다. 독점규제법상 형벌 부과는 제66조 내지 제69조에 근거하고, 동 규정들은 모두 동법에서 규정하고 있는 위반행위를 대상으로 하고 있다. 따라서 동법 제3조의2(시장지배적 지위남용행위), 제19조(부당공동행위), 제23조(불공정거래행위)와 같은 위반행위 규제에 관한 조항은 범죄를 정하고 있는 조항으로서도 기능한다.[47]

이러한 규정들은 범죄성립요건을 판단하는 법률상 근거가 되며, 특히 구성요건 해당성은 동 규정들이 규제 대상으로 하는 행위의 성립 요건의 충족과 동일한 의미를 갖는다. 이와 관련하여 부당 공동행위의 경우에는 특별한 주의를 요한다. 독점규제법 제19조에 의한 부당 공동행위의 경우 주관적 요건인 합의만으로 성립한다. 동 조항에서 합의에 대하여는 실행행위 이전에 이미 경쟁정책상 부정적인 판단이 가능하며, 이러한 공동행위의 본질을 반영하여 주관적 성격의 합의를 행위로 구성하고 있다. 따라서 이는 형식적으로 객관적 구성요건 요소에 해당하며, 행위의 주관적 요소인 고의와는 그 성격상 명확히 구별된다. 그렇지만 그 실질은 주관적인 것이기 때문에, 객관적 구성요건 요소와 같은 방식에 의한 입증은 용이하지 않을 것이다. 이러한 점에서 대법원은 부당 공동행위에 있어서 합의는 "그 행위의 속성상 직접증거의 확보가 어렵기 때문에 간접사실이나 정황사실을 입증함으로써 그 범죄행위를 증명하는 방법을 취할 수밖에 없는

---

46) 이상돈, 공정거래형법, 법문사, 2010, 40-42면에서 주장하는 '공정거래형법의 최소화'는 입법론뿐만 아니라 법집행 측면에서도 의미 있는 것이다.

47) 金井貴嗣·川濱 昇·泉水文雄, 獨占禁止法, 弘文堂, 2010, 562면(山部俊文).

경우에도, 그 입증의 정도는 법관으로 하여금 합리적 의심을 할 여지가 없을 정도로 엄격한 증명을 요한다 할 것이다"고[48] 판시하고 있다.

또한 동 판결은 합의 입증의 정도에 있어서 엄격한 증명 수준을 요구하고 있으며, 따라서 독점규제법 제19조 제5항에 따른 합의의 추정, 특히 법률상 추정의 함의로서 입증책임의 전환과 같은 법적 효과가 형사소송에서도 유효한 것으로 보기는 어려울 것이다. 한편 취소소송에서 법원이 독점규제법 위반행위의 부당성 판단의 요건으로 경쟁제한의 의도 또는 목적을 요구하고 있는 것은[49] 형사사건의 측면에서도 논의가 필요한 부분이다. 이와 같은 법원의 태도가 타당한지 여부는 별론으로 하고, 이러한 입장이 형사사건에서 어떠한 의미를 갖는지가 검토될 필요가 있다. 고의가 객관적 구성요건 요소를 대상으로 한다는 점을 상기하면, 위법성의 본질에 해당하는 경쟁제한성의 지향으로서 의도나 목적을 고의의 내용으로 포섭하기는 어려우며, 또 다른 주관적 요건으로서 고려될 수는 있을 것이다.[50]

위법성 판단과 관련하여 대부분의 위반행위에서 위법성을 징표하는 경쟁제한성의 평가가 형사사건에서도 요구된다는 점에 주목할 필요가 있다. 이는 다른 일반적인 형사사건에서 위법성이 단지 조각사유의 존부의 관점에서 소극적으로 다루어지는 것에 대비되는 것이다. 물론 이에 관한 판단은 법원에 의하여 독립적으로 이루어지지만, 경쟁정책의 전문기관으로서 공정거래위원회의 1차적 판단을 존중할 필요성을 시사하는 것이기도 하다.

전술한 것처럼 공정거래위원회의 고발을 소추조건으로 하고 있는 것은 절차적 측면에서 중요한 특징이다. 고발을 공정거래위원회의 전속적인 권한으로 하고, 이를 또한 소추조건으로 한 제도적 의의는 규제기관으로서의 전문성을 고려하고, 형사적 제재의 신중성을 기하기 위한 것으로 이해

---

48) 대법원 2008. 5. 29. 선고 2006도6625 판결.
49) 대법원 2007. 11. 22. 선고 2002두8626 판결.
50) 이에 관한 논의로서, 홍명수, "독점규제법 위반행위에 있어서 주관적 요건의 검토", 경쟁법연구 제29권, 2014, 31면 참조.

된다.51) 이와 같은 제도적 의의는 공정거래위원회가 고발 권한을 구체적으로 행사하는 경우에도 염두에 두어야 할 부분이다. 구체적으로 공정거래위원회의 고발에 있어서 법리적 그리고 정책적 측면에서 두 가지 판단이 요구된다. 우선 법리적 측면에서 문제가 된 행위가 독점규제법에 반하는 위법한 행위라는 판단이 당연히 전제되어야 할 것이다. 나아가 독점규제법상 소추조건으로서의 고발을 공정거래위원회의 전속적인 권한으로 하고 있는 제도적 취지에 따른 정책적 고려가 이루어질 필요가 있다. 제71조 제2항 내지 제5항에 의한 제도적 통제 수단이 도입되어 있지만, 고발 권한의 행사는 원칙적으로 공정거래위원회의 재량에 의한다. 이 과정에서 공정거래위원회의 고발은 규제 목적의 실현과 규제 실효성 제고 등을 종합적으로 고려하여 이루어져야 한다.52) 물론 공정거래위원회의 고발은 절차적으로 소추조건에 불과하며, 고발의 전제가 되었던 위법 판단이 법원뿐만 아니라 기소재량주의에 의하는 소추기관에 구속력을 갖지 않는다. 특히 형사사건에서 독점규제법 위반행위가 범죄성립요건을 충족하는지의 최종적인 판단 권한은 법원에 있으며, 공정거래위원회의 판단과 다른 결론의 도출은 당연히 예상할 수 있는 것이다. 이때 상이한 결론은 형사사건에 특유한 범죄성립요건의 충족 여부의 심사에 근거한 것일 수 있지만, 때로는 독점규제법 위반행위 위법성의 본질인 경쟁제한성에 관한 상이한 판단에 연유할 수도 있다.

(2) 행정소송과 형사소송의 비교

독점규제법 위반행위에 대하여 행정쟁송이 전개될 경우와 형사사건으

---

51) 金井貴嗣·川濱 昇·泉水文雄, 주 47)의 책, 556면(山部俊文).
52) 위의 책, 556면(山部俊文 집필부분)면에서는 공정취인위원회의 고발 권한 행사의 재량적 성격을 전제하면서, 동 권한을 행사할 수 있는 경우로 법위반행위가 국민생활에 광범한 영향을 미치는 악질적이고 중대한 사안인 경우와 위반행위가 반복되는 등 행정처분에 의하여 독점금지법의 목적을 달성할 수 없는 경우를 제시하고 있다.

로서 다루어지게 될 경우, 비록 경쟁에 부정적인 영향을 미치는 행위에 대한 제재라는 목적을 공유하고 있다 하더라도, 실체적 측면과 절차적 측면에서 중요한 차이도 존재한다. 이는 행정 작용에 관한 법과 형사법의 고유한 의의에 비추어 불가피한 것일 수 있으며, 이에 대한 올바른 이해는 각각의 절차를 운용하는데 있어서 긍정적인 영향을 미칠 것이다.

실체적 측면에서 보면, 독점규제법 위반행위를 대상으로 하는 공정거래위원회의 처분이나 형사적 제재 모두 동일한 조항에 근거하지만, 이를 기초로 한 구체적인 판단에는 차이가 있다. 독점규제법 위반행위에 관한 규정에 근거하여 전자의 경우 행위가 위반행위에 해당하며 처분의 필요성이 있는지를 고려할 것이고, 후자의 경우 범죄성립요건의 충족 여부를 검토하게 될 것이다. 앞에서 살펴본 것처럼 공정거래위원회의 처분은 행위 사실의 인정과 위법성 판단을 거치고, 이에 기초하여 위반행위에 대한 재량적 성격의 시정 조치와 과징금 부과를 명하는 것으로 구체화되며, 이 과정에서 경쟁정책의 실현뿐만 아니라 다른 산업정책 등과의 조화 등의 정책적 고려가 이루어진다. 반면 범죄성립요건의 충족은 죄형법정주의적 기초위에서 구성요건 해당성, 위법성, 책임성의 엄격한 단계적 심사를 거치게 된다. 이 외에도 공범의 성립이나 공소시효의 기산점을 정하기 위한 기준으로서 독점규제법 위반범죄의 성격을 계속범 또는 상태범으로 볼 것인지의 문제, 공동행위의 경우 기본적 합의와 세부 합의를 전체적 또는 개별적으로 파악할 것인지와 관련된 죄수론 등은[53] 형법 고유의 관점에서 독점규제법 위반행위를 다룰 경우에 검토되어야 할 문제이다.

독점규제법 위반사건에 관한 취소소송과 형사소송의 절차적 측면에서

---

53) 대법원 2008. 9. 25. 선고 2007두3756 판결은 "사업자들이 장기간에 걸쳐 수 회의 합의를 한 경우 그 수 회의 합의가 단일한 의사에 터잡아 동일한 목적을 수행하기 위한 것으로서 그것이 단절되지 않고 계속 실행되어 왔다면, 그 합의의 구체적인 내용 등에 일부 변경이 있었다 하더라도, 그와 같은 일련의 합의는 특별한 사정이 없는 한 전체적으로 1개의 부당한 공동행위로 봄이 상당하다"고 판시하였다.

도 의미 있는 비교가 가능하다. 공정거래위원회 심결의 적법성을 사인이 주도하여 사후적으로 다투는 절차와 법 위반행위자에 대하여 국가에 의한 형벌을 부과하는 절차 간에 절차적 지도 원리에 있어서 근본적인 차이가 존재할 수밖에 없다. 무엇보다 검사가 입증책임을 부담하는 형사절차는 무죄추정 원칙 하에서 기본권적 보호와 밀접히 관련되며, 당사자주의를 원용하고 있는 취소소송 절차와 구별되는 것이다. 이러한 차이는 양 소송 절차에서 요구되는 입증 정도의 측면에서도 구체화된다. 형사소송에서 공소사실 등의 입증은 엄격한 증명을 요하며, 합리적 의심을 배제하는 수준에 이르러야 한다. 취소소송에 있어서 입증의 정도에 관한 고유한 원칙이 명확한 것은 아니지만, 일반적으로 민사소송을 준용한다는 것을 전제로 이 역시 민사소송의 일반적 원칙에 따르는 것으로 볼 수 있다.

민사소송에서의 사실의 증명의 정도에 관하여 대법원은 "민사소송에서 사실의 증명은 추호의 의혹도 있어서는 아니 되는 자연과학적 증명은 아니나, 특별한 사정이 없는 한 경험칙에 비추어 모든 증거를 종합 검토하여 어떠한 사실이 있었다는 점을 시인할 수 있는 고도의 개연성을 증명하는 것이고, 그 판정은 통상인이라면 의심을 품지 않을 정도일 것을 필요로 한다"고[54] 판시하고 있다. 물론 동 판결에서 입증의 정도를 파악하는 기준으로 제시된 '고도의 개연성'의 의미가 명확한 것은 아니며, 더욱이 형사소송에서의 엄격한 증명의 기준으로서 합리적 의심의 배제와의 구별이 용이하지는 않다.[55] 이와 같은 대법원의 태도와 관련하여 민사소송과 형사소송에서 입증의 정도를 개념적으로 구분하고 있는 미국의 소송법제는 시사하는 바가 크다. 미국의 경우 민사소송과 형사소송에서 입증의 정도는

---

54) 대법원 2010. 10. 28. 선고 2008다6755 판결.
55) 입증의 정도에 관한 양 기준의 의미가 접근하고 있는 현상과 형사재판에 있어서 합리성 판단의 구체화에 관하여, 조현욱, "형사재판에 있어 합리적 의심의 판단기준에 관한 연구-특히 대법원판결을 중심으로-", 법학연구 제16집 제1호, 2013, 302면 이하 참조.

우월한 증명(preponderance of the evidence)과 엄격한 증명(beyond a reasonable doubt)의 원칙으로 나뉘는데, 전자는 수학적인 표현으로 증거의 신뢰성이 50% 이상인 경우를 상정함으로써 적어도 90% 이상의 확신을 요구하는 후자와 구분된다. 물론 실제 적용상의 어려움은 당연히 수반되는 것이지만, 적어도 개념적인 이해에서 양자는 입증 정도의 차이를 명확히 드러내며, 이는 민사소송과 형사소송의 절차적 기본 원칙으로 자리하고 있다.[56] 이와 비교하여 볼 때, 위의 대법원 판결이 제시하는 민사소송에서의 입증의 정도는 형사소송과 명확히 구분되지 않으며, 민사소송의 원칙에 상당 부분 의존하는 행정소송에서도 이러한 모호성이 해소되지 않는다. 그렇지만 다른 한편으로 위의 판결이 형사소송에서의 엄격한 증명 원칙을 원용하고 있지 않다는 점은 여전히 의미가 있으며, 대법원은 구별의 모호성이 드러난다 하더라도 양 소송체계에서 입증 정도를 차별적으로 이해하고 있음을 보여주는 것이기도 하다.

이상의 논의에 비추어 적어도 실체적 진실주의에 입각한 형사소송에서의 엄격한 증명의 원칙을 취소소송에 곧바로 적용하는데 한계가 있음은 분명하다.[57] 또한 독점규제법 위반사건의 취소소송은 공정거래위원회 심결의 적법성을 다투는 절차라는 점을 상기할 필요가 있다. 이때 법원의 판단은 사실 문제와 법률 문제를 포함하여 심결 과정 전반을 대상으로 하며, 공정거래위원회의 전문성이 뒷받침된 재량 영역에서는 법원의 심사가 일탈·남용의 측면에 제한될 수밖에 없다는 점도 염두에 두어야 할 것이다.

---

56) Jefferson L. Ingram, Criminal Evidence, anderson publishing, 2012, 49-57면 참조.

57) 이와 관련하여 미국 소송법제에서 우월한 증명(preponderance of the evidence)과 엄격한 증명(beyond a reasonable doubt) 원칙의 중간적인 수준의 입증 정도를 의미하며, 일부 행정소송에서 활용되고 있는 확실한 증명(clear and convincing evidence) 원칙을 취소소송 등의 절차에서 시론적으로 고려할 수도 있을 것이다. 동 원칙에 관하여, 위의 책, 51-53면 참조.

IV. 구체적 사건의 검토

1. 대구도시철도 3호선 입찰담합 사건

(1) 사건의 경과

동 사건에서는 건설업을 영위하는 ㈜포스코건설, 현대건설(주), 삼성물산(주), 대림산업(주), 현대산업개발(주), 지에스건설(주), ㈜대우건설, 에스케이건설(주) 등 8개 사업자들이[58] 대형공사 발주사업에서 입찰참가 사업을 구체적으로 나누는 공구분할 합의를 하고, 이어서 분할한 각 공구에서 입찰을 유효하게 하기 위하여 ㈜신동아건설, ㈜한라, 코오롱글로벌(주), 대보건설(주) 등 4개 사업자와 들러리 입찰에 관하여 합의한 것이 문제가 되었다. 발주처인 대구시는 대규모 택지개발사업으로 인한 교통난 해소, 기존 지하철 1, 2호선과 연계한 도시철도 시스템 구축, 지역개발 촉진에 따른 지역균형발전 도모를 위하여 대구도시철도 3호선 건설사업을 추진하였고, 동 사업은 대구시 북구 동호동에서부터 대구시 수성구 범물동까지 총 8개 공구, 약 23.95km 구간을 잇는 공사로서 대안입찰공사(부분대안) 방식으로 동시 발주되었다.

㈜포스코건설 등 8개 사업자는 2008년 11월경부터 12월 중순까지 두 차례 이상의 회합을 갖고 대구도시철도 3호선 사업이 8공구로 나뉘어 발주된 것과 관련하여 공구 분할에 관한 합의를 하였는데, 합의 결과는 〈표 1〉과 같다.

〈표 1〉 공구분할 합의 내용

공구	1	2	3	4	5	6	7	8
참여사	포스코건설	지에스건설	대우건설	현대건설 삼성물산	대림산업	에스케이건설	현대산업개발	-

---

58) 8개 사업자들은 모두 행위 당시 토목건축공사업 시공능력평가액 기준으로 상위 10위 안에 드는 대형 건설사들이었다.

위 합의 내용에서 알 수 있듯이, 8개 사업자는 입찰에 참가할 공구를 나누었으며, 다만 4공구의 경우 2 사업자가 참가를 희망하여 추후 사업자 간 조정을 하기로 하였고, 8공구는 희망 사업자가 없어 구체적인 입찰 참가자를 정하지 않았다. 공구분할 합의 이후 개별 공구 차원에서 들러리 입찰에 관한 합의가 추가적으로 진행되었다. 이러한 합의는 개별 공구에서 단일 입찰로 인한 유찰을 방지하고 보다 유리한 조건으로 낙찰을 받기 위해서 이루어졌으며, 〈표 2〉에서 알 수 있듯이 4개 공구에서 이러한 합의가 드러났다.

〈표 2〉 공구별 들러리 합의

공구	1	2	3	4	5	6	7	8
낙찰사	-	지에스건설	대우건설	-	대림산업	에스케이건설	-	-
들러리	-	신동아건설	한라	-	코오롱건설	대보건설		

공정거래위원회는 피심인들의 임직원의 진술 및 건설사 내부에서 작성한 문서에 의하여 이러한 합의가 입증되는 것으로 보았으며, 위 행위 중 공구분할 합의는 독점규제법 제19조 제1항 제3호에 해당하고 들러리 합의는 제8호에 해당하는 것으로서 입찰시장에서의 경쟁을 제한하는 위법한 것으로 평가하였다. 특히 공구분할에 관한 합의와 관련하여 피심인들의 행위는 단순한 정보교환의 수준을 넘는 것이고, 분할 과정에서 ㈜대우건설과 ㈜포스코건설의 공구 교환이 있었던 사실은 그 이전에 전체적인 공구분할에 관한 합의가 형성되었다는 것을 의미하는 것으로 보았다. 한편 4공구에서는 두 사업자 간에 경쟁이 있었지만, 이는 이미 다른 사업자들은 해당 공구에 참여하지 않는다는 것을 함축하는 것이고, 따라서 이때의 경쟁은 제한된 경쟁의 의미를 갖는 것이기 때문에 공구분할 합의를 부인할 수 있는 증거가 될 수 없다고 보았다. 이러한 판단에 기초하여 공정거

래위원회는 합의에 참가한 사업자들에 대하여 시정명령과 과징금을 부과하였고, 특히 시정명령에는 향후 건설 입찰 시장에서의 담합의 금지와 아울러 입찰에 관련된 정보 교환의 금지가 포함되었다.[59]

한편 공정거래위원회는 공구분할에 참여한 8개 사업자가 독점규제법 제19조 제1항 제3호에 해당하는 행위를 한 것에 대하여[60] 각 사업자들을 고발하는 조치를 취하였다.[61]

(2) 대구지방법원 1심 판결의 내용과 검토

공정거래위원회의 고발에 따라서 검사는 대구도시철도 3호선 발주사업의 입찰 과정에서 ㈜포스코건설, 현대건설(주), 삼성물산(주), 대림산업(주), 현대산업개발(주)이 독점규제법 제19조 제1항에 위반하였다는 것을 이유로 기소하였고, 이에 대구지방법원은 검사가 제출한 증거들이 공소사실인 독점규제법 제19조 제1항의 합의를 인정하기에 부족하다는 이유로 피고인들의 무죄를 선고하였다.[62]

동 판결은 합의 인정이 불충분한 근거로서 모두 13가지의 이유를 제시하고 있다. 구체적으로 보면, 우선 대구광역시가 발주한 대구도시철도 3호선 건설사업의 발주조건에 주목하고, 당해 발주가 대안입찰방식으로 진행되었으며, 또한 정책적 목표로서 1사 1공구 원칙이 적용되었다는 점을 지적하고 있다(①, ②).[63] 대안입찰은 대체설계를 허용하는 입찰 방식으로서 적격심사에서 가격항목 외에 설계항목이 중요한 비중을 차지하는 것을 특징으로 한다. 발주처가 제시한 1사 1공구 원칙도 경쟁력 측면에서 우위에 있는 사업자가 전체 공구를 독점하는 것을 방지하고 다수의 사업자에게

---

59) 공정위 2014. 4. 10. 의결 제2014-070호.
60) 들러리 입찰 합의에도 참여한 4개 사업자는 제19조 제1항 제8호에 해당하는 행위도 포함한다.
61) 공정위 2014. 3. 21. 의결 제2014-012호.
62) 대구지법 2015. 1. 16. 선고 2014고단1914 판결.
63) 동 판결에서 제시된 사실 인정 불충분의 근거 사유는 이하 ①부터 ⑬까지 표시한다.

균등한 사업 기회를 제공하고자 하는 취지에 따른 것이다. 그러나 일정한 정책 목표가 반영된 입찰 방식의 특정은 경쟁의 조건을 설정한 것이며, 담합을 유인하거나 담합의 불가피한 원인으로 작용하는 것은 아니다.

또한 건설사들이 입찰 탈락시의 손실을 피하기 위하여 타사의 동태 등에 관한 정보를 수집하는 등의 행위는 경제주체의 합리적 행동의 범위 안에 있다는 점을 강조하고 있다(③). 그러나 모든 상품 시장에서의 경쟁은 손실이 발생할 수 있는 위험을 수반하는 것이며, 부당공동행위의 본질은 의도적으로 경쟁상의 위험을 회피하는 것에 있다는 점을[64] 상기한다면, 합의에 해당하는 행위가 합리적인 경제주체의 행위라는 이유로 용인되기는 어려울 것이다.

동 판결이 보여준 합의 입증과 정보교환에 관한 이해에도 의문이 있다. 앞에서 살펴본 것처럼 형사사건에서 합의는 행위의 속성상 직접 증거 확보가 어렵기 때문에 간접사실이나 정황사실을 입증함으로써 그 범죄행위를 입증하는 방법을 취할 수밖에 없는 경우에도 그 입증의 정도는 합리적 의심을 할 여지가 없을 정도로 엄격한 증명을 요한다는 것은[65] 법원의 일관된 태도이며, 이러한 입증 원칙은 당해 사건에서도 당연히 적용될 것이다. 이러한 맥락에서 정보교환은 일반적으로 간접사실이나 정황사실의 하나로서 합의의 존재를 뒷받침하는 개연성이 있는지에 초점을 맞추어 고려 대상이 된다. 동 판결은 동조적 행위(concerted practices)를 담합행위의 일종으로 규제하는 외국 법제와의 차이를 언급하면서, 정보교환만으로 부당한 공동행위가 성립하기에는 부족하다는 지적을 하고 있다(④). 이와 같은 동조적 행위에 관한 비교법적 언급이 옳다 하더라도, 정보교환이 동조적 행위와 관련해서만 의미를 갖는 것은 아니며, 무엇보다 법원이 제시한

---

64) Knut Werner Lange hrsg., Handbuch zum deutschen und europäischen Kartellrecht 2. aufl., Verlag Recht und Wirtschaft GmbH, 2006, 44면(Knut Werner Lange).

65) 대법원 2008. 5. 29. 선고 2006도6625 판결.

경쟁의 관점에서 정보교환에 관한 이해가 타당한지는 의문이다. 이와 관련하여 최근 대법원이 "경쟁 사업자들이 가격 등 주요 경쟁요소에 관한 정보를 교환한 경우에, 그 정보 교환은 가격 결정 등의 의사결정에 관한 불확실성을 제거하여 담합을 용이하게 하거나 촉진할 수 있는 수단이 될 수 있으므로 사업자 사이의 의사연결의 상호성을 인정할 수 있는 유력한 자료가 될 수 있지만, 그렇다고 하더라도 그 정보 교환 사실만으로 부당하게 경쟁을 제한하는 행위에 대한 합의가 있다고 단정할 수는 없고, 관련 시장의 구조와 특성, 교환된 정보의 성질·내용, 정보 교환의 주체 및 시기와 방법, 정보 교환의 목적과 의도, 정보 교환 후의 가격·산출량 등의 사업자 간 외형상 일치 여부 내지 차이의 정도 및 그에 관한 의사결정 과정·내용, 그 밖에 정보 교환이 시장에 미치는 영향 등의 모든 사정을 종합적으로 고려하여 위 합의가 있는지를 판단하여야 한다"고[66] 판시하였던 것을 상기할 필요가 있다. 동 대법원 판결은 정보교환만으로 합의를 단정할 수는 없지만, 의사연결의 상호성을 인정할 수 있는 유력한 자료가 될 수 있다는 점을 지적하고 있다. 또한 동 대법원 판결이 교환된 정보의 성격에 관한 구체적인 분석의 필요성을 지적하고 있다는 점에도 주의를 기울일 필요가 있다. 이와 관련하여 2011년 제정된 EU의 수평적 카르텔 가이드라인(horizontal agreements guidelines)은 적절한 시사점을 제공한다. 동 가이드라인은 시장의 특성과 정보의 특성으로 나누어 정보 교환의 경쟁정책적 의의를 평가하고, 시장의 특성으로서 정보의 대상이 된 시장의 투명도, 집중화의 정도, 시장 환경의 복잡성, 수요·공급 조건의 상대적 안정성, 대칭적인 시장 구조의 정도 등을, 그리고 정보의 특성과 관련하여, 정보가 전략적 판단의 기초가 될 수 있는 수준인지, 정보의 유통 범위가 시장의 상당 부분을 포괄하고 있는지, 정보가 집합적 자료 또는 개별화된 자료인지, 정보 내용의 시점, 정보 교환의 주기, 정보 교환이 공개적인 것

---

66) 대법원 2014. 7. 24. 선고 2013두16951 판결.

인지 등을 고려하여야 한다고 언급하고 있다.[67] 동 가이드라인이 시사하 듯이, 경쟁정책적 관점에 의한 정보교환의 구체적 분석 없이 일률적으로 정보 교환과 합의의 관련성을 부인하는 것이 타당한지는 의문이다.

또한 동 판결은 구체적 행위 측면에서 합의의 가능성을 부인할 수 있는 다양한 근거들을 제시하고 있다. 우선 내부적인 거래준비 상황이나 경쟁 사업자에 대한 인식이 합의에 선행하였다는 점이 합의 가능성을 부인하는, 즉 독자적인 행위 가능성의 근거가 되고 있다. 예를 들어 포스코건설이 합 의 이전부터 1공구 참여를 준비하여 왔고, 경쟁사업자 중 하나인 화성산 업이 이를 인지하고 있었다는 것(⑤), 그리고 대우건설이 3공구에 참여할 것을 내부적으로 결정하고 있었다는 것은(⑦) 공소사실에서 제시된 1차 공구분할 및 2차 공구분할에 관한 합의의 존재를 의심스럽게 한다는 취지 로 원용하고 있다. 그러나 공동행위는 복수의 사업자 간 합의를 의미하고, 사업자 내부에서의 의사 결정이나 준비 과정은 오히려 이를 추정케 할 수 있는 유력한 근거가 될 수 있으며, 이러한 점에서 동 판결이 언급한 사례 들이 합의를 부정하는 근거로 원용될 수 있는지는 의문이다.

또한 동 판결에서는 자진신고 사업자들의 직원의 진술이 구체적인 합의 와 관련하여 모순되고, 일관되지 못하다는 점도 합의를 인정하기 어려운 근거로 제시되고 있다(⑥). 형사사건의 입증에서 합리적 의심을 배제할 정 도의 엄격한 증명을 요한다는 원칙에 비추어 이러한 입장을 취하는 것은 가능한 것으로 보이지만, 주관적 요소로서 합의의 입증은 간접사실 또는 정황사실의 입증에 의하여 이루어질 수 있다는 점을 간과한 측면도 있다. 동 판결이 지적하고 있는 것은 합의 자체를 입증하는데 직원들의 진술이 합리적 의심을 배제할 정도에 이르지 못한다는 것이지만, 정황사실의 관 점에서 볼 때, 직원들의 진술을 통해서 나타난 접촉의 양상은 여전히 유력

---

67) Guidelines on the applicability of Article 101 of the Treaty on the Functioning of the European Union to horizontal co-operation agreements, 2011/C 11/01, para. 75-94.

한 의미가 있다. 일반적으로 합의 입증과 관련하여 정황증거는 접촉 증거와 경제적 증거로 구분할 수 있으며, 경쟁사업자 간 빈번한 접촉의 양태는, 비록 구체적인 회합의 정확성이 결여된 경우라도 접촉 자체를 부인하기 어렵다면 여전히 합의를 추정하는 근거로서 의미를 갖는다. 또한 동 판결은 구체적인 합의가 있었던 것으로 언급된 기간이 실질적으로 공구 분할을 합의하기에 적절한 시기가 아니라는 점을 지적하고 있는데(⑨), 이역시 합의의 시간적 특정 외에도 접촉 증거의 관점에서 의미를 가질 수있는지를 살펴볼 필요가 있다. 한편 동 판결은 담합을 실행한 구체적 행위자의 대표성이나 조직 내 의사결정권한을 문제 삼고 있지만, 이때 중요한것은 법적으로 유효한 대표권이나 의사결정권의 존부가 아니라 경제적 효과를 사업자에게 귀속시킬 수 있는지 여부라는 점에서 이러한 문제제기가타당한지는 의문이다.

동 판결은 공구별로 경쟁 상황이 다르게 나타났다는 점도 합의의 가능성을 부인하는 근거로 보고 있다. 예를 들어 일부 공구에서는 경쟁이 치열하게 전개된 반면, 다른 공구에서는 합의에 참여한 사업자 중 누구도 입찰에 참여하지 않은 경우도 있었다(⑧). 또한 공구분할 합의에 따른 입찰참가자 중에서 낙찰되지 못한 경우도 발생하였고, 실제 낙찰자와 낙찰에 실패한 사업자 간에 입찰금액에 있어서 차이가 크지 않았다는 점도 언급하고 있다(⑩). 들러리 입찰의 태양도 공구별로 상이하게 나타났는데, 들러리 입찰자가 존재하지 않는 공구도 있었다(⑪). 이와 같은 입찰의 구체적전개 상황은 합의의 실행과 관련하여 의미가 있으며, 특히 독점규제법 제19조 제5항의 추정 규정이 시사하듯이, 정황증거 등은 행위의 일치를 전제로 의미를 갖는 것이기 때문에 행위의 일치를 파악하는 관점에서도 중요할 것이다. 그러나 문제가 된 담합은 공구분할에 관한 합의이며, 각 공구별로 전개된 경쟁 상황이 공구분할 합의를 부인하는 결정적인 근거가될 수는 없다. 실행행위 측면에서 의미를 갖는 것은 담합에 참가한 사업자들이 분할된 공구 별로 입찰에 응하였는지 여부이며, 일부 공구에서 추가

적인 합의가 성립되지 않았거나 합의한 대로 행위가 이루어지지 않음으로
써 예상과 다르게 경쟁 상황이 전개되었다는 점이 전체적인 합의 가능성
을 부인하는 근거가 되기는 어려울 것이다.[68] 또한 입찰금액에 있어서 차
이가 크지 않았다는 것은, 당해 입찰방식이 설계점수와 가격점수의 합산
으로 낙찰자를 정하는 대안입찰 방식으로 이루어졌고, 더욱이 설계점수의
비중이 가격점수보다 높았다는 점에서 충분히 예상되는 결과이며, 이러한
사실이 합의를 부정하는 근거로서 원용되는 데는 한계가 있다. 한편 들러
리 입찰은 일반적으로 입찰 유예를 방지하고 또한 경쟁의 외관을 창출하
기 위한 수단으로 활용된다. 그러나 이러한 필요성이 없는 경우에 들러리
입찰은 하청계약의 약속이나 장래 입찰에서의 양보 등 일정한 비용을 수
반하는 것이기 때문에 공구별 상황과 무관하게 언제나 들러리 입찰을 시
도하는 것은 아니라는 점을 염두에 둘 필요가 있다. 또한 동 판결은 서울
지하철 7호선 연장공사 사건이나[69] 경인운하사업 사건과의[70] 차이점과
유사점을 원용하고 있지만(⑫, ⑬), 공구분할 합의의 양상은 발주사업 별
로 상이할 수밖에 없으므로,[71] 이러한 원용이 적절한지도 의문이다.

(3) 소결

공정거래위원회에 의하여 고발 조치된 대구도시철도 3호선 건설사업 입
찰담합에 참가한 사업자들인 ㈜포스코건설 등 5개 사업자의 기소에 대하

---

68) 이 사건에 관한 공정거래위원회 심결에서는 이때의 경쟁이 합의에 의하여 제한된
   경쟁으로서의 성격을 갖고 있음을 지적하고 있다.
69) 대법원 2011. 5. 26. 선고 2008도6341 판결.
70) 당해 사건의 내용과 공정거래위원회 판단과 관련하여, 공정위 2014. 4. 17. 의결
   제2014-76호 참조.
71) 예를 들어 4대강 살리기 사업 1차 턴키공사 관련 입찰담합 사건에서는 다른 공구
   분할이 수반된 입찰담합 사건과 달리 공구분할 합의 이전에 전체 사업의 지분율
   배분 과정이 선행하였다는 점이 중요한 특징이 되고 있으며, 이에 대한 고려는 개
   별 사건적인 것이다. 공정위 2012. 8. 31. 의결 제2012-199호 참조.

여 대구지방법원의 1심 판결은 증거 불충분을 이유로 무죄를 선고하였다. 앞에서 살펴본 것처럼, 증거 불충분 판단의 주된 근거는 사업자 직원들의 진술이나 관련 자료가 합의를 입증하기 충분하지 않다는 것이었다.

합의 인정과 관련하여 증거 불충분으로 본 1심 법원의 판결의 기저에는 합리적 의심을 배제할 정도의 입증을 요구하는 형사소송법상 원칙이 자리하고 있는 것으로 보인다. 그러나 부당한 공동행위의 합의는 주관적 성격을 갖고 있으며, 따라서 간접사실이나 정황사실에 의한 입증이 가능하다. 이러한 점에서 동 판결이 합의의 직접적 증거로서 직원 진술 등의 불명확성을 언급한 것은 엄격한 증명의 원칙상 이해할 수 있는 부분이지만, 이러한 진술이나 기타 정보 교환과 관련된 자료들이 정황 증거로서도 의미를 가질 수 있는지에 관한 충분한 검토가 이루어지지 못하였다는 점은 문제가 될 수 있다.

또한 정보 교환에 대한 동 판결의 이해에 대해서도 논의의 여지가 있다. 동 판결이 언급한 것처럼 정보 교환이 동조적 행위의 경우에만 문제가 되는 것은 아니며, 명시적인 것뿐만 아니라 묵시적인 형태도 포함하는 합의의 간접증거 또는 정황증거로서도 의의가 있다. 또한 독점규제법 체계에서는 제19조 제5항에 따른 추정 요건으로서 행위의 외형적 일치 외에 또 다른 간접사실의 하나로 유력한 의미를 갖는다. 이러한 점에서 사업자들 간의 정보 교환 행위에 대한 분석적인 접근이 필요하며, 이를 간과한 것에 대한 문제제기도 가능할 것이다.

이상의 당해 사건에서 합의 사실의 존재를 부인한 동 판결에 대해서는 의문이다. 동 판결이 합의사실을 인정하기에 불충분한 것으로 제시한 사유들은 주관적 성격의 합의 입증의 특성을 충분히 고려한 것으로 보기 어려우며, 또한 공정거래위원회 심결에서 제시된 정황사실이나 간접사실로 의미가 있는 행위들에 대한 분석은 타당성을 결한 것으로 이해된다. 특히 부당 공동행위의 영역에서 정보교환에 대한 이해는 대법원 판결에서 제시된 정보교환의 의의에 배치되는 것이고, 형사절차의 특수성을 감안하더라도 수긍하기 어려운 것이다.

2. 아연도강판 담합 사건

(1) 사건의 경과

동 사건은 아연도강판 시장에서 담합 행위에 관한 것이다. 아연도강판을 제조·판매하는 동부제철(주), 현대하이스코(주), 유니온스틸(주), ㈜세아제강, 포스코강판(주) 등 5개 사업자는 2005년 2월부터 2010년 5월까지 기준가격을 공동으로 합의하여 결정하고, 판매가격을 할인하지 않도록 하는 내용의 합의를 하였다. 구체적으로 2005년 2~3월 기준가격 인상부터 2010년 4~5월 기준가격 인상까지 총 11차례에 걸쳐 아연도강판의 기준가격을 공동으로 설정하는 가격담합을 하였다. 또한 ㈜포스코, 동부제철(주), 현대하이스코(주), 유니온스틸(주), 포스코강판(주) 등 5개 사업자는 2006년 2월에서 2008년 4월까지 기간 중 아연할증료 도입 및 인상에 관한 합의를 하였고(1차 아연할증료 공동행위), 동부제철(주), 현대하이스코(주), 유니온스틸(주), ㈜세아제강 등 4개 사업자는 2010년 2월에서 동년 10월까지 기간 중 아연할증료 공동 인상에 관하여 합의하였다(2차 아연할증료 공동행위). 아연할증료 합의는 아연도금강판 제조시 필수적인 아연가격 상승분을 아연도강판 가격에 공동으로 반영하기 위한 것으로, 아연도강판 가격 인상의 우회적인 수단으로 활용되었다.

이상의 담합 행위는 각 사업자들의 영업임원 모임에서 가격담합의 기본 내용을 합의한 후에, 영업팀장 모임을 통해 세부내용을 조정하고, 담합내용의 실행을 점검하는 방식으로 진행되었다. 이와 같은 합의 사실의 입증은 주로 ㈜포스코 및 포스코강판(주)를 제외한 공동행위 참가 사업자들의 임직원들의 진술과 내부 자료를 통하여 이루어졌다. 이와 관련하여 ㈜포스코 및 포스코강판(주)는 다른 사업자들의 진술 등이 합의 내지 자사가 합의에 참여하였다는 점을 입증하지 못하고, 또한 진술이 사실과 다르거나 신빙성에 의문이 있다는 반론을 제시하였으나, 공정거래위원회의 심결에서 이러한 주장은 받아들여지지 않았다. 담합의 동기와 관련하여 공정거래위원회는 아연도강판 시장에서 60% 이상의 시장점유율을 차지하고 있는 ㈜포스코가 가격을 인상할 경우 이에 맞추고, 인하가 이루어질 경우에도 인하 폭을 최소화하기 위한 것을 담합의 주된 동기로 파악하였다. 특히 절대적인 시장점유율을 차지하고 가격선도기업으로서 기능하는 ㈜포스코의 담합 유인과 관련하여, 대형수요처와 가격협상 시 담합에 따른 가격 인상이 협상에 유리하게 작용할 수 있다는 점이나 정부 정책에 긍정적인 영향을 미쳐서 자사에 유리한 환경을 조성할 수 있다는 점 등이 담합의 유인으로 작용할 수 있다고 보았다.

이상의 판단에 따라 합의 사실을 인정한 후, 공정거래위원회는 당해 행위가 공동행위 참가사업자들의 점유율이 90%를 넘는 시장에서 명백히 가격 경쟁을 제한하는 것이고, 효율성 증대와 같은 긍정적 효과를 기대하기 어렵다는 점에서 경쟁제한성을 인정하였다. 이에 공정거래위원회는 공동행위 참가사업자 별로 재발 방지와 정보 교환 행위의 금지를 내용으로 하는 시정조치와 과징금을 부과하였다. 또한 고발조치도 취하였는데, 고발 대상은 각 사업자이고, 당해 담합 행위가 ㈜포스코가 지배하고 있는 시장 구조적 특성에서 비롯되었다는 점을 감안하여 사업자의 임직원들은 고발 대상에서 제외하였다.[72]

(2) 불기소처분의 검토

공정거래위원회의 고발과 관련하여 검사는 다음의 두 혐의 내용과 관련하여 불기소처분을 하였다. 우선 포스코강판(주)의 아연도강판 기준가격에 대한 부당 공동행위에 대해서는 행위 사실이 2008. 1. 31.까지 유지된

---

72) 공정위 2013. 1. 29. 의결 제2013-021호.

것으로 보고, 공소시효가 2013. 1. 30. 완성되었기 때문에 공소권 없음을 이유로, 그리고 1차 아연할증료에 관한 부당 공동행위에 대해서는 독점규제법 제19조 제1항의 합의를 인정하기에 증거가 불충분하다는 이유로 불기소 결정을 하였다.[73]

공소시효가 완성된 것으로 본 것은 제외하고, 1차 아연할증료 담합 행위에 대한 증거불충분 판단은 공정거래위원회의 심결에 대비되는 것이다. 앞에서 살펴본 것처럼, 1차 아연할증료에 관한 담합 사건에서 공정거래위원회가 부당 공동행위를 인정하였던 근거는 ㈜포스코 등 5개 사업자가 담합을 행할 유인이나 동기가 충분하고, 실제 각 사업자의 임직원들 간에 회합이 있었으며, 이후 아연할증료 테이블의 적용을 시도하였다는 점 등이었다. 이에 대하여 검사는 공정거래위원회가 제시한 근거들이 독점규제법 제19조 제1항에 해당하는 범죄사실을 입증하기에 충분하지 않은 것으로 판단하였다.

구체적으로 보면, 담합의 유인 내지 동기와 관련하여 아연도강판 시장에서 약 60%의 시장점유율을 보유하고 있으며, 가격선도기업으로서 시장에 영향을 미치고 있는 ㈜포스코가 담합을 할 동기가 명확치 않다는 점을 지적하였다. 또한 국제적인 아연 가격의 상승에 따른 가격 인상을 실행하기 위하여, 특히 대형수요자들에게 가격 인상을 설득하기 위한 담합이 필요하였는지에 의문을 표하고 있다. 나아가 시장지배력을 갖고 있는 ㈜포스코의 가격인상의 기회에 경쟁상 열위에 있는 다른 경쟁사업자가 시장점유율을 확대하기 위한 시도를 하기는 어려울 것으로 보이고, 따라서 ㈜포스코 입장에서 담합을 통해서만 가격인상을 할 수 있는 상황은 아니었음을 지적하고 있다. 이와 같은 의문은 당해 시장뿐만 아니라 가격선도기업과 추종기업이 공존하는 시장에서 일반적으로 제기될 수 있는 문제이다. 이러한 점에서 화장지 사건에 관한 대법원 판결은[74] 의미 있는 선례가 될

---

73) 서울중앙지방검찰청 2013. 4. 9. 결정 2013 형제14804호.
74) 대법원 2002. 5. 28. 선고 2000두1386 판결.

것이다. 동 사건에서는 가격선도기업과 추종기업들이 유사한 시점에 4차
례에 걸쳐 가격을 변동시켰는데, 대법원은 1차 인하 및 1차 인상 그리고
2차 및 3차 인상을 구분하여 전자의 경우에는 가격선도기업의 가격책정을
추종기업들이 독자적으로 따른 것으로 볼 수 있지만, 후자의 경우 가격동
조화 경험이 누적된 상황에서 추종기업이 일방적으로 가격 모방을 행한
것으로 볼 수 없으며, 따라서 독점규제법 제19조 제5항에 의한 추정이 가
능하며, 이를 번복할 만한 근거가 없다고 판시하였다. 화장지 사건 판결은
가격선도기업과 추종기업이 존재하는 시장에서 유사한 가격 변화가 나타
날 때, 추종기업의 단순한 모방행위인지 아니면 가격선도기업과 추종기업
이 가격동조화 현상을 인식하고 이를 적극적으로 공동행위의 방식으로 이
용한 것인지를 구분하는 시사점을 제공한다. 무엇보다 가격선도기업이 존
재한다는 사실이 당해 시장에서 담합행위를 배제할 수 있는 근거가 될 수
없음을 보여주는 예가 될 것이다.

　불기소결정은 각사 임직원들의 회합에 관해서도 의문을 제기하고 있다.
구체적으로 회합의 일시나 장소, 참석자의 특정, 회의의 주제 등이 불명확
하고, 회합의 가능성을 시사하고 있는 내부문건의 신빙성에 의문을 표하
고 있으며, 이는 공정거래위원회의 심결 과정에서도 다투어진 부분이다.
전술한 것처럼 공정거래위원회는 이에 관한 문제제기를 수용하지 않고,
회합에 관한 진술이나 자료 등이 합의를 인정할 수 있는 충분한 근거가
된다고 보았다. 물론 형사사건에서 입증의 정도는 합리적 의심을 배제하
는 수준이어야 하고, 이러한 점에서 동 사건에서 제시된 회합 등에 관한
자료가 이러한 정도에 이르지 못하였다는 형사적 판단은 가능한 것으로
볼 수 있다. 그러나 동 사건에서 회합 등은 합의의 직접적 증거가 될 수
있지만, 다른 한편으로 합의 입증과 관련하여 정황증거적 성격을 갖고 있
다는 점도 염두에 둘 필요가 있다. 즉 회합 등의 존재나 자료의 신빙성 등
이 가격인상에 관한 합의의 존재에 대하여 의심을 낳을 수 있지만, 이러한
의문이 회합 자체가 이루어지지 않았다는 정도에 이르고 있는지도 살펴보

아야 할 부분이다. 이와 관련하여 앞에서 살펴본 바와 같이 형사사건에서 합의는 행위의 속성상 직접 증거 확보가 어렵기 때문에 간접사실이나 정황사실을 입증함으로써 그 범죄행위를 입증하는 방법으로 취할 수도 있다는 점을 상기할 필요가 있다.75)

끝으로 불기소결정은 ㈜포스코가 가격테이블을 거래처에 배포하고, 이를 경쟁사업자들이 볼 수 있도록 한 것과 관련하여, 특단의 사정이 없는 한 자기가 거래하는 거래상대방을 통하여 경쟁사의 가격정보를 입수하거나 경쟁사의 가격테이블을 구하여 자신의 가격결정에 참고하는 것은 정상적인 경쟁 활동에 해당하며, 이를 담합의 증거로 보기는 어렵다는 지적을 하고 있다. 이와 같이 거래상대방을 매개로 가격정보가 전달되고 있는 상황은 전형적으로 간접적 공동행위에 해당할 수 있다. 이와 관련하여 영국 항소법원이 거래상대방을 매개로 한 수평적 공동행위의 성립과 관련하여 소매상(A)이 자신이 제공한 장래 가격에 관한 정보를 공급자(B)가 시장 조건에 영향을 미치기 위하여 행사할 것이 합리적으로 예상될 수 있는 상황에서 그 공급자(B)에게 정보를 제공하였고, 당해 공급자(B)가 그 정보를 다른 소매상(C)에게 전달하였다면, A, B, C 모두는 경쟁을 제한하는 동조적 행위(concerted practice)의 당사자가 된다"고76) 한 판결을 참고할 수 있을 것이다. 동 판결은 적어도 거래상대방을 통한 경쟁사업자 간 정보의 교환이 일정한 조건 하에서는 공동행위로 평가될 수 있음을 보여주고 있다.77) 이러한 관점에서 거래처를 매개로 하여 ㈜포스코와 경쟁사업자들이 정보를 교환한 행위에 대한 평가가 이루어지지 않은 불기소결정에 대해서는 비판의 여지가 있다.

---

75) 대법원 2008. 5. 29. 선고 2006도6625 판결.

76) EWCA Civ 1318. para. 91.

77) 제3자를 매개로 한 간접적(indirect) 공동행위의 성립에 관하여, Ariel Ezrachi, EU Competition Law, Hart Publishing, 2010, 122면 참조.

(3) 소결

아연도강판 담합 사건에 대하여 공정거래위원회의 고발 조치가 있었지만, 기준가격 담합에 대해서는 공소시효 완성, 1차 아연할증료 담합에 대해서는 증거 불충분을 이유로 불기소 결정이 내려졌다. 특히 후자의 판단은 공정거래위원회의 심결에서 합의 사실을 인정하는 근거로서 제시된 자료들이 합리적 의심을 배제할 정도에 이르지 않는다는 점을 이유로 제시하고 있다. 이러한 판단은 형사사건에 있어서 엄격한 증명을 요구하는 입증 원칙에 비추어 가능할 수 있지만, 참가사업자들의 회합 등 합의 인정의 근거로서 제시된 자료들은 주관적 성격의 합의를 입증하기 위한 정황증거로서의 의미도 있으며, 이러한 측면에서의 검토가 종합적으로 이루어지지 못한 점에 대한 지적이 가능하다.[78]

또한 동 결정에서 간접적인 형태의 공동행위에 대한 이해가 반영되어 있지 않은 점에서도 논의의 여지가 있다. 영국 항소법원이 판시하였던 것처럼, 거래상대방이 자신이 제공한 가격 정보를 경쟁사업자에게 전달할 것으로 예상되는 상황에서의 가격정보 제공행위는 거래상대방을 매개로 이루어지는 공동행위의 방식으로 이용될 수 있으며, 이는 일반적인(직접적인) 형태의 공동행위와 본질적으로 다르지 않은 것이다. 이를 간과한 것은 행위의 존부보다는 행위의 평가 측면에서 문제가 되는 것이며, 또한 부당 공동행위 위법성의 본질인 경쟁제한성에 대한 적절한 이해가 결여된 결과로도 볼 수 있을 것이다.

---

78) 당해 사건에 관한 공정거래위원회 심결에 대한 취소소송에서 합의의 존재를 부인하는 주장이 전개되거나 합의의 존부가 중요한 쟁점으로 다투어지지 않았다. 서울고법 2014. 11. 28. 선고 2013누7126 판결(현대하이스코(주) 원고 패소), 서울고법 2014. 11. 28. 선고 2013누45197 판결(유니온스틸(주) 원고 패소), 서울고법 2014. 12. 31. 선고 2013누17925 판결 및 대법원 2015. 4. 23. 선고 2015두36362 판결((주)세아제강 원고 패소, 상고 기각).

V. 결론

동일한 독점규제법 위반행위에 대하여 행정절차와 형사절차가 진행될 경우에 현행 법체계에서 최종적으로 상이한 결론이 도출될 가능성은 상존한다. 앞에서 살펴본 것처럼 이는 각 절차가 추구하는 지도이념의 반영에 따른 것일 수 있으며, 구체적인 절차적 특성이 판단 과정에 일정한 영향을 미친 결과일 수 있다.

구체적으로 상이한 판단의 가능성은 다음 세 가지 측면에서 나타날 수 있다. 우선 행정법(독점규제법)상 규제 요건과 형사처벌의 전제로서 범죄성립요건의 차이를 상정할 수 있다. 두 경우 모두 동일한 독점규제법 규정에 근거하여 요건의 충족을 검토하게 되지만, 세부적인 요건과 그 내용상 차이는 최종적인 결론에 영향을 미칠 수 있다. 예를 들어 독점규제법상 규제는 시정조치나 과징금 부과 등을 통하여 실현되는데, 이 과정에서 경쟁정책의 실현이 우선적으로 고려되지만, 또한 경쟁정책 외에 다양한 정책적 고려도 이루어진다.[79] 반면 범죄성립요건의 검토에 있어서는 구성요건에 해당하는 행위의 위법성조각사유의 존재나 기대불가능성에 따른 면책가능성에 대한 심사가 요구될 것이다. 이와 같이 양 절차에서 차별화된 판단 요건이나 기준은 상이한 규범적 평가로 이어질 수 있다.

또한 행위사실의 입증에서 나타나는 차이도 실질적인 의미가 있다. 행정절차에서 요구되는 증명의 정도에 관한 기준이 명확한 것은 아니지만,

---

79) 부산시 치과의사회 사건에서 대법원은 동 사업자단체의 공동행위의 부당성을 인정하였으나, 최종 결론의 도출 과정에서 국민 보건의 향상과 같은 정책적 고려를 행하였다(대법원 2005. 8. 19. 선고 2003두9251 판결). 다양한 정책적 고려를 통하여 최종적으로 부당성이 부인된 사례인 제주도관광협회 사건에서 대법원은 공동행위의 부당성을 부인하는 근거로서 당해 행위가 관광산업의 발전에 기여하는 바를 고려하였다(대법원 2005. 9. 9. 선고 2003두11841 판결). 주 33)에서 기술한 것처럼, 경쟁정책적 관점에서 이러한 판례의 태도에 대한 부정적인 시각이 존재한다.

형사절차에서 합리적 의심을 배제할 정도의 엄격한 증명의 원칙이 동일하게 적용되는 것으로 볼 수 없다면, 양 절차상 증명의 정도에 있어서 차이가 요증사실의 존부의 판단에 영향을 미칠 수도 있다. IV.에서 살펴본 두 사건은 모두 이러한 차이가 구체적으로 드러난 예에 해당한다. 제도적으로 증명의 정도를 동일한 수준으로 정할 수 없는 한, 이러한 차이의 해소를 기대하기는 어려울 것이다. 다만 부당 공동행위에 있어서 합의의 입증과 관련하여 대법원이 판시한 것처럼 합의가 실질적으로 주관적 성격을 갖고 있으며, 따라서 정황사실이나 간접사실의 입증 방식에 의할 수밖에 없다는 점에 주목할 필요가 있다. 특히 규제 경험이나 경제주체의 행태에 대한 지속적인 관찰로부터 합의와 개연성의 범위 안에 있는 정황사실이나 간접사실에 대한 이해가 심화될 필요가 있을 것이다.

끝으로 구체적 사건에서 행정절차와 형사절차 간에 규범적 평가의 차이는 위법성의 본질을 이루는 경쟁제한성에 대한 상이한 판단에서 비롯된 것일 수도 있다. 취소소송과 형사소송에서 내려진 경쟁제한성에 관한 판단은 소송물을 달리 하므로 상호 구속력을 갖지 않으며, 당연히 이에 관한 판단이 충돌할 수 있고, 그 자체로 문제가 될 것은 아니다. 그러나 경쟁제한성의 판단 방식이나 고려 요소 등은 절차의 차이와 무관하게 본질적으로 동일하다는 점을 유념할 필요가 있다. 시장경제질서는 헌법적으로 승인된 경제질서이며, 독점규제법은 이를 실현하기 위한 법으로서 규범적 의의를 갖는다. 따라서 독점규제법상 경쟁제한성에 관한 판단은 궁극적으로 헌법상 경제질서의 실현이며, 이는 모든 기관이나 절차를 공통적으로 지도하는 원칙으로서 기능한다. 현실적으로 각 절차에 따른 경쟁제한성 판단이 상이하게 나타날 수 있지만, 공통된 판단 원칙과 방법에 의한다는 점에 의문은 없으며, 이러한 점에서 경쟁정책에 대한 이해를 공유하고 상호 존중할 필요성이 있다.

제2편
규제산업

21. 금산분리의 역사성과 현재성

I. 서론

금산분리는 산업자본과 금융자본의 분리를 의미하며, 양 영역에서 자본의 지배관계가 교차적으로 나타나는 것을 제한하는 형태로 구체화된다. 따라서 금산분리는 특정한 법률에 의하여 단일한 방식으로 이루어지기는 어려우며, 양 영역을 규율하는 다양한 관련 법률이 종합적으로 동 원칙의 실현에 기여하고 있다.

금산분리 원칙의 실현을 위한 제도는, 산업자본에 의한 금융산업 지배를 제한하는 제도와 금융자본이 산업을 지배하는 것을 규제하는 제도로 구분할 수 있으며, 이들은 전체적으로 금융자본과 산업자본이 분리된 우리 경제의 기본적인 구조를 형성하고 있다. 따라서 금산분리는 제도적으로 양 영역에서의 규제를 포괄하는 것이지만, 구체적인 규제의 수준이나 내용이 동등하게 전개되어 온 것은 아니다. 이는 금융산업과 일반 산업에 대한 규제가 지향하는 궁극적인 목적이나 제도 설계에 있어서 불가피한 법기술상 차이에 기인하는 측면도 있지만,[1] 금산분리를 필요로 하는 우리

---

[1] 금융산업의 규제는 궁극적으로 실물 경제에 부정적인 영향을 미치게 되는 금융 시스템의 불안정성을 최소화하는 것을 목적으로 하는 반면, 일반적인 경제 규제는 시스템의 안정성뿐만 아니라 성장, 고용, 국제관계에서의 균형 등 다양한 정책

경제의 특수한 상황과도 관련된다. 주지하다시피 우리나라 경제에서 재벌로 통칭되는 대규모기업집단은 핵심적 역할을 수행하여 왔으며, 이들은 금융에 대한 지배를 가능하게 하는 산업자본의 원천이기도 하였다.2) 따라서 지속적인 관심은 재벌로 대표되는 산업자본이 금융을 지배하게 됨으로서 나타나는 부정적 효과에 집중하였으며, 오랜 관치 금융의 경험을 가진 금융 부문에서 산업을 지배할 수 있는 사적인 금융자본의 형성이나 이에 대한 우려는 부차적인 의미가 있었다. 이러한 점에서 비교경쟁법상 드물게 재벌에 의한 일반집중 등의 문제를 경쟁법의 주요 의제로 다루고 있는 독점규제법에서 금산분리에 관한 중요 규제의 도입은 불가피하였던 것으로 이해된다.

금산분리 규제에서 독점규제법이 중요한 역할을 수행하고 있는 구조는 우리나라에서의 금산분리 정책이 재벌정책과 밀접히 관련되어 전개되어 왔음을 보여주는 것이다. 따라서 현 시점에서 금산분리를 유지할지 여부에 관한 정책적 판단도 현재 추진하고 있는 재벌정책과 분리하여 사고할 수 없을 것이다. 공정거래위원회는 2013. 4. 24. 대기업집단의 폐해 시정을 공정거래위원회의 4대 중점 정책과제로 선언하고, 구체적인 실행 방안의 하나로 중간금융지주회사의 설립을 포함한 지주회사 규제 개편과 금융보험사 의결권 제한의 강화 등을 제시하였으며,3) 이로써 금산분리를 재벌정책의 기조 위에서 추진할 것임을 보여주었다.4) 그러나 금산분리는 금융

목표를 추구하고, 이를 종합하는 과정을 통해서 이루어진다. E. P. Ellinger, Eva Lomnicka & C. V. M. Hare, Ellinger's Modern Banking Law, Oxford Univ. Press, 2011, 26-27면 참조.

2) 한국 경제의 성장에 있어서 家閥財産의 축적에 크게 의존하였다는 분석으로, 김만제, Edward S. Mason 등, 한국 경제·사회의 근대화, 한국개발연구원, 1981, 44면 참조.

3) 이 외에 구체적 실행 방안으로서 공정거래위원회는 총수일가 사익편취행위 근절, 신규 순환출자 금지 등을 제시하고 있다. 공정거래위원회, 2013년 공정거래위원회 업무보고, 2013. 4. 24., 1-3면.

4) 2014년 10월 국정감사 업무현황 보고에서 공정거래위원회는 총수일가 사익편취

산업의 구조와 직접적으로 관련되기 때문에 금융정책적 고려가 불가피하다. 특히 2007년 미국의 서브프라임 모기지 사태로 촉발된 세계적 금융위기는 시스템 리스크에 대한 대처를 포함한 금융 규제의 문제점을 노출시켰으며, 이에 대한 대응으로서 금융 규제 개혁에 관한 논의가 촉발되었다.5) 금융에 대한 산업자본 지배를 제한하는 금산분리의 문제를 다룸에 있어서도 이러한 논의 과정에 대한 이해가 반영되어야 하며, 이는 결국 재벌정책과 금융정책의 종합이 이 문제에 대한 올바른 해결 방향임을 의미하는 것이다.

이하에서 우선 금산분리 원칙의 역사적 전개과정과 동 원칙의 실현을 위한 독점규제법상 제도의 의의를 살펴볼 것이다(II). 이를 토대로 금산분리 원칙에 기초하여 공정거래위원회가 추진한 정책을 검토하고(III), 결론으로서 바람직한 정책 방향을 제시하고자 한다(IV).

II. 금산분리 원칙의 실현과 독점규제법

1. 금산분리 실현을 위한 규제의 연혁

금융산업에 관한 최초의 규제체계는 1950년 제정된 은행법과 한국은행법의 제정에 의하여 형성되었다.6) 이 중에서 은행법은 국내에 있는 외국

규율, 신규순환출자 금지 등의 입법을 완료하고, 남아 있는 입법 과제로서 중간금융지주회사의 도입, 금융보험사 의결권 제한 강화 등을 제시하였다. 공정거래위원회, 2014년 업무현황, 2014. 10. 20., 3-5, 24면 참조.

5) 금융 위기로부터 얻게 된 교훈으로서, 금융 규제 개선이 systemic risk에 대한 고려, 시장 규율(market discipline)의 강화, 경기순응적 대응(pro-cyclicality)의 필요성 등에 초점을 맞추어야 한다는 지적으로, Jan Brockmeijer, "글로벌 금융위기의 교훈과 시사점", 글로벌 금융위기 이후 금융산업의 변화, 한국금융연구원, 2009, 33-34면 참조.

6) 정찬형·도제문, 은행법, 박영사, 2005, 10-11면.

금융기관의 지점, 대리점을 포함한 모든 금융기관(보험업무, 무진업무, 신탁업무만을 취급하는 기관 제외)을 규제 대상으로 은행업무와 금지사항을 법정하고, 은행업무에 대한 정부의 통제 및 예금지불준비금의 의무 보유에 관한 규정 등을 둠으로써, 은행 시스템의 기초를 마련하였다. 특히 금융기관의 설립, 변경, 합병 등은 금융통화위원회의 인가를 받도록 규정하였는데(9조), 인가 요건으로서 민간 주체가 은행 등 금융기관을 설립할 경우 그 자격에 특별한 제한을 부과하지는 않았다. 당시 정책적으로는 2차 세계대전 이후 일본계 은행(적산은행)의 민간 불하가 추진되었으며,[7] 불하받을 수 있는 사적 주체의 형성이 미흡한 상황에서 정책 추진에 상당한 어려움을 겪게 되었다. 결국 당시 정부에 의하여 추진된 은행 민영화 촉진 정책은 이미 초기 형성의 단계를 지나고 있었던 소수 재벌을 대상으로 추진될 수밖에 없었는데, 특히 삼성그룹은 가장 유력한 인수 주체가 되었다. 우선 흥업은행 주식의 공매 절차는 1957년 8월 최종적으로 삼성그룹이 83%의 주식을 인수하는 것으로 종결되었으며, 또한 동 그룹은 조흥은행 주식의 55%를 매수하였다. 한편 흥업은행은 상업은행 주식의 33%를 차지한 최대주주이었기 때문에, 결과적으로 삼성그룹은 4대 시중은행 주식의 약 50%를 보유한 금융콘체른으로 부상하고, 1950년대 1위의 기업집단을 형성하게 되었다.[8]

이와 같은 삼성그룹의 금융 콘체른화는 우리나라에서 산업자본이 금융을 지배하는 전형으로서 최초로 등장한 것이다. 이러한 현상은 처음부터 경제적 자원의 과도한 집중에 대한 우려를 낳았고, 정치적 상황이 변한 이

---

7) 특히 조흥은행, 상업은행, 저축은행(이후 제일은행) 그리고 상공은행과 신탁은행이 합병된 흥업은행 등 4대 시중 은행의 민영화가 추진되었다.
8) 이 외에도 삼호그룹은 제일은행, 개풍그룹은 1959년 설립된 서울은행의 지배주주가 되었는데, 해당 그룹은 각각 1950년대 재계순위 2위와 3위에 해당하였다. 이들과 1위의 삼성그룹은 모두 은행을 계열사로 둠으로써 다른 재벌에 비하여 자금 동원에 있어서 유리한 지위를 점하였고, 이를 기반으로 상위 기업집단을 형성할 수 있었다. 이한구, 한국 재벌형성사, 비봉출판사, 1999, 77-90면 참조.

후 주된 규제 대상이 되었다. 제2공화국 시기인 1961년 4월「부정축재특별처리법」이 입법되었으며, 이어서 비상입법기구였던 국가재건최고회의에서 동년 6월 이 법을 대체한「부정축재처리법」이 제정되고, 동법에 의하여 국가재건최고회의 산하기구로 설치된 부정축재처리위원회의 활동이 이어졌다. 1961. 8. 3. 동 위원회는 재벌이 보유하고 있었던 은행 주식의 환수조치를 취하고, 동년 6월 제정된「금융기관에 대한 임시조치법」제2조는 금융기관 대주주의 의결권 행사를 제한함으로써, 재벌에 의한 금융 지배는 사실상 종료되었다.

이상의 조치들은 과도기적인 기구와 입법에 의한 것으로서 비상적인 성격을 갖고 있었다. 1980년대 이때의 환수조치로 인하여 취하게 된 정부 보유 은행 주식을 민간 부문으로 환원하는 정책을 추진하는 과정에서 이 주식들이 다시 재벌에게 귀속되는 것에 대한 우려가 제기되었으며, 결국 이러한 우려를 불식시키기 위하여 1983년 은행법 개정에서 산업자본의 금융 지배를 제한하는 규제가 명문화되었다.[9] 이후 1986년 독점규제법 개정에 의하여 경제력집중 억제를 위한 규제가 이루어지고, 주요 규제의 하나로 재벌(대규모기업집단)에 속한 금융·보험사의 계열사 주식에 대한 의결권 제한 규정이 도입됨으로써, 산업자본 중에서도 특히 재벌에 의하여 형성된 자본이 금융을 지배하는 방향으로 작용하는 것에 대한 규제가 실질적으로 강화되었다. 한편 지주회사 규제에 근본적인 변화가 있었던 1999년 독점규제법 개정에 의하여 지주회사 설립·전환의 원칙적 금지는 원칙

---

9) 1983년 개정 은행법은 은행의 경영에 관한 은행감독원장의 포괄적인 지시·명령권을 삭제하는 등 기본적으로 금융의 자율화·민영화를 지향하는 법 개정이었지만, 급격한 변화가 낳을 부정적 효과를 억제하기 위한 내용도 포함하고 있었다. 대표적으로 동일인이 소유하거나 의결권을 행사할 수 있는 주식의 한도를 금융기관발행주식총수의 100분의 8로 제한하거나(법 17조의3 2항), 동일인에 대한 여신 규제를 강화하는(동일한 개인 또는 법인에 대한 금융기관의 자기자본의 100분의 25를 초과하는 대출, 법 17조의3 3항 4호) 등의 규제가 이에 해당한다. 김용재, 은행법원론, 박영사, 2012, 97면.

적 허용과 일정한 행위 제한이 부과되는 방식으로 변경되었고, 일반 지주회사와 금융 지주회사가 영역을 넘는 자회사를 둘 수 없다는 것이 행위 제한 내용에 포함됨으로써 지주회사 체계에 금산분리 원칙이 반영되었다.[10) 나아가 2000년 「금융지주회사법」 제정은 기본적으로 지주회사 하에 상업은행과 투자은행을 모두 자회사로 둘 수 있는 구조를 허용함으로써 업역 분리를 해소하는 방향으로 금융지주회사 체계를 구축하였지만, 또한 지주회사 체계 내에서 산업자본과 금융자본의 상호 지배 가능성을 제한하는 규제를 도입함으로써 금산분리 원칙의 적용을 강화하였다.[11)

2. 금산분리 실현을 위한 규제의 내용과 특징

(1) 규제의 구체적 내용

전술한 것처럼 금산분리는 산업자본과 금융자본의 분리를 의미하며, 각

---

10) 동 개정에서 지주회사의 순기능을 활용하는 대신에, 경제력집중에 부정적 영향을 미칠 가능성을 고려하여 일정한 제한을 부과하는 내용으로 지주회사 규제의 근본적인 변화가 이루어졌다. 동 개정에 대한 상세한 논의로서, 홍명수, "경제력집중 억제", 권오승 편, 독점규제법 30년, 법문사, 2011, 249-250면 참조.

11) 입법 과정에 1999년 미국의 「금융서비스현대화법」(financial services modernization act; Gramm-Leach-Bliley Act) 제정이 영향을 미쳤다. 특히 미국의 금융서비스현대화법은 상업은행과 투자은행의 업역 분리 해소를 주요 내용으로 하였으며, 「금융지주회사법」도 지주회사 방식의 겸업주의를 취함으로써 이러한 규제 변화를 수용하였다. 이와 관련하여 미국 내에서 지주회사 방식에 의한 상업은행과 투자은행의 결합에 대한 비판이 제기되었으며, 특히 상업은행의 전통적 기능의 공익성과 이러한 제도 변화의 근거로서 제시된 상업은행의 산업적 침체가 우려할 만한 것인지에 의문을 표하고 상업은행의 전통적 기능의 공익적 성격을 강조하면서, 상업은행과 투자은행의 단순한 결합이 보다 타당한 방안이 될 수 있다는 비판으로, Jonadan R. Macey, "The Business of Banking: Before and After Gramm-Leach-Bliley", Faculty Scholarship Series. Paper 1412, 2000, 692-295면 참조. 금융지주회사법과 관련하여 금융지주회사 규제가 은행의 경쟁력 강화 및 은행의 안전성과 건전성 확보의 두 가지 측면의 조화를 통하여 이루어져야 한다는 것에, 이영대, "금융지주회사의 규제", 권오승 편, 자유경쟁과 공정거래, 법문사, 2002, 408면 이하 참조.

영역에서 형성된 자본이 다른 영역에서 지배관계를 구축하는 것을 제한하는 내용으로 구성된다. 현행 법체계에서 이러한 내용은 양 영역을 규율하는 개별 법률에 의하여 구체화되고 있으며, 이를 종합하여 전체적으로 금산분리 원칙이 실현되고 있다.

주요 규제 내용을 살펴보면, 우선 산업자본이 금융을 지배하는 것에 대한 제한은 은행의 지분소유 제한의 형태로 이루어지고 있다. 은행법 제16조의2는 비금융주력자의 은행 주식 보유 한도를 4% 이하로 정하고 있으며(지방은행은 15% 이하), 동일한 제한이 금융지주회사법 제8조의2에 의하여 은행지주회사에 대해서도 적용된다.[12] 한편 독점규제법 제8조의2 제2항 제5호는 일반지주회사가 금융업 또는 보험업을 영위하는 자회사를 두는 것을 제한하는 규정을 두고 있는데, 동 규정은 기업집단의 지배구조를 지주회사 체제로 하는 경우 금융업 또는 보험업을 영위하는 계열사의 처분을 요구하는 것이기 때문에, 그 한도에서 산업자본이 금융산업을 지배하는 것에 대한 억제의 의미를 갖는다.

금융자본이 일반 산업을 지배하는 것에 대해서도 일정한 제한이 이루어지고 있다. 은행법 제37조와 보험업법 제109조는 은행과 보험회사가 원칙적으로 다른 회사의 의결권 있는 발행주식의 15%를 초과하는 주식을 소유하는 것을 금지하며,[13] 금융지주회사법 제6조의3은 원칙적으로 금융지

12) 또한 은행법 제15조의3은 사모투자전문회사 등에 의한 간접적 지배 가능성을 제한하는 규정을 두고 있는데, 동조 제1항은 "사모투자전문회사 등이 해당 은행의 최대주주가 되거나 임원을 임면하는 등의 방법으로 해당 은행의 경영에 관여하는 경우로서 은행의 의결권 있는 발행주식 총수의 100분의 4를 초과하여 주식을 보유하고자 하는 경우에는 금융위원회의 승인을 받아야 한다"고 규정하고 있다.
13) 은행법 제37조와 관련하여, 동 규정의 입법취지로서 금융자본의 산업 지배를 제한하는 것에 의문을 제기하며, 은행의 자산운용의 건전성을 도모하기 위한 것으로 동 규정을 이해하는 것으로서, 고동원, "은행 자회사 규제에 관한 법적 고찰", 규제연구 제16권 제2호, 2007, 197면 참조. 한편 보험업법은 제109조 외에도 제106조 제1항 제2호에서 동일법인의 채권 및 주식 소유의 합계액을 자기 자산의 일반계정상 7%, 특별계정상 10%로 제한하는 규정을 두고 있다.

주회사의 비금융회사 주식 소유를 금지하고 있다. 또한 독점규제법 제8조의2 제2항 제4호에 의하여 금융지주회사는 금융·보험업 또는 이와 밀접한 관련이 있는 회사 외의 국내 회사의 주식 취득이 금지된다.

한편 독점규제법 제11조에서 대규모기업집단에 속한 금융·보험업 영위 회사의 계열회사 주식에 대한 의결권을 제한하고 있는 규정도 금융·보험사가 보유하고 있는 계열사 주식을 지배 목적으로 활용하는 것을 제한하는 것이기 때문에 금융자본의 산업 지배를 억제하는 효과를 갖는다.14)

(2) 규제의 특징

이상의 우리나라에서 금산분리 규제는 몇 가지 특징적인 양상을 보여주고 있다. 첫째 현행 법체계에서 금산분리 규제는 통일적이고 단일한 규제로서 입안된 것이 아니라, 금융법이나 경쟁법의 운용 과정에서 개별적으로 금산분리 원칙을 반영하여 규제 내용이 형성되어 왔다. 따라서 금융산업의 모든 부문에 규제가 일관해서 적용되는 것은 아니며, 규제 수준에서도 차이가 나타난다. 예를 들어 전술한 것처럼 은행법에 의하여 산업자본의 은행 주식 보유에 대한 제한이 있지만, 보험 등 다른 금융산업에서 이와 같은 내용의 소유 제한은 부과되고 있지 않다. 물론 은행, 보험, 증권 등 금융산업의 각 부문에서 산업자본의 지배가 미칠 영향은 일률적이지 않고, 시스템 리스크의 차이를 낳는 각 부문의 고유한 특성을 고려할 경우에,15) 금산분리도 각 부문에서 상이한 내용으로 구성되는 것은 불가피할

---

14) 금융 관련법에서 은행·보험사의 계열사 주식취득 제한을 규정하고 있음에도 불구하고, 독점규제법에 별도의 의결권 제한 규정의 도입 이유에 관하여, 공정거래위원회는 동일 대규모기업집단에 복수의 금융·보험회사가 존재하는 것이 일반적이고 이를 합산하여 지배권을 형성하는 것이 가능하기 때문에, 이들의 의결권 행사를 제한할 필요성이 있다고 보고 있다. 공정거래위원회, 공정거래위원회 30년사, 2011, 258면 참조.

15) 금융의 융합화 현상이 심화됨으로써 개별 금융기관 차원에서 복합금융 리스크 관리의 필요성이 제기되거나(김진호, 금융위기와 리스크 관리, 박영사, 2012,

수 있다. 따라서 현행 법체계에서 금산분리는 개별 영역의 고유한 의의를 전제하여 이해될 필요가 있다.

둘째 우리 법체계에서 실현되고 있는 금산분리는 비교법상 엄격한 제한에 해당한다는 점도 특징적이다. 예를 들어 EU의 제2차 은행업 지침 (second banking directive)[16] 제11조 제1항은 비금융사가 금융기관의 의결권 또는 주식의 보유가 20%, 33%, 50%를 초과하게 될 때 또는 금융기관을 자회사로 두게 될 경우에 금융당국에 통지할 의무를 부과하고 있으며, 주식 보유 자체를 제한하고 있지는 않다. 전 세계 62국을 대상으로 2000년에 조사한 금산분리 규제 현황을 보면, 산업자본의 은행 소유를 금지하는 국가 29%, 사전 허가 또는 승인을 요구하는 국가 32.3%이며, 은행의 산업자본의 지배와 관련하여 소유를 금지하는 국가 14.5%, 일정한 기준을 초과하는 소유를 금지하는 국가 22.6%로 나타나고 있다.[17] 우리의 경우 주된 규제는 일정한 비율로 지분 보유나 의결권 행사를 제한하는 방식으로 이루어지고 있고, 이때 기준은 실질적으로 지배관계 형성을 억제하는 수준에서 정해진 것이라는 점을 감안하면, 엄격한 금산분리가 행해지고 있는 것으로 볼 수 있다. 이와 같은 비교법적 분석은 금산분리 규제 완화의 논거로 원용될 수도 있을 것이다.[18]

셋째 앞서 살펴본 것처럼 금산분리 규제의 중요한 부분이 독점규제법에

178-179면), 정부 차원에서 개별 금융 부문의 미시적 차원이 아닌 거시건전성 대책의 필요성이 주장되고 있다(윤석헌·정지만, "시스템리스크와 거시건전성 정책체계", 금융연구 제24권 제2호, 2010, 38면 이하). 이러한 논의 역시 개별 금융 부문에서 발생하는 시스템 리스크의 차이를 전제한 것이라 할 수 있다.

16) Second Council Directive 89/646/EEC of 15 December 1989 on the coordination of laws, regulations and administrative provisions relating to the taking up and pursuit of the business of credit institutions and amending Directive 77/780/EEC.

17) 이인실·남주하, "금산분리 완화의 논거", 한국경제연구 제23권, 2008, 143-144면.

18) 윤창현, "금산분리제도의 현황과 과제: 금산분리완화를 중심으로", 저스티스 제 104호, 2008, 28면 이하 참조.

의해서 이루어지고 있다는 점에도 주목할 필요가 있다. 경쟁법은 시장의 자율적 조정 기능을 보호·유지하기 위한 규범체계이고, 따라서 산업정책적 측면이 강하게 드러나는 금산분리 원칙의 적용이 당연하게 요구되는 영역은 아니며, 비교법적으로도 경쟁법에 이와 관련된 규정을 두고 있는 예는 드물다. 거의 유일한 비교 예는 일본 獨占禁止法에서 찾을 수 있는데, 동법 제11조 제1항은 원칙적으로 금융회사가 사업회사 의결권의 100분의5(보험회사의 경우 100분의10)를 초과하는 취득행위를 금지하고 있다. 동 규정은 일률적 수량기준으로서 엄격한 예방적 규제로 기능하는데, 동 규정의 입법취지는 거대한 자금을 보유한 금융회사가 사업회사를 지배하거나 지배에 이르지 않더라도 친밀한 관계를 형성함으로써 사업회사 간 경쟁에 부정적 영향을 미치게 되는 것을 방지하고자 하는 것으로 이해되고 있다.19) 이와 같은 입법취지는 독점규제법에도 원용이 가능하며, 또한 일반집중·소유집중의 관점에서 경제력집중 억제를 위한 규제를 두고 있는 독점규제법의 규제체계도 금산분리 원칙을 제도화한 근거가 될 것이다.

3. 독점규제법상 금산분리의 의의

전술한 것처럼 독점규제법상 금산분리에 관한 규정은 두 가지 형태로 도입되었다. 즉 동법 제11조에 의한 금융·보험사의 계열회사 주식의 의결권 제한 규정과 동법 제8조의2 제2항 제4호 및 제5호에 의하여 금융지주회사 및 일반지주회사가 다른 영역의 자회사를 둘 수 없도록 한 규정이 이에 해당한다. 두 규정은 모두 경제력집중 억제를 위한 규제의 하나로 도입된 것이지만, 규제의 구체적 내용이 산업자본과 금융자본의 분리를 의도하고 있다는 점에서 금산분리 정책과도 밀접히 관련된다.

은행법은 형식적 기준에 의하여 비금융산업에서 주된 사업을 영위하는

---

19) 實方謙二, 獨占禁止法, 有斐閣, 1998, 109면 참조.

사업자를 비금융주력자로 파악하고(법 2조 1항 9호),[20] 이를 금융자본에

---

20) 9. "비금융주력자"라 함은 다음 각목의 1에 해당하는 자를 말한다.

　가. 동일인중 비금융회사(대통령령이 정하는 금융업이 아닌 업종을 영위하는 회사를 말한다. 이하 같다)인 자의 자본총액(대차대조표상 자산총액에서 부채총액을 차감한 금액을 말한다. 이하 같다)의 합계액이 당해 동일인중 회사인 자의 자본총액의 합계액의 100분의 25 이상인 경우의 그 동일인

　나. 동일인중 비금융회사인 자의 자산총액의 합계액이 2조원 이상으로서 대통령령이 정하는 금액 이상인 경우의 그 동일인

　다. 「자본시장과 금융투자업에 관한 법률」에 따른 투자회사(이하 "투자회사"라 한다)로서 가목 또는 나목의 자가 그 발행주식총수의 100분의 4를 초과하여 주식을 보유(동일인이 자기 또는 타인의 명의로 주식을 소유하거나 계약 등에 의하여 의결권을 가지는 것을 말한다. 이하 같다)하는 경우의 그 투자회사

　라. 「자본시장과 금융투자업에 관한 법률」에 따른 사모투자전문회사(이하 "사모투자전문회사"라 한다)로서 다음 각각의 어느 하나에 해당하는 사모투자전문회사

　　1) 가목부터 다목까지의 어느 하나에 해당하는 자가 사모투자전문회사 출자총액의 100분의 10 이상 지분을 보유하는 유한책임사원인 경우(이 경우 지분계산에 있어서 해당 사원과 다른 유한책임사원으로서 해당 사원의 특수관계인의 지분을 포함한다)

　　2) 가목부터 다목까지의 어느 하나에 해당하는 자가 사모투자전문회사의 무한책임사원인 경우(다만, 가목부터 다목까지의 어느 하나에 해당하지 아니하는 무한책임사원이 다른 사모투자전문회사를 통하여 비금융회사의 주식 또는 지분에 투자함으로써 가목부터 다목까지의 어느 하나에 해당하게 된 경우로서 해당 사모투자전문회사의 유한책임사원(해당 사원과 다른 유한책임사원으로서 해당 사원의 특수관계인을 포함한다)이 그 다른 사모투자전문회사에 출자하지 아니한 경우에는 이를 제외한다)

　　3) 다른 상호출자제한기업집단(「독점규제 및 공정거래에 관한 법률」에 따른 상호출자제한기업집단을 말한다. 이하 같다)에 속하는 각각의 계열회사(「독점규제 및 공정거래에 관한 법률」에 따른 계열회사를 말한다. 이하 같다)가 취득한 사모투자전문회사의 지분의 합이 사모투자전문회사 출자총액의 100분의 30 이상인 경우

　마. 라목에 해당하는 사모투자전문회사(「자본시장과 금융투자업에 관한 법률」 제271조제1항제3호나목 및 다목에 따라 투자목적회사의 주식 또는 지분을 취득한 자 중 이 호 가목부터 다목까지의 어느 하나에 해당하는 자를 포함한다)가 투자목적회사의 주식 또는 지분의 100분의 4를 초과하여 취득·보유하거나 임원의 임면 등 주요 경영사항에 대하여 사실상의 영향력을 행사하는 경우의 해

대비되는 산업자본의 주체로 정하고 있다.[21] 현실 경제에서 이에 해당할 수 있는 주체를 대규모기업집단 외에 상정하기 어렵다는 점에서, 비금융주력자를 대상으로 한 규제는 실질적으로 대규모기업집단에 대한 금융 규제로 이해할 수 있으며, 따라서 동 규제는 금산분리의 실현뿐만 아니라 대규모기업집단에 대한 규제로서의 의의도 있다. 이러한 관점에서 보면, 독점규제법상 금융·보험사의 의결권 제한이나 지주회사에 관한 규제는 은행법 등 금융관련법에 의한 규제가 대규모기업집단에 의한 경제력집중 억제에 충분하지 못하다는 인식에 따라서 규제 범위를 확대한 것이며, 그 한도에서 금산분리 원칙의 규제도 강화되는 의미를 갖는다.

무엇보다 산업자본과 금융자본의 교차 지배가 대규모기업집단의 유지·확대에 있어서 특별한 의미를 갖고 있다는 점은, 재벌 정책과 금산분리 정책의 정책적 결합의 불가피함을 시사한다. 따라서 대규모기업집단에 의한 경제력집중을 억제하기 위하여 금산분리 원칙을 반영한 독점규제법상 규제의 타당성은 두 정책의 종합에 기초하여 판단되어야 할 것이다.

III. 공정거래위원회의 정책방향 검토

1. 정책 제안의 주요 내용

2013년 4월 공정거래위원회는 금산분리 원칙이 반영된 지주회사 규제와 금융·보험사의 의결권 제한에 관한 독점규제법 개정 방향을 제시하였다.[22] 우선 지주회사 규제와 관련하여, 일반지주회사의 금융자회사 보유

　　　당 투자목적회사
21) 비금융주력자를 산업자본으로 이해하면서, 특히 다목의 경우 산업자본의 지배적 영향력이 해당 요건으로 가능한지에 의문을 표하는 견해로, 김용재, 주 9)의 책, 116-118면 참조.

를 허용하고, 대신 금융·보험사가 3개사 이상이거나 금융·보험사 자산규모가 20조원 이상 등의 추가적 요건을 충족하는 경우 중간금융지주회사설치를 의무화하도록 하는 개정을 제안하였다. 공정거래위원회가 업무계획에서 밝힌 바에 따르면, 금산융합의 폐해와 소유·지배구조의 왜곡을 개선하기 위해서 대기업집단의 지주회사 체제 전환을 유도하는 것이 바람직한데, 일반지주회사는 금융보험사를 자회사로 둘 수 없어 금융·보험사를 매각하지 않는 한 지주회사 전환이 곤란한 상황이다. 따라서 일반지주회사의 금융·보험 자회사를 허용할 필요성이 있으며, 대신에 중간금융지주회사의 설치를 강제하면, 금융과 비금융간 출자관계가 단절되어 기업집단내에서 금산분리가 강화될 수 있다는 설명을 추가하고 있다.[23]

그렇지만 비록 중간금융지주회사의 설치가 의무적으로 요구된다 하더라도, 최상위 지주회사의 자회사 형태로 금융회사의 설립이 가능해질 수있기 때문에, 동 개정안은 금산분리 규제의 완화로 이해될 여지도 있다. 또한 공정거래위원회가 밝힌 것처럼 중간금융지주회사의 형태가 기업집단내에서 계열사 간 출자관계를 배제하는 기능을 할 수 있지만, 금융회사의자금 운용이 출자 형식으로만 가능한 것은 아니기 때문에, 금산분리의 완화에 따른 우려가 완전히 불식될 것으로 볼 수 있는지에 대해서도 논의의여지가 있다. 결국 일반지주회사의 자회사로 금융회사가 가능하게 된 점과 중간금융지주회사의 설치가 의무화된 점을 종합하고, 금산분리 정책과대기업집단정책의 관점에서 형량하는 과정이 필요할 것이다.

한편 현행 독점규제법 제11조에 의하면, 대규모기업집단에 속한 금융·보험사가 행하는 계열사 주식의 의결권 행사는 원칙적으로 금지되고, 다

---

22) 공정거래위원회의 정책 제안은 2012년 9월 국회에 상정된 독점규제법 개정안(김상민의원 대표발의, 의안번호 1994)과 거의 동일한 내용으로 구성되어 있으며, 현재 공정거래위원회는 국회에 상정된 개정안을 기본으로 하여 보완을 통한 입법을 추진하고 있다. 공정거래위원회, 공정거래위원회 업무 추진실적, 2014. 12., 194면 참조.
23) 공정거래위원회, 주 3)의 자료, 12면 참조.

만 경영권 방어 등을 위해 필요한 경우 특수관계인과 합하여 15%까지의 의결권 행사가 예외적으로 인정되고 있다. 전술한 것처럼 동 규정은 금융자본이 산업자본을 지배하는 것을 제한하는 내용으로 구성되어 있지만, 금융·보험사가 고객으로부터 취득한 자금을 대규모기업집단의 확대 수단으로 활용하는 것을 억제하려는 대기업집단 정책의 관점에서 이해할 수 있다. 공정거래위원회의 조사에 따르면, 대규모기업집단에 속한 금융·보험 계열사가 보유하고 있는 비금융·보험 계열사 주식의 의결권을 행사한 건수는, 2003년 140회, 2007년 82회, 2010년 68회, 2013년 60회로서 점차 감소하는 추세를 보이고 있지만,[24] 여전히 상당수의 대규모기업집단이 금융·보험 계열사를 집단 내에 두고 있는 상황이다. 2014년 4월 기준으로 63개 대규모기업집단 중 29개 집단이 147개의 금융·보험사를 보유하고 있으며, 총수 있는 대규모기업집단 중에서는 24개 집단이 117개 금융·보험사를 두고 있다. 총수 있는 대규모기업집단을 유형별로 보면, 10개 '지주회사 기업집단'에서 17개의 금융·보험사를 보유하고 있고,[25] 14개 일반 기업집단이 100개의 금융·보험사를 계열사로 두고 있는 상황이다.[26] 이러한 조사 결과는 현행 금융·보험사의 의결권 제한 규정이 대기업집단 정책의 실현에 충분한 기여를 하고 있는지에 의문을 낳으며, 예외적 허용 범위의 축소, 즉 특수관계인과 합하여 15%까지 인정되는 의결권 행사의 범위를 금융·보험사에 한정하여 5%까지 점진적으로 축소하는 것을 내용으로 하는 공정거래위원회의 개정안도 이러한 인식에 기초한 것으로 보인다. 이와 같은 금융·보험 계열사 의결권 행사의 예외적 허용 범위의 축소는

---

24) 공정거래위원회, 주 22)의 자료, 181면.
25) 지주회사 기업집단은 주력회사(자산총액이 가장 큰 계열사)가 지주회사 체제 내에 있는 기업집단을 의미하며, 이 유형의 기업집단에서 금융·보험 계열사는 지주회사 체제 밖에 위치한다. 일반 기업집단은 총수 있는 민간 기업집단 중 지주회사 기업집단이 아닌 기업집단을 말한다.
26) 공정거래위원회, 보도자료: 2014년 대기업 집단 주식 소유 현황 공개, 2014. 7., 10면.

금산분리 원칙뿐만 아니라 대기업집단 정책의 측면에서도 규제의 강화로 이해될 수 있는 부분이다.

2. 타당성 검토

(1) 금산분리 정책의 타당성 문제

1) 긍정적 논거

공정거래위원회가 추진하고 있는 정책의 타당성을 검토함에 있어서 금산분리가 여전히 유효하고, 타당한 정책인지의 문제가 선행적으로 검토되어야 한다. 일반적으로 금산분리는 산업자본과 금융자본의 결합으로 인하여 금융산업의 효율성이 저해될 수 있다는 것을 논의의 출발점으로 한다.

이로 인한 폐해는 다양한 측면에서 구체화될 수 있는데, 우선 이러한 결합의 구체적 당사자인 산업 주체는 그렇지 않은 다른 경쟁자에 비하여 자금력에서 우위를 점하게 되며, 이는 구체적인 상품 시장에서 경쟁의 우위로 이어질 수 있고, 결과적으로 공정한 경쟁을 제한하는 효과를 낳을 수 있다. 이러한 점은 전술한 것처럼 일본 독점금지법상 금융·보험사의 주식 취득 제한 규정의 주된 근거로 이해되고 있다.

또한 금융과 산업의 결합이 금융시장에서 시스템 리스크를 유발하거나 강화할 수 있다는 점도 언급되고 있다. 산업자본이 금융을 지배할 경우에, 금융시장의 고유한 조정 메커니즘 대신 산업의 특수한 이해가 금융시장에 직접적으로 영향을 미칠 가능성이 크고, 이는 금융시장에서 자원배분의 효율성을 저해할 뿐만 아니라, 나아가 산업 자체의 안정성을 침해하는 결과를 낳을 수 있다.[27] 이러한 시스템 리스크 문제가 구체화 되는 정도는

---

27) 경제위기 상황에서 기업들로서는 유동성 확보가 최우선의 생존 전략일 것이며, 기업들이 유동성 확보 수단으로 금융기관이나 은행의 실질적 지배권을 확보한다면 심각한 시스템 리스크가 야기될 수도 있을 것이라는 지적으로, 박상인, "금산분리 완화와 시스템 리스크", 한겨레신문 2009. 1. 2.

은행, 보험, 증권, 투자 등의 각 부문 별로 상이할 수 있지만, 모든 금융 산업에서 공유하는 문제라 할 수 있다. 특히 2008년 금융 위기의 경험은 금융의 특정 부문에서 발생한 리스크가 금융산업 나아가 실물 경제 전반으로 확대될 수 있음을 보여주고 있다.

또한 우리나라에서는 재벌의 사금고화가 실질적인 우려로 존재하고 있다는 점에 대해서도 주의를 기울일 필요가 있다. 이러한 현상은 그 자체로 국민경제 차원에서 금융의 효율적 기능을 저해할 수 있음을 의미하지만, 또한 거대한 자금의 내부화가 기업집단의 유지·확대 수단으로 활용될 수 있다는 점에서도 문제가 될 수 있다. 즉 산업자본의 금융회사 지배는 적은 비용으로 다수의 계열회사를 둘 수 있는 방법 중의 하나이며, 높은 부채비율이 제도적으로 허용되고 있는 금융회사의 특성이 이를 현실화시키는 요인으로 작용하고 있다.[28]

2) 부정적 논거

한편 금산분리 규제의 타당성에 의문을 제기하고, 규제 완화를 주장하는 논거로서, 산업과 금융 결합이 시너지 효과를 낳고, 금융 산업의 경쟁력을 제고할 수 있다는 점을 들 수 있다. 앞에서 살펴본 것처럼 국내 많은 대규모기업집단이 금융·보험업을 영위하는 계열사를 두고 있지만, 이러한 현상은 외국의 대기업에서도 흔히 나타나고 있는 현상이다. 물론 기업의 입장에서 간접금융 또는 직접금융의 메커니즘을 내부화 하는 것이 비용 측면에서 이점으로 작용할 수 있지만, 경제 전반에 걸쳐서 나타나고 있는 금융화(financialization) 경향은 이러한 결합이 개별 기업의 관점을 넘어서 분석될 필요가 있음을 보여준다. Duménil & Lévy의 미국과 프랑스의 비교 분석에 따르면, 최근 금융기업의 이윤율(profit rate)은 비금융기업에 비하여 지속적으로 높게 나타나고 있다.[29] 이러한 상황에서 기업은 내부에

---

28) 전성인, "금산분리 규제의 의미와 개선과제", 경쟁과 법 제1호, 2013, 81면 참조.

금융 부문을 설립하고 여기에 보다 많은 투자를 행할 유인이 존재하며,[30] GE(General Electric)가 설립한 GE Capital, GM(General Motors)이 설립한 GMAC(General Motors Acceptance Corporation) 등이 그룹 전체 이윤에서 절대적인 비중을 차지하고 있는 것은 이러한 유인이 실제적으로 작용하고 있음을 보여준다.[31] 물론 실물 투자의 축소와 같은 측면에서 비금융기업의 금융화 현상에 대한 부정적인 논의가 가능하지만, 이러한 현상이 보편적으로 나타나고 있는 상황에서 금융자본과 산업자본의 결합은 기업이 선택할 수 있는 하나의 대응으로서 고려될 수 있을 것이다.[32]

또한 산업자본에 의한 은행 소유는 오히려 다양성을 강화하고, 리스크에 덜 취약한 금융 구조를 만들어 낼 수 있다는 점도 금산분리에 긍정적인 논거로서 원용된다.[33] 주지하다시피 최근 금융시장은 상품 구성 측면에서 파생금융상품에 의하여 주도되고 있다. 특히 다수의 금융상품을 묶어 위험을 평준화 하거나(collateralized debt obligation; CDO) 평가를 거쳐 위험을 구조화 하여(structured finance) 새로운 금융상품을 만들어 내

---

29) 미국의 경우 1952년부터 2003년, 프랑스의 경우 1960년부터 2001년까지의 시계열 분석에 의하면, 미국은 1980년대부터, 프랑스는 1990년대 중반부터 금융기업의 이윤율이 비금융기업 이윤율을 상회하고 있다. Gérard Duménil & Dominique Lévy, "Costs and Benefits of Neoliberalism", Gerald Epstein ed., Financialization and the World Economy, Edward Elgar, 2005, 37-38면 참조.

30) 위의 글, 39면에서는 이윤율이 높은 영역으로의 자본의 전이 현상을 충분히 예상할 수 있는 것으로 보고 있다.

31) 비금융기업의 금융화 현상과 관련하여, 장하준, 경제학 강의, 부키, 2014, 297-302면 참조.

32) 이러한 논거는 1999년 금융업종 간 겸업화 허용, 특히 은행과 증권의 벽을 낮추는 것을 주된 내용으로 하는 미국의 금융현대화법(Gramm-Leach-Bliley Act) 제정의 주된 입법 근거가 되었다. 정 대, 미국은행법, 동방문화사, 2009, 175면 이하 참조.

33) 미국에서 2005년 Wall-Mart의 은행업 진출 시도를 예로 분석하면서, 이러한 주장을 전개하고 있는 것으로서, Mehrsa Baradaran, "Reconsidering the Separation of Banking and Commerce", George Washington L. R. v. 80 n. 2, 2012, 427면 이하 참조.

고, 이러한 과정이 반복적으로 진행되어 무수한 종류의 파생 상품이 금융 시장에 나타나고 있다.34) 이러한 상품 구성은 금융상품의 위험을 구조화 하여 거래의 안전성을 높임으로써 금융시장 확대에 많은 기여를 하였지만, 2008년 금융 위기에서 경험하였듯이 파생상품의 기초가 된 최초의 금융상 품에 내재되었던 위험 자체를 본질적으로 해소하기 어려우며,35) 특히 파 생상품 시장의 규모가 폭발적으로 증가하면서 금융시장의 자율적 조정에 의하여 위험의 확산을 억제하는데 한계를 드러냈다. 이러한 점에서 이질 적인 성격을 갖는 산업과 금융의 자본적 결합은 위험을 완화하거나 적어 도 위험 이전을 부분적으로 차단하는데 기여할 수도 있다. 그러나 이러한 결합이 금융 위기 시에 어떻게 작용할 지를 예측하기는 어려울 것이며, 금 융시장의 위험이 실물 경제에 직접적으로 영향을 미칠 가능성도 염두에 두어야 한다.36)

---

34) 파생상품은 기초가 되는 자산의 가치 변동에 따른 위험을 회피(hedge)하기 위하 여 고안된 금융상품이다. 미국 재무부(DOT) 통화관리국(OCC)은 파생상품을 기 초가 되는 이율, 환율 그리고 원자재, 신용 및 자산 가격 등의 시장 요소의 변화 에 따라서 가치가 결정되는 금융계약(A derivative is a financial contract whose value is derived from the performance of underlying market factors, such as interest rates, currency exchange rates, and commodity, credit, and equity prices)으로 정의하고 있다. 이러한 정의가 시사하는 것처럼, 처음 파생상품은 위 험 회피 수단으로 고안된 것이지만, 점차 투적 목적에 따른 거래 수단으로 기능이 확장되어 왔다.
http://www.occ.gov/topics/capital-markets/ financial-markets/trading/derivatives/i ndex-derivatives.html 참조.
35) 2008년 금융위기의 발단이 되었던 서브프라임 사태는 하위 신용등급(sub-prime) 의 채권을 기초로 하여 이를 묶은 CDO가 투자은행에 의하여 발행되었고, 기초가 되었던 서브프라임 채권의 부실이 일반화 되자 파생상품시장 나아가 금융시장 전 반에 위기를 초래하는 방향으로 전개되었다. 즉 최초의 금융상품인 서브프라임 채권에 내재한 위험이 다양한 파생상품의 구성을 통하여 해소되지 않았음을 보여 주었다. 동 사태와 개요와 시사점에 관하여, 전창환, "2008년 미국의 금융위기-원 인과 교훈", 동향과 전망 제75호, 2009, 150면 이하 참조.
36) 금융위기가 경제 전반에 미치는 영향은, 신용경색에 따른 유동성 공급 축소, 가계 소비 및 기업투자 부진, 기업 성장 및 수익성 악화, 실물 경기 침체 가속화의 단

이 외에 금산분리 규제로부터 자유로운 외국자본과 국내자본 간의 규제 형평성 문제도 제기될 수 있다. 현행 은행법은 전술한 비금융주력자를 제외하고 동일인이 보유할 수 있는 한도를 은행의 의결권 있는 발행 주식의 10%로 제한하고 있으며(법 15조 1항), 또한 동 기준의 10%, 25%, 33%를 초과할 경우에 금융위원회의 승인을 요구하고 있다(법 15조 3항). 이상의 주식 보유 제한 규정은 내외국인의 구별 없이 적용되므로, 외국인의 은행 주식 보유에 있어서 금융위원회의 승인을 제외하고, 실질적인 제한은 없는 상황이다.37) 물론 금융위원회의 승인 과정에서 외국 자본의 성격에 대한 분석이 가능하고, 국내 비금융주력자에 대한 규제에 상응하는 제한이 이루어질 수도 있지만, 제도적인 한계가 없는 상황에서 형평성에 관한 문제 제기는 가능한 것으로 보인다.

3) 종합

결국 금산분리가 여전히 유지되어야 할 정책 지표이며, 이를 실현하기 위한 제도적 타당성이 유지되고 있는지의 판단은, 상반되는 금산분리에 대한 이해를 종합함으로써 가능할 것이다. 이와 관련하여 James Barth 등이 수행한 금산분리에 관한 비교 연구에서, 산업자본의 금융 지배나 금융 자본의 산업 지배를 제한하는 규제가 금융산업의 발달이나 산업 경쟁력 제고 효과를 낳는지에 대한 일의적 판단이 가능하지 않다는 지적은 시사

─────

계로 나타날 것이다. 2008년 금융 위기 이후 전 세계 경제성장률이 60년 만에 처음으로 마이너스 성장률(-1.3%, 34개 선진국 -3.8%)을 보여주었으며, 이는 금융 위기가 경제 전반에 미치는 부정적 효과의 전형적인 예가 될 것이다(이윤석, "글로벌 금융위기 추이 및 전망", 한국경제포럼 제2집 제2호, 2009, 73면 이하 참조). 한편 금융과 산업이 자본적으로 결합하고 있는 상황에서는 금융 부문의 위기가 경제적 단일체(singel entity) 내의 다른 부분으로 직접적인 영향을 미칠 수 있다.

37) 1997년 외환위기 이후 공적 자금이 투입된 은행 지분의 매각 대상을 외국 자본 외에 찾을 수 없는 상황에서 이와 같은 주식 보유 제한 제도가 형성된 것으로 이해된다. 김용재, 주 9)의 책, 98면 참조.

하는 바가 크다.38)

　형량 과정에서 종래 전개되었던 금산분리의 다양한 시각에 더하여, 다음의 두 가지 관점이 결합될 필요가 있다. 우선 2008년 금융 위기에 따른 금융 규제 개혁은 금산분리에 관한 논의에 있어서도 간과할 수 없는 부분이다. 전술한 것처럼 금융 위기의 원인과 처방에 관하여 다양한 논의가 이루어지고 있다.39) 특히 시장 규율(market discipline)의 한계를 자각하고 금융 부문에 대한 규제를 강화하는 방향이 유력한 상황이다. 이와 같은 논의 전개는 규제의 범위를 확대하고 또한 경기 순환에 적절히 대응하면서 위기에 대한 조기 인식과 실효적 조치를 가능하게 하는 내용으로 구체화

---

38) James R. Barth, Gerard Caprio Jr. & Ross Levine, "Banking Systems around the Globe: Do Regulation and Ownership", Frederic S. Mishkin, ed., Prudential Supervision: What Works and What Doesn't, University of Chicago Press, 2001, 47면 참조.

39) 미국은 연방정부 차원에서 2008년 금융 위기의 원인에 대한 최종 보고서를 발행하였는데, 동 보고서에서는 금융위기를 피할 수 있었던(avoidable) 것으로 결론을 내리고, 그 원인으로서 ① 금융 규제 및 감독의 광범위한 실패, ② 중요 금융기관의 지배구조 및 리스크 관리의 실패, ③ 과도한 차입, 위험성 높은 투자 및 투명성 결여의 조합, ④ 정부의 부적절한 대응과 일관적이지 못한 조치, ⑤ 책임성과 윤리의식의 체계적 붕괴, ⑥ 담보대출 기준과 담보 증권화 간의 연계성(pipeline) 붕괴, ⑦ 장외 파생상품에 대한 규제 완화, ⑧ 신용평가기관의 적정한 리스크 평가의 실패 등을 제시하였다. The National Commission on The Causes of The Financial and Economic Crisis in The United States, The Financail Crisis Inquiry Report, 2011, pp. xvii-xxvii 참조. 논의에 따른 입법적 결과로서 2010년 「Dodd-Frank Wall Street Reform and Consumer Protection Act(금융개혁 소비자 보호법)」이 제정되었다. 동법의 제정 의의에 관하여, 이전의 금융개혁법에 비하여 적극적이고 종합적인 접근을 하고 있다는 점, 최근에 전개되어 온 규제 완화 흐름과 배치되는 방향을 취한 점, 규제 기관에 상당한 재량을 부여하여 탄력적인 대응을 가능하게 한 점 등을 들고 있는 것으로서, Douglas Evanoff & William Moeller, "The Dodd-Frank Act: An Overview", Evanoff & Moeller ed., Dodd-Frank Wall Street Reform and Consumer Protection Act: Purpose, Critique, Implementation Status and Policy Issues, World Scientific, 2014, pp. 5-6 참조.

되고 있으며,[40] 금산분리의 문제도 이러한 논의 전개와 무관할 수 없다. 즉 금산분리 규제를 취하지 않는다면, 산업자본이 금융을 지배하거나 그 역의 경우에 상호 간에 리스크가 전이되면서 발생할 수 있는 상황에 대한 추가적 고려가 금융 안정성의 관점에서 불가피할 것이다. 또한 재벌이 경제를 주도하고 있는 한국적 특수 상황을 고려하는 것은 여전히 중요하다. 산업자본의 실체가 재벌에 한정될 수밖에 없는 상황에서, 금산분리에 관한 논의는 대규모기업집단 정책과 밀접히 관련될 수밖에 없다는 점도 염두에 두어야 한다.

(2) 정책의 타당성 검토

1) 중간금융지주회사 제도의 도입

공정거래위원회가 추진한 중간금융지주회사의 설치 의무화는, 전체적인 취지에서 그 동안 지주회사 체제에서 엄격하게 유지되어 왔던 금산분리 원칙 완화의 함의를 갖고 있다. 무엇보다 동 개정은 현행 독점규제법 제8조의2 제2항 제4호 및 제5호에서 금융지주회사의 일반 자회사 주식 소유와 일반지주회사의 금융 자회사 주식 소유를 금지하던 규정의 폐지를 핵심적인 내용으로 하고 있으며, 중간금융지주회사의 의무화는 이와 같은 규정 변화를 보완하는 의미가 강하다.[41]

따라서 동 정책의 타당성에 관한 논의는 두 가지 관점에서 이루어질 필요가 있다. 우선 지주회사 체제에서 금산분리 원칙을 완화하는 것 자체가 바람직한 것인지의 문제를 피할 수 없을 것이다. 그리고 공정거래위원회의 제안에서 드러나고 있는 것처럼, 중간금융지주회사 제도의 도입이 전

---

40) Jan Brockmeijer, 주 5)의 글, 34-37면 및 G20 워킹그룹에서 행한 글로벌 금융위기 원인 분석에 관하여, 김화진, "글로벌 금융위기와 금융산업의 구조재편-금융산업의 역사와 발전전략-", 서울대학교 법학 제51권 제3호, 2010, 131-133면 참조.
41) 이은정, "중간(금융)지주회사 제도 도입의 효과 분석", 경제개혁리포트 2013-06호, 2013, 9면.

체적으로 금산분리 원칙을 여전히 유지하는 의미를 갖는지, 적어도 금산 분리 원칙의 완화에 따른 폐해를 최소화할 수 있는 실효성 있는 방안이 될 수 있는지가 검토되어야 한다.

공정거래위원회가 제시한 정책 제안은 현행 독점규제법상 일반지주회 사 및 금융지주회사가 각각 다른 영역에서 사업을 영위하는 자회사를 두 는 것을 금지하는 지주회사 행위 규제를 폐지하고 있다. 따라서 이에 의하 면 일반지주회사 체제 내에 금융 자회사의 존재가 가능하게 된다. 물론 금 융지주회사도 일반 자회사를 둘 수 있지만, 금융지주회사는 여전히 「금융 지주회사법」에 의한 제한을 받으며, 따라서 금융지주회사의 일반 자회사 의 설립에는 제도적인 한계가 뒤따른다.42) 한편 일반지주회사를 중심으로 한 수직적 구조에서 일반 회사와 금융 회사의 교차가 제한 없이 허용되는 것은 아니며, 계통적인 분리가 요구되고 있다는 점에도 주의할 필요가 있 다. 즉 자회사, 손자회사, 증손회사로 이어지는 수직적 단계에서, 일반 자 회사 이하에는 금융회사를 둘 수 없으며, 그 역의 경우도 마찬가지이다.43) 따라서 금산분리 원칙의 전면적인 폐지에까지 이른 것은 아니지만, 일반 지주회사가 자회사 단계에서 금융 자회사를 둘 수 있는 것은 그 자체로 산업자본의 금융 지배를 허용하는 의미를 갖기 때문에 금산분리 원칙에

---

42) 「금융지주회사법」 제2조 제1항 제1호에 의하면, 금융지주회사란 주식의 소유를 통하여 금융업을 영위하는 회사 또는 금융업의 영위와 밀접한 관련이 있는 회사 를 대통령령이 정하는 기준에 의하여 지배하는 것을 주된 사업으로 하는 회사를 말한다. 이때 금융지주회사의 자회사는 금융업을 영위하거나 금융업의 영위와 밀 접한 관련이 있는 회사로서, 특히 후자의 범위는 동법 시행령 제2조 제2항이 정 하고 있는데, 금융업을 영위하는 회사에 대한 전산·정보처리 등의 용역의 제공(1 호), 금융기관이 보유한 부동산 기타 자산의 관리(2호), 금융업과 관련된 조사·연 구(3호), 「자본시장과 금융투자업에 관한 법률」에 따라 설립된 사모투자전문회사 의 재산 운용 등 그 업무집행사원이 행하는 업무(4호), 기타 금융기관의 고유 업 무와 직접 관련되는 사업(5호) 등이 이에 해당한다. 이상의 규정에 의하여 금융지 주회사의 자회사에는 금융업 외에도 일정한 범위에서 금융업 이외의 사업을 영위 하는 회사도 해당할 수 있다.

43) 개정 법률안 제8조의2 제3항 제3호와 제4호 및 제4항 제4호와 제5호 참조.

의한 규제의 상당한 완화로 볼 수 있을 것이다.

공정거래위원회는 두 가지 측면에서 금산분리의 완화를 정책적으로 추진하는 근거를 제시하고 있다. 우선 공정거래위원회가 밝히고 있는 것처럼, 이러한 제안은 지주회사 체제를 적극적으로 권장하고 있는 공정거래위원회 정책의 연장선에 있다. 따라서 동 제안의 타당성도 공정거래위원회가 추진하고 있는 지주회사 정책과 관련지어 검토하는 것이 불가피하다. 대규모기업집단이 지주회사 체제를 적극적으로 채택할 것을 권장하는 공정거래위원회의 정책은 지주회사의 설립·전환이 허용된 1999년 법 개정 시부터 계속된 것이고, 정책 추진의 결과로서 지주회사의 수도 지속적으로 증가하여 왔다. 2014년 4월 기준으로 지주회사는 132개사(일반지주 117사, 금융지주 15사)이며, 대규모기업집단에 속한 지주회사의 수는 31개사이다. 또한 주력회사가 지주회사 체제 내에 있는 지주회사 기업집단은 총 15개 기업집단으로 나타났다.[44] 지주회사 체제가 제도적으로 허용되었던 배경에는, 소유와 경영을 지주회사와 자회사로 분리하는 방식이 상황에 따라서 기업 운영의 효율성을 높일 수 있으며, 따라서 이러한 체제를 기업의 자율적 선택의 대상으로 두는 것이 바람직하고, 지주회사가 대규모기업집단의 확대 수단으로 활용될 것이라는 우려는 감소한데다가 적절한 규제를 통하여 통제할 수 있다는 사고가 유력하였다.[45] 기업집단의 구조로서 지주회사 체제를 권장하는 근거는 대규모기업집단의 다수가 취하고 있는 순환형(네트워크형) 체제와의 비교를 통해서도 제시되고 있다. 즉 지주회사 체제가 기업집단의 구조적 투명성을 높이며, 아울러 기업집단의 운영에 있어서 효율성을 제고하고 기업승계 과정의 투명성을 보장하는 효과를 낳을 수 있다는 점이 강조되고 있다. 공정거래위원회는 이러한 견해

---

44) 공정거래위원회, 보도자료: 2014년 공정거래법상 지주회사 현황 분석결과 발표, 2014. 10., 1-2면.

45) 홍명수, "경제력집중의 억제", 권오승 편, 독점규제법 30년, 법문사, 2011, 249-250면 참조.

의 근거가 되는 자료를 지속적으로 제시하고 있는데, 2014년 4월 기준으로 지주회사 기업집단은 평균 출자단계가 3.2단계로서 일반 기업집단의 5.2단계보다 낮으며, 총수일가의 지분율은 지주회사 기업집단이 4.8%로서 일반 기업집단의 3.8%보다 높게 나타나고 있다.[46]

이러한 자료는 대규모기업집단을 지주회사 체제로 개편하는 정책의 타당성을 뒷받침하며, 특히 일반 기업집단이 지주회사 기업집단으로 전환하는데 어려움을 낳는 현실적인 문제들을 제도적으로 해결하는 방향으로 구체적인 방안을 마련하는 근거가 되고 있다. 다음의 〈표 1〉은 일반 기업집단의 금융사 및 순환출자 보유 여부에 관한 것이다.

〈표 1〉 지주회사 비(非)전환 대기업집단의 금융사·순환출자 보유 여부[47]

구분	삼성	현대자동차	롯데	현대중공업	한진	한화	신세계	금호아시아나
금융사	보유	보유	보유	보유	-	보유	-	-
순환출자	보유	보유	보유	보유	보유	-	-	보유

구분	동부	대림	현대	오씨아이	현대백화점	효성	동국제강	영풍
금융사	보유	-	보유	-	-	보유	-	-
순환출자	-	보유	보유	-	보유	-	-	보유

구분	미래에셋	케이씨씨	한라	태광	현대산업개발	교보생명보험	이랜드	태영	삼천리	한솔
금융사	보유	-		보유	보유	보유	보유	-	보유	-
순환출자	-		보유	-	보유	-	-			보유

위의 〈표 1〉에서 알 수 있듯이, 일반 기업집단 중 14개 기업집단이 계열사로서 금융사를 보유하고 있다. 전술한 것처럼 현행 독점규제법상 지주회사 규제는 금산분리 원칙에 기초하고 있으며, 따라서 금융사를 보유하고 있는 기업집단의 경우 지주회사 체제로 전환하는 것이 용이하지 않

---

46) 공정거래위원회, 주 26)의 자료, 5면.
47) 공정거래위원회, 주 44)의 자료, 2면.

다. 따라서 동 제안이 제시하고 있는 것처럼, 현행 독점규제법 제8조의2 제2항 제4호 및 제5호를 폐지하여 금산분리 원칙을 완화하는 것은, 금융사를 계열사로 두고 있는 기업집단이 보다 수월하게 지주회사 체제로 전환하는데 도움이 될 수 있을 것이다.[48)]

이러한 논의는 지주회사 체제로 유인하는 제도적 개선 효과와 적어도 부분적으로 금산분리의 완화에 따른 부정적인 효과 간에 형량이 필요함을 시사한다. 물론 전자가 후자를 상회한다면, 개정안이 제시하고 있는 제도 개선 방향의 타당성이 인정될 수 있지만, 이러한 판단이 명확한 것은 아니다. 우선 공정거래위원회가 지속적으로 추진하고 있는 지주회사 전환 정책 자체에 대해서도 일정한 의문이 제기된다. 전술한 것처럼 지주회사 체제의 투명성이 강조되지만, 지주회사 제도 도입 이후 지속적으로 행위 제한이 완화되어 온 상황에서,[49)] 현재 이러한 장점이 유지되고 있는지에 관하여 논의의 여지가 있다. 예를 들어 지주회사 기업집단에 속한 계열사 중 지주회사 체제 내에 속한 계열사 비율(지주회사 편입율)은 2010년 73.3%에서 지속적으로 감소하여 2014년에는 69.1%를 보여주고 있다. 즉 지주회사 기업집단의 경우에도 30% 이상의 계열사가 지주회사 체제 안에 있지 있으며, 가장 많은 체제 외 계열사를 보유하고 있는 지에스 그룹의 경우 전체 80개 계열사 중 41개 계열사가 지주회사 체제 외로 존재하고 있

---

48) 지주회사 기업집단으로 전환하는데 있어서 금융사 보유 여부만이 고려 사항이 되는 것은 아니며, 동일인 및 계열사의 출자관계 등 다양한 이해관계가 고려 대상이 될 것이다. 개별 기업집단을 대상으로 한 분석에서 금산분리를 완화하는 개정안이 금융사를 보유하고 있는 일반 기업집단이 지주회사 기업집단으로 전환하는데 실질적인 영향을 미칠 것인지에 대하여, 현대자동차 그룹, 롯데 그룹 등을 제외하고 큰 영향을 미치지 못할 것이라는 분석 결과를 제시하고 있는 것으로, 이은정, 주 41)의 글, 3-4면 참조.

49) 대표적으로 1999년 법 개정 시 도입된 지주회사 제도에서 행위제한으로 부과되었던 부채비율은 100%, 자회사 주식 보유비율은 50%(상장법인 30%)이었으나, 현재 동 제한의 부과 기준은 부채비율 200%, 자회사 주식 보유비율 40%(상장법인 20%)로 완화되었다.

다.50) 이러한 상황은 지주회사 기업집단이 지배구조 측면에서 일반 기업 집단에 비하여 투명성이 높은지에 대한 의문을 낳는다. 또한 그 동안 지주 회사 전환의 예에서 드러나듯이, 총수의 추가적 출자 없이 인적분할 등에 의하여 총수의 지배구조를 강화하는데 지주회사 전환이 이용된 측면이 있 으며,51) 더욱이 출자총액제한제도의 폐지 이후 순환형 기업집단에 대한 실질적인 규제 가능성이 미약한 상황에서 지주회사 권장 정책의 의의도 제한될 수밖에 없다. 이러한 상황에서 금산분리의 완화를 함의로서 갖는 정책 추진이 바람직한 것인지에 대해서는 논의의 여지가 있다.

공정거래위원회는 일반지주회사와 금융지주회사가 다른 영역에서의 자 회사를 두는 것을 허용함에 따른 금산분리 완화 효과를 억제하는 취지에 서 중간금융지주회사 제도의 도입을 시도하고 있다. 전술한 것처럼 일반 지주회사에 속한 금융 자회사는 금융·보험업을 영위하지 않는 일반 회사 를 손자회사 이하의 단계에서 둘 수 없으며, 이러한 구조는 지주회사 내에 서 일반 회사와 금융 회사 간에 차단벽(firewall) 역할을 수행할 것으로 기 대되고 있다. 물론 이러한 구조는 양 영역 간의 지분적 관계를 허용하지 않는다는 점에서 양 영역에서 발생한 위험이 상호 이전되는 것을 억제하 는데 일정한 기여를 할 수 있을 것이다. 그러나 중간금융지주회사는 이미 양자 간에 자본관계가 있는 일반 지주회사의 자회사로서 존재하며, 동일 한 기업집단에 속해 있는 계열사 간에 내부적 거래방식을 통하여 여신관 계나 채권 등 금융 상품의 거래 관계가 형성되는 것을 방지할 수는 없기 때문에 이러한 차단벽이 의미 있는 수준으로 기능할 수 있을지는 의문이 다.52) 더욱이 개정안에서 중간금융지주회사에 대한 규제는 「금융지주회사

---

50) 공정거래위원회, 주 44)의 자료, 4-5면 참조.
51) 이에 관한 비판적 논의로서, 홍명수, 주 45)의 글, 265-266면 참조.
52) 지주회사 기업집단의 내부거래 비중은 평균 15.65%로서 민간 대규모기업집단의 평균 12.46%보다 높게 나타나고 있다는 점에 주의를 기울일 필요가 있다. 공정거 래위원회, 주 44)의 자료, 7면 참조.

법」에 유보되며, 일반 회사와 금융 회사가 지주회사 체제 안에 공존하게 되는 새로운 상황에 대한 충분한 고려가 이루어지지 않고 있다는 점도 지적할 수 있을 것이다. 예를 들어 동 제안은 중간금융지주회사(일반지주회사의 자회사)가 일반 회사를 손자회사로 지배하는 것을 금지하고 있지만,[53] 다른 계열사 주식 보유 자체가 금지되는 것은 아니기 때문에 지분 관계가 완벽히 차단되지는 않을 것이다.[54] 결국 공정거래위원회가 의도하는 것처럼 중간금융지주회사 제도가 금산분리 완화에 따른 부정적 효과를 억제하고, 일반 회사와 금융 회사 간에 차단벽 기능을 수행할 수 있도록 하기 위해서는 추가적인 규제 설계가 불가피할 것으로 보인다. 특히 은행법 상 이해상충 규제와 같이 중간금융지주회사와에 속한 금융 회사와 동일 기업집단에 속한 계열사 간의 거래에 대한 규제 수단이 논의될 필요가 있다.

2) 금융·보험사의 의결권 제한의 강화

개정안은 금융·보험사의 의결권 제한을 강화하는 내용을 포함하고 있다. 주지하다시피 금융·보험사의 의결권 제한 제도의 취지는 계열사인 금융·보험사를 통하여 대규모기업집단을 확대하려는 시도를 방지하려는데 있으며, 주식 보유 자체를 직접 금지하기 보다는 보유 주식의 의결권 행사의 한계를 법정함으로써 간접적으로 경제력집중의 확대 수단으로 금융·보험사의 지배관계를 이용하는 것을 규제한다.

이러한 관점에서 개정안에 나타난 금융·보험사의 의결권 제한 규정의 개정은 예외 인정 범위의 축소를 통하여 규제의 실효성을 제고하는 의미가 있다. 또한 이러한 제한 강화의 정책적 함의로서 지주회사 체제 외에 금융·보험사를 두는 경우에 이를 지주회사 체제 내로 편입하거나 나아가

---

53) 개정안에 의하면, 손자회사와 증손회사의 관계에 있어서도 동일한 규제가 적용된다.
54) 이러한 문제 제기에 관하여, 이은정, 주 41)의 글, 4-5면 참조. 이에 대한 지적은 공정거래위원회에서도 수용 의사를 밝히고 있다. 공정거래위원회, 주 22)의 자료, 195면 참조.

기업집단 자체를 지주회사 기업집단으로 전환하는 방향으로 유인하는 효과를 기대할 수도 있을 것이다. 물론 이러한 유인 효과가 현실화 될 수 있는지 그리고 바람직한지에 대하여 논의의 여지가 있지만, 경제력집중을 억제하기 위한 기본 정책에 부합하는 측면이 있음은 분명하다. 특히 은행을 제외한 다른 금융 분야에서 산업자본의 주식 취득 등에 대한 실질적 제한이 존재하지 않는다는 점도 염두에 둘 필요가 있다. 따라서 대규모기업집단 내 존재하는 금융·보험사의 규모나 현실적 기능에 비추어 이와 같은 규제 강화 방향은 타당한 것으로 보이며, 공정거래위원회가 이러한 내용의 제안을 공개한 이후 금융·보험사가 계열사에 출자한 비율이 2013년 10.7%에서 2014년 5.8%로 감소한 것은55) 동 규제가 긍정적으로 작용할 것이라는 예상을 가능하게 한다.

IV. 결론

1. 금융자본주의 또는 주주자본주의의 시대적 상황

Rudolf Hilferding은 자본주의의 최종 단계로서 금융자본주의를 제시하였다. 금융자본(finance capital, Finanzkapital)을 자본의 최고 형태로서 역사적 경향으로 파악한 것에 대하여 이론적 비판이 가능할 것이고, 무엇보다 20세기 초반 이후 자본주의 발전의 경험은 금융자본주의의 일반화에 동의하기 어려운 근거가 된다. 그러나 주식회사와 같은 법인 조직이 산업의 주체가 되고, 지분이 증권화 되면서 소유와 경영이 분리되는 현상 그리고 이 과정에서 은행(투자은행)이 증권화와 거래 과정에 밀접히 관련되으

---

55) 공정거래위원회, 2014년 대기업집단 주식소유현황 및 소유지분도, 2014. 7., 6면 참조.

로써 주식회사 성립(산업조직 형성)을 주도한 창업자(promoter) 이익의 상당 부분이 은행의 몫으로 돌아가게 된다는 분석은[56] 지금도 현실적인 설명력을 갖는다. 나아가 Hilferding은 금융자본의 실질적 운영자로서 은행이 산업 주체와 이해관계를 같이하게 되고, 이윤 극대화를 추구하는 과정에서 산업의 독점, 나아가 카르텔이나 트러스트와 같은 인위적 결합을 주도하게 되며, 궁극적으로 은행으로 대표되는 금융자본은 산업을 지배하게 되는 것으로 분석하고 있다.[57] 전술한 것처럼 이러한 논의는 일반화의 한계를 갖고 있지만,[58] 경제사회적 조건에 따라서 금융자본이 산업을 지배하는 경우가 발생할 수 있고, 이때 가능한 메커니즘에 대한 적절한 이해를 제공한다.

이러한 관점에서 자본주의의 전개 과정에 관한 논의를 유보하는 대신, 현상적 이해로서 주주자본주의 내지 비금융기업의 금융화에 관한 논의는 유력한 의미가 있다. 주주 이익의 극대화를 회사가 추구하는 궁극의 목표로 설정하는 주주자본주의의 강화 또는 기업 운영에 있어서 거의 유사한 효과를 낳는 비금융기업에 있어서 이윤 창출의 주도적인 역할을 금융 사업부문이 담당하는 현상은 최근 경제 현실의 중요한 특징의 하나로 부각되고 있다. 이러한 현상에 대한 실제적인 이해를 돕는 것으로서, 기업이 시장점유율의 신화에 집착하는 것이 실패에 이르는 원인이 되고 있다고 분석하고, 네트워크 효과가 요구되는 시장이나 양면시장의 경우를 제외하

---

56) Rudolf Hilferding, 김수행·김진엽, 금융자본, 새날, 1997, 143면 이하 참조. 한편 소유와 경영의 분리는 Berle & Means식의 표현으로 기업의 소유가 기업경영에 무관심한 다수의 주주에게 분산되는 현상을 가리킨다(Adolf A. Berle & Gardiner C. Means, The Modern Corporation and Private Property, Harcourt, Brace & World, INC., 1968, 12면 이하 참조). Hilferding은 지분의 분산이 적은 지분으로 기업 전체를 지배하게 되는 현상을 낳고 있다는 점을 강조하고 있다. 위의 책, 163-164면 참조.

57) Rudolf Hilferding, 위의 책, 257면 이하 참조.

58) Hilferding의 금융자본주의의 일반화에 대한 비판으로, Paul Sweezy, 이주명 역, 자본주의의 발전 이론, 필맥, 2009, 375-376면 참조.

고 시장점유율이 아니라 이윤 증대 자체가 기업의 목표가 되어야 한다는 Richard Miniter의 주장을 참고할 만하다.[59] 물론 이윤은 기업의 가장 중요한 목표로서 자리매김 되는 것이지만, 기업의 지분을 하나의 금융 상품으로 이해하고 있는 주주에게 이윤 흐름의 장기적인 관점이 결합될 여지는 크지 않으며, 따라서 보다 단기적인 이윤 확보에 초점을 맞추게 될 것이고, Miniter 주장의 이면에는 이와 같은 성격의 이윤 동기가 자리하고 있다. 이러한 현상과 관련하여 Özgür Orhangazi는 1973년부터 2003년까지 미국 경제에서 비금융기업(non-financial corporate)을 대상으로 한 조사에서 실물투자(real investment)에 비하여 금융투자가(financial investment) 상대적으로 증가 폭이 컸으며, 비금융기업은 점점 더 증대하는 금융시장의 압력에 직면하고 있다는 분석을 제시하고 있다.[60]

이러한 현상의 부정적 측면은 주로 실물경제의 투자 부문에서 드러날 것이다. Orhangazi는 금융화의 결과로서 자본축적은 점차 감소하는 추세에 있고, 금융시장과 비금융기업 간의 관계가 생산적 투자에 방해가 될 수 있음을 지적하고 있다.[61] 물론 이러한 문제가 우리나라 경제에서도 현안인지는 구체적인 분석 없이 단정할 수 없지만, 이러한 우려에 사전적인 주의를 기울일 필요를 부정하기는 어려울 것이다.[62] 이러한 관점에서 공정거래위원회의 제안이 담고 있는 지주회사 개편 방안을 살펴볼 수도 있다. 중간금융지주회사를 둔다 하더라도, 동 제안은 지주회사 내에 일반 자회사와 금융 자회사를 모두 가능하게 하며, 이는 결국 금산복합 기업집단의

---

59) Richard Mieter, 송광자 역, 시장점유율의 신화, 매일경제신문사, 2003, 55면 이하 참조.
60) Özgür Orhangazi, "Financialization and Capital Accumulation in the Non-Financial Corporate Sector: A Theoretical and Empirical Investigation of the U.S. Economy 1973-2003, PERI Working Paper no. 149, 2007, 30면.
61) 위의 책, 31면 참조.
62) 시사적인 관점에서 주주자본주의를 전 지구적 문제로 보고 한국 경제에도 필연적으로 영향을 미칠 것이라는 분석으로, 이종태, 금융은 어떻게 세상을 바꾸는가, 개마고원, 2014, 123면 이하 참조.

제도화로 이해될 수 있다. 이와 같은 방식의 금융과 산업의 결합이 경제력 집중 억제의 관점뿐만 아니라, 독점규제법 제1조도 궁극적 목적으로 하고 있는 국민경제의 균형 발전의 관점에서 바람직한 것인지가 검토될 필요가 있다.

2. 정책의 기초

금산분리 정책의 타당성 문제는 오랜 기간 논의되어 온 주제이며, 경합하는 찬반 논거에 대한 이해가 축적되어 왔다. 이에 더하여 2008년 금융 불안정성이 노출된 전 세계적인 금융 위기를 경험한 후 시스템 리스크를 적절히 통제하여 금융 안정성을 강화하는 문제가 중요한 고려 요소가 되었다. 물론 이 역시 금산분리에 관한 일의적인 판단으로 이끄는 것은 아니다. 그러나 금융과 산업의 자본적 결합이 이루어질 경우에, 금융 부문의 위험이 실물 부문으로 전이되거나 또는 그 역의 가능성에 대한 고려는 불가피하며, 무엇보다 현재의 금융 규제 시스템이 금융 안정성을 확고히 하는데 한계가 있을 수밖에 없다는 점을[63] 염두에 두어야 한다.

공정거래위원회가 추진한 금산분리 완화의 배경에는 지주회사 체제를 권장하는 정책이 자리한다. 결국 지주회사 체제의 확산과 금산분리의 완화의 효과를 형량하는 과정이 요구될 것이다. 이때 지주회사 체제가 여전히 정책적으로 권장할 만한 대상이 되는지, 특히 제도 도입 이후 지속적으로 행위 규제를 완화하여 온 상황에서 현재의 지주회사 체제가 바람직한 기업집단 모델로서 기능하고 있는지가 선행적으로 논의되어야 한다.

---

[63] 규제 실패로서 과잉규제(over-regulation)가 발생하는 원인의 하나로, 규제의 취지에 반하는 효과를 낳을 수 있다는 점에 대한 고려가 충분히 이루어지지 않은 경우를 지적하면서, 은행 분야에서 안정성을 제고하기 위한 규제가 불안정한 운영을 낳을 수 있다는 것을 예로 들고 있는 것으로, Robert Baldwin, Martin Cave & Martin Lodge, Understanding Regulation, Oxford Univ. Press, 2012, 70면 참조.

공정거래위원회는 중간금융지주회사의 설치 의무화가 기업집단 내에서 금산분리를 실현하고자 하는 것이라는 입장을 취하고 있다.[64] 그러나 동 제안에서 현행 독점규제법상 금산분리 원칙을 반영하고 있는 규제를 폐지하는 것은 금산분리 완화의 의미를 갖는 것으로 보아야 하며, 중간금융지주회사는 이를 보완하는 의미로 이해하는 것이 타당하다. 이러한 관점에서 중간금융지주회사 의무화만으로 금산분리 완화에 따른 부정적 효과를 억제하는데, 특히 공정거래위원회가 상정한 것과 같이 산업 부문과 금융 부문의 차단벽 역할을 실효적으로 수행하는데 한계가 있으며, 따라서 중간금융지주회사를 직접적인 대상으로 하는 규제의 도입 논의가 추가적으로 이루어질 필요가 있다.

---

64) 공정거래위원회, 주 3)의 자료, 12면 참조.

22. 전기통신사업법상 MVNO에 의한 통신서비스 재판매 활성화 방안 고찰

I. 서론

통신서비스의 재판매사업을 현실화시킬 목적으로 2010년 3월 전기통신사업법 개정에 의하여 관련 조항이 마련되었다. 동 개정에 의하여 제38조는 전기통신서비스 도매제공에 관하여 규정하고, 주요 내용으로서 특정 사업자에 대한 도매제공 의무화 제도가 도입되었다. 특히 도매제공 의무화 제도는 경쟁 상황의 개선을 목적으로 한 이례적인 규제라는 점을 감안하여 한시적인 것으로 규정하였는데, 2013년 8월 전기통신사업법부칙 개정에 의하여 동 규정의 유효기간이 2016년 9월로 연장되었다.[1]

이와 같은 제도적 뒷받침에도 불구하고, 통신망을 보유하고 있지 않은 사업자들(MVNO: Mobile Virtual Network Operator)이 도매로 통신망 이용 서비스를 공급받아 소매로 제공하는 형태의 사업이 활성화되고 있지는 않다. 이러한 상황은 재판매제도의 유효기간을 연장하는 주된 근거가 되었지만, 제도적 허용 외에 통신서비스 재판매를 확대하는데 실효성 있는 방안이 무엇인지 그리고 이러한 정책을 추진함에 있어서 중요한 장애 요인은 무엇인지에 대한 주의를 환기시키는 계기가 되고 있다.

---

[1] 개정 법률(2017.3.14) 부칙 제2조에 의하여 2019년 9월 22일까지 유효하다.

물론 통신서비스의 재판매 촉진은 그 자체가 정책 추진의 목표는 아니며, 소매단계에서의 경쟁을 활성화하여 통신시장 구조를 경쟁적으로 재편하고, 이용자의 후생을 제고하는 것을 궁극적인 목적으로 한다. 따라서 제도의 타당성과 실효성에 관한 논의는 이와 같은 동 제도가 지향하는 궁극적인 목적에 비추어 판단되어야 하며, 구체적인 정책 실현의 내용도 이러한 관점에서 검토되어야 한다.

이하에서의 논의는 우선 전기통신사업법을 중심으로 통신서비스 재판매 제도의 의의를 살펴보고(Ⅱ), 국내 MVNO 사업 현황 그리고 해외 주요 국가에서의 현황도 아울러 분석할 것이다(Ⅲ). 이어서 MVNO 사업이 활성화되지 않는 요인을 분석하고(Ⅳ), 결론으로서 MVNO에 의한 통신서비스 재판매 활성화 방안을 제안할 것이다.

Ⅱ. 통신서비스 재판매제도의 의의

1. 재판매제도의 도입 배경

통신망을 보유한 사업자(MNO; Mobile Network Operator)는 원칙적으로 자신의 통신망을 이용하여 직접 고객에게 통신서비스를 공급하거나 다른 사업자에게 통신망의 이용 권한을 제공하는 도매 형태로도 공급할 수 있으며, 경우에 따라서 통신사업자가 직접 상품을 판매하는 경우와 도매단계를 거쳐서 판매하는 경우를 동시에 운영하는 이중 유통(dual distribution)의 방식을 취할 수도 있다. 이에 관한 선택은 다른 상품과 마찬가지로 기존 통신망을 보유한 사업자의 경영상 판단에 따를 것이다.

대체로 일반 상품시장에서 사업자는 자신 보다 적은 소매비용으로 소매 영업을 할 수 있는 다른 사업자가 존재하고, 이들에게 도매 대가로 상품을 공급하는 것이 최종 유통단계까지 직접 담당하는 것보다 이득인 것으로 판단할 때, 재판매 방식을 택할 것이다. 또한 신규사업자나 열위의 사업자는 시장점유의 확대를 의도하면서 적극적인 마케팅을 수행할 수 있는 기존의 유통사업자를 이용할 수 있고, 특히 이 경우에 소매 직영과 재판매를 병행하는 이중 유통이 나타날 수도 있다.[2] 그러나 일반적으로 통신망을 보유한 사업자 측면에서 도매 단계를 이용하는 상품 판매 방식의 유인이 크지 않은 것으로 보인다. 통신서비스 제공에 따른 전체 비용 중 소매단계에서 발생하는 비용의 비중이 크지 않은 상황에서, 제3자에 의한 재판매 방식의 활용에는 한계가 있을 것이다. 또한 기존의 통신사업자(MNO)에 의하여 통신서비스 제공의 설비 구축부터 최종 이용 단계까지 수직적인 통합이 이루어지고, 이들 사업자에 의하여 시장이 고착화되고 있는 통신산업의 구조적 상황도, 기존 통신사업자가 재판매 방식에 의하여 통신서비스를 제공할 것을 기대하기 어렵게 하는 요인이 된다.

사업자의 자율에 의하여 통신서비스의 재판매가 활발히 이루어질 것으로 예상하기 어려운 상황에서, 일정한 조건 하에 통신서비스 재판매의 의무화를 포함한 재판매 제도의 도입 필요성이 논의되어 왔다. 이러한 필요성은 산업정책적 측면과 경쟁정책적 측면 모두에 관련되며, 특히 재판매의 활성화는 통신서비스의 질을 제고하고 시장 구조를 개선함으로써 궁극적으로 이용자 이익에 기여할 것이라는 점이 강조되고 있다.

우선 통신이나 방송과 관련된 다양한 서비스가 통합되고 있는 융합 환경은 재판매 문제에 대한 주의를 환기시키는 계기가 되었다. 다양한 형태의 방송·통신 융합이 이루어지고 있는 상황에서 융합 상품의 구성 요소가 되는 서비스를 단일 사업자가 모두 제공할 수 없는 경우가 나타날 수 있고, 이러한 경우에 재판매의 활용이 불가피 할 수 있다. 한편 통신시장의 구조적 측면에서 보면, 무엇보다 재판매는 통신시장 구조가 보다 경쟁적인 구조로 변화할 수 있는 정책적 수단이 될 수 있다는 점이 재판매 활성

---

2) 경쟁정책적 관점에서 이중 유통의 의의에 관하여, Herbert Hovenkamp, Federal Antitrust Policy, Thomson/West, 2005, 490-492면.

화의 필요성을 뒷받침하는 주된 논거가 된다. 이러한 논의는 '설비 기반 (facility-based) 경쟁'에서 '서비스 기반(service-based) 경쟁'으로 통신정책 기조가 변화하고 있는 것과 밀접히 관련된다.[3] 일반적으로 보다 근본적인 차원에서의 경쟁을 의미하는 설비 기반 경쟁은, 경쟁을 통하여 통신 인프라 구축이 촉진됨으로써 장기적으로 사회 전체의 후생과 이용자 이익 증진에 기여할 수 있다는 장점이 있지만, 통신망의 구축과 같은 상당한 초기 투자가 요구됨으로써 자연스럽게 진입장벽이 형성되고 기존의 시장구조가 고착될 수 있는 문제점이 있다. 반면 서비스 기반 경쟁은 통신서비스 제공 주체가 통신망을 보유하고 있는 사업자 이상으로 확대되어 다수의 사업자들에 의한 서비스 제공이 가능하게 됨으로써 소매단계에서의 경쟁을 촉진시킬 수 있고, 이로써 기존 통신설비의 보유가 소수의 사업자에게 제한되어 있는 경우에도 다양한 사업자가 경쟁할 수 있는 구조를 용이하게 구축할 수 있으며, 이는 궁극적으로 경쟁의 이익이 이용자에게 귀속될 수 있다는 점에서 긍정적이다. 한편 서비스 기반 경쟁은 설비 자체를 중심으로 경쟁이 이루어지는 구조가 아니기 때문에, 자칫 설비의 노후화를 초래할 수 있으며, 설비투자에 대한 유인이 감소함으로써 장기적으로 소비자 후생에 부정적인 영향을 미칠 수 있다는 점이 부정적 효과로서 언급되고 있다.[4]

결국 설비 기반 경쟁과 서비스 기반 경쟁 간에 정책 결정에서 어느 하나에 전적으로 의존하기 보다는, 부정적 효과를 줄이고 긍정적인 효과를 극대화하기 위하여 양자를 종합적으로 고려하는 정책적 결합(mixed policy)이 불가피할 것이다. 이와 같은 종합적 관점에서 재판매 제도의 도입은 기존의 설비 기반 경쟁의 근간을 유지하면서도, 동시에 서비스 기반 경쟁의 관점이 반영된 정책 수단으로서 유력한 의미가 있다. 이러한 관점

---

3) FCC, Connecting The Globe: A Regulator's Guide To Building A Global Information Community, 1999, 7면.
4) 김성환·김형찬·강인규·김종진·김태현, 주요국 통신시장 서비스기반 경쟁정책의 효과분석, 정보통신정책연구원, 2006, 20-25면.

에서 재판매 제도의 도입은 본질적으로 사업자의 자율에 속한 재판매를 일정한 조건 하에서 의무화 하는 것을 주된 내용으로 할 수밖에 없다. 그러나 특정 사업자에 대한 의무화는 통신사업자의 사업활동에 대한 중대한 제한일 수 있기 때문에, 이러한 규제로부터 얻을 수 있는 공익이 규제 대상인 사업자의 불이익보다 큰 경우에 한하여 허용될 수 있는 비례원칙적 접근이 불가피하다. 이와 관련하여 재판매제도의 도입에 의하여 통신시장이 경쟁적 구조로 개편될 가능성은 공익적 평가에 있어서 핵심적 부분이며, 결국 제도의 정당성을 뒷받침하는 근거가 될 것이다.

2. 전기통신사업법상 재판매제도

미국의 연방통신위원회(FCC: Federal Communications Commission)는 통신서비스의 재판매를 "경쟁사업자들이 기존의 사업자로부터 할인된 가격 또는 도매가격으로 통신서비스를 획득해서 이를 자신의 고객에게 판매하는 것"으로 정의하고 있다.[5] 이와 같은 정의에 함축되어 있는 것처럼, 재판매 사업을 영위하는 사업자는 기존의 통신사업자와 최종 이용자에게 통신서비스를 제공하는 단계에서 경쟁 관계에 있게 된다. 이러한 관점에서 통신서비스의 재판매는 경쟁정책적으로 통신시장에 신규 진입을 촉진하는 의미를 갖지만,[6] 전술한 것처럼 단순히 재판매를 허용하는 정도로 이러한 정책적 목적을 실현하는데 한계가 있을 것으로 예상된다. 따라서 최소한 부분적으로 재판매의 의무화가 이루어질 필요가 있으며, 전기통신사업법은 이를 반영하여 2010년 3월 법개정을 통하여 재판매 의무화가 포함된 재판매제도를 도입하였다.

동 개정에 따라서 제38조 제1항은 다른 사업자의 통신서비스 재판매를 가능하게 하는 통신서비스의 제공이나 통신설비의 이용 등에 의한 도매

---

5) FCC, 주 3)의 자료, 7면.
6) 위의 자료, 8면.

제공의 허용 근거를 마련하고,[7] 제2항과 제3항은 방송통신위원회에 의한 의무적인 도매 제공 사업자 지정과 지정 해제에 관하여 규정함으로써 부분적으로 의무적 재판매제도를 수용하였다.[8] 제4항은 도매 제공의 대가 산정에 있어서 retail-minus 방식을 원칙으로 제시하였다.[9] 입법과정에서 retail-minus 방식과 cost-plus 방식 간의 정책적 우월성이 다투어졌으며, 전자가 후자보다 구체적인 집행에서 탄력적인 대응을 가능하게 한다는 점이 retail-minus 방식 선택의 주된 근거가 되었다.[10] 제5항은 의무적 도매 제공에 있어서 협정 기간을 한정하고 있으며,[11] 제6항은 협정 내용의 적합성에

---

7) 제38조 ① 기간통신사업자는 다른 전기통신사업자가 요청하면 협정을 체결하여 자신이 제공하는 전기통신서비스를 다른 전기통신사업자가 이용자에게 제공(이하 "재판매"라 한다)할 수 있도록 다른 전기통신사업자에게 자신의 전기통신서비스를 제공하거나 전기통신서비스의 제공에 필요한 전기통신설비의 전부 또는 일부를 이용하도록 허용(이하 "도매제공"이라 한다)할 수 있다.

8) ② 과학기술정보통신부장관은 전기통신사업의 경쟁 촉진을 위하여 전기통신서비스를 재판매하려는 다른 전기통신사업자의 요청이 있는 경우 협정을 체결하여 도매제공을 하여야 하는 기간통신사업자(이하 "도매제공의무사업자"라 한다)의 전기통신서비스(이하 "도매제공의무서비스"라 한다)를 지정하여 고시할 수 있다. 이 경우 도매제공의무사업자의 도매제공의무서비스는 사업규모 및 시장점유율 등이 대통령령으로 정하는 기준에 해당하는 기간통신사업자의 전기통신서비스 중에서 지정한다. ③ 과학기술정보통신부장관은 매년 통신시장의 경쟁상황을 평가한 후 전기통신사업의 경쟁이 활성화되어 전기통신서비스의 도매제공 목적이 달성되었다고 판단되는 경우 또는 지정기준에 미달되는 경우에는 도매제공의무사업자의 도매제공의무서비스 지정을 해제할 수 있다.

9) ④ 과학기술정보통신부장관은 도매제공의무사업자가 도매제공의무서비스의 도매제공에 관한 협정을 체결할 때에 따라야 할 도매제공의 조건·절차·방법 및 대가의 산정에 관한 기준을 정하여 고시한다. 이 경우 대가의 산정은 도매제공의무서비스의 소매요금에서 회피가능비용(기간통신사업자가 이용자에게 직접 서비스를 제공하지 아니할 때 회피할 수 있는 관련비용을 말한다)을 차감하여 산정하는 것을 원칙으로 한다.

10) 윤기호, "이동통신 도매제공 대가의 경제적 효과 분석: 비용기반 대가정책과 소매가격기반 대가정책의 비교", 정보통신정책연구 제17권 제1호, 정보통신정책연구원, 2010, 112면.

11) ⑤ 기간통신사업자는 다른 전기통신사업자가 도매제공을 요청한 경우에는 특별한

관한 기준을 방송통신위원회의 고시에 위임하는 방식으로 규정하였다.

동 규제의 핵심에 해당하는 도매제공 의무사업자의 서비스 지정은 동법 시행령 제39조의7 제1항에 의하는데, 단위시장에서[12] 전년도 매출액을 기준으로 한 시장점유율이 가장 높은 기간통신사업자가 제공하는 전기통신 역무 중 시장규모, 이용자 수, 경쟁상황 등을 고려하여 과학기술정보통신부장관이 정하여 고시하는 것으로 규정하고 있다. 현재 지정은 「도매제공 의무사업자의 도매제공의무서비스 대상과 도매제공의 조건·절차·방법 및 대가의 산정에 관한 기준」(과학기술정보통신부고시 제2017-7호, 이하 지정고시)에 의하는데, 동 고시 제3조 제1항은 SK텔레콤(주)가 이용자에게 제공하는 전기통신서비스(음성, 데이터, 단문메시지)중 셀룰러, IMT2000, LTE의 음성, 데이터, 단문메시지, 기타 지정고시 [별표1]에 규정된 부가서비스를[13] 도매제공 의무서비스로 규정하고 있다.

사유가 없으면 90일 이내에 협정을 체결하고, 기간통신사업자와 도매제공에 관한 협정을 체결한 다른 전기통신사업자는 협정 체결 후 30일 이내에 대통령령으로 정하는 바에 따라 과학기술정보통신부장관에게 신고하여야 한다. 협정을 변경하거나 폐지한 때에도 또한 같다.

12) 단위시장의 획정은 동법 시행령 제38조 제1항에 의하는데, 동 조항은 서비스의 수요대체성·공급대체성(1호), 서비스 제공의 지리적 범위(2호), 소매(전기통신사업자와 그 전기통신사업자가 제공하는 서비스의 최종 이용자 사이의 거래를 말한다), 도매(소매서비스를 제공하기 위하여 설치된 전기통신설비 등을 다른 전기통신사업자에게 제공하는 거래를 말한다) 등 서비스 제공의 거래단계(3호), 구매력·협상력의 차이 또는 수요의 특수성 등 이용자의 특성(4호)을 고려하여야 하는 것으로 규정하고 있다. 동 규정에서 제시한 경쟁상황 평가의 기준은 경쟁법상 시장 획정의 원칙에 따르고 있으며, 경쟁적인 시장 구조를 지향하는 통신법의 새로운 정책 목표를 반영하고 있다. 이에 관하여 Ian Walden ed., Telecommunications Law and Regulation, Oxford Univ. Press, 2012, 79-82면. 한편 전기통신사업법상 서비스 분류가 여전히 정책적 중요도에 따라서 이루어지고 있는 상황에서 경쟁정책적 관점에서 이를 보완하는 의미가 있다는 지적으로, 박동욱, "융합환경에서의 방송통신사업 분류체계와 진입규제", 경제규제와 법 제3권 제2호, 2010, 103-104면.

13) [별표1]에 규정된 부가서비스는, 국제로밍, Wifi, 발신번호표기, 통화중대기, 국제전화발신금지, 스팸ARS차단(060차단), 스팸SNS차단, 착신전화(일반), 착신전화(음성), 자동연결, 발신금지, 착신금지, 비밀번호 통화, 익명호수신거부, 발신번호표

한편 동 개정법 부칙 제2조는 의무적 도매제공 사업자 지정제도와 대가 산정 방식의 제한을 3년간 한시적인 것으로 규정하였다.[14] 동 제도는 사업자의 영업활동에 대한 중대한 제한을 의미하므로 신중하게 운영될 필요가 있고, 정책 목적이 달성한 후에는 제도의 정당화 사유가 소멸하는 것으로 볼 수 있기 때문에, 한시적인 제도 운영방식은 타당한 것으로 볼 수 있다. 그러나 미국 이동통신시장에서 재판매 도매가격에 대한 FCC의 규제가 2002년 폐지되었을 때, 도매 시장이 충분히 경쟁적인 시장이 되었다는 판단이 주된 근거가 되었음을 상기하면,[15] 기간 종료 시에 동 제도의 지속 여부는 통신서비스 시장의 경쟁 상황에 따라서 재고될 문제라 할 수 있다.

III. MVNO의 의의 및 현황

1. MVNO의 의의

통신서비스 재판매 사업을 하는 자는 MVNO로[16] 통칭된다. 현행 지정

시제한, 영상통화, MMS, 콜키퍼, 통화가능통보, 퍼펙트콜, 소리샘, 퀵보이스, 통화중대기음원, 해외SMS발신금지, 스팸ARS차단플러스, 레터링, 국제로밍안내방송, 컬러링, 번호변경안내, 무선인터넷차단서비스, 데이터로밍월상한서비스, 데이터로밍무조건차단, 데이터로밍무조건이용, SKT콜렉트콜 수신거부 등 총 34개 서비스이다.

14) 2017. 3. 14. 개정에 의한 동법 부칙 제2조는 제38조 제2항 내지 제4항의 유효 기간을 2109. 9. 22.까지 2년간 연장하였다.

15) 미국에서 이동통신서비스의 재판매 의무화는 1996년 FCC의 Order인 "Interconnection and Resale Obligations Pertaining to Commercial Mobile Radio Services" (FCC-96-263)에 의하여 5년 기한의 일몰(sunset) 방식으로 도입되었으며, 2002년 9월 24일 종료되었다. 일몰에 따른 종료 이전에 연장 논의와 관련하여 기존 이동통신사업자들의 성장으로 인하여 의무적 재판매의 일몰이 소비자들에게 부정적인 영향을 미치지 않을 것이라는 점이 예정대로 일몰을 시행한 주된 논거가 되었다. Cellular Telecommunications Industry Association, Before The Federal Communications Commission, 2000. 3, 2-3면 참조.

고시는 도매제공 의무서비스의 재판매사업자에 대한 규정만을 두고 있는데, MVNO는 의무적 도매제공 외에 사업자 재량에 따른 도매제공에 의한 재판매사업까지 포괄하는 개념이다. MVNO는 주파수와 이동통신망을 보유하지 않으면서 고객에게 이동통신서비스를 제공하는 사업자를 의미한다. 대체로 기존 이동통신사업자(MNO)와 협의를 통하여 도매가격에 의한 망 이용권한을 획득한 후 자신의 브랜드로 독립적인 영업활동을 하며, 독자적으로 책정한 소매가격으로 고객에 제공하는 형태로 사업을 영위한다.[17]

이와 같이 MVNO의 사업 활동은 통신서비스의 재판매 형태로 나타나며, 다른 일반적인 상품과 마찬가지로 재판매가 특별히 규제되는 판매 형태는 아니기 때문에, 법에 특별한 규정 없이도 통신서비스의 재판매는 가능하다 할 것이다. 그러나 전술한 것처럼 경쟁정책적 관점에서 통신서비스의 재판매 의무화 제도가 도입되어 있기 때문에, 의무제공서비스의 재판매사업자에 해당하는 MVNO는 전기통신사업법에 의한 특별한 규율 대상이 된다고 볼 수 있으며, 지정고시 제2조 제1항 제1호는 이에 해당하는 재판매사업자를 '도매제공의무서비스 재판매사업자'로 정의하고 있다.

그러나 우리나라와 통신시장 구조가 유사한 프랑스의 경우 재판매 의무화 제도를 두고 있지 않지만,[18] 규제기관(ARCEP; Anciennement autorité de régulation des télécommunications)이 지속적인 시장 모니터링을 통

---

16) MVNO를 지칭하는 용어로 '가상이동통신망사업자'가 사용되기도 한다. 양용석, "가상이동통신사업자(MVNO) 출범과 그 전망", New Policy 2 제59권, 2012, 51면. 한편 MVNO가 제공하는 서비스에 대하여 '알뜰폰'이라는 용어도 사용되고 있는데, 2012. 6. 24. 방송통신위원회는 국민 공모를 통하여 알뜰폰을 MVNO 서비스의 홍보용어로 선정하였다. 디지털타임스, 2012. 6. 24.

17) 양용석, 위의 글, 51-52면.

18) 프랑스의 경우 3-4개의 MNO에 의하여 통신시장이 고착화되어 있으며, 후불제 가입자의 비중이 크다는 점 등이 우리나라 통신시장 구조와 유사한 것으로 분석되고 있다. 이경석, "프랑스 이동통신시장 현황 및 MVNO에 대한 시사점", 방송통신정책 제24권 제4호, 2012, 47면 참조.

하여 통신서비스 시장의 경쟁 제고의 필요성이 커질 경우에 재판매 의무화를 통한 시장 개입의 의지를 보여줌으로써 통신서비스 재판매 활성화를 유도하고 있다는 점을 참고할 필요가 있다. 이와 같은 예가 시사하듯이, 현재 존재하는 MVNO는 도매제공 의무서비스의 재판매인지 여부와 상관없이 실질적으로 현행 전기통신사업법상 재판매제도의 산물이라 할 수 있다.

따라서 MVNO의 제도적 의의는, 법적 규율상의 차이를 불문하고, 전기통신사업법상 재판매제도의 입법 취지에 비추어 판단할 필요가 있다. 즉 재판매제도 도입 시 예상한 수준의 충분한 MVNO 진입이 이루어졌는지, MVNO 진입 이후 통신서비스 시장이 경쟁적인 시장으로 변모하거나 그러한 변화 가능성이 나타나고 있는지, 그리고 이와 같은 시장 구조의 변화가 이용자의 이익으로 구체화되고 있는지 등이 검토되어야 하며, 이로부터 MVNO의 제도적 의의가 평가되어야 한다.

2. MVNO의 현황

전기통신사업법 제38조의 재판매제도가 시행된 2010년 9월 이후 다수의 사업자가 MVNO 시장에 진입하였다. 구체적으로 한국케이블텔레콤 (SKT, KT), 아이즈비전(SKT), 유니컴즈(SKT, KT, LGU+), SK텔링크(SKT), 스마텔(SKT, LGU+), 큰사람(SKT), 에스원(SKT, KT), 이마트(SKT, LGU+), 에넥스텔레콤(KT, LGU+), KT엠모바일(KT), 프리텔레콤(SKT, KT), 위너스텔(KT), CJ헬로(SKT, KT), 이지모바일(KT, LGU+), 드림라인(KT), 머천드코리아(LGU+), KCTV(SKT, LGU+) 등이 재판매사업자로 참여하고 있다.[19]

---

19) http://tworld.co.kr/(SKT), http://dic.olleh.com/wDic/mvno.asp(KT) 및 각 재판매사업자 홈페이지 참조. 2013. 9. 24. 이동통신서비스 재판매사업자들의 이익단체로 출범한 (사)한국알뜰통신사업자협회(KMVNO)에는 프리텔레콤, CJ헬로비전, 에넥스텔레콤, 에버그린모바일, 아이즈비전, KCT, SK텔링크, 머천드코리아, 스페이스네트, 씨엔커뮤니케이션, 온세텔레콤, 위너스텔, 스마텔모바일, 유니컴즈, 큰

이상의 MVNO 시장에 진입한 사업자를 보면, MVNO 사업자 중 KT 계열사인 KT엠모바일이나 SKT 계열사인 SK텔링크와 같은 MNO 사업자의 계열사도 포함되어 있지만, 전체적으로 MVNO 사업에 다수의 독립적인 사업자가 진입한 것으로 나타나고 있다. 진입한 MVNO 사업자가 영위하던 기존 업종을 살펴보면, 인터넷전화서비스 사업을 영위하는 한국케이블텔레콤, 보안서비스를 제공하는 에스원 등 이동통신서비스를 구성 상품으로 하는 결합상품을 제공할 가능성이 있는 사업도 있으며, 이마트와 같은 주요 유통사업자들이 MVNO 시장에 진출한 것이 눈에 띈다. 그러나 전반적으로 다양한 서비스와 연계를 통하여 신규 사업자에게 기존 MNO에 비하여 차별화된 서비스를 제공할 것이라는 기대에는 미치지 못하고 있다.

MVNO 사업 형태를 보면, 대부분의 MVNO 사업자는 단순 재판매 수준에 머무르고 있으며, 프랑스의 'Virgin Mobile France'가 기존의 MNO 사업자인 Orange와의 계약을 통하여 full MVNO 사업자로 진입한 것과 같은 예는 찾아보기 어렵다.[20] 즉 자신의 독자적인 'Gateway Mobile Switching Center'(관문이동통신교환국)를 구축하는 등의 기반을 갖추고 독립적으로 서비스를 제공할 수 있는 지위의 full MVNO 사업자가 존재하지 않는 것도 우리나라 MVNO 시장의 특징적인 양상으로 볼 수 있다. 특히 full MVNO 사업자는 MNO 사업자와 실질적인 경쟁이 가능하다는 점에서 이러한 현상에 대해서는 특별한 주의를 요한다.

현재 사업활동을 영위하고 있는 MVNO 사업자의 종합적인 현황을 보면, 2018. 5. 31. 기준 전체 이동통신 가입자 65,068,680명에서 MVNO 가

사람컴퓨터, 한국정보통신 등 16개 사업자들이 참여하고 있다. 이투데이, 2013. 9. 24.

[20] 'Virgin Mobile France'는 Orange와 2012년 4월 full MVNO 계약을 체결함으로써 MVNO 시장에 진입하였다. 유럽의 경우 European Association of Full MVNOs (EAFM)에 full MVNO 사업자로서, 'Virgin Mobile France'를 비롯하여 EI Telecom, Intercity, Liberty Global, Teleena Mobile, Telenet, Transatel 등 7개 사업자가 가입하고 있다. http://eafm.eu/.

입자는 7,795,908명으로 약 12.0%의 비중을 차지하고 있다. 이는 2012. 12. 31. 기준 2.4%, 2013. 11. 30. 기준 4.3%에 비하여 상당히 상승한 수치인데, 2017. 5. 31. 기준 11.4%인 것과 비교하여 최근 증가 폭은 크지 않은 상황이다.[21] 2018. 5. 31. 기준 MNO 사업자 별로 자사 이동통신망을 이용한 MVNO 이동통신서비스 제공 비율을 보면, SKT의 MVNO (3,510,953명) 11.45%, KT의 MVNO(3,621,793명) 18.03%, LGU+의 MVNO (663,162명) 4.99%이고, 전체 MNO 통신망 별로 MVNO 가입 비율을 보면, SKT 45.04%, KT 46.46%, LGU+ 8.51%로 나타나고 있다.[22] 주요 국가의 MVNO 가입 현황을 보면, 영국 12.6%(2009년 12월), 독일 22.5%(2009년 3월), 프랑스 6.2%(2010년 3월) 등이고, 특히 미국의 경우 2015년 기준 약 11%의 비율을 보이고 있다.[23] 이러한 비교 수치는 현재 우리나라 이동통신 시장에서 MVNO의 비중과 대체로 유사하며, 2010년 MVNO의 제도화 이후 성장을 통하여 MVNO 점유율이 안정적인 수준에 이른 것으로 볼 수 있다.

3. MVNO 진입 이후 이동통신서비스 시장의 변화

MVNO 진입을 통하여 기대되었던 이동통신서비스 시장의 변화에 대해서도 살펴볼 필요가 있다. 가입자 기준으로 보면, 2010년 말 이동통신 3사의 점유율이 SKT 50.6%, KT 31.6%, LGU+ 17.8%인 것과 비교하여, 2018. 5. 31. 기준 SKT 48.3%, KT 29.3%, LGU+ 22.5%로 주요 사업자의 점유율에 큰 변화는 없으며, 다만 1위 사업자와 2위 사업자의 점유율이 소폭 하

---

21) http://www.msip.go.kr/web/msipContents/contents.do?mId=MTQ2
22) http://www.msip.go.kr/web/msipContents/contents.do?mId=MTQ2
23) 변정욱·전주용·이경석·최아름·윤두영, 도매제공 도입에 따른 MNO·MVNO 상생협력 방안 마련, 방송통신위원회, 2011, 20-21면 및 정보통신산업진흥원, 2017 미국 모바일 시장 현황, 2017, 7-8면 참조.

락한 반면 3위 사업자의 점유율이 소폭 증가한 것으로 나타나고 있다.[24] 이러한 수치로부터 재판매제도의 도입이 이동통신 시장에 실질적인 영향을 미치고 있는 것으로 보기는 어려울 것이다.

이와 같이 이동통신 시장의 고착화가 지속되고 있는 상황은 재판매제도의 도입이 소매 시장의 경쟁 강화 등을 통한 통신 요금 인하 효과를 낳고 궁극적으로 이용자 이익에 기여할 수 있는지에 의문을 낳는다. 이는 통신비 지출액 규모를 통하여 간접적으로도 파악할 수 있다. 2011년 기준 우리나라의 월별 가계통신비 지출액(monthly household expenditures on communications)은 148.39$로서 OECD 회원국 중 일본(1위; 160.52$), 미국(2위; 153.13$)에 이어 3위에 해당하였고, 특히 이동통신 지출액은 115.5$로서 일본(2위; 100.1$), 멕시코(3위; 77.4$)과 상당한 차이를 보이는 1위로 나타났다.[25] 또한 가처분소득에서 통신비가 차지하는 비중을 보면, 우리나라는 4.3%로서 OECD 회원국 중 1위를 차지하였고(멕시코 2위; 4.2%, 칠레 3위; 4.1%), OECD 회원국 전체 평균은 2.7%이었다.[26] 이와 같은 높은 통신비 지출의 추세는 계속되고 있는 것으로 보이는데, 가계별 통신비 지출액은 2010년 3/4분기 138,636원에서 2013년 3/4분기 153,206원으로 약 10.5% 상승한 것으로 나타나고 있다.[27] 2010년 3월 전기통신사업법 개정으로 재판매제도가 도입된 것을 감안하면, 이와 같은 통신비 지출의 지속적인 상승을 억제하는데 동 제도가 실질적인 기여를 하고 있는지는 의문이다.

이상의 분석을 종합하면, 우선 MVNO 사업에 진입한 사업자가 다수 존

---

24) http://www.msip.go.kr/web/msipContents/contents.do?mId=MTQ2. 한편 MNO 사업자 자신의 점유율에 자신의 망을 이용하고 있는 MVNO 사업자의 점유율을 합산한 수치는 SKT 47.9%, KT 31.4%, LGU+ 20.8%로 조사되었다.

25) OECD, Communication Outlook, 2013, 277-278면. 여기서 통신비에는 이동통신, 유선통신, 초고속인터넷과 이를 이용하기 위한 단말기 비용을 포함한 것이다.

26) 위의 책, 304면.

27) 통계청 국가정보 가계부문, http://kosis.kr/nsikor/view/stat10.do.

재하지만 새로운 형태의 서비스 제공 등을 제공할 수 있는 사업자의 다양성은 부족한 것으로 보이며, MNO와 실질적인 경쟁이 가능한 full MVNO 성격의 재판매사업자 진입은 이루어지고 있지 않다. MVNO의 시장 점유율은 상승하였지만, 어느 정도 고착 상태에 이른 것으로 보이고, 재판매제도의 궁극적인 목적이라 할 수 있는 이동통신서비스 시장의 경쟁적 구조 전환이나 이용자 이익에 대한 실질적 기여 효과 등은 아직까지 의미 있는 수준으로 나타나고 있지 않다.

현재까지 MVNO에 의한 서비스 제공이 재판매제도 도입 시의 기대를 충족하고 있는 것으로 보기는 어려울 것이다. 예를 들어 2012년 2월 조사한 자료에 의하면, MVNO 도입이 통신요금 절감에 주는 영향에 대한 설문에서 매우 도움이 된다는 응답자의 비중이 11.28%, 도움이 된다는 응답 비중은 42.23%로서 전체 응답자 중 53.51%가 MVNO가 통신요금 인하에 영향을 미칠 것으로 예상하고 있는 것으로 나타났다.[28] 이와 같이 제도 도입에 대한 기대에 실제 시장 상황이 여전히 부합하지 못하고 있는 점을 고려할 때, MVNO가 이동통신서비스 시장에 긍정적인 영향을 미치지 못하는 원인에 대하여 다각적인 분석을 하고, 이에 기초한 개선안이 도출될 필요가 있다.

IV. MVNO에 의한 서비스 제공의 분석

1. 현행 재판매제도의 기본적인 한계

전술한 것처럼 도매제공 의무사업자 지정을 포함한 재판매 규제의 제도화는 2010년 3월 전기통신사업법 개정에 의해서이며, 동년 9월부터 실행

---

28) 미디어오늘, 2012. 2. 28.

되었다. 이 시점에서 인구대비 이동통신서비스 보급률은 이미 100%에 이르렀는데, 이러한 시장 상황은 MVNO 사업자가 시장진입을 하기에 매우 불리한 조건으로 작용한 것으로 볼 수 있다. MVNO 사업자의 시장점유율이 높은 독일과 영국을 비교하여 보면, 독일은 2000년 MVNO 진입 시 이동통신 보급률이 59%, 영국은 1999년 MVNO 진입시 41% 수준이었다. 인구 대비 이동통신 보급률이 높지 않은 상황은 그 만큼 신규 진입을 통하여 시장을 확대할 수 있는 여지가 크며, 반면 이동통신 보급률이 높은 상황은 시장이 포화 상태에 이르러 더 이상의 확대 여지가 크지 않다는 것을 의미한다.29) 또한 높은 이동통신 보급률에 의하여 ARPU(average revenue per user; 가입자 당 평균 수익)의 감소가 초래되고 있는 상황에서 MVNO의 진입 유인은 크지 않을 것이다. 이러한 요인은 회피하기 어려운 조건으로서 이 자체를 개선하기는 어려울 것이지만, MNO와 MVNO 간 도매제공 조건에 이러한 측면을 정책적으로 고려할 수는 있을 것이다.30)

다만 선불제 통신시장이 충분히 발달하지 못하고 있는 문제는 MVNO 사업 공간을 확장한다는 측면에서도 살펴볼 필요가 있다. 일반적으로 선불제 통신서비스는 기본료를 배제한 상태로 공급되므로 저가 통신서비스 시장으로서의 성격을 가지며, 후불제 통신시장에 집중하게 되는 MNO에 비하여 MVNO에게 유리한 시장으로 볼 수 있다. 외국의 선불제 이동통신 서비스 시장은 상당한 비중을 차지하고 있는데, 2011년 기준 전 세계 이동통신 가입자 중 선불제 이용자가 73%에 이르고, OECD 회원국의 경우에도 46.7%를 차지하고 있다.31) 이와 같은 상황을 극복하기 위하여 정부

---

29) 프랑스의 MVNO 제도 도입은 2005년 이루어졌는데, 이동통신 보급률이 우리나라와 매우 비슷한 상황에서 제도가 운영되기 시작하였고, 이는 신규 MVNO의 사업 활성화에 상당한 애로가 되었다. 이경석, 주 18)의 글, 46-47면.

30) 지정고시 제23조 제1항은 도매제공 대가 산정의 원칙으로서 소매요금에서 회피가능비용을 차감할 것을 제시하고, 제4항은 "재판매사업자의 시장진입 또는 경쟁촉진 효과가 미흡한 경우에는 도매제공의무사업자 및 재판매사업자와 협의하여 다량구매할인율을 대가산정에 반영하도록 할 수 있다"고 규정하고 있다.

차원에서 노력이 경주되어 왔는데, 선불제 이동통신의 확대는 이용자 측면에서 통신비 절감에 유리한 측면이 있지만, 주요 통신사들이 수익성이 크지 않은 동 시장을 의도적으로 회피하는 경향이 있다는 점이 이러한 정책 추진의 배경이 된 것으로 볼 수 있다. 2011년 방송통신위원회가 발표한 '선불요금제 활성화 방안'은 이러한 정책을 구체화한 것으로서,32) MVNO 사업의 활성화에도 일정한 기여를 한 것으로 볼 수 있다.33) 다음의 〈표 1〉은 2018. 5. 31. 기준 MNO와 MVNO 사업자별 선불제 이동통신전화 가입자 수이다.

〈표 1〉 선불제 이동통신전화 가입자

SKT	KT	LGU+	MVNO			총계
			SKT망	KT망	LGU+망	
181,108	134,178	20,195	1,868,461	1,368,828	132,377	3,705,147

〈표 1〉에서 선불제 가입자 중 MVNO 서비스 가입자는 90.9%에 이르지만, 선불제 가입자 자체가 이동통신 가입자에서 차지하는 비중은 5.8%에 불과하다. 이러한 현황은 이용자들의 고착화된 소비성향의 결과로 볼 수 있는 측면도 있기 때문에,34) 단기적으로 선불제 활성화가 이루어지기를

---

31) 특히 OECD 회원국 내에서 선불제 통신서비스의 이용도는 북미와 유럽 지역에서 높은 반면, 아시아 지역에서는 상대적으로 낮은 것으로 조사되고 있다. 김병운·장재혁, 통신서비스 선불요금 및 이용약관 제도 개선방안 연구, 한국전자통신연구원, 2011, 34-35면.

32) 2011년 10월 방송통신위원회가 발표한 '선불요금제 활성화 방안'은 선불·후불 간 번호이동성 보장, 선불요금제 가입 및 충전 편리성 제고, 무선인터넷이나 데이터 등의 선불요금제 제공 서비스 확대 및 다양한 요금제 출시, 선불요금제 홍보 및 부당영업행위 방지 등의 구체적인 정책 추진 내용을 포함하고 있다.

33) MVNO 활성화와 선불요금제 활성화 정책의 실현에 있어서 양자가 상호 밀접히 관련되어 있다는 지적으로, 윤두영, "선불 이동전화 활성화 방안", 방송통신정책 제24권 제3호, 2012, 12-13면.

34) 국민들의 선불제 통신서비스에 대한 인식이 부족하고, 그 원인으로 충전 등의 이

기대하기 어려울 수 있지만, 지속적인 확대 시도는 MVNO 사업이 확장할 수 있는 요인으로 고려될 수 있을 것이다.

2. 불확실한 수익 구조의 개선

또한 MVNO 사업이 적정한 수익을 보장하기 어렵다는 점은 MVNO 사업 참여나 진입 이후 사업 수행에 소극적인 태도를 취하게 하는 주된 요인으로 작용하고 있다. 현재 가입자 측면에서 포화상태에 이른 이동통신시장에서 높은 수익성을 기대하기는 어려운 측면이 있으며, 가격 인하 전략 외에 유효한 경쟁 방식을 찾기 어려운 상황에서 장기적인 수익성 저하에 대한 우려가 뒤따르고 있다.

이와 관련하여 현재 MVNO 사업의 유형적 특징을 불확실한 수익 구조를 낳는 원인으로서 고려할 수 있다. MVNO 사업은 MNO와의 관계에서 독자적인 사업 영위 가능성의 정도에 따라서 단순 재판매, 부분 MVNO, 완전(full) MVNO로 나눌 수 있으며, 특히 full MVNO의 경우 MNO의 기본 통신망을 이용하지만, 자신의 핵심 네트워크(core network)와 플랫폼 기반을 구축하여 MNO로부터 독립적인 사업 활동이 가능한 MVNO를 의미한다. 따라서 full MVNO의 경우에는 진입 시 어느 정도 설비 투자가 필요하지만, MNO로부터 독립적인 지위에서 차별화된 서비스를 제공함으로써 실질적인 경쟁이 이루어질 수 있다. 그러나 현재의 도매제공 대가 산정 체계에서 상당한 정도의 초기 투자를 하면서 full MVNO로 시장에 진입할 유인은 크지 않을 것으로 예상되며, 이에 대한 정책적인 보완이 필요한 것으로 볼 수 있다.

용 불편이나 신용불량자나 외국인 등이 주로 이용한다는 인식 등을 지적하는 것으로서, 김병운·장재혁, 주 31)의 책, 54면.

3. 이동통신 유통구조와 경쟁 양상의 변화 촉진

MVNO 사업 현황과 관련하여 국내 이동통신서비스 시장에서 전개되고 있는 경쟁의 특징적 양상에도 주목할 필요가 있다. 현재 이동통신서비스는 단말기와 결합하여 제공되는 것이 일반적이며, 또한 기존의 MNO는 자사 대리점을 통한 유통망을 구축하고 있는 것도 중요한 특징으로 파악할 수 있다.

현재 MNO 사업자가 제공하는 이동통신서비스 간에 품질 차이는 크지 않으며, 전기통신사업법 제28조에 의한 서비스이용 약관의 인가·신고 제도를 통하여 규제기관의 일정한 개입이 가능한 상황에서 통신사업자 간 가격 경쟁의 활성화에도 한계가 있다. 이러한 상황에서 MNO 간 경쟁의 주된 양상은 이동통신서비스와 결합하여 판매되고 있는 단말기를 중심으로 벌어지고 있으며, 특히 가격 경쟁은 일반적인 경쟁 양상으로 나타나고 있지 않다. 공정거래위원회에 의하여 규제된 SKT의 구속조건부 거래행위 사건은[35] MNO 간 경쟁의 구체적인 양상을 보여준다. 동 사건에서 SKT는 휴대폰식별번호 시스템을 이용하여 독립적으로 유통되는 단말기의 물량을 제한하는 행위를 하였고, 이에 대하여 공정거래위원회는 독점규제법 제23조 제1항 제5호에 근거하여 불공정거래행위의 한 유형인 구속조건부 거래행위에 해당하는 것으로 판단하고, 시정조치와 과징금을 부과하는 조치를 취하였다. SKT의 행위는 자신의 유통망을 경유하는 단말기 수량을 안정적으로 확보하여 단말기 유통에 대한 통제를 유지하고자 하는 의도를 반영한 것으로서, 이동통신사업자 간 경쟁의 초점이 단말기에 있음을 전형적으로 보여주는 예가 될 것이다.

이와 같은 이동통신서비스 경쟁의 특징적 양상에 비추어, MVNO 사업자가 이러한 경쟁에 참여할 능력을 갖추기에 한계가 있음은 분명하다. 즉

---

35) 공정위 2012. 7. 2. 의결 제2012-098호.

독자적인 유통망을 갖추는 것이 용이하지 않고, 미미한 시장점유율이나 상대적으로 자금력이 부족한 상황 등을 고려할 때 단말기를 중심으로 전개되고 있는 경쟁 상황에서 MNO 사업자와 동등한 경쟁이 실질적으로 가능하지 않은 것으로 보인다.[36)]

V. 결론: MVNO 활성화를 위한 제안

우선 MNO 사업자에 비하여 거래상 불리한 위치에 있으며, 또한 경쟁력 자체도 열위에 있는 MVNO 사업자의 경쟁력을 강화할 수 있는 방안이 지속적으로 강구되어야 할 것이다.

이와 관련하여 MVNO 사업이 실질적으로 가능할 수 있도록 제도적 뒷받침과 정책적 지원이 계속될 필요가 있다. 예를 들어 통신비 절감 측면에서 타당성이 인정되는 선불제 통신시장 확대 정책은 장기적인 관점에서 지속적으로 추진되어야 하며, 특히 선불제 통신에서 제공되는 서비스의 내용적 확대가 계속될 필요가 있다. 또한 재판매제도의 도입 취지로 제시되었던 것처럼 다양한 형태의 신규 서비스가 MVNO 사업에 결합될 수 있도록 새로운 상품 개발이나 이른바 틈새 시장적인 접근을 정책적으로 지원하는 것도 여전히 유력한 방안이 될 수 있다. 나아가 근본적으로 full MVNO 사업자 진입의 촉진 정책이 추진되어야 한다. 구체적으로 초기 투자에 대한 지원 방안이나, full MVNO를 유인할 수 있는 MNO 사업자와의 합리적인 협정 기준 등이 마련될 필요가 있다.

한편 MVNO 사업 활성화와 관련하여 도매제공 대가 산정이 결정적인 요인이라는 점은 재판매제도 도입 이후에도 변함이 없다. 앞에서 살펴본

---

36) 이동통신시장의 신규진입과 관련하여 단말기 수급 측면을 중요 요소로 고려하고 있는 것으로서, 이정윤, "제4이동통신사업자 등장의 전망과 과제", 이슈와 논점 제773호, 2014, 3면.

것처럼 전기통신사업법은 retail-minus 방식을 채택함으로써 이에 대한 입법적 기준을 분명히 하고 있지만, 이러한 방식이 갖는 한계에 대해서도 주의를 기울여야 한다. 특히 통신서비스 시장 자체가 경쟁적이지 않을 때, 본질적으로 소매요금을 기준으로 하여 산정될 수밖에 없는 도매요금도 지나치게 높은 가격으로 형성될 가능성이 있으며, 이러한 경우에는 cost-plus적인 접근도 고려될 필요가 있다.[37] 제도 도입 시의 논의에서 retail-minus 방식이 cost-plus 방식에 우선하였던 것은, 효율성이나 이용자 후생에 있어서의 차이가 아니라, retail-minus 방식이 시장 상황에 보다 탄력적인 대응을 가능하게 할 수 있다는 정책적 판단의 결과이었다는 점을 상기할 필요가 있다.[38] retail-minus 방식을 전제한 탄력적 대응은 차감과 관련하여 수요 특성이나 과점적 시장구조에서의 상호성과 같은 요소의 종합적 고려를 의미하며,[39] 따라서 현재 경직적인 통신시장 구조에 대한 이해가 여기에 반영될 필요가 있을 것이다. 이러한 관점에서 현행 지정고시 제23조 제4항에서 회피가능비용 외에 추가적인 차감 항목을 다량구매할인율에 한정하고 있는 것은 재고의 여지가 있다.

또한 MVNO 사업이 통신시장에서 경쟁력을 갖는 원천은 기본적으로 저렴한 가격에 있다는 점을 상기할 필요가 있다. 그러나 이와 같은 MVNO 서비스의 장점이 이용자에게 명확히 전달되고, 선택의 기초로 활용되고 있는지는 여전히 의문이다. 복잡하게 구성되어 있는 통신요금표 그리고 구매과정에서 단말기 구매와 결합되어 있는 거래 특성 등이 그 원인으로

---

37) Martin Cave, "Economic aspects of the new regulatory regime for electronic communications service", Pierre A. Buigues & Patrick Rey ed. The Economics of Antitrust and Regulation in Telecommunications, MPG Books Ltd., 2004, 38면.
38) 윤기호, 주 10)의 글, 111-112면.
39) Paula Sarmento & Antonio Brandao, "Access Pricing: A Comparison Between Full Deregulation and Two Alternative Instruments of Access Pricing Regulation, Cost Based Regulation and Retail Minus Regulation", Telecommunications Policy vol. 31(5), 2007, 246-247면.

이해되지만, MNO 사업자에 비하여 상대적으로 영세하고 또한 통신망 이용에 있어서 종속되어 있는 MVNO 사업자의 상황에 비추어, 개별 MVNO 사업자가 자신의 가격상의 장점을 충분히 이용자에게 전달하는 것에 한계가 있을 수 있다는 점도 염두에 두어야 한다. 따라서 정책적으로 이용자에 대한 정보 제공의 확대가 지속될 필요가 있다.

MNO 사업자와 MVNO 사업자 간의 동등한 경쟁조건 실현은 MVNO 활성화의 근본적인 방안이 될 것이다. 우선 MVNO 사업자가 독자적으로 대규모 유통망을 갖추기에는 현실적인 한계가 있으므로, 종합 매장 형식의 유통망을 유도하거나 다양한 유통 채널을 개발할 필요가 있다. 이러한 점에서 최근 이마트와 같은 대형 유통사업자들이 MVNO 사업에 진출한 것이나, 우체국 등이 MVNO 서비스 판매장으로 활용되고 있는 것은 고무적인 현상으로 보인다.[40] 궁극적으로 이동통신시장의 경쟁 양상이 가격과 같은 본질적 요소에 의한 경쟁으로 변화하는 것은 MVNO 활성화를 위해서도 중요하다. 이를 위한 정책 추진은 가격 경쟁력이 있는 MVNO 사업의 활성화 측면에서도 의의가 있으며, 이는 다시 이동통신시장의 경쟁을 제고하는데 기여할 수 있을 것이다.

---

40) 2013. 9. 27.부터 우체국의 MVNO 서비스가 개시된 것이나 대형 유통업체들이 MVNO 시장에 진입한 것을 최근 MVNO 성장의 주 요인으로 분석한 기사로서, 아시아경제, 2014. 1. 10. 한편 MNO 사업자와 계열관계에 있는 사업자의 MVNO 사업 진출도 눈에 띄는데, SKT의 계열회사인 SK텔링크의 MVNO 서비스 제공이 2012년 6월에 개시되었다. MNO 사업자, 특히 도매제공의무사업자의 계열사의 MVNO 서비스 제공은 MVNO 활성화 측면에서는 긍정적일 수 있다. 그러나 MVNO 사업 활성화의 목적이 궁극적으로 소매단계에서 통신시장의 경쟁 구조를 촉진하려는 것에 있다는 점을 고려하면, MNO 사업자와 동일한 기업집단에 속하여 단일한 지배관계를 형성하고 있는 계열사의 MVNO 시장 진입이 이러한 정책 목적에 부합하는 것인지에 대해서는 논의의 여지가 있다.

23. 방송통신산업에서 결합판매 규제 법리의 검토

I. 서론

방송산업과 통신산업은 대표적인 규제산업으로 이해된다.[1] 방송에 있어서 시청권의 보장이나 통신에 있어서 보편적 역무의 제공과 같이 시장의 자율적 기능에 의하여 보장되기 어려운 요구가 공익적으로 승인되고 있다는 점은 해당 산업에서 규제의 정당성을 뒷받침하는 근거가 되고 있다. 물론 방송·통신산업의 규제산업적 성격이 고정불변의 것은 아니며, 시대의 변화에 따라서 내용상의 수정이 불가피할 수도 있다. 따라서 규제가 정당한 것인지 그리고 그 정당성이 인정되는 범위에 관하여 지속적인 검토가 필요하다.

1990년대 이후 현재까지 이어지고 있는 탈규제화(deregulation) 흐름은 규제 정당성의 재고를 촉구하는 환경을 조성하고 있고, 방송·통신산업은 이러한 경향이 두드러지게 나타나는 영역이다. 2002년 EU 통신산업 기본지침이 시사하고 있는 것처럼 분명 이러한 흐름은 거스르기 어려운 시대적 요구가 되고 있으며,[2] 이미 우리나라 방송·통신 관련 법체계에서도 규

---

1) Richard J. Pierce Jr. & Ernest Gellhorn, Regulated Industries, West Group, 1999, 11-12면.

제의 폐지나 완화를 내용으로 하는 입법적 변화는 상당한 정도로 진척되어 왔다.

규제가 축소되는 부분은 시장 기능이 이를 대신하게 되며,[3] 이에 따라서 경쟁법에 의한 규율 가능성은 확대될 것이다. 그러나 여전히 방송·통신산업은 규제산업으로서의 특성을 유지하고 있고, 다양한 목적을 위하여 규제가 필요한 영역이 존재한다. 이러한 상황은 경쟁법적인 규율 가능성이 주어지고 있다 하더라도 규범적인 판단이 이에 전적으로 의존할 수 없으며, 여전히 요구되고 있는 규제산업적인 특성에 따른 규제와 종합적으로 고려할 필요가 있음을 의미한다. 물론 미국 반독점법 현대화 위원회(AMC: Antitrust Modernization Commission)가 지적한 것처럼 규제가 시장을 대신할 수 있는지에 관하여 신중할 필요가 있지만,[4] 각 산업에서 행해지고 있는 규제의 정당성이 승인되는 한, 경쟁법의 적용을 전체적인 규제체계의 틀 안에서 사고하는 것이 중요하다.

이와 관련하여 최근 방송·통신산업에서 두드러진 현상으로 나타나고 있는 융합에 대해서 주목할 필요가 있다. 방송과 통신을 아우르는 결합상품이 주가 되고 있는 상황에서 개별 상품을 전제로 상정되었던 규제 법리의 변화는 불가피할 것이다. 이는 방송과 통신 영역에서 기존의 규제를 검토하고 재정립하는 과정에서 뿐만 아니라, 경쟁법의 적용에 있어서도 마찬가지로 주의를 기울여야 할 부분이다. 즉 새롭게 나타나고 있는 현상이 경쟁정책적으로 새로운 문제를 야기하고 있는지, 기존의 경쟁법상 법리가

---

2) 예를 들어 EC의 통신산업 기본지침(Framework Directive-Directive 2002/21/EC of the European Parliament and the Council of March 2002) 제8조는 통신산업에서 경쟁의 촉진을 각 회원국들의 규제기관이 수행하여야 하는 중요한 정책목표로서 제시하고 있다.

3) Richard J. Pierce Jr. & Ernest Gellhorn, 주 1)의 책, 321-324면 참조.

4) Antitrust Modernization Commission, Report and Recommendations, 2007, 338면은 "일반적으로 의회는 경쟁이 달성할 수 없는 중요한 사회적 이익을 경제적 규제가 달성할 수 있다고 하는 주장에 대하여 회의적(skeptical)이어야 한다"고 지적하고 있다.

이에 실효성 있게 대응할 수 있는지가 경쟁법의 과제로서 주어지고 있다.

이하에서 방송과 통신 영역에서 제공되고 있는 결합상품에 대한 규제 가능성을 논의할 것이다. 우선 방송·통신 산업에서 결합상품이 보편화되고 있는 상황에서 결합상품의 의의를 살펴보고, 특히 경쟁정책적 관점에서 그 의의를 분석할 것이다(II). 이어서 규제 법리를 고찰한다. 앞에서 언급한 것처럼 이러한 논의는 규제와 시장 기능에 유보된 부분을 종합하여 전개될 필요가 있다. 이러한 관점에서 방송·통신 산업에서 주된 규제 근거가 되고 있는 전기통신사업법 등에 의한 결합상품 규제를 분석한 후에 (III), 독점규제법에 의한 규제 가능성을 검토하는(IV) 순으로 논의를 전개할 것이다.

II. 방송·통신 산업에서 결합상품의 의의와 현황

1. 결합상품의 의의

최근 방송과 통신을 아우르는 결합상품의 등장은 디지털 기술 기반 위에서 이루어지고 있는 융합화 현상의 하나로 이해된다. 전자적 부호에 의하여 콘텐츠를 생산, 전송, 저장하는 방식이 보편화됨으로써 종래 별개의 상품으로 인식되던 서비스들 간의 경계가 모호하게 되고, 단일한 기술적 기초 위에서 서비스들 간 통합이 폭넓게 이루어지고 있다.5) 과거 예상하지 못했던 유선과 무선, 방송과 통신 등의 결합상품이 나타나고 있으며, 다양한 디지털 신호를 분류하고 처리할 수 있는 전화기나 TV 수상기와 같은 단말기의 기능 향상은 이러한 현상을 더욱 가속화시키고 있다.

---

5) Helen Kemmitt & John Angel, "Telecommunications Regime in The United Kingdom", Ian Walden ed., Telecommunications Law and Regulation, Oxford Univ. Press, 2012, 113면 참조.

이와 같이 결합상품을 디지털화의 기술적 측면에서 이해할 수 있지만, 서비스 판매의 관점에서 보면 판매방식으로서의 특징이 두드러진다. 즉 결합상품은 복수의 상품을 결합하여 판매하는 것이다. 이는 다시 결합판매 외의 판매방식을 제공하지 않는 순수 결합판매와 개별 판매도 허용되지만 결합판매에는 가격 할인이 수반되는 경우로 구분할 수 있는데, 이러한 판매방식은 복수의 상품이 관련된다는 점에서 행태적으로 경쟁법상 규제 대상인 끼워팔기와 유사하다.[6] 유럽위원회가 TFEU 제102조에 의한 시장지배적 지위남용의 규제와 관련하여 제정한 집행원칙인 'Guidance on Article 102 Enforcement Priorities'은 배제적 남용의 유형으로서 끼워팔기와 결합판매를 구분하고 있는데, 동 지침에서 구별의 중요한 징표는 순수 결합판매는 복수의 상품이 고정된 비율로 결합하여 판매되는 것이고, 혼합 결합판매는 개별 판매의 총합에 비하여 가격할인이 제공되는 것이다.[7] 특히 후자의 이러한 특징은 리베이트적인 관점에서 경쟁제한적인 효과를 파악할 수 있는 계기를 제공한다.[8]

방송과 통신산업에서 결합판매는 당연히 결합구성 상품에 당해 산업에서 제공하는 서비스가 포함되어 있는 경우를 상정하며, 이를 규범적으로 정의하는 시도도 존재한다. 대표적으로 미국 연방통신위원회(FCC)가 통신법 제154조 i항에 근거하여 제정한 Computer II Order에서의 정의를 참고할 수 있다. 동 규정에서 결합판매는 단일 패키지로 복수의 상이한 상품 또는 서비스를 함께 판매하는 것(selling different goods and/or services

---

6) 끼워팔기는 결합의 비율이 고정되지 않는 경우까지 포함한다는 점에서 순수결합판매와 구별되고, 주상품이 개별적으로 판매되는 경우를 상정하지 않는다는 점에서 혼합결합판매와 행태적으로 구별된다고 보는 것으로, Barry Nalebuff, Bundling, Tying, and Portfolio Effects-DTI Economics Paper No. 1, DTI, 2003. 2, 15-16면.
7) Guidance on Article 102 Enforcement Priorities, para. 48 및 Ariel Ezrachi, EU Competition Law, Oxford Univ. Press, 2010, 153면 참조.
8) 이러한 관점에서 Guidance on Article 102 Enforcement Priorities, para. 48은 결합판매를 복수상품 리베이트(multi-product rebate)로 이해하고 있다.

together in a single package)을[9] 의미한다. 이러한 정의와 비교하여 볼 때, 국내 방송·통신법 체계에서 결합판매의 정의는 다소 제한적이다. 전기통신사업법 시행령 [별표 4] '금지행위의 유형 및 기준' 제5호 바목은 법 제50조 제1항 제5호에서 전기통신이용자의 이익을 현저히 해치는 방식으로 전기통신서비스를 제공하는 행위로서 "결합판매하여 특정 구성상품의 과도한 할인 등 이용자의 이익을 해치거나 해칠 우려가 있는 행위"를 규정하고, 동 규정을 구체화한 「결합판매의 금지행위 세부 유형 및 심사기준」(방송통신위원회 고시 제2016-2호, 이하 결합판매 고시) 제2조 제1호 본문은 결합판매를 "전기통신사업법 제2조에 따른 전기통신서비스, 「방송법」 제2조에 따른 방송, 「인터넷 멀티미디어 방송사업법」 제2조에 따른 인터넷 멀티미디어 방송을 묶어서 이용자에게 판매하거나 이용하게 하는 행위"로 정의하고 있다. 이와 같은 정의는 해당 산업의 사업자를 수범자로 하는 산업법의 성격을 반영한 것으로 볼 수 있지만, 결합판매의 양상이 점점 더 다양한 상품을 포함시키는 방향으로 확대되고 있는 상황에 비추어 실효성 있는 대응에 한계로 작용할 수 있으며, 또한 일반 경쟁법으로서 독점규제법에 의한 규제의 필요성이 드러나는 부분이기도 하다.

2. 결합상품의 현황

전술한 것처럼 결합상품은 방송·통신 산업에서 유력한 판매 방식으로 확대되고 있으며, 이는 특정한 국가에 한정된 현상은 아닌 것으로 나타나고 있다. 주요 국가에서의 통신서비스 제공에 관한 조사 자료를 보면, 영국, 미국 등이 포함된 주요 9개국에서 2014년 기준 통신서비스 이용자 중 결합판매 방식으로 통신서비스를 이용하고 있는 자는 77.8%에 달하고 있다.[10] 이러한 경향은 국내 통신시장에서도 동일하다. 2013년 기준 전체

---

9) 77 FCC 2d 384, 442-443 (1980).

가구대비 결합상품 가입자 비중은 85.3%에 이르고 있으며, 결합상품 가입자를 제공 주체의 유형에 따라서 구분할 경우에 통신사업자가 제공하는 결합상품 가입자는 82.1%, 유선방송사업자에 의한 결합상품 가입자는 17.9%로 나타나고 있다.[11]

전술한 것처럼 방송·통신 산업에서 결합상품의 전개과정은 디지털 기술의 확대와 그 궤를 같이 하지만, 특히 디지털 기반의 방송 서비스의 출현은 중요한 전기가 되었으며, 이러한 점은 특히 국내 방송·통신 산업에서 나타나는 결합상품의 중요한 특징을 이룬다. 특히 인터넷 멀티미디어 방송(이하 IPTV)은 현재 일반화되고 있는 결합상품 구성에 있어서 결정적인 의미를 갖는데, 초고속 인터넷망을 기반으로 하여 실시간 방송 프로그램과 함께 양방향적인 성격의 VOD 서비스를 필수적인 요소로 하고 있는 IPTV는 초고속 인터넷망을 보유하고 있는 통신사업자에 의하여 주도되었으며, 대체로 단일상품이 아닌 결합상품의 구성상품으로서 제공되고 있다. IPTV가 상용화된 2009년 이후 주요 통신사업자의 결합상품 제공 현황을 보면, 유선전화, 이동전화, 초고속 인터넷, IPTV를 구성상품으로 하는 쿼드러플 방식의 결합을 풀 패키지로 하고, 소비자는 해당 구성상품 중 전부 또는 일부를 선택하는 방식이 주를 이루고 있다. 특히 방송 서비스가 포함된 결합상품이 높은 비중을 차지하고 있는데, 즉 방송·통신 결합상품의 상품 구성에서 방송 서비스가 포함된 경우는 약 38.9%에 이른다.[12]

이와 같은 국내 방송·통신 시장에서 결합판매의 특징적 양상은 결합상품의 상품 구성에서도 확인할 수 있다. 다음 〈표 1〉은 결합 구성상품 수에 따른 이용자 추이에 관한 것이다.

---

10) 영국, 미국, 프랑스, 독일, 이탈리아, 일본, 오스트레일리아, 스페인, 중국 등 9개 국의 통신이용자를 대상으로 한 조사 결과이다. Ofcom, The Communications Market Report, 2014.
11) KISDI, 통신시장 경쟁상황 평가, 2014.
12) KISDI, 미디어패널 조사, 2013. 2012년 같은 조사에서 방송 서비스가 포함된 결합상품 비중은 34.2%이었다.

〈표 1〉 결합 구성상품 수에 따른 이용자 추이[13]   (단위; 만 명)

	2007	2008	2009	2010	2011	2012	2013
DPS	137	298	471	545	612	615	598
TPS	38	81	183	292	366	446	501
QPS	0	11	38	68	68	156	233

위의 〈표 1〉에서 가장 두드러진 증가세를 보여주는 것은 QPS이며, QPS에는 IPTV 서비스나 유선방송서비스가 포함되어 있다는 것을 고려할 때, 결합상품에서 방송 서비스의 비중이 증가하는 경향이 있음을 확인할 수 있다. 이와 같은 상품 구성 측면에서의 특성은 방송·통신 결합상품을 중심으로 전개되고 있는 경쟁의 실제적 양상을 보여준다. 즉 방송과 통신을 아우르는 결합상품의 특성은 양 영역에 제한되어 있던 사업자의 경쟁이 통합되고 있음을 시사한다. 기존의 주요 통신사업자들이 모두 IPTV 서비스를 제공하고 있는 것처럼, 주요 유선방송사업자(MSO)는 자신이 보유한 케이블망을 통하여 디지털 방식의 방송 서비스 제공을 하게 되었고, 또한 인터넷 서비스와 인터넷 전화(VoIP)가 포함된 결합상품의 구성이 유선방송사업자 차원에서도 이루어질 수 있게 되었다. 나아가 주요 유선방송사업자는 이동통신서비스 재판매(MVNO) 사업에도 참여함으로써, 주요 통신사업자의 결합상품 구성과 대등한 상품 구성이 가능한 기반이 만들어지고 있다.[14] 물론 경쟁의 제도적 기반이 마련된 것과 실제 동등한 경쟁력을 갖추는 것은 별개의 문제이며, 네덜란드 통신규제당국(OPTA)이 지적한 것처럼 주된 경쟁이 결합상품을 중심으로 전개되고 있는 상황을 인지하고 이에 초점을 맞추어 경쟁정책적 접근을 행할 필요가 있을 것이다.[15]

---

13) KISDI, 통신시장 경쟁상황 시장평가, 2014. DPS, TPS, QPS는 결합상품의 구성 상품의 수가 각각 2, 3, 4인 결합상품을 의미한다.
14) MVNO 사업의 현황과 관련하여, 홍명수, "전기통신사업법상 MVNO에 의한 통신서비스재판매 활성화 방안 고찰", 법학논고 제45권, 2013, 550면 이하 참조.
15) OPTA, The Bundle The Market?, 2007, 15면 이하 참조.

3. 결합판매의 경쟁정책적 의의

결합상품의 판매는 상품의 생산 및 유통 과정에서의 효율성을 제고할 수 있다. 행태적으로 유사한 끼워팔기와 마찬가지로 당연히 이러한 효과는 경쟁정책적으로 긍정적인데, 복수의 상품을 결합하는 것에 의하여 일정한 비용 절감 효과가 가능하고, 단일한 거래 기회에 복수의 상품을 구매하는 것에 따른 소비자 효용의 증대도 상정할 수 있을 것이다.[16] 또한 결합판매의 유형에 따라서 경쟁정책적 평가에 차이가 발생할 수 있음을 지적하는 견해도 유력하다. 특히 구성상품 간 관계에 초점을 맞추어 결합상품을 보완형(in complements) 결합과 대체형(in substitutes) 결합으로 유형화 하는 것은, 경쟁정책적 관점에서 의미 있는 시사점을 제공한다.[17] 일반적으로 보완형 결합은 수직적 통합의 일환으로 이루어지며, 그 과정에서 지배력의 확대를 동반한다. 반면 대체형 결합은 상대적으로 지배력 전이의 가능성이 제한되며, 이와 같은 결합상품 구성이 전반적인 경쟁력 향상으로 이어질 수 있다. 따라서 후자의 경우 경쟁정책상 긍정적인 평가가 용이하게 이루어질 수 있다.

끼워팔기처럼 결합판매의 경우에도 우선적으로 고려되는 부정적 효과는 지배력 전이, 즉 구성상품 중 어느 하나의 시장에서 갖고 있는 지배력이 다른 구성상품 시장으로 확대될 수 있다는 우려이다.[18] 물론 끼워팔기 규제 논의에서 전개된 바와 같이, 합리적 사업자가 주상품시장에서의 지

---

16) 집합시장 개념은 공급자가 수요자에게 'one-stop shopping'으로 인한 비용절감의 이익을 제공할 수 있을 때에 적합할 수 있다는 것에 관하여, Andrew I. Gavil, William E. Kovacic & Jonathan B. Baker, Antitrust Law in Perspective 2. ed., Thomson/West, 2008, 499면 참조.

17) Shane Greenstein & Tarun Khanna, "What Does Industry Convergence Mean?", David B. Yoffie ed., Competing in the Age of Digital Convergence, Harvard Business Press, 1997, 215-216면.

18) Richard J. Pierce Jr. & Ernest Gellhorn, 주 1)의 책, 17-19면 참조.

배력을 부상품시장으로 전이할 충분한 경제적 유인을 갖는지에 대한 의문은[19] 참고할 만한 것이다. 그러나 이러한 논의가 지배력 전이에 대한 실제적 우려를 불식시킬 정도에 까지 이르지 않았다는 점에서, 결합판매의 맥락에서 지배력 전이는 여전히 중요한 규제 근거로 작용한다. 특히 구성 상품의 개별적 판매 자체를 불허하는 형태의 순수 결합판매를 일반적으로 금지하는 것은 이러한 우려를 직접적으로 반영한 결과라 할 수 있다.

결합판매로 인하여 발생할 수 있는 시장봉쇄 효과에도[20] 주목할 필요가 있다. 복수의 상품을 결합하여 판매하는 것이 유력한 판매방식으로 자리 잡을 경우에 결합판매는 개별적인 구성상품 시장들을 포함하여 경쟁의 실제적 양상을 변모시키는 효과를 낳는다. 즉 주된 경쟁은 개별 상품이 아닌 결합상품을 중심으로 전개될 수 있으며, 이러한 상황에서 개별 상품판매에 의존할 수밖에 없는 사업자는 실질적인 경쟁에서 배제되는 시장봉쇄 효과에 직면할 것이다. 이러한 가능성은 결합판매 규제에 있어서 동등한 경쟁조건의 실현에 관심을 기울이는 계기가 된다.

또한 결합판매가 판매 주체에게 가격 전략의 폭을 넓혀 줄 수 있다는 점도 고려되어야 한다. 순수 결합판매가 원칙적으로 금지되고, 따라서 가능한 결합판매는 혼합적 형태, 즉 구성상품의 개별 판매와 결합판매가 동시에 이루어지는 판매방식인 상황에서, 사업자의 가격 전략은 결합판매로 달성하고자 하는 사업자의 목적을 실현함에 있어서 가장 결정적인 수단이 될 수 있다. 전술한 EU의 'Guidance on Article 102 Enforcement Priorities'가 결합판매를 복수상품 리베이트의 관점에서 접근하고 있는 것도 이러한 이해를 바탕으로 한다. 결합판매에 있어서 거래상대방의 선택에 영향을 미치

---

19) E. Thomas Sullivan & Jeffrey L. Harrison, Understanding Antitrust and Its Economic Implications 2. ed., Matthew Bender, 1994, 183면 이하 참조.
20) 시장봉쇄 효과에 있어서 배제되는 정도 등에 대한 실질적 분석을 강조하는 것으로서, ABA, Antitrust Law Development 6. ed., ABA Publishing, 2007, 216면 이하 참조.

는 것은 총합적인 가격이며, 개별 구성상품의 가격(단품가격)은 단지 비교로서의 의미를 가질 뿐이다.[21] 끼워팔기에 관한 논의에서 지적되었던 것처럼, 내부적인 가격 조정(구성상품 간 가격 배분)을 통하여 사업자는 특정한 구성상품의 관점에서 약탈적 의미를 갖는 가격책정을 시도할 수 있고, 비용 압박을 통하여 경쟁사업자를 궁극적으로 관련 시장에서 배제할 수 있는 가격압착(price-squeezing)적인 방식의 가격 전략도 행사할 수 있다. 또한 구성상품의 경쟁 상황 등을 고려하여 가격차별을 전략적으로 사용할 가능성도 있다.

결합상품의 경쟁정책적 의의를 평가함에 있어서 이상에서 살펴본 긍정적 효과와 부정적 효과의 형량이 불가피하다. 이와 같은 상반된 효과를 종합하는 과정의 어려움은 충분히 예상되는 것이지만, 여기에 복잡성을 더하는 몇 가지 요인이 추가된다. 첫째 결합 구성상품의 범위가 넓어지고 다양해짐으로써 결합판매의 유형에 따른 이해가 명료하게 이루어질 수 없게 되었다. 현재 방송·통신 산업에서의 결합상품 구성을 보면, 대체재적인 관계의 유선통신과 이동통신이 포함되고 있지만, 또한 보완재적 성격이 두드러지는 방송과 통신이 하나의 판매 단위로 묶이고 있다. 이러한 상황은 결합판매의 경쟁정책적 분석이 각 구성상품 간에 다차원적으로 이루어질 필요가 있음을 시사하는 것이다. 둘째 결합상품의 범위가 확대됨으로써 고려되어야 할 시장의 범위도 넓어지고, 여기에는 각 구성상품과 전후방으로 관련된 시장도 포함되고 있다. 예를 들어 유선방송사업자나 IPTV 사업자에게 프로그램을 제공하는 사업자(PP)는 결합판매에 있어서 가격책정 방식에 직접적으로 영향을 받는다. 그리고 이와 같은 시장의 확대는 경쟁정책 외에 다양한 공익적 가치, 예를 들어 콘텐츠 진흥과 같은 문화적 정책이 개입할 여지도 커질 수 있음을 의미한다. 셋째 다양한 규제가 관련 시장에서의 행태에 미칠 영향에 대한 예측적 분석이 필요하다. 구체적으

---

21) 독일 Strom und Telefonie II 사건에 관한 연방대법원 판결인 BGH, Urt. v. 4. 11. 2003. 참조.

로 규제 실패의 가능성에 대한 고려도 행해져야 한다. 구체적인 규제가 경쟁적인 시장구조로의 재편이나 경쟁시장에 상응하는 성과를 목표로 하더라도, 현재의 지위를 유지하거나 강화하는 것을 지향하는 개별 사업자의 전략적 대응은 규제의 실질적 의의를 제한할 수 있으며, 따라서 경쟁정책적인 평가를 함에 있어서도 이와 같은 규제 상황에 대한 고려가 선행될 필요가 있다.

III. 전기통신사업법 등에 의한 결합판매 규제

1. 사전 규제의 타당성과 내용

(1) 사전 규제의 타당성

사전 규제는 시장 기능 자체의 축소를 의미하며, 따라서 규제 도입에 매우 신중한 접근을 요한다. 특히 결합판매의 경우 이미 전기통신사업법 등에 의한 사후 규제가 제도화되어 있으며, 일반 경쟁법인 독점규제법에 의한 규제 가능성도 주어지고 있기 때문에, 이와 같은 사후 규제만으로 충분하지 않다는 점에 대한 인식이 전제되어야 한다.

이와 관련하여 ITU(유엔 산하 국제통신연합)가 통신산업에 있어서 사전 규제의 요건으로 제시한 세 가지 기준을 참고할 만하다. ITU가 제시한 기준은, 1) 실질적 진입장벽의 존재, 2) 경쟁 발전의 가시적 경향의 부재, 3) 일반 경쟁법에 의한 사후적 규제가 경쟁 구조를 보장할 수 없을 것 등이며, 이상의 요건 중 어느 하나라도 충족하지 못할 경우에 사전적 규제가 가능한 것으로 보고 있다.[22]

통신산업의 구조적 불균형이 본질적으로 해소되지 않은 상황에서 시장

---

22) ITU, Ex-ante Regulation in the Telecommunications Sector, 2012, 3면.

기능에 대한 신뢰와 시장 행태에 대한 사후적 규제만으로 경쟁적 구조가 자연적으로 형성되기를 기대하기는 어려우며, 적어도 잠정적인 의미에서 경쟁 환경을 조성을 목적으로 한 사전적 규제의 필요성이 있음을 부인하기는 어려울 것이다.

(2) 사전 규제의 내용

전기통신사업법 제28조 제1항은 기간통신사업자가 전기통신서비스를 제공할 경우에 서비스별로 요금 및 이용조건(이용약관)을 정하여 과학기술정보통신부장관에게 신고하여야 하는 것으로 규정하고 있으며, 제2항에서 사업규모 및 시장점유율 등에 의하여 정한 일부 서비스에[23] 대해서는 사전에 미래창조과학부장관의 인가를 받을 것을 요구하고 있다. 이때 동조 제3항에서 제시한, 전기통신서비스의 요금이 공급비용, 수익, 비용·수익의 서비스별 분류, 서비스 제공방법에 따른 비용 절감, 공정한 경쟁환경에 미치는 영향 등을 합리적으로 고려하여 산정되었을 것(1호), 기간통신사업자와 이용자의 책임에 관한 사항 및 전기통신설비의 설치공사나 그 밖의 공사에 관한 비용 부담의 방법이 이용자에게 부당하게 불리하지 아니할 것(2호), 다른 전기통신사업자 또는 이용자의 전기통신회선설비 이용형태를 부당하게 제한하지 아니할 것(3호), 특정인을 부당하게 차별하여 취급하지 아니할 것(4호), 제85조에 따른 중요 통신의 확보에 관한 사항이 국가기능의 효율적 수행 등을 배려할 것(5호) 등의 기준에 의하는데, 특히 공정한 경쟁환경에 미치는 영향을 첫 번째 기준으로 제시하고 있는 것은 눈여겨 볼 부분이다.

인가기준 및 절차 등을 정할 목적으로 제정된 「인가역무 결합판매 이용

---

23) 인가 서비스는 동법 시행령 제34조 제1항에 의하여 정해지며, 동조 제2항에 의하여 과학기술정보통신부장관이 지정·고시한다. 현재 과학기술정보통신부장관 고시(제2017-7호)에 의하여 (주)KT의 시내전화 및 SK텔레콤(주)의 이동전화가 지정되어 있다.

약관에 대한 인가심사기준 및 절차」(개정 2009. 5. 18., 이하 인가지침)은 당해 결합판매가 경쟁에 미치는 효과를 중심으로 구체적인 인가 기준을 제시하고 있다. 인가지침 제2조 제1항은 인가 심사기준으로서 결합판매의 요금적정성, 결합판매로 인한 비용절감, 이용자편익 증대효과, 동등결합판매 여부 등을 규정하고 있다. 동조 제2항은 이상의 기준 중에서 특히 요금적정성 판단에 관하여, 결합판매요금을 비용보다 낮게 설정하거나(1호) 결합판매를 구성하는 인가역무요금을 비용보다 낮게 설정하는(2호) 요금할인 등으로 경쟁사업자의 경쟁력 저하가 현저한지를 구체적 기준으로 제시하고 있다. 동 기준은 요금할인의 적정성을 궁극적으로 경쟁사업자의 경쟁력 저하의 관점에서 판단하고 있다는 점에서 경쟁정책에 보다 충실한 기준 제시로 이해된다. 문제가 되는 요금할인의 구체적인 내용은 비용 측면에서 규정하고 있으며, 경쟁법에서 다루어지고 있는 약탈가격의 관점을 수용한 것으로 보인다. 한편 비용 이하의 가격 판단에서 결합상품의 총 가격뿐만 아니라 구성상품에 포함된 개별 인가역무의 가격을 모두 고려하고 있다는 점에도 주목할 필요가 있다. 개별 인가역무 요금에 대한 심사는 결합판매 주체의 구성상품 간 가격 조정을 통제하는 의미를 갖는다.

경쟁정책적 관점에서 동등결합판매 역시 인가 심사에 있어서 중요한 판단기준이지만, 요금적정성의 경우처럼 인가 심사기준에 관한 인가지침 제2조에서 구체적인 기준을 두고 있지 않다. 이에 관한 구체적 기준은 심사절차나(3조) 인가계획 심사에 관한 조항에(4조) 흩어져 있어 규정의 의의에 불명확한 점이 있지만, 인가심사 기준으로서의 동등결합판매는 이들 규정을 종합하여 이해할 수 있다. 인가지침 제3조 제2항 제1호는 동등결합판매가 존재하지 않는 경우 동등접근이행계획의 제출을 요구하며, 동등결합판매에 필요한 필수요소의 제공방법·대상·대가(가목), 협정의 주요 내용(나목), 결합판매 관련 시스템 간 연동 등 동등접근에 필요한 사항(다목) 등이 계획에 포함되어야 한다. 제4조는 동등접근보장이행계획의 세부 심사에 관하여 규정하고 있는데, 제공방법(1호), 제공대상(2호), 제공대가

(3호), 협정체결기한(4호), 제공사업자의 제공기한(5호) 등이 심사에 있어서 고려되어야 하며, 특히 제3호의 제공대가에 관한 구체적 심사기준으로서 "전기통신사업자 간 협의에 의하여 합리적으로 정할 수 있는지 여부. 특히 인가역무 제공사업자가 자신의 결합판매에 필요한 필수요소의 비용보다 부당하게 높게 설정하거나 이를 이용하고자 하는 기간통신사업자 간에 부당하게 차별하는 요소가 있는지 여부"를 제시하고 있다. 이와 같은 규정은 동등경쟁 보장의 틀 안에서 가격압착 문제를 고려하고 있다는 점에서 긍정적으로 볼 수 있다. 그러나 결합판매에서 가격압착은 결합판매를 구성하는 상품을 다른 사업자에게 도매로 제공할 경우에 과도한 가격 책정을 통하여 소매단계에서의 경쟁을 실질적으로 제한하는 행위를 말하며, 이때 부당성을 판단하기 위하여 구성상품의 도매 제공 대가와 구성상품이 포함된 결합상품의 판매 가격의 비교가 필수적이다.[24] 즉 가격압착에 따른 동등경쟁의 보장 문제는 요금적정성 관점에서도 검토가 이루어져야 하며, 이에 관한 규정의 흠결은 적절한 심사의 한계로 작용할 수 있다.

한편 인가지침 제5조는 심사 간소화와 관련하여 "결합판매의 요금할인율이 결합판매를 구성하는 개별 역무의 요금의 합을 기준으로 하여 30% 이하이고, 결합판매를 구성하는 인가역무의 요금할인율이 인가받은 요금을 기준으로 하여 30% 이하인 경우에는 제2조에서 규정하는 요금적정성 심사를 한 것으로 본다"고 규정하고 있다. 동 규정은 결합판매에 따른 요금 할인율이 높지 않다면, 이때의 요금할인은 구성상품의 개별적 판매와 비교하여 예상되는 판매비용의 절감 범위 안에서 이루어진 것일 수 있고, 또한 이러한 경우 경쟁에 미치는 영향도 크지 않을 것이라는 점에서 요금 적정성 심사를 면제하고 있는 것으로 보인다. 경쟁정책적인 우려가 크지 않은 경우에 간이한 인가 절차로 대신한다는 취지는 규제완화의 맥락에서

---

[24] 수직적 봉쇄를 가격압착(price squeeze, margin squeeze)의 본질로 이해하는 것으로서, Robert O'Donoghue & A Jorge Padilla, The Law and Economics of Article 82 EC, Hart Publishing, 2006, 303면 참조.

이해할 수 있는 것이지만, 동 규정에서 제시한 간소화 기준인 할인율 30%의 근거가 모호하다는 점에서 논의의 여지는 있다. 동 기준은 평균적인 비용 감소분을 토대로 주요 통신사업자의 이해를 조정하는 과정에서 결정된 것으로 보이지만, 경쟁사업자를 배제할 우려는 동 기준보다 낮은 수준에서도 가능하기 때문에 동 기준에 해당하여도 심사가 진행될 수 있는 여지를 두는 것도 고려할 수 있을 것이다.

나아가 전기통신사업법 제28조 제2항 단서는 "이미 인가받은 이용약관에 포함된 서비스별 요금을 인하하는 때에는 미래창조과학부장관에 신고하여야 한다"고 규정함으로써 규제 범위를 실질적으로 축소하고 있다. 그러나 결합판매에서 요금적정성 심사는 약탈적 가격 등에 의한 경쟁사업자의 경쟁력 저하 우려에 근거한 것인데, 인가 이후 추가적 인하 부분을 모두 신고 대상으로 하는 것은 결합판매 인가 규제의 의의가 상당 부분 퇴색되는 결과를 낳을 수 있다는 점도 염두에 두어야 한다.

2. 사후 규제

전기통신사업법상 결합판매에 대한 사후 규제는 금지행위의 규제 틀 안에서 이루어지고 있다. 동법 제50조 제1항은 공정한 경쟁 또는 이용자의 이익을 해치거나 해칠 우려가 있는 행위를 금지하며, 동항 제5호 후단의 "전기통신이용자의 이익을 현저히 해치는 방식으로 전기통신서비스를 제공하는 행위"가 구체적인 규제 근거가 된다. 동법 시행령 [별표 4] '금지행위의 유형 및 기준' 제5호는 동 규정의 의미를 구체화하고 있는데, 특히 바목에서 "결합판매하여 특정 구성상품의 과도한 할인 등 이용자의 이익을 해치거나 해칠 우려가 있는 행위"를 규제 대상으로 하고, "이 경우 이용자의 이익을 해치거나 해칠 우려가 있는지를 판단할 때에는 결합판매로 인한 비용절감, 이용자 편익 증대효과 및 시장지배력 전이 등 공정경쟁 저해효과를 고려하여야 한다"고 규정하고 있다.

방송법에 의한 결합판매 규제는 금지행위 규제에 관한 제85조의2 제1항 제4호에 의한다. 동 호는 "부당하게 시청자를 차별하여 현저하게 유리하거나 불리한 요금 또는 이용조건으로 방송 서비스를 제공하는 행위"를 금지하며, 동법 시행령 [별표 2의3] '금지행위의 세부적인 유형 및 기준' IV 제3호는 "방송서비스와 인터넷 멀티미디어 방송서비스 등을 포함한 다른 방송서비스 또는 전기통신서비스 등과 묶어서 판매하면서 부당하게 시청자를 차별하여 현저하게 유리한 요금이나 이용조건으로 방송서비스를 제공하는 행위"가 이에 해당하고, "이 경우 부당한 시청자 차별을 판단할 때에는 결합판매로 인한 비용절감, 시청자편익 증대효과 및 시장지배력 전이 등 공정경쟁 저해효과를 고려하여야 한다"고 규정하고 있다.

또한 「인터넷 멀티미디어 방송사업법」(이하 IPTV법)상 결합판매에 대한 사후 규제 근거로서, 동법 제17조 제1항 제1호는 "정당한 사유 없이 인터넷 멀티미디어 방송 서비스의 제공을 거부하는 행위", 제4호는 "부당하게 이용자를 차별하여 현저하게 유리하거나 불리한 이용요금 또는 이용조건으로 인터넷 멀티미디어 방송 서비스를 제공하는 행위"를 규정하고 있다. 이를 구체화 한 동법 시행령 [별표 3] '금지행위의 유형 및 기준' 은 제1호 라목에서 서비스 제공 거부행위의 하나로 "정당한 사유 없이 인터넷 멀티미디어 방송 서비스를 다른 전기통신역무와 묶어서 판매하는 경우에 인터넷 멀티미디어 방송 서비스만 제공하는 것을 거부하는 행위", 제4호 다목에서 부당하게 이용자를 차별하는 행위의 하나로 "인터넷 멀티미디어 방송 서비스를 다른 전기통신역무 또는 방송역무 등과 묶어서 인터넷 멀티미디어 방송 서비스만을 이용하는 이용자보다 현저히 부당하게 지속적으로 차별하여 유리한 이용요금 또는 이용조건으로 인터넷 멀티미디어 방송 서비스를 제공하는 행위"를 규정하고 있다.

결합판매가 일반적으로 방송 서비스를 포함하는 방식으로 이루어지는 상황에서 전기통신사업법 외에 방송법과 IPTV법에서 이에 관한 규정을 도입한 것은 긍정적으로 볼 수 있다. 그러나 여러 법률에 결합판매 규제가

분산되어 있고, 더욱이 각 법률에서 규제하는 결합판매의 부당성 판단에
차이가 있다는 점을 고려할 때, 결합판매 규제 법률을 통합적으로 운영할
필요가 있다. 결합판매 고시는 이러한 필요성을 반영하고 있으며, 동 고시
제1조는 이상의 세 법률에서 규제하는 금지행위로서 결합판매의 구체적인
유형 및 기준의 제시를 목적으로 하고 있음을 밝히고 있다.[25] 동 고시 제3
조 제1항은 결합판매 금지행위 세부 유형을 결합판매상품 가입단계(1호),[26]
결합판매상품 이용단계(2호),[27] 결합판매상품 해지단계(3호),[28] 기타 이용

---

[25] 결합판매 고시 제1조 "이 고시는 「전기통신사업법 시행령」 제42조 및 별표 4 제5
호 바 및 아목, 「방송법 시행령」 제63조의5 및 별표 2의2 IV. 제3호, 「인터넷 멀
티미디어 방송사업법 시행령」 제15조 및 별표 3 제1호 라목 및 제4호 다목에 따
라 이용자 또는 시청자(이하 "이용자"라고 한다)의 이익 및 공정경쟁을 저해하거
나 저해할 우려가 있는 결합판매의 금지행위 세부 유형 및 심사기준을 정함을 목
적으로 한다."

[26] 제1호에 관한 세부 유형은, 이용자가 개별적으로 가입하거나 이용할 수 있는 서
비스를 결합판매에 의해서만 가입하게 하거나 이용하게 하는 행위(가), 결합판매
의 특정 구성상품에 대하여 부당하게 현저히 차별적인 할인율을 적용함으로써 경
쟁사업자를 배제시켜 이용자 이익을 저해할 우려가 있는 행위. 이 경우 '현저히
차별적인 할인율'이라 함은 특정 구성상품 요금을 소요비용(제조원가, 매입원가
또는 이에 준하는 비용) 보다 낮게 산정함에 따라 발생하는 것을 말한다(나), 이
용약관에 구성상품별 할인내용 및 기간할인·다량할인·결합할인 등을 구분하여
표시하지 아니하는 행위(다), 결합상품의 구성이나 할인율, 위약금, 할인규모 등
결합상품의 주요 내용에 대해 부당하게 허위·과장·기만하는 광고를 하여 이용자
의 가입을 유도하는 행위. 이 경우 구성상품별 할인내용 및 기간할인·다량할인·
결합할인 등을 구분하여 표시하지 아니한 광고를 하여 이용자로 하여금 구성상품
별·할인유형별 할인내용 등 결합상품의 주요 내용에 대해 잘못 알게 할 우려가
있는 행위는 부당하게 허위·과장·기만하는 광고로 본다(라), 결합상품 가입사실
및 서비스 개시일 등을 이용자가 충분히 인지할 수 있는 수단을 통해 통지하지
아니하는 행위(마), 결합상품 청약 후 이용개시 전 이용자의 결합상품 청약 철회
를 부당하게 제한하거나 금지하는 행위(바), 계약 체결 시 이용자에게 결합상품의
구성상품별 할인내용, 기간할인·다량할인·결합할인, 해지 시 위약금 부과 및 일
부 해지 시 처리방법 등 중요한 내용에 대해 명확히 설명하지 아니하거나 이를
계약서(가입신청서 등)에 기재하지 아니하는 행위, 혹은 계약서를 교부하지 아니
하는 행위. 이 경우 설명·기재·교부가 있었는지에 대한 입증책임은 사업자에게
있다(사) 등이다.

자의 이익을 해칠 우려가 있는 경우(4호)29) 등으로 구분하여 규정하고 있

---

27) 제2호에 관한 세부 유형은, 이용자의 명시적인 서면동의 없이 계약내용을 불리하게 변경하거나 새로운 서비스를 추가하는 행위. 이 경우 서면동의는 이용자의 승낙 하에 녹취로 갈음할 수 있다(가), 정당한 사유 없이 계약 시 제공하기로 한 품질기준에 미달하는 서비스를 제공하는 행위(나), 청구서에 구성상품별 할인내용 및 기간할인·다량할인·결합할인 등을 구분하여 표시하지 아니하는 행위(다), 청구서 등 이용자가 충분히 인지할 수 있는 수단을 통해 이용자의 잔여 약정기간을 통지하지 아니하거나 약정이 자동 연장된 경우 해지위약금이 부과되지 않는다는 사실 등을 통지하지 아니하는 행위(라) 등이다.

28) 제3호에 관한 세부 유형은, 서비스 불능지역으로의 이사 등 이용자의 책임 없는 사유로 인해 결합상품의 일부서비스를 이용할 수 없는 경우에 나머지 결합상품의 계약 해지를 제한·금지하거나 나머지 결합상품에 대해 해지 시 위약금을 부과하는 행위. 이 경우 「전파법」에 따라 주파수를 할당받아 제공하는 서비스의 경우는 예외로 한다(가), 전목의 경우에 이용자가 결합상품 중 이용할 수 없는 일부 서비스를 제외한 나머지 결합상품에 대해 계속 이용의사를 밝힌 경우 사업자가 해지한 서비스를 포함한 기존의 결합상품할인율을 계속해서 제공하지 않는 행위. 단, 나머지 결합상품이 하나의 서비스만 남게 된 경우에는 예외로 한다(나), 이용자가 해지의사를 표시하였음에도 불구하고 부당하게 해지를 지연하거나 거부하는 행위(다), 부당하게 과중한 위약금을 부과하여 이용자의 해지권을 제한하는 행위(라), 이용자의 귀책유무를 불문하고 계약체결 후 서비스 이용기간이 1년을 경과한 이후 경품에 대한 위약금을 부과하는 행위(마) 등이다.

29) 제4호의 세부 유형은, 인가 서비스 제공사업자가 다른 사업자에게 인가 서비스를 제공(해당 사업자가 인가 서비스 제공사업자의 인가 서비스를 위탁판매하는 경우를 포함한다. 이하 각 목에서도 같다)하는 경우, 동등결합판매에 필요한 필수요소를 정당한 이유 없이 제공하지 아니하는 행위(가), 인가서비스 제공사업자가 동등결합판매에 필요한 필수요소를 다른 사업자에게 제공하는 경우 정당한 이유 없이 직접 결합판매하는 경우와 달리 그 제공대 등 거래조건을 현저히 차별하는 행위(나), 인가서비스 제공사업자가 동등결합판매에 필요한 필수요소를 다른 사업자에게 제공하는 경우 정당한 이유 없이 다른 사업자간에 그 제공대 등 거래조건을 현저히 차별하는 행위(다), 인가서비스 제공사업자가 동등결합판매에 필요한 필수요소를 다른 사업자에게 제공 중인 경우 정당한 이유 없이 제공을 중단하거나 제한하는 행위(라), 인가 서비스 제공사업자가 「전기통신사업법」제10조 제1항 제1호, 「방송법」제8조 제2항, 「인터넷 멀티미디어 방송사업법」제8조 및 시행령 제6조에 따른 특수관계인의 지위에 있는 자로 하여금 부당하게 다른 전기통신사업자, 방송사업자등 또는 인터넷 멀티미디어 방송 제공사업자와 현저히 차별적인 조건으로 전기통신서비스, 방송서비스 또는 인터넷 멀티미디어 방송서비

다. 또한 동조 제2항은 결합판매 금지행위에 해당하는지의 판단을 위한 고려 사항으로 결합판매로 인한 비용절감, 이용자편익 증대효과, 시장지배력 전이 등 공정경쟁저해효과를 규정하고 있다.

전술한 것처럼 이상의 결합판매 고시의 내용은 통신법과 방송법을 아우르는 통일적 규제의 시도로 이해되지만, 특히 경쟁정책상 결합판매로 인하여 야기될 수 있는 부정적 효과에 적절히 대응하고 있는지는 의문이다. 제1항 제1호 가목에서처럼 시장지배력 전이의 가능성이 매우 높은 순수 결합판매를 금지하는 것이나, 제2항에서 공정경쟁저해효과를 필수적인 고려 사항으로 규정한 것은 경쟁정책적으로 의미 있는 것이지만, 전반적인 규정 태도는 표시·광고를 포함하여 결합상품의 거래 과정에서 이용자 이익 보호에 초점을 맞추고 있다. 예를 들어 결합판매의 세부 유형 중 가장 선행하는 유형인 가입단계를 보면, 순수 결합판매 외에 나머지 세부 유형은 계약체결 과정에서의 불공정성에 관한 것이다. 물론 결합판매의 상황에서 이용자에게 발생할 수 있는 불이익의 시정은 중요한 정책 과제임이 분명하지만, 특히 결합판매 주체의 가격 전략에 의하여 경쟁침해적인 효과가 발생할 우려를 세부 유형이나 심사 기준을 정함에 있어서 충분히 반영하고 있는 것으로 보이지 않는다. 즉 결합판매 고시는 결합상품 요금이 약탈적으로 또는 가격압착의 수준으로 설정될 경우에 이를 금지행위로서 파악할 수 있는 명확한 규정을 두고 있지 않으며, 앞에서 살펴본 것처럼 이용약관을 통하여 요금에 관한 사전적 규제가 소수의 서비스에 한정되고 규제 범위가 축소된 상황에서 이와 같은 규정 방식은 규제의 흠결로 이어질 수 있다.

스를 제공케 하여 결합판매를 함으로써 다른 전기통신사업자, 방송사업자등 또는 인터넷 멀티미디어 방송 제공사업자의 동등결합판매를 저해하는 행위(마) 등이다.

Ⅳ. 독점규제법에 의한 규제 가능성 검토

1. 전기통신사업법에 의한 규제와의 조화

앞에서 살펴본 것처럼 결합상품의 판매는 행태적으로 독점규제법에서 규제하는 끼워팔기와 같은 위반 유형들과 유사한 측면이 많다. 따라서 방송·통신 산업에서의 규제법과 독점규제법의 법적용상 충돌 가능성이 존재한다. 그러나 전기통신사업법은 제54조에서 독점규제법의 적용을 예외적으로 제한하는 규정을 두고 있지만, 양자의 관계를 일반적으로 규율하는 근거 규정을 마련하고 있지는 않다.

이와 관련하여 양자의 관계를 제도적으로 해결하고 있는 독일 통신법(Telekommunikationsgesetz) 제82조의 규정은 시사하는 바가 크다. 동 규정은 통신산업의 규제기관이 사업의 인가나 제한을 할 경우 또는 시장을 획정하거나 지배력을 평가할 경우에 연방카르텔청과의 협력을 요구하고 있으며, 통신법과 경쟁제한방지법(Gesetz gegen Wettbewerbsbeschränkungen)에 의한 규제를 할 경우에 상대 관청에서 이루어지는 절차에의 참여와 의견진술의 기회를 제공할 것을 의무화하고 있고, 또한 통신법의 해석에 있어서 경쟁제한방지법과의 관련성에 따른 통일적인 해석을 요구하고 있다.

또한 영국의 경우에 통신산업에 대한 규제기관인 통신청(Ofcom; Office of Communications)은 통신법(Communications Act 2003) 제371조에 근거하여 경쟁제한적 행위에 대하여 일반 규제기관인 공정거래청(OFT; Office of Fair Trading)과 함께 공동으로 관할권을 갖는 방식으로 운영되고 있는 것도 참고할 수 있을 것이다. 이때 공동 관할의 대상이 되는 행위는 통신산업에서의 문제와 관련되는 카르텔이나 시장지배적 지위의 남용 행위이고,(371조 2항). 동법 제정 이후 OFT와 Ofcom이 체결한 "Liaison on competition matters"(2003. 12. 18.)은 통신산업상 문제는 전기통신망과 전기통신서비스, 방송 그리고 이에 관련되는 문제를 포함하는 것으로 기술하고 있다.[30] 나아가 공동 관할의 문제를 다루는 세부적 절차는 경쟁법 제54조에 근거하여 제정된 "경쟁법 공동관할 규칙(Competition Act Concurrency Regulations 2004)" 및 OFT가 통신청을 포함한 전문규제기관과 협력하여 제정한 "규제산업의 공동관할에 관한 가이드라인(Guideline on Concurrent Application to Regulated Industries)"에 의하고 있다. 담당 기관의 선정은 규제기관의 전문성과 지식, 당해 사안에서 경쟁제한적 효과가 미치는 범위, 과거의 규제 경험 등이 종합적으로 고려되는데, 일반적으로 실무는 방송·통신 분야의 경쟁관련 사안은 통신청에 우선적 관할권이 있는 것으로 운영되고 있다.[31]

독일이나 영국과 달리 우리나라 법체계에서 양 법의 적용 시 기관 간 협력의 근거나 절차에 관한 일반적인 규정이 존재하지는 않지만, 전기통신사업법 제54조에서 동법이 독점규제법에 우선함을 밝히는 규정을 두고 있다. 즉 전기통신사업법 제54조는 "제50조 제1항을 위반한 전기통신사업자의 행위에 대하여 제52조에 따른 조치를 명하거나 제53조에 따른 과징금을 부과한 경우에는 그 사업자의 동일한 행위에 대하여 동일한 사유로 「독점규제 및 공정거래에 관한 법률」에 따른 시정조치 또는 과징금의 부과를 할 수 없다"고 규정하고 있는데, 전기통신사업법과 독점규제법의 관계를 입법적으로 명확히 하여 중복 규제를 피하려는 입법취지에 따른 것으로 이해된다. 그러나 규정의 의의는 전기통신사업법에 의한 규제가 우선하는 경우에 제한되며, 또한 이때 적용이 제외되는 것은 동일한 행위에 대한 동일 사유에 따른 경우에 한정된다는 점도 염두에 둘 필요가 있다. 즉 행위와 사유에 있어서 동일성이 적용 제외의 요건이며, 규제 대상이 된 행위가 상이하거나 규제 사유가 독점규제법의 규제가 전제하고 있는 위법성 판단의 기초에 차이가 있는 경우에는 이미 전기통신사업법에 의한 규

---

30) OFT & Ofcom, Liaison on competition matters, 2003, 1-2면.
31) 최근 유료 TV 시장에서 행해진 결합판매와 관련하여 Ofcom이 이를 규제하는 결정을 내렸다. Ofcom decision, 2014. 12. 19.

제가 이루어졌다 하더라도 독점규제법의 적용이 제한되지 않을 것이다.

2. 구체적 규제 가능성

(1) 시장지배적 지위남용 규제

결합판매와 관련하여 독점규제법을 적용할 경우에, 우선 단독행위 규제로서 시장지배적 지위남용행위로서의 규제 가능성이 검토될 것이다.[32] 일반적으로 시장지배적 지위남용행위의 규제는 시장지배적 지위과 남용성의 단계적 판단 과정을 거치며, 시장지배적 지위의 판단에 선행하여 관련시장의 획정이 이루어져야 한다.

관련시장 획정에 있어서 대체가능성을 기준으로 상품별, 지역별로 시장을 획정하는 방식이 여기서도 통용되지만, 규제산업으로서의 특성이 고려될 여지도 있다. 우선 전기통신사업법을 중심으로 행해지고 있는 통신역무의 분류가 시장 획정에 미치는 영향에 대해서 주의를 기울일 필요가 있다. 통신역무 분류 자체가 독점규제법상 관련시장 획정을 대체할 수 없지만, 이러한 분류체계는 통신사업자의 시장행동에 영향을 미칠 수 있고, 진입제한으로 작용할 수도 있기 때문에, 이에 대한 고려는 간과될 수 없다. 또한 통신산업에서 광범위하게 나타나고 있는 융합 현상에 대응하여, 종래 경쟁법상 시장획정과 관련하여 논의되고 있는 하부시장이나 집합시장 개념들의 활용 여부를 검토할 필요도 있을 것이다.

시장지배적 지위의 판단에 있어서도 전기통신사업법상 비대칭적 규율의 대상인 사업자들과의 관계가 고려되어야 한다. 그러나 전기통신사업법상 기간통신사업자는 지정 과정에서 여전히 공익적 요소가 반영되고 있으

---

[32] 통신산업에서의 사후적 규제로서 경쟁법에 의한 시장지배적 지위남용 규제의 중요성에 관하여, Tristan Jones, "Ex ante and ex post regulation following Telefonica", Competition Bulletin, 2012 참조.

며, 경쟁정책적 평가에 기초한 SMP 사업자의 경우에도 정책 실행의 기초로서 사전적으로 파악된 것이기 때문에, 사후적인 남용행위 평가의 대상인 시장지배적 사업자와는 구별된다. 그러나 기간통신사업자 등을 중심으로 한 통신법 규제체계가 시장지배적 지위에 영향을 미칠 수 있다는 점에 주의를 기울일 필요가 있다. 한편 수직적 구조로 재편되고 있는 통신산업의 구조적 특성은 개별 시장에서의 지배력을 판단함에 있어서 수직적 관련성에 대한 고려가 필요함을 시사한다. 무엇보다 결합판매가 보편화되고 있는 상황에서 결합 구성상품의 제공 가능성은 수직적 구조로 재편되어 있는 사업자의 구조에 실질적인 영향을 받을 수 있다.

시장지배력 남용의 판단에 있어서 착취적 남용과 방해적 남용의 유형화는 통신시장에 있어서도 유용하며, 결합상품의 판매는 각각의 남용 유형에서 모두 의미를 가질 수 있다. 우선 방해적 남용은 결합상품의 판매가 시장지배력의 전이나 시장봉쇄 등에 의하여 경쟁사업자를 배제할 수 있는 효과를 낳을 수 있다는 있다는 점에 근거한다. 특히 통신시장에서 결합상품이 문제가 될 수 있는 경우로서, 결합상품에서 시장지배력을 갖고 있으며, 결합상품이 보완적인 상품으로 구성되고, 상품 구성에 있어서 사업자 간 불균형이 존재하는 등의 조건이 충족될 경우에 결합상품의 판매는 경쟁제한적 효과를 낳을 수 있다는 분석은 유력한 의미가 있다.[33] 위의 조건 중에서 특히 핵심적인 의미를 갖는 것은 상품 구성에 있어서 불균형이다. 통신 산업의 민영화가 이루어진 상황에서도 이전 시대에 개별 서비스 시장에서 보유하고 있었던 지배적 지위가 유지되고 있는 현실을 고려할 필요가 있으며, 특히 특정 사업자가 결합 구성상품 중 소비자의 선호가 높고 전체 결합상품의 유인에 가장 큰 영향을 미칠 수 있는 상품시장에서 지배력을 갖고 있을 경우에, 구성 상품에 있어서 불균형의 문제는 남용 판단에 주의를 기울여야 할 주된 근거가 될 것이다.[34]

---

33) Antonio Zaballos, "Bundling of Services: Regulatory policy and competition", IDB, 2011.

한편 구체적인 행태 측면에 대한 이해도 필요하다. 전술한 EU 지침이 혼합 결합판매를 복수상품 리베이트의 관점에서 이해하고 있는 것처럼, 순수 결합판매를 제외한 결합판매에서 경쟁제한적 목표를 이루기 위한 유력한 수단은 가격할인을 통한 유인이 되고 있다. 이와 같은 행태적 특징은 결합판매의 전체적인 가격 수준이 중요하며, 경쟁자를 시장에서 배제할 우려를 낳고 있는지가 유력한 판단 기준이 될 수 있음을 시사한다. 또한 도소매 단계에 모두 참여하고 있는 사업자가 소매 단계의 경쟁사업자를 배제하기 위하여 가격을 책정하는 것을 상정하는 이윤압착과 같은 행태의 규제 법리를 참고할 수도 있을 것이다.

착취적 남용은 경쟁시장에서 기대하기 어려운 수준의 가격 책정의 경우를 상정하며, 결합상품 판매가 착취적 수준의 가격 책정을 가능하게 하는 수단으로 활용될 경우 착취적 남용으로서 규제 가능성이 주어질 것이다. 일반적으로 과거 국공영 방식으로 운영되던 시장이 민간 부문에 의하여 주도되는 시장으로 전환하는 과도기 시장에서 시장 메커니즘에 의한 가격 압력이 충분히 이루어지지 않고 있는 경우에 착취적 남용 규제가 의미를 가질 수 있다.35) 이러한 관점에서 방송·통신 시장에서의 결합상품에 대해서도 착취적 남용의 측면에서 주의를 기울일 필요가 있다.

(2) 불공정거래행위 규제

시장지배적 지위남용 행위 외에 독점규제법상 단독행위 규제 유형 중

---

34) 두 사업자가 각각의 시장에서 지배력을 갖고 있으며, 한 사업자가 복수의 시장에서 사전적인 이점을 갖고 있지 않은 경우에 결합판매의 규제가 불필요할 수 있지만, 결합 구성상품 중 지배적 지위에 있는 상품 중 상품의 특성에 따라서 경쟁에 부정적인 영향을 미칠 수 있고 다른 사업자의 경제적 전망을 상당히 제한할 수 있을 경우에 결합판매 규제의 필요성이 인정될 수 있다고 보는 것으로, Jan Krämer, Bundling Telecommunications Services: Competitive Strategies for Converging Markets, universitätsverlag karlsruhe, 2009, 139-143면 참조.
35) Richard Whish, Competition Law, Oxford Univ. Press, 2005, 195면.

하나인 불공정거래행위에 의한 규제 가능성도 검토할 필요가 있다. 시장
지배적 지위남용 행위와 비교하여 불공정거래행위는 수범자의 제한이 없
기 때문에 시장지배적 지위에 있지 않은 사업자도 규제 대상에 포함될 수
있으며, 또한 경쟁제한성 외에 거래 불공정성에 의한 위법성 판단도 가능
하다는 점에서 규제 범위가 확대될 수 있다.

결합판매와 관련해서 보면, 우선 고려될 수 있는 규제 유형으로서 문제
가 된 결합판매가 끼워팔기로서의 행태적 특징도 아울러 갖고 있을 경우
에 거래강제로서 끼워팔기에 의한 규제가 가능할 것이다. 또한 순수 결합
판매나 혼합 결합판매라 하더라도 실질적으로 선택의 여지가 주어지지 않
은 경우에 거래상 지위 남용의 세부 유형의 하나인 구입강제로서 규제 가
능성도 있다.[36] 이 외에도 결합판매가 차별적인 내용으로 이루어지거나
부당염매적인 가격 책정이 결부되었을 경우에 해당 위반 유형으로서 규제
가능성도 검토할 수 있을 것이다.

V. 결론

방송·통신 산업에서 결합판매는 주된 판매방식의 하나가 되어 가고 있
다. 이 산업에 참가하고 있는 사업자들의 경쟁 양상도 이에 상응하여 변화
하고 있으며, 경쟁정책적인 고려도 이러한 변화에 맞추어 이루어질 필요
가 있다. 결합판매는 긍정적 효과와 부정적 효과가 모두 가능하며, 따라서
양 측면을 형량하는 과정이 불가피할 것이다. 방송·통신 산업에서 전개되
고 있는 상황을 보면, 무엇보다 결합상품의 구성 측면에서 사업자 간에 차

---

[36] 특히 거래강제와 거래상 지위남용으로서의 규제는 거래 불공정성 관점에서 위법
성을 판단할 수 있다는 점에서 전술한 시장지배적 지위남용의 규제와는 본질적인
차이가 있다. 이에 관한 상론은, 홍명수, "불공정거래행위의 유형에 따른 위법성
판단—불공정성을 중심으로—", 경희법학 제50권 제3호, 2015, 52면 이하 참조.

이가 있음을 부인하기 어려우며, 이는 해당 산업에서 제공하는 서비스 전반으로 확대되고 또한 고착될 우려를 낳고 있다. 이러한 점에서 지배력 전이나 시장봉쇄와 같은 결합판매의 부정적 측면에 대한 주의는 현재의 시점에서 여전히 유효할 것이다.

전기통신사업법 등에 의한 결합판매 규제는, 독점규제법과 일반 경쟁법에 의한 규율만으로 결합판매 규제가 충분하지 않으며, 해당 산업의 고유한 특성이 반영된 산업법 체계 내에서 규제가 이루어질 필요가 있음을 입법자가 승인한 결과라 할 수 있다. 물론 전술한 AMC의 지적처럼 일반 경쟁법에 의한 규율, 그리고 그 기저에 있는 시장의 자율적 기능에 대한 존중의 사고는 여전히 중요하며, 이러한 관점에서 전기통신사업법 등에 의한 규제의 타당성은 지속적으로 재고될 필요가 있다. 비록 대상이 되는 서비스와 사업자가 극히 제한적이라 할지라도, 특히 사전적 규제는 시장이 기능할 여지를 매우 축소시킨다는 점에서 더욱 이러한 필요성이 큰 부분이라 할 수 있다. 그렇지만 현재 결합판매를 중심으로 전개되고 있는 상황은 사전규제의 타당성이 유지되고 있는 것으로 보이며, 그 범위에서 규제의 실효성을 높이기 위한 제도적 보완이 이루어질 필요가 있을 것이다.

전기통신사업법상 결합판매에 대한 사후 규제가 제도화 되어 있지만, 독점규제법에 의한 규제도 가능하다. 그리고 독점규제법뿐만 아니라 전자에 의한 사후 규제도 경쟁에 미치는 영향이 중요한 규제 근거가 되고 있다는 점에서 결합판매에 대한 경쟁정책적인 이해를 제고하는 것은 두 영역 모두에서 중요한 의미가 있다. 이러한 관점에서 전기통신사업법의 경우 결합판매의 위법성을 판단하는 기준으로서 경쟁제한성에 의한 기준을 보다 명확히 할 필요가 있으며, 독점규제법의 경우 경쟁정책적 관점에서 결합판매에 대한 이해가 심화될 필요가 있다. 특히 결합 구성상품 중 일부에 대하여 보유하고 있는 지배력에 근거한 결합판매의 경쟁정책적 의의에 비추어, 독점규제법상 시장지배적 지위남용 규제가 적절한 규제 근거를 제공할 수 있다는 점에 주목을 요한다. 이와 관련하여 EU의 지침이 방해적 남용의 하나로서 끼워팔기와 별개로 결합판매를 규정하고, 경쟁제한의 관점에서 가격 할인에 따른 시장봉쇄 효과에 초점을 맞추고 있는 것은 시사하는 바가 크다. 즉 결합판매를 남용적 행태의 한 유형으로서 파악하고, 고유한 행태적 특징에 기초한 규제 법리를 정립할 필요가 있다.

24. 방송·통신법상 기업결합 규제의 검토
─SKT·CJHV 기업결합을 대상으로─

I. 서론

　최근 에스케이텔레콤(주)(이하 SKT)와 ㈜씨제이헬로비전(이하 CJHV)의 결합이 주요 이슈가 되고 있다. 동 결합의 당사자들은 이동통신사업과 종합유선방송사업에서 1위의 사업자이며, 방송·통신 융합이 가속화되고 있는 상황에서 각 분야를 선도하는 위치에 있는 두 사업자의 결합은 향후 다양한 측면에서 많은 영향을 미칠 것으로 예상된다.

　SKT와 CJHV의 결합은 독점규제법상 기업결합 규제 대상이 될 것이다. 탈규제화가 진행되면서 규제 산업에서도 경쟁법의 중요성이 증대하고 있지만, 방송산업과 통신산업은 경쟁 기능을 대신하는 규제가 산업의 운영 원리로서 중요한 역할을 수행하고 있는 대표적인 규제 산업으로 이해되고 있다. 방송과 통신산업에서 규제를 정당화 하였던 다양한 공익적 요구는[1] 비록 상당 부분 경쟁 기능에 유보되고 있다 하더라도 여전히 유력하게 존재하고 있다.

---

[1] 방송에서 시청권의 보장이나 보편적 서비스로서 통신의 제공에 관하여 일정 수준 이상의 제도적 보장 등은 공익적 요구를 대표한다. Richard J. Pierce Jr. & Ernest Gellhorn, Regulated Industries, West Group, 1999, 11-12면 참조.

이와 같은 상황은 규제산업에 속한 사업자들 간 기업결합에 있어서 경쟁법과 별개로 해당 산업을 규제하는 법에 의한 규제 가능성도 검토될 필요가 있음을 시사한다. 방송과 통신의 규제산업적 관점에서 기업결합은 공적 성격의 서비스를 제공하는 주체의 변화를 의미하며, 이러한 변화를 해당 영역의 규제 법에서 수용할 수 있는지가 검토되어야 한다. 물론 방송과 통신의 규제 법에서 기업결합의 문제가 단지 공익적인 관점에서만 다루어져야 하는 것은 아니다. 이미 양 영역의 주된 규제 법률인 전기통신사업법과 방송법은 경쟁정책을 중요 정책의 하나로 수용하고 있으며,[2] 이러한 점은 해당 법률에 의한 기업결합 규제에도 영향을 미치고 있다. 즉 경쟁정책과 규제 산업의 고유한 공익이 모두 고려되어야 하지만, 이에 관한 체계적인 논의가 충분히 이루어졌던 것은 아니다. 이러한 점에서 SKT와 CJHV의 결합은, 동 결합의 허용 여부를 떠나서 방송·통신법에 근거한 기업결합 규제 문제를 살펴볼 기회를 제공하고 있다는 점에서도 의의가 크다.

이하에서는 SKT와 CJHV의 결합을 대상으로 방송·통신법에서의 규제 가능성을 논의할 것이다. 이들 법영역에서의 기업결합 규제는 경쟁정책뿐만 아니라 해당 규제산업의 고유한 정책에 기초하며, 이를 종합하여 최종적인 허용 여부가 결정될 것이다. 이러한 점은 독점규제법에 의한 기업결합 규제와 구별되는 제도적 의의로서 이해될 수 있다. 우선 SKT와 CJHV의 결합 과정과 관련시장을 분석하고, 아울러 동 영역에서 주된 거래행태로 나타나고 있는 결합판매가 동 결합과 관련하여 갖는 의미를 살펴볼 것이다(II). 이어서 방송과 통신을 규율하는 주된 법률인 방송법과 전기통신

---

2) 전기통신사업법 제34조는 효율적인 경쟁체제의 구축과 공정한 경쟁환경의 조성을 규제기관의 책무로 명시하고 있으며, 기업결합을 규제하는 근거 규정인 제18조 제2항도 심사 사항으로 경쟁에 미치는 영향을 규정하고 있다. 방송법도 제35조의5의 방송시장 경쟁 상황 평가에 관한 규정이나 제85조의2의 금지 규정에서 공정한 경쟁의 침해를 금지행위의 한 유형으로 법정하고 있다. 이와 관련하여 "관련 시장에서 점증하는 경쟁 수준에 의하여 방송 규제가 완화될 수 있다"는 지적으로 OECD, IPTV: Market Developments and Regulatory Treatment, 2007, 6면.

사업법에 의한 기업결합 규제의 의의와 내용을 분석하고(Ⅲ), 이상의 논의에 기초하여 이 법률들에 의한 당해 기업결합의 규제 가능성을 구체적으로 검토한다(Ⅳ).

Ⅱ. SKT-CJHV 기업결합의 양상, 관련시장, 거래 행태 분석

1. SKT와 CJHV 기업결합의 양상

(1) 기업결합 과정

2015. 11. 2. SKT는 ㈜CJ오쇼핑이 보유하고 있는 CJHV 주식을 인수하는 계약을 체결하였다. CJ오쇼핑은 CJHV 주식의 53.92%를 보유하고 있는데,[3] 동 계약에서 이 주식 전량을 SKT에게 두 차례로 나누어 매도하기로 하였다. 1단계로 SKT는 CJHV 주식의 30%를 대금 5,000억원에 즉시 인수하고, 나머지 23.92%는 2019. 4. 1. 이후 CJ오쇼핑이 풋옵션 행사에 따라서 대금 5,000억원에 인수하기로 하였다. 동 인수계약과 함께 기업 운영과 구조 조정에 관한 일련의 계획도 발표하였는데, 2016. 4. 1. SKT의 계열사인 에스케이브로드밴드(주)(이하 SKB)를 CJHV에 흡수시키는 합병 계획이 공개되었다. 동 합병에 의한 SKT의 합병회사 지분율은 75.29%로 산정되었다.[4] 이러한 합병 계획은 전술한 주식인수 계약과 함께 CJHV의 지배권을 SKT에 이전하는 결합을 완성하는 것이므로, 이상의 일련의 계약과 합병 계획을 종합하여 기업결합으로 파악할 수 있을 것이다.[5]

---

3) CJ오쇼핑은 CJ 그룹의 지주회사인 CJ(주)가 40.1%의 지분을 보유한 자회사이다.
4) CJ오쇼핑의 풋옵션 실행으로 SKT가 잔여지분 인수 시 SKT의 지분율은 83.73%로 계산된다.
5) 이하에서 SKT와 CJHV의 기업결합은 이러한 일련의 과정 전체를 의미하는 용어로 사용한다.

이 외에 SKT와 CJ 그룹 간에는 제휴 관계의 형성 측면에서 주목할 만한 행위가 있었다. SKT는 CJ(주)의 유상 증자에 1,500억원 규모로 참가함으로써 CJ(주)의 약 2% 지분을 보유하게 되었고, 또한 SKT와 CJ(주)는 각각 500억원의 출자를 통하여 공동으로 컨텐츠 펀드를 조성하는데 합의하였다.

(2) 기업결합 참가자들의 분석

당해 기업결합을 주도하고 있는 SKT는 이동통신서비스 제공을 주된 사업으로 영위하며, 동 시장에서 장기간 안정적으로 1위의 시장점유율을 유지하여 왔다. SKB는 100% 지분을 보유하고 있는 SKT의 완전 자회사로서 양자는 경쟁법상 경제적 단일체가 인정되는 관계에 있다.[6] SKB는 시내전화, 시외전화, 국제전화를 포함한 유선통신 서비스 외에 초고속인터넷, 인터넷멀티미디어방송(IPTV), 인터넷전화(VoIP) 서비스를 제공하고 있다. 한편 기업결합에 직접적으로 관련되지 않지만, SKT가 83.46%의 지분을 보유하고 있는 SK텔링크 역시 통신관련 사업을 영위하고 있는데, 동 회사는 인터넷전화와 알뜰폰 서비스를 제공하고 있다.

당해 기업결합의 당사자인 CJHV의 주력 사업은 종합유선방송사업이며, 전국 78개 방송권역 중 23개 방송권역에서 종합유선방송 서비스를 제공하는 복수종합유선방송사업자(MSO)이다. 또한 유선방송망을 이용한 초고속인터넷과 인터넷전화 사업도 영위하고 있으며, 알뜰폰 서비스도 제공하고 있다.

이상의 기업결합 참가자들의 사업 현황을 종합하면, 당해 기업결합에는 통신과 방송 산업에서 제공하는 대부분의 상품 시장이 관련된다. 이 중에서 보다 직접적 영향을 받는 시장은, 종합유선방송 시장과 IPTV 시장 등으로 구성되는 유료방송 시장, 이동통신 시장과 별개의 시장으로 분류할

---

6) 모회사가 자회사 지분 소유가 100%에 이르지 않을 경우에 지배관계에 대한 실질적인 분석이 필요하지만, 100%인 경우에 경제적 단일체는 용이하게 인정된다. Richard Whish, Competition Law, Oxford Univ. Press, 2009, 91-93면 참조.

경우에 알뜰폰 시장, 기업결합의 양 당사자가 모두 서비스를 제공하고 있는 초고속인터넷과 인터넷 전화 시장 등이 될 것이다. 이 외에도 SKT와 SKB가 제공하는 이동통신과 유선통신 시장도 당해 기업결합으로부터 일정한 영향을 받을 수 있다.

또한 당해 기업결합과 함께 양 당사자가 일련의 제휴관계의 형성을 시도하고 있다는 점에도 주목할 필요가 있다. 기업결합 이후 SKT는 다양한 플랫폼을 아우르는 플랫폼 운영에 특화된 사업자로서 경쟁력이 강화될 것으로 보이는 반면, CJ 그룹은 방송과 통신사업을 종료하고 계열사인 CJE&M(주) 등을 중심으로 플랫폼 운영에 필수적 요소인 콘텐츠 생산에 집중하게 될 것으로 예상된다. 물론 SKT가 CJ(주)의 2% 지분을 인수하는 것이나, 1,000억원 규모의 콘텐츠 생산을 위한 공동 펀드를 조성하는 것이 당해 기업결합의 내용에 포함되는 것은 아니다. 그러나 Microsoft의 Nokia 휴대폰 사업부문 인수와 관련하여 유럽 경쟁당국이 기업결합에 의하여 새롭게 형성된 단일한 주체와 잔존 사업부문을 영위하게 될 사업자 간 일련의 관계가 추후 시장에 어떠한 영향을 미칠지에 관하여 예의 주시할 필요가 있다고 언급한 것은 시사하는 바가 크다.[7] 이러한 관점에서 당해 기업결합의 양 당사자의 관계가 향후 어떠한 방식으로 전개될지, 특히 수직적인 연관성을 갖는 양 당사자의 주력 사업이 어떠한 관계를 맺게 될지가 당해 기업결합의 의의를 종합적으로 이해하기 위하여 고려되어야 하며, 이 한도에서 수직적 맥락에 있는 관련 시장의 분석도 요구될 것이다.

끝으로 디지털 기술 기반 위에서 이루어지고 있는 융합화 현상의 하나로서 방송과 통신을 아우르는 결합상품의 등장이 최근 방송·통신 산업의 주된 흐름으로 자리하고 있다는 점도 염두에 두어야 한다. 즉 단일한 기술적 기초 위에서 서비스들 간 통합이 폭넓게 이루어짐으로써[8] 과거 예상하

---

7) Joaquin Almunia, "Intellectual property and Competition policy", IP Summit 2013, 2013, 3면.

8) Helen Kemmitt & John Angel, "Telecommunications Regime in The United

지 못했던 유선과 무선, 방송과 통신 등의 결합상품이 광범위하게 나타나고 있으며, 특히 스마트폰과 같은 단말기의 기능 향상은 이러한 현상을 더욱 가속화시키고 있다. 이러한 현상은 특정 국가에 국한되지 않고 보편적으로 나타나는데, 2015년 기준 미국 등 주요 9개국의 통신서비스 이용자 중 결합판매 방식으로 통신서비스를 이용하고 있는 자는 75%에 달하고 있다.9) 이러한 경향은 국내 방송·통신시장에서도 유사한데, 2013년 기준 전체 가구대비 결합상품 가입자 비중은 85.3%에 이르고 있다.10) 따라서 당해 기업결합을 결합판매의 관점, 특히 결합을 이루는 상품 구성 능력의 관점에서도 이해할 필요가 있으며,11) 위에서 언급한 개별 시장뿐만 아니라 결합을 구성하는 상품 전체의 관점에서 당해 기업결합이 시장에 미치는 영향이 검토되어야 할 것이다.

2. 기업결합에 관련된 시장

(1) 다채널 유료방송 시장

당해 기업결합의 당사자인 CJHV는 종합유선방송사업자로서 23개 방송권역에서 종합유선방송사업을 영위하고 있으며, 그 중 20개 권역에서는 단독으로 종합유선방송 서비스를 제공하고 있다. SKB는 전국적으로 IPTV

Kingdom", Ian Walden ed., Telecommunications Law and Regulation, Oxford Univ. Press, 2012, 113면 참조.

9) 영국(83%), 프랑스(89%), 독일(81%), 이탈리아(80%), 미국(68%), 일본(55%), 오스트레일리아(69%), 스페인(90%), 스웨덴(60%) 등 9개국 통신이용자를 대상으로 한 조사 결과이다. Ofcom, The International Communications Market Report, 2015, 38면.

10) 정보통신정책연구원, 통신시장 경쟁상황 평가, 2014, 413면.

11) 결합상품에서 시장지배력을 갖고 있으며, 결합상품이 보완적인 상품으로 구성되고, 상품 구성에 있어서 사업자 간 불균형이 존재하는 등의 조건이 충족될 경우 결합상품의 판매는 경쟁제한 효과를 낳을 수 있다는 분석으로, Antonio Zaballos, "Bundling of Services: Regulatory policy and competition", IDB, 2011, 1면 참조.

서비스를 제공하고 있는 세 사업자 중 하나이다. 종합유선방송과 IPTV 그리고 위성방송은 기술적 기반을 달리하지만, 다채널 방송 서비스를 유료로 제공한다는 점에서 공통점이 있으며, 따라서 이들 전체를 하나의 시장으로 볼 것인지 별개로 분리할 것인지가 쟁점이 될 수 있다. 또한 종합유선방송의 제공 방식은 방송권역 별로 제한되며, 이와 같은 제도적 제한은 소비자 선택에 영향을 미치고 있다. 따라서 제도화된 방송권역을 서비스 제공의 지리적 한계로 보아 시장을 획정할 것인지 또는 전국적인 범위로 시장을 정할 것인지도 문제가 된다.

그 동안의 규제 실무는 상품시장을 종합유선방송, IPTV, 위성방송을 포함하는 다채널 유료방송 시장으로 보고, 지리적 시장은 방송권역에 따라서 획정하였다.12) 이와 같은 방송권역별 다채널 유료방송시장의 획정은 관련시장 획정에 관한 일반적 판단기준으로서 수요대체성과 공급대체성 기준에 부합하며,13) 당해 기업결합에서도 원용할 수 있을 것이다.14)

이러한 시장 획정을 전제하여 CJHV가 진출한 방송권역별 유료방송 시장을 분석하면, SKB와 CJHV의 기업결합에 의하여 CJHV가 이미 독점적으로 종합유선방송 서비스를 제공하던 권역에서는 1위 사업자로서의 지위가 더욱 강화될 것이고, 복수의 종합유선방송 서비스 제공자의 하나였던 3지역 중 2지역에서는 1위의 사업자가 될 것으로 예상된다.15) 이러한 변화는

---

12) 시장지배적 지위남용 사건으로서 공정위 2007. 8. 20. 의결 제2007-407호, 기업결합 사건으로서 공정위 2007. 5. 7. 의결 제2007-274호.
13) 유럽위원회가 제정한 시장지배적 지위남용행위를 포함한 경쟁법 위반행위 판단의 전제로서 관련시장 획정에 관한 고시(Relevant Market Notice)는 사업자가 직면하는 경쟁에 의한 억제 효과를 수요 대체가능성, 공급 대체가능성 그리고 잠재적 경쟁 측면에서 제시하고 있다. 이 중에서 시장 획정을 위하여 가장 중요한 것은 수요 대체가능성이다. 공급 대체가능성은 예외적 고려사항이 되는데, 특히 공급 전환 비용이 적을 경우에 고려 여지가 커질 것이다. para. 20-23.
14) 방송통신위원회의 방송시장 경쟁상황평가도 동일한 시장획정 기준에 의하고 있다. 방송통신위원회, 방송시장 경쟁상황평가, 2013, 239면 참조.
15) 후술하는 〈표 1〉 참조.

다수의 시장에서 독점규제법 제7조 제4항에서 정하고 있는 경쟁제한성 추정 요건을 충족하는 것이며, 기업결합 규제의 중요한 지표로서 기능하는 HHI 지수의 변화도 규제기관의 경쟁정책적 관심을 촉구하는 수준으로 나타날 것이다.

또한 유료방송이 플랫폼으로서 기능하고 있다는 점을 고려할 때, 유료방송 시장이 양면시장으로서의 성격을 갖고 있다는 점에도 주의를 기울일 필요가 있다. 대법원은 유료방송 시장을 거래 구조적인 측면에서 볼 경우에 플랫폼사업자인 종합유선방송사업자와 TV홈쇼핑사업자 등 사이에 형성되는 프로그램 송출서비스 시장과 시청자 사이에 나타나는 프로그램 송출시장으로 구분할 수 있다고 판시하였는데,16) 이러한 접근 방식은 기업결합 이후의 시장 상황에 대한 평가에 있어서도 유력한 의미가 있다.17)

특히 프로그램 송출서비스 시장에 대한 분석은 채널을 이용하여 프로그램을 공급하는 사업자(PP) 나아가 다양한 플랫폼에서 구현되는 콘텐츠를 공급하는 사업자를 포함하는 수직적 맥락에서 이루어져야 한다. 전술한 것처럼 CJ 그룹은 당해 기업결합 이후에도 콘텐츠 생산과 관련된 사업부문을 유지하게 되며, 동 그룹에 속한 CJ E&M은 프로그램 공급 시장에서 2013년 기준 25.6%의 점유율로 1위의 사업자이다.18) 이러한 상황은 유료방송 시장에서 발생한 당해 기업결합의 효과가 수직적 관계를 통하여 확대될 수 있음을 시사하는 것이다.

---

16) 대법원 2008. 12. 11. 선고 2007두25183 판결.

17) 양면시장적 구조에서는 시장지배력에 관한 전통적인 판단 방식인 가격 설정 능력의 분석 등에 한계가 있을 수 있으며, 두 그룹 간에 상호 교차적인 네트워크 외부효과의 크기와 작용 방식이 중요할 수 있다. Andrew I. Gavil, William E. Kovacic & Jonathan B. Baker, Antitrust Law in Perspective, Thomson/West, 2008, 786-788면 참조.

18) 2013년 방송 프로그램 시장은 주요 복수방송채널사용사업자(MPP)에 의하여 주도되고 있으며, 매출액 점유율 순위는, CJ 25.6%, SBS 15.7%, MBC 7.5%, KBS 4.6% 순이다. 미래창조과학부·방송통신위원회, 2014년 방송산업 실태조사 보고서, 2014, 39면.

(2) 초고속 인터넷 시장

당해 기업결합에 참가하고 있는 사업자들은 모두 초고속 인터넷 서비스를 제공하고 있다. 따라서 초고속 인터넷 시장의 관점에서 당해 기업결합은 동일 시장 사업자 간 결합으로서 수평적 기업결합의 성격을 갖는다. 2015년 6월 기준으로 초고속 인터넷 시장에서 SKT와 SKB는 각각 11.4%와 14.0%의 점유율을 보이고 있으며, CJHV의 점유율은 4.6%이다. 초고속 인터넷 시장에서 당해 기업결합 참가자들의 시장점유율을 모두 합산하면, 30.0%의 점유율에 이르지만, 동 시장에서 1위 사업자인 KT의 점유율 42.3%에는 여전히 미치지 못한다.[19)]

그렇지만 동 시장에 주목하여야 할 몇 가지 이유가 있다. 우선 전체 시장이 장기적으로 정체되고 있는 상황에서 SKT와 SKB의 시장점유율은 지속적으로 증가하고 있다. 특히 이러한 성장은 SKT가 SKB의 초고속 인터넷을 재판매한 것에 힘입은 바가 큰데, 2010년 9월 1.4%에 불과하였던 SKT의 점유율은 2015년 6월 11.4%로 증가하였으며, 증가된 판매의 대부분은 SKT의 주력 상품인 이동통신 서비스와의 결합판매로 이루어진 것으로 보인다. 이러한 추세는 초고속 인터넷 시장에서 기업결합 이후의 경쟁상황을 단지 기업결합 참가자들의 시장점유율 합산만으로 평가하기 어려울 수 있음을 시사한다. 기업결합 이후 CJHV로부터 종합유선방송 서비스를 제공받고 있는 소비자의 거래 상대방은 SKT가 될 것이며, 이는 기존의 거래를 확장한 새로운 형태의 결합판매 가능성을 높이는 것이다. 이러한 점에서 현재 CJHV의 종합유선방송 가입자 중 동 사업자로부터 초고속 인터넷 서비스를 제공받고 있는 사업자는 약 28.5% 수준이므로, 나머지 71.5%의 가입자가 어떠한 선택을 할지에 관한 예측이 당해 시장의 경쟁상황을 전망하는데 고려되어야 할 것이다.

---

19) http://isis.kisa.or.kr/sub01/?pageId=010500 참조.

(3) 알뜰폰 시장

SKT는 자회사인 SK텔링크를 통하여 알뜰폰 서비스를 제공하고 있으며, CJHV 역시 MVNO(mobile virtual network operator, 통신재판매사업자)로서 알뜰폰 서비스 시장에 진출하고 있다. 이때 알뜰폰 서비스를 MNO(mobile network operator, 통신도매제공사업자)에 의하여 제공되는 이동통신 서비스와 별개의 시장으로 볼 것인지가 선결되어야 한다. 현재 MVNO 사업자에 의하여 제공되는 이동통신 서비스는 MNO에 의한 서비스와 확연히 구분되는 요금체계를 취하고 있으며, 평균적으로 MNO 서비스 대비 약 60%의 가격 수준을 보여주고 있다. 물론 이러한 가격 비교만으로 시장 획정의 기준인 수요대체성을 부인할 수는 없지만, 국내 MVNO 중에는 독자적인 핵심 네트워크와 플랫폼을 구축하고 독립적으로 MNO와 경쟁할 수 있는 full MVNO의 위치에 이른 사업자가 존재하지 않는다는 점,[20] 정책적으로 MVNO 사업을 권장하기 위하여 전기통신사업법 등에 의하여 다양한 규제가 이루어지고 있다는 점[21] 등은 알뜰폰 시장을 MNO에 의한 이동통신 시장과 분리된 별도의 시장으로 파악할 수 있는 유력한 근거가 된다.

알뜰폰 시장을 별개의 시장으로 획정할 경우에 동 시장에서 당해 기업결합은 수평적 기업결합에 해당한다. 동 시장의 상황을 보면, 3 MNO 사업자의 망을 이용한 MVNO 사업자는 2015년 9월 모두 37개 사업자이며, 총 가입자 수는 약 560만명으로 전체 이동통신 서비스 이용자 중 9.75%의 비중을 차지하고 있다.[22] 동 시장에서 SK텔링크와 CJHV는 각각 15.2%의 점유율로 시장을 선도하고 있다.[23] 따라서 두 사업자의 결합은 강력한 지

---

20) 홍명수, "전기통신사업법상 MVNO에 의한 통신서비스재판매 활성화 방안 고찰", 법학논고 제45호, 2014, 552-553면.
21) 핵심적인 근거 조항은 전기통신사업법 제38조 제1항은 다른 사업자의 통신서비스 재판매를 가능하게 하는 통신서비스의 제공이나 통신설비의 이용 등에 의한 도매 제공의 허용 근거를 마련하고, 제2항은 통신서비스 재판매를 위한 의무적 도매 제공에 관하여 규정하고 있다.
22) http://www.itstat.go.kr/ 참조.

위에 있는 새로운 1위 사업자를 낳게 되며,[24] 이 한도에서 동 시장의 경쟁에 부정적인 영향을 미칠 수 있다. 또한 고려되어야 할 것은 MVNO 서비스를 촉진하는 정책이 지속적으로 추진되어 왔다는 점이다. MVNO 확산 정책의 주된 동기는 설비 경쟁에서 서비스 경쟁으로의 전환을 유도하여 고착되어 있는 이동통신의 경쟁 구조를 개선하려는데 있으며,[25] 이러한 취지에 따라서 MNO 사업자와 계열관계에 있는 사업자의 MVNO 시장의 진출은 제한되었다. 즉 MNO 사업자는 1개의 MVNO 사업자만을 둘 수 있고, 이들 MVNO 사업자의 가입자 비중은 전체 알뜰폰 서비스 시장에서 50%를 넘지 않도록 하는 제한이 부과되었다.[26] 이와 같은 정책 취지에 비추어 알뜰폰 시장에서 당해 기업결합이 수용될 수 있는지도 검토되어야 할 것이다.

(4) 인터넷 전화 시장

인터넷 전화 서비스는 인터넷망을 통한 음성의 송수신 서비스를 말한다. 기존 유선통신과 구별되는 별도의 단말기를 필요로 하는 이용 방식 상의 차이가 있으며, 대체로 유·무선 통신에 비하여 요금이 저렴하고, 인터넷 망이 연결되어 있는 곳이면 지리적 제한 없이 이용할 수 있다는 기능

---

23) CJHV는 2개 이상의 망을 이용하고 있는 복수 MVNO이다. 주된 망은 KT의 망으로서 15.1%의 비중이며, SKT의 망 이용은 0.1%에 불과하다. SK텔링크는 SKT의 자회사로서 SKT 망을 이용하고 있다.

24) 결합 후 2위 사업자는 유니컴즈(SKT 망) 8.8%, 3위 사업자는 EG모바일(KT 망) 8.4%로서 1위 사업자와 현저한 시장점유율의 차이를 보인다.

25) FCC, Connecting The Globe: A Regulator's Guide To Building A Global Information Community, 1999, 7면 및 김성환 등 5인, 주요국 통신시장 서비스기반 경쟁정책의 효과분석, 정보통신정책연구원, 2006, 20-25면 참조.

26) 미래창조과학부, 2014년도 알뜰폰 활성화 방안, 2014, 4-6면 참조. 동 정책의 시행은 전기통신사업법 제21조 제2항의 "미래창조과학부장관은 제1항에 따라 별정통신사업의 등록을 받는 경우에는 공정경쟁 촉진, 이용자 보호, 서비스 품질 개선, 정보통신자원의 효율적 활용 등에 필요한 조건을 붙일 수 있다"는 규정에 근거하였다.

상 특성이 인터넷 전화 시장을 유선통신과 별개의 시장으로 파악할 수 있는 근거가 될 수 있다.

물론 엄밀한 수요 대체성 분석에 의하여 유선통신 시장과 별개의 시장으로 획정이 가능한지가 논의되어야 하지만, 잠정적으로 별도의 시장을 전제할 경우에, 인터넷 전화 시장에는 당해 기업결합의 양 당사자들이 참가하고 있다는 점에서 역시 수평적 결합으로 이해될 수 있을 것이다. 그러나 현재의 시장점유율을 합산할 경우에 결합 이후에도 동 시장에서의 지배적 지위에는 미치지 못하는 것으로 나타난다. 동 시장에서의 시장점유율 분포를 보면, 2015년 10월 기준 LGU+ 36.3%, KT 27.4%, SKB 14.3%, KCT(태광그룹 계열) 8.6%, CJHV 6.6%, SK텔링크 1.8% 등이다.27) 기업결합 당사자들의 점유율을 합산하면 총 22.70%로서 여전히 3위의 사업자이며, 일반적으로 하위 사업자 간 기업결합은 경쟁을 촉진할 수도 있다는 점을 고려하면, 동 시장에서의 기업결합이 경쟁에 부정적 영향을 미칠 것이라는 판단이 여의치 않다. 또한 동 시장의 전체적인 규모가 2013년 12월 이후 가입자 감소로 인하여 축소되고 있다는 점도 염두에 두어야 한다. 다만 CJHV의 종합유선방송 가입자 중 약 19%가 동 사업자가 제공하는 인터넷 서비스에 가입하고 있다는 점에서, 기업결합 후 이러한 비중이 높아질 가능성에 대해서는 주의를 기울여야 할 것이다.

(5) 이동통신 시장 및 유선통신 시장

이동통신 시장 및 유선통신 시장은 당해 기업결합의 일방 당사자만이 참여하고 있는 시장이기 때문에, 기업결합으로부터 직접적인 영향을 받는 시장은 아니다. 그러나 혼합결합의 측면에서 동 시장에 대한 분석이 포함될 수 있으며, 특히 시장 구조의 장기적 고착화와 관련하여 당해 기업결합이 동 시장에 미칠 영향은 중요한 고려 대상이 된다. 동 시장들에서의 경

---

27) http://www.itstat.go.kr/ 참조.

쟁 구조가 장기간 고착되고 있는 상황과 관련하여, 이동통신 시장은 2014
년 기준 SKT 50.0%, KT 30.3%, LGU+ 19.7%의 점유율을 보이고 있으며,
이러한 구조는 2000년 이후 계속되고 있다. 유선시장도 이와 다르지 않은
데, 시내전화 시장에서 2014년 점유율은 KT 81.0%, SKB 16.1%, LGU+
2.9%로서 이 역시 장기간 큰 변화 없이 유지되고 있는 상황이다.[28] 전술
한 것처럼 SKT와 CJHV의 기업결합이 이 시장들에 직접적으로 관련되는
것은 아니지만, CJHV가 제공하는 방송·통신 관련 상품이 SKT가 향후 제
공할 결합판매의 구성에 의미 있는 변화를 낳을 경우, 특히 이동통신 시장
의 경직적인 시장 구조가 더욱 심화되는 방향으로 작용할 수 있다는 점에
주의를 기울일 필요가 있다.

3. 결합판매의 검토

전술한 것처럼 방송·통신 시장에서 결합판매는 주된 판매방식으로 자
리 잡고 있다. 이러한 현상은 주요 통신 3사에 공통적으로 나타나고 있으
며, 실질적인 경쟁은 결합판매의 구성을 중심으로 전개되고 있다. 형식적
으로 보면, 주요 통신 3사는 결합의 주요 구성상품에 대한 접근에 있어서
차이를 보이지 않는다. 결합판매의 주요 상품 구성은 이동통신, 유선통신,
초고속 인터넷, IPTV(유료방송)이며, 통신 3사 모두 각 구성상품의 제공
능력을 자체적으로 갖고 있다는 점에서 구성 상품에 대한 동등한 접근이
형식적으로 이루어지고 있다.

그러나 실제 전개되고 있는 양상은 주요 사업자 간 결합판매 능력에 차
이가 있음을 보여준다. 예를 들어 이동통신 서비스가 포함된 결합상품과
관련하여, 2013년 12월 전체 1,129만 가입자 중 SKT 48.0%, KT 39.4%,
LGU+ 12.5%의 점유율 분포가 나타나고 있으며, SKT의 점유율은 2008년

---

28) http://www.itstat.go.kr/ 참조.

12월 28.8%에서 지속적으로 성장하고 있는 추세이다.29) 이동통신, 초고속 인터넷, 유료방송이 포함된 결합상품의 시장점유율 분석도 유사한 경향을 보이는데, 2014년 3월 KT 38.5%, SKT 40.2%, LGU+ 20.7%, SO 합계 0.5% 등이며, 2013년 9월 KT 45.4%, SKT 37.7%, LGU+ 16.9%, SO 합계 0.0%인 것과 비교할 때 SKT의 시장점유율이 빠르게 증가하고 있음을 알 수 있다.30) 이러한 현상은 결합판매의 구성 상품 중에서 이동통신 서비스가 소비자의 선택에 주된 영향을 미치고 있음을 반증하는 것이기도 하다. 현재 이동통신 서비스를 결합상품 구성의 중심 서비스로 인식하는 소비자 비중은 67.3%에 이르며, 2015년 2월 한국리서치 조사에서 2014년 하반기 유무선 결합상품에서 가장 선호하는 사업자는 SKT 43.9%, KT 27.6%, LGU+ 13.4%의 순으로 보고되고 있다.31) 이러한 조사 결과는 결합상품 선택에서 소비자가 가장 중요하게 고려하는 요소는 이동통신 서비스이며, 소비자의 선호도에 비추어 이러한 경향이 지속될 것이라는 예측을 가능하게 한다.

이상의 분석은 방송·통신 산업에서 결합판매가 주된 판매 방식으로 자리 잡은 이후에도 이동통신 서비스 시장의 경쟁 구조가 큰 변화 없이 지속되고 있는 이유가 될 것이다. 우월한 주파수의 분배가 특정 사업자에게 전속적으로 이루어짐으로써 이동통신 시장의 시장 구조가 고착되었던 1990년대 후반 이후 동 서비스 시장에서 소비자의 선호도는 큰 변화 없이 유지되고 있으며, 이는 결합판매의 구성에도 영향을 미치고, 이러한 판매 양상은 다시 이동통신 서비스 시장에 영향을 미치는 순환이 이루어지고 있다.

한편 결합판매에서 유료방송 서비스가 차지하는 중요성에 대해서도 주목할 필요가 있다. 구성 상품 간의 관계를 보면, 음성통신에서 데이터통신으로 통신 대상이 변화하고 있는 환경 하에서 이동통신 서비스와 초고속

---

29) 정보통신정책연구원, 주 10)의 책, 438면.
30) 방송통신위원회, 주 14)의 책, 286면.
31) 2012년 상반기 조사에서는 SKT 38.4%, KT 34.8%, LGU+ 9.9%의 순이었다.

인터넷은 본질적으로 상호 대체적이다. 반면 유료방송 서비스는 그 본질이 미디어를 통한 콘텐츠의 이용이라는 점에서 이동통신 서비스와는 기본적으로 보완적인 관계에 있다. 이는 결합판매의 구성 상품 중에서 유료방송 서비스가 이동통신과는 독립적으로 선택의 중요 고려 요소로 작용할 수 있음을 의미하는 것이다. 이와 관련하여 최근 조사에서 나타난 미디어 기기별 방송 시청 행태에 관한 분석은 시사하는 바가 크다. 동 조사에서 방송 시청 시 선호하는 기기는, 집 TV 75.6%, 모바일 13.7%, 컴퓨터 10.8% (20대 집 TV 59.0%, 모바일 21.0%, 컴퓨터 20% 순으로 나타나고 있다.32) 물론 동 조사는 방송 시청의 단말기 선호에 관한 것이지만, 전통적인 TV 수상기의 선호가 여전히 높다는 것은 이러한 유형의 기기에 의해 제공받을 수 있는 서비스의 비중을 아울러 보여주는 것이다.33) 이러한 관점에서 당해 기업결합은 결합판매에서 유력한 경쟁 요인으로 작용할 수 있는 상품 구성 요소 간의 통합을 의미하며, 이는 당해 기업결합의 경쟁정책적 의의를 분석함에 있어서 고려될 필요가 있다.

III. 방송·통신법상 기업결합 규제의 근거

1. 방송법상 기업결합 규제

(1) 규제 근거

방송법상 기업결합에 관한 명시적인 규제가 존재하지 않지만, 기업결합

---

32) macromill embrain, 미디어 기기별 TV 시청 행태와 광고 시청 태도, 2015, 7면. 동 조사는 2015. 7. 29. - 2015. 8. 3. 기간에 표본 2,000명을 대상으로 한 것이다.

33) Ofcom, The Communications Market Report, 2014, p.30에서는 영국에서 하루 당 유형별 방송·통신서비스의 이용 시간은 TV 232분, 라디오 166분, 인터넷 68분, 이동전화 28분, 유선전화 9분으로 조사되었다.

에 관련된 일련의 행위는 규제 대상이 될 수 있다. 방송법 제15조 제1항 본문은 "방송사업자·중계유선방송사업자·음악유선방송사업자 및 전광판 방송사업자는 다음 각 호의 사항을 변경하고자 하는 때에는 과학기술정보 통신부장관 또는 방송통신위원회로부터 변경허가 또는 변경승인을 얻거나 변경등록을 하여야 한다"고 규정하고 있으며, 각 호의 사유에는 당해 법인 의 합병 및 분할(1호), 개인이 영위하는 사업의 법인사업으로의 전환(2호), 개인이 영위하는 사업의 양도(4호), 방송분야의 변경(5호), 방송구역의 변 경(6호), 기타 대통령령이 정하는 중요한 시설의 변경(7호) 등이 해당한다. 동 규정은 기본적으로 방송사업자 등의 구조 변경에 대한 규율이며, 제1 호의 합병 및 분할이나 제4호의 개인 사업 양도 등도 기업결합 보다는 구 조 변경의 관점에서 규제 대상이 된 것으로 이해된다. 그러나 적어도 부분 적으로 기업결합적 관점이 고려될 수는 있을 것이다. 동 규정에서 방송사 업자에는 종합유선방송사업자도 포함되므로,[34] 동 규정은 종합유선방송사 업자의 합병 등에 관한 규제 근거가 될 수 있다.

　방송법 제15조 제1항 제2문은 허가 또는 승인 절차에 방송법 제9조를 준용하고 있으며, 종합유선방송사업자의 경우에는 제9조 제2항이 적용된 다. 즉 종합유선방송사업자는 방송법 제9조 제2항에 의하여 과학기술정보 통신부장관의 허가를 받아야 하고, 절차적으로 이전에 방송통신위원회의 동의를 받아야 하는데, 동 규정은 종합유선방송사업자의 합병 및 분할에 적용된다. 동 규정에 의한 허가 시 요건에 관해서는 동법 시행령 제5조 제 4항이 정하고 있다. 이에 의하면, 시설설치계획이 법 제79조 제1항에 따른 종합유선방송사업 또는 중계유선방송사업의 기술 기준에 적합할 것(1호), 수신자의 편의와 최소한의 방송품질을 보장할 것(2호), 방송기술개발 및 시설의 고도화에 관한 정부시책에 부합할 것(3호) 등의 요건이 충족되어 야 한다. 전술한 것처럼 방송법 제15조 제1항은 구조 변경에 따른 사업

---

34) 방송법 제2조 제3호에서 방송사업자는 지상파방송사업자, 종합유선방송사업자, 위성방송사업자, 방송채널사용사업자, 공동체라디오방송사업자를 의미한다.

허가의 유효성 여부를 다루므로, 기업결합의 고유한 관점이 반영될 여지
는 크지 않으며, 이는 동법 시행령 제5조 제4항의 요건에서 경쟁정책적 고
려의 근거가 주어지지 않은 이유가 될 것이다.

이러한 점에서 기업결합 규제와 보다 관련되는 것은 방송법 제15조의2
에 의한 최다액출자자에 관한 규제가 될 수 있다. 동조 제1항 본문은 "방
송사업자 또는 중계유선방송사업자의 주식 또는 지분의 취득 등을 통하여
당해 사업자의 최다액출자자가 되고자 하는 자와 경영권을 실질적으로 지
배하고자 하는 자는 다음 각 호의 구분에 따라 과학기술정보통신부장관
또는 방송통신위원회의 승인을 얻어야 한다"고 규정한다. 동 규정에서 종
합유선방송사업자는 제1호에 해당하므로 과학기술정보통신부장관의 승인
을 받아야 한다. 동 규정은 기업결합 방식 중에서도 주식취득에 관한 것만
포섭할 수 있으므로, 기업결합을 전반적으로 규제하는 것은 아니지만, 주
식 취득 방식에 한해서는 실질적인 규제 근거가 될 수 있다. 또한 합병이
나 영업양도 등의 경우에도, 이에 의하여 최다액출자자의 변경이 발생하
게 되면 역시 동 규정에 의한 규제 대상이 될 수 있다.

(2) 최다액출자자 변경 승인 심사

방송법 제15조의2 제2항은 최다액출자자 변경 승인 심사의 기준을 제
시하고 있다. 동 규정에서, 방송의 공적 책임·공정성 및 공익성의 실현가
능성(1호), 사회적 신용 및 재정적 능력(2호), 시청자의 권익보호(3호), 그
밖에 사업수행에 필요한 사항(4호) 등이 심사 기준이 된다. 동 기준들은
방송의 공익적 관점에서 제시된 것이다. 비록 제4호가 일반조항적인 규정
형식을 취하고 있지만, 사업수행 필요성 개념을 통하여 경쟁정책적 고려
를 행하기는 어려울 것이다.

일반적으로 방송의 공익적 규제의 근거는 방송의 언론 기능과 밀접히
관련된다. 방송이 기술적으로 양방향적인 진화를 하고 있지만, 여전히 멀

티캐스팅적인 전송방식(point to multipoint)을 취하고 있으며, 특히 주파수의 한정성에 의하여 소수의 주체만이 방송서비스를 제공할 수밖에 없는 구조적 특성이 존재한다. 이러한 특성과 여론 형성의 사회적 기능 등이 종합적으로 방송에 대한 공익적 규제의 근거가 될 것이다.[35] 또한 언론기관 간의 통합에 대하여 언론의 다양성 측면에서 규제가 이루어질 수 있다는 지적도 방송산업에서 발생하는 기업결합 규제의 공익적 측면을 부각시킨다.[36] 그러나 방송산업이 시장에 의존하는 방향으로 나아가고 있으며, 방송의 다양성과 같은 공익적 측면은 경쟁 메커니즘과 분리하여 사고될 수 없다는 점에서, 경쟁정책적인 고려는 방송법상 기업결합 규제에 있어서도 적극적으로 행해질 필요가 있다.

이러한 관점은 현행 방송법상 최다액출자자 변경에 관한 심사 기준에도 반영될 수 있다. 전술한 것처럼 방송법 제15조의2 제2항의 기준이 공익적 관점에서 제시된 것이라 할지라도, 구체적인 기준의 적용에 있어서 경쟁정책적인 고려가 이루어질 수 있다. 예를 들어 제3호의 '시청자의 권익 보호'와 관련하여, 경쟁적인 방송시장 구조로부터 얻게 되는 소비자 이익의 관점에서 시청자 권익의 내용을 파악할 수도 있으며, 이러한 시도는 방송법 영역에서 기업결합의 문제에 관한 종합적인 사고를 가능하게 할 것이다.

2. 전기통신사업법상 기업결합 규제

(1) 규제 대상

전기통신사업법상 기업결합 규제는 동법 제18조에 의한다. 동조 제1항은 기업결합에 관한 일정한 행위를 과학기술정보통신부장관의 인가 사항

---

35) Wayne Overbeck, Major Principles of Media Law, Thomson Wadsworth, 2005, 427-428면 참조.

36) Christian Kirchner, "Zur Ökonomik rechtlicher Probleme von Fusionen und Kooperationen auf dem deutschen Pressemarkt", DIW vol. 74, 2005, 34면.

으로 규정하고 있다. 기간통신사업의 전부 또는 일부를 양수하려는 자(1호), 기간통신사업자인 법인을 합병하려는 자(2호), 허가받은 기간통신역무의 제공에 필요한 전기통신회선설비를 매각하려는 기간통신사업자(3호), 특수관계인과 합하여 기간통신사업자의 발행주식 총수의 100분의 15 이상을 소유하려는 자 또는 기간통신사업자의 최대주주가 되려는 자(4호), 기간통신사업자의 경영권을 실질적으로 지배하려는 목적으로 주식을 취득하려는 경우 또는 협정을 체결하려는 경우로서 대통령령으로 정하는 경우에 해당하는 자(5호), 허가를 받아 제공하던 기간통신역무의 일부를 제공하기 위하여 법인을 설립하려는 기간통신사업자(6호) 등이 이에 해당한다.

동 규정에 의한 기업결합 규제는 규제 방식이나 대상 측면에서 몇 가지 특징을 갖고 있다. 우선 동 규제는 기업결합에 관련된 행위를 대상으로 하지만, 통신산업 진입에 대한 통제로서의 의의를 갖고 있다. 이러한 점은 기업결합 행태의 대부분을 포섭하고 있는 독점규제법상 기업결합 규제와 비교하여 동 규정의 기업결합 규제 범위가 제한적인 이유가 될 것이다. 동 규정에 의하여 규제되는 행위는 영업양수, 합병, 주식인수 등이며, 이 외에 기간통신사업자가 허가받은 복수의 기간통신역무 중 일부의 기간통신역무를 제공하기 위하여 법인을 설립하고자 하는 경우가 독점규제법상 회사설립에 의한 기업결합과 부분적으로 관련된다. 이러한 규정 방식에 비추어 전기통신사업법에 의한 기업결합의 포괄적인 규제를 기대하기는 어려우며,37) 임원 겸임과 같이 동법에 의한 규제 대상이 되지 않는 방식으로 전개되는 기업결합은 동법에 의한 규제 범위에 포함되지 않는다. 나아가 이러한 규정이 규제 대상 범위의 문제만을 낳는 것은 아니다. 진입 규제적 성격이 반영된 동 규정은 주로 비통신사업자와 통신사업자의 결합을 염두에 두고 있으며, 경쟁정책적으로 보다 중요한 통신사업자 간 결합의 규제 근거로서는 충분하지 못한 측면이 있다.

---

37) 이호영, "통신·방송융합에 따른 기업결합심사에 관한 연구", 법제연구 제29권, 2005, 158면 참조.

또한 규제 대상의 범위를 기간통신사업에 한정하고 있는 점도 특징적인데, 이로 인하여 별정통신역무나 부가통신역무를 제공하는 사업자와 관련된 기업결합은 규제 대상에서 제외된다. 규제 대상의 범위를 기간통신사업에 한정한 것은 별정통신역무 등에 대한 규제 필요성이 크지 않다고 본 정책적 판단에 따른 결과로 보인다. 이러한 판단은 충분히 가능한 것이지만, 현행 전기통신사업법상 기간통신사업은 서비스의 중요도 보다는 기간망의 보유라는 형식적 기준에 의하고 있기 때문에,[38] 기업결합 규제의 관점에서 이와 같은 규제 범위의 설정이 타당한지는 의문이다. 끝으로 동 규정에 의한 규제는 해당 행위를 인가 대상으로 하고 있다. 따라서 동 규제의 성격은 본질적으로 사전적이며,[39] 원칙적으로 사후적 규제에 입각하고 있는 독점규제법상 기업결합 규제와 대비된다.

(2) 인가 심사

전기통신사업법 제18조 제2항은 인가 시 종합적으로 심사하여야 할 사항으로서, 재정 및 기술적 능력과 사업 운용 능력의 적정성(1호), 주파수 및 전기통신번호 등 정보통신자원 관리의 적정성(2호), 기간통신사업의 경

---

38) 전기통신사업법 제2조 제11호는 기간통신역무를 "전화·인터넷접속 등과 같이 음성·데이터·영상 등을 그 내용이나 형태의 변경 없이 송신 또는 수신하게 하는 전기통신역무 및 음성·데이터·영상 등의 송신 또는 수신이 가능하도록 전기통신회선설비를 임대하는 전기통신역무"로 정의하고 있다. 동 규정은 2010년 동법 개정에 따른 것으로서, 개정 이후 기간통신역무 등의 분류는 정책적 중요도가 아니라 서비스의 성격에 따르는 것으로 전환하였으며, 현재 기간통신역무는 순수하게 전송의 성격을 갖는 것으로 구성되어 있다고 이해하는 견해가 있다(박동욱, "융합환경에서의 방송통신사업 분류체계와 진입규제", 경제규제와 법 제3권 제2호, 2010, 103-104면). 그러나 동법 제5조 제2항은 기간통신사업을 "전기통신회선설비를 설치하고, 그 전기통신회선설비를 이용하여 기간통신역무를 제공하는 사업"으로 정의하고 있으며, 따라서 여전히 기간통신사업은 회선설비의 보유에 의하여 판단된다.

39) 예를 들어 전기통신사업법 제18조 제1항 제1호는 인가 대상인 사업자를 양수한 자가 아닌 양수하려는 자로 정의하고 있다.

쟁에 미치는 영향(3호), 이용자 보호(4호), 전기통신설비 및 통신망의 활용, 연구 개발의 효율성, 통신산업의 국제 경쟁력 등 공익에 미치는 영향(5호) 등을 법정하고 있다.[40] 경쟁정책 관점에서의 인가 사유는 제3호이며, 다른 사유는 공익적 측면이 반영된 통신정책의 관점에 따른 것으로 볼 수 있다. 물론 각 사유들은 고유한 의의를 갖고 있지만, 동항 본문에서 명시적으로 언급하고 있는 것처럼 각 사유를 종합한 심사가 이루어져야 한다. 또한 규정 형식에 비추어, 각 사유에 규범적인 우열은 없으며, 결국 경쟁정책과 통신정책은 동등하게 고려되어야 할 것이다.

전술한 전기통신사업법상 인가 사유는 진입 규제적인 성격도 갖고 있으며, 합병심사기준이 정하고 있는 구체적 기준도 이러한 관점을 반영하고 있다. 그러나 경쟁정책적 관점에서 제시되고 있는 제3호의 내용은 상당 부분 수평적 결합을 전제하며, 이러한 점에서 기존의 통신사업자 간 기업결합에 대한 규제 기준으로서의 의미도 드러난다. 구체적으로 경쟁법에서

---

40) 이상의 기준은 전기통신사업법 제18조 제3항에 근거하여 미래창조과학부가 고시한 「기간통신사업자의 양수·합병 인가 등의 심사기준 및 절차」(제2015-31호, 이하 합병심사기준)에 의하여 구체화되고 있다. 합병심사기준 제10조 제1항 각호는 구체적인 심사 사항을 제시하고 있다. 즉 제1호는 재정 및 기술적 능력과 사업운용 능력의 적정성"에 관하여 소요자금 규모 및 이에 대한 조달 방법의 적정성, 양수인의 재무구조의 건실성, 기술인력의 확보 및 운용계획의 적정성, 역무제공계획의 적정성, 제2호는 "주파수 및 전기통신번호 등 정보통신자원관리의 적정성"에 관하여 주파수 사용의 효율성 및 공평성, 전기통신번호 이용의 효율성, 제3호는 "기간통신사업의 경쟁에 미치는 영향"에 관하여 해당 양수로 인한 양수인의 시장점유율 변화추이, 경쟁 사업자의 유휴 전기통신설비 및 신규 전기통신설비 투자능력 보유 여부, 시장진입의 용이성 여부, 이용자의 가입전환 비용의 과다 여부, 사업자간 공동행위의 용이성 여부, 제4호는 "이용자 보호"에 관하여 통신요금의 인상, 통화품질의 저하, 고객서비스 질의 저하 등 이용자 이익의 저해 여부, 제5호는 "전기통신설비 및 통신망의 활용, 연구 개발의 효율성, 통신산업의 국제 경쟁력 등 공익에 미치는 영향"에 관하여 전기통신설비의 공동활용 등에 따른 생산성 증대, 주파수 활용의 효율성 증대, 조직의 통·폐합에 따른 효율성 증대, 연구 개발의 효율성 증대, 통신망의 외부성 효과 증대, 국제 경쟁력 강화 등 통신산업의 효율성 증대 여부를 심사 시 고려하여야 할 사항으로 제시하고 있다.

다루어지고 있는 기업결합 심사의 일반적 기준이 원용되고 있는데, 예를 들어 기업결합의 경쟁제한 효과를 단독효과와 협조효과로 구분하여 평가하는 것은 경쟁법상 일반화되어 있는 기업결합 규제 법리를 수용한 것으로 볼 수 있을 것이다.[41] 또한 이용자 보호에 관한 규정은 경쟁정책과 통신정책이 종합적으로 고려될 수 있는 사유라는 점에서도 주목된다. 합병 심사기준이 정하고 있는 구체적 기준은 요금 인상이나 품질 저하 등인데, 이는 기업결합에 의하여 강화된 시장지배력을 갖게 된 사업자의 행태에 대한 경쟁정책적 평가일 수 있지만, 또한 보편적 서비스로서의 성격을 갖고 있는 통신 서비스의 이용자에게 귀속되는 불이익 자체에 초점을 맞춘 것일 수도 있으며, 후자는 전형적으로 공익적 관점에 의한 것이다.

Ⅳ. 방송·통신법상 SKT-CJHV 기업결합의 규제 가능성

1. 방송법상 규제 가능성

(1) 규제 범위 및 판단 근거

방송법상 기업결합의 규제 근거는 제15조 및 제15조의2가 될 수 있다. 당해 기업결합에서 CJHV는 종합유선방송사업을 영위하는 사업자이므로, 제15조 제1항 제1호의 합병 및 분할과 제15조의2에 의한 최다액출자자의 변경이 구체적인 근거가 된다. 당해 기업결합은 SKT에 의한 CJHV의 주식 취득과 일정 기간 이후에 진행될 SKB와 CJHV의 합병으로 이루어진다. 그러나 SKB는 100% 주식을 갖고 있는 SKT의 자회사이므로, 추후 진행될 합

---

41) 독점규제법상 기업결합 규제를 위하여 공정거래위원회가 제정한 「기업결합심사기준」 Ⅵ. 2.는 수평적 기업결합의 경쟁제한성 판단 기준을 단독효과와 협조효과로 구분하여 제시하고 있다. 미국의 Horizontal Merger Guideline(2010)도 경쟁제한성 판단 기준을 Unilateral Effects(6)와 Coordinated Effects(7)에 의하고 있다.

병이 기업결합 과정의 핵심으로 보이지는 않으며, 따라서 주식취득에 초점을 맞추어 방송법상 규제 가능성을 검토하는 것이 타당할 것이다.

방송법 제15조의2에 의한 종합유선방송사업자의 최다액출자자 변경은 미래창조과학부장관의 승인을 요하며, 승인 시 심사의 구체적 기준은 동조 제2항에서 제시하고 있다. 동조 제2항에서 제시하는 심사기준은 주로 공익적 관점에서 방송의 공적 책임·공정성 및 공익성의 실현가능성(1호), 사회적 신용 및 재정적 능력(2호), 시청자의 권익보호(3호), 그 밖에 사업 수행에 필요한 사항(4호) 등을 내용으로 한다.

(2) 경쟁정책적 검토

동 심사기준에서 최다액출자자를 변경하는 기업결합을 경쟁정책적 관점에서 검토할 수 있는 근거가 명확한 것은 아니다. 다만 앞서 논의한 것처럼, 방송산업에서 점증하고 있는 경쟁의 중요성을 고려하고, 또한 내용적으로 공익의 한 구성 요소로서 경쟁정책을 수용하는 것에 의하여 경쟁 정책적 관점에서의 검토를 행할 수 있으며, 이 경우에 제15조의2 제2항 제3호의 시청자의 권익보호를 구체적인 근거로서 원용할 수 있을 것이다. 당해 기업결합을 경쟁정책적으로 고려할 때, 관련 시장의 획정이 선행되어야 하며, 이때 독점규제법상 활용되고 있는 대체가능성 기준이 마찬가지로 원용될 것이다. 이에 의할 경우에 방송권역별 지리적 시장에서 제공되고 있는 유료방송 시장을 관련시장으로 획정할 수 있다.

〈표 1〉에서 CJHV가 독점적으로 종합유선방송 서비스를 제공하던 20개 방송권역을 포함한 23개 방송권역 중 22개 방송 권역에서 기업결합 후 1위의 시장점유율을 갖는 것으로 나타나고 있다. HHI 지수를 분석하면, 실질적인 경쟁제한성이 추정되지 않는 250 미만의 증가는 3권역에 불과하고, 19개 권역에서는 250 이상이며, 500 이상의 증가를 보여주는 방송권역은 14권역 그리고 1,000 이상인 방송권역도 5권역이다.

〈표 1〉 기업결합 전후 CJHV의 방송권역별 시장 점유율[42]

SO 방송권역	시장 점유율(%)				
	KT	SKT			LGU+
		CJHV	SKB	C+S	
서울 은평	19	59	13	71	10
서울 양천	20	57	14	71	9
경기 부천(원미, 소사, 오정)·김포시	26	55	10	66	8
경기 의정부	11	21	9	30	9
인천 부평·계양	21	55	13	68	11
전남 순천·여수·광양·고흥	35	53	7	60	4
전남 목포	12	81	5	85	3
부산 해운대·기장	25	60	8	68	6
부산 중·동·영도	20	70	5	75	5
부산 부산진	18	70	6	76	5
부산 금정	24	65	6	71	5
경남 창원(의창, 성산, 진해)·함안·의령	27	55	8	63	7
경남 창원(합포, 회원, 마산)·거제·통영·고성	31	45	7	52	2
경남 김해·양산·밀양·창녕·거창·합천	37	53	1	54	5
충남 서산·당진·예산·청양·태안·홍성	48	46	4	50	3
대구 수성	19	44	9	53	5
대구 동	18	39	8	47	5
경북 경주·영천·경산·청도	35	56	5	62	3
경북 안동·영주·문경·봉화·예천·청송·영양·의성	49	47	3	50	1
강원 강릉·동해·삼척·태백·속초·양양·고성	45	46	4	50	5
강원 원주	27	60	7	66	6
강원 춘천·철원·화천·홍천·인제·양구	46	41	5	46	5
전북 정읍·남원·김제	34	58	2	60	2
합계	29	52	7	59	5

이러한 지수 변화는 당해 기업결합이 CJHV가 종합유성방송 서비스를 제공하는 전체 시장은 아니라도 다수의 시장에서 경쟁정책적인 문제를 야기하며, 해당 권역의 시청자 입장에서 선택의 제한과 같은 권익침해적인

---

42) http://kcc.go.kr/ 및 http://www.msip.go.kr/ 등을 참조하여 구성. KT의 경우 IPTV와 위성방송 서비스를 합산한 것이다.

효과가 나타날 수 있음을 보여주는 것이다. 따라서 방송권역별로 차별화된 승인조치의 가능성도 고려할 수 있을 것이다.

또한 당해 기업결합이 결합판매에 일정한 영향을 미칠 수 있다는 점도 고려되어야 한다. 결합판매는 복수의 상품이 고정된 비율로 결합하여 판매되는 순수 결합판매와 개별적 판매가 행해지지만 이때의 가격 총합보다 결합판매 가격이 낮은 경우인 혼합 결합판매로 구분할 수 있다. 특히 후자는 가격 할인의 행태에 초점을 맞추어 복수상품 리베이트(multi-product rebate)로 언급되는데, 효율적 경쟁사업자가 복수상품을 구성하는 일부 상품 시장에서만 경쟁할 수 있을 경우에 시장배제적 효과가 나타날 수 있다는 점에서 경쟁정책상 문제가 제기된다.[43] 즉 특정 사업자가 결합 구성상품 중 소비자의 선호가 높고 전체 결합상품의 유인에 가장 큰 영향을 미칠 수 있는 상품시장에서 지배력을 갖고 있을 경우에 발생할 수 있는 상품 구성에서의 불균형이 결합판매 문제의 핵심이며,[44] SKT가 방송·통신 상품의 결합판매에서 우위를 점하고 있는 것도 이와 같은 불균형적 성격에 기인하는 것으로 볼 수 있다. 종합유선방송 서비스가 주된 결합 대상인 당해 기업결합은 이와 같은 불균형을 심화시킬 수 있으며, 결국 시청자 권익에 부정적 영향을 미칠 수 있다는 점도 염두에 둘 필요가 있다.

(3) 공익적 검토

방송법 제15조의2 제2항이 제시하는 심사 사항은 방송의 공적 책임·공정성 및 공익성의 실현가능성(1호), 사회적 신용 및 재정적 능력(2호), 시

---

43) Guidance on Article 102 Enforcement Priorities, para. 58 참조.
44) 결합 구성상품 중 지배적 지위에 있는 상품이 경쟁에 부정적인 영향을 미칠 수 있고 다른 사업자의 경제적 전망을 상당히 제한할 수 있을 경우에 결합판매 규제의 필요성이 인정될 수 있다는 것으로, Jan Krämer, Bundling Telecommunications Services: Competitive Strategies for Converging Markets, universitätsverlag karlsruhe, 2009, 139-143면 참조.

청자의 권익보호(3호), 그 밖에 사업수행에 필요한 사항(4호) 등이다. 동 규정에서 재정적, 기술적 능력과 안정성의 보장 등도 공익의 내용이 되지 만, 방송의 공적 책임이나 공정성 및 공익의 실현가능성 등은 방송의 공공 재적 기능에 초점을 맞춘 것이라 할 수 있다.

당해 기업결합에서는 특히 제1호의 사유가 중요한 문제로 부각될 것이 다. 이의 고려는 두 가지 측면에서 이루어질 수 있다. 우선 유력한 통신사 업자로서 이미 IPTV 서비스를 제공하고 있는 사업자가 종합유선방송사업 을 결합할 경우에, 방송의 공익적 성격을 뒷받침하는 핵심적 요소로서 다 양성이 훼손될 수 있는지가 검토되어야 한다. 종합유선방송사업은 방송권 역으로 제도화된 지역 기반의 사업이며, 전국적 기반 위에서 사업을 영위 하던 SKT에 의한 기업결합이 다양성의 한 축이었던 지역성을 침해할 수 있을지에 대해 주의를 기울일 필요가 있다. 또한 종합유선방송은 플랫폼 으로서 양면시장적 성격을 갖고 있기 때문에, 단지 콘텐츠 전송 기능에 머 물지 않고 채널 편성을 통하여 콘텐츠 자체를 지배할 수 있는 기능적 특 성이 내재되어 있다는 점도 염두에 두어야 한다. 기업결합 후 다양한 플랫 폼을 영위하게 되는 사업자로서의 지위 강화는 이러한 특성을 발현하는데 영향을 미칠 수 있으며, 궁극적으로 다양성 측면에서 구체화될 수 있는 방 송의 공익성을 침해할 수 있을 것이다.

또한 플랫폼 사업자로서 강화된 지위는 콘텐츠를 공급하는 사업자들과 의 수직적 관계에도 영향을 미칠 수 있다. 당해 기업결합에 부수하여 SKT 와 CJ그룹 간 일련의 제휴관계 형성은 향후 전개될 수직적 관계의 일단을 보여준다. 특히 플랫폼 사업자로서의 지위 강화는 프로그램 제공자와의 관계에서 협상력 증대로 이어질 것이며, 이러한 점이 양질의 콘텐츠 생산 에 부정적인 영향을 미칠 수 있다는 점도 공익성 관점에서 고려되어야 한 다. 이상의 논의에 비추어, 당해 기업결합에서 야기될 수 있는 공익성 측 면에서 예상되는 부정적 효과를 최소화 할 수 있는 조치가 승인 과정에서 검토되어야 할 것이다.

2. 전기통신사업법상 규제 가능성

(1) 규제 범위 및 판단 근거

당해 기업결합에서 피취득회사인 CJHV가 영위하고 있는 사업은 종합유선방송사업, 초고속 인터넷, 인터넷 전화 그리고 알뜰폰 서비스이다. 이 중에서 초고속 인터넷과 인터넷 전화는 기간통신역무, MNO의 회선을 이용하고 있는 알뜰폰 서비스는 별정통신역무에 해당한다. 전기통신사업법상 기업결합 규제 근거인 제18조는 기간통신역무를 제공하는 사업자의 기업결합만을 규제 대상으로 하므로, 별정통신역무에 해당하는 알뜰폰 서비스와 통신 역무에 포함되지 않는 종합유선방송 서비스는 원칙적으로 동 규정에 의한 기업결합 규제 대상에 해당하지 않을 것이다.

당해 기업결합은 주식 취득의 방식을 취하고 있으며, 아울러 일정 기간 이후 합병을 추진하고 있다. 현재의 시점에서 단일한 지배권의 형성이라는 기업결합의 구체적 효과는 주식 취득에 의해서 달성될 수 있는 것이므로, 구체적인 적용은 "특수관계인과 합하여 기간통신사업자의 발행주식 총수의 100분의 15 이상을 소유하려는 자 또는 기간통신사업자의 최대주주가 되려는 자"를 규정하고 있는 제18조 제1항 제4호에 의할 것이다.

기업결합의 인가 심사는 제18조 제2항에서 규정하고 있는, 재정 및 기술적 능력과 사업 운용 능력의 적정성(1호), 주파수 및 전기통신번호 등 정보통신자원 관리의 적정성(2호), 기간통신사업의 경쟁에 미치는 영향(3호), 이용자 보호(4호), 전기통신설비 및 통신망의 활용, 연구 개발의 효율성, 통신산업의 국제 경쟁력 등 공익에 미치는 영향(5호) 등의 기준에 의한다. 앞에서 살펴본 것처럼 이상의 기준은 경쟁정책과 통신정책으로 대별할 수 있으며, 각각의 관점에서 당해 기업결합의 규제 가능성이 검토될 것이다.

(2) 경쟁정책적 검토

전술한 것처럼 당해 기업결합에 대한 경쟁정책적 검토의 근거는 전기통신사업법 제18조 제2항 제3호이며, 부분적으로 제4호의 이용자 보호도 근거가 될 수 있다. 초고속 인터넷 시장의 경우, 결합의 두 주체는 동 시장에 모두 참여하고 있으며, 결합 전 양사의 점유율은 SKT(SKB 포함) 25.4%, CJHV 4.6%이고, 결합 후 30%의 점유율을 갖게 된다. 그러나 동 시장에서 결합 후 점유율도 여전히 2위이며, 1위 사업자인 KT의 42.3%에는 미치지 못한다. 동 시장에서의 HHI 지수의 증가도 약 234로서,[45] 경쟁정책적으로 문제가 될 수 있는 수준에 이르지 않는다. 오히려 2위 사업자의 경쟁력 강화는 동 시장에서 경쟁을 활성화하는 계기가 될 수 있으며, 따라서 당해 기업결합이 초고속 인터넷 시장에서의 경쟁에 부정적 영향을 미칠 것이라는 판단에는 한계가 있다. 다만 CJHV의 종합유선방송 서비스 이용자가 결합판매 등의 방식에 의하여 초고속 인터넷의 구매를 확대할 여지는 있으며, 이러한 점은 동 시장의 향후 변화를 예측하는데 고려 요소가 될 수 있다.

이상의 분석은 인터넷 전화 시장에서도 유효하다. 동 시장에서 기업결합 당사자들의 점유율은 SKB(SK텔링크 포함) 16.21%, CJHV 6.49%이며, 결합 후 점유율은 여전히 3위 사업자로서 22.70%가 될 것이다. 이러한 점유율 분포는 동 시장에서 경쟁제한 효과를 낳을 것이라는 예측과는 거리가 멀다. 오히려 3위와 5위 사업가 간 결합이라는 점에서 경쟁정책상 긍정적인 평가도 가능하며, HHI 지수의 증가도 210에 불과하다. 더욱이 동 시장의 규모가 점점 축소되고 있다는 점도 경쟁정책상 중요성을 제한하는 요소가 될 것이다. 다만 CJHV의 종합유선방송 가입자 중 상당수가 동 서비스 이용을 확대할 여지가 있으며, 결합판매가 이러한 확대와 관련될 수

---

45) 기업결합심사기준은 HHI 증가분이 250 미만인 경우에는 경쟁을 실질적으로 제한하지 않는 것으로 추정한다(III. 1. 가).

있다는 점은 고려될 수 있을 것이다.

전술한 것처럼 알뜰폰 서비스는 별정통신역무이며, 해당 서비스를 제공하는 사업자는 기업결합의 인가 대상에서 제외된다. 그러나 전기통신사업법은 MVNO 서비스의 활성화를 목적으로 이에 관한 별도의 규제체계를 두고 있으며, 이러한 관점에서 당해 기업결합을 검토할 수 있다. 우선 알뜰폰 시장을 별도의 시장으로 획정할 경우에 당해 기업결합은 동 시장에서의 경쟁에 부정적인 영향을 미칠 수 있다. SKT의 자회사인 SK텔링크와 CJHV는 동 시장의 1, 2위 사업자로서 각각 15.2%의 점유율을 갖고 있으며, 기업결합 후 단일한 경제주체로 파악할 경우에 양사의 점유율은 30.4%로서 2위 사업자인 8.8%와 현저한 차이를 보여주게 되고, HHI의 지수 증가도 460에 이른다. 이러한 경쟁 평가 외에도 MVNO 서비스의 활성화를 위한 정책에 배치되는 일련의 상황에도 주목할 필요가 있다. CJHV가 SKT의 자회사로 위치하게 되면, MNO 사업자의 계열사로서 MVNO 사업자를 1사에 제한하고 있는 정책에 반하게 될 것이다. 또한 MNO 망의 편중 현상도 문제가 될 수 있다. MVNO 사업자로서 CJHV는 KT 망을 주된 망으로 하여 서비스를 제공하여 왔는데, 이용하는 망을 SKT로 전환할 경우에 전체 알뜰폰 서비스 시장에서 이용되는 SKT 망의 비중은 60%를 상회하게 될 것이다. 이러한 결과는 MVNO 활성화를 통하여 기존의 이동통신 서비스 시장의 고착화를 피하려던 정책 목표와 충돌하는 것이다. 따라서 당해 기업결합이 승인될 경우라도, 알뜰폰 서비스 부문은 사업 매각과 같은 방식으로 재조정이 이루어질 필요가 있다.

당해 기업결합의 심사에서 결합판매가 어떠한 방식으로 고려될 수 있을지가 명확한 것은 아니다. 그러나 앞에서 살펴본 초고속 인터넷의 경우 전체 결합판매의 98%에서 구성상품이 되고 있다는 점에서 이에 대한 고려가 이루어질 필요성은 긍정할 수 있을 것이다. 이러한 맥락에서 합병심사기준 제10조 제1항 제3호에서 정하고 있는 경쟁에 미치는 영향의 고려 사유로서 시장점유율 변화, 경쟁 사업자의 설비 및 투자 능력, 시장진입의 용이성, 이용자의 가입전환 비용, 사업자간 공동행위의 용이성 등의 분석은 현재 주된 판매방식인 결합판매를 전제로 이루어질 필요가 있다.

한편 당해 기업결합에서 결합판매의 문제를 어느 범위까지 고려할 수 있는지도 문제가 된다. 전기통신사업법 제50조 제1항은 공정한 경쟁 또는 이용자의 이익을 해치거나 해칠 우려가 있는 행위를 금지하며, 이에 해당하는 행위의 하나로서 동항 제5호 후단의 "전기통신이용자의 이익을 현저히 해치는 방식으로 전기통신서비스를 제공하는 행위"를 규정하고 있다. 동법 시행령 [별표 4] '금지행위의 유형 및 기준' 제5호 바목은 동 규정에 해당하는 행위로서 "결합판매하여 특정 구성상품의 과도한 할인 등 이용자의 이익을 해치거나 해칠 우려가 있는 행위"를 규정하고, 동 규정을 구체화한 「결합판매의 금지행위 세부 유형 및 심사기준」(방송통신위원회 고시 제2016-2호, 이하 결합판매 고시) 제2조 제1호 본문은 결합판매를 "전기통신사업법 제2조에 따른 전기통신서비스, 「방송법」 제2조에 따른 방송, 「인터넷 멀티미디어 방송사업법」 제2조에 따른 인터넷 멀티미디어 방송을 묶어서 이용자에게 판매하거나 이용하게 하는 행위"로 정의하고 있다. 동 규정에서 결합판매는 방송 및 IPTV 서비스를 포함하며, 이와 같은 규정 태도를 원용한다면, 기업결합의 경쟁 영향 평가에서 고려될 수 있는 결합판매의 범위를 방송 서비스 등까지 확장할 수 있을 것이다.

또한 SKT와 CJHV 기업결합을 결합판매의 관점에서 검토할 경우에 가장 선호되는 구성 상품인 이동통신 서비스의 보완재로서의 성격을 갖는 유료방송 서비스 시장의 다수 방송권역에서 CJHV가 지배적 사업자라는 점에도 주목을 요한다. 결합판매의 관점에서 당해 기업결합의 주된 관심은 이동통신 서비스와 유료방송 서비스의 결합에 있으며, 초고속 인터넷이나 인터넷 전화는 부차적인 의미를 갖는다. 결합판매가 경쟁정책상 실질적인 문제로서 대두하고 있는 것은, 이러한 판매방식이 주된 구성상품인 이동통신 서비스 시장의 고착화의 원인이 되고 있다는 점이며, 다른 통신 관련 구성상품은 상대적으로 결합판매 관점에서의 중요성이 덜하다.

그러나 당해 기업결합이 전기통신사업법상 규제될 수 있는 법적 근거는 문제가 되고 있는 기업결합이 기간통신역무인 초고속인터넷이나 인터넷전화를 포함하고 있기 때문인데, 당해 기업결합이 경쟁에 부정적 영향을 미칠 수 있는 주된 요인이 되고 있는 상품이 이에 해당하지 않을 경우에, 제18조 제1항에 근거한 규제가 가능하며, 실효성 있는 조치가 부과될 수 있는지는 추가적으로 논의되어야 할 것이다.

(3) 통신정책적 검토

제18조 제2항에서 규정하고 있는 인가 사유 중, 제3호의 경쟁에 대한 영향을 제외한, 재정 및 기술적 능력과 사업 운용 능력의 적정성(1호), 주파수 및 전기통신번호 등 정보통신자원 관리의 적정성(2호), 이용자 보호(4호), 전기통신설비 및 통신망의 활용, 연구 개발의 효율성, 통신산업의 국제 경쟁력 등 공익에 미치는 영향(5호) 등이 통신정책적 관점에서 당해 기업결합의 심사하기 위한 기준이 될 것이다. 이 기준들은 대체로 안정적이고 적절한 수준의 통신 서비스 보장과 관련된 것으로서, 특히 기업결합 방식으로 통신 산업에 진입하는 사업자의 통제 수단으로서의 의미가 크다. 당해 기업결합에서 취득회사인 SKT는 이미 통신산업에서 사업을 영위하고 있는 사업자이고, 따라서 당해 기업결합에서 요구되는 통신정책적 기준에 부합한다는 점에 의문이 따르지는 않는다.

V. 결론

SKT와 CJHV 기업결합은 유력한 통신사업자와 방송사업자의 결합이라는 점에서 법리적으로 다양한 쟁점을 낳고 있다. 당해 기업결합에 대한 규제는 독점규제법에 의하여 이루어질 수 있지만,[46] 방송과 통신 사업이 모두 공익적 요구에 따른 규제 필요성이 인정되는 영역이고, 따라서 각 규제 법에 의한 규제 가능성이 논의되어야 한다.

양 영역을 규율하는 대표적 법률인 방송법과 전기통신사업법은 각각 기업결합의 규제가 가능한 근거 조항을 두고 있으며, 이에 의하여 기업결합의 허용 여부가 검토될 것이다. 그러나 구체적인 규제 가능성과 관련하여 해당 법률들이 경쟁정책이나 공익적 관점에서 기업결합의 문제를 적절하게 다룰 수 있는 근거가 되고 있는지는 의문이다. 무엇보다 SKT와 CJHV 기업결합은 경쟁정책과 공익적 관점에서 일정한 문제를 낳고 있음에도 불구하고, 전기통신사업법과 방송법 모두에서 이를 반영할 수 있는 적절한 규제체계가 마련되어 있지 않다는 점을 확인할 수 있다. 이러한 문제는 다음의 세 가지 측면에서 구체화되고 있다.

1) 우선 방송과 통신 산업의 영역에서 이미 경쟁정책의 중요성이 인식되고, 이를 반영하는 규정들이 도입되고 있지만, 기업결합 규제 측면에서는 여전히 미흡하다. 즉 경쟁정책적으로 이를 고려할 수 있는 충분한 규제 근거가 마련되어 있지 않다. 2) 공익적 측면에서도 일정한 문제제기가 가능하다. 특히 방송법의 관점에서 당해 기업결합이 다양성 측면, 또는 수직적 고려 하에 콘텐츠 진흥의 측면에서 일정한 우려를 낳고 있지만, 동 법률의 기업결합 규제체계에서 이를 적절하게 고려할 수 있는 근거가 주어지고 있는지 의문이다. 3) 끝으로 방송·통신의 융합화가 급격히 전개되고 있는 상황에서 당해 기업결합처럼 두 영역의 유력한 사업자간 결합을 종합적으로 고려할 수 있는 제도가 마련되어 있지 않다는 점도 문제가 될 것이다. 따라서 당해 기업결합의 허용 여부를 넘어서 방송법과 전기통신사업법에서 적절한 기업결합 규제가 이루어질 수 있는 제도적 개선의 필요성이 있다.

---

46) 공정거래위원회는 2016. 7. 18. 의결 제2016-213호에서 당해 기업결합을 금지하는 결정을 내렸다.

25. 단말기유통법 제정의 의의와 개선 과제

I. 서론

2014년 5월 「이동통신단말장치 유통구조 개선에 관한 법률」(이하 단말기유통법)이 제정되고, 동법 부칙 제1조에 따라서 2014년 10월부터 시행되었다. 법 시행 이후 4개월 이상이 경과된 지금, 입법 초기의 혼란은 어느 정도 가라앉은 것으로 보인다. 비록 시장이 스스로 조정하기에 충분한 시간은 아니지만, 새로운 제도 운영을 경험하면서 개선이 필요한 부분도 드러나고 있다. 이는 입법 과정에서 불거졌던 논란의 연장선에 있는 것이지만, 입법 시 간과되었거나 최초의 의도에서 벗어난 부분이 새롭게 인식된 측면도 있다. 이러한 점이 단말기유통법이 제정되어 이미 시행되고 있는 현재의 시점에서 동법의 의의를 다시 짚어보는 이유가 될 것이다.

단말기유통법에 관한 논의 과정에서, 명시적으로 언급되었던 입법 취지뿐만 아니라 실질적으로 동법 제정의 동인이 되었던 다양한 근거를 확인하는 것이 매우 중요하다. 주지하다시피 동법이 규제 대상으로 삼고 있는 행태들, 예를 들어 보조금 지급이나 이용자 차별은 동법 제정에 의하여 새롭게 규제 대상으로 포섭된 것이 아니고, 이전부터 여러 법률에 의하여 규제가 되어 왔던 것이다. 그럼에도 불구하고 새로운 법률의 제정을 통하여 이에 대응하고자 한 것은 종래의 규제가 통신정책적 관점에서 충분하지 못하거나 실효성을 기하고 있지 못하다는 인식에 따른 것이라 할 수 있다. 그렇다면 규제와 현실 사이에 어느 정도의 간격이 있었고, 이를 해소하기 위하여 단말기유통법의 제정이 적절한 방안이 될 수 있었는지를 논의의 출발점으로 삼을 필요가 있을 것이다.

동법의 제정 과정을 돌아보면, 최초의 입법안이 공식적으로 발의된 시점부터 최종 입법에 이르기까지 약 1년이 경과하였다.[1] 이 과정에서 애초에 입법의도가 반영된 원안에 상당 부분 수정이 가해졌다. 이미 이해관계의 충돌이 예상되는 상황에서 이를 조정하는 과정은 불가피하였고, 결국이 과정을 거친 최종 법률이 우리에게 주어진 텍스트로서 논의의 범위를 한정할 것이다. 그렇지만 몇 가지 측면에서 입법 과정에서 전개되었던 논의는 여전히 중요한데, 전술한 이해 조정 과정을 전제하지 않으면 동법에 대한 올바른 이해가 가능하지 않을 수 있으며, 무엇보다 규제의 실효성 측면에서 제기되고 있는 의문의 상당 부분은 이와 관련되기 때문이다.

단말기유통법은 적어도 부분적으로 한시적 성격의 규정을 두고 있다. 시장에 대한 직접적 개입을 특징으로 하는 규제는 매우 이례적인 것이고, 이러한 인식이 시간적 한계를 둔 규제체계의 구성을 이끈 것으로 보인다. 이는 또한 지속적으로 시장의 상황을 주시할 필요가 있음을 시사하는 것이기도 하다. 이동통신서비스와 단말기 시장이 정책 목표에 부합하는 방향으로 스스로 조정해 나갈지 여부는 제도 운영과 존속을 판단함에 있어서 반드시 고려되어야 할 사항이다. 물론 동법 시행 이후 현재의 시점에서 이에 관한 적절한 판단이 이루어지기는 어려울 것이다. 그러나 시장주체들의 두드러진 몇 가지 행태를 통해서 일정한 예상은 가능할 수 있으며, 이미 제기되고 있는 동법의 개선 논의에 기초가 될 수 있을 것이다.

이하에서의 논의는 우선 단말기유통법의 입법 과정에서 전개되었던 논의들을 되짚어보고, 최종 입법에 이르기까지 관철되었던 입법 취지와 조

---

1) 이동통신단말장치 유통구조 개선에 관한 법률안(조해진 대표발의), 의안번호 (5126), 2013. 5. 27.

정된 부분들을 검토할 것이다(II). 이어서 단말기유통법의 주요 내용을 살펴보고, 구체적 의의를 논의할 것이다(III). 끝으로 법 시행 이후 시장의 동향과 제도적 보완의 필요성이 드러나고 있는 부분을 분석하고, 일정한 대안을 제시하고자 한다(IV).

II. 단말기유통법의 제정 과정

1. 입법 논의의 전개

(1) 입법 필요성의 근거

단말기유통법의 제정의 주된 근거는 이용자 이익 보호 측면에서 제시되었다. 최초 법률안의 제안이유에서 밝힌 바에 의하면, 이동통신서비스 시장에서 이용자 이익의 침해는 주로 서비스 구매 과정에서 이용자에게 지급되는 보조금이 매우 불투명하고 복잡한 방식으로 이루어지기 때문인 것으로 분석하고 있다.[2] 특히 이동통신서비스와 단말기가 결합하여 판매되는 방식이 주를 이루고 있는 상황은 보조금 지급 문제의 복잡성을 더하는 원인이 된다. 즉 보조금 지급의 주체는 통신사업자와 단말기 제조사로 나뉘고, 이들에 의한 보조금 지급도 다양한 경로로 이루어진다. 이동통신서비스 이용자 측면에서 보면, 통신사업자와 단말기 제조자로부터 제공된 보조금의 지급은 전적으로 대리점 또는 판매점의 재량에 의하여 이루어지고, 이 과정에서 단말기 구입 가격에 관하여 판매자와 이용자 사이에 정보의 격차가 발생하기 때문에, 실제 보조금의 수혜를 받는 정도에 있어서 이용자 간에 차이가 발생하는 것이 불가피하다. 결국 단말기 구매에 수반하는 보조금 지급의 편중 현상은 이용자 간 후생 배분의 왜곡을 초래할 것이다.

단말기 구매 과정에서의 보조금 지급에 따라서 발생할 수 있는 이용자

---

2) 위의 자료, 1-2면.

이익 침해는 다른 형태로도 구체화된다. 법률안의 제안이유는 단말기 보조금 지급이 실질적으로 이동통신서비스의 고가 요금제를 이용자에게 강제하는 효과가 있음을 주장하고 있다.[3] 대체로 보조금의 크기는 이용자가 선택하는 요금제의 종류에 영향을 받으며, 고가의 요금제를 수용할수록, 이와 결합하여 지급되는 보조금 액수도 커질 것이다. 이러한 상황에서 이용자는 필요 이상의 과도한 요금을 지불하는 방식으로 이동통신서비스를 이용할 가능성이 크며, 이는 통신 과소비로 이어져 이용자의 효율적인 소비에 부정적인 영향을 미치게 된다. 나아가 보조금이 수반됨으로써 빈번한 단말기 교체 현상이 발생하고 있고,[4] 이는 국민경제상 비효율적으로 자원이 낭비되고 있음을 의미한다.

이러한 문제를 해결하기 위하여 투명하고 합리적인 보조금 지급 방식이 정착될 필요가 있으며, 기존의 통신법체계가 이를 실현하는데 한계가 있기 때문에, 직접적으로 단말기 유통구조의 개선을 목적으로 하는 법제정이 불가피할 것이다.

(2) 입법에 대한 문제제기

제안이유에서 밝힌 단말기 유통과정에 대한 현상적인 이해는 대체로 공유하는 것이고, 이와 관련하여 인식의 차이가 드러나지는 않았다.[5] 그러나 이러한 문제를 해결하기 위하여 입법적인 대응이 필요한지, 또한 법률안에서 제시한 바와 같이 영업 방식에 관한 직접적인 개입을 내용으로 하는 규제가 요구되는지에 대해서는 비판적으로 볼 여지가 있었다.

---

3) 위의 자료, 1-2면.
4) 2013년 3월 시장조사업체인 Strategy Analytics에서 88개국을 대상으로 분석한 자료에 의하면, 1년 동안 이동통신 단말기를 교체한 비율인 단말기 교체율은 1위로서 67.8%이었고, 2위 칠레 55.2%, 3위 미국 55.2%, 4위 우루과이 53.6%에 비하여도 매우 높은 교체율을 보이고 있다. 이인용, 이동통신단말장치 유통구조 개선에 관한 법률안 검토보고서, 2013, 12면 참조.
5) 국회 제316회 미래창조과학방송통신위원회회의록, 제2호, 2013, 26-28면 참조.

우선 본질적인 문제로서 보조금 지급 방식 그리고 지급액의 한도를 정하는 것과 같은 규제가 시장의 자율에 기초하고 있는 경제질서에서 수용 가능한 것인지에 관한 의문이 제기될 수 있다. 특히 보조금에 관한 규제는 본질적으로 가격 규제에 상응하는 것인데, 이러한 규제가 필요한 정도로 시장이 제대로 작동하지 않는지에 관하여 논의의 여지가 있다.[6] 물론 우리 헌법 질서에서 시장에 의한 자율적 조정 기능의 한계를 극복하고 보완하기 위한 규제가 불가능한 것은 아니지만, 시장의 기능이 침해됨으로써 발생하는 폐해와 규제로부터 얻게 되는 이익을 형량하여 후자가 전자를 상회할 경우에만 허용될 수 있고, 이러한 관점에서 보조금 규제가 충분한 비교 과정을 통하여 정당화 될 수 있는지에 관한 문제 제기가 가능할 것이다. 구체적인 규제 내용의 조정 과정을 보면, 사업자의 영업상 자유를 고려한 부분도 드러난다.[7] 결국 법률안에서 제시한 규제의 기본 구조가 유지된 채 입법이 이루어졌다는 점에서, 입법자의 최종적인 의사는 시장의 자율에 우선하는 규제의 필요성에 동의한 것으로 볼 수 있지만, 이와 같은 본질적인 문제제기는 법집행 측면에서도, 특히 한시적으로 도입된 제도의 운영 과정에서 여전히 의미가 있다.

또한 규제의 실효성 측면에서 제기되었던 문제에도 주목할 필요가 있다. 주지하다시피 전기통신사업법에 근거하여 오랜 기간 보조금 지급에 대한 규제가 행해졌으며, 특히 이용자 차별에 관한 규제 법리가 원용되어 왔다. 그러나 종래 보조금 규제는 단말기 거래 행태에 실질적인 영향을 미치지 못했으며, 이러한 상황이 단말기유통법의 제정으로 이어진 것으로 볼 수 있다. 그렇지만 동법에서 새롭게 도입한 규제 수단이 입법자가 인식

---

6) 이정윤, "이동통신 3사 영업정지 조치의 의미와 문제점", 이슈와 논점 제592호, 2013, 2면 참조.

7) 예를 들어 동법 제12조 제1항에서 이동통신사업자가 제출하는 자료에 제조업자별 장려금 지급액이 드러나지 않도록 한 규정은 영업상 비밀 유지에 관한 사업자의 이익을 고려한 것이다. 국회 제321회 미래창조과학방송통신위원회회의록, 제3호, 2013, 63면 이하 참조.

하였던 불투명하고 혼란스러운 보조금 지급의 행태를 개선하고, 특히 이용자 간에 보조금의 편중을 해소할 수 있을지를 단정하기는 어렵다. 나아가 입법과정에서 이용자뿐만 아니라 공급 측면에서 상충하는 이해관계를 가진 이동통신사업자, 단말기 제조자 그리고 유통업자(대리점 및 판매점)의 이익 간에 균형 있는 고려가 요구되었다. 상충하는 이해관계의 불균형한 고려는 장기적으로 규제 실효성에 부정적인 영향을 미칠 수 있다는 점에서, 이러한 요구는 입법 이후에도 여전히 중요성을 가질 것이다.

2. 구체적 쟁점

(1) 보조금 규제의 타당성 문제

단말기 보조금 지급에 관한 규제는 2000년부터 시작되었다. 그 동안 규제의 구체적 내용에는 상당한 변화가 있었지만, 규제 가능성이 전제된 기본 구조는 변함없이 유지되어 왔다.[8] 단말기 보조금 규제의 근거는 주로 차별적 행태를 통해서 발생하는 이용자 이익 저해 측면에서 제시되었다. 일반적으로 이동통신사업자가 제공하는 단말기 보조금의 재원은 기존 가입자의 통신요금을 통해서 조성되며, 이를 토대로 신규 가입자에게 단말기 보조금이 지급될 경우 기존 가입자는 신규 가입자에 비하여 불리한 상황에 처하게 된다. 신규 가입자 측면에서 보면, 단말기의 구매 과정에서 자신이 온전히 비용을 부담하지 않게 되는 외부 효과가 발생하게 되고, 사회적 비용을 고려할 때 적정한 수준 이상의 과도한 소비를 유도할 것이며, 이는 결국 국민경제적 부담으로 작용할 것이다.[9] 한편 단말기유통법 제안 이유에서 이에 관한 명시적 언급은 없었지만, 경쟁정책적 관점에서도 보조금 지급의 폐해가 나타날 수 있다는 점이 지적되었다.[10] 보조금 지급은

---

8) 이인용, 주 4)의 글, 6-8면 참조.
9) 장범진·이영진, "단말기보조금의 파급효과 및 현안 분석", KISDI 이슈리포트 제4권 30호, 2004, 7-8면 참조.

막대한 자금을 필요로 하는데, 이미 쏠림 현상이 나타고 있는 이동통신서비스 시장에서 절대적인 지배력을 갖고 있는 사업자가 보다 큰 가입자 기반을 활용하여 적극적으로 보조금 지급을 행할 경우에, 기존 통신시장 구조의 경직성은 더욱 심화될 것이다.

　이상의 근거는 오랜 동안 보조금 지급 규제를 뒷받침하여 왔지만, 이에 대한 부정적인 견해도 유력하였다. 특히 규제 완화가 하나의 추세로 자리 잡은 시대적 상황에서 보조금 지급 규제에 대한 비판적 입장은 제도 운영에 상당한 영향을 미쳤다. 우선 본질적인 문제제기로서 보조금 지급은 다수의 상품 시장에서 이미 활용되고 있는 마케팅 방식의 하나이고, 그 자체로 위법한 것으로 평가할 수 없으며, 이를 규제하는 것은 과도한 규제로서 헌법상 보장되는 사업자의 영업활동의 자유를 침해하는 결과를 낳을 수 있다. 물론 이러한 규제를 통하여 불이익을 받은 그룹의 후생 증가나 궁극적으로 시장 기능의 회복과 같은 긍정적인 효과를 기대할 수 있지만, 부정적 측면이 더 크다고 볼 경우에 당해 규제의 타당성은 부정될 것이다. 정책적 측면에서도 비판적으로 고려될 부분이 있다. 먼저 산업정책적 측면에서 보면, 단말기 보조금 지급은 단말기를 비롯한 전자기기 시장 활성화의 원인이 되었으며, 이동통신단말기 시장에서 세계적인 비교 우위를 갖는데 일정한 기여를 한 것으로 볼 수 있다. 경쟁정책적 측면에서도 앞에서 살펴본 시장 구조에 미칠 영향을 다른 관점에서 이해할 수 있다. 이미 전기통신사업법상 이용약관 인가제 및 신고제를 운영하고 있기 때문에, 가격 경쟁의 상당한 부분이 제도적으로 제한되고 있는 상황에서 보조금 지급은 실질적으로 경쟁의 유력한 수단으로 기능할 수 있으며, 이를 제한하는 것은 경쟁 활성화를 오히려 저해하고, 이동통신서비스 시장 구조의 고착화를 낳을 것이다.[11] 또한 법리적 측면에서의 문제제기도 유력하였다.

---

10) 위의 글, 8-9면 참조.
11) 이봉의, "단말기보조금에 대한 경쟁법적 분석", 권오승 편, 정보통신과 공정거래, 법문사, 2006, 232-233면 참조.

전술한 것처럼 단말기 보조금 지급에 대한 규제는 이용자 차별의 문제로
서 다루고, 법적 근거는 전기통신사업법 제50조 제1항의 금지행위의 하나
인 이용자 이익 저해행위에서 구하였다. 그러나 이러한 규제체계를 뒷받
침하는 이용자 차별의 위법성 구성이 법리적으로 명확한 것은 아니었다.
끝으로 규제 실효성 측면에서 의문이 있었다. 2000년 이후 단말기유통법
의 제정 이전까지 단말기 보조금 지급 규제 근거가 유지되었고, 규제 기관
도 몇 차례 위반행위를 한 통신사업자에 대하여 제재를 하였지만,12) 이러
한 관행이 실질적으로 감소하였다는 징후는 단말기유통법 제정 시까지 나
타나지 않았다. 이는 규제기관의 집행 의지나 집행력의 문제로서 볼 수도
있지만, 보조금 지급 규제가 규제기관이나 수범자 모두에게 실효적인 것
이었는지에 대한 의문을 낳는다.

결국 단말기유통법의 제정은 단말기 보조금 지급의 규제에 관한 오랜
논쟁을 입법적으로 해결한 것이다. 규제 필요성에 보다 큰 의의를 부여한
입법자의 판단이 드러남으로써, 적어도 시장경제의 본질적 측면에서 제기
되었던 비판이나 정책적 관점에서의 상이한 입론은 입법 취지를 수용할
수 있는 한도에서 유보될 것이다. 새롭게 입법된 단말기유통법은 종래 단
말기 보조금 규제의 경험을 반영하여 규제체계를 정비하고, 특히 규제 범
위의 확대와 내용적 강화를 시도하고 있다. 이러한 부분은 그 동안 제기되

---

12) 방송통신위원회의 단말기 보조금 지급에 대한 이동통신사업자 규제는 2010년 이
후 총 18건으로 이용자 차별에 근거하여 이루어졌으며, 주요 이동통신사업자인
SKT, KT, LGU+ 3사가 동일한 회수로 규제되고, 당해 행위의 중지와 과징금 부과
를 규제 내용으로 하였다. 구체적인 규제 사례는, 방송통신위원회 2010. 9. 24.
의결 제2010-58-248호(SKT), 249호(KT), 250호(LGU+), 방송통신위원회 2011. 9.
19. 의결 제2011-51-174호(SKT), 175호(KT), 176호(LGU+), 방송통신위원회 2012.
12. 24. 의결 제2012-70-302호(SKT), 303호(KT), 304호(LGU+), 방송통신위원회
2013. 3. 14. 의결 제2013-13-037호(SKT), 038호(KT), 방송통신위원회 의결 2013.
5. 7. 의결 제2013-13-039호(LGU+), 방송통신위원회 2013. 7. 18. 의결 제
2013-29-074호(SKT), 075호(KT), 076호(LGU+), 방송통신위원회 2013. 12. 27. 의
결 제2013-46-207호(SKT), 208호(KT), 209호(LGU+).

었던 보조금 규제에 관한 비판을 수용한 것으로 볼 수 있을 것이다. 그러나 비판적 관점에서 몇 가지 지적은 입법 이후에도 여전히 유효하며, 구체적인 쟁점으로서의 의의를 잃지 않고 있다.

(2) 이용자 차별의 위법성 판단 문제

단말기 보조금 지급에 따른 폐해를 이용자 차별의 관점에서 파악할 경우, 이용자 차별의 위법성을 어떻게 구성할지는 법리적 쟁점으로서 피하기 어려울 것이다. 이용자 차별에 의하여 이용자 이익이 저해될 경우에 전기통신사업법 제50조 제1항의 금지행위에 해당하게 되며,[13] 이때 이용자 이익 저해성은 경쟁정책적 관점에서도 다루어질 문제이다. 경쟁법상 차별행위는 1선 또는 2선 이하의 시장에서[14] 불리한 거래조건이 부과된 사업자가 시장에서 배제될 우려가 있다는 점에서 규제 대상이 된다. 1선 차별

---

13) 전기통신사업법 제50조 제1항 제5호 후단은 "전기통신이용자의 이익을 현저히 해치는 방식으로 전기통신서비스를 제공하는 행위"를 금지행위로 규정하고, 동법 시행령 〈별표 4〉 5.는 이용자의 이익을 현저히 저해하는 방식으로 전기통신역무를 제공하는 행위에 해당하는 경우를 구체적으로 제시하고 있으며, 특히 마목에 의하여 1) 전기통신서비스의 요금, 번호 및 전기통신설비 또는 그 밖의 경제적 이익 등을 다른 이용자에 비하여 부당하게 차별적으로 제공하거나 이를 제안하는 행위, 2) 장기이용 또는 다량이용 계약 체결자에게 부당하게 차별적인 조건으로 전기통신서비스를 제공하는 행위, 3) 다른 전기통신사업자로부터 가입을 전환한 이용자 또는 다른 전기통신사업자로 가입을 전환하지 않기로 한 이용자에게 부당하게 차별적인 조건으로 전기통신서비스를 제공하는 행위가 부당한 이용자 차별로서 전기통신이용자의 이익을 현저히 저해하는 행위에 해당한다.
14) 이러한 시장의 분류에 따라 차별은 1선 차별(primary line violations)과 2선 차별(secondary line violations)로 분류된다. Andrew Gavil, William Kovacic & Jonathan Baker, Antitrust Law in Perspective, Thomson/West, 2008, 873면 참조. 독점규제법 제23조 제1항은 차별적 취급 행위를 불공정거래행위의 하나로서 규정하고 있으며, 동법 시행령 〈별표 1의2〉 제2호는 차별적 취급을 가격차별, 거래조건 차별, 계열회사를 위한 차별, 집단적 차별로 유형화하고 있다. 독점규제법상 분류와 별개로 강학상 1선 차별과 2선 차별을 구분하고 있는 것으로, 이기수·유진희, 경제법, 세창출판사, 2012, 185면 참조.

의 경우 시장지배력이 있는 사업자가 차별적으로 가격정책을 취할 경우에 단일 가격에 의하는 경우보다 시장점유율이 확대될 수 있고,[15] 이는 경쟁 사업자에게 경쟁상 불리한 영향을 미칠 것이다. 2선 차별은 주로 수직적 관계에서 문제되는데, 불리한 거래조건이 부과된 사업자가 수직적으로 이어지는 다음 단계의 시장에서 배제될 위험이 발생할 수 있다.[16] 이와 같이 차별 행위는 경쟁 사업자 또는 불리한 거래조건이 부과된 사업자가 시장에서 배제될 수 있다는 점에서 경쟁제한성이 구체화 되며, 이에 기초하여 경쟁법에 의한 규제가 이루어지고 있다.[17]

이러한 관점에서 보면, 단말기 보조금 지급을 차별적 행위로 규제할 경우에 경쟁정책적 근거가 명확한 것은 아니며, 이에 기초한 위법성 판단이 용이하지 않다. 즉 보조금 지급에 차별적 성격이 있다 하더라도 이에 의한 경쟁제한적 효과가 명확하게 드러나지 않을 경우에, 경쟁정책상 이를 문제 삼는 것에는 한계가 있다. 또한 고려되어야 할 것은 경쟁정책적으로 의미가 있는 차별의 고유한 성격에 관한 것이다. 사업자에 의한 차별 취급이 의도한 성과를 내기 위해서는 당해 사업자가 시장지배력을 갖고 있을 것이 요구되며, 달리 표현하면 동일한 내용의 차별 행위에 대해서도 행위 주체가 시장에서 갖는 지위에 따라서 경쟁정책적 평가는 달라질 수 있다.[18] 따라서 시장지배력과 무관하게 당해 시장에 있는 모든 사업자를 일률적으

---

15) Herbert Hovenkamp, Federal Antitrust Policly: The Law of Competition and Its Practice, Thomson/West, 2005, 581면 참조. 전형적인 규제 사례로서 Utah Pie Co. v. Continental Baking, 386 U.S. 685 (1967) 참조.

16) 위의 책, 581-582면 참조.

17) 독점규제법 제23조 제1항 제1호는 명시적으로 차별적 취급을 불공정거래행위의 한 유형으로 규정하고 있으며, 공정거래위원회가 발표한 「불공정거래행위 심사지침」 V. 2.에서는 경쟁제한성에 기초하여 차별적 취급의 위법성 판단 기준을 제시하고 있다.

18) Andrew Gavil, William Kovacic & Jonathan Baker, 주 14)의 책, 932-934면 및 Gerhard Wiedemann hrsg., Handbuch des Kartellrechts, C. H. Beck, 1999, 831 면(Gerhard Wiedemann 집필부분) 참조.

로 규제 대상으로 삼는 방식은 경쟁정책적으로 정당화되기 어려울 것이며, 시장지배력의 존부 내지 정도에 따라 사업자 별로 상이한 접근이 이루어 질 필요가 있다.

이용자 차별의 위법성은 차별을 당한 그룹, 즉 불리한 거래 조건이 부과된 자의 이익침해적 측면에서도 구성할 수 있을 것이다.[19] 법정책적인 관점에서 불이익한 조건으로 거래한 자에게 발생하는 후생 감소는 행위의 위법성을 판단하는 기초로 고려될 수 있으며, 이러한 법리 구성이 통신법 체계에서 수용될 수 없는 것은 아니다. 그러나 특정한 거래 조건이 거래 상대방에게 불이익한 것으로 평가되기 위해서는 거래 상황을 종합하는 관점이 요구된다. 예를 들어 단말기 구매에 많은 보조금을 받고 대신 고액의 통신요금을 지불하는 내용으로 계약을 체결한 경우와 단말기 보조금이 적은 대신 저가 요금의 통신서비스 이용 계약을 체결한 경우를 상정할 경우에, 단지 단말기 보조금의 크기만으로 비교하는 것은 이용자의 불이익을 평가하는데 있어서 미흡할 수 있다. 또한 종합적인 비교를 통하여 불이익을 확인한 경우에도, 이것이 일반적인 거래에서 수용 가능한 범위 내의 것인지, 즉 위법한 것으로 평가될 수 있는 불이익의 정도를 정하는 문제의 해결이 선행되어야 한다.

(3) 규제 실효성 문제

전술한 것처럼 오랜 기간 단말기 보조금 지급에 관한 규제가 이루어져 왔음에도 불구하고, 보조금 지급의 관행이 줄어들지는 않았다. 제도 운영의 경험에 비추어 그 원인은 여러 가지 측면에서 파악할 수 있을 것이다. 그리고 많은 부분은 실체법적 측면에서 규제의 근거와 위법성 판단이 명확하지 않은 점에 기인할 것이다. 그러나 집행 측면에서도 규제의 실효성

---

19) 이때의 불이익 판단 기준으로서 이용자의 최소한의 이익보장 수준을 제시하고 있는 것으로, 홍명수, 경제법론III, 경인문화사, 2013, 567-568면 참조.

을 저하시킨 여러 원인이 존재한다. 예를 들어 규제 목적을 실현하기 위한 수단이 적절하게 구성되지 않은 점, 규제의 실효성 측면에서 피규제자의 범위가 적절하게 획정되지 않은 점, 제재 부과 수준이 미약하여 적법행위로 유인할 수 있는 정도에 이르지 못한 점 등이 원인으로서 거론될 수 있을 것이다.

단말기유통법은 종래 전기통신사업법 등에 의하는 경우보다 제재 내용이 강화되었으며, 피규제자의 범위도 확대되고, 제재 수단도 사전적, 사후적으로 다양하게 구성됨으로써 규제의 실효성을 제고하기 위한 제도적 개선이 이루어졌다. 그러나 새로운 규제 내용이 실제 의도한 효과로 이어질지는 지켜보아야 할 문제이지만, 보조금 지급과 관련된 거래 주체들의 동기와 적법행위로의 유인 체계에 대한 이해가 충분하였는지는 의문이다. 시장점유율의 확대를 꾀하는 통신사업자 또는 단말기 제조자와 이용자와의 계약을 늘림으로써 매출을 확대하고자 하는 유통업자는 기본적인 이해를 같이하지만, 특히 후자는 단말기 보조금으로부터 연유하는 이익의 배분을 실질적으로 담당한다는 점에서 고유한 이해를 가지고 있다는 점을 염두에 두어야 한다. 이는 기본적으로 이동통신사업자 또는 단말기 제조자와의 관계에서 대리인 문제와 유사하며, 통신사업자를 대상으로 하는 보조금 규제가 실질적인 의미를 갖기 어려운 주 원인이 되었다. 이러한 문제는 단말기유통법의 제정에도 불구하고, 여전히 남아 있는 것으로 보인다.

III. 단말기유통법의 주요 내용과 의의

1. 단말기유통법의 주요 내용

(1) 목적

단말기유통법 제1조는 "이동통신단말장치의 공정하고 투명한 유통 질서를 확립하여 이동통신 산업의 건전한 발전과 이용자의 권익을 보호함으로써 공공복리의 증진에 이바지함"을 동법의 목적으로 규정하고 있다. 구체적으로 이동통신단말장치의 공정하고 투명한 유통 질서 확립은 직접적인 목적이고, 이를 통한 이동통신 산업의 건전한 발전과 이용자 권익 보호를 궁극적 목적으로 하는 구조를 취한다.

직접적 목적으로서 유통 질서의 공정성과 투명성 개념은 경쟁과 밀접히 관련되며, 이 한도에서 경쟁정책적 관점도 의미를 갖는 것으로 보아야 할 것이다. 나아가 동 규정은 이동통신 단말기의 유통 과정을 규율 대상으로 명시하여 통신서비스의 이용에 있어서 필수적 요소이면서도 종래 통신법 체계에서 배제되어 있었던 영역을 규제 대상에 포함시키고 있다는 점에서도 의의가 있다. 또한 궁극적인 목적으로 통신산업 발전과 이용자 보호를 병렬적으로 규정하고 있는 것도 주목할 부분이다. 입법과정에서 지속적으로 강조되었던 이용자 이익 보호뿐만 아니라 통신산업의 발전도 동법의 궁극적 목적이며, 양자는 병렬적으로 규정되어 있는 형식에 비추어 규범적으로 동등한 위치에 있다.

(2) 기본 개념

동법 제2조는 기본적인 개념을 정의하고 있다. 우선 거래 주체와 관련하여, 이동통신사업자(1호 및 2호),[20] 이용자(3호), 이동통신단말장치 제조업자(4호와 5호),[21] 대리점(6호), 판매점(7호), 대규모유통업자(11호) 등을 정의하고 있다. 이상의 정의는 전기통신사업법 등 기존의 통신법 규정이나 통신산업에서 통용되는 개념을 수용한 것이지만, 몇 가지 논의가 필

---

20) 제1호에서 이동통신서비스란 전파법에 따라 할당받은 주파수를 사용하는 기간통신역무이고, 이를 제공하는 사업자가 이동통신사업자에 해당한다(2호).

21) 제4호에서 이동통신단말장치는 이용자가 이동통신서비스를 이용하기 위하여 필요한 단말장치를 말하며, 이를 제조·생산하는 자가 이동통신단말장치 제조업자에 해당한다(5호).

요한 부분이 있다.

　우선 동법 제2조 제3호에서 이용자는 "이동통신서비스를 제공받기 위하여 이동통신사업자와 이동통신서비스의 이용에 관한 계약을 체결한 자"로 정의되고 있는데, 이는 전기통신사업법 제2조 제9호의 이용자 정의와 동일한 것으로서,[22] 법체계적 일관성을 유지하고 있다. 즉 동 규정은 전기통신사업법상 이용자 정의 규정과 마찬가지로 계약 체결에 초점을 맞추어 이용자 개념을 구성하고 있는데, 이와 같은 규정 방식에 의하여 동법이 목적으로 하는 이용자 권익의 주체를 적절히 상정할 수 있는지는 의문이다. 비교법적으로 보면, EU 통신기본지침[23] 제2조 h호는 이용자를 "공중이 이용할 수 있는 전자통신서비스를 이용(using) 또는 요청(requesting)하고 있는 법인 또는 자연인"으로 정의하고 있으며, 회원국인 독일의 통신법(Telekommunikationsgesetz; TKG) 제3조 제14호는 이러한 규정 태도를 따라서 이용자(Nutzer)를 사적 또는 영업적 목적으로 통신서비스를 이용하는 모든 자연인으로 정의하고 있으며, 특히 이용자가 반드시 가입자일 필요가 없다는 것을(ohne notwendigerweise Teilnehmer zu sein) 명시적으로 밝히고 있다. EU 통신법체계에서는 이용자와 별도로 통신서비스 이용계약을 체결한 자를 가입자 개념으로 정의하고 있는데, 기본지침 제2조 k호는 가입자(subscriber)를 공중이 이용할 수 있는 전자통신서비스를 제공하는 자와 이러한 서비스의 공급을 위하여 계약한 상대방인 자연인 또는 법인으로 규정하고, 독일 통신법에서도 제3조 제20호의 가입자(Teilnehmer)는 통신서비스의 공급자와 서비스 제공계약을 체결한 모든 자연인 또는 법인을 의미한다. 이상의 EU 통신법상 규정 방식에서 이용자

---

22) 전기통신사업법 제2조 제9호 "이용자란 전기통신역무를 제공받기 위하여 전기통신사업자와 전기통신역무의 이용에 관한 계약을 체결한 자를 말한다."

23) Directive 2002/21/EC of the European Parliament and of the Council of 7 March 2002 on a common regulatory framework for electronic communications networks and services.

개념은 이용 자체 그리고 가입자 개념은 계약 체결에 초점을 맞추어 구성 되며, 전자가 통신법 체계에서 일반적으로 통용되는 반면 후자는 계약의 철회권 보호, 전화번호부의 등재나 정보 제공의 동의, 통신망과 기술적 연 결에 필요한 장소적 특정 등을 위하여 활용된다.[24] EU 통신법체계와 비 교하여, 우리 통신법상 이용자 개념은 지나치게 협소하며, 정책적 목적에 부합하지 않는다. 무엇보다 계약 체결 전이거나 계약과 무관하게 통신서 비스를 이용하는 자는 통신법에 의한 보호 대상에서 배제될 수 있다.[25] 이러한 문제점은 단말기유통법에서 더욱 두드러진다. 단말기 구매와 통신 서비스 이용은 별개의 거래이며, 이와 같은 계약적 분리는 통신서비스 이 용계약 체결 이전에 단말기를 구매하는 자에 대한 규제상 공백을 낳을 수 있다.

유통업자에 대한 정의로서 단말기유통업은 대리점, 판매점 그리고 대규 모유통업자를 정의하고 있다. 동 규정에서 대리점과 판매점은 모두 이동 통신사업자와 이용자 간의 계약 체결을 보조하는 위치에 있지만, 단계 별 로 구분하여 전자는 대리 또는 위탁의 관계 그리고 후자는 복대리 또는 재위탁의 관계로 설정하고 있다. 대리점과 판매점의 구분은 유통 과정상 도소매 단계에 상응하는 것으로서, 투명한 유통질서의 확립을 위하여 필 요한 것일 수 있다. 그러나 실제 유통 과정이 직영 방식 등을 포함하여 특 정한 법률관계에 구애받지 않고 매우 다양하게 이루어지고 있다는 점을 고려할 때, 유통 단계를 특정하는 것을 넘어서 대리점과 판매점의 정의를 대리·복대리 또는 위탁·재위탁과 같은 사법적 개념에 기초하여 구성하는 방식이 적절하게 규제 대상을 한정할 수 있는지는 의문이다. 한편 제11호

---

24) Elizabeth Newman, "Consumer Protection and Telecommunications", Ian Walden ed., Telecommunications Law and Regulation, Oxford Univ. Press, 2012, 455-456면 참조.

25) 한기정, "전기통신사업법 제36조의3상의 금지행위에 관한 법적 고찰", 이원우 편, 정보통신법연구III, 경인문화사, 2008, 73면 참조.

에서 대규모유통업자는 「대규모유통업에서의 거래 공정화에 관한 법률」, 「대·중소기업 상생협력 촉진에 관한 법률」, 독점규제법 등에 의한 대규모유통업자, 대기업, 대기업 계열사로 정의되고 있다. 대규모유통업자의 경우 유통 과정에서 지배력(예를 들어 수요지배력, buying power)을 가질 수 있으며, 이러한 지위가 공정하고 투명한 유통 질서에 영향을 미칠 수 있기 때문에, 이와 같은 별도의 정의 규정은 긍정적으로 볼 수 있다. 다만 동법에서 동 개념은 제재 가중의 근거로서 활용될 뿐이며, 대규모유통업자의 정책적 고려에 대한 요구에는 미흡하다.

동법 제2조 제8호 내지 제10호의 규정은 단말기 보조금의 지급 주체와 대상에 따른 개념 구분과 보조금이 전체 가격에서 차지하는 비중을 알기 위한 기준을 분명히 함으로써 단말기 보조금 지급에 관한 규제의 명확성을 기하고 있다. 제8호에서 출고가는 이동통신단말장치 제조업자나 이동통신사업자 등이 대리점에 단말장치를 공급하는 가격을 말하는데, 이는 전체적인 보조금의 크기를 확인할 수 있는 기준이 된다. 단말기 판매와 관련하여 이동통신사업자 또는 제조업자 등에 의하여 지급되는 보조금은 지원금과 장려금으로 구분된다. 제9호에서 지원금은 이익이 귀속되는 이용자를 중심으로 파악한 개념이며, "이동통신단말장치 구매가격 할인, 현금 지급, 가입비 보조 등 이동통신단말장치의 구입비용을 지원하기 위하여 이용자에게 제공된 일체의 경제적 이익"으로 정의된다. 동 규정에서 이익 제공 주체는 불문하므로, 이동통신사업자와 대리점 등이 이용자에게 지급하는 경제적 이익은 모두 지원금에 해당한다. 제10호는 유통업자에게 부여되는 경제적 이익의 제공 주체를 제조업자와 이동통신사업자로 구분하여 장려금을 규정함으로써 제9호의 지원금과 대조적으로 이익 제공 주체 측면에서 정의가 이루어지고 있다. 이동통신단말장치 제조업자가 이동통신사업자, 대리점 또는 판매점 등에게 이동통신단말장치 판매에 관하여 제공하는 일체의 경제적 이익(가목)과 이동통신사업자가 대리점 또는 판매점 등에게 이동통신단말장치 판매에 관하여 제공하는 일체의 경제적 이익(나목)이 이에 해당하며, 보조금의 지급 주체가 제조업자와 통신사업자로 나뉘는 현실을 반영한 것이다.

(3) 차별 규제

동법 제3조에 의하여 이동통신사업자 및 대리점 또는 판매점에 의한 부당하게 차별적인 지원금 지급은 금지된다. 동 조 각 호에서 규정하고 있는 금지되는 차별 사유는 번호이동, 신규가입, 기기변경 등 가입 유형(1호), 이동통신서비스 요금제(2호), 이용자의 거주 지역, 나이 또는 신체적 조건(3호) 등이다. 동 규정은 부당한 차별적 지원금 지급만을 금지 대상으로 하고 있으며, 따라서 부당성 판단이 요구되는 규제 방식을 취하고 있다. 그러나 동법 제3조 제2항에 따른 동법 시행령 제3조는 부당한 차별적 지급의 경우를 공시기간 중 동일한 이동통신단말장치임에도 불구하고 서로 다른 지원금을 지급하거나 이를 제안하는 경우로 한정함으로써 부당성 판단의 여지를 제거하였다. 따라서 차별의 부당성을 판단하기 위하여 경쟁제한적 효과나 불이익에 관한 실질적인 고려는 요구되지 않는데, 종래 부당성 판단에 있어서 어려움을 해소한 측면은 있지만, 법정책적으로 이러한 규정 태도가 타당한지에 관하여 논의의 여지는 있다.

또한 금지되는 차별 사유로서 이동통신서비스 요금제를 제시한 것은 그동안 단말기와 이동통신서비스 구매가 결합함으로써 야기되었던 혼란과 불투명성을 해소하려는 정책적 의도가 반영된 것으로 볼 수 있는데, 동법 시행령 제3조 제1호가 "미래창조과학부장관이 요금제별 기대수익, 시장환경의 변화 등을 고려하여 방송통신위원회와 협의하여 고시하는 이동통신서비스별 요금제에 따른 지급기준에 따라 지원금을 지급하는 경우"를 부당한 차별적 지급에서 제외함으로써 동 규정이 실질적인 의미를 갖기는 어려울 것으로 보인다. 한편 부당한 차별적 지급의 제외 사유로서 동법 시행령 제3조 제2호 및 제3호는 각각 대리점 또는 판매점에 의한 지원금 지급과 다른 법률에 의한 지원금 지급의 경우를 추가하고 있다. 특히 대리점 또는 판매점에 의한 지원금 지급이 제외된 것은 유통업자에 대한 과도한 제한일 수 있다는 정책적 고려에 의한 것으로 보이지만, 실제 지원금 지급 이 유통업자에 의하여 이루어지고 있는 현실을 감안할 때, 규제의 실효성 에 의문을 낳는 측면도 있다. 적어도 적용 제외 대상에서 대규모유통업자 의 배제를 고려할 수 있을 것이다.

동법 제6조 제1항은 "이동통신사업자는 이동통신서비스 가입 시 이용자 차별 해소와 이용자의 합리적 선택을 지원하기 위하여 이동통신사업자에 게 지원금을 받지 아니하고 이동통신서비스에 가입하려는 이용자(이동통 신단말장치를 구입하지 아니하고 서비스만 가입하려는 이용자를 포함)에 대하여 지원금에 상응하는 수준의 요금할인 등 혜택을 제공하여야 한다" 고 규정한다.[26] 동 규정은 지원금 지급의 변동성에 따라서 사후적으로 발 생할 수 있는 차별 문제를 보완하는 의미를 갖지만, 또한 실질적으로 통신 서비스와 단말기 대가를 구분하는 분리요금제의 취지를 담고 있다. 특히 단말기 지원금 지급과 관련하여 분리요금제는 단말기 가격 할인과 통신 요금 할인의 분리를 의미하며, 이를 통하여 이용자의 합리적 선택이 가능 하게 될 것이다. 이러한 관점에서 보면, 동 규정에서 분리요금제의 구현에 는 미흡한 점이 있다. 비록 동 규정이 통신서비스만을 구입하는 자에 대한 지원금 혜택을 명정하고 있지만, 지원금 없이 정상적인 가격으로 단말기 를 구매할 경우에 제공되는 요금 할인의 정도와 이에 관한 규제체계는 충 분히 정비된 것으로 보기 어렵다.[27] 그렇지만 적어도 단말기 구입 시 지

---

[26] 동 규정에 위반 시 동법 제14조 제1항에 의하여 미래창조과학부장관의 시정명령 의 대상이 된다.

[27] 분리요금제가 성공적으로 정착한 일본의 예를 보면, 단말기 할인 코스와 통신요 금 할인 코스를 구분하여 단말기 보조금 지급이 이루어지고 있다. 2011년 기준으 로 일본 제1의 이동통신사업자인 NTT도코모의 경우 요금할인 코스 가입자가 75%에 이르는 것으로 조사되었다. 강이규, "분리 요금제를 통한 단말 가격과 통 신요금 분리를 위한 전제조건", 정보통신방송정책 제24권 제5호, 2012, 38면 참조.

원금을 받지 않은 이용자에 대한 배려가 제도화 된 것은 부분적으로 분리요금제의 취지에 부합하는 측면이 있다.

(4) 지원금 규제

단말기유통법상 지원금 규제는 상한을 정하는 방식에 의한다. 동법 제4조 제1항은 방송통신위원회가 가입자 평균 예상 이익, 이동통신단말장치 판매 현황, 통신시장의 경쟁 상황 등을 고려하여 이동통신단말장치 구매 지원 상한액에 대한 기준 및 한도를 정하여 고시하고,[28] 제2항에서 이를 초과하는 이동통신사업자의 지원금 지급 행위는 금지된다.[29] 동항 단서에 의하여 출시된 지 15개월이 경과한 이동통신단말장치는 기준 초과 지원금 지급 금지의 규제를 받지 않는데, 일반적으로 단말기 모델 개선 주기가 약 1년 정도이고[30] 구 모델에 대한 지원금액이 과도한 경우에도 이용자의 합리적 선택에 미치는 영향은 제한적일 것이라는 판단에 따른 것으로 보인다. 또한 이동통신사업자는 단말기의 출고가, 지원금액, 판매가 등을 공시할 의무와 공시와 다른 내용의 지원금 지급이 금지되는 규제를 받는다(3항 및 4항). 한편 대리점 또는 판매점은 이동통신사업자가 공시한 지원금의 100분의 15의 범위에서 이용자에게 지원금을 추가로 지급할 수 있고(5항), 이에 관한 사항을 이용자가 쉽게 인식할 수 있도록 영업장 등에 게시

---

28) 동 규정에 따른 「이동통신단말장치 지원금 상한액에 관한 규정 제정」이 방송통신위원회 고시 제2014-9호로서 제정되었고, 동 고시 제2조 제1항은 지원금 상한액의 범위를 25만원에서 35만원 사이로 정하고, 제3조 제1항은 상한액을 6개월마다 조정하는 것으로 규정하고 있다. 동법 제4조 제1항 및 동 고시 제2조 제1항에 근거하여 방송통신위원회는 지원금 상한액을 30만으로 결정하였다(2014. 9. 24.).

29) 동조 제1항 및 제2항은 부칙 제2조에 의하여 3년간 한시적인 효력을 갖는다.

30) 주요 스마트폰 제조업자의 단말기 모델 출시 현황을 보면, 삼성전자의 경우 갤럭시S(2010년 5월), 갤럭시S2(2011년 4월), 갤럭시S3(2012년 5월), 갤럭시S4(2013년 3월), 애플의 경우 아이폰3G(2008년 7월), 아이폰3GS(2009년 6월), 아이폰4(2010년 6월), 아이폰4S(2011년 10월), 아이폰5(2012년 9월), 아이폰5S(2013년 8월) 등으로 제품 모델의 출시가 있었다. 파이낸셜뉴스, 2013. 3. 6. 참조.

하여야 한다(6항). 이동통신사업자에 대한 지원금 규제를 유통업자에게도 엄격히 적용한다면, 소매단계에서의 경쟁을 지나치게 제한하는 것이 되어, 통신시장을 위축시킬 수 있으며, 유통업자의 이익에도 반할 수 있다. 그러나 제한이 없을 경우에는 동 규제의 의의를 잃게 할 수 있다는 점에서, 15%의 한계를 둔 것으로 보인다.[31] 결국 이와 같은 예외 규정은 실질적으로 차별이 가능한 범위를 정하는 의미를 갖는다.

한편 동법 제5조는 지원금과 연계한 개별계약 체결을 제한하고 있다. 동조 제1항은 이동통신사업자, 대리점 또는 판매점이 이용자와의 이동통신서비스 이용계약에 있어 이용약관과 별도로 지원금을 지급하는 조건으로 특정 요금제, 부가서비스 등의 일정기간 사용 의무를 부과하고 이를 위반할 경우 위약금을 부과하는 등 서비스 가입, 이용 또는 해지를 거부·배제하거나 그 행사를 제한하는 내용의 개별계약 체결을 금지하며, 제2항은 이에 반한 개별 계약의 효력을 부인하고 있다. 일반적으로 개별 약정은 약관에 우선하며, 약관에 의한 거래가 전형적인 경우에도 개별 약정에 의한 거래는 자유롭게 이루어질 수 있다.[32] 그러나 이러한 법리가 지원금 규제의 회피 수단으로 활용될 수 있으며, 동 규정은 이에 대한 입법적 대응이다. 그렇지만 개별약정 우선의 원칙은 본질적으로 사적자치에 소급하는

---

31) 미국의 경우 소매점 차원에서 제공되는 이동통신 단말기의 보조금은 공식적인 보조금의 약 13%로 조사되었다. 이인용, 주 4)의 글, 21면.

32) 「약관의 규제에 관한 법률」 제4조는 "약관에서 정하고 있는 사항에 관하여 사업자와 고객이 약관의 내용과 다르게 합의한 사항이 있을 때에는 당해 합의사항은 약관에 우선한다"고 규정한다. 독일 민법 제305조의b는 동일한 내용의 규정을 두고 있으며, 이에 관하여 약관이 다수의 전형적인 거래에서 평균적인 고객을 전제로 작성되는 것이기 때문에, 개별 계약의 당사자가 약관 규정과 다른 내용의 개별 합의를 통하여 이를 수정할 수 있다는 기능적 관점에서 동 규정을 이해하고 있다. 이때 개별약정 우선 원칙의 적용은 개별약정과 약관 규정 사이의 충돌을 전제한다. Kurt Rebmann, Franz Jürgen Säcker & Roland Rixecher hrsg., Münchener Kommentar zum Bürgerlichen Gesetzbuch, C. H. Beck, 2003, 1116면(Jürgen Basedow 집필부분) 참조.

것인데, 사법적 효력까지 부인하는 제5조 제2항은 규제의 실효성 제고의 취지를 감안하더라도 논의의 여지가 있다. 즉 공적 제재를 넘어서 사법적 효력을 부인하는 것이 사법질서의 기본원칙으로서 사적자치의 실현과 규제의 공익적 필요성의 형량의 결과로서 타당성이 인정될 수 있을지는 의문이다.

(5) 유통질서 개선

단말기유통법은 공정한 단말기 유통 환경의 조성과 관련하여 제조업자에게도 일련의 의무를 부과하고 있다. 동법 제9조 제1항은 이동통신단말장치 제조업자의 차별적인 공급거절을 금지하며,[33] 제2항은 장려금 제공의 기회에 이동통신사업자, 대리점 또는 판매점에 대한 지원금의 차별적 지급을 지시, 강요, 요구, 유도하는 등의 행위가 금지된다. 이동통신사업자도 대리점과의 협정에 의한 차별적인 지원금 지급을 지시, 강요, 요구, 유도하는 등의 행위 금지 의무를 부담한다. 전술한 것처럼 이동통신사업자는 직접적으로 지원금의 차별적 지급이나 과다 지급의 규제 대상이 되지만(3조 1항 및 4조 2항), 유통망을 이용한 간접적인 위반행위도 동 규정에 의하여 규제 대상이 되며, 동법은 이를 공정한 유통환경의 조성의 관점에서 규율하고 있다.

동법 제8조는 제1항은 대리점의 판매점 선임에서 이동통신사업자의 서면에 의한 사전승낙을 요구하며, 제2항은 대리점의 판매점 선임 시 이동통신사업자에 대하여 선임감독에 관한 책임을 부과하고 있다. 또한 제5항은 이동통신사업자에게 대리점 및 판매점 현황에 관한 자료를 분기마다 미래창조과학부장관과 방송통신위원회에 제출하여야 할 의무를 부과하고

---

33) 동조 제5항은 "방송통신위원회는 이동통신단말장치 제조업자가 제1항을 위반하는 행위를 한다고 신고를 받거나 이를 인지한 때에는 공정거래위원회에 필요한 조사 및 조치를 할 것을 요청할 수 있다"고 규정함으로써, 동 행위에 대한 방송통신위원회의 직접적인 규제 관할을 배제하고 있다.

있다. 이러한 규정은 투명한 유통망 구축을 의도한 것으로서, 판매점의 난립과 소매 단계에서의 과도한 경쟁은 동법의 실효성을 저하시킬 것이라는 정책적 판단에 따른 것으로 보인다. 투명한 유통망 구축은 궁극적으로 이용자의 이익에 기여할 수 있다는 점에서 긍정적인 측면이 있지만, 다른 한편으로 이러한 규정은 각 이동통신사업자를 중심으로 한 폐쇄적인 유통망 형성을 조장할 수 있고, 이는 시장의 고착화로 이어짐으로써 경쟁정책적으로 부정적인 효과를 낳을 수 있다는 점도 아울러 고려될 필요가 있다.[34]

동법 제7조 제1항은 이동통신사업자에게 이동통신단말장치 구입비용이 이동통신서비스 이용요금과 혼동되지 아니하도록 명확하게 구분 표기하여 고지 및 청구하여야 할 의무를 부과하며, 제2항은 이동통신사업자, 대리점 또는 판매점 등이 요금할인액을 지원금으로 설명하거나 표시·광고하여 이용자로 하여금 이동통신단말장치 구입비용을 오인하게 하는 행위를 금지한다. 제3항은 이동통신사업자, 대리점 또는 판매점에게 단말기를 할부판매할 경우 할부기간과 추가적으로 청구되는 비용 등에 관한 명확한 고지의무를 부과하고 있다. 이상의 규정은 이용자가 단말기와 통신서비스를 동시에 구입하는 것이 일반적인 관행인 현실에서 이용자의 합리적 선택을 보호하려는 취지에 따른 것이고, 동 규정에 따른 기존 관행의 변화는 공정한 유통 환경의 조성에 기여할 것이다.

한편 단말기 보조금에 대한 제도적 제한이 이루어지면, 불법적인 단말기 유통이 이루어질 우려도 있으며, 동법 제10조에서 분실·도난 단말장치의 수출 방지에 관하여 규정을 두고 있는 것은 이와 관련된다.

(6) 의무 부과 및 제재

방송통신위원회는 동법의 위반행위에 대한 조사 권한을 가지며, 신고나

---

34) 입법과정에서 이에 대한 문제제기와 관련하여, 국회 제316회 미래창조과학방송통신위원회회의록, 제2호, 2013, 26면 참조.

인지에 따라서 직권적으로 조사 개시가 이루어진다. 이에 관하여 동법 제13조가 명정하고 있으며, 조사 시 적법절차적 요건을 부과하고 있다.

동법 제12조는 이동통신사업자 및 이동통신단말장치 제조업자에게 중요한 절차적 의무를 부담지우고 있다. 제12조 제1항에 의하여 이동통신사업자는 이동통신단말장치의 판매량, 출고가, 매출액, 지원금, 장려금 규모 및 재원 등의 자료를 미래창조과학부장관과 방송통신위원회에 각각 제출하고 관련 자료를 갖추어 두어야 하며, 이때 이동통신사업자가 제출하는 자료는 이동통신단말장치 제조업자별로 이동통신사업자에게 지급한 장려금 규모를 알 수 있게 작성되어서는 아니 된다. 특히 단서 규정은 입법 과정에서 쟁점이 되었던 부분인데, 제조업자의 영업상 비밀 보호와의 충돌을 조정하여 총액은 제시하되 사업자별 장려금은 알 수 없도록 하는 절충적 내용으로 구성되었다.[35] 그러나 통신서비스가 아닌 단말기 유통에서 지원금을 규제하는 법체계에서 전체 지원금의 상당한 부분을 차지하고 있는 제조업자의 개별적 지원 규모를 은폐하는 것이 타당한지는 의문이며, 더욱이 후술하는 것처럼 규제기관의 비공개의무 등이 부과되고 있는 상황에서 논의의 여지가 있다. 이동통신단말장치 제조업자 역시 일정한 의무를 부담하는데, 대리점 또는 판매점에 직접 지급한 장려금 규모와 이용자가 이동통신사업자를 거치지 아니하고 구입하는 이동통신단말장치의 출고가를 대통령령으로 정하는 바에 따라 미래창조과학부장관과 방송통신위원회에 각각 제출하여야 하고(2항),[36] 해당 자료를 갖추어 두어야 한다(3

---

35) 국회 제321회 미래창조과학방송통신위원회회의록, 제3호, 2013, 68-76면 참조.

36) 동조 제2항은 부칙 제2조에 의하여 3년간 한시적 효력을 갖는다. 부칙 2조의 형식에 비추어 이때의 일몰조항은 성격상 재검토형 일몰제가 아니라 효력상실형 일몰제로 이해된다. 입법과정에서 재검토형 일몰제가 주장되었으나(국회 제321회 미래창조과학방송통신위원회회의록, 제3호, 2013, 80면), 받아들여지지 않았다. 재검토형의 경우 제도 유지를 정기적으로 검토함으로써 반복적으로 나타나는 문제에 대하여 규제기관이 적절하게 대응할 수 있는 대신에, 검토가 형식적으로 이루어질 경우 일몰 규정이 장기간 존속될 가능성이 있다는 점에서 문제가 될 수 있다. 반면 효력상실형의 경우 일회적인 문제에 대응하는 제도로서 규제의 단기

항). 한편 규제기관인 미래창조과학부장관과 방송통신위원회는 관련 자료의 비공개의무를 부담하며(4항), 관련 공무원은 비밀유지의무를 부담한다(5항).

제14조에 의하여 법위반행위에 대하여 시정조치가 부과된다. 시정명령의 주체는 미래창조과학부장관과 방송통신위원회이며, 전자는 사후적 차별 해소에 관한 제6조 제1항과 단말기 구입비용 구분 고지에 관한 제7조 제1항에 위반한 사업자에 대한 시정조치를 내릴 수 있으며(14조 1항), 이외의 법위반행위에 대해서는 방송통신위원회가 시정명령의 주체가 된다. 시정명령과 관련하여 제11조에 규정된 긴급중지명령제도에 주목할 필요가 있다. 동법 제11조 제1항에 의하여 위반행위가 현저하여 이용자에게 회복하기 어려운 손해가 발생할 우려가 있어 제14조 제2항에 따른 시정명령을 기다려서는 이용자의 피해를 방지하기가 현저히 곤란한 경우(1호) 또는 위반행위가 현저하여 경쟁사업자의 사업활동에 중대한 방해가 되거나 재산상 중대한 피해를 줄 우려가 있어 제14조 제2항에 따른 시정명령을 기다려서는 경쟁사업자에게 회복하기 어려운 손해가 발생할 것으로 예상되는 경우(2호)에 해당하는 사유가 있고, 이를 방지하기 위하여 긴급히 필요하다고 인정하는 경우에 방송통신위원회는 제3조 제1항, 제4조 제2항·제4항·제5항 또는 제9조 제2항·제3항을 위반한 행위에 대하여 이동통신사업자, 대리점, 판매점 또는 이동통신단말장치 제조업자에게 그 행위의 일시 중지를 명할 수 있고, 제2항에서 이에 불복하는 자는 7일 이내에 방송통신위원회에 이의를 제기할 수 있다. 통신시장은 시장 환경이 급변하는 특성을 갖고 있으며, 정식의 절차에 의할 경우 신속한 대응이 이루어지지 못할

적 달성도가 높은 대신에 경직적인 제도 운영의 문제점이 나타날 수 있다. 결국 규제 도입의 원인이 되었던 사안의 성격이 일회적인 것인지 반복적인 것인지가 일몰제 유형의 선택의 중요한 근거가 되며, 이러한 관점에서 단말기 보조금 문제가 장기적으로 지속되어 온 문제라는 점을 감안할 때, 당해 제도를 효력상실형으로 정한 것이 타당한지는 의문이다. 박영도, 규제일몰제 확대 도입에 따른 법제개선방안, 한국법제연구원, 2011, 323-325면 참조.

수 있다는 점에서 제도 도입의 취지를 찾을 수 있다.

금전적 제재로서 과징금이 부과될 수 있다. 동법 제15조가 이에 관하여 규정하고 있는데, 매출액의 3%가 과징금 부과의 상한이다(15조 1항). 특히 과징금 부과대상을 확장하고 있는 제2항에 주목할 필요가 있다. 동 규정에서 이동통신사업자는 대리점 또는 판매점의 위반행위에 대하여 과징금 부과 대상이 될 수 있고, 당해 이동통신사업자가 그 위반행위를 막기 위하여 상당한 주의와 감독을 게을리 하지 않은 경우에 면책될 수 있다. 경쟁법상 경제적 단일체 개념을 통하여 금전적 제재의 대상이 직접적으로 위반행위를 한 자 이상으로 확대될 수 있는데,[37] 경제적 단일체에 해당하는지에 관한 실질적 심사 없이 대리점 또는 판매점의 관계에 기초하여 이동통신사업자가 부과 대상이 될 수 있다는 점에서 입법에 의한 책임 강화로 이해될 수 있는 부분이다. 한편 제22조는 주로 절차적 의무 위반에 대하여 과태료 부과에 관한 규정을 두고 있다.

동법 제20조에 의하여 법위반행위에 대한 형벌의 부과도 가능하다. 특히 분실·도난 단말장치를 해외로 수출하거나 수출을 목적으로 분실·도난 단말장치의 고유식별번호를 훼손하거나 위조 또는 변조한 자, 긴급중지명령이나 시정명령을 이행하지 아니한 이동통신사업자 또는 이동통신단말장치 제조업자에 대해서는 3년 이하의 징역 또는 1억 5천만원 이하의 벌금(20조 1항), 그리고 차별적 지원금을 지급하거나 이를 하도록 지시, 강요, 요구, 유도하는 등의 행위를 한 자에 대해서는 3억원 이하의 벌금에 처한다(20조 2항). 업무상 비밀유지 의무를 위반한 관련 공무원에 대해서 2년

---

37) 경제적 단일체는 별개의 법인격을 유지하고 있는 다수의 사업자를 하나의 경제적 단위로 볼 수 있을 경우에 인정되며, 경제적 단일체를 구성하는 사업자 간에 의사 결정이 단일한 지배관계에 기초하여 이루어진 것인지가 핵심적인 표지이다. Ariel Ezrachi, EU Competition Law, Hart Publishing, 2010, 1-2면 참조. ICI v. Commission 사건에서(Case 48/69 ECJ (1972) ECR 619) 유럽법원은 자회사가 역내에 설립되었다는 것에 기초하여 역외에 설립된 모회사에 대한 관할권을 인정하는 근거로 경제적 단일체(single economic unit) 개념을 원용하였다.

이하의 징역 또는 2천만원 이하의 벌금에 처한다(20조 3항). 동법 제21조는 양벌규정을 두고 있다. 한편 독점규제법상 공정거래위원회의 전속 고발권과 같이, 규제기관이 형사절차에 개입할 근거 조항은 도입되지 않았다.

동법 제18조는 제14조 제1항 또는 제2항에 의한 시정조치가 있는 경우에 이 법을 위반한 행위로 피해를 입은 자는 위반행위를 한 자에게 손해배상을 청구할 수 있으며, 그 위반행위를 한 자는 고의 또는 과실이 없었음을 증명하지 못하면 책임을 면할 수 없다고 규정하고 있다. 동 규정은 무과실책임주의를 채택하지 않은 대신, 주관적 요건의 입증 책임을 가해자에게 전환하고 있다. 또한 시정조치 전치주의를 취하고 있는데, 이는 남소 억제의 취지로 이해되지만, 이에 의하여 당사자들의 자율적인 분쟁해결이 억제될 수 있다는 점에서 논의의 여지가 있다.

2. 단말기유통법의 의의

이상에서 살펴본 단말기유통법의 주요 내용에 비추어 동법의 의의는 다음과 같이 이해할 수 있다. 우선 동법의 체계에서 주목할 것은 규제 대상의 확대이다. 단말기 보조금 규제와 관련하여 통신사업자 외에도 제조업자나 유통업자의 규제 필요성이 드러나고 있었지만, 주된 규제 근거였던 전기통신사업법상 이들을 규제 대상으로 포섭하는 것은 여의치 않았다. 무엇보다 전기통신사업법 제50조 제1항의 금지행위 대상은 통신사업자 외의 제3자가 해석상 포함되기 어려웠고, 이는 규제의 공백으로 이어졌다. 이 문제의 입법적 해결 방안은 다양한 측면에서 논의될 수 있다. 대표적으로 영국의 경우 통신산업의 규제기관인 통신청(Ofcom; Office of Communications)은 통신법(Communications Act 2003) 제371조에 근거하여 경쟁제한적 행위에 대하여 경쟁법에 관한 일반 규제기관인 공정거래청(OFT; Office of Fair Trading)과 함께 공동으로 관할권을 갖는다. 공동 관할의 대상이 되는 행위는 통신산업상의 문제와 관련되는(activities connected with communications matters) 카르텔이나 시장지배적 지위의 남용행위이고(371조 2항), 규제 대상의 인적 범위에는 제한을 가하고 있지 않다.[38] 이러한 입법례에 따라서 전기통신사업법 자체가 수범자를 확대하는 방향으로 개정하는 것도 하나의 방안이 될 수 있었을 것이다. 대신에 입법자는 단말기 보조금 문제에 한정하여 특별법을 제정하고, 이로써 규제 대상을 확대하는 방향으로 해결을 모색한 것이며, 이와 같은 규제 대상 확대는 적어도 종래 보조금 규제에 비하여 실효성을 제고하는데 기여할 것이다.

행위 규제 측면에서 동법 제3조에 의하여 규제되는 차별적 지원금 지급 규제가 대표적이다. 앞에서 살펴본 것처럼, 전기통신사업법에 의한 보조금 규제는 주로 이용자 차별 법리에 의하였으며, 차별의 위법성 구성에 법리적 어려움이 있었다. 이는 규제의 실효성을 저하시키는데 어느 정도 영향을 미친 것으로 보인다. 단말기유통법은 차별적 지원금 지급을 금지대상인 행위로 명시함으로써 규제 근거를 명확히 하였을 뿐만 아니라, 규정 방식도 형식적으로 부당성 심사를 요하지만 시행령과 종합하여 실질적으로 당연위법적인 태도를 취함으로써 규제의 실효성을 제고하고 있다. 그러나 이와 같은 규정 방식이 상위법의 한계를 넘는 법리적인 문제는 차치하더라도, 정책적으로 바람직한지에 관하여 논의의 여지가 있다.

단말기유통법은 지원금 상한을 정하는 방식으로 지원금 자체에 대한 규제를 행하고 있다. 결국 단말기 구매 시 지원금은 실질적으로 단말기의 가격에 반영되는 것이므로, 기본적으로 이러한 규제는 가격규제로서의 성격

---

38) 동법 제정 이후 OFT와 Ofcom이 체결한 "Liaison on competition matters"(2003. 12. 18.)에서 통신산업상 문제의 구체적 의미를 정하고 있는데, 이에 의하면 통신산업상 문제는 전기통신망과 전기통신서비스, 방송 그리고 이에 관련되는 문제를 포함하는 것으로 기술하고 있다. 결국 관련되는 문제에 해당하는지를 정하는 것은 공동 관할의 대상 범위를 정하는 의미를 가지며, 장래에 발생할 사례를 대상으로 한 논의를 통하여 적용 범위가 구체적으로 확정될 것이다. OFT & Ofcom, Liaison on competition matters, 2003, 1-2면.

을 갖는다. 일반적으로 시장경제 질서에서 가격에 대한 직접적 통제는 이 례적이며, 특히 통신산업에서 사전적 가격 규제에 대해서는 부정적인 시 각이 우세하다. 그러나 단말기유통법에서의 가격 규제는 성격상 하한 규 제라는 점을 염두에 두어야 한다. ITU(International Telecommunication Union; 국제통신연맹)에서 통신법체계상 가격 규제가 덤핑방지 규제의 의 미를 가질 경우에 허용될 수 있다는 입장을 취한 것을 참고할 수 있으 며,39) 가격 규제가 상품 질의 하락을 초래하여 궁극적으로 소비자에게 부 정적 영향을 미칠 것이라는 분석은 기본적으로 가격의 상한을 정하는 규 제 방식을 전제한 것이라는 점에 유의하여야 한다.40) 따라서 형식적으로 지원금 상한 규제이지만, 가격 관점에서 실질적으로 하한 규제를 의미하 는 단말기유통법상 지원금 규제에 대하여 가격 통제에 대한 일반론적인 접근에는 한계가 있다. 그러나 가격 하한 규제 역시 본질적으로 인위적 가 격 통제 성격을 갖고 있다는 점에는 변함이 없다. 물론 입법 동기로서 유 력하게 작용하였던 것처럼 단말기의 과소비 현상은 바람직하지 않은 것이 고 그 원인으로서 보조금의 과다 지급이 문제가 되었다는 점에서 이러한 규제 자체가 타당성을 잃는 것으로 보기는 어렵다. 그렇지만 기본적으로 가격은 대립하는 경제 주체 간의 이익의 분배를 정하는 기준이며, 이러한 관점에서 이동통신사업자 및 유통업자와 이용자 간의 이해관계를 충분히 균형 있게 고려하는 것은 법 시행과정에서 지속적으로 요구되는 것이라 할 수 있다.

단말기유통법은 공시와 같은 새로운 규제 수단을 도입하고 규제 내용을 강화하였다는 점도 주목할 부분이다. 특히 지원금의 공시는 단말기 유통

---

39) ITU, Development of ICT Competition Polices, 2012, 14면 참조.
40) 독점적 사업자에 의한 사회적 서비스의 제공에 가격 규제를 결부시킬 경우에, 사 업자가 서비스의 질을 저하시키는 방식으로 대응할 수 있다는 것이 경험적 연구 에서 제시되고 있다. Gregory S. Crawford & Matthew Shum, "Monopoly Quality Degradation and Regulation in Cable Television", Journal of Law and Economics, vol. 50, 2007, 200-211면 참조.

체계의 투명성 확보 그리고 차별적 관행의 해소에 기여할 수 있을 것으로 보인다. 그러나 가격 정보에 관한 교환 방식으로서 공개 제도는 담합을 강화하는 기능을 할 수도 있으며, 따라서 실제 공시제도가 경제주체들에 의하여 어떻게 운영되는지를 지속적으로 주시할 필요가 있다.

IV. 법 시행 후 시장 동향과 개선 필요성

1. 시장 동향

단말기유통법의 시행 후 약 4개월이 지난 시점에서 법제도의 효과를 판단하기에 충분한 기간이 경과한 것으로 보기는 어렵다. 그렇지만 동법의 시행 이후 초기 시장의 동향은 향후 전개 과정에 대한 일정한 예측을 가능하게 하며, 개선 필요성에 관한 논의도 이에 기초할 필요가 있다. 입법 제안 시부터 동법이 이동통신시장에 긍정적인 영향을 미칠 것이라는 기대가 최종 입법에 이르기까지 주된 동인이 되었다. 단말기 보조금 규제가 제도화 되면, 일단 이용자가 부담하는 단말기 가격은 상승할 것이지만, 이는 단말기의 수요를 낮추고 따라서 단말기 가격 자체의 인하를 유도하여 이용자의 부담 증가는 일시적일 것이며, 장기적으로 단말기 및 이동통신서비스 시장의 안정화를 이끌 것이라는 예측이 유력하였다.[41] 전술한 것처럼 이러한 예측을 뒷받침하는 시장의 변화를 판단하기에는 충분한 시간은 아니지만, 그 동안의 변화를 통해서 예측의 타당성을 검증할 수는 있을 것이다. 이와 관련하여 동법 시행 이후 이동통신서비스 시장의 변화와 단말기 시장의 변화를 살펴볼 필요가 있다.

---

41) 국회 제322회 미래창조과학방송통신위원회회의록, 제3호, 2014, 38-39면 참조

〈표 1〉 이동통신사업자별 가입자 수(2014. 9. – 2014. 12.)[42]

		2014. 9.	2014. 10.	2014. 11.	2014. 12.
SKT	자사	26,434,738	26,373,945	26,424,610	26,472,169
	MVNO	1,968,359	2,037,719	2,100,961	2,141,172
	소계	28,403,097	28,411,664	28,525,571	28,613,341
KT	자사	15,332,822	15,289,914	15,264,688	15,248,580
	MVNO	1,851,191	1,948,143	2,037,722	2,079,008
	소계	17,184,013	17,238,057	17,302,410	17,327,588
LGU+	자사	10,840,123	10,831,177	10,857,214	10,903,318
	MVNO	318,543	329,412	344,091	363,710
	소계	11,158,666	11,160,589	11,201,305	11,267,028
합계	자사	52,607,683	52,495,036	52,546,512	52,624,067
	MVNO	4,138,093	4,315,274	4,482,774	4,583,890
	소계	56,745,776	56,810,310	57,029,286	57,207,957

〈표 1〉에서 단말기유통법 시행 직전과 3개월이 경과한 시점을 비교하면, 기존 3사의 시장점유율(%)은 2014년 9월 50.05, 30.28, 19.66에서 동년 12월 50.02, 30.29, 19.69로 큰 변화 없이 유지되었다. 그러나 3사 모두를 포함해서 MVNO 사업자의 시장점유율은 의미 있는 증가세를 보여주었다. 즉 2014년 9월 MVNO의 시장점유율은 7.29에서 동년 12월 8.01%로 증가하였다. MVNO의 시장점유율은 2013년 이후 꾸준히 증가하여 왔지만,[43] 단말기유통법의 입법이 어느 정도 저가 시장으로의 유인으로 작용하고 있음을 시사한다. 이러한 경향은 이동통신서비스 시장의 거래 분석을 통해서도 확인할 수 있다.[44] 다음의 〈표 2〉는 단말기유통법 시행 후 이동통신서비스의 요금제별 가입 비중 변화에 관한 것이다.

---

42) http://www.itstat.go.kr/pub/
43) MVNO의 시장점유율은 2013년 12월 4.54, 단말기유통법이 제정된 2014년 5월 6.01이었다.
44) MVNO 정책적 의의는 소매단계 경쟁을 촉진하여 가격인하를 유도하는 것이다. 가격인하적 측면에서 MVNO 활성화와 단말기 지원금 규제는 동일한 효과를 지향한다. 홍명수, "전기통신사업법상 MVNO에 의한 통신서비스 재판매 활성화 방안 고찰", 법학논고 제45집, 2014, 553면 이하 참조.

⟨표 2⟩ 요금제별 가입 비중 변화[45]

	2014. 7.-9.	2014. 10.	2014. 11.	2014. 12.
저가요금제	49.0%	64.4%	49.9%	54.6%
고가요금제	33.9%	13.0%	18.3%	14.8%
중가요금제	17.1%	22.6%	31.8%	30.6%

⟨표 2⟩에서 확인할 수 있듯이, 단말기유통법 시행 후 이동통신서비스의 구매 비중에 있어서 저가요금제와 중가요금제의 상승과 고가요금제의 하락이 뚜렷한 경향으로 나타나고 있다. 이는 이용자들이 보다 큰 단말기 지원금을 받기 위한 고가요금제 선택 보다는 단말기와 이동통신서비스를 통합한 가격에 대응하는 방식의 선택을 하고 있음을 보여주는 것이다. 또한 이동통신서비스의 초기 가입 요금제의 평균도 하락하는 경향을 보이고 있는데, 2014년 7월부터 9월까지 45,155원이었던 초기 가입 평균 요금은 10월 39,956원, 11월 40,276원, 12월 38,707원으로 낮아지고 있다.[46]

한편 다음 ⟨표 3⟩에서 나타나고 있는 단말기유통법 시행 후 일일 이동통신서비스 가입자의 변화 추이도 주목을 요한다.

⟨표 3⟩ 일일 이동통신서비스 가입자 변화[47]   (단위 : 명(%))

	2014.1.-9.	2014. 10.	2014. 11.	2014. 12.
총가입자	58,363	36,911	54,957	60,570
(기기변경)	15,309(26.2)	13,935(37.8)	23,234(42.3)	24,833(41.0)
(번호이동)	22,729(34.8)	9,350(25.3)	15,184(27.6)	17,983(29.7)
(신규가입)	20,325(38.9)	13,626(36.9)	16,539(30.1)	17,754(29.3)

---

45) 미래창조과학부·방송통신위원회, 보도참고자료: 단말기유통법 시행 3개월 주요 통계, 2015. 1. 6., 2면. ⟨표 2⟩에서 고가 요금제는 6만원 이상, 중가 요금제는 4-5만원, 저가 요금제는 3만원 이하의 요금제를 말한다.

46) 위의 자료, 3면.

47) 위의 자료, 4면.

〈표 3〉에서 2014년 12월 기준으로 이동통신서비스 가입자의 일일 평균은 법 시행 이전보다 증가하고 있으며, 이는 법 시행 이후 시장이 점차 안정화 되고 있음을 보여준다. 주목할 것은 가입 사유에 관한 것인데, 특히 법 시행 이전과 비교하여 번호이동에 의한 가입자 수는 감소한 것으로 나타나고 있다. 법 시행 전 단말기 지원금의 획득을 목적으로 한 번호이동이 많았고, 이는 빈번한 단말기 교체에 의한 과소비의 원인이 되었다. 〈표 3〉에서 나타나는 변화는 이와 같은 부정적인 현상이 완화되고 있음을 보여준다. 그러나 이러한 수치가 지속적인 의미를 가질지를 단정하기 어려우며, 무엇보다 번호이동에 따른 가입자 비중의 감소는 시장 고착화의 징표로 받아들여질 여지도 있다.

가격 변화의 측면에서 보면, 입법 시 기대되었던 단말기 가격과 이동통신서비스 요금의 인하 경향이 나타나고 있다.

〈표 4〉 이동통신단말장치 출고가 인하 현황[48]

	단말기명	출시일	인하일	인하전	인하후	인하금액(인하율)
3사 공통	갤럭시노트3	2013. 9.23	2014.10. 1	957,000	880,000	77,000원(8.0%)
	갤럭시S4	2014. 2. 6	2014.10.23	699,600	644,600	55,000원(7.9%)
			2015. 1. 1	644,600	499,400	145,200원(22.5%)
	G3 beat	2014. 7.19	2014.10.22(KT),23(SKT,LGU+)	499,400	429,000	70,400원(14.1%)
			2014.11.18(SKT,KT),19(LGU+)	429,000	399,300	29,700원(6.9%)
	갤럭시그랜드2	2014. 3.13	2014.11.12	429,000	374,000	55,000원(12.8%)
	베가아이언2	2014. 5.12	2014.11.15(KT),19(LGU+),22(SKT)	783,200	352,000	431,200원(55.1%)
	G pro	2013. 2.20	2014.11.18(SKT,KT),19(LGU+)	476,300	399,300	77,000원(16.2%)
	G3	2014. 5.28	2014.11.25	899,800	799,700	100,100원(11.1%)
	베가시크릿노트	2013.10.15	2014.11.22(KT),25(LGU+),12.4(SKT)	699,600	297,000	402,600원(57.5%)
	G3 Cat.6	2014. 7.25	2015. 1. 1	924,000	799,700	124,300원(13.5%)
	갤럭시노트10.1	2013.10.10	2015. 1. 1	946,000	799,700	146,300원(15.5%)

48) 위의 자료, 5면.

SKT	G3-A	2014. 8. 8	2014.10.23	704,000	649,000	55,000원(7.8%)
	준	2014. 7.10	2014.11. 8	229,900	195,800	34,100원(14.8%)
	갤럭시윈	2013.11. 5	2014.11.12	352,000	297,000	55,000원(15.6%)
	갤럭시 W	2014. 6. 3	2014.11.12	499,400	399,300	100,100원(20.0%)
			2015. 1. 1	399,300	319,000	80,300원(20,1%)
	미니멀폴더	2013.12.12	2014.11.12	269,500	225,500	44,000원(16.3%)
	SONY Z2	2014. 5.16	2014.12. 3	669,000	499,000	170,000원(25.4%)
	아카	2014.11.12	2014.12.10	528,000	399,300	128,700원(24.4%)
	갤럭시알파	2014. 9. 3	2014.12.11	748,000	528,000	220,000원(29.4%)
KT	아이폰5C(32G)	2013.10.23	2014.10. 8	726,000	429,000	297,000원(40.9%)
	아이폰5C(16G)	2013.10.23	2014.10. 8	599,500	396,000	203,500원(33.9%)
	갤럭시코어3G	2014. 7.14	2014.11.12	259,600	209,000	50,600원(19.5%)
	ACER iquid-Z5	2014. 6. 9	2014.11.22	259,600	198,000	61,600원(23.7%)
	SONY E1	2014. 6.30	2014.11.22	165,000	149,600	15,400원(9.3%)
	베가아이언	2013. 4.24	2014.11.25	389,400	275,000	114,400원(29.4%)
	베가시크릿업	2013.12.11	2014.11.27	548,900	352,000	196,900원(35.9%)
	베가No.6	2013. 2. 6	2014.11.27	699,600	253,000	446,600원(63.8%)
	베가블링	2013. 6.27	2014.11.27	269,500	165,000	104,500원(38.8%)
	아이폰6+ 16GB	2014.10.31	2014.11.29	924,000	899,800	24,200원(2.6%)
	아카	2014.11.12	2014.12.10	528,000	399,300	128,700원(24.4%)
LGU+	베가No.6	2013. 2. 7	2014.11. 1	699,600	319,000	380,600원(54.4%)
	갤럭시윈	2013.11. 4	2014.11.12	421,300	297,000	124,300원(29.5%)
	아이폰6+ 16GB	2014.10.31	2014.11.22	924,000	899,800	24,200원(2.6%)
	베가시크릿업	2013.12.11	2014.11.22	548,900	352,000	196,900원(35.9%)
	Gx	2013.12.17	2014.12. 4	528,000	352,000	176,000원(33.3%)
	갤럭시 줌2	2014. 6.11	2014.12. 8	693,000	297,000	396,000원(57.1%)
	갤럭시알파	2014. 9. 3	2014.12. 9	748,000	495,000	253,000원(33.8%)
	Gx2	2014. 9. 2	2014.10.24	693,000	594,000	99,000원(14.3%)
			2014.12.10	594,000	451,000	143,000원(24.1%)

〈표 4〉에서 알 수 있듯이, 상당한 정도의 이동통신단말장치 출고가 인하가 이루어지고 있으며, 특히 출고 후 3개월 이내인 최신 단말기의 인하도 포함되어 있다.

〈표 5〉는 공시된 지원금액의 변화에 관한 것인데, 법 시행 이후 주요 단말기종에서 지원금액은 상승하는 추세를 보여주고 있다. 따라서 전체적으로 단말기의 가격 인하 효과가 발생한 것으로 볼 수 있지만, 지원금액의

뚜렷한 증가는 주로 단말기 보조금 제한을 받지 않는 15개월 이전 출시된 구 기종을 중심으로 이루어지고 있기 때문에, 이러한 효과에 대한 의미 부여에는 한계가 있을 것이다.

〈표 5〉 공시지원금 3사 평균 변화 추이(2014. 10. − 2015. 1.)[49] (단위: 만원)

			10. 1.	11. 1.	12. 1.	1.1
최신형	갤럭시노트4	최고요금제	9.1	27.0	23.4	23.4
		62요금제	6.0	14.2	15.2	15.2
		35요금제	3.3	8.0	8.5	8.5
	갤럭시S5 광대역	최고요금제	14.0	24.4	24.4	25.0
		62요금제	9.3	15.8	15.8	19.3
		35요금제	5.2	8.8	8.8	14.4
	G3 CAT.6	최고요금제	14.0	24.4	24.4	27.0
		62요금제	9.3	15.8	15.8	20.7
		35요금제	5.2	8.8	8.8	15.2
	아이폰6 16GB	최고요금제	-	22.5	28.6	27.2
		62요금제	-	11.8	15.1	14.3
		35요금제	-	6.6	8.5	8.0
보급형	G3 BEAT	최고요금제	23.7	27.5	26.9	27.6
		62요금제	15.7	16.8	18.0	22.8
		35요금제	8.8	9.4	10.1	16.5
	와인스마트	최고요금제	17.0	22.5	23.7	23.0
		62요금제	11.3	13.6	15.8	16.9
		35요금제	6.3	7.6	8.8	9.5
구모델 (15개월)	갤럭시노트3	최고요금제	13.4	24.7	28.4	75.2
		62요금제	8.9	13.1	19.1	46.0
		35요금제	5.0	7.3	10.7	25.7
	G2	최고요금제	17.2	25.1	40.9	57.7
		62요금제	11.5	15.0	27.1	44.7
		35요금제	6.4	8.3	15.1	32.5

또한 이동통신사업자 모두 이동통신 요금의 인하와 관련된 조치를 취하고 있다. 다음의 〈표 6〉은 미래창조과학부와 방송통신위원회가 밝힌 이동통신 요금 인하와 관련된 사업자의 주요 조치의 내용이다.

───────
49) 위의 자료, 7면. 62요금제와 35요금제는 각각 중가요금제와 저가요금제를 대표한다.

〈표 6〉 이동통신 요금 인하 내용[50]

	내 용
SKT	· 피처폰 데이터요율 인하(평균 1.5원/패킷 → 0.25원/패킷) · 가입비 폐지(기존 11,880원) · 요금약정할인반환금 폐지(10.1 가입자부터 소급)
KT	· 월 2GB 사용 후, 400kbps 속도로 무한 데이터 제공하는 '청소년 안심데이터45' 요금제 출시 · 광대역 안심무한 요금제의 기본 data 제공량(15G) 초과 시 400kbps→3Mbps로 증속 · 약정과 위약금을 없앤 '순액요금제' 출시 · 피처폰 데이터요율 인하
LGU+	· 온라인 직영몰 가입 시 유무선 결합상품(한방에 yo) 요금 추가 할인 · 피처폰 데이터요율 인하(일괄 0.25원/패킷) · 지인(가족·친구) 추천 요금할인금액 50% 확대(최대 2만원→3만원) · 온라인 직영몰 가입 시 무선상품 요금 추가 할인(모바일 direct) · 요금약정할인반환금 폐지

이상의 시장 동향과 관련된 분석을 종합하면, 단말기유통법의 시행 후 3개월이 경과한 시점에서 이동통신서비스 시장에서 뚜렷한 변화를 찾기는 어렵다. 그러나 MVNO 시장점유율의 증가 경향이나 가입자가 선택하는 요금제가 저가 요금제 위주로 확대되고 있다는 점은 향후 시장 구조나 거래 양상의 변화 가능성을 시사하며, 입법 당시에 기대되었던 이용자의 합리적인 소비 관행의 정착에도 기여할 것이란 예상을 가능케 한다. 한편 단말기의 가격 인하 추세가 나타나고 있다는 점도 주목할 만하다. 출고가의 인하나 공시 지원금액의 증가 추세는, 그 정도가 이용자의 이익에 부합하는 정도인지 여부는 별론으로 하고, 단말기 보조금 규제 이후에 사업자의 경쟁이 이루어지는 방향을 보여주는 것이기도 하다. 다만 예상되었던 이동통신 요금의 인하는 사업자의 일정한 조치에도 불구하고 의미 있는 수준의 변화가 나타나지는 않고 있다.

---

50) 위의 자료, 6면.

단말기유통법에 의하여 도입된 주요 규제, 즉 차별적 지원금 규제, 과다 지원금 규제, 지원금 관련 공시 등이 그 동안 단말기 보조금을 중심으로 이루어졌던 이동통신사업자의 경쟁 양상에 일정한 변화를 낳을 것이라는 점은 충분히 예상되었던 것이다. 그리고 일정 부분에서 이러한 예상에 상응하는 시장 변화도 감지되고 있다. 그러나 경쟁 양상의 변화를 통한 경쟁적인 시장 구조의 재편 또는 의미 있는 수준에서 이용자 후생의 증대로 평가할 수 있는 변화 가능성을 현재의 시장 동향으로부터 파악하기에는 한계가 있다.

2. 개선 필요성 검토

단말기유통법 시행 후 초기 혼란이 가중되는 상황에서 법제도에 관한 많은 문제제기가 있었다. 이른 시기에 4건의 법률 개정안이 제출되었는데, 차별적 지급 금지의 실질적 폐지, 긴급중지명령 제도의 폐지 등 법의 기본 골격을 변경하려는 대폭적 개정 제안도 있었지만,[51] 대체로 분리 공시 제도의 도입이나[52] 지원금 상한제 폐지는[53] 개정 제안에서 공통적으로 주장되는 내용이었다.

우선 지원금 상한제와 관련하여, 앞에서 살펴본 것처럼 동 제도가 인위적인 가격 규제로서의 성격을 갖고 있으며, 따라서 시장의 자율적 기능을 침해하고 있다는 점은 분명하다. 또한 규제기관이 설정하고 있는 상한선이 지나치게 낮아서 사업자와 이용자의 이익을 균형 있게 고려하였는지에 관한 의문이 제기될 수도 있다. 그러나 제도 도입의 취지에서 논의하였던 것처럼, 과도한 단말기 보조금 지급은 단말기 시장뿐만 아니라 이동통신

---

51) 한명숙 대표발의, 의안번호(12365), 2014. 11. 7.
52) 최민희 대표발의, 의안번호(12035), 2014. 10. 14., 배덕광 대표발의, 의안번호 (12062) 2014. 10. 17.
53) 심재철 대표발의, 의안번호(12380), 2014. 11. 10.

서비스 시장에서 많은 혼란을 초래한 원인이었다는 점을 상기할 필요가
있다. 적어도 제도 자체의 폐지를 논의하기는 이른 시점이며, 지원금 상한
규제 자체가 3년간 한시적인 효력을 갖는다는 점을 감안하면, 동 제도가
당해 시장에 어떠한 영향을 미칠 지를 지속적으로 살펴보는 것이 중요하
다. 현재 방송통신위원회가 결정한 지원금 상한인 30만원이 지나치게 낮
게 설정되었다는 문제 제기는 가능한 것으로 보이지만, 이는 기본적으로
규제기관의 정책적 판단에 의할 문제이며,[54] 〈표 3〉에서 나타나고 있는
것처럼 이동통신서비스의 일일 가입자 수가 이미 단말기유통법 시행 이전
시점으로 회귀한 상황에서 이 역시 신중하게 접근할 필요가 있다. 이와 관
련하여 이동통신 3사와 단말기 제조 3사에 대하여 공정거래위원회가 단말
기 가격을 고가로 책정한 후에 보조금 지급 등의 할인 정책을 통하여 고
객을 유인하는 등의 행위를 독점규제법상 불공정거래행위 중 부당 고객유
인행위로서 규제한 사례에서 확인할 수 있듯이,[55] 지원금 상한의 형식적
기준 외에 이용자에게 불이익을 낳을 수 있는 다양한 행태를 지속적으로
모니터링 하는 것도 중요할 것이다.

 분리공시는 입법 과정에서부터 많은 논의가 이루어졌고, 최종적으로 입
법에서 배제되었던 제도이다. 현행법상 지원금 공시 의무는 이동통신사업
자가 부담하며, 지원금 재원의 한 부분을 담당하는 제조업자의 장려금은
공시 대상에 포함되지 않는다(법 4조 2항). 나아가 자료 제출 의무와 관련
하여 제조업자가 대리점 또는 판매점에 지급하는 장려금에 대해서는 자료
제출 의무가 부과되지만, 이동통신사업자에게 직접 제공하는 장려금에 대
해서는 개별 사업자별로 제공 금액을 알 수 없도록 하는 보완 규정을 두

---

54) 동 상한의 결정에 관하여 방송통신위원회가 뚜렷한 근거를 제시하지는 않았는데,
 미국의 스마트폰 가격 분석에서 2012. 3. 30. 기준으로 공식적인 지원금이 평균
 312$이었던 점 등을 참고한 것으로 보인다. 이인용, 주 4)의 글, 21면 참조.
55) 공정위 2012. 7. 10. 의결 제2012-104호(엘지전자), 의결 제2012-105호(삼성전자),
 의결 제2012-106호(SKT), 2012. 7. 12. 의결 제2012-121호(팬택), 2012. 7. 13. 의
 결 제2012-122호(KT), 의결 제2012-123호(LGU+).

고 있다(법 12조 1항 및 2항). 앞에서 살펴본 것처럼 이와 같은 규제체계
는 단말기 판매와 관련된 장려금 지급은 제조업자의 영업상 비밀에 해당
하며, 이를 보호할 필요성이 크다는 정책적 판단에 따른 것이다. 또한 이
용자 측면에서 보면, 단말기 구매 시 중요한 것은 지원금 총액이며, 지원
금 재원의 출처를 알 수 있는 세부 내역에 대한 직접적인 이해를 갖지 않
는다는 점도 고려된 것으로 보인다. 그러나 지원금의 중요 재원을 담당하
는 자로서 제조업자의 장려금 규모를 파악할 수 있는 자료 제출조차 의무
대상에서 배제하는 것은 영업보호 측면에서도 과도한 것으로 평가할 여지
는 있다. 무엇보다 지원금 재원의 중요 부분에 대한 정보가 차단되는 것은
정책 실현에 상당한 지장을 초래할 수 있을 것이다. 이러한 관점에서 제조
업자의 장려금 공시 문제를 다룰 필요가 있으며, 적어도 이동통신사업자
에게 제공되는 개별 제조업자의 장려금 규모를 자료 제출의무에 포함시키
는 것은 긍정적으로 볼 것이다.

　법률 개정안에서 쟁점이 되고 있지는 않지만, 단말기유통법의 실효성을
제고하는 문제도 검토되어야 한다. 앞에서 언급한 것처럼 지원금의 실질
적인 지급 주체는 대리점 또는 판매점 등이며, 제도의 실효성은 이들의 법
준수 의지에 의존하는 바가 크다. 물론 소매 단계에서의 경쟁은 경쟁의 활
성화 측면에서 매우 중요하며, 동법 제4조 제5항이 지원금의 15% 내에서
지원금을 추가할 수 있는 재량을 대리점 또는 판매점에게 부여하고 있는
것도 이러한 관점에서 이해할 수 있다. 그렇지만 지원금 규제와 관련하여
대리점 또는 판매점의 역할이 매우 중요하다는 점을 염두에 두어야 한다.
무엇보다 지원금의 과다 지급 제한에 관하여 규정하고 있는 동법 제4조가
차별적 지급 금지에 관한 동법 제3조와 달리 대리점 또는 판매점을 원칙
적으로 수범자에서 제외하고 있는 것에 주의를 기울일 필요가 있다. 또한
규제 회피 가능성도 고려하여야 한다. 지원금 지급을 리베이트와 같은 방
식으로 행하는 것을 예로 들 수 있다. 리베이트는 일정한 거래를 전제로
한 사후적인 환불이며, 거래 시 바로 이익이 주어지는 가격할인과 행태적

으로 구분될 수 있다.[56] 물론 단말기유통법은 제2조 제9호의 지원금을 이용자에게 제공되는 일체의 경제적 이익으로 정의하고 있기 때문에, 해석상 리베이트도 이에 포함될 것이다. 그러나 사후적인 지급 성격상 리베이트 방식의 지원금 지급이 은폐될 가능성이 크다. 따라서 입법적 측면에서 뿐만 아니라 규제기관의 집행 강화 측면에서도 이 문제를 주시할 필요가 있을 것이다.

주지하다시피 단말기유통법은 그 동안 이동통신서비스 시장에서 전개되어 왔던 경쟁의 가장 중요한 수단을 제한하는 의미를 갖는다. 이를 통하여 정책적으로 바람직한 다른 경쟁 수단이 강구되고, 시장 활성화가 이루어질 것이라는 기대가 입법에 반영된 것으로 보인다.[57] 그러나 전술한 시장 동향 분석에서 확인할 수 있듯이, 이러한 효과가 아직은 미흡하며, 이를 촉진하기 위한 제도 개선의 논의도 필요하다. 즉 경쟁 활성화가 이루어지지 않으면, 특정한 행위의 규제만으로 동법이 추구하는 목적으로서 시장의 건전성 회복이나 이용자 후생의 증대를 기대하기는 어렵다. 이러한 관점에서 동법 제6조에 부분적으로 수용된 분리요금제를 강화하는 방안을 논의할 수 있을 것이다. 사업자 간 이동통신서비스의 품질 차이가 미미한 상황에서 가격은 실질적인 경쟁 요소가 될 수밖에 없는데, 현재 가격 경쟁은 여전히 단말기 지원금에 은폐되어 이루어지고 있다. 이를 정상적인 요금 경쟁의 방식으로 환원시킬 필요가 있으며, 이를 위하여 현행 단말기유통법에 의한 규제가 충분한 것으로 보기는 어렵다. 전술한 것처럼 분리요

---

56) 독일의 구 리베이트법(Rabattgesetz)에서는 상품의 제공 후 반대급부로서 대금지급 시의 지불할인(Barzahlungsnachlässe)과 재화나 용역의 제공 후 일정 기간이 경과한 뒤에 상환되는 리베이트를 구별하였다. 홍명수, "독점규제법상 리베이트 규제의 검토", 법과 사회 제34호, 2008, 373-374면 참조.

57) 국회 제322회 미래창조과학방송통신위원회회의록, 제3호, 2014, 38면에서 이동통신사업에서의 경쟁이 요금, 품질, 단말기 보조금의 세 가지 요소를 중심으로 이루어졌는데, 단말기 보조금이 투명화 되면, 요금, 품질 등이 중요한 경쟁 요소로 부각될 것이라는 기대를 표하고 있다.

금제는 단말기 가격 할인과 통신 요금 할인을 명확히 분리하여 이용자가 이를 선택할 수 있도록 하는 제도이고, 이를 통하여 통신사업자를 요금 할인 위주의 가격 경쟁으로 유도할 수 있는 방안을 적극 모색할 필요가 있다.[58]

V. 결론

단말기유통법의 제정은 2000년 이후 지속적으로 시행되어 온 단말기 보조금 규제의 입법적 결과라 할 수 있다. 보조금 규제 시 경험하였던 시행착오나 이에 관한 문제의식이 동법의 제정에 반영되었고, 실효성을 제고하기 위한 다양한 규제가 도입되었다. 이로써 보조금 규제가 가능하고 타당한 지에 관한 논쟁은 일단 종료되었지만, 그 과정에서 제기되었던 다양한 견해, 특히 부정적인 견해까지도 동법의 시행에 여전히 참고할 만한 가치가 있다. Robert Baldwin은 규제실패의 한 유형인 과잉 규제(over-regulation)는 규제의 취지에 반하는 효과를 낳을 수 있다는 점에 대한 고려가 충분히 이루어지지 않은 경우에 발생한다고 지적한다.[59] 단말기유통법에 의한 지원금 규제는 기본적으로 인위적인 시장 개입이며, 강한 규제로서 평가되는 가격규제적 성격을 갖는다. 이러한 규제가 도입된 배경에는 단말기 보조금

---

58) 통신요금 할인 액이 단말기 보조금을 상회할 것과 이용자가 양자를 쉽게 비교할 수 있도록 제시되어야 한다는 것을 분리요금제의 성공 요건으로 제시하고 있는 것으로, 강인규, 주 27)의 글, 44-45면 참조. 한편 이동통신서비스 요금은 전기통신사업법 제28조 제1항 및 제2항에 의하여 신고 또는 인가(현재 1위의 이동통신사업자) 대상이 되고 있는데, 동 제도의 운영이 사업자의 자율을 최대한 존중하는 방식으로 운영되는 것도(특히 규제기관이 형식적 심사권만을 갖는 신고제의 운영에 있어서), 요금 경쟁 활성화의 제도적 전제가 될 것이다. 통신요금의 신고제와 인가제의 제도 운영상 의의와 비교에 관하여, 이원우, 경제규제법론, 홍문사, 2010, 845-846면 참조.

59) Robert Baldwin, Martin Cave & Martin Lodge, Understanding Regulation, Oxford Univ. Press, 2012, 70면 참조.

을 중심으로 한 경쟁이 바람직하지 않으며, 비효율적인 시장 성과를 낳고, 이용자 이익에 궁극적으로 반한다는 사고에 따른 것이다. 그러나 특정한 경쟁 수단을 제한한다고 하여 시장 주체들이 다른 방식으로 경쟁할 것이라는 예측은 적어도 과점시장의 틀 안에서 합리적이지 못하며, 실증적으로 뒷받침되지 않는 추론이다. 이러한 상황에서 사업자들은 경쟁의 부재 속에 안주할 수 있으며, 이러한 가능성에 대한 간과는 Baldwin이 언급한 과잉 규제의 전형에 해당할 수 있다. 이러한 문제의식이 법 시행 과정에 지속적으로 투영되어야 한다.

현재 시점에서 단말기유통법의 시행이 시장에 어떠한 영향을 미칠지를 단정하기는 어렵다. 그렇지만 부정적인 효과가 압도하거나, 긍정적으로 평가할 수 있는 여지가 전혀 없는 상황으로 나아가고 있는 것으로 보이지는 않는다. 따라서 현재 제시되고 있는 개선안은, 충분히 검토될 필요성은 있지만, 시장 상황의 전개 과정을 주시하며 지켜볼 필요가 있을 것이다.[60] 현 시점에서 보다 필요한 것은 단말기 보조금 경쟁을 대신할 수 있는 바람직한 경쟁 수단을 제시하고, 이를 통한 경쟁 활성화를 모색하는 것이다.

---

60) 2016년 말 기준의 시장 상황과 이를 토대로 한 단말기유통법의 개정 논의에 관하여, 홍명수, "단말기유통법 개정 논의의 검토", 명지법학 제15권 제2호, 2017, 75면 이하 참조.

제3편
국제경쟁법

26. 인도네시아의 경쟁법 개괄

I. 서론

그 동안 경쟁정책과 경쟁법제도에 관한 비교 연구에 있어서, 선진국을 중심으로 한 연구는 활발히 전개되었으나, 개발도상국에서의 경쟁정책과 경쟁법에 대한 연구는 실질적으로 거의 이루어지지 않았다. 우리 보다 앞서 경쟁법을 시행하여 온 국가의 법제도 운영에 관한 경험을 참고하고 중요 제도를 조속히 도입하여 우리나라의 경쟁법 제도의 기초를 확립하는 것이 시급한 과제였다는 점에서 이러한 현상이 이례적인 것은 아니지만, 결과적으로 지리적 인접성에도 불구하고 개발 도상의 단계에 있는 많은 아시아 국가의 경쟁정책과 경쟁법에 대한 연구는 소홀하게 취급될 수밖에 없었다. 그러나 우리보다 산업발달이 뒤쳐진 개발도상국 내지 후진국과의 경제교류 역시 상당한 수준으로 증가하고 있고, 또한 경쟁법의 입법도 점차 확대되고 있는 상황에서, 이 국가들에서 시행하고 있는 경쟁정책에 대한 연구의 필요성도 커지고 있다.[1]

---

[1] 동일한 인식을 보여주고 있는 것으로서, 최요섭·이황, "인도 경쟁법의 최근 발전에 관한 연구", 경쟁법 연구 제24권, 2011, 283면 참조.

특히 우리나라는 아시아 국가 중에서는 선진적으로 경쟁정책을 운영하여 온 나라이고, 독점규제법 제정 이후 30여년이 경과하면서, 그 동안 많은 경험을 축적하고 있다. 이러한 경험을 아시아 개발도상국과의 비교연구를 통하여 이들에게 전수할 수 있는 기초를 마련할 필요도 있을 것이다. 이 국가들을 보면, 과거 사회주의 경제체제 하에 있다가 최근 체제 전환을 하고 있는 시장경제전환국(중국, 베트남 등)과 시장경제 체제하에서 오랫동안 저개발국으로 남아 있다가 최근에 산업발전이 진행되고 있는 저개발국(인도, 태국, 인도네시아 등)으로 유형화할 수 있을 것이다.

이 중에서 인도네시아를 연구 대상으로 택한 것은, 다음의 이유에 근거한다. 우선 인도네시아는 국토면적이 1,904,569 km2(세계 15위)이고, 인구는 261,115,456명(2016년 추정 세계 4위)에 이르는 대국이다. 특히 풍부한 자원을 갖고 있으며, 아시아의 대표적인 산유국으로서 동남아시아 유일의 석유수출기구인 OPEC의 회원국이기도 하다. 이와 같은 풍부한 노동력과 자원을 갖춘 경제적 조건은 인도네시아가 최근 급속한 경제성장을 이루는 원동력이 되고 있는데, 인도네시아의 명목 GDP는 2017년 기준 1,015,411(million $)로서[2] 국가 순위로 16위에 위치하고 있으며, 향후 경제 전망도 상당히 밝은 편이다.[3] 물론 인도네시아의 경제적 규모가 성장한데는 앞에서 언급한 것처럼 부존자원에 의존한 바가 크며, 전반적인 산업 발전 수준은 여전히 미흡한 편이다.[4] 그러나 현재의 경제규모와 앞으로의 성장 가능성에 비추어 세계 경제에서 인도네시아가 중요한 위치에 있고, 이것이 지속될 것임은 분명하며, 우리나라와의 경제교류도 계속해서 확대되고 있는 상황이다.[5]

---

2) International Monetary Fund. Retrieved October 8, 2013.
3) http://www.imf.org/external/pubs/ft/weo/2012/02/weodata/
4) 인도네시아 경제 성장의 장애 요인으로서, 외국인 투자에 의존하는 취약한 경제 기반, 산업 인프라의 열악, 지역별 불균형 발전 및 갈등 요인의 상존, 행정비효율과 부정부패, 경제개혁 추진의 지연 등을 지적하고 있는 것으로서, 한국수출입은행, 인도네시아 국가현황 및 진출방안, 2008, 29-31면 참조.

양 국의 경제교류에 있어서 국제통상에 관한 규범뿐만 아니라 각 나라의 경제를 운용하는 법질서, 특히 경쟁정책에 대한 이해도 중요한 의미가 있다.[6] 현재 인도네시아는 우리와 마찬가지로 경제의 기본 운영원리로서 시장경제질서를 채택하고 있으며, 이에 관한 구체적인 법률로서 경쟁법을 1999년 제정하여 시행하고 있다. 따라서 이에 대한 이해를 제고하는 것은 향후 우리나라와 인도네시아의 경제 교류에 있어서 법적인 기초를 제공한다는 점에서 의미 있는 과제가 될 것이다.

II. 인도네시아 경쟁법의 연혁과 특징

1. 입법 연혁

인도네시아는 1990년대 말 극심한 정치적 혼란을 거치면서, 민주적인 방향으로 정치구조의 근본적인 변화를 겪게 되었다. 1998년 32년간 지속되었던 수하르트에 의한 일인독재체제가 붕괴되고, 1999년부터 2002년까지 인도네시아 국민협의회(MPR: Majelis Permusyawaratan Rakyat)에서 4차례에 걸친 헌법 개정이 이루어지면서, 보다 민주적인 정치체제로 발전해 나아가게 되었다.[7] 그 과정에서 사회·경제의 각 분야에서 시민들의 참

---

5) 한국과 인도네시아의 무역 규모는 2011년 총 294억$에 이르렀으며(한국 수출 129 억$, 수입 164억$), 2007년부터 2011년 사이에 연평균 25.11%의 증가율을 기록하면서 급격한 증가세를 보이고 있다. http://www.kemendag.go.id/files/pdf/2012 /07/12/ 참조.

6) 통상정책과 경쟁정책의 상호보완적 결합의 필요성에 관한 지적으로, Frederic Jenny, "Globalization, Competition and Trade Policy: Convergence, Divergence and Cooperation", Clifford A. Jones & Mitsuo Matsushita ed., Competition Policy in the Global Trading System, Kluwer Law International, 2002, 305면 참조.

7) 양승윤, 인도네시아, 한국외국어대학교 출판부, 2003, 143면 이하 참조. 또한 수하르트 시대 말기에 인도네시아 자본주의의 발전이 국가개입의 완화(경제주체의

여 확대와 민주화가 진행되었는데, 경쟁법의 제정도 이와 같은 정치적 변화에 따른 결과로 볼 수 있을 것이다.

인도네시아의 경쟁법은 "독점적 행위 및 불공정한 경쟁의 금지에 관한 인도네시아 공화국법 1999년 제5호"(Law of the Republic of Indonesia Number 5 of the Year 1999 Concerning the Prohibition of Monopolistic Practices and Unfair Business Competition 이하 '경쟁법'이라 한다)의 형태로 존재하며, 전체 53조로 구성되어 1999년 3월 제정·공포되었다. 이후 1년 반의 시행유보 기간을 거친 뒤, 2000년 9월부터 시행되었다.[8]

2. 법체계적 특징

인도네시아는 과거 네덜란드의 식민정책에 의하여 근대적인 법제도가 도입되었고,[9] 이 영향으로 현재도 대륙법제 국가로 분류되고 있으며, 경쟁법 역시 이러한 법제 안에 위치한다. 법 제정과정에서는 주요 선진국가의 입법, 특히 미국의 반독점법이나 독일의 경쟁제한방지법의 영향을 크게 받은 것으로 보인다. 법 위반행위 유형별로 상세한 규정을 두고 있는데, 구체적으로 공동행위 금지, 독점의 금지, 시장지배적 지위남용의 금지, 기업결합 규제 등의 내용을 포함하고 있다. 규제체계 측면에서 보면, 이상의 규제 유형들은 공동행위 규제와 단독행위 규제로 대별할 수 있다. 제4조 내지 제16조가 공동행위에 관한 규제를 규정하고 있으며, 제17조 이하에서는 단독행위 규제에 관한 근거 규정을 두고 있다.

자율성이 강화)되는 방향으로 진행되었고, 이른 민주화와 관련하여 이해하고 있는 것으로서, 신윤환, 인도네시아의 정치경제, 서울대학교 출판부, 2001, 225-226면 참조.

8) Rikrik Rizkiyana & Vovo Iswanto, Indonesian Competition Law - Introduction and Recent Development, 2007, 2면.

9) 인도네시아에 대한 네덜란드의 식민정책의 내용과 변화 과정에 대하여, 양승윤, 주 7)의 책, 12-17면 참조.

한편 독점의 금지는 미국이나 일본의 경쟁법에서 채택하고 있는 원인금지주의적 규제 방식이고, 시장지배적 지위남용 금지는 유럽이나 우리나라가 취하고 있는 폐해규제주의적 규제 방식을 의미하며, 양자는 독점에 대한 상이한 접근 방식을 대표하는 것으로서 대체로 어느 하나의 방식을 취하는 것이 일반적이다. 그러나 인도네시아 경쟁법은 양자를 동시에 규제 내용으로 하고 있으며, 이는 인도네시아 경쟁법의 중요한 특징의 하나로 이해된다.10)

III. 실체적 규제

1. 공동행위(Prohibited Contracts)

(1) 과점(Oligopoly)

사업자가 다른 사업자와 공동으로 상품 또는 서비스의 생산 또는 유통을 지배하는 것을 목적으로 하여 독점 또는 불공정한 경쟁을 낳을 수 있는 합의를 하는 것은 금지된다(4조 1항). 동 규정의 영어 원문은 "prohibited from making any contracts"로 기술되어 있는데, 여기서 contract는 좁은 의미의 계약이 아니라 계약적 구속력 없는 합의나 단체적 결의 및 동조적 행위(concerted practice)를 포함하는 넓은 의미의 합의로 이해된다. 한편 2 이상의 사업자들이 일정한 상품 시장에서 시장점유율 합계 75% 이상을 차지하는 경우에, 동조 제1항에서 규정된 것처럼 공동으로 생산 또는 유

10) 미국 연방대법원은 Sherman법 제2조에서 금지되는 'monopolize or attempt to monopoliz'를 관련시장에서 독점력을 보유할 것과 이 독점력이 반경쟁적, 배타적인 수단에 의하여 또는 반경쟁적, 배타적인 목적을 위해서 의도적으로 획득, 유지 또는 활용되었을 것에 기초하여 이해하고 있다(United States v. Grinnell Corp., 384 U.S. 563, 570-571(1966)).

통을 통제하는 것으로 추정되거나 또는 고려될(suspected or considered) 수 있다(4조 2항).

(2) 가격구속(Price Fixing)

사업자가 경쟁사업자 또는 다른 사업자와 자신이 제공한 상품 또는 서비스에 관하여 다음의 내용의 합의를 하는 것은 금지된다.

우선 가격 고정과 관련하여 소비자 또는 고객이 부담하게 되는 일정한 상품의 가격을 고정하기 위한 합의는 금지된다(5조). 가격 차별과 관련하여 동종의 상품에 대하여 특정 구매자에게 다른 구매자가 지불하여야 하는 것과 다른 가격을 지불하게 하는 합의는 금지된다(6조). 부당 염매와 관련하여 불공정한 경쟁을 낳을 수 있는 시장 가격 이하에서 가격을 고정하는 합의는 금지된다(7조). 재판매가격유지와 관련하여 상품을 공급받은 자에게 불공정한 경쟁을 낳을 수 있는 합의된 가격 이하의 가격에서 재판매 또는 재공급 하지 않는 것을 조건으로 설정하는 합의는 금지된다(8조). 재판매가격유지에 관한 합의를 규제하는 동 규정은 최저가격 방식의 재판매가격유지만을 규제 대상으로 하고, 최고가격 방식의 경우에는 규제 대상으로 하지 않는다는 점에서 우리 독점규제법과 구별되는 특징을 보여주고 있다.[11]

---

11) 독점규제법 제29조 제1항은 최저 재판매가격유지와 최고 재판매가격유지를 구분하여, 전자에 대해서는 당연위법적 규율을 행하고, 후자의 규제는 부당성의 실질적 판단에 의하는 것으로 차별화된 규정 태도를 취하고 있다. 한편 대법원은 전자에 대해서 실질적 위법성 판단이 요구된다는 입장을 보여주고 있으며(대법원 2010. 11. 25. 선고 2009두9543 판결), 미국의 경우 연방대법원의 Leegin 판결 (Leegin Creative Leather Products, Inc. v. PSKS, Inc., 551 U.S. 877 (2007)) 이후 최저 재판매가격유지에 대해서도 합리성 원칙(rule of reason)에 따른 심사가 이루어져야 한다는 입장을 취하고 있다. 최저 재판매가격유지와 최고 재판매가격유지의 의의 및 미국 연방대법원의 Leegin 판결 이후 최저 재판매가격유지에 대한 이론적, 실무적 경향에 관하여, 홍명수, "Leegin 판결이 남긴 것", 경제법판례연구 제8권, 2013, 113면 이하 참조.

(3) 시장분할(Area Distribution)

사업자가 독점적 행위 또는 불공정한 경쟁의 원인이 될 수 있는 판매지역 분할 또는 시장 할당의 의도로서 경쟁 사업자와 합의를 하는 것은 금지된다.

(4) 집단 거절(Boycotting)

사업자와 경쟁사업자 간에, 다른 사업자가 국내 시장 또는 국외 시장에서 동일한 사업을 실시하는 것을 방해하는 합의를 하는 것은 금지된다(10조 1항). 또한 다른 사업자에게 손실을 발생시키거나 피해를 야기할 수 있거나 관련시장에서 다른 사업자가 상품을 판매 또는 구매하는 것을 제한하는 경우에, 다른 사업자가 상품을 판매하는 것을 거절하는 경쟁사업자와의 합의는 금지된다(10조 2항).

(5) 카르텔(Cartel)

사업자가 독점적 행위 또는 불공정한 경쟁을 낳을 수 있는 상품의 생산 또는 유통의 결정에 영향을 미칠 의도로 다른 사업자와 합의하는 것은 금지된다(11조). 일반적으로 카르텔은 합의에 의하여 발생하는 부당 공동행위를 통칭하는 의미로 이해되지만,[12] 인도네시아 경쟁법은 합의의 한 유형으로서 카르텔을 규정하고 있으며, 동법의 규제체계에 비추어 동 규정에 의하여 규제되는 카르텔은 다른 공동행위 규정에 포섭되지 않는 공동행위 유형 일반이 규제 대상인 것으로 이해된다.

(6) 트러스트(Trust)

사업자가 다른 사업자와 상품의 생산 또는 유통을 통제할 목적으로 각각 자회사 또는 계열사(member company)로서 지속성을 유지하면서 보

---

[12] 권오승, 경제법, 법문사, 2009, 249면 참조.

다 큰 지주회사 또는 유한책임 회사로 결합하는 방식으로 협력하는 것에 합의하고, 이 합의가 독점적 행위 또는 불공정한 경쟁을 낳는 경우에 금지된다(12조).

(7) 수요 과점(Oligopsonies)

사업자가 관련시장에서 상품의 가격을 통제하기 위하여 공동으로 구매 또는 수급을 통제할 목적으로 다른 사업자와 합의하고, 이 합의가 독점적 행위 또는 불공정한 경쟁을 낳을 수 있는 경우에 금지된다(13조 1항). 또한 2 이상의 일련의 사업자들이 일정한 상품 시장에서 시장점유율 합계 75% 이상을 차지하는 경우에, 동조 제1항에서 규정된 것처럼 공동으로 구매 또는 는 수급을 통제하는 것으로 추정되거나 또는 고려될 수 있다(13조 2항).

(8) 수직적 통합(Vertical Integration)

사업자가 각각의 생산이 직접적 또는 간접적으로 연속되는 생산 과정에 위치한 경우에, 이러한 생산 과정에 속하는 몇몇의 생산을 통제할 목적으로 다른 사업자와 합의하는 때에, 이 합의가 불공정한 경쟁 또는 공공의 이익 침해를 낳을 수 있는 경우에 금지된다(14조).

미국이나 EU의 경쟁법에서는 공동행위로 규제되는 합의에 수직적 합의도 포함되는 것으로 보고 있으며,[13] 반면 우리나라의 독점규제법 제19조에서 규제하는 공동행위의 요건으로서 합의에는 수직적 합의가 포함되지 않는다고 보는 것이 지배적인 견해이다.[14] 이와 비교하여 인도네시아 경

---

13) 미국 반독점법과 관련해서 상하 유통관계에 있는 영화배급업자들과 영화상영업자들 간의 가격합의를 카르텔로서 Sherman법 제1조에 의하여 규제한 Interstate Circuit, Inc. v. U. S., 391 U.S. 208 (1939) 판결 참조. EU기능조약 제101조에 의한 카르텔 규제와 관련하여 수직적 관계에서도 카르텔이 성립하는 것으로 본 Case 25 & 26/1984, Ford Werke AG and Ford of Europe Inc. v. Commission, [1985] 판결 참조.
14) 신현윤, 경제법, 법문사, 2012, 233-234면; 이기수·유진희, 경제법, 세창출판사,

쟁법은 일반적으로 공동행위로서 규제 대상이 되는 합의에 수직적 합의를 포함하는 것으로 하지 않고, 동조에 의하여 수직적 합의에 관한 별도의 규정을 두고 있는 것이 특징적이다. 다만 명시적으로 수평적 관계를 전제한 경쟁사업자를 합의의 상대방으로 규정하고 있는 제5조, 제7조, 제9조 내지 제11조를 제외한 다른 공동행위 규제 조항들은 합의의 상대방을 단지 사업자로만 규정하고 있기 때문에, 해당 조항에서 수직적 관계가 해석상 고려될 여지는 있다. 특히 이하에서 살펴볼 제15조의 규제는 전형적으로 수직적 관계에서의 거래제한을 규제 대상으로 하고 있으며, 이러한 점에서 동조에 의한 수직적 합의 규제는 다른 조항들에서 규제되지 않는 수직적 합의 일반을 대상으로 한 것으로 이해될 수도 있을 것이다.

(9) 배타적 합의(Closed Contracts)

사업자가 다른 사업자와 상품을 제공받는 상대방이 특정한 사업자 또는 지역에 해당 상품을 재공급하거나 하지 않는 조건을 부과하는 합의는 금지된다(15조 1항). 사업자가 상품을 제공받은 상대방이 자신으로부터 다른 상품도 구매하여야 하는 조건으로 다른 사업자와 합의하는 것은 금지된다(15조 2항). 또한 다른 사업자와 상품을 제공받은 상대방이 공급자로부터 다른 상품을 구매하여야 하거나 동일 또는 유사한 상품을 공급자와 경쟁관계에 있는 다른 사업자로부터 구매하지 않는 것을 조건으로 부과하는 내용이 포함되어 있는 가격 또는 가격할인에 관한 합의는 금지된다(15조 3항).

이상의 규정은 지역제한(수직적 비가격제한), 끼워팔기, 배타조건부 거래에 대한 규제 근거가 되며, 전체적으로 수직적 거래제한의 규제로서 의미가 있다.[15] 수직적 거래제한을 공동행위의 한 유형으로 다루는 것은 공

2012, 152면 참조.

15) 수직적 거래제한은 상표내 거래제한과 상표간 거래제한으로 나뉘며, 전자에는 재판매가격유지와 수직적 비가격 제한, 후자에는 끼워팔기와 배타조건부 거래가 포

동행위 규제 조항인 미국의 Sherman법 제1조나 EU 기능조약(TFEU; Treaty on the Functioning of the European Union) 제101조에 의하여 수직적 거래제한의 문제를 다루고 있는 것과 유사한 입법 태도로 볼 수 있을 것이다. 반면 이러한 제한 유형을 주로 불공정거래행위나 시장지배적 지위남용행위와 같은 단독행위 규제의 문제로서 규율하고 있는 우리나라의 독점규제법과는 대비된다.

(10) 외국사업자와의 합의(Contracts with Foreign Parties)

사업자가 외국사업자와 공동으로 독점적 행위 또는 불공정한 경쟁을 낳을 수 있는 내용을 포함한 합의를 하는 것은 금지된다(16조).

동 규정은 인도네시아 국내 사업자와 외국사업자 간의 합의를 대상으로 하고 있다는 점에서, 국내 관할이 미치지 못하는 영역에서 외국사업자들 간에 이루어지는 합의에 국내 경쟁법을 적용하는 것에 관한 역외적용의 문제와는 다른 차원의 것이다. 독점규제법상으로는 현재 폐지된 제32조의 부당한 국제계약의 체결 제한과 유사한데, 국제적으로 경쟁력 있는 외국기업의 진출이 점점 확대되고 있는 인도네시아의 경제 상황에서는 유의미한 규정일 수 있다.

2. 단독행위(Banned Activities)

(1) 독점(Monopoly)

사업자가 상품의 생산 또는 유통을 통제하는 행위는 독점적 행위 또는 불공정한 경쟁을 낳을 수 있는 경우에 금지된다(17조 1항). 또한 당시에

함되는 것으로 이해되고 있다. E. Thomas Sullivan & Jeffrey L. Harrison, Understanding Antitrust and Its Economic Implications, LexisNexis, 2003, 213면 참조.

당해 상품의 대체재가 존재하지 않는 경우(a), 다른 사업자가 동일한 유형의 상품으로 경쟁할 수 있는 진입이 가능하지 않은 경우(b) 또는 하나의 사업자 또는 사업자 그룹이 일정한 상품 시장의 50% 이상을 지배하고 있는 경우에는(c), 동조 제1항에 해당하는 것으로 추정 또는 고려될 수 있다 (17조 2항).

동 규정은 독점 자체를 금지하는 것으로서, 미국의 반독점법이나 일본의 독점금지법처럼 독점에 대한 원인금지주의적인 대응 방식을 채택한 것으로 이해된다.[16] 그러나 상품의 생산 또는 유통의 통제 행위가[17] 규제되기 위해서는 일정한 요건의 충족이 요구되며, 따라서 규제 대상인 독점에 대한 경쟁정책적 평가가 필요할 것이다. 한편 제17조 제2항에 의한 추정은 대체재의 존재, 신규진입 가능성 유무, 50% 이상의 시장점유율 등 다양한 차원에서 구성한 요건들로 이루어지고 있다는 점도 특징적이다.

(2) 수요독점(Monopsony)

사업자가 공급받는 것을 통제하거나 관련시장에서 유일한 구매자가 되는 행위는, 독점적 행위나 불공정한 경쟁을 낳을 수 있는 경우에 금지된다 (18조 1항). 또한 한 사업자 또는 한 그룹의 사업자가 동일한 상품 시장에서 50% 이상의 시장점유율을 차지하는 경우에는 동조 제1항에 해당하는 것으로 추정 또는 고려될 수 있다(18조 2항).

일반적으로 독점은 공급과 수요 양 측면에서 모두 파악할 수 있는 것이며, 따라서 동 규정이 없어도 수요 독점에 대한 규제는 일반적인 독점에

---

16) 일본 독점금지법 제3조는 "사업자는 사적 독점 또는 부당한 거래제한을 하여서는 아니된다"고 규정함으로써 원인금지주의 입장을 취하고 있다. 동 규정은 미국 셔먼법 제2조의 독점화 금지 규정에 기원한 것으로서, 일본 독점금지법 제정에 있어서 미국이 미친 영향에 대한 개괄로서, John O. Haley, Antitrust in Germany and Japan, Univ. of Washington Press, 2001, 29-31면 참조.

17) 동법 제1조 제1호에 의하면, 독점은 한 사업자 또는 한 그룹의 사업자들에 의하여 상품의 생산 또는 유통이 지배되는 것을 의미한다.

대한 규제에 포섭되는 것으로 볼 수 있다. 동 조항은 수요 독점에 대한 규제를 명확히 하는 측면에서 별도의 규정을 둔 것으로 이해할 수 있으며, 추정 요건이 일반 독점과는 다르게 구성되어 있다는 점도 눈여겨 볼 부분이다.

(3) 시장통제(Market Controlling)

사업자가 단독으로 또는 다른 사업자와 공동으로, 관련시장에서 다른 사업자가 동종의 거래를 행하는 것을 거절하거나 방해하는 행위(a), 경쟁 사업자의 소비자 또는 고객이 경쟁사업자와 거래하는 것을 방해하는 행위 (b), 관련시장에서 상품의 유통 또는 판매를 제한하는 행위(c) 또는 일정한 사업자에 대한 차별 행위(d)에 의하여 독점적 행위 또는 불공정한 경쟁을 낳을 수 있는 행위를 하는 경우에 금지된다(19조). 사업자가 관련시장에서 경쟁사업자의 활동을 배제하거나 종료시킬 목적으로 이윤을 남기지 않는 가격으로 판매하거나 매우 낮은 가격을 책정하는 방식으로 상품을 공급하고, 이로 인하여 독점적 행위나 불공정한 경쟁을 야기하는 경우에 금지된다(20조). 또한 사업자가 생산비용이나 상품의 구성부분인 다른 지출을 책정함에 있어서 기만하는 행위는 불공정한 경쟁을 낳을 수 있는 경우에 금지된다(21조).

이상의 규정은 관련시장에서 다른 사업자의 신규 진입 제한, 상품의 유통 제한 등에 의한 사업활동 방해, 특정 사업자에 대한 차별, 부당 염매 (predatory pricing) 등에 대한 규제로서 의미가 있다. 다만 경쟁법상 부당 염매는 일반적으로 비용 이하의 가격 책정을 문제 삼는 것이 일반적인 데,[18] 동 규정에서는 염매 기준을 단지 매우 낮은 가격으로만 제시하고 있어 구체적인 위법성 판단의 불명확성이 따른다는 점을 지적할 수 있을 것이다.

---

18) Phillip Areeda & Donald F. Turner, "Predatory Pricing and Related Practices under Section 2 of the Sherman Act", 88 Harvard Law Review, 1975, 700면 참조.

(4) 공모(Conspiracy)

사업자가 입찰에 있어서 낙찰자를 조정하거나 결정하기 위하여 다른 당사자(other parties)와 공모하는 행위는 불공정한 경쟁을 낳을 수 있는 경우에 금지된다(22조). 사업자가 회사의 비밀로 분류될 수 있는 경쟁사업자의 사업 활동에 관한 정보를 획득하기 위하여 다른 사업자와 공모하는 행위는 불공정한 경쟁을 낳을 수 있는 경우에 금지된다(23조). 또한 사업자가 관련시장에서 제공되거나 공급되는 상품의 수량, 품질 그리고 요구되는 배송의 정확성을 감소시킬 목적으로 경쟁 사업자의 상품 생산이나 판매를 방해하기 위하여 다른 사업자와 공모하는 행위는 금지된다(24조).[19]

단독행위 규제에 관한 장에서 공모에 대한 규제는 부당 공동행위에서 요구되는 합의와는 다른 성격의 것으로 이해된다. 동 규정들은 미국 Sherman법 제2조가 독점화, 독점화의 시도, 또는 거래의 일부분을 독점하기 위하여 타인과 결합 또는 공모하는 행위는 중죄에 해당하는 것으로 규정하고 있는 것에 영향을 받은 것으로 보인다. 이러한 맥락에서 공모는 독점화에 이르는 행위의 한 형태로 파악할 수 있으며, 공동행위의 주관적 요건으로서 합의와 구별될 것이다. 미국 연방대법원은 공동행위 규제와 관련된 Sherman법 제1조의 거래제한에서의 공모와 제2조의 독점화에 있어서 공모의 구별과 관련하여, 전자는 거래제한에 관한 공모이고, 후자는 독점에는 이르지 않지만 거래제한에 만족할 수 없는 독점화에 관한 공모로서 구별되며, 공모의 목적이 부분적으로 겹친다 하더라도 상호간에 구별될 수 있고 서로 독립적인 공모의 증거를 필요로 한다고 판시하였다.[20]

---

19) 인도네시아 헌법재판소는 2016년 제22조 내지 제24조에서 다른 사업자(other party)의 개념에 다른 기업과 다른 기업과 관계가 있다는 다른 당사자가 포함되는 것으로(other entrepreneur and/or other party related to the other entrepreneur) 결정하였다. Constitutional Court Decision No. 85/PUU-XIV/2016. 동 판결은 동 규정에서의 사업자 개념을 확대한 것으로 이해되고 있다. PwC Indonesian Legal Alert, Indonesian Competition Law/October 2017/No. 1, 2면 참조.
20) American Tobacco Co. v. U. S., 328 U.S. 781, 787-789 (1946).

이러한 관점은 동 규정에서의 공모를 이해하는데 참고가 될 수 있을 것이다. 그러나 구체적인 규제와 관련하여 몇 가지 문제점도 드러난다. 우선 제22조에 의한 입찰 공모 규제는 입찰담합이 전형적으로 입찰 참여자들의 공동행위로서 문제가 된다는 점에서 단독행위로서의 규제 방식에 의문이 있다. 또한 제23조에 의한 영업비밀 침해 규제는, 영업비밀에 관한 보호 필요성은 당연히 인정되는 것이지만 경쟁법에서의 규제가 적절한지에 관하여 논의의 여지가 있다.

3. 시장지배적 지위(Dominant Position)

(1) 일반 원칙(General)

사업자가 직·간접적으로 다음의 행위를 통하여 지배적 지위를 행사하는 것은 금지되는데, 소비자가 가격 또는 품질 측면에서 경쟁관계에 있는 상품을 구입하는 것을 방해할 목적에서 거래 조건의 부과(a), 시장 및 기술개발의 제한(b), 경쟁 사업자 될 잠재력을 갖고 있는 다른 사업자가 관련시장에 진입하는 것의 방해(c) 등이 이에 해당한다(25조 1항). 이때 지배적 지위와 관련하여, 동종의 상품 시장에서 한 사업자 또는 사업자 그룹이 50% 이상의 시장점유율을 보유하거나, 2 또는 3 사업자 또는 사업자 그룹이 75% 이상의 시장점유율을 보유할 때, 해당 사업자는 지배적 지위를 갖는다(25조 2항).

동 규정은 시장지배적 지위의 남용에 관한 것으로서, 동조 제1항은 남용의 유형들을 제시하고 있다. 일반적으로 시장지배적 지위의 남용은 착취적 남용과 방해적 남용으로 구분할 수 있는데,21) 동 조항은 방해적 측면에서의 남용에 관해서만 규제를 하고 있다는 점이 특징적이다. 한편 제

---

21) Gerhard Wiedemann hrsg., Handbuch des Kartellrechts, Verlag C. H. Beck, 1999, 823-825면(Georg-Klaus de Bronett) 참조.

2항은 시장점유율에 의한 시장지배적 지위의 판단 기준을 제시하고 있는데, 동 기준은 우리나라 독점규제법 제4조에서 시장지배적 지위를 추정하는 시장점유율 기준과 대체로 유사하다.[22]

(2) 기업결합

특정 회사의 이사 또는 임원으로 복무하는 자가, 동일한 관련시장에 있거나, 사업 영역이나 유형 측면에서 밀접히 관련되거나, 독점적 행위 또는 불공정 경쟁을 낳을 수 있는 일정한 상품의 시장을 공동으로 지배할 수 있게 되는 경우에, 다른 사업자의 이사 또는 임원의 지위에 동시에 있게 되는 행위는 금지된다(26조, Double Position). 사업자가 동일한 관련시장에서 동일한 사업 부문에 종사하는 복수 회사의 다수 지분(majority shares)을 보유하거나 동일한 관련시장에서 동일한 사업활동을 하는 복수의 회사를 설립하고, 이로써 한 사업자 또는 사업자 그룹이 동종의 상품 시장에서 50% 이상의 시장점유율을 차지하게 되거나, 2 또는 3 사업자 또는 는 사업자 그룹이 동종의 상품 시장에서 75% 이상의 시장점유율을 차지하게 되는 경우에는 금지된다(27조, Share Ownership). 또한 사업자가 합병 또는 회사를 해체하는 행위는 독점적 행위 또는 불공정한 경쟁을 낳을 우려가 있는 경우에 금지되며(28조 1항, Merger, Dissolution), 다른 사업자의 지분 취득이 독점적 행위 또는 불공정한 경쟁을 낳을 수 있는 경우에 금지된다(28조 2항, Acquisition). 이때 합병 또는 지분 취득에 따라서 자산액 또는 매출액이 일정 기준을 초과하게 되는 경우에는 합병 또는 지분 취득이 있은 후 30일 이내에 위원회에 통지되어야 한다(29조 1항).

동 규정들은 기업결합의 다양한 방식으로 파악할 수 있으며, 특히 시장지배적 지위에 이르는 과정에 대한 통제라는 점에서 제25조에 의한 사후

---

[22] 독점규제법 제4조에 의하면, 1사업자의 시장점유율이 50% 이상인 경우, 또는 3 이하의 사업자의 시장점유율의 합계가 75% 이상인 경우에 시장지배적 사업자로 추정된다.

적 남용 규제와는 구별된다. 독일 경쟁제한방지법이 기업결합의 위법성 판단기준으로서 명시적으로 시장지배력의 강화를 제시하고 있는 것에서 알 수 있듯이,[23] 시장지배적 지위에 대한 형성 단계에서의 규제가 비교법적으로 드문 것은 아니다. 다만 이러한 취지가 기업결합의 각 유형의 위법성 판단에 명확히 반영되어 있지 않은 점은 문제가 될 수 있을 것이다.

4. 적용제외

제50조는 경쟁법의 적용 제외 사유에 관하여 규정하고 있다. 구체적으로 현행법을 준수하기 위한 행위 또는 합의(a), 라이센스, 특허, 상표, 저작권, 제품 디자인, 통합 전자 시리즈(integrated electronic series)와 같은 지적 재산권에 관련되는 합의(b), 경쟁을 제한 또는 방해하지 않는 상품의 기술 표준화에 관한 합의(c), 합의된 가격보다 낮은 가격으로 상품을 재공급하는(재판매가격유지) 규정을 두고 있지 않은 유통에 관한 합의(d), 일반적으로 삶의 질의 향상 또는 증진을 목적으로 하는 공동 연구에 관한 합의(e), 인도네시아 정부에 의하여 비준된 국제 합의(f), 국내 시장의 수요 또는 공급의 혼란을 초래하지 않는 수출과 관련된 합의 또는 행위(g), 소규모 사업으로 분류되는 분야의 사업자(h), 조합원에 대한 편의의 제공만을 목적으로 하는 협동조합의 행위(i) 등이 이에 해당한다.

이상의 적용제외 사유는 대체로 합리적인 것으로 여겨지지만, f호의 사유에 대해서는 논의의 여지가 있다. 즉 국가의 대외정책과 경쟁정책이 언제나 일치하는 것은 아니기 때문에, 정부에 의한 비준이 이루어진 합의가 당연히 경쟁법의 적용에서 제외되는 것으로 한 규정에 대해서는, 타당성 측면에서 일정한 문제 제기가 가능할 것이다.

---

23) 독일 경쟁제한방지법 제36조 제1항 본문은 기업결합의 위법성 판단 기준으로 시장지배력의 형성 또는 강화(eine marktbeherrschende Stellung begründet oder verstärkt)를 제시하고 있다.

IV. 집행기관 및 절차

1. 집행기관

경쟁법의 집행기관은 경쟁감시위원회(영어 명 'Commission for the Supervisory of Business Competition, 인도네시아 명 'Komisi Pengawas Persaingan Usaha(약칭 KPPU)이다. 동 위원회는 다른 정부기관의 지휘·감독을 받지 않는 독립 행정기관으로서, 대통령의 직속기관으로 편재되어 있다. 한편 KPPU는 인도네시아 법체계에서 사법기구 내지 준사법기구로 고려되지는 않는다.[24]

KPPU는 9명 이상의 위원으로 구성되며, 현재는 10명의 위원으로 구성되어 있다. 위원의 호선에 의하여 위원장과 부위원장 각 1인이 선출되며, 각각의 임기는 1년이고 재선이 가능하다. 위원의 자격으로서 실업계의 경험 또는 법률 내지 경제분야의 전문가일 것이 요구되며, 30 이상 60 이하의 연령에 해당하여야 한다.

2. 집행절차

(1) 법위반에 대한 제재

위원회는 동법의 규정에 위반한 사업자에 대하여 행정적 제재를 부과할 권한을 갖는다(47조 1항). 행정적 제재는, 제4조 내지 제13조 및 제15조에 해당하는 합의의 취소(a), 제14조에 해당하는 수직적 통합의 종료 명령(b), 독점적 행위, 불공정한 경쟁, 공중에 대한 피해를 야기하는 것으로 입증된

---

24) Hikmahanto Juwana, "Law and Development under Globalization: The Introduction and Implementation of Competition Law in Indonesia", 国際開発研究フォーラム no 27, 2004, 12면.

행위의 중지 명령(c), 시장지배적 지위 남용의 중지 명령(d), 제28조에 해당하는 합병과 지분 인수의 취소(e), 손해 배상(f), 최저 10억 rupiah에서 최고 250억 rupiah 사이의 과징금 부과(g) 등을 내용으로 한다(47조 2항).

법 위반행위에 대해서는 형사적 제재도 부과할 수 있는데, 제4조, 제9조 내지 제14조, 제16조 내지 제19조, 제25조 및 제28조 위반행위에 대해서는 최저 250억 rupiah에서 최고 1,000억 rupiah 사이의 벌금을 부과하거나, 최대 6월 이내의 징역형에 처할 수 있다(48조 1항). 제5조 내지 제8조, 제15조, 제20조 내지 제24조 및 제26조에 위반한 행위에 대해서는 50억 rupiah에서 250억 rupiah 사이의 벌금을 부과하거나 최대 5월 이내의 징역형에 처할 수 있다(48조 2항). 또한 동법 제41조에 위반한 자, 즉 조사에 필요한 증거자료 제출의 거부, 조사의 거부, 조사에 필요한 정보 제공의 거부, 조사의 방해 등의 행위를 한 자에 대해서는 10억 rupiah에서 50억 rupiah 사이의 벌금 또는 3월 이내의 징역형에 처할 수 있다(48조 3항). 한편 제49조에 의하여 부가형으로서 사업 허가의 취소(a), 동법에 위반한 회사에서 이사 또는 임원의 지위에 있는 자에 대한 최소 2년에서 최대 5년의 징역형 부과(b), 다른 당사자에 대하여 손해를 야기한 일정한 행위의 중지(c) 등이 부과될 수 있다.

이상에서 인도네시아 경쟁법은 제재수단으로서 행정적 제재와 형사적 제재를 모두 수용하고 있다. 특히 행정적 제재는 위법행위의 시정과 금전적 제재를 병행하고 있는데, 손해 배상을 행정적 제재의 내용으로 하고 있는 것은 이례적이다. 일반적으로 손해배상은 사적인 소송절차를 통하여 이루어지며, 행정적 명령으로서 사적 구제를 의미하는 손해 배상을 명하는 것이 적절한지에 대해서는 의문이 있다. 한편 형사적 제재로서 사업자 뿐만 아니라 사업자의 구성원에 대한 형벌 부과를 통하여 양벌 규정이 도입되어 있다는 점에도 주목을 요한다. 특히 자연인에 대한 형벌은 가중되어 있는데, 이는 법인이 아닌 자연인에 대한 형벌 부과가 법집행 측면에서 실효성이 높다는 정책적 판단에 따른 것으로 보인다.[25]

(2) 집행 절차

일반인이나 법위반행위에 의한 피해자는 서면으로 위원회에 이를 신고할 수 있으며(38조 1항, 2항), 이때 일반인인 신고인에 대해서는 비밀이 유지되어야 한다(38조 3항). 신고에 따라서 위원회는 예비조사(preliminary investigation), 조사(further investigation)의 단계로 심사 과정을 진행한다(39조 1항, 2항).[26] 또한 위원회는 신고가 없는 경우에도 법위반행위가 있는 것으로 판단되는 경우에 직권으로 조사를 진행할 수 있다(40조 1항). 위원회의 조사와 관련하여 제41조는 사업자 또는 피조사자의 협력의무를 부과하고 있으며, 조사 결과에 따라서 위원회는 조사 개시 이후 60일 이내에 위에서 언급한 행정적 제재를 결정할 수 있다(43조 1항). 이때 조사 기간은 최대 30일 이내에서 연장할 수 있으며(43조 2항), 조사 종료 후 30일 이내에 위원회는 위반 여부에 관한 결정을 하여야 한다(43조 3항). 동 결정은 즉각적으로 해당 사업자에게 통지되어야 하고, 또한 공중에 공개되어야 한다(43조 4항).

위원회 결정이 해당 사업자에게 통지된 이후, 사업자는 30일 이내에 결정에 따를 것과 실행 보고서를 제출하여야 한다(44조 1항). 사업자는 위원회 결정의 통지 이후 14일 이내에 지방법원(district court)에 항고할 수 있으며, 동 기간 내에 항고하지 않을 경우에 위원회 결정을 수락한 것으로 본다(44조 2항, 3항).

지방법원은 사업자의 항고 이후 14일 이내에 항고를 심사하여야 하며, 30일 이내에 판결하여야 한다(45조 1항, 2항). 지방법원의 판결에 불복하는 자는 판결 이후 14일 이내에 최고법원(supreme court)에 상고할 수 있으며(45

---

25) 자연인에 대한 제재가 카르텔에 실질적 억제력을 가질 수 있다는 지적으로서, OECD, Trade and Competition: From Doha to Cancun, 2003, 20면 참조.

26) 인도네시아 헌법재판소는 이때의 조사(investigation)를 "심사의 자료로서 증거를 수집하는 것"(gathering of evidence as source of the examination)으로 보았다. Constitutional Court Decision No. 85/PUU-XIV/2016.

조 3항), 최고법원은 상고 이후 30일 이내에 판결하여야 한다(45조 4항)

이와 같이 경쟁법 위반행위에 대한 제재 절차는 위원회의 조사와 결정 과정과 2심제로 운영되는 법원의 판결 절차를 통하여 이루어진다. 행정적 절차가 선행되고, 사법부의 최종적인 판단을 통하여 절차가 종결되는 구조를 취하고 있으며, 이는 우리나라의 독점규제법과 마찬가지로 행정규제주의에 기초한 것으로 이해된다. 다만 피규제자의 관점에서 적법 절차의 제도적 보장이 강화될 필요가 있으며, 형사 절차에 관한 규정이 경쟁법에 마련되어 있지 않은 점도 지적할 수 있을 것이다.

V. 결론

인도네시아의 경쟁법은 1999년 제정되었으며, 비교적 짧은 역사을 갖고 있다. 경쟁법 제정은 오랜 수하르트의 일인지배체제가 종식되고, 민주적인 정치질서로 전환하기 시작한 시기에 이루어졌으며, 이와 같은 체제전환의 징표의 하나로서 경쟁법의 입법화를 이해할 수 있을 것이다. 특히 1997년 급격한 환율 상승으로부터 촉발된 인도네시아의 경제 위기는 권위주의적인 경제 운영 방식에서 벗어나 민간 부문의 자율성에 기초한 경제 질서로의 변화 필요성이 강조되기 시작하였으며, 이러한 인식은 경쟁법 제정의 동인이 되었다. 그러나 경제위기가 2000년대 초반까지 계속되면서, 정치 개혁 및 경제 개혁에는 많은 혼선이 뒤따랐다.[27] 물론 이러한 상황은 제도 개혁적인 측면에서 긍정적인 영향을 미친 것으로도 볼 수 있는데, 정치적·경제적 위기 상황이 시민사회로 하여금 정부의 제도 개혁에 긍정적인 영향을 미치도록 하였다는 분석은 이러한 관점을 뒷받침한다.[28]

---

27) 이동윤, "인도네시아의 경제위기와 정치적 선택: 개혁을 위한 진통", 박사명 편, 동남아의 경제위기와 정치적 대응, 폴리테이아, 2005, 218-222면 참조.

28) Verena Beittinger-Lee, (Un)Civil Society and Political Change in Indonesia,

현재의 시점에서 인도네시아는 여전히 개혁의 과정에 있으며, 민주적이고 시장경제를 지향하는 제도 개선의 방향은 계속될 것으로 보인다. 또한 전술한 것처럼 경제발전과 시장경제의 확대가 예상되는 상황이므로, 앞으로 인도네시아 경쟁법도 이에 상응하여 많은 발전을 이룰 것으로 기대된다. 경쟁법상 제도 자체를 살펴보면, 비교적 최근에 이루어진 것으로서 비교적 짧은 입법 연혁에도 불구하고, 인도네시아 경쟁법은 중요한 경쟁규범들을 수용하고 있다는 점도 눈여겨 볼 부분이다. 즉 기업결합이나 공동행위에 대한 규제를 받아들이고 있고, 그 각각의 내용을 상세히 규정하고 있다. 그러나 체계적인 관점에서 정비되어야 할 필요성이 있는 부분도 있다.[29] 예를 들어 동법 제25조가 규정하고 있는 시장지배적 지위 남용의 규제와 제17조 내지 제21조에서 규정하고 있는 독점의 규제는 그 각각의 경쟁정책적 의의를 명확히 구분하기 어렵고, 서로 대비되는 폐해규제주의적 요소와 원인금지주의적 요소가 혼재되어 있는 것이 경쟁정책적으로 바람직한지에 의문이 있으며, 이에 관한 개선의 여지가 있다.[30] 또한 제22조에서와 같이 입찰에 있어서 담합 문제를 공동행위가 아닌 단독행위 규제로서 다루고 있는 것은 위법행위의 성격이나 규제체계적 관점에서 의문이 있다.

또한 여전히 경쟁법의 집행 실적은 미미한 편이며, 규제의 투명성, 피규제자의 적법절차의 보장과 같은 절차법적인 보완도 개선이 필요한 부분이다.[31]

Routledge, 2009, 71-87면 참조.

29) Ahmad Junaidi, The Contribution of Competition Policy to Improving Regulatory Performance, 2010, 11-15면.

30) Erman Rajagukguk, "Characteristics of the Competition Law and Policy of Indonesia in Comparison with those of Other Asian Countries", Competition Law and Policy in Indonesia and Japan, Institute of Developing Economies/Japan External Trade Organization, 2001, 131-132면.

31) Syamsul Maarif, "Enforcement of Competition Law and Ensuring its Transparency in Indonesia", Competition Law and Policy in Indonesia and Japan, Institute of Developing Economies/Japan External Trade Organization, 2001, 176면 참조.

본문 출처

1. 「경쟁법연구」 제12권, 2005
2. 「경쟁저널」 제178호, 2015
3. 「경쟁법연구」 제29권, 2014
4. 「경제법연구」 제13권 제3호, 2014
5. 「명지법학」 제13호, 2014
6. 「경쟁법연구」 제33권, 2016
7. 「명지법학」 제16권 제1호, 2017
8. 「경쟁법연구」 제35권, 2017
9. 「경쟁법연구」 제34권, 2016
10. 「경쟁법연구」 제30권, 2015
11. 「동아법학」 제71호, 2016
12. 「가천법학」 제10권 제1호, 2017
13. 「동아법학」 제61호, 2013
14. 「홍익법학」 제18권 제1호, 2017
15. 「법학논총(전남대)」 제35권 제1호, 2015
16. 「안암법학」 제45호, 2014
17. 「경희법학」 제50권 제3호, 2015
18. 「명지법학」 제15권 제1호, 2016
19. 「명지법학」 제14호, 2015
20. 「경제법연구」 제14권 제3호, 2015
21. 「시장경제와 사회조화」 권오승교수 정년기념논문집, 2015
22. 「법학논고(경북대)」 제45호, 2014
23. 「경쟁저널」 제182호, 2015
24. 「법학연구(부산대)」 제57권 제1호, 2016
25. 「고려법학」 제76호, 2015
26. 「명지법학」 제12호, 2013

경제법론 I
(2008년 03월 간행, 경인문화사)

1. 헌법에 있어서 계약자유
2. 헌법의 경제적 이해
3. 시장획정 방식의 개선과 과제
4. 시장지배적 지위의 남용행위 규제
5. 독점규제법상 기업결합의 규제체계와 효율성 항변에 관한 고찰
6. 대규모기업집단 규제에 대한 평가 및 정책방향의 검토
7. 일본의 일반집중 규제와 시사점
8. 끼워팔기와 결합판매의 규제법리의 비교와 규제체계 정립에 관한 고찰
9. 독점규제법상 차별적 취급
10. 공정위 사건처리절차의 효율화를 위한 개선 방안
11. 'AT&T'의 해체와 그 의의
12. 통신산업에서 보편적 역무의 제공과 경쟁정책
13. 필수설비론의 발전과 통신산업의 자유화
14. 통신산업에서 경쟁정책의 실현과 통신법체계 개선의 모색
15. 제약산업에 있어서 경쟁법 적용의 문제
16. 소비자보호의 계약법적 구성과 한계
17. EU의 제조물책임
18. 제조물책임법과 기업의 대응
19. 경쟁규범의 국제적 표준화
20. 호주 공정거래법상 제도에 있어서 사업자 확약의 내용
21. 인도 경쟁법의 개괄

경제법론 Ⅱ

(2010년 03월 간행, 경인문화사)

경제법론 Ⅲ

(2013년 10월 간행, 경인문화사)

홍 명 수(洪明秀)

서울대학교 법과대학 졸업
서울대학교 대학원 법학과 졸업(법학석사·법학박사)
전 명지대학교 법과대학 학장
현 명지대학교 법과대학 교수
현 공정거래분쟁조정협의회 조정위원
현 한국경쟁법학회 부회장

주요 저서
『재벌의 경제력집중 규제』, 2006
『경제법론 I 』, 2008
『경제법론 II 』, 2010
『독점규제법』(공저), 2012
『경제법론 III 』, 2013

경제법론 IV

2018년 10월 10일 초판 인쇄
2018년 10월 17일 초판 발행

지 은 이 홍명수
발 행 인 한정희
발 행 처 경인문화사
총괄이사 김환기
편 집 부 김지선 박수진 유지혜 한명진
마 케 팅 유인순 하재일
출판신고 제406-1973-000003호
주   소 (10881) 파주시 회동길 445-1 경인빌딩 B동 4층
대표전화 031-955-9300   팩 스   031-955-9310
홈페이지 http://www.kyunginp.co.kr
이 메 일 kyungin@kyunginp.co.kr

ISBN 978-89-499-4767-9   93360
값 45,000원